FRÖMMIGKEIT – THEOLOGIE – FRÖMMIGKEITSTHEOLOGIE
CONTRIBUTIONS TO EUROPEAN CHURCH HISTORY

STUDIES IN THE HISTORY
OF
CHRISTIAN TRADITIONS

FOUNDED BY HEIKO A. OBERMAN †

EDITED BY

ROBERT J. BAST, Knoxville, Tennessee

IN COOPERATION WITH

HENRY CHADWICK, Cambridge
SCOTT H. HENDRIX, Princeton, New Jersey
ERIC SAAK, Indianapolis, Indiana
BRIAN TIERNEY, Ithaca, New York
ARJO VANDERJAGT, Groningen
JOHN VAN ENGEN, Notre Dame, Indiana

VOLUME CXXIV

GUDRUN LITZ, HEIDRUN MUNZERT, AND ROLAND LIEBENBERG

FRÖMMIGKEIT – THEOLOGIE – FRÖMMIGKEITSTHEOLOGIE
CONTRIBUTIONS TO EUROPEAN CHURCH HISTORY

FRÖMMIGKEIT – THEOLOGIE – FRÖMMIGKEITSTHEOLOGIE CONTRIBUTIONS TO EUROPEAN CHURCH HISTORY

Festschrift für Berndt Hamm zum 60. Geburtstag

HERAUSGEGEBEN VON

GUDRUN LITZ, HEIDRUN MUNZERT UND
ROLAND LIEBENBERG

BRILL

LEIDEN · BOSTON

2005

This book is printed on acid-free paper.

Library of Congress Cataloging-in-Publication Data

Frömmigkeit, Theologie, Frömmigkeitstheologie : contributions to European church
history : Festschrift für Berndt Hamm zum 60. Geburtstag / herausgegeben von
Gudrun Litz, Heidrun Munzert, und Roland Liebenberg
    p. cm. - (Studies in the history of Christian traditions, ISSN 1573-5664 ; v. 124)
German and English.
Includes bibliographical references and index.
ISBN 90-04-14335-1 (alk. paper)
    1. Theology—Europe—History. 2. Europe—Church history. I. Hamm, Berndt.
II. Litz, Gudrun. III. Munzert, Heidrun. IV. Liebenberg, Roland. V. Series.

BR735.F76 2005
274—dc22
                                                                        2005050825

ISSN   1573-5664
ISBN   90 04 14335 1

INHALTSVERZEICHNIS

NEUESTE ZEIT

VORWORT

"Frömmigkeit" – "Theologie" – "Frömmigkeitstheologie": Mit diesen Begriffen sind diejenigen Bezugsgrößen genannt, die das besondere Forschungsinteresse des Erlanger Kirchenhistorikers Berndt Hamm umreißen. Geprägt durch seinen Tübinger Lehrer Heiko A. Oberman setzte sich Berndt Hamm am Beginn seiner wissenschaftlichen Tätigkeit intensiv mit spezifischen Lehrstreitigkeiten der scholastischen Theologie auseinander. Die Mitarbeit an der Edition der Werke des spätmittelalterlichen Augustinereremiten Johannes von Paltz eröffnete ihm neue historische Fragestellungen, die zunehmend Probleme der praktisch-seelsorgerlichen Theologie am Vorabend der Reformation in den Mittelpunkt seines Interesses rückten. Mit dem neuen Begriff der "Frömmigkeitstheologie" schuf Berndt Hamm ein integratives Konzept, das Überlegungen und Anleitungen auf der Theorieebene ebenso zu berücksichtigen weiß wie ihre vielfältigen praktischen Realisierungen in konkreten Lebensvollzügen. Auch die Reformationsgeschichte erschien unter dieser veränderten Perspektive in einem anderen Licht, was eine Vertiefung der von Oberman angestoßenen Neuorientierung in der Verhältnisbestimmung von Spätmittelalter und Reformation zur Folge hatte. Anfang der 90er Jahre brachte Berndt Hamm den Interpretationsansatz der "normativen Zentrierung" in den wissenschaftlichen Diskurs ein, den er weiterentwickelte und ausdifferenzierte und der von der Forschung mittlerweile in vielfacher Weise aufgegriffen wurde. Über diesen Forschungsschwerpunkt hinaus lieferte Berndt Hamm für nahezu alle Epochen der Kirchengeschichte Beiträge, die inhaltlich von dem Verständnis des göttlichen Gnadenwirkens bei Augustin bis hin zu Fragen nach den Gründen der theologischen Anfälligkeit protestantischer Theologen und Kirchenvertreter für den Nationalsozialismus reichen. Auch mit lokal- und regionalgeschichtlichen Untersuchungen, insbesondere zur Stadt Nürnberg, hat er sich – nicht nur in Bayern – einen Namen gemacht. Im Blick auf die methodische Vorgehensweise legte Berndt Hamm in zunehmendem Maß Wert auf interdisziplinäre Zusammenarbeit. Heute steht er in einem lebhaften wissenschaftlichen Austausch mit zahlreichen in- und ausländischen Forscherinnen und Forschern verschiedener

Disziplinen, bei denen er über sein eigenes Fachgebiet hinaus international Anerkennung findet.

Seinem bisherigen Lebenswerk versucht der vorliegende Sammelband, der anlässlich seines 60. Geburtstages entstanden ist, Rechnung zu tragen. So wie die große Zahl der mitwirkenden Autoren
und Autorinnen aus Europa und den USA von der Bekanntheit und
Beliebtheit des Jubilars zeugt, so spiegelt auch die breite thematische
Ausrichtung der Beiträge sein weites Forschungsinteresse wider. Von
Untersuchungen zur Erneuerung der Buße im frühen Mittelalter bis
zur pietistisch-evangelikalen Endzeitfrömmigkeit unserer Tage nehmen
alle Aufsätze spezifische Forschungsanliegen des Jubilars auf. Mit
unterschiedlichen Akzentsetzungen, die in Fallstudien zu konkreten
historischen Phänomenen ebenso wie in neuen theoretischen Überlegungen zum Verhältnis von Spätmittelalter und Reformation ihren
Niederschlag finden, ergibt sich eine stattliche Anzahl von Arbeiten,
die je auf ihre Weise einen Beitrag zur Erforschung verschiedenster
Aspekte innerhalb des Spannungsfeldes von Frömmigkeit und Theologie
im Rahmen der europäischen Kirchengeschichte leisten.

Zum Gelingen dieser Festschrift haben viele Personen beigetragen, denen an dieser Stelle ganz herzlich gedankt sei. Vor allem sind
hier die Freunde/-innen, Weggefährten/-innen und Schüler/-innen
von Berndt Hamm zu nennen, die als Autorinnen und Autoren ihre
Fähigkeit zur konstruktiven Zusammenarbeit unter Beweis gestellt
haben. Die Aufnahme des Bandes in die Reihe 'Studies in the History
of Christian traditions' ermöglichte freundlicherweise Prof. Dr. Robert
J. Bast (Knoxville, Tennessee). Bei der Durchsicht der englisch-
sprachigen Beiträge half uns Dr. Stephen E. Buckwalter (Heidelberg),
die deutschen Manuskripte lasen Prof. Dr. Reinhold Friedrich, Dr.
Christel Hamm, Dr. Wolfgang Simon und Siegfried Ziegler (alle
Erlangen) Korrektur. Schließlich danken wir auch Dr. Irene van
Rossum, Dr. Hendrik van Leusen und Boris van Gool sowie den
Mitarbeitern/-innen vom Koninklijke Brill Verlag (Leiden) für die
kompetente Betreuung.

Im Namen all derer, die Berndt Hamm als Wissenschaftler und
Freund schätzen und mögen, hoffen wir, dass dem Jubilar noch viele
Jahre voller Forschungsdrang und Schaffenskraft gegeben werden,
die in zahlreichen neuen wissenschaftlichen Publikationen bleibenden Ausdruck finden. Dass ihm hierbei auch seine Begeisterungs-

fähigkeit, die ihn nicht zuletzt bei seinen Studierenden so beliebt macht, sowie seine menschlich wohltuende Art und seine ansteckende Fröhlichkeit bewahrt bleiben mögen, wünschen wir ihm von ganzem Herzen.

Erlangen, im November 2005
Gudrun Litz, Heidrun Munzert, Roland Liebenberg

ABKÜRZUNGEN UND SIGLEN

Abkürzungen und Siglen von Reihen und Zeitschriften folgen meist, Abkürzungen der Bibelstellen immer der TRE.

AAWG.PH	Abhandlungen der Akademie der Wissenschaften in Göttingen. Philologisch-historische Klasse
ACar	Analecta Cartusiana
AdB	Allgemeine deutsche Bibliothek
ADB	Allgemeine deutsche Biographie
AFP	Archivum Fratrum Praedicatorum
AGP	Arbeiten zur Geschichte des Pietismus
AGU	Archief voor de geschiedenis van het Aartsbisdom Utrecht
AHC	Annuarium historiae conciliorum
AHKBAW	Abhandlungen der Historischen Klasse der K. Bayerischen Akademie der Wissenschaften
AHP	Archivum historiae pontificiae
AHVNRh	Annalen des Historischen Vereins für den Niederrhein
AKG	Arbeiten zur Kirchengeschichte. Berlin
AKZG	Arbeiten zur kirchlichen Zeitgeschichte
AKZG.A	– Reihe A, Quellen
AKZG.B	– Reihe B, Darstellungen
ALKGMA	Archiv für Literatur- und Kirchengeschichte des Mittelalters
AlzGB	Alzeyer Geschichtsblätter
AM	Archives Municipales
AMRhKG	Archiv für mittelrheinische Kirchengeschichte
ANL	Altnürnberger Landschaft
AnMo	Analecta monastica
ARG	Archiv für Reformationsgeschichte
ArtB	Art bulletin
ASOC	Analecta Sacri Ordinis Cisterciensis
AT	Altes Testament
BAsc	Biblioteca ascetica
BBBW	Beiträge zum Buch- und Bibliothekswesen
BBGW	Basler Beiträge zur Geschichtswissenschaft
BBKG	Beiträge zur bayerischen Kirchengeschichte
BBKL	Biographisch-bibliographisches Kirchenlexikon

BCor	Martin Bucer, Briefwechsel-Correspondance
Bd./Bde.	Band/Bände
BDHIR	Bibliothek des Deutschen Historischen Instituts in Rom
BDLG	Blätter für deutsche Landesgeschichte
BDS	Bucer Deutsche Schriften
BGPhMA	Beiträge zur Geschichte der Philosophie (und Theologie) des Mittelalters
BGrL	Bibliothek der griechischen Literatur
BHKG	Beiträge zur hessischen Kirchengeschichte
BHSt	Berliner historische Studien
BHTh	Beiträge zur historischen Theologie
BKV	Bibliothek der Kirchenväter
BLGNP	Biografisch lexicon voor de geschiedenis van het Nederlandse protestantisme
BSB	Bayerische Staatsbibliothek München
BSLK	Bekenntnisschriften der evangelisch-lutherischen Kirche
BSS	Bibliotheca sanctorum
BWKG	Blätter für württembergische Kirchengeschichte
CCath	Corpus catholicorum
CChr	Corpus Christianorum
CChr.CM	– Continuatio mediaevalis
CChr.SL	– Series Latina
CEKUN	Centrum voor Ethiek Katholieke Universiteit Nijmegen
CGerm	Concilia Germaniae
ChH	Church history
CIC(L)	Corpus iuris canonici. Ed. Lipsiensis
ClWS	Classics of Western spirituality
COCR	Collectanea Ordinis Cisterciensium Reformatorum
CSch	Corpus Schwenckfeldianorum
CSEL	Corpus scriptorum ecclesiasticorum Latinorum
CTEH	Collection de textes pour servir à l'étude et à l'enseignement de l'histoire
CThM.ST	Calwer theologische Monographien, Reihe B: Systematische Theologie und Kirchengeschichte
CULR.CLSt	Catholic University of America, Canon law studies
DLAS	Deutsche Literatur von den Anfängen bis 1700
DRTA.JR	Deutsche Reichstagsakten, Jüngere Reihe
DS	Enchiridion symbolorum. Ed. Heinrich Denzinger/A. Schönmetzer
DTMA	Deutsche Texte des Mittelalters

EDG	Enzyklopädie deutscher Geschichte
EG	Evangelisches Gesangbuch
EHS.	Europäische Hochschulschriften
EHS.G	– Reihe 3, Geschichte
EHS.T	– Reihe 23, Theologie
EK	Evangelische Kommentare
EKGB	Einzelarbeiten aus der Kirchengeschichte Bayerns
EKL	Evangelisches Kirchenlexikon
EvTh	Evangelische Theologie
EZA	Evangelisches Zentralarchiv
EZW	Evangelische Zentralstelle für Weltanschauungsfragen
FC	Fontes christiani
FFKT	Forschungen zur fränkischen Kirchen- und Theologiegeschichte
FGLP	Forschungen zur Geschichte und Lehre des Protestantismus
FKDG	Forschungen zur Kirchen- und Dogmengeschichte
FMSt	Frühmittelalterliche Studien
FORLG	Forschungen zur oberrheinischen Landesgeschichte
FSG	Freiherr vom Stein-Gedächtnisausgabe
FVK	Forschungen zur Volkskunde
FZPhTh	Freiburger Zeitschrift für Philosophie und Theologie
GCS	Die griechischen christlichen Schriftsteller der ersten drei Jahrhunderte
GDV	Geschichtsschreiber der deutschen Vorzeit
GeJu	Germania Judaica
GermBen	Germania Benedictina
GNM	Germanisches Nationalmuseum Nürnberg
GTA	Göttinger theologische Arbeiten
GutJb	Gutenberg-Jahrbuch
GuV	Bultmann, Rudolf: Glauben und Verstehen. Gesammelte Aufsätze
HAB	Herzog-August-Bibliothek Wolfenbüttel
HAMNG	Heidelberger Abhandlungen zur mittleren und neueren Geschichte
HBBibl	Heinrich Bullinger Werke, 1. Abt.: Bibliographie
HBD	Heinrich Bullingers Diarium
HBRG	Heinrich Bullinger, Reformationsgeschichte
HBTS	Heinrich Bullinger, Werke, 3. Abt.: Theologische Schriften
HDRG	Handwörterbuch zur deutschen Rechtsgeschichte
HistJ	Historical journal
HJLG	Hessisches Jahrbuch für Landesgeschichte

HKG(J)   Handbuch der Kirchengeschichte, hg. von Hubert Jedin
HM   Hallische Monographien
HTG   Heimtückegesetz
HThS   Harvard theological studies
HWDA   Handwörterbuch des deutschen Aberglaubens
HZ   Historische Zeitschrift
HZ.B   – Beiheft
IDEA.S   Informations-Dienst der Evangelischen Allianz, Spektrum
Inst.   Calvin, Jean: Institutio Christianae religionis
JBTh   Jahrbuch für biblische Theologie
JELLB   Jahrbuch für die Evangelisch-Lutherische Landeskirche Bayerns
JFLF   Jahrbuch für fränkische Landesforschung
JGNKG   Jahrbuch der Gesellschaft für Niedersächsische Kirchen-
          geschichte
JK   Junge Kirche
JSG   Jahrbuch für schweizerische Geschichte
JusEcc   Jus ecclesiasticum
KD   Barth, Karl: The Kirchliche Dogmatik
KIG   Kirche in ihrer Geschichte
KJ   Kirchliches Jahrbuch für die Evangelische Kirche in Deutsch-
          land
KlA   Klosterarchiv
KLK   Katholisches Leben und Kirchenreform im Zeitalter der Glau-
          bensspaltung
KuD   Kerygma und Dogma
KZG   Kirchliche Zeitgeschichte
LCC   Library of Christian classics
LCI   Lexikon der christlichen Ikonographie
LKA   Landeskirchliches Archiv
LKGG   Die Lutherische Kirche, Geschichte und Gestalten
LKR   Landeskirchenrat
LMA   Lexikon des Mittelalters
LThK   Lexikon für Theologie und Kirche
LuJ   Luther-Jahrbuch
LuthQ   Lurtheran quarterly
LWQF   Liturgiewissenschaftliche Quellen und Forschungen
MAB.L   Mémoires de l'Académie Royale de Belgique, Classe de Lettres
          et des Sciences Morales et Politiques
MDF   Mitteldeutsche Forschungen
MGH   Monumenta Germaniae historica

MGH.Conc.	– Concilia
MGH.F	– Fontes iuris Germanici antiqui
MGH.SS 10	– Scriptores, Staatsschriften
MGKK	Monatsschrift für Gottesdienst und kirchliche Kunst
MGMA	Monographien zur Geschichte des Mittelalters
MM	Miscellanea mediaevalia
MMAS	Münstersche Mittelalterschriften
MorS	Moreshet series
MPL	Monumenta polyphoniae liturgicae sanctae ecclesiae Romanae
MTUDL	Münchener Texte und Untersuchungen zur deutschen Literatur des Mittelalters
MVGN	Mitteilungen des Vereins für Geschichte der Stadt Nürnberg
MyGG	Mystik in Geschichte und Gegenwart
NAKG	Nederlands(ch) archief voor kerkgeschiedenis
NDB	Neue deutsche Biographie
NSDAP	Nationalsozialistische Deutsche Arbeiterpartei
NT	Neues Testament
NThB	Neue theologische Bibliothek, hg. von Johann A. Ernesti
NWzSLG	Nürnberger Werkstücke zur Stadt- und Landesgeschichte
OGE	Ons geestelijk erf
OKM	Oberkonsistorium München
OKR	Oberkirchenrat
OLA	Orientalia Lovaniensia analecta
OLG	Oberlandesgericht
ÖTh	Ökumenische Theologie
PhB	Philosophische Bibliothek
PL	Patrologiae cursus completus. Accurante Jacques-Paul Migne. Series Latina
PosLuth	Positions luthériennes
PuN	Pietismus und Neuzeit
QEBG	Quellen und Erörterungen zur bayerischen Geschichte
QFRG	Quellen und Forschungen zur Reformationsgeschichte
QUGNS	Quellen und Untersuchungen zur Geschichte Niedersachsens im Mittelalter
RAM	Revue d'ascétique et de mystique
RBMAS	Rerum Britannicarum medii aevi scriptores
RDK	Reallexikon zur deutschen Kunstgeschichte
RGBl	Reichsgesetzblatt
RGG	Religion in Geschichte und Gegenwart

RGST	Reformationsgeschichtliche Studien und Texte
RGST.S	– Supplementband
RHE	Revue d'histoire ecclésiastique
RHGF	Receuil des historiens des Gaules et de la France
RHPhR	Revue d'histoire et de philosophie religieuses
RhV	Rheinische Vierteljahrsblätter
RoJKG	Rottenburger Jahrbuch für Kirchengeschichte
RSPhTh	Revue des sciences philosophiques et théologiques
SaeSp	Saecula spiritalia
SBPK	Staatsbibliothek zu Berlin Preußischer Kulturbesitz
SC	Sources chrétiennes
SCES	Sixteenth century essays and studies
SCJ	Sixteenth century journal
SGKMT	Studien zur Geschichte der katholischen Moraltheologie
SHCT	Studies in the history of Christian thought, ab Bd. 111 Studies in the history of Christian traditions
SHM	Sources d'histoire médiévale
SIJD	Schriften des Institutum Judaicum Delitzschianum
SKGNS	Studien zur Kirchengeschichte Niedersachsens
SKI	Studien zu Kirche und Israel
SKRG	Schriften zur Kirchen- und Rechtsgeschichte
SLUB	Sächsische Landesuniversitätsbibliothek Dresden
SMRT	Studies in medieaval and reformation thought
StA	Staatsarchiv
StadtA	Stadtarchiv
StadtB	Stadtbibliothek
StAns	Studia Anselmiana
STPIMS	Studies and texts. Pontifical institute of Mediaeval Studies
SUB	Staats- und Universitätsbibliothek
SuR	Spätmittelalter und Reformation
SuR.NR	– Neue Reihe
SVRG	Schriften des Vereins für Reformationsgeschichte
ThF	Theologische Forschung
ThLZ	Theologische Literaturzeitung
ThPh	Theologie und Philosophie
ThQ	Theologische Quartalschrift
ThR	Theologische Rundschau
ThULB	Thüringer Universitäts- und Landesbibliothek Jena
TMUA	Textus minores: in usum academicum

TNTL	Tijdschrift voor Taal en Letteren
TRE	Theologische Realenzyklopädie
TSMÂO	Typologie des sources du moyen âge occidental
TuG	Theologie und Gemeinde
ULB	Universitäts- und Landesbibliothek
VD 16	Verzeichnis der im deutschen Sprachgebiet erschienenen Drucke des XVI. Jahrhunderts
VD 17	Verzeichnis der im deutschen Sprachgebiet erschienenen Drucke des XVII. Jahrhunderts
VerLex	Deutsche Literatur des Mittelalters. Verfasserlexikon
Vg.	Vulgata
VGFG	Veröffentlichungen der Gesellschaft für Fränkische Geschichte
VGI, N. F.	Veröffentlichungen des Grabmann-Instituts, Neue Folge
VHKHW	Veröffentlichungen der Historischen Kommission für Hessen und (Waldeck)
VHKNS	Veröffentlichung der Historischen Kommission für Niedersachsen und Bremen
VIEG	Veröffentlichungen des Instituts für Europäische Geschichte, Mainz
VKAMAG	Vorträge und Forschungen. Konstanzer Arbeitskreis für Mittelalterliche Geschichte
VKZG	Veröffentlichungen der Kommission für Zeitgeschichte bei der Katholischen Akademie in Bayern
VKZG.F	– Forschungen
VKZA.Q	– Quellen
VMPIG	Veröffentlichungen des Max-Planck-Instituts für Geschichte
WA	Luther, Martin: Werke. Kritische Gesamtausgabe. [Weimarer Ausgabe]
WA Br	– Briefwechsel
WA DB	– Deutsche Bibel
WA Tr	– Tischreden
Westfalen	Westfalen. Münster
WLB	Württembergische Landesbibliothek Stuttgart
WVLG	Württembergische Vierteljahreshefte für Landesgeschichte
ZBKG	Zeitschrift für bayerische Kirchengeschichte
ZBLG	Zeitschrift für bayerische Landesgeschichte
ZDA	Zeitschrift für deutsches Altertum
ZDP	Zeitschrift für deutsche Philologie

ZfG	Zeitschrift für Geschichtswissenschaft
ZGNKG	Zeitschrift der Gesellschaft für Niedersächsische Kirchengeschichte
ZGO	Zeitschrift für die Geschichte des Oberrheins
ZHF	Zeitschrift für Historische Forschung
ZKG	Zeitschrift für Kirchengeschichte
ZKTh	Zeitschrift für katholische Theologie
ZSRG	Zeitschrift der Savigny-Stiftung für Rechtsgeschichte
ZSRG.G	– Germanistische Abteilung
ZSRG.K	– Kanonistische Abteilung
ZThK	Zeitschrift für Theologie und Kirche
ZW	Zwingli, Huldreich: Sämtliche Werke, hg. von Emil Egli
ZZ	Zwischen den Zeiten

ABBILDUNGSVERZEICHNIS

Christine Magin und Falk Eisermann

Abb. 1. Johannes Matthias Tiberinus: 'Epithafium gloriosi pueri Simonis Tridentini novi martyris' [Einblattdruck, um 1476].
Herzog Anton Ulrich-Museum Braunschweig.

Abb. 2. Anonymer Einblattholzschnitt: 'Hórt ir herren all gemein' [um 1480].
Graphische Sammlung Albertina Wien.

Sabine Griese

Abb. 1. Einblattholzschnitt: Der Hl. Eligius in der Werkstatt [15. Jh.]
ThULB Jena, ehemaliger Vorderspiegel der Inkunabel 2 Theol. XXIV, 105 [Foto: ThULB Jena].

Abb. 2. Hans Leu d. Ä.: Der Hl. Eligius in der Schmiede [Altarflügel, um 1495].
Schweizerisches Landesmuseum Zürich, Depositum der Zentralbibliothek Zürich, Inventarnummer: Dep. 837 [Foto: Schweizerisches Landesmuseum Zürich, Foto-Nr. COL-5919].

Volker Honemann

Abb. 1. Die Pilgerfahrt des Ritters Arnold von Harff von Cöln [. . .]
Nach den ältesten Handschriften und mit deren 47 Bildern hg. von E. von Groote, Cöln 1860, 1.

Abb. 2. Ebd., 5.

Abb. 3. Ebd., 14.

Abb. 4. Ebd., 122.

Abb. 5. Ebd., 141.

Abb. 6. Ebd., 168.

Abb. 7. Ebd., 233.

Abb. 8. Ebd., 242.

I

MITTELALTER

STIFTUNG UND FÜRBITTE

Arnold Angenendt
(Münster)

Beide Stichworte, sowohl Stiftung wie Fürbitte, sind Reizthemen der Reformation, aber doch nicht erstmals, wie im Folgenden gezeigt werden soll. Zu beginnen ist mit der irofränkischen Mönchsbewegung, wie sie Friedrich Prinz herausgearbeitet hat. Gefördert wurde diese Bewegung von Seiten des Pariser Hofes unter Chlothar II. († 629) und seinem Adelsanhang[1]. Dabei entstanden zwei neuartige Rechtsmittel bzw. Rechtsinstitute: die Immunität und die Exemtion. Mit der Immunität verzichtete der König auf seine Gerichts- und Steuerhoheit; mit der Exemtion verzichtete der zuständige Bischof auf seine Weihehoheit. Beide Rechtspositionen waren neu und haben in der staats- und kirchenrechtlichen Forschung eine lange Debatte hervorgerufen: Der Staat habe hiermit einen staatsfreien Raum, die Immunität, zugelassen und die Kirche einen bischofsfreien Raum, die Exemtion[2].

Für Staats- wie Kirchenrechtler begründete das den Vorwurf, beide Einrichtungen hätten für Staat wie für Kirche die Durchbrechung der flächendeckenden Zuständigkeit herbeigeführt. Hier nun sollen besonders die monastischen und frömmigkeitsgeschichtlichen Aspekte interessieren. Die Forschung hat sich bislang darauf konzentriert, dass jene Klöster, welche die Große Freiheit, d. h. eine gänzliche Exemtion, erhielten, eine klösterliche Kleindiözese in der Diözese des Bischofs bildeten; auf diese Weise konnte ein Kloster der Großen Freiheit nach eigenem Dafürhalten Mönche zu Priestern weihen lassen, so dass der Abt nicht nur Vater seiner Mönche, sondern auch Oberer über Priester war[3]. Indes übersah die Diskussion bislang, dass dem Kloster

---

[1] Vgl. *Friedrich Prinz*, Frühes Mönchtum im Frankenreich. Kultur und Gesellschaft in Gallien, den Rheinlanden und Bayern am Beispiel der monastischen Entwicklung (4. bis 8. Jahrhundert), 2. Aufl., München u. a. 1988, 121–151.

[2] Vgl. *Barbara H. Rosenwein*, Negotiating Space. Power, Restraint, and Privileges of Immunity in Early Medieval Europe, Ithaca 1999.

[3] Vgl. *Eugen Ewig*, Beobachtungen zu den Klosterprivilegien des 7. und frühen 8. Jahrhunderts, in: Ders., Spätantikes und Fränkisches Gallien. Gesammelte Schriften (1952–1973), Bd. 2, München 1979 (Beihefte der Francia 3/2), 411–426; *Arnold Angenendt*, Der heilige Pirmin in seiner Zeit, in: AMRhKG 56 (2004), 1–22.

fortan auch die freie Verfügung über die einkommenden Opfergaben zugebilligt wurde. Das älteste Privileg der Großen Freiheit, aus dem Jahre 637 für das Kloster Rebais bei Meaux, garantierte nicht nur die großen Besitzübertragungen, sondern zusätzlich auch die Opfergaben, nämlich all das, "was übertragen ist oder noch übertragen wird, was auch dem Altare geopfert wird"[4].

Die Annahme von Opfergaben auf dem Altar ist näher zu erläutern, und dafür sind drei übergeordnete Gesichtspunkte zu berücksichtigen. Erstens: Die irofränkische Mönchsbewegung brachte ein neues Bußsystem nach Gallien, nämlich die in der irischen Kirche aufgekommene Praxis der häufigen Beichte; nicht mehr sollten nur die schweren Vergehen und diese auch nicht nur in einer einmaligen Möglichkeit gebeichtet werden, vielmehr sollten alle Vergehen, auch die alltäglichen, gebeichtet und gebüßt werden, und zwar so oft wie nötig. Als Bußwerke empfahlen die irischen Bußbücher normalerweise das Fasten, den Besitzenden indes auch die Unterstützung der Armen sowie die Stiftung von Land zugunsten einer bestimmten Kirche bzw. eines Klosters. Obendrein erlaubte das irische Bußsystem eine stellvertretende Bußleistung, indem nämlich die Mönche in Vertretung für die Welt-Menschen Psalmen beteten oder auch das Opfer der Messe darbrachten, um damit die Bußzeiten zu verkürzen. Für diese stellvertretende Ableistung forderten die Mönche einen Beitrag zu ihrem Lebensunterhalt, und das konnte wiederum in Form von Landschenkungen geschehen. So erhielten die Klöster Stiftungen von Opfergaben und dabei auch Landübertragungen.

Zweitens: Altargaben für Klöster waren eigentlich neu, denn die älteren monastischen Gemeinschaften waren laikal, hatten – wenn überhaupt – nur einen Priester im Konvent für die täglich zu feiernde Messe. Infolgedessen konnten diese laikalen Konvente gar keine Vielzahl von Messen abhalten und auch nicht die dafür getätigten Opfergaben entgegennehmen. Seit nun aber die Klöster immer mehr Priestermönche hatten, vermochten sie Messen in großer Zahl zu zelebrieren und dafür dann auch Opfergaben und gerade auch Landschenkungen entgegenzunehmen[5]. Auf diese Weise entstand das im

---

[4] *Eugen Ewig*, Das Formular von Rebais und die Bischofsprivilegien der Merowingerzeit, in: Spätantikes und Fränkisches Gallien (wie Anm. 3), 456–484, hier: 463.

[5] Vgl. *Arnold Angenendt*, Cartam offerre super altare. Zur Liturgisierung von Rechtsvorgängen, in: FMSt 36 (2002), 133–158.

Mittelalter wirksamste System von "Gabe und Gegengabe"[6], von "don et contredon"[7], von "gift and countergift"[8], infolgedessen die Klöster zu den allergrößten Landeignern aufstiegen[9]. Bei jeder Übertragung wurde eine eigene Urkunde ausgestellt. Aus Sankt Gallen sind zum Beispiel bis zum 10. Jahrhundert rund 800 Pergament-Urkunden erhalten, davon 600 Besitz-Schenkungen 'pro remedio animae'[10]; aus dem Kloster Lorsch (an der Bergstraße) sind es bis zum Jahre 900 sogar 3.600 Regesten, zumeist mit Übertragungen von Land[11]. Alle aber überragte Fulda mit seinen langen Urkunden-Registern[12]. Entsprechend umfangreich war der Grundbesitz, der die Klöster zu politischen Machtfaktoren und die Äbte zu Machtpersonen aufsteigen ließ[13].

Des Weiteren ist zu beobachten, dass jene Sühne-Leistungen, die ursprünglich neben den Altar-Gaben doch auch persönliche Aktionen zugunsten von Armen und Gefangenen umfasst hatten, sich gleichfalls auf die geistlichen Gemeinschaften zu konzentrieren begannen: Die Kommunitäten vollführten sowohl die geistliche Fürbitte, also

---

[6] *Georg Schreiber*, Gesammelte Abhandlungen, Bd. 1: Gemeinschaften des Mittelalters, Recht und Verfassung, Kult und Frömmigkeit, Münster 1948, 180; *ders.*, Kurie und Kloster im 12. Jahrhundert, Bd. 2, Nachdruck Stuttgart 1965, 92–104; *Willibald Jorden*, Das cluniazensische Totengedächtniswesen vornehmlich unter den drei ersten Äbten Berno, Odo und Aymard (910–945). Zugleich ein Beitrag zu den Traditionsurkunden, Münster 1930.

[7] *Michel Lauwers*, La mémoire des ancêtres, le souci des morts. Morts, rites et société au Moyen Âge, Paris 1996, 181–198.

[8] *Stephen D. White*, Costum, Kinship and Gifts to Saints. The Laudatio Parentum in Western France, 1050–1150, Chapel Hill u. a. 1988, 19–39, hier: 35.

[9] Vgl. *Émile Lesne*, Histoire de la Propriété Ecclésiastique en France, Bd. 6: Les Églises et les Monastères: centres d'accueil, d'exploitation et de peuplement, Lille 1943, 310–320.

[10] Vgl. *Michael Borgolte*, Gedenkstiftungen in St. Galler Urkunden, in: Memoria. Der geschichtliche Zeugniswert des liturgischen Gedenkens im Mittelalter, hg. von Karl Schmid/Joachim Wollasch, München 1984 (= MMAS 48), 578–602.

[11] Vgl. *Franz Staab*, Die wirtschaftliche Bedeutung der Reichsabtei Lorsch (8. bis 12. Jahrhundert) in: Das Lorscher Arzneibuch und die frühmittelalterliche Medizin. Verhandlungen des medizinischen Symposiums im September 1989 in Lorsch, hg. von Gundolf Keil/Paul Schnitzer, Lorsch 1991, 253–284.

[12] Vgl. *Franz Staab*, Die Grundherrschaft Fulda und ihre Stifter bis zur Mitte des 9. Jahrhunderts, in: Hrabanus Maurus und seine Schule, hg. von Winfried Böhne, Fulda 1980, 48–63; *Walter Heinemeyer*, Zum frühmittelalterlichen Urkundenwesen des Klosters Fulda, in: Geschichte und ihre Quellen. Festschrift für Friedrich Hausmann zum 70. Geburtstag, hg. von Reinhard Härtel, Graz 1987, 403–416.

[13] Vgl. *Dieter Hägermann*, Der Abt als Grundherr. Kloster und Wirtschaft im frühen Mittelalter, in: Herrschaft und Kirche. Beiträge zur Entstehung und Wirkungsweise episkopaler und monastischer Organisationsformen, hg. von Friedrich Prinz, Stuttgart 1988 (= MGMA 33), 345–385.

Psalmengebet und Messfeier, wie ebenso die materiellen Sühnegaben, nämlich die Sozialtätigkeit: Die Klöster unterstützten immer auch Arme[14]. Selbst die Sklaven-Freilassung geschah zugunsten des Klosters, indem Unfreie in die Munt des klösterlichen Heiligen-Patrons überstellt wurden. Der 'Liber memorialis' von Remiremont enthält an die 1.200 Freilassungen von Männern und mehr noch von Frauen, nämlich 60 Prozent, und davon ein Drittel verwitwet, dazu deren Kinder; sie alle traten in die Munt des Klosters ein und hatten dafür jährlich einige Pfennige oder einige Pfund Wachs zu opfern[15].

Eine erste Ausformulierung eines solchen Tausches finden wir in einer Oration des bald nach 700 entstandenen Bobbio-Missale[16], ein Text, der dann in zahlreiche Sakramentare und Gebetsverbrüderungen eingegangen ist[17]. Zitiert sei hier die Fassung aus einem Sakramentar des 9. Jahrhunderts, wo Struktur und Intention besonders deutlich hervortreten: "Gedenke [. . .] des ganzen christlichen Volkes und [derjenigen; A. A.], die sich meinen Gebeten empfohlen haben und die mir Sünder ihre Vergehen gebeichtet haben und denen ich Sünder Nachlass von ihrem [Bußpensum; A. A.] in Speise und Trank – nicht aus eigenem Vermessen, sondern nach deiner Barmherzigkeit – Nachlass gewährt habe und deren Almosen ich entgegengenommen habe und die ihren Besitz als Opfergaben für ihre Seelen in den heiligen Kirchen dargebracht haben, sowohl für [die Seelen; A. A.] der Lebenden wie der Toten, und die in diesem Buch aufgezeichnet sind, und all derjenigen, deren Namen du, Gott, kennst [. . .]."[18]

Zugrunde liegt, wie man sofort erkennen kann, das neue, von den Iren eingeführte Bußsystem mit Beichte und stellvertretender Bußableistung, auch mit den dafür messfeiernden Priestern, denen die Bittsteller Almosen und Besitz geopfert haben. Dass die Sühnewirkung weiter auch für die Toten galt und deren Namen ins Gedenkbuch eingeschrieben wurden, sicherte diesem System über Jahrhunderte einen

---

[14] Vgl. *Joachim Wollasch*, Toten- und Armensorge, in: Gedächtnis, das Gemeinschaft stiftet, hg. von Karl Schmid, München/Zürich 1985, 9–38.

[15] Vgl. Liber memorialis Romaricensis 10v, XII; MGH. Libri memoriales 1,19.

[16] Vgl. Bobbio-Missale, Nr. 438; The Bobbio Missal. A Gallican Mass-Book, hg. von E. A. Lowe, London 1920, 130,10.

[17] Vgl. *Arnold Angenendt*, Pro vivis et defunctis. Histoire et influence d'une oraison de messe, in: Retour aux sources. Textes, études et documents d'histoire médiéval offerts à Michel Parisse, hg. von Sylvain Gouguenheim u. a., Paris 2004, 563–571.

[18] *Jean Deshusses*, Le Sacramentaire Grégorien. Ses principales formes d'après les plus anciens manuscrits, Bd. 2: Textes complémentaires pour la messe, Fribourg 1979, 241,1 (Nr. 3100).

sogar wachsenden Erfolg. Geschaffen waren damit die Seelenmessen, die in schier unendlichen Zahlen zelebriert worden sind. Eben diese Sühneleistungen für Lebende wie für Tote vermochten nun die Klöster mit ihrer anwachsenden Schar von Priestermönchen in großer Zahl zu erbringen, und entsprechend vermehrten sich Fürbitten, Psalter und Messzelebrationen wie aber auch die dafür dargebrachten Schenkungen.

Eine frühe Bezeugung für den Abschluss eines solchen Austausches bietet eine 'Gebetsklausel'[19] in einer 751 noch vom Hausmeier Pippin ausgestellten Schenkungs-Urkunde für Saint Denis, wo von einem ausdrücklichen Versprechen der Mönche (sicut nobis promiserunt) die Rede ist: "[...] auf dass es ihnen [den Mönchen; A. A.] besser gefällt, für uns, unsere Söhne sowie für den Bestand des fränkischen Reiches unausgesetzt Tag und Nacht zu beten und die Barmherzigkeit des Herrn anzuflehen und – wie sie uns versprochen haben – täglich unsere Namen sowohl in der Messe wie in ihren besonderen Fürbitten am Grab des heiligen Dionysius zu rezitieren"[20].

Wie eine Kommunität bzw. einzelne Kommunitätsmitglieder die erbetenen Sühne-Leistungen übernehmen konnten und liturgisch abwickeln sollten, klärte erstmals die Kanoniker-Regel des Chrodegang von Metz († 766): Wenn man einem Priester für eine Messe, für eine Beichte, für eine Krankheit oder für einen Angehörigen, einen Lebenden oder Verstorbenen, ein Almosen geben wolle, dürfe der Priester dasselbe annehmen und könne darüber frei verfügen. Wenn aber der Spender an alle Priester zu denselben Bedingungen oder auf sonst eine Weise ein Almosen geben wolle, so solle dasselbe gänzlich an alle Priester der Kanoniker-Gemeinschaft gelangen. Diese sollten dann für die Almosen das entsprechende Psalmengebet und die Messen nach Weisung des Bischofs ausführen. Doch sei den Priestern bei der Annahme von Almosen zu eigenem Dienst eine Begrenzung zu setzen, weil ihnen eine zu schwere Bürde entstehe, wenn sie die großen Lasten der (beichtenden) Sünder allein tragen wollten, und weil mehrere leichter Gottes Barmherzigkeit für die Sünder zu erlangen vermöchten als ein noch so eifriger Einzelner.

---

[19] Vgl. *Eugen Ewig*, Die Gebetsklausel für König und Reich in den merowingischen Königsurkunden, in: Tradition als historische Kraft. Interdisziplinäre Forschungen zur Geschichte des Früheren Mittelalters, Festschrift Karl Hauck, hg. von Norbert Kamp/Joachim Wollasch, Berlin u. a. 1982, 87–99.

[20] Chartae latinae antiquiores 595; *Albert Bruckner/Robert Marichal*, Facsimile-Edition of the Latin Charters prior to the Ninth Century. France III, Teil 15, Zürich 1986, 4,23.

Jeder müsse für sein eigenes Gewissen fürchten; umso weniger dürfe
er bei den Sünden anderer sich über seine Kräfte belasten[21].

Seit dem 10. Jahrhundert regelte dann ein juridisch-liturgisches
Verfahren, ob und wie man an den geistlichen Wohltaten eines
Klosters Anteil zu gewinnen vermochte: Stifter übertrugen den Klöstern
Besitz, und die Klöster sicherten den Stiftern im Gegenzug geistliche
Sühneleistungen zu, besonders auch für die Toten. Der förmliche
Abschluss erfolgte im Kapitelsaal. In Cluny gelangte dieses Austausch-
System zu höchster Steigerung. Das geistliche Angebot umfasste
täglich zwei Hochämter des Konvents, weiter die Einzelmessen der
Priestermönche[22], dann noch ein Stundengebet von bis zu 215
Psalmen[23].

Um an diesen geistlichen Erträgen Anteil zu erlangen, sahen die
Bernhard-Consuetudines, welche das klösterlich-liturgische Leben
Clunys regeln, folgende Verfahrensweise vor: "Es gibt einige Gemeinschaften, solche sowohl von Mönchen wie von Klerikern, die unsere
Gemeinschaft und Bruderschaft (societatem et fraternitatem) haben
und denen, sobald die Nachricht über einen Verstorbenen von ihnen
zu uns oder umgekehrt von uns zu ihnen kommt, das Officium und
die Messe, weiter die Siebentage und das entsprechende Officium
sowie die Messen gehalten werden. Ebenso gibt es zahlreiche Gläubige,
sowohl arme wie reiche, die in unseren Kapitelsaal geführt werden
und unsere Verbrüderung erbitten vom Herrn Abt oder Prior; daraufhin wird sie ihnen durch diese selbst oder den Gastbruder zugestanden, auf dass sie ihnen mit dem (Kapitel-)Buch gegeben werde;
so sollen sie Anteil und Gemeinschaft (partem et communionem)
haben an allen Gütern, die nicht nur bei uns, sondern in allen
unseren (Kloster-)Orten in Gebet, Almosen und sonstigen Wohltaten
geschehen. Für sie wie für alle unsere Wohltäter sollen, solange sie
leben . . . [bestimmte Zusatzgebete im Stundengebet und bei den
Messen; A. A.] gesprochen werden. Nach dem Tod sollen [weitere
Gebete; A. A.] gesprochen werden. Darüber hinaus halten wir dreimal im Jahr, nämlich am Beginn der Quadragesima, nach dem Fest

---

[21] Vgl. Regula Chrodegangi, Nr. 32; *Wilhelm Schmitz*, Sancti Chrodegangi Regula
Canonicorum, Hannover 1889, 23,4.

[22] Vgl. *Angelus A. Häußling*, Mönchskonvent und Eucharistiefeier. Eine Studie über
die Messe in der abendländischen Klosterliturgie des frühen Mittelalters und zur
Geschichte der Messhäufigkeit, Münster 1973 (= LWQF 58), 35–40.

[23] Vgl. *Philibert Schmitz*, La liturgie de Cluny, in: Spiritualità Cluniacense, Convegni
del Centro di Studi sulla Spiritualità Medievale, Bd. 2, Todi 1960, 85–99.

Peter und Paul und nach Allerheiligen speziell für sie ein Gedenken, nämlich das Officium, die allgemeine Messe, die Siebentage wiederum mit Messen und Officium; weiter soll dreißig Tage lang ein Reichnis in der Weise, wie es für einen außerhalb des Klosters verstorbenen Mitbruder üblich ist, als Almosen gegeben werden; nur das ist weniger als für einen außerhalb des Klosters verstorbenen Mitbruder, dass die einzelnen Priester für sie keine Messen singen."[24]

Urkunden über Schenkungen für Cluny spiegeln diesen Austausch wider. Nur ein Beispiel: "Wir, die Mönche von Cluny, gewähren angesichts des Erhalts vorgenannter Schenkung diesen Menschen [den Schenkgebern; A. A.] Anteil und Gemeinschaft in allen Wohltaten, die erbracht sind hier in Cluny wie in allen Dependencen an Messen, Psalmen, Gebeten und allen liturgischen Obsequien; wir schenken auch für alle Zeit einem Armen, den wir bekleiden, beschuhen und ernähren."[25]

Kein Zweifel, hier vollzog sich ein Tausch: Für eine Schenkung werden geistliche Gaben gewährt, sowohl Gebet wie Messen und noch die Versorgung von Armen. Andere Urkunden erläutern zuweilen ausführlicher noch die liturgischen Leistungen, beispielsweise eine Urkunde aus der Abtei Sainte Trinité zu Vendôme vom Karfreitag des Jahres 1073: Die Schenkung sei geschehen, "damit die jetzigen wie künftigen Mönche der Abtei Vendôme das *beneficium* und die *orationes* den Lebenden wie den Verstorbenen für ewig gewähren; sie baten obendrein, beider Schenkgeber Eltern in die Gebete und die Verbrüderung aufzunehmen. Das nahmen die Mönche gerne an und gingen so mit ihnen eine Übereinkunft in Gebet und Gemeinschaft ein: Solange sie [die Stifter; A. A.] leben, soll täglich für sie eine Messe gefeiert, ein Armer beköstigt und nach dem Evangelium Psalmen gesungen werden; ihre Namen, sowohl der Lebenden wie der Verstorbenen, sollen im Kanon der Messe von den Mönchen der Abtei genannt werden. Sobald einer der Schenkgeber stirbt, soll er

---

[24] *Bernardus*, Ordo Cluniacensis I, 26; *Marquard Herrgott*, Vetus disciplina monastica, Nachdruck Siegburg 1999, 200.
[25] Für die Untersuchung der Urkundentexte wurde die von einer internationalen Forschergruppe der Universitäten Dijon und Münster (Centre Georges Chevrier und Institut für Frühmittelalterforschung) vorbereitete Datenbank zu den Urkunden des Klosters Cluny benutzt und nach deren Sigle zitiert; Textausgabe der Edition: Recueil des chartes de l'abbaye de Cluny, hg. von Auguste Bernard/Alexandre Bruel, 6 Bde., Paris 1876–1903, Neudruck Frankfurt a. M. 1974, hier: Urkunde BB 2112.

das dreißigtägige Gedenken erhalten, soll für ihn auch Brot und Wein [beim Opfergang der Messe; A. A.] dargebracht werden, wie üblich für einen Mönch. Die Namen der beiden [Schenkgeber; A. A.] sollen ins Martyrologium eingetragen, das Jahresgedächtnis gehalten wie für höhere Personen gefeiert werden"[26]. Was alles ein Kloster anzubieten vermochte, sehen wir hier verwirklicht, freilich als Entgelt für zuvor gemachte Schenkungen.

Das hier überall fassbare System von 'Gabe und Gegengabe' bestimmte maßgeblich die frühmittelalterliche Religiosität. Doch meldete sich auch Kritik. Schon in karolingischer Zeit erhoben sich Bedenken gegen die klösterliche Praxis der Beichte und Buße ebenso wie der Einzelmessen. Das Pariser Konzil von 829 tadelte, dass Kleriker wie Laien die Bußurteile der Bischöfe bzw. der zuständigen Priester ablehnten und für ihre Beichte wie Buße die Klöster aufsuchten, obwohl doch den Mönchspriestern die Entgegennahme der Beichte verboten sei[27]. Noch zentraler trifft die Kritik Reginos von Prüm: Niemand dürfe allein die Messe feiern, nämlich ohne antwortendes Volk, und dieser gefährliche Missbrauch sei vor allem in den Klöstern zu beseitigen[28].

Eine radikale und dann auch durchschlagende Kritik brachte die Armutsbewegung im 12. Jahrhundert[29]: Nicht von Besitzeinkünften dürften die Diener und Dienerinnen Gottes leben, sondern allein vom Zehnt und von Opfergaben, eigentlich nur von Spenden. Vor allem galt Landbesitz als das große Menetekel, als ein Versagen vor der Erstforderung der Armut. Tatsächlich ging die große Epoche des

---

[26] Cartulaire de l'abbaye cardinale de la Trinité de Vendôme Nr. 242, (a. 1073), hg. von Charles Métais, Bd. 1, Paris 1893, 383.

[27] Concilium Parisiense a. 829; MGH Conc. 2/2, 640: "Nec etiam illud videtur nobis congruum, ut clerici et laici, episcoporum et presbyterorum canonicorum iudicia declinantes, monasteria monachorum expetant, ut ibi monachis sacerdotibus confessionem peccatorum suorum faciant, praesertim cum eisdem sacerdotibus monachis id facere fas non sit, exceptis his dumtaxat, qui sub monastico ordine secum in monasteriis degunt."

[28] *Regino von Prüm*, De synodalibus causis et disciplinis ecclesiasticis I, 193; Libri duo de synodalibus Causis et disciplinis ecclesiasticis [...], hg. von Friedrich G. A. Wasserschleben, Leipzig 1840, 99: "Quapropter haec periculosa superstito maxime a monasteriis monachorum exterminonda est."

[29] Vgl. *Peter Segl*, Art. Armutsbewegung, in: LThK[3] 1 (1993), 1012–1014; In proposito paupertatis. Studien zum Armutsverständnis bei den mittelalterlichen Bettelorden, hg. von Gert Melville/Annette Kehnel, Münster 2001 (= Vita regularis. Ordnungen und Deutungen religiosen Lebens im Mittelalter 13).

Benediktinertums, sowohl des cluniaziensischen wie des gorzischen, nun abrupt zu Ende[30]. Pierre Dubois († um 1321), ein französischer Kronjurist, der im Blick auf im Heiligen Land aufzubauende Strukturen eine Reform der Christenheit anmahnte, spottete geradezu über die besitzreichen Benediktiner-Mönche, die zu zweit oder dritt in ihren Prioraten säßen und bloß noch Einkünfte eintrieben[31].

Ganz spirituell ging die Bewegung des Stephan von Muret († 1124), die Grandmontenser, vor. Sie lehnten das System von Cluny Punkt für Punkt ab: kein Besitz von Ländereien und kein Erwerb lukrativer Zehnt-Einkünfte oder Opfergaben, stattdessen nur noch das Erbetteln von Almosen; kein Eingeben von Gebetsverbrüderungen, infolge deren man dann für Geld Psalmen bete und das Offizium verrichte; kein Ausstellen von Urkunden über empfangene oder abgegebene Güter; endlich bei auf dem Sterbebett dem Kloster vermachten Hinterlassenschaften zwar das erbetene Gebet gewähren, doch bei Streit mit den Erben sofort Rückgabe[32]. Im Ansatz gleichartig, indes in der Ausführung weniger konsequent verhielten sich die jungen Zisterzienser. Sie nahmen zwar weiter Landbesitz an, wollten ihn aber selber bearbeiten. Den Austausch freilich von Stiftungen für Messen, Beichten oder Sepultur lehnten sie ab: "Zur Beichte, zur heiligen Kommunion und zum Begräbnis nehmen wir keinen Außenstehenden an außer den Gästen und unseren Tagelöhnern, falls diese im Kloster sterben. Auch nehmen wir keine Opfergaben für die Konventsmessen an mit Ausnahme des Festes Mariä Reinigung."[33] Konsequenterweise brauchten sie auch nicht so viele geistliche Leistungen zu erbringen. Tatsächlich reduzierten die Zisterzienser die Gebetsleistung von den in Cluny täglich gesungenen 200 Psalmen auf das benediktinische Maß von 37[34]. Schärfstens auch reagierten die Kartäuser: keinen Namen ins Martyrologium einschreiben, kein Jahresgedächtnis abhalten, keine Sonderspeisung für die Mönche bei

---

[30] *John van Enghen*, 'The Crisis of Coenobitism', in: Speculum 61 (1986), 269–304.

[31] Vgl. *Pierre Dubois*, De recuperatione terre sancte 54,55; De recuperatione terre sancte. Traité de politique générale, hg. von Charles-Victor Langlois, Paris 1891 (= CTEH 9), Paris 1891, 44f.

[32] Vgl. Regula venerabilis viri Stephani Muretensis 4–26; CChr.CM 8,71–82.

[33] Instituta generalis capituli apud cistercium 27; Einmütig in der Liebe. Die frühesten Quellentexte von Cîteaux, hg. von Hildegard Brem/Alberich M. Altermatt, Langwarden 1998 (= Quellen und Studien zur Zisterzienserliteratur 1), 136,2.

[34] Vgl. *Alberich M. Altermatt*, Die erste Liturgiereform von Cîteaux (ca. 1099–1133), in: RoJKG 4 (1985), 119–148.

besonderen Gedächtnissen[35]. Ebenso lehnten sie Landbesitz ab, wollten vielmehr "außer ihrem Klosterort nichts besitzen, nicht Äcker, nicht Weinberge, nicht Gärten, nicht Kirchen, nicht Friedhöfe, nicht Opfergaben, nicht Zehnten"[36].

Ein bemerkenswerter Gesichtspunkt ist jüngst von der Kreuzzugsforschung beigebracht worden. Heute wird nachdrücklich herausgestellt, dass die Kreuzzüge nicht primär materiell zu erklären seien, sondern religiös motiviert waren[37], was die Relevanz sozioökonomischer Gründe nicht schlechterdings ausschließt. Das revolutionär Neue – und darauf hat jüngst eine englische Untersuchung aufmerksam gemacht[38] – bestand in der Möglichkeit, Bußleistungen nunmehr in der Form des Schwertdienstes erbringen zu können. Hatte man bis dahin, wenn die Klöster die fällige Buße übernahmen, in Kompensation dafür Landschenkungen an sie machen müssen, so konnten solche Landübertragungen jetzt entfallen, weil die Büßer selber als 'Krieger Christi' mit dem ihnen eigenen Schwertdienst ihre Buße ableisten konnten. Ja, wir können präzisieren: Durch die Kritik der Armutsbewegung am klösterlichen Großgrundbesitz, dass ein solcher Erwerb doch simonistisch sei, dürfte die Bewertung des Schwertkampfes als eines eigenständigen geistlichen Dienstes gerade noch gesteigert worden sein.

Im Hochmittelalter verhielten sich erst recht die Bettelorden ablehnend; nur von eigener Arbeit oder erbettelten Almosen wollten sie leben. Verwunderlicherweise aber waren sie es dann, die in der städtischen Seelsorge die einträglichen Begräbnisrechte erwarben und sich deswegen mit den Pfarrern oft zerstritten[39]. Im Ergebnis stellt Isnard W. Frank, der diese Praxis jüngst untersucht hat, fest: "Die Bettelorden verfestigten die Praxis der missae privatae im Dienste

---

[35] Vgl. *Guigo*, Consuetudines Cartusiae 41,1; SC 313, 244,5.

[36] Vgl. *Guigo*, Consuetudines Cartusiae 41,4; SC 313, 244,16.

[37] Vgl. *Jonathan Riley-Smith*, Der Aufruf von Clermont und seine Folgen, in: Kein Krieg ist heilig. Die Kreuzzüge, hg. von Hans-Jürgen Kotzur, bearb. von Brigitte Klein, Katalog zur Ausstellung im Diözesanmuseum Mainz 2.4.–30.9.2004, Mainz 2004, 51–63.

[38] Vgl. *Marcus G. Bull*, Knightly Piety and the lay response to the First Crusade. The Limousin and Gascony, c. 970–1130, Oxford 1993.

[39] Vgl. Bettelorden und Stadt. Bettelorden und städtisches Leben im Mittelalter und in der Neuzeit, hg. von Dieter Berg, Werl 1992 (= Saxonia Franciscana 1); Stellung und Wirksamkeit der Bettelorden in der städtischen Gesellschaft, hg. von Kaspar Elm, Berlin 1981 (= BHSt 3/II).

der pia memoria mortuorum"[40]. Letzte, noch bei der spätmittelalterlichen Ordensreform unternommene Reformversuche scheiterten schlichtweg an der Aufdringlichkeit der Stifter. Auch die anfangs so ablehnenden Kartäuser nahmen im Spätmittelalter wieder Stiftungen entgegen. So ist die Kölner Kartause über mehrere Generationen von der begüterten Familie Rink bestiftet worden. Schon der Erstbezeugte dieser Familie, der 1464 verstorbene Johann, plante seine Grablege in der Kölner Kartause und vermachte umfangreiche Stiftungen, so eine Marienkapelle, die Kreuzgang-Verglasung, den Hochaltar und eine Schutzmantel-Madonna. Sein Sohn Peter († 1501) übertrumpfte ihn noch; er war Professor der Kölner Universität, aber zuvor in der Kartause Novize gewesen, an die er dann zwar nicht seine größten Legate vermachte, immerhin aber Stiftungen für den Lettner mit so bekannten Retabeln wie dem Thomas-Altar und dem Kreuz-Altar des Bartholomäus-Meisters, ferner eine gemalte Schutzmantel-Madonna, die Beteiligung wiederum an der Kreuzgang-Verglasung, dazu liturgisches Gerät und noch 200 Gulden[41].

Unser Fazit ist ein Mehrfaches: Mit dem irofränkischen Mönchtum kam ein 'sacrum commercium' auf, ein Austausch von (Land-)Besitz für geistliche Sühneleistungen, die den Sündern auf Erden wie noch denen im jenseitigen Läuterungsort, im Purgatorium, zugute kommen sollten. Dieser Austausch setzte größte Besitzverschiebungen in Gang: für Abgabe von Besitz und speziell auch von Land die Befreiung von Sünde. Das waren die *pro-redemptione-animae*-Schenkungen. Aber genau um 1100 wandte sich die Armutsbewegung dagegen und kritisierte nun das Austausch-System als simonistisch. So schien es um das ganze Stiftungswesen geschehen zu sein. Ausgesprochen wurde hier ein originär reformerischer Protest bereits weit vor der Reformation. In Wirklichkeit setzten sich aber die Stiftungen fort, allerdings nicht mehr in Gestalt von Landschenkungen, sondern in neuen, veränderten Formen. Aus der damals sich entwickelnden städtischen

---

[40] *Isnard W. Frank*, Ordensarmut und missae speciales bei den spätmittelalterlichen Mendikantenorden, in: Vorgeschmack. Ökumenische Bemühungen um die Eucharistie, Festschrift für Theodor Schneider, hg. von Bernd J. Hilberath/Dorothea Sattler, Mainz 1995, 208–224, hier: 209.
[41] Vgl. *Wolfgang Schmid*, Stifter und Auftraggeber im spätmittelalterlichen Köln, Köln 1994 (= Veröffentlichungen des Kölnischen Stadtmuseums 11), 26–157.

Ökonomie kamen fortan Erblaststiftungen und Renten, nun als Stipendien für Messen oder auch als Sakralschenkungen für die Liturgie. Die Bettelorden, die doch Besitzlosigkeit, dabei auch Verzicht auf Land- und sogar Hausbesitz propagierten, akzeptierten gleichwohl die neuen Stiftungsformen, so dass die neue Ökonomie der Städte ihnen auch neue Stiftungsmöglichkeiten eröffneten.

Theologisch gesehen ist diese Stiftungsfrömmigkeit mit ihrer Erwartung auf Sühnewirkung zweifellos als kritikwürdig anzusehen, weswegen auch der Protest im 12. Jahrhundert als originär christlich zu gelten hat. Aber die Durchsetzungsmöglichkeiten dieser reformerischen Ideen blieben damals zu punktuell, erfassten Einzelpersonen und lösten durch sie auch Bewegungen aus, vermochte aber das Ganze nicht zu verändern. Es fehlten die umfassenden theologischen, religiösen und mentalen Kräfte für eine Totalreform.

Ein Weiteres ist die kulturelle Bilanz. Den Stiftungen ist eine geradezu fundamentale Bedeutung für die abendländische Kultur zuzusprechen. In der städtelosen Gesellschaft des Frühmittelalters bildeten die Klöster dank ihrer Besitzungen wirtschaftliche Akkumulationspunkte und boten damit die Basis für ihre großen Kulturleistungen. Diese wären ohne die großen Stiftungen nicht möglich gewesen. Für die Herstellung einer karolingischen Bibel waren die Häute von 200 Tieren erforderlich. Und nahezu alles, was wir an Kunst und Kultur aus dem Frühmittelalter kennen, ist klösterlicher Herkunft. Ja, vieles, was damals und noch später in Klöstern geschaffen wurde, ist heute Weltkulturerbe. Sogar der Wissenschaftsbetrieb lebte von Stiftungen. So stammten nicht wenige der Bibeln, welche die für die Theologie des 12. Jahrhunderts so wichtige Schule von Sankt Viktor in Paris benutzte, aus Stiftungen zum Seelenheil[42].

Abschließend ist zu registrieren, dass die reformatorische Kritik am Stiftungs- und Mess-Wesen nicht bloß theologisch, sondern auch kulturell zum signifikant unterschiedlichen Erscheinungsbild der Konfessionen wurde. Denn ein Großteil der neuzeitlichen Kirchenbauten Italiens und Spaniens ist noch zum Seelenheil gestiftet worden, also 'Toten-Kunst'. Daran beteiligten sich die kleinen wie die großen

---

[42] Vgl. *Matthias M. Tischler*, Die Auftraggeber, Vorbesitzer und Schenker der Bibeln von Saint-Victor. Eine Vorstudie zur Skriptoriums- und Bibliotheksgeschichte von Saint-Victor, in: Schrift, Schreiber, Schenker. Studien zur Pariser Abtei Sankt Viktor und den Viktorinern, hg. von Rainer Berndt, [im Druck]; dem Verfasser wie dem Herausgeber sei für die Möglichkeit der vorzeitigen Einsichtnahme gedankt.

Leute; denn gestiftet wurde "vom kleinsten Messstipendium, das die Armen einmalig für das Seelenheil ihrer Toten zahlten, bis zur Kollegiatkirche mit acht Kanonikern, die 'auf ewig' täglich eine Messe für alle Verstorbenen ihrer Sippe zelebrieren mussten"[43]. Die Zahlen erreichten – wie Peter Hersche zu Recht schreibt – "phantastische Dimensionen"[44]. Im Ganzen vollzog sich gerade hier eine die Neuzeit prägende konfessionelle Weichenstellung: arbeitsamer Protestantismus und kultfeiernder Katholizismus, letzterer erneut mit unvergleichlichen Kunstschöpfungen, dem Kirchen-Barock des katholischen Südens[45].

---

[43] *Christoph Weber*, Familienkanonikate und Patronatsbistümer. Ein Beitrag zur Geschichte von Adel und Klerus im neuzeitlichen Italien, Berlin 1988 (= Historische Forschungen 38), 39.

[44] *Peter Hersche*, Italien im Barockzeitalter 1600–1750. Eine Sozial- und Kulturgeschichte, Wien u. a. 1999, 204.

[45] Vgl. *Peter Hersche*, Katholische Opulenz kontra protestantische Sparsamkeit. Das Beispiel des barocken Pfarrkirchenbaus, in: Landgemeinde und Kirche im Zeitalter der Konfessionen, hg. von Beat Kümin, Zürich 2004, 111–127.

DAS GLAUBENSBEKENNTNIS DER KATHARER
VON LOMBERS (1165)

Jörg Ulrich
(Halle-Wittenberg)

Im Jahr 1165[1] fand in dem im Dreieck zwischen Toulouse, Albi und Carcassonne gelegenen Flecken Lombers ein kontroverses Religionsgespräch zwischen katholischen Bischöfen und "guten Menschen" statt. Laut überlieferter Akten war das Rededuell von zahlreichen und illustren Zuhörern besucht[2]. Bei diesem Gespräch von Lombers kommt es zur Formulierung eines Glaubensbekenntnisses durch die Katharer[3], das von großem Interesse ist, weil es als das früheste erhaltene Selbstzeugnis[4] jener "Gegenkirche"[5] des 12. Jahrhunderts anzusprechen ist.

---

[1] Zur Datierung siehe *Claude de Vic/Joseph Vaissète*, Histoire générale de Languedoc VII, Toulouse 1879, Nachdruck Osnabrück 1973, 1–5; *Arno Borst*, Die Katharer, mit einem Nachwort von Alexander Patschovsky, Freiburg u. a. 1991, 78f, Anm. 23; *Martin Ohst*, Pflichtbeichte. Untersuchungen zum Bußwesen im hohen und späten Mittelalter, Tübingen 1995 (= BHTh 89), 153.

[2] Vgl. Sacrorum conciliorum nova et amplissima collectio XXII, hg. von Joannes Dominicus Mansi, Paris 1903, Nachdruck Graz 1961, 158–168; RHGF 14, 431–438; eine fast vollständige Übersetzung findet sich bei *Walter L. Wakefield/Austin P. Evans*, Heresies of the High Middle Ages, New York 1969, Nachdruck New York 1991, 189–194; 703f. – Die "boni homines", so sagen die Akten selbst, haben die Unterstützung der Notabeln von Lombers. Anwesend sind Anhänger beider Seiten. Beiderseits anerkannte Schiedsrichter leiten die Befragung.

[3] Dass es sich bei den "guten Menschen" von Lombers um Katharer handelt, kann nicht zweifelhaft sein. Siehe hierzu unten 23.

[4] Dass ich die katharischen Aussagen in den Akten als Selbstzeugnisse ansehe, obwohl die Sammlung durch niemand anders als durch die katholische Gegnerschaft erfolgte, begründe ich damit, dass die in diesen Akten protokollierten Sätze selbst von den Katholiken als erstaunlich rechtgläubig beurteilt werden. Dies spricht *für* die Authentizität der katharischen Aussagen: Wenn jemand in einer polemisch geprägten Situation aus dem, was er von seinem Gegner referiert, kein Kapital zu schlagen vermag, gibt es dafür nur einen Grund, nämlich den, dass es authentisch ist.

[5] Der Begriff "Gegenkirche" scheint mir die strukturelle und inhaltliche Besonderheit des frühen Katharismus am besten zu erfassen: Die Katharer haben, wie schon 1144 ein Schreiben des Propstes Everwin von Steinfeld an Bernhard von Clairvaux zeigt (vgl. PL 182, 676–680), Parallelstrukturen ausgebildet, verstehen sich exklusiv als reine Kirche Christi und ihre Mitglieder als Nachfolger der Apostel und Märtyrer

Der Ablauf des Religionsgesprächs gestaltet sich so, dass zunächst
die Katholiken Fragen an die Katharer stellen und diese die Fragen
beantworten sollen, danach umgekehrt. Die Fragen der Katholiken
richten sich gezielt auf einige konkrete Punkte: Zuerst darauf, ob
ihre Gegner das Alte Testament und die doctores des Neuen Testaments anerkennten. Die Katharer antworten, dass sie das Gesetz des
Mose, die Propheten, Psalmen, das Alte Testament (insgesamt), nicht
anerkennen, sondern allein die Evangelien, die Paulusbriefe, die sieben kanonischen Briefe, die Apostelgeschichte und die Apokalypse[6].
Zweitens fragen die Katholiken nach dem Glauben der Katharer,
"uti eam apponerent", diese antworten, dass sie ihn nicht mitteilen
würden. Drittens erkundigen sich die Katholiken nach der Einstellung
zur Kindertaufe, ob die Kinder durch die Taufe gerettet würden.
Die Antwort lautet, dass sie (hierzu) nichts sagen würden; sie wollen über das Evangelium und die Briefe sprechen. Die vierte Frage
richtet sich auf Leib und Blut des Herrn: Wo diese konsekriert würden, von wem, und ob die Konsekration durch einen würdigen Mann
wirksamer sei als die durch einen unwürdigen. Die Katharer antworten, dass, wer das Mahl würdig esse, gerettet, und wer es unwürdig
esse, verdammt werde[7]. Die Konsekration erfolge (bei ihnen) durch
jeden guten Menschen, sei er Kleriker oder Laie. Fünftens: Ob nach
Auffassung der Katharer Mann und Frau, die sich in der Ehe fleischlich vereinigen, gerettet werden können? Antwort: Man könne hierzu
nichts sagen, laut dem Apostel sollten Mann und Frau sich (nur)
verbinden, um Unzucht zu vermeiden[8]. Die sechste Frage betrifft die
Buße ("poenitentia"), ob sie im Moment des Todes Rettung ermögliche; ob z. B. tödlich verwundete Soldaten gerettet würden, wenn
sie im letzten Moment bereuten. Die Katharer antworten, für Kranke
reiche es, Sünden zu bekennen[9], die Frage nach den Soldaten könne
man nicht beantworten, Jakobus rede nur von Kranken. Schließlich,
ob nach Auffassung der Katharer Reue des Herzens ("cordis con-

---

und Exponenten der einzig wahren Kirche. *Ohst*, Pflichtbeichte (wie Anm. 1), 151,
hat mit Recht darauf aufmerksam gemacht, dass sich die Katharer gerade nicht
einfach als "Vertreter einer punktuell aus akuten Missständen heraus sich legitimie-
renden Bewegung" ansehen.
    [6] Unterstellt man, dass sie den Hebräerbrief zu den Paulusbriefen rechnen, wäre
das das "gesamte" Neue Testament.
    [7] Anspielung auf 1. Kor 11,27–29.
    [8] Anspielung auf 1. Kor 7,9.
    [9] Bezug: Jak 5,14–16.

tritio") und Bekenntnis mit dem Munde ("oris confessio") ausreich-
ten, oder ob eine satisfactio durch Fasten, Pilgern, milde Gaben nötig
sei. Die Antwort lautet: Jakobus sage nicht mehr, als dass man die
Sünden bekennen solle und so gerettet werde, und sie selber wollten sich nicht für klüger halten als der Apostel.

Die Runde mit Anfragen der Katholiken an die "guten Menschen"
ist beendet, und nun sind die Katharer an der Reihe. Sie sagen
zunächst, dass man nicht schwören dürfe und verweisen auf den
Herrn selbst und auf Jakobus[10]. Dann erklären sie, dass, falls geweihte
Geistliche nicht so seien, wie Paulus es gefordert habe[11], diese keine
Bischöfe und Priester seien, sondern Raubwölfe, Heuchler, Verführer,
die nach Verehrung auf dem Marktplatz schielten, nach den höchsten Sitzen und nach den besseren Plätzen am Tische strebten, begehrten, Rabbi und Lehrer genannt zu werden entgegen dem Gebot
Christi. Sie trügen weiße glänzende Kleider und hätten Edelsteinringe
an den Fingern: "Das hat Jesus nicht befohlen". Sie schließen mit
dem Satz, dass sie den Katholiken keinen Gehorsam schuldeten:
Diese hätten Jesus verraten. Die Katholiken erwidern, es gehe hier
nicht um Leben, sondern um Lehre. Die "guten Menschen" werden
öffentlich zu Häretikern erklärt. Da wenden sich die Katharer der
Menge zu und verkünden ein eigenes Bekenntnis, das folgenden
Wortlaut hat:

> Wir glauben an einen lebendigen und wahren Gott, drei und eins, den
> Vater, Sohn und Heiligen Geist: Und dass der Sohn Gottes Fleisch
> angenommen hat, im Jordan getauft worden ist, in der Wüste gefastet
> hat, unser Heil gepredigt hat, gelitten hat, gestorben ist und begraben
> wurde, in die Unterwelt hinabgestiegen ist, auferstanden ist am drit-
> ten Tage, in den Himmel aufgestiegen ist, den Tröster Geist den
> Jüngern am Pfingsttag geschickt hat, dass er kommen wird am Tag
> des Gerichts zu richten die Lebenden und die Toten und alle, die auf-
> erstehen werden. Wir erkennen auch, dass wir mit dem Munde beken-
> nen müssen, was wir mit dem Herzen glauben. Wir glauben, dass nicht
> gerettet wird, wer nicht den Leib Christi isst, und dieser Leib Christi
> nur in der Kirche konsekriert wird und auch von niemand anderem
> als einem Priester, sei dieser gut oder böse, und dass der Leib Christi
> nicht besser wird durch den guten als durch den schlechten Priester.
> Wir glauben auch, dass man nur durch die Taufe gerettet wird, und
> dass die Kinder durch die Taufe gerettet werden. Wir glauben auch,

---

[10] Vgl. Mt 5,34–37; Jak 5,12.
[11] Bezug: 1. Tim 3,2–7; Tit 1,7–9.

dass Mann und Frau gerettet werden, auch wenn sie sich fleischlich
verbinden, und dass ein jeder die Buße mit Mund und Herz auf sich
nehmen muss und von einem Priester und in der Kirche getauft werden muss. Und wenn freilich in der Kirche etwas darüber hinaus
bewiesen werden könnte durch Evangelien oder Briefe, so wollen sie
das glauben und bekennen[12].

Dieses Bekenntnis ist das früheste erhaltene Selbstzeugnis der Katharer des Languedoc. Die katholische Seite beurteilt es als erstaunlich
orthodox, sie verlangt, die Katharer sollten auf dieses Bekenntnis
nun auch schwören. Das aber verweigern diese; Schwören sei gegen
Evangelium und Briefe. Die Spaltung bleibt bestehen.

Bekenntnisse wie das in Lombers hatten den Charakter des Einmaligen,
sie wurden ad hoc zusammengestellt im Blick auf die strittigen Fragen,
wenn auch vermutlich dabei auf Formulare zurückgreifend[13]. Der
Text enthält ein Bekenntnis zum dreieinigen Gott[14], wobei auffällt,
dass das Bekenntnis zum Schöpfer im ersten Artikel fehlt. Der zweite
Artikel weist keinerlei doketische Züge auf, wie man an der Wendung
"carnem suscepisse" sehen kann; die Taufe Jesu im Jordan und das
Fasten in der Wüste werden eigens betont, ansonsten ist der Passus
an das Apostolikum angelehnt. Die Sendung des Geistes zu Pfingsten
wird im zweiten Artikel eigens betont, ein dritter Artikel ist nicht
ausgeführt. Zentralen Stellenwert hat der Satz über die notwendige
Übereinstimmung von Herzensglaube und mündlichem Bekenntnis
("quod corde credimus, ore debemus confiteri"), angelehnt an Röm
10,10.

Das Bekenntnis schließt mit einer Reihe von apologetisch akzentuierten Aussagen, die gegnerische Behauptungen als falsch erweisen
wollen, und die in ihrer Reihenfolge der vorangegangenen Befragung
durch die Katholiken entsprechen. Mit den Antworten aus der
Befragung stimmt das Bekenntnis teils überein, z. T. ist aber auch

---

[12] *Mansi*, Collectio XXII (wie Anm. 2), 165f.

[13] Ähnlich verhält es sich bei den Waldensern; zum Bekenntnis Waldes' vgl. *Kurt-Victor Selge*, Die ersten Waldenser, Bd. 1: Untersuchung und Darstellung, Berlin 1967
(= AKG 37,1), 19–35.

[14] Auch sonst gibt es trinitarische Formeln bei Katharern: Liber de duobus prin-
cipiis: "cum verissimis argumentis proposui declarare, patris et filii et spiritus sancti
auxilio invocato"; SC 198, 160 Thouzellier. – Vgl. auch: Rituel Cathare. lat. 14:
"Dominus deus verus tribuat vobis gratiam recipiendi hoc donum ad honorem illius
et ad bonum vestrum"; SC 236, 254 Thouzellier.

eine gewisse Spannung zu diagnostizieren: Die Berufung nur auf das
Neue Testament aus der Befragung wird im Bekenntnis bestätigt, die
Heilswirksamkeit der Kindertaufe wird im Bekenntnis (über die
Befragung hinaus) zugestanden, im Passus über die Eucharistie wird
die Gültigkeit des Sakraments unabhängig von der moralischen Qua-
lität des Spenders (über die Befragung hinaus) zugestanden, in der
Frage über die Möglichkeit der Errettung Verheirateter stimmen
Befragung und Bekenntnis überein; auch darin, dass die Buße mit
Herz und Mund anerkannt wird, ohne dabei das Problem der satis-
factio zu klären.

Die Umrisse, die 1165 in Lombers von den Katharern erkennbar
werden, zeigen eine Gruppe, die durch folgende Merkmale geprägt ist:

1) Eine grundsätzliche Ablehnung der katholischen Kirche, vor allem
unter Hinweis auf deren Reichtum und Prunk, wobei aus der
Ablehnung der katholischen Kirche nicht die Ungültigkeit der
dort gespendeten Sakramente folgt.

2) Eine relativ traditionelle Theologie, die in ihrer bekenntnismäßi-
gen Konzentration grob am Apostolikum orientiert ist, dort freilich einige signifikante Veränderungen vornimmt, die wiederum
kaum eindeutig heterodox einzustufen sind; einzige Ausnahme ist
die häretische Ablehnung (so bei der Befragung) bzw. Nicht-
berücksichtigung (so im Bekenntnis) des Alten Testaments.

3) Einen ausgeprägten Biblizismus: Was nicht direkt im Neuen
Testament steht, ist auch nicht Gegenstand der Lehre. Hiermit
verbindet sich eine deutliche Reserve gegen theologische Reflexion:
Die "guten Menschen" beschäftigen sich mit dem Leben mehr
als mit der Lehre, wollen über das wörtlich in der Bibel Geschriebene hinaus nichts sagen.

4) Einen asketischen Zug, den ich aus dem Umstand herleite, dass
das Fasten Jesu in der Wüste im zweiten Artikel eigens betont
wird und dass die Errettung Verheirateter nur zugestanden wird,
so dass eine Minderbewertung des Ehestandes hier durchscheint.

Es fällt auf, dass einige Aspekte, die für das herkömmliche, an der
frühen antikatharischen Polemik orientierte Bild entscheidend sind,
in Lombers gar keine Rolle spielen. Dies betrifft den Dualismus und
die Ablehnung der Sakramente der catholica. Zwar haben wir für
den späten südfranzösischen Katharismus in der Tat sowohl dualistische Auffassungen als auch die radikale Ablehnung der katholischen

Sakramente klar belegt[15] – aber hier, beim frühen okzitanischen
Katharismus, spielt beides (noch) keine erkennbare Rolle. Den Dualismus und das Problem der Schöpfung der (negativ bewerteten) Welt
durch ein gegenläufiges Prinzip haben ja nicht einmal die katholischen Befrager in Lombers angesprochen. Dass das Bekenntnis zu
Gott dem Schöpfer im ersten Artikel fehlt, mag ein Indiz e silentio
für eine mögliche Negativbewertung der Schöpfung durch die "guten
Menschen" sein, jedoch ist dies in Lombers gar nicht Gegenstand
der Diskussion. Die Frage des Dualismus steht nicht auf der Tagesordnung. Die von Unwürdigen gespendeten Sakramente und mithin
auch die katholische Taufe werden ganz ausdrücklich und antidona-
tistisch von den Katharern von Lombers akzeptiert. Damit scheiden
die beiden bis heute wirkmächtigsten Katharerinterpretationen, die
manichäisierende und die donatistisierende, für die frühen Katharer
von Lombers faktisch aus.

Mit diesem Befund hängt es zusammen, dass das Bekenntnis von
Lombers in der Literatur immer wieder als Täuschungsversuch eingestuft worden ist. Für Arno Borst verleugnen die Katharer hier
(noch) ihre eigentlich bogomilisch-manichäische Lehre[16]. Auch für
Daniela Müller gibt das Bekenntnis nicht die eigentliche katharische
Auffassung von der Ungültigkeit der von katholischen Priestern gespendeten Sakramente wieder, es wird jedenfalls nicht zur Rekonstruktion
der katharischen Lehre herangezogen[17]. Eine Variante der Einschätzung, dass wir es hier nicht mit einem echten Katharerbekenntnis
zu tun haben, ist der Versuch, die Gruppe aus Lombers gar nicht
als Katharer anzusehen. So lautet die Lösung Jean Duvernoys, der
in dem Text und auf dem Konzil gar keine Katharer, sondern
Waldenser (bzw. Protowaldenser) sprechen hören will[18]. Ähnlich urteilt
Gerhard Rottenwöhrer, der in den Heterodoxen von Lombers eine
eigenständige, jedenfalls nicht den Katharern zuzuordnende Gruppe

---

[15] *Gerhard Rottenwöhrer*, Der Katharismus, Bd. 2/2: Der Kult, die religiöse Praxis,
die Kritik an Kult und Sakramenten der katholischen Kirche, Bad Honnef 1982,
705–851.

[16] Vgl. *Borst*, Katharer (wie Anm. 1), 79.

[17] *Daniela Müller*, Albigenser, die wahre Kirche? Eine Untersuchung zum Kirchenverständnis der "ecclesia Dei", Gerbrunn 1986, 5; 87–89; 196f.

[18] Vgl. *Jean Duvernoy*, Le catharisme, Bd. 1: La religion des Cathares, Toulouse
1979, 16; ebd., Bd. 2: L'histoire des Cathares, Toulouse 1979, Nachdruck Toulouse
1989, 209–213.

sieht[19]. Demgegenüber hat Martin Ohst in seiner Göttinger Habilitationsschrift m. W. erstmals gesagt, dass weite Teile des Bekenntnisses durchaus als mit katharischer Lehre in Einklang stehend angesehen werden müssten, abgesehen vom Problem der Anerkennung katholischer Sakramente. Ohst nennt deshalb den Text von Lombers ein "mittels Mentalreservation in orthodoxe Formeln gehüllte[s] Katharerbekenntnis"[20].

Alle drei Lösungen überzeugen jedoch nicht ganz: Gegen die erste These spricht, dass die Katharer von Lombers die heterodoxe Ablehnung des Alten Testaments offen zugeben. Weshalb hätten sie dann andere ihrer von der catholica abweichenden Lehrsätze verleugnen sollen? Zudem: Sie treten während der gesamten Auseinandersetzung höchst selbstbewusst auf. Ihre Polemik gegen die Katholiken ist äußerst scharf. Wieso hätten sie in dieser Situation ein Bekenntnis vorlegen sollen, das nicht ihren Auffassungen entsprach? Die taktische Ausgangslage des Rededuells scheint paritätisch gewesen zu sein, wenn man an die Bestellung von Schiedsrichtern durch beide Seiten denkt. Es fehlt jedes Motiv für ein Verleugnen von Überzeugungen. Auch muss man sehen, dass die Katharerkirche in ihrer Geschichte durchgängig als eine höchst kompromisslose Kirche auftritt, zu der ein Verheimlichen eigener Lehre aus taktischen Gründen überhaupt nicht passen würde. Die Verweigerung des Eides am Schluss muss kein Zurückscheuen vor Unwahrhaftigkeit indizieren: Man kann sie gut mit Berufung auf Mt 5,34–37 und Jak 5,12 erklären.

Auch die zweite genannte These, es handele sich in Lombers gar nicht um Katharer, führt in Aporien. Duvernoys "Protowaldenser" sind sonst nirgends belegt. Man muss zudem darauf hinweisen, dass im Text durchgängig von "guten Menschen" oder "guten Christen" die Rede ist[21]; es liegt also *die* typische katharische Selbstbezeichnung vor. Man kann ferner darauf verweisen, dass es 1178 zu einem unzweifelhaft katharisch-katholischen Rededuell in Toulouse kommt:

---

[19] Vgl. *Gerhard Rottenwöhrer*, Der Katharismus, Bd. 3: Die Herkunft der Katharer nach Theologie und Geschichte, Bad Honnef 1990, 398; *ders.*, Der Katharismus, Bd. 1/1: Quellen zum Katharismus, Bad Honnef 1982, 10.

[20] *Ohst*, Pflichtbeichte (wie Anm. 1), 153, Anm. 52.

[21] Vielleicht im Anschluss an Jak 2,7? – In den Konzilsakten finden sich noch die Bezeichnungen "secta Oliverii" und "secta haereticorum de Lumbers"; vgl. *Mansi*, Collectio XXII (wie Anm. 2), 160.

Und hier legen die "guten Menschen" ein Bekenntnis ab, das dem von Lombers z. T. bis in die Formulierungen hinein entspricht[22].

Die Interpretation von Ohst weist m. E. in die richtige Richtung. Allerdings ist auch Ohst letztlich noch der Täuschungshypothese verpflichtet, wenn er von "Mentalreservation" und "Verhüllung" spricht. In der Polemik der "guten Menschen" gegen die Katholiken ist von Mentalreservation jedenfalls nichts zu spüren (Raubwölfe, Heuchler, Verführer), und so bietet es sich auch nicht an, diese nun bei dem Bekenntnistext am Werk zu sehen.

Dann aber bleibt nur noch die eine Lösung, das Bekenntnis von Lombers als authentisch einzustufen: Die "guten Menschen", die eine Gegenkirche gegen die catholica etabliert haben, sind geprägt durch Protest gegen deren Feudalismus, durch einen ausgeprägten Biblizismus bei ausschließlicher Berufung auf das Neue Testament, und durch einen asketischen Zug. Der Dualismus der späten Katharer Südfrankreichs, die Ungültigerklärung der Sakramente der catholica, dazu auch Reinkarnationsvorstellungen, gnostisierende Mythologien, wie wir sie beim späteren Katharismus kennen, all dies ist in den Anfängen nicht nachweisbar und auch nicht rückprojizierend zu unterstellen. Diese Interpretation wird beim Blick auf weitere Selbstzeugnisse der frühen Katharer des Languedoc im Wesentlichen bestätigt.

Vermutlich ins Jahr 1174 gehören die Akten des Katharerkonzils von St. Félix-de-Caraman[23]. Dieses wird in der Regel als *der* radikaldualistische Entscheidungsmoment des Katharismus angesehen[24]. Die Überraschung bei der Lektüre des Textes ist: Für die Frage nach der Theologie der Katharer tragen diese Akten praktisch nichts aus. Es geht beim Konzil um kirchenorganisatorische Themen: Die Grenzen zwischen den Bistümern Toulouse und Carcassonne werden neu abgesteckt. Es bestätigt sich damit zunächst die katharische Tendenz, eine vollständige Gegenkirche neben der catholica zu etablieren. Ein Prediger mit Namen Niquintas ermahnt die Bistümer auf dem Konzil zur Eintracht.

> Danach sprach Papst Niquintas: 'Ihr habt mir gesagt, dass ich euch sagen soll, ob das Verhältnis der ersten Kirchen lose oder fest sei, und

---

[22] Siehe hierzu unten 26f.
[23] Am einfachsten greifbar in: AFP 48 (1978), 51–53.
[24] So *Daniela Müller*, Art. Katharer, in: TRE 28 (1989), 23; *Borst*, Katharer (wie Anm. 1), 79f.

ich sage euch, dass die sieben Kirchen Asiens (Apk 1,11) aufgeteilt waren und abgegrenzt gegeneinander, und keine von ihnen tat der anderen irgendetwas, was dieser widersprach. Und die Gemeinden Romaniens und Dragontiens und Melengias und Bulgariens und Dalmatiens waren aufgeteilt und abgegrenzt gegeneinander, und keine tat der anderen etwas, was dieser widersprach. Und so haben sie Frieden untereinander. So tut auch ihr.'

Es ist schwierig, in dieser Aufforderung zum Frieden unter den katharischen Bistümern irgendeine dogmatische Option auszumachen. Ob hier überhaupt der Versuch zu sehen ist, die Gemeinden des Westens und Ostens dogmatisch auf dieselbe (radikaldualistische?) Linie zu bringen, ist nicht nachweisbar. Man kann ja die Aufforderung des Niquintas auch so interpretieren, dass (analog zur vermeintlichen Situation der "Urkirche" nach Apk 1,11) theologische Differenzen unter Katharern keine kirchentrennende Wirkung haben dürfen[25]. Sicher ist in St. Félix nur: Es spricht hier ein Gastprediger, der gute Kenntnisse von Vorgängen unter Bogomilen im Osten hat, vielleicht gar von dort kommt, der als "Papa" bezeichnet wird und der den uns sonst nicht bekannten Namen Niquintas trägt. Dass es sich hierbei um den zeitgleich in der Lombardei tätigen bogomilischen Bischof von Konstantinopel, Niketas, handelt[26], wie in der Literatur immer wieder zu lesen ist[27], ist durchaus möglich, aber immerhin müsste man dann im Text an vier Stellen konjizieren, und gerade bei einem Namen wie Niketas fällt es schwer, das im Text stehende Niquintas für eine missglückte Latinisierung zu halten. Jedenfalls ist es nicht unproblematisch, aus diesen Akten Schlüsse für die Theologie der frühen Katharer des Languedoc zu ziehen[28].

---

[25] Eine solche Auffassung ist jedenfalls von den italienischen Katharern berichtet. Möglicherweise spielt die Übereinstimmung im Lehrbestand für sie gar keine entscheidende Rolle. Dies scheint jedenfalls schon Rainer Sacchoni anzudeuten: Neben einem gemeinsamen Lehrbestand gelte für die Katharer v. a.: "[. . .] omnes ecclesiae Catharorum se recipiunt ad invicem, licet habeant diversas et contrarias opiniones [. . .]"; Thesaurus Novus Anecdotorum, Bd. 5, hg. von Edmond Matène/ Ursini Durand, Paris 1717, Nachdruck Farnborough 1969, 187.

[26] Vgl. den anonymen Traktat 'De heresi Catharorum in Lombardia', hg. von Antoine Dondaine, in: AFP 19 (1949), 306–312.

[27] So *Müller*, Katharer (wie Anm. 24), 23; *dies.*, Albigenser (wie Anm. 17), 5; *Antoine Dondaine*, Les actes du concile albigeois de St. Félix-de-Camaran, in: Studi e Testi 125 (1946), 324–355.

[28] Die interessante Frage, ob die in weiten Teilen der Wissenschaft auftauchende radikaldualistische Interpretation des Konzils von St. Félix-de-Camaran einschließlich der Identifikation jenes Niquintas mit Niketas forschungsgeschichtlich letztlich

Die Akten von Toulouse 1178[29], auf die ich oben schon angespielt
hatte, tragen für die Frage nach den Überzeugungen der frühen
Katharer des Languedoc mehr aus. Abermals handelt es sich um
ein Rededuell: Katharische Bischöfe legen vor dem päpstlichen Legaten
ein Bekenntnis ab, das den Katholiken merkwürdig orthodox erscheint – die Katharer erklären, dass sie keinesfalls an zwei Gottheiten
glaubten, wie böswillige Gegner ihnen unterstellten. Hier liegt ein
neuer Aspekt gegenüber Lombers vor: Die Frage des Dualismus
kommt hier erstmals, offensichtlich von Seiten der Gegner, ins Spiel;
die Katharer leugnen, zwei Prinzipien zu lehren. Die Erklärung
kommt ansonsten in Inhalt und Diktion dem Bekenntnis von Lombers
nahe. Die Katharer glauben an einen Gott, der alle sichtbaren und
unsichtbaren Dinge geschaffen habe (letzteres war in Lombers so
nicht gesagt, das Bekenntnis zu Gott dem Schöpfer fehlte dort im
1. Artikel), sie erkennen Evangelien und apostolische Schriften an
(wie in Lombers ist vom Alten Testament nicht die Rede); der katholische Priester, er sei gut oder schlecht, könne Leib und Blut Christi
gültig darreichen (dies entspricht dem Bekenntnis von Lombers)[30].
Sie erkennen die Kindertaufe und ihre Heilsbedeutung an (wie in
Lombers). Sie bekennen, dass Mann und Frau, die sich fleischlich
verbinden, aber keine andere Sünde begehen, gerettet werden können (dies entspricht wiederum Lombers, es bestätigt sich auch die
dort durchscheinende asketische Tendenz).

Die Katholiken fordern, darauf einen Eid abzulegen, was die
Katharer verweigern (wie in Lombers). Zeugen werden beigebracht,
die sagen, sie hätten die Katharer zuvor anders predigen hören. Die
Katharer erwidern, dies seien bestellte Falschzeugen, ihr Glaube sei
stets derselbe. Auch hier sollte man, ehe man sich der zeitgenössi-

---

nichts anderes ist als die Präsentation eines "missing link" im Sinne einer einmal
vorausgesetzten Manichäer-Bogomilen-Theorie, kann ich hier leider nicht weiter
verfolgen.

[29] Vgl. Gesta regis Henrici secundi Benedicti Abbatis, Bd. 1, London 1867 (=
RBMAS 49/1), 201–207. – Vgl. *Roger de Hovedene*, Chronica, Bd. 2, London 1869
(= RBMAS 51/2), 151–158.

[30] Auch das Consolamentum ist keine Ungültigkeitserklärung für die katholische
Wassertaufe und keine "Wiedertaufe". Es ist heilsnotwendige Ergänzung der gülti-
gen katholischen Taufe. Vgl. für die norditalienischen Katharer das lateinische
Rituale; SC 236, 252–254 Thouzellier; *Müller*, Albigenser (wie Anm. 17), 96. Die
Behauptung, die Katharer hätten die katholische Taufe für ungültig erklärt, ist Erfin-
dung der Polemik; vgl. z. B. *Pierre des Vaux-de-Cernay*, Historia Albigensis, hg. von
Gerhard E. Sollbach, Darmstadt 1996, 17.

schen katholischen Bewertung allzu schnell anschließt, bedenken, dass im Jahre 1178 für eine solche Täuschung keinerlei Motiv ersichtlich ist. Nur ein Jahr zuvor hat der Graf von Toulouse festgestellt, dass die "Reinen" in der Gegend von Albi, Carcassonne und Toulouse in der Mehrheit seien[31]. Spätestens seit den 80er Jahren wissen wir von massiver Unterstützung der Katharer durch den okzitanischen Adel[32]. Die Situation, die sich in Lombers bereits abzeichnete, hat sich in den folgenden Jahren eher gefestigt: Die katharische Kirche wird zu *der* Kirche Okzitaniens. In dieser Lage bestand für die Katharer kein äußerer Druck, der ein Täuschungsmanöver auch nur nahe gelegt hätte. Man wird, wie schon in Lombers, nicht umhin können, die Aussagen, die in Toulouse von katharischer Seite überliefert sind, für bare Münze zu nehmen. Die Auseinandersetzung von Toulouse bestätigt mithin den Befund aus Lombers, allerdings mit dem wichtigen Detail, dass nun, 1178, das Problem des Dualismus stärker im Blick ist und dass die Katharer entsprechenden Vorwürfen mit der ausdrücklichen Leugnung zweier Prinzipien und dem Bekenntnis zu dem einen Gott als dem Schöpfer der sichtbaren und unsichtbaren Dinge begegnen.

Was kann man auf der Basis des Bekenntnisses von Lombers 1165 und auf der Grundlage der angeführten Vergleichstexte über die frühen Katharer des Languedoc sagen?

Wir haben in den frühen Katharern des Languedoc eine dezidierte Gegenkirche vor uns, die weniger durch Widerspruch gegen die Dogmatik der "catholica" als vielmehr durch radikale Kritik an deren Feudalismus geprägt ist. Sie haben ein christliches Selbstverständnis, das sich primär darin äußert, dass sie gute Menschen sein wollen. Dieser Impetus verbindet sich mit asketischen Tendenzen. Wir haben einen ausgeprägten Biblizismus zu diagnostizieren, wobei das Alte Testament abgelehnt oder jedenfalls zumindest nicht benutzt wird; dieser Biblizismus verbindet sich mit Reserven gegen dogmatische Reflexion. Das "quod corde credimus" aus dem Bekenntnis

---

[31] Vgl. den einschlägigen Brief in: RHGF 13, 140.

[32] Raymond VI. von Toulouse (1194–1222), Raimund Roger von Foix (1188–1223). Die Katharerkirche etabliert sich im Lauf der Zeit und unter dem äußeren Einfluss der zunehmenden Bedrohung der okzitanischen Fürstentümer durch (nord)französische Eroberungsbestrebungen als die Mehrheitskirche Okzitaniens und wird zunehmend durch den okzitanischen Adel massiv unterstützt. Vgl. hierzu *Selge*, Waldenser (wie Anm. 13), 266.

von Lombers zeigt den hohen Stellenwert individueller und gemein-
schaftlicher Frömmigkeit für die Katharerkirche der zweiten Hälfte
des 12. Jahrhunderts. Eine erkennbar dualistische Gottesauffassung
ist genau so wenig nachweisbar wie eine nachhaltig aus der Tradition
der augustinischen Ekklesiologie ausbrechende, "neo-donatistische"
Auffassung von der Gültigkeit der Sakramente[33].

Erst seit Anfang des 13. Jahrhunderts beobachten wir eine eher
zaghafte Hinwendung zur Formulierung theologischer Konsequenzen
aus der ursprünglich moralisierend-asketischen Haltung der Katharer.
In den hierfür einschlägigen überlieferten dogmatischen Versuchen[34]
spielen dann das Problem des Dualismus und die Ekklesiologie die
dominierende Rolle. In der Ekklesiologie dominiert der Gedanke der
sichtbaren Heiligkeit der eigenen Kirche, der natürlich im Selbstverständnis der Katharer von Lombers und in ihrer Selbstbezeichnung
als "gute Menschen" angelegt ist. Der Dualismus in der Gottesauffassung ist schillernd. Man kann fragen, ob das Hervortreten des
Dualismus mit bogomilischen Einflüssen zu tun haben kann, wobei
diese dann aber keinesfalls als monokausales Erklärungsmuster herangezogen werden sollten. Denn man muss auch damit rechnen, dass
das In-den-Vordergrund-Treten des Dualismus mit dem aus katho-

---

[33] Im Zusammenhang dieses materiellen Befundes ist *methodisch* auf Folgendes aufmerksam zu machen:
a) Dogmen- oder theologiegeschichtlich orientierte Herleitungsversuche des Phänomens
  Katharismus stehen in der Gefahr, das Selbstverständnis der Katharer nicht hinreichend zu erfassen und einen "Theoriezwang" auszuüben, der in der Gefahr
  steht, manches zu verzerren;
b) Dogmengeschichtliche Herleitungsversuche fuhren jedenfalls dann in Aporien,
  wenn die postulierten Analogien zur historischen Genealogie ausgebaut werden:
  Die Katharer Okzitaniens sind z. B. eindeutig *älter* als alle möglichen dualistisch-
  bogomilischen Einflüsse auf sie;
c) Alle Versuche, die schlecht belegte Theologie der frühen Katharer Okzitaniens
  vom relativ gut belegten späten Katharismus her zu rekonstruieren, sind Rück-
  projektionen, die den frühen Katharern Okzitaniens nicht gerecht werden: Die
  Katharerkirche *wird* im Laufe ihrer Existenz (schillernd) dualistisch, sie nimmt
  mit der Zeit "donatistische" Ablehnungen des doppelten Kirchenbegriffes vor,
  aber sie weist diese theologischen Merkmale nicht von Anfang an auf.
[34] Es handelt sich um kurze Traktate, die mit großer Wahrscheinlichkeit in die
ersten Jahrzehnte des 13. Jhs. zu datieren und als einzige Selbstzeugnisse katharischer Lehrbildung vor 1208 erhalten sind, der erste lateinisch in einem Exzerpt im
"Liber contra Manichaeos" des Durandus von Huesca, die anderen provencalisch
in einer einzigen Handschrift, die heute im Trinity-College in Dublin zu finden ist
(ms 269). Vgl. zu dieser Handschrift aus dem 14. Jh. *Mario Esposito*, in: RHE 46
(1951), 131–141; *Anne Brenon*, Heresis 7 (1986), 7–23. Zu den Texten vgl. *Rottenwöhrer*,
Katharismus, Bd. 1,1 (wie Anm. 19), 32–36; *ebd.*, Bd. 1,2, 19–36.

lischen Unterstellungen resultierenden Zwang zur Formulierung eigener Theologie zusammenhängt, die den frühen Katharern nicht
ursprünglich eigentümlich war. Und man muss darüber hinaus auch
fragen, ob die zeitgleich zunehmende Bedrohung und Gefährdung
Okzitaniens und "seiner" Kirche bei den Katharern zu einer (noch)
negativ(er)en Sicht der Welt mit entsprechenden Konsequenzen für
die Schöpfungs- und Gotteslehre geführt haben könnte.

IDOLATRIE IM MITTELALTER.
ASPEKTE DES TRAKTATES 'DE IDOLATRIA' ZWISCHEN DEM 12. UND 15. JAHRHUNDERT

Thomas Lentes
(Münster)

Idolatrie hat Konjunktur. Seit gut 15 Jahren erscheinen sowohl in Theologie, Kunst- und Frömmigkeitsgeschichte als auch im weiteren Feld der Kulturwissenschaften unterschiedlichste Arbeiten zur Idolatrie[1]. Es seien nur drei sich darin abzeichnende Problemfelder erwähnt: Erst jüngst gab es um die Thesen Jan Assmanns über 'Die mosaische Unterscheidung' gerade innerhalb der Theologie eine rege Debatte. Dabei ging es vor allem um die These, dass das Fremdgötterverbot eine latente Bereitschaft des Monotheismus zur Gewalt beinhalte[2]. Neben dieser übergreifenden These dürfte der religionsgeschichtliche Ertrag der Arbeit Assmanns mit Blick auf eine Geschichte der Idolatrie bei einer anderen Beobachtung liegen: Schon in früheren Veröffentlichungen nämlich machte er darauf aufmerksam, dass das biblische Bilderverbot das Wahrheitskriterium (richtiger Gott – falsche Götter) in die Religionsgeschichte eingeführt habe und damit neben das ältere Modell von Reinheit und Unreinheit getreten sei, ja dieses sogar abgelöst hätte. Idolatrie erscheint mithin auf der Schnittstelle von Wahrheits- und Reinheits-Diskurs. Ähnliches und 15 Jahre früher hatten jüdische Theologen, Judaisten und Philosophiehistoriker bei einer Tagung der Academy for Jewish Philosophy zu 'Judaism and Idolatry'[3] herausgearbeitet: Idolatrie und nicht etwa Atheismus sei der Gegenbegriff zum jüdischen Glauben schlechthin.

In ähnliche Richtung – wenn auch ohne dies ausdrücklich theologisch oder religionsgeschichtlich zu reflektieren – zielte Michael

---

[1] Es kann im Folgenden nicht darum gehen, einen Literaturüberblick zum Thema zu geben. Ich stelle lediglich einzelne Forschungen sehr knapp vor, da an ihnen beispielhaft zentrale Problemstellungen vorgeführt werden können.

[2] *Jan Assmann*, Die Mosaische Unterscheidung oder der Preis des Monotheismus, München/Wien 2003.

[3] Proceedings of the Academy for Jewish Philosophy, hg. von David Novak/Norbert M. Samuelson, Lanham u. a. 1992.

Camilles fast gleichzeitig erschienene kunsthistorische Arbeit 'The
Gothic Idol'[4], die bis heute die einzige Monographie zur Idolatrie
im Mittelalter bleiben sollte. Er zeigte, wie innerhalb der Kunst *fides*
und *idolatria* als Gegensatzpaare herausgearbeitet wurden und wie
das westliche Christentum seit dem 12. Jahrhundert versuchte, seinen eigenen Bildkult vom Idolatrie-Verdacht freizuhalten. Während
sich Camille vor allem mit dem Begründungsproblem befasste, ging
es der jüngeren Forschung mehr um spezifische der Idolatrie verdächtige Kunstgattungen: Erwähnt seien nur Norberto Grammaccinis
'Mirabilia. Das Nachleben antiker Statuen vor der Renaissance'[5], der
wichtige Beispiele für die Dämonisierung und Verurteilung der Statue
zusammenstellte. In ähnliche Richtung weisen jüngere Arbeiten, die
sich vor allem mit der innerchristlichen Diskussion um Statuen auf
Säulen bzw. die freistehende Vollplastik befassen. Offenbar jedenfalls
war der Vorwurf der Idolatrie vor allem mit dem 'idolum' auf der
Säule bzw. der Vollplastik überhaupt verbunden gewesen[6].

Neben einer Fülle von Arbeiten zu Bilderstreit und Bildersturm[7]
sind letztlich zwei stärker frömmigkeitsgeschichtliche Publikationen
zur Idolatrie im spätmittelalterlichen England zu nennen: der Sammelband 'Images, Idolatry and Iconoclasm in Late Medieval England'[8]
sowie die Monographie der heute an der University of Iowa lehrenden Kathleen Kamerick 'Popular Piety and Art in the Late Middle

---

[4] *Michael Camille*, The Gothic Idol. Ideology and Image-Making in Medieval Art,
Cambridge u. a. 1989 (= Cambridge New Art History and Criticism).

[5] *Norberto Gramaccini*, Mirabilia. Das Nachleben antiker Statuen vor der Renaissance,
Mainz 1996, darin etwa das Kapitel 'Von der Toleranz zur Dämonisierung' (17–47).

[6] Ich nenne nur *Christopher Wood*, Ritual and the Virgin on the Column. The
Cult of the Schöne Maria in Regensburg, in: Journal of Ritual Studies 6 (1992),
87–101; Alexander Nagel ("Christ as Idol in the Renaissance") und Beate Fricke
("Fallen idols and risen saints: western attitudes towards the worship of images and
the 'cultura veterum deorum'") haben mir dankenswerter Weise ihre unveröffentlichten Manuskripte überlassen.

[7] Vgl. etwa *Norbert Schnitzler*, Ikonoklasmus – Bildersturm. Theologischer Bilderstreit
und ikonoklastisches Handeln während des 15. und 16. Jahrhunderts, München
1996; den Ausstellungskatalog Bildersturm. Wahnsinn oder Gottes Wille? Ausstellung
im Bernischen Historischen Museum und im Musée de l'Oeuvre Notre-Dame,
Strasbourg, hg. von Cécile Dupeux/Peter Jezler/Jean Wirth, Zürich 2000; sowie
der aus Anlass der Ausstellung erstellte Tagungsband Macht und Ohnmacht der
Bilder. Reformatorischer Bildersturm im Kontext der europäischen Geschichte, hg.
von Peter Blickle u. a., München 2002 (= HZ.B 33).

[8] Images, Idolatry, and Iconoclasm in Late Medieval England. Textuality and
visual image, hg. von Jeremy Dimmick u. a., Oxford 2002.

Ages. Image Worship and Idolatry in England 1350–1500"[9]. Während bei Theologen und Kulturwissenschaftlern die Idolatrie-Frage vor allem für den Diskurs zwischen Christentum bzw. Judentum auf der einen und polytheistischen Religionsformen auf der anderen Seite aufgeworfen wird und sich die kunsthistorischen Arbeiten mehr mit der innerchristlichen Legitimation des Bildes und spezifischer Bildformen befassen, betreten diese frömmigkeitsgeschichtlichen Arbeiten gleich zwei andere, innerchristliche Felder: nämlich erstens den Idolatrievorwurf als Grenzscheide zwischen Elitefrömmigkeit einerseits und der "idolatrischen" Volksfrömmigkeit andererseits und zweitens der Idolatrievorwurf häretischer Bewegungen (Wiclif, Hus, Lollarden) gegen den üblichen Bildkult ihrer Zeit.

Mit diesen drei wissenschaftlichen Problemstellungen im Umfeld der Idolatrie sind geradezu auch die entwicklungsgeschichtlichen Schritte des Idolatrievorwurfs beschrieben: Religionsgeschichtlich geht es zunächst sowohl in biblischer als auch in frühchristlicher Zeit um Idolatrie als eine Abgrenzung von Judentum und Christentum gegen die Fremdgötter-Religionen und -kulte. Noch Tertullians Traktat 'De idolatria' jedenfalls wendet sich vor allem gegen pagane Kultpraktiken und deren christliche Adaptionen, nicht aber ausschließlich gegen eigentlich christliche Formen von Idolatrie. Offenbar erst mit dem ersten Bilderstreit im Osten und seinen Nachwirkungen im Westen wird idolatria auch zu einem innerchristlichen Ausgrenzungsbegriff, der vor allem dazu gebraucht wird, den rechten von falschen Bildkult zu scheiden. Im Laufe des späteren Mittelalters wird idolatria dann zu einem regelrechten Kampfbegriff, der von den Häretikern gegen wirkliche oder vermeintlich orthodoxe Praktiken im Mund geführt oder aber von orthodoxen Theologen gegen Auswüchse der Volksfrömmigkeit gebraucht wird. Die letzte Etappe stellen die Diskussionen der Reformationszeit dar; hier wird der idolatria-Begriff recht früh konfessionalisiert. Fortan bündelt er alle Vorwürfe, die neugläubige Theologen gegen kultische Praktiken der Altgläubigen vorbringen und wird – wenn ich recht sehe – altgläubig vor allem dort angeführt, wenn es darum geht zu beweisen, dass man selbst eben nicht idolatrisch sei oder aber um das 'sola scriptura'-Prinzip als Schriftidolatrie zu denunzieren.

---

[9] *Kathleen Kamerick*, Popular piety and art in the late medieval ages. Image worship and idolatry in England 1350–1500 (The New Middle Ages), New York 2002.

So weit – so klar – doch: Was eigentlich ist Idolatrie bzw. was ist gemeint, wenn von Idolatrie gesprochen wird? Meine eigene Beschäftigung mit Idolatrie begann mit zwei Überraschungen bei der Lektüre von Wilhelm von Auvergnes 'De legibus'[10] aus dem 13. Jahrhundert, der einen einzigen Idolatrie-Traktat darstellt und in der Forschung kaum bekannt ist; wenn er überhaupt benutzt wird, dann lediglich, um Probleme des innerchristlichen Bildkultes zu beschreiben. Liest man den fast 200 Druckspalten umfassenden Text, ist man nicht wenig verblüfft: Der christliche Bildkult wird dort lediglich in drei Nebensätzen erwähnt – dort nämlich, wo bestimmte Bildmodelle erläutert werden und dann mit dem christlichen Verhalten verglichen werden[11]. Eine eigentliche Auseinandersetzung mit dem innerchristlichen Bildkult findet darin mithin nicht statt. Überhaupt nimmt der Bildkult – ob nun der christliche oder der von fremden Religionen – in Wilhelms Traktat keineswegs einen zentralen Platz ein. Offenbar – und dies ließe sich auch für weitere Theologen des hohen und späten Mittelalters, ob nun Alexander von Hales, Thomas von Aquin oder Bernardin von Siena zeigen – ist der Bildkult lediglich ein Spezialfall von idolatria.

Diese Andeutungen mögen genügen, um zu zeigen, dass wir von einer Begriffsgeschichte von Idolatrie noch ebenso weit entfernt sind wie von einer Geschichte der Phänomene all dessen, was mit dem Begriff verbunden wurde. Von daher sollen im Folgenden nur einige Hinweise gegeben werden, die eine Richtung anzeigen können, in die eine Geschichte der Idolatrie zu gehen hätte. Methodisch gilt bei der Beschäftigung mit Idolatrie das Gleiche wie bei der Beschäftigung etwa mit Superstition, Aberglaube, Häresie und Magie: Jede Arbeit hat sich genau zu versichern, was sie eigentlich meint, wenn sie von Idolatrie spricht. Grundsätzlich dürften zwei Extrempositionen zu vermeiden sein: Die eine nämlich, auf die etwa Jean-Claude Schmitt in seinem Aufsatz 'Une histoire religieuse du moyen age est-elle possible?'[12] aufmerksam gemacht hat und die in der jüngeren Literatur

---

[10] *Wilhelm von Auvergne*, Opera omnia I.1, Paris 1674, 18–102.

[11] Ebd., 66: "[. . .] quemadmodúm apud nos sunt imagines sanctorum [. . .] (66aH) [. . .] sicut & fortisan multi simplices hodie sunt, qui inter imagines sanctorum & ipsos sanctos in suis orationibus non distinguunt [. . .] (66bE) [. . .] cujus erroris velut reliquiae adhuc apud vetulas multas etiam Christianas extant (66b F)."

[12] *Jean-Claude Schmitt*, Une histoire religieuse du moyen age est-elle possible?, in: Ders., Le Corps, les rites, les rêves, le temps. Essais d'anthropologie médiévale, Paris 2001 (= Bibliothèque des Histoires), 31–41, hier: 33f; Erstveröffentlichung unter

öfters zu finden ist, übernimmt einfach den mittelalterlichen Idolatrie-Begriff und macht sich damit einen Begriff zu Eigen, der mittelalterlich ein Abgrenzungsbegriff war, mit dem kulturell orthodoxes und kulturell heterodoxes Verhalten voneinander geschieden werden sollten. Wer so vorgeht, ergreift aber als Forscher gleichsam Partei und kann kaum erkennen, dass Idolatrie nichts einfach Objektives war, sondern vor allem ein Argument, das in bestimmten Streitsituationen von der einen oder anderen Partei so oder so gebraucht werden konnte.

Dies darf freilich nicht dazu führen, wie es etwa der Ethnologe Alfred Gell in seinem lesenswerten Buch 'Art and Agency. An anthropological Theory'[13] forderte, Idolatrie als einen reinen Beschreibungsbegriff zu benutzen, der letztlich alle Formen der Bildbetrachtung – ob nun religiöse oder rein ästhetische – umfasst. Die unterschiedlichen Ebenen sowohl des Begriffsgebrauchs als auch die unterschiedlichen Modi von Repräsentationen, Medien und Ritualen werden dabei völlig nivelliert und ein solcher anthropologischer Ansatz droht völlig unhistorisch zu werden. Was das in der Konsequenz bedeutet, lässt sich etwa beim Magie-Begriff feststellen, der dann gar noch auf die Sakramente angewendet werden kann: Wer Magie – was in der Mediävistik durchaus nicht unüblich ist – sehr weit fasst als ein bestimmtes Handeln an Objekten, das eine bestimmte Wirkung zeitigt, wird dann alle Formen, ob Sakramente oder Schadenszauber darunter fassen, obschon die Zeitgenossen an diesem Punkt sehr genau differenzierten. Um ein Religionssystem vergangener Epochen zu verstehen, macht es – auch wenn das für den modernen Forscher selbst nicht mehr zutrifft – eben einen Unterschied, ob zum Gelingen einer Zeichenhandlung – ob nun beim Sakrament oder Zauber – ein göttlicher Gnadenakt mitgedacht wurde oder aber die Wirksamkeit der Handlung so gedacht wurde, dass sie allein aufgrund des rituellen Ablaufs der Zeichenhandlung zustande kam. Gleiches gilt für Idolatrie: So sehr idolatria ein Kampfbegriff war und vor allem als Argument der Abgrenzung und der Entwertung anderer Gruppen und Religionen benutzt wurde, so gab es doch sehr genaue Theorien darüber, welche Zeichenhandlungen als Idolatrie zu gelten hatten und welche nicht.

---

dem Titel 'Une histoire religieuse du Moyen Age est-elle possible? Jalons pour une anthropologie historique du christianisme médiéval, in: Il mestiere di storico del medioevo, hg. von Fernando Lepori/Francesco Santi, Spoleto 1994, 73–83.
[13] *Alfred Gell*, Art and agency. An anthropological theory, Oxford 1998.

Die folgenden Ausführungen beginnen entsprechend dieser Vorüberlegungen mit einem Abschnitt über Idolatrie als Argument, an
den sich sodann einer über Idolatrie als Wahrheits- und Reinheits-
diskurs und ein letzter über die Idolatrie-Traktate als Ritual- und
Zeichentheorie anschließen. Was die Quellen betrifft, so beziehen
sich die folgenden Überlegungen lediglich auf den Idolatriediskurs
innerhalb der theologischen Literatur und dort vorwiegend auf Wilhelm
von Auvergne mit lediglich kurzen Ausblicken auf andere Autoren
wie den jüdischen Philosophen Moses Maimonides und den Theologen
Bernardin von Siena aus dem 15. Jahrhundert. Für eine Geschichte
der Idolatrie wären freilich weitere Quellen heranzuziehen: Neben
der gesamten mit konkreten Fällen befassten Literatur sind klassische
Orte für die Auseinandersetzung der Idolatrie natürlich die exegetischen Kommentare − allem voran zum Schöpfungsbericht, zu den
Zehn Geboten und zum "Goldenen Kalb" sowie zu weiteren einschlägigen Stellen im Alten und Neuen Testament; ferner aber auch
Kommentare zum gesamten Buch Leviticus, da Idolatrie sowohl in
der mittelalterlichen jüdischen als auch christlichen Tradition die
gesamte Ritualgesetzgebung betraf. Weiter sind es vor allem für das
spätere Mittelalter die katechetische sowie die Buß- und Predigtliteratur,
insbesondere die darin enthaltenen Bemerkungen zum ersten bzw.
zweiten Gebot. Ich beschäftige mich derzeit lediglich mit theologischen Großtexten, die entweder explizit mit 'De idolatria' überschrie-
ben sind (Tertullian, Bernardin von Siena) oder aber längere Passagen
über Idolatrie aufweisen, wie etwa die theologischen Summen von
Alexander von Hales, Wilhelm von Auvergne und Thomas von Aquin.
Nur einen Seitenblick werfe ich auf Moses Maimonides, dessen Traktat 'De idolatria' bislang auch in der judaistischen Forschung nur
wenig herangezogen wurde.

1. 'De idolatria' als religionsgeschichtlicher Entwurf und Polemik oder: Idolatrie als Argument

Was ist Idolatrie und wie wird der Idolatrie-Vorwurf gebraucht?

> Aber diesbezüglich scheint es nach Idolatrie zu riechen, wenn wir zu
> diesem oder jenem Ort auf Pilgerschaft gehen, als ob Gott nicht an
> jedem Ort in gleicher Weise mächtig und gegenwärtig wäre. Aber wie
> die Teufel seit alters unter dem falschen Namen von Göttern gegen-
> wärtig und Beistand gewährend in den Idolen der Heiden waren, so

geben wir den Anschein, als seien Gott und seine Heiligen an dieser oder jener Säule herausgeschnitten oder eingeschnitzt als Bilder[14].

Dieser Vorwurf des "messengers" gegen die christliche Pilgerfahrt im Dialog über die Häresie des Thomas More von 1520 listet die drei Grundprobleme auf, die bei Idolatrie "cum grano salis" immer verhandelt wurden: Es geht erstens um Glaube und (Heils-)Geschichte – an Gott oder die Teufel, im Sinne von wahr und falsch sowie von alt und von neu. Das "Alte" wird dabei freilich nicht – wie sonst üblich – als Argument für das Ursprüngliche und Eigentliche genutzt, sondern als Argument für die vom Christentum überwundene Vergangenheit des Paganismus. Der Idolatrie-Verdacht wird damit nicht nur zum Zeichen der Abweichung vom rechten Glauben, sondern auch zum Stigma kultureller Inferiorität, nämlich dem Rückfall in eine längst vergangene und überwundene Zeit. Zweitens werden unter dem Stichwort der idolatria der Status von Materialität und Medialität verhandelt: nämlich die Frage nach der Präsenz Gottes in bestimmten Dingen und an bestimmten Orten oder aber seine immanente Transzendenz in allen Dingen und an allen Orten. Schließlich stellt idolatria in der Regel ein Rezeptionsproblem dar: Ob man sich nämlich dem Schein hingibt und der Täuschung der Dämonen erliegt und Gott und seine Heiligen in den Dingen anwesend glaubt oder aber Bilder lediglich als Gedächtnisorte liest, denen nichts Numinoses innewohnt. Entsprechend auch die Antwort des Thomas More auf den "messenger", die sich des klassischen Verwechslungsargumentes bedient: So wie kein Hund so blöd sei, dass er ein (reales) Kaninchen von einem gemalten Kaninchen nicht unterscheiden könne, so würden die Christen die Bilder nur als Repräsentationen Gottes und der Heiligen ansehen und würden vom Bild angehalten, die Verehrung den himmlischen Personen entgegenzubringen[15].

Beginnen wir mit dem Geschichtsargument. Insgesamt scheinen Idolatrie-Traktate – jedenfalls im Falle Tertullians, Wilhelm von

---

[14] *Thomas More*, A dialogue concerning heresies, chapter 3, in: The Complete Works of St. Thomas Moore, vol. 6. I, hg. von Thomas M. C. Lawler u. a., New Haven/London 1981, 52: "But ouer this it semeth to smell of ydolatry/ whan we go on pylgrymage to this place and that place/ As thoughe god were not lyke stronge or not lyke present in euery place. But as yᵉ deuylles were of old/ vnder yᵉ false name of godes/ present and assystent in the ydolles and mammettes of the paganes/ so wolde we make it seme/ that god and his sayntes stode in this place/ and that place/ bounde to this post & that post cut out & carued in ymages."

[15] Ebd., 56: "there is no dogge so madde/ but he knoweth a very cony from a cony carued & paynted."

Auvergnes und Bernhardin von Sienas – alles andere als praktisch-
theologische Anweisung über den rechten Gebrauch von Bildern im
Christentum geben zu wollen. Sie sind vielmehr religionsgeschichtliche Entwürfe, denen es darum geht, die Überlegenheit der christlichen Religion gegenüber früheren, vorchristlichen Religionen auf
der einen und gegenüber den beiden anderen abrahamitischen
Religionen, Judentum und Islam, auf der anderen Seite zu erweisen.
Wo sie dann von Bildern reden, entwickeln sie in der Tat unterschiedliche Bildmodelle, die dann am Rande – und in der Regel lediglich
in Nebensätzen – einem christlichen Bildverständnis gegenübergestellt werden.

Bei Wilhelm von Auvergne etwa nimmt die Idolatrie-Frage innerhalb von 'De legibus' einen vornehmen Rang ein. In seiner 'Summa'
findet sich 'De legibus' zwischen den Traktaten 'De fide' und 'De
virtutibus'. Diese Positionierung deutet bereits die inhaltliche Bedeutung
an: Während 'De fide' von der Grundlegung des christlichen Glaubens
handelt und idolatria als Gegenbegriff zu fides entwirft, behandelt
'De legibus' die origo, ratio und essentia der Idolatrie und entwirft
eine Lehre des richtigen Kultus. 'De virtutibus' dann beschäftigt sich
mit der Einzelperson und deren Verhalten in Bezug auf Gott.

Innerhalb der 29 Kapitel von 'De legibus' nimmt die Idolatrie
einen zentralen Platz ein. Während in Kapitel 1[16] grundlegende
Fragen des Gesetzes geklärt werden, geht bereits Kapitel 2[17] ausdrücklich auf die Idolatrie im Rahmen des mosaischen Gesetzes ein
("quomodo voluit Moyses omnem idolatriam ex cordibus Iudaeorum
prorsus abolere")[18]. Der Idolatriediskurs erscheint dabei allem anderen voran als ein Opferdiskurs. Die folgenden Kapitel 3–13[19] befassen sich entsprechend angefangen bei der Beschneidung mit der
alttestamentlich-jüdischen Opfer-, Ritual- und Reinheitsgesetzgebung
sowie deren religionsgeschichtlicher Umwelt, um dann in Kapitel
14[20] zusammenzufassen, dass und wie Gott die Israeliten von aller
Idolatrie reinigen wollte[21]. Darauf folgen hermeneutische Probleme

---

[16] *Wilhelm von Auvergne*, De legibus (wie Anm. 10), 18–28.
[17] Ebd., 28–33.
[18] Ebd., 28.
[19] Ebd., 33–44.
[20] Ebd., 44–46.
[21] So in der Überschrift zu Kapitel 14, ebd., 44: "Generaliter docet quomodo
Deus filios Israel voluit ab omnis idolatria purgare et ab omni impietate liberare,
et sibi mirabili? Quodam foedere copulare, ac desponsare, quod probat per ipsam
legem, et prophetas."

der Auslegung des alttestamentlichen Gesetzes im Sinne der Lehre vom vierfachen Schriftsinn (Kap. 15–17)[22] sowie eine Auseinandersetzung mit dem Gesetz Mohammeds (Kap. 18–19)[23]. Nach diesem Durchgang durch die beiden anderen abrahamitischen Religionen folgen Kapitel über die Verhältnisbestimmung der Gesetze von Judentum, Islam und Christentum (Kap. 20–21). Dabei wird in Kap. 20 zunächst der heilsgeschichtliche Status der einzelnen Gesetze geklärt, wobei das jüdische als 'lex fortunae', das muslimische als 'lex naturae' und das christliche als 'lex gratiae' bestimmt werden[24]. Danach soll Kapitel 21 darlegen, dass lediglich das christliche Gesetz heilsrelevant sei[25]. Schließlich beschließt Kapitel 22 den ersten Teil von 'De legibus' mit einer Bestimmung des Wesens der Sünde sowie der Gerechtigkeit Gottes[26].

Auf diesen ersten großen Teil über die Verhältnisbestimmung der abrahamitischen Religionen folgt der zweite Teil (Kap. 23–29), der ausschließlich zehn Formen der Idolatrie behandelt; eine Zehnergruppe, die geradezu klassisch werden sollte. Diese Arten der Idolatrie sind: 1. der cultus Daemonum; 2. der cultus stellarum et luminum; 3. der cultus elementorum; 4. der cultus idolorum; 5. der cultus imaginum; 6. der cultus figurarum (character; impressio; stigmata u. a.); 7. der cultus verborum et nominum; 8. der cultus temporis et partium eijus; 9. der cultus initiorum et initialium rerum; und schließlich 10. der cultus inventionum et inventitiarum rerum.

Dieses Beispiel mag genügen, um zu belegen, dass Idolatrie als eine heilsgeschichtlich bestimmte und durch das Christentum überwundene Religionsstufe galt. Idolatria wird so zu einem Leitbegriff von falscher und vergangener Religion. Bernardin von Siena ordnet die Idolatrie entsprechend der Lehre der unterschiedlichen heilsgeschichtlichen Zeitalter auch ein: Im ersten Zeitalter – im Paradies – gab es keine Idolatrie, da das Ereignis der Schöpfung durch Gott noch gewusst worden sei. Erst mit dem Sündenfall beginne die Idolatrie und wäre im sechsten Zeitalter "per virtutem et doctrinam Christi" ausgelöscht worden, weil dieser über den Teufel triumphiert habe[27].

---

[22] Ebd., 46–49.
[23] Ebd., 49–54.
[24] Ebd., 54–57.
[25] Ebd., 57–64.
[26] Ebd., 64–65.
[27] *Bernardin von Siena*, De idolatriae cultu art. I, in: ders., Opera omnia I, Quaracchi 1950, 105: "Advertendum est etiam quod in prima aetate non fuit idolatria, propter

Das heilsgeschichtliche Argument allerdings zielt keineswegs ausschließlich auf eine religionshistorische Einordnung der Idolatrie. Es
wird gleichzeitig zum Argument kultureller Inferiorität. Entsprechend
nämlich weist Wilhelm von Auvergne die einzelnen Spezies der
Idolatrie dadurch zurück, dass sie als auf dem Irrtum der Alten
("juxta errorem antiquorum"[28]) beruhend charakterisiert werden. Wer
Idolatrie treibt, fällt mithin auf eine durch das Christentum überwundene Kulturstufe zurück. Das Heil ist nämlich nicht mit den
Alten, sondern den "Modernen", den Christen.

Gleichzeitig wird die kulturelle Inferiorität der "idolatores" argumentativ dadurch unterstrichen, dass sie mit Wissen und Bildung
verknüpft wird. Das im Paradies – so Bernardin von Siena – noch
vorhandene Wissen über die Schöpfung der Welt bewahrte ebenso
vor Idolatrie wie die "doctrina Christi". Entsprechend findet man
immer wieder, dass der Vorwurf der Idolatrie mit fehlendem Wissen
begründet wird. Nach Wilhelm von Auvergne erliegen die vetula,
die rustici und stulti eben der Idolatrie[29]. Weil sie kein rechtes Verständnis haben und ungebildet sind, folgen sie unzeitgemäßen Praktiken.
Im Grunde ist es die gleiche Spielart der Argumentation, die auch
heute bekannt ist: Wenn heute jemand davon spricht, "das ist ja wie
im Mittelalter", so ist dies ein Zeitargument, das vor allem besagt,
dass es sich um einen Rückfall vor die Aufklärung handele; nichts
anderes wird mit dem Idolatrie-Vorwurf gemacht: Der 'idolator' ist
unzeitgemäß und nicht auf dem Erkenntnisniveau seiner Zeit. Dieses
Argument des Ungebildetseins findet sich auch in konkreten Auseinandersetzungen. Personen, denen idolatrisches Verhalten vorgeworfen
wird, wird gleichzeitig unterstellt, dass es ihnen an Bildung mangele.
So etwa berichtet Salimbene von Parma in seiner Chronik von
Gerardo Segarelli, der sich selbst beschnitten haben soll[30], dass all
sein Fehlverhalten in seiner fehlenden Bildung begründet liege[31].

---

recentem memoriam creationis mundi, ex qua vigebat cognitio veri Dei in saeculo
illo, sed in secunda aetate reperta est, scilicet tempore Abrahae, ut infra patebit.
In sexta vero aetate exclusa est per virtutem et doctrinam Christi qui de diabolo
triumphavit."

[28] *Wilhelm von Auvergne*, De legibus (wie Anm. 10), 93.

[29] Wie oben Anm. 11.

[30] Zur Selbstbeschneidung als Idolatrie wie auch zum gesamten Fall vgl. *Thomas
Lentes*, Körper-Idolatrie, in: Bild und Körper im Spätmittelalter, hg. vom Graduier-
tenkolleg Bild-Körper-Medium. Eine anthropologische Perspektive [im Druck].

[31] Vgl. die Personenskizze bei Salimbene von Parma: "Als ich nämlich im
Minoritenkonvent zu Parma als Priester und Prediger weilte, kam ein junger, aus
Parma gebürtiger Mann dorthin, von niederer Herkunft, ungebildet, laienhaft, töricht

Idolatrie im Sinne von Devianz findet so ihre Begründung in der kulturellen Inferiorität der 'idolatores'.

Traktate wie konkrete Fälle zeigen mithin, dass Idolatrie keineswegs eine objektive Größe war, sondern vor allem fester Bestandteil der Religionspolemik wie des Häretikerdiskurses. Immer geht es dabei darum, jemanden als heterodox oder falschgläubig zu stigmatisieren. Letztlich also ist Idolatrie einzig ein Argument im Diskurs um die Rechtmäßigkeit des Verhaltens – ob nun vor Bildern, am Körper oder überhaupt in der Sphäre des Rituellen.

2. 'De idolatria' als Wahrheits- und Reinheitsdiskurs oder: Idolatrie als Gegenbegriff zu fides

Ob für Moses Maimonides oder aber für christliche Theologen des hohen und späten Mittelalters, galt idolatria als der Gegenbegriff schlechthin zu fides. Für das Judentum hat Steven S. Schwarzschild betont, dass Idolatrie für das Judentum im Negativen das sei, was der Glaube an Gott im positiven Sinne sei[32]. In der rabbinischen Literatur konnte entsprechend das Nicht-Idolatrisch-Sein definitorisch für das Judentum gelten: "Jeder, der Idolatrie ablehnt, wird ein Jude genannt."[33] Für Wilhelm von Auvergne sahen wir, dass auch ein christlicher Theologe dies in ähnlicher Weise zu denken vermochte. Nicht nur, dass er in 'De legibus' die Idolatrie im Anschluss an 'De fide' sozusagen als deren Gegenbild entwirft; die Idolatrie erscheint dabei geradezu als das Gegenteil des dem Christen einzig angemessenen Verhaltens, nämlich dem in der wahren Verehrung Gott bezeugten credere, dem Glauben.

Dabei wird der Wahrheitsdiskurs zwischen wahrem und falschem Glauben, fides und idolatria keineswegs als ein intellektuell-begrifflicher geführt, sondern als Reinheitsdiskurs. Moses Maimonides etwa beschreibt in seinem Traktat 'De idolatria'[34] im Anschluss an Num

---

und dumm, mit Namen Gerardinus Segalellus [...]"; zit. nach: Die Chronik des Salimbene von Parma, bearb. von Alfred Doren, Leipzig 1914 (= GDV 93/1), 242.

[32] *Steven S. Schwarzschild*, De idolatria, in: Proceedings of the Academy for Jewish Philosophy, hg. von David Novak/Norbert M. Samuelson, Lanham u. a. 1992, 213–242, hier: 213.

[33] Zitiert nach *Barry S. Kogan*, Judaism and the varieties of idolatrous experience, in: ebd., 169–193, hier: 169 mit Anm. 3.

[34] *Mose Maimonides*, De Idolatria, cum interpretatione Latina & notis Dionysii Vossii, o. O. 1675, 27.

15,39 haeresis und scortatio, Irrlehre und Hurerei, als einander beding-
gende Kennzeichen der Idolatrie, und bei Wilhelm von Auvergne
erscheint beim argumentativen Ablehnen der Idolatrie immer wieder das Wortfeld der Reinheit (purgare, immundus etc.). Schon biblisch wurde ein Zusammenhang von Idolatrie und moralischem
Fehlverhalten betont. Entsprechend dürfte es nicht zufällig sein, dass
der Idolatrie-Traktat des Maimonides keineswegs einen rein philoso-
phisch-theologischen Text darstellt. Vielmehr ist er ein regelrechtes
Bußbuch, in dem verzeichnet wird, wie viele Schläge jemand für
welche idolatrischen Vergehen (Tätowierung, Tonsur, Bartschur,
Schmicken usw.) erhalten sollte. Insgesamt geht es ihm wohl vor
allem um den Erhalt der Reinheit im Sinne der Reinheits- und
Ritualgesetzgebung des Buches Levitikus.

Ganz in der Linie dieses Reinheitsdiskurses steht mithin, wenn
Wilhelm von Auvergne die "corruptio humanae naturae" sowie "con-
cupiscentia" und "fornicatio" als Ursprung und Folge der Idolatrie
ausmachte und dagegen das Bild von der Seele als (reine) Braut
Gottes entwirft[35]. Insgesamt erscheint sowohl bei dem jüdischen Philosophen Maimonides als auch bei Wilhelm von Auvergne die Idolatrie
so in der Erbsünde verankert, dass sie zu rituell falschem Verhalten
führt, das eigentlich jüdisch durch die Beschneidung und christlich
durch die Taufe überwunden sei.

Noch in den Auseinandersetzungen des von Karlstadt ausgelösten
Bilderstreites der Reformationszeit findet sich das Reinheitsargument.
Nicht nur, dass von Alt- wie Neugläubigen gegen die Bilder das
Argument, sie hätten zu unzüchtigen Gedanken verleitet, ins Feld
geführt wurde: Von altgläubiger Seite kann das Reinheitsargument
auch noch gegen die Bilderstürmer gewendet werden. Hieronymus
Emser[36] etwa betont in seiner Antwort auf Karlstadts Schrift 'Von
Abthung der Bilder'[37], dass dieser aufgrund des Bruches seines
Keuschheitsgelübdes zum Bilderstürmer geworden sei. Das traditio-
nelle Stigma des Idolators, unkeusch zu sein, wird so gegen den
Bilderstürmer gerichtet.

---

[35] Vgl. das gesamte Kap. 24 von 'De legibus' (wie Anm. 10), 67–77.
[36] *Hieronymus Emser*, Das man der heyligen bilder yn den kirchen nit abthon noch
mehren soll vnnd das sie yn der schrifft nyndert verbotten seyn, in: Die Deutschen
und lateinischen Flugschriften des frühen 16. Jahrhunderts. Microfiche-Serie, hg.
von Hans-Joachim Köhler, Fiche 453/Nr.1223, Bl. 221r.
[37] *Andreas Karlstadt*, Von Abtuhung der Bilder und das keyn Bedtler vnther den
Christen seyn sollen, hg. von Hans Lietzmann, Bonn 1911.

3. 'De idolatria' als Ritual- und Zeichentheorie oder: Die Neutralisierung der Präsenz

Inhaltlich wurde unter dem Stichwort der Idolatrie eines der Grundprobleme des mittelalterlichen Christentums schlechthin verhandelt: Die Frage nämlich nach Präsenz und Repräsentanz. Entsprechend versucht Bernardin von Siena zu Beginn seines Traktates 'De idolatriae cultu' eine Definition zu geben: Gegenstandsbereich der Idolatrie seien zunächst simulacra, die entweder real existierende oder fiktive Dinge repräsentierten. Dabei würde jenes Verhalten Idolatrie genannt, bei dem solchen Dingen Verehrung entgegengebracht werde. Weil die Völker gewöhnlich Kreaturen in Form von Bildern verehrt hätten, würde jeder Kult von Kreatürlichem Idolatrie genannt, auch wenn dabei keine Bilder im Spiel seien[38].

Überdeutlich wird die Frage nach Präsenz und Repräsentanz dort, wo nach dem Verhältnis von Bild und Abbild gefragt wird und die Materialität und Medialität des Bildes ausdrücklich diskutiert wird. Wilhelm von Auvergne entwirft entsprechend drei Bildmodelle, die er ins Verhältnis zu einem rechten christlichen Bildkult setzt[39]. Bei der ersten Art der Idole handele es sich lediglich um Idole oder Bilder, wie die der christlichen Heiligen, die lediglich der memoria und repraesentatio derer dienten, von denen sie Bilder seien, denen aber nichts Numinoses anhafte. Anders die beiden anderen Bildmodelle, die den Bildern in ihrer Materialität eine Präsenz des Numinosen zusprächen. Dies wären zum einen die habitacula Deorum, bei denen oftmals geglaubt worden wäre, dass die Götter ihnem innewohnten und diese selbst als Götter verehrt würden. Einen solchen Bildglauben könne man christlich dort feststellen, wo zwischen den Bildern der Heiligen und den Heiligen selbst nicht mehr unterschieden würde. Die dritte Art von Idolen sei der sogenannte Deus factitius, Bilder, die unter bestimmten Sternenkonstellationen erstellt worden wären und von denen man glaube, dass ihnen eine virtus numinis eingesenkt oder eingeprägt worden sei. Auch diese Vorstellung lehnt

---

[38] *Bernardin von Siena*, De idolatriae cultu art. I (wie Anm. 27), 105: "Propterea idolum dicitur proprie simulacrum repraesentativum rei exsistentis vel rei fictae. Et secundum hoc idolatria proprie dicitur cum simulacra coluntur. Ex communi tamen consuetudine, qua Gentiles creaturas colebant sub quibusdam imaginibus, impositum est idolatriae nomen ad significandum quemcumque creaturae cultum, etiam si sine imaginibus fieret."

[39] Vgl. oben Anm. 11.

Wilhelm ab, sagt aber, dass unter Christen immer noch Reste dieses Irrtums verbreitet seien.

Mithin – und dies ließe sich für weite Teile des westlich-theologischen Denkens nachzeichnen – wird dem christlich legitimen Bild in seiner Materialität jede Präsenz abgesprochen; vielmehr ist es lediglich Repräsentation dessen, den es ins Bild setzte ohne aber in irgendeiner Weise materialiter Anteil an dessen Präsenz zu haben[40]. Wilhelm von Auvergne geht dabei freilich weit über die Bilder hinaus. Für ihn hat christliches Zeichenhandeln allem anderen voran lediglich die Funktion der repraesentatio[41]. Nicht die Zeichen, die signa, machten den Glauben aus, vielmehr komme dieser im eigentlichen sacrificium, nämlich dem Selbstopfer des Christen zum Ausdruck. Letztlich zielt die Auseinandersetzung mit der Idolatrie in 'De legibus' mithin auf die Neutralisierung der Präsenz und eine Ethisierung der Zeichenlehre.

Schließlich erscheint Idolatrie als Problem der Rezeption. Wer als Christ zum idolator wird, verfällt schlicht einer falschen Lektüre der Zeichen und verwechselt, wie wir sahen, die Bilder mit dem auf ihnen Abgebildeten. Dies gilt freilich auch für andere Formen der Idolatrie. So etwa konnte der Sekte der Circumcisi, einer oberitalienischen Sekte, deren Mitglieder sich selbst beschnitten, der Idolatrievorwurf entgegengehalten werden. Dabei freilich ging es nicht einzig darum, dass sie ein falsches, idolatrisches Verhalten praktizierten. Vielmehr waren sie einer falschen Lektüre der Bibel gefolgt. Hätten sie statt einer einfachen, rein literalen Lektüre die Lehre vom vierfachen Schriftsinn auf jene Stellen der Bibel angewandt, die die Beschneidung forderten, wären sie gar nicht auf die Idee gekommen, sich zu beschneiden. Auch die Schrift galt eben als Zeichen, das

---

[40] Vgl. *Thomas Lentes*, Auf der Suche nach dem Ort des Gedächtnisses. Thesen zur Umwertung der symbolischen Formen in Abendmahlslehre, Bildtheorie und Bildandacht des 14.–16. Jahrhunderts, in: Imagination und Wirklichkeit. Zum Verhältnis von mentalen und realen Bildern in der Kunst der frühen Neuzeit, hg. von Klaus Krüger/Alessandro Nova, Mainz 2000, 21–46.

[41] Wenn theologischerseits für Bilder eine Präsenz des Göttlichen beansprucht wurde, dann wurde diese nicht eigentlich an der Materialität des Bildes festgemacht, sondern einem besonderen Wunderhandeln Gottes zugeschrieben, durch das er sich an die Materie band. Es dürfte nicht zufällig sein, dass im Idolatrie-Traktat bei Wilhelm wie auch bei anderen die Präsenzfrage im Sakrament, insbesondere der geweihten Hostie, ausgeklammert blieb. Dort nämlich wurde ja eine Materialpräsenz angenommen, die dann aber nicht in die Zielrichtung des religionspolemischen Traktates gepasst hätte. Diese Zusammenhänge hoffe ich zukünftig bei weiteren Arbeiten zur Idolatrie deutlicher erläutern zu können.

man in rechter Weise zu rezipieren hatte. Eine rein literale Lektüre dagegen war an sich schon Idolatrie[42].

Letztlich wird der Idolatrie-Traktat – wenigstens bei Wilhelm von Auvergne – zu einer regelrechten Zeichen- und Ritualtheorie, die klärt, was die richtigen, den Glauben fundierenden Zeichen sind und wie die rechte Rezeptionshaltung gegenüber den Zeichen sich zu gestalten habe. Am Ende von 'De legibus' steht dann ein Entwurf, der die Einheit von Zeichen und Ritualen geradezu beschwört. Zum Krieg sei es unter den Heiden und zwischen den andere Religionen gekommen, einzig aufgrund der Vielzahl der Riten. Dagegen fordert Wilhelm die dem einen Gott angemessene, eine latria (Verehrung, Anbetung), die aller Idolatrie wehre. Unterschiede im "cultus" seien mithin nur erlaubt, wo sie der "varietas pulchritudinis" dienten[43].

4. *Für eine Geschichte und Theorie der Idolatrie*

Mit dem hier zusammengetragenen Material habe ich versucht, einen ersten, sehr vorläufigen Einblick über die Diskussionen zu geben, auf die man stößt, wenn man nach idolatria in der hoch- und spätmittelalterlichen Philosophie und Theologie fragt. Der Traktat 'De idolatria' als religionspolemischer und -geschichtlicher Entwurf sowie als eine allgemeine Zeichen- und Ritualtheorie, Idolatrie als Problem von Wahrheit und Reinheit, von Materialität und Medialität sowie von Rezeption, dürften dabei die zentralen Bausteine für eine Geschichte wie auch eine Theorie von Idolatrie im Mittelalter sein. Dies auf breitere Materialbasis zu stellen, die unterschiedlichen Diskussionen im Religionsvergleich wie auch in den Auseinandersetzungen um und mit häretischen Bewegungen genauer zu beleuchten, skizziert nur einige Aufgaben der weiteren Forschung auf diesem Feld. Deutlich freilich dürfte geworden sein, dass mit der Frage nach Idolatrie keineswegs nur ein Problem der Bildgeschichte aufgeworfen ist. Vielmehr ging es dabei um Kernprobleme der Zeichen- und Ritualtheorie wie auch der Wahrheit qua Reinheit von Religion.

---

[42] Ausführlicher hierzu demnächst *Lentes*, Körper-Idolatrie (wie Anm. 30).
[43] *Wilhelm von Auvergne*, De legibus (wie Anm. 10), 94–102.

GEOGRAPHIE DES UNENDLICHEN.
(RÄUMLICHE) VORSTELLUNGEN VON PARADIES UND INFERNUM IM MITTELALTER[1]

Julia Eva Wannenmacher
(Berlin)

For though that seat of earthly bliss be fail'd
A fairer Paradise is founded now
For Adam and his chosen Sons, whom thou
A Saviour art come down to re-install.
(*John Milton*, Paradise Regain'd)

1. *Verlorene und wiedergefundene Paradiese*

Wer nach dem Paradies sucht, wird manchmal auch enttäuscht. 'Das Paradies kommt wieder . . .', verspricht ein Titel im Online-Katalog der Berliner Staatsbibliothek und präzisiert: 'Zur Kulturgeschichte und Ökologie von Herd, Kühlschrank und Waschmaschine'[2]. Verbunden mit dem Begriff des Paradieses sind so unterschiedliche Vorstellungen und Ideale wie die der bewahrten Unschuld einer archaischen Gesellschaft, wie sie sich dem Maler Paul Gauguin in der Inselwelt der Südsee darstellte[3]. Andere lockte das Paradies in Gestalt der USA als Land der Verheißung für auswanderungswillige Europäer des 18. und 19. Jahrhunderts. Heute erscheinen die unberührte und noch immer ungezähmte Natur, wie sie die Wälder

---

[1] Eine frühere Version dieses Beitrags wurde beim jährlichen Treffen der Societas Mediaevistica am 19.3.2004 in Erlangen vorgestellt. Den Diskutanten bin ich für die freundliche Aufnahme des Themas und ihre hilfreichen Anregungen sehr zu Dank verpflichtet.

[2] Das Paradies kommt wieder . . . Zur Kulturgeschichte und Ökologie von Herd, Kühlschrank und Waschmaschine. Katalog einer Ausstellung des Museums der Arbeit, Hamburg, unter Mitarbeit von Hilde David, Hamburg 1993.

[3] Die Assoziation der Südsee mit dem Paradies kennt zahllose Beispiele. Programmatisch ist sie im Leben und Werk des Malers Paul Gauguin; vgl. etwa Paul Gauguin – Das verlorene Paradies. Katalog zur Werkausstellung im Museum Folkwang Essen und in der Neuen Nationalgalerie Berlin 1998–1999, hg. von Georg Wilhelm Költzsch, Köln 1998.

Kanadas für gestresste Großstädter bereithält, oder auch bedrohte Ökosysteme überall auf der Erde dem modernen Menschen als das Paradies, das nunmehr dem Menschen ausgeliefert ist, der es je nach Belieben erhalten oder zerstören kann.

Die Suche nach dem Paradies ist in der Tat keine originelle Beschäftigung. Auch die Unterwelt zieht seit ewigen Zeiten Besucher an. Allerdings ist das Weltbild vergangener Epochen, in dem mittels einer semipermeablen Membran mindestens Göttern und Visionären jederzeit der Ortswechsel hinauf auf einen Berg zum Wohnsitz der Götter oder hinab in einen Vulkan in die Unterwelt möglich war, längst abgelöst durch ein duales System, in dem für Gott und Teufel, Engel und Dämonen in keiner Sphäre des Kosmos mehr Platz ist. Doch die Frage nach der Lage des Paradieses oder der Hölle hatte auch zuvor keine eindeutige Antwort gefunden. Das Weltbild des Mittelalters, oder die Summe dieser Bilder, hatte viele Facetten[4].

2. *Einige notwendige Eingrenzungen*

Die vorliegende kurze Untersuchung konzentriert sich aus mehreren Gründen auf die Vorstellungen von Paradies und Infernum in der lateinischen Kirche bis ins 12. Jahrhundert. Auf der Grundlage früherer kosmographischer Arbeiten, im Westen beginnend mit Lactantius, Victorin von Pettau, vor allem aber Ambrosius und Augustinus, Isidor von Sevilla und Beda Venerabilis erreicht die Literatur zu Schöpfung und Paradies, zu Erde und Kosmos im 12. Jahrhundert in den Werken von Autoren wie Honorius Augustodunensis, Rupert von Deutz, Pierre Abaelard und Petrus Lombardus, mit der Schule von Sankt Viktor und der Schule von Chartres einen vorläufigen Höhepunkt.

Mit der vielbeschworenen Geburt des Fegefeuers und seinem Eingang in die Volksfrömmigkeit[5], durch den Einfluss des aristotelischen Gedankenguts[6], die Nachwirkungen eines Thomas von Aquin

---

[4] Dies betont auch *Rudolf Simek*, Erde und Kosmos im Mittelalter, München 1992, im Gegensatz zu der Fiktion eines einheitlichen mittelalterlichen Weltbildes wie etwa noch bei *Edward Grant*, Das physikalische Weltbild des Mittelalters, München 1980.

[5] Vgl. *Jacques Le Goff*, La naissance du purgatoire, Paris 1981. *Andreas Merkt*, Das Fegefeuer. Entstehung und Funktion einer Idee, Darmstadt 2005, war mir vor der Drucklegung noch nicht zugänglich.

[6] Vgl. A History of Twelfth-Century Western Philosophy, hg. von Peter Dronke, Cambridge 1988, Nachdruck 1999, dort bes. 407–442 (The Entry of the 'New' Aristotle).

und eines Dante wird das zu untersuchende Thema nach dem 12. Jahrhundert sehr rasch zu breit und zu unübersichtlich, um anders als von Spezialisten ihrer Gebiete angemessen behandelt zu werden. Und so wie die Zahl der Bilder von himmlischem Paradies und Himmel, von Infernum und Purgatorium im Spätmittelalter und in der frühen Neuzeit rasch zunimmt, konzentriert sich auch die Mehrzahl der wissenschaftlichen Untersuchungen im Wesentlichen auf diese späteren Jahrhunderte.

Das rasch aufflammende Interesse des Hoch- und Spätmittelalters am Jenseits hat viele und naheliegende Gründe. Denn seit dem Ende des 12. Jahrhunderts wird die Erwartung des sofortigen Eintritts in das Paradies, der vorher nur Heiligen und Märtyrern vorbehalten war, allmählich auf alle Gläubigen ausgedehnt, dank des Fegefeuers, das im Laufe des 14. und 15. Jahrhunderts Bestandteil des Volksglaubens wird[7]. Einer der Gründe, der zu dieser Entwicklung beitrug, war auch die Auswirkung der Pestepidemien, die Europa im 14. Jahrhundert heimsuchten[8]. Das Bild von Paradies und Infernum unterlag in dieser Zeit einschneidenden Veränderungen. Dramatische Schilderungen vom Jenseits, von Hölle und Fegefeuer, die sehr häufig ihren Platz in Predigten hatten, dienten in der Regel pastoralen Funktionen. Ihre Absicht war es, die Gläubigen zu ermahnen, nicht zu schockieren, und die oft drastisch ausgemalten Höllenstrafen sollten ihnen allenfalls einen heilsamen Schrecken einjagen. Manche bezeichnen die frühe Neuzeit als das goldene Zeitalter des Fegefeuers[9], beispielhaft repräsentiert in den Visionen der heiligen Katharina von

---

[7] Vgl. *Anca Bratu-Minott*, From the bosom of Abraham to the beatific vision: On some medieval images of the soul's journey to heaven, in: Death and Dying in the Middle Ages, hg. von Edelgard DuBruck/Barbara I. Gusick, New York u. a. 1999, 189–218, hier: 189.

[8] Das Krisenbewusstsein des Spätmittelalters, die Angst vor Tod und unmittelbar bevorstehender Höllenstrafe, verschärft durch das Erleben der Pestepidemien als Voraussetzung für eine neue Dimension der Gnadennähe, beschreibt *Berndt Hamm*, Die "nahe Gnade" – innovative Züge der spätmittelalterlichen Theologie und Frömmigkeit, in: "Herbst des Mittelalters"? Fragen zur Bewertung des 14. und 15. Jahrhunderts, hg. von Jan A. Aertsen/Martin Pickavé, Berlin/New York 2004 (= MM 31), 541–557, bes. 544; zur Jenseitsorientierung *ders.*, Normative Zentrierung im 15. und 16. Jahrhundert, in: ZHF 26 (1999), 163–202, bes. 166–168. Allgemein *Jean Delumeau*, Angst im Abendland. Die Geschichte kollektiver Ängste in Europa des 14. bis 18. Jahrhunderts, Reinbek 1985 (frz. 1978). Zur Auswirkung der Pest auf die Volksfrömmigkeit vgl. *Franz-Reiner Erkens*, Buße in Zeiten des Schwarzen Todes, in: ZHF 26 (1999), 483–513.

[9] *Thomas Worcester*, In the face of death: Jean Delumeau on Late-Medieval Fears and Hopes, in: Death and Dying (wie Anm. 7), 157–174, hier: 165.

Genua († 1510), als Reaktion auf die tiefgreifende Melancholie im Herbst des Mittelalters[10]. Ihre Wurzeln findet man unter anderem in der Etablierung des Bußsakraments, in der Beschreibung und Betonung der Zusammenhänge zwischen Sünde, "contritio" und Bußfertigkeit, die seit der Mitte des 12. Jahrhunderts für die christliche Existenz immer mehr an Bedeutung gewinnen. Diese Fokussierung auf menschliche Gefühlslagen bis hin zur Beschreibung der erlittenen Schmerzen der Heiligen bei ihrem Besuch in der Hölle hat zur Folge, dass die Suche nach Paradies und Unterwelt auch in der Forschung beinahe ausschließlich in der Seelenlandschaft stattfindet. Solche Beschreibungen der Höllenqualen, die die Visionsliteratur in breiter Fülle bietet, beginnend im 12. Jahrhundert[11], stehen regelmäßig im Zusammenhang mit der Sünde, die diese Qualen verursacht, und dienen damit ebenso regelmäßig der Ermahnung zu Gehorsam, Reue und Buße. Die Frage nach den Orten, an denen sowohl solche Strafen wie auch die andernfalls zu erwartenden Belohnungen stattfinden, ist bei einem erkenntnisleitenden Interesse, das wesentlich aufs Diesseits ausgerichtet ist, hinfällig.

Ein anderes Thema, auf das hier nicht eingegangen werden soll, ist der Zusammenhang zwischen irdischer und himmlischer Liebe bei visionären Erlebnissen von Paradies und Infernum, wie er zum Teil Gegenstand der Danteforschung ist. Ebenso sinnenhaft wie die physischen Leiden der Höllenvisionen stellt sich bei der Betrachtung der Danteschen erlösten Erotik[12] die Frage nach dem konkreten Ort des Paradieses oder der Hölle hier so wenig wie dort.

3. *Neue Perspektiven im Weltbild des 12. Jahrhunderts*

Durch die Einflüsse aus Spanien, hier besonders aus Toledo, in geringerem Maß aus Sizilien, fanden seit dem Ende des 11. Jahrhunderts

---

[10] Vgl. besonders die gleichnamige Studie *Johan Huizinga*, Herbst des Mittelalters. Studien über Lebens- und Geistesformen des 14. und 15. Jahrhunderts in Frankreich und in den Niederlanden, München 1924, und ihre Wirkungsgeschichte.

[11] Hier ist besonders etwa die Vision des Tundal zu nennen, vgl. beispielhaft für das 12. Jh. *Jan Swango Emerson*, Harmony, Hierarchy, and the Senses in the 'Vision of Tundal', in: Imagining Heaven in the Middle Ages, hg. von Jan Swango Emerson/ Hugh Feiss, New York/London 2000, 3–46.

[12] Nach *F. Regina Psaki*, The sexual body in Dante's celestial Paradise, in: Imagining Heaven in the Middle Ages (wie Anm. 11), 47–61, hier: 58.

vor allem griechische, aber auch arabische Quellen vermehrt Eingang in die Bibliotheken und Skriptorien des Abendlandes. Berühmtestes Beispiel für die Übersetzer- und Vermittlungstätigkeit solcher weitgereister Gelehrten sind Hermann von Kärnten und Robert Ketene, die im Auftrag von Petrus Venerabilis den Koran ins Lateinische übersetzten, oder die Reisen und Werke des Adelard von Bath[13]. Die Rezeption dieser vorher unzugänglichen Quellen wird in der Folge zur Voraussetzung für das Entstehen eines weitgehend neuen Weltbildes, das sich gegenüber dem früheren vor allem durch zuvor unbekannte Fragestellungen auszeichnet, die explizit naturwissenschaftlicher Natur sind. So fragt etwa Adelard von Bath in seiner Schrift 'Quaestiones naturales', die er seinem Neffen widmete, nach dem Entstehen der Gezeiten, ohne dass er dabei andere erkenntnisleitende Interessen verfolgt als nur die Frage nach diesem Naturphänomen selbst. Platons 'Timaios' und die Kommentarwerke des Chalcidius und anderer dienen als Motor und Beispiel. Die 'Cosmographia' des Bernardus Silvestris[14], aber auch andere Werke von Autoren der Schule von Chartres sind ohne sie nicht denkbar, wie die 'Philosophia mundi' des Wilhelm von Conches. Auch er wird der Schule von Chartres zugerechnet, obgleich es bis jetzt keine Anhaltspunkte dafür gibt, dass er sich dort je wirklich aufgehalten hat[15]. Durch sein Interesse für die Natur als solche zieht er Vorwürfe auf sich wie den des Wilhelm von St. Thierry, dass der "grammaticus de Conchis" sogar das Schöpfungsereignis, ja sogar Gott selbst in unstatthafter Weise naturwissenschaftlich betrachte[16]. Natur als Natur zu sehen ist zur Voraussetzung des Entstehens einer neuen Weltsicht geworden, die Natur ist nicht mehr nur ein Symbol[17].

---

[13] Vgl. *Marie-Thérèse d'Alverny*, Translations and Translators, in: Renaissance and Renewal in the Twelfth Century, hg. von Robert L. Benson/Giles Constable, Oxford 1982, 421–462.

[14] *Bernardus Silvestris*, Cosmographia, hg. von Peter Dronke, Leiden 1978.

[15] Zur sogenannten Schule von Chartres vgl. *Andreas Speer*, The discovery of nature: The contribution of the Chartrians to twelfth-century attempts to found a "scientia naturalis", in: Traditio 52 (1997), 134–151 (Lit.); *R. W. Southern*, The Schools of Paris and the School of Chartres, in: Renaissance and Renewal (wie Anm. 13), 113–137; zu Wilhelms Wirkungsstätte vgl. ebd., 129f.

[16] *Wilhelm von St. Thierry*, De erroribus Guillelmi de Conchis ad Sanctum Bernardum; PL 180, 333–340, bes. 339D–340A: "Deinde creationem primi hominis philosophice, seu magis physice describens, primo dicit corpus eius non a Deo factum, sed a natura", und 339A: "Datus enim in reprobum sensum homo physicus et philosophus, physice et de Deo philosophatur."

[17] Vgl. *Tullio Gregory*, La nouvelle idée de nature et savoir scientifiqueau XIIe

4. *Paradies und Unterwelt in der Sicht Joachims von Fiore*

Kurz vor dem Ende des 12. Jahrhunderts, in dem all diese Veränderungen stattgefunden und ihren Einfluss beinahe bis in alle Winkel
Europas ausgeübt haben, gibt Joachim von Fiore in seinem umfangreichen und eigenwilligen Kommentar zur Apokalypse eine kurze
Beschreibung der Lage und Funktion von Paradies und Unterwelt,
die in ihrer Kürze und Prägnanz beispiellos ist. Joachim nennt ein
himmlisches und ein irdisches Paradies, ein oberes und ein unteres
Infernum. Das himmlische Paradies ist der Aufenthaltsort Jesu und
seiner Heiligen, während das irdische Paradies, aus dem Adam und
Eva einst vertrieben wurden, nun die Seelen jener Gläubigen bewoh-
nen, deren Sündenschuld bereits beglichen ist und die dort den Tag
des jüngsten Gericht erwarten. Das obere Infernum ist die gegenwärtige Welt, während das untere unter der Erde liegt und an manchen Orten ihre Oberfläche durchbricht, um durch seinen schrecklichen
Anblick die Menschen zu erschüttern, wie dies etwa auf Sizilien der
Fall ist[18]. Joachim macht dabei deutlich, dass seine Vorstellungen
von der Lage dieser Orte einerseits den Schriften des Alten und
Neues Testaments entnommen sind, andererseits lassen seine Formulierungen erkennen, dass es eines langen historischen Prozesses
bedurfte, an dessen Ende das beschriebene Modell steht, und dass
es sich dabei mitnichten um ein in allen Details unwidersprochenes
oder bis ins Letzte geklärtes Konstrukt handelt. Die These Reinhold
Grimms, der zufolge es kaum Konstanten und nachvollziehbare
Entwicklungslinien der exegetischen Tradition zu Paradies und
Infernum gibt, kann angesichts dieses Befundes nicht uneingeschränkt
wiederholt werden[19].

---

siècle, in: The Cultural Context of Medieval Learning. Proceedings of the first
International Colloquium of Philosophy, Science and Theology in the Middle Ages,
September 1973, hg. von J. E. Murdoch/E. D. Sylla, Dordrecht/Boston 1997 (=
Boston Studies in the Philosphy of Science = Synthese Library 26), 193–218.

[18] *Joachim von Fiore*, Expositio in Apocalypsim, pars III, Venedig 1527, Nachdruck
Frankfurt a. M. 1964, fol. 113rb/va.

[19] So spricht *Reinhold Grimm*, Paradisus coelestis – Paradisus terrestris. Zur Aus-
legungsgeschichte des Paradieses im Abendland bis um 1200, München 1971, 16f
u. ö., von einem anachronistischen und apologetisch motivierten Ideal der Stimmigkeit, das seiner Anschauung nach jedem Versuch einer Systematisierung mittelalterlicher Paradiesvorstellungen zugrunde liegen müsse.

5. *Frühe Bilder von Paradies und Infernum*

Als Wohnung des ersten Menschen wie als Aufenthaltsort der Seelen der frommen Abgeschiedenen und Ziel der Sehnsucht aller Gläubigen spielte das Paradies von Anfang an eine bedeutende Rolle in der Vorstellungswelt von Juden und Christen. Seine Koordinaten scheinen in den Schriften des Alten und Neuen Testaments bereits abgesteckt. Unter seinen Bewohnern findet man Adam wie Henoch und Elia, den Lazarus der jesuanischen Erzählung sowie den sterbenden Schächer an der Seite Jesu.

Literale und allegorische Exegese behaupteten abwechselnd das Feld, und die Auslegungen der Exegeten von Antiochien und Alexandrien erleben ihre Wiedergeburt in den Kommentaren abendländischer Theologen. Vermittelt durch Origenes und Ambrosius von Mailand, hat mit Philo von Alexandrien auch ein hellenistischer Jude der Interpretation des Paradieses im lateinischen Mittelalter nachhaltige Impulse gegeben und den Weg zur allegorischen Auslegung wie zu einem literalen Verständnis der Paradieserzählung als gangbar erwiesen. Der Streit zwischen Literalsinn und allegorischer Auslegung sollte sich bis ins 12. Jahrhundert fortsetzen. Doch auch eschatologische Kategorien und kosmologische Dimensionen bei der Auslegung des Paradieses sind schon in den Schriften der ersten drei Jahrhunderte der Kirchengeschichte kaum in Übereinstimmung zu bringen. Ob das Paradies, in dem Adam und Eva in körperlicher Gestalt lebten, und der Wohnort der Seelen der seligen Verstorbenen ein und derselbe Ort sein können, hat bereits früh Kontroversen ausgelöst. Tertullians Vorstellungen vom Paradies sind wesentlich geprägt von seiner Konzentration auf das Schicksal der Märtyrer; der Einfluss von Tertullians und Cyprians Schriften in den folgenden Jahrhunderten blieb, bedingt durch den übermächtigen Eindruck der Schriften der Kirchenväter Ambrosius, Augustinus und Hieronymus, gering.

Für Ambrosius etwa ist nicht nur der Garten Eden, sondern die ganze prälapsarische Erde mit dem irdischen Paradies gleichzusetzen. Was bleibt, ist das himmlische Paradies, das nur mit der Seele zu betreten ist. Augustins Bild von Paradies und Unterwelt ist komplexer und nicht leicht eingrenzbar, zumal seine Vorstellungen im Lauf vieler Jahre merklichen Wandlungen unterlagen. Die Frage nach der Beschaffenheit und dem Schicksal des irdischen Paradieses, das vor allem der späte Augustinus ausdrücklich literal-historisch versteht, wird kompliziert durch die problematische Verhältnisbestimmung zwischen

Paradies-, postlapsarischem und Auferstehungsleib. Fest steht für ihn
lediglich, dass das irdische Paradies seit dem Sündenfall unwider-
ruflich versperrt ist. Der Leib des Menschen, so der Apostel, sei tot
(Röm 8,10); darum ist die gegenwärtige Welt der Wohnort der lebendigen Toten, das obere Infernum. Einzig noch zugängliches Paradies
ist für Augustinus der Schoß Abrahams und der Ort, an den mitzunehmen Jesus dem gekreuzigten Schächer versprach. Doch die
Ansichten Augustins über den Aufenthaltsort der Seelen der Verstorbenen sind uneinheitlich, denn mitunter scheint es so, als sei ihre
Bestimmung ausschließlich und unausweichlich die tiefere Unterwelt,
aus der sie erst bei Anbruch der Ewigkeit befreit werden – wobei
schwer zu unterscheiden ist, inwiefern sich die Position der geretteten
Seelen bei Augustinus von der der verlorenen unterscheidet. Hinzu
kommt eine problematische Begriffsverwirrung, denn das Paradies
der toten Seelen wäre somit ein Teil der Unterwelt, ein notwendiger
Schluss, den Augustinus allerdings nie explizit formuliert. Deutlich
wird dies in seiner Erörterung des Schoßes Abrahams. Augustinus
nimmt an, dass es sich dabei um einen Ort der Unterwelt handle,
der allerdings höher gelegen sein muss als jener Ort, an dem der
Reiche den Flammen anheimfiel, da dieser ja seine Augen zu Lazarus
erheben konnte[20], und schließt daraus, dass in dieser tieferen Unterwelt
den Seelen wiederum unterschiedliche Aufenthaltsorte angewiesen
werden, je nach Schwere ihrer Sündenschuld. Ähnlich wird im 9.
Jahrhundert noch Heiric von Auxerre argumentieren, der allerdings
die Bildhaftigkeit der Sprache für den Schoß Abrahams und die
Gliedmaßen der beiden Unterweltbewohner ebenso wie die Bedeutung
der Entfernung zwischen beiden als Symbol ihrer unterschiedlichen
Verdienste betont[21]. Für seinen Lehrer Haimo von Auxerre hingegen sind drei Bedeutungen möglich: das Infernum als die geschaffene
Welt, als Aufenthaltsort der Seelen aller Verstorbenen bis zu Christus
und als die Sündenverfasstheit des Menschen, aus der er durch
Christus befreit wird[22].

---

[20] *Augustinus*, Enarrationes in Psalmos, Ps 85; CChr.SL 39, 1191; PL 37, 1094;
ihm folgend *Cassiodor*, Expositio in Psalterium, In Psalmum LXXXV; CChr SL 98,
786; PL 70, 615D.
[21] *Heiric von Auxerre*, Homiliae per circulum anni, pars aestiua, hom. II, 17; CChr.CM
116B, 152f.
[22] *Haimo von Auxerre*, Commentaria in Psalmos, In Psalmum LXXXV; PL 116,
489C.

Die Existenz zweier Inferna belegt der Psalmsänger David mit seinem Dank "Eruisti animam meam ex inferno inferiori" (Ps 85,13). Auch Abraham selbst, so meint Augustinus, sei diesem Ort inzwischen möglicherweise entronnen, nachdem Jesus sich sterbend selbst in die Unterwelt begab; doch ist er sich über diesen Punkt nicht sicher. Augustins Unterteilung des unteren Infernums in die Abteilungen für lässliche und schwere Sünden wird noch von Theologen des 12. Jahrhunderts wiederholt werden[23]. So wie es für Augustinus drei Inferna gibt, nämlich die Welt und die beschriebenen beiden Teile der Unterwelt, so kommt er auch auf eine mögliche Gesamtzahl von drei Paradiesen. Er tut dies in unausgesprochener Analogie zu dem von Paulus berichteten dritten Himmel (2. Kor 12,2), wobei das erste Paradies das vergangene irdische Paradies ist, das zweite der Aufenthaltsort der Seelen der verstorbenen Gläubigen (eigentlich ein Teil des Infernums, da es unterirdisch ist) und das dritte sozusagen die Apotheose des Paradieses, der Ort der ewigen Seligkeit. Es liegt nahe, erforderte jedoch eingehendere Betrachtung, zu vermuten, dass zwischen dem "paradisus paradisorum" und dem achten Tag der augustinischen Weltzeiteinteilung ein innerer Zusammenhang besteht. Über das Verhältnis und die mögliche Identität des dritten Himmels mit dem danach erwähnten Paradies bei Paulus ist sich Augustinus letztlich unklar und schließt die Möglichkeit ausdrücklich nicht aus, dass das von ihm "paradisus paradisorum" genannte Paradies mit jenem Teil der Unterwelt, in dem Lazarus sich aufhielt, und dem von Paulus gesichteten dritten Himmel identisch ist[24]. Die im Genesiskommentar an gleicher Stelle vertretene Anschauung, dass sämtliche Inferna sich jedenfalls unter der Erdoberfläche befinden, wird von Augustinus nicht konsequent vertreten; an anderer Stelle berichtet Augustinus von einen Infernum als einem finsteren Ort in den Lüften[25]. Nur die drei Himmel sind ausschließlich über der Erde zu suchen; über die Lokalisierung des oder der Paradiese im Verhältnis zu

---

[23] Vgl. *Arthur Michael Landgraf*, Dogmengeschichte der Frühscholastik IV/2, Regensburg 1956, 225–320 (Kap. Die Linderung der Höllenstrafen).

[24] *Augustinus*, De Genesi ad litteram, lib. XII, cap. 34; CSEL 28/1, 431; PL 34, 483. *Grimm*, Paradisus coelestis (wie Anm. 19), 65f, interpretiert diese Stelle allerdings so, als ob Augustinus über die Identität beider Orte keinerlei Zweifel empfunden habe, sondern es lediglich aus unbekannten Gründen unterließ, diese Identität ausdrücklich zu erklären.

[25] *Augustinus*, De civitate Dei, lib. IX, cap. 11; CChr.SL 48, 432; PL 41, 419.

Himmel und Erde macht Augustinus außer der genannten Identifi-
kationsmöglichkeit keinerlei Angaben.

Anders als Augustinus unterscheidet Hieronymus klar zwischen
dem von Paulus erwähnten Paradies und dem dritten Himmel[26].
Auch ist er sich, anders als Augustinus, gewiss darüber, dass es vor
der Fleischwerdung Christi und Erniedrigung Jesu am Kreuz keinen
Zugang zum Paradies gab, sondern das Paradies gleichzeitig mit dem
Gesetz und den Propheten, mithin der Schrift, durch den Tod Jesu
geöffnet wurde, der im selben Moment sterbend die Bewohner des
Infernums erlöst. Jahrhunderte später wird ihm Rabanus Maurus
wörtlich darin folgen[27].

Bei Gregor stellen sich die Dinge einfacher dar. Wie Augustinus
ist er gewiss, dass das obere Infernum die gegenwärtige Welt sei und
nur das untere tatsächlich unterirdisch. Dort wiederum gibt es, wie
bei Augustinus, höhere und tiefere Orte, an denen die Seelen der
Verstorbenen entweder ausruhen oder aber Qualen erleiden. Erst
durch die Erlösungstat Christi ist das Schwert des Cherubim vor
dem Eingang des Paradieses hinweggenommen, sind durch das Leben
und Sterben des Gottessohnes die Siegel des Buches gelöst, die im
Himmel, auf der Erde und unter Erde niemand lösen konnte, das
heißt weder ein Engel noch ein lebendiger Mensch oder die Seele
eines Verstorbenen[28]. Die Verbindung des Todes Christi und seines
Hinabstiegs in die Unterwelt mit der Eröffnung der Siegel bei Gregor
ist paradigmatisch geworden und hat nicht wenige Nachfolger, vor
allem in der Schule von Auxerre. Am Anfang und am Ende der
Geschichte des Menschen steht für Gregor das Paradies. Darauf,
dass das erste Paradies ein irdisches Paradies für körperliche Menschen,
das Paradies der Verstorbenen hingegen ein Ort der körperlosen
Seelen ist und damit eine Kontinuität beider jedenfalls problematisch, geht er bei seiner Darstellung nicht ein; Literalsinn und Allegorie
ergänzen einander.

---

[26] *Hieronymus*, Epistola LI; PL 22, 523.

[27] *Hieronymus*, Commentaria in Ezechielem, lib. XIII; CChr.SL 75, 643f; PL 25,
428CD; *Hrabanus Maurus*, Commentaria in Ezechielem, lib. XVII, cap. 44; PL 110,
1001D.

[28] *Gregor I.*, Dialogi, lib. IV, cap. 44; SC 265, 156–158; PL 77 (als cap. 42),
400CD. Zur exegetischen Tradition der sieben Siegel vgl. *Julia Eva Wannenmacher*,
Hermeneutik der Heilsgeschichte. De septem sigillis und die sieben Siegel im Werk
Joachims von Fiore, Leiden/Boston 2005 (= SHCT 118), 37–58.

6. *Erste Fragen nach der Lage von Paradies und Infernum*

Mit Isidor von Sevilla († 636) hält ein neues Moment Einzug in die Geschichte der Auslegung von Paradies und Infernum. Auch er kennt ein irdisches und ein himmlisches Paradies, ein oberes und ein unteres Infernum. Das irdische Paradies ist dabei verloren, das himmlische, der Bestimmungsort Adams und Evas, erwartet die Gläubigen, die ohne jede Qual sofort dort hineingehen werden. Oberes und unteres Infernum sind die Erde beziehungsweise der Ort, an dem sich die Seelen der Toten aufhalten, bis die Seelen der Gläubigen mit der Ankunft Christi erlöst werden[29]. In ähnlicher Weise beschreibt sein Landsmann Julian von Toledo Paradies und Infernum, lediglich die Anlehnung an Augustinus wird bei ihm noch deutlicher[30]. Ob es sich für Isidor, wie für Augustinus, beim Aufenthaltsort der Seelen der toten Gläubigen ebenso um den oberen Teil des Infernums und gleichzeitig um das himmlische Paradies handeln kann, ist kaum zu unterscheiden. Obwohl Isidor die traditionellen Vorbilder verwendet, ist er gleichzeitig der erste, der dem verlorenen irdischen Paradies einen konkreten Ort zuweist, nämlich in Asien.

Hundert Jahre nach Isidor beweist Beda Venerabilis im nordenglischen Jarrow ähnliches Interesse an der Lokalisierung des irdischen Paradieses. Gleichzeitig scheint er der erste zu sein, der auch die Orte des unterirdischen Infernums genauer zu lokalisieren versucht. Auf einer kugelförmigen Welt siedelt auch er das Paradies im Osten der Erde an, von der bewohnten Welt durch Wasser und Wüste unüberwindbar getrennt. Seine Beschreibung des Ätna und dessen Ähnlichkeit mit dem Höllenschlund, wie sie in allgemeiner Form auch schon von Gregor formuliert wurde, gewann noch Jahrhunderte später Nachahmer[31]. Mit der 'Naturalis historia' des Plinius verwendet Beda zum ersten Mal naturwissenschaftliche Erkenntnisse. Zusammen mit Isidor und Rabanus Maurus wird Beda zum Vermittler einer antiken Kosmologie.

---

[29] *Isidor von Sevilla*, Differentiae, lib. II, cap. 12; PL 83, 75AB.

[30] *Julian von Toledo*, Prognosticum futuri saeculi, lib. II, cap. 1; CChr.SL 115, 44; PL 96, 475BC.

[31] *Beda*, De natura rerum, cap. 50; PL 90, 276AB; vgl. Anm. 42.

7. Antikes Erbe und christliche Weltsicht in der Renaissance des 12. Jahrhunderts

Obwohl so gut wie alle Elemente des mittelalterlichen Weltbildes bereits früher entstanden, wird erst im 12. Jahrhundert das Bemühen um vollständige Darstellungen von Erde und Kosmos allgemein. Das Quadrivium erfuhr durch den Zustrom vorher unzugänglicher griechischer und arabischer Textquellen nicht nur eine Bereicherung, sondern auch neue Gewichtungen. Auf dem Gebiet der Astronomie, die in der arabischen Literatur stark vertreten war, ermöglichte dieser Zustrom eine Fülle neuer Erkenntnisse und Überlegungen, während auf dem Gebiet der Musik vergleichsweise wenig neue Impulse spürbar waren und die Musik innerhalb des Quadriviums im Lauf des 12. Jahrhunderts an Bedeutung verlor. Dabei waren es auch für die Kosmologie weniger neue und zuvor unbekannte Erkenntnisse, die die Neuerungen des 12. Jahrhunderts bewirkten; neu war vielmehr die Tendenz, möglichst umfassende und durchkomponierte Konzeptionen der bekannten Phänomene und Erkenntnisse zu bevorzugen und zur Diskussion zu bringen[32].

Die Darstellungen der Erde und des sie umgebenden Kosmos weisen dabei oft merkliche Abweichungen voneinander auf. Nur etwa über die Kugelgestalt der Erde herrscht weitreichend Übereinstimmung. Im ganzen Mittelalter bekannt war der auf antike griechische Kosmologie und auf Aristoteles zurückgehende Vergleich der Welt mit einem Ei. Dotter, Eiweiß und Schalenhüllen des Eis wurden dabei der Erde und den sie umgebenden Schichten aus Wasser, Luft und Äther, also den vier Elementen, verglichen. Außerdem umgeben die Erde die verschiedenen Sphären der Planeten sowie zwei oder drei Himmel. Nur der äußerste dieser Himmel, "caelum empyreum" außerhalb der Sphären der Planeten, des Fixsternhimmels und des Kristallhimmels, ist von anderer als nur materieller Substanz.

Für Paradies und Infernum, so scheint es, ist in diesem Weltbild so wenig Platz wie in einem naturwissenschaftlichen Atlas der Gegenwart. Gleichzeitig sind auch die Autoren des 12. Jahrhunderts auf der Suche nach dem Paradies als der Rückkehr der Seele zu Gott. Eines der herausragendsten Beispiele für den Neuplatonismus des 12.

---

[32] Vgl. *Guy Beaujouan*, Transformation of the Quadrivium, in: Renaissance and Renewal (wie Anm. 13), 463–487, bes. 464f.

Jahrhunderts, wie er besonders in verschiedenen Werken aus der Schule von Chartres neubelebt wurde, ist neben der 'Philosphia mundi' des Wilhelm von Conches die 'Cosmographia' des Bernardus Silvestris[33]. In seinem Weltschöpfungsmythos vereint er platonische und biblische Vorstellungen. Der Vorwurf des Neuheidentums sollte ihm dennoch nicht erspart bleiben. Als niedrigstes der Geistwesen, doch auch der göttlichen "ratio" und "sapientia" teilhaftig, soll der Mensch sich aus der Verstrickung in die Materie befreien und seine Seele zu Gott erheben. Irdische Gegenstände im Gewand des Mythos stehen dabei in keinem Widerspruch mehr zu dieser Bestimmung des Menschen, sie sind vielmehr "integumenta", hinter denen ihre eigentlichen Bedeutung wie hinter einem Schleier verborgen liegt[34]. Die Frage, ob dabei heidnische Gegenstände verwendet werden durften, um christliche Themen damit zu transportieren, war dennoch nicht unumstritten; die "ambiguitas" der Mytheninterpretation zog harte Vorwürfe auf sich[35]. Die Lage der Paradiese verliert vor diesem Hintergrund an Bedeutung: Der Aufstieg der Seele zu Gott ist der Verfasstheit des Schöpfungsleibs diametral entgegengesetzt.

Doch auch die antiken Bilder von Paradies und Infernum leben im 12. Jahrhundert fort und erhalten neue Impulse. Neu sind auch Überlegungen, die den Unterschied zwischen zeitlichen und ewigen Strafen, zwischen tödlichen und lässlichen Sünden herausarbeiten und sich um Möglichkeiten der Linderung der nicht ewigen Strafen bemühen. Ihnen liegen bereits frühe Vorbilder zugrunde, die sich häufig auf den Lobpreis des Psalmsängers für seine Errettung aus dem Infernum beziehen. Die Möglichkeit der Linderung der Strafen ist somit durchaus keine Erfindung des 12. Jahrhunderts, auch wenn sie in den Schriften der Universitätstheologen wie Abaelard ihren

---

[33] Zur 'Cosmographia' vgl. *Christine Ratkowitsch*, Die Kosmographia des Bernhardus Silvestris. Eine Theodizee, Köln 1995 (= Ordo. Studien zur Literatur und Gesellschaft des Mittelalters und der frühen Neuzeit 6); *Peter Godman*, The search for Urania. Cosmological Myth in Bernardus Silvestris and Pontano, in: Innovation und Originalität, hg. von Walter Haug, Tübingen 1993, 70–98.

[34] Zu Begriff und Bedeutung der "integumenta" vgl. *Winthrop Wetherbee*, Philosophy, Cosmology, and the Twelfth-Century Renaissance, in: A History of Twelfth-Century Western Philosophy (wie Anm. 6), 21–53; zu den "integumenta" bei Bernardus Silvestris vgl. *Peter Godman*, The silent masters. Latin Literature and its censors in the High Middle Ages, Princeton 2000, bes. 284.

[35] Zur Frage nach der Interpretation antiker Überlieferung vgl. *Jean Seznec*, The Survival of the Pagan Gods. The Mythological Tradition and its Place in Renaissance Humanism and Art, New York 1953, bes. Book I, Part one: The concepts, Kap. The moral tradition, 84–121.

Sitz hat. In der Tat ist der Gedanke des reinigenden Feuers bereits seit dem 4. Jahrhundert nachweisbar. Den finsteren Ort in den Lüften, an dem Augustinus die Hölle vermutet, bezeichnet auch Abaelard ebenso wie Petrus Comestor oder Gervasius von Tilbury als Wohnsitz der gefallenen Engel[36]. Abaelard verbindet dabei die Vorstellung der Himmelssphären als Wohnsitz der guten und der gefallenen Dämonen ausdrücklich mit platonischem Gedankengut und der Vorstellung des Firmaments und der Planetenumlaufbahnen, die zwischen diesem Himmel und dem himmlischen Infernum und der Erde liegen.

Die Vorstellung der gegenwärtigen Welt als dem oberen Infernum ist im 12. Jahrhundert nicht mehr durchweg vorhanden; auch die Gleichsetzung des unteren Infernums mit der Sündenverfasstheit des Menschen begegnet nun kaum mehr: Paradies und Infernum sind durchaus jenseitige Orte geworden. Gleichzeitig ist das Infernum bei Honorius zum Symbol für irdische Misshelligkeiten geworden – "tertius infernus" [sic!] beispielsweise "est cohabitatio invicem se odientium"[37]. Für Honorius sind Inferna gewöhnlich die Wohnsitze der toten Seelen, ihre unterirdische Lokalisierung hat eher symbolischen Charakter. Ausdrücklich versichert er, dass es sich dabei um "loci spirituales" handele[38]. Anders verhält es sich nur mit dem ewigen Feuer, das vom Tage des jüngsten Gerichts an Leib und Seele der ihm Verfallenen erwartet[39].

---

[36] Vgl. *Petrus Abaelardus*, Theologia 'Scholarium', lib. I, 142; CChr.CM 13, 377f; *ders.*, Theologia christiana, lib. I, cap. 85–87; CChr.CM 12, 107f; *Petrus Comestor*, Historia scholastica; PL 198, 1061D; *Gervasius von Tilbury*, Otia imperialia, lib. I, hg. von S. E. Banks/J. W. Binns, Oxford 2002 (= Otia imperialia – Recreation for an emperor, Oxford Medieval Texts), 94–96. Zu Augustinus vgl. Anm. 25.

[37] *Honorius Augustodunensis*, Scala coeli major, cap. 18; PL 72, 1237B.

[38] *Honorius Augustodunensis*, Speculum ecclesiae, Dominica I post pentecosten; PL 172, 1039B–D.

[39] Der Ort des ewigen Feuers ist bei Honorius einmal der siebte Teil des unteren Infernums; vgl. *ders.*, Scala coeli major, cap. 18; PL 72, 1237D: "Septimus infernus est ignis aeternus, in quem anima cum recepto corpore truditur in die judicii cum daemonibus semper crucianda." An anderer Stelle unterscheidet er neun Orte der Strafen in diesem unteren Infernum, vgl. Speculum ecclesiae, Dominica I post pentecosten; PL 172, 1039C: "In inferiori [inferno; J. W.] autem novem speciales poenae esse feruntur, scilicet ignis inextinguibilis, frigoris horror incomparabilis, vermes immortales, fetor intollerabilis, mallei percutientes, tenebrae palpabiles, confusio peccatorum, visio daemonum, et auditio insultantium, ignea vincula singulorum membrorum." Ähnlich beschreibt er dieses Infernum im Elucidarium, lib. III; PL 172, 1159CD: "Inferior vero est locus spiritualis, ubi ignis inexstinguibilis, de quo dicitur: Eruisti animam meam de inferno inferiori [Ps 85,13]. Qui sub terra dicitur esse, ut sicut corpora peccantium terra cooperiuntur, ita animae peccantium

8. *Die Geographie des Unendlichen:*
Neue Koordinaten und künftige Aufgaben

Die Vorstellungen des Infernums sind im 12. Jahrhundert in Bewegung gekommen, ihr Ausgang ist offen. Dieses Bewusstsein mag in dem Satz des Petrus Lombardus zum Ausdruck kommen, in dem er am Ende einer durchaus konventionellen Schilderung der infernalischen Orte anfügt: "haec autem sunt opiniones, non assertiones"[40], eine für den Lombarden charakteristische Distanzierung von seinem Gegenstand. So ist auch bei den Autoren des sogenannten Deutschen Symbolismus Paradies und Infernum etwas durchaus Geistiges und Zukünftiges. Allerdings bezeichnet Gerhoch von Reichersberg[41] – im Unterschied zu Beda und Gervasius, die nur symbolische Züge sehen –[42] nach alter Überlieferung den Ätna als einen Eingang zum Ort der Höllenstrafen[43].

Gleiches gilt für die Vorstellungen des Paradieses, bei denen alte Motive wie das des augustinischen "paradisus paradisorum" oder der

---

sub terra in inferno sepeliantur; ut de divite dicitur: Sepultus est in inferno [Lk 16,22]. In quo novem species poenae esse leguntur." Das untere Infernum ist hier, obwohl es sich um einen geistigen Ort handele, doch zweifelsfrei unter der Erdoberfläche angesiedelt; unsicher hierüber ist Scala coeli major, cap. 18; PL 72, 1237D, wo sich Honorius über den Ort dieses Infernums im Zweifel befindet: "Utrum autem hic infernus in hoc mundo, an extra mundum futurus sit, ignoratur."

[40] *Petrus Lombardus*, Commentaria in Psalmos, Psalmus LXXXV; PL 191, 804A.

[41] *Gerhoch von Reichersberg*, Expositio in Psalmos, pars VII, Psalmus LXXIV; PL 194, 385AB: "In Sicilia mons Aetna fertur habere loca poenalia nimii caloris." Eine eher naturwissenschaftliche Erklärung gibt Gerhoch an anderer Stelle, wobei die Rauchwolken des Ätna vor allem mahnende Funktion erhalten; ebd., pars IX, Psalmus CIII, 620D: "Qui tangit montes, et fumigant. Hoc dicitur de monte Sina, qui totus fumigavit, cum Dominus in eum descendit. Multi etiam montes flammam et fumum, ut Aetna efflant, ut homines perterriti a malis resipiscant. Montes quoque fumigant, dum humorem evaporant, qui spiramine aeris attractus in nubibus conglobatur, et de his iterum montes, et plana terrae irrigantur."

[42] Vgl. *Beda*, De natura rerum, cap. 50; PL 90, 276AB: "Incendium Aetnae. Tellus Siciliae, quae cavernosa et sulphure ac bitumine strata, ventis pene tota et ignibus patet, spiritu introrsus cum igne concertante, multis saepe locis fumum, vel vapores, vel flammas eructat, vel etiam vento acrius incumbente, arenarum lapidumve moles egerit. Inde montis Aetnae ad exemplum gehennae ignium tam diutinum durat incendium, quod insularum Aeolidum dicunt undis nutriri, dum aquarum concursus spiritum secum in imum profundum rapiens, tam diu suffocat, donec venis terrae diffusus fomenta ignis accendat"; ihm folgt wörtlich *Gervasius von Tilbury*, Otia imperialia, lib. II (wie Anm. 36), 336–338 (die Editoren haben Beda als Gervasius' Quelle nicht erkannt).

[43] Hervorragendes Beispiel einer solchen Überlieferung ist *Gregor I.*, Dialogi, lib. IV, cap. 36; SC 265, 122; PL 77, 380BC; zum Ätna als Eingang zur Hölle auch ebd., cap. 31; SC 265, 104–106; PL 77, 368C–369B (cap. 30).

"ordines angelorum" von Honorius aufgenommen und mit zeitgenössischer Kosmologie verknüpft werden. Petrus Comestor und Gervasius von Tilbury etwa verbinden die Vorstellungen von einer
doppelten Unterwelt mit dem "sinus Abrahae" als einem geschütz-
ten Bereich und einem weiteren Infernum in den Lüften mit dem
naturwissenschaftlichen Weltbild der Sphären und der sie umgebenden Himmel mit ihren Bewohnern[44].

Auch Joachim von Fiore kannte die beiden Paradiese und die beiden Inferna. Das irdische Paradies war dabei zunächst das Paradies
Adams und Evas und wurde später zum Aufenthaltsort der Seelen
der Gläubigen, während das himmlische dasjenige ist, das bislang
Christus und seinen Heiligen vorbehalten bleibt. Und während das
obere Infernum in augustinischer Tradition mit der Welt gleichge-
setzt wird, ist das untere Infernum unterirdisch und im Anschluss
an Beda auf Sizilien sichtbar. Die Vorstellung einer Hölle als finste-
rem Ort in den Lüften, die er jedenfalls durch Augustinus kannte,
wird von ihm aufgegeben, während er mit der Vorstellung von im
Jenseits zu begleichender Sündenschuld die zeitgenössischen Gedanken
von der Linderung der Höllenstrafen jedenfalls aufnimmt. Insgesamt
ist darum Joachims überaus konzise Darstellung von Paradies und
Hölle ein Modell, bei dem wesentliche Traditionselemente und die
Einflüsse der Renaissance des 12. Jahrhunderts gleichermaßen Berücksichtigung finden.

Zum Thema der beiden Paradiese, zu Infernum, Himmel und Hölle
in mittelalterliches Texten exegetischer wie kosmographischer Natur
gab und gibt es noch viel zu erforschen. Gleichwohl können einige
neue, vorläufige Ergebnisse zusammenfassend formuliert werden.

Grundsätzlich ist zu vermuten, dass die nahe Verwandtschaft, ja
teilweise Identität von Paradies und Infernum in den Schriften der
alten und mittelalterlichen Kirche es nahelegt, anders als bisher
Paradies und Infernum nicht getrennt voneinander zu betrachten.
Denn wenn der Aufenthaltsort der Seelen der Gläubigen mit dem
Schoß Abrahams ebenso gut ein Teil des Infernums wie auch eines
der Paradiese sein kann, wie dies schon bei Augustinus deutlich wird,
ist die Untersuchung des Paradieses ohne einen Blick auf das Infernum
ebenso sinnlos wie vice versa. Diese Ambiguität ist merkwürdiger-

---

[44] *Petrus Comestor*, Historia scholastica; PL 198, 1126C; 1589CD; 1067B; *Gervasius
von Tilbury*, Otia imperialia, lib. I (wie Anm. 36), 94–96.

weise in all der Fülle der Literatur zu Paradies und Infernum noch nirgends festgestellt worden. Auch fehlt es bislang an einem Versuch, die Traditionen der verschiedenen Interpretationen von Paradies und Hölle systematisch zu verfolgen, und in seiner Untersuchung der beiden Paradiese in der exegetischen Literatur des Mittelalters behauptet Reinhold Grimm gar, dass solche Zusammenhänge nicht existierten und lediglich auf ein falsches und falsch motiviertes Ideal der Stimmigkeit zurückzuführen seien. Zu den Kritikpunkten am Le Goff'schen Konzept der Geburt des Fegefeuers wurde und wird viel gesagt[45]; allenfalls wäre hinzuzufügen, dass aufgrund der hier festgestellten traditionellen Ambiguität des Ortes der toten Seelen vermutlich auch der Purgatoriumsbegriff einer weiteren Revision bedürfte.

Das Paradies aber ist, nach dem verschmerzten Verlust des adamitischen Gartens und der aufgehobenen Beschränkung des neuen Paradieses auf die Heiligen und vor der epidemischen Ausbreitung des reinigenden Flammenmeers in der Lehre der Kirche wie im Bewusstsein der Gläubigen ab dem 13. Jahrhundert in einer Welt, die beginnt, grenzenlos zu werden, dem Menschen des 12. Jahrhunderts möglicherweise so nah – und gleichzeitig so fern wie nie zuvor.

---

[45] Vgl. *Adriaan H. Bredero*, Le Moyen Âge et le Purgatoire, in: RHE 78 (1983), 429–452; zuletzt *Claudio Leonardi*, La questione del Purgatorio (sec. XII–XV), in: Assisi anno 1300, hg. von Enrico Menesto, Porziuncola 2002, 509–516.

GOTTES GNADENANGEBOT UND DER ERZIEHUNGSAUFTRAG DER CHRISTLICHEN KIRCHE IM KONFLIKT. DIE PREDIGT ÜBER DEN GOLDENEN BERG DES NIKOLAUS VON STRASSBURG

Christoph Burger
(Amsterdam)

1. *Mahnen und Trösten als Funktionen christlicher Predigt im Hochmittelalter*

Jahrhundertelang haben Predigten die Glieder christlicher Gemeinden beeinflusst. Sie haben deren Frömmigkeit geprägt von den tiefsten Grundüberzeugungen der Menschen bis hin zu den äußerlichsten Manifestationen ihres Glaubens[1]. Predigten vermittelten Glaubenswissen, warnten, rieten, mahnten, trösteten und richteten auf. In dem Maße, in dem in der christlichen Kirche im Westen des Römischen Reiches das Sakrament der Buße zentrale Bedeutung gewann[2], erhielten auch in Predigten Aussagen über Sünde und Versöhnung besonderes Gewicht. Dabei konnten die Prediger die Akzente verschieden setzen. Sie konnten vor allem das Angebot der Gnade Gottes hervorheben. Sie konnten aber auch in erster Linie die Forderung betonen, die jedem Christen galt, auf der Grundlage dieser Gnade, die sie stets voraussetzten, Gottes Gebote zu befolgen samt dem damit übereinstimmenden Naturgesetz und dem verordneten weltlichen Recht[3].

---

[1] Vgl. *Berndt Hamm*, Frömmigkeit als Gegenstand theologiegeschichtlicher Forschung. Methodisch-historische Überlegungen am Beispiel von Spätmittelalter und Reformation, in: ZThK 74 (1977), 464–497. In einen etwa gleichzeitig erscheinenden Beitrag zu dieser Predigt in niederländischer Sprache möchte ich eine Synopse je einer Predigtnachschrift aus den beiden wichtigsten Fassungen der mittelniederländischen Überlieferung aufnehmen, die mir Herr Kollege Thom Mertens (Antwerpen) freundlicherweise zur Verfügung gestellt hat. Diese Synopse macht Gebrauch von der älteren Edition von *Stephanus Axters*, De preek op den gulden berg door den leesmeester van Straatsburg, in: TNTL 28 (1940), 5–58.

[2] Vgl. *Martin Ohst*, Pflichtbeichte. Untersuchungen zum Bußwesen im Hohen und Späten Mittelalter, Tübingen 1995 (= BHTh 89).

[3] Dazu, wie der einflussreiche spätmittelalterliche Theologe Jean Gerson (1363–1429) die Gebote Gottes, das Naturgesetz und das positive weltliche Recht einander zuord-

Für einen Prediger, der seine Hörer auf das Ziel der ewigen Seligkeit
hin erziehen wollte, lag es nahe, nicht allzu sehr zu betonen, dass
Gott bedingungslos gnädig und barmherzig sei. Es empfahl sich für
ihn vielmehr, den Akzent auf die Bedeutung der Gnadenvermittlung
durch die Sakramente zu legen, die in der christlichen Kirche ausgeteilt werden, und auf die Pflichten hinzuweisen, die jedem Christen
oblagen. Könnte doch ein Christ, der sich völlig auf Gottes Gnade
verlässt, der Versuchung erliegen, faul zu werden und weder Gott
noch seinem Nächsten gegenüber Verpflichtungen anzuerkennen und
tätig zu werden[4]. Die absichernden Reaktionen auf eine vielfach überlieferte Predigt, die es wagte, in kühner Einseitigkeit Gottes Gnade
zu betonen, verdeutlichen die eben skizzierten Befürchtungen.

2. *Die Predigt über den goldenen Berg*

Aus dem eben angedeuteten pädagogischen Rahmen fällt eine Predigt
des frühen 14. Jahrhunderts heraus, die die göttliche Gnade wenig
abgesichert hervorhob und vermutlich gerade deswegen, weil sie in
diesem Punkt ungewöhnlich war, breit überliefert worden ist. Ich
beschreibe zunächst die Überlieferung in Handschriften, dann den
Stand der Forschung zur Person des Predigers, zu Anlass, Ort und
Jahr der gehaltenen Predigt[5]. Es folgen eine Wiedergabe des Inhalts

---

net, vgl. *Christoph Burger*, Aedificatio, Fructus, Utilitas. Johannes Gerson als Professor
der Theologie und Kanzler der Universität Paris, Tübingen 1986 (= BHTh 70),
72–79.
   [4] Mit Blick auf das 14. und 15. Jh. urteilt Hamm so: "Bemerkenswert aber ist,
wie allgemein auf der Ebene der Frömmigkeitstheologie die starken gnadentheo-
logischen Impulse, die vor allem von Augustin her in die mittelalterliche Theologie
des Westens geflossen sind, abgeschwächt werden, wie der Primat der Gnade
zurücktritt gegenüber der Betonung der menschlichen Entscheidungsfähigkeit, der
Satisfaktions- und Verdienstmöglichkeiten durch innere geistliche Aktivität und entsprechende äußere gute Werke, der stufenweise gestaffelten Wege des Gnaden- und
Heilserwerbs und der Perfektionierbarkeit des frommen Lebens in der Gebotserfüllung
und Christusnachfolge." *Berndt Hamm*, Hieronymus-Begeisterung und Augustinismus
vor der Reformation. Beobachtungen zur Beziehung zwischen Humanismus und
Frömmigkeitstheologie (am Beispiel Nürnbergs), in: Augustine, the Harvest, and
Theology (1300–1650), hg. von Kenneth Hagen, Leiden 1990, 127–235, hier: 142.
Dazu auch von *dems.*, Wollen und Nicht-Können als Thema der spätmittelalterlichen
Bußseelsorge, in: Spätmittelalterliche Frömmigkeit zwischen Ideal und Praxis, hg.
von Berndt Hamm/Thomas Lentes, Tübingen 2001 (= SuR.NR 15), 111–146, hier:
112: "Auf der Tugendleiter soll der Christ nach oben steigen; und die Überzeugung
ist allgemein gültig, dass niemand ohne sein Wollen und Können gerettet wird."
   [5] Zum Stand der Forschung in Beziehung auf die Gattung 'Predigt' vgl. *Beverly
Mayne Kienzle*, The Sermon. Introduction, Turnhout 2000 (= TSMÂO 81–83), 143–174.

nach einem der Überlieferungszweige und kurze Zusammenfassungen einiger Reaktionen auf diese Predigt.

2.1 *Die Überlieferung der Predigt*

Innerhalb der zahlreichen Abschriften, die von dieser Predigt überliefert sind, lassen sich drei Textfassungen unterscheiden. Zwei davon sind mittelniederländisch. Aufgrund der Differenzen in der einleitenden Formulierung wird eine davon die 'Sermoen-Fassung' genannt[6], die andere die 'Lere-Fassung'[7]. Die dritte Fassung ist in lateinischer Sprache überliefert worden[8]. Diese lateinische Fassung steht der 'Sermoen-Fassung' näher als der 'Lere-Fassung'. Sie enthält jedoch darüber hinaus einige zusätzliche Passagen, in denen mit Zitaten aus der Bibel und aus Schriften von Kirchenvätern die Bedeutung der Liebe Gottes unterstrichen wird. Durch diese Hinzufügungen erweckt sie den Eindruck, der gehaltenen Predigt ferner zu stehen als die beiden mittelniederländischen Fassungen.

Die mittelniederländische Überlieferung ist viel reicher als die lateinische. Stephanus Axters kannte schon 1940 siebzehn Nachschriften der 'Sermoen-Fassung' und fünf der 'Lere-Fassung'. Das im Jahre 2003 erschienene Repertorium der mittelniederländischen Predigten verzeichnet mehrere Nachschriften, die Axters noch nicht kannte[9].

---

[6] Eine weitgehend zuverlässige Edition je eines Textzeugen der drei Fassungen hat *Axters*, Gulden berg (wie Anm. 1), 5–58, vorgelegt. Darauf wird hier zurückgegriffen. Die Bezeichnung 'Sermoen-Fassung' ist dem einleitenden Satz entnommen: "Dit sermoen predecte die leesmeester van Straesborch ter capittelen ten Predekeren te Lovene." Ebd., 20,1f. Axters verwendete als Textzeugen ein Manuskript der Koninklijke Bibliotheek Brussel, 3067–73. Die einzelnen Teile dieser Handschrift werden auf etwa 1350–1400 datiert; vgl. *Eric Kwakkel/Herman Mulder*, Quidam sermones. Mystiek proza van de Ferguut-kopiist, in: TNTL 117 (2001), 151–165, hier: 155.

[7] Die Einleitungsformel lautet in dieser Fassung: "Den berch van goude, een troostelicke lere dienende alle sondige menschen." *Axters*, Gulden berg (wie Anm. 1), 21,1f. Axters verwendete als Textzeugen eine Handschrift aus der StadtB Hamburg, Theol. 2194, 12°. Ein moderner Handschriftenkatalog datiert den vierten Teil dieser Handschrift (Folia 204–219), um den es hier geht, "um 1550"; *Nilüfer Krüger*, Katalog der Handschriften der Staats- und Universitätsbibliothek Hamburg, Bd. 2: Die theologischen Handschriften. 3. Quarthandschriften und kleinere Formate (Cod. theol. 1751–2228), Stuttgart 1993, 234–238, hier: 237. Die ehemalige 'Stadtbibliothek Hamburg' heißt nun 'Staats- und Universitätsbibliothek'.

[8] Ediert in: *Axters*, Gulden berg (wie Anm. 1), 48–50.

[9] Vgl. das Repertorium of Middle Dutch Sermons preserved in manuscripts from before 1550, 3 Bde., bearb. von Maria Sherwood-Smith/Patricia Stoop, hg. von

Weil die Predigt nur in Nachschriften überliefert ist, kann man lediglich aus Übereinkünften zwischen den beiden mittelniederländischen Fassungen vorsichtig darauf schließen, dass hier wohl Aussagen der gehaltenen Predigt erhalten geblieben sein mögen. Alle drei Fassungen dürften nach den spirituellen Bedürfnissen derer, die sie lasen, bearbeitet worden sein. Überliefert wurde wahrscheinlich einerseits nicht alles, was der Prediger gesagt hatte, wenn es nicht als erbauend angesehen wurde, andererseits wurden wohl auch Zusätze hinzugefügt.

2.2 *Zur Person des Predigers*

Beide mittelniederländische Fassungen stimmen überein in der Behauptung, ein 'Lesemeister aus Straßburg' habe seine Predigt auf einem Kapitel der Dominikaner in Löwen gehalten. Ob es sich dabei um ein Provinzialkapitel oder nur um ein Schuldkapitel gehandelt hat, wird nicht gesagt. In der modernen Forschung wurde schon früh behauptet, dieser 'Lesemeister aus Straßburg' sei identisch mit Nikolaus von Straßburg, der in Urkunden aus Basel im Jahre 1318 als Mitglied des Basler Konvents der Dominikaner genannt wird[10]. Diese Annahme erscheint plausibel. Nikolaus von Straßburg bereitete sich an der Universität Paris auf das Amt eines Lektors der Theologie vor. Vom Jahre 1323 an bekleidete er dieses Amt in Köln entweder am Kölner Konvent des Ordens oder am Studium Generale der Dominikaner, das an diesem Konvent seinen Sitz hatte[11]. Am

---

Christoph Burger/Thom Mertens, Leuven 2003 (= Miscellanea Neerlandica 29, 1–3), IX und 1909.

[10] Dolch stellte schon 1909 die These auf, der 'Lesemeister' sei Nikolaus von Straßburg. Er begründete diese Behauptung damit, dass Nikolaus in Schriften, die er mit Sicherheit verfasst hat, öfters das Bild von einem Berg fein gemahlenen Goldes verwendet und das Verdienst von Christus stark hervorhebt; vgl. *Walther Dolch*, Die Verbreitung oberländischer Mystikerwerke im Niederländischen auf Grund der Handschriften dargestellt, Weida/Thüringen 1909, 66–68, §§ 108–113. Zwei für mich in den Niederlanden nicht greifbare Beiträge machte mir Frau Gudrun Litz zugänglich, wofür ich ihr auch an dieser Stelle herzlich danken möchte: *Heinrich Denifle*, Der Plagiator Nikolaus von Straßburg, in: ALKGMA 4 (1888), Nachdruck 1956, 312–329, mit der Edition der päpstlichen Ernennung des Nikolaus von Straßburg, 314–316, und *Eugen Hillenbrand*, Nikolaus von Straßburg. Religiöse Bewegung und dominikanische Theologie im 14. Jahrhundert, Freiburg 1968 (= FORLG 21). Auf den Seiten 102, 115 und 116 verweist Hillenbrand auf weitere Belege für das Bild vom goldenen Berg in Werken des Nikolaus von Straßburg.

[11] *Winfried Trusen*, Der Prozeß gegen Meister Eckhart. Vorgeschichte, Verlauf und Folgen, Paderborn u. a. 1988, 63f, behauptet, Nikolaus sei Lektor am Kölner

1. August 1325 ernannte Papst Johannes XXII. Nikolaus zum Provinzialvikar und Visitator der Provinz Teutonia des Dominikanerordens[12].
Als Inhaber dieser Ordensämter und als Mitglied desselben Konvents
betraf es ihn, dass der Erzbischof von Köln 1326 zwei Inquisitoren
den Auftrag erteilte, einen Häresieprozess gegen Meister Eckhart ein-
zuleiten. Ordensbrüder hatten diesen denunziert. Eckhart lebte im
gleichen Konvent wie Nikolaus, vielleicht war er sogar sein Kollege
am Studium Generale. Nikolaus hielt es nicht für berechtigt, Eckhart
der Ketzerei zu verdächtigen. Aufgrund dieser Stellungnahme wurde
auch er in den Konflikt hineingezogen und beschuldigt[13]. Papst
Johannes XXII. ersuchte den Erzbischof von Köln in einem Schreiben
vom 11. April 1331, Nikolaus zu rehabilitieren[14]. Nach diesem Zeitpunkt sind weder über Nikolaus' Anteil am Konflikt um Meister
Eckhart noch über andere Aktivitäten mehr Dokumente überliefert.

2.3 *Zu Anlass, Ort und Zeit der Predigt*

Die verschiedenen Nachschriften stimmen darin überein, dass die
Predigt auf einem Kapitel der Dominikaner in Löwen gehalten worden sei[15]. In den einleitenden Sätzen wird mit einer einzigen Ausnahme
stets Löwen genannt. In der 'Sermoen-Fassung', nicht aber in der
'Lere-Fassung', deutet auf Löwen auch noch die Aussage, ein König
habe einen Berg von Gold besessen, der so groß gewesen sei wie
die Stadt Löwen[16]. Die Größe der Stadt, in der er seine Predigt hielt,
vor den Hörern zu rühmen, könnte ein geschickter Kniff des Predigers
gewesen sein, um deren Aufmerksamkeit festzuhalten. In der 'Lere-
Fassung' wird an der entsprechenden Stelle statt von Löwen von

---

Dominikanerkonvent gewesen, habe dieses Amt jedoch während seiner Tätigkeit als
päpstlicher Visitator nicht ausgeübt.
  [12] Vgl. *Eugen Hillenbrand/Kurt Ruh*, Nikolaus von Straßburg OP. Dominikaner,
Lesemeister und Prediger, in: VerLex[2] 6, Berlin/New York 1987, 1153–1162, hier:
1153. Im Jahre 1327 berief Nikolaus sich während des Prozesses gegen Meister
Eckhart auf seine Ernennung; vgl. *Axters*, Gulden berg (wie Anm. 1), 9 bei Anm. 12.
  [13] Vgl. *Trusen*, Der Prozeß (wie Anm. 11), vor allem 109–112 (Der Prozeß gegen
Nikolaus von Straßburg).
  [14] Vgl. *Hillenbrand/Ruh*, Nikolaus von Straßburg (wie Anm. 12), 1154.
  [15] *Axters*, Gulden berg (wie Anm. 1), 8, fand die Behauptung, die Predigt sei in
Löwen gehalten worden, in 20 Manuskripten. Sie fehlt in nur einer der ihm bekannten Handschriften. Nirgends fand er einen Hinweis darauf, dass die Predigt in einer
anderen Stadt gehalten worden sei.
  [16] Vgl. Koninklijke Bibliotheek Brussel, Ms. 3067–73; *Axters*, Gulden berg (wie
Anm. 1), 24,17f.

Köln gesprochen. Auch das ist plausibel, denn wenn wirklich Nikolaus
der Prediger gewesen ist, dann lenkte er ja mit dem Hinweis auf
Köln die Aufmerksamkeit seiner Hörer auf die Stätte seines Wirkens[17].

Während in den Nachschriften Übereinstimmung darin besteht,
dass die Predigt auf einem Kapitel in Löwen gehalten worden sei,
differieren die verschiedenen Fassungen dort, wo es um das Gebäude
geht. Dreizehn Abschriften nennen den Konvent der Dominikaner,
fünf den Beginenhof[18]. Will man nicht annehmen, dass Nikolaus dieselbe Predigt zweimal in Löwen gehalten habe, dann liegt die Annahme
auf der Hand, dass die Dominikaner ihr Kapitel in ihrem ansehn-
lichen Löwener Konvent gehalten haben. Eben diese Plausibilität
macht aber misstrauisch: Warum sollte man sich dann ausgedacht
haben, dass sie stattdessen bei den Beginen zu Gast gewesen sein
sollten? Weil es so wenig wahrscheinlich ist, dass die Dominikaner
nicht in ihrem eigenen Konvent zusammenkamen, stellt sich die
Frage, welchen Grund sie denn gehabt haben könnten, auszuwei-
chen. Am wahrscheinlichsten ist es dann, dass sie deswegen bei den
Beginen zu Gast waren, weil der Teil der Stadt Löwen, in dem ihr
eigener Konvent lag, im Jahr 1324 unter dem Interdikt lag, der
Beginenhof dagegen außerhalb davon[19]. Hält man das für plausibel,
dann ist die Mehrzahl der Nachschriften zu Unrecht davon ausgegangen, dass die Dominikaner ihr Provinzialkapitel in ihrem eigenen Konvent halten konnten.

Mit dieser Annahme verbindet sich dann auch die weitere, dass
die Predigt im Jahre 1324 gehalten worden sei, als das Interdikt auf
einem Teil der Stadt Löwen lastete. Dafür spricht, dass in diesem
Jahre ein Kapitel der Provinz Teutonia in Löwen stattfand. Freilich
bekleidete Nikolaus von Straßburg in diesem Jahre noch kein hohes
Ordensamt. In seiner Person wäre einem gewöhnlichen Kölner Lektor
die ehrenvolle Aufgabe erteilt worden, beim Provinzialkapitel zu
predigen. Auf den ersten Blick erscheint es wahrscheinlicher, dass
Nikolaus dafür erst in Frage kam, als der Papst ihn 1325 zum
Provinzialvikar und Visitator ernannt hatte, also im Jahr 1326. Doch
spricht dagegen wiederum, dass bereits Mitte des Jahres 1326 der
Ketzereiprozess gegen Meister Eckhart in Gang kam, in dessen Verlauf

---

[17] Vgl. StadtB Hamburg, Theol. 2194, 12°; *Axters*, Gulden berg (wie Anm. 1),
27,33.
[18] Vgl. *Axters*, Gulden berg (wie Anm. 1), 8.
[19] Vgl. ebd., 9–11.

auch Nikolaus verdächtigt wurde. Von diesem Zeitpunkt an war er vermutlich in seinem Orden zu umstritten, als dass man ihn eingeladen hätte, beim Provinzialkapitel zu predigen. Wirkliche Sicherheit können hier nur bisher nicht bekannte oder nicht mit dieser Predigt in Verbindung gebrachte Dokumente bringen.

2.4 *Der Inhalt der Predigt nach der 'Lere-Fassung'*

Diese Fassung wird hier deswegen zugrunde gelegt, weil sie etwas länger ist. Auf die 'Sermoen-Fassung' kann ich nur einige wenige Querverweise geben, um den mir zugemessenen Rahmen nicht zu sprengen.

Der Prediger bemüht sich, die außerordentliche Bedeutung seiner Botschaft für das Erreichen des ewigen Heils deutlich zu machen. Es geht um nichts weniger als um 'die Wahrheit'[20]. Nicht einmal dann, wenn er dadurch die Herrschaft über die ganze Welt gewinnen könnte, behauptet der Prediger, wolle er darauf verzichten[21]. Die Hörer sollten sich den Inhalt seiner Predigt denn auch einprägen, ganz besonders für ihre eigene Todesstunde. Denn wenn sie Vergebung ihrer Sünden begehrten und sich an diese heilsame Lehre erinnerten, dann würden sie selbst dann vor der ewigen Verdammnis bewahrt bleiben, wenn sie große Sünder wären. Ihre eigene Anstrengung auf Erden werde sich in Grenzen halten. Das Fegefeuer bleibe ihnen gänzlich erspart. Sie dürfen also hoffen, nach ihrem Tode direkt in die himmlische Herrlichkeit zu gelangen.

Dann tritt ein Stilwandel ein: Der Prediger oder der Nachschreiber verwendet nicht länger die "Ich"-Form oder die "Ihr"-Anrede, sondern spricht distanzierter und verallgemeinernd von "jedem Menschen". Der Wunsch, Vergebung der Sünden zu erlangen, sei notwendige Voraussetzung für jeden Sünder. Begierde nach Erlösung und Zustimmung kraft des freien Willens seien für seelische Gesundung heilsnotwendig.

---

[20] Der 'Sermoen-Fassung' zufolge geht es dagegen nur um *eine* Wahrheit. Beide Fassungen stimmen darin überein, dass der Prediger seine Hörer verpflichtet habe, sich diese Wahrheit zu merken.

[21] Zum hohen Stellenwert des Strebens nach der ewigen Seligkeit bei westeuropäischen Christen des hohen und späten Mittelalters vgl. beispielsweise *Christoph Burger*, Endzeiterwartung in spätmittelalterlichen Traktaten, Liedern und auf Bildern und bei Martin Luther, in: RoJKG 20 (2001), 27–52, hier: 27–31, mit Hinweisen auf weitere Literatur.

Drei Anforderungen erklärt der Prediger (oder sein Nachschreiber) als unabdingbar: ein Mensch muss zum ersten seine Sünden so sehr bereuen, dass sie ihn nicht länger beherrschen können. Zum zweiten muss ein Mensch, der selig werden will, eine wahrhaftige Beichte ablegen, sobald er dazu Zeit findet. Zum dritten und letzten soll ein Mensch die ihm durch den Beichtvater auferlegte Buß-Strafe auch wirklich ableisten, selbst dann, wenn sie so bescheiden wäre wie das Lesen eines einzigen Ave Maria. Der Prediger denkt auch an den Fall, dass ein Mensch so schwer erkrankt wäre, dass er seine Buß-Strafe nicht ableisten könnte. In einem solchen Fall soll der Priester dem Sünder auferlegen, dass er von Herzen das kurze Gebet spricht: "Herr, erbarme dich über mich armen sündigen Menschen um deines heiligen Leidens und Sterbens willen." Wenn der Sünder auch nur das tut, dann wird er von allen seinen Sünden erlöst und darf ins ewige Leben eingehen.

Der Prediger verbindet in diesen drei Anforderungen die überwältigende Fülle der Gnade, die Christus erworben hat, ganz selbstverständlich mit dem kirchlichen Bußsakrament, das Gott durch Vermittlung der Kirche anbietet. Die drei Anforderungen sind so bescheiden formuliert, dass die eigene Leistung des Sünders sich auf die willentliche Abkehr von seiner Sünde beschränkt. Der Prediger erhebt gewiss keine unerfüllbare Forderung, wenn man von dem immerhin auch denkbaren Fall eines Sünders, der seiner Sünde verfallen und deswegen zur Reue außerstande ist, einmal absieht.

In sehr viel distanzierterem Stil als zu Beginn berichtet der Nachschreiber nun, der Prediger, den er hier als den "oben bereits erwähnten Meister" bezeichnet, habe zum besseren Verständnis eine Beispielerzählung vorgetragen. Ein König habe einen Berg von Gold besessen, so gross wie die Stadt Köln, und habe allen erlaubt, sich davon so viel zu nehmen, wie sie brauchten, um ihre Schulden abzutragen und auch fortan davon zu leben. Mit 'allen' sind wohl alle Untertanen des Königs gemeint. Die Beispielerzählung schweigt darüber, bei wem sie eigentlich Schulden haben. Die ausdrückliche Erwähnung, sie sollten sagen, wieviel sie schuldig seien, und sie brauchten sich dessen nicht zu schämen, kann sich auf die Beichtpraxis beziehen. Der Prediger begnügt sich nicht mit der Verkündigung einer einmaligen Vergebung, sondern dehnt seine Verheißung auf die Dauer aus: Auch nach der Tilgung ihrer Schulden sollen die Schuldner von dem Gold leben dürfen. Man stelle sich nun einen Menschen vor, fährt der Prediger fort, der die ganz erhebliche Schuld von hundert Gulden hatte und befürchten musste, in Schuldknechtschaft genommen zu werden und darin Hungers zu sterben: müsste der nicht faul, träge oder verrückt sein, wenn er von diesem Angebot nicht Gebrauch machte? Wenn er nicht so viel Gold nähme, dass er davon ewig leben könnte?

Mit dem Verweis darauf, dass man von diesem Schatz 'ewig' zehren könne, tritt der Prediger eigentlich bereits aus dem Bild seiner Beispielerzählung heraus, denn ewiges Leben ist Menschen nicht verliehen. Ganz explizit bringt er zum Ausdruck, worauf er hinaus will, wenn er danach sein Beispiel auslegt: Mit dem goldenen Berg ist das Verdienst Jesu Christi gemeint, der um unserer Seligkeit willen – der Nachschreiber wechselt wieder in den "Wir"-Stil – 33 Jahre lang als Mensch auf der Erde gelebt hat. Jesus Christus selbst bedurfte der Erlösung ja nicht. Das Verdienst, das er an jedem Tage ansammelte, den er lebte, das er mit jedem Schritt sammelte, den er tat, wäre genug gewesen, tausend Welten zu erlösen. Seine tugendhaften Werke, sein Leiden und sein bitterer Tod befreiten "uns" von unseren Sünden und verdienten für "uns" das ewige Leben.

Hat der Prediger innerhalb seiner Beispielerzählung einen Menschen angeführt, der die enorme Summe von 100 Gulden schuldig war, so verweist er nun auf den Verbrecher, der, wie kirchliche Überlieferung zu wissen meinte, zu Jesu rechter Hand an seinem Kreuz hing und diese Form der Todesstrafe nach jedermanns Ansicht auch ebenso verdient hatte wie der andere Verbrecher zur Linken Jesu. Mit seiner Bitte an Jesus nahm sich der Verbrecher zur Rechten Jesu so viel von diesem Berg von Gnade, dass Jesus ihm zusagen konnte, noch heute werde er mit ihm im Paradies sein[22]. So wie dieser Missetäter geraden Weges ins Paradies gehen durfte, während der zur Linken Jesu diese Chance nicht ergriff, so kann nach Ansicht des Predigers auch zu seiner eigenen Zeit ein Christ, der sich von dem Berg von Christi Gnade nimmt, geraden Weges ins Paradies gehen, während ein anderer im gleichen Zustand 40 oder 50 oder 100 Jahre im Fegefeuer zubringen muss[23]. Das kommt daher, dass dieser andere eben nicht bedenkt, dass Christus, der ihn sogar von der Hölle erlöst hat, ihn erst recht auch vom Fegefeuer erlösen kann. Wer nicht an Christi Verdienste denkt, der unterlässt es, Christus

---

[22] Vgl. Lk 23,43.
[23] Vorauszusetzen ist dabei, dass alle beide nicht im Stand der Todsünde sterben und weder Heiden noch Moslems noch Juden sind.

zu bitten und dessen Verdienste für seine eigenen Sünden zum Opfer
zu bringen.

Um die Haltung einzuprägen, die er empfiehlt, formuliert der
Prediger ein Gebet. Er stellt darin die Größe und Zahl von Sünden
des Beters der Kleinheit seiner guten Taten und Bußwerke gegenüber. Der Beter soll Christus bekennen, dass er nur im Verband mit
dessen unausdenklichen Verdiensten etwas zu seinem Heil zu tun
vermag. Er soll Christus bitten, seinem himmlischen Vater die
Verdienste seines heiligen Lebens und bitteren Todes für die Sünden
und die daraus entstehende Schuld des Beters zu opfern. Er soll sich
im Gebet in Christi Leiden und Tod hineinwerfen wie ein Steinchen
in den Ozean. Im Vertrauen auf Christi Verdienste, nicht auf seine
eigenen, kann er dann zum ewigen Leben gelangen. Nebenbei sei
bemerkt, dass der Prediger mit dem Vergleich der Seele mit einem
'Steinchen' sehr viel vorsichtiger formuliert als sein Ordensbruder
Eckhart, der sie mit einem 'Tropfen' vergleicht[24]. Denn ein Steinchen
bleibt auch dann ein Steinchen, wenn es in einen Ozean geworfen
wird, es kann nicht im Ozean aufgehen. Die Grenze zwischen Gott
und Mensch bleibt bei Nikolaus gewahrt.

Der Prediger wendet sich erneut direkt an seine Hörer und fordert sie zum Nachdenken auf. Auch wenn die Verheißung gilt, die
er eingangs ausgesprochen hat, dass ein Mensch durch das Gedenken
an Christi Verdienste auch noch in der Sterbestunde gerettet werden kann, empfiehlt er ihnen, nicht so lange zu warten. Vielmehr
sollen sie sich, weil es Gott gefällt, schon dann von Herzen Gott
zuwenden, wenn sie noch bei guter Gesundheit sind und nach mensch-
lichem Ermessen noch eine lange Lebenserwartung haben. Dann
schon sollen sie sich kraft ihres Willens von den bösen Werken abwen-
den und sich in der Nachfolge Christi üben. Täglich von neuem sol-

---

[24] Zu Meister Eckharts Auffassung von der Passion Christi vgl. *Georg Steer*, Die
Passion Christi bei den deutschen Bettelorden im 13. Jahrhundert. David von
Augsburg, 'Baumgarten geistlicher Herzen', Hugo Ripelin von Straßburg, Meister
Eckharts 'Reden der Unterweisung', in: Die Passion Christi in Literatur und Kunst
des Spätmittelalters, hg. von Walter Haug/Burghart Wachinger, Tübingen 1993,
52–75, hier zu Eckhart: 64–69; Textbeispiele 73–75. Eckharts Auffassung von der
Bedeutung der Passion Christi mit der des Nikolaus zu vergleichen legt sich nahe,
denn in diesem Falle hat man die Chance, die Gnadenlehre zweier bedeutender
Dominikaner miteinander zu vergleichen, die gleichzeitig demselben Konvent ange-
hörten. Nikolaus begnügt sich mit dem Ziel einer Einigung des menschlichen Willens
mit dem Willen Gottes. Er strebt nicht nach einer Wesenseinigung. Vgl. dazu auch
Hillenbrand, Nikolaus von Straßburg (wie Anm. 10), 118.

len sie ihre Schuld bekennen und zur Genugtuung von dem Berg der Verdienste ihres Herrn Jesus Christus bezahlen.

2.5   *Kennzeichnende Differenzen der 'Sermoen-Fassung'*

Die Nachschrift, die die sogenannte 'Sermoen-Fassung' überliefert, setzt die Akzente etwas anders. Der Schuldner schuldet laut dieser Nachschrift in der Brüsseler Handschrift beispielsweise nicht hundert Gulden, sondern nur fünf Schillinge. Im Gegensatz zu der Darstellung in der anderen Fassung reichen seine Mittel außerdem eben gerade aus, diese Schuld zu bezahlen. Doch auch in dieser Fassung wird der Schuldner, der seine Schuld nicht stattdessen mit dem Gold des Berges begleicht, der Dürre und Trägheit bezichtigt. Auch in dieser Nachschrift spricht der Prediger im Ich-Stil. Er hält ihn auch dort durch, wo die 'Lere-Fassung' vom bereits genannten Meister in der dritten Person spricht. Er spricht seine Hörer bald im Plural als "ihr Menschen"[25], bald im Singular mit "du" an[26].

Ist der Text der 'Sermoen-Fassung' in der Brüsseler Handschrift zunächst viel kürzer gewesen als der der 'Lere-Fassung' in der Hamburger Handschrift, so wird der Nachschreiber der 'Sermoen-Fassung' dort ausführlicher, wo es darum geht, die Größe von Jesu Verdiensten auszumalen. Nicht nur jeder Lebenstag, nicht nur jeder Fußstapfen Jesu hätte genügt, tausend Welten zu erlösen, sondern auch sein geringster Schweiß- oder Blutstropfen, die geringste Wunde, die er empfing, wären zureichend gewesen, tausend mal tausend Welten zu erlösen. Kein Tropfen Blut blieb in seinem Leibe, jeder diente der Erlösung der Menschen. Mit seinen tugendhaften Werken, mit seinem Mühen und mit der Pein, die er litt, verdiente Christus den Lohn, der mit einem 'uns' wieder sehr deutlich den Sündern zugesprochen wird. Noch eindringlicher als in der 'Lere-Fassung' werden die Hörer auf diese Weise dazu aufgerufen, sich Christi Leiden und damit auch dessen Heilsbedeutung für sie selbst zu vergegenwärtigen[27].

---

[25] "Nu hort, mensche, wat ic hete desen gemenen berch." *Axters*, Gulden berg (wie Anm. 1), 26,25–26.

[26] "Hieromme saltu peinsen in dijn herte [. . .]"; *Axters*, Gulden berg (wie Anm. 1), 30,45.

[27] Eine gute Einführung in die Problematik, dass die Vertiefung ins Leiden Christi an sich keineswegs attraktiv gewesen und erst vom 9. Jh. an akzeptabel geworden

An der Stelle, an der der Prediger über den Fall spricht, dass ein bußfertiger Sünder nicht einmal mehr ein Ave Maria zu sprechen in der Lage wäre, wird in der 'Lere-Fassung' ein Gebet formuliert, mit dem der Leser der Predigt, wenn er in diese Lage kommen sollte, Christus um Erbarmen bitten kann, weil er ja doch [für ihn] gelitten habe und gestorben sei. In der 'Sermoen-Fassung' wird der Nachdruck im entsprechenden Gebet zu Christus stattdessen auf die Geringfügigkeit der Bußstrafe im Vergleich zur Größe der Sünden gelegt[28]. Wo die Nachschrift der 'Lere-Fassung' endet, setzt diejenige der 'Sermoen-Fassung' mit einer erneuten Ermahnung an: In der Du-Anrede spricht sie den Hörer an, er solle sich auf diese Gnade verlassen, und zählt sieben Punkte auf:

1) Es ist Christus lieber und für einen Menschen besser, wenn der Mensch über seine Sünde seufzt, als wenn er hundertmal den Psalter betet, ohne dass er dabei innere Empfindungen hat.
2) Ein Mensch muss gerne besser sein wollen, als er ist. Dafür erlässt ihm Christus 30 Jahre Fegefeuer.
3) Ein Mensch muss Christus für das preisen, was er an ihm zuwege bringt. Ein solcher Mensch erhebt Christus über viele Heiligen, so wie der Papst über andere Leute erhaben ist.
4) Ein Mensch soll um der Liebe zu Christus willen kein törichtes Wort sprechen. Das belohnt Christus mehr, als wenn jemand sieben Jahre bei Wasser und Brot fastet und töricht bleibt.
5) Um Christi willen die Torheit unterlassen verdient bei Christus mehr Lohn, als wenn jemand 100 Mark um Gottes willen gäbe und selbst für sein Brot bettelte, aber dabei töricht bliebe.
6) Um Christi willen soll ein Mensch ein hartes Wort ertragen. Unser Herr will ihn dafür so weise machen wie Paulus, der bis in den dritten Himmel erhoben worden ist.

---

ist, bietet *Ulrich Köpf*, Die Passion Christi in der lateinischen religiösen und theologischen Literatur des Spätmittelalters, in: Die Passion Christi in Literatur und Kunst des Spätmittelalters (wie Anm. 24), 21–41, hier: 24. Zur Behandlung des Kreuzes in der Erbauungsliteratur des Mittelalters vgl. *ders.*, Kreuz IV. Mittelalter. 1.2.1.4., in: TRE 19 (1990), 732–761, hier: 736,44–737,29.

[28] In modernes Deutsch übersetzt: "Herr, wie groß sind meine Sünden und wie klein ist die Bußstrafe, die mir auferlegt ist!" *Axters*, Gulden berg (wie Anm. 1), 30,45f. Zur Betonung der Gnadenhilfen bei den seelsorgerlich orientierten Theologen des Spätmittelalters vgl. *Hamm*, Wollen und Nicht-Können (wie Anm. 4), 122f.

7) Ein Mensch soll geduldig sein in allen seinen Lebenstagen, ohne jemandem sein Leid zu klagen. Er soll es alleine vor Gott tragen. Dafür soll er mehr Lohn erhalten als für 100 Jahre vollkommenes Leben.

3. Zusammenfassung

Die breite Überlieferung dieser Predigt in Nachschriften kann darauf hinweisen, dass ihre Botschaft Anklang gefunden hat. Hat der Prediger doch nach dem Zeugnis der Nachschriften einerseits gefordert, allein auf die Verdienste zu vertrauen, die Jesus Christus durch sein Leben, Leiden und Sterben erworben hat. Christi Verdienste sind unerschöpflich. Darauf kann ein Christ, wenn es sein muss, auch erst kurz vor seinem Tode all seine Hoffnung setzen. Andererseits aber ist auch betont, dass die Kirche das Heil vermittelt und dass es wünschenswert ist, nicht das Risiko einer späten Bekehrung einzugehen, sondern frühzeitig sein Leben nach Gottes Geboten einzurichten[29]. Nebeneinander stehen das überwältigende Angebot von Gnade durch Gott den Vater und Gott den Sohn und die Berechnung, einem Christen könnten für bußfertige Haltung 30 Jahre Fegefeuer erlassen werden. Was den Theologiehistoriker, der in einer der Kirchen der Reformation des 16. Jahrhunderts erzogen worden ist, zunächst erstaunt, ist für die Hörer und Leser dieser Predigt gut miteinander vereinbar.

4. Jan van Schoonhovens Stellungnahme zu dieser Predigt und der erbauliche Schluss

Wie sehr das Gnadenangebot in dieser Predigt Leser und Hörer im Spätmittelalter befremdete, wiewohl es eigentlich doch durchaus das kirchliche Bußverfahren voraussetzt, wird an Reaktionen deutlich, die an eine der Textfassungen angeschlossen worden sind. In der 'Lere-Fassung' heißt es am Ende, das gemeine Volk habe den Inhalt

---

[29] Vgl. zur Verbindung zwischen mystischer Frömmigkeit und kirchlicher Gnadenvermittlung *Volker Leppin*, Mystische Frömmigkeit und sakramentale Heilsvermittlung im späten Mittelalter, in: ZKG 112 (2001), 189–204.

dieser Predigt sehr gerne gehört. Doch Doktoren der Theologie hätten
sich gefragt, ob deren Inhalt theologisch korrekt sei, ob ein Mensch
so einfach selig werden könne[30]. Und so wird denn eine Stellungnahme
des Jan van Schoonhoven[31] abgeschrieben. Jan van Schoonhoven
urteilt, Christen[32] dürften nicht bloß, sondern müssten sogar glauben, was hier niedergeschrieben sei, und ihre Hoffnung darauf setzen[33]. Er formuliert vier Thesen und gibt auch selbst ein Beispiel für
das Gnadenangebot, das Christi stellvertretendes Leiden zur Verfügung
gestellt habe. Dabei beruft er sich einmal auf Augustin und zweimal
auf Bernhard von Clairvaux. Christen sollen ihre Hoffnung nicht auf
eigene Verdienste setzen, sondern auf die des Gott-Menschen Jesus
Christus[34]. In ihnen müssen menschliche Verdienste wurzeln, wenn
sie dazu dienen sollen, Sünden auszugleichen. Christi Leiden ergänze
das Versagen von Christen. Bleibt doch auch in einem Christen, der
Buße tut, die Neigung zur Sünde. Dagegen hilft nur die tiefe Reue,
die Christus schenkt[35]. Jan van Schoonhoven vergleicht, dem Bild
vom Goldberg vergleichbar, Christi Leiden mit einem großen Meer,
aus dem jeder Durstige trinken und schöpfen darf, was ihm an
Heiligkeit oder an Verdiensten fehlt. Naht der Tod, so ist es am
nützlichsten, sich in die Wunden, das Leiden und den Tod Christi
zu vertiefen. In ihnen haben auch die Verdienste Marias und der
Heiligen ihren Grund. Es gilt das eigene Sterben anzunehmen, dem
freien Willen abzusagen und sich Gott völlig anheim zu stellen. Wer
in der Sterbestunde seine Sünden von Herzen vollkommen bereut
und sich demütig vollkommen den Verdiensten Jesu Christi anver-
traut, der entgeht dem Fegefeuer.

---

[30] Vgl. StadtB Hamburg, Theol. 2194, 12°; *Axters*, Gulden berg (wie Anm. 1),
51,1–4.
[31] Jan van Schoonhoven ist um 1356 in dem Ort dieses Namens geboren. Er
war Augustiner-Chorherr und amtierte zuerst als Prior, später als Subprior in dem
vor allem durch Jan van Ruusbroec bekannt gewordenen Groenendaal.
[32] Formuliert ist in der 'wir-Form' ('wir', 'unsere Hoffnung').
[33] Vgl. StadtB Hamburg, Theol. 2194, 12°; *Axters*, Gulden berg (wie Anm. 1),
51,6–8: "Ende die sette enich slot, daer mede dat blyct dat wyt geloven mogen, ja
schuldich syn vast te gheloven alst voerscreven is, ende onse hope daer in te setten."
[34] Vgl. StadtB Hamburg, Theol. 2194, 12°; *Axters*, Gulden berg (wie Anm. 1),
51,10f: "die verdienste des levens ende der passien ons liefs Heren Ihesu Cristi
[. . .]."
[35] Vgl. StadtB Hamburg, Theol. 2194, 12°; *Axters*, Gulden berg (wie Anm. 1),
52,29–30: "berou [. . .] twelck van Cristo coemt." Vgl. auch *Hamm*, Wollen und
Nicht-Können (wie Anm. 4), 144: "Der Weg zur Seligkeit muß notwendigerweise
der Weg seines durch die Gnade geheilten Wollens und Könnens sein."

Doch mit dieser Bestätigung der Rechtgläubigkeit ist noch immer nicht genug gesagt. Ein weiterer Autor fügt hinzu, Jan van Schoonhoven habe dieses positive Urteil mit seiner Unterschrift als authentisch bestätigt. In der Todesstunde solle jeder Christ Menschen um sich sammeln, die 'gut' sind, und die habe eben nur, wer selbst ein gutes Leben führe. Er führt Hieronymus als Zeugen dafür an, dass nicht schlecht sterben dürfe, wer gut gelebt habe.

Dieser erbauliche Schluss macht deutlich, dass die überraschende Gnadenlehre dieser Predigt trotz der Approbation durch Jan van Schoonhoven noch stets auf Misstrauen stieß.

DER KAMPF LUDWIGS DES BAYERN MIT DEM PAPSTTUM. DIE NICHTAUSWIRKUNG DES INTERDIKTS AUF DIE REICHSSTADT ESSLINGEN

Jörg Bauer
(Esslingen)

Über den Kampf Ludwigs des Bayern mit dem Papsttum, der sich über mehrere Jahrzehnte hinzog, ist in Vergangenheit[1] und Gegenwart[2] eifrig geforscht und veröffentlicht worden. Dabei ist insbesondere hervorzuheben, dass beide Seiten, Regnum und Sacerdotium, hervorragende theologisch und juristisch gebildete Männer in ihrem Gefolge hatten, die die Position ihres jeweiligen Herrn theoretisch-literarisch untermauerten[3]. Die Fakten sind also hinlänglich bekannt. Das Thema dieses Aufsatzes soll von daher nicht "die große Politik" während der Regierungszeit Ludwigs des Bayern sein, sondern den Blick auf eine einzelne südwestdeutsche Reichsstadt, Esslingen, lenken. An ihr soll gezeigt werden, wie sich der Kampf zwischen Ludwig dem Bayern und dem Papsttum auf eine Reichsstadt ausgewirkt, oder – wie im Fall Esslingens – eben auch nicht ausgewirkt hat.

Der Kampf zwischen den beiden mittelalterlichen Zentralgewalten fand am 11. Juli 1324 mit dem sogenannten vierten Prozess Johannes'

---

[1] Vgl. etwa *Carl Müller*, Der Kampf Ludwigs des Baiern mit der römischen Curie. Ein Beitrag zur kirchlichen Geschichte des 14. Jahrhunderts, 2 Bde., Tübingen 1879–80; *Joseph Knöpfler*, Kaiser Ludwig der Bayer und die Reichsstädte in Schwaben, Elsaß und am Oberrhein, in: Forschungen zur Geschichte Bayerns 11 (1903); *Wilhelm Preger*, Der kirchenpolitische Kampf unter Ludwig dem Baier und sein Einfluß auf die öffentliche Meinung in Deutschland, in: AHKBAW 14 (1879).

[2] Siehe hierzu etwa: *Heinz Thomas*, Ludwig der Bayer (1282–1347). Kaiser und Ketzer, Regensburg, Graz/Wien/Köln 1993; *Martin Kaufhold*, Gladius spiritualis. Das päpstliche Interdikt über Deutschland in der Regierungszeit Ludwigs des Bayern (1324–1347), in: HAMNG. Neue Folge 6 (1994); *Jörg Bauer*, Die Stellung der südwestdeutschen Reichsstädte im Konflikt zwischen Kaiser Ludwig dem Bayern und dem Papsttum, Diss. Masch. Erlangen 2003.

[3] Vgl. hierzu etwa *Jürgen Miethke*, De potestate papae. Die päpstliche Amtskompetenz im Widerstreit der politischen Theorie von Thomas von Aquin bis Wilhelm von Ockham, Tübingen 2000 (= SuR.NR 16), 204–235 und 248–295; *Volker Leppin*, Wilhelm von Ockham. Gelehrter, Streiter, Bettelmönch, Darmstadt 2003 (= Gestalten des Mittelalters und der Renaissance), 183–242.

XXII. gegen Ludwig den Bayern einen vorläufig letzten Höhepunkt: In diesem Prozess wurden Ludwig sämtliche Rechte, die er aus seiner Wahl im Jahre 1314 erworben hatte, aberkannt. Außerdem sollten künftig nicht nur er aus der Gemeinschaft der Kirche ausgeschlossen sein, sondern auch alle seine Anhänger, seien es Einzelpersonen oder (städtische) Gemeinschaften. Ihre Herrschaftsgebiete wurden mit dem Interdikt belegt. Insbesondere die Bischöfe wurden aufgefordert, diesen und die vorhergehenden Prozesse gegen Ludwig den Bayern innerhalb ihrer Diözesen zu veröffentlichen bzw. deren Veröffentlichung zu unterstützen[4].

Das Interdikt musste nun unweigerlich auch die Stadt Esslingen treffen, deren patrizisch dominierter Rat[5] im Sommer 1323 endgültig auf die Seite des Wittelsbachers getreten war[6]. Gibt es nun Anzeichen dafür, dass der Esslinger Rat ab Sommer 1324 trotz seiner wittelsbachischen Gesinnung die Verkündigung der päpstlichen Prozesse innerhalb seiner Mauern zugelassen und sich dem Interdikt gebeugt haben könnte, indem er etwa seinen Klerus gewähren ließ, wenn dieser das Interdikt beachten wollte? Dass ein solches Verhalten einer (Reichs-)Stadt nicht ungewöhnlich gewesen wäre, belegt etwa das Beispiel Basel[7].

Macht es allein schon die politische Gesinnung Esslingens bzw. seines Rates ab Sommer 1323 wenig wahrscheinlich, dass sich die Stadt ab Juli 1324 den päpstlichen Verdikten gefügt hat, so kann auch darüber hinaus so gut wie ausgeschlossen werden, dass das

---

[4] Constitutiones et acta publica imperatorum et regum/Legum sectio IV, Bd. V, unver. Nachdruck Hannover/Leipzig 1981, Nr. 944. Auch der Konstanzer Bischof, in dessen Diözese Esslingen lag, erhielt ein Exemplar des Prozesses mit der Aufforderung, denselben innerhalb seiner Diözese zu publizieren; vgl. ebd., Nr. 946 vom 19.7.1324.

[5] Der Esslinger Rat war in den zwanziger Jahren des 14. Jhs. zwar nach wie vor "patrizisch" dominiert, jedoch spielten die Zünfte im Rat schon seit der Mitte des 13. Jhs. eine bedeutende Rolle; vgl. dazu *Otto Borst*, Geschichte der Stadt Esslingen am Neckar, Esslingen 1977, 116f.

[6] Am 6.7.1323 hatte der König Esslingen den Gnadenbrief ausgestellt; Constitutiones V (wie Anm. 4), Nr. 757. Schon am 4.7. hatte er der Stadt sämtliche Rechte und Freiheiten bestätigt; vgl. Urkundenbuch der Stadt Esslingen, Bd. 1, hg. von der Württembergischen Kommission für Landesgeschichte, bearb. von Adolf Bühl unter Mitwirkung von Dr. Karl Heinrich Pfaff, Stuttgart 1899 (= Württembergische Geschichtsquellen 4), Nr. 517.

[7] Basel ließ, trotz letztendlich wittelsbachischer Gesinnung, "nichtsingende" Kleriker, d. h. Geistliche, die innerhalb seiner Mauern das Interdikt beachteten, nicht nur gewähren, sondern schützte zudem auch "auswärtige" Kleriker vor Verfolgung durch die Beamten Ludwigs. Vgl. hierzu *Bauer*, Stellung (wie Anm. 2), 393–397.

Interdikt in der Stadt beachtet und die Publizierung der päpstlichen Prozesse zugelassen wurde. Dazu ist zunächst etwas auszuholen.

Im Jahr 1213 hatte Kaiser Friedrich II. die Esslinger Pfarrkirche St. Dionys und Vitalis dem Speyrer Domkapitel geschenkt, das seit dieser Zeit weitgehende Rechte über diese Kirche hatte, so z. B. das Recht der Ernennung des Pfarrers, des "ständigen Vikars"[8] (vicarius perpetuus), dem vier Helfer, "die Gesellen auf dem Hof", zur Seite standen[9]. Daran änderte auch die sogenannte Kapellenordnung vom 27. Mai 1321 nichts Grundsätzliches. Durch die Kapellenordnung[10], der vermutlich ein Vertrag mit dem Speyrer Domkapitel vorausgegangen war[11], hatte sich Esslingen zwar "auf einen Schlag das Patronatsmonopol über alle geistlichen Stellen – außer der Pfarrkirche gesichert"[12], sich jedoch gleichzeitig dazu verpflichtet, dass die Inhaber dieser Stellen dem "ständigen Vikar" und damit dem Speyrer Domkapitel untergeben bleiben sollten[13].

Betrachtet man nun, wie sich das Speyrer Domkapitel zu Johannes XXII. und zu dessen Prozessen gegen König Ludwig verhalten hat, so ist festzustellen, dass es, in Übereinstimmung mit seinem Bischof, auf der Seite des Wittelsbachers stand[14]. Diese Tatsache macht es

---

[8] Siehe dazu *Carl Müller*: Die Esslinger Pfarrkirche im Mittelalter, in: WVLG. Neue Folge 16 (1907), 237–248; *Moritz Freiherr von Campenhausen*, Der Klerus der Reichsstadt Esslingen 1321–1531. Das Verhältnis des Rates zu den Geistlichen von der Kapellenordnung bis zur Reformation, Esslingen 1999 (= Esslinger Studien, Schriftenreihe 19), 20f.

[9] Ebd., 21f: "Die Helfer waren Geistliche, die den Vikar beim Messelesen und Beichtehören sowie bei seinen anderen seelsorgerischen Tätigkeiten unterstützten. Sie kamen meist aus Esslinger Familien oder der unmittelbaren Umgebung, da sie nicht vom Speyrer Domkapitel, sondern vom Vikar vor Ort angestellt wurden."

[10] Zum Text vgl. Urkundenbuch der Stadt Esslingen (wie Anm. 5), Nr. 500.

[11] Vgl. *Müller*, Esslinger Pfarrkirche (wie Anm. 6), 273.

[12] *Campenhausen*, Klerus (wie Anm. 6), 22. Die zum Zeitpunkt des Erlasses der Kapellenordnung amtierenden Kapläne waren einmal der Spitalkaplan; er las die Tagesmesse. Ein zweiter Kaplan las die Frühmesse. Die Frühmesse war 1307 von Ulrich und Hedwig von Sondelfingen gestiftet worden. Beide Messen wurden am Katharinenaltar des Spitals zelebriert. An der Ägidienkapelle bestand spätestens seit 1311 eine Messpfründe; ebd., 242 und 262. An der Agneskapelle gab es zwei Pfründen. Die zweite war 1316 ebenfalls von Ulrich und Hedwig von Sondelfingen gestiftet worden; ebd., 247. Die Pfründe der Allerheiligenkapelle (vor 1326) war mit 30 Schilling Heller zu gering dotiert, um einen Kaplan ernähren zu können. Ab 1323 ist dann auch eine Messpfründe am Jakobsaltar der Jakobskapelle nachweisbar; ebd., 262.

[13] Weitere Einzelheiten dazu ebd., 24f.

[14] Schon 1324 hatte das Speyrer Domkapitel bei der Verkündigung der Prozesse offensichtlich nicht den größten Eifer an den Tag gelegt; vgl. dazu Constitutiones V (wie Anm. 4), Nr. 916. Im Speyrer Domkapitel saß ein Intimus Ludwigs, der

m. E. unwahrscheinlich, dass es seinem Esslinger Vikar die Weisung
erteilt hat, die päpstlichen Prozesse in Esslingen zu verkünden und
das Interdikt über die Stadt zu verhängen[15]. Dass ein solches Verhalten
des Speyrer Domkapitels der Stadt als Parteigängerin Ludwigs entgegen kam, liegt auf der Hand[16]. Ein gegenteiliges Beispiel bietet in
diesem Zusammenhang etwa das Verhalten des Straßburger Bischofs
und seines Domkapitels. Insbesondere der Bischof stand auf der Seite
des Papstes und wollte die Veröffentlichung der Prozesse gegen
Ludwig in Stadt und Diözese Straßburg in die Wege leiten, wie ein
päpstliches Dankschreiben vom April 1324 belegt[17]. Beim Straßburger
Rat indes hatte er mit der Veröffentlichung der Prozesse keinen Erfolg. Der Rat hatte ihm die Veröffentlichung von päpstlichen Prozessen
gegen König Ludwig aus Neutralitätsgründen bzw. aus Furcht vor
einem Bürgerkrieg verboten[18].

Domscholaster Hermann Hummel von Lichtenberg. Er wird wegen seiner Parteinahme
für Ludwig am 9.4.1327 zusammen mit Bischof Emicho von Johannes XXII. exkommuniziert; vgl. Constitutiones et acta publica imperatorum et regum/Legum sectio
IV, Bd. VI,1, unver. Nachdruck Hannover/Leipzig 1982, Nr. 277. Der päpstliche
Agent Heidenreich meldet am 18.5.1327 nach Avignon: "Deinde est civitas Spirensis.
Illa cum suo episcopo et capitulo omnino sunt rebelles"; ebd., Nr. 307. Der Papst
berichtet am 30.5.1328, dass Hermann Hummel von Lichtenberg, "früher" einigen
(nonnulli) Speyrer Domherren einen Eid abgenommen habe, keine päpstlichen
Befehle und Schreiben anzunehmen; ebd., Nr. 463.
    Die meisten Quellen, die die Anhängerschaft des Speyrer Domkapitels an König
Ludwig und demzufolge seine Ablehnung der päpstlichen Prozesse hervortreten lassen, stammen zwar aus den Jahren 1327/28. Es ist aber anzunehmen, dass sich
das Speyrer Domkapitel schon seit Veröffentlichung der päpstlichen Prozesse gegen
den Wittelsbacher weigerte, die Prozesse zu veröffentlichen. Immerhin gibt es keine
Anzeichen dafür, dass es vor 1327/28 päpstlich gesonnen gewesen wäre und die
Prozesse forciert hätte.
    [15] Für den "ständigen Vikar" an St. Dionys und Vitalis mag diese Weisung eine
ziemliche Zwickmühle bedeutet haben, denn er war nicht nur der oberste geistliche Repräsentant des Speyrer Domkapitels in Esslingen, sondern zugleich auch
Dekan des Esslinger Landkapitels; vgl. *Müller*, Esslinger Pfarrkirche (wie Anm. 6),
255. Er könnte also 1324 in seiner Eigenschaft als Speyrer Kleriker die Weisung
erhalten haben, in Esslingen die Prozesse nicht zu veröffentlichen bzw. das Interdikt
nicht zu beachten. Wiederum könnte er in seiner Funktion als "Konstanzer" Dekan
des Esslinger Landkapitels genau die gegenteilige Weisung vom Konstanzer Bischof
erhalten haben; vgl. dazu die Schreiben Bischof Rudolfs von Konstanz in: Constitutiones
V (wie Anm. 4), Nr. 855 vom 4.2. und Nr. 923f vom 9.6.1324.
    [16] Vgl. dazu *Kaufhold*, Gladius spiritualis (wie Anm. 2), 112f und 261f, der zwar
auf die Abhängigkeit der Esslinger Pfarrkirche von Speyer eingeht, nicht aber auf
die Tatsache, dass der Esslinger Rat und das Speyrer Domkapitel im Blick auf
König Ludwig an einem Strang zogen.
    [17] Vgl. dazu Constitutiones V (wie Anm. 4), Nr. 888 vom 1.4.1324.
    [18] Vgl. dazu ebd. Nr. 889f vom April 1324.

Ist also das Interdikt über Esslingen 1324 vom Klerus von St. Dionys und Vitalis mutmaßlich nicht verhängt bzw. beachtet worden, so müsste es in den Quellen auch Indizien für ein solches Verhalten des Esslinger Weltklerus geben. Untersucht man im Esslinger Urkundenbuch die einschlägigen Schriftstücke der Jahre 1324 bis 1328, so gibt es erstens keine Anzeichen dafür, dass das Zusammenspiel zwischen der Stadt Esslingen und dem Klerus der Pfarrkirche eine Unterbrechung erfahren hätte, was wohl der Fall gewesen wäre, wenn Letzterer die päpstlichen Prozesse verkündigt und das Interdikt beachtet hätte[19]. Zweitens kann man anhand der Stiftungsurkunden feststellen, dass das geistlich-religiöse Leben in der untersuchten Zeit nicht stagnierte, sondern durch Pfründenstiftungen, die in der Regel schon im Sinne der Kapellenordnung von 1321 erfolgten, intensiviert wurde.

Vorsichtiger formuliert: Wenn die Stifter und Stifterinnen von neuen Pfründen und Altären in anderen Städten in der Zeit Ludwigs des Bayern in ihre Stiftungsurkunden nicht selten eine Klausel einfügen, aus der hervorgeht, dass Stiftungen tatsächlich erst dann wirksam bzw. realisiert werden sollten, wenn das Interdikt von dem bedachten Kaplan oder der geistlichen Einrichtung nicht mehr beachtet werden würde[20], dann kann man folgerichtig davon ausgehen, dass es in diesen Städten auch beachtet wurde. Solche Klauseln fehlen in Esslinger Stiftungsurkunden gänzlich. Dies lässt m. E. den Schluss zu, dass das Interdikt über Esslingen weder verhängt noch beachtet wurde.

---

[19] Siehe dazu Urkundenbuch der Stadt Esslingen 1 (wie Anm. 5), Nr. 528 vom 12.10.1324; Nr. 538 vom 29.6.1325; Nr. 542 vom 13.1.1326: In jeder dieser Urkunden treten der Esslinger Dekan bzw. der Speyrer Vikar und der Esslinger Rat gemeinsam als Zeugen auf.

[20] Vgl. Regesta Episcoporum Constantiensium. Regesten zur Geschichte der Bischöfe von Constanz von Bubulcus bis Thomas Berlower 517–1496, Bd. 2: 1293–1383, hg. von der badischen historischen Commission, bearb. von Alexander Cartellieri, mit Nachträgen und Registern von Karl Rieder, Innsbruck 1905, Nr. 4676 vom 24.5.1344: Magister Heinrich von Stockach hatte seine Erben beauftragt, der Domkirche nach seinem Tod 30 Mark Silber zukommen zu lassen, "damit die domherren täglich im domchor unmittelbar nach dem completorium die antiphone Salve regina oder eine ähnliche mit der collecta de beata Maria virgine sängen. [. . .] Das domkapitel übernimmt die gewünschte feier zum heile der Seele des verstorbenen, unter der bedingung, dass im dome überhaupt gottesdienst gehalten wird." Eine ähnliche Klausel ist in der Stiftung einer Frankfurter Bürgerin zu finden, die sie den Dominikanern am 10.11.1335 vermacht hatte. Quelle zitiert nach *Kaufhold*, Gladius spiritualis (wie Anm. 2), 203: "Nec volo eos prefata pensione privari nec ad hanc missam obligari, quamdiu sic expulsi miserabiliter discurrunt vagabundi."

Es sollen nun einige dieser Esslinger Urkunden aus den zwanziger
Jahren des 14. Jahrhunderts vor- und dargestellt werden: Am 13.
Februar 1326[21] schenkte der Esslinger Kleriker Wortwin der Aller-
heiligenpfründe der Allerheiligenkapelle Einkünfte aus seinen Immo-
bilien zum Unterhalt eines ständigen Kaplans[22]. Wortwin behielt sich
die Versehung des Altars bzw. dieser Pfründe zeitlebens vor. Nach
seinem Tod aber sollten zwei Ratsmitglieder, Ulrich, genannt Ribstein,
und Konrad, genannt Ziegler, das Präsentationsrecht für die erste
Vakanz haben. Für spätere Vakanzen sollten der Esslinger Dekan
und der Rat der Stadt das Präsentationsrecht dann gemeinsam ausüben. Schon am 4. Juli 1326 legten der Esslinger Dekan Heinrich[23],
der Bürgermeister Johannes Remser und der Rat bezüglich der
Stiftung Wortwins fest: "Der Pfründner soll alle Tage eine Messe
und alle Montag eine Seelmesse [. . .] lesen oder singen und wie
andere Kapläne im Chor [der Pfarrkirche; J. B.] erscheinen, die
Leutkirche soll die Baulast der Kapelle tragen [. . .]"[24]. Dass Wortwin
nach dem 13. Februar bzw. nach dem 4. Juli 1326 in der Allerheiligenkapelle dann auch tatsächlich eine Messe gelesen hat, ist
schon allein deshalb anzunehmen, weil er gemäß der Kapellenordnung
von 1321 sowohl Untergebener des Speyrer Vikars als auch des
Esslinger Rats war. Wenn aber die beiden Vorgesetzten Wortwins
das Interdikt nicht beachtet haben bzw. seine Beachtung vielleicht
sogar verboten haben, dann konnte er es sicherlich nicht wagen, das
Interdikt einzuhalten.

Zwei Jahre später, am 14. Februar 1328, stiftete Wortwin an den
dem heiligen Dionysius geweihten Hauptaltar der Pfarrkirche eine
ewige Messe. Das erste Präsentationsrecht hatten Kaplan Albert von
Owen und der Mesner der Pfarrkirche, Diemo, sowie Ulrich Ribstein.
Anschließend sollte es wieder an Dekan und Rat übergehen[25]. Diese
Stiftung ist ein weiterer Beleg dafür, dass das religiöse Leben bzw.
die Frömmigkeit trotz der Bindung Esslingens an König Ludwig und

---

[21] Urkundenbuch der Stadt Esslingen 1 (wie Anm. 5), Nr. 545.
[22] Siehe zu dieser Stiftung *Campenhausen*, Klerus (wie Anm. 6), 248: "1326 stiftete
der Kaplan Wortwin eine Altarpfründe. Rechtlich verbesserte er lediglich eine bereits
bestehende Pfründe, die aber nur mit 30 Schilling Hellern Zinsen ausgestattet war
und damit keinem Geistlichen Unterhalt bieten konnte. Insofern richtet Wortwin
die erste Altarpfründe ein."
[23] Nach Campenhausen war Heinrich in den Jahren 1324 bis 1326 Speyrer Vikar
und gleichzeitig Dekan des Esslinger Landkapitels; vgl. ebd., 252.
[24] Urkundenbuch der Stadt Esslingen 1 (wie Anm. 5), Nr. 545b.
[25] Ebd., Nr. 563.

des wegen ihm offiziell über der Stadt lastenden Interdikts nicht zum Erliegen gekommen war.

M. W. ist nicht bekannt, ob und wann Albert von Owen, Diemo und Ulrich von ihrem Präsentationsrecht Gebrauch gemacht haben[26]. Sollten sie aber noch 1328 einen Kaplan für diese Messpfründe bestimmt haben, dann ist anzunehmen, dass auch dieser als Untergebener des Speyrer Vikars und des Rats das Interdikt ebenfalls nicht beachtet und seine Messe am Hauptaltar gelesen hat. Das Gleiche ist dann auch von den Kaplänen am Katharinaaltar des Spitals, der Ägidien- und Agneskapelle und am Jakobsaltar der Jakobskapelle zu sagen. Auch sie werden das Interdikt wohl nicht beachtet haben, da sie seit dem Erlass der Kapellenordnung ebenfalls nicht nur dem Speyrer Vikar, sondern auch dem Rat unterstellt waren[27]. Ebenso wird der Kaplan des Stefan- und Peteraltars der Pfarrkirche das Interdikt auf Weisung des Vikars *und* des Rats missachtet haben[28].

Fasst man diese Überlegungen zusammen, so wird deutlich, dass das Verhältnis der Stadt zu ihrem Klerus in der untersuchten Zeit ein normales, um nicht zu sagen, ein gutes war. Der Klerus wiederum, zumindest der vom Speyrer Domkapitel abhängige, hatte keinerlei Berührungsängste der Stadt gegenüber. Expressis verbis kommt dies besonders in den beiden Urkunden, die die Stiftungen des Kaplans Wortwin betreffen, zum Ausdruck: Der Speyrer Vikar und Esslinger Dekan erklärt sich bereit, zusammen mit dem Rat die "Patronatsbehörde"[29] zu bilden. Diese Eintracht zwischen Klerus und

---

[26] Der erste urkundlich belegte Pfründeninhaber ist Werner Minner; *Campenhausen*, Klerus (wie Anm. 6), 254. Minner hatte die Pfründe in den Jahren 1373 bis 1379 inne.

[27] Da die Messpfründen am Katharinaaltar des Spitals, an der Ägidien- und der Agneskapelle zum Zeitpunkt des Erlasses der Kapellenordnung schon vorhanden waren bzw. diejenige am Jakobsaltar der Jakobskapelle 1323 nachweisbar ist (siehe oben), konnte der Rat auf die Pfründeninhaber dieser Altäre bzw. dieser Kapellen direkten Einfluss nehmen. Als unmittelbare Untergebene des Speyrer Vikars und des Rats werden sie dann die Weisung von ihren Vorgesetzten erhalten haben, das Interdikt nicht zu beachten. Insbesondere dürfte dies für den Pfründeninhaber der Frühmesspfründe am Katharinenaltar des Spitals und für den der 1316 gestifteten zweiten Pfründe an der Agneskapelle zutreffen: Die Stifter dieser Pfründen, Ulrich und Hedwig von Sondelfingen, hatten ihr Präsentationsrecht schon vor der Kapellenordnung an den Rat übertragen. Vgl. Urkundenbuch der Stadt Esslingen 1 (wie Anm. 5), Nr. 491 vom 18.1.1320.

[28] Siehe dazu ebd., Nr. 491a: Am 29.4.1323 hatte Konrad Kudiz – wohl als erste Folge der Kapellenordnung von 1321 – das Präsentationsrecht für seine Messtiftung am Stefan- und Peteraltar der Pfarrkirche dem Rat übertragen. Zur Geschichte dieses Altars vgl. *Campenhausen*, Klerus (wie Anm. 6), 238.

[29] Diesen Begriff verwendet *Müller*, Esslinger Pfarrkirche (wie Anm. 6), 280.

Rat[30] in den zwanziger Jahren des 14. Jahrhunderts könnte nicht zuletzt dadurch bedingt gewesen sein, dass beide in ihrer kirchen-politischen Einstellung an einem Strang gezogen haben. Das Zusammenspiel zwischen prowittelbachischem Klerus und Rat dürfte in Esslingen zudem eine groß angelegte Vertreibung der Geistlichkeit verhindert haben, wie sie z. B. Ende der dreißiger Jahre des 14. Jahrhunderts in Straßburg erfolgt ist[31].

Fazit: Wenn in der einschlägigen Literatur immer wieder zu lesen ist, dass das Interdikt die Menschen in der Zeit Ludwigs des Bayern sehr belastet und bedrückt habe[32], so trifft dieses Urteil zumindest auf die schwäbischen Reichsstädte im Allgemeinen[33] und auf die Reichsstadt Esslingen im Besonderen nicht zu. Bedingt durch das prowittelsbachische Zusammenspiel zwischen Klerus und Rat wird in Esslingen die päpstliche Waffe des Interdikts stumpf und wirkungs-los. So aber hatte Ludwig der Bayer insbesondere in den schwäbi-schen Reichsstädten eine Phalanx in seinem Kampf gegen das Papsttum, die ihm das Schicksal etwa eines Heinrich IV. erspart hat.

---

[30] Siehe dazu *Campenhausen*, Klerus (wie Anm. 6), 27: "Daß der Rat sich der Loyalität seiner Kapläne sicher sein konnte, beweist die Tatsache, daß in Esslingen auch Geistliche als Pfleger angestellt wurden. Der Rat hätte aber niemals das Amt des Pflegers dem Stand ausgeliefert, zu dessen Überwachung es eingerichtet wor-den war, wenn er Zweifel an der Treue der Kapläne gegenüber seiner Politik gehabt hätte." Auch diese Praxis des Rates, die schon 1324 nachweisbar ist, siehe ebd., 144, macht es m. E. wahrscheinlich, dass der Rat seinen Kaplänen nahe gelegt haben wird, das seit 1324 offiziell auf der Stadt lastende Interdikt nicht zu beach-ten – sofern sie es nicht freiwillig missachtet haben.

[31] Vgl. hierzu *Bauer*, Stellung (wie Anm. 2), 296–301.

[32] Repräsentativ seien hier genannt: *Walter Hofmann*, Antikuriale Bewegungen in Deutschland in der Zeit Ludwigs des Bayern (1314–1346), in: Forschungen und Fortschritte 35 (1961) 3, 80; *Kaufhold*, Gladius spiritualis (wie Anm. 2), 277.

[33] Vgl. hierzu *Bauer*, Stellung (wie Anm. 2), 438–452.

FRÖMMIGKEIT ALS POLITISCHES ARGUMENT IM 14. JAHRHUNDERT. DER 'LIBELLUS DE ZELO CHRISTIANE RELIGIONIS VETERUM PRINCIPUM GERMANORUM' DES LUPOLD VON BEBENBURG

Jürgen Miethke
(Heidelberg)

Für die politischen Theoretiker des späteren Mittelalters spielt Theologie als "Leitwissenschaft" ihrer Theoriebildung eine große Rolle, es geht ihnen aber selten um Frömmigkeit, die weder als Tugend gefordert, noch in ihrer Bedeutung für eine christliche Existenz ausgelotet wird. Wenn überhaupt frömmigkeitsbezogene Fragen in den Vordergrund der Erörterung rücken, so wird man allenfalls die persönliche Haltung der Autoren näher bestimmen können, wird prüfen dürfen, ob und in welcher Weise sie ihre Zeitkritik von einer von einer bestimmten Frömmigkeit geprägten Perspektive her formuliert haben. Und selbst das ist oft schwierig zu ermitteln. Von der persönlichen Frömmigkeit eines Marsilius von Padua wissen wir wenig. Das dicke Buch, das er den Problemen seiner Zeit gewidmet hat, enthält wenig Einschlägiges. Ob wir seinen berühmten 'Defensor pacis'[1], den die Päpste sehr bald nach seiner Niederschrift wegen Ketzerei verurteilt haben[2], als schlimme oder – je nach Standpunkt heute – auch als willkommene Häresie zu beurteilen haben, darüber hat sich eine heftige Debatte entwickelt, während derer schließlich auch die Frage aufgeworfen wurde, ob Marsilius nicht vielmehr als tiefreligiöser Autor und Verteidiger wahrer kirchlicher Haltung zu gelten habe; so hat ihn in Deutschland etwa Hermann Segall mit

---

[1] *Marsilius von Padua*, Defensor pacis, hg. von Charles William Previté Orton, Cambridge 1928; bzw. hg. von Richard Scholz, Hannover 1932–1933 (= MGH.F 7); danach dann hg. und übers. von Horst Kusch/Walter Kunzmann, Berlin/Darmstadt 1958. – Eine erste Übersicht über sein Werk etwa in: *Jürgen Miethke*, Art. Marsilius von Padua, in: TRE 22 (1992), 183–190; *ders.*, Art. Marsilius von Padua, in: LMA 6 (1993), 332–334; *ders.*, Art. Marsilius von Padua, in: LThK[3] 6 (1997), 1416–1419; *ders.*, Art. Marsilius von Padua, in: RGG[4] 5 (2002), 855f.
[2] "Licet iuxta doctrinam" (23.10.1327); Kernsätze und Irrtumsliste in: DS[34] (1963), Nr. 941–946. Die verschiedenen alten Drucke des Textes sind ebendort verzeichnet.

mehr Energie als Überzeugungskraft beurteilen wollen. Das setzt ein
warnendes Signal[3]. Auch bei Wilhelm von Ockham stellt sich die
Frage nach der Bedeutung, die persönliche Frömmigkeit für seine
theoretische Lebensleistung gehabt hat, aber sie lässt sich nicht einfach beantworten[4].

Wir müssen uns bei jeder Überlegung solcher Art vorwiegend mit
den persönlichen Lebensumständen der Autoren beschäftigen, die
allenfalls exemplarisch die spezifische Ausprägung und Wirkung eines
bestimmten Frömmigkeitsverständnisses belegen können, welches dann
seinerseits aus anderen Quellen zu erschließen ist. Frömmigkeit als
politisches Argument kommt dabei allenfalls in höchster Verborgenheit
zu Gesicht. Ich möchte daher Berndt Hamm, dem unermüdlichen
Erforscher der "Frömmigkeitstheologien" des Spätmittelalters, einen
ganz anderen Fall kurz vorstellen, der mir geeignet scheint, eine vielleicht sogar ein wenig überraschende Funktion des Argumentierens
mit der Frömmigkeit zur Sprache zu bringen. Ich möchte eine kleinere "politische Schrift" des Lupold von Bebenburg beleuchten. Damit
kommt eine Seitenarbeit eines der bedeutenden deutschen politischen
Theoretiker des 14. Jahrhunderts zur Sprache, eine Schrift, welche
die scharfe Kritik des Autors an den weltlichen Ansprüchen des spätmittelalterlichen Papalismus flankierend verteidigen sollte, indem sie
eine deutliche Unterscheidung zwischen Handlungen aus Frömmigkeit
macht (welche im Kampf um die Reichsverfassung und Stellung des
Königs kein Präjudiz bewirken können) und Handlungen aus rechtlicher Verpflichtung (die über Frömmigkeit keine Aussagen erlauben).

Der Anspruch der Päpste auf dauerhafte Kontrolle des kaiserli-
chen Wirkens wurde in Deutschland spätestens seit dem Pontifikat
Papst Innozenz' III. (1198–1216) mit einem ersten Höhepunkt in der
Regierungszeit Papst Bonifaz' VIII. (1294–1304)[5] in konsequenter

---

[3] *Hermann Segall*, Der "Defensor pacis" des Marsilius von Padua. Grundfragen der
Interpretation, Wiesbaden 1959 (= Historische Forschungen 2).
[4] Groß angelegt ist die Antwort, die Volker Leppin auf die Frage nach der theologischen Grundierung von Ockhams Denken gegeben hat; *ders.*, Geglaubte Wahrheit.
Das Theologieverständnis Wilhelms von Ockham, Göttingen 1995 (= FKDG 63);
vgl. jetzt auch die biographische Skizze: *ders.*, Wilhem von Ockham. Gelehrter,
Streiter, Bettelmönch, Darmstadt 1995, und hier insbesondere die knappe Reihe
der widersprüchlichen "Ockhambilder" der Forschung (281–287).
[5] Eine kleine Teilstrecke des Weges verfolgt *Jürgen Miethke*, De potestate papae.
Die päpstliche Amtskompetenz im Widerstreit der politischen Theorie von Thomas
von Aquin bis Wilhelm von Ockham, Tübingen 2000 (= SuR.NR 16).

Bewegung entfaltet. Er hat dann die stürmische Regierungszeit Ludwigs des Bayern (1314–1347) mehr als drei Jahrzehnte lang bedrückend beherrscht[6], wurde daher an sehr verschiedenen Orten diskutiert, nicht nur am Kaiserhof in München, wo Marsilius von Padua und Wilhelm von Ockham als Verteidiger der Unabhängigkeit weltlicher politischer Organisation ihre wirkungsmächtigen Theorieentwürfe verfolgten. Der Konflikt zwischen Kaiser und Papst musste auch anderwärts diskutiert werden, wenn denn die Politik des Herrschers in Deutschland Widerhall und Unterstützung finden wollte. Die Erörterungen damals waren auch in der Tat weit gespannt. Neben genuin theoretischen Positionen, die der Intelligenz Europas noch jahrzehntelang in politischen Fragen Orientierung und Richtung ihrer Fragestellung vermittelten, stehen Äußerungen, die der Tagespolitik und ihren Interessen unmittelbar verhaftet bleiben. Bisweilen wurden sie nur deswegen in die Debatte geworfen, um die Aufmerksamkeit eines potentiellen Gönners auf die eigene Hilfsbedürftigkeit zu lenken. Dann können sie heute geradezu als "ideologisch" verzerrt erscheinen. Das ist hier aber nicht zu verfolgen. Ich beschränke mich auf eine einzige Position, die damals entwickelt worden ist, ohne sie voll in den gesamten Kontext der damaligen Situation und Debatten einzugliedern, weil das nur in weitem Ausholen und nicht auf den wenigen Seiten eines Festschriftbeitrags möglich wäre.

In Würzburg suchte ein gelehrter Kleriker in den Jahren um 1340, genauer gesagt zwischen 1337 und 1346/49, eine theoretische, diesmal aber keine theologisch begründete, sondern eine juristisch-kanonistische Erklärung für die Berechtigung des deutschen Herrschers, selbständig und ohne Einreden von Papst und Kurie in seinem Reich die Regierung anzutreten und zu führen. Im Ergebnis haben diese Überlegungen schließlich den Papst aus der Verfassungsordnung des Römisch-Deutschen Reichs des Mittelalters ausgeschaltet, in der päpstliche Mitwirkung seit Jahrhunderten, spätestens seit dem sogenannten Investiturstreit einen immer gewichtigeren Platz eingenommen hatte. Es ging also um eine hochbrisante Frage der allgemeinen Reichsverfassung. Zusätzlich war es ein schwieriges Unterfangen, um so schwieriger, als die gelehrten Juristen des Kirchenrechts sich seit

---

[6] Dazu im Einzelnen etwa *Heinz Thomas*, Ludwig der Bayer (1282–1347). Kaiser und Ketzer, Regensburg 1993. Zum allgemeinen Rahmen vgl. etwa *Peter Moraw*, Von offener Verfassung zu gestalteter Verdichtung. Das Reich im späten Mittelalter, 1250–1490, Berlin 1985 (= Propyläen Geschichte Deutschlands 3).

langem daran gewöhnt hatten, ihre Quellen, die normativen kanonistischen Rechtstexte, d. h. das sogenannte 'Decretum' Gratians und
die päpstlichen Dekretalen zu bearbeiten, die doch wie selbstverständlich die Perspektive der päpstlichen Kurie einzunehmen pflegten.

Doch war der Autor, der dieses Projekt verfolgte, gut gerüstet.
Lupold von Bebenburg[7] stammt aus fränkischem Niederadel aus der
Gegend um die Stauferstadt Rothenburg ob der Tauber, wo seine
Familie im Verband mit anderen reichsministerialischen Verwandten
aus ursprünglichem Kaiser- und Reichsdienst auf die Dauer eigenen
Stand zu gewinnen verstanden hatte. Der berühmteste Vertreter des
Geschlechts, Lupold, der hier Gegenstand unserer Überlegungen sein
soll, begegnet uns, um die Wende zum 14. Jahrhundert geboren, in
den Quellen seiner Zeit zunächst vor allem in der Reihung der ihm
übertragenen kirchlichen Pfründeeinkünfte. Ein seit 1316 von ihm
besetztes Domkanonikat in Würzburg erlaubte dem jungen Mann,
den seine Familie offenbar früh für eine kirchliche Laufbahn bestimmt
hatte, ein langjähriges und gewiss auch kostspieliges Studium in
Bologna, der damals noch führenden Juristenuniversität Oberitaliens,
das er – ganz gegen sonstige adlige Gewohnheiten – mit einer Promotion zum Doktor des Kirchenrechts abschloss. Nach Deutschland
(etwa 1325) zurückgekehrt, gewann Lupold neben seiner Würzburger
Pfründe bald weitere kirchliche Einkünfte. Er ist am Ende als Dom-
kanoniker in Mainz und Bamberg bezeugt und hatte auch Pfründen
in Erfurt, Bingen und anderwärts. So hat er sich in das damals allgemein übliche Rennen um eine standesgemäße Pfründenhäufung
durchaus erfolgreich eingemischt.

Als "doctor decretorum" wird Lupold auch in verschiedensten
kirchlichen und weltlichen Verwaltungsgeschäften sichtbar. Er entfaltete insbesondere in Würzburg eine auffällige Aktivität, sodass er
schließlich seit 1332 (mit Unterbrechungen bis 1352) als "Offizial"
des jeweiligen Bischofs und als Richter am Würzburger kirchlichen

---

[7] Eine kritische Edition liegt jetzt vor: Politische Schriften des Lupold von Bebenburg [De iuribus regni et imperii, Libellus de zelo veterum principum Germanorum,
Ritmaticum], hg. von Jürgen Miethke/Christoph Flüeler, Hannover 2004 (= MGH.SS
10, 4). Dort in der Einleitung auch genauere Nachweise zur Biographie (1–61), zum
theoretischen Hintergrund (61–97), zur Argumentation (97–148) und zur Überlieferung der einzelnen Schriften (149–231). Für zahlreiche Einzelnachweise muss
für das Folgende auf diese Ausführungen verwiesen werden. Die Hauptschrift Lupolds
soll demnächst in einer 'Editio minor' erscheinen: *Lupold von Bebenburg*, De iuribus
regni et imperii. Über die Rechte von Kaiser und Reich, lat.-dt., übers. von Alexander
Sauter, hg. und eingel. von Jürgen Miethke, München 2005 (= Bibliothek des
deutschen Staatsdenkens 14).

Gericht "an der roten Tür" nachweisbar ist. Damit war er in politisch höchst turbulenten Zeiten in besonderem Maße für die Gerichtspraxis sämtlicher kirchlicher Gerichte in der Diözese Würzburg verantwortlich. Er hatte als wohl versiertester Jurist des Bistums in Fragen kirchlicher Vermögensverwaltung, bei Statutengesetzgebung, Schlichtung von Streitigkeiten, ja sogar bei Lehruntersuchungen wegen Ketzereiverdachts ein offenbar gewichtiges Wort mitzusprechen. Darüber hinaus ist bei herausragenden politischen Entscheidungen in Würzburg, Mainz und Trier sowie auf der Ebene der Reichspolitik sein Einfluss nachzuweisen. So treffen wir ihn im Entscheidungszentrum bei der Neuwahl mehrerer Würzburger Bischöfe, bei der Gestaltung der Beziehungen zu König und Kaiser in Kirchen- und Reichssachen sowie bei Verhandlungen deutscher Prälaten mit der päpstlichen Kurie in Avignon. Wie andere deutsche Kirchenmänner unterlag auch Lupold für Jahre und Jahrzehnte vorwiegend aus politischen Gründen dem päpstlichen Bann[8], ohne dass dies den Domherren an der Teilnahme an Gottesdiensten und wohl auch am Sakramentsempfang hindern musste. Erst relativ spät konnte Lupold seinen Frieden mit der Kurie machen. Das gelang ihm erst, als Papst Clemens VI. (1342–1352) seit etwa 1346 für eine allgemeine Befriedung der aufgewühlten deutschen Kirche sorgte. Lupold hat aber seine zuvor bezogenen Positionen in der Auseinandersetzung nicht erkennbar für uns revidieren müssen oder wollen.

An dem neuerlichen deutschen Thronstreit seit 1346 zwischen Ludwig dem Bayern und seinem Gegenkönig, dem Luxemburger Karl IV., hat Lupold sich freilich nicht mehr sichtbar beteiligt, hat sich vielmehr nach dem Tode des Bayern (11. Oktober 1347) relativ bald auf der Seite Karls IV. engagiert, was ihm später zugute kommen sollte. Am 12. Januar 1353 nämlich wählte das Bamberger Domkapitel Lupold zum Nachfolger des am 21. Dezember 1352 verstorbenen dortigen Bischofs Friedrich von Hohenlohe. Noch im gleichen Jahr erhob Papst Innozenz VI. (1352–1362) den sofort nach Avignon gereisten Kandidaten des Domkapitels durch päpstliche Provision endgültig zum Bischof der Bamberger Diözese, nachdem sich dieser zur Zahlung der sogenannten Servitien (einschließlich der Rückstände aus früheren Besetzungen) in Höhe von insgesamt etwa

---

[8] Allgemein zu diesem Instrument *Martin Kaufhold*, "Gladius spiritualis". Das päpstliche Interdikt über Deutschland in der Regierungszeit Ludwigs des Bayern (13124–1347), Heidelberg 1994 (= HAMNG.Neue Folge 6).

9.000 Gulden verpflichtet hatte. Bis an das Ende seines Lebens sollte Lupold in Bamberg als Bischof amtieren. Noch vor seinem Tod (18. Oktober 1363) hat er testamentarisch sein Haus bestellt und für seine eigenen und seiner Familie fromme Stiftungen gesorgt.

In die Politik des Würzburger Domstifts hatte er sich offenbar besonders aktiv in den dreißiger Jahren eingemischt. Großen Einfluss scheint er insbesondere erlangt zu haben, als sich die deutschen Kurfürsten im Jahre 1338 dazu entschlossen, die mit dem Papst strittigen Fragen der Rechtswirkungen einer deutschen Königswahl von sich aus, gestützt auf ein unvordenkliches Reichsgewohnheitsrecht, zu beantworten, indem sie sich an herkömmlicher Stelle, nämlich in einem Obstgarten über dem Rhein in Rhens (bei Koblenz) zu einem "Kurverein" zusammenschlossen und ihre Rechtsüberzeugungen im Konflikt zwischen Kaiser und Papst schriftlich niederlegten und diesen Text sogleich in Deutschland verbreiteten. Diese 'Rhenser Erklärung'[9] ist zwar weniger als zwei Jahrzehnte später durch ein Reichsgesetz Karls IV. überholt und damit gleichsam aufgehoben worden. Die 'Goldene Bulle' Kaiser Karls IV. von 1356[10], seit dem 15. Jahrhundert als 'Reichsgrundgesetz' betrachtet, hat die für die politische Geschicke Deutschlands fundamentale Herrschaftssukzession dann abschließend bis zum Ende des Alten Reiches (1806) geregelt. Ohne die in Rhens formulierten Grundsätze, auf denen sie aufbaute, wäre sie aber wohl intellektuell und politisch nicht möglich gewesen.

Es ist nicht deutlich, wie stark Lupold auf die Formulierungen der 'Rhenser Erklärung' im Einzelnen eingewirkt hat[11], fest steht jedoch, dass er kurz nach der Versammlung einen umfangreichen Traktat verfasste, 'Über die Rechte von König und Kaiser am Römischen Reich' ('De iuribus regni et imperii Romanorum'), der in seinem Hauptteil an die Formulierungen dieser Erklärung entlang formuliert war[12].

---

[9] Zusammen mit einer deutschen Übersetzung jetzt am leichtesten zugänglich in: Quellen zur Verfassungsgeschichte des römisch-deutschen Reiches im Spätmittelalter (1250–1500), hg. von Lorenz Weinrich, Darmstadt 1983 (= FSG 33), 287–290, Nr. 88. Vgl. dazu etwa *Alois Schmidt*, Rhense, Kurverein von, in: LMA 7 (1995), 785; zur Interpretation vgl. auch *Jürgen Miethke/Arnold Bühler*, Kaiser und Papst im Konflikt. Zum Verhältnis von Staat und Kirche im späten Mittelalter, Düsseldorf 1988 (= Historisches Seminar 8), 46–48.

[10] Text ebenfalls in: Quellen zur Verfassungsgeschichte (wie Anm. 9), 315–394, Nr. 94.

[11] Dazu vgl. etwa die Einleitung in: Politische Schriften des Lupold von Bebenburg (wie Anm. 7), 29f; 37–39; 90–97; 113f.

[12] Gedruckt in: ebd., 233–409.

Lupold spricht bereits mit der Formulierung des Titels die Kernpunkte des erbitterten Kampfes Ludwigs des Bayern mit der avignonesischen Kurie an, ging es dort doch vor allem um die Frage, ob ein von den Kurfürsten zum König gewählter Fürst seine Regierungsgewalt im Reich aus dieser Wahl selbst erhalte, oder ob er erst dann seine Herrschaftsrechte ausüben dürfe, wenn vom Papst die Wahl der Kurfürsten und die Person des Gewählten geprüft und bestätigt worden sei. Die Gelehrten des Kirchenrechts sowie die Theologen an der Kurie und an den Universitäten hatten eine sogenannte "Approbationstheorie" auf einem langwierigen Weg Schritt für Schritt zuerst theoretisch entwickelt und dann, vor allem seit dem Pontifikat Bonifaz' VIII., politisch in die Tat umgesetzt[13]. Papst Johannes XXII. (1316–1334) hatte Ludwig den Bayern dann sogar nach einem förmlichen Prozess all seiner Herrschaftsansprüche für verlustig erklärt und auch noch von seinem Amt als Herzog von Bayern abgesetzt (1324) – der heute allgemein übliche, gewissermaßen "nackte" Herkunftsname "Ludwig der Bayer" erklärt sich letztlich aus diesem feindseligen päpstlichen Akt.

Lupolds Traktat, der nach der Notiz einer Handschrift spätestens am Ende des Jahres 1339, gut ein Jahr nach der 'Rhenser Erklärung' in einer ersten Fassung fertig vorlag, hat in kühnem Griff die kanonistischen Theorien über die Selbständigkeit der europäischen Königreiche gegenüber der universalen Gewalt dazu genutzt, dem Kaiser seine Selbständigkeit auch gegenüber dem Papst zu sichern. Nach mittelalterlicher Auffassung lag in weltlichen Fragen die höchste Autorität zunächst beim deutschen Herrscher, dem "Kaiser der Römer", der im spätantiken 'Corpus Iuris Civilis' Justinians als "dominus mundi" angesprochen worden war[14]. Lupold überträgt diese Argumentationen auf das Verhältnis zwischen dem Kaiser und dem anderen Inhaber universaler Ansprüche, dem Bischof von Rom und Papst

---

[13] Zur Übersicht vgl. etwa *Jürgen Miethke*, Approbation der deutschen Königswahl, in: LThK³ 1 (1993), 888–891.

[14] Zur Entwicklung der legistischen und kanonistischen Lehre vgl. *Helmut Quaritsch*, Staat und Souveränität, Bd. 1: Die Grundlagen, Frankfurt a. M. 1970, 79, und vor allem *Kenneth Pennington*, The Prince and the Law 1200–1600. Sovereignty and Rights in the Western Legal Tradition, Berkeley/Los Angeles/Oxford 1993, 16–37 und 181–183 u. ö. Belege hat bereits übersichtlich zusammengestellt *Johann Friedrich Pfeffinger*, Vitriarius illustratus seu institutiones iuris publici, Freiburg 1691 (mit zahlreichen Auflagen in Gotha und Frankfurt a. Main bis 1754); vgl. dazu *Michael Stolleis*, Pfeffinger, in: HDRG 3 (1984), 1723f.

der Christenheit, der die zentrale Stellung in geistlichen Angelegenheiten immer stärker ausgebaut hatte[15]. Im Kern seiner Theorie hat
Lupold dem König bzw. Kaiser im römisch-deutschen Reich, also
dem deutschen Herrscher als dem Nachfolger Karls des Großen, alle
jene Rechte auf Regierung und Selbständigkeit einräumen wollen,
die die Kanonisten der europäischen Universitäten den westeuropäischen Königreichen seit langem einzuräumen bereit gewesen waren.
Galt dort, dass jeder König "rex imperator in regno suo" war, sofern
er ein "rex superiorem non recognoscens" zu sein beanspruchen
konnte, d. h. konnte jeder König, der keinen Oberherrn über sich
anerkennen wollte oder musste, in seinem Reich all jene Kompetenzen
selbständig wahrnehmen, die der "princeps" des Römischen Rechts
nach den Texten des Justinianschen 'Corpus Iuris civilis' in der Welt
hatte, so sollte nach Lupolds Meinung das alle nun auch für den
Kaiser der Römer[16], und konsequenterweise auch bereits für den
"römischen König" des Mittelalters, im Herrschaftsbereich des "impe-
rium" gelten. Lupold zeigt dann auch in einer intensiven Geschichts-
betrachtung anhand der in Würzburg vorhandenen spätmittelalterlichen
Weltchroniken, die er ausführlich heranzieht, dass es nach diesen
Quellen in der langen Geschichte seit den Zeiten des Frankenreichs
und Karls des Großen in Deutschland immer so gehalten worden ist.

Dies alles bedeutete eine aussichtsreiche (wenngleich sonst bei deutschen Zeitgenossen nicht sehr häufig wahrnehmbare) Territorialisierung
jener staatlichen Kompetenzen, die insbesondere das Römische Recht
und das 'Corpus Iuris Civilis' für die werdenden Staaten Europas
bereithielt. Damit hätte auf diesem Wege zugleich auch eine Moder-
nisierung der Verfassung möglich werden können. Wenn Lupold das
auch nirgends annähernd so ausgedrückt hat, kann man seine programmatischen Absichten am ehesten durch den Satz zusammenfas-
sen: "imperator rex in imperio suo". Wenn diese Interpretation zutrifft,
so wollte Lupold den deutschen Herrscher mit den Königen in

---

[15] Dazu knapp *Jürgen Miethke*, Historischer Prozeß und zeitgenössisches Bewußtsein.
Die Theorie des monarchischen Papats im hohen und späteren Mittelalter, in: HZ
226 (1978), 564–599; ausführlicher, wenngleich ebenfalls skizzenhaft, *ders.*, Der
Weltanspruch des Papstes im späteren Mittelalter. Die politische Theorie der Traktate
'De potestate papae', in: Pipers Handbuch der politischen Ideen, hg. von Iring
Fetscher/Herfried Münkler, Bd. 2: Mittelalter, München 1993, 351–445.
[16] Eine gute Einführung in die Probleme der spätmittelalterlichen Kaisertheorie
bietet *Hans K. Schulze*, Grundstrukturen der Verfassung im Mittelalter, Bd. 3: Kaiser
und Reich, Stuttgart 1998.

Westeuropa gleichstellen, die auf dem Wege einer Verstaatlichung ihrer Königreiche bereits ein großes Stück weit vorangekommen waren. Auch dem Kaiser bzw. Römischen König sollte also die Chance gegeben werden, seine Herrschaft in ähnlicher Weise zu intensivieren und zu "verstaatlichen", wie das den Königen von Frankreich, England, Süditalien und den iberischen Reichen mittlerweile gelungen war.

Hier ist auf die ingeniöse Begründung und Verteidigung dieser Theorie, die in der Tat erfolgreich den Papst seiner entscheidenden Ansprüche auf eine Kontrolle des Regierungsantritts und damit des Regierungshandelns der deutschen Herrscher entkleidete, nicht näher einzugehen. Lupold benutzte in geschickter Kombination positivrechtliche, naturrechtliche und historische Argumente und begründete in Deutschland gewissermaßen die erste juristische Theorie des mittelalterlichen Kaiserreichs, die eine Autonomie der säkularen Verfassung als eines deutschen "Staates" anzielte, dessen universale Ansprüche zumindest merklich zurückgestuft wurden, ja dem Autor praktisch fast aus dem Gesichtsfeld gerieten.

In den Jahren des Höhepunktes der Debatten in Deutschland um 1340 hat Lupold noch zwei weitere Schriften vorgelegt, die nach Gattung und Anspruch nicht den theoretischen Höhenflug anstrebten, wie ihn der Traktat 'De iuribus regni et imperii Romanorum' wagte, die aber in ausdrücklicher Bezugnahme auf dessen Ergebnisse und Argumente um Unterstützung der entsprechenden politischen Schritte durch den deutschen (fürstlichen) Adel warben. Es handelt sich um einen kurzen Text, 'Klagendes Gedicht und tränenreicher Text über den gegenwärtigen Zustand und den Verfall des Römischen Kaiser- und Königreiches'[17] in insgesamt 180 dem deutschen Blankvers nachempfundenen lateinischen gereimten Versen. Eine schluchzende Dame verkörpert allegorisch das Reich. Sie erscheint dem Dichter im Traum und hält ihm die eigene schlimme Lage vor. Der Text muss um 1340 entstanden sein, jedenfalls vor 1341[18].

Außerdem verfasste Lupold in derselben Zeit um 1342[19] einen weiteren kleineren Traktat, der dem Herzog von Sachsen gewidmet ist. Vom Autor wird er mit 'Büchlein über den Eifer der alten deutschen

---

[17] Ritmaticum querulosum et lamentosum dictamen de modernis cursibus et defectibus regni ac imperii Romani; Politische Schriften des Lupold von Bebenburg (wie Anm. 7), 507–524.

[18] Ebd., 139–141.

[19] Ebd., 122f.

Herrscher um den christlichen Glauben'[20] betitelt. Die von Lupold
aus verschiedenen in Würzburg erreichbaren mittelalterlichen Chroniken, Heiligenviten, Kaiser- und Königsurkunden sowie sonstigen
Schriften in schlichter parataktischer Reihung zusammengestellte
Kompilation will verdeutlichen, dass die von ihm argumentativ in
seinem großen Traktat begründete Verselbständigung des Kaisers
gegenüber dem Papst und seinen Kontrollmöglichkeiten keineswegs
bedeute, dass damit der Kirche irgendwie Abbruch geschehe. Vielmehr
lasse sich bis ins minuziöseste Detail zeigen, dass die deutschen
Herrscher und Fürsten seit Karl dem Großen die Kirche immer mit
besonderer Zuwendung bedacht haben. Mit keinem Wort wird hier
Bezug auf Ludwig den Bayern genommen, ununterbrochen erfährt
der Leser, wie gewaltig groß der Glaubenseifer der "deutschen"
Herrscher stets gewesen sei.

Im Einzelnen konstatiert der Text zuerst, dass die deutschen
Herrscher im Gegensatz zu den oströmisch-byzantinischen Kaisern
niemals (!) einer Ketzerei gefolgt seien – das war angesichts der
Verketzerung Ludwigs des Bayern durch die avignonesische Kurie
bereits eine deutliche, wenn auch verklausulierte Stellungnahme!
Sodann wird ihre Mitwirkung an Mission und Ausbreitung des Christentums besprochen und die höchste Achtung geschildert, die sie stets
dem Gottesdienst entgegenbrachten. In vier weiteren Kapiteln werden die Leistungen speziell für die Kirche Roms, d. h. für Papst
und Kurie, eingehend aufgeführt. Die Kaiser haben ihre Kirchenvogtei nicht zu agressivem Erwerb eigenen Gutes, sondern stets im
Interesse und zur Verteidigung der gerechten Sache geübt. Nur Kaiser Konstantin der Große und die Markgräfin Mathilde von Tuscien,
die ihr gesamtes Erbe im 11. Jahrhundert der römischen Kirche
überlassen hatte, könnten eigentlich mit der Großzügigkeit deutscher
Schenkungen an die Römische Kirche konkurrieren; das wird bis zu
dem Habsburger Rudolf I. hin verfolgt. Ehrerbietig hätten die deutschen Herrscher immer wieder Rat und Weisung bei den Päpsten
eingeholt, und damit seit den Zeiten des Frankenherrschers Pippin
unablässig ihre schuldige Reverenz der Kirche gegenüber bewiesen.
Ein ganzes weiteres (VII.) Kapitel ist den "Leistungen der Ergeben-
heit" ("submissiones") gewidmet, die auch in ihrer freiwillig vom
Papst entgegengenommenen feierlichen Krönung und Salbung zum

---

[20] Libellus de zelo Christiane religionis veterum principum Germanorum; ebd.,
411–505. Zur Datierung vgl. ebd., 140f.

Kaiser zum Ausdruck kam, ohne dass sie eigentlich dazu verpflichtet gewesen wären. In genauen Wortlautanalysen wird das aus den im Kanonischen Recht enthaltenen Krönungseiden und aus von dem Verfasser aus dem Würzburger Archiv hervorgezogenen Wahldekreten deutscher Königswahlen des 13. Jahrhunderts gegen den Wortlaut von Dekretalen Innozenz' III. und Clemens' V. aufgezeigt. Vor allem der Vergleich mit den Königen von England und Frankreich wird hier zu einem später etwa von Wilhelm von Ockham gern wiederholten Argument[21]: auch sie sind ja den Erzbischöfen von Canterbury oder Reims nicht unterworfen, nur weil sie von diesen ihre Krönung empfangen.

Weitere derartige Ergebenheitsbezeugungen deutscher Könige und Kaiser dem Papst gegenüber werden in einem weiteren Kapitel aneinander gereiht: der Verzicht auf Teilnahme an Wahl und Erhebung eines Papstes, wie sie noch von Karl dem Großen praktiziert worden war, der Verzicht auf die kaiserliche Investitur von Bischöfen und Äbten im Wormser Konkordat, reiche Schenkungen von Kirchengut, die den deutschen Herrscher oft zum Hauptausstatter der Reichskirchen machten, die Übernahme von Baulast und Kirchenfabrik bei der regen kirchlichen Bautätigkeit, auch Schutz und Achtung der kirchlichen "libertas" und kirchlicher "libertates", all das zeigt fürstliche Großzügigkeit. Lupold formuliert dies keineswegs defensiv oder nur darauf gerichtet, weltlichen Ansprüchen auf Kirchengut und Kirchensteuern entgegenzutreten, wie sie im Spätmittelalter immer wieder von Kirchenreformern beklagt worden sind[22]. Nach seiner Meinung kennzeichnete Großzügigkeit, nicht verpflichteter Gehorsam das Verhalten deutscher Herrscher gegenüber der Kirche und ihren Kirchen. Freilich sollte das offenbar auch für Lupolds Zeit ein leuchtendes Vorbild liefern.

Die Teilnahme der Herrscher an Kirchenversammlungen und Synoden und ihr Erlass "heilsamer" Gesetze zugunsten der Kirche

---

[21] Vgl. dazu *Wilhelm von Ockham*, Texte zur politischen Theorie. Exzerpte aus dem Dialogus, hg. von Jürgen Miethke, Stuttgart 1995, 246–259 (III. Dialogus II. 1. c. 21; mit deutscher Übersetzung).

[22] Vgl. dazu z. B. die Denkschrift der Salzburger Kirchenprovinz vom November 1431, in: Quellen zur Kirchenreform im Zeitalter der großen Konzilien des 15. Jahrhunderts, Bd. 1: Die Konzilien von Pisa (1409) und Konstanz (1414–1418), Bd. 2: Die Konzilien von Pavia-Siena (1423/1424), Basel (1431/1449) und Ferrara-Florenz (1438/1445), hg. von Jürgen Miethke/Lorenz Weinrich, Darmstadt 1995–2002 (= FSG 38a und b), hier: Bd. 2, 164–177, Nr. VIb; dazu ebd., 27–31.

und über kirchliche Fragen war nach Lupolds Meinung auch durchwegs nicht ein Bruch der kanonischen Regelungen, denen zufolge Laien nur subsidiäre und unterstützende, nie aber selbständige Kompetenz in derartigen Fragen innehaben dürfen. In allen diesen Stücken haben sich die deutschen Herrscher, so glaubt Lupold feststellen zu können, stets korrekt auf die Autorität entweder des Papstes oder des Metropoliten oder Bischofs gestützt[23].

Die Verehrung und Sammlung von Reliquien gibt ein weiteres Zeugnis herrscherlicher Selbstbescheidung und frommer Demut. Die Geschichte der Reichsreliquien, insbesondere die der Heiligen Lanze, gibt Lupold hier Gelegenheit, die typisch mittelalterliche Reliquienfrömmigkeit liebevoll auszumalen.

Das vielleicht originellste Kapitel (XIII.) der ganzen Schrift fügt dann dem so einfühlsam vorgestellten frommen Fürstenverhalten auch noch Beispiele der Frömmigkeit und Kirchentreue heiliger Gemahlinnen deutscher Herrscher hinzu. Heiligenviten, die Lupold hier exzerpiert, bieten reichlich Stoff, bis hin zu einem Beispiel "weißer Magie", mit deren Hilfe Kaiserin Kunigunde wundersam ihr Hemd an einem Sonnenstrahl aufhängt[24]. Gewissermaßen ungefiltert fließt hier die erbauliche Tradition klerikaler Tischlesungen in die Argumentation zugunsten eines angestrebten neuen Verhältnisses von Staat und Kirche ein.

Wir betrachten hier nicht mehr die folgenden Zusätze, die vor allem die unmittelbare Beziehung der Herrscher zu Gott herausstellen, wobei es Lupold eher um Traumgesichte und Sonderoffenbarungen als um die, wie er durchaus zu sagen weiß, "zahlreichen", aber nicht weiter im Einzelnen dargestellten Schlachtensiege der Deutschen geht. Sie alle bezeugen die unmittelbare Begnadung herrscherlicher Handlungen. Wenn die Päpste den deutschen Fürsten immer wieder Gunstbezeugungen, Privilegien und Prärogativen verbrieft haben, so taten sie dies im Gegenzug und in Anerkennung der gewaltigen Bürde ("grande onus"), mit welcher die kaiserliche Kirchenvogtei die kaiserlichen Herrscher immer wieder belastet hat. Schließlich (Kap. XVI[25]) ruft Lupold in schwungvoller Aufnahme der flammenden

---

[23] Libellus de zelo veterum [. . .]; Politische Schriften des Lupold von Bebenburg (wie Anm. 7), 474 – nach einer langen Reihe von aus archivalischen und chronikalischen Quellen berichteten ausdrücklichen Eingriffen der Herrscher; vgl. ebd., 469–474.

[24] Ebd., 487; vgl. dazu *Stegemann*, Weiße Magie, in: HWDA 8 (1936/37), 73f.

[25] Libellus de zelo veterum [. . .]; Politische Schriften des Lupold von Bebenburg (wie Anm. 7), 501–503.

Rede des Makkabäers Mattatias, mit der dieser seine Söhne und Anhänger zum Aufstand aufgerufen hat (1. Makk 2,51[26]), noch die zeitgenössischen Fürsten Deutschlands – und hier meint er offenbar nicht
nur Kaiser Ludwig den Bayern, sondern auch den gesamten fürstlichen Adel – dazu auf, sich der hehren Vorbilder zu bedienen. Sie
sollten sich ihrer großen Vorfahren und Vorgänger in bewusster
Nachfolge würdig erweisen, auch wenn der genealogische Zusammenhang inzwischen unterbrochen sein sollte. Daraus werde ihnen
und dem Reich großer Ruhm ("gloria") zuwachsen, nicht nur der
vergängliche weltliche Ruhm, sondern auch jener ewige Name, den der
Herr selbst seinen Jüngern verheißen hat, deren Namen im Himmel
geschrieben steht (Lk 10,20).

Es ist deutlich, dass Lupold mit dieser Aufforderung eigentlich sei-
nen Traktat bereits abgeschlossen hatte, wenn er in einem letzten
Kapitel (XVII.) noch einmal zusammenfassend sein "Büchlein" dem
Widmungsempfänger, dem Herzog von Sachsen, ans Herz legt, nicht
ohne noch einmal zu unterstreichen, dass die Römische Kirche ihre
Stellung als "aliarum dei ecclesiarum mater et magistra" bisher in
Ruhe und Frieden zu genießen vermochte und sie auch künftig genie-
ßen solle[27].

Die hier gegebene knappe Übersicht sollte Sinn und Absicht des
"Büchleins" deutlich machen, das als Schrift eines Juristen zugleich
die Assoziation an ein gerichtliches Klagelibell behält[28]. Der gegenwärtige Zustand wird in dieser Schrift nur indirekt beklagt, indem
die "Verdienste" der deutschen Herrscher um die Kirche kräftig
unterstrichen werden. Solche Großtaten freilich wirken bis heute
nach. Lupold sagt das seinen Lesern unmissverständlich: Seinerzeit
hat das Verdienst ("meritum") König Davids seinen Nachfahren noch
lange Zeit das Königtum in Juda gesichert (3. Reg 11,11–13 [Vg.]),
das hält Lupold gleich zu Beginn seiner Schrift ausdrücklich fest[29].

---

[26] Lupold zitiert als Kanonist jedoch zunächst selbstverständlich nach Gratians
Dekret (C. 23 qu. 5 c. 32). Aus diesem über Gratian vermittelten Bibelzitat rührt
offenbar auch der sonst im 14. Jh. nicht allzu häufige Bezug auf den "zelus fidei"
im Titel der Schrift. Vgl. dazu die Belege in: *Charles Du Fresne Sieur DuCange*,
Glossarium mediae et infimae Latinitatis, ed. *Léopold Favre*, Paris 1883–1887, Nachdruck
Graz 1954, Bd. 8, 429b. Im Prolog der Schrift bezieht sich Lupold für "zelus" und
"zelare" gleichfalls auf alttestamentliche Vorbilder; vgl. Libellus de zelo [. . .]; Politische
Schriften (wie Anm. 7), 413.

[27] Ebd., 504f; ein besonders schönes Beispiel Lupoldscher Rhetorik.

[28] Dazu nur *J. F. Niermeyer/C. Van de Kieft*, Mediae latinitatis lexicon minus, überarb. von J. W. J. Burgers, Bd. 1, Leiden/Boston 2002, 792a–793a.

[29] Libellus de zelo [. . .]; Politische Schriften (wie Anm. 7), 413f.

In gleicher Weise können, so meint er offenbar, auch im 14. Jahrhundert die alten Frömmigkeitsleistungen der Fürsten dem Reich – und der Kirche – helfen, sie müssen dazu aber bewußt aufgegriffen, wiederholt und stets von neuem bewiesen werden. Somit möchte die Schrift gewissermaßen die Frömmigkeitstradition herrscherlicher Kirchenförderung in ihrer eigenen Zeit einfordern.

Das alles aber soll nun nicht durch einen kirchlichen Weltanspruch gesichert werden, der in einer absolut gesetzten Autorität des Papstes über Welt und Christenheit kirchliche Ansprüche auf Einfluss und Geltung begründet. Auf seinen 'Tractatus de iuribus regni et imperii Romanorum', in welchem eine theoretische Überprüfung der juristischen Theorien in "harter" theoretisch wissenschaftlicher Arbeit vorgelegt worden war, verweist der Autor immer wieder, vom Prolog angefangen bis weit in die folgenden Kapitel hinein, in aller Regel mit genauer Stellenangabe, so dass sich seine Argumente gewiss auch damals leicht auffinden ließen, wenn sie denn gesucht wurden. Freilich mutet der Autor seinen Lesern nicht eine Rekapitulation seiner Überlegungen und Argumente im Einzelnen zu. Er wendet sich ja an ein Publikum, das theoretischer Bemühung von Haus aus fern stand, wenn es sich auch immer wieder auf theoretische Überlegungen stützen musste und wollte, nämlich an den fürstlichen Hochadel Deutschlands, der sich nach Überzeugung Lupolds in seiner praktischen Politik an die historischen Erfahrungen anschließen sollte[30].

Frömmigkeit wird hier gewissermaßen von außen beschrieben, mit einer erstaunlichen Selbstverständlichkeit vorausgesetzt und als historisch gegeben geschildert. Frömmigkeit steht für Lupold nicht im Gegensatz zu scharfer Abgrenzung gegenüber ihm ungerechtfertigt scheinenden Ansprüchen auf kirchliche Kompetenz, die er mit scharfem Blick und originellen Argumenten kritisiert. An dieser doppelten Front nimmt Lupold die Haltung der Kirchenreformer der Konzilszeit des 15. Jahrhunderts geradezu vorweg, die dann in Konstanz und Basel die Reform der Kirche an Haupt und Gliedern[31] einfordern

---

[30] Dazu etwa *Jürgen Miethke*, Wissenschaftliche Politikberatung im Spätmittelalter. Die Praxis der scholastischen Theorie, in: Theoretische Reflexion in der Welt des späten Mittelalters. Political Thought in the Age of Scholasticism, hg. von Martin Kaufhold, Leiden/Boston 2004 (= SMRT 103), 337–357.

[31] Zu dieser Forderung und ihrer Geschichte vor allem *Karl Augustin Frech*, Reform an Haupt und Gliedern. Untersuchung zur Entwicklung und Verwendung der Formulierung im Hoch- und Spätmittelalter, Frankfurt a. M./Bern u. a. 1992 (= EHS.G 510).

sollten. Auch dort sollte alles Anstößige, was das kirchliche Leben der Zeit bieten mochte, beseitigt, die Kirche von Missbräuchen gesäubert, Gottesdienst und Kultus aufgeputzt und in erneuertem Glanz zum Strahlen gebracht werden, ohne doch die grundlegenden Strukturen der Kirche systemsprengend zu ändern[32].

Auch Lupold setzt die Frömmigkeit der Fürsten lieber voraus bzw. er fordert sie schlicht als mimetische Leistung ein, ohne sie in einer eigenen Besinnung auf die Quellen frommer Haltung zu wecken. Sein Gebrauch der Frömmigkeit als Argument im Kampf gegen papalistische Ansprüche liefert seinem Hauptanliegen Begleitschutz, funktionalisiert fürstliche Frömmigkeit im Interesse "staatlicher" Autonomie. Damit freilich befreit er die Laienfrömmigkeit jedoch zugleich von der Belastung, als Begründung für Ansprüche auf eine kirchlich-päpstliche Kompetenz in Fragen der Organisation der Gesellschaft und der Politik zu dienen, die stets der Interferenz anderer Gesichtspunkte unterliegen musste und allzu oft rein politischen Absichten einen Vorwand gab. Lupolds "Büchlein" verdeutlicht die Haltung eines einflussreichen spätmittelalterlichen deutschen Prälaten, eines Politikers und Juristen, und mag daher auch bei Überlegungen zur Geschichte der Frömmigkeit insgesamt von Interesse sein.

---

[32] Die Literatur zur spätmittelalterlichen Kirchenreform ist fast unübersehbar. Vgl. auch die Quellensammlung: Quellen zur Kirchenreform (wie Anm. 22).

DER GESEGNETE LEIB. DIE SCHWANGERSCHAFT MARIENS ALS GEGENSTAND DER DEVOTION IM KONTEXT EINER SOMATISCHEN RELIGIOSITÄT DES AUSGEHENDEN MITTELALTERS

Anne Bezzel
(Göttingen)

1. *Der Leib im Mittelpunkt – der Mittelpunkt des Leibes*

Im Kontext der Frömmigkeitsforschung der jüngsten Vergangenheit ist die Bedeutung des Körpers für die Religiosität gerade des ausgehenden Mittelalters verstärkt in den Blick genommen worden[1]. Die somatische Dimension des Glaubens, die Relevanz der menschlichen Sinne als Akteure und Zuschauer in jenem Spiel der religiösen Praktiken wurde bereits in vielen Facetten ausgeleuchtet. Gerade dem Bereich der Passionsfrömmigkeit, die den verwundeten Corpus Christi in den Mittelpunkt stellt, wurde dabei besondere Beachtung geschenkt. Daneben zog im Kontext einer somatischen Frömmigkeit des ausgehenden Mittelalters ein weiterer Leib besonderes Interesse auf sich: der jungfräuliche, der den Erlöser neun Monate lang getragen hat, rückte in den Mittelpunkt, näherhin sein Mittelpunkt, der Uterus, wurde zum Gegenstand spätmittelalterlicher Devotion[2].

Der vorliegende Beitrag möchte den Verbindungslinien zwischen den lebenspraktischen Erfahrungen mit Schwangerschaft und Geburt und der Verehrung der graviden Maria nachgehen, um nach etwaigen Wechselwirkungen und Verschiebungen zwischen beiden Komplexen zu fragen.

---

[1] Einen Überblick über die Literatur bietet *Klaus Schreiner*, Soziale, visuelle und körperliche Dimensionen mittelalterlicher Frömmigkeit. Fragen, Themen, Erträge einer Tagung, in: Frömmigkeit im Mittelalter. Politisch-soziale Kontexte, visuelle Praxis, körperliche Ausdrucksformen, hg. von dems., München 2002, 11, Anm. 5.

[2] Zum Niederschlag dieser Devotion in der spätmittelalterlichen Kunst vgl. den Überblick bei *Gregor Martin Lechner*, Maria gravida. Zum Schwangerschaftsmotiv in der bildenden Kunst (= Münchner Kunsthistorische Abhandlungen 9), München/Zürich 1981.

2. Die Geheimnisse des Leibes:
Mittelalterliches Wissen über den Körper[3]

2.1 "Als Mann und Frau schuf er sie"[4]

Ein wichtiger Bereich spätmittelalterlichen Interesses am Körper widmete sich der Beschäftigung mit dem Leib in seiner Verfasstheit als Mann und Frau. Mit der Funktion des männlichen Samens, der Menstruation sowie der Entwicklung des Embryos[5] befasste sich etwa das lange Zeit fälschlicherweise Albertus Magnus zugeschriebene Werk 'De Secretis Mulierum'[6], eine aus antiken Traditionen zusammengestellte Abhandlung[7], die sich nicht nur in wissenschaftlichen Kreisen, sondern auch bei einfachen Lesern großer Beliebtheit erfreute[8].

In diesem wie in vielen anderen zeitgenössischen Traktaten wurde die seit der Antike überkommene Ansicht tradiert, dem weiblichen Körper eigne weniger Hitze als dem männlichen. Infolgedessen sei auch der weibliche Same von geringerer Qualität und spiele bei der Erzeugung des Embryos eine lediglich untergeordnete Rolle[9]. Auch die Festlegung des Geschlechtes des Kindes war Gegenstand des Interesses. Albertus Magnus (1193/1206–1280) etwa postulierte, der männliche Same tendiere dazu, auch männliche Nachkommenschaft hervorzubringen, es sei denn, er sei auf Grund fehlender Stärke bzw.

---

[3] Angesichts der Themenstellung erscheint an dieser Stelle eine Konzentration auf den Bereich der Fortpflanzung sinnvoll. Aspekte wie Krankheit und Gesundheit etc. sollen daher nicht berücksichtigt werden.

[4] Gen 1,27.

[5] Vgl. *Danielle Jacquart/Claude Thomasset*, Sexuality and Medicine in the Middle Ages, Princeton/New Jersey 1988, 128.

[6] Augenfällig ist freilich der Titel des Werkes! Stellt man jedoch in Rechnung, dass bis in die Neuzeit hinein das antike Ein-Geschlechts-Modell das vorherrschende Konzept darstellte, in dem der männliche Körper als Standard und Maß aller Dinge betrachtet wurde, so ist der Nimbus des Fremden und Geheimnisvollen, der dem weiblichen Körper als dem normabweichenden anhaftete, durchaus verständlich. Vgl. dazu ebd.

[7] Vgl. *Thomas Laqueur*, Auf den Leib geschrieben. Die Inszenierung der Geschlechter von der Antike bis Freud, München 1996, 58.

[8] Vgl. ebd.

[9] Vgl. *Jacquart/Thomasset*, Sexuality (wie Anm. 5), 59. Ausgehend von der Grundprämisse der geringeren Relevanz des weiblichen Körpers variierten die Meinungen im Detail: Während manche den weiblichen Samen durchaus als notwendig für die Erzeugung eines Kindes ansahen, sank er für andere beinahe zur völligen Bedeutungslosigkeit herab; vgl. dazu ebd., 62 und 64–67.

Qualität nicht dazu in der Lage[10]. Neben der Determination des Sexus interessierte man sich auch für den jeweiligen Anteil von Frau und Mann bei der Ausformung der diversen Körperteile des Kindes. In der Frage nach der Ernährung des Embryos herrschte hingegen einhellig die Meinung, das Kind werde vom Menstruationsblut der Frau ernährt, was sich allein schon am Ausbleiben der Periode während einer Schwangerschaft ablesen lasse[11].

Obgleich durchaus auch der männliche Körper Gegenstand der medizinischen und theologischen Abhandlungen war, die den physiologischen Geheimnissen auf die Spur kommen wollten, so galt dennoch dem Körper der Frau als Schauplatz von Schwangerschaft und Geburt besonderes Interesse[12]. Inwiefern dieser als gefährdeter, aber auch als gefährdender Leib betrachtet wurde, soll im Folgenden kurz skizziert werden.

[10] Vgl. ebd., 140f. Mit der Vorstellung einer variablen Potenz des Samens konnte zuweilen auch die Vorstellung einer Rechts-Links-Opposition verknüpft werden: Ein im rechten Teil des Mutterleibes heranwachsendes Kind werde männlich, ein im linken Teil heranwachsendes weiblich.

[11] Vgl. *Laqueur*, Leib (wie Anm. 7), 50.

[12] Der Eindruck starker Dichotomien zwischen dem weiblichen und männlichen Körper, den das Voranstehende erweckt haben mag, muss allerdings im Hinblick auf die Unschärfe der Geschlechtergrenzen im damals vorherrschenden Ein-Geschlechts-Modell relativiert werden. In einer Konzeption des Körpers, in der gerade auch das soziale Verhalten eine große Rolle spielte, konnte sich dieser gegenüber klaren, biologischen Festschreibungen als durchaus widerständig erweisen, so dass die Aufforderung des Berthold von Regensburg in seinem Traktat über die Ehe aus dem Jahre 1275 verständlich wird: "Ein Mann soll ein Mann sein, eine Frau soll eine Frau sein." (Berthold von Regensburg, zit. nach *Peter Ketsch*, Frauen im Mittelalter, Bd. 2: Frauenbild und Frauenrechte in Kirche und Gesellschaft. Quellen und Materialien, hg. von Annette Kuhn, Düsseldorf 1984, 82.) Eine recht burleske Geschichte aus dem 14. Jahrhundert belegt jene Angst vor der Auflösung der Ordnung der Dinge. Ein junger Mönch, der von einer erfahrenen Frau verführt wird, beklagt nicht allein den Verlust seiner Unschuld, sondern scheint außerdem eine ungewollte Schwangerschaft zu fürchten. Auf seine Anfrage, wer der empfangende Part sei, erhält er die beunruhigende Antwort: "'It's the one underneath.' 'Woe is me,' thought the monk, who was starting to realise the extent of his misfortune. 'Alas,' he said to himself, 'whatever can I do? What a desaster! I was the one underneath. I am going to have a baby'." Zit. nach *Jacquart/Thomasset*, Sexuality (wie Anm. 5), 134. Mit *Laqueur*, Leib (wie Anm. 7), 78, ist daran zu erinnern, dass die heute geläufigen Grenzziehungen zwischen den Geschlechtern und die biologistischen Festschreibungen nicht unbesehen auf Körperkonzeptionen anderer Epochen übergestülpt werden dürfen.

2.2   *"Unter Schmerzen sollst du Kinder gebären"*[13]: *Der gefährdete Leib*

Die Möglichkeit, im Verlauf einer Schwangerschaft oder der Entbindung schwere gesundheitliche Schäden oder gar den Tod zu erleiden, stand den Frauen des ausgehenden Mittelalters nach Jacobsen
klar vor Augen: "Once she became pregnant, the woman had to
face the possibility that she might die during delivery or that her
health would seriously be impaired."[14] Erkrankungen wie Schwanger-
schaftsgestose, Fieber, Gliederkrämpfe, Herzbeschwerden sowie Frühge-
burten stellten einige der konkreten Gefährdungen dar; eine ungünstige
Lage des Fetus oder nicht ausreichende Wehen konnten lebensbe-
drohliche Komplikationen während der Geburt auslösen[15]. Das Bewusstsein um die vielfältigen Nöte Schwangerer und Kreißender schlug
sich sowohl in profanen[16] wie religiösen Texten[17] nieder. Die dort
verwendete Terminologie rückt die Vorgänge von Schwangerschaft
und Geburt oftmals in den Bereich des Pathologischen[18].

Der Grund für die beschriebene Gefährdung des weiblichen Körpers
wurde einhellig in der Verfluchung der Frau (Gen 3,16) gesehen,
und der Geburtsschmerz galt als unvermeidliches, biblisch begrün-
detes Urfaktum[19]. Die Rezeption von Gen 3 trug wohl erheblich

---

[13] Gen 3,16.

[14] *Grethe Jacobsen*, Pregnancy and Childbirth in the Medieval North. A Topology
of Sources and a Preliminary Study, in: Scandinavian Journal of History 9/1 (1984),
92. Dinzelbacher bemerkt dazu: "Weiter ist zu bedenken, daß bestimmt jedes mittelalterliche Mädchen Frauen im eigenen Haus oder in nächster Umgebung kannte,
die bei den unausbleiblichen und rasch aufeinanderfolgenden Geburten [. . .] verletzt oder getötet worden waren"; *Peter Dinzelbacher*, Rollenverweigerung, religiöser
Aufbruch und mystisches Erleben mittelalterlicher Frauen, in: Religiöse Frauenbewegung
und mystische Frömmigkeit im Mittelalter, hg. von Peter Dinzelbacher/Dieter R.
Bauer, Köln/Wien 1988, 21.

[15] Vgl. dazu *Gabriela Signori*, Defensivgemeinschaften. Kreißende, Hebammen und
"Mitweiber" im Spiegel spätmittelalterlicher Geburtswunder, in: Das Mittelalter.
Perspektiven mediävistischer Forschung 1/2 (1996), 122–125.

[16] *Jacobsen*, Pregnancy (wie Anm. 14), 97f, führt verschiedene Volksballaden an.

[17] Eine wichtige Textgattung stellt hierbei die Wallfahrtswunderliteratur dar, die
den Beistand von Heiligen bei Schwangeren und Gebärenden dokumentiert; vgl.
dazu *Signori*, Defensivgemeinschaften (wie Anm. 15), 113.

[18] Im Hinblick auf die Sprache der Wallfahrtswunderliteratur hält *Signori*, ebd.,
122, fest: "Die Begriffe bzw. die Bilder, mit denen die Wunderbuchautoren den
Geburtsvorgang beschreiben oder umschreiben, assoziieren Anstrengung, Schmerz
und Gefahr: laborare in partu, in partu periclitari, in commune/ magnum periculum partus esse/ existere, in puerperio agere bzw. in den Nöten sein, Weh zu einem
Kind sein, in Kindsnöten liegen, eines Kindes in Arbeit sein." Vgl. dazu auch
Jacobsen, Pregnancy (wie Anm. 14), 93–97.

[19] Vgl. *Beate Hentschel*, Zur Genese einer optimistischen Anthropologie oder die

dazu bei, den weiblichen Körper ins Zwielicht geraten zu lassen. Man stufte ihn nicht allein als gefährdete, sondern auch als gefährdende Größe ein, was sich ebenfalls besonders im Themenkomplex von Empfängnis und Schwangerschaft niederschlagen sollte.

2.3 *"Und so die Frauen mit ihren Kindern gehen und schwanger sind, so sollt ihr euch gar mit Fleiß hüten"*[20]: *Der gefährdende Leib*

Dem weiblichen Körper wurde vor allem in drei somatischen Zuständen eine gefährdende Potenz zugeschrieben: während der Menstruation, der Schwangerschaft und der Zeit des Wochenbetts.

Ganz gleich, ob man die weibliche Periode neben dem Geburtsschmerz als Folge des Sündenfalls einstufte[21], oder aber ihre reinigende Funktion hervorhob[22], – in beiden Fällen ging man von der verderblichen Wirkung des Menstruationsblutes aus, das sowohl unbelebte wie auch belebte Materie schädigen konnte[23]. Eine spezifische Gefährdung lag jedoch für den Sexualpartner und das Kind vor, das während der Regelblutung gezeugt wurde. Medizinische Abhandlungen des ausgehenden Mittelalters warnten, "coitus cum menstruata habe zur Folge, dass Elefantiasis ('elephantiasis'), Aussatz ('lepra') und Epilepsie ('epilepsia') den Mann und das aus der ehelichen Verbindung

---

Wiederentdeckung des menschlichen Körpers, in: Gepeinigt, begehrt, vergessen. Symbolik und Sozialbezug des Körpers im späten Mittelalter und in der frühen Neuzeit, hg. von Klaus Schreiner/Norbert Schnitzler, München 1992, 85.

[20] Berthold von Regensburg, zit. nach *Ketsch*, Frauen (wie Anm. 12), 81: "Und so die Frauen mit ihren Kindern gehen und schwanger sind, sollt ihr euch gar mit Fleiß hüten. Ich sage nicht, daß diese Zeit jegliche eine Todsünde sei, du magst aber die Zeit sehen, du nähmest es für hundert Mark, daß du es vermieden hättest."

[21] Vgl. *Klaus Schreiner*, Si homo non pecasset . . . Der Sündenfall Adams und Evas in seiner Bedeutung für die soziale, seelische und körperliche Verfaßtheit des Menschen, in: Gepeinigt, begehrt, vergessen. (wie Anm. 19), 41.

[22] Vgl. dazu *Jacquart/Thomasset*, Sexuality (wie Anm. 5), 72. Hildegard von Bingen (1098–1179) kombiniert beide Aspekte: "Als der Fluß der Begierde in Eva eingezogen war, wurden alle ihre Gefäße dem Blutstrom geöffnet. Daher erlebt jede Frau bei sich stürmische Vorgänge im Blute, so daß sie, ähnlich dem Ansichhalten und Ausfließen des Mondes, die Tropfen ihres Blutes bei sich behält und vergießt [. . .]. Denn wie der Mond zu- und abnimmt, werden beim Weibe Blut und Säfte während der Zeit des Monatsflusses gereinigt. Andernfalls würde es nicht am Leben bleiben können." Zit. nach *Ketsch*, Frauen (wie Anm. 12), 75.

[23] Der Vergleich zwischen dem verderblichen Blick eines Basilisken und einer menstruierenden Frau wurde im ausgehenden Mittelalter etwa durch das bereits erwähnte Werk 'De secretis mulierum' kolportiert; vgl. *Jacquart/Thomasset*, Sexuality (wie Anm. 5), 74. Für eine umfassende Auflistung möglicher Schädigungen vgl. ebd., 73.

hervorgehende Kind befalle"[24]. Aber auch Schwangere und Wöch-
nerinnen fielen unter das Verdikt des gefährdenden Leibes, wobei
neben der "Angst vor Verunreinigung"[25] oftmals freilich der Schutz
des Ungeborenen bzw. der Mutter im Hintergrund der sexuellen
Abstinenzforderung stand. Der weibliche Körper wurde somit insbesondere im Zusammenhang mit seiner Fruchtbarkeit bzw. Empfäng-
nisbereitschaft[26] als gefährdende Größe erfahren.

Die Wahrnehmung der Frau als spezifisch gefährdeter aber auch
gefährdender Leib stellt wohl einen der mentalitätsgeschichtlichen
Hintergründe dar, vor dem die spätmittelalterliche fromme Hinwendung
zum gesegneten Leib Mariens zu bewerten ist.

3. *"Ave Maria, gratia plena"*[27] *Der heilbringende Leib Mariens als Gegenstand der Devotion*

3.1 *"Gebenedeit bist du unter den Weibern"*[28] – *Die Unvergleichlichkeit der Schwangerschaft und Entbindung Mariens*

Hatte das Interesse an der Mutterschaft Mariens, genauer an ihrer
Würde als Gottesgebärerin, schon seit den Anfängen der Kirche
Eingang in die dogmatische Diskussion gefunden[29], so setzte im 12.
Jahrhundert eine breite affektive Marienverehrung ein, die im aus-
gehenden Mittelalter vor allem die mütterlichen Züge Mariens in
den Vordergrund stellte[30]. Die Unvergleichlichkeit der Schwangerschaft

---

[24] *Schreiner*, Si homo non pecasset (wie Anm. 21), 51. Berthold von Regensburg
konstatiert 1275, ein solches Kind sei "[. . .] entweder behaftet mit dem Teufel oder
es wird aussatzig, oder es bekommt die fallende Sucht, oder es wird höckericht oder
blind oder krumm oder stumm oder blödsinnig, oder es bekommt einen Kopf wie
ein Schlegel." Zit. nach *Ketsch*, Frauen (wie Anm. 12) 81. Die These einer Scha-
denswirkung des Menstruationsblutes musste freilich mit der Annahme der Ernährung
des Ungeborenen durch dasselbe kollidieren.
[25] *Thomas N. Tentler*, Sin and Confession on the Eve of the Reformation, Princeton/
New Jersey 1977, 166.
[26] Vgl. *Jacobsen*, Pregnancy (wie Anm. 14), 110: "[. . .] the womb was endowed
with all sorts of negative traits, making women more susceptible to devious or even
heretical thoughts, illogical thinking and speech, hysteria, excessive sexual appetite,
etc."
[27] Lk 1,28.
[28] Lk 1,42.
[29] Vgl. dazu etwa *Marzena Górecka*, Das Bild Mariens in der Deutschen Mystik
des Mittelalters, Bern 1999 (= DLAS 29), 97.
[30] Vgl. *Ketsch*, Frauen (wie Anm. 12), 92f.

Mariens gründete in der Bewahrung ihrer Jungfräulichkeit, die sie grundlegend von allen übrigen Frauen unterschied. Jene Differenz wurde in unterschiedlichen Motiven zum Ausdruck gebracht.

Maria, die selbst bereits unter wundersamen Umständen geboren worden war[31], empfing Jesus durch das Ohr[32]. Auch die Empfindungen während der Schwangerschaft unterschieden sie von ihren Geschlechtsgenossinnen: Nach Mechthild von Magdeburg (um 1208–1282/97) konnte Maria der Zeit ihrer Entbindung "lihtevertig vnd vró"[33] entgegensehen[34]. Besonders deutlich kommt das Moment der Differenz freilich im Hinblick auf die Geburt selbst zum Tragen, die sich nach Margarete Ebner (1291–1351) "aun allen smerzen"[35] zugetragen habe. Brigitta von Schweden (1302/03–1373) weiß zu berichten, Maria habe die Geburt in stehender Gebetshaltung und in dem Gefühl großer Süße erlebt[36]. Ähnlich beschreibt auch Agnes Blannbekin (1250–1315) in einem Offenbarungsbericht die Geburtsstunde: "In jenem Licht, in das sie aufgenommen war, erschien die sel. Jungfrau, bevor sie gebar, und in der Geburtsstunde selbst. Die sel. Jungfrau selbst hatte auch ein sehr andächtiges Antlitz und voller Gnade. Und obgleich sie selbst vor der Geburtsstunde hell und leuchtend war, erschien sie in der Geburtsstunde viel heller [...]. Da die Geburtsstunde bevorstand, wurde die Selige von solcher Süße göttlicher Tröstung über ihr Fassungsvermögen heimgesucht, daß sie im Unvermögen, die Zartheit jener Süße zu ertragen, in ihrem Heil zusammensank und der Körperkräfte ohnmächtig wurde – nicht vor Schmerz, sondern vor Süße der Entraffung"[37]. Dem unvergleichlichen Schmerz der

---

[31] Zur lediglich sieben Monate dauernden Schwangerschaft Annas vgl. *Klaus Schreiner*, Maria. Jungfrau, Mutter, Herrscherin, München/Wien 1994, 24.

[32] Zur Antitypik Mariens zu Eva, die hierbei im Hintergrund steht, vgl. ebd., 40.

[33] Zit. nach ebd., 67.

[34] Vgl. *Lechner*, Maria gravida (wie Anm. 2), 54.

[35] Zit. nach *Manfred Weitlauff*, Margarete Ebner und Heinrich von Nördlingen, in: Religiöse Frauenbewegung (wie Anm. 14), 344f.

[36] Vgl. *Schreiner*, Maria (wie Anm. 31), 67.

[37] "In illa luce, in quam assumpta fuerat, apparuit beata virgo, antequam pareret, et in ipsa hora partus. Ipsa quoque beata virgo faciem habuit valde devotam et plenam gratia. Et cum ipsa esset clara et lucida ante horam partus, in hora partus multum clarior apparebat [...]. Instante hora partus beata infusa est tanta suavitate divinae consolationis super suam capacitatem, ut teneritudinem illius suavitatis ferre non valens deficeret in salutari suo et impos virium corporis facta fuerit non prae dolore, sed prae suavitatis excessu." Leben und Offenbarungen der Wiener Begine Agnes Blannbekin, ediert und übers. von Peter Dinzelbacher/Renate Vogler, Göppingen 1994, 402–404.

Geburt, von dem Innozenz III. zu berichten weiß[38], ist Maria vollständig enthoben – Süßigkeit und Entrückung treten an seine Stelle.

All die genannten Motive betonen die Unvergleichlichkeit Mariens.
Ihr Erleben von Schwangerschaft und Geburt wird somit nicht als
unmittelbarer Spiegel von Alltagserfahrung, sondern vielmehr als
jener ersehnte Zustand der unio geschildert[39], dessen Maria in besonderer Weise teilhaftig wird. Die Relevanz der körperlichen Verbundenheit Mariens mit Christus für jene Gnade der unio wird bei
Agnes Blannbekin deutlich: Während Mystikerinnen und Mystiker
sich danach verzehrten, das Brautbett mit Christus zu teilen, lesen
wir bei der Begine, Maria selbst – näherhin ihre Gebärmutter ("uterus virginis") und ihr Schoß ("gremium virginis") – seien zum Bett
("lectus") Christi geworden[40].

3.2   *"Und dar inne koment mir die starken stösse, die mich inwendiklich erbrechent"*[41] – *Schwangergehen mit dem Jesuskind als imitatio Mariae*

Bereits seit Origenes (185–254) kannte die christliche Tradition die
Vorstellung der Gottesgeburt in der Seele, welche vom Kirchenvater
als "mulier praegnans" bezeichnet wurde[42]. Bernhard von Clairvaux
(1070/81–1157) etwa ermunterte seine Mitbrüder zu jener geistlichen
Gottesgeburt und forderte sie auf, in Bezug auf ihre Seelen ebenso
vorsichtig zu verfahren wie eine Schwangere mit ihrem Leib, auf
dass "kein äußerer harter Schlag die Leibesfrucht verletze"[43].

Dieser Vorstellungskomplex wurde im Kontext der spätmittelalterlichen Devotion zur schwangeren Maria noch überboten: Es bildete
sich das Phänomen des Schwangergehens mit Christus aus, das sich
in tatsächlichen somatischen Symptomen manifestierte. Ebenso wie
im Kontext der Passionsfrömmigkeit die Nachahmung Christi u. a.
durch körperlichen Nachvollzug seiner Martern gesucht wurde, be-
schritt man auch hier den Weg der imitatio dadurch, dass man die
Erfahrung des verehrten Körpers durch analoge Erfahrungen am

---

[38] Vgl. *Lotario de Segni (Papst Innozenz III.)*, Vom Elend des menschlichen Daseins,
aus dem Lateinischen übers. und eingel. von Carl-Friedrich Geyer (= Philosophische
Texte und Studien 24), Hildesheim/Zürich/New York 1990, 47.

[39] Vgl. *Górecka*, Bild (wie Anm. 29), 404f.

[40] Vgl. Leben und Offenbarungen (wie Anm. 37), 154.

[41] *Weitlauff*, Margarete Ebner (wie Anm. 35), 345.

[42] Vgl. *Górecka*, Bild (wie Anm. 29), 286.

[43] Vgl. *Schreiner*, Maria (wie Anm. 31), 55.

eigenen Leib nachvollzog. Während in manchen Fällen das Nachempfinden der Schwangerschaft Mariens eher den Charakter der distanzierten Selbstbeobachtung aufweist und das körperliche Empfinden nicht unmittelbar affiziert zu sein scheint[44], werden andere von ihrem somatischen Erleben gleichsam überwältigt: Margarete Ebner etwa empfindet solch "starken stösse" in ihrem Leib, dass sie des Beistands dreier kräftiger Frauen bedarf, die sie festhalten[45].

Als leitende Sehnsucht hinter all jenen Erfahrungen spätmittelalterlicher Frauen (und Männer)[46] mag wohl mit Górecka das Bestreben vermutet werden, "Mariens Mutterschaft in allen möglichen Situationen und bis aufs intimste Detail sinnlich [zu] erfahren"[47]. Das Nachempfinden der Schwangerschaft der Gottesmutter war für viele eine Möglichkeit, den Weg der mystischen unio mit Christus zu beschreiten.

3.3 *Maria als Fürbitterin und Beschützerin der Schwangeren*

Trotz des bereits skizzierten Bewusstseins spätmittelalterlicher Frömmigkeit für die Einzigartigkeit der Gravidität und des Gebärens der Gottesmutter wussten sich Frauen, die ein Kind erwarteten, doch in einem besonderen Vertrauensverhältnis zu Maria. Diese hatte schließlich das Phänomen von Schwangerschaft und Entbindung – wenngleich unter einzigartigen Bedingungen – selbst. In der Rolle der Helferin und Beschützerin war Maria für Schwangere und Kreißende im Zeitraum vor, während und nach der Geburt gegenwärtig.

---

[44] So etwa bei der Nonne Lukardis, die das Anschwellen ihres Leibes nicht fühlte ("non sensit"), sondern beobachtete ("vidit"); vgl. dazu *Lechner*, Maria gravida (wie Anm. 2), 56.

[45] Vgl. *Weitlauff*, Margarete Ebner (wie Anm. 35), 345.

[46] Lukardis von Oberweimar bezeugt dieses Phänomen bereits für das 12. Jahrhundert. Im ausgehenden Mittelalter wären exemplarisch Agnes Blannbekin (gest. 1315), Christine Ebner (1277–1356), Margarete Ebner (1291–1351), die sel. Gertrud von Oosten (gest. 1358), die Hl. Brigitta von Schweden (1303–1373) und die Hl. Dorothea von Montau (1347–1394) zu nennen; vgl. *Peter Dinzelbacher*, Heilige oder Hexen? Schicksale auffälliger Frauen, Düsseldorf 2001, 187f; *ders.*, Rollenverweigerung (wie Anm. 14), 48f; *Weitlauff*, Margarete Ebner (wie Anm. 35), 345; *Górecka*, Bild (wie Anm. 29), 409. Dass es sich hier nicht um ein ausschließlich frauenspezifisches Phänomen handelte, belegt etwa der 'Dialogus miraculorum' des Caesarius von Heisterbach (gest. 1249); vgl. *Dinzelbacher*, Rollenverweigerung (wie Anm. 14), 49.

[47] *Górecka*, Bild (wie Anm. 29), 417.

Bereits während der Schwangerschaft suchten Frauen Madonnen-
bilder auf, um sich ihrer Hilfe für die Geburtsstunde zu versichern[48];
in derselben wandte man sich an sie, um schmerzhafte Wehen erträg-
lich zu machen, eine sich verzögernde Entbindung zu beschleunigen
oder Totgeburten abzuwenden[49]. Hierbei spielten das Absingen von
Marienliedern oder die Rezitation von Segensformeln[50] sowie das
Auflegen von Marienbildern auf das Bett bzw. den Leib der Entbin-
denden eine Rolle[51]. War die Geburt ohne Schaden für Mutter und
Kind verlaufen, brachte man seinen Dank durch Wallfahrten und
das Spenden von Wachsbildern zum Ausdruck[52].

3.4 *"Anger swanger mit dem wort [. . .] du hast ainen fluch verjait"*[53] –
Die Mutterschaft Mariens als Ursache ihrer besonderen Interzessionsgewalt

Die Fähigkeit Mariens, vor Gottvater und Christus für die Gläubigen
einzutreten, wurde im ausgehenden Mittelalter immer stärker auf
ihre leibliche Mutterschaft zurückgeführt. Ihre tatsächliche physische
Verbundenheit mit Christus im Zeitraum ihrer Schwangerschaft ließ
Maria als Durchgang zur Erlösung[54] erscheinen. Lechner bemerkt
dazu: "In der Mutterrolle kommt ihr ja in verstärktem Maß eine
einflußnehmende Wirkung auf das in ihrem Schoß ruhende Kind
zu, wobei durchaus mittelalterliche Jurisdiktionsgepflogenheiten hinsichtlich schwangerer Frauen und deren Privilegien unterschwellig
mitwirken können. Nie zuvor und nie mehr nachher besitzt Maria

---

[48] Vgl. *Schreiner*, Maria (wie Anm. 31), 57.
[49] Vgl. ebd., 59.
[50] Vgl. ebd., 58.
[51] Vgl. ebd., 60. Von einem konkreten Fall berichtet auch *Jacobsen*, Pregnancy
(wie Anm. 14), 105: "During the Late Middle Ages, a kirtle kept at the Cathedral
of Lund had the reputation of 'serving and being useful to good women in labour',
as the king wrote, when he requested the kirtle for the use of the queen in 1468."
[52] Vgl. *Schreiner*, Maria (wie Anm. 31), 58; *Gabriela Signori*, Körpersprachen.
Krankheit, Milieu und Geschlecht aus dem Blickwinkel spätmittelalterlicher Wunder-
geschichten, in: Frömmigkeit im Mittelalter (wie Anm. 1), 533.
[53] Der Mönch von Salzburg (14. Jh.), in: Deutsche Mariendichtung aus neun
Jahrhunderten, hg. und erläutert von Eberhard Haufe, Frankfurt a. M. 1989, 50–53.
[54] Bonaventura (1218/21–1274) etwa spricht von Maria als dem "Tor", durch
das wir in den Himmel eintreten können: "Wie Gott durch sie zu uns gekommen
ist, müssen wir durch sie zu Gott zurückkehren"; zit. nach *Lechner*, Maria gravida
(wie Anm. 2), 232.

allein vom Physischen her gesehen ein so inniges menschliches Band mit Christus als in der Zeit vor ihrer Niederkunft [. . .]"[55]. Auch ein Text aus dem 'Gnaden-Leben' des Friedrich Sunder aus dem 14. Jahrhundert unterstreicht den Zusammenhang zwischen Maria als leiblicher Mutter Jesu und ihrer Vollmacht der intercessio. Der Klosterkaplan hört Maria sagen: "Ich bin die aller richest die vf ertrich ie geborn ward, wan ich trůg vnsern herren Ihesum Cristum, von dem alle gnåd geflossen ist, jn minem hailigen lib: da von gab er mir vberflißige gnåd, daz ich die wol geben mag wem ich wil"[56].

Die Auffassung, eben jene vierzig Schwangerschaftswochen prädestinierten Maria als besonders wirkmächtige Fürbitterin vor Christus und Gottvater, spiegelt sich auch in Gebeten und Bildmotiven des ausgehenden Mittelalters wider. In einem Interzessionsgebet der Dominikanerin Adelheid Langmann (1312–1375) lässt sie die Gottesmutter sagen: "herre, ich man dich der minne daz du virtzig wochen pist gelegen unter meim meitlichen hertzen, daz du mir disem menschen etwaz gebest von deiner erbermd"[57]. Auch Gott Vater gegenüber macht Maria nicht ihre Jungfräulichkeit, sondern ihre Mutterschaft geltend[58], was in vielen Abbildungen durch das Motiv des Brustweisens zum Ausdruck kommt[59]. Ein weiteres Bildmotiv, das möglicherweise zumindest indirekt auf die mütterliche Seite Mariens anspielt, ist das der "Schutzmantelmadonna"[60]. Hier wird eine intime, unauflösliche Beziehung zwischen Maria und den bei ihr Beistand suchenden Menschen gezeichnet. Eng an den Körper der Madonna gedrängt, erscheinen jene unter den weiten Falten ihres Mantels geborgenen Gläubigen beinahe als "einverleibt".

---

[55] Ebd., 237.

[56] Das Gnaden-Leben des Friedrich Sunder, in: *Siegfried Ringler*, Viten- und Offenbarungsliteratur in Frauenklöstern des Mittelalters. Quellen und Studien, München 1980, 421.

[57] Zit. nach *Schreiner*, Maria (wie Anm. 31), 55.

[58] Vgl. ebd., 506.

[59] Ein Beispiel einer solchen Darstellung findet sich etwa bei *Caroline Walker Bynum*, Fragmentierung und Erlösung. Geschlecht und Körper im Glauben des Mittelalters, Frankfurt a. M. 1996, 91 (Abb. 2.13).

[60] *Górecka*, Bild (wie Anm. 29), 93, bezeichnet die Darstellungen der "Schutzmantelmadonna" als eines der populärsten Marienmotive des ausgehenden Mittelalters.

4. Ort der Gefährdung, Ort des Heils – die Ambivalenz des Leibes im Kontext spätmittelalterlicher Körperwahrnehmung und der frommen Verehrung der Schwangerschaft Mariens

Blickt man auf das Feld spätmittelalterlicher Einstellungen gegenüber dem schwangeren und gebärenden Körper, so erweist sich dieser im Kontext der Alltagserfahrung als gefährdeter und zugleich gefährdender Leib; im Bereich der Frömmigkeit, die sich dem Leib Mariens zuwendet, trifft man jedoch auf eine rundweg positive Bewertung, die den Körper als Ort des Segens wahrnimmt. Standen beide Konzeptionen des Körpers unverbunden nebeneinander? Konnten alltägliche Vorstellungen und Erfahrungen von Schwangerschaft und Geburt in der Verehrung der Maria gravida eine Rolle spielen? Wirkte sich möglicherweise auch umgekehrt die fromme Hinwendung zum graviden Leib der Gottesmutter auf die lebenspraktische Wahrnehmung von Schwangerschaft und Geburt aus?

Möglicherweise lassen sich hier durchaus Wechselwirkungen ausmachen. So liegt etwa die Vermutung nahe, dass die intensive, geradezu notorische Betonung der Schmerzfreiheit der Niederkunft Mariens sich eben jener gegensätzlichen Erfahrung von Frauen verdankte. Dann wäre die explizit vorgenommene Auslassung des Schmerzes nicht allein auf die theologische Aussage der Verkettung von Sündenfall und Geburtsschmerz zurückzuführen, der Maria ja enthoben ist, sondern auch auf die Sehnsucht, die Alltagserfahrungen bewusst zu konterkarieren und darüber hinaus zugleich Verschiebungen innerhalb des eigenen Erlebens vorzunehmen.

So wie die Betrachtung des gemarterten Passionsleibes Christi eine Perspektive auf den Körper als Ort des Heils und nicht des Fluches eröffnete, so konnte in der Devotion zur Gottesmutter als Schwangerer und Gebärender eine rundweg positive Betrachtung des weiblichen Körpers zur Geltung kommen.

So wie in Christus als zweitem Adam der Fluch über die Menschheit aufgehoben wurde – ein Motiv, das im Kontext der Passionsfrömmigkeit häufig begegnet –, so erschien Maria gleichsam als zweite Eva, die den Zusammenhang von Schuld und Geburtsschmerz durch ihre Sündlosigkeit zu durchbrechen vermag. Man mag einwenden, dass eben jene einzigartige Qualität der jungfräulichen Gottesmutter einer direkten Aufwertung des weiblichen Körpers entgegenstand. Dass die bejahende Sichtweise, wie sie im Hinblick auf den Leib Mariens begegnet, jedoch durchaus weitergehende Wirkung zeitigen konnte, belegen etwa Gedanken Abaelards, der in einem Brief an Heloise zu bedenken gibt: "Was ist dem Ruhme zu vergleichen, den dies Geschlecht in der Mutter des Herrn sich erworben hat? Unser Erlöser hätte ja wohl, wenn er gewollt hätte, von einem Manne seine Körperlichkeit annehmen können, so gut es ihm beliebt hat, die erste Frau aus dem Körper des Mannes zu bilden. Allein er hat durch die sonderliche Gnade seiner Erniedrigung das schwächere Geschlecht geehrt. Auch hätte er sich durch einen anderen, edleren Teil des weiblichen Körpers gebären lassen können als derjenige ist, durch welchen die übrigen Menschen zur Welt gebracht werden. Allein um dem schwächeren Körper eine unvergleichlichere Ehre zu erweisen, hat er durch seine Geburt dem weiblichen Zeugungsorgan eine weit höhere Weihe gegeben als dies dem männlichen durch die Beschneidung geschehen war"[61].

Was aber ist im Hinblick auf die tatsächlichen Erfahrungen von Frauen, auf ihre Realität von Schmerz und Gefährdung zu sagen? Meines Erachtens zeigt sich gerade hier die enge Verbindung von Frömmigkeit und Lebenspraxis. Die Tatsache, dass man sich an Maria als Beschützerin der Schwangeren und Kreißenden wandte, ist sicher ein Hinweis darauf, dass sowohl ihre Zuständigkeit und Kompetenz als auch die Erfahrung ihres wirkmächtigen Beistandes außer Frage standen.

Dass die Devotion zur graviden Maria tatsächlich Auswirkungen auf die Wahrnehmung des weiblichen Körpers generell gehabt haben könnte, zeigt auch ein Blick über jene Epoche hinaus. Die durchaus unbefangene Annäherung an das Thema im Kontext der spätmittelalterlichen Marienfrömmigkeit weicht einer zunehmenden Zurückhaltung[62]. Damit jedoch nicht genug. Der ehemals gerühmte Körper kann nun, wie etwa im 'Leben Jesu' des Martin von Cochem (1677) als "Kercker deß Mütterlichen Leibs" bezeichnet und Jesu Aufenthalt in diesem engen, feuchten und abstoßenden Verlies als besonderes Verdienst des Heilands eingestuft werden[63]. Die ehemals geltende Prämisse der Unvergleichlichkeit des Leibes Mariens fällt dahin, auch der Leib der Gottesmutter wird in seinen spezifisch weiblichen

---

[61] Abaelard, zit. nach *Ketsch*, Frauen (wie Anm. 12), 71.
[62] Vgl. *Lechner*, Maria gravida (wie Anm. 2), 223; *Schreiner*, Maria (wie Anm. 31), 47.
[63] Vgl. ebd., 74.

Funktionen zu etwas Dubiosem und Abscheulichem degradiert und
der Möglichkeit einer positiven Identifikation beraubt.

So fremd die verbalen, ikonographischen und somatischen Ausdrucksformen der spätmittelalterlichen Maria-gravida-Verehrung
anmuten mögen – sie eröffneten einen Spielraum, in dem der weibliche Körper nicht ausgegrenzt, sondern vielmehr ins Zentrum einer
Frömmigkeit gestellt wurde, die um das Inkarnationsgeschehen als
Grundpfeiler des Heils wusste.

THE MISERY OF MONKS AND THE LAZINESS OF
THE LAITY: OVERCOMING THE SIN OF ACEDIA

J. Jeffery Tyler
(Holland, Michigan)

It may be surprising that of all the medieval vices catalogued by
monks and mendicants, theologians and philosophers, a sin related
to apathy, lethargy, and despair receives primary attention here. After
all, lechery (luxuria) is certainly more alluring, pride (superbia) has
long enjoyed the theological pedigree of 'first sin', and greed (ava-
ritia) relates to the sort of economic issues that might bring social
history and theology into the most fruitful dialogue. Indeed, an article on 'acedia', often translated into English as 'sloth', may seem all
the more puzzling and even disrespectful in a volume honoring the
academic prowess and scholarly productivity characteristic of the
career of Berndt Hamm. But descriptions of this unimpressive vice,
in fact, offer unexpected access to the spiritual concerns of late
medieval people – clerical and lay – and provide a singular opportunity to explore some key features of what Hamm has called
'Frömmigkeitstheologie'.

As monks and nuns wrestling with isolation and priests hearing
confessions knew, 'acedia' was a sign of spiritual illness, a daunting
apathy that could paralyze religious devotion and even lead to the
outer darkness of despair and suicide[1]. In some cases, what medieval

---

[1] Alexander Murray surveys medieval exempla and hagiographical literature, concluding: "More than a quarter of its suicides or near-suicides – most but not all in
religious orders or the clergy – display no tangible motive at all. They suffer from
'tristitia', 'acedia', 'desperatio', or a sense of an inexorable fate, pushing them to
kill themselves"; *Alexander Murray*, Suicide in the Middle Ages, vol. 1: The Violent
Against Themselves, Oxford 1998, here: 401f, see also 319, 336f, 377; vol. 2: The
Curse on Self-Murder, Oxford 2000, 384f. Hermits and monks, who risked suicide
through extreme asceticism, were censured by the church; *Henry R. Fedden*, Suicide.
A Social and Historical Study, New York 1972, especially 124–126. On the broader
social context for suicide, see Trauer, Verzweiflung und Anfechtung. Selbstmord
und Selbstmordversuche in mittelalterlichen und frühneuzeitlichen Gesellschaften,
ed. Gabriela Signori, Tübingen 1994 (= Forum Psychohistorie 3). Among biblical
characters Judas Iscariot and Job have been identified with sloth; *Solomon Schimmel*,
The Seven Deadly Sins. Jewish, Christian, and Classical Reflections on Human
Psychology, New York 1997, 193 and 195.

people described as 'acedia' may seem strikingly similar to what we term clinical depression[2]. This vice was of particular interest to the anonymous author of a late-medieval manual for preachers, given the unpretentious title 'Fasciculus Morum' – A Small Bundle of Vices and Virtues[3]. This modestly titled work is not a mere bundle, but actually a wagon-load of sage wisdom, scriptural exhortation, and stirring illustration, all meant to move the believer from a wasteland of sin to the path of virtue. The author of the 'Fasciculus Morum' was English and most likely a Franciscan friar; manuscript evidence suggests that he wrote sometime in the late thirteenth or fourteenth century in the Franciscan custody of Worcester[4]. 'Acedia' stands at the center of this Latin text in sequence and in sheer number of pages; over one-third of the entire work is devoted to a mundane vice which resonates with the German terms 'Schwermut', 'Trübsinn' and 'Niedergeschlagenheit', and with the English 'mental weariness' and 'gloom'[5]. Remarkable is the essentially pastoral and practical nature of this work and its orientation toward the daily Christian life and the path to salvation. Although Berndt Hamm has indicated the fifteenth and early sixteenth century as the significant period of 'Frömmigkeitstheologie', the 'Fasciculus Morum' may well be a striking forerunner, if not premature example, of an early 'theology of

---

[2] Cf. *Stanley W. Jackson*, Acedia the Sin and Its Relationship to Sorrow and Melancholia, in: Culture and Depression. Studies in the Anthropology and Cross-Cultural Psychiatry of Affect and Disorder, ed. Arthur Kleinman/Byron Good, Berkeley 1985, 43–62; The Nature of Melancholy. From Aristotle to Kristeva, ed. Jennifer Radden, Oxford 2000. Schimmel argues that sloth is a distinctively religious vice, which holds an exceptionally prominent position in Judaism and Christianity; *Schimmel*, Seven Deadly Sins (as n. 1), 196f.

[3] Fasciculus Morum. A Fourteenth-Century Preacher's Handbook, ed. Siegfried Wenzel, University Park/London 1989. The 'Fasciculus Morum' has been described as "an influential preaching aid", used by the fifteenth-century Oxford preacher, John Felton, among others; *Alan J. Fletcher*, Preaching, Politics and Poetry in Late-Medieval England, Dublin 1998, 59, n. 5.

[4] The 'Fasciculus Morum' survives in twenty-eight manuscripts and was written sometime between the late thirteenth-century and 1409 (the earliest reference to the 'Fasciculus Morum' in another work). Internal and external evidence suggests a date of composition in the early fourteenth-century; cf. Fasciculus Morum (as n. 3), 1–28 (Introduction); see also *Siegfried Wenzel*, Verses in Sermons. 'Fasciculus Morum' and its Middle English Poems, Cambridge 1978, 13–41.

[5] Cf. Art. "Acedia", in: Mediae Latinitatis Lexicon Minus, ed. Jan Frederik Niermeyer/C. Van De Kieft/J. W. J. Burgers, Leiden 2002, 16. In this article I have followed the standard current scholarly spelling: 'acedia'. 'Acidia' and 'accidia' (the spelling used in the 'Fasciculus Morum') also appear in medieval sources. Wenzel consistently renders 'acedia' in English as 'sloth'.

piety'[6]. Moreover, this preacher's manual from England allows the historian to explore the shape of late medieval 'Frömmigkeit' beyond the usual geographical range of continental theologians, literature, and visual art that Berndt Hamm has examined in such remarkable detail.

1. *From cell to confession: The development of 'acedia'*

"First I say that sloth [accidia] is boredom, a weariness or anxiety about the good. Now every good thing is boring to the devil, therefore, sloth serves not only the flesh, but also the devil. Its chief characteristic is the desire to be at ease continually, even to reign with God if possible, yet never to be busy, and to luxuriate in laziness"[7]. This description opens the long discussion of 'acedia' in the 'Fasciculus Morum' and identifies exactly the sort of internal disposition and external activity targeted for pastoral care. This 'acedia', which serves flesh and devil, manifests the very laziness, boredom, and somnolence that desert hermits and monks encountered[8]. Thirty eight chapters explore the nature of this vice, and the sort of holy

---

[6] Hamm identifies the century before the Reformation as the period when 'Frömmigkeitstheologie' was decisive; 1400–1520 was "a multi- and mass-media era", devoted to the 'theology of piety'. *Berndt Hamm*, Normative Centering in the 15th and 16th Centuries, in: The Reformation of Faith in the Context of Late Medieval Theology and Piety. Essays by Berndt Hamm, ed. Robert J. Bast, Leiden 2004 (= SHCT 110), 22; see also *id.*, Was ist Frömmigkeitstheologie? Überlegungen zum 14. bis 16. Jahrhundert, in: Praxis Pietatis. Beiträge zu Theologie und Frömmigkeit in der Frühen Neuzeit, Wolfgang Sommer zum 60. Geburtstag, ed. Hans-Jörg Nieden/Marcel Nieden, Stuttgart 1999, 18. Hamm is more expansive in his understanding of the crucial role of many "spiritual fathers in the 14th and 15th centuries" in relation to the 'theology of piety'; *id.*, Volition and Inadequacy: Pastoral Care of Penitents, in: The Reformation of Faith, 103. On the practical nature of 'Frömmigkeit' and theology concerned with action and intention in the later Middle Ages generally, cf. Spätmittelalterliche Frömmigkeit zwischen Ideal und Praxis, ed. Berndt Hamm/Thomas Lentes, Tübingen 2001 (= SuR.NR 15), V.

[7] Fasciculus Morum (as n. 3), 398,9–13: "Primo ergo dico quod accidia est tedium boni sive anxietas. Set diabolum tedet omne bonum, ergo non tantum carnis set eciam sibi ad ministerium deputatur. Cuius proprietas est semper velle bene esse, eciam cum Deo si posset regnare, et nullo modo occupari set in omni tempore in desidia latitare." Unless otherwise indicated, I have provided all translations.

[8] The holiness of late-medieval saints could be measured by their ability to go without sleep, to be entirely conscious and devoted to prayer; uncomfortable sleeping was also a sign of sanctity; cf. *Richard Kieckhefer*, Unquiet Souls. Fourteenth-Century Saints and their Religious Milieu, Chicago 1984, 144.

activity (occupacio sancta) meant to combat it, a life lived out in the rhythm of the three stages of penance – contrition, confession, and satisfaction.

What characteristics typify practitioners of 'acedia'? They prefer to lounge in the sunshine and avoid the onus of noble activity, while living off the painstaking industry of others. Meanwhile, 'acedia' consumes their spiritual vigor, like rust eating away at the metal of the soul[9]. In fact, 'acedia' is first and foremost a vice of the soul. Those smitten by it avoid all good works: "So it goes with apathetic, chaotic people. You cannot request anything that might shake up their laziness and grogginess. For they know all of the best excuses, especially if they should endure some difficulty for God – such as fasting, vigils, prayers and the like. The first, fasting, just puts too much stress on the body. The second, vigils, produces headaches and eye strain. And the third, prayer, leads to a swollen tongue and chapped lips; that is, if one even knows the 'Our Father' or any other prayers"[10]. These symptoms are manifest among the clergy, who are lazy and lukewarm in their teaching[11], who mumble an abridged liturgy – a caricature captured in an English vernacular poem, in which the clergy are described as "Long-sleepers and prayer-leapers, overskippers and word-clippers"[12]. While the clergy receives occasional mention, the spiritual sloth of lay folk dominates the text; they are lax and unresponsive in their devotion to the mass and their practice of penance.

Such diagnosis of 'acedia' does not originate in medieval pastoral care. It was first and foremost a malady of the early Christian hermitage. In fact, ἀκηδία was a little used Greek word in the classical world, yet it came to articulate the long-suffering struggle of Christian hermits in the desert, a kind of wanderlust, boredom, and spiritual depression brought on by the monotony of isolation and

---

[9] Fasciculus Morum (as n. 3), 400,45f.50f; 470,47f.
[10] Ibid., 398,22–400,28: "Revera sic est de istis pigris et accidiosis. Nichil enim eis inponi potest unde torporem et desidiam possent excutere, quin ad libitum responsiones laterales adducere sciunt, et maxime si aliquid pro Deo sustinere deberent, scilicet in ieiuniis, vigiliis, et oracionibus, et huiusmodi. Primum enim non potest ne corpus nimis attenuaret, secundum propter debilitatem capitis et oculorum, nec tercium quia omnino 'Pater Noster' et huiusmodi ignorat, et tamen si sciret, non potest propter inflacionem lingue et labiorum."
[11] Ibid., 416,1–5.
[12] Ibid., 418,49–50; translation by Siegfried Wenzel: "Longe-slepars and ouer-lepers, For-skippers and ouer-hippers [. . .]" (ibid., 419, 30–31).

the unending battle with temptation. Such sloth denoted a slackness of the soul, often surfacing in midday drowsiness[13]. As 'acedia' was 'latinized' in culture and context several transformations occurred. The bilingual hermit John Cassian brought the desert spirituality of the East to the West, bringing 'acedia' into his Latin discussion of the contemplative life. But to the emphasis on sloth as a vice of the secluded hermit, he added a new dimension – sloth as contempt for fellow monks. Over the next 700 years, 'tristitia', the favored word of Gregory the Great, was the chief rival of 'acedia' for a final place among the seven deadly sins. Both terms – 'acedia' and 'tristitia' – came to receive a shared definition, typified by a sadness and gloom expressed in apathy toward spiritual goals, impatience with labor, and anger toward the brethren. While during the twelfth century 'acedia' gained prominence over 'tristitia', in the thirteenth century the scholastics defined 'acedia' as a paralyzing inertia and sadness of the soul in the face of wonderful gifts offered by God. Among Thomas Aquinas and his peers, 'acedia', and not 'tristitia', took its place firmly in the company of the seven cardinal vices[14]. By the thirteenth and fourteenth centuries, the concept of 'acedia' had spread out from the monastic cloister and the university, achieving common parlance among the secular clergy in penitential manuals of the later Middle Ages[15].

---

[13] This image of mid-day drowsiness and diabolical temptation survives as a remnant in current language and discussion of depression; cf. *Andrew Solomon*, The Noonday Demon. An Atlas of Depression, New York 2001, especially 292–294.

[14] The above description of 'acedia' is based on *Siegfried Wenzel*'s masterful study: The Sin of Sloth. Acedia in Medieval Thought and Literature, Chapel Hill 1960, 4–96. For an overview of Wenzel's work and a study of the relationship between 'acedia' and melancholy, see *Christoph Flüeler*, Acedia und Melancholie im Spätmittelalter, in: FZPhTh 34 (1987), 379–398. On 'acedia' ancient, medieval, and modern, see *Michael Theunissen*, Vorentwürfe von Moderne. Antike Melancholie und die Acedia des Mittelalters, Berlin 1996. On 'tristitia', 'acedia' and fear of damnation as a motivation to piety and as a source of despair, see *Alan E. Bernstein*, Tristitia and the Fear of Hell in Monastic Reflection from John Cassian to Hildemar of Corbie, in: Continuity and Change. The Harvest of Late-Medieval and Reformation History, Essays presented to Heiko A. Oberman on his 70th Birthday, ed. Robert J. Bast/ Andrew C. Gow, Brill 2000, 183–205. On 'acedia' in medieval scholasticism, see *Rainer Jehl*, Melancholie und Acedia. Ein Beitrag zu Anthropologie und Ethik Bonaventuras, Paderborn 1984 (= VGI 32).

[15] In his monograph on sloth Wenzel used the 'Fasciculus Morum' sparingly, but his treatment of three works similar in genre is suggestive: the 'Summa de vitiis et virtutibus' (c. 1250) of William Peraldus (or Guillaume Peyraut), the 'Moniloquium' (c. 1250–1300) of John of Wales, and the fifteenth century 'De structorium vitiorum' of Alexander Carpentarius. The structural similarities among these works are striking.

As the symptoms of sloth became more common in preaching and pastoral care, the monastic and clerical conception of 'acedia' became more prominent in vernacular literature. French and Middle English works of the fourteenth century have an entire vocabulary of 'sloth', the sort of 'acedia' in which neglect of spiritual duties takes center stage. Fourteenth century vernacular treatises describe eighteen branches of 'acedia' in Middle English alone; sixteen have a distinctly spiritual definition; for example, 'forgetfulness' can specifically denote the state of a sinner who does not remember every sin in confession[16].

The 'acedia' of the 'Fasciculus Morum' resonated with other preaching and penitential manuals of the later Middle Ages. Here a spiritual kind of 'acedia' had moved into the mainstream, seemingly in conjunction with parish clergy and mendicant friars, who preached and ministered to the laity[17]. Textual evidence suggests that this concept of sloth migrated from the desert hermitage, to Benedictine monasteries and European universities, to mendicant manuals and preachers, and finally to a whole glossary of Middle English in which

---

Sections concerning 'acedia' are lengthy – twenty-seven, twelve, and twenty-two chapters respectively; all three authors follow the format of defining the vice, describing causation and types, while offering remedies and advertising their good effects; *Wenzel*, The Sin of Sloth (as n. 14), 75–78.

[16] Ibid., 80–83.

[17] The seven or eight vices, including various words for 'acedia', had already been a part of private penance and confession since the sixth or seventh centuries in England; ibid., 69–70. However, in the 'Fasciculus morum' the sin of 'acedia' was given 'pride of place'.

Although there is ample indication that the author of the 'Fasciculus Morum' was a Franciscan, this preaching manual does not flaunt the claims, accomplishments, and advice of a particular order. Rather it seems to appeal to the clergy in general in its ministry to the laity in pastoring and preaching. Perhaps, this piece of 'pastoralia' was meant for the individual reader and the classroom; on clerical training at the time of the 'Fasciculus Morum', see *Leonard E. Boyle*, Aspects of Clerical Education in Fourteenth-Century England, in: Pastoral Care, Clerical Education and Canon Law, 1200–1400, ed. Leonard E. Boyle, London 1981, 19–32. On pastoral care in preaching and penance in high and late medieval England see *Joseph Goering*, William de Montibus (c. 1140–1213). The Schools and the Literature of Pastoral Care, Toronto 1992 (= STPIMS 108), especially 29–99; *Mary E. O'Carroll*, A Thirteenth-Century Preacher's Handbook. Studies in MS Laud Misc. 511, Toronto 1997 (= STPIMS 128); *Fletcher*, Preaching, Politics and Poetry (as n. 3); *Siegfried Wenzel*, Macaronic Sermons. Bilingualism and Preaching in Late-Medieval England, Ann Arbor 1994; *H. Leith Spencer*, English Preaching in the Late Middle Ages, Oxford 1993; Pastors and the Care of Souls in Medieval England, ed. John Shinners/ William J. Dohar, Notre Dame 1998; and *Mary Flowers Braswell*, The Medieval Sinner. Characterization and Confession in the Literature of the English Middle Ages, Rutherford 1983.

'sloth' was first and foremost, a vice of the soul, a tired, bored affront to God's gracious gifts[18]. In this way, the 'Fasciculus Morum' and the concept of 'acedia' contributed to the sort of practical and pastoral literature Berndt Hamm has identified as characteristic of the 'theology of piety'[19]. Indeed, the malaise and misery of monks was no longer the exclusive property of the spiritual elite. And the outer laziness and inner lassitude of the laity came to be understood as a debilitating condition threatening all believers[20].

2. *Saving the slothful – the practice of penitential living*

'Acedia' is central to the 'Fasciculus Morum' not only by virtue of its prominence in the work as a whole, but also because the author explores the intricacies of penance within his treatment of 'acedia'. Indeed, how is a vice that erodes passion for life and love for God to be overcome? The faithful must counter 'acedia' with holy activity (occupacio sancta)[21]. At a most basic level such activity is regular

---

[18] The impact of 'acedia' may be measured in a variety of ways beyond manuals of penance and preaching. On 'acedia' and economic views, cf. *Diana Wood*, 'Lesyng of Tyme'. Perceptions of Idleness and Usury in Late Medieval England, in: The Use and Abuse of Time in Christian History, ed. Robert Norman Swanson, Suffolk 2002, 107–116. The significance of 'acedia' in vernacular literature has also been examined: see *John M. Bowers*, The Crisis of Will in Piers Plowman, Washington 1986; *Vincent. J. Scattergood*, 'Sir Gawain and the Green Knight' and the Sins of the Flesh, in: Traditio 37 (1981), 347–371, especially 356–362; *Gregory M. Sadlek*, Love, Labor and Sloth in Chaucer's 'Troilus and Criseyde', in: The Chaucer Review 26 (1992), 350–368. Pamela Williams argues for the central role of 'acedia' in shaping Dante's self-portrait in his Divine Comedy and in ordering "the Christian scheme in the Purgatorio"; *Pamela Williams*, Accidia as the Personal Sin of the Character Dante in the Comedy, in: Romance Studies 32 (1998), 57–68, here: 57–58.
This movement of sloth beyond cloister, confessional, and pulpit may parallel the increasing activity of the laity in religious ceremony, procession, and devotion. For a general overview of this trend, see *Richard Kieckhefer*, Major Currents in Late Medieval Devotion, in: Christian Spirituality. High Middle Ages and Reformation, ed. Jill Raitt, New York 1987 (= World Spirituality 17), 75–108; on the context in England, see *Eamon Duffy*, The Stripping of the Altars. Traditional Religion in England 1400–1580, New Haven/London 1992.
[19] *Hamm*, Was ist Frömmigkeitstheologie? (as n. 6), 15; *id.*, Normative Centering (as n. 6), 19, n. 54.
[20] This is a central contribution of Berndt Hamm's scholarship, revealing how an intellectual movement dedicated to the practical and spiritual needs of the cloistered, clerical, and laity forged a new theology – 'Frömmigkeitstheologie' – and reshaped the theological agenda on the eve of the Reformation.
[21] Fasciculus Morum (as n. 3), 422,1–428,108. This focus on the intersection of

attendance at the mass. This can be supplemented by strenuous manual labor. Most of all, the Christian must follow the rhythm of penance. Satisfaction, in particular, must be made through the practice of prayer, fasting, and alms-giving. This 'holy activity' produces a battle-ready believer, who, when steeled by temperance, charity and fortitude, is prepared for the onslaught of 'acedia' – a weapon wielded by the world, the flesh, and the devil[22].

How effective is penance in releasing the faithful from an 'acedia' that robs them of inner spiritual longing and outer acts of devotion? How much desire and action are necessary? Berndt Hamm has contended that a late-medieval 'theology of piety' culminates "in numerous late medieval attempts to give a religious dispensation to weak, anxious, and fainthearted people who were plagued by their inability [. . .]." Such theology produces a simultaneous minimalizing and maximalizing, an offering of "emotional relief by reducing the religious demands and correspondingly enlarging the effect of the means of grace"[23]. Although the author of the 'Fasciculus Morum' can be fierce about divine judgment and standards of true penance[24], for the most part he trumpets the efficacy of human action and the potency of divine grace. In a virtual catalog of exhortations, *exempla*, allegories, and metaphors the promise of penance is underscored. The author assures the reader that Christ responds to the faithful who open themselves with contrition, easily forgiving all their transgressions[25]. Indeed, a truly sincere confession can rescue the greatest of

---

the sacred with daily life reflects the larger impulses described by Hamm: "An outgrowth of experience gained in pastoral counseling, this 'Theology of Piety' was channeled into spiritual care. It aimed to articulate the proper and salutary art of holy living [. . .]"; *Hamm*, Volition and Inadequacy (as n. 6), 88.

[22] Elaboration on penance, holy activity, and spiritual combat with the world, flesh, and devil consumes all but twenty-four pages of the author's chapters and pages on 'acedia'; Fasciculus Morum (as n. 3), 422–624.

[23] *Hamm*, Volition and Inadequacy (as n. 6), 100.

[24] Several passages underscore the deadly nature and ramifications of a penance put off too long: Fasciculus Morum (as n. 3), 430,55–432,69; 452,22–454,74; 470,29–472,77. One example makes the consequences clear: a virgin admired and cherished as blameless by all was incomplete in her confession; for she concealed one sin – she hated her mother. After the girl's death and burial the local church was haunted by a moaning spirit. The priest eventually got up the courage to confront the spirit and found it to be the damned virgin, escorted by two terrifying demons. Now she admitted her hateful sin, but it was too late (ibid., 488,162–490,176). Moreover, one must not take for granted the divine effort in the practice of penance: the reader is reminded that it is easier for God to create a world than to convert one sinner (ibid., 456,95).

[25] Ibid., 452,14–19.

sinners[26]. The believer should look to King David, Mary Magdalene, and the good thief at the crucifixion as sterling examples of divine mercy[27]. Still, one must make satisfaction to the limits of one's ability[28].

Even more striking are 'exempla' that illustrate divine grace. A wealthy and wicked man wanders in the forest; he laments his wretched life (contrition), admits his sin (confession), and plans a bevy of good works. He intends to build a monastery and sketches an outline of it in the dirt, thus planning his act of satisfaction. But he dies suddenly and fails to enact his designs. Demons, long certain of their prey, arrive at the scene. Yet they recoil before the miniature monastery gleaming in the man's heart, the sign of his righteousness: "for in whatever hour a sinner groans about his sins, 'he will live and not die'"[29]. In yet another example, a woman spurred on by the devil, murders her father after having incestuous relations with him, conceiving, and giving birth. But she comes to worship one day and hears a friar preach of God's mercy to all who repent, regardless of the nature of their sin. The woman rises in the congregation, cries out for further assurance, embraces divine mercy, and immediately dies. Her death, due to fierce contrition, confirms divine compassion and attests to her redemption[30].

Furthermore, the Christ who appears in the text is not the stern judge who terrifies the sinner, who can only be reached by cowering saints and the pleas of his mother. Rather, he is the accessible Jesus of the passion[31]. Indeed, Christ can be won over in the most

---

[26] Ibid., 478,218–480,221.

[27] Ibid., 492,6–7. Hamm points out the account of the 'good thief' at the crucifixion, who is held up by Johannes von Paltz as an example of efficacious human effort and divine mercy; *Hamm*, Volition and Inadequacy (as n. 6), 92–93. However, in the 'Fasciculus Morum', Christ in part honors a good deed accomplished long before; for the thief as a youth had given crucial aid to Mary, Joseph, and the infant Jesus in their flight to Egypt; Fasciculus Morum (as n. 3), 462,80–81.

[28] Ibid., 506,7: "[. . .] set commissis secundum posse satisfacere". See Hamm's commentary on the 'facere quod in se est'; *Hamm*, Volition and Inadequacy (as n. 6), 94–99.

[29] Fasciculus Morum (as n. 3), 426,93–94: "[. . .] quia in quacumque hora veraciter peccator ingemuerit de peccatis, 'vita vivet et non morietur.'"

[30] Ibid., 440,153–169.

[31] See, for example, ibid., 400,31–44; 424,39–44; 438,112–440,138; 518,16–31. In the context of his exhortation on the passion, the author digresses into fierce denunciation of the cruelty of the Jews at the crucifixion (ibid., 438,119–129). On late medieval imagery, emphasizing 'the passion, mercy, and trust,' see *Hamm*, Normative Centering (as n. 6), 32–43. On a mendicant theology focused on the passion of Christ and oriented toward both the cloistered and the laity, see *Petra*

mundane ways. No matter how often one sins, Christ always finds
the 'apple of contrition' appetizing. With the apple of satisfaction,
one can swing quite a deal with God. Since the incarnation, transac-
tions have never been better: "But after Christ took on human nature
and became a boy, we are able to make an exceptional deal with
him, and in this way we can trick him like a child"[32]. To give this
a modern paraphrase, one might say that trading with Christ, 'is
like taking candy from a baby'. This negotiation also gives a new
profile to the phrase, 'the art of the deal'. In fact, penance is like a
fair, where the wise merchant smokes out the best deal, exposing
the cheating of the devil, the flesh, and the world, and then escort-
ing Christ to the 'tavern of contrition'. There, suitably inebriated by
the penitent's tears, Christ will make a favorable and, perhaps from
a human point of view, foolish exchange for contrition[33]. Moreover,
just as a fair leaves litter and filthy squalor in its wake, so contrition is like taking out the garbage from one's soul and dropping it
in the square where the gutter or the river will whisk it away[34].

The chief adversary of penance – the devil – appears thirty-one
times in the text prior to a section devoted to his specific ministrations[35]. He undercuts spiritual activity, blinds the faithful with malice,
hunts the slothful, and robs his prey of every good. He inscribes
'tomorrow' in the heart of the procrastinator. The devil appears in
the guise of an angel, abbot, woman, and animal[36]. But given the

---

Seegets, Passionstheologie und Passionsfrömmigkeit im ausgehenden Mittelalter. Der
Nürnberger Fanziskaner Stephan Fridolin (gest. 1498) zwischen Kloster und Stadt,
Tübingen 1998 (= SuR.NR 10).

[32] Fasciculus Morum (as n. 3), 506,21–23: "Set postquam Christus factus est puer
humanam naturam sumendo, optimum forum facere possumus cum illo et quasi
puerum decipere."

[33] Ibid., 436,57–438,99. On the use of the language of commerce in late-medieval
spirituality, see *Hamm*, Volition and Inadequacy (as n. 6), 89 and 89, n. 2. As in
the penitent's tears that 'overcome' Jesus above, the physiological manifestation of
true penance throughout the 'Fasciculus Morum' is severe, violent weeping. Fruitful
prayer must be fervent and tearful (ibid., 512,97f; 524,84f). In the tavern of contrition, tears are the drink of choice (ibid., 438,90–92). The tears of the repentant
are the 'vinum angelorum', the wine of the angels (ibid., 454,55). An 'exemplum'
captures the efficacy of a confession lubricated with tears: a lecherous priest comes
to Saint Bernard to confess his miserable life. Weeping so violently, he is unable
to verbalize his deeds and must write them down on parchment. But when St.
Bernard receives the list, he finds his sins already deleted (ibid., 480,221–227). Such
is the efficacy of a tearful telling.

[34] Ibid., 460,28–460,32.

[35] Ibid., 602,1–610,163 (Vxxxv: De pugna contra diabolum).

[36] Ibid., 416,9; 426,58–67; 44,.8–9; 452,27–30; 578,68–580,73; 606,73–96.

efficacy of penance and the fruitfulness of divine grace, the devil can be 'managed'. The Eucharist, strenuous labor, and almsgiving thwart the devil; penance cheats and deceives him; he loses the tracks of his prey in a river of repentant tears; his ledger of human sin is subject to sudden and unwelcome editing and erasure[37]. Therefore, the devil must rely on the lures of the flesh which are more effective than his own powers and insight. He must be a keen observer of behavior, for he is unable to read the human mind. The devil lulls the soul to sleep, while closing the door, extinguishing the light, shutting the window, and dulling the senses – the slumber of 'acedia'. He teaches one to rationalize evil and to overestimate divine mercy[38]. But through the exercise of charity and fortitude the devil's designs can be foiled[39]. In sum, this devil is given no apocalyptic role in the 'Fasciculus Morum'. There is no anti-Christ at his behest, no sinister plot to undermine the entire social order. He is unable to mount a frontal assault on the individual without the aid of the flesh and the world. Rather, he maneuvers in the guise of sloth. Wherever penitential fervor wanes, when attendance at mass drops, when contributions to the local monastery slack off, evidence of the devil's influence can be identified[40].

---

[37] Ibid., 414,204–205; 426,58–71; 528,9–11; 532,79–83; 460,45–48; 478,218–480, 221.

[38] Ibid., 594,5–10; 602,11–604,47; 608,133–610,148.

[39] The last two chapters of the 'Fasciculus Morum' (Vxxxvi: De caritate contra diabolum pugnante and Vxxxvii: De fortitudine contra diabolum pugnante) review virtuous tactics for spiritual combat; ibid., 613–625.

[40] In comparison with the account of the devil and his wiles, the author of the 'Fasciculus Morum' is remarkably fierce in his dire warnings concerning the practitioners of witchcraft and magic. Women are prominent in their ranks – witches, palm readers, soothsayers, and necromancers – women who bear healing herbs and incantations, who claim future sight (ibid., 576,1–578,57). Their punishment and execution is lauded (ibid., 580,96–99). One 'exemplum' clarifies how even the intercession of the church and the protocols of penance fail miserably when protecting a witch. On the cusp of death a particular witch seizes upon every rite and talisman as a means of satisfaction. But after she dies, neither the hide of a stag, nor a coffin of stone, iron, and lead, nor a rock and heavy chains, nor the singing of fifty Psalters per night and fifty masses per day, nor a church door chained and barred could withstand the demons who come for their own. The damned woman is dragged off on a horse with a mane of iron needles; her screams could still be heard at a distance of four miles (ibid., 580,107–582,148). These 'healing' women not only offered supposedly diabolical assistance, but they also most likely competed directly with Franciscan preachers, men such as the author of the 'Fasciculus Morum'. Such women must have provided alternative, unsanctioned, and non-ecclesiastical remedies for that weariness of life called 'acedia'. These accusations parallel an increase in witchcraft charges in England at the time of the likely authorship of

3. *Conclusion*

In his conception of 'Frömmigkeitstheologie' Berndt Hamm has provided indispensable orientation to a crucial dimension of late-medieval
theology, a theology that the 'Fasciculus Morum' exemplifies or at
the very least anticipates in essential ways. The anonymous author
of this pastoral work frames what we might describe as a 'psychology
of sin', examining the depths of spiritual languor and apathy through
the vice of 'acedia'. Perhaps the awareness of the millennium-long
struggle of hermits, monks, and nuns with this 'noonday demon'
encouraged him to be all the more sympathetic to a laity that struggled to overcome sloth and trust divine mercy without the benefit
of monastic mentoring. Indeed, in the 'Fasciculus Morum' even the
first transgression and its aftermath in Genesis are bound up with
'acedia' and penance. Pride is the first human sin. But 'acedia' is
the second. Eve is not the focus of accusation and condemnation.
Rather, Adam is pronounced guilty, for he succumbed to the hesitation, inactivity, and sloth of excuses, blaming his mate for his
demise. The author of the 'Fasciculus Morum' assures the reader of
this: if Adam had only trusted in the bounty of divine mercy – displayed contrition, confessed his transgression, and offered immediate satisfaction – then even after the first and original sin, humanity
would have been saved. If Adam would have offered penance, then
"neither he nor his offspring would have tasted death"[41].

---

the 'Fasciculus Morum' – cases often pursued by mendicant inquisitors; cf. *George
Lyman Kittredge*, Witchcraft in Old and New England, Cambridge/Mass. 1929, 50–51.
When the author of the 'Fasciculus Morum' turns to the vice of lechery (luxuria),
he fiercely censures the 'go-between' (pronuba) as he did the witch; she as well
wields diabolical powers and can overcome the virtuous with trickery. 'Go-betweens'
are often more effective in leading the faithful astray than the direct ministrations
of the devil; Fasciculus Morum (as n. 3), 664,39–666,93.

[41] Ibid., 476,138: "[. . .] neque ipse neque posteritas eius mortem gustasset."

"APOSTOLINNE VAN GODE GEGEVEN".
DIE SCHWESTERN VOM GEMEINSAMEN LEBEN ALS GEISTLICHE REFORMERINNEN IN DER DEVOTIO MODERNA

Anne Bollmann
(Groningen)

Die in der Volkssprache überlieferte Lebensbeschreibung zu Johannes Brinckerinck († 1419), Vorsteher verschiedener religiöser Schwesterngemeinschaften in den Städten an der IJssel in den nordöstlichen Niederlanden, enthält eine Episode, wonach er in einer öffentlichen Predigt vor der Deventerer Bürgerschaft den Buchbesitz und die Lesekultur in den Frauenkonventen öffentlich verteidigt hat[1]. Er tat dies – laut seiner eigenen Erklärung zu Beginn dieser flammenden Rede – in Reaktion auf die wiederholten Klagen der Schwestern, die ihm gegenüber behauptet hatten, dass sie wegen ihrer geistlichen Lektüre der ständigen Kritik von Seiten der Kanoniker und anderer 'gelehrter Leute' ausgesetzt seien. Dies, so Brinckerinck, sei natürlich völliger Unsinn, denn dass derart hochgebildete Personen etwas

---

[1] Vgl. die bislang unedierte, in der Forschungsliteratur als Handschrift 'DV' bezeichnete Klosterfassung des Schwesternbuchs aus dem Windesheimer Chorfrauenkloster Diepenveen; Stads- en Athenaeumbibliotheek Deventer, Handschrift Suppl. 198 (101 E 26). Der hier angesprochene Auszug stammt aus der Vita des Rektors Johannes Brinckerinck: Handschrift 'DV', fol. 31r: "Ene wijle tijdes mitten iersten weren die canonicken ende die ghelerde lude van Deventer op die leke susteren turbiert ende konden tot horen goede niet liden dat sie sommighe dussche boke hadden. Als Profectus reliosorum, der Monicke spiegel, sunte Bernardus ghedachten ende dierghelike gode boeken. Ende waer die susteren bi hem quemen opter straten, daer hem noet was toe gaen van saken hoers huuses, soe weren sie hem zeer lestich ende pynlick mit horen woerden om der boke willen. Ende als die susteren dan toe huus quemen, soe claghedent sie heer Iohan Brinckerinck, horen vader, wat hem daer van ghesecht was." – In der lateinischen Fassung der Brinckerinck-Vita fehlt diese Passage; vgl. die Textausgabe: De 'Vita venerabilis Iohannis Brinckerinck' (Königliche Bibliothek, Brüssel, Nr. 8849–8859), hg. von Johannes Brinkerink, in: NAKG 1 (1902), 314–354; vgl. dazu noch *Wilhelm Kühler*, Johannes Brinckerinck en zijn klooster te Diepenveen, 2. Aufl., Rotterdam 1914, hier: 38f; *Dirk de Man*, Een vermeend tractaat van Salome Sticken, in: NAKG 20 (1927), 275–280, bes. 276. – Zur Überlieferung der Schwesternbücher der Devotio moderna siehe unten, Anm. 9.

dagegen einzuwenden hätten, dass Laien spirituelle Erbauungsliteratur
in der Volkssprache lesen, wäre doch eine wahrlich unglaubwürdige
und schlimme Vorstellung. Als Beispiele dieser – wie er in seiner
Ansprache suggeriert – geradezu selbstverständlichen Lektüre nennt
Brinckerinck in seiner Verteidigungsrede den 'Profectus', 'Monnicke
spiegel' sowie 'sunte Bernhardus gedachten'[2]: "Und als er dies häufiger von ihnen vernommen hatte, so sah er sich aus Barmherzigkeit
veranlasst, ein Buch aus der Bibliothek des Heer-Florenshauses holen
zu lassen und es zu studieren, um eine Predigt zu diesen Büchern
in der Kirche zu halten [. . .], weil diese Dinge oft missverstanden
wurden, und er sagte, was für eine große Sünde dies sei. Und er
gab den Schwestern den Großteil der Schuld [am Streitfall; A. B.],
und sagte: 'So kommen sie und sagen: 'Dies ist uns gesagt: wir dürfen diese und diese Bücher nicht haben.' Lieber Himmel', sagte er,
'wer sollte so kühn sein und euch verbieten, diese guten Bücher zu
lesen oder jemandem als Lesestoff zu leihen? Als da wären der
'Profectus', 'Monnicke spiegel' oder 'St. Bernhards gedachten' und
dergleichen Bücher? Das wäre eine allzu schlechte Tat. Achtet besser auf eure Worte und behauptet nichts, das nicht wahr ist'"[3].

---

[2] Die abgekürzten Werkangaben beziehen sich wohl auf das 'Speculum monacho-
rum' (= 'Spiegel der monnicken') und den 'Profectus religiosorum' als Teile des 'De
exterioris et interioris hominis compositione' des David von Augsburg. Zu diesem
Standardwerk spätmittelalterlicher Konventsliteratur vgl. *Marcel Viller*, Le 'Speculum
monachorum' et la 'devotion moderne', in: RAM 3 (1922), 45–56; *Crispinus Smits*,
David von Augsburg en de invloed van zijn 'Profectus' op de moderne devotie, in:
Collectanea Franciscana Neerlandica, uitgegeven bij het zevende eeuwfeest van Sint
Franciscus 1226–1926, 's-Hertogenbosch 1927, 171–203; *Thomas Kock*, Die Buchkultur
der Devotio moderna. Handschriftenproduktion, Literaturversorgung und Bibliotheks-
aufbau im Zeitalter des Medienwechsels, 2. Aufl., Frankfurt a. M. 2002 (= Tradition –
Reform – Innovation. Studien zur Modernität des Mittelalters 2), 130; 135; 140
(zur Bezeichnung des 'Speculum Bernardi' als 'Speculum monachorum'); 129–134 (zum
Vorkommen dieser Bände in einer 'Standardbibliothek' der Devotio moderna). –
Diese und nachfolgende Angaben seien auch mit Blick auf die dort jeweils genannte
weiterführende Literatur gemacht, die hier aus Raumgründen nur beschränkt angeführt werden kann.
[3] Handschrift 'DV' (wie Anm. 1), fol. 31r/v: "Ende als hie dat vake van hem
ghehoert hadde, soe waert hie mit barmharticheit bewecht ende liet hem een boeck
halen uter liberien van heer Florens huus ende studdierde daer in om een sermoen
inder karken toe doen om deser boke wille [. . .]. Want men die dijnghe vake quelke
verstonde, ende hie sede hoe grote sunde dattet weer ende gaf den susteren rive
hoer deel. Ende hie sede: 'Soe comen sie ende segghen: 'dit is ons ghesecht: wi en
moeten die ende die boke niet hebben.' Ey goder', sede hie, 'wie solde alsoe kone
wesen die u die gode boke solde verbieden toe lesen of verbieden ymant toe lienen
om toe lesen. Als Profectus, der Monicke spieghel, of sunte Bernardus ghedachten
ende dier ghelike bocke? Dat weer een alte quaden daet. Nemet uwer waerde echter

Die Kleriker unter der Zuhörerschaft, so resumiert die Schreib-
schwester, hätten von da ab nicht mehr gewagt, gegen die Lektüre
der devoten Frauen zu wettern aus Angst, selbst Schaden davon zu
haben, und die Schwestern hätten sich fortan unbehelligt ihren
Büchern widmen können[4].

Dieser Bericht über die öffentliche Verteidigung geistlichen Schrifttums in den Frauengemeinschaften der Devotio moderna[5] ist ein bislang weitgehend unbekannter Beleg für die intensive Verflechtung
dieser religiösen Reformbewegung mit der städtischen Kulturlandschaft
in der Übergangsperiode vom Mittelalter zur Frühen Neuzeit[6]. Wie

---

bet waer ende en segghet anders niet dant is.'" – Zum Heer-Florenshaus und seiner
Bedeutung als intellektuelles Zentrum und Zentralbibliothek, die die modernen Devoten für derartige Grundsatzfragen zu Rate zogen, siehe *Theo Klausmann*, Consuetudo
consuetudine vincitur. Die Hausordnungen der Brüder vom gemeinsamen Leben
im Bildungs- und Sozialisationsprogramm der Devotio moderna, Frankfurt a. M.
u. a. 2003 (= Tradition – Reform – Innovation. Studien zur Modernität des Mittelalters 4).

[4] Handschrift 'DV' (wie Anm. 1), fol. 31v-32r: "Van dese ende deser ghelicke
materie brachte hie in syn sermoen. Ende die clarckscap hielt doe voertmeer op,
die susteren toe temptiren vanden boekken: Om lichte dat sie anxt hadden dat hem
daer enich perikel van mochte an comen. Ende die susteren bleven doe voert in
vreden vanden boecken."

[5] Eine Einführung in die Devotio moderna bieten *Stephanus Axters*, Geschiedenis
van de vroomheid in de Nederlanden, Bd. 3: De Moderne Devotie 1380–1550,
Antwerpen 1956; *Regnerus R. Post*, The Modern Devotion. Confrontation with
Reformation and Humanism, Leiden 1968 (= SMRT 3); Moderne Devotie. Figuren
en facetten. Tentoonstellingscatalogus ter herdenking van het sterfjaar van Geert
Grote 1384–1984, hg. von der Katholischen Universität Nimwegen, Abteilung
Hilfswissenschaften der Geschichte, Nimwegen 1984; Geert Grote en de Moderne
Devotie, hg. von Cebus C. de Bruin/Ernest Persoons/Anton G. Weiler, Zutphen
1984; *Kaspar Elm*, Die Bruderschaft vom gemeinsamen Leben. Eine geistliche
Lebensform zwischen Kloster und Welt, Mittelalter und Neuzeit, in: OGE 59 (1985),
470–496; Geert Grote & Moderne Devotie: voordrachten gehouden tijdens het
Geert Grote congres, Nijmegen 27–29 september 1984, hg. von Jozef Andriessen/
Petronella Bange/Anton G. Weiler, Nimwegen 1985 (= Middeleeuwse Studies 1);
Kloosters, teksten, invloeden. Voordrachten gehouden tijdens het internationale con-
gres '600 jaar Kapittel van Windesheim' 27 mei 1995 te Zwolle, hg. von Anton J.
Hendrikman u. a., Nimwegen 1996 (= Middeleeuwse studies 12); *Anton G. Weiler*,
Volgens de norm van de vroege kerk. De geschiedenis van de huizen van de broe-
ders van het Gemene leven in Nederland, Nimwegen 1997 (= Middeleeuwse stu-
dies 13).

[6] Berndt Hamm umschreibt dieses Phänomen der zentrierenden Tendenz der
Städte mit dem Begriff 'normative Zentrierung'; vgl. *ders.*, Normative Zentrierung
im 15. und 16. Jahrhundert. Beobachtungen zu Religiosität, Theologie und Ikonologie,
in: ZHF 26 (1999), 163–202; wieder in: Normative Zentrierung = Normative Centering, hg. von Rudolf Suntrup/Jan Veenstra, Frankfurt a. M. u. a. 2002 (= Medieval
to Early Modern Culture/Kultureller Wandel vom Mittelalter zur Frühen Neuzeit 2),
21–64; *ders.*, Bürgertum und Glaube. Konturen der städtischen Reformation, Göttingen

andere biografische und reformprogrammatische Schriften von Geert
Grote († 1384) und dessen Gefolgsleuten macht auch dieser Auszug
aus der volkssprachigen Biografie seines einstigen Lieblingsschülers
Johannes Brinckerinck deutlich, dass Frömmigkeit, selbst wenn sie
im Subkulturraum einer Laienkommune und somit abgesondert von
der großen Bürgergemeinde praktiziert wurde, nicht als Privatan-
gelegenheit betrachtet, sondern als ein Phänomen gesehen wurde,
das alle anging[7].

Die im späten Mittelalter zunehmende Bedeutung der Städte als
normierende und legitimierende Zentren der gesamtgesellschaftlichen
Wandlungsprozesse manifestiert sich auch in den innerstädtisch gelegenen Konventen der 'Schwestern vom gemeinsamen Leben', die

---

1996; *ders.*, Was ist Frömmigkeitstheologie?, in: Praxis Pietatis. Beiträge zu Theologie
und Frömmigkeit in der Frühen Neuzeit. Wolfgang Sommer zum 60. Geburtstag,
hg. von Hans-Jörg Nieden/Marcel Nieden, Stuttgart/Berlin/Köln 1999, 9–46. –
Verwandt mit dem von Hamm geprägten Begriff ist der in der Geschichtswissenschaft
gehandhabte Terminus der 'Verdichtung', vgl. hierzu etwa *Peter Moraw*, Organisation
und Funktion von Verwaltung im ausgehenden Mittelalter (ca. 1350–1500), in:
Deutsche Verwaltungsgeschichte, Bd. 1: Vom Spätmittelalter bis zum Ende des
Reiches, hg. von Kurt G. A. Jeserich u. a., Stuttgart 1983, 21–65; siehe dazu wieder *Berndt Hamm*, Das Gewicht von Religion, Glaube, Frömmigkeit und Theologie
innerhalb der Verdichtungsvorgänge des ausgehenden Mittelalters und der frühen
Neuzeit, in: Krisenbewußtsein und Krisenbewältigung in der Frühen Neuzeit – Crisis
in Early Modern Europe. Festschrift für Hans-Christoph Rublack, hg. von Monika
Hagenmeier/Sabine Stolz, Frankfurt a. M. u. a. 1992, 163–196, bes. 163f.
    [7] Zur Kritik der Zeitgenossen an den modernen Devoten siehe *Dirk de Man*,
Vervolgingen, welke de Broeders en Zusters des gemeenen levens te verduren hadden, in: Bijdragen voor Vaderlandsche Geschiedenis en Oudheidskunde 6, 4 (1926),
283–295; vgl. auch unten Anm. 21. – Die lange Serie von Rechtfertigungsschriften
der modernen Devoten war eingeleitet worden durch ein Inquisitionsverfahren
(1393–94) gegen einige Schwesterngemeinschaften im Utrechter Raum, die unter
der Leitung von Wermbold von Buscop standen, vgl. *Paul Frédéricq*, Corpus docu-
mentorum inquisitionis haereticae pravitatis Neerlandicae. Verzameling van stukken
betreffende de pauselijke en bisschoppelijke inquisitie in de Nederlanden, 2 Bde.,
Gent/'s-Gravenhage 1896, hier: Bd. 2, 153–156 (Nr. 106) und 181–185 (Nr. 114);
hierüber berichtet *Rudolf Dier van Muiden*, Scriptum, in: Analecta seu Vetera aliquot
scripta inedita, hg. von Gerhard Dumbar, 2 Bde., Deventer 1719, hier: Bd. 1, 29f –
Zu Wermbold siehe noch *Dalmatius van Heel*, De tertiarissen van het Utrechtsche
Kapittel, Utrecht 1939, 208f, *Michael Schoengen*, Monasticon Batavum, 3 Bde., Amsterdam 1941–42, hier: Bd. 1, 164 und 185; Monasticon Windeshemense, hg. von
Wilhelm Kohl/Ernest Persoons/Anton G. Weiler, 3 Bde., Brüssel 1976–1984 (=
Archief- en Bibliotheekwezen in België, Extranr. 16), hier: Bd. 3: Niederlande, 291
und 469. – Zur Verflechtung von Religion und Gesellschaft im Spätmittelalter ins-
gesamt siehe *Inigo Bocken*, Bij gratie van de burger: Religie en burgerlijke maat-
schappij, in: Burgers en hun bindingen, hg. von Jaap Gruppelaar, Nimwegen 2000
(= CEKUN Boekenreeks 9), 75–128.

sowohl in prosopographischer wie in räumlicher und wirtschaftlicher Hinsicht besonders eng mit dem Bürgertum verknüpft waren[8]. Dass die weibliche Anhängerschaft dieser Reformbewegung sich dieser Wechselbeziehung mit ihrem weltlichen Umfeld äußerst bewusst war, belegen die Lebensbeschreibungen, die aus den Frauengemeinschaften überliefert sind[9]. Dort sind die diversen Außenkontakte regelmäßig thematisiert.

In diesem Beitrag sollen die von den in der Bewegung engagierten weiblichen Devoten beschrittenen Wege zur Vermittlung spiritueller Inhalte an Personenkreise außerhalb des Konvents im Vordergrund stehen. Dass die devote Textkultur hierbei eine Rolle spielt, hat angesichts der zahlreichen Publikationen zu diesem Thema an sich kaum noch einen Neuigkeitswert, ist die Devotio moderna von der Forschung inzwischen doch als eine in ihrem Reformstreben ausgesprochen

---

[8] Diese Auseinandersetzung ist ein Beispiel für das in dieser Zeit allgemein spannungsgeladene Verhältnis zwischen dem Laientum und den Klerikern, die auf die Sicherung ihres Monopols der Heilsvermittlung bedacht waren. Zu dieser Thematik siehe z. B. den Sammelband: Anticlericalism in late medieval and early modern Europe, hg. von Peter A. Dykema/Heiko A. Oberman, Leiden/New York/Köln 1993 (= SMRT 51), und darin insbesondere die Beiträge von *Kaspar Elm*, Antiklerikalismus im deutschen Mittelalter, 3–18; *John van Engen*, Late medieval anticlericalism. The case of the new devout, 19–52, sowie von *Robert W. Scribner*, Anticlericalism and the cities, 147–166.

[9] Das Schwesternbuch aus dem Meester-Geertshaus ist ediert unter dem Titel: Hier beginnen sommige stichtige punten van onsen oelden zusteren. Naar het te Arnhem berustende handschrift met inleiding en aantekeningen uitgegeven, hg. von Dirk de Man, 's-Gravenhage 1919. Ebenfalls aus diesem Deventerer Mutterstift des weiblichen Devotenzweiges überliefert ist eine Kurzredaktion mit Schwesternviten zu Konventualinnen aus dem Windesheimer Chorfrauenkloster Diepenveen: Van den doechden der vuriger ende stichtiger sustren van diepen veen (Handschrift D), hg. von Dirk A. Brinkerink, Leiden 1904. Aus Diepenveen selbst ist die bislang unedierte Langredaktion 'DV' (wie Anm. 1) mit Lebensberichten der Klosterfrauen erhalten. Die Hausvitensammlung aus dem Deventerer Lammenhaus gilt als verloren. Ediert ist daraus die Biografie einer Mater des Konvents: Het leven der eerwaardige moeder Andries Yserens, overste van het Lammenhuis te Deventer, overleden in den jare 1502, hg. von Otto A. Spitzen, in: AGU 2 (1875), 178–216. Eine weitere Sammlung mit Viten ist aus dem St. Agnes-Konvent in Emmerich, einer niederrheinischen Filiation des Meester-Geertshauses, überliefert: Schwesternbuch und Statuten des St. Agnes-Konvents in Emmerich, hg. von Anne Bollmann/Nikolaus Staubach, Emmerich 1998 (= Emmericher Forschungen 17). Unveröffentlicht ist die lateinische Sammelhandschrift der Königlichen Bibliothek Brüssel, 8849–59 (wie Anm. 1), die u. a. Frauenviten in lateinischer Übersetzung enthält. – Das Gesamtcorpus devoter Schwesternbücher wird besprochen in meiner (u. a. von Berndt Hamm betreuten) Dissertation: Frauenleben und Frauenliteratur in der Devotio Moderna. Volkssprachige Schwesternbücher in literarhistorischer Perspektive, Diss. Groningen 2004 [Deutsche Handelsausgabe in Vorbereitung].

schriftorientierte Erneuerungsbewegung ausführlich gewürdigt[10]. Neu
ist der hier verfolgte methodische Ansatz, insofern dieser Aspekt einmal nicht wie sonst üblich anhand der Flut des aus den Männer-
konventen stammenden geistlichen Schrifttums behandelt wird, sondern
auf Basis der von und für devote Frauen im Konvent abgefassten
historiografisch-biografischen Textüberlieferung und somit aus einem
spezifisch weiblichen Blickwinkel.

Bei dem hier als Quelle herangezogenen Mischtypus 'devotes
Schwesternbuch' handelt es sich um Sammlungen von Lebensberichten, in denen einzelne Konventualinnen ihre Erinnerungen an die
verstorbenen Mitschwestern festgehalten haben[11]. Zwar steht in diesen
geistlichen Biografien die Schilderung des hausinternen Tagesgesche-
hens im Mittelpunkt, doch waren verschiedene Formen der Vernetzung
mit der Außenwelt wie der Spinn- und Webbetrieb, durch den die
Laienschwestern in der Regel ihren Unterhalt verdienten, oder auch
ihr sozial-karitatives Engagement in der Stadtgemeinde eng mit diesem Hauptthemenkreis verknüpft.

Die Schwesternbiografien verdeutlichen, dass die Konventualinnen
ihre ursprünglich wirtschaftlich oder sozial motivierten Begegnungen

---

[10] Zu dieser Thematik etwa *Nikolaus Staubach*, Pragmatische Schriftlichkeit im
Bereich der Devotio moderna, in: FMSt 25 (1991), 408–461; *Thom Mertens*, Lezen
met de pen. Ontwikkelingen in het laatmiddeleeuws geestelijk proza, in: De studie
van de Middelnederlandse letterkunde: stand en toekomst, hg. von Frits P. van
Oostrom/Frank Willaert, Hilversum 1989 (= Middeleeuwse studies en bronnen 14),
187–200; *Lydia Wierda*, De Sarijshandschriften. Laatmiddeleeuwse handschriften uit
de IJsselstreek, Zwolle 1995; *Thomas Kock*, Buchkultur (wie Anm. 2); Laienlektüre
und Buchmarkt im späten Mittelalter, hg. von Thomas Kock/Rita Schlusemann,
Frankfurt a. M. u. a. 1997 (= Gesellschaft, Kultur und Schrift. Mediävistische
Beiträge 5); zur Biografik aus dem Windesheimer Chorfrauenkloster Diepenveen
vgl. auch *Wybren Scheepsma*, Deemoed en devotie. De koorvrouwen van Windesheim
en hun geschriften, Diss. Amsterdam 1997, bes. S. 121–152 und 240–244.

[11] Die Schwesternbücher der Devotio moderna sind von der deutschsprachigen
Devotio-Forschung lange Zeit unberücksichtigt geblieben. Hierauf aufmerksam
gemacht hat *Kurt Ruh*, Die Schwesternbücher der Niederlande, in: ZDA 126 (1997)
H. 2, 166–173, hier: 166; *ders.*, Die niederländische Mystik des 14. bis 16. Jahrhunderts,
München 1999 (= Geschichte der abendländischen Mystik 4), 313–322; *Anne Bollmann*,
Frauenleben (wie Anm. 10); *dies.*, Weibliches Frömmigkeitsleben am Rande der
Neuzeit. Volkssprachliche Schwesternbücher als Deutungsmuster sozialer und lite-
rarischer Kommunikation in den Frauengemeinschaften der Devotio moderna, in:
Literatur – Geschichte – Literaturgeschichte. Beiträge zur mediävistischen Literatur-
wissenschaft. Festschrift für Volker Honemann zum 60. Geburtstag, hg. von Nine
Miedema/Rudolf Suntrup, Frankfurt a. M. u. a. 2003, 739–753; *dies.*, Weibliche
Diskurse. Die Schwesternbücher der 'Devotio moderna' zwischen Biographie und
geistlicher Konversation, in: Kultur, Geschlecht, Körper, hg. vom Arbeitskreis für
Gender-Studies, Münster 1999, 246–248.

mit den Menschen in ihrem weltlichen Umfeld nicht nur als Muss
betrachtet, sondern diese Treffen zugleich mit einem geistlichen Re-
formauftrag verknüpft haben, den sie auf ihre ganz eigene 'inoffizielle'
Weise zu verwirklichen suchten.

Zeigt das eingangs genannte Beispiel einer öffentlichen Diskussion
über die für Laienschwestern zulässigen Lektürestoffe eher die Kon-
trollfunktion der städtischen Gesellschaft hinsichtlich der Frömmigkeitspraxis in den weiblichen Devotengemeinschaften, so lassen
sich in der von dort überlieferten Vitenliteratur umgekehrt genauso
Beispiele für das aktive Bemühen der Schwestern um die spirituelle
Fortbildung ihrer Mitmenschen jenseits der Konventsmauern finden.
Beispielsweise soll Katheryna van Arkel († 1421), die im nach dem
Gründervater der Bewegung und Hausstifter Geert Grote benannten Meester-Geertshaus in Deventer mit den wirtschaftlichen Belangen
betraut war, während ihrer auswärtigen Besuche bei und mit den
Kunden nicht nur finanzielle Angelegenheiten besprochen, sondern
diese Begegnungen zugleich dazu genutzt haben, den Menschen reli-
giös-erbauliche Geschichten vorzulesen und deren Frömmigkeit im
Gespräch über religiöse Fragestellungen zu fördern. In ihrem Tun
sah sie sich in der direkten Nachfolge Grotes, den sie selbst noch
gekannt hatte: "Aber weil unser ehrwürdiger Vater es in zukünftigen
Zeiten gerne anders gehabt hätte, so war er voller Eifer und begehrte,
dass er gutwillige Menschen zu den Tugenden bewegen könnte, und
besonders war er darin eifrig und feurig, als er irgendwo eine Jungfrau
dazu bewegen konnte, Gott zu dienen. Und deshalb pflegte er bisweilen zu Schwester Katheryna zu sagen: 'Ist es so, dass ich nach
oben komme, so will ich euch viele Blümchen hierher schicken.' Und
dies hatte diese gute Schwester sehr gut behalten, denn sie war außerordentlich eifrig bemüht, gute Menschen zu bekehren und zu den
Tugenden hinzuziehen. Und unser lieber Herr hatte ihr die Gnade
verliehen, dass sie besonders gut reden konnte, und darüber hinaus
war sie sehr wohlgefällig und behände in allem, was sie anfasste
[...]. Sie pflegte die wirtschaftlichen Belange zu regeln und zu verwalten, so dass sie oft aus dem Haus aufs Land oder weiter weg ziehen musste, wohin es nötig war. Und dann pflegte sie ein Büchlein
mitzunehmen, woraus sie den Leuten, bei denen sie übernachtete,
etwas Gutes vorlesen konnte, wie beispielsweise die zehn Gebote oder
etwas anderes, das ihnen zu ihrem Seelenheil verhelfen konnte [...]"[12].

---

[12] Sommige stichtige punten (wie Anm. 9), hier 30f: "Mer wanttet onse weerdige

Die Schwestern werden von ihren Nachfolgerinnen im Konvent als zielstrebige und durchsetzungsfähige Verfechterinnen ihres Glaubensideals geschildert. Sie taten dies nicht coram publico, etwa in Volkspredigten, sondern in vergleichsweise kleinerem Rahmen in semiprivater Atmosphäre. Doch gerade diese unspektakuläre Form war es, die das Handeln der Schwestern in den Augen der sie beobachtenden und im täglichen Miteinander in Aktion erlebenden Bürgerschaft umso glaubwürdiger machte. Die Biografinnen berichten regelmäßig, dass verstorbene Schwestern durch ihr bescheidenes und frommes Auftreten die breitere Öffentlichkeit zu beeindrucken vermochten. So sollen die Emmericher sich durch das schlicht-tugendhafte Reden und Benehmen der Alijt Gruwels († 1466), Schwester im dortigen St. Agneskonvent, während der gemeinsam verrichteten Landarbeit geläutert und gebessert gefühlt haben: "[. . .] Sie wurde damit beauftragt und abgestellt, unser Land zu verwalten, damit es bearbeitet und bestellt wurde. Und hierbei hatte sie vielfach große Sorgen und Unannehmlichkeiten und musste oft zu weltlichen Leuten gehen und mit ihnen verhandeln. Doch zeigte sie sich in diesem Umgang reif und ehrsam in Worten und im Auftreten, so dass die Leute zu sagen pflegten, dass sie aus Schwester Alijts Anwesenheit geistlich sehr gestärkt und gebessert wurden"[13].

---

vader [Grote; A.B.] geerne anders gehad hadde in toecomenden tijden, soe was hi seer vuerich ende begeerich, dat hi guetwillighe menschen totten doechden mochte trecken, ende sonderlinge was hi daer neerenstich ende vuerich in, als hi ergent een jonferken mochte trecken totten dienste Gods. Ende hieromme plach hij ondertijden tot zuster Katherynen te seggen: 'Ist dat ick hier boven come, soe wil ic u hier veel bloemkens nedersenden.' Ende dit hadde dese guede zuster seer wal ontholden, want si was sonderlinge vuerich ende begerich, dat si guede menschen mochte bekieren ende totten doechden trecken. Ende onse lieve Here hadde oer die gracie gegeven, dat si sonderlinge wal conde callen, ende daertoe was si recht bevellich ende biweselick in al, dat si ten handen toch [. . .]. Si plach die uutwendige dynge te verwaeren ende onder handen te hebben, soedat si dicwile uut moste trekken opt lant of anders, daer mens behoefde. Ende dan plach si een boexken mede te nemen, daer si den luyden wat guedens uut mochte lesen, daer si te herbergen lach, als die tijn geboede of anders dat hem dienen mochte tot oere zalicheit [. . .]."
[13] Schwesternbuch St. Agnes (wie Anm. 9), 112: "[. . .] Si wart geschict ende geordeniert dat si ons lant verwarden, dattet gebouwet ende begadet wart. Ende hier hadde se mennighe groete sorghe ende onlede mede ende moste duck bij den werlicken luden wesen ende daer mede om gaen. Mer soe bewes si hoer alsoe rijp ende ersam in worden ende in sedden, dat die lude plaghen toe seggen, dat si wt suster Alijts bij wesen seer gestict ende gebeetert worden." – Ähnlich wurde die Deventerer Schwester Sweene Holtijnges († 1439) vom städtischen Umfeld als lebendiges Vorbild 'wahrer Frömmigkeit' gewürdigt; vgl. Sommige stichtige punten (wie Anm. 9), 137: "Alsoe stichtich ende behuet plach si oer te hebben op der straten

Aus heutiger Sicht fast banal anmutende Exempla wie dieses sind in den Sammlungen mit Lebensbeschreibungen aus devoten Frauengemeinschaften vielfach enthalten. Darüber hinaus finden sich aber auch Biografien zu Schwestern, denen ihre außerordentliche Reformleistung einen Bekanntheitsgrad eingebracht hat, der weit über das regionale Umfeld hinausreichte. Insbesondere das Meester-Geertshaus hatte durch die überaus hohe Zahl von erfolgreich initiierten Filiationsstiftungen bereits gegen Ende des 14. Jahrhunderts ein derart hohes Ansehen erlangt, dass Menschen von nah und fern sich dazu animiert fühlten, Anschluss an die devote Glaubensbewegung zu suchen und dem dort praktizierten Frömmigkeitsstreben selbst aktiv nachzueifern.

Ein personifiziertes Beispiel für diese weitreichende Werbewirksamkeit ist Elsebe Hasenbroecks († 1458), eine reiche Patrizierin aus Oldenzaal[14]. Fasziniert vom geistlichen Lebenskonzept, das die modernen Devoten propagierten, hatte sie nach ihrer Verwitwung die heimatlichen Gefilde verlassen und war nach Deventer gezogen, um dort in direkter Nähe dieses religiösen Zentrums der Devoten als Religiose in der Stadt zu leben[15]. Beeindruckt von der Einsatzbereitschaft der Schwestern hat sie laut ihrem Lebensbericht eines Tages all ihre mitgebrachten Schmuckstücke und andere Wertgegenstände in Kisten verpacken und zum Meester-Geertshaus transportieren lassen

---

ende bi den werliken luyden, dat die luyde plagen te seggen, dat meister Gerijts huys daermede verciert weer, dat sie alsoe stichtigen zuster uutsanden." ("Sie pflegte sich auf der Straße und bei weltlichen Personen so fromm und zurückhaltend zu verhalten, dass die Leute zu sagen pflegten, dass Meister Geerts Haus dadurch verziert würde, dass sie eine so fromme Schwester aussandten.")

[14] Vgl. den volkssprachlichen Lebensbericht zu dieser prominenten Diepenveenerin in Hs. 'DV' (wie Anm. 1), fol. 87v–108v; zur Kurzfassung der volkssprachlichen Vita aus dem Meester-Geertshaus siehe Brinkerink, Van den doechden (wie Anm. 9), 203–222 (= Hs. 'DV', fol. 107a–117d) sowie eine lateinische Redaktion in der Hs. der Königlichen Bibliothek Brüssel, 8849–59 (wie Anm. 1), fol. 232r–234v.

[15] Laut Elsebes Biografie vermittelte eine Deventerin, die ihre Tuchwaren von den Schwestern im Meester-Geertshaus bezog, den Kontakt, vgl. Hs. 'DV' (wie Anm. 1), fol. 96r/v: "Ende doe sie daer ene cortetijt ghewont hadde, soe horde sie volle godes segghen vanden susteren van meyster Geerts huus, dat hoer begherte ende mynne doe noch mere waert ende krech grote begerte konscap mit hem toe hebben. Op dat sie daer onderwilen mochte ghaen ende wat goedes vanden hilligen menschen horen, soe ghenck sie tot eenre eerzamer vrouwen, daer sie by wonde ende die hoer zeer vrentlick was. Deser sede sie dat sie soe gherne kontscap solde hebben mitten hilligen susteren, of sie hoer daer yet toe helpen conde. Doe sede sie dat wolde sie wal doen, sie plegen hoer hoer dock toe werken. Hier was hoer zeer lieve toe." – Die Episode ist in derselben Handschrift in ähnlicher Form Teil der Brinckerinck-Vita, ebd., fol. 7v–8r.

und so die Schwestern mitsamt ihrer Funktion als Armenfürsorgestelle unterstützt[16]. Danach, so fährt die Biografin fort, habe Elsebe sich nicht von der Welt zurückgezogen, um ihr persönliches Dasein auf Gott auszurichten, sondern sei zu einer regelrechten Leitfigur für andere fromme Menschen geworden: "Denn sie wurde alsbald eine Führerin für andere Menschen, die sich bekehren wollten."[17]

Verblüffend an diesen Berichten zum Bekehrungseifer der Schwestern ist deren Beiläufigkeit. Die Frauen sahen sich in der apostolischen Nachfolge Christi und diese belehrend-erzieherische Funktion war ein selbstverständlicher Teil ihres Lebensalltags als Laien 'zwischen Kloster und Welt'.

Die in die Viten eingefügten Episoden über die Bedeutung der Konvente als Fürsorgungsstelle für Arme und Kranke untermauern noch zusätzlich die dahinter stehende Autorität der Hausbewohnerinnen als gesellschaftlich integrierte und nutzbringende Institution. Ihre bereits früh im Volksmund aufgekommene Titulierung als 'Schwestern vom gemeinsamen Leben' fußte – wenngleich sie in erster Linie auf das Gemeinschaftsideal der modernen Devoten gemünzt war – zugleich wohl auch auf deren Engagement auf sozial-karitativer Ebene, denn auch in dieser Hinsicht entsprachen die Schwestern einmal mehr den zeitgenössischen, weltlich-geistlichen Wertevorstellungen der Bürgergemeinde im Spätmittelalter, in der die Gemeinnützigkeit als eine Grundtugend gesehen wurde[18].

---

[16] Ebd., fol. 98r/v: "[. . .] Ende wt die vuricheit liet sie hem brengen vier kisten daer al hoer beste cleynoet in was, om dat hie dat sede, syne toe wesen. Daer die hillige vader doe noch vurirger ende meer in ontsteken waert. Ende hie wees den ghenen een stede, die sie brachten, waermen die kisten setten solde. Hier was bij ene goddienstighe suster die die armen plach toe besorgen mit hemden ende mit anderen linen ghewade. Doe dese suster die kisten sach comen waert sy zeer blide ende hapede dat sie daer wat wt solde krigen dat hoer dienen mochte tot hore officien [. . .]. Ene corte tijt hier na soe ghenck hie [J. Brinckerinck; A. B.] mit Elsebe Hasenbrocks ende die meistersche ende ock die suster die die armen besorgede [. . .]. Soe quam hie tot ene vanden kisten daer inne was linen doeck ende vlas. Ende daer was deser suster zeer lieve toe. Ende sie crech daer van alle dat dock ende garne tot hore officien Ende viel vake van groter dancberheit op hoer knien mit ghevolden handen. Hie wolde hoer ock dat vlas ghegeven hebben, meer dat kierde die meistersche."

[17] Ebd., fol. 99r: "Want sie waert toe hantes een regirster andere menscen die hem bekiren wolden."

[18] Zum 'gemeinen Nutzen' als städtisch-bürgerlicher Grundwert in der Periode vor und nach 1500 siehe *Hamm*, Bürgertum und Glaube (wie Anm. 6), 57–63; *ders.*, Die reformatorische Krise der sozialen Werte – drei Lösungsperspektiven zwischen Wahrheitseifer und Toleranz in den Jahren 1525–1530, in: Stadt, Kanzlei und Kultur im Übergang zur Frühen Neuzeit – City Culture and Urban Chanceries in

Resümierend sei an dieser Stelle festgehalten: Die modernen Devoten haben es – die Zeichen der Zeit erkennend – offenbar nicht nur verstanden, die Bedürfnisse der religiös gesinnten Menschen wahrzunehmen, sondern auch, diese sich verändernden Tendenzen und Erwartungen einer neuartigen 'Volksfrömmigkeit' des späten Mittelalters in ein ständeübergreifendes, gesamtgesellschaftliches Reformprogramm zu integrieren und zu verbreiten. Die Pluralität der in den Schwesternbüchern geschilderten Frauenpersönlichkeiten und die Unterschiedlichkeit der damit verknüpften Lebensgeschichten machen deutlich, dass die Vielseitigkeit des Angebots an religiösen Lebensformen, die die Devotio moderna unter ihrem Banner zu vereinen vermochte, für Frauen einen besonderen Anziehungsfaktor dargestellt haben muss. Diese geistliche Erneuerungsbewegung sprach offenbar gerade diejenigen an, die jenseits des Angebots der traditionellen und vielen von ihnen zudem aus Mangel an den nötigen finanziellen Mitteln unzugänglichen klösterlichen Institutionen nach einer ihren Bedürfnissen und Fähigkeiten entsprechenden geistlichen Gemeinschaftsform für Laien suchten, die ein gottgeweihtes Leben ohne völligen Abschluss von der Gesellschaft führen wollten. Die vergleichsweise hohe Anzahl von Schwesternkonventen gegenüber den Bruderkonventen in der Bewegung wird so erklärlicher.

Die Historiografen in den Fraterhäusern und Männerklöstern wurden nicht müde, den großen Zulauf religiöser Menschen in ihren Schriften als persönliche Erfolgsbilanz herauszustellen, und die Devotio-Forschung hat diese gesamtgesellschaftliche Bedeutung der Bewegung vielfach rezipiert. In der durch die männliche Sichtweise gefärbten Berichterstattung aus den Bruderkonventen hatten jedoch Nachrichten über eine zwar inoffizielle, dabei aber nicht weniger aktiv und erfolgreich betriebene Form 'weiblicher' Frömmigkeitserziehung und -praxis keinen Platz. Ohne einen von offizieller Seite legitimierten Auftrag und ausgeschlossen von sämtlichen pastoralen Aufgabenfeldern konnte die Würdigung der devoten Frauen in den meist lateinischen Chroniken aus den Bruderkonventen über eine eventuelle wirtschaftliche Hilfestellung gegenüber benachbarten Fraterhäusern

---

an Era of Change, hg. von Rudolf Suntrup/Jan R. Veenstra, Frankfurt a. M. u. a. 2004 (= Medieval to Early Modern Culture/Kultureller Wandel vom Mittelalter zur Frühen Neuzeit 4), 71–104, hier: 71–76. Derselbe Aufsatz erschien schon früher in: Die deutsche Reformation zwischen Spätmittelalter und Früher Neuzeit, hg. von Thomas A. Brady, München 2001 (= Schriften des Historischen Kollegs; Kolloquien 50), 91–122.

kaum hinausreichen[19]. Zudem betrachteten die Fratres die seelsorge-
rische Betreuung der Schwesternkonvente traditionell als eine ihrer
grundlegenden und schwersten Aufgaben, mit der zum Priester
geweihte Devote aus ihrer Mitte betraut wurden. Die außerordentlich
selbständige und offenbar in der Regel auf Eigeninitiative beruhende
Reformtätigkeit religiöser Frauen, wie sie in den Schwesternbüchern
belegt ist, hätte dieses stark durch ihre geistliche Leitungs- und Für-
sorgerolle geprägte Selbstbild der männlichen Devoten untergraben.

So wundert es nicht, dass in den Berichten aus den Männerge-
meinschaften auch keinerlei Hinweise auf das Wirken von Frauen
wie Fye van Reeden († 1429)[20] zu finden sind. Sie soll ihrer Biografie
aus dem Meester-Geertshaus zufolge wegen der zahlreich von ihr
initiierten Konventsgründungen im Herzogtum Kleve im Volkmund
als "apostolinne van Gode gegeven"[21] tituliert worden sein. Neben
diesem Ehrentitel schildert Fyes Lebensbeschreibung zugleich aber
auch die negativen Begleiterscheinungen einer derart erfolgreichen
und noch dazu von Frauenhand geführten Reformpolitik: Es wird
erzählt, dass Fyes Popularität einigen Kirchenvertretern nicht geheuer
war, so dass sie schließlich in Folge zunehmender Verleumdungen
vor dem Kölner Inquisitionsgericht erscheinen und ihre Rechtgläubigkeit unter Beweis stellen musste. Dass ihr dies mit Bravour gelungen ist, war laut ihrer Biografin um so bemerkenswerter, da Fye in
dieser Angelegenheit sogar von ihrem Seelsorger und potentiellen
Fürsprecher im Stich gelassen worden war und infolgedessen ohne
jegliche Unterstützung von offizieller Seite und allein auf Gottes Hilfe

---

[19] Vgl. etwa die biografisch-historiografische Textüberlieferung aus dem St.
Gregoriushaus in Emmerich. Dort wird die wirtschaftliche Unterstützung von Seiten
der Schwestern in der Anfangs- und in Krisenzeiten des weitaus kleineren Frater-
konvents erwähnt: Fontes historiam domus fratrum Embricensis aperientes, hg. von
Wybe J. Alberts/Magnus Ditsche, Groningen 1969 (= Teksten en Dokumenten 1),
33; 46f; 60; 64; 68. Umgekehrt berichten auch die Schwesternviten von dieser Rolle
des St. Agneskonvents; vgl. Schwesternbuch St. Agnes (wie Anm. 9), 245 und 287.

[20] Vgl. Fyes Vita in: Sommige stichtige punten (wie Anm. 9), 95–101; vgl. auch
die Darstellung in den Sammlungen mit Viten Diepenveener Schwestern: Handschrift
'DV' (wie Anm. 1), fol. 19r/v; 358v–360r; sowie *Brinkerink*, Van den doechden (wie
Anm. 9), 296f. Zu Fye van Reeden siehe noch: Necrologium en cartularium van
het convent der reguliere kannunikessen te Diepenveen, hg. von Jacob C. van Slee,
in: Het archief van het aartsbisdom Utrecht 23 (1907), 336; *Gerhard Rehm*, Die
Schwestern vom gemeinsamen Leben im nordwestlichen Deutschland. Untersuchungen
zur Geschichte der Devotio moderna und des weiblichen Religiosentums, Berlin
1985 (= BHSt 11, Ordensstudien 5), 65 und 67f.

[21] Sommige stichtige punten (wie Anm. 9), 99.

und die eigene Überzeugungskraft vertrauend ihre Sache vor dem hohen Gericht verfechten musste.

Die Lebensbeschreibung verdeutlicht einerseits, wie sehr das große überregionale Ansehen, das Fye van Reeden als Vorzeigefrau der Devotio moderna erlangt hatte, offenbar die klerikalen Gemüter erhitzt hat. Die Darstellung lässt die Schwierigkeiten erahnen, denen sich Frauen ausgesetzt sahen, die in dieser Periode des späten Mittelalters nicht nur im Verborgenen agierten, sondern öffentlich eine geistliche Führungsrolle für sich selbst anstrebten. Zugleich lässt der Text in seiner stilisierten Erzählweise aber auch keinen Zweifel darüber aufkommen, dass die Aufnahme dieser Lebensbeschreibung ins Deventerer Schwesternbuch gerade durch das Inquisitionsgeschehen mit motiviert war. Noch gegen Ende des 15. Jahrhunderts war aus der retrospektiven Sicht ihrer einstigen Deventerer Mitschwestern der Umstand, dass Fye aus der Prüfung des Inquisitonsgerichts siegreich hervorgegangen war, ein wichtiger Beleg für die Legitimierung des engagierten Reformierungsstrebens – nicht nur dieser frommen Frau, sondern des weiblichen Devotentums überhaupt. Dies galt um so mehr, als Fye van Reeden in einer Phase aktiv wirkte, als die modernen Devoten sich in diverse Auseinandersetzungen mit kirchlichen und weltlichen Instanzen verstrickt fanden[22].

Umso bemerkenswerter ist es, dass Fye in ihrer Vita, ohne dass dort auch nur eine Bemerkung zu ihrem Geschlecht und/oder Laienstatus hinzugefügt worden wäre, als nahezu märtyrerhafte Verfechterin der devoten 'vita communis' beschrieben wird. Spätere Schwesterngenerationen sollten ihrer mit Stolz gedenken und sie sich zum Vorbild für ihr eigenes Glaubensleben erwählen[23].

---

[22] Vgl. beispielsweise die sich an das oben in Anm. 7 genannte Inquisitionsverfahren anschließenden Auseinandersetzungen mit Matthaeus Grabow, die sich alle um die Frage der Anerkennung der devoten Lebensweise drehten. Einen Überblick zu den Geschehnissen bietet *Klausmann*, Hausordnungen (wie Anm. 3), 95–140; vgl. dort auch zu den Verteidigungsschriften des Dirc van Herxen und Gerhard Zerbolt van Zutphen; zu dem letztgenannten Devoten vgl. auch den Aufsatzband: Kirchenreform von unten. Gerhard Zerbolt von Zutphen und die Brüder vom gemeinsamen Leben, hg. von Nikolaus Staubach, Frankfurt a. M. u. a. 2004 (= Tradition – Reform – Innovation. Studien zur Modernität des Mittelalters 6).

[23] In ihrer Vita wird berichtet, dass sie durch ihr Vorbild auch andere weltliche Personen zur Umkehr und zum Eintritt in eine Gemeinschaft der modernen Devoten bewegt haben soll; vgl. Sommige stichtige punten (wie Anm. 9), 98, wonach die geistliche Umkehr der Lutgert van Buderick († 1453), einer Nichte des Rudolf Dier van Muiden († 1456), und ihr Eintritt ins Meester-Geertshaus durch Fyes Vorbildwirkung ausgelöst worden sein soll; vgl. auch Lutgerts Vita, ebd., 98. Zu Fyes Bekehrungseifer und den Geschehnissen in Köln vgl. ebd., 99–101. – Bemerkenswerterweise

Die hier nur im Vogelflug gestreifte Berichterstattung aus devoten Frauengemeinschaften verdeutlicht, dass sich die 'Schwestern
vom gemeinsamen Leben' – anders als oft suggeriert – nicht nur als
zahlreiche, dabei aber still im Hintergrund bleibende Anhängsel einer
männlich dominierten Reformpolitik begriffen haben, sondern vielmehr
durch ihre sozial-karitativen und erzieherisch-belehrenden Aktivitäten
auch selbst zur weiteren Verbreitung des devoten Frömmigkeitsideals
beitragen wollten. Das biografische Schrifttum aus den Schwesternkonventen der Devotio moderna bietet gerade durch seine Konzentration auf das alltägliche und inoffizielle Miteinander zwischen Stadt
und Konvent wichtige Anhaltspunkte bei der nach wie vor aktuellen
Suche nach einer befriedigenden Erklärung für den Erfolg dieser
spätmittelalterlichen Reformbewegung an der Wende zur Neuzeit.

fehlt diese Episode im Lebensbericht, der dieser Devoten im Schwesternbuch aus dem
Windesheimer Chorfrauenkloster Diepenveen gewidmet ist: Hs. 'DV' (wie Anm. 1),
fol. 19r/v; 358v–360r; vgl. noch die Kurzfassung bei *Brinkerink*, Van den doechden
(wie Anm. 9), 296f.

DIE WAHL DER PRIORIN

Eva Schlotheuber
(Göttingen)

Zum ersten Februar des Jahres 1504 notierte man in der konvents-
eigenen Chronik des reformierten Benediktinerinnenklosters Lüne[1]
den Tod der Vorsteherin Sophia von Bodendike, der ersten Priorin
nach der Reform, die den Konvent 23 Jahre geleitet hatte[2]. Die
Nachricht über die folgende Neuwahl reduzierte sich auf das Wahler-
gebnis und die beteiligten Personen: "Item in ipso anno in die sancti
Valentini martiris electa est venerabilis dompna Mechtildis Wylde in
priorissam huius monasterii. Abbas de Oldenstat, dominus Iohannes,
et dominus prepositus Nicolaus Schomaker elegerunt eam, et dominus Heynricus Maes, noster confessor, et dominus Nicolaus Crasman,

---

[1] *Uta Reinhardt*, Art. Lüne, in: GermBen 11, 377–402; *Ernst Nolte*, Quellen und
Studien zur Geschichte des Nonnenklosters Lüne bei Lüneburg, Göttingen 1932 (=
SKGNS 6); zur Annahme der Reform in Lüne *Eva Schlotheuber*, Klostereintritt und
Bildung. Die Lebenswelt der Nonnen im späten Mittelalter. Mit einer Edition des
'Konventstagebuchs' einer Zisterzienserin von Heilig-Kreuz bei Braunschweig (1484–
1507), Tübingen 2004 (= SuR.NR 24), 65 und 91f; *Ida-Christine Riggert*, Die Lüneburger
Frauenklöster, Hannover 1996 (= VHKNS 37; QUGNS 19); *Michael Eckhart*,
Bildstickereien aus Kloster Lüne als Ausdruck der Reform des 15. Jahrhunderts, in:
Die Diözese Hildesheim. Jahrbuch des Vereins für Heimatkunde im Bistum Hildesheim
53 (1985), 63–78.
[2] KlA Lüne, Handschriftentruhe, Hs. 13, Chronik des Klosters [1481–1530], fol.
34v: "Eodem anno obiit dompna priorissa Sophia de Bodendike sub collacione in
die Purificacionis virginis Marie, que fuit illo anno feria VI[a] ante Circumdederunt.
Et fuit reformatrix huius monasterii et prefuit nobis XXIII annuum, cuius anima
per piam misericordiam dei requiescat in pace, Amen." Ausschnitte aus der Lüner
Chronik sind bei *Johannes Meyer*, Zur Reformationsgeschichte des Klosters Lüne, in:
ZGNKG 14 (1909), 162–221 abgedruckt, der Text ist jedoch teilweise fehlerhaft;
zur Quellenlage und den Lüner Handschriften vgl. *Schlotheuber*, Klostereintritt (wie
Anm. 1), 122–127; den Zusammenhang zwischen Reform und Literatur bei den
Frauenklöstern behandelte zuletzt *Marie-Luise Ehrenschwendtner*, Die Bildung der
Dominikanerinnen in Süddeutschland vom 13. bis 15. Jahrhundert, Stuttgart 2003
(= Contubernium 60), 275–307; zur Reformchronistik in Männerklöstern *Constance
Proksch*, Klosterreform und Geschichtsschreibung im Spätmittelalter, Köln/Weimar/
Wien 1994 (= Kollektive Einstellung und sozialer Wandel im Mittelalter. Neue
Folge 2); zu der zeitgleichen Chronistik in Lüneburg *Heiko Droste*, Schreiben über
Lüneburg. Wandel von Funktion und Gebrauchssituation der Lüneburger Historio-
graphie (1350–1639), Hannover 2000 (= VHKNS 195).

noster capellanus, et Iohannes Tegheler, custos nostre ecclesie, fuerunt ibi notarii et testes et nos dedimus consensum concorditer et unanimiter"[3]. Der Abt Johannes des reformierten Benediktinerklosters Oldenstadt[4] und der Propst des Lüner Konvents Nikolaus Schomaker leiteten die Wahl in Anwesenheit des Beichtvaters Heinrich Maes und der Kleriker Nikolaus Crasmann und Johannes Tegheler. Die Notiz lässt allerdings weder den Prozess der Willensbildung noch den konkreten Ablauf der Wahl erkennen. Dieser ersten freien Wahl nach der Einführung der Reform kam große Bedeutung zu, denn 1481 hatte man im Auftrag des Hildesheimer Bischofs Berthold von Landsberg[5] das Wahlrecht umgangen und die Nichte des Bischofs, die Ebstorferin Sophia von Bodendike, zur Priorin erhoben[6]. Welchen Einfluss hatte der Konvent jetzt auf die Entscheidung, die die inneren und äußeren Geschicke der Gemeinschaft die nächsten – wie sich zeigen sollte – drei Jahrzehnte prägte? Wie regelten die Ordensstatuten rechtlich und rituell diese stets kritische Situation? Nachrichten über konventsinterne Angelegenheiten wie die Wahl einer Äbtissin oder Priorin haben sich nur selten erhalten[7]. Wenn wir etwas über

---

[3] KlA Lüne, Hs. 13 (wie Anm. 2), fol. 35r.

[4] Vgl. *Gerhard Osten*, Art. Oldenstadt, in: GermBen 6, 389–400; zur Kirchenreform *Johannes Helmrath*, Theorie und Praxis der Kirchenreform im Spätmittelalter, in: RoJKG 11 (1992), 41–70; *Dieter Mertens*, Monastische Reformbewegungen des 15. Jahrhunderts: Ideen – Ziele – Resultate, in: Reform von Kirche und Reich zur Zeit der Konzilien von Konstanz (1414–1418) und Basel (1431–1449), hg. von Ivan Hlavaček/Alexander Patschovsky, Konstanz 1996, 157–181; zu den Zielen und der Vorgehensweise der Bursfelder immer noch grundlegend *Barbara Frank*, Das Erfurter Peterskloster im 15. Jahrhundert. Studien zur Geschichte der Klosterreform und der Bursfelder Union, Göttingen 1973 (= VMPIG 34), 174–213; *Kaspar Elm*, Monastische Reformen zwischen Humanismus und Reformation, in: 900 Jahre Kloster Bursfelde. Reden und Vorträge zum Jubiläum 1993, hg. von Lothar Perlitt, Göttingen 1994, 59–111. Zur Beteiligung der regionalen Gewalten an der Reform vgl. *Bernhard Neidiger*, Erzbischöfe, Landesherren und Reformkongregationen. Initiatoren und treibende Kräfte der Klosterreformen des 15. Jahrhunderts im Gebiet der Diözese Köln, in: RhV 54 (1990), 19–77; *ders.*, Standesgemäßes Leben oder frommes Gebet? Die Haltung der weltlichen Gewalt zur Reform von Frauenklöstern im 15. Jahrhundert, in: RoJKG 22 (2003), 201–220.

[5] Berthold von Landsberg war 1470–1481 Bischof von Verden und von 1481–1502 Bischof von Hildesheim, wobei er die Administration für Verden behielt. Man rühmte seine humanistische Bildung, und auch in Lüne nahm die Klosterschule nach der Reform großen Aufschwung; vgl. Die Bischöfe des Heiligen Römischen Reiches 1448–1648. Ein biographisches Lexikon, hg. von Erwin Gatz, Bd. 1, Berlin 1996, 405f.

[6] *Nolte*, Quellen (wie Anm. 1), 127, Anm. 4.

[7] Sehr aufschlussreich und als eine große Ausnahme überliefert ist die Dokumentation der 1434 vollzogenen Neuwahl der Äbtissin in der alten Benediktinerinnenabtei

ihen Ablauf erfahren, handelt es sich in der Regel um normative
Bestimmungen[8], wie sie mit dem Ritus der Äbtissinnenweihe des
Birgittenklosters Maria Mai überliefert sind[9]. In Lüne haben sich
jedoch durch einen glücklichen Überlieferungszufall nicht nur die
normativen Bestimmungen über den Ablauf einer Wahl im Statutenbuch des Klosters erhalten[10], sondern auch Beschreibungen des
konkreten Verlaufs der Priorinnenwahl im Jahr 1504: In einer unge-
bundenen Papierhandschrift im schmalen Rechnungsbuchformat sind
die Aufzeichnungen einer anonymen Lüner Konventualin über Tod
und Begräbnisfeierlichkeiten der Sophia von Bodendike sowie die folgende Neuwahl überliefert. Darüber hinaus umfasst die Papierhandschrift die eigenhändigen Notizen der damals gewählten Priorin
Mechthild Wilde (1504–1535), die hier neben den wichtigsten Ereignissen des Wahltages ihre ersten Amtshandlungen als Klostervorsteherin
verzeichnete[11]. Diese Aufzeichnungen gehörten zum innerkonventu-
alen Schriftgut der Klöster und sind deshalb in der Regel in ihrem
Archiv und nicht zusammen mit der Bibliothek überliefert[12]. Sie
gewähren nicht nur einen oft überraschend tiefen Einblick in die

---

Saint-Georges de Rennes; vgl. *Laura Mellinger*, Politics in the Convent: The Election
of a Fifteenth-Century Abess, in: ChH 63 (1994), 529–540; mit zahlreichen illus-
trativen Beispielen aus dem englischen Raum *Eileen Power*, Medieval English Nunneries
c. 1275–1535, Cambridge 1922, 42–68.

[8] Vgl. *Ernst Günther Krenig*, Mittelalterliche Frauenklöster nach den Konstitutionen
von Cîteaux unter besonderer Berücksichtigung fränkischer Nonnenkonvente, in:
Analecta Sacri Ordinis Cisterciensis 10 (1954), 1–105, hier: 58f und 103–105 ("Brevis
forma seu modus eligendi abbatissam").

[9] StA Augsburg, Maihingen KL 1. Dieser Text ist interessanterweise ebenfalls
innerhalb des konventsinternen Schriftguts überliefert, im 'Hausbuch' des Birgittenklosters Maria Mai; vgl. *Tore Nyberg*, Der Ritus der Äbtissinnenweihe im Birgittenkloster
Maria Mai, Maihingen/Ries, in: Auxilia Historica. Festschrift für Peter Acht zum
95. Geburtstag, hg. von Walter Koch/Alois Schmid/Wilhelm Volkert, München
2001 (= Schriftenreihe zur bayerischen Landesgeschichte 132), 335–345.

[10] KlA Lüne, Hs. 14, Statutenbuch 1481–1500, fol. 51v–53v: "[O]rdo ad eligen-
dum priorissam. [V]acante prioratu providendum est de nova priorissa, que cum
consilio et voluntate domini prepositi est a conventu eligenda; et talis electio iuxta
antiquam consuetudinem istius monasterii fieri debet infra quatuordecim dies primi
tricenarii defuncte priorisse cessante impedimento legitimo". Vgl. zu der Handschrift
Nolte, Quellen (wie Anm. 1), 21f. Es handelt sich um den zweiten Band der Statuten.
Der erste ist verschollen, sein Inhalt lässt sich jedoch über die im zweiten Band
verzeichneten Kapitelüberschriften erschließen; KlA Lüne, Hs. 14, fol. 76r–78r. Das
Lüner Statutenbuch regelte das Konventsleben der Benediktinerinnen auf der Basis
der Bursfelder Reformbestimmungen, doch war es den Bedürfnissen eines Frauenklosters
angepasst worden.

[11] KlA Lüne, Hs. 24.

[12] Vgl. dazu *Schlotheuber*, Klostereintritt (wie Anm. 1), 321–327.

inneren Angelegenheiten einer Gemeinschaft, sondern gleichzeitig auch in die schriftliche Ausdrucksfähigkeit der Nonnen. Die konvents-internen Aufzeichnungen der Lüner Benediktinerinnen vermitteln ein beeindruckendes Bild ihrer Literalität: Die Frauen beherrschten um die Wende zum 16. Jahrhundert souverän das gelehrte Latein[13], wuss-ten die Ereignisse klar zu gliedern und gut nachvollziehbar zu besch-reiben.

Die anonyme Benediktinerin beginnt ihren Bericht über den Tod und die Neuwahl mit einer Datumsangabe und den wichtigsten litur-gisch-chronologischen Angaben[14]. Sie hielt sich damit an formale Vorgaben, wie sie etwas ausführlicher auch bei der eingangs zitier-ten Lüner Konventschronik zu beobachten sind: Jedes Jahr beginnt hier mit dem Osterbuchstaben, Sonntagsbuchstaben, der Goldenen Zahl und der Littera primationis[15]. Auf diese Weise lässt sich das Verhältnis der Handschriften zueinander nachvollziehen. Die in den Papierhandschriften manchmal recht flüchtig niedergeschriebenen Notizen hielten das Wissen um innerkonventuale Vorgänge zunächst in ausführlicher, jedoch nur vorläufiger Form fest. Erst später wur-den sie – oft wortgetreu, aber auf die wichtigsten Angaben gekürzt – in sorgfältiger gotischer Textura in Reinschrift übertragen, in die Lüner Konventschronik. Sie diente nachfolgenden Generationen als Gedächtnis der Gemeinschaft und Richtschnur für die eigenen Ge-wohnheiten, gab als offizielle interne Ereignisgeschichte Aufschluss über Klostereintritte, Todesfälle, Schenkungen oder Konflikte mit der Stadt oder dem Bischof. Man hatte in Lüne offenbar feste Vorstellungen

---

[13] Die guten Lateinkenntnisse der norddeutschen Frauengemeinschaften wider-sprechen dem in der Forschung gezeichneten Bild von der Deutschsprachigkeit der Nonnenkonvente im Spätmittelalter, vgl. dazu *Eva Schlotheuber*, Ebstorf und seine Schülerinnen in der zweiten Hälfte des 15. Jahrhunderts, in: Studien und Texte zur literarischen und materiellen Kultur der Frauenklöster im späten Mittelalter. Ergebnisse eines Arbeitsgesprächs in der Herzog August Bibliothek Wolfenbüttel 14.–26.2.1999, hg. von Falk Eisermann/Eva Schlotheuber/Volker Honemann, Leiden/Bosten 2004, 169–223.

[14] KlA Lüne, Hs. 24, fol. 1r: "Littera tabularis erat S, circulus lunaris [Angabe fehlt], littere dominicalis G et F, quia erat annus bisextilis, aureus numerus erat [Angabe fehlt], Littera primacionis [Angabe fehlt]."

[15] Primatio ist die Stunde des Mondalters eines Tages; vgl. Lexicon Latinitatis Nederlandicae Medii Aevi 6 (1998), 3865f. Nicht zu verifizieren waren bislang ein "Numerus tabule rusticalis", der in den einzelnen Jahren unregelmäßig mit den Zahlen sechs bis neun bezeichnet wird, eine "Dictio tabularis", die wechselnde Initien aufweist (etwa 'Moleste', 'Vivite'), sowie ein "Cyclus lunaris", mit dem nicht der Mondzyklus oder die Goldene Zahl (Periode von 19 Jahren) gemeint sein kann, da regelmäßig nur von eins bis vier gezählt wird.

darüber entwickelt, welche Informationen man in welcher Form bewahren wollte, und die reformierten Benediktinerinnen legten bei der internen Organisation ihres Konventsalltags eine erstaunliche Professionalität an den Tag. Solche Fähigkeiten der strukturierten Reflexion des täglichen Lebens waren keineswegs selbstverständlich[16]. Sie belegen eine intensive Ausbildung und Disziplinierung des schriftlichen Ausdrucks in der Klosterschule.

Während die Lüner Chronik also nur knappe Angaben über die an der Neuwahl beteiligten Personen liefert, schildern die Papierhandschriften präzise den chronologischen und rituellen Ablauf der Tage nach dem Tod der Vorsteherin. Am Todestag las man die Sext wie üblich im Kreuzgang, fügte aber die Kollekte 'Da nobis Domine' hinzu[17]. Am Sonntag 'Circumdederunt' (3. Februar 1504) begruben Priester und Nonnen die alte Äbtissin Sophia von Bodendike nach der Messe[18] und von diesem Tag an bis zur Neuwahl las man zusätzlich zu den Laudes und der Vesper den Psalm 'Ad te levavi', und zwar als Demutsbekundigung auf dem Boden ausgestreckt[19]. Aber schon am folgenden Tag begannen die Vorbereitungen zur Neuwahl. Der Propst Nikolaus Schomaker kam zum Kapitel der Nonnen hinzu und tröstete die Gemeinschaft mit einer Predigt über den Verlust ihrer Vorsteherin: "Item feria secunda Circumdederunt [4. Februar 1504] post [folgt gestrichen: horam] terciam venit dominus prepositus ad locum capitularem et fecit pulchram collacionem pro consolacione sororum que erant contristate ex morte pie matris S[ophia] B[odendike] felicis recordacionis"[20]. Eine solche Ansprache an den Konvent schrieben die Statuten in dieser Situation auch vor,

---

[16] Vgl. dagegen wesentlich unübersichtlicher und ohne systematische Ordnung die innerkonventuale Schriftlichkeit nicht reformierter Konvente *Schlotheuber*, Klostereintritt (wie Anm. 1), 321–327.

[17] KlA Lüne, Hs. 24, fol. 1r: "Item eodem vespere quando spiritum deo reddidit, legit conventus VI[as] cum IX lectionibus in ambitu solito more et 'Verba mea' cum collecta 'Da nobis domine, ut animam famule tue etc.'"

[18] Ebd.: "Dominica die Circumdederunt cantaverunt iterum ante primam 'Si enim' et similiter fuit illa missa 'Si enim' que cantabatur inter capitulum a sacerdotibus. Post circuitum sacerdotum statim cantavimus missam 'Si enim' ad chorum et post illam missam sepeliebatur venerabilis domina S[ophia] B[odendike] et finitis exequiis pulsabatur tercia post quam cantavimus ad chorum missam dominicalem Circumdederunt."

[19] Ebd.: "Item ipsa die quando fuit sepulta venerabilis domina S[ophia] B[odendike] incepimus post vesperas psalmum 'Ad te levavi' et legimus usque ad electionem ad vesperas et ad laudes prostrate per formas."

[20] Ebd., fol. 1v.

wobei hier gleich die wichtigsten Anhaltspunkte über den angemessenen Inhalt mitgeliefert wurden[21]. Am Ende der Predigt erklärte der Propst dem Konvent dann die im Kirchenrecht festgelegten drei möglichen Vorgehensweisen bei der Wahl[22]. Eben diese drei Wege hatte eine Dekretale Innozenz' III. (1189–1216), die in das Kirchenrecht im 'Liber Extra' aufgenommen wurde, als Voraussetzung für eine gültige Wahl verbindlich festgelegt: die 'Via scrutinii', die 'via compromissi' und die 'via inspirationis'[23]. Das Bursfelder Ceremoniale für Männerklöster erläutert präzise den Ablauf aller drei Wahlmodalitäten, aber die Erklärungen wurden nicht in das Exemplar für die Lüner Benediktinerinnen übernommen. Für die Frauen erschienen diese Informationen offenbar entbehrlich. Die Oberen sollten ihnen ohnehin alles Notwendige zusammen mit den Vorzügen und Nachteilen der verschiedenen Wahlmodalitäten mitteilen[24]. Unter der Überschrift 'De processu electionis' wiegen die Bursfelder Reformstatuten deshalb sorgfältig die drei Wege gegeneinander ab. Die Wahl

---

[21] Ebd., Hs. 14, fol. 51v: "Igitur sepulture officio diligenter expleto prepositus cum confessore veniat ad capitulum et faciat sororibus exhortacionem aliquam consolando eas de amissione matris spiritualis, que transivit de labore ad requiem ubi obtinuit bravium pro quo in agone huius seculi cucurrit et finita collatione ammoneat eas, ut in electione nove [fehlt "domine priorisse"?] semper sollicite sint servare unitatem spiritus in vinculo pacis et sororie caritatis."

[22] Ebd., Hs. 24, fol. 1v: "Finita collacione dixit venerabilis dominus prepositus de electione nove domine priorisse que erat eligenda, et qualiter solitum est fieri talem electionem scilicet per triplicem modum."

[23] CIC(L) 2, 88f (Liber Extra, 1. VI. [De electione], cap. 42): "Quia propter diversas electionum formas, quas quidam invenire conantur, et multa impedimenta proveniunt, et magna pericula imminent ecclesiis viduatis, statuimus, ut, quum electio fuerit celebranda, praesentibus omnibus, qui debent, et volunt et possunt commode interesse, assumantur tres de collegio fide digni, qui secrete et sigillatim vota cunctorum diligenter exquirant, et in scriptis redacta mox publicent in communi, nullo prorsus appellationis obstaculo interiecto, ut is collatione habita eligatur, in quem omnes vel maior et sanior pars capituli consentit. Vel saltem eligendi potestas aliquibus viris idoneis committatur, qui vice omnium ecclesiae viduatae provideant de pastore. Aliter electio facta non valeat, nisi forte commuiter esset ab omnibus, quasi per inspirationem absque vitio celebrata." Vgl. dazu grundlegend *Ursmer Berlière*, Les élections abbatiales au moyen âge, Brüssel 1927 (= MAB.L 2, 20, 3), 5–12.

[24] Ceremoniale Benedictinum sive antiquae et germanae pietatis Benedictinae Thesaurus absconditus, a venerabilibus patribus congregationis Bursfeldensis ante annos centum compilatus et numquam hactenus typis excusus, Paris 1610, 202: "Praesidens sive director tres vias electionum infra descriptas, scrutinii videlicet, conpromissi et inspirationis, nedum proponendo luculentius declaret, verum etiam comparationem earum ad invicem diligenter faciat: eo quod una securior, expeditior et levior altera comprobatur."

durch Inspiration sei selten und gelte vielfach als suspekt[25]: Sie sei
dann erfüllt, wenn die versammelten Konventsmitglieder ohne vorherige Absprache durch göttliche Eingebung plötzlich eine Person
gleichsam wie mit einer Stimme benannten[26]. Die 'via scrutinii' hingegen sei die schwierigste ("grave est per hanc viam scrutinii procedere"), nicht zuletzt weil sie häufig zu Uneinigkeit und Streit führe.
Bei dieser Direktwahl sollten drei zuverlässige Meinungsforscher ("scrutatores votorum") ausgewählt werden, die die Konventsmitglieder einzeln und geheim nach ihrem Wahlvorschlag befragten und mit ihnen
in der Weise über die Eignung einer Kandidatin oder eines Kandidaten
berieten, dass bestimmte Kriterien berücksichtigt wurden: ein ver-
dienstvolles Leben ("vitae meritum") und Gelehrsamkeit ("sapientiae
doctrina"), die Fähigkeit zur Güterverwaltung aber vielleicht auch
Freundschaft, Zuneigung und Verwandtschaft, die später Vorteile für
den Wähler nach sich ziehen konnten[27]. Während die Lebensführung
und die Gelehrsamkeit schon in der Benediktsregel hervorgehobene
Kriterien für die Eignung waren[28], sollte die Tüchtigkeit in weltlichen

---

[25] Ebd.: "Via siquidem inspirationis rarius occurit et plerumque suspecta habetur propter tractatus et avisamenta privata, quae nonnunquam clandestine praemit-
tuntur." Die heimliche Wahl hatte Innozenz III. 1212 als rechtswidrig gebrandmarkt;
vgl. CIC(L) 2, 89 (§ 2): "Electiones quoque clandestinas reprobamus, statuentes, ut,
quam cito electio fuerit celebrata, solenniter publicetur."
[26] Ceremoniale Benedictinum (wie Anm. 24), 210: "Notandum igitur breviter,
quod per inspirationem celebratur electio, cum omnes insimul congregati subito et
repente aliquem eligunt concorditer una voce, nullo prorsus tractatu, nullaque instiga-
tione hominis praecedente." Schon der Widerspruch eines Einzigen mache die Wahl
ungültig. Die Inspirationswahl wies keine besonderen zeremoniellen Formen auf.
[27] Ebd., 203: "Insuper cum ipsi scrutatores votorum non solum debeant scrutari,
in quem unusquisque eligentium voto electivo feratur: sed etiam quo consilio cordis sui, hoc est quo zelo in ipsum dirigatur, an videlicet vitae merito et sapientiae
doctrina, aut rerum temporalium experientia, aut fortassis amicitia, complacentia,
consanguinitatis favore et spe aliquid consequendi commodi etc." Diesen Modus
wählten die Benediktinerinnen von Saint-George de Rennes 1434, wobei in diesem
Fall das Votum der einzelnen Konventualinnen überliefert ist. Die ranghöchsten
Nonnen entschieden sich für eine Konventualin namens Philipotte, die Mehrheit
befürwortete jedoch die Leitung der Perrine du Feu. Daraus ergaben sich erhebliche Konflikte im Konvent. Die Wahlmitteilung an den Grafen lässt diese Konflikte
nicht mehr erkennen, über die Qualitäten der Gewählten heißt es hier: "[. . .] personam utique providam et de sacra religionis zelo, nobilitate [hier fehlt etwas;
E. S.] vita, moribus, et sciencia virtuosam, actibus, merito commendandam, ordinem ipsum expresse professam, in etate legitima constitutam, ac de legitimo matri-
monio procreatam, in spiritualibus et temporalibus plurimum circumspectam";
Mellinger, Politics (wie Anm. 7), 533, Anm. 11.
[28] La règle de saint Benoît, hg. von Adalbert de Vogüé, Bd. 2, Paris 1972 (=
SC 182), 648 (Kap. 64): "Vitae autem merito et sapientiae doctrina elegatur qui

Angelegenheiten nur in Verbindung mit persönlicher Frömmigkeit und Bildung, den beiden ersten Kriterien, positiv ins Gewicht fallen[29]. Freundschaft oder zu erwartende Vorteile aus naher Verwandtschaft waren als ausschlaggebende Gründe selbstverständlich abzulehnen. Als der einfachste, sicherste und am wenigsten zweifelhafte Weg wird im Bursfelder Ceremoniale die 'via compromissi' eingeschätzt[30]. Wenn das Wahlgremium einmütig diesem Weg zugestimmt hatte, übertrug ein Mitglied stellvertretend für alle das Recht der Wahl auf einige wenige Kompromisswähler ('compromissarii'), die sich dann gemeinsam auf eine Person einigten. Die Wähler mussten nur dem geistlichen Stand, nicht aber dem Konvent angehören, konnten sich aber nicht selbst wählen[31].

Schon Tage vor der offiziellen Eröffnung der Wahlhandlungen, die der Abt von Oldenstadt mit der Erklärung der drei Wege eröffnete, verschaffte sich der Propst Nikolaus Schomaker einen freilich noch unverbindlichen Überblick über die Lage im Konvent. Er befragte die Nonnen nacheinander einzeln im Kapitelsaal ("per modum scrutinii"), angefangen bei der Subpriorin, welche Mitkonventualin sie für dieses Amt geeignet hielten[32]. Die Laienschwestern

---

ordinandus est, etiam si ultimus fuerit in ordine congregationis." Vgl. dazu *Kai Uwe Jacobs*, Die Regula Benedicti als Rechtsbuch. Eine rechtshistorische und rechtstheologische Untersuchung, Köln/Wien 1987, 45–63; und mit anderer Gewichtung *Herbert Grundmann*, Pars Quamvis Parva. Zur Abtswahl nach Benedikts Regel, in: Festschrift Percy Ernst Schramm, hg. von Peter Classen u. a., Wiesbaden 1964, Bd. 1, 237–251.

[29] Ceremoniale Benedictinum (wie Anm. 24), 203: "Qui enim ad vitae meritum et sapientiae doctrinam oculum intentionis deflectit, mentem regulae amplectitur. Ad temporalium autem rerum industriam, duobus iam dictis, scilicet vitae merito et sapientiae doctrina non suffragantibus, respiciens: peccat in regulam." Vgl. dazu *Thomas J. Bowe*, Religious Superioresses: A historical Synopsis and Commentary, Washington D. C. 1946 (= CULR.CLSt 228), 70–75.

[30] Ceremoniale Benedictinum (wie Anm. 24), 204: "Idcirco via compromissi, sive simplicis sive cum restrictione, quia ad practicandum facilior et tutior est ac minus ambigua, nostris magis convenire videtur."

[31] Ebd., 207: "Et ipsi compromissarii possunt esse de gremio vacantis monasterii vel alterius, hoc salvo quod non sint laici vel maiori vinculo excommunicationis innodati publice seu suspensi vel etiam interdicti aut alias inhabiles. Compromissarii si sint de conventu, non possunt ex seipsis eligere, nisi hoc specialiter cautum in compromisso."

[32] KlA Lüne, Hs. 24, fol. 1v: "De hinc pulsabatur ad sextam et venerabilis dominus prepositus solus remansit in loco capitulari [sic!] et per modum scrutinii audivit totum conventum [folgt gestrichen per singulam?] singillatim et scissitatus est ab omnibus in singulari que ad ipsum officium suscipiendum esset ydonea. Mater subpriorissa fuit prima in ordine scrutinii et tunc secundum ordinem audivit prepositus totum conventum I[am] post aliam exceptis conversis que non sunt interrogate."

wurden dabei nicht berücksichtigt. Noch am selben Tag begann ein
strenges dreitägiges Fasten zur Vorbereitung, doch erlaubte der
Beichtvater Hinrik Maes ihnen ausnahmsweise den Genuss von Milch-
speisen[33]. Am 7. Februar legte der Konvent dann geschlossen die
Beichte ab, und man verlas am folgenden Tag aus dem Ceremoniale
das Kapitel über die Wahl der Priorin[34]. Am Sonntag, eine Woche
nach dem Begräbnis, zelebrierte man in Hinblick auf die kommenden Ereignisse das Hochamt 'Spiritus domini'[35]. Da die Wahl der
Konventsleitung auch für den Weiterbestand der Reform entscheidend war, hatte man in den Statuten verankert, dass sie im Beisein
eines Mitgliedes der Bursfelder Union abzuhalten sei[36]. In Lüne bat
man den Abt von Oldenstadt hinzu. Zum Auftakt erklärte er den
Kapitelsdamen wie vorgeschrieben die möglichen Verfahrensweisen[37].
Nach dem Hochamt am Dienstag betraten alle Nonnen, Novizinnen
und Laienschwestern zusammen mit dem Abt und dem Propst, Beichtvater und Kaplan den Kapitelsaal der Nonnen[38]. Der Kaplan Nikolaus

---

[33] Ebd: "Eodem die incepimus triduanum ieiunium pro electione prout in cerimoniis habetur, et pater noster H[enricus] M[aes] impetravit nobis licencia a domino
preposito ad comedendum lacticinium, aliter de iure strictissime ieiunium triduanum in oleo solito more oportuisset nobis tenuisse." Ein dreitägiges Fasten schrieben die Statuten vor; vgl. Ceremoniale Benedictinum (wie Anm. 24), 187.

[34] KlA Lüne, Hs. 24, fol. 1v: "Item feria 5ª [7.2.1504] posuit se pater noster
confessor ad locum confessionis contra instantem communionem sequentis dominice
et audivit omnes secundum ordinem more solito. Sabbato ante dominica Exurge
[9.2.1504] finito prandio hora prima venit dominus confessor ad locum capitularem [sic!] et legit illum capittulum de electione abbatisse ut in ceremoniis habetur".
Vgl. das entsprechende Kapitel im Statutenbuch oben Anm. 10.

[35] KlA Lüne, Hs. 24, fol. 1v: "Dominica Exurge [10.2.1504] cantavimus ad sum-
mam missam 'Spiritus domini' pro electione sequencia fuit 'Sancti spiritus'." Vgl.
die Anordnungen der Bursfelder im Ceremoniale Benedictinum (wie Anm. 24), 199:
"Primum cantetur missa de Spiritu sancto, cui universi ad suppliciter implorandam
eiusdem spiritus gratiam interesse teneantur."

[36] KlA Lüne, Hs. 14, fol. 52r: "Quo facto mittatur pro abbate aliquo de obser-
vancia unionis Bursfeldensis, qui electioni interesse debet; quo presente iuxta modum
et formam in cerimoniis expressam capitulo CXXIIIIº fieri debet electio, quod capitulum dabitur preposito excopiatum."

[37] KlA Lüne, Hs. 24, fol. 2r: "Feria secunda Exurge [11.2.1504] post vesperas
venit dominus abbas de Oldestaedt et intravit locum capitularem cum venerabili
domino preposito et H[enrico] M[aes] confessore nostro, et satis lucide et aperte
legit nobis qualiter in huiusmodi electione nos habere oporteret, et ibi solum modo
fuerunt omnes capitulares monache sed converse non fuerunt ibi presentes."

[38] Ebd.: "Finita missa totus conventus, monache, novicie et omnes converse ibant
ad locum capitularem et dominus abbas de Oldenstat et dominus prepositus N[iko-
laus] S[chomaker] nec non H[enricus] M[aes] confessor noster cum duobus notariis, scilicet domino N[ikolao] C[rasman] capellano nostro et Iohanne clerico, qui
fuit tunc custos ecclesie nostre. Hi omnes intraverunt eundem locum capitularem,

Crasman und der Kustos der Kirche namens Johannes Tegheler fungierten als Notare[39]. Eine jüngere Professnonne erbat vom Abt den Segen, um am Pult des Kapitelsaals das entsprechende Kapitel über die Abtswahl der Benediktsregel verlesen zu können[40]. Anschließend legte sie dem Abt mit seiner Erlaubnis den Regelcodex auf die Knie, und dieser erläuterte die Bestimmungen des Ordensgründers dann dem Konvent. Auf die Frage, welchen Wahlmodus die Nonnen bevorzugen würden, antwortete zwar der Propst für die schweigenden Frauen[41], doch holten Beichtvater und Notare einzeln die Zustimmung der Schwestern zu der vorgeschlagenen Kompromisswahl ein[42]. Der Propst benannte nun sieben Schwestern als "compromissarie"[43] und

---

quibus introgressis prima soror de iunioribus, scilicet K E, ante abbatem venit et sanctam ante mattam inclinando peciit benedictionem dicens 'Domine iube benedicere' et dominus abbas 'In via mandatorum suorum etc.' Accepta benedictione eadem soror ibat ante analogium et legit illum capitulum regule de abbate ordinando per accentum solito more, concludendo cum 'Tu autem domine' et conventu respondente 'Deo gratias' statim subiunxit abbas 'Benedicite'."

[39] Die Statuten forderten, zum Schluss einen besiegelten Wahlbericht zu erstellen; vgl. Ceremoniale Benedictinum (wie Anm. 24), 215 (De decreto electionis).

[40] KlA Lüne, Hs. 24, fol. 2r: "Hi omnes intraverunt eundem locum capittularem quibus introgressis prima soror de iunioribus, scilicet K E, ante abbatem venit et stando [?] ante mattam inclinando peciit benedictionem dicens 'Domine iube benedicere' et dominus abbas 'In via mandatorum suorum' etc. Accepta benedictione eadem soror ibat ante analogium et legit illum capitulum regule de abbate ordinando per accentum solito more, concludendo cum 'Tu autem domine' et conventu respondente 'Deo gratias' statim subiunxit abbas 'Benedicite'. Item illa soror, que legerat, presentavit regulam domino abbate [sic!] in genibus premissa tamen prius venia ut moris est"; vgl. La règle de saint Benoît (wie Anm. 28), 648–653 (Kap. 64).

[41] KlA Lüne, Hs. 24, fol. 2v–3r: "Et dominus quidem abbas accepta regula exposuit iam lectum capittulum de ordinacione abbatis presentibus duobus notariis et fecit pulchram exhortacionem conventui interrogando quali modo electionem facere vellent sive per scrutinium sive per compromissum. Igitur tacente conventui dominus prepositus pro omnibus loquebatur et dixit quod optimum esset per compromissum talem fieri electionem, si alias vellent consentire."

[42] Ebd.: "Tunc dominus confessor H[enricus] M[aes] et II° notarii circueundo locum capitularem interrogaverunt omnes singulariter, si vellent per compromissum eligere vel non, ad quam interrogacionem omnes dixerunt sigillatim 'Placet mihi'." Eine solche Zustimmung war auch notwendig, vgl. Ceremoniale Benedictinum (wie Anm. 24), 207: "Praesidens sive director omnibus in capitulo congregatis requirat singulos sigillatim, si placeat eis per hanc formam procedere."

[43] KlA Lüne, Hs. 24, fol. 3r: "Interrogatis omnibus et consensum prebentibus ad huiusmodi electionis modum dominus prepositus publice nominavit omnes que deberent esse compromissarie, videlicet matrem subpriorissam V P, sacristam L G, scholasticam V H, capellanam E M, decanam G G et duas sorores G T et F V. Hee omnes deberent novam dominam eligere, et ipse fuit primus [sic!] in ordine [folgt

das Wahlgremium schwor dem Abt mit gefalteten Händen, ohne
Ansehen der Person vorzugehen[44]. Gemeinsam zog man sich in das
Refektorium zurück, wo die Sakristanin nach kurzer Beratung als
erste die Küchenmeisterin Mechthild Wilde nominierte[45]. Alle erklärten sich daraufhin mit diesem Vorschlag einverstanden ("Ego consensio [sic!] in eandem personam")[46]. Zurückgekehrt teilte der Propst
den Anwesenden das Ergebnis der einmütigen Wahl mit, und auf
Veranlassung des Abtes befragten die Notare nun die versammelten
Konventsmitglieder, ob sie dem zustimmen könnten[47]. Der Abt rief
Mechthild Wilde vor sich, informierte sie mit wohlwollenden Worten
über die Schwere der Aufgabe und bat sie, das Amt um der Ehre

---

gestrichen: compromissarum] compromissionis." Der Propst vereinfachte hier das
Verfahren und übte dadurch zugleich maßgeblich Einfluss auf den Ausgang der
Wahl aus. Das Ceremoniale schrieb über die Auswahl der Kompromisswähler vor:
"Quibus consentientibus [in formam compromissi procedendum; E. S.] requirat quibus personis et per quem modum eis vices suas committere velint. Cumque de personis et modo concordaverint, unus electorum vice omnium vel omnes simul, eligendi
potestatem in ipsos transferant compromissarios. Si vero conventus de compromissariis nequeat convenire, potest uni vel pluribus, qui eos vice omnium eligant, committere vices suas"; Ceremoniale Benedictinum (wie Anm. 24), 207.

[44] KlA Lüne, Hs. 24, fol. 3r: "Facta publica denominacione compromissariarum
dominus abbas requisivit eas ad iuramentum faciendum super electione, que statim
surgentes una cum venerabili domino preposito omnes secundum ordinem iuramentum fecerunt cancellatis manibus et flexis genibus coram abbate, qui sedens in loco
superioris videlicet super sedile tenuit novum missale super sinu suo et omnes posue-
runt manus super eundem librum et sic iuraverunt, quod nollent eligere secundum
personarum accepcionem, sed secundum iusticiam quamcumque ad hoc officium
scirent esse ydoneam."

[45] Ebd.: "Postquam fecerant iuramentum dominus prepositus cum ceteris compromissariis exiit locum capitularem et intravit cum eisdem refectorium sororum,
ibique tractabant inter se, que ad hoc officium posset esset ydonea et sufficiens."

[46] Ebd., fol. 3r/v: "Tunc sacrista L G nominavit sororem M[echtildem] V[ilde]
coquinariam nostram ad hoc officium pre aliis esse sufficientem et dignam; quod
audiens dominus prepositus interrogavit omnes alias compromissarias, si eciam et
ipsis talis persona videretur esse ad hoc officium disposita. Que omnes statim dixerunt sigillatim 'Ego consensio [sic!] in eandem personam' vel sic 'Ego consencio in
iam nominatam personam et spero, quod sit ad hoc officium sufficiens'."

[47] Ebd., fol. 3v: "Habito itaque tali consilio inter se dominus prepositus cum aliis
compromissariis redibat ad locum capitularem et stans ante mattam cum ceteris
publice nominavit sororem M[echtildem] V[ilde] nostram coquinariam ad hoc officium suscipiendum esse ydoneam et valde utilem, et protestatus est quod omnes
compromissarie in ipsam unanimiter consensissent, et eam pro defuncta domina in
matrem et rectricem huius congregacionis elegissent. Mox ad iussum abbatis pre-
dicti notarii iterum locum capitularem circueundo requisierunt a singulis personis,
si vellent in iam nominatam personam consentire vel non, et omnes sine mora obe-
dientes dixerunt sigillatim 'Ego sum contenta' vel sic 'Placet mihi per omnia'."

Gottes willen anzunehmen[48]. Mechthild Wilde nahm die Wahl an und las ohne zu zögern den Gehorsamseid[49].

"Et nota" – schließt die offensichtlich versierte Schreiberin ihren Bericht mit einer kritischen Bemerkung über den Wahlverlauf, der ansonsten offenbar zur allgemeinen Zufriedenheit verlaufen war: Obwohl es natürlich lobenswert sei, den Befehlen der Oberen zu gehorchen, würden die Statuten dennoch vorsehen, dass die Gewählte nicht gleich zustimme, sondern sich zuerst demütig entschuldige, weil sie sich für dieses Amt als ungeeignet erachte etc. Wenn der Abt dann nochmals nachfrage: "Willst du annehmen oder nicht", möge sie zuerst bitten, ob er sie nicht von dieser schweren Last befreien könne, weil sie unfähig sei oder etwas in der Art[50]. Nur unwillig – "invita" –, schließt sie, solle die Gewählte das hohe Amt übernehmen. Mechthild Wilde hatte somit gegen eine im Mittelalter (und schon in der Spätantike) beachtete Gewohnheit verstoßen, sich selbst angesichts der angebotenen Ehre für unwürdig zu erklären. Damit wurde öffentlich der Aspekt unterstrichen, dass nicht die eigenen Ambitionen, sondern göttlicher Wille der Kandidatin oder dem Kandidaten zur Wahl verholfen hatte[51]. Aber was auch immer den Ausschlag bei dieser Wahl gegeben hatte, die ehemalige Küchenmeisterin erwies sich als tatkräftige und umsichtige Leiterin in den kommenden schwierigen Zeiten der Reformationsjahre.

---

[48] Ebd.: "Tunc dominus abbas audiens consensum omnium ibidem existencium, quod omnes erant contente, et vocans iam nominatam sororem ad se super mattam, que statim veniens prostravit se ante pedes ipsius super mattam, et ad iussum ipsius surgens stetit ante mattam. Interim dominus abbas pulcherrime informavit eam multis dulcibus verbis adhortando et ammonendo, qualiter iugum domini et onus regiminis pro gloria dei deberet suscipere, et de eius misericordia confidere, qui ipsam ad hoc officium elegisset."

[49] Ebd.: "Et post talem exhortacionem requisivit eciam ab ipsa, si vellet consentire et talem officium suscipere vel non, et interrogando dixit: 'Vultis consentire et tale officium suscipere? Tunc potestis venire et legere hanc litteram'. Que statim in simplicitate timoris dei obedivit et flexis genibus coram abbate eandem litteram legit et fecit magnum iuramentum coram omnibus."

[50] Ebd., fol. 3r/v: "Et nota: quamvis sit laudabile et meritorium in omnibus semper mandatis superiorum obedire, tamen ex cerimoniis nostris habemus, quod in electione tali, quando aliqua in dompnam priorissam eligitur, semper debet se humiliter excusare et ad hoc officium se nimis ydoneam reputare, et dum ei dicitur a domino abbate 'Vultis consentire vel non?' tunc potest humiliter rogare, ut eam velint ab huiusmodi onere liberam dimittere, quia sentit se non posse tale officium adimplere, et potest dicere tali modo." In den Lüner Statuten ist dieser Passus nicht enthalten.

[51] *Yves Congar*, Ordinations invitus et coactus de l'église antique au canon 214, in: RSPhTh 50 (1966), 169–197. Vgl. auch *Power*, Nunneries (wie Anm. 7), 47.

Gemeinsam betrat man nun unter großem Geläut den Nonnenchor, wo der Abt den Hymnus 'Te deum laudamus' anstimmte[52]. Währenddessen lag die neu gewählte Äbtissin in Demutshaltung ausgestreckt vor dem Altar, bis der Abt ihr das Zeichen gab, sich zu erheben, und sie zum erhöhten Priorinnensitz im Nonnenchor führte[53]. Während sich die Männer zum Imbiss zurückzogen, sang der Konvent noch die Non.

Sichtlich mit Stolz begann Mechthild Wilde ihre eigenen Aufzeichnungen mit der Notiz über ihre am Vortag des Valentinstages empfangene Auszeichnung: "Ego soror Mechtildis Wylde licet eciam immerita tercia feria Exurge in profesto sancti Valentini martiris electa sum a domino preposito N[ikolaus] Schomaker et a quibusdam aliis compromissariis a congregacione nostra unanimiter substitutis [. . .], que cum consensu tocius conventus elegerunt me in priorissam istius monasterii"[54]. An ihrem Wahltag aß sie nicht gemeinsam mit dem Konvent im Refektorium, sondern mit ausgewählten Schwestern im sogenannten Saal, während die Subpriorin für das Konventsessen sorgte. Das entsprach wohl ebenfalls einer Gewohnheit in den Frauenklöstern[55]. Für den Wahltag war noch eine weitere Kapitelsitzung vorgesehen, bei der der Propst Mechthild Wilde im Amt bestätigte[56], und die Schwestern den Gehorsamseid

---

[52] KlA Lüne, Hs. 24, fol. 3r/v: "Quibus peractis in electione necessariis dominus abbas duxit electam dominam una cum domino preposito in chorum et pater confessor H[enricus] M[aes] et II° notarii sequebantur eosdem in chorum virginum et dehinc conventus sequebatur. Interim fiebat pulsus sollempnis a sororibus conversis et omnibus chorum introgressis dominus abbas alta voce sollempniter intonuit ympnum 'Te deum laudamus' et conventus mox subiunxit 'Te deum confitemur' et cantavit eundem ympnum in finem, et interea electa domina iacuit prostrata ante altare in choro usque venerabilis abbas ei signum dedit, tunc surrexit de terra et tunc duxit eam abbas cum domino preposito in stallum suum, id est in locum superiorem ubi domina priorissa solet stare. His itaque gestis descendit dominus abbas cum domino preposito in ecclesiam cum H[enrico] M[aes] et II^obus notariis, et ibant ad prandium et conventus statim cantavit nonam."

[53] Der Ablauf war in dieser Form in den Statuten auch vorgesehen; vgl. KlA Lüne, Hs. 14, fol. 52r: "Facta electione mox electa ab abbate et preposito introducatur ad ecclesiam campanis omnibus sonantibus et decantetur a conventu ymnus 'Te deum laudamus' abbate inchoante; et prosternatur interim electa coram altari." Vgl. Ceremoniale Benedictinum (wie Anm. 24), 221–223 (Qualiter electus et confirmatus suscipiatur et admittatur).

[54] KlA Lüne, Hs. 24, fol. 4r.

[55] *Schlotheuber*, Klostereintritt (wie Anm. 1), 343.

[56] Das Statutenbuch versucht die Kompetenzen des Propstes zu wahren, indem eine Bestätigung der neuen Priorin durch den Bischof untersagt wird. Der Propst habe seit alters her die Macht, die Priorin einzusetzen; vgl. KlA Lüne, Hs. 14,

leisteten[57]. Wie es üblich war, nahm sie die Schlüssel der Amts-
schwestern als Zeichen ihrer Bereitschaft entgegen, von den Ämtern
zu resignieren. In der Formulierung, wie sie bei diesem ersten von
ihr geleiteten Kapitel nicht auf den gewohnten Platz zuging, sondern auf den Sitz der Priorin neben dem Lesepult, scheint noch
durch, wie ungewohnt die neue Würde noch war[58].

Aber alle diese Ereignisse bewegten Mechthild Wilde noch weit
mehr, als ihr geübter Bericht erkennen lässt. Der Ausgang der Wahl
war vorher wohl nicht abzusehen gewesen, und es war maßgeblich
die Gemeinschaft, die sich für sie entschieden hatte. Am Ende dieses bewegenden Tages begleitete sie den Konvent deshalb weder zur
Vesper noch zur Komplet. Nachdem sie zehn Jahre lang Küchenmeisterin gewesen war, vermochte sie nicht so rasch die für das
Stundengebet geforderte innere Ruhe aufzubringen. Am Abend zog
sie sich ermüdet mit Erlaubnis der Seniorschwestern zurück, um alles
zu überdenken: "Item ipso die non ivi ad vesperas nec ad collacionem nec ad completorium nec ad matutinas, quia X annos fueram
in officio coquinarie, unde lassata tam cito ad quietem mentis venire
non poteram, quod seniores matres pie considerantes mihi remissionem dederunt"[59].

---

fol. 52v: "Et ipsa electa nullatenus ab episcopo confirmacionem rogare vel suscipere debet, quia ad prepositum huius monasterii qui pro tempore fuerit devolvitur
potestas confirmandi priorissam; ipse siquidem in hoc actu plenariam habet aucto-
ritatem, prout hic semper hucusque servatum est." Eine Bestätigung der Äbtissin
oder Priorin war durchaus üblich und entsprach dem Kirchenrecht, aber sie war
mit Kosten verbunden; vgl. *Mellinger*, Politics (wie Anm. 7), 534.

[57] KlA Lüne, Hs. 24, fol. 4v: "Deinde ivi ante dominum prepositum et iterum
flexis genibus rogavi confirmacionem ita dicens: 'Reverende pater et domine peto
humiliter mihi dari confirmacionem propter Ihesum'. Et tunc ivi in locum priorisse
et sedi super banca iuxta analogium et statim omnes matres et sorores venerunt
secundum ordinem et fecerunt obedienciam. Prima mater subpriorissa et post eam
alie secundum ordinem ita dicentes in omni humilitate: 'Venerabilis domina, ego
soror N promitto vobis obedienciam secundum regulam et cerimonias nostras'."

[58] Ebd.: "Et interim officiantes resignaverunt officia sua et claves, sed iuxta ammo-
nicionem domini abbatis reddidi eis claves in presenti. His ita gestis exierunt monasterium dominus abbas etc.; et ego sequebar eas cum matre subpriorissa et sacrista
L G ante ostium ecclesie." Vgl. dazu die Lüner Statuten in KlA Lüne, Hs. 14, fol.
53r: "Hiis omnibus rite peractis omnes professe tam monache quam converse per
ordinem flexis genibus obedienciam ei prestent manualem. Officiales eciam resig-
nantes officiis suis, assignent ei claves quibus use fuerint in eisdem." Die Statuten
sahen auch die Übergabe der Klosterschlüssel und des Archivs vor: "Tradentur ei
eciam claves monasterii omniumque utensilium, iurum et bonorum monasterii pos-
sessio ei assignetur in signum realis et actualis possessionis" (ebd.).

[59] KlA Lüne, Hs. 24 fol. 4v.

WESSEL GANSFORT (1419–1489) AND RUDOLPH AGRICOLA (1443?–1485): PIETY AND HEBREW

Arjo Vanderjagt
(Groningen)

1. *Northern Humanism and Devotion*

In 1913 the Dutch church historian Johannes Lindeboom coined the phrase 'Biblical humanism' or 'Bible humanism' ('Bijbelsch humanisme'). He used it to characterise a tradition of theology and piety in the fifteenth and sixteenth centuries that is clearly distinct from the Catholicism oriented towards Rome as well as from the Protestantism allied to Zwingli, Luther and Calvin[1]. This third way is essentially and self-confidently non-institutional and non-denominational. It is linked directly to Erasmus, and Lindeboom finds its roots in the thought and writings of Wessel Gansfort (1419–1489) of Groningen[2]. "This form of Christianity was born when humanism, purifying language, triumphantly held up the ancient documents of faith, partly in an indictment of church dogma and scholarship, partly in justification of its own goals. This was the renaissance of Christianity; it was also one of the loftiest and richest manifestations of humanism itself, demonstrating at once wealth of form and of contents"[3]. It is

---

[1] *Johannes Lindeboom*, Het Bijbelsch humanisme in Nederland. Erasmus en de vroege reformatie, Leiden 1913, Reprint Leeuwarden 1982 (with an introduction by Cornelis Augustijn, and with the same pagination).

[2] Seminal studies on Gansfort are still *Edward W. Miller/Jared W. Scudder*, Wessel Gansfort. Life and Writings. Principal Works, 2 vols., New York/London 1912; *Maarten van Rhijn*, Wessel Gansfort, The Hague 1917; *id.*, Studiën over Wessel Gansfort en zijn tijd, Utrecht 1933; a collection of studies: Wessel Gansfort (1419–1489) and Northern Humanism, ed. Fokke Akkerman/Gerda Huisman/Arjo Vanderjagt, Leiden 1993; two important recent articles are *Jaap van Moolenbroek*, Wessel Gansfort as a Teacher at the Cisterican Abbey of Aduard, in: Education and Learning in the Netherlands, 1400–1600. Essays in Honour of Hilde de Ridder-Symoens, ed. Koen Goudriaan/Jaap van Moolenbroek/Ad Tervoort, Leiden 2004, 113–132, and *id.*, The Correspondence of Wessel Gansfort. An Inventory, in: Dutch Review of Church History 84 (2004), 100–130; see, too, the extensive bibliographies in the last three works.

[3] *Lindeboom*, Het Bijbelsch humanisme (as n. 1), 5.

exactly this last phrase, which pairs form and contents, that imparts to us Lindeboom's criticism on the one hand of renaissance humanism as he understands it to have developed in Italy and on the other his sympathy for the Christian humanism he discovers in the North. The Italian renaissance of Antiquity and the 'pagan' humanism which is its manifestation is primarily aesthetic and it leads to imitation, superficiality and later even to obscenity. It is mere 'form' and style, whereas Christian, especially 'Bible' humanism is geared toward applying the new forms, linguistic methods and knowledge to revive the ancient sources of Christianity in order to renew faith and in particular to instill piety. To be sure, there is Christian humanism, too, south of the Alps – Lorenzo Valla and Pico della Mirandola spring to Lindeboom's mind – but the renaissance of Christianity is for him primarily a northern affair. "The promised land" ("het beloofde land") of 'Bible humanism' lay in the northern Low Countries, the lands along the Rhine River, and in Westphalia, in what Lindeboom in 1913 collectively calls 'West-Duitschland'[4].

In a book that puts so much emphasis on *Bible* humanism, one would expect to find a discussion of the precise way in which the Bible, both Old and New Testaments, is used by the author's heroes. But neither Lindeboom nor most other scholars who have worked in the field since the publication of his book have given much attention to the actual exegetical practices of fifteenth-century northern humanists. This is quite understandable because much energy was devoted to establishing the relation of these late-medieval devouts and scholars to the Reformation: were they forerunners or not? and to the Modern Devotion: to what extent were they influenced by that movement of piety[5]? The first group of primarily students of the Reformation was more interested in the history of dogma and doctrine; exegetical points, for example, with regard to the central theme of the Eucharist were discussed only in that context. When

---

    [4] Ibid., 6.
    [5] These issues are still standard fare, see for example *Heiko A. Oberman*, Wessel Gansfort. Magister contradictionis, in: Wessel Gansfort and Northern Humanism (as n. 2), 97–121; *Antonius G. Weiler*, The Dutch Brethren of the Common Life, critical theology, Northern Humanism and Reformation, in: Northern Humanism in European Context, 1469–1625. From the "Adwert Academy" to Ubbo Emmius, ed. Fokke Akkerman/Arjo J. Vanderjagt/Adrie H. van der Laan, Leiden 1999 (= Brill's studies in intellectual history 94), 307–332.

it came to Bible studies, scholars of the Modern Devotion were in a sense handicapped by that movement itself. Even though Geert Grote and Gerhard Zerbolt of Zutphen remark not infrequently on their desire for an uncorrupted text of the Bible and the Windesheimers did try to revise the heterogeneous Vulgate albeit on randomly selected texts from the Alcunian tradition, their painstaking work could be summed up by Regnerus Post thus: "They were not interested in the correct text of the Bible or in its meaning, but in uniformity at the choir service and in reading aloud"[6]. It appears then that the piety of the Modern Devouts and the Windesheimers took precedence over their interest in the original text of the Bible and its exegesis.

Of course, much important and stimulating work was done in the twentieth century by the more traditional scholars of the Modern Devotion, the Reformation, and of Northern Humanism. About a quarter of a century ago, however, a new approach was taken in the field of Northern Humanism. In 1972 Aloïs Gerlo and Hendrik Vervliet published their 'Bibliographie de l'humanisme des anciens Pays-Bas', and in 1975 Jozef IJsewijn's 'The coming of humanism to the Low Countries' put down, as it were, a programme of studies for future scholars of (proto)humanism in the Low Countries of the fifteenth and sixteenth centuries[7]. Gerlo and Vervliet (and their supplementarians De Schepper and Heesakkers), and IJsewijn were primarily (neolatin) philologists and literary historians, a different breed altogether from those already at work on this period, who generally concentrated on church history, theology, doctrinal issues and the study of piety. But there was also some, what might be called, cross-over behavior. A foremost scholar of Late Medieval and Early Modern religion, theology, doctrine, and even social history such as Heiko Oberman was also a philologist, and he had an acute sense for literature and poetry as well[8]. Still, since 1975 only little

---

[6] *Regnerus R. Post*, The Modern Devotion, Leiden 1968, 307.

[7] *Aloïs Gerlo/Hendrik D. L. Vervliet*, Bibliographie de l'humanisme des anciens Pays-Bas, Brussels 1972; Supplément 1975–1985, ed. Marcus de Schepper/Chris L. Heesakkers, Brussels 1988; *Jozef IJsewijn*, The coming of humanism to the Low Countries, in: Itinerarium Italicum. The profile of the Italian Renaissance in the mirror of its European transformations. Dedicated to Paul Oskar Kristeller on the occasion of his 70th birthday, ed. Heiko A. Oberman/Thomas A. Brady Jr., Leiden 1975 (= SMRT 14), 193–301.

[8] Oberman used his skills in (Hebrew) philology and social history to great

further research has been done on the actual, specific exegetical use
of the Bible by early northern humanists such as Wessel Gansfort
(1419–1489) and Rudolph Agricola (1443?–1485)[9]. Given the importance most scholars attach to these two humanists as pivotal figures
in the period between the scholasticism of the Middle Ages on the
one hand and the early-modern reformations and Reformation on
the other, this is remarkable. Scholars continued to give place to
Gansfort and Agricola either in the context of scholastic philosophy
or in that of the modern devotion and piety, or again within the
realm of the 'studia humanitatis' and its logic, rhetoric and style.[10]
There seemed almost to be a kind of academic paradigm – perhaps
a little wickedly to be designated as 'learning blinds' – that kept
scholars from carefully examining the concern which is asserted to
lie at the very heart of fifteenth-century Bible humanists, namely
their study and use of the Bible itself. There was greater interest in
highly intellectual, paradigmatical discussions about the seemingly all-
encompassing, general scholarly movements of Late-Medieval Europe
and the place and influence of our humanists there within.

In 1992 Berndt Hamm put forward the new interpretative category of 'normative centering' ('Normative Zentrierung') for research
into fifteenth-century religion and society, especially for a better,
more complete understanding of the type of late-medieval theology
which he had earlier in 1977 designated as 'Frömmigkeitstheologie'

---

advantage, e.g. in his discussion of Wessel Gansfort; cf. *Heiko A. Oberman*, Discovery
of Hebrew and Discrimination against the Jews. The Veritas Hebraica as Double-
Edged Sword in Renaissance and Reformation, in: Germania Illustrata, ed. Andrew
C. Fix/Susan C. Karant-Nunn, Missouri 1992 (= SCES 18), 19–34; *id.*, Wessel
Gansfort (as n. 5).

[9] Fokke Akkerman has recently discovered that the hithertoo accepted birthdate
of 1444 should probably be corrected to 1443; his findings will be published shortly.

[10] See Rodolphus Agricola Phrisius (1444–1485). Proceedings of the International
Conference at the University of Groningen 28–30 October 1985, ed. Fokke
Akkerman/Arjo Vanderjagt, Leiden 1988 (= Brill's studies in intellectual history 6);
[Wessel Gansfort and Northern Humanism (as n. 2)]; Northern Humanism in
European Context (as n. 5); Rudolf Agricola 1444–1485. Protagonist des nordeuro-
päischen Humanismus zum 550. Geburtstag, ed. Wilhelm Kühlman, Bern 1994; cf.
to excellent studies such as *Peter Mack*, Renaissance Argument. Valla and Agricola
in the Traditions of Rhetoric and Dialectic, Leiden 1993 (= Brill's studies in intel-
lectual history 43); see also, for example, the discussion of Agricola in *Ann Moss*,
Renaissance Truth and the Latin Language Turn, Oxford 2003. On the other hand,
Lisa Jardine, Erasmus. Man of Letters. The Construction of Charisma in Print,
Princeton 1993, thinks Agricola's fame exaggerated and explains it as literary construction by Erasmus.

('theology of piety')[11]. According to him "[t]he 'theology of piety' saw a high degree of simplification and reduction, or 'centering', in comparison to complex scholastic theology and speculative mysticism. Theological knowledge and spiritual experience were boiled down and reduced to those elements considered primary to the didactics of 'piety'. [. . .] [P]roponents of the 'theology of piety' shared basic assumptions about their task and method, evident in their reduction and simplification of the material with the common aim to provide guidance which was focused almost exclusively on that which aided devotion and led to salvation"[12]. This excitingly new approach would appear to give present-day scholars an excellent excuse to climb down from the ephemeral heights of scholasticism and speculation and the ensuing modern interpretations in order to concentrate on what really mattered to Bible humanists.

Before discussing piety and Hebrew in Gansfort and Agricola, a problem must be addressed in this context of normative centering especially with regard to the latter humanist. No one will dispute that Gansfort's intentions are quite adequately described by Hamm's characterisation of normative centering as he applies it to the theology of piety. Even though the length of Ganfort's principal works 'De oratione et modo orandi', the 'Scala meditationis' and 'De dispensatione Verbi incarnati, et magnitudine passionis' initially suggests otherwise, further reading shows them to concentrate almost entirely on the salvific devotion which their author derives directly from the Gospels and the book of Psalms, using a lucid, expository and explanatory style[13]. Time and again, Gansfort insists that the first and only rule of faith for any Christian believer in whatever circumstances is to be the Gospels and what was handed down by

---

[11] Cf. *Berndt Hamm*, Reformation als normative Zentrierung von Religion und Gesellschaft, in: JBTh 7 (1992), 242–279; see also *id.*, Normative Centering in the 15th and 16th Centuries, in: The Reformation of Faith in the Context of Late Medieval Theology and Piety, ed. Robert J. Bast, Leiden 2004 (= SHCT 110), 1–50.

[12] *Hamm*, Normative Centering (as n. 11), 19f.

[13] *Wessel Gansfort*, Opera, Groningen 1614 (repr. Nieuwkoop 1966), 1–192 (De oratione et modo orandi); 193–412 (Scala meditationis); 457–644 (De dispensatione Verbi incarnate et magnitudine passionis). Although *Miller/Scudder*, Wessel Gansfort (as n. 2), claim that they translate Gansfort's 'Principal Works', they do nothing of the sort. By 'principal works' they mean those writings of Gansfort which can be brought to bear directly on Reformed doctrine; hence they leave most of Gansfort's works, including the ones just mentioned, untranslated.

the Apostles. In the early sixteenth century, Albert Hardenberg in his biography of Gansfort writes that to that purpose the former, as much as anyone could at that time, sought out the Greek – and by extension – the Hebrew sources in order to understand the meaning of the original texts[14].

2. *Rudolph Agricola (1443?–1485)*

For Agricola, however, things seemed rather different. In his 'Het Bijbelsch humanisme', Lindeboom insisted that form and content were closely connected in Gansfort, but that "Agricola's humanism is principally formal in nature, seeking its highest ideal and favorite scope in Ciceronian 'eloquentia'. It was the cult of words, not of thought".[15] Since this assessment – Lindeboom's dislike quite crackles across his pages – Agricola has all but in name been dropped from the annals of the history of fifteenth-century devotion and piety. Scholars today with a greater secular interest have learnedly discussed Agricola's rhetoric, logic, methodology, and his literary style but only little attention has been given to his devotional or 'pious' side[16]. But recently, however, Adrie van der Laan has succinctly shown that "from Agricola's entire literary heritage it is clear that he was a devout Christian. Typically, however, his faith is expressed in a subtle manner. His extant letters contain hardly a passage that gives an indication of his religious conviction. [. . .] The 'studia humanitatis' form the core of his education program. [. . .] Yet in the end, even these authorities lack the essential knowledge that is necessary to fulfil man's final destination in life. To that end only the Bible will do"[17]. Agricola in fact seeks to 'reducc' moral, metaphysical and physical speculation. In his important letter (1484) about a humanist programme of studies to his friend Jacob Barbireau, magister choralium of the church of Our Lady at Antwerp, Agricola

---

[14] *Albert Hardenberg*, Vita Wesseli Groningensis, in: *Gansfort*, Opera (as n. 13), **[1v]: "sed quaesivit fontes quantum omnino potuit pro tempore illo."

[15] *Lindeboom*, Het Bijbelsch humanisme (as n. 1), 62f.

[16] See Rodolphus Agricola Phrisius (as n. 10), and Rudolf Agricola (as n. 10).

[17] *Adrie van der Laan*, Humanism in the Low Countries before Erasmus. Rodolphus Agricola's address to the clergy at Worms, in: Antiquity Renewed, ed. Zweder von Martels/Victor M. Schmidt, Leuven 2003, 127–166, here: 136f. Van der Laan gives an extended assessment of earlier literature on Agricola, including *Lindeboom*, Het Bijbelsch humanisme (as n. 1).

discusses the two realms of human thought: actions and morals, and the nature of things[18]. As for actions and moral, we must look to philosophers such as Aristotle, Cicero and Seneca, and to classical historians and poets and orators. But in final analysis, "[e]verything handed down by others [than by Holy Writ; A. V.] contains mistaken ideas of one kind or another". We must therefore use the Bible alone to arrange our lives. Agricola continues that although the study of the nature of things gives us pleasure and adorns our minds, this work "non necessaria sit ad boni uiri mentem formandam effingendamque"[19], although it does divert us from 'crude and trivial concerns'.

Earlier, in his 'In laudem philosophiae Oratio' (1476), Agricola had already dissuaded from the intense study of physics and of natural theology because these treat of the eternal, unchanging laws by which God directs the universe. The scholarly examination of such laws neither changes them nor profits humanity. It is sufficient to be piously amazed by God's majesty as they express it.[20] Man's studious exertion must be applied 'utile aptumque' to his physical and social concerns – e.g. medicine and politics – or to his spiritual well-being – the pious examination of Scripture, even if, in the case of Agricola himself, he is postponing that study to his 'old age'.

Thus both Gansfort and Agricola fit Hamm's bill of the reduction and simplification – the 'normative centering' – of the feverish intellectual activity of scholastics, speculative mystics and their ilk to which the theology of piety aspires. It is in final analysis the careful reading of Scripture that is the very nexus of human activities, and hence derives the interest of Agricola and Gansfort in the Hebrew text of the Psalms and by extension the rest of the Old Testament.

On November 9, 1484, Agricola from Heidelberg sent a letter, written partly in Greek, to Johann Reuchlin, in reply to two letters from him which have not survived[21]. The major theme of this correspondence was the value of a knowledge of Hebrew. Agricola had apparently decided to study Hebrew in the course of 1479, and he had then defended his decision to his medical friend Adolph Occo

---

[18] *Rudolph Agricola*, Letters, ed. Adrie van der Laan/Fokke Akkerman, Assen/Tempe 2002, 200–219, letter 38 (generally known as 'De formando studio').

[19] *Ibid.*, 206.

[20] *Arjo Vanderjagt*, Rudolph Agricola on ancient and medieval philosophy, in: Rodolphus Agricola Phrisius (as n. 10), 219–228, here: 222f.

[21] *Agricola*, Letters (as n. 18), 226–231, letter 41.

thus: "I see the Holy Writ as being the most honourable study for my old age, and you know how helpful Hebrew can be to me in this respect. Unless I am simply being too self-indulgent, it will perhaps be the right thing for me to engage in theology in a more sophisticated way, and better equipped with letters than the common run of people [. . .]"[22]. In the Spring of 1484, he is learning Hebrew from an erudite, converted Jew, whose name is unknown, at the court of Bishop von Dalberg in Heidelberg[23]. It seems that Reuchlin, who had then not yet mastered Hebrew – Gansfort's lessons to him at Basel in the mid-'70s may in hindsight have gained importance in his mind towards the end of his life[24] – is aware of Agricola's venture and writes him that he believes it a waste of time. Ironically, Agricola counters: "[a]s you must know, I do not make mistakes without reason, even though it is for the wrong reason. For I think that great men like yourself, who have acquired a famous and illustrious reputation from more distinguished studies [e.g. Greek; A. V.], can easily account for your lives without studies such as Hebrew. [. . .] But [. . .] what will I have to defend my studies from being labeled a form of inertia if I do not try my hand at something more impressive than the common herd?" Agricola reiterates what he has written Occo and Barbireau, namely that he intends to spend his old age studying Holy Writ, adding that Wessel Gansfort has 'acriter' encouraged him to learn Hebrew, much as Reuchlin says that the latter has dissuaded him. It seems that Agricola had made enough progress in his Hebrew studies by the end of 1485 and gained some reputation in them as well for Reuchlin to write him urgently on a matter of the at that time much debated interpretation of God's name in Psalm 54[25]. An answer, if one was indeed written, has not survived, and Agricola died on October 27, 1485, four years before his older friend Wessel Gansfort.

---

[22] Ibid., 144–116, letter 18.

[23] Ibid., 216f, letter 38. Agricola was acquainted with a number of Jews and Jewish converts to Christianity, among them the well-known Flavius Wilhelmus Raimundus Mithridates, later teacher of Pico della Mirandola; cf. ibid., 246f, letter 47; on Mithridates: *Franz J. Worstbrock*, Die Brieflehre des Konrad Celtis, ed. Ludger Grenzman/Hubert Herkommer/Dieter Wuttke, Göttingen 1987, 242–265, here: 257–260; and especially *Chaim Wirszubski*, Pico della Mirandola's Encounter with Jewish Mysticism, Cambridge/Mass. 1989, passim.

[24] See below.

[25] *Agricola*, Letters (as n. 18), 256f, letter 52; cf. *Arjo Vanderjagt*, Ad fontes! The early humanist concern for the Hebraica veritas, in: Hebrew Bible/Old Testament.

3. *Wessel Gansfort (1419–1489)*

It is unknown when Wessel Gansfort became interested in Hebrew. Born around 1419 in the very heart of the city of Groningen – not far from pizzeria 'Italia', well-known to present-day scholars of the later Middle Ages who have visited the city such as Berndt Hamm – to a baker's family with just enough money to send him to St Martin's Latin school, he was a gifted student[26]. Soon, however, the family fell on bad times and would have been forced to send the young Wessel out to work had the burgomaster's wife, Oda Jarges, not heard about his plight. She paid for his schooling and then with her own son sent him on to Zwolle around 1432 to continue at the Latin school there and with the Brethren of the Common Life. A quick-witted student, he soon became a master himself meanwhile striking up an intimate friendship with Thomas a Kempis. The piety and devotional practice of the modern devouts attracted Gansfort but a thirst for scholarship and dialectical precision led him to opt for a career of learning. In 1449 he matriculated as a student in the university at Cologne[27]. Taking his degree as Magister artium in 1452, he possibly visited Paris soon afterwards and certainly taught at Cologne and Heidelberg until about 1460, occasionally visiting Zwolle. In the '60s he may have spent time in the French towns to which he refers in his writings: Lyon, Limoges, Poitiers and Vienne[28]. The first references to Gansfort's knowledge of Hebrew derive from himself and from the testimony of Johann Reuchlin to Melanchthon mentioned by the latter in his life of Agricola of 1539 but which he must have heard before Reuchlin's death in 1522.

Reuchlin told Melanchthon that while he was studying at Basel between 1474 and 1477, Gansfort privately tutored him there in theology, Greek and Hebrew. Sometimes called a doctor of theology in the fifteenth century, no record of that degree to his name has

---

A History of Its Interpretation, vol. 2, chapter 7, ed. Magne Saebø, Göttingen 2005, [forthcoming].

[26] For Gansfort's biography see *Van Rhijn*, Wessel Gansfort (as n. 2), 23–155, and the important corrective update in *Van Moolenbroek*, Correspondence (as n. 2). *Miller/Scudder*, Wessel Gansfort (as n. 2), is rife with errors.

[27] *Erich Meuthen*, Kölner Universitätsgeschichte, Bd. 1: Die alte Universität, Köln 1988, 205f; on the attraction of Cologne for scholars from Groningen, including Rudolph Agricola, *ibid.*, 93f, and 213f.

[28] *Van Moolenbroek*, Correspondence (as n. 2).

hithertoo been found. As for his knowledge of Hebrew, the facts are only slightly less uncertain. According to Van Rhijn, who bases his conjecture on Hardenberg's life of Gansfort, Wessel began to learn Hebrew when he first came to Cologne[29]. Of course it is telling that Reuchlin in his greatness as a Hebraist later deigns to remember Gansfort as his earliest teacher of Hebrew, who, as we have seen above, dissuaded him from making a career of it. Clearly, Gansfort possessed more than the not uncommon smattering of a few Hebrew words learnedly displayed by some of the more astute scholastic theologians and devout brethren of the fourteenth and fifteenth centuries. This can be demonstrated rather colorfully by an anecdote he himself enjoyed relating. Possibly during a visit to Florence, Gansfort had struck up a friendship with Francesco della Rovere, minister general of the Franciscans from 1464 and cardinal of San Pietro in Vincoli at Rome from 1467[30]. After Francesco's elevation as pope Sixtus IV in 1471, Gansfort visited him at Rome perhaps around 1473 and sermonised the former Franciscan on his spiritual duties, apparently appalled by the latter's question as to what worldly goods he might desire, and no doubt also aware of the pope's un-bridled nepotism and the venality of office under his reign. Pressed by the Holy Father to demand at least something, Gansfort had asked for Greek and Hebrew Bibles from the Vatican library. These books he had with him when he returned to Zwolle and Groningen around 1477[31]. This story juxtaposes the great tireless Restaurator

---

[29] *Van Rhijn*, Wessel Gansfort (as n. 2), 66–68.

[30] *Ibid.*, 90–93, and 103–105. Wessel Gansfort is not mentioned in recent studies on Sixtus IV, e.g. Un pontificato ed una città. Sisto IV (1471–1484), ed. Massimo Miglio et al., Vatican City 1986, and *Egmont Lee*, Sixtus IV and Men of Letters, Rome 1978. Gansfort and Rovere's friendship may have been informed by their mutual interest in the vicious philosophical debate on future contingents at Louvain between the nominalist Hendrik van Zomeren and Petrus de Rivo; on this *Concetta Bianca*, Francesco della Rovere. Un Francescano tra teologia e potere, in: Un pontificato ed una città (supra), 19–55, here: 41–46; for Gansfort's ideas on nominalism and realism see *Van Rhijn*, Wessel Gansfort (as n. 2), esp. 78–85, and *Henk A. G. Braakhuis*, Wessel Gansfort between Albertism and Nominalism, in: Wessel Gansfort and Northern Humanism (as n. 2), 30–43.

[31] Gansfort's Greek Bible has probably been lost; he must have had his Hebrew text with him at the Cistercian St Bernard abbey at Adwert near Groningen after 1477 for there is a contemporary account that the younger monks laughed at the strange sounds the pious master made while reading from it aloud. It seems some leaves from this Bible were still extant in the early seventeenth century. Recently a folio of Hebrew (Joshua 21:7–38 and 17:6–18:21), probably written in Italy in the twelfth century, was extracted from the covers of a collection of Bonaventura's

Urbis, the patron of Pinturicchio, Ghirlandaio, Perugino and Botticelli, the builder of the Sistine Chapel, in short the universal constructor of papal aesthetic with the pious reductor of human activity to the simple perusal and ethical adaptation of the dual fount of faith, the Hebrew and Greek testaments. If this is not normative centering, nothing is.

Without discussing them, Maarten van Rhijn in a note gives a listing of the most important places in Gansfort's writings where he treats and puts to use his reading of the Hebrew original of the Bible[32]. An examination of these and a few other citations shows that Gansfort is restrained in demonstrating his scholarship and ingenuity, limiting himself strictly to what he thinks might benefit what elsewhere he calls the salvific ministry of piety[33]. His seems to have been a different sensibility than that of his contemporary humanist friends who gladly touted their learning. In fact, his discussions of the Old Testament are almost invariably connected to the New or to the Psalms, the 'voice' of Jesus through David in the Old. In Gansfort's view, the church's ministerium of piety must be founded entirely and directly on the Gospels and the Apostles, thus leaving the Old Testament behind and circumventing later ecclesiastical, papal interpretations. The truth of the Gospel, for example, with regard to the implications and connotations of the second word of the Lord's Prayer: 'noster' – most importantly that every knee must bow to God the Father – is, according to Wessel, so universal that it is indirectly found in both 'Thalmud & Alcoranus'[34].

---

works (printed in 1495) from the Franciscan library at Groningen. It is difficult to imagine that others than Gansfort in this northern city would have then been able to read Hebrew. Still, chances are slim that this is indeed part of Gansfort's Bible because the text is Aramaic in Hebrew characters; but then again the differences are not all that great for someone with more than a little knowledge. Cf. Hel en Hemel, ed. Egge Knol/Jos. M. M. Hermans/Matthijs Driebergen, Groningen 2001, 83–84.

[32] Van Rhijn, Wessel Gansfort (as n. 2), 67; this listing has 24 items to which another ten or so can be added. Gansfort often cites from the Old Testament but apparently does not always need the Hebrew to clarify his thought. Only a part of Gansfort's writings is extant; it is likely that there was more Hebrew in the large notebook which he always carried with him (he called it his 'Mare Magnum') and in other writings which were destroyed soon after his death, allegedly by friars who were afraid that these contained heterodox theological opinions. For remarks on some of these readings see below and also Oberman, Discovery of Hebrew (as n. 8); id., Wessel Gansfort (as n. 5); Vanderjagt, Ad fontes (as n. 25) [forthcoming].

[33] Gansfort, Opera (as n. 13), 892 (De sacramento poenitentiae).

[34] Ibid., 71 (De oratione dominica).

Several specimens of Gansfort's unconventional insight for his times
into the Hebrew text of the Bible can be brought forward here. The
first is his analysis of Psalms 25:6 in the context of his discussion of
the Lord's Prayer[35]. He points out that the Latin translates the
Hebrew words "rechem" and "chesed" with a single concept "mise-
rationes/misericordiae". Thus the Vulgate ignores the fact that
"rechem" refers to the motherly womb and that it can be interpreted
to signify maternal love whereas "chesed" means paternal care and
love. Gansfort then concludes "quia sicut Deus nobis pater, sic mater
est". Therefore – quoting the medieval Dutch – the third scale of
the love of God towards us becomes that of "moederlike goedertie-
renheit doer welke god tot ons beweecht wort recht als een moeder
tot dat kindekijn hoer lichaems"[36]. This is an important theme to
Gansfort and he employs it as well in his 'De causis incarnationis',
'De sacramento eucharistiae' and in 'De providentia dei'[37].

Closely related to this insight of God as both Father and Mother,
Gansfort in other places returns to cognates of "rechem". In chapter 27 of 'De magnitudine passionis' he departs from a discussion
of Psalms 108 (109):4–5, where "the Prophet speaks in the person
of the Lord Jesus: '[i]n return for my love they accuse me [. . .],
[s]o they reward me evil for good'" (RSV)[38]. Gansfort imputes this
hatred for Jesus to the Jews but continues that yet "[n]ecesse igitur
dilectionem Domini Iesu in eis non perfunctoriam fuisse, aut, ut dici
solet, superficialem". He compares this love to the sad words of Paul
in Romans 9:3, where the Apostle demonstrates his great love for
his brethren – the Jews – by exclaiming that he would even desire
to be cut off from Jesus for their sake, and he puts the question
whose love is greater, that of Paul or of Jesus. The answer is obvious:
Paul's love has bounds, but Christ's love "[p]ro omnibus. Igitur &
pro me" is boundless as sand at the seashore. Concluding, Gansfort
then quotes the beginning of Psalm 18 (17), "Diligam te, Domine",

---

[35] Ibid., 59–61. Cf. the Dutch vernacular translation of this work (c. 1500) in:
Wessel Gansfort, De oratione dominica in een Dietse bewerking, ed. Anne J. Persijn,
Assen 1964, 113f; see also the discussion of this point in *Oberman*, Discovery of
Hebrew (as n. 8), 28f; *id.*, Wessel Gansfort (as n. 5), 114–116; cf. *Vanderjagt*, Ad
fontes (as n. 25), [forthcoming].

[36] *Gansfort*, De oratione (as n. 35), 117; cf. Gansfort, *Opera* (as n. 13), 61: "Viscera,
seu pietas materna, qua sicut mater super puero uteri sui, ita super nobis afficitur."

[37] Ibid., 453; 697; 721.

[38] Ibid., 508–511.

putting it in his readers' mouths; he points to the Hebrew 'Archamcha Jehovah' and describes the love for God in the first person singular, in feminine, maternal terms: "hoc est, matercaliter amabo te Domine; vel, matercaliter movebor in te; aut, matercaliter miserabor tui Domine"[39]. How extraordinary Gansfort's insight is into the feminine aspect of the Hebrew here can be seen from the commentary on the same Psalm by his contemporary Pico della Mirandola, a great Hebrew scholar, who ignores it[40].

Elsewhere the creative importance has been shown of Gansfort's understanding based upon his knowledge of Hebrew of the revelation of God's name in Exodus 3:14 – "I am who I am" – rendered in the Latin Vulgate as "Ego sum qui sum"[41]. The Hebrew, insists Gansfort in a number of places in his works, is "ehejeh asher ehejeh" and this translates into the Latin in the future tense: "Ero qui ero" and without the pronoun "Ego"[42]. He thus undermines the philosophy and theology of being which is underwritten by the scholastics, in which God is the supreme Being: [God] "semper erit quod non comprehendant"[43]. Interestingly, too, he formulates an understanding of the Trinity in this context, and also a history of hermeneutics in which he defends the 'classic' translation of "Ego sum qui sum" by St Jerome and the doctors of the Church. However, now that Christian doctrine has been firmly established, it is important to make known the truth of the Hebrew original in order to stem the ridicule of the Jews[44]. Throughout his works, Gansfort continues to discuss this and the various other Hebrew names of God[45].

---

[39] *Ibid.*, 510f; the Hebrew word has the light connotation of a mother's womb; in his 'De sacramento eucharistiae' (ibid., 679f), Gansfort issues these words of the Psalmist from the Virgin's mouth, comparing her love for Jesus with that of the Magdalene. It must be noted here that the printer of the 1614 edition of Gansfort's works makes a mistake by printing "Ar(c)hanicha", obviously confusing "ni" for a handwritten "m".

[40] Pico's commentary on this phrase reads: "Erchomcha significat amare et diligere, quod Septuaginta sequuti sunt, et hoc modo potissimum exponunt Hebrei. Significat etiam supplicare, sed, cum potius victoria sit, non supplicat sed agit gratias"; see *Ioannis Pici Mirandula*, Expositiones in Psalmos, ed. Antonio Raspanti, Florence 1997, 132.

[41] *Oberman*, Discovery of Hebrew (as n. 8), 29.

[42] *Gansfort*, Opera (as n. 13), 74f, and 419–421.

[43] *Ibid.*, 421.

[44] *Ibid.*, 419.

[45] E.g. *ibid.*, 72; 74–78; 85; 97f; 101–103; 419f; 436f.

Much work must still be done on Gansfort's use of the Hebrew (and also the Greek) text of the Bible, and on his debt to earlier scholastic scholars. Among his ideas are the exegesis of Psalms 110 (111):4–5 ("Escam dedit timentibus se"), pointing out the meaning there of "Theref" (= taroph) translated into Latin as "esca" and its connection to Hebrews 13:11–12. This touches directly on Christ and the Eucharist and is thus of great importance to Gansfort's salvific theology[46]. Other unexpected insights which he gleans from his knowledge of Hebrew include the idea that the word "ruach" at the basis of the name of the Holy Spirit has an element of fragrance to it[47], that the second word of the Titulus of the Cross might be read "HaNozri", or in Latin: "Floridus", allowing him to exclaim to Jesus: "Esto mihi rex, O floridi rex"[48], and the sympathetic idea, as well, that Christ came to save not only human beings but also the animals, a notion which he discusses in the context of his interpretation of the name "Maher Shalal Hash Baz" (Isaiah 8:3)[49]. His is in general no dry and distanced scholarship but one that is normatively centred around his pious concerns and those of his audience and readership. Hence, too, it is often worded directly and insistingly in a first or second person performative language of faith, not in the third of declarative expository learning.

---

[46] *Vanderjagt*, Ad fontes, (as n. 25), [forthcoming]; cf. *Gansfort*, Opera (as n. 13), e.g. 149; 515–529; 684–688.

[47] *Ibid.*, 125.

[48] *Ibid.*, 403, and 472f.

[49] *Ibid.*, 589f: "Quid enim divino consilio virgineis maternis manibus in praesepe ponitur in stabulo Iesus, nisi quia jumenta salvare venit?"

"ETTWAS ZU SAGEN VON DEN IUDEN". THEMEN UND FORMEN ANTIJÜDISCHER EINBLATTDRUCKE IM SPÄTEN 15. JAHRHUNDERT

Christine Magin
(Greifswald)

Falk Eisermann
(Leipzig)

1. *Christlich-jüdische Beziehungen und die 'Medienrevolution' des 15. Jahrhunderts*

Die Beschäftigung mit antijüdischer Druckpublizistik des späten Mittelalters und der frühen Neuzeit erfordert, um ihre argumentativen Konstanten ebenso wie ihre konkreten historischen und theologischen Hintergründe einordnen zu können, einerseits Untersuchungen zur Geschichte der christlich-jüdischen Beziehungen und der antijüdischen Traditionen. Andererseits ist in Anbetracht des allgemeinen Wandels der spätmittelalterlichen Kommunikation, oft mit dem etwas übertriebenen Schlagwort der 'Medienrevolution' belegt, eine eingehende Beschäftigung mit dem frühen Buchdruck und mit den technischen Gegebenheiten und hauptsächlichen Inhalten anderer neuer Reproduktionstechniken – wie etwa der Druckgrafik – für das richtige Verständnis der Drucke unabdingbar. Welche Ergebnisse erzielt werden, wenn solche Voraussetzungen nicht gegeben sind, zeigen zwei neuere, umfangreiche Publikationen von bestürzender Kenntnis- und Reflektionsarmut[1]. Es erscheint daher nötig, verschiedene Aspekte der frühen antijüdischen Druckpublizistik nochmals an zwei repräsentativen, aber bislang kaum bekannten bzw. nicht zutreffend

---

[1] *Christine Mittlmeier*, Publizistik im Dienste antijüdischer Polemik. Spätmittelalterliche und frühneuzeitliche Flugschriften und Flugblätter zu Hostienschändungen, Frankfurt a. M. u. a. 2000 (= Mikrokosmos 56); *Petra Schöner*, Judenbilder im deutschen Einblattdruck der Renaissance. Ein Beitrag zur Imagologie, Baden-Baden 2002 (= SaeSp 42). Zu diesen beiden altgermanistischen Dissertationen vgl. die Rezensionen von *Falk Eisermann*, in: Aschkenas. Zeitschrift für Geschichte und Kultur der Juden 13 (2003), 270–272 (Schöner) und 272–275 (Mittlmeier).

eingeschätzten Beispielen zu erörtern – nur zwei von vielen wichtigen Quellen, die trotz vielfältiger Forschungsbemühungen der letzten Jahre sowohl zur Entwicklung des frühen Buchdrucks als auch zur Geschichte der Juden vor 1500 noch immer auf eine gründliche Bearbeitung warten. Es geht, genauer gesagt, um zwei etwa gleichzeitig entstandene antijüdische Einblattdrucke: um ein neu vorzustellendes typografisches Blatt zur Geschichte des Simon von Trient und um einen textierten Holzschnitt polemischen Inhalts, der in der Forschung zwar seit langem bekannt ist, aber in Bezug auf seine historischen Hintergründe nicht immer richtig eingeordnet wurde. Ziel des Beitrags ist neben der Analyse der beiden Blätter vor allem, die besondere Komplexität des Gegenstands zu verdeutlichen und darauf hinzuweisen, dass das von uns gewählte Thema ein ideales Feld interdisziplinärer Kooperation ist, die Berndt Hamm stets ein grundsätzliches Anliegen war und zweifellos weiterhin sein wird.

Antijüdische Tendenzen der mittelalterlichen christlichen Kirche und Religion müssen generell vorausgesetzt werden: Nach christlicher Auffassung hatte sich die Messiaserwartung des Alten Testaments mit der Ankunft Jesu Christi erfüllt. Die Juden hatten sich jedoch nicht nur geweigert, in ihm den Erlöser zu sehen und Christen zu werden, sondern wurden sogar für seinen Tod verantwortlich gemacht. Deshalb suchten christliche Theologen, allen voran Augustinus[2], nach Möglichkeiten, sich angesichts der für Christen unverständlichen fortdauernden Existenz der "verstockten" Juden von ihnen und ihrer Religion abzugrenzen. Auch wenn es friedliches und nachbarschaftliches Nebeneinander gab, in dem gemeinsame Feiern, kulturelle Anleihen und selbstverständlicher Umgang miteinander ihren Platz hatten[3]: Die christliche Judenfeindlichkeit äußerte sich in zunehmend

---

[2] Literatur zu einzelnen Aspekten der christlich-jüdischen Beziehungen kann nur in begrenzter Auswahl genannt werden. Zahlreiche Studien mit regionalem oder lokalem Bezug müssen unerwähnt bleiben, auch wenn sie gerade für das späte Mittelalter dazu beitragen, traditionelle Forschungsmeinungen zu korrigieren oder zu präzisieren. Als Einführung in das Thema und Zusammenfassung der mittlerweile unübersehbaren Menge an Publikationen bietet sich an: *Michael Toch*, Die Juden im mittelalterlichen Reich, München 1998 (= EDG 44). Außerdem sei auf die – wenn auch stellenweise nicht mehr ganz aktuellen – einführenden systematischen Artikel verwiesen in: GeJu 3/3 (2003). Speziell zu Augustinus vgl. *Heinz Schreckenberg*, Die christlichen Adversus-Judaeos-Texte und ihr literarisches und historisches Umfeld: 1.–11. Jahrhundert, 4. Aufl., Frankfurt a. M./Bern/New York/Paris 1999 (= EHS.T 172), 352–362.

[3] Dieses Nebeneinander ist aus verschiedenen Gründen erst in den letzten Jahren thematisiert worden; vgl. *Toch*, Juden (wie Anm. 2), 138–142.

antijüdischem Kirchenrecht[4], in Verfolgungen unterschiedlichen Ausmaßes während der Kreuzzüge seit 1096[5] und in dem lebensgefähr-
lichen oder todbringenden "Diskurs der Wahnvorstellungen"[6] während
des 12. und 13. Jahrhunderts, der seinen Ausdruck in zahllosen
Ritualmord- und Hostienschändungsvorwürfen fand. Während der
großen Pestepidemie 1349–1351 wurden die Juden beschuldigt, die
Brunnen vergiftet und so den gefürchteten Schwarzen Tod herbeigeführt zu haben[7], weshalb man vielerorts ganze Gemeinden ver-
nichtete. Die sich danach neu bildenden Gemeinden waren rechtlich
in der Regel deutlich schlechter gestellt als vor den Pestverfolgungen.
Die polemischen Predigten der Mendikanten gegen den angeblichen
jüdischen Wucher waren ebenso wie verbreitete Bildmotive ('Judensau',
jüdischer Wucherer am Rechenbrett) und andere stereotype Vorstellungen wie Unehrlichkeit, Schädlichkeit und Christenhass der Juden
dafür verantwortlich, dass antijüdische Vorstellungen in allen gesellschaftlichen Schichten jederzeit aufgerufen und dann auch unmittelbar politisch virulent werden konnten. Seit dem späten 14. und
vor allem im 15. Jahrhundert trugen diese Stereotype folgerichtig
dazu bei, dass es bei entsprechenden politischen Konstellationen und
Interessen in vielen Städten und Territorien zur Ausweisung der Juden
kam.

Bald nachdem Johannes Gutenberg um die Mitte des 15. Jahrhunderts die Kunst des Druckens mit beweglichen Lettern erfunden hatte,
gelangten nicht nur umfangreiche Werke, sondern auch zahlreiche
kleine Texte unterschiedlichster Art zur Publikation. Schon zu Guten-
bergs Lebzeiten bildete sich ein bis heute häufig in seiner Bedeutung

---

[4] Vgl. vor allem *Walter J. Pakter*, Medieval Canon Law and the Jews, Ebelsbach
1988 (= Münchner Universitätsschriften, Juristische Fakultät: Abhandlungen zur
rechtswissenschaftlichen Grundlagenforschung 68).

[5] Vgl. Juden und Christen zur Zeit der Kreuzzüge, hg. von Alfred Haverkamp,
Sigmaringen 1999 (= VKAMAG 47).

[6] *Toch*, Juden (wie Anm. 2), 113; vgl. Die Legende vom Ritualmord. Zur Geschichte
der Blutbeschuldigung gegen Juden, hg. von Rainer Erb, Berlin 1993 (= Dokumente,
Texte, Materialien 6); *Friedrich Lotter*, Hostienfrevelvorwurf und Blutwunderfälschung
bei den Judenverfolgungen von 1298 ("Rintfleisch") und 1336 ("Armleder"), in:
Fälschungen im Mittelalter. Internationaler Kongreß der MGH München, 16.–
19.9.1986, 5 Bde., Hannover 1988 (= MGH Schriften 33), hier: Bd. 5, 533–583;
Ronnie Po-chia Hsia, The Myth of Ritual Murder. Jews and Magic in Reformation
Germany, New Haven/London 1988. Zum Vorwurf der Hostienschändung vgl. *Miri
Rubin*, Gentile Tales. The Narrative Assault on Late Medieval Jews, New Haven/
London 1999.

[7] Nach wie vor grundlegend: *František Graus*, Pest – Geißler – Judenmorde. Das
14. Jahrhundert als Krisenzeit, Göttingen 1987 (= VMPIG 86).

nicht wahrgenommener Typ der frühen Druckpublizistik heraus, der oftmals mehr als die berühmten Meisterwerke der Inkunabel- und Frühdruckzeit – die Gutenbergbibel, die Schedelsche Weltchronik und Luthers Bibelübersetzung seien als markante Beispiele genannt – Aufschluss gibt über sozial- und mentalitätsgeschichtlich relevante Verhältnisse und Tendenzen: die sogenannten Akzidenzdrucke, die als Einblattdrucke oder kleine Hefte publiziert wurden. Sie standen stets im Zusammenhang mit tagesaktuellen Ereignissen gesellschaftlicher ebenso wie innen- oder außenpolitischer Art. Die Schwierigkeit der richtigen Einschätzung dieser ephemeren Erzeugnisse liegt nicht nur in ihrer Seltenheit – obwohl diesem Typ eine ganze Reihe von Druckausgaben zuzurechnen ist, haben sich doch oft nur einzelne oder sehr wenige Exemplare der jeweiligen Ausgaben erhalten –, sondern vor allem darin, dass ihr jeweiliger Anlass, ihr publizistischer Impetus und ihre historischen Kontexte sich aus der Analyse der Texte selbst kaum erschließen. Vielmehr sind für die Einordnung des Materials zumeist umfangreiche allgemein- und kirchenhistorische, literar- und kunstgeschichtliche sowie buchwissenschaftlich-überlieferungsgeschichtliche Untersuchungen anzustellen.

Zu dieser Gattung der Akzidenzdrucke gehören auch die antijüdischen Publikationen, die seit den 1470er Jahren immer zahlreicher wurden. Ihr exakter Anteil an der gesamten Druckproduktion lässt sich indes kaum bestimmen, da weder eine Bibliografie antijüdischer Drucke des 15. Jahrhunderts noch systematische historische oder buchwissenschaftliche Vorarbeiten existieren[8]. Sicher ist, dass Autoren und Verleger bereits im 15. Jahrhundert immer zielstrebiger für den von ihnen genau beobachteten Markt produzierten, sodass die Veröffentlichung entsprechender Texte und Illustrationen entweder auf Nachfragen des Publikums reagierte oder eine solche mit großer Sicherheit auslöste. In jedem Fall waren veritable Umsätze zu erwarten, die im Fall der Akzidenzdrucke mit relativ geringem Zeit- und Arbeitsaufwand erzielt werden konnten. Neben typografischen Ausgaben existieren Beispiele antijüdischer Schriften in der gleichzeitig aufblühenden Druckgrafik, vor allem im Holzschnitt, dem anderen sozial- und frömmigkeitsgeschichtlichen Schlüsselmedium der zweiten Hälfte des 15. Jahrhunderts. Die oftmals illustrierten Texte greifen

---

[8] Vgl. *Michael Winteroll*, Summae innumerae. Die Buchanzeigen der Inkunabelzeit und der Wandel lateinischer Gebrauchstexte im frühen Buchdruck, Stuttgart 1987 (= Stuttgarter Arbeiten zur Germanistik 193), 243.

in typo- wie xylografischer Überlieferung die bereits benannten stereotypen Vorwürfe und polemischen Diskriminierungen gegen die Juden
auf, vor allem den Ritualmord und die Hostienschändung, aber auch
die Motive der 'Judensau' und des 'jüdischen Wuchers'.

Die Ritualmordbeschuldigung beruht auf der Vorstellung, dass eine
Gruppe von Juden ein christliches Kind, in der Regel einen Jungen,
entführt, diesen in einer quasi-rituellen Handlung martert und schließlich tötet, um so die Kreuzigung Christi nachzuvollziehen, für die
sie nach mittelalterlicher Auffassung verantwortlich war. Des Weiteren
glaubte man, die Juden verschafften sich in derselben Absicht von
christlichen Dienstboten oder korrupten Geistlichen eine geweihte
Hostie, die als Körper Christi in heißes Wasser geworfen oder zer-
stochen wird, ihre Folterer aber entweder verrät und so der gerechten Strafe zuführt oder sie mittels eines Wunders so schockiert, dass
sie sich bekehren. Weiterhin findet sich das entehrende Motiv der
'Judensau', das eine Gruppe von Juden zeigt, die auf einer Sau reiten, an ihren Zitzen saugen und ihre Fäkalien essen und trinken[9].
Die Wucherklage schließlich prangert die angeblich blutsaugerische,
ausbeuterische und trotzdem oft obrigkeitlich gedeckte Zinsnahme
der Juden an[10]. Als ein antijüdisches Argument von vielen ist sie seit
dem 12. Jahrhundert bekannt, als eigene literarische Kleinform eta-
blierte sie sich jedoch erst in der Frühdruckzeit[11]. Wie die 'Judensau'
ist auch die Wucherklage eine nicht mehr in der traditionell-theolo-
gischen Sphäre, sondern im weltlichen Leben verankerte Form der
antijüdischen Polemik. In allen Fällen soll jedoch die allgemeine
Schädlichkeit, Unmenschlichkeit und Misanthropie der Juden vor
Augen geführt werden. Diese Perspektive kann so gedeutet werden,
dass der Judenhass der Christen dazu führte, dass man – gewissermaßen als Rechtfertigung – den beherrschten und oft mehr schlecht
als recht geduldeten Juden ihrerseits einen Hass auf die Christen

---

[9] *Isaiah Shachar*, The Judensau. A Medieval Anti-Jewish Motif and its History,
London 1974 (= Warburg Institute Surveys 5). Holzschnitt mit dem Motiv der
'Judensau': *Wilhelm Ludwig Schreiber*, Handbuch der Holz- und Metallschnitte des
XV. Jahrhunderts, 8 Bde., Leipzig 1926–1930, hier: Nr. 1961.

[10] Vgl. *Joseph Shatzmiller*, Shylock Reconsidered. Jews, Moneylending and Medieval
Society, Berkeley 1990; *Michael Toch*, Der jüdische Geldhandel in der Wirtschaft des
deutschen Spätmittelalters. Nürnberg 1350–1499, in: BDLG 117 (1981), 283–310.

[11] Vgl. *Christine Magin*, Hans Folz und die Juden, in: Einblattdrucke des 15. und
frühen 16. Jahrhundert. Probleme, Perspektiven, Fallstudien, hg. von Volker Hone-
mann/Sabine Griese/Falk Eisermann/Marcus Ostermann, Tübingen 2000, 371–395,
bes. 378.

unterstellte, also den Wunsch nach Verunglimpfung oder sogar Vernichtung der Angehörigen der Mehrheitsreligion. Man kann in diesen Anschuldigungen freilich auch eine Projektion der christlichen Unsicherheit in Bezug auf Grundkonstanten des christlichen Glaubens – Transsubstantiation, Verehrung von Heiligen, Märtyrern und Reliquien – auf die 'ungläubigen' Juden sehen[12].

Vor diesem Hintergrund ist auf ein in der Forschung bislang nicht thematisiertes Phänomen hinzuweisen: Aus der Inkunabelzeit sind, dem eben Gesagten zum Trotz, offenbar keine von weltlichen Behörden autorisierten, offiziellen Mandate mit antijüdischer Tendenz im Druck überliefert. Es ist nicht einfach, diesen Negativbefund zu erklären. Der Kaiser als oberster Judenschutzherr[13] verteidigte nicht vorrangig die Rechte der Juden, sondern vor allem seine eigenen Herrschaftsrechte. Er griff vor allem dann zu ihren Gunsten ein, wenn er seine eigenen Befugnisse und Interessen durch antijüdische Maßnahmen untergeordneter Gewalten verletzt sah. Es ist anzunehmen, dass die dadurch eingeschränkten Handlungsmöglichkeiten von Städten und Territorialherren auch für ihre Zurückhaltung hinsichtlich der Publikation antijüdischen Schrifttums verantwortlich zu machen sind. Es liegen keinerlei königliche bzw. kaiserliche Ausweisungsmandate des 15. Jahrhunderts in gedruckter Form vor, obwohl die Juden zu dieser Zeit aus vielen Reichsstädten und Territorien vertrieben wurden, so etwa 1478 aus dem Bistum Bamberg[14] und 1498 aus der Stadt Nürnberg[15]. Hingegen wurden Mandate gegen andere 'Feinde' öffent-

---

[12] Dazu grundlegend *Gavin Langmuir*, Toward a Definition of Antisemitism, Berkeley/Los Angeles/Oxford 1990, bes. 100–133.

[13] *Alexander Patschovsky*, Das Rechtsverhältnis der Juden zum deutschen König (9.–14. Jahrhundert). Ein europäischer Vergleich, in: ZSRG.G 110 (1993), 331–371; *Peter Aufgebauer/Ernst Schubert*, Königtum und Juden im deutschen Spätmittelalter, in: Spannungen und Widersprüche. Gedenkschrift für František Graus, hg. von Susanna Burghartz u. a., Sigmaringen 1992, 273–314; *J. Friedrich Battenberg*, Des Kaisers Kammerknechte. Gedanken zur rechtlich-sozialen Situation der Juden in Spätmittelalter und früher Neuzeit, in: HZ 245 (1987), 545–599.

[14] *Hans J. Wunschel*, Art. Bamberg, in: GeJu 3/1 (1987), 73–81, hier: 76f.

[15] Vgl. *Magin*, Folz (wie Anm. 11), passim; *Michael Toch*, 'Umb gemeyns nutz und nottdurfft willen'. Obrigkeitliches und jurisdiktionelles Denken bei der Austreibung der Nürnberger Juden 1498/99, in: ZHF 11 (1984), 1–21. Weitere Studien in: Judenvertreibungen in Mittelalter und früher Neuzeit, hg. von Friedhelm Burgard u. a., Hannover 1999 (= Forschungen zur Geschichte der Juden A 9), 165–187 (*Franz-Josef Ziwes*, Territoriale Judenvertreibungen im Südwesten und Süden Deutschlands im 14. und 15. Jahrhundert); 189–224 (*Rotraud Ries*, 'De joden to verwisen' – Judenvertreibungen in Nordwestdeutschland im 15. und 16. Jahrhundert); 225–240 (*Fritz Backhaus*, Die Vertreibung der Juden aus dem Erzbistum Magdeburg und angrenzenden Territorien im 15. und 16. Jahrhundert.).

licher Gemeinwesen, z. B. Achterklärungen gegen Landfriedensbrecher, häufig als Einblattdrucke veröffentlicht. Druckaufträge erteilten dabei sowohl die königliche Seite als auch die Geschädigten; vor allem die Stadt Nürnberg bediente sich um 1500 häufig dieser besonderen Form der 'Empfängerveröffentlichung', um königliche Rechtsakte zu ihren Gunsten bekannt zu machen[16].

Damit hängt möglicherweise ein weiteres auffälliges Merkmal gedruckter antijüdischer Publizistik zusammen: Fast alle aus dieser Zeit überlieferten antijüdischen Einblattdrucke sind anonym. Die eine Ausnahme bestätigt dabei die Regel; es handelt sich um die Wucherblätter des Nürnberger Handwerkers, Dichters und Druckers Hans Folz. Als Begründung für Vertreibungen wurde seit dem 15. Jahrhundert oft die angeblich übermäßige, betrügerische und dadurch die Christen ruinierende Zinsnahme jüdischer Geldverleiher angeführt[17]. Dieser Vorwurf wurde quasi als neue Textform antijüdischer Polemik häufig in Versen ausformuliert und unter Beigabe eines Holzschnitts veröffentlicht. Speziell im Fall der Reichsstadt Nürnberg ist wahrscheinlich, dass Folz seine Wucherklage 'Die rechnung Ruprecht Kolpergers von dem gesuch der iuden auf 30 dn' nicht nur mit Wissen, sondern im Auftrag des Rates publizierte, um die obrigkeitlich seit längerem angestrebte Ausweisung der Juden publizistisch-propagandistisch vorzubereiten[18], doch der Rat selbst tritt hier wie auch sonst in der Druckpublizistik bezeichnenderweise nicht in Erscheinung. Ein vergleichbares Beispiel ist der als quasi-amtliches Schriftstück gestaltete und teilweise auf internen Verhörprotokollen beruhende Einblattdruck zur Sternberger Hostienschändung von 1492. Auch er verzichtet, ebenso wie die bald darauf zu diesem Anlass herausgegebenen Flugschriften, auf genaue Angaben über seine Urheber und somit letztlich auf eine Autorisierung. Die Sternberger Schriften, binnen kürzester Zeit in Magdeburg, Lübeck, Köln und in oberdeutschen Druckorten publiziert, nehmen dabei explizit für sich in Anspruch, eine größere Öffentlichkeit vor einigen Tatbeteiligten

---

[16] Vgl. *Falk Eisermann*, Bevor die Blätter fliegen lernten. Buchdruck, politische Kommunikation und die 'Medienrevolution' des 15. Jahrhunderts., in: Medien der Kommunikation im Mittelalter, hg. von Karl-Heinz Spieß, Stuttgart 2003 (= Beiträge zur Kommunikationsgeschichte 15), 289–320, bes. 296–302.

[17] *Christoph Cluse*, Zum Zusammenhang von Wuchervorwurf und Judenvertreibung im 13. Jahrhundert, in: Judenvertreibungen (wie Anm. 15), 135–163, zum 15. Jh. bes. 160–163.

[18] *Magin*, Folz (wie Anm. 11), bes. 385f.

warnen zu wollen, die die Absicht hätten, "nach der marck vnd fur-
ter nach Nuormberg vnd venedig" zu fliehen[19].

Obwohl also die sich im letzten Viertel des 15. Jahrhunderts häu-
fenden Judenvertreibungen mit der Ausbreitung des Buchdrucks im
allgemeinen und des administrativ funktionalisierten Einblattdrucks
im speziellen zeitlich zusammenfallen, lassen sich doch kaum direkte
Verbindungen beider Phänomene nachweisen. Die antijüdische Publizistik geht eigene Wege, und einige ihrer Charakteristika sollen nun
an konkreten Beispielen erörtert werden.

2. *'Simon triumphans' – eine kleine Sensation*

Das erste hier vorzustellende Beispiel ist ein während der Bearbeitung
des neuen Verzeichnisses der typografischen Einblattdrucke des 15.
Jahrhunderts[20] im Herzog Anton Ulrich-Museum in Braunschweig
aufgefundener Druck zum angeblichen Ritualmord an Simon von
Trient im Jahr 1475 (Abb. 1). Das Blatt misst 35,2 × 19,1 cm und
wurde von Albrecht Kunne in Trient um 1476 gedruckt[21]. Es umfasst
neben einem Bild des Simon als Martyr triumphans einen Text des
Johannes Matthias Tiberinus, die 'Lamentationes beati Simonis', hier
mit dem Titel 'Epithafium gloriosi pueri Simonis Tridentini novi
martyris'[22].

Dem angeblichen Ritualmord folgte ein Prozess gegen die Trienter
Juden nach, der europaweit anhaltendes Aufsehen erregte. Der Einblattdruck gehört zu der unmittelbar nach den Ereignissen inszenier-
ten, "im späten Mittelalter einmaligen Propaganda-Kampagne", deren
Ursachen "sich nur durch das Zusammenwirken verschiedener Faktoren genau zum Zeitpunkt des Trienter Prozesses erklären" lassen;

---

[19] Vgl. *Volker Honemann*, Die Sternberger Hostienschändung und ihre Quellen, in:
Kirche und Gesellschaft im Heiligen Römischen Reich des 15. und 16. Jahrhunderts,
hg. von Hartmut Boockmann, Göttingen 1994 (= AAWG.PH 206), 75–102, bes.
90 (Zitat aus einer oberdeutschen Flugschrift) und 97 (Abb.).

[20] Vgl. *Falk Eisermann*, Verzeichnis der typographischen Einblattdrucke des 15.
Jahrhunderts im Heiligen Römischen Reich Deutscher Nation (VE 15), 3 Bde.,
Wiesbaden 2004, T-12.

[21] Vgl. *Dieter Saam*, Albert Kunne aus Duderstadt. Der Prototypograph von Trient
und Memmingen und die Produktion seiner Offizinen (ca. 1474 bis 1520), in:
Bibliothek und Wissenschaft 25 (1991), 69–175; dieser Druck wird dort nicht genannt.

[22] *Franz-Josef Worstbrock*, Art. Simon von Trient, in: VerLex² 8 (1992), 1260–1275,
hier: 1266.

Abb. 1. Johannes Matthias Tiberinus: 'Epithafium gloriosi pueri Simonis Tridentini novi martyris'. Einblattdruck. [Trient: Albrecht Kunne, um 1476]. Herzog Anton Ulrich-Museum Braunschweig.

einer dieser Faktoren war "der großangelegte Einsatz des Buchdrucks,
der wenige Jahrzehnte zuvor entstanden war und gerade in der Zeit
um 1475 eine Dimension erreicht hatte, die seine Nutzung zu Pro-
pagandazwecken erlaubte". Im Zusammenhang mit der Affäre um
Simon von Trient "wurde eine so große Zahl gedruckter Schriften
verbreitet wie zu keinem anderen Ereignis zuvor"[23].

Johannes Matthias Tiberinus, der Autor des 'Epithafium', war
Leibarzt des Trienter Bischofs Johannes Hinderbach. Dieser trat nach
dem angeblichen Ritualmord als "treibende und verantwortliche Kraft
des Verfahrens gegen die Juden und ebenso des neuen Märtyrerkults"[24]
in Erscheinung, und Tiberinus wurde sein bedeutsamster publizistischer Helfer. Das 31 Distichen umfassende 'Epithafium' war auch
Bestandteil der von Tiberinus verfassten 'Historia completa de pas-
sione et obitu pueris Simonis', die ebenfalls von Kunne in einer auf
den 9. Februar 1476 datierten Ausgabe publiziert wurde[25]. Die Abfolge
der beiden Drucke ist nicht bestimmbar, doch ist der Einblattdruck
als rhetorisch-publizistisches Konzentrat der 'Historia completa' auf-
zufassen, als eine Art poetisches Summarium. Der Text lautet[26]:

[Überschrift:] Epithafium gloriosi pueri Symonis t[r]identini noui martyris

1   [Sp. 1] Sum puer ille Symon: quem nuper in vrbe tridenti
     Gens iude[a] sacra torsit in ebdomade
     Accipe inauditum facinus: dictuq[ue n]ephandum
     Quisquis iudeos sustinet accipiat
5   Ante diem pasce. lux tercia: vespere facto
     Et martis dictus nomine mensis erat
     Ante fores patris: puerili more sedebam

---

[23] Zitate nach *Wolfgang Treue*, Der Trienter Judenprozeß. Voraussetzungen – Abläufe – Auswirkungen (1475–1588), Hannover 1996 (= Forschungen zur Geschichte
der Juden A 4), 521. In dieser grundlegenden Arbeit sind alle Quellen und Aspekte des
Falls einschließlich der publizistischen Aktivitäten ausführlich und präzise dargestellt.
[24] *Worstbrock*, Simon (wie Anm. 22), 1261; zu Tiberinus ebd., 1262–1266.
[25] *Ludwig Hain*, Repertorium bibliographicum, in quo libri omnes ab arte typo-
graphica inventa usque ad annum MD. typis expressi ordine alphabetico vel sim-
pliciter enumerantur vel adcuratius recensentur, Bd. 1/1.2 und 2/1.2, Stuttgart/Paris
1826–1838, Nr. 15661.
[26] Interpunktionszeichen des Originals (Punkte, Doppelpunkte, Virgeln) werden
wiedergegeben, Abbreviaturen stillschweigend aufgelöst, fehlende Nasalstriche und
durch Beschädigung des Papiers hervorgerufene Fehlstellen in eckigen Klammern
(soweit möglich) ergänzt; Eigennamen werden groß geschrieben und der Wortlaut
buchstabengetreu wiedergegeben, wobei im Fall der übergeschriebenen Zeichen nor-
malisiert wird. Wir danken Frau Dr. Almuth Märker (Leipzig) für die Hilfe bei der
Lektüre und Interpretation des Textes.

Non aderat genitor: non mea cara parens
Non aduertenti mihi proditor ecce Tobias
10 Astitit: et toruo lumine cuncta notat
Ut nullum vidit: blanda me voce moratur
Non ego fabar aduc: vix ego natus eram
Nondum ter decem menses. mea viderat etas
Jsta mee vite. paruula summa fuit
15 Corripior: me fertque. statim Samuelis ad edes
Jmpia iudei gens simul illic erat
Concilium horrendum: trucesque in lumine vultus
Non homines: colubri: diraque monstra magis
Nox ruit: hic gemini Saligman Samuelque/Tobias
20 Uitalis: Moyses: Ysrahel: Atque Maijer
Ante sinagogam leti me pectora nudant
Conuellit carnem forcipe quisque mihi
Et ne clamarem: Samuel me guttura velat
Jlle mihi plantas: continet ille manus
25 Sanguine collecto de me crudeliter: addunt:
Jmpia iudei verbera: verba: minas
Accipias suspense Iesu: fecere sic olim
Maiores nostri funera rite tibi
Sic co[n]fundantur celo: terraque: marique:
30 Christicole: et nostre gens inimica tribus
Jamque propinquabat mihi mors: iam luce carebant
[Sp. 2] Lumina: iam fugerat pectora nostra calor.
Errigor: hinc dextrum Moyses: Samuelque sinistrum
Jn cruce pandentes[27] brachia nostra trahunt
35 Tunc omnes crebris acubus mea pectora pungunt
Afficiunt vicio meque: piumque Iesum
Sic cecidi/molles: caput inter concidit vlnas[28]
Ad superos vita libera fecit iter
Ut perij: plaudunt omnes: superosque salutant
40 Quod de cristicolis vltio sibi facta est
Ad cenam properant: rebus sic inde peractis
Deque meo in mensa sanguine quisque bibit
Confectas mandunt azimas[29] de sanguine nostro
Jn Cristi solum. dedecus omne Iesu
45 Jnclitus Hynderbach presul: princepsque Ioannes
Sceptra tridentini qui regit alta soli
Hebreos postquam mihi funera summa dedisse
Presensit: de me nocte: dieque dolet
Colligit extinctum corpus: mandatque sepulcro

---

[27] Statt "pendentes".
[28] Statt "vulnas"?
[29] Mazzen, ungesäuertes Brot.

50   Judeos merita morte ferire iubet
     Adsis Sixte/precor. fidei ratis anchora nostre
     Pontifici nostro porrige presidium
     Hic pugil est constans: hic est pius ille sacerdos
     Cuius vota meo complacuere Iesu
55   Sume scutu[m]: et sacrum gladium: triplicemque coronam
     Tolle induratum papa beate [caput][30]
     Adsint et reges: adsis fortissime cesar
     Adsis cum populis: principibusque tuis
     Dede neci hebreos: qui res: preciosasque rerum
60   Christicolum: rabidi nocte: dieque vorant
     Christicolum fuso tantum qui sanguine gaudent
     Qui mandunt tepida membra cruenta virum.

Die vielfältigen textlichen und publizistischen Implikationen des neu
gefundenen Einblattdrucks sollen einer späteren Untersuchung vorbehalten bleiben. Es sei nur darauf hingewiesen, dass es sich hierbei um den ersten typografischen Einblattdruck zum Thema und
überdies um den einzigen in lateinischer Sprache verfassten handelt.
Wegweisend ist auch die Versform, die in den folgenden Jahren und
Jahrzehnten vor allem im volkssprachigen Bereich zu einem typischen Kennzeichen der antijüdischen Einblatt-Druckpublizistik aller
Themenbereiche wurde.

Das wohl spektakulärste Element des insgesamt ungewöhnlichen
Blattes ist indes die Ikonografie. Der 127 × 144 mm messende Holzschnitt ist ungewöhnlicherweise unter dem Text plaziert und zeigt
das Kind Simon (mit Strahlennimbus) auf einem Thron mit hoher
Rückenlehne sitzend vor einem angedeuteten Landschaftshintergrund,
über seinem Kopf zwei Engel, die eine Krone halten. Simon trägt
ein gegürtetes langes Gewand mit einem mit Knöpfen oder Perlen
besetzten Kragen. In den Händen hält er die Marterwerkzeuge, links
eine Zange, rechts Nägel und einen Palmwedel als Zeichen für seinen
Märtyrertod; zu beiden Seiten seines Kopfes der Titulus "§ BEATVS
SYMON §". Aufgrund dieser Darstellungsform erscheint es nicht
übertrieben, wenn man dieses Blatt als kleine Sensation bezeichnet,
denn die aus dem bisher bekannten Material abgeleitete Hypothese
zur Darstellungskonvention lautet, dass "die Ikonographie Simons
sich allmählich und über einen Zeitraum von rund 25 Jahren von der
Darstellung seines Martyriums über diejenige seines Leichnams ('Simon
victima') zum Bild des 'Simon triumphans', des wiederauferstande-

---

[30] Wort z. T. beschädigt (Papier zerstört).

nen Kindes gewandelt habe. Der [. . .] Druck zeigt aber bereits einen
thronenden, triumphierenden Simon: ein Indiz dafür, daß die verschiedenen ikonographischen Stränge schon sehr früh – vielleicht von
Anfang an – nebeneinander existierten"[31]. Der Text freilich nimmt
auf den 'Simon triumphans' keinen Bezug, sondern stellt seine Passion
in den Mittelpunkt; rhetorisch sind die Verse als Sermocinatio zu
bezeichnen, als autobiographische Rede des Kindes selbst. Dieser
Form bedient sich noch der erst viel später (nicht vor 1498) von
Johannes Zainer d. J. in Ulm publizierte Einblattdruck 'Simon ain
kind bin ich genant', der auf den Texten des Tiberinus basiert und
auch im erzählerischen Gehalt gewisse Anknüpfungspunkte an unser
Blatt zeigt[32]. Die Sermocinatio gibt auch dem Schluss – dem pro-
pagandistischen Clou des Textes – seine besondere appellative Funktion: Simon selbst wird der Aufruf an Papst Sixtus IV. und den
Kaiser in den Mund gelegt, Bischof Hinderbach beim Kampf gegen
die verbrecherischen Juden zu unterstützen[33].

3. 'Hórt ir herren all gemein' – ein polemischer Holzschnitt und sein historischer Hintergrund

Unser zweites Beispiel ist ein xylografisches, koloriertes Blatt in der
Graphischen Sammlung Albertina in Wien mit dem Incipit 'Hórt ir
herren all gemein' (Abb. 2). Es wurde aus der aus Regensburg stammenden, um 1510–1519 von dem Augustiner-Eremiten Hieronymus
Streitel zusammengestellten Miszellanhandschrift Cod. 3301 der Österreichischen Nationalbibliothek (Bl. 388) entnommen, die auch Texte
zu den Judenverfolgungen von Trient 1475 und Passau 1477 enthält[34].

---

[31] *Urte Kraß*, Simon von Trient († 1475). Funktionswandel seines Bildes in der
Druckgraphik bis um 1500, masch. phil. Magisterarbeit Hamburg 2003, 46–50,
hier: 46f. Eine Publikation der Arbeit von Frau Kraß, die durch uns von dem
Braunschweiger Blatt in Kenntnis gesetzt wurde und der wir für die Überlassung
eines Exemplars ihrer Arbeit herzlich danken, wäre sehr zu begrüßen.
[32] *Eisermann*, VE 15 (wie Anm. 20), S-38. Der bei *Schöner*, Judenbilder (wie Anm. 1),
Abb. 33, als Inkunabel bezeichnete, jedoch nicht bestimmte, bislang unbekannte
Druck in der Staatsbibliothek Bamberg stammt von Johann Weißenburger in Nürnberg
und ist erst um 1505–1508 zu datieren (freundliche Mitteilung von Dr. Frieder
Schanze, Tübingen).
[33] Vgl. *Kraß*, Simon (wie Anm. 31), 47.
[34] Vgl. *Hermann Menhardt*, Verzeichnis der altdeutschen literarischen Handschriften der österreichischen Nationalbibliothek, 3 Bde., Berlin 1960–1961 (= Deutsche

Abb. 2. Anonymer Einblattholzschnitt: 'Hórt ir herren all gemein'. [Wohl Regensburg, um 1480]. Graphische Sammlung Albertina Wien.

Das Blatt ist nur unvollständig erhalten, der untere Rand fehlt[35]. In der Mitte zwischen den beiden Textkolumnen ist die Figur eines männlichen Juden mit schwarzer Schaube und ärmellosem grauen Obergewand zu sehen, auf der Brust ein kreisförmiges gelb-rotes Judenabzeichen. Der Dargestellte ist wohl mittleren Alters, an seinen Gesichtszügen fallen die ausgeprägte Nase und Unterlippe sowie das Kinn auf. In der Hand hält er ein offenes Buch mit (pseudo-) hebräischen Schriftzeichen – wohl einen Talmud, der auch im Text erwähnt wird und den man im späten Mittelalter für viele 'Fehldeutungen' der Tora durch die Juden verantwortlich machte. Der Jude blickt hinauf zu einem ockerfarbenen Kalb, das auf einer hohen roten Säule steht; gemeint ist das Goldene Kalb des Alten Testaments als Sinnbild für den jüdischen 'Irrglauben'. In seiner linken Hand hält er einen gelben Geldbeutel. Anders als etwa das relativ verbreitete Bildmotiv des 'Juden am Rechenbrett'[36] ist diese Darstellung einzigartig. Auch der links platzierte Text in deutschen Reimpaaren gibt zunächst Rätsel auf. Die Anfangsverse lauten[37]:

1   Hórt ir he[r]ren all gemein.
      Arm reich groß vnd clein.
      Vnd habet kein verdrieß darinnen.
      Wunders sölt ir werden innen.

Akademie der Wissenschaften zu Berlin – Veröffentlichungen des Instituts für deutsche Sprache und Literatur 13), hier: 2, 892–900, bes. 894 und 900. Zu Streitel vgl. *Wilhelm Rügamer*, Der Augustinereremit Hieronymus Streitel und seine literarische Tätigkeit. Eine historisch-kritische Studie, Würzburg 1911 (= Programm des K. Humanistischen Gymnasiums Münnerstadt für das Schuljahr 1910/1911); *Joachim Schneider/Franz Josef Worstbrock*, Streitel, Art. Hieronymus, in: VerLex[2] 9 (1995), 403–406.

[35] Vgl. *Franz Martin Haberditzl*, Die Einblattdrucke des XV. Jahrhunderts in der Kupferstichsammlung der Hofbibliothek zu Wien, Bd. 1: Die Holzschnitte, Wien 1920, Nr. 179; Abb.: *Schöner*, Judenbilder (wie Anm. 1), 144, Abb. 40; *Heinz Schreckenberg*, Die Juden in der Kunst Europas. Ein historischer Bildatlas, Göttingen/Freiburg/Basel/Wien 1996, 364, Abb. 4; *Schreiber*, Handbuch (wie Anm. 9), Nr. 1964; *Georg Liebe*, Das Judentum in der deutschen Vergangenheit, Leipzig 1903, 36, Abb. 29. Zu diesem Blatt auch die antisemitisch agitierende Arbeit von *Wilhelm Grau*, Antisemitismus im späten Mittelalter. Das Ende der Regensburger Judengemeinde 1450–1519, München 1934, 154f. Der Autor stützt sich auf das Manuskript des erst posthum publizierten Werkes (vgl. unten bei Anm. 39): Urkunden und Aktenstücke zur Geschichte der Juden in Regensburg 1453–1738, bearb. von Raphael Straus, München 1960 (= QEBG, Neue Folge 18), zitiert dieses Werk aber verschleiernd nur als "Beil[age]".

[36] Vgl. *Magin*, Folz (wie Anm. 11), bes. 384.

[37] Die Transkription bei *Schöner*, Judenbilder (wie Anm. 1), 361f, ist unzuverlässig, weist teilweise sinnentstellende Fehler auf und ist daher unbrauchbar.

5	Jch pin ein [j]ud des laugn ich nicht.
   Von art ein schalckhaft pösentwicht.
   Wnd hayß der góssel vnuerzaÿt.
   Ein herolt aller judischaÿt.

Dieses Blatt wird von kunsthistorischer Seite aus stilistischen Gründen in die siebziger Jahre des 15. Jahrhunderts datiert[38]. Auch Raphael Straus, ein profunder Kenner der Geschichte der Regensburger Juden, nahm bereits in den dreißiger Jahren des 20. Jahrhunderts eine historisch korrekte Einordnung des Blattes 'um 1480' vor. Straus musste jedoch als Jude aus Deutschland fliehen, und das Erscheinen der von ihm bearbeiteten 'Urkunden und Aktenstücke zur Geschichte der Juden in Regensburg 1453–1738' wurde zunächst verhindert; das Werk erschien posthum im Jahr 1960[39]. In der Forschung findet sich dieser von mehreren Seiten gestützten Ansetzung zum Trotz gelegentlich bis heute[40] die ursprünglich von dem Kulturgeschichtler Georg Liebe geäußerte These einer Datierung des Blattes in die erste Hälfte des 16. Jahrhunderts. Zur Begründung stützte sich Liebe auf ein einziges inhaltliches Detail, nämlich auf den in Vers 7 genannten Juden namens 'Gössel Unverzagt'. Da der mit der Kurzform Gössel (Jossel/Jössel, abgeleitet von Josef) Bezeichnete außerdem als "herolt aller judischaÿt" apostrophiert wird, identifizierte Liebe diese Person kurzerhand als Josel von Rosheim (ca. 1478–1554)[41]. Dieser war Geldverleiher, Gemeindevorstand und bedeutender Vertreter der unterelsässischen Judenschaft sowie zahlreicher weiterer Judengemeinden des Reichs in rechtlichen und diplomatischen Angelegenheiten ('shtadlan'). Die Titel, die ihm in deutschsprachigen Dokumenten beigelegt wurden, waren allerdings "regirer gemeiner judischait" oder "gemeiner judischeit furstender und parnosen" oder "bevelshaber". Als 'Herold' wurde er nie tituliert, auch den Beinamen 'Unverzagt' führte er nicht[42]. Entsprechend wird dieser angeblich Josel von

---

[38] Vgl. *Haberditzl*, Einblattdrucke (wie Anm. 35), Nr. 179; *Schreiber*, Handbuch (wie Anm. 9), Nr. 1964 ("etwa 1475").

[39] Vgl. dazu das Geleitwort von *Friedrich Baethgen*, in: Urkunden und Aktenstücke zur Geschichte der Juden in Regensburg (wie Anm. 35), 7*f mit Anm. 8. Zum fraglichen Einblattdruck ebd., 176, Nr. 521: "Jeder Begründung entbehrt die Ansetzung in die '1. Hälfte des 16. Jahrhunderts' und die Beziehung auf Josel von Rosheim" (bezogen auf *Liebe*, Judentum [wie Anm. 35], 36).

[40] Vgl. *Schöner*, Judenbilder (wie Anm. 1), 143 (ohne Beleg).

[41] Vgl. *Liebe*, Judentum (wie Anm. 35), 36, Abb. 29; auch ebd., 38.

[42] Vgl. *Ludwig Feilchenfeld*, Rabbi Josel von Rosheim. Ein Beitrag zur Geschichte der Juden in Deutschland im Reformationszeitalter, Straßburg 1898, bes. Anhang,

Rosheim verunglimpfende Holzschnitt in der maßgeblichen Literatur zu seiner Person nicht erwähnt[43]. Zudem wurden im Jahr 1519 die Juden aus der Stadt Regensburg, die im Text erwähnt wird, vertrieben, sodass es nach diesem Datum dort keine Juden mehr gab. Aus historischen, stilistischen und auch aus überlieferungsgeschichtlichen Gründen ist die Spätdatierung in die Zeit des Josel von Rosheim mithin nicht plausibel, zumal völlig unklar bleibt, auf welches konkrete Ereignis aus der Biografie des Josel das Blatt überhaupt Bezug nehmen soll.

Aus den im Druck gebotenen, knappen Informationen lassen sich indes mit einiger Vorsicht die tatsächlichen historischen Hintergründe rekonstruieren (Sp. 2, Z. 24–38):

> Wie wir den cristen tuen den tod
> 25 Mit mancher wunderlicher pein
> An iren cleinen kindelein
> Wir fressen dann ir fleisch vnd pluet
> Vnd glauben es kumb vns wol zu guet
> Darumb wir neülich in grosser not
> 30 gefangen lagen auff den tod
> Zu Regenspurg in der werden stat
> Doch fund wir iuden disen rat
> Vnd losten vns von rad vnd prant
> Das tuet vil manchem cristen ant[44]
> 35 Wir wolten vns aller veind erbörn
> Vnd vnder in gar wol ernern
> Wer nicht der prediger im tuem[45]
> er maint mit vns zu [- - -].[46]

Diesen letzten erhaltenen, dem Juden Gössel in den Mund gelegten Versen ist zu entnehmen, dass man in Regensburg Juden gefangen genommen hatte und ihnen zunächst der Tod auf dem Rad oder dem Scheiterhaufen drohte. Dieser Gefahr konnten sie sich jedoch

---

145–211: "gesandter von gemeiner judischeit" (Nr. III, 1530), "gemeiner judischeit parnosen" (Nr. IV, 1530), "gemeiner judischer provoss" (Nr. VII, Selbstbezeichnung 1531), "judmeister Josell von Rossheim, obrister rabbi der gemeinen judischeit" (Nr. IX, 1534), "Jösel jud von Rosheim, gmeiner judischeit bevelchhaber" (Nr. XIV, 1536; so auch Nr. XVIII, 1542).

[43] Neben *Feilchenfeld*, Rabbi (wie Anm. 42) vor allem *Selma Stern*, Josel von Rosheim. Befehlshaber der Judenschaft im Heiligen Römischen Reich Deutscher Nation, Stuttgart 1959.

[44] Schmerz.

[45] Dom.

[46] Die noch sichtbaren Buchstabenreste legen die Ergänzung "iage(n) ruem" nahe.

entziehen. Als Verhaftungsgrund wird ein angeblicher Ritualmord genannt. Dem nun von den Juden angestrebten Wohlleben auf Kosten der Christen, so weiter, stehe nur ein "Prediger im Dom" entgegen. Diese Anhaltspunkte deuten mit ziemlicher Sicherheit auf die Ereignisse in Trient und Regensburg seit 1475 hin. Wie oben berichtet, waren die Trienter Juden wegen des Ritualmordes an dem christlichen Jungen Simon beschuldigt, verhaftet, unter Folter verhört und schließlich verurteilt worden, und der Bischof ließ sowohl die Strafmaßnahmen als auch den Kult des angeblichen Märtyrers massiv und planvoll durch Druckschriften verbreiten und propagieren. Einer der gefolterten Trienter Juden hatte nun ausgesagt, auch Regensburger Juden hätten einen Ritualmord begangen. Nachdem der Regensburger Bischof Heinrich IV. von Absberg sich über diese Vorgänge informiert hatte, ließ der Rat auf sein Betreiben die 17 prominentesten und wohlhabendsten Juden der Stadt festnehmen, verhören und das Judenviertel abriegeln[47]. Eine Leiche wurde nie gefunden, die Verhafteten jedoch erst am 4. September 1480 auf anhaltenden Druck Kaiser Friedrichs III. aus der Haft entlassen, wofür er den Regensburger Juden allerdings eine Sonderabgabe von 10.000 Gulden auferlegte[48]. Da im Einblattdruck nicht nur von der Gefangennahme, sondern auch von der Freilassung der Juden die Rede ist, wird er im Herbst 1480 oder kurz danach entstanden sein. Bei dem im Text genannten "Prediger im Dom" handelt es sich vielleicht um den Dominikanerprior und bischöflichen Boten Hans Schwarz, der Kaiser Friedrich III. im Jahr 1476 Schreiben des Regensburger Bischofs überbracht hatte und offenbar besonders an einer Verurteilung der Juden interessiert war[49]. Auch der bekannte Dominikaner Petrus Nigri (Schwarz) agitierte mit Unterstützung des Herzogs Ludwig von Bayern-Landshut seit 1474 in der Stadt gegen die Juden[50].

---

[47] Vgl. *Mordechai Breuer/Peter Herde*, Art. Regensburg, in: GeJu 3/2 (1995), 1178–1230, hier: 1200.

[48] Vgl. ebd., 1185 und 1200. Zu den Regensburger Ereignissen vgl. *Treue*, Judenprozeß (wie Anm. 23), 393–403; auch *Raphael Straus*, Der Regensburger "Ritualmordprozess" 1476–1480, in: Menorah 6 (1928), 665–677.

[49] Vgl. Urkunden und Aktenstücke zur Geschichte der Juden in Regensburg 1453–1738 (wie Anm. 35), 88, Nr. 277; 90, Nr. 283; 111f, Nr. 329; möglicherweise auch 112, Nr. 331 (genannt wird ein namenloser "doctor prediger").

[50] Dazu *Peter Herde*, Gestaltung und Krisis des christlich-jüdischen Verhältnisses in Regensburg am Ende des Mittelalters, in: ZBLG 22 (1959), 359–395, hier: 376f; *Treue*, Judenprozeß (wie Anm. 23), 395. Einzelnachweise für Petrus Nigri im Zusammenhang mit jüdischen Angelegenheiten in: Urkunden und Aktenstücke zur Geschichte

Sucht man nach einer realen Person, die für den Sprecher des
Einblattdruck-Texts Pate gestanden haben könnte, also nach einem
prominenten Mitglied der Regensburger Gemeinde namens Gössel/
Josef, stößt man auf den Rabbiner und Geldhändler Meister Josef
(Jössel) von Kelheim, Sohn des Rabbi Jona, Mann der Kelen. Er
ist seit 1457 in Regensburg als mehrfacher Hausbesitzer, unter ande-
rem eines geräumigen Wohnhauses, und Eigentümer zahlreicher
Bücher nachzuweisen. Wie es üblich war, pflegte er Geschäftsver-
bindungen mit auswärtigen Juden. Im Frühjahr 1476 wurde er selbst
zwar nicht verhaftet, aber von dem festgesetzten und gefolterten Jossel
Vorsinger als Beteiligter an dem angeblichen Ritualmord genannt[51].
Josef von Kelheim und seine Frau entzogen sich den städtischen
Behörden, indem sie zum Pfalzgrafen Otto von Neumarkt-Pfalz flo-
hen, der sie in Hirschau aufnahm[52]. Auch an den bereits genannten, gleichnamigen Jossel Vorsinger ist zu denken. Er wurde als erster
der Regensburger Juden verhaftet, gestand nach Folterungen und
belastete auch Josef von Kelheim. "In seinem Haus wurde offensicht-
l[ich] nach den Knochen der Opfer der Ritualmorde gegraben."[53]
  In den frühen dreißiger Jahren des vergangenen Jahrhunderts befasste sich auch Moritz Stern mit dem Regensburger Ritualmordprozess,
um durch quellenorientierte Arbeit seine Zeitgenossen davon zu überzeugen, dass dem Prozess nicht ein historisches Ereignis, sondern
eine Verschwörung gegen die Juden zugrunde lag: "Wir haben
ein Interesse daran, dass das ganze Quellenmaterial der Öffentlichkeit vorgelegt werde. Nur so wird auch der in seinem Urteil bisher
Schwankende erkennen, wo sich Recht und Unrecht befinden, und mit
uns zum Freispruch der Juden gelangen"[54]. Die Behauptung Sterns,

---

der Juden in Regensburg (wie Anm. 35), 40, Nr. 147 und 69, Nr. 220. – *Grau*, Antisemitismus (wie Anm. 35), 61–76, fasst den Inhalt der Missionspredigten zusammen.
  [51] Vgl. Urkunden und Aktenstücke zur Geschichte der Juden in Regensburg (wie
Anm. 35), 71f, Nr. 227f; 78f, Nr. 244; 80, Nr. 246.
  [52] Vgl. *Breuer/Herde*, Regensburg (wie Anm. 47), 1195, Nr. 45; Urkunden und
Aktenstücke zur Geschichte der Juden in Regensburg (wie Anm. 35), 143f, Nr. 423.
  [53] Nach *Breuer/Herde*, Regensburg (wie Anm. 47), 1224, Anm. 451. Dort wird
auch die Problematik erörtert, dass die Quellennachweise teilweise nicht eindeutig
Josef von Kelheim oder Jossel Vorsinger zugeordnet werden können (dasselbe gilt
für die Belege in: Urkunden und Aktenstücke zur Geschichte der Juden in Regensburg
[wie Anm. 35], 504, s. v. 'J[oseph], J[ude] zu R[egensburg]' und 'meister [Joseph]
von Kelheim'). Des Weiteren wird die mögliche Identifikation des Gössel Unverzagt
mit Jossel Vorsinger zur Gewissheit: "Auf den gefangenen J[uden], den Mann der
Adel [. . .], bezieht sich auch die erhaltene Karrikatur [sic!]".
  [54] Die israelitische Bevölkerung der deutschen Städte, Bd. 5: Regensburg im

der gefolterte Jossel Vorsinger sei der im Einblattdruck genannte "herolt aller judischaÿt"[55], dient auch seinem Bemühen, die Haltlosigkeit der Ritualmordanschuldigung, d. h. den durch die Folter erzwungenen Charakter des 'Geständnisses' nachzuweisen. Zu diesem Zweck bedient er sich einer seiner Bild- und Textquelle wenig angemessenen, aber dennoch bemerkenswerten Interpretation: Die Darstellung des Jossel sei ein in Regensburg entstandenes Porträt nach der lebenden Person[56] und der Text ein unterstützender Beleg dafür, dass Jossel lange standhaft gewesen sei, "keineswegs ein Schwächling, der nach den ersten Martern zusammenbricht"[57]. Trotz dieser abwegigen Deutungen im Detail ist die Interpretation des Drucks insgesamt durchaus plausibel: In dem xylografischen Blatt entlud sich schließlich die Frustration der Städter darüber, dass dem von ihnen beschrittenen 'Rechtsweg' kein Erfolg beschieden war, dass es also nicht zu der angestrebten Verurteilung der Juden, sondern zu ihrer Entlassung aus der Haft gekommen war. Daher wurden schließlich publizistisch-propagandistische Mittel eingesetzt. Einen prominenten Regensburger als 'Herold aller Juden' sprechen zu lassen, also ihm selbst diese die Juden diffamierenden und beschuldigenden Aussagen in den Mund zu legen, ist ein den Simon-Blättern verwandtes und überaus geschicktes rhetorisches Mittel. Die Veröffentlichung des Blattes erfolgte, wie üblich, anonym. Seine Interpretation muss unvollständig bleiben, weil der Text nicht in Gänze erhalten ist. Vor dem Hintergrund der Trient-Regensburger Verwicklungen erweist sich aber auch das Wiener Blatt, auf welche der genannten Personen sich der Text nun beziehen mag, als ein charakteristisches, situationsbezogenes Produkt antijüdischer Publizistik, als ein Akzidenzdruck im klassischen Sinn. Es liegt hier nicht etwa eine mehr oder weniger kontextlos im Raum stehende Polemik gegen das Judentum im Allgemeinen oder gegen eine der bekanntesten jüdischen Führungspersönlichkeiten im Reich in der ersten Hälfte des 16. Jahrhunderts vor, sondern eine aus Anlass

---

Mittelalter, H. 1, hg. von Moritz Stern, Berlin 1932, 42. Zahlreiche der bei Straus als Regesten verzeichneten Quellen (offizielle Schreiben, Verhörprotokolle) werden bei Stern im Wortlaut wiedergegeben.

[55] Ebd., 104 und 113–116.

[56] "Wir besitzen eine Abbildung seiner Person." – "Jossel war stadtbekannt. Der Regensburger Drucker [. . .] konnte daher kein Phantasiebild zeichnen und schneiden lassen" (ebd., 113 mit Anm. 5).

[57] Ebd., 114. "Nur die schärfsten Martern können Jossel zur totbringenden [sic!] Selbstbezichtigung und zur Vernichtung seiner Glaubensgenossen getrieben haben"; ebd., 115.

einer bestimmten Verfolgungsmaßnahme entstandene, historisch genau situierbare und mit quellenmäßig nachweisbaren Personen agierende lokale Propagandaschrift[58].

4. *Akzidenz und Kontext*

Wie wir gesehen haben, ist die Einordnung von Form und Inhalt solcher Quellen maßgeblich davon abhängig, ihren Akzidenzcharakter und ihre zuweilen schwer entschlüsselbaren historischen Hintergründe zu erkennen. Es war das Ziel dieser Studie, diese antijüdischen Druckwerke, die heute meist isoliert und kontextlos überliefert sind, wieder in ihren ursprünglichen Zusammenhängen zu sehen. Bei der Analyse waren zunächst allgemeine zeithistorische Gegebenheiten zu berücksichtigen und überlieferungsgeschichtlich relevante Grunddaten zu erfassen. Daneben galt es, spezielle Quellen zur jüdischen bzw. christlich-jüdischen (regionalen wie überregionalen) Geschichte heranzuziehen, die technisch-mediale und literatur- bzw. schriftlichkeitshistorische Entwicklung des frühen Buchdrucks zu würdigen, die jeweilige Stellung der Blätter in der Medienlandschaft der Zeit sowie eventuelle kunsthistorische oder theologische Besonderheiten zu beachten. Obwohl hiermit lediglich eine Fallstudie vorgelegt wird, lassen sich nach unserer Überzeugung nur in solch vergleichend-interdisziplinärer Perspektive die Gemeinsamkeiten, Unterschiede und Bedeutungsebenen antijüdischer Publizistik im späten Mittelalter und in der frühen Neuzeit in befriedigender Weise herausarbeiten.

---

[58] Dasselbe Muster weisen auch die um 1500 publizierten Blätter zur Passauer Hostienschändung von 1477 auf; vgl. *Eisermann*, VE 15 (wie Anm. 20), P-6 und P-7; *Rubin*, Tales (wie Anm. 6), 173–175; *Moritz Stern*, Der Passauer Judenprozeß 1478, Berlin 1928, bes. 1–4. – Von demselben Holzschneider wie 'Hort ir herren allgemein' könnte aus stilistischen Gründen ein weiterer antijüdischer Einblattdruck stammen, ein Blatt mit dem Titel 'Warnung vor dem Judenwucher' (*Schreiber*, Handbuch [wie Anm. 9], Nr. 1962; Abb.: *Liebe*, Judentum [wie Anm. 35], 10, Abb. 5). Beide Drucke zeigen ähnliche Buchstabenformen (insbesondere der verwendeten Auszeichnungsschrift) und Übereinstimmungen in Einzelmotiven, z. B. das von einem Juden gehaltene, aufgeschlagene Buch mit (pseudo-)hebräischen Schriftzeichen.

EIN NEUER ELIGIUS.
DIE DISPARATE PARALLELITÄT VON HEILIGENVITA UND HEILIGENBILD IM 15. JAHRHUNDERT

Sabine Griese
(Zürich)

Bei der Entzifferung mittelalterlicher Denkmäler stößt man bisweilen an Grenzen; Kontexte scheinen zu fehlen, die sämtliche Zeichen lesbar und vor allem deutbar werden lassen.

So auch bei folgendem Fall, einem Einblattholzschnitt des 15. Jahrhunderts, der kürzlich in der Thüringer Universitäts- und Landesbibliothek in Jena entdeckt wurde (Abb. 1)[1]. Er gehörte vormals Heinrich Seger, dem aus Münchberg bei Hof in Franken stammenden Prediger an der St. Katharinenkirche in Zwickau. Dieser hatte das Blatt zwischen 1476 und 1500, dem Jahr seines Todes, als Vorderspiegel in einen seiner 31 Bände eingeklebt, nämlich in die Kölner Ausgabe des Kommentars zum biblischen Buch der Weisheit des Oxforder Theologen Robert Holkot[2]. Von diesem zu einem nicht bestimmbaren Zeitpunkt in die Jenaer Bibliothek gelangten Trägerband wurde der Holzschnitt wohl in der ersten Hälfte des 20. Jahrhunderts abgelöst, geriet dann in Vergessenheit und wurde erst Ende des Jahres 2003 wieder aufgefunden.

Der querformatige, kräftig kolorierte, einlinig eingefasste und einseitig bedruckte Holzschnitt misst 21,5 × 29,4 cm; er ist recht gut

---

[1] Ich danke Dr. Joachim Ott, dem Leiter der Abteilung Handschriften und Sondersammlungen der Thüringer Universitäts- und Landesbibliothek Jena, ganz herzlich für die Mitteilung dieses Druckes und das Einverständnis, den Neufund hier bekannt zu machen.

[2] Vgl. *Robertus Holkot*: Super sapientiam Salomonis [Köln: Konrad Winters, nicht nach 1476], HC 8755; ThULB Jena, 2 Theol. XXIV,105. Der Holzschnitt trägt keine eigene Signatur. – Zu Seger und seiner Bibliothek vgl. *Ninon Suckow / Holger Nickel*, Libri M. henrici segers, in: Von der Wirkung des Buches. Festgabe für Horst Kunze zum 80. Geburtstag, gewidmet von Schülern und Freunden, besorgt von Friedhilde Krause, Berlin 1990, 9–23; der ehemalige Trägerband ist hier (12) als Nr. 6 genannt. Suckow und Nickel erwähnen den Holzschnitt jedoch nicht, zu dem Zeitpunkt befindet er sich schon nicht mehr in dem Holkot-Druck. Zu Holkot vgl. *Marc-Aeilko Aris*, Art. R. Holcot OP, in: LMA 7 (1995), 907.

Abb. 1. Einblattholzschnitt: Der Hl. Eligius in der Werkstatt zwickt dem weiblichen Teufel mit einer Zange in die Nase [15. Jh.]. Einziges Exemplar: ThULB Jena, ehemaliger Vorderspiegel der Inkunabel 2 Theol. XXIV, 105.

erhalten und zeigt lediglich an den Rändern (oben mittig sowie links und rechts unten) kleinere Fehlstellen im Papier. Er trägt keinerlei Künstlersignatur oder -namen. Dargestellt ist der heilige Eligius als Bischof in Schaube mit Faltenkragen und weiten, zum Arbeiten hochgekrempelten Ärmeln in einer Werkstatt. Über dem Obergewand trägt er noch eine Schürze, in deren aufsitzender runder Tasche ein stiftähnlicher Gegenstand, vielleicht ein Grabstichel, steckt, wie ihn beispielsweise die Metallschneider benötigten. Hinter Eligius ist eine brennende Esse zu erkennen, deren Feuer von einem Doppelblasebalg geschürt wird, den ein Knecht über eine Stangenkonstruktion betätigt. Mit der rechten Hand hält Eligius ein abgetrenntes Pferdebein mit Hufeisen auf dem Amboss, neben dem auf dem Holzblock noch verschiedenes Werkzeug erkennbar ist, fest.

Eligius, dessen Heiligkeit bereits seiner noch mit ihm schwangeren Mutter in einem Traum vorausgesagt wurde[3], begann als Huf- und Goldschmied und wurde unter den Frankenkönigen Chlotar II. und Dagobert I. königlicher Münzmeister und angesehener Ratgeber. Nach dem Tod Dagoberts I. trat er in kirchliche Dienste, wurde Priester und 640 zum Bischof von Noyon gewählt. Bald nach Eligius' Tod am 1. Dezember 660 schrieb Audoenus von Rouen um 673/675 das Leben des Freundes nieder; ein Eligius-Kult setzte mit der aufblühenden Wallfahrt nach Noyon im 13. Jahrhundert ein, eine französischsprachige Vita wurde verfasst und der Heilige wurde zum

---

[3] Vgl. unten, Textabdruck aus: 'Der Heiligen Leben', Sommer- und Winterteil, Nürnberg: Anton Koberger, Winterteil: 5.12.1488 (Hain 9981), und zwar nach dem Exemplar der Zentralbibliothek Zürich, 4.27, Winterteil, f. CCLXIv–CCLXIIIr, hier CCLXIIr. Eine etwas abweichende Fassung des frühen Erweisens seiner Heiligkeit befindet sich im Sommerteil derselben Ausgabe: "Der lieb herr sant Loy der het ein selige muter vnd da sie dz kind sant loy in irem leyb trug da erzeyget got des kindes heyligkeit. man sah offt dz ein adler ob seiner muter flog. der bedecket sye mit seinen flugeln. vnd hielt ir der sunnen schein auff. das geschah wenn sy an irem gebet was. Nun het dy fraw einen garten bey irem hauß. da gieng sye hinein. so kam alweg der adler vnd hielt der frawen dye hitz mit seinen flugeln auff. vnd wenn sie in dz hauß kam so satzt sich der adler auff das hauß vnd saß als lang darauff biß sy zu der kirchen gieng oder anderß wo so flog er ob ir. dz sah der kunig von frankkreich auff seiner vesten. vnd verstund sich wol dz das kind selig wurd vnd das got das zeychen durch des kindes willen thet" (ebd., f. LIv). In dieser Version auch zitiert in: Der Heiligen Leben. Band 1: Der Sommerteil, hg. von Margit Brand/Kristina Freienhagen-Baumgardt/Ruth Meyer/Werner Williams-Krapp, Tübingen 1996 (= Texte und Textgeschichte 44), 178 [im Folgenden zitiert: Der Heiligen Leben 1].

Schutzpatron verschiedener metallverarbeitender Gewerbe, wie der
Gold- oder Hufschmiede[4].

Im späten Mittelalter bezeugen auch mehrere bildliche Darstellungen eine gewisse Beliebtheit des heiligen Eligius. Die Ikonographie
markiert ihn seit dem 13. Jahrhundert meist als Bischof oder als
Schmied, seit dem 15. Jahrhundert ist die Schmiedeszene auch als
Werkstattbild ausgestaltet. Differenziert und ironisierend stellt dies
beispielsweise um 1450 der Kupferstich des sogenannten Bileammeisters dar[5]. Besonders eine Episode aus der Legende wird ab der
Mitte des 14. Jahrhunderts immer wieder in Bild und Text thematisiert, nämlich das sogenannte Beschlagwunder, das jedoch nicht aus
der offiziellen Vita des Heiligen stammt, sondern möglicherweise aus
mündlichem Erzählgut später hinzugefügt wurde: Ein Pferd (des
Königs) soll (mit einem silbernen Hufeisen) beschlagen werden, Eligius
schneidet dem unruhigen Tier der Einfachheit halber das Bein ab,
schmiedet das Eisen auf den Huf und setzt das Bein ohne Schaden
für das Tier wieder an[6].

Während die lateinische 'Legenda aurea' des Jacobus de Voragine
nicht von Eligius berichtet[7], bietet "das mit Abstand verbreitetste und

---

[4] Zu Eligius (von Noyon) vgl. die gleichnamigen Artikel von: *Joseph-Claude Poulin*,
in: LMA 3 (1986), 1829f; *Friederike Tschochner-Werner*, in: LCI 6 (1994), 122–127;
Günther Böing, in: LThK[2] 3 (1959), 814; *Adam Wrede*, in: HWDA 2 (1929/1930),
785–789; *Salomon Vögelin*, Die Legende des h. Eligius, in: Neujahrsblatt, hg. von der
Stadtbibliothek in Zürich, Zürich 1874, 1–18.

[5] *Tschochner-Werner*, Eligius (wie Anm. 4), 124 mit Abb. und weiteren Beispielen.
Zur Ikonographie des heiligen Eligius vgl. *Karin von Etzdorff*, Der Heilige Eligius und
die Typen seiner Darstellung als Patron der Goldschmiede und Schmiede, Phil.
Diss. München 1956 (mit einem Katalog der Eligius-Hufwunder-Darstellungen vom
13. bis 20. Jh. [89–154], umfasst 307 Nummern, jedoch nicht den vorliegenden
Holzschnitt). Zu dem Kupferstich des Bileammeisters vgl. auch Spätmittelalter am
Oberrhein. Große Landesausstellung Baden-Württemberg 29.9.2001–3.2.2002, Teil 1:
Maler und Werkstätten 1450–1525, Karlsruhe 2001, 75f, Nr. 17 mit Abb. und dem
Hinweis auf zwei Eligius-Kupferstiche des Meisters E. S. (der nimbierte Heilige ste-
hend im Bischofsornat mit den Attributen Goldschmiedehammer und Kelch).

[6] Hinweis bei: *Wrede*, Eligius (wie Anm. 4), 787. Die Episode findet man nicht
in: Die Chronik Fredegars und der Frankenkönige, die Lebensbeschreibungen des
Abtes Columban, der Bischöfe Arnulf, Leodegar und Eligius, der Königin Balthilde,
hg. von Alexander Heine und übers. von Otto Abel, Essen/Stuttgart 1985, 215–234
(zu Eligius).

[7] *Hans Fehrle*, Die Eligius-Sage, Frankfurt a. M. 1940, 20. Eligius ist nicht erwähnt
in: Die elsässische 'Legenda aurea', Bd. 1: Das Normalcorpus, hg. von Ulla Williams/
Werner Williams-Krapp, Bd. 2: Das Sondergut, hg. von Konrad Kunze, Bd. 3: Die
lexikalische Überlieferungsvarianz, Register, Indices, hg. von Ulla Williams, Tübingen
1980–1990 (= Texte und Textgeschichte 3, 10, 21). Erst die sogenannte 'Südmittel-
niederländische Legenda aurea', eine Übersetzung des 14. Jhs., nimmt Eligius auf;

wirkungsmächtigste volkssprachliche Legendar des europäischen Mittelalters"[8], 'Der Heiligen Leben', an der Wende vom 14. zum 15.
Jahrhundert entstanden[9], als 40. Legende des Sommerteils nach der
Episode von Johannes Baptista und vor Johannes und Paulus diejenige 'Von sand Loyo', also von Eligius von Noyon[10]. Hier ist auch
das genannte Beschlagwunder thematisiert, und zwar in folgender
Kurzform: "Dor noch hiz im der kvnk sein pfert mit silberein hvfei-
sen beslahn. Do snaid sand Loyo dem pferd sein fuzz ab noch den
gelidern. Vnd do er ez beslůg, do seczt er im di fuzz wider an als
vor an alln geprechen"[11].

Mit dieser Fassung stimmt der Holzschnitt in Jena jedoch nur teilweise überein, denn das Pferd (des Königs) harrt hier noch der Ansetzung seiner abgetrennten Vorderhand. Das Pferd ist an einen Holzstall
angebunden und blickt mit seitwärts abgewandtem Kopf (man möchte

---

vgl. *Werner Williams-Krapp*, Die deutschen und niederländischen Legendare des Mittelalters. Studien zu ihrer Überlieferungs-, Text- und Wirkungsgeschichte, Tübingen
1986 (= Texte und Textgeschichte 20), 405.

[8] Der Heiligen Leben 1 (wie Anm. 3), Zitat XIII; *Konrad Kunze*, Art. Der Heiligen
Leben ('Prosa'-, 'Wenzelpassional'), in: VerLex[2] 3 (1981), 617–625; *Edith Feistner*,
Historische Typologie der deutschen Heiligenlegende des Mittelalters von der Mitte
des 12. Jahrhunderts bis zur Reformation, Wiesbaden 1995 (= Wissensliteratur im
Mittelalter 20), 271–292.

[9] Dazu *Williams-Krapp*, Legendare (wie Anm. 7), 188–345.

[10] Abdruck in: Der Heiligen Leben 1 (wie Anm. 3), 178f. Eine Quelle für die
dortige Eligius-Episode ist unbekannt; vgl. *Williams-Krapp*, Legendare (wie Anm. 7),
282. Auch der Winterteil von 'Der Heiligen Leben' bietet eine Eligius-Episode (als
Nr. 46); vgl. ebd., 288 (auch hierfür ist die Quelle unbekannt). Diese Episode biete
ich im Anhang im einem Abdruck aus dem Koberger-Druck von 1488 (wie Anm.
3); vgl. unten 207–210. – Eligius ist mit seinen beiden Gedenktagen – dem 25.6.
(Translation seiner Reliquien in die Kathedrale von Noyon) und dem 1.12. (Tod) –
in dieses Legendar eingegangen. Weiterhin kennen 'Der Heiligen Leben, Redaktion'
und die 'Mittelfränkischen Heiligenpredigten' Legendenerzählungen von Eligius; vgl.
Williams-Krapp, Legendare, 405; *Konrad Kunze*, Art. Der Heiligen Leben, Redaktion,
in: VerLex[2] 3 (1981), 625–627; *ders.*, Art. Mittelfränkische Heiligenpredigten, in:
VerLex[2] 6 (1987), 616.

[11] Der Heiligen Leben 1 (wie Anm. 3), 179. – Die Druckausgaben des 15. und
frühen 16. Jhs. bieten zu jedem Heiligen einen Holzschnitt. Der Koberger-Druck
von 1488, den ich in der Zentralbibliothek Zürich eingesehen habe, stellt dem
Heiligen im Sommer- und im Winterteil denselben Holzschnitt voran: Die Szene
ist zweigeteilt, links ein Werkstattinnenraum, der nimbierte Eligius (mit Spitzbart)
in wadenlangem Gewand und Schürze, nach links gewendet beim Beschlagen des
Hufes; rechts Landschaft, im Hintergrund Hügel, zentral das nach rechts gewen-
dete Pferd, sein rechtes hinteres Bein wird von dem Knecht/Reiter gehalten, dieser weist auf die Eligius-Szene, trägt ein kurzes Gewand, kurze Stulpenstiefel mit
Sporen und Zackenrad. Vgl. *Albert Schramm*, Der Bilderschmuck der Frühdrucke,
Bd. 17: Die Drucker in Nürnberg. Bd. 1: Anton Koberger, Leipzig 1934, Abb. 96
und Abb. 232.

meinen, etwas skeptisch oder kritisch) auf Eligius. Dieser zwickt gerade mit einer größeren Zange einer weiblichen Person in einem grünen, langen Gewand in die Nase. Die Frau, die mit der rechten Hand den Amboss berührt und mit der linken gleichsam präsentierend auf den abgeschlagenen Pferdehuf weist, trägt ein Haarnetz, aus dem zwei Hörner nach oben ragen, so dass man beinahe an eine sogenannte Hörnerhaube denken könnte, einen extravaganten weiblichen Kopf-putz, "der zwischen 1380 bis 1460 in Form von zwei steilen oder flacheren hörnerartigen Kegeln getragen wird"[12]. Der dreizeilige xylo-graphische Text über der Frau bietet hierfür jedoch gewisse Aufklärung, er lautet: "der tubel [?] fersuchte/ sancte loyen den/ heilichen man"[13]. Die Frau ist also ein weiblicher Teufel, der den schmiedenden Eligius versucht, was dieser wiederum mit einer Zange abzuwehren weiß.

Ohne Hörner, aber ebenfalls in grünem Gewand, ist die Versucherin des heiligen Eligius auf dem Mittelstück einer Altartafel abgebildet, die dem sogenannten Ersten Zürcher Nelkenmeister zugeschrieben wird, der vermutlich mit Hans Leu d. Ä. (um 1470 bis nach 1507) identisch ist. Dieser Altarflügel (Abb. 2) – er wird auf um 1495 da-tiert – befindet sich heute im Schweizerischen Landesmuseum Zürich und zeigt eine ähnliche personale Anordnung wie der Holzschnitt[14]: Um den zentralen Baumstamm mit dem Amboss herum sind rechts Eligius (hier nicht als Bischofsheiliger) und vor ihm die grüngewandete Frau dargestellt. Rechts im Hintergrund sieht man die Esse, hier allerdings ohne den Knecht. Das Pferd (ein Schimmel) steht hinter der Frau und wird von einem rotgekleideten Edelmann gehalten. Dieser blickt und weist auf Eligius und präsentiert das blutige ampu-tierte Pferdebein (Eligius umfasst den abgetrennten unteren Teil mit seiner linken Hand auf dem Amboss). Der Edelmann ist gänzlich in Rot gekleidet (Beinlinge, Schuhe, schräg sitzender, flacher Hut).

---

[12] *Harry Kühnel*, Bildwörterbuch der Kleidung und Rüstung. Vom Alten Orient bis zum ausgehenden Mittelalter, Stuttgart 1992, 119 mit Abb.

[13] Vgl. unten Anm. 25.

[14] Zu dem Altarflügel vgl. *Lucas Wüthrich/Mylène Ruoss*, Katalog der Gemälde. Schweizerisches Landesmuseum Zürich, unter Mitarbeit von Klaus Deuchler, Zürich 1996, 39f mit Farbtafel 5. Auf der Altartafel wird die Szene von den beiden Heiligen-figuren Antonius Eremita und Sebastian flankiert. Das Schweizerische Landesmuseum besitzt eine weitere Altartafel (um 1490), die den heiligen Eligius als Hufschmied darstellt, hier jedoch ohne die in die Nase gezwickte Frau (vgl. ebd., 35, Nr. 32). – Zu Hans Leu d. Ä./Zürcher Nelkenmeister vgl. *Wehrli*, Art. Meister mit der Nelke, Nr. 2: Der Zürcher Nelkenmeister, in: Allgemeines Lexikon der bildenden Künstler von der Antike bis zur Gegenwart, hg. von Ulrich Thieme/Felix Becker, Bd. 37, Leipzig 1950, 244f.

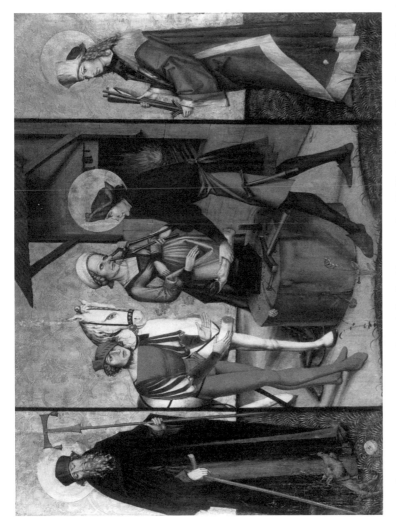

Abb. 2. Hans Leu d. Ä.: Der Hl. Eligius in der Schmiede, flankiert von den Heiligen Antonius Eremita und Sebastian [Altarflügel, um 1495]. Schweizerisches Landesmuseum Zürich, Depositum der Zentralbibliothek Zürich, Inventarnummer: Dep. 837.

Das Motiv des Nasenzwickens eines weiblichen Teufels wird noch mehrmals mit Eligius verbunden dargestellt, beispielsweise in einem Relief an Or San Michele in Florenz. An der Westseite von Or San Michele befindet sich die Nische mit der von der Florentiner Schmiedezunft gestifteten Statue des Eligius des Nanni di Banco (1383–1430); in dem darunter befindlichen Relieffeld ist gezeigt, wie Eligius ein Pferd beschlägt und die dabeistehende Hexe mit der Zange in die Nase kneift[15]. Mehrere Bildzeugnisse kombinieren das Beschlagwunder des Eligius mit dem Motiv des Teufels in Frauengestalt. Allerdings ist unklar, was diese Verbindung motivierte und woher das Motiv stammt. Keine Textfassung zu Eligius bietet hier Aufschluss.

Das Nasenkneifen mit einer Zange wird jedoch nicht nur mit dem heiligen Eligius verbunden, sondern es sind auch Darstellungen bekannt, die den heiligen Dunstan von Canterbury zeigen, wie er einem Teufel mit der Zange in die Nase zwickt[16]. – Allerdings identifiziert der Holzschneider des vorliegenden Druckes in der Beischrift unseren Heiligen eindeutig als Eligius.

Das Abbeißen oder Abschneiden der Nase war im Übrigen eine verbreitete Körperstrafe für denjenigen, der eine Missetat begangen hatte, sei es Diebstahl, sexuelles Vergehen oder Ehebruch[17]. Wollte der Holzschneider hier eventuell ein weiteres Motiv in die Eligius-Tradition einbauen, das auch Nanni di Banco oder der in Zürich tätige Hans Leu d. Ä. kannten? Zwickt Eligius lediglich mit der Zange in die Nase, um die Macht des Teufels zu bannen, der ihn am Vollenden seiner Tat hindern will (so der Text des Holzschnitts),

---

[15] *Vögelin*, Eligius (wie Anm. 4), 4; abgebildet bei *Fehrle*, Eligius-Sage (wie Anm. 7), Abb. 11. Zu dem Motiv ausführlich *von Etzdorff*, Eligius (wie Anm. 5), 17–19; 102, Nr. 59; 131, Nr. 181. Vögelin nennt weiterhin ein Gemälde des Sandro Botticelli (Uffizien, Florenz), das Eligius beim Beschlagen eines Pferdes zeigt sowie "eine hübsche dekoltirte [sic!] Dame mit einem Horn im Haare" (5). Eine dekolletierte Frau steht ebenfalls neben Eligius auf einem Holzrelief aus dem Museum der Stadt Ulm (abgebildet bei *Fehrle*, Eligius-Sage [wie Anm. 7], Abb. 7), allerdings ohne in die Nase gezwickt zu werden. Aus dem Diözesanmuseum in Passau ist noch ein Gemälde von 1540 bekannt, auf dem Eligius eine Frau mit der Zange in die Nase kneift (ebd., Abb. 9).

[16] Zu Dunstan von Canterbury vgl. *David H. Farmer*, in: LCI 6 (1994), 100f mit Abb. 1: Der Hl. Dunstan in der Goldschmiedewerkstatt hält den Teufel an der Nase (Stickerei der sog. Dunstan-Kasel um 1400). Auch er ist Patron der Gold-, Huf- und Waffenschmiede.

[17] Vgl. *Kathrin Pöge-Alder*, Art. Nase, in: Enzyklopädie des Märchens 9 (1999), 1221–1225, hier: 1223; *Siegfried Neumann*, Art. Die abgeschnittene Nase, in: ebd., 1225–1230, hier: 1225; *Valentin Groebner*, Ungestalten. Die visuelle Kultur der Gewalt im Mittelalter, München/Wien 2003, 71–93.

oder zwickt er in die Nase, um die Frau zu markieren, sie hässlich und "ungestalt" zu machen? Hans Leu d. Ä. betont auf seiner Darstellung die weibliche Nase, die bereits deutlich gelängt und der Schönheit der Frau damit durchaus abträglich ist.

Der Edelmann im linken Vordergrund des gedruckten Bildes ist als Reiter oder auch als Besitzer des Pferdes gekennzeichnet, darauf weisen die mit langem Hals und Zackenrad versehenen Sporen an seinen mit etwas übermäßigen Stulpen versehenen Stiefeln[18]. Er trägt weiterhin einen hohen (Pelz-)Hut, ein kurzes Obergewand mit Kragen, vorderseitiger Naht und geplusterten Beutelärmeln. Mit der rechten Hand hält er seinen Kurzdolch oder sein Messer, mit der linken weist er auf das Geschehen um Eligius und die Frau. Er lehnt breitbeinig an dem vorderen Pfosten des Stalls, wobei es dem Holzschneider nicht ganz gelungen ist, den Stallpfosten im rechten Verhältnis nach oben fortzuführen. Die Linie ist hier leicht verschoben.

Bereits Hans Fehrle hat in seiner Untersuchung von 1940 darauf aufmerksam gemacht, dass sich im Laufe des Mittelalters unterschiedliche Eligius-Traditionen verbunden und vor allem als Bildtypen

---

[18] Ähnliche Stiefel trägt beispielsweise der Pferdebesitzer auf dem Eligius-Holzschnitt der Straßburger Druckausgabe von 'Der Heiligen Leben', die der Drucker Johannes Grüninger gemeinsam mit Sebastian Brant 1502 herausgebracht hat; abgebildet bei *Fehrle*, Eligius-Sage (wie Anm. 7), Abb. 6. – Beinahe könnte man jedoch meinen, auf dem Holzschnitt in Jena keine Stulpenstiefel, sondern eine heruntergelassene Hose zu erkennen, die den Mann außerdem an den Pferdestall fesselt; denn breitbeinig steht er über dem vorderen Pfosten des Stalls, während die Hose zum Teil hinter dem Pfosten verläuft und dieser im Rücken des Mannes wieder auftaucht. Der Edelmann ist deutlich gefangen (wenn man die Darstellung nicht der Ungeschicklichkeit des Holzschneiders zuschreiben möchte) durch seine heruntergelassene Hose. Und die Obszönität optisch noch steigernd, taucht der Stallpfosten mittig zwischen seinen gespreizten Beinen wieder auf und könnte so als Karikatur oder Andeutung seines übermäßigen membrum virile verstanden werden. Verbindet man nun damit das Nasenzwicken der Frau und sieht es als Bestrafung für sexuelles Vergehen an, könnte man annehmen, der Edelmann hätte sich sexuell mit der Teufelin eingelassen. Und Eligius nimmt hierfür die Bestrafung vor. Der Text des Holzschnitts stützt diese Vermutung jedoch nicht, denn er erwähnt lediglich eine Versuchung des Heiligen durch den Teufel. – Leider lässt einen die Motivforschung für das Stichwort 'Hose, heruntergelassen' etwas im Stich: die Enzyklopädie des Märchens gibt hier keine Anhaltspunkte (ein Artikel 'Hose' fehlt); vgl. auch HWDA 4 (1931/32), 407f, wo sich immerhin die Hinweise auf die halbangezogene Hose als Zeichen großer Eile oder auf die Sitte des Herablassens der Hose und Präsentierens des nackten Hintern als öffentliches Bekenntnis eines Schuldners, dass er nichts mehr besitze, finden. In Verbindung der Motive Hose und Hexe weist das Handwörterbuch des deutschen Aberglaubens (ebd., 409) darauf hin, dass Hosen als Abwehrmittel gegen Hexen dienten, indem man sie an Türen oder Fenster hängte oder – bei den Südslawen – die Hosen zum Schutz gegen Hexen umgekehrt trug.

herausentwickelt haben[19]. Auch er weist hinsichtlich des Motivs des Nasenzwickens auf den heiligen Dunstan, der ein bekannter "Eiferer gegen die Ehe" gewesen sei[20]. Aber auch das hilft bei der Deutung des vorliegenden Bildes nicht recht weiter.

Kehrt man noch einmal zu der Eligius-Legendenversion zurück, die der Sommerteil von 'Der Heiligen Leben' bietet, findet man hier eine besondere Ausgestaltung des Beschlagwunders, es wird weitererzählt. Knapp wird berichtet (vgl. oben Zitat), wie Eligius dem Pferd des Königs das Bein abnahm und wieder ansetzte, bevor die Legende folgendermaßen fortfährt: "Daz sah sein kneht vnd wolt ez auch haben geton. Dez moht er niht getv̊n, vnd verderbt daz pfert. Do macht sand Loyo daz pfert wider gesvnt vnd stroft den kneht. Do sprach er: 'Lieber herr, jch wolt ez auch gelert haben.' Do sprach sand Loyo: 'Lieber svn, es ist vil dingz zimleich zů tv̊n, daz doch niht zimt zů tv̊n'."[21]

Dies ist eine Version eines Erzählmotivs, welches die Forschung als 'Christus und der Schmied' benannt hat[22], zu dem auch der Holzschnitt des Nürnberger Künstlers Georg Glockendon d. Ä. 'Die Entstehung der Affen' aus dem Ende des 15. Jahrhunderts gehört[23]. Vielleicht ist sogar der Knecht auf dem Eligius-Holzschnitt in Jena

---

[19] *Fehrle*, Eligius-Sage (wie Anm. 7), 29–31, weist in seiner Untersuchung verschiedene Textfassungen der frühen Ausgaben nach (oberdeutsch – niederdeutsch) und zitiert auch die Vorbemerkung einiger Drucker, dass sie dem Legendar neue Heilige inkorporiert hätten. Dieser Vermerk lautet in dem Grüninger-Druck von 1513 in der Zentralbibliothek Zürich, 4.110, folgendermaßen: "Der Heilgen Leben Summer vnd Winterteil/ mit me Heilgen dan vor getruckt sein eins teils hie verzeichnett Sant Florentz/ sant Jta/ sant Diebolt/ sant Gůtma/ sant Batt/ sant Jmna/ vnd sant Adolff sant Meinrat/ sant Fridlin/ sant Arbogast/ sant Meyin/ sant Athala/ sant [Fi]ax/ sant Wilhelm" (f. Ir). Mit einer solchen Erweiterung des Textcorpus reagieren die Drucker auf bestimmte Lokalbedürfnisse oder Aktualitäten.

[20] *Fehrle*, Eligius-Sage (wie Anm. 7), 191.

[21] Zitiert nach Der Heiligen Leben 1 (wie Anm. 3), 179.

[22] *Hannsjost Lixfeld*, Art. Christus und der Schmied, in: Enzyklopädie des Märchens 2 (1979), 1440–1444.

[23] Zu diesem Holzschnitt vgl. *Wilhelm Ludwig Schreiber*, Handbuch der Holz- und Metallschnitte des 15. Jahrhunderts, Bd. 4, Leipzig 1930, Nr. 1971m; *Sabine Griese*, Dirigierte Kommunikation. Beobachtungen zu xylographischen Einblattdrucken und ihren Textsorten im 15. Jahrhundert, in: Das illustrierte Flugblatt in der Kultur der Frühen Neuzeit. Wolfenbütteler Arbeitsgespräch 1997, hg. von Wolfgang Harms/ Michael Schilling, Frankfurt a. M. 1998 (= Mikrokosmos 50), 75–99, hier: 83–87 mit Abb. 18. *Johannes Bolte/Georg Polívka*, Anmerkungen zu den Kinder- u. Hausmärchen der Brüder Grimm, Bd. 3, 2. Aufl., Hildesheim 1963, 193–199 hatten das Material zu dem Motiv 'Das junggeglühte Männlein' bekannt gemacht und hierbei auch mehrfach auf Eligius verwiesen, jedoch ohne Kenntnis des Holzschnitts in Jena.

ein Zitat aus einer dieser Versionen, da er selbst gerade die Zange in die brennende Esse hält[24].

Ob auch der neu entdeckte Holzschnitt in Jena von dem bekannten Nürnberger Holzschneider Glockendon stammt, ist nicht zu klären. Glockendon gibt meistens auf seinen Holzschnitten seinen Namen an, auf dem Druck in Jena ist jedoch kein Künstlername zu erkennen. Auch die etwas unelegant geschnittene Schrift spricht nicht für den versierten Nürnberger Holzschneider, der seine Drucke meist mit größeren Textanteilen ausstattete. Die wenigen Sprachmerkmale, die man aus dem vorliegenden Text des Schriftbands zusammentragen kann ("tubel" für mittelhochdeutsch "tiuvel", "heilichen" für "heiligen"), weisen auf das mitteldeutsche oder südlich angrenzende oberdeutsche Sprachgebiet[25].

Der Druck in Jena ist ein tatsächlicher Neufund – es handelt sich um einen bislang unbekannten und unikal überlieferten Einblattholzschnitt des 15. Jahrhunderts mit einer neuen und in Teilen rätselhaften Ikonographie des heiligen Eligius. Im gesamten Holz- und Metallschnittbestand, den Wilhelm Ludwig Schreiber in seinem Handbuch vorlegte, fehlt der heilige Eligius von Noyon völlig[26]; auch

---

[24] Vielleicht ist diese Zange aber auch – im Sinne eines Nacheinandererzählens – diejenige, mit der Eligius der Teufelin dann in die Nase zwickt.

[25] Für "tubel" habe ich anfänglich "tubel" gelesen, meine aber durch den Vergleich mit den anderen beiden verwendeten Formen für den Buchstaben "h" Abweichungen zu erkennen; "tubel" lässt sich dann deuten als mitteldeutsche Hyperkorrektur von "tievel" (mittelhochdeutsch "tiuvel"); vgl. *Robert P. Ebert/Oskar Reichmann/Hans-Joachim Solms/Klaus-Peter Wegera*, Frühneuhochdeutsche Grammatik, Tübingen 1993 (= Sammlung kurzer Grammatiken germanischer Dialekte A, Hauptreihe Nr. 12), 105, §L50, Absatz 2. Das Lehnwort Teufel (lat. diabolus) lautet mittelhochdeutsch tievel, tiuvel, tîvel (*Hermann Paul*, Mittelhochdeutsche Grammatik, 23. Aufl., neu bearb. von *Peter Wiehl* und *Siegfried Grosse*, Tübingen 1989 [= Sammlung kurzer Grammatiken germanischer Dialekte A, Hauptreihe Nr. 2], 59, §35, Anm. 1); es existiert somit ein Nebeneinander von mittelhochdeutsch tievel – tiuvel (ebd., 108, §81, Anm. 1). Das medial zwischenvokalische ch statt g in "heilichen" wird dialektnah im gesamten Mitteldeutschland und einem breiten Streifen des südlich anschließenden Oberdeutschlands gebraucht (abgesehen vom Mittelfränkischen ohne Niederschlag in den Texten), vgl. Frühneuhochdeutsche Grammatik, 121, §L56. – Allerdings notiert Brand in: Der Heiligen Leben 1 (wie Anm. 3) bei der Charakterisierung der Schreibsprache der Oxforder Leithandschrift von 'Der Heiligen Leben' O1 (Bodleian Library Oxford, Cod. Laud. Misc. 443) als Nürnbergisch auch: "Die Schreibung *w* für *b* und umgekehrt ist sehr häufig belegt: *Bunibald, Williwald, bunder, wekerde*" (ebd., XLII, Nr. 5), so dass der vorliegende Holzschneider und der Holzschnitt möglicherweise doch nach Nürnberg gehören.

[26] *Schreiber*, Holz- und Metallschnitte (wie Anm. 23). Auch im umfangreichen druckgraphischen Werk Albrecht Dürers findet man den Heiligen nicht; vgl. *Albrecht*

in neueren Katalogen und Graphik-Verzeichnissen gibt es diesen
Heiligen nicht[27]. Für die Druckgraphik ist lediglich der Kupferstich
des Bileammeisters (vgl. oben 198) zu nennen, der für vorliegenden
Zusammenhang jedoch nicht aussagekräftig ist, da er nur eine Werk-
stattszene zeigt, jedoch ohne die für unseren Kontext nötigen Motive
Pferd, Hexe oder Edelmann.

In dem Eligius-Blatt in Jena hat ein in Mitteldeutschland oder im
nördlichen Oberdeutschland wirkender Holzschneider möglicherweise
eine Geschichte umgesetzt, die man sich dort am Ende des 15.
Jahrhunderts erzählte und die wir heute (bislang) nur in Relikten des
Bildes vorliegen haben. Manches kann man aus der bekannten Überlieferung rekonstruieren, manches bleibt ungewiss. Es liegt eine Ähnlichkeit zu der Tafel im Schweizerischen Landesmuseum vor, die der
Holzschneider oder der Briefmaler durch die Kolorierung der Gewän-
der (grün: Frau/Teufel, rot: Edelmann/Pferdeknecht) noch zu betonen
scheint, doch ungeklärt bleibt auch dort, wie der weibliche Teufel,
hier nicht einmal als solcher gekennzeichnet, in die Eligius-Geschichte
geraten ist.

Der Zwickauer Prediger Heinrich Seger hat sie möglicherweise
selbst vernommen, hat vielleicht sogar in Zwickau über Eligius gepredigt, gehörte damit dieser wissenden Gemeinschaft an und erwarb
sich solch ein Bild. Dank seiner Sorgfalt, den Holzschnitt außerdem
geschützt in einem seiner Bücher zu bewahren, haben wir heute
auch durch sein Blatt Kenntnis von einer den bisherigen Eligius-
Erzählkreis erweiternden Episode.

Der Holzschnitt zeigt (oder lässt doch vermuten), wie Bild- und
Texttradition bisweilen deutlich auseinander klaffen- und wie Neu-
formungen entstehen können, indem Traditionen vermischt werden.

Dürer: Das gesamte grafische Werk. Druckgrafik, Köln 2000; Albrecht Dürer. Das
druckgraphische Werk in drei Bänden. Bd 2: Holzschnitte und Holzschnittfolgen,
bearb. von Rainer Schoch/Matthias Mende/Anna Scherbaum, München/Berlin/
London/New York 2002.
   [27] Ich nenne exemplarisch *Jan Van der Stock*, Early Prints. The Print Collection
of the Royal Library of Belgium, Turnhout 2002, in dessen gesamtem Graphik-
Bestand kein Eligius-Druck verzeichnet ist.

ANHANG: ABDRUCK DER ELIGIUS-EPISODE AUS 'DER HEILIGEN LEBEN', WINTERTEIL[28]

SAnt Loy der ist geboren von der stat Lemonier. vnd sein vater hieß
Eucherius. vnd sein muter Terrigea. vnd da sie ir kind Loy dennoch
in irem leyb trug. da sah sy eins nachtes in dem schlaff das ein adler
kam geflogen auff ir bett vnd rufft ir dreystund. da erwachet sy von
dem ruffen vnd erschrack gar ser. vnd forcht es bedeutet etwas groß   5
leydens. vnd ward von rechten sorgen siech vnd mocht gar vbel. da
sandten ir freund nach einem heyligen menschen. vnd da er zu ir
kam. da baten sie in das er got fur sy bete. vnd sagten im was sie
in dem schlaff geschen vnd gehort het. Da sprach der heylig mensch
zu ir. Fraw du solt dir nit furchten. wann das kind das du tregst in   10
deinem leyb das wirt ein heyliger mensch. von den worten ward sy
gar fro. vnd da sie das kind gebar. da starb sie zuhand. vnd da dz
kind gewuchs dz es ein michler knab wz. da ließ in der vater zu
einem goldschmyd. vnd da er dz handtwerck gar wol gelernet het
da kam er gen Franckreych zu einem goldschmyd der dem kunig   15
alle sein geschmeyd macht. Darnach fraget der Kunig den goldschmyd ob er icht einen meyster west der im einen kostlichen sat-
tel machet von gold vnd von edelm gesteyn. Da sprach er ia. Jch
weyß wol einen meyster der dir wol kan bereyten was du begerest
von gold vnd von edelm gesteyn. vnnd er sandt den lieben herren   20
sant Loy zu dem kunig. da gab im der kunig einen knollen goldes.
vnd hieß im einen vergulten satel darauß machen. Da machet er im
zwen schön setel von dem gold die waren wol gezyret. vnd bracht
dem kunig nur den einen. vnd behielt den andern. da wundert den
kunig vnd alle die menschen dy da waren das er also von wenig   25

---

[28] Ausgabe: Nürnberg: Anton Koberger, Winterteil: 5.12.1488 (vgl. Anm. 3);
benutztes Exemplar: Zentralbibliothek Zürich, 4.27, fol. CCLXIv–CCLXIIIr. Ich
bedanke mich bei Herrn Dr. Urs Leu, dem Leiter der Sammlung Alte Drucke der
Zentralbibliothek Zürich für die Genehmigung des Abdrucks. – Nicht in allen Hei-
ligenleben-Ausgaben ist Eligius im Sommer- und im Winterteil vertreten, oft fehlt
er im Winterteil. Die Koberger-Fassung repräsentiert die "klassische" Eligius-Legende,
die das Beschlagwunder unerwähnt lässt. Derselbe Holzschnitt leitet bei Koberger
die beiden Versionen des Sommer- und des Winterteils ein, die unter verschiedenen Überschriften 'Uon sant Loy' (Sommerteil) und 'Uon dem heyligen herren vnd
bischoff sant Loy' (Winterteil) berichten.

golds als einen schönen satel het gemacht. Darnach bracht er im
den andern satel vnd sprach. er hett in von dem vbrigen gold gema-
chet. da gesegnet sich der kunig vor grossem wunder vnnd sprach.
Wie machst du als von wenig golds zwen setel gemachen. vnd bega-
5   bet in mit grosser gab. vnd verstund sich wol das er ein heyliger
mensch was. vnd das got mit im was. vnnd ward sein heyliger ley-
mud inn des kunigs hoff vnd land weyt vnd breyt.

Der lieb herr sant Loy het dy armen leut als lieb in götlicher lieb
das er in alles das gab das er gehaben mocht. vnd behielt nur dy
10 blossen bedeckung seines leybs. vnd die armen hetten in herwider
als lieb das sie gern giengen wo er was. Vnd wann man in sucht
so nam man war wo ein hauß mit armen leuten was vmblegt. Vnd
eins mals da gab sant Loy das almůsen mit seiner hand den armen.
Da kam ein armes mensch zu im das was an einer handt lam. vnd
15 recket die andern hand nach der gab das mercket er wol. vnnd
sprach. raych die andern hand her. Da reycht der armm mensch
die lamen hand dar als vil er mocht. dz erbarmet in vnd bat vnsern
herren das er im sein lame hand gesundt macht. da ward er zuhandt
gesundt da was er gar fro. vnd dancket gott vnd im der genaden.

20 Eines mals da het der lieb heylig alles dz den armen leuten geben
das er het gold vnd silber vnd het nichts mer. da kamen ander armm
leut zu im die hetten auch gern gehabt. da het er ein marck goldes das was seines nachpauren. das gab er in. Darnach kamen aber
ander arm menschen. vnd hetten auch gern das almůsen gehabt. da
25 het er nichts. vnnd gieng vber seinen schreyn den hett er vor mit
vleyß durchsucht. vnd het nichts funden. da fand er von dem willen gottes aber ein marck goldes darinnen. da ward er gar fro vnd
gab es den armen durch got.

Sant Loy was ein lange person. vnd hett ein wolgestaltes antlitz.
30 vnd wz eines schlechten wandels. vnd was demutig vnd weyß. vnd
dienet got mit vleyß mit beten. mit vasten. mit wachen. vnd mit vil
guter vbung. vnd trug gute cleyder an. die waren seydin vnd mit
golde vnd mit silber gezyeret. vnd trug an dem leybe ein herin hemd.
Darnach gab er alles sein gewandt durch got. vnd kleydet sich mit
35 schnödem gewand. vnd trug einen strick fur ein gurtel. da das der
kunig von franckreych sah da gab er im sein gurtel vnd sein gewand.
wann er het in zumal lieb. vnd machet im ein wonung bey seinem
palast. vnd gebot allen seinen ampt leuten das sie im alles das geben
dz er begeret. dz theten sie. vnd da behielt er das gewand vnd die
40 gurtel nit lang er gab es den armen vnd den siechen vnd den
gefangen.

Zu den zeyten starb der bischoff von der stat Nomonensi da erwelten sie den lieben herren sant Loy zu bischoff. Da pflag er des ampts mit vleyß. vnnd was gewaltig vber acht stet. vnd fursah sie mit grosser weyßheyt. vnd vnterwand sich aber der armen mit grossem ernst vnd dienet in. vnd wusch in ir vnsaubre haubter mit seinen henden. vnd gab in allen zu essen vnd zetrincken. vnd kleydet auch etlich dy sein notdurfftig waren. vnnd wenn er sy auß seiner herberg ließ so fand er ander daruor die ließ er auch ein. vnd pflag ir gar wol. vnd het auch alle tag zwelff arme menschen den gab er selber wasser auff ir hend. vnd aß zu rechter zeyt mit in. vnd legt in fur. vnd legt in brot vnd wein mit seinen henden fur. Darnach bat er den kunig das er aller der leychnam mŏcht begraben die von schuld wegen verurteylt vnnd getŏdt wurden. es wer in dŏrffern oder in steten. vnd das er die von dem galgen vnd von den redern mŏcht genemen. das erlaubet im der Kunig. Darnach must er mit dem kunig gen ŏsterreych faren. da fand er einen menschen inn dem selben land. der was an einem strick erworgt vnd gehenckt worden. dem machet man alledyweyl ein grab. vnd wolt in begraben. da gieng sant Loy zu dem menschen vnd greyff in an. da empfand er das sein sel dennoch bey seinem leyb was. da treyb er die menschen von im die bey im waren. Vnnd sprach zu seinen dienern. O wy ein groß sund weres dz wir den menschen mit der sel begrüben. vnd er erkucket in. vnd hieß im sein kleyd anlegen vnd hieß in sein sund berewen. Da horten sein veind das er dennoch lebt. das thet in zorn vnd wolten in anderweyd ertŏdt haben. da erlediget in sant Loy kaum von iren henden. vnd bat den kunig fur in vnd gewan im huld.

Zu der zeyt wz ein briester in seinem bistumb der het gesundet grŏßlichen. den straffet der lieb heylig offt. vnd bracht in zu der beycht wy er mocht das halff alles nit. da dz sant Loy sah. da thet er in inn den ban. vnd zwang in darzu das er offenlich must bussen das achtet er alles nit. vnd schyer darnach da wolt der briester meß haben. do kam die rach gottes auff in. vnd viel nyder vnd starb. Darnach sah der heylig sant Loy einen menschen der wz blind vnd siech. Da sprach er sein gebet zu got da ward er gesundt vnd wolgesehent.

Zu Paryß was ein meßner inn der kirchen zu sant Columbine. dem verstal man meßgewand. kelch. vnd alles das das zu der kirchen gehŏret. Jn der selben nacht kam der selig bischoff sant Loy in die selben kirchen. vnd sprach Hŏr mein liebe schwester Columbina wz ich dir sag. mein erlŏser Jesus cristus weyß es. vnd ist das

du deiner kirchen gut nit herwider schickest so wiß dz ich deiner
kirchen túr heyß versperren vnd verwerffen. das nyemant darnach
darein mag geen. vnd mussen furbas darinn dórn wachßen. vnd do
er dz gesprach. da gieng er wider von dannen. Vnd an dem andern
5 tag da stund der meßner frú auff. da fand er alles das an der kirch-
tur das er verlorn het von des heyligen sant Loy verdienstes wegen.

Da er nun sibentzig iar alt ward. da ward er siech. vnd starb
seligklichen. vnd fur sein sel zu den ewigen freuden. Darnach vber
etlich zeyt. da legt man seinen leychnam an ein wirdige stat. da wz
10 er dennoch als schón vnd als frisch als an dem ersten tag. sam er
in dem grab gelebt het. vnd sein har vnd sein bart was im gewach-
ßen als einem lebentigen menschen. vnd schmecket gar wol. Da die
menschen das zeychen sahen. da lobten sie got darumb vnnd den
lieben heyligen sant Loy.
15 Nun biten wir in dz er got fur vns bit das wir auch kummen zu
den ewigen freuden. Amen.*

---

* Nach Abgabe des Manuskripts erschien: Der Heiligen Leben. Band 2: Der
Winterteil, hg. von Margit Brand/Bettina Jung/Werner Williams-Krapp, Tübingen
2004 (= Texte und Textgeschichte 51), wo die vorliegende Eligius-Episode auf den
Seiten 269–272 als Nr. 46 zu finden ist.

DIE HEILIGEN DES ARNOLD VON HARFF.
ZUM UMGANG MIT DEN HEILIGEN IN EINEM
SPÄTMITTELALTERLICHEN PILGERREISEBERICHT

Volker Honemann
(Münster)

I

Der rheinische Edelmann Arnold von Harff (1471–1505) unternahm
in der Zeit vom 7. November 1496 bis 10. Oktober 1498 eine "loeb-
liche pylgrymmacie" (1,24)[1], die ihn – seinem eigenen Bericht zufolge – von Köln aus über Rom und Venedig nach Ägypten, zum
Katharinenkloster auf dem Sinai, nach Mekka, über das Meer nach
Indien, Madagaskar, Äthiopien, Kairo und von da aus nach Palästina
führte (Abb. 1). Vom Heiligen Land aus begab er sich über Istanbul,
Bulgarien, Ungarn, Venedig und Südfrankreich nach Santiago de
Compostela und kehrte von da aus über die Normandie (Mont-Saint-
Michel) und Paris nach Hause zurück[2]. Arnold unternahm diese
ebenso gefährliche wie kostspielige Reise "zo troist ind heyll mijner
selen selicheyt" (2,13f), doch ist sie daneben auch Bildungsreise (siehe

---

[1] Die Pilgerfahrt des Ritters Arnold von Harff von Cöln [. . .] Nach den ältesten
Handschriften und mit deren 47 Bildern hg. von E. von Groote, Cöln 1860, 1,24;
im Folgenden in den Text eingeblendete Seiten- und Zeilenzahlen beziehen sich
auf diese Ausgabe. Ein Nachdruck der Groote'schen Ausgabe ist 2004 erschienen;
eine neuhochdeutsche Übersetzung mit Kommentierung bereitet Prof. Folker Reichert
(Stuttgart) vor. – Zur Person Arnolds und seinem Reisebericht siehe *Volker Honemann*,
Art. Arnold von Harff, in: VerLex² 1 (1978), 471f, sowie *Walter Delabar*, Arnold von
Harff, Herr zu Nierhoven, Ritter von Jerusalem. Eine Vorbemerkung, in: Aus der
Geschichte des Erkelenzer Landes, Erkelenz 1989 (= Schriften des Heimatvereins
der Erkelenzer Lande e. V. 9), 13–15. Siehe weiter die sehr nützliche, ungedruckte
Studie von *Dennis Vlaminck*, Der Pilgerbericht des Arnold von Harff, Magisterarbeit
Köln 2001; Herrn Vlaminck sei für die Überlassung eines Exemplars seiner Arbeit
herzlich gedankt. Zu den Lebensumständen Arnolds vgl. ebd., 21–26.
[2] Detaillierte Verzeichnung der Reiseroute bei *Christian Halm*, Deutsche Reiseberichte,
in: Europäische Reiseberichte des späten Mittelalters. Eine analytische Bibliographie,
hg. von Werner Paravicini u. a., Frankfurt a. M. 1994 (= Kieler Werkstücke D),
279–281 (ohne Berücksichtigung der arabischen, indischen und äthiopischen Reisen,
vgl. unten). Einen sehr genauen Abriss des Inhalts und damit auch der Reiseroute
bietet Die Pilgerfahrt des Ritters Arnold von Harff (wie Anm. 1), XXI–LI.

Abb. 1. Arnold von Harff als Pilger; Die Pilgerfahrt des Ritters Arnold von
Harff von Cöln [. . .], 1.

die unten Anm. 5 zitierte Textpassage) und gemahnt in mancher
Hinsicht an die späteren Kavalierstouren des europäischen Adels[3].
Nach seiner Rückkehr schrieb Arnold für seinen Herrn, den Herzog
Wilhelm IV. von Jülich und Berg und dessen Gemahlin, Sibylla von
Brandenburg, einen umfangreichen Reisebericht nieder. Er habe sich
bemüht, erklärt Arnold, "diese Pilgerfahrt" (pylgrymmacie), wie ich
sie vollbracht habe, sorgfältig aufzuschreiben und daraus ein Buch
zu machen, damit Eure fürstlichen Gnaden, wenn sie selbst diese
Pilgerfahrt unternehmen wollten, in diesem Buch eine gute Wegweisung
finden möchten"[4]. Arnolds Buch ist also sowohl Reisebericht wie
Pilgerführer, was auf die Struktur desselben durchschlägt. Neben der
Masse an narrativen Passagen, in denen Arnold Reiseerlebnisse nacherzählt, finden sich dementsprechend auch immer wieder Routen-
beschreibungen mit genauen Orts- und Entfernungsangaben[5]. Dabei
dürften allerdings der "arabische" (Mekka!), der "indische" und "afri-
kanische" Teil der Reise nur "auf dem Papier" stattgefunden haben,
d. h. durch Auswertung zeitlich vorausgehender Reiseberichte entstanden sein. Arnolds Bericht gelangte zwar, im Unterschied etwa
zu dem des 1479/80 ins Heilige Land, auf den Sinai und nach Ägypten gereisten Nürnbergers Hans Tucher, in der frühen Neuzeit nicht
zum Druck[6], doch wurde er handschriftlich bis in das 17. Jahrhundert

---

[3] Bezüglich der Kosten der Reise weist *Vlaminck*, Pilgerbericht (wie Anm. 1), 23,
darauf hin, dass Arnold kurz vor Antritt seiner Reise dem Zisterzienserinnenkloster
Königshoven eine Erbrente von zwölf Malter Roggen verkaufte; er "verpfändet dafür
sogar vor dem Königshovener Schöffengericht 33 ½ Morgen Ackerland". Siehe
dazu *Leonhard Korth*, Das gräflich von Mirbach'sche Archiv zu Harff, Bd. 2, Köln
1894 (= AHVNRh 57), hier: 197. – Ob ein weiterer Anlass zur Reise ein im
Sommer 1496 erfolgter Totschlag im Hause Harff war, in den Arnolds älterer
Bruder Godart verwickelt war – und Arnold in Stellvertretung des unabkömmli-
chen erstgeborenen Bruders auf Pilgerreise ging (?) –, ist unklar: vgl. dazu *Vlaminck*,
Pilgerbericht (wie Anm. 1), 61–63, unter Verweis auf die bei *Korth*, Archiv, 198 und
202f, publizierten Urkunden.
[4] Die Pilgerfahrt des Ritters Arnold von Harff (wie Anm. 1), 1,33–38.
[5] Arnold differenziert zwischen seiner tatsächlichen Reiseroute – also dem, was
er dabei selbst gesehen und erlebt hat, und dem, was er als Handreichung für künftige Pilger niederschreibt; ebd., 4,2–9: "Doch wie wael ich vil lande ind stede vmb
tzoegen byn buyssen [außerhalb!] den rechten weech deser pylgrymmacien, die stede
ind lantschafft ind manyeronge van dem volck zo oeuerseyne, dat neme allet vil zo
schryuen, will dar vmb hie myt deser schryft by dem rechten wege deser pylgrymmacien bliuen vmb den wille, off yemant des zo synne wurde, der dese pylgrymmacien volbrengen weulde, dat hee dit boich oeuerlese [. . .]."
[6] *Helgard Ulmschneider*, Art. Tucher, Hans VI., in: VerLex² 9 (1995), 1127–1132,
hier: 1129; 14 Handschriften und neun Inkunabelausgaben zwischen 1482 und 1488
sowie Drucke des 16. Jhs. – Ausgabe: *Randall Hertz*, Die 'Reise ins Gelobte Land'

hinein in etwa 20 Textzeugen verbreitet[7]. Was die Gestaltung von
Arnolds Buch angeht, so ist bemerkenswert, dass er dieses von vornherein als eine Einheit aus Text *und Bild* konzipierte. Dementsprechend
sind in nicht wenigen Handschriften dem Text kolorierte Federzeichnungen beigegeben, auf die der Text selbst immer wieder verweist[8].

Voraussetzungen für eine derartige schriftstellerische Tätigkeit besaß
Arnold insofern, als er, 1471 als zweitgeborener Sohn seiner Eltern
Adam von Harff und Rikarda von Hoemen auf Schloss Harff (heute
Erftkreis, bei Bedburg) geboren, an der Kölner Artistenfakultät studiert hatte[9]. Als er zu seiner großen Reise aufbrach, die er, wo immer
möglich, in Begleitung von Kaufleuten – und sich selbst als solchen
ausgebend – unternahm, war er 25 Jahre alt. Dabei sorgten, wie

Hans Tuchers des Älteren (1479–1480), Wiesbaden 2002 (= Wissensliteratur im
Mittelalter 38), hier: 29–323 zur Überlieferung, die auch Autographen und Arbeits-
manuskripte Tuchers umfasst. Arnold von Harff könnte Tuchers Pilgerreisebuch vor
allem für den Heilig-Land-Teil seines Berichtes benützt haben.

[7] *Volker Honemann*, Zur Überlieferung der Reisebeschreibung Arnolds von Harff,
in: ZDA 107 (1978), 165–178; *Hartmut Beckers*, Zur Reisebeschreibung Arnolds von
Harff. Bericht über zwei bisher unbekannte Handschriften und Hinweise zur
Geschichte dreier verschollener Codices, in: AHVNRh 182 (1979) 89–98; *Peter A.
Jorgensen/Barbara M. Ferré*, Die handschriftlichen Verhältnisse der spätmittelalterlichen
Pilgerfahrt des Arnold von Harff, in: ZDP 110 (1991), 406–421. Insgesamt wird
man mit fast 20 Handschriften rechnen müssen, wobei einer der drei von Eberhard
von Groote seiner Erstedition zugrunde gelegten, später aber nicht mehr nachweis-
baren Codices (von ihm mit den Siglen ABC bezeichnet) "aus den Archiven der
Familie von Harff" wieder aufgetaucht ist. Vgl. Die Pilgerfahrt des Ritters Arnold
von Harff (wie Anm. 1), VII.

[8] Vgl. z. B. Die Pilgerfahrt des Ritters Arnold von Harff (wie Anm. 1), 143,19–22,
und das darauf folgende Bild, das die "slecken huyser" (Häuser aus Schnecken bzw.
Muscheln) der Einwohner Südindiens zeigt, "der tzwey zo samen gesatzt waeren in
deser gestalt" (folgt das Bild); weitere Beispiele ebd., 138,25 (die anschließend bildlich dargestellten Thomaschristen "gaynt in deser gestalt gekleyt") und 136,25 u. ö.
Die Groote'sche Ausgabe hat die Federzeichnungen auf der Basis der ihr zugrun-
deliegenden Handschriften durch sehr getreue Holzschnitte wiedergegeben; Gesamt-
verzeichnis der 47 Illustrationen ebd., LIII. – Arnold könnte hier dem Beispiel
Bernhards von Breidenbach gefolgt sein, dessen Reisebeschreibung von vornherein
in überaus reich illustrierten Drucken erschien (zuerst Mainz 1486); vgl. *Dietrich
Huschenbett*, Bernhard von Breidenbach, in: VerLex[2] 1 (1978), 752–754.

[9] Die Immatrikulation erfolgte im Wintersemester 1483/84; vgl. Die Matrikel der
Universität Köln, hg. von Hermann Keussen, Bd. 2, Bonn 1919, 134 (= 380,59):
"Arn. Harff; art. [also "in artibus"; V. H.]; solvit, sed non iuravit, quia minoren-
nis, dixit tamen se velle iurare, postquam venerit ad annos pubertatis, 24 [die
Einschreibegebühr; V. H.]". Arnold war damals erst 12 Jahre alt und konnte deshalb den Eid auf die Universität (noch) nicht ablegen. Über den weiteren Studienverlauf
ist nichts bekannt, da der hier zitierte der einzige Matrikeleintrag ist. Einen Studien-
abschluss (Baccalaureus, Magister artium) scheint Arnold, wie damals vielfach üblich,
nicht erreicht zu haben.

sein Bericht erkennen lässt, Ausbildung und wohl natürliche Veran-
lagung dafür, dass er insgesamt nicht nur sehr genau das registrierte,
was er unterwegs beobachtete oder erlebte, sondern dass er neben
einer ungeheuren Zahl von Ortsnamen und Entfernungsangaben
auch eine Fülle geographischer, wirtschaftlicher, völkerkundlicher,
botanischer und zoologischer Details notierte. Sein Bericht enthält –
aus der Sicht des Laien – genaue Beschreibungen der religiösen Vorstellungen der Bewohner der von Arnold besuchten Länder, wobei,
wie zu erwarten ist, vor allem der Islam ausführlich und in vielen
Details vorgestellt wird (bes. 99,13–102,7). Daneben steht beispielsweise die Beschreibung bedeutender Bauten, so etwa des Großen
Arsenals in Venedig (48,17–51,35)[10], oder politischer Vorgänge, wie
etwa der kriegerischen Auseinandersetzungen des Jahres 1497 in
Kairo, eingefügt in eine sehr ausführliche Beschreibung dieser Stadt
und des Glaubens der "Mohammedaner" (86,1–99,12; 102,8–117,3)[11].
Die Sprachen, die in den von ihm besuchten Ländern gesprochen
wurden, veranschaulicht Arnold durch eine größere Zahl von
Fremdsprachenalphabeten, samt bildlicher Wiedergabe von deren
Schriftzeichen, und von Redewendungen, wie sie für einen Reisenden
wichtig waren[12]. Arnolds Bericht erhält durch diese Elemente, die
die *curiositas* humanistisch gebildeter Reisender und ihrer Reisebe-
schreibungen evozieren, die ebenfalls ein besonderes Interesse für
Geographica erkennen lassen, einen durchaus "modernen" Zug.

Für die Anfertigung seines Buches benützte Arnold, wie die Forschung erwiesen hat, auch eine Reihe schriftlicher Quellen[13]. Weitaus

---

[10] Man könnte sich vorstellen, dass dies für seinen Herrn von besonderem Interesse
war. Dass Arnold aber, wie sich dies etwa für den Augsburger Pilger Sebastian
Ilsung erweisen lässt, einen expliziten Erkundungs- oder gar Spionageauftrag hatte,
ist bisher nicht nachzuweisen. Zu Ilsung vgl. *Volker Honemann*, Art. Ilsung, Sebastian,
in: VerLex² 4 (1983), 364f.

[11] *Heinz Grotzfeld*, Arnold von Harffs Aufenthalt in Kairo 1497 A. D. – Wahrheit
oder Dichtung?, in: Law, Christianity and Modernism in Islamic Society, hg. von
Urbain Vermeulen/J. M. F. van Reeth, Löwen 1998 (= OLA 86), 199–211.

[12] Diese Angaben stellen für einige der im Bericht vertretenen Sprachen mit die
frühesten schriftlichen Zeugnisse überhaupt dar, so z. B. für das Albanische; vgl.
z. B. *Armin Hetzer*, Wie ist Arnold von Harffs Wörterverzeichnis (1496) zu lesen?
Ein Beispiel für das Ineinandergreifen von albanischer und deutscher Sprachgeschichts-
forschung, in: Balkan-Archiv. Neue Folge 6 (1981), 229–262.

[13] *Honemann*, Arnold von Harff (wie Anm. 1), 471f; zu denken ist an die Reise-
beschreibungen Breidenbachs und Tuchers (vgl. oben bei Anm. 6 und 8), aber auch
an die Reisebücher des Marco Polo und des Johann von Mandeville, die vor allem
für die indischen und afrikanischen Teile des Reiseberichtes Pate gestanden haben
dürften.

wichtigste waren die 'Mirabilia Romae vel potius Historia et descriptio urbis Romae', also die älteste gedruckte Fassung *des* mittelalterlichen Rompilgerführers, der 'Indulgentiae ecclesiarum urbis Romae',
den Arnold kürzend ausschrieb. Dabei erscheint es als möglich, dass
er sich erst nach Abschluss seiner Reise einen Druck des Werkes
beschaffte[14].

II

Arnold nennt, wie zu erwarten, in seinem Pilgerreisebericht eine sehr
große Zahl von Heiligen – insgesamt sind es, einschließlich der
Mehrfachnennungen, weit über 200. Sie werden in aller Regel im
Zusammenhang mit den Orten ihrer Verehrung, also ihren Gräbern
oder Altären, in denen bedeutende Reliquien verwahrt werden, genannt. Mitunter treten Heilige auch in unerwarteten Zusammenhängen auf. So ist auf dem riesigen Hauptsegel der Galeere, die Arnold
von Venedig ins Heilige Land bringt, das Bild des Hl. Christophorus
zu sehen, samt einer "mit groyssen litteren geschreuen" Inschrift, die
Arnold dann auch gleich zitiert: "Jhesus autem transiens per medium
illorum ibat, sic ego autem transibo per medium illorum ibo" (61,26–
28)[15]. Durchmustert man Arnolds Bericht, so erscheinen für seine
Beschäftigung mit den Heiligen die folgenden Aspekte wichtig:

1. *Bemühung um korrekte Identifizierung und Lokalisierung der Gräber
und Reliquien*

Unter den von Arnold erwähnten Heiligen befinden sich viele in der
ganzen Christenheit bekannte, wie etwa die Apostel Petrus, Paulus,
Jakobus der Ältere, Thomas und Matthias, aber auch solche, die nur

---

[14] Siehe grundlegend *Nine R. Miedema*, Rompilgerführer in Spätmittelalter und
Früher Neuzeit. Die 'Indulgentiae ecclesiarum urbis Romae' (deutsch/niederlän-
disch). Edition und Kommentar, Tübingen 2003 (= Frühe Neuzeit 72), hier: 16,
Anm. 3; *dies.*, Art. Indulgentiae ecclesiarum urbis Romae, in: VerLex² 11 (2002),
708–711.
[15] Der Beginn der Inschrift entspricht Lk 4,30; ob Arnold sie ganz richtig wiedergegeben hat ("transibo – ibo") ist zu bezweifeln. *Detlev Kraack*, Monumentale
Zeugnisse der spätmittelalterlichen Adelsreise. Inschriften und Graffiti des 14.-16.
Jahrhunderts., Göttingen 1997 (= AAWG.PH 224), 76f, erwähnt zwar Abbildungen
von Pilgergaleeren, an denen Wappen mitreisender Pilger angebracht waren, nicht
aber Inschriften, wie die von Arnold zitierte.

schwer zu identifizieren sind. Als Beispiele seien "sijnt Racius" (= Rasius) in Santa Maria Rotonda (30,1) in Rom[16], "sent Antipitus" (= Antipater) und "sant Herine" (= Herenia) im Katharinenkloster (123,36 und 38), weiterhin "sent Papulus" und "sent Asciclius", zwei der in St. Sernin in Toulouse bestatteten Heiligen (223,17), genannt[17]. So phantasievoll die Namen mancher der von Arnold genannten Heiligen wirken, so hat doch eindringliche Recherche gezeigt, dass sie in den einschlägigen Lexika fast ohne Ausnahme nachzuweisen sind, und zwar an den Orten bzw. in den Heiligtümern, an denen und in denen Arnold sie und ihre Grablegen oder Reliquien erwähnt. Seine Angaben sind also insgesamt als sehr präzise zu bezeichnen, was sich damit deckt, dass auch seine Informationen zu Orts- und Entfernungsangaben sehr genau sind[18]. Zu beachten sind bei den Heiligennamen lediglich kleinere "Verballhornungen" und Fehlschreibungen, so wenn etwa der Hl. Silvius als "Silvinus"[19] erscheint; gröber verunstaltet ist dagegen die Benennung der Hl. Symphorosa als "sijnt Symphonicius" in Sant' Angelo in Rom (29,33)[20]. Nur in ganz wenigen Fällen, so z. B. bei "sanctus Knaphas" von St. Denis (247,29), ist mir eine sichere Identifizierung bisher nicht gelungen. Offensichtliche Fehler bei der Identifizierung von Heiligen unterlaufen Arnold nur in geringer Zahl. Als Beispiel sei hier der Hl. Dominicus von Santo Domingo de la Calzada am Jakobsweg genannt, zu dem Arnold irrig bemerkt: "Sent Dominicus ayn kleyn schoin steetgen. in der ouerster kirchen vff die rechte hant as man ingeyt lijcht sent Dominicus

---

[16] Zur Identifizierung vgl. *Nine R. Miedema*, Die römischen Kirchen im Spätmittelalter nach den 'Indulgentiae ecclesiarum urbis Romae', Tübingen 2001 (= BDHIR 97), 665 und 868; weiterhin BSS 11, 52.

[17] Ob mit Antipitus St. "Antipatro, vescovo di Bosra", St. "Antipa" von Pergamon oder St. "Antipatro", Märtyrer von Cizico, gemeint ist, muss offen bleiben; vgl. BSS 2, 69–71 und 11, 428f. Hinter "Herenia" könnte sich eine der zahlreichen Heiligen namens Irene verbergen. *M. l'Abbé Pétin*, Dictionnaire hagiographique, hg. von M.-'Abbé Migne, 2 Bde., Paris 1850, hier: Bd. 1, 1322 erwähnt eine "sainte Herenie/Herenia, martyr en Afrique, souffrit avec St Cyrille, évêque, et plusieurs autres". Zu St. Papulus, einem in St. Sernin bestatteten merowingischen Heiligen, vgl. BSS 10, 321f (mit Abb. des Schreines); zu Asciclius, einem cordubensischen Märtyrer vgl. ebd., 1, 160f (Reliquien seit der Zeit Karls des Großen in St. Sernin).

[18] So ergibt beispielsweise eine Kontrolle von Arnolds Angaben zu seinen Reisen durch Frankreich anhand moderner Karten im Maßstab 1:200.000 nur geringe Abweichungen von der Realität; nur ganz wenige von ihm genannte Orte lassen sich nicht identifizieren.

[19] Zu St. Silvius, dem vierten Bischof von Toulouse, vgl. BSS 11, 1093f.

[20] Zu Symphorosa/Simfonicius siehe *Miedema*, Die römischen Kirchen (wie Anm. 16), 463; Fehlschreibung schon in Arnolds Quelle.

lijbhafftich in eyme schone groissen hogen graue, des corper ind
graeff vns ouch zo Benonia in Lumbardien in dem preetger kloister
gewijst waert. ich laesse aber der pfaffen irrunge got scheyden"
(228,26–31). Arnold verwechselt hier den in Bologna bestatteten
Gründer des Dominikanerordens mit dem gleichnamigen Brücken-
und Wegebauer, dem die Stadt am Camino de Santiago ihren Namen
verdankt.

Neben dem "ganzen" Leib des Heiligen, dem Corpus incorrup-
tum, erwähnt der rheinische Ritter – bei "berühmten" Heiligen –
auch einzelne Reliquien, meist Körperteile, und auch hier bemüht
er sich um Genauigkeit, die er oft durch Querverweise innerhalb
seines Berichtes herzustellen sucht. So bemerkt Arnold beim Besuch
von Santa Maria Maggiore in Rom, man habe ihm gesagt, dass dort
der Leib des Apostels Matthias liege. Man finde dort eine Inschrift
des folgenden Wortlautes: "Tu qui legis hic scias quia requiescit in
pace Matthias." Eben diesen Text habe er aber auch "zo Padua
alsus in Lumbardyen an eynen graue beschreuen fonden", wo man
für wahr halte, dass dort der Apostel Matthias bestattet sei, abgesehen von seinem Haupte, das in Trier sei, wie er hernach noch schreiben werde, er lasse "der pfaffen eirronge" [Irrung; V. H.] aber Gott
entscheiden (16,39–17,8). Später, beim Besuch von San Giustina in
Padua wiederholt er diese Information und fügt dann hinzu: "ouch
waert mir sijn corper zo Rome gewijst, dae van ich vur geschreuen
hane. der pfaffen yrronge layss ich got scheiden." (215,8–12)[21] Beim
Besuch des Klosters St. Barbara in Venedig bemerkt Arnold: "Item
voert vmb lijcht eyn cloyster, heyscht zo sent Barbara, dae sij lijbhafftich lijcht off die lyncke hant in eynre capellen. aber ich meyne
nyet dat it sent Barbara is des koenyncks dochter der yer oer heufft
selffs aeff sloiche vmb der drij vynster wyl die sij in eynen thorn
hatte laissen maichen in ere der heyliger drijueldicheit." (55,2–7) Er
bezieht sich hier auf den von ihm kurz zuvor beschriebenen Turm
der Hl. Barbara in Rieti, dessen Erwähnung er eine Nacherzählung
der Barbaralegende beigefügt hatte (37,25–38). In ähnlicher Weise
notiert er bei der Nennung der Kirche Saint-Seurin in Bordeaux,
dass der Leib des Hl. Severin dort nur zur Hälfte liege, die andere
Hälfte, "sagt man", sei in Köln (237,19). Die Abteikirche von St.
Denis bewahrt die Hand des Hl. Thomas, deren Finger der ungläu-

---

[21] Vgl. ebd., 268.

bige Apostel Christus in seine Seitenwunde gesteckt habe. Eben diese Hand, so Arnold, habe er aber auch in Indien gesehen, und man zeige sie auch in Maastricht (248,23–27)[22].

2. *Zweifel an der Richtigkeit der erhaltenen Informationen*

Arnold bemüht sich also intensiv um "Stimmigkeit" seiner Angaben zu den Heiligen, deren Leiber oder Reliquien er auf seiner Reise sieht, die man ihm gegenüber erwähnt oder die er in einer der von ihm benutzten schriftlichen Quellen findet. Er ist sich dabei bewusst, dass die "Pfaffen", also die Kleriker, nicht immer richtige Informationen besitzen oder Angaben ihm gegenüber machen; fast stereotyp fällt, wie die obigen Beispiele zeigen, in Arnolds Bericht dann der Satz, er lasse Gott die Irrtümer der Geistlichen (ent)scheiden. Immer wieder ist so ein gerütteltes Maß an Skepsis gegenüber dem zu bemerken, was man Arnold "vor Ort" zeigt oder mitteilt. Das krasseste Beispiel dafür bietet sein Bericht über den Besuch des Apostels Jakobus in der Kathedrale von Santiago de Compostela: "Man behauptet, dass der Leib des Apostels St. Jakob des Älteren im Hochaltar sei oder liege. Etliche sagen aber, das sei nicht so, weil er in Toulouse im Languedoc liegt, wovon ich früher geschrieben habe. Ich wollte aber mit einer großen Spende erreichen, dass man mir den heiligen Leib zeigte. Man sagte mir jedoch, dass jeder, der nicht vollkommen glaube, dass der heilige Leib des Apostels St. Jakob des Älteren im Hochaltar liege, sondern daran zweifle, sofort wahnsinnig werden würde wie ein toller Hund. Damit hatte ich genug von dieser Angelegenheit und wir gingen weiter zur Sakristei." (233,28–38)[23] Arnold bemüht sich hier also um einen durch Autopsie geführten Nachweis der Reliquien des Hl. Jakobus, der aber durch die sophistische Reaktion seines Führers, wohl eines Domherren, zuschanden wird. Er lässt damit, getragen von dem Bewusstsein, dass manche

---

[22] Weitere Beispiele aus Arnolds Bericht bei *Miedema*, Rompilgerführer (wie Anm. 14), 356, Anm. 43.

[23] Beim Besuch von St. Sernin notiert Arnold: "Item bynnen Tolosa steyt eyn kirch zo sent Saturninus, dae inne er lijbafftich restet. ouch lijgen in deser kirchen lijbafftich seess apostelen, as mit namen die groisse sent Jacob, sent Symon ind sent Juda, sent Philips ind der kleyne sent Jacob ayn sijn heufft, dat zo Compostella in Galacien ist ind sent Barnabas apostel." Die Pilgerfahrt des Ritters Arnold von Harff (wie Anm. 1), 223,10–15; eine skeptische Bemerkung zur Authentizität des "großen" St. Jakob in Toulouse samt einem Querverweis auf Santiago de Compostela fehlt hier erstaunlicherweise.

der von ihm gesehenen Reliquien unecht sein könnten, eine durchaus "kritische Haltung" erkennen, wie sie sich auch bei anderen Pil-
gerreisenden und bei etlichen Theologen des Spätmittelalters findet[24].

3. Ausführlichere Informationen zu einzelnen Heiligen (Legenden, Grabmalsbeschreibungen, Reliquienwanderungen)

Zur Person eines Heiligen bietet Arnold – über die Namensnennung
hinaus – nur gelegentlich Genaueres, so vor allem dann, wenn ihm,
wie gezeigt, dessen Identität oder die Echtheit von Reliquien zweifelhaft zu sein scheinen. Das gilt beispielsweise auch für das Grab
des Hl. Hieronymus in Santa Maria Maggiore in Rom, zu dem
Arnold schreibt: "Item in dem anderen altar zo der rechten hant
lijcht sent Jheronimus der lerer, dat mir ouch gesaicht waert zo
Bethleem, dae er eirst begrauen waert ind waert von danne zo
Constantinopell gefoirt, mer wie hee dan zo Rome komen sij, lais
ich idt an die geleirden stayn." (17,8–12)[25] Darüber hinausgehende
Informationen bringt Arnold nur für wenige Heilige, indem er deren
Legende knapp nacherzählt, so für die Hl. Barbara (37,25–38) und
den Hl. Georg (199,14–200,4). Im letztgenannten Beispiel flicht Arnold
die Nacherzählung der Legende in die Beschreibung seines Besuches
der heiligen Stätte in "Baruthi, vurtzijden Capadocia" (198,35) ein,
den Ort, an dem Georg den Drachen bekämpfte und die Königstochter
befreite. Mitunter beschreibt er auch die Schicksale der Reliquien
von Heiligen, so – neben Hieronymus (vgl. oben) – auch für Katharina
(127,12–20). Besonders komplex fallen hier die Angaben zur Ruhestätte
des Hl. Thomas in "Calamie" im Lande Moabar in Indien aus
(114,13–31). Arnold beschreibt hier zunächst die Pracht des Schreines,
geht auf die diesen verehrenden Gläubigen ein ("cristen, aldae Tho-
miten genant"), erwähnt die dort zu sehende Reliquie, den rechten
Arm mit der Hand des Heiligen (hier sagt er nicht, dass er diese
später in St. Denis und in Maastricht zu sehen bekommen wird; vgl.
oben!), erklärt eine dort erhaltene Information über ein besonderes
Wunder, das der Arm des Heiligen wirke, für falsch ("dan dat sij

---

[24] Vgl. *Miedema*, Rompilgerführer (wie Anm. 14), 356 mit Anm. 43 (Lit.).
[25] Arnolds schriftliche Quelle, die 'Mirabilia Romae vel potius Historia et descriptio urbis Romae', erwähnt für Santa Maria Maggiore Hieronymus nur kurz:
"Vnd in dem anderen altar zu der rechten handt lyt sant Ieronimus, der lerer";
vgl. ebd., 254.

selffs die lude communicieren sulde is neyt waer") und verbindet
schließlich den Besuch weiterer Thomas-Stätten mit der Nacherzählung
wesentlicher Stationen des Martyriums und Todes des Heiligen
(141,38–142,14). Daran schließt sich eine Erzählung der Schicksale
des Hauptes des Heiligen, das vor 400 Jahren der Herr von Moabar
nach einer Niederlage dem "groisse[n] here[n] van Yndijen, genant
der Loblin, nae vnssem geheysch priester Johan" (142,15–17) habe
ausliefern müssen, der es in seine Hauptstatt "Edissa" gebracht habe,
wo man es heute noch zeige, wo er, Arnold, aber nicht gewesen sei;
die Information habe er "van desen cristen zo Calamie"[26].

4. *Bemühungen um Kanonisierung*

Mehrfach erwähnt Arnold die Bemühungen von Gemeinde und
Klerus einer Kirche, einen dort bestatteten frommen Menschen heilig sprechen zu lassen. So bemerkt er beim Besuch des Domes von
Bordeaux, unter dem Choraltar liege Petrus Brulant, "den sij hal-
dent fur heylich ind gerne erheuen wuldent" (237,17–19). Ebenso
schließt er die – kurze – Nacherzählung vom Martyrium des Simon
von Trient mit dem Satz ab, der Papst wolle diesen nicht kanoni-
sieren (8,39–9,7).

5. *Ablässe*

Die Erlangung von Ablässen durch den Besuch von Heiligengräbern
spielt für Arnold, wie zu erwarten, eine nicht unbeträchtliche Rolle.
Immer wieder führt er auf, dass man durch die Verehrung eines
bestimmten Heiligen an seinem Grabe eine bestimmte Zahl von
Jahren und/oder Tagen Ablass gewinnen könne. Besonders häufig
finden sich derartige Angaben im Heilig-Land-Teil seiner Reisebeschreibung. Hier heißt es beispielsweise zum Haus Simons: "item
neit verne van deser kirchen is dat huyss Symonis leprosi, in wyl-
chem sent Maria Magdalena vnserm heren Jhesu sijne voesse gesal-
bet ind mit yeren hairen die gedruget hait. dae is ablais seuen jair

---

[26] Arnold folgt hier einer Tradition, die in der (lateinisch wie deutsch reich überlieferten) 'Epistola presbiteri Johannis' des 12. Jhs. ihren Niederschlag fand; vgl.
Bettina Wagner, Die 'Epistola presbiteri Johannis' lateinisch und deutsch, Tübingen
2000 (= MTUDL 115), 315f und die §§ 12, 56 und 74 der verschiedenen von
Wagner edierten Priester-Johannes-Texte.

ind seuen karenen." (189,39–140,2) Arnold sagt dabei nie, dass er
selbst einen Ablass erworben habe, was aber vor allem daran liegen
dürfte, dass er ja einen "Reiseführer" verfasst. Schwerpunktmäßig
verteilen sich die Ablass-Angaben auf Rom (hier entnimmt Arnold
sie seiner Quelle) und das Heilige Land; wir finden in Arnolds Bericht
also nicht die Inflationierung von Ablassnennungen und auch Ab-
lasssummen, wie sie andere Pilgerberichte aufweisen.

6. *Heilige in Zeit und Raum: Heiligen-Topographie*

So wichtig all dies für den Umgang des Arnold von Harff mit den
Heiligen ist, so sehr ist doch zu betonen, dass sie ein ganz selbstverständlicher und zentraler Teil seines seelischen "Haushaltes" während seiner Pilgerreise und darüber hinaus sind. Hier lässt sich fast
von einer Omnipräsenz der Heiligen sprechen. Wie haben wir uns
diese vorzustellen?

a) Wenig überraschen wird, dass Arnold gelegentlich in gut mittelalterlicher Weise nach Heiligenfesten *datiert*. So reist er beispielsweise "vff sijnt Agathendach" (5. Februar 1497) mit dem Schiff
   aus Venedig ab ins Heilige Land (59,37) und kommt "vff sijnt
   Mertens auent" 1498 wieder in Köln an (250,39f); am 10. Oktober
   war er bereits bei seinem fürstlichen Herrn in Heinsberg einge-
   troffen (siehe oben). Demgegenüber ist aber zu betonen, dass
   Arnold in aller Regel "moderne" weltliche Datierungen bietet. So
   bricht er beispielsweise ganz unspektakulär und "unsymbolisch"
   am 7. November 1496 von Köln aus zu seiner großen Pilgerreise
   auf (4,22–24), er zieht "des aichten daichs nae paisschen" aus
   Rom nach Venedig (37,9f) oder "des eirsten daighs des nuewen
   lichtz julij" mit einer Karawane aus Kairo fort (117,20f). Arnold
   macht damit von diesem Aspekt mittelalterlicher Heiligenpräsenz
   nur geringen Gebrauch. Das Nebeneinander "geistlicher" und
   "weltlicher" Datierungen zeigt die Umbruchssituation der Zeit an.
b) Während die Heiligen für die Zeitvorstellungen Arnolds offenbar
   nur eine geringe Rolle spielen, ist dies für seine Vorstellung von
   den *Räumen*, die er durchreist, ganz anders. Arnold markiert zentrale Orte seiner Pilgerreise, genauer deren Ausgangs- bzw. Zielorte
   und zentrale Stationen, durch die Nennung und Darstellung von
   ihm besonders wichtigen Heiligen. Er errichtet so geradezu eine
   "Heiligen-Topographie", wobei er sich neben dem Wort systema-

tisch des Bildes bedient[27]. Diesem kommt dabei eine besondere Bedeutung zu, weil Arnold, wie oben dargelegt, die Aussagekraft des Textes seines Buches durch die Beigabe von Bildern steigert.

Im Einzelnen sind hier die Heiligen Drei Könige zu Köln zu nennen (Abb. 2), die einleitend nur durch das Bild dargestellt werden, am Schluss des Berichtes von Arnold aber als ultimatives Ziel seiner "pylgrymmacie" aufgeführt werden. Seine letzten Worte lauten dementsprechend: "doe ich vssgetzoigen was ind geloefft hat in mijner wederkumpst die drij heylige koeninck weder zo suechen, die vnss altzijt vur allen leyde behoeden moissen." (251,1 4) Es ist dies alles andere als eine bedeutungsarme Schlusswendung, da Arnold hier – und fast ohne Parallele in seinem Bericht – von der Wirkkraft der Heiligen spricht.

Nächster zentraler Punkt von Arnolds Heiligentopographie ist dann Rom, mit den Gräbern der Apostelfürsten Petrus und Paulus (Abb. 3), ein Ort, an dem sich Arnold besonders lange aufhält und dessen Beschreibung in seinem Bericht ungewöhnlich viel Raum einnimmt (14,8–37,8). Das liegt, wie Nine Miedema nachgewiesen hat, daran, dass Arnold "für seine Beschreibung der Kirchen [. . .] die 'Historia et descriptio' (ecclesiarum urbis Romae) (dt.) [verwendete; V. H.], die er jedoch vor allem im Bereich der kleineren Kirchen stark kürzte"[28]. Die bildliche Darstellung des Hl. Petrus, die Arnold seinem Rombericht voranstellt, ist die zweite Illustration seines Berichtes, folgt also der Darstellung der Heiligen Drei Könige unmittelbar nach.

Der nächste "zentrale Ort" ist dann das Katharinenkloster auf der Sinaihalbinsel (Abb. 4), wo Arnold die Hl. Katharina verehrt.

Der östlichste Punkt von Arnolds Heiligentopographie wird durch den Hl. Thomas (Abb. 5) markiert, der – in der dem Text inserierten Miniatur wie im Spätmittelalter üblich – mit dem Winkelmaß, also als "Architekt" des Palastes des indischen Königs Gundofor, dargestellt wird.

---

[27] Eine ganz andere Form von "Heiligen-Geographie" beschreibt *Hedwig Röckelein*, Über Hagio-Geo-Graphien, in: Mirakel im Mittelalter, hg. von Martin Heinzelmann, Stuttgart 2002 (= Beiträge zur Hagiographie 3), 166–179; sie diskutiert Berichte über Mirakel, die sich während einer Reliquientranslation ereigneten und so "zum textstrukturierenden Faktor des Translationsberichts" wurden (ebd., 179).

[28] *Miedema*, Die römischen Kirchen (wie Anm. 16), 95.

Abb. 2. Arnold von Harff und die Hl. Drei Könige; Die Pilgerfahrt des Ritters Arnold von Harff von Cöln [. . .], 5.

Abb. 3. St. Peter in Rom; Die Pilgerfahrt des Ritters Arnold von Harff von
Cöln [. . .], 14.

Abb. 4. St. Katharina; Die Pilgerfahrt des Ritters Arnold von Harff von
Cöln [. . .], 122.

Abb. 5. St. Thomas; Die Pilgerfahrt des Ritters Arnold von Harff von Cöln
[...], 141.

Ganz auf das Bild verwiesen wird der Leser von Arnolds Bericht bei dessen Besuch des Heiligen Landes. Die besonders große und aufwendige Federzeichnung stellt ihn – ohne dass der Text dies in irgendeiner Form vorgäbe – zu Füßen des gekreuzigten Christus und der beiden Schächer dar (Abb. 6), so, als wäre er selbst bei der Kreuzigung anwesend gewesen. Nächste "Station" ist dann der Besuch von Santiago de Compostela, die der Bericht durch die Darstellung des Hl. Jakobus markiert (Abb. 7). Letzter zentraler Punkt ist schließlich, vor der Heimkehr zu den Heiligen Drei Königen, der Besuch des Hl. Michael auf dem Mont-Saint-Michel in der Normandie; der Heilige wird "in Aktion", den Teufel bekämpfend, dargestellt (Abb. 8).

Alle Federzeichnungen zeigen den Pilger und Verfasser des Berichtes, Arnold von Harff, als Assistenzfigur, mit dem Rosenkranz, betend, also den jeweiligen Heiligen verehrend (!); beigefügt ist, um die Identifizierung zu sichern und die gesellschaftliche Position zu markieren, das Harff'sche Wappen. Die Illustrationen sind, im Vergleich zu den übrigen, besonders groß und aufwendig gestaltet[29]. Die Bedeutung dieser hier genannten "Hauptheiligen" wird im Bericht noch dadurch betont, dass von allen Heiligen *nur sie* bildlich dargestellt werden. Arnold errichtet so mit den Mitteln des Bildes eine Ebene symbolischer Kommunikation über derjenigen seines Textes, der – erstaunlicherweise – an keiner Stelle sagt, Arnold habe den betreffenden Heiligen an seinem Grabe verehrt. Mehr als die oben zitierte Feststellung Arnolds, dass er "zo troist ind heyll mijner selen selicheyt" (2,13f) gepilgert sei, lässt sich seinem Bericht nicht entnehmen. Dass hier wieder die Funktionalisierung des Textes als Reiseführer eine Rolle spielt, ist zu vermuten. Für die Interpretation der Federzeichnungen ist jedenfalls festzustellen, dass hier Text und Bild in ihrer Aussage deutlich auseinanderfallen.

Trägt man die Orte, die Arnold so durch die eben verzeichneten Bilder besonders markiert, auf einer Landkarte ein, so wird man finden, dass sie auch die "Außengrenzen" der von ihm bereisten Länder

---

[29] Das Wappen wird den Darstellungen Arnolds sonst nur in der den Bericht eröffnenden Federzeichnung (Arnold als Pilger) beigegeben; vgl. Die Pilgerfahrt des Ritters Arnold von Harff (wie Anm. 1), 1. Es fehlt bei den Darstellungen als Kamelreiter und als Gefangener (ebd., 117 bzw. 160). Wappen wurden von Pilgern sehr häufig an wichtigen (geistlichen) Zielen ihrer Pilgerreise angebracht; vgl. dazu *Kraack*, Zeugnisse (wie Anm. 15), 65, der geradezu von einer "Omnipräsenz der Heraldik" spricht und sehr viele Beispiele für derartige Wappenanbringungen, auch in Gestalt von Graffiti und Gemälden, bringt.

Abb. 6. Kreuzigung Christi; Die Pilgerfahrt des Ritters Arnold von Harff von Cöln [. . .], 168.

Abb. 7. St. Jakobus; Die Pilgerfahrt des Ritters Arnold von Harff von Cöln
[. . .], 233.

Abb. 8. St. Michael; Die Pilgerfahrt des Ritters Arnold von Harff von Cöln
[. . .], 242.

darstellen; es sind Extrem- und Wendepunkte seiner Reise. Dass
Arnold selbst dies auch so gesehen hat, lässt sich erweisen. Er leitet
nämlich seinen Bericht mit einer Kurzfassung seiner Reiseroute
(2,17–3,23) ein. Unter den Stationen, die er hier nennt, sind Köln,
Rom, der Sinai (damit das Katharinenkloster), die Stadt Kalamya
im Königreich Mackeron, wo der Leib des Hl. Apostels Thomas zu
suchen sei, Jerusalem, Saint-Antoine-de-Vienne (das im Bericht ohne
Miniatur bleibt, aber als Antoniusheiligtum ausführlich beschrieben
wird; 220,12–27)[30], Compostela und der Mont-Saint-Michel, also
gerade die Orte und Heiligtümer, die dann im Bericht durch die
Beigabe von Miniaturen und ausführlicheren Angaben hervorgehoben werden[31]. Die von Arnold bereiste Welt wird so durch heilige
Orte erfahrbar gemacht, und die dort verehrten Heiligen stellen die
Spitze in einer – nirgends formulierten, von Arnold aber vorausgesetzten – Hierarchie der Heiligen dar, handelt es sich doch teils um
Apostel, wie Petrus, Thomas und Jakobus, teils um "Hauptheilige"
wie St. Katharina.

III

Arnolds Bericht zeigt so eine hohe Vertrautheit von dessen Verfasser
mit den Heiligen, die ganz selbstverständlich zu seiner Welt gehören. Sie sind für ihn, auch wenn er dies nirgends deutlich formuliert,
Mittler zwischen den Menschen und Gott[32]. Die Orte zu besuchen,
an denen sie auf Erden wandelten und schließlich ihre letzte Ruhestätte
fanden, ist sicher der wichtigste Anlass der "pylgrymmacie", die
Arnold von Harff "zo troist ind heyll mijner selen selicheyt" (2,13)
in den Jahren 1496 bis 1498 unternahm. Wenn dabei in seinem
Bericht von einer "Spiritualität des Pilgerns" kaum etwas zu bemerken ist, wenn also die Beschreibungen der heiligen Stätten, insbesondere der Gräber der Heiligen, aus unserer Sicht seltsam dürr und

---

[30] Arnold zieht von dort aus "nae sent Jacob allet suide west"; Die Pilgerfahrt
des Ritters Arnold von Harff (wie Anm. 1), 220,28.
[31] Der Plan der Reise sah weiterhin einen Besuch des Grabes des Hl. Patricius
in Irland vor; vgl. ebd., 3, 15–17. Dieser Plan musste jedoch (aus Zeitgründen?)
unterbleiben; vgl. ebd., 245,34–40.
[32] Ein Signal in dieser Richtung bildet der Dank, den Arnold den Heiligen Drei
Königen bei seiner Rückkehr sagt: "danck loff yen sagende dat sij mir in mijner
pylgrymmacien bystendich geweest weren"; ebd., 3,22–24.

ganz auf das Faktische beschränkt erscheinen, dann ist dies ein Wesenszug, den Arnolds Buch mit den meisten Pilgerberichten seiner Zeit teilt[33]. Das literarische Genus des Pilgerreiseberichts und, in Arnolds Falle, besonders das des Pilgerreiseführers gerät hier an die Grenze seiner Aussagemöglichkeiten. Wie intensiv Arnold die Heiligen Drei Könige oder andere der von ihm an ihren Gräbern aufgesuchten Heiligen verehrte und wieviel sie ihm für sein Frömmigkeitsleben bedeuteten, bleibt uns letztlich verborgen.

---

[33] Vgl. hierzu *Ursula Ganz-Blättler*, Zur Spiritualität in den Santiago-Berichten des 15. und 16. Jahrhunderts, in: Spiritualität des Pilgerns, hg. von Klaus Herbers/Robert Plötz, Tübingen 1993 (= Jakobus-Studien 5), 59–82, hier bes.: 68. – Eine Ausnahme bildet die inzwischen notorische Margery Kempe, die auch ihre "visionären Begegnungen mit Heiligen unterwegs" schilderte; vgl. ebd., 77–79, Zitat: 77.

"DISER MENSCH WAS EIN SCHNEIDER".
DER HOMOBONUS-KULT IM
DEUTSCHSPRACHIGEN RAUM

Werner Williams-Krapp
(Augsburg)

Zu den besonderen Interessengebieten unseres Jubilars gehört in jüngster Zeit auch das Thema 'Heiligkeit im späten Mittelalter und der frühen Neuzeit'[1]. Deshalb möchte ich hier die Frage aufgreifen, welche Heiligen gerade am Vorabend der Reformation besondere Bedeutung erlangten und welches Modell von Heiligkeit sie vertraten, und dabei den Blick besonders auf die wachsende Bedeutung des Bürgertums – vor allem der Handwerkermeister und der Kaufleute – für das religiöse Leben in diesem Zeitraum richten. Von besonderem Interesse ist in diesem Zusammenhang ein Heiliger, der zwar bereits im 12. Jahrhundert kanonisiert wurde, dessen Kult nördlich der Alpen aber erst im 15., durch das Zeugnis deutscher Legenden erst im frühen 16. Jahrhundert greifbar ist. Es geht um Homobonus von Cremona, der bemerkenswerter Weise bis heute noch als Vorbild für christliche Kaufleute und Handwerker Verehrung findet[2].

---

[1] Vgl. Berndt Hamm, Heiligkeit im Mittelalter. Theoretische Annäherung an ein interdisziplinäres Forschungsvorhaben, in: Literatur – Geschichte – Literaturgeschichte. Beiträge zur mediävistischen Literaturwissenschaft. Festschrift für Volker Honemann zum 60. Geburtstag, hg. von Nine Miedema/Rudolf Suntrup. Frankfurt a. M. 2003, 627–645.

[2] Im großen Legendenbuch für den Hausgebrauch, einem katholischen Standardwerk des frühen 20. Jhs., Die Goldene Legende. Leben der lieben Heiligen Gottes auf alle Tage des Jahres, hg. von Matthäus Vogel, neu bearb. von Wilhelm Auer, Köln [1904 u. ö.], ist auf 689–692 eine umfangreiche Legende des Homobonus enthalten. In der an die Vita anschließenden "Beherzigung" wird das Leben des Homobonus als Vorbild für Kaufleute und Handwerker gepriesen, wenn diese "in ihrem Stande im Zeitlichen gesegnet und selig werden wollen". Selbstverständlich "suche [man – wie Homobonus] auf keine unzulässige Weise auch den mindesten wucherischen Gewinn" (691). Sein Kult ist aber auch in der Zeit der Globalisierung keineswegs ausgestorben. Der Professor of Business Administration an der Memorial University of Newfoundland, Robert Sexty, lehrt, dass uns Homobonus zeige, wie "good corporate citizenship can be good for business". Dessen Vita "raises a lot of questions about contemporary acts of social responsibility". Siehe: http://www.mun.ca/univrel/gazette/2003–2004/dec11/newspage3.html. – Nach Abschluss des Beitrags stieß

Im Jahre 1199 wurde die von Innozenz III. persönlich geförderte
Kanonisation des erst 1197 verstorbenen Homobonus vollzogen[3]. Die
eilige Heiligsprechung war von besonderer Brisanz, da es sich zum
einen um den ersten und – das sei hervorgehoben – einzigen mittelalterlichen Heiligen aus dem Laienstand, der nicht dem hohen
Adel angehörte[4], zum anderen um einen Kaufmann und wohl auch
Handwerker handelte. Es galt bis dahin nämlich die feste Vorstellung,
dass diese Personengruppen nicht jenen Grad an Vollkommenheit
zu erreichen vermögen, der für eine Heiligsprechung erforderlich sei,
weil die Ausübung ihrer auf Maximierung des Profits ausgerichteten
Berufe dies von selbst verbiete[5].

Obwohl es im späten 12. Jahrhundert mehrere lokal verehrte, aber
nicht kanonisierte 'Heilige' aus dem Laienstand in den Städten von
Nord- und Mittelitalien gab, die einen neuen Typus von Heiligkeit
vertraten – Vorbilder für ein Leben, das von ehrlicher Arbeit und
Mildtätigkeit gegenüber den Armen geprägt war[6] –, gelang es nur
Homobonus, eine größere kultische Verehrung zu erreichen[7]. Bei
dessen Kanonisation ging es Innozenz freilich vor allem darum, der
unter den Laien populär gewordenen Armutsbewegung in den von
häretischen Gruppen gefährdeten Städten einen Heiligentypus ent-
gegenzusetzen, in dessen stark stilisierter Legende sowohl das Armuts-
ideal als auch die entschiedene Gegnerschaft eines Laien zu häretischen
Bewegungen, verbunden mit der absoluten Unterordnung unter den
Klerus, besondere Betonung fanden. Damit ist wohl auch die unge-
wöhnliche Eile des Papstes bei der Durchführung des Kanonisations-
verfahrens zu erklären. Zudem dürfte es im Blick auf den Namen
des Heiligen kein Zufall sein, dass die Katharer ihre Vollkommenen
"boni homines" nannten, also jene Menschen, die das wirkliche

---

ich auf die grundlegende Arbeit zu Homobonus von *Andre Vauchez*, Omobono di
Cremona († 1197) Laico e santo. Profilo storico, Cremona 2001. Sie konnte hier nicht
mehr berücksichtigt werden. Vauchez geht nicht auf die deutschen Legenden ein.

[3] Die Bulle ist ediert in: Die Register Innozenz' III. 1. Pontifikatsjahr 1198/99.
Texte, hg. von Othmar Hageneder/Anton Haidacher, Graz u. a. 1964, 761–764.

[4] *André Vauchez*, La sainteté en Occident aux derniers siècles du Moyen Age
d'après les procès de canonisation et les documents hagiographiques, Roma 1981;
siehe auch die englische Übersetzung: Sainthood in the Later Middle Ages, transl.
by Jean Birrell, introd. Richard Kieckhefer, Cambridge 1997 (mit einem "bibliographical update", 619–621).

[5] Ebd., 237f.

[6] Ebd., 234–243.

[7] Ebd., 237.

Christentum vertraten[8]. Der gute Laie aus Cremona wurde wohl deshalb aus kirchlicher Sicht zum 'wahren Homobonus'[9].

Die Legende erzählt von einem Kleiderhändler und – in einer späteren Version – auch Schneider, der durchaus über nennenswertes Eigentum verfügt und stets den Bedürftigen großzügige Geschenke macht. Dafür zeigt seine Frau nur wenig Verständnis, zumal es eine Familie zu ernähren gilt. Gott sorgt aber durch Wunder dafür, dass die Familie keine Nachteile durch die Freigiebigkeit des Heiligen erleiden muss. Bis zu seinem Lebensende widmet er sich der Pflege der Armen und Kranken. Zahlreiche Wunder geschehen auch nach seinem Tode.

Trotz früher Förderung erblüht der Kult des Homobonus in Italien erst im späten 13. und vor allem im 14. Jahrhundert. Dies dürfte mit dem zunehmenden Ansehen und der neuen, politisch gewachsenen Rolle der Kaufleute in den aufstrebenden Städten in Verbindung stehen. Die neuen Bruderschaften der Zünfte sahen in ihrer Wirtschaftsethik durchaus auch eine karitative Verpflichtung[10]. In den jetzt entstehenden Viten von Kanonisationskandidaten ist auch nichts mehr von einer negativen Haltung dem Handel gegenüber festzustellen[11].

Bemerkenswerterweise erreicht der Kult des Homobonus nur relativ spät das deutschsprachige Gebiet. Er blieb offenbar sehr lange auf den lombardisch-venezianischen Raum beschränkt[12]. Erst zu Beginn des 16. Jahrhunderts findet der bürgerliche Heilige die Aufmerksamkeit von städtischen Laien im deutschsprachigen Raum. Martina Wehrli-Johns hat in einem Beitrag versucht, die Wege der Homobonus-Verehrung nach Basel zu rekonstruieren[13]. Dort wurde nämlich 1508 für die Stube des Zunfthauses der Schneider eine Glasscheibe mit einer Darstellung des Homobonus hergestellt; sein sprechender Name ist dort bereits übersetzt in "St. Gotman", eine

---

[8] *Arno Borst*, Die Katharer, Stuttgart 1953, 242; vgl. auch dazu *Martina Wehrli-Johns*, Wie kommt der heilige Homobonus nach Basel?, in: Mundo multa miracula: Festschrift für Hans Conrad Peyer, hg. von Hans Berger/Christoph H. Brunner/Otto Sigg, Zürich 1992, 97–106 und 233–236, hier: 98.

[9] *Wehrli-Johns*, Homobonus (wie Anm. 8), 98.

[10] Ebd., 103.

[11] *Andre Vauchez*, "Le trafiquant céleste": Saint Homebon de Crémone († 1197), marchand et "père des pauvres", in: Horizon marins – itinéraires spirituels (V^e–XVIIIe siècles), hg. von Henri Dubois, Bd. 1: Mentalités et sociétes, 115–122, hier: 118–120.

[12] *Wehrli-Johns*, Homobonus (wie Anm. 8), 104.

[13] Ebd.

Benennung, die in den späteren deutschen Legenden verwendet und für seinen Kult im deutschsprachigen Raum üblich werden wird. Die Darstellung zeigt den Heiligen zwischen zwei wesentlich kleineren Elendsgestalten, und zwar in durchaus repräsentativer Kleidung, in einem mit Pelz besetzten Rock und einem wallenden Mantel. In der linken Hand hält er eine große Schere hoch, mit der rechten spendet er einem Bettler mit Krücken Geld aus seiner gut gefüllten Börse. Auf seinem Nimbus wird er identifiziert[14].

Selbstverständlich setzt Kultverehrung eine Legende voraus. Wehrli-Johns verweist auf das Vorhandensein eines Exemplars des 'Catalogus Sanctorum' des Petrus Natalis in Basel, der eine Kurzvita des Heiligen enthält (lib. X, cap. lvi)[15]. Dennoch wage ich zu postulieren, dass es wohl auch eine verlorene deutsche Übersetzung einer lateinischen Vita gegeben haben wird, die den nichtlateinkundigen Schneidern als Grundinformation zu ihrem Patron diente, denn die Legende im 'Catalogus' umfasst lediglich eine halbe Spalte und ist unter den Hunderten von Kurzviten nicht gerade herausragend[16]. Es hat übrigens auch vor dem 'Catalogus' lateinische Homobonus-Viten nördlich von Italien gegeben, wie eine Handschrift der 'Legenda aurea' des Jacobus de Voragine in der Bibliothek des Kärntner Benediktinerstifts St. Paul im Lavanttal belegt. Der Codex Hosp. chart. 167/4 aus der ersten Hälfte des 15. Jahrhunderts stammt ursprünglich aus dem fränkischen Kulmbach und enthält auf 200rb als Sondergut eine kurze Homobonus-Legende[17].

Zwei deutsche Viten aus dem frühen 16. Jahrhundert sind erhalten, die ältere stammt aus dem Jahr 1513. In diesem Jahr fügt der Straßburger Drucker Johannes Grüninger seiner Neuauflage des deutschen Erfolgslegendars 'Der Heiligen Leben' die Legende 'Von sant

---

[14] 1520 verbat der Basler Rat den Schneidergesellen, zu Ehren des Hl. "Guotman" an einem zusätzlichen Tag feiern zu dürfen; vgl. ebd., 106.

[15] Ebd., 104f.

[16] Ähnliches gilt für die Homobonus-Kurzvita im Legendar des Bartholomäus von Trient.

[17] Siehe *Barbara Fleith*, Studien zur Überlieferungsgeschichte der lateinischen Legenda aurea, Brüssel 1991 (= Subsidia hagiographica 72), 494. Dort findet sich der Hinweis auf die Legende eines "Thomobonus". Für freundliche Hilfe bedanke ich mich beim Stiftsarchivar Dr. Rudolf Freisitzer. Ich bin überzeugt, dass bei genauer Durchsicht der überaus zahlreichen lateinischen Legendenhandschriften sich weitere Homobonus-Legenden finden lassen werden, da auch moderne Handschriftenkataloge in der Regel die einzelnen Legenden in Legendaren nicht auflisten.

Gutman' hinzu (CIXra–CXIrb)[18]. Grüninger war der innovativste unter einer Vielzahl von Druckern, die das Werk zwischen 1471–1521 im hoch- und niederdeutschen Raum insgesamt 41 Mal auflegten. Er hatte, um den Verkauf zu fördern, in seiner Erstauflage von 1502 als fingierten Herausgeber den berühmten Autor Sebastian Brant gewonnen, zahlreiche neue Legenden hinzugefügt, diese Taten werbewirksam auf dem Titelblatt bekannt gegeben und vor allem höchst kunstvolle Holzschnitte zur Illustration des Werks anfertigen lassen. Die Auflage betrug 1.000 Exemplare – eine außerordentlich hohe Zahl –, und es ist davon auszugehen, dass Grüningers dritte Auflage (1513) mit der Gutman-Legende ähnlich umfangreich war. Mit dem hl. Gutman wollte man offenbar einen Kundenkreis ansprechen, dem der Kult und die Zuständigkeiten des Heiligen inzwischen bekannt waren. Aus dem von Innozenz konstruierten Gegenbild zu den 'boni homines' der häretischen Kreise wurde nun im frühen 16. Jahrhundert ein Heiliger der Kaufleute und Handwerker. So sollte es dann fortan auch bleiben.

Von Interesse für den Grüninger-Text dürften zwei sprachliche Besonderheiten sein, die Hinweise auf die Provenienz der Quelle zu liefern vermögen. Zum einen wird der Beichtvater des Homobonus, Osbert, im Text durchgehend "Oswertus" genannt. Die Schreibung *w* für *b* ist eine typische Erscheinung des bairisch/nürnbergischen Raumes, wie auch zum anderen das einmalige Vorkommen von "hailig". Die *ai*-Schreibung für altes *ei* sticht auch bei Grüningers zaghaftem Versuch einer 'überregionalen' alemannischen Schreibart deutlich ins Auge.

Die zweite, ebenfalls noch nicht untersuchte, wesentlich umfangreichere deutsche Legende stammt von dem Leipziger Vieldrucker Wolfgang Stöckel, der sehr häufig kleinere Werke herausgab. Seine 'Sant Gutmans legend' entstand 1518 und ist ein Heftchen von 10 Blättern mit einem Holzschnitt auf dem Titelblatt, der von der Gestaltung her dem Basler Fenster sehr ähnlich ist[19]. Auch hier ist

---

[18] Vgl. dazu im Folgenden: *Werner Williams-Krapp*, Die deutschen und niederländischen Legendare des Mittelalters. Studien zu ihrer Überlieferungs-, Text- und Wirkungsgeschichte, Tübingen 1986 (= Texte und Textgeschichte 20), 310–312. Der Text ist unten ediert.
[19] Exemplar in der SBPK Berlin, DW 11330. Stöckel druckte in seiner Leipziger Zeit (1495–1526) bis zu seiner Berufung als Hofdrucker am Hofe Herzog Georgs

Gutman – allerdings anders als in Basel mit Bart – in großbürger-
licher Kleidung dargestellt; in der rechten Hand hält er Schere und
Elle, mit der linken wirft er Geld in die Mütze eines Bettlers mit
Krücken. Dies belegt wiederum, dass es zu dieser Zeit auch im
deutschsprachigen Raum bereits eine aus Cremona herrührende iko-
nographische Tradition gegeben haben muss, die eine durchaus groß-
räumige Verbreitung aufwies[20]. Es ist deshalb anzunehmen, dass der
Kult des Homobonus bekannter gewesen sein wird, als von der
schriftlichen Überlieferung bezeugt.

Auf dem Titelblatt des Stöckel-Druckes wird auch in Majuskeln
auf die große Besonderheit des "Sant Gutman" hingewiesen: Er ist
"von sein elder eldern eyn schneyder gewest". Die Betonung der
bürgerlichen Herkunft der Vorfahren greift eine in den lateinischen
Viten bereits vorhandene bewusste Abkehr vom traditionellen hagio-
graphischen Motiv auf, am Anfang einer Legende die adlige Abstammung eines Heiligen hervorzuheben. Zweifellos soll damit der
mittelständische Käuferkreis – auch durch die Darstellung des Heiligen
im Holzschnitt auf dem Titelblatt – angesprochen werden, auf den
Stöckel mit seiner Publikation abzielt.

Beide deutsche Legenden gehen auf eine umfangreichere Version
einer Anfang des 14. Jahrhunderts entstandenen Vita zurück, die mit
den Worten "Labentibus annis" beginnt[21]. Die von Gatta nach einer
einzigen Handschrift aus Cremona edierte Version dieser Legende
scheint bewusst gekürzt worden zu sein, wie die deutschen Texte
nahe legen, denn eine Reihe von Episoden und Mirakeln fehlt dort,
die z. B. auch in einer italienischen Homobonus-Legende vorhanden sind[22].

---

des Bärtigen von Sachsen 1526 auch Werke Luthers, danach gab er z. B. Emser
und Cochlaeus heraus. Man schätzt seine Gesamtproduktion auf insgesamt ca. 500
Drucke, darunter 120 Inkunabeln. Vgl. *Josef Benzing*, Die Buchdrucker des 16. und
17. Jahrhunderts im deutschen Sprachgebiet, 2. verb. und erg. Aufl., Wiesbaden
1982 (= BBBW 12), 272.

[20] Vgl. *Friederike Werner*, Homobonus (Gotman) von Cremona, in: LCI 6 (1994),
553f.

[21] Bibliotheca hagiographica latina antiquae et mediae aetatis, ediderunt socii
Bollandiani, 2 Bde., Brüssel 1898–1899 (= Subsidia hagiographica 6), Nr. 3971.
Ediert von *Francesco Saverio Gatta*, Un antico codice reggiano su Omobono, "il santo
popolare" di Cremona, in: Bollettino storico Cremonese 7 (1942), 96–115. Eine
neuere Edition der lateinischen Viten liegt vermutlich bei *Daniele Piazzi*, Omobono
di Cremona. Biografie dal xiii al xvi secolo. Edizione, traduzione e commento,
Cremona 1991, vor. Das Buch war mir leider nicht zugänglich.

[22] Der Text ist ediert von *Giuseppe Bertoni*, Di una Vita di S. Omobono del secolo
XIV., Bollettino storico Cremonese 3 (1938), 161–178.

Die Grüninger-Version fasst sich – legendartypisch – gegenüber dem Leipziger Druck wesentlich kürzer. Bei Stöckel wird die Kanonisationsbulle sowie ein Gebet an den Heiligen hinzugefügt, das allerdings nicht auf die Zuständigkeiten des Gutman verweist und deshalb wohl eigenständiger Zusatz des Druckers sein dürfte.

Auch der berühmte Historiograph und Humanist Hartmann Schedel[23] entdeckte den Heiligen und schrieb wohl im frühen 16. Jahrhundert ein "dossier hagiographique"[24] mit drei lateinischen Homobonus-Texten recht fehlerhaft ab[25]. Schedels Textbündel besteht aus den Viten 'Cum orbita solis'[26], 'Labentibus annis', wobei letztere nur den Anfang bis zum Brotwunder und den Schluss der Legende ab dem Tod des Heiligen überliefert, und der Kanonisationsbulle. Zwischen den beiden Legendenpartien in 'Labentibus annis' hat Schedel ein wenig Raum freigelassen, wohl um auf eine Textlücke hinzuweisen.

Diese von Schedel nur unvollständig abgeschriebene hagiographische Sammlung wurde wahrscheinlich vom Generalvikar und dem Domkapitel von Cremona in Auftrag gegeben, die am 18. Oktober 1301 die Bulle des Innozenz III. im Dom zu Cremona erneut feierlich bestätigen ließen, was in einem kurzen Text vor der Bulle dokumentiert wird. Beide deutschen Texte übernehmen dieses Datum als Festtag des Homobonus, der ja bei der Kanonisation auf dessen Todestag, den 13. November, festgesetzt worden war.

Stöckel muss dieses Textbündel in vollem Umfang vorgelegen haben, denn er übernimmt es ohne die Vita 'Cum orbita solis' und ohne die Schedelsche Lücke in 'Labentibus annis' komplett, ebenso wie die mit Widmung des Domkapitels ausgestattete Kanonisationsbulle. In Schedels Abschrift wird diese irrtümlich Innozenz IV. zugeschrieben, was auch wiederum im Stöckel-Druck zu finden ist. Dieser Fehler ist allerdings auch in der von Gatta edierten Version von 'Labentibus annis' anzutreffen[27], er stammt also bereits aus der italienischen Überlieferung.

---

[23] Zu Schedel siehe *Béatrice Hernand/Franz Josef Worstbrock*, Schedel, Hartmann, in: VerLex² 8 (1992), 609–621.

[24] *Vauchez*, Homebon (wie Anm. 11), 117.

[25] Die Abschrift befindet sich als letzter Faszikel in der BSB München, Clm 434, 260r–264v. *Vauchez*, Homebon (wie Anm. 11), 121, Anm. 9, spricht von Schedels Kopie als "assez fautive".

[26] *Felice Zanoni*, Vita metrica dei SS. Imerio e Omobono secondo gli Uffici rimati dei corali della cattedrale, in: Annali della Biblioteca e Libreria civica di Cremona 9 (1956), Cremona 1957, 29–32.

[27] *Gatta*, Omonbono (wie Anm. 21), 115. Siehe dort auch Anm. 8.

Schedels unvollständig abgeschriebener Homobonus-'libellus' ent-
hält bemerkenswerterweise aber auch einen weiteren markanten
Fehler, der in beiden Übersetzungen zu finden ist: Der Familienname
des Heiligen, Tucingo, erscheint in den drei Texten als 'turingo'
(Schedel), 'Türinger' (Grüninger), 'geschlecht von Thůringen' (Stöckel).
Übereinstimmend heißt in beiden deutschen Versionen der Sohn des
Heiligen in einem Mirakel Monachus, ein Name, der sich auch noch
in einer italienischen Version der Homobonus-Vita aus dem 14.
Jahrhundert findet[28]. Dieses Mirakel fehlt wie so viele andere indes
bei Schedel.

Was den Grüninger-Text betrifft, so lassen die oben angestellten
Überlegungen eine bairisch/nürnbergische Herkunft zumindest seiner lateinischen Vorlage vermuten, wenn nicht sogar des deutschen
Textes. Bemerkenswert ist nämlich auch die Schreibung des Namens
"Oswertus" bei Schedel (263[v]). Es dürfte wohl eine heute nicht mehr
nachweisbare vollständige Abschrift des "dossiers" in Nürnberg gegeben haben.

Der Heilige muss übrigens für Schedel eine Neuentdeckung gewesen sein, denn in seiner umfassenden Weltchronik von 1493 ist von
Homobonus noch nirgends die Rede. Dass Schedel durch das weit
gespannte Kontaktnetz der Humanisten an die Texte herankam, ist
durchaus erwägenswert[29].

Im 16. Jahrhundert scheint Homobonus im deutschen Heiligen-
kalender bereits fest etabliert zu sein. Eine umfangreiche Vita, 1570
für Nicolò Sfondrati, Bischof von Cremona, den späteren Greogor
XIV., verfasst und mit der Kanonisationsbulle verbunden, wird von
Laurentius Surius in sein wirkmächtiges, mehrfach – bis ins 19.
Jahrhundert – gedruckte Legendar aufgenommen, sowohl in die lateinische als auch in die deutsche Version[30].

---

[28] Siehe dazu *Baudouin de Gaiffier*, Besprechung von *Zanoni*, Vita metrica (wie Anm.
26), in: Le Moyen Age 65 (1959), 364–366, hier: 366. *Bertoni*, Omobono (wie Anm.
22), 169.

[29] *Wehrli-Johns*, Homobonus (wie Anm. 8), 104 und Anm. 36, regt deshalb eine
Untersuchung zur "Beziehung zwischen Homobonuskult und christlichem Humanismus" an.

[30] De probatis Sanctorum historiis ab Al. Lipomano olim conscriptis nunc primum a Laur. Surio emendatis et auctis, Bd. 6, Köln 1581, 326–332; *Laurentius
Surius*, Bewerte Historien der Lieben Heiligen Gottes von jrem Christlichen, Gottseligem
leben [...], Durch F. Laurentium Surium, etc. angengklich Lateinisch in Truck
gegeben. Jetzt aber [...] Durch Johan. à Via [...] trewlich verteutscht, Bd. 6,
München 1580.

Es folgt eine Edition der Gutman-Vita aus der Grüninger-Ausgabe
von 'Der Heiligen Leben', der ältesten überlieferten deutschen Legende
des Heiligen. Nur Satzanfänge und Eigennamen werden groß geschrieben, eine modifizierte moderne Interpunktion wird eingeführt. Da
keine Binnengliederung vorhanden ist, richtet sich die Gliederung
nach der mit Kapitelüberschriften versehenen, längeren Version der
Legende im Leipziger Druck. Besserungen von Grüningers Druckfeh-
lern werden im Apparat dokumentiert.

ANHANG: VON SANT GUTMAN

[109ra] Da man zalet nach der geburt christi M c l xxxx vii iar, da
was die *stat*[31] Cremon bschütet mit grossen ketzereien also, das die
ketzer gleich den dornen zům dickeren mal auch die selen der gůten
menschen durchstachen. Vnder disen dornen hat got vff erweckt ein
5 roß, vff das sie *nit allein*[32] behaben solt die stat Cremona mit irem
zůgehörten, dy da vß krafft diser rosen bracht was von dem gestenck
der sünd zů dem gůten geruch der tugend, sunder auch daz sie den
schalckhafftigen menschen entzündet zů eim erlichen vnd seligen
10 leben vnd erkantniß seins schöppfers vnd das sie verachteten die
ding, die da vnder der gestalt des gůten gar bei alle schnöde hertzen der menschen bekümeren.

Zů der selben zeit habend die burger vnd inwoner der genanten
stat wol geziert die selb stat bei der kirch, da geeret würt Egidius
15 der růmreich hellig beichter, vnd habend daz selb ort der stat wol
vff gebüstet mit gebaw vnd inwonung der burger. An dem selben
ort wonten gemeine geschlecht der menschen, als da seind handwercks leut vnnd andere. Vnder disen mitburgeren wont ein geschlecht
mit namen die Türinger[33], die waren wol bericht mit kauffmanschatz,
20 aber fürnemlich warend sie schneiders handwercks. Vß disem geschlecht
was einer, der da mit seiner haußfrauen wonet in dem hauß seiner
elteren vnd gelebt seiner arbeit vnd het auch von seinen eckeren nit
weit von der stat sein notturfftige[34] narung. Diesem ward ein sun
von seiner haußfrawen, den nant er (vß gůter hofnung, die er zů im
25 het) Gůtman. Diser nam was gschicklich dißem iungen, der da nit
minder gůt waz mit den wercken weder mit namen. Dißer iung
vnderstůnd zů treiben das handwerck seiner eltern vnd ward auch
geschickt in kauffmanschatz also, das er auch nach seinem vermögen
hielt gleicheit des gewichtz in seinen verkauffen. Nun als er ward
30 rechtz alters vnd hat durch seinen verdienst vber kommen frünt-
schafft aller burger, da nam er zů der ee ein manbare iunckfrawen,

---

[31] stat *fehlt.*
[32] mit allen.
[33] *Der Familienname des Heiligen war Tucingo. Zu dieser Schreibung vgl. oben.*
[34] nottuüfftige.

mit der er vil iar bleib in groser demůt, bis da starb sein *[109rb]* vatter. Den begrabt er truriglich vnd seit nüt desterminder *danck*³⁵ got
dem herren. Dem empfalh er sich in allen dingen.

Da er nun für sich selbes was, da betrachtet er die kurtzen tag
des menschen vnd die betruglich welt, vnd daz da nüt besser wer
vnd heilsamer weder noch folgen den worten des heilgen ewangelii,
daz da spricht: "Samlend vch schetz im himel, da sie weder rast
noch schab verzert" *(Mt 6,20)*, also nam in im zů der gůt fürsatz.
Vnd der da vor het grosse sorg gehebt, gůt zů vber komen vnd
schetz zů samlen, der fieng ietzund an, seine gesellen verlassen vnd
seinem gewonlichen handel nit me anhangen, sunder alwege in den
kirchen vnd empsigem gebet fleissig funden ward. Vnd fieng an vß
zůteilen den armen leuten mit seiner eignen hand dy schetz, die er
het gesamlet mit seines leibes arbeit. Den krancken, die da hilff not-
turfftig waren, den reicht er dar willigklichen sein gaben.

Als nun sein haußfraw sach seinen anschlag gar vmbkert, vnnd
das er verlassen het sein gebrüchlich handwerck vnnd sich also zů
eim schmoch vnd zů verachtung der leut der welt entschlagen wolt,
da ward sy bekümeret wider in vnd sprach also: "Was narheit hat
dich vmbfangen? O Gůtman, das du also ein fürnem man gewesen
bist vnd aber ietz lastu vnderwegen dein handwerck vnd ůbung, da
durch du erlich hast gelebt, vnd vertůst alle vnser gůter mit den
aller arbeitseligsten menschen, denen du dar reichest, von welchen
menschen wir nie des allerminsten diensts seind warten gewesen!"
Dise vnd ander vil scheltwort vnd schmechwort brucht sie wider den
heiligen man, aber er nam es gedultigklich vff vnnd sagt ir vil, wie
man solt fliehen dise erdische gůter als die sorgklichen ort des was-
sers vnd wie selig wer der schatz, der da vmb hilff willen der armen
lüt Cristi in den himeln gesamlet würd. Vnd wie wol er vil anfechtung von seim weib vff nam, doch lebt er alwegen in gedult vnd
großer demůt.

Dißer heilig man het die gewonheit, das er alle *nacht*³⁶ gieng in
die kirchen zů hören die metti. Der hat war genommen der selben
kirchen pfarrer mit namen Oßwartus³⁷, der da auch was ein frum-
mer gotzförchtiger *[109va]* man. Da er sach die grosse andacht des
Gůttmans, kam er alle nacht, so er metti het geleutet, vnd thet im

---

³⁵ danckt.
³⁶ nach.
³⁷ *Es handelt sich um seinen Beichtvater Osbert.*

vff vnd fůrt in in die kirch. Aber vff ein zeit begab es sich, das der
helig Gůtman kam vor dem zeichen zů metti vnd lang stund vor
der kirchen zů warten. Da gienge vß ordnung gottes die kirchthür
selbs vff vor seinen augen. Vnnd da es metti zeit war, kam der pfa-
5 rer. Vnd als er in sach in der kirchen, hat er sich verwundert vnd
fragt in, wie er wer hinein kommen. Antwurt im er: "Ich hab offen
funden die port der kirchen." Da wißte aber der pfarrer wol, das
er sie nachts beschlossen het. Vnd nach kleiner zeit begab sich solichs
10 widerumb, das er aber offen fand die kirchen vor der metti zeit.
Daruß nam der pfarrer, das er wer ein gesicht von got. Vnd hielt
hinfür disen für ein heiligen man, wen das geschah dick in xxvi
iaren, die weil diser priester pfarrer da was. Diser heiliger man volen-
det sein siben zeit also, wan die mettin vß was, das er nit kam vß
15 der kirchen, sunder wartet des tags vnnd der zeit der meß.

Vff ein zeit begab es sich, das der Gůtman hett kaufft ein summ
brot, als man pfligt zů thůn vff dem marckt. Vnd was vff die selben zeit ein teurung im land. Da nun sein haußfraw das brot het
getragen vnd es die armen leut hetten erfaren, seind sie hernach
20 gangen bis zů dem hauß des Gůtmans. Vnd als sie in fanden im
haus, batten sie in demůtigklich, das er nach seiner gewonheit inen
von disem brot almůsen vß teilt. Er was inen gehorsam, aber hinder seinem weib, wan sie was von vngeschicht ein gang hinweg gangen. Der Gůtman teilete das grosser teil des brotes armen leuten.
25 Vnnd da sein haußfraw wider heim kam vnd es zeit was zů nacht
essens, da gienge sie vber den trog vnd sach da zweierlei brot in
dem trog, wan als vil der man het vß geben, also vil warend bei
den anderen. Aber treffelichen hübsch vnd gůt waren die selben,
weder die anderen, die er nit het vßgeben. Da das sah sein hauß-
30 fraw, da fraget sie, waher dise brot kemend. Vnd auch der Gůtman
verwundert sich vast. Da erkant er, das es were *[109vb]* ein geschicht
gottes. Diß verbot der heilige man seinem hauß gesinde, das man
nüt vberal daruon solten sagen.

Vnd zů gleicher weiß *ist*[38] auch geschehen mit dem wein als mit
35 dem brot. Vff ein zeit als man die reben bawet, da hett diser Gůttman
vil arbeiter. Denen bracht er allweg zů rechter zeit essen, in leglen
zů trincken. Da er also vff ein zeit zů trincken bracht den arbeite-
ren, begegenet im ein schar der armen leuten bei der porten der

---

[38] ich.

stat vnd batten vmb gottes willen zetrincken von im. Bald an ward
bewegt diser heilig sant Gůtman von wegen des, der sein blůt hat
gegeben für ein erlōsunge vnnd ein tranck, vnd erkicket sie alle willigklichen mit dem wein, den er trůg. Da nun leer warend die lege-
lin, gieng er widerumb heim vnd fůrt sie. Vnnd zů dem andern mal 5
was er speisen mit disem wein die armen leut, so im begegneten
vmb des namen Cristi willen. Vnd vff das er nit widerumb gieng vß
forcht der scheltwort seiner haußfrawen, füllet er die legelen mit wasser vnd bracht es den arbeitern, aber berůffet sie nit nach seiner
gewonheit zů trincken, sunder stalt es nider mit vndergeschlagnen 10
augen. Vnd mit grosser scham weich er in ein ander ort des feldes.
Da nun die arbeiter zů trincken kamen, empfanden sy, das das wasser verwandelet in vast süßen wein, vnd růften im: "Herr Gůtman,
kommend vnd trinckend auch mit vns vnd sagend vmb gottes willen, wannen kummet der gůt süß wein." Denen antwurt er: "Der 15
ōberst geber hat hůt dar gereicht disen wein." Vnnd hůb vff seine
hend in den himel vnd sprach: "O herr Jesu Christe, ich lob dich,
der da wein hast gemacht vß wasser!" Vnd sprach zů den arbeitern
also: "Sůn, ir sollend niemand sagen, das ir gehōrt hond, biß diser
tōdtlicher leib entbůnden würt von seinen banden." 20

Die weil nun diße vnnd auch andere gůte werck den teuffel ver-
drossen, kame er mit grosser schar der bösen geist vnd geißleten in
vnnd warffend zů sammen, als ob sie ein ballen wurffend, vnd spra-
chend zů dem heiligen man also: "Wilt du nit lassen disse werck,
die du thůst, so wollen wir dich *[110ra]* tödten." Antwurt inen Gůtman: 25
"Ob du schon den leib tōdtest, so magstu doch die sel nit tōdten."
Vnd da er also gegeislet waz, da kam er heim vnd lag drei tag zů
bet als halb tod. Vnd wiewol er also gegeislet vnd erschreckt was,
da gieng er nit desterminder zů den christenlichen emptern. Vnd so
bald er wider*umb*[39] krefftig ward, da gieng er widerumb in die reben. 30
Da arbeitet er gar ser vnd bettet vnnd ward offt angefochten von
den bösen geisten vnd versůcht. Aber er bleibe nit destminder gleich
als ein eckstein steiff in dem glauben vnd gůten wercken. Er heilget
in allen seinen trůbselikeiten vnd widerwertigkeiten den namen des
herren. Vnd da er also versůcht was (nach grosser gedult), so ist er 35
heim gesůcht worden von dem ertzengel sant Michael. Den batte
der lieb vnd heilig Gůtman also: "Ach her, nit laß mich fürter von

---

[39] wideůd.

den teuffeln gegeißlet werden." Da gab im der engel ein růt zů einer
beschirmung der bösen feinden vnd sprach zů im also: "Nim hin
diese růte vnd förcht⁴⁰ dir hinfür nit mer, wan ich bin bei dir." Dise
růt nam er mit grossem danck vnd kam heim mit grossen freuden
5   also, daz er auch essen begert. Da sprach zů im sein haußfrawe:
"Ich beschwer dich haußwirt, das du mir sagest, warumb du ein zeit
traurig bist vnd denn frölich, so du kommest vß den reben." Der
heilig Gůtman offnet ir dise ding heimlich vnd vnnder der verheis-
10 sung irer truw. Aber wa er die růt hinlegt, das wolt er nit offenba-
ren. Nach dem tod des heiligen mans ward gelegt zů seinen grab
ein beseßne fraw, die redet offenlichen dise ding.

    Wenn Monachus, der sun des heiligen Gůtmans, fragte den teuffel,
ob er auch bekent hette den heiligen Gůtman in seinem leben, der
15 teuffel antwurt: "Ich hab in kent vnd gesehen." Er fragt in weiter:
"Wa hastu in gesehen?" Antwurt der teuffel: "In seinem reb acker."
Da fragt in Monachus: "Wen sůchtest du im rebacker?" Er antwurt:
"Ich wolt im schaden haben zů gefüget, ich vermochtz aber nit."
Fragt in Monachus: "Warumb möchtest du es nit?" Er antwurt:
20 "Darumb, daz Michael bei⁴¹ im was, der gab im auch ein růt zů
einer beschirmung." Da fragt er in weiter, waz er mit der selben
růten thet *[110ʳᵇ]* vnd wa er sy hin legt, aber der teuffel wolt nit
weiter reden.

    Diser mensch was ein schneider, lang in person, mager in seiner
25 substantz, einer braunen farb in seinem alter bei achzig iaren. Er
het in weltlichem handel gelebt gar nach vff funffzig iar vnd in geist-
lichheit vff dreissig iar vnd lebt ietz in dem verdienst Cristi. Er lag
on federern, flachß vnnd schaffhüt warend sein cleider. Vnd vmb
mitnacht stund er alweg vff zů mettin. Die priester weckte er auch
30 dick auff zů metti vor der rechten stund. Er bleib bei im selbs, was
wenig wort. Er waz auch kein prediger. Aber wen man von im begeret etwas gůtz zů hören, so seit er mit kurzen worten gnůg vnd
sprach also: "Aller liebsten brůder, ich kann nit, das ich möcht predigen, aber kurtzlich⁴² beschlüß ich, was ir nit wöllend, das es euch
35 geschehe, des sollend ir auch die anderen erlassen." Er lebet demütig-
klich mit seiner haußfrawen in der welt, vnnd mit ir het er vil sün
gehabt.

---

⁴⁰ förtch.
⁴¹ beit.
⁴² kutzlich.

Sein haußfraw weissaget von im iren sun vnd sprach also: "Sun, biß ingedenck, das du sehen würst vil volcks kommen anzebetten deinen vatter. Vnd wißten sie von im, das ich weiß, sie wurden in lebendig anbeten. Du samlest zůsamen (o sun) vil gůtz vnd gelt diser welt vnd dein vatter würt das vßteilen den armen vnd wurt dich armen gar enblôssen, aber darnach würst du zů nemen in zeitlichem gůt." 5

Der almechtig got wolt zeigen disem man, wie vast die sel geschwertzt wurd von dem gelt im zů einer gedechtniß. Vnd das geschah also. Jn dem anfang seiner bekerung het er beieinander ein grosse summ geltz. Daz selbig hat er nachtz gezalt. Dar von wurden im also schwartz sein hend, das er sie mit keinem wasser mocht 10 süberen. Solichs offnet er morgens Oswerto, seinem beichuatter, gottes diener, der gab im den rat: "Gang hin vnd teil vß das gelt armen leuten, vff das dir rein werden dein hend wie vor, das du erkennest, das dein sel schwartz würt von samlung des geltz vnd das du da ein 15 schatz wurst gelegt haben in hymel in vßgebung des geltz vnder die armen vnd das wasser der hymelischen gnaden die seel erleuchtet." Da er das also an[110ᵛᵃ]dechtigklich volbracht, da wurden im rein sein hend wie vor.

Als diser man gotz alwegen herlich was in almůsen geben, auff 20 ein zeit begab es sich, das sein haußfraw het ein kůchen gemacht vff den nacht imbs. Da kamen aber die armen leut vnd batten demůtigklich vmb speiß. Der heilig Gůtman ward innen, das sein vngestümes weib nit da heim was. Darumb nam er den kůchen vnd teilet in vß den zwôlff armen menschen vnd stürtzt die pfanen vff 25 den hert, als ob der kůch darunder leg vnd bůche. Als nun gessen hetten die armen leut, da gieng er in die kirch vnd legt sich gantz in das gebet vnd bettet andechtigklich die weil er gespeißt het die armen leut, das er nit innen wurd die vngestüme seiner haußfrawen. Vnd da er lang also was in dem gebet, růfften ir seine sün zů dem 30 nacht imbs, das er mit innen asse. Er schlůg es vast ab vnd hieß sy hin geen essen, wan er rechnet das nacht mal der armen leut für sein nachtmal. Vnd sprach: "Ich hab gessen", wen er forcht vast den zorn seiner haußfrawen vmb des kůchens willen, den er den armen leuten hat verteilet. Aber got, der da nit verlaßt die seinen 35 in widerwertigkeit vnd der iederman vberflüssig gibt, auff das sie dest reicher seiend, der hat nit lassen hôren disen Gůtman die scheltwortt seiner haußfrawen, sunder hat wunderbarlich gemacht seinen heiligen vnd hat wôllen das gantz haußgesind speisen mit der himelischen gaben. Darumb stund vff diser hailig Gůtman von seinem 40

gebet vmb vngestüme willen seiner sün, die da an im lagen zů nŏnen,
vnnd gieng zů tisch vnd růfft da got an mit seinem gebet. In dem
hůb vff sein haußfraw die pfann vom herd vnnd fand ein gantzen
kůchen. Den gab sie *halb*[43] irem haußwirt, dem Gůtman, vnnd halb
5 dem haußgesind. Da das sahe der heilig Gůtman, da heilget er mit
ernst got mit grosser freud, der wunderbarlich ist in seinen wercken.
Darnach erzalt er, wie er mit dem kůchen xii armer menschen
gespeißt het vnd dy pfann also ler gesturtzt vff den herd vnd wie er
10 vß forcht seiner haußfrawen nit dorfft zům tisch kommen. Vnd also
nam er an disen hy*[110vb]* melischen kůchen, von gott mit vngewo-
net gůtheit im gegeben zů einer settigung sein selbes vnnd seines
haußgesindes.

   Da sanct Gůtman nun alt[44] ward, vff ein zeit stund er in der metti
15 frisch vnd gesund in der gemeinen kirchen. Darnach kniet er nider
für das creutz nach seiner gewonheit. Da blib er also biß zů meß
zeit, vnnd was vff den tag sant Bricius tag[45]. Da nun der priester
anfieng in der meß das 'gloria in excelsis', da legt er sich nider für
das creütz, der ritter für den künig, *der*[46] knecht für seinen herren,
20 vnnd on alle zeichen des tods, on alle bewegung, sunder als vmb
grosser reuerentz vnd ere erbietung willen legt er sich nider vnd gab
vff sein seel seinem schŏpffer. Aber niemand was, der da war nam
seines sterbens, bicz das man singen solt das ewangelium vnd er nit
vff stund. Da meinten etlich, er schlieff, vnnd wolten in auff wecken.
25 Da sahend sie den todten leib. Darnach bald hůb man vff den leib
des heiligen mans vnd trůg in mit erlicher dienstbarkeit zů begrebniß. Da das für kam den armen, das ir vater tod were, giengen sie
all zů seiner begrebniß vnd weinten den tod des heiligen Gůtmans
vnd des vatters der armen vnd giengend zů der stat, da hin man in
30 begraben wolt.

   An den selben ort hat got wunderbarlich gemacht seinen heiligen
mit grossen vnd vnzalichen wunderzeichen: Die lammen wurden
gesundt, die tauben wurden gehŏren, die blinden wurden gesehen,
die krummen wurden vff gerichtet vnd andere kranckheiten wurden
35 verandert in gesuntheit. Das geschrei kam vß in dem vmbligenden

---

[43] bald.
[44] abt.
[45] *Das ist der 13. November, der von Innozenz III. designierte Festtag des Homobonus. Er
ist zugleich der Festtag des Hl. Brictius.*
[46] die.

flecklin. Vnd kamen ilend zů seinen grab alle krankken menschen, die wurden all gesund. Vil wunderzeichen seind geschehen zů der anrüffung dis heiligen. Es warde getragen zů disem grab in eim korb ein fraw, was also lamm, das sie hefftet ire knie an dem mund. Da sie also vor dem grab lag, hatt sie vor dem angesicht aller menschen 5 angefangen sich strecken vnd stund vff on alle hilff vnd lieff zů der schar des volcks.

Ein ander wunderzeichen: Einer hat in zehen iaren nit künen reden von wegen einer wunden, dy er empfan *[111ʳᵃ]* gen hat am halß in den krieg wider die vnglaubigen. Diser verhieß ein oppfer 10 disem heilgen vnnd vberkam widerumb sein red.

Ein iüngling achtzehen iar alt hat sein lebtag gemangelt der zungen, aber vß gelübd seines vatters vnd verdienst diß heiligen vberkam er zungen vnd gebruch zů reden.

Es waz ein besessne fraw, von deren etlich sprachen, sie wer nit 15 besessen. Darumb trůg man heimlich weichwasser vnd in anderem geschirr vngeweicht wasser. Vnd mit ernst besprenget man sie mit vngeweichtem wasser, da was sie zů rů vnd redt nit. Zům anderen mal besprenget man sie mit weichwasser, da schrei sie grülich, sie wer besessen. Darumb fůrt man sie zů dem grab des heiligen vnd 20 ward gleich gesund.

Etliche torechtige menschen verachteten dise grosse wunderzeichen vnd redten vbel den heiligen, darumb geschwallen in ire zungen vß gotz verhengniß von stund an vnd fielend in verfarlichheit des tods. Aber da sie widerumb bůß an sich namen vnd dem hei- 25 ligen oppfer verhiessen, da wurden sie wiederunb wie vor gesund.

Da nü der leib diß heiligen Gůtmans lang zyt *[111ʳᵇ]* gerůwet het in der erden vnd man groß wunderzeichen het gesehen, da wolt got, der da ist der lon seinen heiligen, grosse ding zů erkennen geben. Wan vff ein zeit wurden gesehen in der nacht zwo brennend kert- 30 zen von himel vß gotz ordnung gezeigt, weliche vil glaubhaftiger lüt gesehen hond mit leipplichen augen, vnd gehört dy stim der engel singend in der hôhe: "Kum mein lieber Gůtmann, der du in dem streite des fleisches trüwlich hast gestriten vnd hast vberwunden daz fleisch, die welt vnd den teuffel." 35

Da nun die botten von Cremona kamen zů dem aller heiligsten babst Jnnocentio⁴⁷, batten sie, das da canoniziert würd der heilig

---

⁴⁷ *Innozenz III.*

Gůtman, der da in seim leben vnd in wunderzeichen groß ist. Jn der selben nacht sah der heilig babst in einer gesicht ein erlichen man herlich begraben werden mit den titel der heiligkeit. Vnd hat also vff gesetzt, daz an dem tag seins sterbens (der da ist der ach-
5 zehend tag des weinmonatz[48]) sein fest von vns vnd andern glaubi-gen menschen al iar hinfür werd geert, durch welches fürbit wir mögen komen zů den ewigen fröden. Amen.

---

[48] *Das wäre der 18. Oktober. Zu diesem Irrtum siehe oben.*

"GRATIAM HABERE DESIDERAS".
DIE 'MYSTISCHE KELTER' IM KAPITELSAAL DER ZISTERZIENSERINNEN VON SONNEFELD

Heidrun Stein-Kecks
(Erlangen)

Die 'Kunstgeschichte in Festschriften', besonders auch in solchen Festgaben, die nicht Fachkollegen, sondern verdienten Forschern anderer Disziplinen gewidmet waren, wurde 1962 in einer eigenen Bibliographie erfasst. Zum Thema der "Mystischen Kelter" sind erstaunlich viele Beiträge zu nennen, mit denen Jubilare geehrt wurden[1]. Eignet sich das ambivalente Bild Christi, der als triumphierender Sieger im Bild der Trauben das Unheil zertritt und dessen Blut unter der Presse zum Heil der Welt gekeltert wird, in besonderer Weise für einen solchen Anlass? Für Berndt Hamms wissenschaftliches Anliegen, das Aufzeigen der vielfältigen Formen der Frömmigkeit, der Bedeutung von Bildern in der religiösen Praxis und der Betonung des Verbindenden über die Reformation hinweg, bietet jedenfalls die 'mystische Kelter' ein hervorragendes Beispiel. Für die bildliche Darstellung im 12. Jahrhundert entdeckt, veränderte das Thema Gestalt

---

[1] Kunstgeschichte in Festschriften, hg. von Paul Ortwin Rave unter Mitarbeit von Barbara Stein, Berlin 1962. Neben den im weiteren Verlauf zitierten Beiträgen sei hier nur genannt die Erwähnung der "Kelter Christi" bei *Erwin Panofsky*, Imago Pietatis. Ein Beitrag zur Typengeschichte des "Schmerzensmannes" und der "Maria Mediatrix", in: Festschrift für Max J. Friedländer, Leipzig 1927, 284; *Georg Stuhlfauth*, Neuschöpfungen christlicher Sinnbilder. Brauch und Sinnbild, in: Festschrift für Eugen Fehrle, Karlsruhe 1940, 240–244; *Alfred Weckwerth*, Christus in der Kelter. Ursprung und Wandlungen eines Bildmotivs, in: Beiträge zur Kunstgeschichte. Eine Festgabe für Heinz Rudolf Rosemann, hg. von Ernst Guldan, Berlin 1960, 95–108; *Marilyn Aaronberg Lavin*, The Mystic Winepress in the Mérode Altarpiece, in: Studies in Late Medieval and Renaissance Painting in Honour of Millard Meiss, hg. von Irving Lavin/John Plummer, New York 1977, 297–301; siehe auch *Frank O. Büttner*, Andachtsbuch und Andachtsbild. Flämische Beispiele einer nichtnarrativen Ikonographie in Psalter, Stundenbuch und Gebetbuch, in: Album de codicologie et de paléographie offert à Martin Wittek, Löwen/Paris 1993, 27–63; *Alois Thomas*, Ein Hausaltärchen von Ruth Schonmann, in: Ars et ecclesiae, Festschrift für Franz J. Ronig, Trier 1989, 435–446; Dem verdienten "Kelter-Forscher" selbst, Alois Thomas, wurden in seiner eigenen Festschrift, Trier 1967, selbstverständlich ebenso einschlägige Beiträge gewidmet.

und Aussage mit dem Wandel der theologischen Implikationen, es
vermag die Hoffnung auf Gnade den Menschen nahe zu bringen, und
erlebte in der protestantischen Konfessionalisierung eine neue Blüte.
Eine bislang kaum beachtete Darstellung aus dem 15. Jahrhundert
im fränkischen Sonnefeld unweit Kulmbach mag dies illustrieren[2].

Eine Stiftung des Grafen von Sonneberg ermöglichte 1260 die
Gründung eines Klosters "Svnnenvelt" oder "Campus solis" in Ebersdorf, auf Bamberger Grund in der Diözese Würzburg[3]. Zisterzienserinnen aus Maidbronn besiedelten die neue Niederlassung, die 1262
in den Orden inkorporiert wurde. Ein verheerender Brand der ersten,
sicher kleinen und teilweise aus Holz errichteten Anlage im Jahr
1286 oder 1287 wurde zu einer Verlegung des Konvents an einen
nahen, vermutlich günstigeren Ort beim Dorf Hofstädten genutzt.
Der Neubau von Kirche und Konvent war 1349 abgeschlossen.
Bauarbeiten am Langhaus zwischen 1379 und 1407, für die ein
Konrad Parler bezeugt ist, führten zu Spekulationen über eine Beteiligung der berühmten Baumeistersippe. Nach einem Niedergang des
klösterlichen Lebens im 15. Jahrhundert endete es mit dem Tod der
Äbtissin Margaretha von Zedwitz 1525. Die Nonnen hatten bereits
im Jahr zuvor einen lutherischen Prediger aus Coburg erbeten. Seit
1540 wird die Kirche für den evangelischen Gottesdienst genutzt.

Von außen deutlich zu erkennen, setzt sich der Kirchenbau aus
zwei sehr unterschiedlichen Bauteilen zusammen, einem niedrigen,
schmucklosen Schiff und einem durch Strebepfeiler und ununterbro-
chene Fensterbahnen ausgezeichneten, hoch aufragenden Langchor
mit polygonalem Apsidenschluss. Die durchgreifenden Baumaßnahmen
in der zweiten Hälfte des 19. Jahrhunderts verstärkten den hetero-
genen Eindruck noch, indem das Schiff deutlich verkürzt und anstelle
des mittig aufgesetzten, akzentuierenden Dachreiters eine Turmfassade

---

[2] Vgl. *Elisabeth Roth*, Gotische Wandmalerei in Oberfranken. Zeugnis der Kunst
und des Glaubens, Würzburg 1982, 81 und 96 (Lit.).

[3] Zur Geschichte des Klosters und zur erfreulich guten Quellenlage vgl. *Walter
Lorenz*, Campus solis. Geschichte und Besitz der ehemaligen Zisterzienserinnenabtei
Sonnefeld bei Coburg, Kallmünz 1955 (= Schriften des Instituts für Fränkische
Landesforschung an der Universität Erlangen, Historische Reihe 6); zusammenge-
fasst bei *Joachim Hotz*, Zisterzienserklöster in Oberfranken. Ebrach – Langheim –
Sonnefeld – Himmelkron – Schlüsselau, München/Zürich 1982 (= Große Kunstführer
98), 64f; *A[ngela] T[reiber]*, Sonnefeld, in: Zisterzienser in Franken. Das alte Bistum
Würzburg und seine einstigen Zisterzen, hg. von Wolfgang Brückner/Jürgen Lenssen,
Würzburg 1991 (= Kirche, Kunst und Kultur in Franken 2), 126–128.

im Westen errichtet wurde, die mit dem Chorbau nicht konkurrieren kann. Das Langhaus, ein einfacher Saal, der seither durch die
doppelten neugotischen Emporen weitgehend verbaut ist, barg angeblich eine Nonnenempore über einer sog. Gruftkirche[4] (Abb. 1).

Von den einstigen Klostergebäuden steht nicht mehr viel aufrecht
und das Erhaltene zeigt deutlich die zerstörenden ebenso wie die
bewahrenden Eingriffe in die mittelalterliche Bausubstanz. Südlich
der Kirche schloss das Klausurquadrum an. Die Südwestecke ist im
heutigen Pfarrhof noch erkennbar. Der Ostflügel, der am Chorpolygon
ansetzt, hat noch mittelalterliche Substanz bewahrt. Wenn hier die
Klausur der Nonnen angesiedelt war, barg das Obergeschoss das
Dormitorium der Nonnen, darunter den Kapitelsaal[5] (Abb. 2). Die
weit heruntergezogenen Gewölberippen der vier Joche werden an
den Wänden von tief liegenden Konsolen aufgenommen; alle gehen
kämpferlos von einer runden Mittelstütze aus, die eine Zentralisierung
des im Grundriss vorgegebenen Rechtecks bewirkt. Die Fenster in
der Mitte eines Joches – zwei in der Ostwand und eines nach Westen –
reißen die Wandflächen auf und bieten in den ausladenden Gewänden
beidseitig gemauerte Sitznischen. Der Eingang führt im südlichen
Joch vom ehemaligen Kreuzgang wenige Stufen in den Saal hinunter.
Alle diese Mauergliederungen, auch die noch nicht erwähnte Ver-
bindungstür zur Sakristei, gehen im heutigen Bestand auf die durchgreifenden Baumaßnahmen Mitte des 19. Jahrhunderts zurück.

Die Wandflächen zeigen die Reste einer ursprünglich vollständigen Bemalung und farbigen Raumfassung aus der Mitte des 15.
Jahrhunderts. Nach ihrer Entdeckung im Jahr 1912 wurden sie bis
1920 so gründlich erneuert, dass die Signatur des Restaurators, Kurt
Hanns Hancke (Weimar), zu Recht unter jedem Bild dessen Autorschaft
bezeugt[6]. Gotische Oberfläche sucht man vergebens. Und dennoch

---

[4] Vgl. *Lorenz*, Campus solis (wie Anm. 3), 56, Anm. 19; *T[reiber]*, Sonnefeld (wie
Anm. 3), 127f; *Hotz*, Zisterzienserklöster (wie Anm. 3), 66f. Zur Frage der Situierung
von Nonnenchören vgl. *Carola Jäggi*, Eastern Choir or Western Gallery? The Problem
of the Place of the Nun's Choir in Königsfelden and other Early Mendicant
Nunneries, in: Gesta 40 (2001), 79–93.
[5] Zur Anlage von Zisterzienserinnenklöstern vgl. *Hans-Rudolf Sennhauser*, Kirchen
und Klöster der Zisterzienserinnnen in der Schweiz, in: Zisterzienserbauten in der
Schweiz: Neue Forschungsergebnisse zur Archäologie und Kunstgeschichte I, Frauenklöster, Zürich 1990 (= Veröffentlichungen des Instituts für Denkmalpflege an der
Eidgenössischen Technischen Hochschule Zürich 10/1), 9–55.
[6] Zum Bericht über die Entdeckung vgl. *Leopold Oelenholz*, Von den gotischen mittelalterlichen Wandmalereien in Kloster Sonnefeld bei Koburg, in: Die Denkmalpflege
14 (1912), 134.

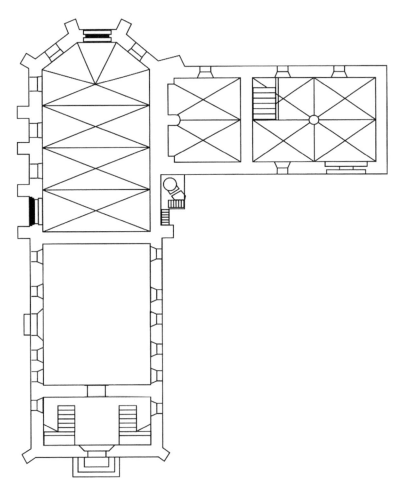

Abb. 1. Sonnefeld, Grundriss des ehemaligen Zisterzienserinnenklosters,
heutiger Bestand.

Abb. 2. Sonnefeld, Kapitelsaal des ehemaligen Zisterzienserinnenklosters.

ist hier ein wichtiges Zeugnis einer spätmittelalterlichen Bilderfolge überliefert, das die geringe Anzahl von Malereien in Konventsgebäuden, zumal in solchen weiblicher Gemeinschaften, um ein bedeutsames Beispiel ergänzt. Mit der gebotenen Vorsicht betrachtet, mag man einen Einblick in das ursprüngliche Bildprogramm gewinnen.

Die Bilder nahmen, soweit sich dies rekonstruieren lässt, jeweils ein gesamtes Lünettenfeld ein. Die Fenster in der Ostwand teilen die Wandfläche jedoch in je zwei Bildfelder, wobei hier im westlichen Joch ebenso wie an der gesamten Westwand keine Malereien erhalten sind. Die regelmäßig verteilten Weihekreuze gehören einer jüngeren Malschicht an, die nicht mit der Nutzung als Kapitelsaal der Nonnen zusammenhängt[7]. Eine horizontale Abgrenzung verläuft unten über dem anzunehmenden Gestühl und schneidet oben die Spitze des Bogenfeldes gerade ab. Die beiden östlichen Felder der Seitenwände zeigen das Muster dieser Randstreifen, die die gemalten Bildfelder wie eingehängte Bilder erscheinen lassen; über den Bildgrund verstreute Sterne verstärken den Eindruck textiler Wandbehänge.

Die Lünette gleich rechter Hand beim Eingang, also an der Südwand, verzichtet auf diese Eingrenzung und zeigt ohne heute noch erkennbare Rahmung die Darstellung Christi in der Kelter (Abb. 3). Erhalten hat sich nur der untere Bereich des Bildfeldes, insgesamt ist aber genug zu erkennen, um die ursprüngliche Komposition zu rekonstruieren. Curd Lessig (Würzburg) hat dies anlässlich der jüngsten Restaurierung 1987–1989 in einer aquarellierten Zeichnung versucht, die der leichteren Lesbarkeit wegen auch hier gezeigt wird (Abb. 4). Im Zentrum des Bildfeldes krümmt sich die riesige Gestalt Christi unter dem Baum einer Weinpresse. Mit den Händen versucht er den Druck des Balkens auf den Rücken und das dornengekrönte Haupt abzumildern. Er ist nur mit einem Lendentuch bekleidet und stapft mit nackten Füßen in einem unregelmäßig polygonalen Bottich. Aus einem Abfluss an der halbrund ausbuchtenden Vorderseite fließt der Traubensaft – hier identifiziert mit dem Blut

---

[7] Ein Altar in einem Raum der Klausur erscheint bei Zisterzienserinnen unangebracht. Altäre in Kapitelsälen finden sich überwiegend in Kathedralklöstern und Kanonikerstiften und meist im sepulkralen Zusammenhang. Vgl. *Heidrun Stein-Kecks*, Der Kapitelsaal in der abendländischen Klosterbaukunst. Studien zu den Bildprogrammen, Berlin 2004 (= Italienische Forschungen, Vierte Folge 4), 90f und 206. Zu welchem Zeitpunkt hier Weihekreuze angebracht wurden und wer den konsekrierten Sakralraum nutzte, ist allerdings ungeklärt.

Christi – in einen Kelch, den kniend die vier Kirchenväter, nach
vorne gewandt, festhalten. Hieronymus und Gregor, links, sind am
Kardinalshut bzw. der Tiara zu erkennen, Ambrosius und Augustinus,
rechts, tragen die Mitra (Abb. 5). Ihre Blicke richten sich auf den
Kelch, der in seiner Größe dem Betrachter förmlich präsentiert wird.
Weitere Gruppen kniender Personen beobachten das Geschehen von
innerhalb des Bildes: Rechts scheinen es Laien zu sein, Frauen und
Männer mit unterschiedlichen Kopfbedeckungen und Kronen, die
sich unter dem vom Vordermann gehaltenen Schriftband versam-
meln, das zugleich den Ansatz der Winde verdeckt; links geistliche
Würdenträger, Mönche und Nonnen, die vor dem leiterartigen Aufbau
der Kelter knien. Das Schriftband trägt hier ein Papst der Gruppe
voran. Im Verhältnis zu Christus erscheinen alle winzig klein. Sie
bleiben im unteren Bereich des Bildfeldes, ohne in die Christus allein
vorbehaltene Sphäre einzudringen.

Das Bildthema gründet in Jes 63,1–6. Im Zusammenhang mit der
Schilderung der künftigen Herrlichkeit Zions wird Jahwes einsamer
Kampf und Sieg über die Feinde Israels mit der Kelter verglichen[8]:
"Torcular calcavi solus" (Jes 63,3). Die patristische Exegese zog
bereits die Verbindung zur neutestamentlichen Erfüllung im Bild des
Reiters auf dem weißen Pferd, des Siegers über Babylon, der mit
Blut getränktem Gewand die Kelter tritt (Apk 19,13 und 15). Für
die mittelalterlichen Autoren trat die typologische Entsprechung mit
dem Kreuz Christi und dem Sieg über "Tod und Teufel" durch das
Kreuz in den Vordergrund. Im Zuge der zunehmenden Hl. Blut-
Verehrung trat neben das Blut der Feinde, von dem Jahwe sagte,
es ist "auf meine Kleider gespritzt und ich habe mein ganzes Gewand
besudelt" (Jes 63, 3), das Blut Christi, der das Böse durch sein Leiden
bezwungen hat; sein eigenes Blut färbt das Gewand rot. Der sieg-
hafte Keltertreter wird durch den Tod am Kreuz selbst gekeltert[9].

Bildliche Darstellungen scheint es nicht vor dem 12. Jahrhundert
gegeben zu haben; die weitere Verbreitung im Spätmittelalter ist

---

[8] Vgl. *Brevard S. Childs*, Isaiah, Louisville 2001, 519: "Yet the crucial function
[. . .] is to emphasize in the strongest manner possible that the devine judgement
against the evil and injustice of those in rebellion against God's rule must precede
the entrance of God's promised kingship in the transformation of Zion."

[9] Am ausführlichsten ist immer noch die Zusammenstellung der zahlreichen
Quellen bei *Alois Thomas*, Die Darstellung Christi in der Kelter, 2. Aufl., Düsseldorf
1981 (= FVK 20/21); *ders.*, Art. Christus in der Kelter, in: RDK 3 (1954), 673–687.

Abb. 3. Christus in der Kelter, Südwand des ehemaligen Kapitelsaals.

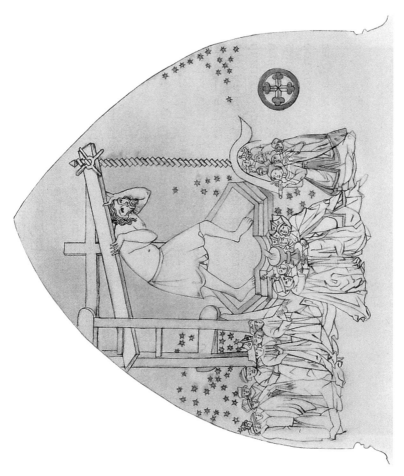

Abb. 4. Rekonstruktion des Wandbildes; Curd Lessig, Würzburg.

Abb. 5. Die vier lateinischen Kirchenväter, Detail aus dem Kelterbild.

hinreichend dargelegt[10]. Für die Sonnefelder Wandmalerei drängt sich aber kein Vergleichsbeispiel auf. Die das Bild dominierende Figur Christi wird trotz ihrer Monumentalität als leidend und geschunden gezeigt. Der Rekonstruktion liegt ein in Nürnberg oder Schwaben um 1410–20 entstandener kolorierter Holzschnitt zu Grunde, dem das Wandbild in seiner ursprünglichen Gestalt wohl formal sehr nahe kam[11]. Der Holzschnitt lässt keinen Zweifel an der Gleichsetzung von Kelter und Kreuz; es ragt scheinbar als Teil der hölzernen Konstruktion hinter und über Christus auf, dessen Kraft nicht ausreicht, sich gegen den Druck der Presse zu stemmen. Ob das Kreuz in Sonnefeld tatsächlich vorhanden war, lässt sich am heutigen Bestand nicht ablesen. Dass aus der Kelter Christi Blut rinnt, daran lässt der Kelch vor dem Trog keinen Zweifel. Damit endet aber der Vergleich. Der Holzschnitt verzichtet auf zusätzliche Figuren, wie sie im Wandbild das Hauptgeschehen begleiten.

Der Kelch gibt der Aussage des Kelterbildes eine eucharistische Wendung, die durchaus nicht allen Darstellungen eigen ist. Den älteren Beispielen des 12. Jahrhunderts ist diese Interpretation ebenso unbekannt wie das später häufig um der erzählerischen Vielfalt willen ausgenutzte Motiv der Menge von Winzern und Knechten, die

---

[10] Zur Ikonographie vgl. *Thomas*, Kelter (wie Anm. 9), dort auch die Varianten in der Verbindung der Kelter mit Fons und Arbor vitae, mystischer Mühle u. a.; vgl. *ders.*, Art. Kelter, mystische, in: LCI 2 (1970) 497–504; *Emile Mâle*, Iconographie de l'art religieux à la fin du moyen âge en France, Paris 1908, in der englischen Neuausgabe: Religious Art in France, The Late Middle Ages, Princeton 1986, 110–115; ferner auch *Gertrud Schiller*, Ikonographie der christlichen Kunst, Bd. 2: Die Passion Jesu Christi, Gütersloh 1968, 242f; *Genoveva Nitz*, Art. Kelter, II. Ikonographie, in: LThK³ 5 (1996) 1392; allgemein *Ulrich Köpf*, Passionsfrömmigkeit, in: TRE 27 (1997) 722–764, hier: 748. Ausführlich vgl. auch *Weckwerth*, Kelter (wie Anm. 1); *James H. Marrow*, Passion Iconography in Northern European Art of the Late Middle Ages and Early Renaissance. A Study of the Transformation of Sacred Metaphor into Descriptive Narration, Kortijk 1979 (= Ars Neerlandica 1) 50–52 und 83–94. Die Beiträge in den Akten eines Kolloquiums aus Anlass der Restaurierung eines Schnitzretabels mit der Kelter-Darstellung in Recloses 1990 tragen bekannte und neue Aspekte der theologischen Basis und der ikonographischen Tradition zusammen. Zu den Bildbeispielen vgl. v. a. *Perrine Mane*, Le pressoir mystique dans les fresques et les miniatures médiévales, in: Actes du Colloque de Recloses, hg. von Danièle Alexandre-Bidon, Paris 1990, 93–106, und *Gisèle Lambert*, Etude iconographique du thème du pressoir mystique à travers la gravure du XVᵉ au XXᵉ siècle, ebd. 107–128.

[11] Aufbewahrt im Germanischen Nationalmuseum Nürnberg, Inv. Nr. H 4; *Wilhelm L. Schreiber*, Handbuch der Holz- und Metallschnitte des XV. Jahrhunderts, 3. Aufl., Stuttgart 1969, Nr. 841; gute Abbildung u. a. bei *Marrow*, Passion Iconography (wie Anm. 10), Pl. 60. Zuletzt *Y[asmin] D[oorsy]*, Christus in der Kelter, in: Spiegel der Frömmigkeit. Privates Bild und Frömmigkeit im Spätmittelalter, hg. von Frank M. Kammel, Nürnberg 2000 (= Ausstellungskataloge des Germanischen Nationalmuseums Nürnberg), 189f.

den Traubensaft in Fässern und Bottichen auffangen[12]. Anfang des 15. Jahrhunderts mehren sich die erhaltenen Beispiele mit einer eucharistischen Auslegung des Themas, wie sie die zeitgenössische Exegese zunehmend vorgab. Der Kelch mit dem Blut Christi wird häufig von Engeln gehalten, manchmal ist ein Lamm beigegeben, oft genügt aber die Gestalt des liturgischen Geräts, um den heiligen Inhalt förmlich darzustellen. Ein Tafelbild, das um 1505/10 möglicherweise in der Werkstatt Dürers entstanden ist, verdeutlicht die eucharistische Wandlung noch dadurch, dass statt Wein bzw. Blut Hostien in den Kelch fallen[13]. Demütig kniet Petrus nieder, um den Kelch zu halten, nicht als Apostel, sondern in päpstlichem Ornat: Es ist die römische Kirche, der die Verwaltung des Altarsakraments zufällt[14]. Diese noch um eine ekklesiologische Aussage bereicherte Variante wird in einem weiteren Beispiel aus Nürnberg im geläufigen Kirchen-Bild der Quadriga Aminadab (Cant 6,11) gefasst, die mit den Kirchenvätern besetzt und von den Evangelistensymbolen gezogen wird. Die zahlreichen weiteren Figuren zeigen hier mit den Texten ihrer Spruchbänder das typologische Beziehungsgeflecht des Kelterbildes auf[15].

Die beiden einzigen Schriftbänder im Sonnefelder Wandbild weisen keine Schriftzüge mehr auf. In den Kontext der fränkischen Beispiele des 15. und frühen 16. Jahrhunderts – denen noch weitere, auch plastische, hinzuzufügen wären – fügt es sich aber mit der allge-

---

[12] So z. B. ein Tafelbild im Bayerischen Nationalmuseum, München, um 1500, abgebildet u. a. bei *Thomas*, Kelter (wie Anm. 9), Abb. 35, und das bekannte Bild aus derselben Zeit in der Sammlung Schönborn, Schloss Pommersfelden, Abbildung in *Thomas*, Art. Christus (wie Anm. 9), 679, Abb. 4.

[13] Evang.-Luth. Kirchenstiftung St. Gumbertus Ansbach; vgl. *Dieter Koepplin*, Reformation der Glaubensbilder. Das Erlösungswerk Christi auf Bildern des Spätmittelalters und der Reformationszeit, in: Martin Luther und die Reformation in Deutschland, Katalog der Ausstellung zum 500. Geburtstag Martin Luthers im Germanischen Nationalmuseum Nürnberg, Frankfurt a. M. 1983, 333 und 349f, Kat. Nr. 465. Vgl. das Wandbild im Krakauer Franziskanerkloster, in dem die Kelter den im Bildfeld darunter erhobenen Kelch des die Messe zelebrierenden Priesters speist; in *Thomas*, Kelter (wie Anm. 9), Abb. 36.

[14] Der Ursprung aller Sieben Sakramente aus dem Blut des gekelterten Christus wird in einer Handschrift vom Ende des 15. Jhs. (StadtB Colmar, Cod. 306, fol. 1) 'Spiegel des lidens Christi' beschrieben und dargestellt. Vgl. *Weckwerth*, Kelter (wie Anm. 1) 100f; vgl. auch *J. Gessler*, The mystieke wijnpers te Aarschot en elders, 2. Aufl., Löwen 1942.

[15] Ausführlich zu diesem Votivbild der Familie Stör in der Lorenzkirche (1471), auch zu den zeitgenössischen Quellen, v. a. des Karthäusers Dionys (Rijkel), vgl. *Thomas*, Kelter (wie Anm. 9) 144–146 und Abb. 31.

meinen eucharistischen und besonderen ekklesiologischen Aussage ein. Mit den beiden genannten Tafelbildern verbanden jeweils Stifter ihre Hoffnung auf Erlösung durch das Blut Christi und das von der Kirche gespendete Sakrament des Altares. Leiden und Opfer Christi werden darin immer wieder neu memoriert. Der Sonnefelder Kontext ist ein anderer. Nicht in einem geweihten Kirchenraum wie die Votivbilder, sondern im klösterlichen Kapitelsaal ist das Wandbild angebracht und wird dort durch weitere Bilder ergänzt. Das unmittelbar benachbarte Feld zeigte möglicherweise die Verkündigung an Maria[16] oder aber das Gebet Christi am Ölberg. Gegenüber an der Nordwand wurden die Reste des originalen Bestandes zu einer Darstellung der Berufung des Matthäus ergänzt, der kniend von Jesus gesegnet wird. Petrus wohnt der Szene bei. Die Bildkomposition deutet eher auf die Erscheinung des Auferstandenen vor den Marien hin. Die rekonstruierte Namensbeischrift des Apostels wäre dann als "Magdalena" zu ergänzen gewesen. Die wenigen Reste heiliger Bischöfe im benachbarten Feld entziehen sich der näheren Bestimmung. Die beiden Joche der Ostwand scheinen Einzelfiguren jeweils seitlich der Fenster vorbehalten gewesen zu sein. Ein Bischof ist noch fragmentarisch erhalten, die große Gestalt des Christophorus hat der Entdecker der Malereien 1920 vollkommen erneuert.

Wie fügt sich das Kelterbild hier ein? Vorbehaltlich der nicht unbedingt gesicherten Rekonstruktion eint die Bilder ihr Christus-Bezug. Maria, die öfter dem Kelterbild beigefügt ist, taucht hier nicht auf; ihre Darstellung in der Verkündigung würde aber auf mehreren Deutungsebenen erklärbar sein. Heilsgeschichtlich steht der Inkarnation die Passion gegenüber wie der Epiphanie die Eucharistie, beide Male wird das Bild des Leibes Mariens bzw. Christi ekklesiologisch gebraucht[17]. Die jungfräuliche Geburt aus Maria wird gerne mit der Traube der Kelter verglichen. Der trinitarische Aspekt war möglicherweise auch formal betont, indem in beiden Bildern das Geschehen von Gott Vater über den Heiligen Geist ausging, die in der Verkündigung unbedingt, im Kelterbild[18] häufig dargestellt sind.

---

[16] Dies ist die Rekonstruktion von Curd Lessig in einem Aquarell, das vor Ort ausgestellt ist. Pfarrer Jürgen Grünberg spricht in der Broschüre 'Weg durch die ehemalige Klosteranlage Sonnefeld' dagegen von einer Ölbergdarstellung.

[17] *Ursula Nilgen*, The Epiphany and the Eucharisty. On the Interpretation of Eucharistic Motifs in medieval Epiphany Scenes, in: ArtB 49 (1967), 311.

[18] Zum Paradox "Gott Vater als Gottesmörder" vgl. *François Boespflug*, Un Dieu

Auch am Ölberg tritt Christus mit seinem göttlichen Vater in einen Dialog; der Kelch wäre formales und inhaltliches Verbindungsglied der beiden Bilder in dieser, die Passion betonenden, alternativen und stimmigeren Rekonstruktion[19]. Die Auferstehung und Überwindung des Leidens wurde zuerst den Frauen offenbar; der Verzweiflung Christi im Garten Gethsemane würde seine Erscheinung "als Gärtner" vor Magdalena sinnvoll gegenübergestellt sein. Das Kelterbild vermag wiederum zu vermitteln, gilt der 'Legenda Aurea' und deren Quellen zufolge doch gerade "der da kommt von Edom mit gefärbten Kleidern von Bosra" (Jes 63,2) nicht nur als der auferstandene, sondern als der mit den Zeichen seines Leidens in den Himmel auffahrende Christus[20]. "Das rote Kleid [. . .] das ist sein Leib, der rot ist vom Blute; denn da er aufstieg, waren noch die Wundmale an ihm. [. . .] Die Kelter mag sein das Kreuz, daran als in einer Kelter sein Blut ward aus ihm gedrückt. Oder die Kelter bedeutet den Teufel, welcher das menschliche Geschlecht mit den Stricken der Sünde also umwunden und geschnürt hat, daß er alles Geistliche aus ihm hat ausgequetscht und allein die Schalen sind übrig geblieben. Aber unser Streiter zertrat die Kelter, zerbrach die Fesseln der Sünder, stieg auf gen Himmel und tat auf die himmlische Wirtschaft, daß der Wein des heiligen Geistes herabfloß."[21] Aus dem Leiden fließt Heil.

Der klösterliche Kapitelsaal ist wesentlich mit der Nachfolge Christi verbunden, in aktiver Tat oder mystischer Versenkung[22]. Heinrich Seuse begann seine allnächtliche Meditationsübung der Imitatio Christi im Kapitelsaal, und den zisterziensischen Novizen stellte ein Spiegel die Passion des Herrn und aller Märtyrer vor Augen, wenn sie sich ihrem Kapitel unterziehen[23]. Hier sind, als ein

---

Décide? Dieu le Père au Pressoir Mystique: notations et hypothèses, in: Alexandre-Bidon, Recloses (wie Anm. 10), 197–220.

[19] Zu den Texten, die eine Verbindung zwischen der Ölbergszene und der Kelter ziehen, vgl. *Marrow*, Passion Iconography (wie Anm. 10), 90f.

[20] Die Legenda Aurea des Jacobus de Voragine, aus dem Lateinischen übers. von Richard Benz, 12. Aufl., Darmstadt 1997, 368–370.

[21] Ebd., 369.

[22] Zum Kapitelsaal, zur Bedeutung des Offiziums, den Funktionen des Raumes und den Bildprogrammen vgl. *Stein-Kecks*, Kapitelsaal (wie Anm. 7). Die Bearbeitung der Kapitelsäle in Sázava und Strakonice ist in Vorbereitung.

[23] Den Hinweis auf Heinrich Seuse gab dankenswerterweise Berndt Hamm selbst! *Heinrich Seuse*, Deutsche mystische Schriften, aus dem Mittelhochdeutschen übertr. und hg. von Georg Hofmann, Düsseldorf 1966, 44f; der zisterziensische Spiegel aus

Hauptteil des Offiziums, täglich eigene Verfehlungen wider die monastische Disziplin vor dem versammelten Konvent zu bekennen bzw. Verfehlungen anderer anzuzeigen[24]. Zur Strafe wird eine Bußleistung auferlegt, die, wenn sie in körperlicher Züchtigung besteht, auch sogleich vollzogen wird. Dem täglichen Gericht liegt als Vorbild Christus zu Grunde, der von Pilatus verurteilt das Kreuz auf sich nahm; auf der anderen Seite steht das am Ende der Zeiten zu erwartende Gericht vor Augen, zu dem der erhöhte Christus erneut erscheint. Das Kreuz, das diesen Raum von jeher schmückt, verbindet beides[25]. In immer neuen Bildprogrammen in Erweiterung der Kreuzdarstellung wurde die Bedeutung des Kapeloffiziums für das monastische Leben und das Selbstverständnis des Konvents ausgemalt. Die tätige Nachfolge im Vorbild der Apostel und Märtyrer, der Kampf gegen Teufel und Laster, komplexe ekklesiologische Programme und Anspielungen auf das Gericht flankieren das zentrale Kreuz und modifizieren die Imitatio Christi in unterschiedlichen Exempla.

Die Bilder im Sonnefelder Kapitelsaal fügen den zahlreichen Varianten der Ausstattung in diesem Raum eine bislang unbekannte hinzu und lassen eine spezifische Deutung des in diesem Raum kulminierenden monastischen Lebens erkennen. Die Zisterzienserinnen hatten hier vermutlich Bilder der Passion und der Auferstehung bzw. von Erscheinungen Christi vor Augen – neben der Rekonstruktion der Magdalenen-Szene ganz sicher den "Christusträger", Christophorus –, besonders aber ein eindringliches Christusbild und eine Auslegung des Kreuzes, die sie zugleich mit der Darstellung des Leidens und des Gerichts der Überwindung des Todes und der erlösenden

---

dem 13. Jahrhundert publiziert durch *Edmond Mikkers*, Un "Speculum novitii" inédit d'Etienne de Salley, in: COCR 8 (1946), 17–68, hier: 55.

[24] Die im Liber usuum niedergelegten Vorschriften zum Ablauf des Kapitels publiziert in: Les Ecclesiastica Officia cisterciens du XIIème siècle. Texte latin selon le manuscrits édités de Trente 1711, Ljubljana 31 et Dijon 114, version française, annexe liturgique, notes, index et tables, bearb. von Danièle Choisselet und Placide Vernet, Reiningue 1989, 202–208; Les Codifications cisterciennes de 1237 et de 1257, hg. von Bernard Lucet, Paris 1977 (= Sources d'histoire médiévale). Vgl. *Stein-Kecks*, Kapitelsaal (wie Anm. 7), 45, 495f.

[25] "Crux ideo pingitur ut locus esse iudicii demonstretur. 'Hoc' quippe 'signum crucis erit in caelo, cum Christus Dominus ad iudicancum uenerit'" predigte Julianus von Vézélay um die Mitte des 12. Jhs. im Kapitelsaal; Les sermons de Julien moine de Vézélay, hg. von Marie-Madeleine Lebreton, in: AnMo, 3ème série, Rom 1995, (= StAns 37), 118–137, hier: 136. Zum Nachweis weiterer Quellen, auch zur ursprünglichen und grundsätzlichen Identifizierung des Kapitelsaales mit dem Kreuz Christi vgl. *Stein-Kecks*, Kapitelsaal (wie Anm. 7) 108 und 133f.

Heilswirkung des Blutes Christi versicherte[26]. Nicht eigenes Tun, sondern mystische Versenkung wies ihrer Imitatio den Weg. In die reiche Tradition der besonders im zisterziensischen Kontext fußenden und gerade auch in Frauenklöstern geprägten Passionsfrömmigkeit fügt sich die Ausstattung dieses Kapitelsaales ein[27]. "Torcular est sancta crux", definierte Herrad von Landsberg im 'Hortus Deliciarum' und breitete in einer der ältesten Illustrationen zum Thema die erlösende Kraft aus der Kelter, d. h. dem Kreuz, auf die ganze Kirche in all ihren Ständen aus, und bezog den Alten Bund, vor allem aber den Außenstehenden, Aussätzigen, den Sünder mit ein[28]. "Leprosus nudatus, id est peccator conversus graciam, id est Christum, introducitur in vineam, id est ecclesiam", ist dem Bild an entsprechender Stelle beigeschrieben[29]. Im Kapitelsaal angebracht, zeigt es den Nonnen, die sich hier als außerhalb der Gemeinschaft stehende Sünderinnen bekennen müssen, den anderen Weg der Imitatio auf, der dem aktiven Handeln in der Nachfolge Christi die Erlösung durch das Opfer Christi entgegensetzt. Der eucharistische Aspekt, wie er in Sonnefeld betont wird, befördert die Versenkung in das Altarsakrament, das im Kapitelsaal nicht gespendet wurde. Den weiblichen Religiosen eröffnet hier aber das Bild die heilbringende Kraft des Blutes Christi, die unio mystica mit Christus und die Teilhabe an der nahen Gnade. Allein die Gnade wird in einem ebenfalls an Nonnen gerichteten Kelterbild auf einem textilen Altarantependium beschworen, das in der zweiten Hälfte des 14. Jahrhunderts vielleicht im Nürnberger Klarissenkloster entstanden ist. Christus in der Kelter antwortet dem Wunsch einer Nonne, die von einem Engel geleitet den Wein aus dem Trog in einem Kelch auffängt: "Gra[tia]m habere desideras sa[n]g[uinem] meu[m] fundeo ut habeas."[30] Diesen Gehalt des Kelterbildes weiterführend bleibt es − in der Interpretation durch beide Konfessionen − über die Reformation hinweg lebendig.

---

[26] Es muss ja nicht gleich übermäßiger Weingenuss sein, wie ihn eine Tösser Nonne unter der Kelter zu büßen glaubte! Vgl. *Thomas*, Kelter (wie Anm. 9), 84f.

[27] Hier sei auf die grundlegenden Beiträge des Jubilars selbst verwiesen!

[28] Fol. 241r. Vgl. *Gérard Cames*, Allégories et symboles dans l'Hortus Deliciarum, Leiden 1971, 105–110.

[29] Die Texte nach der Ausgabe von Herradis Landsbergensis Hortus Deliciarum, hg. von Rosalie Green, Bd. 2, London 1979, 209, Nr. 307.

[30] *Thomas*, Art. Christus (wie Anm. 9), 675, Abb. 3; das Kelterbild wird ergänzt durch eine Darstellung des Gnadenstuhls.

ZWEI SPENGLERSCHE GEDÄCHTNISTAFELN. NOTIZEN ZUM STIFTUNGSWESEN IM VORREFORMATORISCHEN NÜRNBERG

Gudrun Litz
(Erlangen und Jena)

Stiftungen prägen bis heute das Gesicht der ehemaligen Reichsstadt, angefangen von der künstlerischen Ausstattung der beiden Pfarrkirchen St. Sebald und St. Lorenz bis hin zu Institutionen wie dem Heilig-Geist-Spital. Sie geben ein Zeugnis davon, wie sehr das gesellschaftliche Streben der Bürgerschaft von dem Verlangen geprägt war, das Gedenken an die eigene Person am Leben zu erhalten. Darüber hinaus lagen den Stiftungen aber auch religiöse Motive zugrunde: Die Suche nach dem Seelenheil und die immerwährende Fürbitte für die Verstorbenen standen dabei im Zentrum[1].

Stehen meist die patrizischen Stiftungen im Zentrum des Interesses[2], so soll im Folgenden, von der (Wieder-)Entdeckung archivalisch überlieferter Nachrichten ausgehend, das Bild des reichen Stiftungswesens auch der nicht-patrizischen Bürgerschaft um zwei Gedächtnisstiftungen aus der Zeit vor der Einführung der Reformation erweitert werden. Überliefert sind die zu beschreibenden kleinen Einlegeblätter im Nachlass der Familie Spengler[3], als deren bekanntestes Mitglied der

---

[1] Zum spätmittelalterlichen und frühneuzeitlichen Nürnberg vgl. Nürnberg. Geschichte einer europäischen Stadt, hg. von Gerhard Pfeiffer, München 1971, bes. 100–106; 137–154; 158–171; *Martin Schieber*, Nürnberg. Eine illustrierte Geschichte der Stadt, München 2000, bes. 17–76. – Zum Stiftungswesen vgl. *Peter Fries*, Das Nürnberger Stiftungswesen, Diss. Erlangen 1963; zur Frömmigkeit vgl. *Karl Schlemmer*, Gottesdienst und Frömmigkeit in der Reichsstadt Nürnberg am Vorabend der Reformation, Würzburg 1980 (= FFKT 6), bes. 168–171; *Berndt Hamm*, Bürgertum und Glaube. Konturen der städtischen Reformation, Göttingen 1996, 63–76.

[2] Vgl. *Corine Schleif*, Donatio et Memoria. Stifter, Stiftungen und Motivationen an Beispielen der Lorenzkirche in Nürnberg, München 1990; *Berndt Hamm*, Ars moriendi, Totenmemoria und Gregorsmesse. Neue Nahdimensionen des Heiligen im ausgehenden Mittelalter, in: Das Bild der Erscheinung. Die Gregorsmesse im Mittelalter, hg. von Thomas Lentes/Andreas Gormans, Berlin 2005 (= KultBild, Visualität und Religion in der Vormoderne 3), 317–357.

[3] Vgl. StadtA Nürnberg, E 1, Gen. Pap. Spengler, Nr. 1–70.

Ratsschreiber Lazarus Spengler (1479–1534)[4] bezeichnet werden kann. Die Einordnung dieser Notizen, welche bei den Editionsarbeiten zum sog. 'Familienbüchlein Spengler'[5] zum Vorschein kamen, gibt allerdings einige Rätsel auf.

1. *Ein Epitaph für Georg d. Ä. und Agnes Spengler*

Zunächst soll hier die Notiz betrachtet werden, die vermutlich von dem Nürnberger Kaufmann Lazarus Spengler (1571–1632) um 1625 verfasst wurde: "Auf der taffel, welche inn der Prediger kirchen alhier an einer seulen gegen dem predigtstuhl uber hengt, darauff die histori von [Platz freigelassen, Text fehlt jedoch; G. L.] gemahlt, stehet auch geschrieben alls volgt: Anno 1496 am erigtag Sanct Johannis des Evangelisten tag[6] ist verschieden der erbarn mann Georg Spengler, rathschreiber zu Nürnberg, nachfolgent 1505 am sontag inn der fasten oculi genannt[7], ist verschiden die erbar fraw Angnes desselben Georgen Spenglers ehewirtin. Denen Gott genedig sey."[8]

Die wiedergegebene Inschrift bezieht sich zweifelsfrei auf Georg Spengler d. Ä. (1423–1495) und seine Ehefrau Agnes (1453/54–1505)[9]. Beide waren erst in der zweiten Hälfte des 15. Jahrhunderts aus dem bayerisch-schwäbischen Raum eingewandert, nachdem Georg Spengler 1454 als (Land-)Schreiber in die Dienste des Markgraf Albrecht Achilles getreten und 1464 nach Nürnberg gezogen war, um die Stelle eines Kanzlei- und später eines Ratsschreibers anzunehmen. Mit seiner Frau Agnes und den 19 Kindern – zwei weitere Kinder

---

[4] Zu ihm vgl. zuletzt *Berndt Hamm*, Lazarus Spengler (1479–1534). Der Nürnberger Ratsschreiber im Spannungsfeld von Humanismus und Reformation, Politik und Glaube, Tübingen 2004 (= SuR.NR 25).

[5] Vgl. *Gudrun Litz*, 'Familienbüchlein Spengler' [1468–1570], in: Hamm, Lazarus Spengler (wie Anm. 4), 349–409.

[6] Dienstag, den 27.12.1495; vgl. *Litz*, 'Familienbüchlein Spengler' (wie Anm. 5), 358,5–11 mit Anm. 42.

[7] Sonntag, den 23.2.1505; vgl. *Litz*, 'Familienbüchlein Spengler' (wie Anm. 5), 358, 12–20.

[8] StadtA Nürnberg, E 1, Gen. Pap. Spengler Nr. 59 [Einlegeblatt in einer Papierhandschrift mit dem Titel 'Summarische Auszüge von dem Geschlechte der Spengler in verschiedenen Abschriften', 20 × 8 cm]; vgl. *Litz*, 'Familienbüchlein Spengler' (wie Anm. 5), Anm. 20.

[9] Zu den Eltern Lazarus Spenglers vgl. *Hamm*, Lazarus Spengler (wie Anm. 4); Lazarus Spengler Schriften, hg. von Berndt Hamm/Wolfgang Huber/Gudrun Litz, 2 Bde., Gütersloh 1995–1999 (= QFRG 61 und 70), s. v. Spengler, Georg (Vater) und Spengler, Agnes (Mutter).

wurden tot geboren – bewohnte er das Anwesen in der Zistelgasse (heute Albrecht-Dürer-Straße 19)[10]. Der fünfte Sohn Lazarus (1479–1534) folgte dem Vater im Amt des Ratsschreibers und spielte eine wichtige Rolle bei der Einführung der Reformation in Nürnberg. Sein nächstjüngerer Bruder Georg d. J. (1480–1529) verheiratete sich 1516 sogar mit Juliane Tucher, einer Tochter aus dem Nürnberger Patriziat, und manifestierte somit den Aufstieg der Familie in den Kreis der Ehrbarkeit[11].

Über weitere Informationen zu Standort, Gestalt und Ikonographie der Tafel lassen uns sowohl zeitgenössische Berichte, wie etwa 'Müllners Annalen'[12], als auch die sonst zahlreich erhaltenen Aufzeichnungen Lazarus Spenglers, der – soviel wir wissen – nichts über eine Gedenktafel für seine Eltern erwähnt, im Stich. Auch der Ur-Ur-Enkel von Georg und Agnes Spengler kannte die Stiftung offenbar nicht mehr aus eigener Anschauung, ließ er auf seinem Zettelchen doch den Platz frei, um zu beschreiben, was auf der Tafel zu sehen war, füllte diese Stelle aber später nicht aus.

Erst in späteren Beschreibungen der wichtigsten öffentlichen Gebäude und Kirchen der Stadt führt die Spur wieder zu der Spenglerschen Gedächtnistafel, insbesondere in den Schilderungen Johann Jacob Carlbachs und Johann Jacob Schwarz' aus den 30er Jahren des 18. Jahrhunderts[13]. Als Standort wird hier eindeutig die Kirche St. Marien des 1248/1275 gegründeten Dominikanerklosters[14] identifiziert. Ein

---

[10] Vgl. *Hamm*, Bürgertum und Glaube (wie Anm. 1), Abb. 7; *Hans von Schubert*, Lazarus Spengler und die Reformation in Nürnberg, Leipzig 1934, Nachdruck New York/London 1971 (= QFRG 17), 42–74; *Volker Honemann*, Art. Spengler, Georg, in: VerLex² 9 (1995), 76–78.

[11] Zum Begriff der "Ehrbarkeit" und zu den Nürnberger Verhältnissen vgl. *Berndt Hamm*, Humanistische Ethik und reichsstädtische Ehrbarkeit in Nürnberg, in: MVGN 76 (1989), 65–114.

[12] Vgl. *Johannes Müllner*, Die Annalen der Reichsstadt Nürnberg von 1623. Teil 3: 1470–1544, bearb. von Michael Diefenbacher unter Mitwirkung von Walter Gebhardt, Nürnberg 2003 (= Quellen und Forschungen zur Geschichte und Kultur der Stadt Nürnberg 32).

[13] Vgl. *Perisesysymeno* [Johann Jacob Carlbach], Nürnbergisches Zion/ das ist: Wahrhaffte Beschreibung aller Kirchen und Schulen in- und außerhalb der Reichs-Stadt Nürnberg [. . .], [Nürnberg] 1933, 116–118; Beschreibung aller derer in der Dominicaner-Kirche sich befindenden Altäre/Gedächtnus-Tafeln/steinern als hölzern Figuren/ Gemälten/ Wappen-Fenstern/ Todenschilden/ Epitaphiis && nabst derselben Inscriptionen/ auf das accurateste beschriben von Johann Jacob Schwarz, Anno 1737; StadtB Nürnberg, Will II 2°, Nr. 1395, hier: 19–27 (Gedächtnistafeln an Säulen) und bes. 24f (Spenglersches Epitaph).

[14] Vgl. *Alfred Wendehorst*, Art. Dominikanerkloster, in: Stadtlexikon Nürnberg, hg. von Michael Diefenbacher/Rudolf Endres, 2. Aufl., Nürnberg 2000, 219 (Lit.).

Argument für die dortige Aufstellung der Stiftung der Eheleute
Spengler in der Dominikanerkirche dürfte die räumliche Nähe zum
Anwesen der Familie in der Zistelgasse sein. Zwar war die eigentliche "Hauskirche" der Familie die Pfarrkirche St. Sebald, in der die
meisten Mitglieder getauft und gefirmt wurden oder geheiratet haben[15].
Zwei Söhne Lazarus Spenglers jedoch, Georg und Lazarus, wurden
1509 in St. Marien gefirmt[16]. Das Dominikanerkloster wurde nach
Einführung der Reformation 1525 aufgelöst und zu profanen Zwecken
benutzt, z. B. 1543 als Ratsbibliothek und für Dienstwohnungen;
schließlich wurde im Jahre 1807 die Kirche wegen Baufälligkeit endgültig abgebrochen. Im Gegensatz zu dem architektonisch sehr schlichten Gotteshaus stand die hervorragende Innenausstattung, von der
allerdings nur noch wenige Reste überliefert sind. Carlbach kommt
in seiner Schilderung bei der dritten Säule der Kanzelseite – das
Hauptschiff der Marienkirche hatte 2 × 4 Säulen – auf die Tafel zu
sprechen[17]. Nach der Schwarzschen Beschreibung der Dominikanerkirche befand sie sich an der zweiten Säule "von unten hinauf an
der empohr kirche"[18], zusammen mit dem Epitaph für Walburga
Prünsterin, einer Gedächtnistafel ohne Inschrift mit dem Wappen
der Familien Pirckheimer bzw. Pfinzing und einem Epitaph für zwei
Ehefrauen (Kunigunde und Adelheit) als dritte der vier Tafeln.

Dass es sich in unserem Beispiel von der Form um ein Epitaph[19],
genauer um ein Bild- oder Gemäldeepitaph handelt, wird ebenfalls
durch die beiden Beschreibungen von Carlbach und Schwarz bestätigt, wenn auch ihre Angaben leicht differieren. Die Epitaphien spiel-

---

[15] Vgl. *Litz*, 'Familienbüchlein Spengler' (wie Anm. 5), 351f.

[16] Vgl. ebd., 382,3–5. 13–15.

[17] *Perisesysymeno* [Johann Jacob Carlbach], Nürnbergisches Zion (wie Anm. 13),
118: "An der dritten Säule hangen 4. Tafeln übereinander, die erste ist weil sie so
hoch hänget gar nicht zu erkennen; Auf der andern ist der Englische Gruß; Auf
der dritten ist gemahlet der HErr Christus, wie eine Weibs-Person vor ihn kniet,
darüber stehet Anno Domini 1496. am Erichtag nach St. Johannis des Evangelisten
Tag, ist der Ehrbare Mann Jürg Spengler Rath-Schreiber zu Nürnberg; Nachfolgenden
1505 Jahr am Sonntag in der Vasten Oculi genannt, ist verschieden die Ehrbare
Frau Agnes, desselben Jörg Spenglers Ehewirthin, denen GOtt gnädig sey. Zu unterst
ist auf einer Tafel die Jungfrau Maria gemahlet, das Kind JEsu in der Hand habend,
darüber stehet: 1434. starb Conrad Winckler, und Frau Kunigund und Frau Adelheit,
beede seine eheliche Frauen."

[18] [*Schwarz*], Beschreibung (wie Anm. 13), 24.

[19] Zur Geschichte des Epitaphs vgl. *Edwin Redslob*, Die fränkischen Epitaphien im
XIV. und XV. Jahrhundert, in: Anzeiger des Germanischen Nationalmuseums (1907),
6–30, hier: 6–10 (Entstehung der Epitaphienform).

ten in der für die tief in die Nürnberger Bürgerschaft verankerten Memoria für die Verstorbenen – neben der besonderen Ausgestaltung der Totenliturgie, den Grabmälern auf den Friedhöfen oder dem Aufhängen von Totenschilden[20] – eine gewichtige Rolle. Entstanden aus der Gedächtnisinschrift für einen Toten kann man die Fülle der Nürnberger Beispiele nach den verschiedenen Materialien (Stein, Metall, Holz) und Bearbeitungsmöglichkeiten (Skulptur, Gemälde, Schnitzarbeit) unterscheiden[21]. Die für die Bildepitaphien funktionell notwendigen Grundbestandteile sind auch in unserem Beispiel zu finden[22]: Der textliche Bezug auf die Verstorbenen war ja bereits durch die Notizen Lazarus Spenglers hergestellt. Die Stifterdarstellung als zweiter Grundbestandteil belegt die Schilderung von Schwarz: "Darunter [Unter der Inschrift; G. L.] der Spengler mit 13 söhnen kniet, davor der erste sohn dieses wappen [Wappen Georg Spenglers; G. L.], die mutter aber, welcher wappen dieses [Wappen Agnes Ulmers; G. L.] mit 8 Töchtern, bey der ersten dieses Wappen [Wappen; G. L.], bey der andern aber jenes Wappen [Wappen; G. L.]."[23] (Abb. 1) Das dritte konstitutive Element eines Epitaphes ist das Andachtsbild, vor dem der Betrachter für das Seelenheil der Person(en), an die das Epitaph erinnerte, beten sollte. Berichtet

---

[20] In der künstlerischen Ausgestaltung der Totenschilde, die in Nürnberg den Patriziern vorbehalten waren, entwickelte sich ein solcher Wettstreit, dass der Rat einschreiten und restriktive Maßnahmen verhängen musste. Vgl. *Theodor Hampe*, Nürnberger Ratsverlässe über Kunst und Künstler im Zeitalter der Spätgotik und Renaissance (1449) 1474–1618 (1633), 3 Bde., Wien/Leipzig 1904 (= Quellenschriften für Kunstgeschichte und Kunsttechnik des Mittelalters und der Neuzeit. Neue Folge 11–13), hier: Bd. 1, Nr. 537 vom 24.3.1496. Demnach durfte ein Totenschild nicht mehr als drei Gulden kosten und es sollten nur noch genormte Rechteckschilde ohne plastische Durchbildungen (ca. 45 × 74 cm) aufgehängt werden. – Zu den Totenschilden vgl. *Kurt Pilz*, Der Totenschild in Nürnberg und seine deutschen Vorstufen. Das 14.–15. Jahrhundert, in: Anzeiger des Germanischen Nationalmuseums 1936–1939, Nürnberg 1939, 57–112, hier: 100–103.

[21] Vgl. dazu die beiden umfangreichen Studien zu den plastischen Andachts- bzw. Bildepitaphien von *Thomas Kliemann*, Plastische Andachtsepitaphien in Nürnberg 1450–1520. Mit Katalog, in: MVGN 76 (1989), 175–239; *Rainer und Trudl Wohlfeil*, Nürnberger Bildepitaphien. Versuch einer Fallstudie zur historischen Bildkunde, in: ZHF 12 (1985), 129–180 (Lit.).

[22] Ich folge hier den Ausführungen von *Wohlfeil*, Bildepitaphien (wie Anm. 21), 135–138.

[23] [*Schwarz*], Beschreibung (wie Anm. 13), 24f. Bei *Perisesymeno* [Johann Jacob Carlbach], Nürnbergisches Zion (wie Anm. 13), finden die Stifterdarstellungen keine Erwähnung. – Zum Spenglerschen Wappen vgl. *Litz*, 'Familienbüchlein Spengler' (wie Anm. 5), 349–353 und 358f; StadtB Nürnberg, Amb. 1236.8°, fol. 6r/v (Abb.)

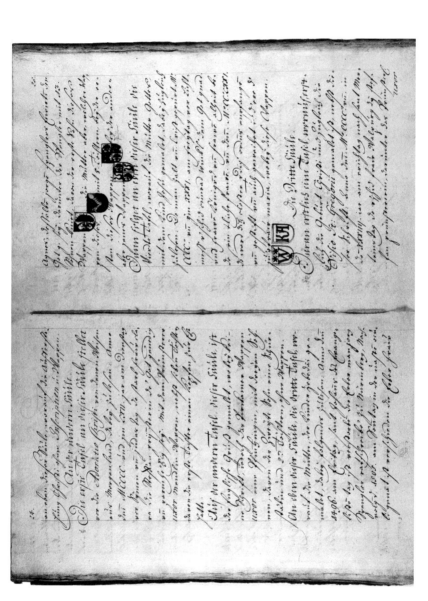

Abb. 1. Erwähnung des Spenglerschen Epitaphs in der Beschreibung der Dominikanerkirche von Johann Jacob Schwarz, 1737; StadtB Nürnberg, Will II 2°, Nr. 1395, 24f.

Carlbach dazu von einer Christusdarstellung, vor der eine Frauengestalt kniet[24], schildert Schwarz uns Folgendes: "An eben dieser Säule,
die dritte Tafel, worauf die Mutter, der Kinder Zebedäi gemalet
[. . .]"[25]. Letztgültig kann nicht geklärt werden, welches Thema –
vielleicht eine Christusfigur mit einer davor knienden Frau oder die
mögliche Darstellung einer Heiligen Sippe[26] – auf dem Andachtsbild
wirklich gezeigt wurde, da das Schicksal des Bildepitaphs nicht weiter verfolgt werden kann und spätere Beschreibungen die Spenglersche
Stiftung nicht mehr erwähnen[27].

Um sich zumindest eine Vorstellung von der möglichen Gestalt
des Spenglerschen Epitaphs machen zu können, kann man sich heute
beispielsweise von den aus der Dominikanerkirche erhaltenen, auf
Holz gemalten Vergleichsexemplaren das Keyper-Epitaph von Michael
Wolgemut in St. Lorenz[28] oder die für St. Marien besonders cha-
rakteristischen, schildförmig gebogenen Tafeln[29] des 1489 in Nürnberg
verstorbenen Küchenmeisters Kaiser Maximilian I., Michael Raphael[30],

---

[24] Vgl. das Zitat oben in Anm. 17.

[25] [*Schwarz*], Beschreibung (wie Anm. 13), 24.

[26] Vgl. *Martin Lechner*, Art. Sippe, Heilige, in: LCI 4 (1972), 163–167 (Lit.). Zu
den auf Nürnberger Epitaphien beliebten Darstellungen der Hl. Sippe vgl. *Wohlfeil*,
Bildepitaphien (wie Anm. 21), 151f.

[27] Vgl. beispielsweise die Beschreibung Murrs, der lediglich erwähnt, dass man
in der Prediger-Kirche "gegen der Kanzel über" an der ersten Säule im Chor vier
Tafeln betrachten konnte; vgl. *Christoph Gottlieb von Murr*, Beschreibung der vornehmsten Merkwürdigkeiten in des H. R. Reichs freyen Stadt Nürnberg und auf der
hohen Schule zu Altdorf, 2. Aufl., Nürnberg 1801, 75–80, hier: 78. – Vgl. auch
die Bemerkungen über die Verluste mittelalterlicher Epitaphien bei *Wohlfeil*,
Bildepitaphien (wie Anm. 21), 142f.

[28] Vgl. *Müllner*, Annalen (wie Anm. 12), 71: "Georg Keipper ist zu Nurnberg
Burger worden anno 1443. Sein Gedechtnus ist an einer Tafel im Predigercloster,
daran zu finden, das er der letzte seines Geschlechts gewest und gestorben anno
1484." Vgl. dazu *Peter Strieder*, Tafelmalerei in Nürnberg 1350–1550, Königsstein i.
Taunus 1993, Kat.-Nr. 52 mit Abb. 318 (Beweinung Christi unter dem Kreuz,
1484/85).

[29] Zwölf aus St. Marien erhaltene Bildepitaphien sind aufgelistet in *Wohlfeil*, Bildepitaphien (wie Anm. 21), 145–147 mit Anm. 101 (Lit.). Vgl. auch *Georg Stolz*, Art.
Dominikanerkirche, in: Stadtlexikon Nürnberg (wie Anm. 14), 218f; *Friedrich Bock*,
Das Nürnberger Predigerkloster. Beiträge zu seiner Geschichte, in: MVGN 25 (1925),
145–207, hier: 194 und 198.

[30] *Müllner*, Annalen (wie Anm. 12), 105: "In der Zeit, weil König Maximilianus
zu Nürnberg gewest, ist sein Kuchenmaister, Michael Raphael genannt, daselbs
gestorben und ins Predigercloster mit diesem Epitaphio begraben worden: Id quod
es, ante fui. Quid sim post funera quaeris?/ Quod sum, quiquid id est, id quoque
lector eris./ Ignea pars caelo cessit: Pars ossea rupi./ Lectori cessit nomen inane
Michel." Vgl. dazu Die Stadt Nürnberg. Kurzinventar, hg. von Günther P. Fehring/
Anton Kress, 2. Aufl., bearb. von Wilhelm Schwemmer, München 1977, Nachdruck
1982 (= Bayerische Kunstdemkmale 10), 50: Darstellung des Hl. Michaels als

in der Frauenkirche oder das Epitaph der Walburga Prünsterin[31] im Germanischen Nationalmuseum anschauen.

2. Eine Stiftung des Wendel Spengler

Größere Probleme schafft die Einordnung der zweiten in den genealogischen Papieren der Familie Spengler überlieferten Nachricht[32]. Dort wird von einem gewissen Wendel Spengler berichtet, der offenbar gerade von einer auch unter der Nürnberger Bürgerschaft sehr beliebten Pilgerfahrt aus dem spanischen Santiago de Compostela[33] zurückgekehrt war und – vielleicht aus Dankbarkeit über die unversehrte Rückkehr – ein Gedächtnisbild für die Kirche des Dominikanerinnenklosters St. Katharina[34] stiftete. Dieses wurde an einer Säule hinter dem Predigtstuhl aufgestellt und später durch Sebald und Nikolaus Spengler erneuert.

Wer waren nun diese Spenglers? Bei Wendel Spengler handelt es sich vermutlich wohl um den 1537 verstorbenen Schlosser, der mit seiner Frau Katharina in seinem Anwesen in der Inneren Laufer

---

Drachentöter und Seelenwäger; Die Frauenkirche zu Nürnberg, hg. vom Katholischen Pfarramt Unsere Liebe Frau, Passau 1996, 40f (Abb).

[31] Vgl. GNM Nürnberg, Gm 117: oben Stifterzone, im Zentrum Geburt Christi, unten Gregorsmesse (Nürnberg um 1434); Die Gemälde des 13.–16. Jahrhunderts. Text- und Bildband, bearb. von Eberhard Lutze/Eberhard Wiegand, Nürnberg/Leipzig 1936 (= Kataloge des Germanischen Nationalmuseums), 119, Nr. 117 und Abb. 20; *Edwin Redslob*, Die fränkischen Epitaphien im vierzehnten und fünfzehnten Jahrhundert, in: Mitteilungen aus dem Germanischen Nationalmuseum (1907), 21f und Taf. III; *Wohlfeil*, Bildepitaphien (wie Anm. 21), Anm. 110, (3); *Hamm*, Totenmemoria und Gregorsmesse (wie Anm. 2), 327–343: Die 'nahe Gnade' der Gregorsmesse: das Beispiel des Nürnberger Schürstab-Epitaphs.

[32] StadtA Nürnberg, E 1, Gen. Pap. Spengler Nr. 37 [Einlegeblatt von fremder Hand; 16,7 × 10,7 cm]: "Inn der kirchen zu St. Katharina alhie henget 1 taffel hinder dem predigstuhl an einer saulen, darauf geschriben ist mit volgenden worten: Ich, Wendel Spengler, da ich von St. Jacob kam, hab ich dise taffel machen lassen und zu gedechtnus herein gehenckt und durch Sebaldt Spengler, seinen sohn Nicolaus Spengler widerumb verneuert und herein gehenckt." Eine Abschrift dieses Zettels befindet sich in StadtA Nürnberg, E 1, Gen. Pap. Spengler Nr. 59 [vermutlich aus der Hand Lazarus Spenglers um 1625]; vgl. auch *Litz*, 'Familienbüchlein Spengler' (wie Anm. 5), 353, Hs. c.

[33] Vgl. *Klaus Herbers*, Pilgerfahrten und Nürnberger Pilger auf der Iberischen Halbinsel in der Zeit um 1500, in: Wallfahrten in Nürnberg um 1500, hg. von Klaus Arnold, Wiesbaden 2002 (= Pirckheimer-Jahrbuch für Renaissance- und Humanismusforschung 17), 53–78.

[34] Vgl. *Georg Stolz*, Art. Katharinenkirche, in: Stadtlexikon Nürnberg (wie Anm. 14), 524 (Lit.).

Gasse (heute Sebalder Altstadt, zwischen Theresienplatz und Laufer Schlagturm) eine Werkstatt führte[35]. Ein Sohn und sehr wahrscheinlich ein Enkelsohn dieser Familie tragen die Namen Sebald[36] und Nikolaus[37] Spengler, die ebenfalls als Schlosser bezeichnet werden und das Gedächtnisbild renovieren und wieder in St. Katharina aufhängen ließen. Die Stifter dieser Gedächtnistafel sind also gar nicht mit der Ratsschreiberfamilie in Zusammenhang zu bringen.

Den Dominikanerinnen, die zum größten Teil dem Patriziat der Reichsstadt entstammten, waren vom Rat nach dem Nürnberger Religionsgespräch von 1525 Neuaufnahmen verboten und evangelische Prediger und Beichtväter zugewiesen worden. Nachdem 1596 die letzte Priorin verstorben war, wurde die 1614 renovierte Kirche bis 1800 als Versammlungs- und Singraum der Meistersinger und danach zu profanen Zwecken genutzt, bevor sie 1945 durch einen Luftangriff zerstört wurde. Teile der ehemaligen Ausstattung der Kirche finden sich heute v. a. im Germanischen Nationalmuseum, aber auch in verschiedenen Nürnberger Kirchen (St. Lorenz, Frauenkirche) oder anderen Museen[38], ein Hinweis auf die von Wendel

---

[35] Vgl. Nürnberger Totengeläutbücher, bearb. von Helene Burger, 3 Bde., Nürnberg 1961–1972, hier: Bd. 3, 1741 († Wendel Spengler zwischen 23.5.–19.9.1537) und 5715 († Katharina Spengler zwischen 15.12.1556–10.3.1557); Die Inschriften der Friedhöfe St. Johannis, St. Rochus und Wöhrd zu Nürnberg, gesammelt und bearb. von Peter Zahn, München 1972 (= Die Deutschen Inschriften, Münchener Reihe 13/3), 101, Nr. 412 (Friedhof Johannis 606: Wendel Spengler). Zu Wendel und Katharina Spengler vgl. auch die Einträge in StadtA Nürnberg, B 14/I, Libri litterarum, Bd. 3, fol. 122r/v; 11, fol. 39r/v; 12, fol. 72r–76v; 14, fol. 123r; 18, fol. 4v und 16r; 20, fol. 86r; 21, fol. 193v; 23, fol. 100r; 25, fol. 163r, 27, fol. 170v und 183r; 28, fol. 93v; 29, fol. 8v und 176v; 31, fol. 183v; 37, fol. 36. 117. 211; 41, fol. 111r.

[36] Vgl. Nürnberger Totengeläutbücher (wie Anm. 35), Bd. 3, 6183 (Sebald Spengler starb zwischen dem 21.9. und 14.12.1558). Dieser Sebald wird in den Nürnberger Grundverbriefungsbüchern erwähnt, als er 1537 – vermutlich nach dem Tode des Vaters – zusammen mit seinen Brüdern Jakob und Peter das Spenglersche Haus an der Inneren Laufergasse für 600 Gulden an seinen Bruder Wendel verkaufte; vgl. StadtA Nürnberg, B 14/I, Libri litterarum, Bd. 49, fol. 55v. Dieser Sebald Spengler war mit Katharina verheiratet und ist nicht zu verwechseln mit Lazarus Spenglers Sohn Sebald Spengler (1516–1553/1559), der ebenfalls mit einer Katharina (Schmid) verheiratet war; zu diesen vgl. Litz, 'Familienbüchlein Spengler' (wie Anm. 5), 384,11–18 mit Anm. 256.

[37] Hierbei handelt es sich vermutlich um den Schlosser Niclaus Spengler in der Äußeren Laufer Gasse, der mit Margarethe Spengler († 6.6.–19.9.1571) verheiratet war; vgl. StadtA Nürnberg, B 14/I, Libri litterarum, Bd. 74, fol. 37v; 75, fol. 162v und 170r; 76, fol. 191r; 89, fol. 126r und 158v; 90, fol. 57r; 98, fol. 37r (1582 letzte Erwähnung); Nürnberger Totengeläutbücher (wie Anm. 35), Bd. 2, 9866.

[38] Vgl. dazu *Walter Fries*, Kirche und Kloster zu St. Katharina in Nürnberg, in: MVGN 25 (1924), 1–143, bes. 99–110.

Spengler aus Anlass seiner Pilgerfahrt nach Santiago de Compostela
gestiftete Tafel ist dabei allerdings nicht zu finden.

Was genau auf dem von Wendel Spengler gestifteten Bild dargestellt war, kann nur vermutet werden. Einerseits geben die archivalischen Notizen eine Zeichnung wieder, auf welcher ein Schild mit
der Inschrift "stehet ain lamb gemahlt"[39] zu erkennen ist. Besser als
eine eventuell denkbare Darstellung des Auferstehungsmotivs passt
andererseits zu der auf den Zetteln geschilderten Santiago-Wallfahrt
Wendel Spenglers die im 'Nürnbergischen Zion' und bei Christoph
Gottlieb von Murr überlieferte Ikonographie eines kleinen Flügelretabels,
die den Hl. Jakob im Zentrum, flankiert von weiteren Heiligen,
zeigt[40].

Durch die Funde zweier kleiner Einlegeblätter können somit der großen Bandbreite vorreformatorischer Stiftungen zwei weitere Beispiele
für nicht-patrizische Stiftungen[41], einmal ein Bildepitaph für Georg
und Agnes Spengler in der Dominikanerkirche St. Marien, zum anderen eine Gedächtnistafel für den Santiago-Pilger Wendel Spengler
für die Dominikanerinnenkirche St. Katharina, hinzugefügt werden.
Nicht vollends geklärt werden konnten Fragen über die genauen
Zeitpunkte der Stiftung und zur Ikonographie. Und auch zum Schicksal
dieser sakralen Ausstattungsstücke waren nur vage Angaben zu machen:
Nach der Einführung der Reformation wie die überwiegenden sakralen Kunstwerke Nürnbergs nicht zerstört, ereilte sie vermutlich bis

---

[39] StadtA Nürnberg, E 1, Gen. Pap. Spengler Nr. 37 und Nr. 59 [Einlegeblätter].

[40] Vgl. *Perisesysymeno* [Johann Jacob Carlbach], Nürnbergisches Zion (wie Anm.
13), 123: "Endlich hanget an der Säulen, wo die Cantzel ist, eine kleine Tafel mit
2 Deckeln, in der mitte ist gemahlet der H. Jacob, darunter stehet: Ich Wendel
Spengler, da ich von St. Jacob kam, habe ich diese Tafel machen lassen, und zum
Gedächtnis herein gehänget, und durch Sebald Spengler sein Suhn Nicles Spengler
wiederum verneuert und herein gehängt; Auf den rechten Altar-Deckel ist inwendig der h. Bernardus; Auf den lincken der H. Sebastian. Auswendig auf den rechten Deckel ist der H. Jacob, Auf den lincken ist St. Bernhard"; *Christoph Gottlieb von
Murr*, Beschreibung der vornehmsten Merkwürdigkeiten in der Reichsstadt Nürnberg,
in deren Bezirke, und auf der Universität Altdorf, 2. Aufl., Nürnberg 1801, 116:
"In der Mitte ist gemalet der heil. Jakob, auf dem rechten Deckel inwendig St.
Bernhard, auswendig St. Jakob. Auf dem linken, inwendig St. Sebastian, auswendig St. Bernhard."

[41] Vgl. dazu *Wohlfeil*, Bildepitaphien (wie Anm. 21), 162f und 174f; zu den Motiven
solcher Stiftungen, im "Kommunikationsraum Kirche" das Fürbittgedenken "als
Zeichen ständiger Sorge um das Seelenheil" im "eigentliche[n] Bezugssystem der
Familie" zu tätigen, vgl. ebd., 176–180.

zum Abbruch der Kirche bzw. zur letzten schriftlichen Erwähnung das Schicksal der "Nichtnutzung"[42].

Wie die Nachricht über Wendel Spenglers Tafel allerdings in den Nachlass der Ratsschreiberfamilie gelangte, konnte nicht zurückverfolgt werden. Vielleicht war es reiner Zufall, vielleicht wurde der Name Spengler in späteren Zeiten einfach sofort mit der Familie der beiden großen Nürnberger Ratsschreiber, Georg und Lazarus Spengler, in Verbindung gebracht.

---

[42] Zu den Begriffen *Johann Michael Fritz*, Die bewahrende Kraft des Luthertums. Mittelalterliche Kunstwerke in evangelischen Kirchen, in: Die bewahrende Kraft des Luthertums. Mittelalterliche Kunstwerke in evangelischen Kirchen, hg. von dems., Regensburg 1997, 9–18, hier: 10f; *Gudrun Litz*, Nürnberg und das Ausbleiben des "Bildersturms", in: Bildersturm. Wahnsinn oder Gottes Wille? Katalog zur Ausstellung des Bernischen Historischen Museums, hg. von Cécile Dupeux/Peter Jezler/Jean Wirth, Zürich 2000, 90–96.

WENDEPUNKTE DER MYSTIK.
BERNHARD – SEUSE – LUTHER

Sven Grosse
(München)

1. *Problementwurf*

In der 'Theologia mystica' [. . .] ist er auch im höchsten Grade ver-
derblich, denn er treibt mehr den Platonismus als das Christentum
[. . .]. Christus lernst du dort so wenig kennen, dass du ihn, wenn du
ihn bereits kennst, wieder verlierst. Ich rede aus Erfahrung. Paulus
wollen wir lieber hören, auf dass wir Christus, und zwar als den
Gekreuzigten, kennen lernen [1. Kor 2,2]. Der ist nämlich der Weg,
das Leben und die Wahrheit: das ist die Leiter, auf der man zum
Vater kommt, so wie er gesagt hat: 'Niemand kommt zum Vater, außer
durch mich.' [Joh 14,6][1]

Mit diesen Worten urteilte Martin Luther über denjenigen, der den
Begriff einer 'mystica theologia' geprägt hat und als "Erzvater" christlicher Mystik gilt, Dionysius Areopagita[2]. Dieses Wort stellt darum
nicht nur Dionysius in Frage, sondern die gesamte Tradition von

---

[1] "In 'Theologia' vero 'mystica', quam sic inflant ignorantissimi quidam Theologistae,
etiam pernitiosissimus est, plus platonisans quam Christianisans, ita ut nollem fide-
lem animum his libris operam dare vel minimam. Christum ibi adeo non disces,
ut, si etiam scias, amittas. Expertus loquor. Paulum potius audiamus, ut Iesum
Christum et hunc crucifixum discamus. Haec est enim via, vita et veritas: haec
scala, per quem venitur ad patrem, sicut dicit 'Nemo venit ad patrem nisi per me'."
Martin Luther, De captivitate Babylonica ecclesiae praeludium (1520); WA 6, 562,8–14.
Vgl. *Pseudo-Dionysius Areopagita*, Über die Mystische Theologie und Briefe, eingel.,
übers. und mit Anmerkungen vers. von Adolf Martin Ritter, Stuttgart 1994 (= BGrL
40), 48f (Gesamteinleitung Ritters). Zu dem "Expertus loquor": "Along with Bernhard
of Clairvaux, Bonaventure, and more recent authors as John Tauler and Jean
Gerson, Dionysius belonged to a serious monk's spiritual diet." *Karlfried Froehlich*,
Pseudo-Dionysius and the Reformation of the Sixteenth Century, in: Pseudo-Dionysius.
The Complete Works, übers. und hg. von Colm Luibheid u. a., New York 1987
(= ClWS), 41–43, hier: 41. Vgl. die Bonaventura und Dionysius zugleich treffen-
den Bemerkungen in: WA Tr 1, 72; Nr. 644; 302f, Nr. 153.
[2] Zu der Prägung des Begriffs "mystische Theologie" vgl. *Pseudo-Dionysius*, Mystische
Theologie (wie Anm. 1), 62. Der Rang, den Dionysius Areopagita für die christliche Mystik hat, kann schon daraus ermessen werden, dass Kurt Ruh seine umfassende 'Geschichte der abendländischen Mystik' mit ihm eröffnet; vgl. *ders.*, Geschichte

Mystik in der Kirche, die sich auf ihn berief und in seinen Bahnen
dachte. Der Punkt, den Luther angreift, ist dabei von größtem
Gewicht: Jesus Christus, die Mitte des Christentums, wird außer Acht
gelassen.

Dieses Urteil setzt die Frage ins hellste Licht, ob Mystik und
Christentum miteinander vereinbar seien, das Christentum gerade in
dem Sinne, in dem die lutherische Reformation es hat verstanden
haben wollen. Wollte man demgegenüber dafür eintreten, dass es
durchaus eine christliche legitime Mystik gibt, wäre zu zeigen, dass
unter "Mystik" wesentlich anderes verstanden werden könnte als das,
was offenbar von Dionysius in exemplarischer Weise dargestellt worden ist. Eine entgegengesetzte Möglichkeit bestünde darin, zu zeigen, dass das Christentum so verstanden werden kann oder muss,
dass es Mystik, in einem gewissen Sinne jedenfalls, zulässt – oder
sogar danach verlangt. Man kann abstreiten, dass diese protestantische Kritik der christlichen Mystik oder der Mystik überhaupt gerecht
werde. Jedoch ist es auch möglich, die Frage aufzuwerfen, wie Luther
und die Reformation selbst zu verstehen sind – und welches Gewicht
sie für das Ganze des Christentums in seiner Geschichte haben.
Dabei wäre an die offenbar bleibenden mystischen Elemente in der
Theologie Luthers zu erinnern[3] und zu fragen, wie sie sich zu dieser radikalen Kritik der Mystik verhalten.

Hans Urs von Balthasar hat in seiner 'Ortsbestimmung christlicher Mystik' erhellende Perspektiven zur Beantwortung dieser vielfach verschlungenen Fragen aufgewiesen[4]. Von Balthasar wendet sich
gegen die populäre Position, christliche Mystik sei lediglich eine
Variante eines Ganzen von Mystik, das man in verschiedenen Religionen finde und im Wesentlichen eins sei. Einer Nivellierung des

---

der abendländischen Mystik., Bd. 1, München 1990, 31–82, bes. 31, Anm. *; 9
("Erzvater"); 32–41 (Identität des Dionysius).

    [3] Dazu zählt *Volker Leppin*, Wie reformatorisch war die Reformation?, in: ZThK
99 (2002), 171–173, die mystische Rede von der heiligen Vermählung in der 'Freiheit
eines Christenmenschen', die *unio* im Empfang des Abendmahls und das Motiv der
Vergöttlichung. Vgl. *ders.*, 'Omnem vitam fidelium penitentiam esse voluit'. Zur Aufnahme mystischer Traditionen in Luthers erster Ablaßthese, in: ARG 93 (2002), 7–15:
Luthers Hinwendung zu einer mystischen Auffassung des Bußsakramentes vor dem
Hintergrund seiner Rezeption der Predigten Taulers und der 'Theologia deutsch'.

    [4] *Hans Urs von Balthasar*, Zur Ortsbestimmung christlicher Mystik, in: Werner
Beierwaltes/Hans Urs von Balthasar/Alois Maria Haas, Grundfragen der Mystik,
Einsiedeln 1974, 37–71. Einen Überblick über die Vielzahl von Definitionen und
Theorien von Mystik bietet *Bernard McGinn*, Die Mystik im Abendland, Bd. 1,
Freiburg u. a. 1994, 9–20 und 381–481.

Christlichen in der Mystik tritt er mit Entschiedenheit entgegen. Jedoch erklärt er eine grundsätzliche Ablehnung von Mystik, wie er sie bei der Mehrheit neuerer protestantischer Theologen findet, für das entgegengesetzte Extrem. Es gibt eine wahrhaft christliche Mystik, jedoch nicht so, dass sie sich subsumieren lässt unter einem Oberbegriff von Mystik, sondern dass sie die Verwirklichung von Mystik überhaupt darstellt und darum "echte Mystik" ist. Sie steht zu den Formen von "Mystik" in anderen Religionen, aber auch zu Fehlformen innerhalb der Kirche im Verhältnis einer Analogie, in welcher jede Ähnlichkeit durch eine noch größere Unähnlichkeit übertroffen wird.

Ich will hier in der gebotenen Knappheit versuchen, im Dialog vor allem mit von Balthasars 'Ortsbestimmung' ein Strukturprinzip aufzuzeigen, das sich immer wieder in der Geschichte der Mystik innerhalb des Christentums bemerkbar macht. Es könnte daraus erhellt werden, sowohl, was Christentum als auch, was Mystik seinem Wesen nach ist, und schließlich, von diesem Blickwinkel aus betrachtet, welche Stelle die lutherische Reformation in der Kirchengeschichte überhaupt einnimmt. Dieses Strukturprinzip soll bei drei für die Geschichte der christlichen Mystik entscheidenden Theologen exemplarisch gezeigt werden, nämlich Bernhard von Clairvaux, Heinrich Seuse und Martin Luther.

Zunächst soll aber ein vorläufiger Begriff von christlicher Mystik entwickelt werden, der für die Untersuchung dieser drei exemplarischen Theologen angewandt, überprüft und konkretisiert werden kann. Ich gehe dabei aus von einem klassischen Dictum des Irenaeus von Lyon und greife eine Reihe von Worten des Neuen Testaments auf.

2. *Vorüberlegungen zu einem Begriff christlicher Mystik*

Mystik, christlich verstanden, geht geradewegs aus dem Urdatum des christlichen Glaubens hervor: Gott ist Mensch geworden. Irenaeus von Lyon sagt in dem doxologischen Abschluss der Vorrede seines fünften Buches gegen die Häresien, von dem Wort Gottes, Jesus Christus, es sei "propter immensam suam dilectionem factus est quod sumus nos, uti nos perficeret esse quod est ipse"[5]. De facto ist dies

---

[5] Adversus Haereses, Buch 5, Vorrede, in: *Irenäus von Lyon*, Adversus Haereses/Gegen die Häresien, Bd. 5, griech.-lat.-dt., übers. und eingel. von Norbert Brox, Freiburg u. a. 2001 (= FC 8/5), 22,13–15.

die Verwirklichung des Vorhabens Platons, "ὁμοίωσις θεῷ κατὰ τὸ δυνατόν", und zwar gerade aufgrund der Menschwerdung Gottes[6]. Die θεοποίησις folgt aus der Inkarnation.

Gott ist aber Geist, also von einem ganz anderen Wesen als alles Körperliche, sinnlich Wahrnehmbare. Dies hat bereits den ersten Philosophen, der zum Christentum übertrat, Justin, fasziniert[7], und später hat Augustin beredte Worte für seine Entdeckung der Geistigkeit Gottes gefunden[8]. Gott ähnlich werden, vergöttlicht werden heißt also: vergeistigt werden. Die biblische Schlüsselstelle dafür wird 1. Kor 6,17: "ὁ δὲ κολλώμενος τῷ κυρίῳ ἕν πνεῦμά ἐστιν."

Vergöttlicht werden heißt zugleich: Mit dem einen Gott eins werden, und der Grund für dieses Einswerden ist die Liebe Gottes, die ihn hat Mensch werden lassen, damit wir werden wie er, angetrieben durch die Liebe Gottes, "ὅτι ἡ ἀγάπη τοῦ θεοῦ ἐκκέχυται ἐν ταῖς καρδίαις ἡμῶν διὰ πνεύματος ἁγίου" (Röm 5,5). Vergöttlicht und vergeistigt werden ist also ein Ereignis der Liebe zwischen Gott und dem Menschen, ist Feier eines "ἱερὸς γάμος" und ganz konsequent erweist sich das Hohelied als Grundtext dieser Vermählung. Es ist die verborgene Mitte der Heiligen Schrift als Zeugnis von dem Gott, der die Liebe ist (1 Joh 4,8.16)[9].

Schließlich übersteigt Gott alles, was er geschaffen hat, so dass "οὔπω ἐφανερώθη τί ἐσόμεθα, οἴδαμεν ὅτι ἐὰν φανερωθῇ, ὅμοιοι αὐτῷ ἐσόμεθα, ὅτι ὀψόμεθα αὐτὸν καθώς ἐστιν" (1. Joh 3,2). Von Gott, insofern er den Menschen sich gleich macht, kann nur "via negationis" gesprochen werden, so wie Dionysius Areopagita es vorführt[10].

Mystik ist somit bestimmt 1. als vergöttlicht werden, 2. als vergeistigt werden, 3. als Einung, 4. als Ereignis der Liebe und 5. als "the-

---

[6] Zum Motiv der θεοποίησις vgl. *Karlmann Beyschlag*, Grundriß der Dogmengeschichte, Bd. 1, 2. neubearb. und erw. Aufl., Darmstadt 1988, 198, Anm. 13; 280–282 (Athanasius). Zusätzlich zu den dort genannten Autoren ist zu nennen: *Tertullian*, Adversus Marcionem 2, 27,6f; *Plato*, Theaitetos, 176 ab.

[7] Dialogus cum Tryphone Iudaeo, II,6.

[8] *Augustin*, Confessiones, VII, 10,16; CChr.SL 27, 103f, im Kontrast zu VII, 5,6; CChr.SL 27, 96,1–18, wo er seine vor-geistige Auffassungsweise von Gott beschreibt.

[9] *Ulrich Köpf*, Hoheliedauslegung als Quelle einer Theologie der Mystik, in: Grundfragen christlicher Mystik, hg. von Margot Schmidt/Dieter R. Bauer, Stuttgart/Bad Cannstatt 1987 (= MyGG 1, 5), 50–72.

[10] Es ist zu beachten, dass Origenes die 'theologia negativa' nicht aus dem platonischen Philosophieren entwickelt, sondern aus den Aussagen gerade des Alten Testamentes, die den Unterschied zwischen Gott und Mensch und die Unmöglichkeit und Lebensgefährlichkeit, Gott zu sehen, einschärfen. Vgl. *ders.*, Homiliae in Jeremia 18,6; GCS 6, 158f.

ologia negativa" und erweist sich als etwas genuin Christliches, weil an die Voraussetzung gebunden, dass Gott leibhaftiger Mensch geworden ist, dass er sich damit "ausgewortet" hat und dass er zuerst geliebt hat (1. Joh 4,10.19), und zwar das Geschöpf, das zugleich Sünder ist.

Zwischen dieser Voraussetzung und der Mystik als Folge besteht indes eine dialektische Spannung. Einerseits gibt es die Tendenz, dass die Folge sich von der Voraussetzung löst, so dass der Mensch nur noch als zu vergöttlichendes und vergeistigendes Wesen aufgefasst wird, dass seine Unterschiedenheit von Gott in der Einung aufgehoben oder seine Beziehung zu Gott lediglich als wechselseitige Liebe bestimmt wird, und dass Gott ausschließlich als ein Wesen verstanden wird, das über alle menschlichen Worte und Begriffe erhaben ist. Andererseits gibt es die Tendenz, die Folge an ihre Voraussetzung zurückzubinden, zu erinnern, dass der Mensch Leib ist und Mensch bleibt, dass er, selber lieblos, erst einmal die Liebe Gottes aufnehmen muss, der um der Menschen Sünden willen Mensch wird und sich auf Ewigkeit aussagbar und fassbar macht.

In der Geschichte der Kirche kann man immer wieder beobachten, dass die erste Tendenz umschlägt in der zweite. Es ereignet sich dann ein Wendepunkt der Mystik, und dies ist ein Strukturprinzip, das christlicher Mystik eigentümlich ist. Bei Bernhard, bei Seuse und bei Luther ist dies zu erkennen.

3. *Bernhard von Clairvaux*

An einer entscheidenden Stelle seiner Hoheliedpredigten erklärt Bernhard: "Hanc ego arbitror praecipuam invisibili Deo fuisse causam, quod voluit in carne videri et cum hominibus homo conversari, ut carnalium videlicet, qui nisi carnaliter amare non poterant, cunctas primo ad suae carnis salutarem amorem affectiones retraheret, atque gradatim ad amorem perduceret spiritualem."[11] Die Liebe zu Christus beginnt als eine "fleischliche" Liebe zur Erscheinung Christi im Fleisch, vor allem zu seinem Leiden, doch ist dies nur eine Eingangsstufe. Sie wandelt sich in einen "amor spiritualis", und mit ihr wandelt sich auch ihr Gegenstand; vor ihr zeigt sich Christus

---

[11] *Bernhard von Clairvaux*, Sermones super cantica canticorum 20, V,6, in: S. Bernardi Opera, Bd. 1, hg. von Jean Leclercq u. a., Rom 1957, 118,21–26.

nicht mehr als der Fleischgewordene, sondern als reiner Geist: "Spiritus ante faciem nostram Christus Dominus"[12]. Der Kreuzestod Jesu ist nur noch ein Moment des Im-Fleisch-Seins des Wortes. Die Dynamik des mystischen Aufstiegs reißt indes den Menschen vom Fleisch weg zum Geist. Dabei spielt Bernhard mit der Doppeldeutigkeit der Begriffe "Fleisch" und "Geist". Geht es um die Eingangsstufe, meint er mit "Fleisch" den sinnlichen Leib und überhaupt die Menschheit, die von dem ewigen Wort angenommen wird und in der dieses dem Menschen wahrnehmbar wird. Im Voranschreiten des mystischen Prozesses versteht er hingegen unter "Fleisch" die am Kreatürlichen haftende sündige Beschränktheit, aus welcher der Mensch sich zum Geist hin fortwendet. Der "Geist" ist zugleich der heiligmachende Heilige Geist Gottes und Geist im Gegensatz zur Sinnlichkeit.

Dies ist allerdings nur eine Seite von Bernhards Mystik. Wer meint, der Mensch würde ganz in Gottes Geist aufgelöst, täuscht sich. Zwar vergleicht Bernhard tatsächlich das "deificari" mit dem Fallen eines Tropfens Wasser in eine Überfülle von Wein[13], und wohl werden Gott und Mensch "unus spiritus", aber es gibt noch einen höheren Grad von Einheit, die des Vaters und des Sohnes: "Pater et filius unum sunt" (Joh 10,30). Zwischen Vater und Sohn besteht eine Einheit des Wesens, zwischen Gott und Mensch hingegen nur eine Einheit des Willens[14]. Dieser letzte Vorbehalt ist aber keineswegs eine Inkonsequenz der Mystik Bernhards, sondern ergibt sich folgerichtig daraus, dass es ausschließlich Jesus Christus ist, in der Einheit der göttlichen und der menschlichen Natur, durch den der Mensch überhaupt in eine Einheit mit Gott gelangen kann. Er ist der aus zwei Mündern – nämlich den beiden Naturen – geformte Kuss, der die christliche Seele küsst[15]. Der mystische Prozess vermag nicht, seine eigene Voraussetzung aufzuheben: dass Gott Mensch geworden ist.

---

[12] Eine variierende Lesart von Thr 4,20 in: *Bernhard*, Sermones super cantica canticorum 20, V,7, in: Opera (wie Anm. 11), 119,8. Dazu *Sven Grosse*, Spiritus ante faciem nostram Christus Dominus. Zur Christozentrik der Mystik Bernhards von Clairvaux, in: ThPh 76 (2001), 185–205.

[13] Wobei Bernhard ganz genau bleibt: der Tropfen *scheint* nur ganz zu entschwinden: "Sic affici, deificari est. Quomodo stilla aquae modica, multo infusa vino, deficere a se tota videtur [...] Manebit quidem substantia, sed in alia forma [...]"; *ders.*, De diligendo Deo X, 28, in: Opera (wie Anm. 11), Bd. 3, Rom 1963, 143,12–24; vgl. *Ruh*, Geschichte 1 (wie Anm. 2), 233, Anm. 10.

[14] *Bernhard*, Sermones super cantica canticorum 71, II,6 – IV,10.

[15] In Auslegung von Cant 1,1a: "Osculetur me osculo oris sui." *Bernhard*, Sermones super cantica canticorum 2, II.

Vergeistigung und Fleischwerdung sind dialektisch miteinander verbunden, und dass Bernhard überhaupt eine "fleischliche" Liebe zu dem fleischlichen Jesus unter bestimmten Bedingungen für gut hieß, rief besonderen Nachhall hervor. In der Rezeption Bernhards konzentrierte man sich besonders auf die Verehrung Christi in seiner leiblichen Gestalt. Anfang des 13. Jahrhunderts entstanden die sieben Salven an die Gliedmaßen des am Kreuze hängenden leidenden Christus, die man so sehr mit Bernhard identifizierte, dass man sie lange ihm selbst zuschrieb. Einer ihrer Verfasser, der Zisterzienser Arnulf von Löwen, dichtete in dem Salve an das Angesicht Christi in der letzten Strophe[16]:

> Cur me jubes emigrare,
> Jesu chare, tunc appare:
> O amator amplectende,
> Temetipsum tunc ostende
> In cruce salutifera.

Damit ist eine grundsätzliche Veränderung gegenüber Bernhard vollzogen, die bei ihm selbst jedoch angelegt ist: In der Stunde der *emigratio* erscheint Christus nicht als reiner Geist, sondern als der Fleischgewordene am Kreuz[17]. Sein erlösendes Kreuz ist nun der Angelpunkt, nicht mehr das Fortschreiten vom Fleisch zum Geist. Trotz seiner Orientierung auf den geistigen Christus hin wurde Bernhard so zum Inaugurator einer sinnlichen Passionsfrömmigkeit, die bis ins 17. Jahrhundert und darüber hinaus reicht[18].

---

[16] PL 184, 1324 C. Bekannt geworden ist dieses Salve in der Nachdichtung Paul Gerhardts 'O Haupt voll Blut und Wunden'.

[17] Dieser Gedanke findet sich auch schon bei Bernhard: Christus muss um der Erwählten willen im Gericht in der Gestalt des Menschen wiedererscheinen, damit sie vor ihm Bestand haben: *Bernhard*, Sermones super cantica canticorum 73, II,4 – III,10. Dieser Gedanke wurde zum entscheidenden Punkt des 'Dies irae', vgl. *Sven Grosse*, Der Richter als Erbarmer. Ein eschatologisches Motiv bei Bernhard von Clairvaux, im 'Dies irae' und bei Bonaventura, in: ThQ 185 (2005), 52–73.

[18] Bernhard orientierte sich gerade mit der Schlüsselstellung von Thr 4,20 an Origenes; vgl. *Ruh*, Geschichte (wie Anm. 2), 237, Anm. 14 und 256, Anm. 46. Andererseits ist in der "Akzeptanz der auf die Menschheit Christi ausgerichteten fleischlichen Liebe" ein wesentlicher Unterschied zu den Hoheliedauslegungen des Origenes und des Gregor von Nyssa zu erkennen; *McGinn*, Mystik (wie Anm. 4), Bd. 2, Freiburg 1996, 267.

4. *Heinrich Seuse*

Am 27. März 1329 wurden durch eine Bulle Papst Johannes XXII.
28 Sätze des bereits im Jahr zuvor verstorbenen Meister Eckhart
verurteilt. These 10 besagte: "Nos transformamur totaliter in Deum
et convertimur in eum [. . .] ibi nulla est distinctio.", sekundiert von
These 24: "Omnis distinctio est a Deo aliena, neque in natura neque
in personis; probatur: quia natura ipsa est una et hoc unum, et quae-
libet persona est una et idipsum unum, quod natura."[19] Eckharts
Schüler Heinrich Seuse verfasste als Antwort auf diese Verurteilung
sein 'Buch der Wahrheit', das ein Schlüsselwerk für die christliche
Mystik überhaupt darstellt. Er kämpft darin an zwei Fronten. An
der einen verteidigt er Eckhart gegen seine Ankläger. An der anderen klärt er das Missverständnis der Schwärmer auf, die sich fälschlich auf Eckhart beriefen und dadurch seinen Anklägern Auftrieb
gäben. Die Schwärmer stellt er dar in einer Figur, die ihm in seiner Phantasie begegnet, und die sich, im Trachten nach Ununter-
schiedenheit sogar ihr Geschlecht verleugnend, "daz namelos wilde"
nennt[20].

An der ersten Front wiederholt Seuse Eckharts These von der völligen Einfachheit Gottes und erläutert sie: "Denn in der göttlichen
Natur ist nichts anderes als ihr Wesen und die Relationen, und letztere fügen zu ihrem Wesen überhaupt nichts hinzu, sie sind es ganz
und gar, wie sie sich andererseits unterscheiden gegenüber den
Gegenständen, auf die sie sich beziehen. Denn die göttliche Natur,
nach ihrem Grund betrachtet, ist in sich in keiner Weise einfacher
als der Vater, in seiner Natur betrachtet, oder eine andere Person"[21].
Seuse vergleicht hier das Wesen und die Personen des dreieinigen
Gottes, indem er diese in Richtung auf das Wesen betrachtet und
kommt so zu einer Bekräftigung der vollkommenen Einheit.

---

[19] DS 960; 974; dort auch die Fundorte bei Eckhart angegeben.

[20] Zu den Umständen der Entstehung vgl. *Heinrich Seuse*, Das Buch der Wahrheit/
Daz búchli der warheit, krit. hg. von Loris Sturlese/Rüdiger Blumrich, mit einer
Einl. von Loris Sturlese, übers. von Rüdiger Blumrich, mittelhochdt.-dt., Hamburg
1993, XIV–XXI.

[21] "Wan in der götlichen nature ist nit anders denne wesen und die widertra-
genden eigenschefte, *und* die legent úberal nihtes zú dem wesenne, sú sint es alze-
male, wie sú unterscheit haben gegen dem sú sint, daz ist gegen ir gegenwurfe.
Wan götlichú nature, nach dem selben grunde ze nemenne, ist nihtez nit einvelti-
ger an ir selb denne der vatter, in der selben nature genomen, ald kein andrú per-
sone." *Seuse*, Buch der Wahrheit (wie Anm. 20), cap. III,41–48 (Angabe der das
jeweilige Kapitel durchlaufenden Zeilenzählung).

Zugleich deutet er die Möglichkeit einer anderen Betrachtungsweise an, die er in dem Dialog mit dem "namenlosen Wilden" entfaltet: "Das ewige Nichts", so nennt er im Anschluss an Dionysius Areopagita Gott, "hat in sich selbst keine Unterscheidung, aber aus ihm, insofern es fruchtbar ist, kommt die der Ordnung entsprechende Unterscheidung aller Dinge." Wenn Eckhart jegliche Unterscheidung in Gott leugnete, dann dachte er "an die jeweilige Person in dem Grund, in dem sie ununterschieden sind". Sie sind es "aber nicht in ihren Beziehungen untereinander". Darum gilt nun auch: "Der Mensch wird niemals vollkommen in diesem Nichts [Gott] zunichte, seinen Gedanken bleibt immer die Unterscheidung ihres eigenen Ursprungs und seiner Vernunft ihre eigene Wahrnehmung, obwohl alles das in seinem Urgrunde außer Betracht bleibt"[22]. Die trinitarische Selbstunterscheidung Gottes ist der Grund dafür, dass Gott nach "außen" treten, dass er als Schöpfer, wie Seuse sagt, "fruchtbar" werden kann. Es ist dies ein echtes "Außen", das niemals schlechthin aufgehoben wird, auch in der mystischen Vereinigung nicht. Es bleibt immer noch ein Unterschied zwischen Gott und dem Menschen, so wie dies Bernhard bereits herausgestellt hatte.

Dieser Vorbehalt ist aber nicht so zu verstehen, als ob Gott doch noch irgendetwas dem Menschen vorenthalten würde, wenn er sich ihm schenkt. Vielmehr, so zeigt Seuse, handelt es sich um zwei beidermaßen mögliche, christlich legitime Betrachtungsweisen: Nach der einen Seite hin betrachtet bleibt die Ordnung mit ihren klaren Unterschieden zwischen Gott und Geschöpf wie auch innerhalb Gottes und innerhalb der Schöpfung erhalten. Nach der anderen Richtung betrachtet wird jeglicher Unterschied aufgehoben: Es ist alles in Gott eins. Wichtig ist nur, dass nicht eine der beiden Betrachtungsweisen absolut gesetzt wird[23]. Entsprechend gestaltet Seuse im 'Büchlein der

---

[22] "Daz ewig niht, daz hie und in allen gerehten vernúnften ist gemeinet, daz es niht si nút von sime nútsinde, mer von siner übertreffender ihtekeit, daz niht ist in im selber aller minste underscheides habende, und von im, als es berhaft ist, kumet aller ordentlicher underscheit aller dingen. Der mensch wirt niemer so gar vernihtet in diesem nihte, inen sinnen blibe dennoch underscheit ir eigennes ursprunges und der vernunft dez selben ir eigen kiesen, wie daz alles in sinem ersten grunde unangesehen blibet." "[. . .] der personen eins ieklichen in dem grunde, da sú inne sint ununderscheiden, aber nút gegen dem sú sich widerheblich haltent." Ebd., cap. VII,48–59 und 74–76; vgl. insgesamt ebd., 48–95.

[23] Seuse unterscheidet darum zwischen "widerkaphen" und "wideriniehen". Jenes von Blumrich zutreffend übersetzt mit "Bezug zu seinem ersten Ursprung im Sinn einer Unterwerfung", also Einordnung in die Seinshierarchie, dieses mit "sich selbst

ewigen Weisheit' die Eschatologie: Den wesentlichen Lohn, der jedem
Seligen zufällt, die "morgengabe", d. h. die Mitgift der Braut oder
auch die "krone", bestimmt er zum einen als "schöwen", bei dem
das Gegenüber von geschautem Gott und schauendem Menschen
erhalten bleibt, aber auch als "ingang in die wilden wůsti und in
daz tief abgrůnde der wiselosen gotheit"[24].

Seuses Distanzierung von der schwärmerischen Mystik hat auch
eine Verlagerung des Schwerpunktes der Frömmigkeit zur Folge. Der
"Diener" im 'Büchlein der ewigen Weisheit', mit dem sich Seuse
exemplarisch identifiziert, begehrt: "Herr, ich hörte gern von der
Vereinigung der bloßen Vernunft mit der heiligen Dreifaltigkeit, wie
sie in dem wahren Widerglanze der Eingeburt ihres eigenen Geistes
sich selber benommen und von allem Mittelbaren entblößt wird"[25].
Und er bekommt von der Weisheit zu hören, dass er erst ganz unten
anfangen muss, bevor er diesen Gipfel erreichen darf. Zu den Übungen der Frömmigkeit, denen sich der Christ zuerst zuwenden soll,
gehört die Vorbereitung auf den Tod als die "ars moriendi", der
Empfang der Kommunion und, alles umfassend, die Nachfolge des
leidenden Herrn Jesus Christus.

Die christliche Mystik vollzieht bei Seuse eine Wendung erstens
in der Auffassung der Trinität: von der Betonung der völligen Einheit
hin zu der Unterscheidung der Personen, zweitens in der Auffassung
des Verhältnisses von Gott und Mensch: auch hier von der Konzentration auf die Einung hin zur Bestätigung der bleibenden Unter-

---

verlassende Rückorientierung", also Rückkehr und Aufgehen in Gott: ebd., cap.
IV,43–50. Zu den Begriffen und ihrer Übersetzung vgl. *Sturlese*, Einleitung, ebd.,
Kap. 5, XXXV–XXXIX, bes. XXXIX, Anm. 54. – Allerdings ist die Gegenüberstellung Sturleses, "Der Mensch als Naturding und als moralische Instanz",
ebd., XXXV, nicht treffend. Es handelt sich beide Male um zwei Aspekte des
Menschen als vernunftbegabtes und somit auf Gott bezogenes Wesen.
[24] *Heinrich Seuse*, Büchlein der ewigen Weisheit, cap. XII; Deutsche Schriften, hg.
von Karl Bihlmeyer, Stuttgart 1907, 244,14–245,15. Hinzu kommt der "zůvallende
lon", das "krenzli", das besonderen Verdiensten zugerechnet wird. Hier kommt es
wieder zu einer klaren Unterscheidung innerhalb einer Hierarchie der Seligen. Zu
diesen Begriffen vgl. *Thomas von Aquin*, S.Th. (Supplementum), III, q. 95,5; 96,1: die
"dos" als "visio", "dilectio", "fruitio" ist das "praemium essentiale", auch "aurea"
oder "corona" genannt. Die "aureola" ("krenzli") verhält sich dazu als Akzidens.
[25] Zitat wiedergegeben nach der Übersetzung von *Oda Schneider*, Heinrich Seuse,
Das Büchlein der Ewigen Weisheit, 2. Aufl., Stein am Rhein 1987, 134; vgl. *Seuse*,
Deutsche Schriften (wie Anm. 24), cap. XXI, 279,4–16: "Herr, ich horti gern von
der vereinunge der blozen vernunft mit der heiligen drivaltikeit, da si in dem waren
widerglanze der ingeburt des wortes und widergeburt ir selbs geistes ir selber wirt
benomen und von allem mittel geblôzet." Vgl. auch den Epilog; ebd., 324,6–8.

schiedenheit von Gott und Mensch. Damit ist drittens verbunden die Rückkehr vom Ziel zum Ausgangspunkt des mystischen Weges, der, wie Seuse übereinstimmend mit Bernhard lehrt, die Versenkung in die Passion Christi ist.

5. *Martin Luther*

In seinem Brief an Spalatin vom 12. Februar 1519 und in seinem 'Sermon von der Betrachtung des Leidens Christi' aus demselben Jahr[26] stellt sich Luther in die Tradition der Passionsfrömmigkeit, die von Bernhard angestoßen und von Seuse fortgesetzt worden war. Man solle anheben, erklärt Luther, mit der Betrachtung der Menschheit Christi, dann aber durchdringen zu Gott, dem Vater. Bemerkenswert ist, dass der Akzent nicht darauf liegt, dass Gott-Vater unsichtbar, sondern dass sein Wille voll süßer Güte zu uns ist. Dies vermag der Mensch einzig an Christus selbst zu erkennen, weil er dem Willen des Vaters gehorchend Mensch geworden ist und gelitten hat. Allein der Sohn ist der Weg: "Ista via neglecta non restat aliud nisi praecipitium in eternum Barathrum"[27]. Das Koordinatensystem dieses Weges ist festgelegt auf die innertrinitarische Relation zwischen Vater und Sohn: Der Mensch bewegt sich zwischen dem Sohn und dem Vater hin und her. Durch den Sohn dringt er zum Vater durch; er bleibt aber immer daran erinnert, dass er allein durch ihn zum Vater kommen kann, wendet sich also zugleich zum Sohn zurück.

Auf diese Art einer Versenkung in Gott hat Luther bereits in seiner Weihnachtspredigt von 1514 hingewiesen, wo er das ewige Wort mit dem Herzen vergleicht und sagt: "dass dieses Wort auf keine andere Weise nach draußen gesandt wird, als, indem es sich mit dem Fleisch oder der Menschheit vereint, die wie ein sichtbares Wort oder ein Werk Gottes ist, durch welches Gott zeigt, was Christus meint und denkt [. . .]. Wir hoffen aber, in der Zukunft Einblick zu gewinnen in dieses Wort, wenn Gott sein Herz öffnet, ja, wenn er es nicht nur ergießt, sondern uns in dieses Wort hineinführt, auf dass wir die Güter des Herrn sehen im Lande der Lebendigen [Ps 27,13], wenn wir die reine Wahrheit und Weisheit sehen werden – bis dahin nämlich zeigt er seine Hände und Füße, auch seine Augen

---

[26] WA Br 1, 327–331, Nr. 145; WA 2, 136–142.
[27] WA Br 1, 328,38–329,65, Nr. 145, Zitat: 329,58f.

und Ohren – und die Seite. Das wird kein enges Wort sein, wie das
unseres Herzens, sondern unendlich und ewig. Es gewährt allen ein
Schauspiel voll höchster Freude"[28]. Dieselben Gedanken finden sich
wieder im Abschluss der Auslegung des Credo im Großen Katechismus
von 1529[29].

Wie man sieht, schließt Luther keineswegs eine Vergeistigung in
der Auffassung Christi – und damit zugleich des ihn auffassenden
Menschen – aus. Die Gegenüberstellung der Körperteile Christi hier,
des unsichtbaren Wesens der Wahrheit und Weisheit dort zeigt dies
an. Doch ist sie nicht das, worauf der Akzent liegen darf. Luthers
Verdikt gegen Dionysius Areopagita beruht darauf, dass er feststellt,
dass bei ihm Christus nicht mehr vorkomme, und wenn man ihn
kenne, vergesse man ihn wieder[30]. Luthers scharfer Protest gegen
diese Gestalt von Mystik hatte ihren Grund darin, dass ihm im stärksten Maße bewusst war, dass der Mensch völlig auf Jesus Christus
angewiesen ist, auf das fleischgewordene Wort, den am Kreuz
Sterbenden. Der Augustiner-Eremit der Reformobservanz Martin
Luther teilte die Diagnose seines geistlichen Vaters Staupitz über den
Zustand der Christenheit seiner Zeit und "die spirituelle Desillusio-
nierung des ausgehenden Mittelalters"[31], die daraus erwuchs – ein
Urteil über diese fromme Zeit, das mit dem von Humanisten kon-
vergierte, die hochelaborierte christliche Kultur, in Europa seit Jahrhunderten gewachsen, sei in Wahrheit Barbarei[32].

Luther zog daraus die Konsequenz: Der Mensch muss sich den
radikalen Unterschied eingestehen zwischen sich, dessen Herz eng
ist, unfähig, Gott wirklich zu lieben, und dem ihn absolut liebenden

---

[28] "[. . .] quod hoc verbum non aliter mittitur foras nisi unitum carni seu huma-
nitati, quae est velut verbum visibile vel opus Dei, in quo ostendit Deus, quid
Christus sentiat et cogitet [. . .] Speramus autem in futuro inspicere in istud verbum, cum Deus cor suum aperuit, imo cum non effuderit verbum, sed nos intro-
ducet in cor suum, ut videamus bona Domini in terra viventium, cum puram
veritatem et sapientiam videbimus: interim enim manus et pedes, oculos quoque et
aures ostendit et latus. Sed tunc cor quoque introspiciemus cum omnibus beatis.
Non erit autem angustum hoc verbum, sicut nostri cordis, sed infinitum et aeternum, laetissimum praebens omnibus spectaculum et gaudium." WA 1, 24,9–20.

[29] BSLK 660,18–661,18.

[30] *McGinn*, Mystik (wie Anm. 4), Bd. 1, 267–269, bestätigt – weitgehend – dieses Urteil Luthers, weist aber auch noch auf die Stellen bei Dionysius hin, in denen
Christus zum Vorschein kommt.

[31] *Berndt Hamm*, Von der Gottesliebe des Mittelalters zum Glauben Luthers. Ein
Beitrag zur Bußgeschichte, in: LuJ 65 (1998), 19–44, hier: 36.

[32] Vgl. dazu *Sven Grosse*, Renaissance-Humanismus und Reformation, in: KuD 48
(2002), 276–300, hier: 295; vgl. auch 287–289.

Christus, dem fleischgewordenen Wort Gottes. Darum der Wechsel von der Liebe als Zentralbegriff der christlichen Existenz hin zum Glauben[33]. Der Menschen stürzt in den Abgrund, sobald er wähnt, seine eigene Liebe könnte in irgendeiner Weise dazu beitragen, dass er von Gott angenommen und in die Gemeinschaft mit Gott aufgenommen würde.

Auch bei Luther vollzieht christliche Mystik die ihr eigentümliche Wendung. Dies kann man erkennen an seiner Betonung der Fleischlichkeit statt der Geistigkeit Jesu Christi, an seiner Beschreibung der *unio* als einer Bewegung zwischen den Personen des Vaters und des Sohnes und schließlich daran, daß seine Lehre von der Rechtfertigung radikal auf den Glauben, nicht auf die Liebe ausgerichtet ist.

6. *Wendepunkte der Mystik*

Überblickt man nun diese drei Fallbeispiele Bernhard, Seuse und Luther, dann sieht man, dass Mystik im Bereich des Christentums immer wieder zu einem Kampf entgegengesetzter Tendenzen geführt hat. Es gibt ein Drängen, eine Sogkraft hin zur Aufhebung jeglichen Unterschiedes zwischen Gott und Mensch, ja, jeder Unterschiedenheit und zur Auflösung des Geschöpflichen und Sinnlichen. Gegen diese Tendenz kamen immer wieder Gegenbewegungen auf. So kam es bei Bernhard zwar zu der Lehre von einem Geist-Christus, korrespondierend der fortschreitenden Vergeistigung der menschlichen Seele, aber auch zu der Legitimierung der Verehrung des menschgewordenen und leidenden Christus. Gegen Eckharts Mystik wandte sich die Partei derer, die sich erfolgreich um ihre Verurteilung bemühte, und auch sein eigener Schüler Seuse begriff die gefährliche Nähe, die er zu den Brüdern des Freien Geistes hatte[34]. Dagegen, dass Dionysius Areopagita Christus weitgehend überging, wandte sich Luther. Diese Gegentendenz führte aber, wie wir gesehen haben, in keinem der Fälle zu einer absoluten Ablehnung von Mystik. Vielmehr wurden nun die Voraussetzungen betont, durch die es überhaupt wirklich zu einer mystischen Einigung, Vergöttlichung und

---

[33] *Hamm*, Gottesliebe (wie Anm. 31), 38–44.
[34] *Sturlese*, Einleitung zu *Seuse*, Buch der Wahrheit (wie Anm. 20), LIV–LXI; *Hans Wolter*, Die Krise des Papsttums und der Kirche im Ausgang des 13. Jahrhunderts (1274–1303), in: HKG (J) 3/2, Freiburg u. a. 1968, 297–362, hier: 311–313.

Vergeistigung kommen kann. Diese miteinander zusammenhängenden Voraussetzungen wurden aufgewiesen: Bei Bernhard die Fleischwerdung des Wortes, bei Seuse die trinitarische Selbstunterscheidung Gottes; Luther fügt die Rechtfertigung des Sünders, die allein durch den Glauben erfolgt, hinzu. Jedesmal, wenn diese Voraussetzungen geltend gemacht wurden, kam es zu einem Umschwingen der von ihnen wegführenden Tendenz, zu einem Wendepunkt der Mystik. Mit diesen Voraussetzungen ist aber zugleich bestimmt, was wesentlich christlich ist: Gott wird in Jesus Christus Mensch, er ist dreieinig, er rechtfertigt den Sünder.

Von Balthasars These kann also zugestimmt werden: im Christentum alleine verwirklicht sich erst Mystik. Hier und nur hier gibt es echte Mystik. Zugleich kann nun erkannt werden, warum es zu der bekannten protestantischen Reserve gegen Mystik kam, die bereits bei Luther selbst zu finden ist. Sie entspringt dem in der Geschichte der Kirche immer wieder vorgebrachten Einspruch gegen eine Loslösung des mystischen Prozesses von den Voraussetzungen, die ihn doch erst ermöglichen.

Es wird damit auch sichtbar, welche Stellung die Reformation – jedenfalls der lutherschen Prägung – in der Kirchengeschichte einnimmt. Die lutherische Rechtfertigungslehre steht in einem Zusammenhang des Christ-Seins, zu dem unverzichtbar auch die Mystik gehört. Luther vollzieht zwar mit einer bis dahin seltenen Konsequenz und Radikalität einen Rückgang auf den Nullpunkt menschlicher Existenz, auf das Bewusstsein völliger Gnadenbedürftigkeit. Doch bedeutet dieser Rückgang keine Reduzierung und keinen Bruch mit diesem umfassenden Zusammenhang. Wer an sich selbst vor Gott verzweifelt, aber glaubt, der erwartet aufgrund der Verheißung Gottes mit Gewissheit die Gnade. Die Gnade aber führt den Menschen dazu, Gott zu lieben, und diese Liebe führt ihn in das unsichtbare Herz Gottes hinein.

Mit alledem geschah bei Luther kein "Systembruch"[35]. Vielmehr gewann Luther angesichts der größten Gefährdung christlicher Existenz in der Anfechtung von neuem eine Vergewisserung ihrer Grundlagen und damit eine erneuerte und erneuernde Perspektive auf ihr Ganzes.

---

[35] Darum geschah auch die Adaption der Mystik, welche die lutherische Orthodoxie vollzog, ganz in Übereinstimmung mit Luther. Vgl. *Johann Anselm Steiger*, Fünf Zentralthemen der Theologie Luthers und seiner Erben. Communicatio – Imago – Figura – Maria – Exempla, Leiden u. a. 2002 (= SHCT 104), xv; zum Ganzen vgl. ebd., xi–xx und 52–58.

Diese Perspektive kann nur so fruchtbar werden, wenn sie eingebracht und integriert wird in das dialektische und zugleich organi-
sche Ganze der Geschichte der Kirche[36]. Eine von Luther inspirierte,
"reformatorische", "evangelische" Position wird in dem Ganzen der
Kirche immer eine Aufgabe wahrzunehmen haben, die unverzichtbar ist: zu erinnern, dass es einem *Bettler* geschenkt wird, Gott gleich
zu werden[37].

---

[36] Ansonsten kommt es in der Tat zu einer Verselbständigung, zu einer destruk-
tiven Wirkung einer ursprünglich konstruktiven Kritik, zu einem Abgleiten in Extreme,
vgl. dazu *John Henry Newman*, Die Entwicklung der Glaubenslehre, durchges. Neuausgabe der Übersetzung von Theodor Haecker, besorgt, komment. und mit ergänz.
Dokumenten vers. von Johannes Artz, Mainz 1969, 381 (Kap. 12. 8).
[37] Vgl. *Heiko Augustinus Oberman*, Simul gemitus et raptus. Luther und die Mystik,
in: Die Reformation. Von Wittenberg nach Genf, Göttingen 1986, 45–89.

II

FRÜHE NEUZEIT

VON DER POLARITÄT ZUR VEREINDEUTIGUNG. ZU DEN WANDLUNGEN IN KIRCHE UND FRÖMMIGKEIT ZWISCHEN SPÄTEM MITTELALTER UND REFORMATION[1]

Volker Leppin
(Jena)

Dass die deutsche reformationshistorische Forschung sich nicht im sterilen Gegenüber von Kontinuitätsenthusiasten hier und Umbruchsbekennern dort verliert, ist zu guten Teilen den differenzierten Beiträgen Berndt Hamms zu verdanken[2]. Die Gefahr wissenschaftlicher Polarisierung in diesem Feld beruht auch darauf, dass die Verhältnisbestimmung zwischen spätem Mittelalter und Reformation schon immer eines der für konfessionelle Vorannahmen anfälligsten Felder gewesen ist: Es war die ökumenische Öffnung der katholischen Kirche im Vorfeld des Zweiten Vatikanischen Konzils, die sich in der kirchenhistorischen Forschung – vor allem bei Joseph Lortz[3] und seinem Schüler Erwin Iserloh[4] – durch ein Dekadenzmodell der Deutung des Spätmittelalters bemerkbar machte, das darauf hinauslief, zu erklären, jene Kirche, gegen die Luther sich gewandt habe, sei eigentlich gar nicht im Vollsinne katholisch gewesen. Luther wäre hiernach in seiner geschichtlichen Situation legitimiert – sein Anstoß aber wäre, so die implizite Konsequenz, langfristig durch die katholische Rekonstitution in Trient aufgenommen und mithin die Lösung der evangelischen von der katholischen Kirche letztlich obsolet geworden.

---

[1] Die nachfolgenden Ausführungen habe ich in Vorträgen in Göttingen (30.06.2001) und Jena (17.06.2002) zur Diskussion gestellt, die mich an beiden Orten sehr bereichert hat – mit Rücksicht auf die große Fülle der vorliegenden Festschrift habe ich die Anmerkungen auf das Nötigste begrenzt.

[2] Dem Jubilar zu Ehren sei diese Selbstzitation aus meiner Rezension seiner Aufsatzsammlung *Berndt Hamm*, The Reformation of Faith in the Context of Late Medieval Theology and Piety. Essays, hg. von Robert J. Bast, Leiden u. a. 2004 (= SHCT 110), in: ThLZ 130 (2005), 176–178, erlaubt.

[3] *Joseph Lortz*, Die Reformation in Deutschland, Freiburg 1939/40, mit zahlreichen späteren Auflagen.

[4] *Erwin Iserloh*, Martin Luther und der Aufbruch der Reformation (1517–1525), in: HKG (J), Bd. 4, Freiburg u. a. 1967, 3–114, bes. 3–10.

Dem musste geradezu eine evangelische These entgegengestellt
werden, die in Gestalt von Bernd Moeller erklärte, um 1500 habe
sich "die Intensität der Frömmigkeit [...] mächtig gesteigert"[5], das
15. Jahrhundert sei geradezu eines der frömmsten Jahrhunderte in
der Kirchengeschichte überhaupt gewesen[6]. Die Reformation wäre
damit nicht auf der Talsohle der Entwicklung anzusiedeln, sondern
an deren Kulminationspunkt: Sie antwortete auf die mittelalterliche
Kirche gerade dort, wo diese am stärksten war.

Beide Modelle – Dekadenz- wie Kulminationsmodell – arbeiten
je auf ihre Weise mit Wertungen. Ob man eine Zeit als verderbt
bezeichnet oder als besonders fromm: In beiden Fällen wird man
sich fragen müssen, woher denn die Maßstäbe für solche Wertungen
eigentlich kommen und wie diese Maßstäbe historisch zu verifizieren sein werden. Demgegenüber setzt Berndt Hamm auf rein de-
skriptive Begriffe, wenn er den systemsprengenden Charakter der
Reformation mit dem Gegenüber von 'Gradualismus'[7] einerseits und
'Zentrierung'[8] andererseits beschreibt. Mit dem "Gradualismus" nämlich sei, so Hamm, "der Nerv mittelalterlicher, katholischer Gemein-

---

[5] *Bernd Moeller*, Frömmigkeit in Deutschland um 1500, in: Ders., Die Reformation
und das Mittelalter. Kirchenhistorische Aufsätze, hg. von Johannes Schilling, Göttingen
1991, 73–85, hier: 74.

[6] *Bernd Moeller*, Spätmittelalter, Göttingen 1966 (= KIG 2H), 40. Die jüngste
Modifikation dieses Modells bietet sein Schüler *Thomas Kaufmann*, Vorreformatorische
Laienbibel und reformatorisches Evangelium, in: ZThK 101 (2004), 138–174; lei-
tendes Interpretament ist der Begriff des "Anfangs", der äquivok für einen – mit
Luther verbundenen – "analogielosen" Anfang (158) und andere, offenbar nicht als
analogielos verstandene Anfänge (Bibellektüre im späten Mittelalter, Erasmus) benutzt
wird, ohne dass deutlich würde, welche historiographischen Kriterien jenseits der
theologischen Wertungen des Autors die Einordnung einer Differenz als "analogielos" – und d. h. nach Troeltsch den Verzicht auf "das Mittel, wodurch Kritik überhaupt erst möglich wird" (*Ernst Troeltsch*, Ueber historische und dogmatische Methode
in der Theologie, in: Ernst Troeltsch Lesebuch, hg. von Friedemann Voigt, Tübingen
2003, 2–25) – erlauben; die von Kaufmann referierten Spezifika von Luthers
Bibelübersetzung (164–169) sind jedenfalls unter diese Kategorie kaum zu fassen.
Wie die Nachzeichnung von Analogien mit einer Hervorhebung der Besonderheit
Luthers methodisch zu verbinden ist, zeigt nach wie vor das von Kaufmann nicht
herangezogene Standardwerk zu seinem Thema: *Gerhard Ebeling*, Evangelische
Evangelienauslegung. Eine Untersuchung zu Luthers Hermeneutik, München 1942
(= FGLP 10/1).

[7] *Berndt Hamm*, Einheit und Vielfalt der Reformation – oder: Was die Reformation
zur Reformation machte, in: Ders./Bernd Moeller/Dorothea Wendebourg, Reformationstheorien. Ein kirchenhistorischer Disput über Einheit und Vielfalt der Reformation, Göttingen 1995, 57–127, hier: 69–71.

[8] *Berndt Hamm*, Reformation als normative Zentrierung von Religion und Gesellschaft,
in: JBTh 7 (1992), 241–279.

samkeit"[9] bestimmt; diese Gemeinsamkeit also wurde gesprengt, als mit der Reformation eine einzigartige Zentrierung aller Theologie und Frömmigkeit um die Überzeugung von der Rechtfertigung des Sünders allein aus Gnade durch den Glauben erfolgte.

Was dieses Modell gleichwohl mit den Modellen von Lortz, Iserloh und Moeller verbindet, ist das Bestreben, das späte Mittelalter unter einen verbindenden Begriff zu bringen, der eine lineare Entwicklung suggeriert, die durch die Reformation gebrochen wurde. Dabei zeigen gerade die vielfältigen Forschungen von Moeller und Hamm, dass das späte Mittelalter neben solchen unleugbaren gemeinsamen Tendenzen auch und vielleicht vor allem durch eine auffällige Menge von Disparitäten bestimmt ist. Man wird sich daher fragen müssen, ob es tatsächlich ein angemessenes und sinnvolles Unterfangen ist, das späte Mittelalter von seiner Einheit her zu denken – ob nicht sein Charakteristikum gerade die Pluralität ist, die sich gelegentlich geradezu als Polarität manifestieren kann.

Es könnte also den Versuch wert sein, diese Epoche einmal gerade nicht anhand grundlegender, durchgängiger Gemeinsamkeiten zu charakterisieren, sondern anhand bipolarer Spannungen, die darauf hinweisen, dass die Entwicklungen des Spätmittelalters gerade nicht gemeinsam auf einen Fluchtpunkt zu-, sondern in mehrere Richtungen auseinanderliefen – eine Entwicklung, die so etwas wie die Reformation keineswegs notwendig machte, aber doch hilft, sie sinnvoll zu erklären. Theologisch liegt diese Polarität auf der Hand. Die Unterscheidung der viae mit ihren ganz unterschiedlichen Denkansätzen hat bekanntlich – bis hin zu den wiederholten Nominalistenverboten in Paris – eine weit über bloß akademisch immer mögliche unterschiedliche Perspektiven hinausgehende Bedeutung[10].

Um freilich über diese bekannte geistesgeschichtliche Tatsache hinaus auch das Gesamtphänomen spätmittelalterlicher Kirche in den Blick zu bekommen, will ich im Folgenden drei andere, stark miteinander verschränkte Aspekte hervorheben: einen eher frömmigkeitsgeschichtlichen, einen sozialgeschichtlichen und einen institutionengeschichtlichen.

---

[9] *Hamm*, Einheit und Vielfalt (wie Anm. 7), 71.
[10] Vgl. allerdings zur Relativierung dieses beliebten historiographischen Schemas *Daniel Bolliger*, Infiniti Contemplatio. Grundzüge der Scotus- und Scotismusrezeption im Werk Huldrych Zwinglis. Mit ausführlicher Edition bisher unpublizierter Annotationes Zwinglis, Leiden/Boston 2003 (= SHCT 107), 3–59.

1. Zur Frömmigkeitsgeschichte: Subjektive Heilsaneignung und objektive Quantifizierung des Heilsgewinns werden gleichermaßen intensiviert[11]. Das späte Mittelalter ist in einem Teil seiner Frömmigkeit von einem Zug geprägt, den Berndt Hamm treffend mit dem Begriff der 'nahen Gnade' charakterisiert hat[12]. Hier könnte man auch auf die Immediatisierung des Heils im Kontext der potentia-absoluta-Lehre der Via moderna verweisen[13]. Wichtiger ist für den vorliegenden Zusammenhang allerdings die zunehmende Intensivierung subjektiver Heilsaneignung, für die die Entwicklung zu einer im bürgerlichen Kontext lebbaren Mystik konstitutiv ist: Während die Mystik eines Bernhard von Clairvaux noch überdeutlich ihre enge Verbindung mit dem monastischen Milieu zeigt, hat insbesondere die religiöse Frauenbewegung des 13. Jahrhunderts mit der religiösen Begeisterung von Beginen als Stand zwischen Welt und Kloster einer spirituellen Existenz Raum gegeben, die die unmittelbare Nähe zu Gott in einem Status suchte, der nicht ohne Weiteres in die kirchliche Struktur integriert war. Eine Reaktion hierauf war nicht nur die Verurteilung der Beginen in Vienne durch die Bulle 'Ad nostrum'[14], sondern auch die Integration der religiös bewegten Frauen in die Bettelorden, zumal in den Dominikanerorden. Dies bildete den sozialen Nährboden für die cura monialium, mit der so bedeutende Mystiker wie Meister Eckhart und Johannes Tauler betraut wurden und deren Aufgabe die Domestizierung der überschwenglichen Frömmigkeit dieser Frauen war[15].

Es wäre ein eigenes Thema, die Interdependenz zwischen der mystischen Predigt der großen Prediger am Oberrhein und ihren Hörerinnen zu überprüfen. Kurt Ruh konnte eine Abhängigkeit Meister Eckharts vom 'Miroir des simples âmes' der Marguerite Porete

---

[11] Diese Diskrepanz thematisiert auch *Moeller*, Spätmittelalter (wie Anm. 6), 34.

[12] *Berndt Hamm*, Die "nahe Gnade" – innovative Züge der spätmittelalterlichen Theologie und Frömmigkeit, in: Herbst des Mittelalters? Fragen zur Bewertung des 14. und 15. Jahrhunderts, hg. von Jan A. Aertsen/Martin Pickavé, Berlin/New York 2004 (= MM 21), 541–557.

[13] Hierzu immer noch grundlegend: *Werner Dettloff*, Die Entwicklung der Akzeptations- und Verdienstlehre von Duns Scotus bis Luther. Mit besonderer Berücksichtigung der Franziskanertheologen, Münster 1963 (= BGPhMA 40/2).

[14] *Jacqueline Tarrant*, The Clementine Decrees on the Beguines. Conciliar and Papal Visions, in: AHP 12 (1974), 300–308.

[15] *Otto Langer*, Mystische Erfahrung und spirituelle Theologie. Zu Meister Eckharts Auseinandersetzung mit der Frauenfrömmigkeit seiner Zeit, München 1987 (= MTUDL 91).

wahrscheinlich machen[16]. Für den vorliegenden Zusammenhang wichtiger ist aber die Tatsache, dass diese mystische Frömmigkeit schon durch die – leider nicht erhaltenen – Volkspredigten Johannes Taulers auch das Bürgertum der Städte am Oberrhein erreichte[17]. Mit der Bezeichnung der alltäglichen Erwerbsarbeit als "ruoff" Gottes[18] gab er ihr einen Stellenwert im christlichen Ethos, der ihre Nachrangigkeit gegenüber der monastischen Existenz aufhob. Ausdrücklich heißt es bei ihm: "Der eine kann spinnen, der ander der kann schuoch machen, und etliche die kúnnen wol mit disen uswendigen dingen, das si wol gscheffig sint, und das enkan ein ander nút. Und dis sint alles gnaden die der geist Gotz wúrket."[19] Die paulinische Charismenlehre dient also zur Interpretation des funktionalen Miteinanders im handwerklichen Getriebe. So gewinnt der Gedanke, dass das europäische Abendland in seiner sozialen Gesamtheit das Corpus christianum sei, eine ganz eigene Profilierung.

Dies ist deswegen möglich, weil immer stärker die Innendimension zum entscheidenden Ort der Begegnung mit Gott gemacht wird. Wo nicht das äußere Werk, sondern die innere Haltung das Verhältnis zu Gott bestimmt, ist grundsätzlich in jeder äußeren Handlung Nähe zu Gott zu erlangen – ein Gedanke, der in Eckharts berühmter Predigt über Maria und Martha und der mit ihr verbundenen Aufwertung der vita activa theologisch vorbereitet ist[20].

Auch wenn die Linie von Tauler über seine Begegnung mit Ruusbroec zur 'Devotio moderna'[21] nicht in letzter Eindeutigkeit zu ziehen ist, kann man doch in dieser Frömmigkeitsbewegung am Niederrhein unzweifelhaft eine seinem Anliegen entsprechende weitere Integration mystischen Erbes in den bürgerlichen Alltag – freilich

---

[16] *Kurt Ruh*, Meister Eckhart. Theologe – Prediger – Mystiker, München 1985, 104–108.

[17] *Volker Leppin*, Art. Tauler, Johannes, in: TRE 32 (2001), 745–748, hier: 745.

[18] Die Predigten *Taulers* aus der Engelberger und der Freiburger Hs. sowie aus Schmidts Abschriften der ehemaligen Straßburger Handschriften, hg. von Ferdinand Vetter, Berlin 1910 (= DTMA 11; Dublin 1968), 243,13–22.

[19] Ebd., 177,19–22.

[20] Vgl. hierzu *Dietmar Mieth*, Die Einheit von vita activa und vita contemplativa in den deutschen Predigten und Traktaten Meister Eckharts und bei Johannes Tauler. Untersuchungen zur Struktur des christlichen Lebens, Regensburg 1969 (= SGKMT 15).

[21] Als Hinführung zur Fülle der Literatur zu diesem Thema sei verwiesen auf den konzisen, sehr knappen Artikel von *Christoph Burger*, Art. Devotio moderna, in: RGG⁴ 2 (1999), 776.

unter immer stärkerer Brechung der Spitzen mystischer Erfahrungs-
räume – beobachten. Neben der Ausrichtung der 'Imitatio Christi'
auf das bürgerliche Leben sei hier insbesondere auf die Verbindung
von handwerklicher Tätigkeit und Meditation verwiesen, auf die
jüngst Ulrike Hascher-Burger aufmerksam gemacht hat[22]: In der
'ruminatio' eignet sich die oder der Gläubige während der Handar-
beit die religiösen Gehalte an, macht sie sich innerlich zu eigen.

Dem entgegen läuft ein Strang der Quantifizierung – dieser Begriff
ist bewusst etwas weiter gewählt als der von Hamm in die Diskussion eingeführte des Gradualismus, insofern möglicherweise nicht
überall der geordnete gestufte Weg des Heils mitgedacht ist, wenn
das Heil portionsweise ausgeteilt wird. Der weite frömmigkeitsgeschichtliche Hintergrund dieses Phänomens liegt natürlich in der
Quantifizierung des Bußwesens von der öffentlichen ganzheitlichen
Buße der Antike zur Tarifbuße des frühen Mittelalters. Nicht zufällig hat der katholische Kirchenhistoriker Arnold Angenendt diesen
Vorgang mit reformatorischen Kategorien beschrieben: "Es beginnt
hier das Überwiegen des äußeren Werkes und der zählbaren Leistung,
wobei die Introspektion und die innere Abwägung zurücktreten"[23].

Der Ansatzpunkt bei der Buße macht natürlich gerade auch im
Blick auf das späte Mittelalter den Ablass zum Paradefall dieser
Quantifizierung. Bernd Moeller hat zu Recht neben der Ausweitung
des römischen Jubelablasses auf ganz Europa die Ad-instar-Ablässe
als entscheidendes Movens der Ablassfrömmigkeit seit Bonifaz VIII.
herausgestrichen, die es ermöglichten, die an bestimmten heiligen
Stätten haftenden Ablässe auf andere Orte zu übertragen[24]. Sie erleich-
terten, kühl gesprochen, das logistische Problem einer Wallfahrt –
frömmigkeitsgeschichtlich sind sie Ausdruck eines Phänomens, das
meines Erachtens am besten mit dem Begriff der 'Repräsentationsfrömmigkeit' zu erfassen ist: Die gesamte spätmittelalterliche Frömmigkeit ist durchzogen von dem Gedanken, dass in Personen oder
Gegenständen das Heilige präsent werden könne. Die Präsenz Christi
in der Eucharistie, die durch die Einführung des Fronleichnamsfestes

---

[22] *Ulrike Hascher-Burger*, Gesungene Innigkeit: Studien zu einer Musikhandschrift
der Devotio moderna (Universiteitsbibliotheek Utrecht, ms. 16 H 34, olim B 113),
Leiden 2002 (= SHCT 106), 99–104.

[23] *Arnold Angenendt*, Das Frühmittelalter, 2. Aufl., Stuttgart u. a. 1995, 212.

[24] *Bernd Moeller*, Die letzten Ablaßkampagnen. Der Widerspruch Luthers gegen
den Ablaß in seinem geschichtlichen Zusammenhang, in: Ders., Die Reformation
und das Mittelalter (wie Anm. 5), 53–72, hier: 57.

1264, durch die vielfältigen Darstellungen der Gregorsmesse oder auch durch die antijudaistischen Legenden vom Hostienfrevel[25] gesteigert wahrgenommen wird, ist nur der Extremfall dieser Frömmigkeit, die sich sowohl in den vielfältigen Sakramentalien als auch in Reliquienverehrung oder Mysterienspielen[26] zeigt. Wenn etwa Göbel Schickenberges beschreibt, wie er anlässlich seiner Romfahrten 1515/16 die Hände in die Fußspuren Jesu in San Sebastiano legte und sich in San Pietro in Vincoli die Gefängnisketten des Petrus um den Hals legte[27] und so zum haptischen Nachvollzug der Leidensgeschichten kam, wenn in Görlitz ein ganzes Ensemble des Heiligen Grabes entsteht[28], dann gewinnt das Heilige Orte der Vergegenwärtigung, die zwar der subjektiven Aneignung nicht entzogen, aber doch klar vorgeordnet sind. Welche Bedeutung solche Repräsentationen etwa auch in einem Bild haben konnten, zeigen die Exzesse anlässlich der Verehrung der Schönen Maria in Regensburg[29].

Diese Gegenwart des Heiligen im Irdischen macht, um den Bogen wieder aufzugreifen, erst jene Quantifizierung des Heils vermittels des Ad-instar-Ablasses und anderer Ablassformen denkbar. Man kann sich jahres-, jahrzehnte- oder auch jahrhunderteweise von den Folgen der eigenen oder – seit der Bulle 'Salvator noster' des Papstes Sixtus IV. (1471–1484) – fremder Schuld befreien, kann das Unheil scheibchenweise abarbeiten und das Heil entsprechend scheibchenweise erwerben. Diese Art der Frömmigkeit ist fundamental unterschieden von jenen Konzepten der nahen Gnade, die sich als Erbe der mystischen Frömmigkeit entwickelt hatten. Und sie ist gewiss nicht so durchgängig prägend für das späte Mittelalter, wie es der einseitige Rückblick vom 31. Oktober 1517 aus suggerieren könnte – aber sie ist Teil des Mittelalters, Teil einer Lebenswelt, in der man kaufmännisch

---

[25] Zum theologischen Zusammenhang des Hostienfrevelvorwurfs mit der Eucharistielehre vgl. *Gerhard Czermak*, Christen gegen Juden. Geschichte einer Verfolgung, Frankfurt a. M. 1991, 59–63.

[26] Vgl. zu diesem Komplex *Robert W. Scribner*, Die Wahrnehmung des Heiligen am Ende des Mittelalters, in: Ders., Religion und Kultur in Deutschland. 1400–1800, hg. von Lyndal Roper, Göttingen 2002 (=VMPIG 175), 101–119.

[27] Vgl. Handbuch der Religionsgeschichte im deutschsprachigen Raum, Bd. 2: Hoch- und Spätmittelalter, hg. von Peter Dinzelbacher, Paderborn u. a. 2000, 70.

[28] Vgl. *Hans Georg Thümmel*, Art. Heiliges Grab. II. Kunstgeschichtlich, in: RGG⁴ 3 (2000), 1567–1569, hier: 1569.

[29] Vgl. *Bernd Moeller*, Probleme des kirchlichen Lebens in Deutschland vor der Reformation, in: Ders., Die Reformation und das Mittelalter (wie Anm. 5), 86–97, hier: 88–92.

zu handeln gelernt hat – auf Erden und auch im Himmel. Und es lässt sich nicht einmal durchgängig behaupten, dass die beiden beschriebenen Frömmigkeitstypen unvereinbar waren: Dass Schickenberges ein Windesheimer Laienbruder war, zeigt die Verankerung der Repräsentationsfrömmigkeit in der Devotio moderna erhellend, und auch bei Johannes Tauler lassen sich nebeneinander jene nahe Gnade und ein stufenhaftes Wegeschema zur Heilserlangung[30] identifizieren. Nahe, unmittelbare Gnade und quantifizierbar vermittelte Gnade also liegen ineinander – und sind doch als einander elementar fremde Vorstellungen vom Verhältnis zu Gott anzusprechen.

2. In sozialhistorischer Perspektive steht einer Zunahme der Laienverantwortung auf der einen Seite eine Steigerung des klerikalen Charakters der Kirche auf der anderen Seite entgegen. Schon im beginnenden 14. Jahrhundert betonten so unterschiedliche Theologen wie Meister Eckhart und Wilhelm von Ockham das Recht der Laien auf Partizipation[31]. Beide reagierten damit auf die zunehmende Kompetenz der Laien: Die Gnade war nicht nur nahe geworden, sondern sie wurde nun auch zunehmend verstehbar. Nicht zufällig verbindet sich die beschriebene Tendenz zur Verinnerlichung auch mit einem gewissen Zug zur rationalen Aneignung der Religion, vor allem durch die Lektüre, über die wir insbesondere durch den Traktat 'De libris teutonicalibus' Zerbolds von Zutphen bestens informiert sind[32]. Wie ausgeprägt das Interesse an geistlicher Lektüre war, zeigt nicht nur der Erfolg der 'Imitatio Christi' – ein ähnlicher literarischer Erfolg war schon der 'Vita Christi' des Karthäusers Ludolf von Sachsen (ca. 1300–1378)[33] beschieden gewesen. Katechetische Literatur wie die 'Hymelstraß' des Stephan von Landskron (gest. 1477)[34] tritt dane-

---

[30] Hierauf insistiert *Kurt Ruh*, Geschichte der abendländischen Mystik. Bd. 3: Die Mystik des deutschen Predigerordens und ihre Grundlegung durch die Hochscholastik, München 1996, 497–501.

[31] Vgl. *Volker Leppin*, Die Aufwertung theologischer Laienkompetenz bei Wilhelm von Ockham, in: Dilettanten und Wissenschaft – zur Geschichte und Aktualität eines wechselvollen Verhältnisses, hg. von E. Strauß, Amsterdam/Atlanta 1996 (= Philosophie & Repräsentation/Philosophy & Representation 4), 35–48.

[32] The De libris teutonicalibus by *Gerard Zerbolt of Zutphen*, hg. von Albert Hyma, in: NAKG 17 (1924), 42–70; zur neueren Diskussion über diesen früher einseitig apologetisch eingeordneten Traktat vgl. *Volker Leppin*, Art. Zerbolt, Gerhard, in: TRE 36 (2004), 658–660.

[33] *Ulrich Köpf*, Art. Ludolf von Sachsen, in: RGG⁴ 5 (2002), 539.

[34] Zu ihm vgl. *Volker Leppin*, Art. Stephan von Landskron, in: LThK³ 9 (2000), 965.

ben, ebenso auch die artes-moriendi-Literatur mit ihren Anweisungen zum gelingenden Leben – von der Fülle spätmittelalterlicher Bibelübersetzungen ganz zu schweigen[35]. So mit Lektüre versorgt, konnten die Laien sich selbst kompetent über ihr Heil machen, sich das Heilsgeschehen selbst subjektiv aneignen und beurteilen, statt es nur objektiv zu empfangen. Wohl der signifikanteste Ausdruck hierfür ist, dass im 15. Jahrhundert sogar eine Erklärung der Messe in deutscher Sprache verfasst wurde[36] – das Allerheiligste wurde so den Laien verständlich gemacht, wenn auch die Betonung der Alleinzuständigkeit der Priester das gesamte Werk durchzieht.

Die Laien blieben aber bekanntlich nicht allein bei diesen kognitiven Formen der Heilsaneignung, sondern sie gaben ihrer gesteigerten Verantwortung für das Heil auch organisatorische Gestalt. Die Bruderschaften, die so prägend für das späte Mittelalter sind, sind ja auch Ausdruck für die Bereitschaft der Laien, bestimmte religiöse Anliegen selbst in die Hand zu nehmen, insbesondere soziale Anliegen und auch die Totenmemoria[37]. Die Entsprechung der Organisationsform dieser Verbände zu den Zünften zeigt, in welchem Maße religiöses Bedürfnis von den Laien aus definiert und erfüllt wurde.

Freilich hat Robert W. Scribner zu Recht davor gewarnt, diese Bruderschaften vorschnell sozialromantisch als Manifestationen von alternativer Religiosität zu verstehen: Sie waren "nie weit von offizieller Aufsicht entfernt"[38]. Diese Einsicht liegt nahe, gab es doch bestimmte Verpflichtungen, für die die Bruderschaften ganz elementar auf einen Priester angewiesen waren. Häufig genug war Stiftungszweck ein Altar beziehungsweise die Versorgung eines Altaristen. Der

---

[35] *Rudolf Bentzinger*, Zur spätmittelalterlichen deutschen Bibelübersetzung. Versuch eines Überblicks, in: "Ik lerde kunst dor lust". Ältere Sprache und Literatur in Forschung und Lehre. Festschrift Christa Baufeld, hg. von Irmtraud Rösler, Rostock 1999 (= Rostocker Beiträge zur Sprachwissenschaft 7), 29–41. Der die Bibellektüre aus ihrem frömmigkeitsgeschichtlichen Kontext lösende Satz "Am Anfang war die Bibel" (*Kaufmann*, Laienbibel [wie Anm. 6], 139) ist, auch wenn man die geschickt gewählte rhetorische Hyperbel in Rechnung stellt, symptomatisch für einen Zugriff auf das späte Mittelalter, der schon in der Fragestellung nur die Kategorien protestantischer Theologie und Frömmigkeit zugrunde legt und damit die eigenen Bedingungen spätmittelalterlicher Frömmigkeit, wie sie die jüngere Forschung herausgearbeitet hat, verfehlt.
[36] Die älteste deutsche Gesamtauslegung der Messe, hg. von Franz Rudolf Reichert, Münster 1967 (= CCath 29).
[37] Vgl. hierzu den instruktiven Überblick von *Angelika Dörfler-Dierken*, Art. Bruderschaften. II. Kirchengeschichtlich. 1. Abendland, in: RGG⁴ 1 (1998), 1784f.
[38] *Robert W. Scribner*, Elemente des Volksglaubens, in: Ders., Religion und Kultur in Deutschland (wie Anm. 26), 66–99, hier: 81.

enorme Anstieg der Anzahl von Priestern in den Städten und auch Dörfern des Mittelalters kam aus den Gemeinden[39] und eben vielfach von den Bruderschaften. Diese bleiben also elementar auf die sakramentale Heilsvermittlung durch den Priester angewiesen – nur ein Ausdruck dafür, dass das religiöse Leben gerade auch im späten Mittelalter hochgradig klerikalisiert war. Die Weichen hierfür hatte das hohe Mittelalter durch den Zwang zur jährlichen Buße[40] und, am Übergang zum späten Mittelalter, durch die Sakramentalisierung der Ehe gestellt[41] – das Alltagsleben stand so deutlich unter der Kontrolle der Priester, und auch die grundlegende soziale Institution der Ehe konnte ohne sie nicht mehr zustande kommen. Die durch beide Vorgänge noch gesteigerte Regulierung des Alltags durch die klerikale Hand verstärkt das Diskrepanzempfinden zwischen den Ansprüchen an den Klerus und seiner Realität[42], also diejenige Stimmung, die in bestimmten theoretischen Zusammenhängen gerne als 'Antiklerikalismus' stark gemacht wird für eine Erklärung der Reformation[43]. In jedem Falle besteht eine Polarität zwischen der Fähigkeit, religiöse Verantwortung zu übernehmen, auf der einen Seite und der unhintergehbaren Verwaltung des Heils durch die Kleriker auf der anderen Seite.

Deutlicher als an den anderen zu nennenden Punkten ist freilich hier auch eine institutionelle Reaktion innerhalb des Rahmens der spätmittelalterlichen Kirche zu beobachten. Schon die Bettelorden mit ihren Predigtscheunen boten eine erste Auffangmöglichkeit für die gesteigerten religiösen Ansprüche in den Städten – auf die Dauer konnte jedoch auch dies nicht ausreichen, und es kam zu einer Vielzahl von Prädikantenstellen. So wurde mit Mitteln der klerikal strukturierten mittelalterlichen Kirche dem Laienbedürfnis nach rationaler Erklärung des Glaubens Rechnung getragen, bis hin zu der Stärkung des Prädikantengottesdienstes als einer eigenen, dem Mess-

---

[39] *Arnold Angenendt*, Geschichte der Religiosität im Mittelalter, Darmstadt 1997, 329.

[40] Vgl. hierzu *Martin Ohst*, Pflichtbeichte. Untersuchungen zum Bußwesen im Hohen und Späten Mittelalter, Tübingen 1995 (= BHTh 89).

[41] Vgl. zu dieser Thematik den Forschungsüberblick von *Martin Ohst*, Zur Geschichte der christlichen Eheauffassung von den Anfängen bis zur Reformation, in: ThR 61 (1996), 372–387.

[42] *Anton Störmann*, Die städtischen Gravamina gegen den Klerus am Ausgange des Mittelalters und in der Reformationszeit, Münster 1916.

[43] *Hans-Jürgen Goertz*, Antiklerikalismus und Reformation, Göttingen 1995.

gottesdienst entwachsenen Form gemeindlichen Feierns. Nicht zufällig waren es dann häufig gerade die Prädikanten, die in den Städten auch die Reformation vorantrieben.

Dies ist auch Ausdruck dafür, dass das Auffangen der religiösen Bedürfnisse vermittels der Prädikanten nur zeitweise befriedigen konnte. Die Spannung zwischen eigener Einsicht in das Heil und dessen Vermittlung durch die dafür Geweihten wurde immer größer – je gewichtiger das bloße Kriterium der Weihe, kenntlich am Antiklerikalismus, nachrangig gegenüber Kriterien intellektueller oder moralischer Kompetenz wurde.

3. Im Blick auf die kirchenleitenden Institutionen stehen im späten Mittelalter Tendenzen zur Zentralisierung und zur Dezentralisierung oft im wahrsten Sinne des Wortes im Widerstreit miteinander[44]. Das 15. Jahrhundert ist geprägt von einem Wiedererstarken der kirchlichen Zentralmacht. Nachdem das Schisma zwischen den Papststühlen in Avignon und in Rom um 1400 grundsätzlich die päpstliche Autorität in Frage gestellt hatte, hatten gerade die großen Konzilien von Pisa, Konstanz und Basel dazu beigetragen, dass eine neue starke Zentralmacht entstehen konnte, wenn auch zunächst in Gestalt des Konzils – aber mit dem geschickten Taktierer Martin V. und der berühmten Erfolgsgeschichte von Ferrara-Florenz und der durch sie ermöglichten Union mit den Griechen hatte sich das Papsttum neu an die Spitze der Christenheit gestellt. Das in moralisierenden Betrachtungen der Papstgeschichte gerne abgewertete Renaissancepapsttum[45] wird daher von Bernhard Schimmelpfennig zu Recht unter der Überschrift "Restauration und Renaissance"[46] abgehandelt. Noch dem heutigen Rombesucher erschließt sich die von der neuen Verbindung der christlichen mit der antiken Romidee getragene neue Zentralität der Papstkirche unmittelbar. Vor diesem Hintergrund konnte sich dann auch ein neuer theologischer Papalismus entwickeln, der einen ersten Höhepunkt noch unter dem unmittelbaren persönlichen Eindruck der Konzilien in der 'Summa de ecclesia' des Kardinals

---

[44] Diese Spannung thematisiert auch *Iserloh*, Martin Luther (wie Anm. 4), 4–6.

[45] Vgl. noch in der TRE *Georg Schwaiger*, Art. Papsttum I. Kirchengeschichtlich, in: TRE 25 (1995), 647–676, hier: 663: "Alle Förderung der Künste und Wissenschaften konnte nicht darüber hinwegtäuschen, daß das Papsttum und seine verweltlichte Kurie schwer an religiöser Substanz verloren hatten."

[46] *Bernhard Schimmelpfennig*, Das Papsttum, 3. Aufl., Darmstadt 1988, 266.

Juan de Torquemada (1388–1468) erfuhr[47]. Reformationsgeschichtlich bedeutsam wurde diese Linie bei Torquemadas dominikanischem Ordensbruder Silvester Prierias (1456–1523/7)[48], wenn er den Ablassthesen entgegenhielt: "Quicunque non innitur doctrine Romane ecclesie, ac Romani pontificis, tanquam regule fidei infallibili, a qua etiam sacra scriptura robur trahit et autoritatem, hereticus est."[49] In diesem Zusammenhang konnte Julius II. auf dem V. Laterankonzil mit weit mehr Recht 'Unam Sanctam' erneut bestätigen, als dies Gregor XI. 1375 getan hatte[50].

Gleichwohl führten die Ereignisse des 15. Jahrhunderts auch zu spürbaren Begrenzungen der päpstlichen Macht- und Einflusssphäre. Das gilt nicht nur im Blick auf die Ereignisse in Böhmen, die die bislang trotz der Existenz des Judentums stets vorausgesetzte religiöse Homogenität Europas aufsprengten, sondern in vielleicht noch wirkungsvollerer Weise für die Ereignisse in Frankreich, wo es der französischen Krone durch die Pragmatische Sanktion von Bourges gelungen war, aus dem zeitweiligen päpstlichen Machtverlust Gewinn zu ziehen und sich kirchenpolitisch weitgehend von der römischen Zentrale frei zu machen[51].

Vergleichbares war in Deutschland nicht gelungen, und so schlug das Wiedererstarken der römischen Zentralmacht nach dem Scheitern des Reformkonzils von Basel voll durch und machte sich in permanenten finanziellen Belastungen durch ein ausgeklügeltes Abgabensystem bemerkbar. Welche Spannungen hierdurch in Deutschland entstanden, ist durch die vielfach diskutierten Gravamina der deutschen Nation hinreichend belegt[52], die immer wieder auf Reichstagen vorgelegt wurden und die Beschwerden der Reichsstände, insbesondere der geistlichen Stände, sammelten.

Die politischen Instanzen in Deutschland haben hierüber aber nicht nur geklagt, sondern es lässt sich neben dem Leiden an der

---

[47] Vgl. zu ihm *Karl Binder*, Konzilsgedanken bei Kardinal Juan de Torquemada O.P., Wien 1976.

[48] Zu ihm *Heribert Smolinsky*, Art. Prierias, Silvester Mazzolini, in: TRE 27 (1997), 376–379.

[49] Dokumente zur Causa Lutheri (1517–1521). 1, Teil: Das Gutachten des Prierias und weitere Schriften gegen Luthers Ablaßthesen (1517–1518), hg. von Peter Fabisch/Erwin Iserloh, Münster 1988 (= CCath 41), 55.

[50] Vgl. *Tilmann Schmidt*, Art. Unam Sanctam, in: LMA 8 (1997), 1214f.

[51] Instruktiv hierzu *Irene Dingel*, Art. Gallikanismus, in: RGG⁴ 3 (2000), 459f.

[52] Vgl. hierzu *Eike Wolgast*, Art. Gravamina nationis germanicae, in: TRE 14 (1985), 131–134.

wachsenden Zentralisierung der Kirche auch vielerorts eine erfolgreiche Politik der dezentralen Übernahme der Macht über die Kirche
beobachten: Sachsen beispielsweise errang eine solche Macht über
die Bistümer Naumburg, Merseburg und Meißen, dass man geradezu von Landesbistümern sprechen kann[53]; für Hessen gab es sogar
den Versuch, eigens in Kassel ein Landesbistum zu errichten[54]. Mit
diesen Bemühungen, denen die Nutzung der Ordensreformen für
landesherrliche Zwecke parallel ging[55], war eine den Verhältnissen
in Frankreich vergleichbare Neuorientierung des Kirchenverständnisses verbunden, das seine Grundeinteilung nun nicht mehr in
Diözesen haben sollte, sondern in den Landesgrenzen und damit um
einiges näher an die vorhandenen Gegebenheiten im Reich rückte.

Dieser Territorialisierung der Kirche entsprach eine Kommunali-
sierung auf städtischer Ebene: Die städtischen Räte bemühten sich
vielfach erfolgreich, die Kontrolle über die Pfründen an den zentralen Kirchen ihrer Stadt zu erhalten und die Pfarrerwahl in die Hand
zu bekommen[56]. So gelang es beispielsweise in der Reichsstadt Nürnberg dem Rat, 1474 das Präsentationsrecht für die städtischen Pfarreien in den päpstlichen Monaten zu erhalten, 1513 auch das für
die bischöflichen[57]. Und auch in einer landsässigen Stadt[58] wie Jena
lässt sich der allmähliche Prozess der Übernahme städtischer Verantwortung für die Propstei des Zisterzienserinnenklosters beobachten, das die zentrale Kirche St. Michael immer mehr zur eigentlichen
Stadtkirche machte: Schon 1443 setzte der Rat sich, als die Nonnen
den Propst entlassen wollten, erfolgreich für dessen Verbleib im Amt

---

[53] *Manfred Schulze*, Fürsten und Reformation. Geistliche Reformpolitik weltlicher
Fürsten vor der Reformation, Tübingen 1991 (= SuR.NR 2), 40–45.
[54] Vgl. *Walter Heinemeyer*, Landgraf Philipps des Großmütigen Weg in die Politik,
in: Ders., Philipp der Großmütige und die Reformation in Hessen. Gesammelte
Aufsätze zur hessischen Reformationsgeschichte, Marburg 1997 (= VHKHW 24/7),
17–40, hier: 24f.
[55] Vgl. hierzu *Schulze*, Fürsten und Reformation (wie Anm. 53), insbesondere
112–154.
[56] Vgl. *Bernd Moeller*, Kleriker als Bürger in: Ders., Die Reformation und das
Mittelalter (wie Anm. 5), 35–52, hier: 37; vgl. *ders.*, Reichsstadt und Reformation,
bearb. Neuausgabe, Berlin 1987, 14.
[57] *Gottfried Seebaß*, Stadt und Kirche in Nürnberg im Zeitalter der Reformation,
in: Ders., Die Reformation und ihre Außenseiter. Gesammelte Aufsätze und Vorträge,
hg. von Irene Dingel, Göttingen 1997, 58–78, hier: 60f.
[58] Zur Notwendigkeit, die Unterschiede zwischen Freien und Reichsstädten auf
der einen und landsässigen Städten auf der anderen Seite nicht zu scharf zu ziehen, vgl. *Berndt Hamm*, Bürgertum und Glaube. Konturen der städtischen Reformation,
Göttingen 1996, 48f.

ein[59], und 1484 wird aus einem Schreiben des städtischen Rates an die wettinischen Herzöge Ernst und Albrecht deutlich, dass der Propst im Einvernehmen zwischen Fürsten, Rat und Äbtissin, also keineswegs durch diese allein und wohl auch nicht auf deren Initiative, bestimmt wird[60] – der Rat konnte nun auch hier über die entscheidenden Stellen verfügen.

Bernd Moeller hat diese Vorgänge im Blick auf die Städte treffend zusammengefasst: "Die deutsche Stadt des Spätmittelalters hatte eine Neigung, sich als Corpus christianum im kleinen zu verstehen"[61]. In der Tat war das Corpus christianum nicht mehr nur eine universale Größe, sondern auch eine regionale oder gar lokale geworden, freilich war es, wie die Tendenzen des Papalismus zeigen, in bestimmter Hinsicht auch eine universale Größe geblieben. Anders gesagt: Es hing je vom Orientierungsrahmen, innerhalb dessen man sich bewegte, ab, ob man Kirche primär in den Kategorien einer zentralen Weltkirche verstand oder in den lebensweltlich prägenden der Ortskirche.

Betrachtet man nur diese drei Problemfelder – Frömmigkeitsgeschichte, Sozialgeschichte und Institutionengeschichte –, so wird deutlich, wie schwierig es ist, die kirchenhistorische Entwicklung wenigstens in Deutschland im ausgehenden Mittelalter auf einen Begriff zu bringen, wie wenig linear Entwicklungen dekadent nach unten oder nach oben zu einem Kulminationspunkt streben. Eher ist von einer starken Polarität innerhalb großer Pluralität zu sprechen, die nicht zwangsläufig auf eine Vereindeutigung zulief, aber eine solche plausibel machte; ja, man wird sogar sagen können: Die Entstehung zweier unterschiedlicher Konfessionen, des römischen Katholizismus und des Protestantismus ist nach dieser Sicht des späten Mittelalters überaus naheliegend als Prozess einer Vereindeutigung auf der Linie jeweils einer Seite der Polarität. Da aber ein Blick auf die Entstehung beider Konfessionen den Rahmen eines solchen Festschrift-Beitrags endgültig sprengen würde, sei hier nur die eine Vereindeutigung aufgegriffen, die durch die Reformation erfolgte.

---

[59] Urkundenbuch der Stadt Jena und ihrer geistlichen Anstalten, Bd. 2, hg. von Ernst Devrient, Jena 1903 (= Thüringische Geschichtsquellen. Neue Folge 3), Nr. 376.
[60] Ebd., Nr. 740.
[61] Vgl. *Moeller*, Reichsstadt und Reformation (wie Anm. 56), 15.

Im Blick auf die Frömmigkeit kann man sehr deutlich sehen, dass die Reformation die Gewichte zugunsten der Seite subjektiver Heilsaneignung verschob. Dass die Gnade nahe geworden sei, das kann man geradezu als Kern der reformatorischen Botschaft herausarbeiten – und bei Luther kann man wohl auch unmittelbar auf mystische Hintergründe dieses Gedankens stoßen[62]. Wichtig war nun auch, dass der Modus, in dem diese Nähe erfahrbar war, genau auch die rationalen Formen der Aneignung des Heils aufgreifen und weiterführen konnte, die oben als charakteristisch für diesen Strang mittelalterlicher Frömmigkeit beschrieben wurden: Die intensive Lektüre von religiösen Schriften und Bibel. Nicht zufällig war eine der Formeln, die die Reformatoren gegen die alte Kirche vorbrachten, das 'Sola-Scriptura'-Prinzip. Luthers frühe Entwicklung ist zu weiten Teilen die Entwicklung eines Exegeten, der neue hermeneutische Prinzipien auf die Auslegung der Heiligen Schrift anwandte[63]. Und auch die Erste Zürcher Disputation im Januar 1523 hat eben das Schriftprinzip zur Norm der Disputation zwischen Zwingli und dem Vertreter des Bischofs von Konstanz erhoben, womit faktisch der Sieg von Zwingli ausgemacht war[64]. Und die entscheidenden Medien der Reformation waren Predigt und Flugschrift: Was in der Reformation geschah, zumindest in ihren Hauptströmen, war auch ein Appell an die kognitiven Fähigkeiten der städtischen Bürger, die diese schon im Zuge des späten Mittelalters auch auf religiöse Fragen anzuwenden gelernt hatten: Im Blick war nicht der Empfänger des sakramentalen, objektiven Heils in der Messe, sondern der mündige Bürger, der zu eigenem Reflektieren in der Lage war.

---

[62] Vgl. *Volker Leppin*, "omnem vitam fidelium penitentiam esse voluit". Zur Aufnahme mystischer Traditionen in Luthers erster Ablaßthese, in: ARG 93 (2002), 7–25; aufgenommen bei *Henrik Otto*, Vor- und frühreformatorische Tauler-Rezeption. Annotationen in Drucken des späten 15. und frühen 16. Jahrhunderts, Gütersloh 2003 (= QFRG 75), 211–214. Mit *Martin Brecht*, Luthers neues Verständnis der Buße und die reformatorische Entdeckung, in: ZThK 101 (2004), 281–291, besteht bei allen gewichtigen Einwänden gegen meine Deutung eine Konvergenz, als den Hinweisen auf die Anfänge der reformatorischen Entwicklung bei Staupitz aufgrund der bislang zu wenig beachteten Selbstzeugnisse von 1518 verstärktes Gewicht zukommen muss.

[63] *Gerhard Ebeling*, Evangelische Evangelienauslegung. Eine Untersuchung zu Luthers Hermeneutik, 3. Aufl., Tübingen 1991.

[64] *Bernd Moeller*, Zwinglis Disputationen. Studien zu den Anfängen der Kirchenbildung und des Synodalwesens im Protestantismus, in: ZSRG.K 87 (1970), 275–324; 91 (1974), 213–364; *Heiko Augustinus Oberman*, Werden und Wertung der Reformation, 2. Aufl., Tübingen 1979 (= SuR 2), 237–304; *Volker Leppin*, Art. Zwingli, Ulrich, in: TRE 36 (2004), 793–809, 795f.

In sozialer Hinsicht ist ebenfalls die Vereindeutigung der dargestellten Polarität sehr deutlich zu sehen, zumal wenn man in Anschlag
bringt, dass das Einheitsmoment der Reformation möglicherweise
weniger in der Lehre von der Rechtfertigungslehre liegt als in der
Lehre vom Priestertum aller Gläubigen[65]. Doch auch ohne diese
scharfe Akzentuierung kann kein ernsthafter Zweifel bestehen, dass
eben jene Entwicklung zu verstärkter Laienverantwortung, die sich
schon im späten Mittelalter abzeichnete, in der reformatorischen
Bewegung fortgeführt, ja, eminent verstärkt wurde. Die reformatorisch gedachte Unmittelbarkeit zu Gott gab als programmatische
Betonung der 'nahen Gnade' des späten Mittelalters den Betätigungen
der Laien eine Legitimation und zugleich eine neue Stoßrichtung.
Die einzelnen Gläubigen konnten sich zunehmend durch die genannten Medien der Predigt und der Flugschrift ihre eigene Meinung in
Sachen der Religion bilden: Der Laie besaß Kompetenz in Glaubens-
dingen und durfte und sollte sie auch besitzen. Der Pfarrer war zwar
in seinem Amt nicht von ihm abhängig, aber wurde doch auch von
der gemeinsam gegebenen priesterlichen Aufgabe her verstanden.

Dies hatte dann letztlich auch institutionelle Folgen: Mit der Kritik
am Papst[66] war selbstverständlich die spätmittelalterliche Tendenz
zur Zentralisierung gebrochen, die reformatorische Seite wurde einseitig zur Fördererin der Dezentralisierung. Deutlichstes Symbol hierfür ist die wiederholte Forderung nach einem Nationalkonzil zur
Lösung der Glaubensstreitigkeiten, wirkungsvoller aber wurde die

---

[65] Vgl. *Volker Leppin*, Zwischen Notfall und theologischem Prinzip. Apostolizität
und Amtsfrage in der Wittenberger Reformation, in: Das kirchliche Amt in apo-
stolischer Nachfolge. Bd. 1: Grundlagen und Grundfragen, hg. von Gunther Wenz/
Theo Schneider, Freiburg/Göttingen 2004, 376–400; vgl. *Volker Leppin*, Wie reformatorisch war die Reformation?, in: ZThK 99 (2002), 162–176, hier: 175 – dort
auch Hinweise darauf, dass gerade an dem Konzept des allgemeinen Priestertums
die "Komplexität theologischer, rechtlicher, gesellschaftlicher und politischer Faktoren
im Geschehen der Reformation" ablesbar sei; die von *Kaufmann*, Laienbibel (wie
Anm. 6), 173f, Anm. 131, unter Verweis auf eine andere Aussage auf derselben
Seite vorgebrachte Kritik, eine solche Konzentration auf die Lehre vom allgemeinen Priestertum verfehle aufgrund einer binnenkirchlichen Orientierung die allge-
meingesellschaftliche Bedeutung der Reformation, verdankt sich also einer selektiven
Wahrnehmung – übrigens nicht nur meines Aufsatzes, sondern auch des Mittelalters
selbst, setzt sie doch anachronistisch voraus, dass die Unterscheidung von Kleriker
und Laien auf den Raum einer von der Gesellschaft abgehobenen Kirche hätte
begrenzt bleiben können. Das wird der Rolle von Kirche, Kirchenrecht und stän-
discher Verfassung für das Mittelalter wohl kaum gerecht.

[66] Zur zentralen Antichristprädikation vgl. *Volker Leppin*, Luthers Antichristverständnis
vor dem Hintergrund der mittelalterlichen Konzeptionen, in: KuD 45 (1999), 48–63.

zunehmende Regelung von Glaubensfragen durch politische Obrigkeiten, die nicht allein in der Perspektive einer besonderen Obrigkeitsgläubigkeit des Protestantismus gesehen werden darf, sondern eben auch als Folge der spätmittelalterlichen Absetzbewegungen von einer fernen, zentralistischen Leitung der Kirche. Im Falle der Landesherren[67] mag dies nicht unmittelbar augenfällig sein, im Falle der städtischen Räte aber schon, die nun etwa durch Pfarrstellenbesetzung oder Erlass von Kirchenordnungen und dergleichen auch quasi-bischöfliche Funktionen übernahmen: Wer sich die Ausmaße einer mittelalterlichen Stadt und die enge Verquickung der bürgerlichen Familien untereinander vor Augen stellt, wird sich unmittelbar deutlich machen können, dass hier tatsächlich Kirchenleitung im wahrsten Sinne des Wortes näher an die Gemeindeglieder gerückt ist.

Die vorgetragenen Überlegungen neigen zu einer Betonung der Kontinuität zwischen Reformation und spätem Mittelalter, aber sie plädieren für eine spezifische Form dieser Kontinuität. Das, was das Neue der Reformation ausmacht, ist nicht dieser oder jener Gedanke, diese oder jene Sozialgestalt, sondern neu ist die Weise, in der Mittelalterliches weitergeführt wurde: Was bislang als ein Teil einer Polarität existiert hatte, gewann nun eigenständigen, kirchengestaltenden Charakter: Es entstand die Konfessionskirche, die Aspekte des Mittelalters fortführte und doch in ihrer Einseitigkeit als Ganze ein dem Mittelalter gegenüber neues Phänomen darstellte. Genauer gesagt: Es entstanden Konfessionskirchen, die je für sich spezifische Elemente des Mittelalters weiterführten. Die dem späten Mittelalter immanente Spannung wurde in der Neuzeit institutionell verfestigt, aus der Polarität innerhalb von Pluralität wurde das Nebeneinander von Konfessionen. Das bedeutet auch, dass für beide Großkonfessionen – Protestantismus und Katholizismus –, um nur diese zu nennen, gleichermaßen Partikularität und Katholizität in Anspruch zu nehmen sind: Beide haben sich, notgedrungen, als Partikularkirche formiert – und beide setzen auf je spezifische Weise das katholische Mittelalter fort.

---

[67] Vgl. jetzt zum Beispiel Philipps von Hessen die Jenaer Habilitationsschrift von *Gury Schneider-Ludorff*, Der fürstliche Reformator. Theologische Aspekte im Wirken Philipps von Hessen von der Homberger Synode bis zum Interim, Habilitationsschrift Jena 2004.

KARLSTADT NEBEN LUTHER.
IHRE THEOLOGISCHE DIFFERENZ IM KONTEXT
DER "WITTENBERGER UNRUHEN" 1521/22

Wolfgang Simon
(Erlangen)

1. *Das konfessionalistische Erbe:*
Andreas Karlstadt im Bannstrahl Luthers

Es birgt ein nicht geringes Risiko, sich einer großen Persönlichkeit
der Reformation, wie Andreas Bodenstein[1] sie ohne Zweifel abgibt,
unter dem obenstehenden Titel zu nähern, litt doch Karlstadt nicht
nur zu Lebzeiten unter Verdikt und Schatten Luthers, sondern auch
sein historiographisches Fortleben, namentlich in der deutschen Forschung. Nicht selten wurde eine Geschichte des Siegers geschrieben,
welche den von Motiven unterschiedlicher Niveaus geheizten Bannstrahl
Luthers gegen seinen ehemaligen Kollegen meinte mit den Mitteln
der Historiographie verlängern zu müssen. Unter der Maßgabe eines
normativ auf Luther fixierten Reformationsbildes wurde Karlstadt
verketzert oder zum bloßen Typus einer "nichtreformatorischen" Reformation entpersonalisiert[2].

Eine Neubewertung leistete hier vor allem Ulrich Bubenheimer,
der, ausgehend von seiner Dissertation[3], in zahlreichen Publikationen
das eigenständige Denken Bodensteins konturierte. In der Folge entstand eine Reihe von Arbeiten, welche nicht nur Karlstadt selbst,
sondern auch die weit ausgreifenden Wurzeln seines Denkens ohne
den ständigen Rückgriff auf Luther profilieren konnten. Allerdings

---

[1] Querdenker der Reformation – Andreas Bodenstein von Karlstadt und seine
frühe Wirkung, hg. von Ulrich Bubenheimer und Stefan Oehmig, Würzburg 2001;
Andreas Bodenstein von Karlstadt (1486–1541). Ein Theologe der frühen Reformation.
Beiträge eines Arbeitsgesprächs vom 24.–25. November 1995 in Wittenberg, hg.
von Sigrid Looß/Markus Matthias, Wittenberg 1998 (= Themata Leucoreana 4).

[2] Vgl. insbesondere das Karlstadtbild bei *Karl Müller*, Luther und Karlstadt. Stücke
zu ihrem gegenseitigen Verhältnis, Tübingen 1907.

[3] *Ulrich Bubenheimer*, Consonantia Theologiae et Iurisprudentiae. Andreas Bodenstein
von Karlstadt als Theologe und Jurist zwischen Scholastik und Reformation, Tübingen
1977 (= JusEcc 24).

spürt man dieser Gegenbewegung die negative Abhängigkeit von
einer konfessionalistischen Karlstadtkritik zuweilen noch ab[4].

Demgegenüber wäre es m. E. weiterführend, zwischen einer normativen, Karlstadt an Luther messenden Perspektive und einer des-
kriptiven, Einheit und Differenz beider möglichst klar und nüchtern
wahrnehmenden Perspektive zu unterscheiden, zumal Karlstadt wie
Luther ihre theologischen Konzeptionen durchaus in gegenseitigem
Austausch entwickelten.

2. Eine Präzisierung: Aufgabe und Fragestellung

Selbstredend kann hier nicht der Anspruch erhoben werden, "die"
(Abendmahls-)Theologie Karlstadts[5] oder die Vorgänge in Wittenberg[6] während der Jahre 1521/22 vollständig darzustellen. Vielmehr
geht es darum, ausgewählte – wenn auch zentrale – Texte zum
Sprechen zu bringen. Dazu ist zunächst an die Situation in Wittenberg
zu erinnern.

Nach dem Wormser Reichstag lag den Wittenbergern in Gestalt
von Luthers 'Sermon von dem Neuen Testament' sowie der Hauptschrift 'De captivitate babylonica praeludium' eine präzise theoreti-

---

[4] Vgl. etwa *Sigrid Looß*, Andreas Karlstadt (1486–1541) in der modernen Forschung,
in: Bodenstein, Theologe der frühen Reformation (wie Anm. 1), 9–23. Hier wird
zu Recht eine Wertung Karlstadts nach den Maßstäben Luthers abgelehnt. Ob das
Beharren auf vermeintlichen Gegensätzen (z. B. "objektiv" versus "lutherisch", ebd.
10) tatsächlich weiterführt, ist allerdings durchaus diskutabel. Angesichts des gemeinsamen Entstehungszusammenhangs beider theologischer Profile im Kontext der
"Wittenberger Diskussionsgemeinschaft" (*Jens-Martin Kruse*, Universitätstheologie und
Kirchenreform. Die Anfänge der Reformation in Wittenberg 1516–1522, Mainz 2002
[= VIEG 187], 391) erscheint es mir nicht sinnvoll, nach einer Phase der Lutherfixiert-
heit nun von der gewonnenen Eigenständigkeit Karlstadts aus zu einer isolierten
Betrachtung fortzuschreiten.
[5] Vgl. *Ralf Ponader*, Die Abendmahlslehre des Andreas Bodenstein von Karlstadt
in den Jahren 1521–1524. Die Kritik an der Realpräsenz durch Karlstadt, untersucht vor dem Hintergrund der Chorismus-Problematik, Diss. theol. Greifswald 1994,
10: "Da Karlstadts Denken und Handeln einem ständigen Wechsel unterlegen war,
ist davor zu warnen, den Ergebnissen der Abendmahlskontroverse voreilig einen all-
gemeingültigen Charakter karlstadtscher Theologie zukommen zu lassen."
[6] *Kruse*, Universitätstheologie (wie Anm. 4). Seine Hauptthese besagt, dass die
Anfänge der Reformation nicht nur auf Luther, sondern auf eine Wittenberger Diskussionsgemeinschaft zurückzuführen seien. Folglich akzentuiert er zwangsläufig das
Gemeinsame zwischen Luther und Karlstadt stärker als die Differenzen. Vgl. auch
Wolfgang Simon, Die Messopfertheologie Martin Luthers. Voraussetzungen, Genese,
Gestalt und Rezeption, Tübingen 2003 (= SuR.NR 22), 419–513.

sche Kritik an der vorfindlichen Messwirklichkeit vor. Luther hatte ausgehend von den Einsetzungsworten das Verhältnis von Verhei-ßungswort und Elementen sowie den Opfercharakter der Messe neu konzipiert und deren Werkcharakter bestritten. Aus seinem Alternativ-konzept wie seiner theologischen Kritik hatte er konkrete Konsequen-zen für die Messpraxis abgeleitet. So forderte er die allen verständliche Rezitation der verba, die Einführung des Laienkelchs und die Abschaffung der Privatmessen.

In seiner Abwesenheit zogen einige Wittenberger nun erste prak-tische Konsequenzen: Eine reformatorische Avantgarde feierte mit Melanchthon am 29. September (Michaelis) 1521 im Augustinerkloster die Gemeinschaftsmesse mit Laienkelch, fortan hielten die Augustiner auch keine Privatmessen mehr. In der Öffentlichkeit trat ihr Prediger Gabriel Zwilling zudem vehement für einen Boykott der herkömm-lichen Messe ein[7], so dass die Frage, ob und gegebenenfalls wie eine Messreform stattfinden sollte, zum Tagesgespräch wurde.

Karlstadt nimmt in dieser Diskussion nun eine seltsam widersprüch-liche Haltung ein: Einerseits wendet er sich gegen Melanchthon und die Augustiner, die umsetzen wollten, was Luther gefordert hatte. Bodenstein warnt davor, Anstoß zu erregen und will jegliche allge-meine Reform vom Rat absegnen lassen[8]. Andererseits führt derselbe Mann schon wenige Wochen später gegen die ausdrückliche Anord-nung der Obrigkeit in seiner Weihnachtsmesse öffentlich den Laien-kelch ein. Wie erklärt sich dieser scheinbare Positionswechsel? Und weshalb wird Luther bei seiner Rückkehr so heftige Kritik an Karlstadts Vorgehen üben? Er selbst hatte doch wiederholt und eindeutig für den Laienkelch votiert, ja dessen Entzug als eine Gefangenschaft der Kirche gegeißelt!

James S. Preus sieht Luthers Absage an Karlstadts Reform nicht theologisch begründet, da Karlstadt in seiner Weihnachtsmesse[9] doch

---

[7] Vgl. den Bericht des Studenten Felix Ulscenius vom 6.10.1521: "Est hodie con-cionatum hic per magistrum quendam Augustianum, qui nos, quam potuit, vehe-menter adhortatus est, ne porro auditores nos praebeamus Misse idipsumque proximum instruamus." Zit. nach *Nicolaus Müller*, Die Wittenberger Bewegung 1521 und 1522. Die Vorgänge in und um Wittenberg während Luthers Wartburgaufenthalt, 2. Aufl., Leipzig 1911, 14f.

[8] Der Wittenberger Student Albert Burer berichtet am 19.10.1521 an Beatus Rhenanus: "Adhortabatur [Karlstadt; W. S.] item, vt, si omnino missam sublatum vellent, facerent id cum consensu magistratus Wittbergensis, ne quid offendiculi inde nasceretur in vulgo." Zit. nach *Müller*, Wittenberger Bewegung (wie Anm. 7), 34.

[9] Zur Analyse von Karlstadts Predigt im Weihnachtsgottesdienst, vor allem unter

nichts anderes umgesetzt habe als das, was Luther in seinen Messschriften bis 1521 gefordert hatte[10]. Luther wäre es demnach gar
nicht um den Gehalt der Reform, sondern um deren Subjekt gegangen, sein Beweggrund hätte in der Furcht gelegen, die eigene Führungsrolle an Karlstadt zu verlieren. Die Kritik an seinem "Doktorvater"
wäre damit machtpolitisch-persönlich und nicht theologisch-inhalt-
lich motiviert gewesen[11]. Der Charme dieser Erklärung liegt in ihrer
menschlichen Plausibilität. Luther wird hier nicht zur Ehre protestantischer Altäre erhoben, sondern darf auch aus ethisch fragwürdi-
gen Motiven handeln. Zweifel an einer Reduktion auf solche gewiss
mitschwingenden Antriebe ergeben sich aber schon aus der Beobachtung, dass Luther selbst seine Kritik an Karlstadt durchaus als
theologische Konsequenz und nicht als Suspension seiner in den
Messschriften dargelegten Position betrachtete[12]. Will man nicht vorschnell unterstellen, Luther instrumentalisiere theologische Argumente
aus machtpolitischen Motiven, ergibt sich daraus erneut die Rückfrage
nach dem theologischen Hintergrund von Karlstadts Handeln.

So sieht Ulrich Bubenheimer zwar ein psychologisches Motiv hinter Luthers Karlstadt-Kritik[13], er vermag sie – anders als Preus –

---

rhetorischen Gesichtspunkten vgl. *Neil R. Leroux*, Karlstadt's 'Christag predig': prophetic
rhetoric in an 'Evangelical' mass, in: ChH 72 (2003), 102–137.

[10] *James S. Preus*, Carlstadt's Ordinaciones and Luther's liberty. A study of the
Wittenberg Movement 1521–22, Cambridge 1974 (= HThS 26), 63: "It is notable
that in every single instance – reception of both kinds, confession, removal of
images – he [Luther; W. S.] agrees in theory with Carlstadt's views. It is the policy,
and the new polity, that has aroused his wrath." Vgl. auch ebd., 57.

[11] Ebd., 51: "Leadership was the fundamental cause and meaning of Luther's
return from the Wartburg. It is curious [. . .] that no one has taken seriously the
simplest of explanations, namely, that Luther returned to reclaim personal leadership [. . .]." Ebd., 66: "Luther now interpreted the ordinances of worship as Carlstadt's
arrogant grab for authority, against which Luther now staked his own claim to
leadership [. . .]."

[12] Der Luther der Invocavitpredigten sieht sich in Kontinuität zu seinen Messschriften, insbesondere zu seinen Reformforderungen in 'De abroganda', vgl. Martin
Luther. Studienausgabe, hg. von Hans-Ulrich Delius, Bd. 2, Berlin 1982, 535,9–11.

[13] *Ulrich Bubenheimer*, Gelassenheit und Ablösung. Eine psychohistorische Studie
über Andreas Bodenstein von Karlstadt und seinen Konflikt mit Martin Luther, in:
ZKG 92 (1981), 250–268. Der Aufsatz versucht, den Konflikt zwischen Luther und
Karlstadt aus der unterschiedlichen Stellung in beider Herkunftsfamilie und aus dem
höheren Lebensalter Karlstadts herzuleiten. Die Problematik liegt hier nicht nur in
der methodisch unkontrollierbar hohen Gefahr einer anachronistischen Psychologie
des Selbstbewusstseins. Bubenheimer selbst hat mittlerweile den Beleg dafür erbracht,
dass Karlstadt jünger und nicht älter als Luther war.

aber auch als theologische Differenzanzeige zu lesen[14]. Luther habe die Reform Karlstadts prinzipiell kritisiert. Sein zentrales Motiv sei dabei durchaus sachlich-theologischer Art gewesen, es habe in seinem Verständnis der Obrigkeit gelegen. Weil Karlstadt die Messe gegen die ausdrückliche Anordnung der kurfürstlichen Obrigkeit reformiert hatte, habe Luther diesen Schritt von vornherein als gottwidrigen Aufruhr verurteilen müssen.

Da Luther nun keineswegs jeglichem Aufruhr pauschal ablehnend gegenüber stand, ja sogar selbst das Konzept eines geistlichen Aufruhrs[15] vertrat, erscheint es sinnvoll, die Differenz beider nicht nur an der Oberfläche politischer Konzeptionen zu behandeln. Dazu sind zunächst diejenigen Strukturen in Bodensteins früher Theologie sichtbar zu machen, welche ihn als Theologen neben Luther profilieren können, konkret seine Zuordnung von Gesetz und Geist sowie sein Verständnis der Schrift. Dann ist danach zu fragen, welche Folgen diese dogmatischen Differenzen für die Beurteilung der Priesterehe und der Messreform haben.

3. *Der erste theologische Aspekt: Das Verhältnis von Gesetz und Geist*

Ein wichtiges Zeugnis der frühen reformatorischen Theologie Bodensteins sind seine Thesen zur Disputation vom 26. April 1517. Dort hatte er seine Abkehr von der scholastischen Theologie, die ja bekanntlich im Gespräch mit Luther über die Interpretation von Augustins 'De Spiritu et littera' befördert wurde, in 151 Thesen begründet[16].

---

[14] *Ders.*, Luthers Stellung zum Aufruhr in Wittenberg 1520–1522 und die frühreformatorischen Wurzeln des landesherrlichen Kirchenregiments, in: ZSRG.K 101/71 (1985), 147–214.

[15] Bubenheimers These basiert auf seinem Verständnis der Schrift 'Ein treu Vermahnung Martini Luther zu allen Christen'; Martin Luther. Studienausgabe (wie Anm. 12), Bd. 3, 12–14 (Einleitung) und 15–26 (Text). Demgegenüber habe ich zu zeigen versucht, dass die 'Treue Vermahnung' im theologischen Makrokontext des Verhältnisses von Geist und Leib sowie Person und Struktur steht. Dann ist sie gerade als Handlungsanleitung zum geistlichen Aufruhr zu lesen. Sie will Personen durch Strukturen vor Strukturen schützen, aber nicht Strukturen um ihrer selbst willen erhalten und ist im Kontext von Luthers Christologie zu verstehen. Vgl. *Simon*, Messopfertheologie (wie Anm. 6), 514–552.

[16] Der Text der Thesen 'De natura, lege et gratia, contra scholasticos et vsum communes' findet sich abgedruckt bei *Theodor Kolde*, Wittenberger Disputationsthesen aus den Jahren 1516–1522, in: ZKG 11 (1890), 450–456. Koldes Nummerierung beginnt nach der 100. These erneut bei 1. Ich hingegen führe sie fort, so dass die

Für Karlstadt bleibt der Mensch Sünder, und allein die Gnade bewirkt seine Zuwendung zum Guten[17]. Das Gesetz besitzt nicht nur eine elenchtische Funktion, es tötet zwar, aber nur, insofern es äußerer Buchstabe ist[18]. Gnade und Geist hingegen machen den Menschen zu einem Liebhaber des Gesetzes. Diesen Geist ordnet Karlstadt klar dem inneren Menschen zu und grenzt ihn vom Außen ab[19].

Obschon Luther sich für die Verbreitung dieser Thesen einsetzte, zeigt sich bei allen Gemeinsamkeiten doch auch eine Differenz Karlstadts zu Luthers ausgeführtem Konzept von Gesetz und Evangelium. Dieses begegnet bei Bodenstein nicht. Er konzentriert die elenchtische, tötende Funktion auf den äußeren Buchstaben. Konkret stehen bei ihm geschriebenes Wort und innerer Geist gegenüber[20]. Der Geist tritt also nie in Grundsatzopposition zum Gesetz überhaupt, sondern nur zum geschriebenen Buchstaben. Bei Luther indes steht mit der Figur von Gesetz und Evangelium dem Gesetz eine eigenständige Logik des Evangeliums gegenüber, welche das Gesetz Gottes im Namen Gottes relativieren kann. Entsprechend

---

hier zitierten Thesen 101–151 den bei Kolde nach 100 stehenden Thesen 1 bis 51 entsprechen. Der besseren Lesbarkeit halber setze ich die von mir hinzugefügte Zählung innerhalb der Anführungszeichen in eckige Klammern. Zum augustinischen Hintergrund vgl. die Interpretation von *Ernst Kähler*, Karlstadt und Augustin. Der Kommentar des Andreas Bodenstein von Karlstadt zu Augustins Schrift 'De Spiritu et littera', Halle 1952 (= HM 19), 8–37 und *Bernhard Lohse*, Zum Wittenberger Augustinismus. Augustins Schrift 'De Spiritu et Littera' in der Auslegung bei Staupitz, Luther und Karlstadt, in: Augustine, the Harvest, and Theology (1300–1650). Essays dedicated to Heiko Augustinus Oberman in Honor of his Sixtieth Birthday, hg. von Kenneth Hagen, Leiden u. a. 1990, 89–109. Vgl. auch *Kruse*, Universitätstheologie (wie Anm. 4), 89–94.

[17] *Kolde*, Wittenberger Disputationsthesen [wie Anm. 16], 451: "21. Voluntas non libertate consequitur gratiam sed econtra. Contra communem. 22. Vt bene velimus solius dei est, Contra communem. 23. Et quod volumus, ut faciamus bene dei est. 24. Nulla bona merita praecedunt graciam. Contra communem."

[18] Ebd., 453: "83. Iustificatio factores legis praecedit non sequitur. 84. Lex sine gratia est littera occidens, in gratia spiritus viuicans. 85. Gratia facit nos legis dilectores et factores. 86. Condelectari legi dei est donum spiritus non littere. 87. Lex sine gracia facit preuaricatores. 88. Non iustificatur homo praeceptis bone vite. 89. Non lege operum nec littera nec factorum meritis. 90. Sed per Hiesu Christi spiritum lege fidei et gratia."

[19] Ebd., 451: "10. Homo interior exteriorem respicit et in sui comparacione foedum videt. 11. Homo interior in ipso animo consistit. 12. Causa exercendi ingenii sustinebitur quod homo interior est exterior sed non econtra."

[20] Ebd., 454: "[103.] Omnis lex attramento scripta est ministracio mortis et dampnacionis. Contra Sanctum Thomam. [104.] Scripta autem digito dei est ministracio libertatis Spiritus et gratiae. [105.] Lex fidei in tabulis cordis carnalibus scripta est ipsa charitas diffusa in cordibus nostris per spiritum sanctum. [106.] Opera charitatis in chartis scripta lex est operum et littera occidens."

bestimmt sich das Verhältnis von Neuem und Altem[21] Testament different. Denn das Gegenüber von Geist und äußerer Schriftlichkeit (und eben nicht Gesetz!) ermöglicht es, alttestamentlichen Gesetzen aktuelle Gültigkeit zuzusprechen[22]. Karlstadts Gegenüber von Geist und Gesetz ist also konjunktiv konzipiert, der Geist macht das Gesetz lebendig. Luther hingegen versteht seine Grundunterscheidung von Gesetz und Evangelium dialektisch-disjunktiv, folglich haben sich auch die alttestamentlichen Gebote am Gehalt des Evangeliums aus-zuweisen und werden von hier aus relativiert. Mit dieser Gesetzes-konzeption hängt nun auch Karlstadts Hamartiologie zusammen. Er vertritt die bleibende Sündhaftigkeit des Gerechtfertigten, fasst die Sünde aber aktual als eine empirisch fassbare Moralität[23].

Es wäre nun falsch, die Thesenreihe nicht als erstes, sondern als Bodensteins letztes und einziges Wort zu verstehen[24]. Daher ist im Anschluss nach den Implikationen dieser Zuordnung von Geist und Gesetz für Karlstadts Schriftverständnis zu fragen.

4. *Der zweite theologische Aspekt: Das Verständnis der Bibel*

Bereits in den Thesen 'Apologeticae Conclusiones' vom 9. Mai 1518[25] grenzt Bodenstein den Literalsinn scharf vom historischen Kontext

---

[21] In Anbetracht der Forderung, christliche Theologie nicht anders als im Angesicht Israels zu treiben, ist die klassische Bezeichnung der hebräischen Bibel heute pro-blematisch. Ein historischer Methodik verpflichtetes Vorgehen hat jedoch nicht vom heutigen, sondern vom damaligen Problembewusstsein auszugehen. Daher behalte ich die Bezeichnung "Altes Testament" bei.

[22] Ebd., 455: "[107.] Eadem gracia in veteri testamento latitabat que in Christi euangelio dispensata est. [108.] Lex vetus talia continebat praecepta iusticie qualia nunc quoque obseruare precipimur. [109.] Lex euangelii scripta est vetus." Vgl. auch die in Anm. 20 zitierten Thesen.

[23] Ebd., 452: "34. Non est iustus in terra qui careat peccato in carne. 35. Non est iustus in terra qui non habeat peccatum in spiritu. 36. Non est iustus in terra, qui per iustum actum quo bene facit non peccet. 37. Per hoc tamen peccatum dues non vult iustos esse dampnabiles sed humiles."

[24] Das gilt natürlich auch für die hier aufgewiesene Differenz zu Luthers Hermeneutik von Gesetz und Evangelium. Auch wenn man Oswald Bayers Fixierung auf die Promissio-Dimension nicht zu folgen vermag, wird man doch mit ihm fest-halten müssen, dass im Jahr 1517 auch für Luther noch wichtige Entwicklungsschritte ausstehen.

[25] Ich zitiere nach *Bubenheimer*, Consonantia (wie Anm. 3), 132f. Vgl. auch *Alejandro Zorzin*, Karlstadt als Flugschriftenautor, Göttingen 1990 (= GTA 48), 89 und 277 (Nr. 7).

und der vermuteten Absicht des Verfassers ab[26], ohne diese Zugänge
freilich auszuschließen[27]. Allerdings geschieht diese Konzentration
noch ganz im Rahmen einer traditionellen Ekklesiologie[28]. Erst im
Jahr 1520, im Gefolge der Bannandrohungsbulle, vollzieht Karlstadt
den Bruch mit dem Papst[29]. Martin Brecht[30] hat in Aufnahme der
Überlegungen Bubenheimers und Credners darauf hingewiesen, dass
neben großen Übereinstimmungen bereits 1520 erhebliche theologische Differenzen zwischen Luther und Karlstadt auch im Schriftverständnis bestehen. Er beruft sich auf die in 165 Paragraphen
gegliederte Abhandlung 'De canonicis scripturis libellus'[31], die mit
ihrer auf den 18. August 1520 datierten Vorrede zeitlich zwischen
Luthers Adelsschrift und 'De captivitate Babylonica ecclesiae praeludium' anzusiedeln ist. Karlstadt stellt zunächst Majestät und Kraft
der heiligen Schrift heraus, profiliert dann den Gegensatz zwischen
Gottes- und Menschenwort und wendet sich schließlich der Zugehörigkeit einzelner Schriften zum Kanon zu[32]. Hier trifft er sich gerade
in der kritischen Anwendung der Schrift gegenüber traditionellen

---

[26] *Bubenheimer*, Consonantia (wie Anm. 3), 132f: "24. Vel circumstantiae scriptu-
arum pro intellectu allegantis nervos et ossa congrarent et conferrent adeo, quod
illi textui responderi non posset. Quod per Aug[ustinum] in probationibus conclu-
sionum priorum induxi, licet primitus ad imitationem M[atthei] de Mathaselanis in
tract[atu] de elect[ione] opi[nionum] col[umna] i. et aliorum doctorum post eum.
25. Contra Gers[onem] negamus, esse sensum litteralem, qui ex intentione, et cir-
cumstantiis scribentis colligitur. 26. Nec eum, qui stricte est logicalis, litteralem fate-
mur, nec dialectica litteras docuit."

[27] Ebd., 133.

[28] Ebd., 136. Es ist das Lehramt, welches für Karlstadt zu dieser Zeit den wah-
ren Literalsinn erhebt. Anders urteilt *Friedel Kriechbaum*, Grundzüge der Theologie
Karlstadts: Eine systematische Studie zur Erhellung der Theologie Andreas von
Karlstadts (eigentlich Andreas Bodenstein 1480–1541), aus seinen eigenen Schriften
entwickelt, Hamburg/Bergstedt 1967 (= ThF 43), 14, Anm. 5. Sie sieht in den
Thesen bereits ein exklusives sola scriptura. Zur Differenz zwischen Luther und
Karlstadt bei der Bestimmung des Verhältnisses von Schrift und päpstlicher Autorität
vgl. *Bubenheimer*, Consonantia, (wie Anm. 3), 159f.

[29] Ebd., 163–170.

[30] *Martin Brecht*, Andreas Bodenstein von Karlstadt, Martin Luther und der Kanon
der Heiligen Schrift, in: Querdenker der Reformation (wie Anm. 1), 135–150.

[31] Erstdruck bei Wolfgang Grunenberg VD 16, Bd. 3, B 6121, 63; vgl. *Alejandro
Zorzin*, Karlstadt als Flugschriftenautor (wie Anm. 25), 283, Nr. 22. Erneut abgedruckt bei *Karl August Credner*, Zur Geschichte des Kanons, Halle 1847, 316–412.

[32] Dieses Programm gliedert er in fünf Schritte: "Primo maiestatem scripturae
sanctae saltem primoribus labris attingemus. Deinde (II.) fortitudinem et robur litterarum divinarum exprimemus utcunque. Postea (III.) catalogum et numerum atque
seriem earum tractabimus. Deinceps (IV.) quo Hieronymus cum Augustino conve-
niat. Postremo (V.) quaedam ex his effluentia conferemus, ostensuri inter oracula
scripturarum discrimen." *Credner*, Geschichte (wie Anm. 31), 317 (§ 1).

Autoritäten wie menschlichen Traditionen und Bräuchen[33], Konzilien und Bischöfen[34] mit Luther.

Blickt man aber auf Bodensteins Äußerungen zum Jakobusbrief, so manifestiert sich erneut eine deutliche Differenz zu dem Kollegen. Letzterer hatte in 'De captivitate' die apostolische Geltung dieser Epistel mit zwei Argumenten bestritten: Einmal sei die apostolische Verfasserschaft ungewiss, zum anderen stehe die Autorität des biblischen Verfassers – und sei es ein Apostel – unter der Christi[35]. Diese Differenzierung zwischen der nominellen Autorität einer biblischen Schrift und der Autorität Christi kennzeichnet Luthers Hermeneutik, die von einer auf solus Christus und sola fide normativ zentrierten Soteriologie aus jede biblische Aussage in den Blick nimmt und folglich dem Jakobusbrief[36], der die Werke gegenüber dem Glauben akzentuiert, eine untergeordnete Stellung zuweist. Luther wählt also ein inneres, inhaltlich-dogmatisch bestimmtes Sachkriterium für die Kanonizität.

Bodenstein hingegen betrachtet alle biblischen Schriften auf einer gemeinsamen Ebene. Innerhalb seines Duals Fleisch – Geist stehen sie in ihrer Gesamtheit auf seiten des Geistes[37]. Dass die Verfasserschaft eines Apostels zweifelhaft sei, gelte zudem auch für den anstandslos akzeptierten Hebräerbrief[38]. Auch die Juden seien darüber im

---

[33] Ebd., 322f (§ 7) und 337–341 (§ 29–35).

[34] Ebd., 328–337 (§ 14–28).

[35] *Martin Luther*, De captivitate Babylonica ecclesiae praeludium, 1520; WA 6, 568,9–13: "Omitto enim quod hanc epistolam non esse apostoli Jacobi, nec apostolico spiritu dignam, multi valde probabiliter asserant, licet consuetudine autoritatem, cuiuscunque sit, obtinuerit; tamen si etaim esset apostoli Iacobi, dicerem, non licere apostolum sua autoritate sacramentum instituere." Die berühmte Kurzfassung von Luthers Schriftverständnis findet sich ja nicht ohne Grund in seiner Vorrede auf den Jakobusbrief: "Auch ist das der rechte prufsteyn aller bucher zu taddeln, wenn man sihet, ob sie Christum treyben, odder nit [. . .] Was Christum nicht leret, das ist nicht Apostolisch, wenns gleich Petrus odder Paulus leret, Widerumb, was Christum predigt, das ist Apostolisch, wens gleych Judas, Annas, Pilatus und Herodes thett." *Martin Luther*, Septembertestament 1522; WA DB 7, 384,26–32.

[36] Martin Brecht weist die hermeneutische Differenz zwischen Luther und Karlstadt auch an beider unterschiedlicher Haltung zum Gebet Manasses auf. Vgl. *Brecht*, Bodenstein (wie Anm. 30), 144.

[37] *Credner*, Geschichte (wie Anm. 31), 321 (§ 5): "Ipsa [Scriptura; W. S.] spiritalis est, reliquae vero carnem resipiunt, quae licet verissima sint, tamen propter temporum nostrorum infelicissimos fraterculos Augustini authoritate communienda ducimus [. . .]."

[38] Ebd., 375 (§ 91): "Incertum esse, fateor, Iacobum Epistolae scriptorem, at non itidem obscuram epistolae dignitatem concedo. Porro, si eatenus incerti nomen autoris perturbat, cur non epistolam ad Hebraeos doctissimam (ato repudii libello) relegatis?"

Ungewissen, wer den Anfang der Bücher Mose verfasste, doch wage deshalb niemand, an deren Autorität zu zweifeln[39]. Überdies habe der Jakobusbrief schon bei den Vätern in hohem Ansehen gestanden, sei mit vielen Namen zu verteidigen[40] und von der Kirche als kanonisch rezipiert[41]. Gleichwohl besitzen für Karlstadt diejenigen Bücher, deren apostolische Verfasserschaft strittig ist, geringeren Wert als die, über deren Verfasser Gewissheit herrscht[42]. Bodenstein vertritt also einen historischen Zugang, der das Kriterium der Apostolizität nicht inhaltlich, sondern formal anwendet[43]. Daraus ergibt sich eine strikte Normativität der Schrift gegenüber dem äußeren kirchlichen Brauch[44].

In einem dritten Schritt nach der Konzentration auf den Literalsinn und nach der Gegenüberstellung von Schrift und kirchlicher Autorität bildet Karlstadt dann sein Konzept eines Ius biblicum aus[45]. Diesen Begriff kann er wechselweise mit dem des göttlichen Rechts gebrauchen, er ersetzt den Begriff des kanonischen Rechts. So kommt das biblische Recht als Opposition zu natürlichem, menschlichen, päpstlichem oder kaiserlichem Recht zu stehen, inhaltlich umfasst es alle Teile der Schrift gleichermaßen[46].

---

[39] Ebd.: "Deinceps quantum pertinet ad historiam scriptionem, dubitant Hebraei, quisnam Mosaicos exceperit libros, non tamen uspiam aliquis fuit ausus ambigere de librorum autoritate."

[40] Ebd.: "Cur adeo sumus in abiiciendos autores propensi, quos maiores nostri coluerunt, et quos multis nominibus defendere possumus, et quos denique sub specie, cohonestamus?"

[41] Ebd.: "Postremo, si Iudaeis permittitis, quod, in recipiendo, libros comprobarunt, cur tantundem iuris recusatis ecclesiis Christi dare, quando Ecclesia non sit minor quam synagoga?"

[42] Ebd., 376: "Neque tamen eandem autoritatem eis libris, de quorum autoribus disceptatur, et quorum certos autores scimus, concesserim, sed in sacra autoritatis et dignitatis aula primas, secundas et tertias invenio et posteriores velim superioribus caedere, primas autem occupantibus, imperii ius in singulos habere."

[43] Diese theologisch-hermeneutische Differenz erreichte auch die persönliche Ebene zwischen Luther und Karlstadt; vgl. dazu Karlstadts Kritik an Luther, ebd. Vgl. dazu *Brecht*, Bodenstein (wie Anm. 30), 142.

[44] *Credner*, Geschichte (wie Anm. 31), 339 (§ 31): "Si lex dei spiritum non recusat, quem spiritalem sensum respuet consuetudo? Ita ipse reor nihil esse necessum mores huiusmodi custodire, cum aliorsum nos, vel necessitas, vel divinum praeceptum vehit aut rapit." Ebd., 340 (§ 34): "Ubi autem sacrae scripturae decretum et definitionem cernimus, ibi nullam consuetudinem pavemus nec ullius consuetudinis sanctimonia a divinis literis retardabimur, neque maiorum neque parium, neque inferiorum mores timebimus, quod Augustini documento affirmamus, qui quorundam obiectiones in ea parte probavit, qua nos consuetudini veritatem antecellere profitemur."

[45] Vgl. zum Folgenden *Bubenheimer*, Consonantia (wie Anm. 3), 230–237.

[46] Ende 1520 verfasste Bodenstein sieben Thesen gegen die kirchliche Satisfak-

5. Die erste Konkretion: Das Verbot der Priesterehe und die Mönchsgelübde

Die praktischen Implikationen dieser Konzeption zeigen sich deutlich in der Diskussion um Priesterehe[47] und Mönchsgelübde. Auch hier ging es, wie bei der Frage nach einer Messreform, darum, dass eine äußere, kirchlich autorisierte Struktur, die zugleich einen identity marker der Frömmigkeit darstellte, nicht nur kritisiert, sondern auch reformiert werden sollte. Karlstadt verfasst dazu am 20. Juni 1521 sieben Thesen[48], die er als Überschriften in seine kurz darauf erschienene Schrift 'Super coelibatu, monachatu et viduitate' übernimmt. Die Radikalität, mit der er hier eine Verheiratung der Priester und Mönche fordert, ergibt sich aus eben dem planen Gesetzesbegriff, der das auf Gewinn gerichtete Gesetz des Papstes einem als einheitlich verstandenen biblischen Gesetz gegenüberstellt[49]. So gilt die Todesstrafe, mit der Lev 20,2–5 die sexuelle Ersatzhandlung belegt, auch für die sich verzehrenden Mönche[50]. Analog versteht Bodenstein das Gebot aus 1. Tim 3, jeder Episkopus und Diakon solle verheiratet sein, als ein Gesetz, das nicht einmal Paulus zu

---

tionsvorstellung. Darin begründet sich die Behauptung, die Genugtuung sei nicht Teil der Buße, aus dem Ius divinum (These 5). In den 66 Thesen über den Zölibat (Juli 1521) werden dann Ius divinum und kanonisches Recht einander gegenübergestellt (These 42). Text und Datierung der Thesenreihen nach *Hermann Barge*, Andreas Bodenstein von Karlstadt, 1. Teil: Karlstadt und die Anfänge der Reformation, Leipzig 1905, 473 und 478. Vgl. auch Bodensteins Verwendung der Schrift in 'Super coelibatu', siehe unten, Anm. 49.

[47] Vgl. dazu grundlegend: *Stephen E. Buckwalter*, Die Priesterehe in Flugschriften der frühen Reformation, Gütersloh 1998 (= QFRG 68), zu Karlstadt insbesondere 79–100.

[48] Vgl. ebd., 82, Anm. 14: "1. Sicut viduas reiicimus iuniores, sic monachos, sic presbyteros iuvenes coelibes. 2. Non sunt ad sacros, ut aiunt, ordines vocandi, qui coniugia non cognoverunt. 3. Religiosi possunt, si vehementer uruntur, uxores ducere. 4. Peccant tamen qui primam fidem fregerunt. 5. Maius tamen malum incontinens admittit, qui ustus peccat, quam uxorem ducens. 6. Sacerdotes eatenus castitatem promittentes quatenus fragilitas humana permittit, possunt absque peccato, si volunt, matrimoniis se iungere. 7. Deberent episcopi, sacerdotes concubinarios ad matrimonia cogere."

[49] *Andreas Bodenstein von Karlstadt*, Super coelibatu, monachatu et viduitate, 1521: "Proinde, ut oportuit, pecuniae apetentes a fide a legeque sacra dei desciuerunt, Cur a fide? Cur a divina lege? Quia non modo id, quod multis exemplis scripturae ad nos venit iminuerunt, sed contra Mosaicas & Prophetacas & Euangelicas & Apostolicas litteras sanxieru(n)t."

[50] Ebd., A2v: "Perpetratis seminis iactu crimen et fornicatione et adulterio incomparabiliter peius. Non tamen vestra sponte devii, sed perversa pontificum romanorum doctrina seducti. At non evaditis poenam."

missachten gewagt habe[51]. Neben Karlstadts Ius-biblicum-Konzept
wird in diesen Sätzen zugleich seine Hermeneutik der strukturellen
Ähnlichkeit deutlich. Diese stellt zwischen zwei Schriftstellen über
ein gemeinsames Tertium einen gegenseitigen Bezug her und gewinnt
daraus Relevanz für das Heute[52].

So kommt Karlstadt zu dem Ergebnis: Die heiratswilligen Priester
und Mönche sündigen, eben weil sie ein Gelübde brechen (These 4).
Insgesamt liegen Altes und Neues Testament, Gesetz und Evangelium
für ihn also auch bei der praktischen Konkretion erneut auf einer
Linie[53].

Vergleicht man damit nun Luthers Ausführungen in 'De votis
monasticis' so zeigt sich abermals eine gewichtige Differenz[54]. Karlstadt
hatte trotz aller Berechtigung der Eheschließung Geistlicher den
Bruch des Treuegelübdes als Sünde qualifiziert, in der Abwägung
beider Sünden aber als die geringere eingeschätzt. Die Bestimmung
der Sünde als Verstoß gegen eine gesetzte Struktur führt ihn also
zu einer quantifizierenden Betrachtung in der Praxis. Luther hingegen spricht alle Ordensleute von ihren Gelübden frei, weil er ihr
Gelübde als ein Gesetz versteht, dem personale Entitäten wie das
Gewissen relativierend gegenüber stehen[55]. Dahinter steht natürlich
seine Bestimmung des Evangeliums, welches als Gewissenstrost und
Zuspruch des Seelenheils eine durch gesetzte Strukturen nicht ein-
holbare Größe sui generis bleibt[56].

---

[51] Ebd., A3r: "Concessa sunt matrimonia atque adeo, quot ne quidem Paulus
audeat quempiam in presbyteratum aut diaconatum constituere, nisi illi saltem una,
fuerit uxor."

[52] Ebd., A4r: "Sicvt vidvas reiicimvs ivniores, sic monachos, sic presbyteros ivve-
nes coelibes. Hoc primum pauli fuit, secundum a similitudine, ductum est argumentum, situm in eadem causa, propter quam vetuerat paulus viduitatem iuniorum
mulierum. Porro inest legi diuinae, tractus ad similia. Neque enim extrinsecus &
alienus est, a rebus ad similia rerum, ductus, intra vim potestatemque comprehensus."

[53] Ebd.: "Hisce videre quimus, quam omnia consonant & vetera & noua, quam
una mente, vnaque uoce, conclamant & lex & Euangelium & Paulus presbyteri,
vxores ducat." Weitere Belege finden sich in den Schriften 'Von Gelübden Unterrichtung' (November 1521) und der 'Apologia' für Bartholomäus Bernhardi, der die
Priesterehe tatsächlich vollzogen hatte, vgl. dazu Buckwalter, Priesterehe (wie Anm.
47), passim.

[54] Zu einer anderen Bewertung kommt Buckwalter; vgl., ebd., 111f. Ihm gegenüber möchte ich die Differenz zwischen gemeinsamem Ziel und unterschiedlicher
theologischer Argumentation stärker gewichten.

[55] Martin Luther, De votis monasticis, 1521; WA 8, 663,3–16: "Votum caritatis lex
est mere corporalis de re corporalissima. Quare solvenda est cum fiducia, imo nunquam ligavit nec ligare potuit, ubi periculum animae aut corporis intercessit."

[56] Vgl. Kruse, Universitätstheologie (wie Anm. 4), 292: "Anders als bei Luther

6. Die zweite Konkretion: Die Reform der Messe

6.1 Die Thesen zur Promotion Christof Hoffmanns (19. Juli 1521) und Luthers Antwort

Eben diese Gewichtung eines strukturell gefassten und quantifizierbaren Sündenbegriffes findet sich bei Karlstadt nun auch in der Diskussion um Abendmahl und Messe. Am 19. Juli 1521 stellte er eine Thesenreihe zur Promotion von Christof Hoffmann auf[57]. Darin behauptet er, statt nur eine Gestalt im Abendmahl zu empfangen, sei besser, überhaupt nicht zu kommunizieren, weil der Empfang sub una specie weder dem Typos der Alten noch der Einsetzung Christi Genüge tue[58], ja es sei eine kleinere Sünde, den Wein versehentlich zu verschütten, als ihn in ein ungläubiges Herz fließen zu lassen[59].

Diese Aussagen scheinen zunächst Luthers Haltung zu entsprechen, hatte dieser doch den Kelchentzug im Namen des sola scriptura scharf verurteilt und das Verbot des Laienkelchs als Sünde benannt[60]. Luther erklärt sich aber keineswegs einverstanden mit Karlstadt, sondern kritisiert ihn in seinem Brief an Melanchthon[61] heftig: In der Frage der Legitimität einer Communio sub una specie will sich der Exulant auf der Wartburg nicht nur auf das konkrete Handeln Christi in der Einsetzungssituation berufen. Es genüge nicht, das bloße Beispiel Christi zu nennen, um diesem nicht entsprechendes Handeln dann als Sünde zu denunzieren[62]. Zur Kennzeichnung als Sünde

---

diente Karlstadt die Unterscheidung zwischen Buchstaben und Geist nicht zur Erläuterung zweier Wirkweisen des Wortes Gottes, sondern zu einer Deutung, die den geistlichen Sinn des beide Testamente umfassenden verbindlichen Gesetzes ermöglichen sollte. Die von beiden Reformern betonte Freiheit vom Gesetz besaß verschiedene Ausrichtungen. Während Luther stärker den Aspekt betonte, daß das 'Predigtamt des Geistes' zur Befreiung der Gewissen von allen gesetzlichen Bestimmungen führte, stand bei Karlstadts Argumentation die erst durch den Geist ermöglichte wahre Bindung und Erfüllung des Gesetzes im Vordergrund."

[57] Sie finden sich ohne ihren Titel in: Flugschriften des frühen 16. Jahrhunderts, hg. von Joachim Köhler/Hildegard Hebenstreit-Wilfert/Christoph Weismann, Microfiche Serie, Zug 1978–1987, Fiche 195, Nr. 555, B3r–B4r; Fiche 1926f, Nr. 4923, D8r–E1r.

[58] Ebd., B3v: "Qui solo pane uescitur, mea sententia, peccat. Satique foret, si nullam, ut aiunt, speciem sumeret, quam unam tantum. Quia neque figuris ueteribus Christi instituto satisfit."

[59] Ebd.: "Minus peccatum est, si uinum consecratum in humum defluit per imprudentiam, quam si cadat in cor incredulum."

[60] Etwa in *Luther:* De captivitate (wie Annm. 35); WA 6, 507, 10f.

[61] Luther an Melanchthon, 1.8.1521; WA Br 2, 370–373, Nr. 424.

[62] Ebd., 372,59–66.

bedürfe es vielmehr einer klaren Aussage, dass der Empfang einer Gestalt Sünde sei. Diese aber finde sich nicht in der Heiligen Schrift: "In summa, quia Scriptura non urget, hic peccatum esse, peccatum non assero"[63].

Die Pointe von Luthers Unterscheidung zwischen einem klaren Zeugnis von Gottes Willen einerseits und einer bloßen Überlegung oder einem Beispiel andererseits ist dabei seine Suche nach persönlicher Gewissheit. Sein Gewissen fordert kein auf dem Weg der Analogiebildung gewonnenes Gedankengebäude, sondern ein klares, ausdrücklich formuliertes Wort Gottes zu Sache[64], erst die manifeste Schriftaussage gewährt Sicherheit[65]. Damit steht Karlstadts bislang formaler Bestimmung der Sünde Luthers Betonung des Gewissens als eines personalen Momentes gegenüber. Diese Differenz zeigt sich noch klarer in der Disputation über die Messe.

6.2 *Die Disputation über die Messe (17. Oktober 1521)*

Der Frage, wann und wie eine Messreform in Wittenberg durchzuführen sei, suchte man an der Universität anlässlich der großen Messdisputation vom 17. Oktober 1521 zur Promotion von Gottschalk Grop und Gottschalk Kruse nachzugehen. Karlstadt hatte hierfür 138 Thesen formuliert[66]. Sie gliedern sich in vier Themenkreise: De promissione et praecepto Conclusio (I, 1–24), De Pane Christi (II, 25–42), De Adoratione Panis (III, 43–58) und De Celebratione Missarum (IV, 59–138). In dem hier interessierenden vierten Abschnitt bestimmt Karlstadt zunächst das Verhältnis von Verheißung und Zeichen (59–63). Dann kritisiert er ein für Laien unverständliches Sprechen der verba sowie ein Verständnis der Elevation als Opfer-

---

[63] Ebd., 372,67f.

[64] Ebd., 372,39f: "[...] sic elusa autoritas illa non erit fidelis petra conscientiarum; hanc enim quaesumus."

[65] Ebd., 372,29f: "Talem sententiam Dei de monachis cum non habeam, non est tutum idem de iis asserere."

[66] Sie sind abgedruckt bei *Barge*, Andreas Bodenstein (wie Anm. 46), 484–490, auf dessen Nummerierung ich mich beziehe. Zur Diskussion und Interpretation vgl. ebd., 322–324; *ders.*, Frühprotestantisches Gemeindechristentum in Wittenberg und Orlamünde. Zugleich eine Abwehr gegen Karl Müllers 'Luther und Karlstadt', Leipzig 1909, 18–29; *Nikolaus Müller*, Einleitung zu De abroganda missa privata Martini Lutheri sententia, in: WA 8, 403f; *Wilhelm Maurer*, Der junge Melanchthon zwischen Humanismus und Reformation. Studienausgabe, Göttingen 1996, Bd. 2, 186–189; *Kruse*, Universitätstheologie (wie Anm. 4), 323f.

gestus[67]. Auf dieser Linie wendet er sich auch gegen eine Abendmahlsfeier, welche den Laien nur das Brot gewährt. Hier sündigen
sowohl Laien als auch Priester – letztere allerdings stärker[68] –, denn
den Laienkelch gebieten die Einsetzungsworte, und diesen nicht Folge
zu leisten ist Sünde[69]. Es ist daher besser, an einer solchen Feier gar
nicht erst teilzunehmen[70].

Die Forderung nach dem Laienkelch stützt ein weiteres Argument,
welches Einblick in Bodensteins Verhältnisbestimmung von Verheißung und Zeichen gewährt. Er sagt: Eine communio sub una kann
die Frucht des Sakramentes, die Sündenvergebung, gar nicht gewähren, weil getreu den Einsetzungsworten Christus den beiden Zeichen
auch zwei Verheißungen gab, nämlich dem Brot die des Sieges über
den Tod und nur dem Wein die der Sündenvergebung. Der Christ
kann sich also nur dann der Sündenvergebung gewiss sein, wenn er
beide Elemente empfängt und dem Verheißenen glaubt[71]. Die hier
getroffene Zuordnung von Verheißung und Zeichen kann Bodenstein
im Anschluss präzisieren: Keiner empfängt Brot und Wein heilbrin-
gend, der nicht zuvor mit seinem Herzen speist, denn zuerst ist das
Verheißungswort zu empfangen, dann sind Brot und Kelch zu nehmen[72]. Dahinter steht eine dezidierte Pneumatologie. Unter Berufung
auf Joh 6,63 stellt Karlstadt Geist und Fleisch, Innen und Außen
einander gegenüber. Die Duale werden nun so bestimmt, dass Geist
und Innen auf der einen, Abendmahlselemente, Außen und Materie

---

[67] *Barge*, Andreas Bodenstein (wie Anm. 46), 487: "(61) Sacerdotes autem brutis-
simi et instituto Christi alieni, verbum abscondunt laicis, et panem poculumque
veluti sacrificium in altum leuant."

[68] Ebd.: "(65) Verum qui solus edit non eatenus peccat, quatenus diuisor sacra-
menti."

[69] Ebd.: "(69) Haec verba sunt Christi docentis et iubentis, ergo non licuit aliud
docere, aut iubere. (70) Quoniam potius veluti anathema dei et pestilentissimam
pestem seductores et verbi dei corruptores cauebimus. (71) Ideo a peccato nemi-
nem possum asserere vnam speciem capientem."

[70] Ebd.: "(73) Videant ergo filij noui testamenti, num liceat sibi metus, aut tyran-
nidis caußa, abstinere a sanguine Christi."

[71] Ebd., 488: "(75) Beneficium remissionis peccatorum annunciatur per promissionem cui poculum est signum. [. . .] (80) Debemus ergo mortis uictoriam et resur-
rectionis gloriam credere nobis futuram, dum promissionem, Hoc est corpus meum,
quod pro vobis traditur, et panem illius signum, sumimus. (81) In promissione san-
guinis, qui in remissionem peccatorum funditur, et in poculo, veluti signo credulus
beneficium remissionis peccatorum certo consequitur, si firmiter id credit [. . .]."

[72] Ebd.: "(93) Nemo profecto salubriter signis pane et uino utitur, nisi prius corde
molli promissionibus uescatur. (94) Prius edendus est promissionum sermo, tum panis
et poculum sumendum."

aber auf der anderen Seite zu stehen kommen[73]. Hier begegnet also ein ganz anderes Konzept als das Luthers, der die Sündenvergebung auch an das Zeichen bindet, diese Verbindung aber aus seinem Wortverständnis begründet, nach dem das Wort wirkt, was es sagt[74]. Nach dem Thema Laienkelch, dessen Behandlung zugleich Einblick in seine Zuordnung von Schriftgebot und Sünde sowie Verheißung und Zeichen gewährt, wendet Bodenstein sich dann der Frage nach der Legitimität der Privatmessen zu. Im Unterschied zur Forderung nach dem Laienkelch, die sich auf eine direkte Handlungsanweisung Christi berufen kann, hält Karlstadt die Form der Gemeinschaftsmesse nur für einen begleitenden und damit nicht normativen Umstand des ersten Abendmahls[75]. Wer heute gezwungen ist, Privatmessen zu feiern, soll dies also tun. Er hat Joh 6 auf seiner Seite, dort richtet sich die Verheißung – anders als bei den Synoptikern – gerade nicht notwendig an eine Gruppe: "Wer dieses Brot isst und aus diesem Kelch trinkt, wird nicht sterben in Ewigkeit"[76].

7. Das Ergebnis

Spannt man nun den Bogen von der eingangs behandelten Disputation vom 26. April 1517 bis zur Messdisputation im Jahr 1521, so

---

[73] Ebd., 489: "(95) Quoniam sicuti Christi caro nihil prodest, ita nec panis uisibilis. (96) Spiritus est qui uiuicat, spiritus fidei, cuius uerbum est sermo promissionum. (97) Porro qui sic commedit promissionem iste uere manducat, neque illi opus est qualibet re externa. Ergo citra panis et poculi sumptionem iustificatur." Zum Gegenüber von Geist und Materie als Schlüssel zu Karlstadts Auffassung des Abendmahls vgl. *Ponader*, Abendmahlslehre (wie Anm. 5) sowie *ders.*, 'Caro nihil prodest. Joan.vi. Das fleisch ist nicht nutz/ sonder der geist'. Karlstadts Abendmahlsverständnis in der Auseinandersetzung mit Martin Luther, in: Bodenstein, Theologe der frühen Reformation (wie Anm. 1), 223–245. Er geht allerdings nicht auf die hier besprochene Disputation ein.

[74] Vgl. *Martin Luther*, De captivitate (wie Anm. 35); WA 6, 533,21–24; 358,18–24. Zu Luthers Zuordnung von Zeichen und Verheißung vgl. *Eberhard Grötzinger*, Luther und Zwingli. Die Kritik an der mittelalterlichen Lehre von der Messe – als Wurzel des Abendmahlsstreites, Zürich 1980 (= ÖTh 5), 23–29 und *Simon*, Messopfertheologie (wie Anm. 6), 315–317.

[75] *Barge*, Andreas Bodenstein (wie Anm. 46), 489: "(102) Quandoquidem differant narratio historię et rei gerendę constitutio. [. . .] Itaque non est certum (quamquam plures legimus concoenatores Christo sacramentum instituenti et in Corinthijs a multitudine celebrari) an vetuerit Christus, ne solus sumat."

[76] Ebd.: "(108) Excusatur, qui solus et vnus edit per Christi uerbum Iohan. VI. Qui edit hunc panem, et ex hoc calice bibet, non morietur in aeternum, Licet dixit. Nisi edideritis carnem filii hominis, Quia, licet eo loci non instituatur sacramentum, tamen per similitudinem possunt coaptari."

zeigt sich eine Analogie, insofern auch dort der materiell fassbare, geschriebene Buchstabe dem Geist opponierte. Damit wird die Karlstadt eigentümliche Verbindung von Pneumatologie und Gesetz deutlich: Der Geist gehört zum Bereich des Innen, wodurch alles materielle Außen zunächst an theologischer Relevanz verliert. Diese Grundunterscheidung führt aber nicht zur Vorstellung eines privatistischen, frei flottierenden Geistes. Karlstadt lässt sich nicht als bloßer Spiritualist der Innerlichkeit etikettieren. Denn seine Theologie ist nicht nur eine Theologie des Geistes, sondern zugleich eine Theologie des Gesetzes: Indem Karlstadt nämlich die Unterscheidung von Geist und Buchstabe so durchführt, dass er die Buchstaben-Dimension der Schrift vor allem auf deren materiellen Charakter konzentriert, integriert er die Dimension des Gesetzes vollends in die Pneumatologie. Damit gewinnt seine Theologie ein eminent wirklichkeitskritisches, politisches Potential.

In Frage stand erstens das Motiv der Kritik Luthers an Karlstadts Messreform. Der Gang der Untersuchung zeigte, dass sich der Bruch zwischen Luther und Karlstadt nicht nur aus machtpolitischen oder psychologischen Motiven erklären lässt, sondern auch auf autochthon theologischen Differenzen beruht. Diese liegen einmal im Verständnis der Schrift. Karlstadt beruft sich auf sie als eine einheitliche Rechtsquelle, Luther hingegen versteht sie vornehmlich als Trostschrift, in der jeder Satz seine Geltung aus seiner Nähe zum solus Christus bzw. sola fide gewinnt. Dies gründet in einer pneumatologischen Differenz: Der Geist aktualisiert bei Karlstadt vor allem das Gesetz, während dem Evangelium für Luther eine dem Gesetz gegenüberstehende, übergreifende Logik eignet. Das hat einmal Konsequenzen für die Sündenlehre, die der Jurist Karlstadt objektiv-strukturell bestimmt, während Luther das Gewicht auf Person und Gewissen legt, zum andern auch für die Sakramentenlehre, insofern für Karlstadt der Empfang Christi vor dem Empfang der materiellen Elemente geschieht, während Luther ihn an den Empfang der Elemente bindet.

Zudem war die anscheinend aporetische Haltung Karlstadts gegenüber der Messreform zu klären. Weshalb wendet er sich zunächst gegen eine Abschaffung der Privatmessen und gegen eine Neugestaltung der Gemeindemesse, wird dann aber zum Initiator der Messreform?

Vor dem Hintergrund der erhobenen Denkfiguren Karlstadts wird nun ersichtlich, weshalb er den Laienkelch als unbedingt zu befolgendes Gesetz versteht, während Luther dessen Einführung aufzuschieben rät, um das Gewissen der Schwachen zu schonen. Zugleich gewinnt Karlstadts auf den ersten Blick widersprüchliche Haltung Stringenz: Da seine Hermeneutik eine theologische Legitimierung der Privatmessen erlaubte, schloss er sich zunächst dem Drängen der anderen Reformkräfte auf eine allgemeine Messreform nicht an, die Privatmesse war für ihn ja keine Sünde. Zudem erlaubte sie Karlstadt, die Messe sub utraque specie in kleinem Kreis zu feiern. Anders stand es mit der öffentlichen Gemeindemesse. Sie sub una specie zu feiern, stellte innerhalb seines Argumentationszusammenhanges eine Sünde dar. Karlstadt behalf sich, indem er seinen Messverpflichtungen nicht persönlich nachkam und sich bei öffentlichen Gottesdiensten vertreten ließ[77]. Als seine Kollegen dazu nicht mehr bereit waren, stand er vor der Alternative, entweder die Messe traditionell zu feiern (und damit zu sündigen) oder aber in einer öffentlichen Messreform den Laienkelch einzuführen (und damit gegen die Obrigkeit wie das Gewissen der Schwachen zu entscheiden). In Anbetracht des theologischen Hintergrunds ist Karlstadts Entscheidung für die Einhaltung der gottgegebenen, weil schriftbezeugten Struktur nun ebenso plausibel wie Luthers Kritik daran, die er vor dem Hintergrund eines personal gefassten Schrift-, Geist- und Sündenverständnisses übt.

---

[77] Vgl. die "Zeitung aus Wittenberg" (1521), zit. nach *Müller*, Wittenberger Bewegung (wie Anm. 7), 153: "Doctor Karlstadt hat lang zeit nith meß gehalten, vnd, so er ettliche festa hat jm zustendig, haben jn die anderen Thumherren verwest; daß er aber also auff ein meß greulich predigt, haben sy ein beschluß semptlich gemacht, das jnn fu(e)ran, so sein fest kumpt, je keiner vertreten soll, jm also abgesagt; hat er gesagt, so er ye meß halten muß, woll er auff das negst sein fest, das neu Jar, ein Euangelische Meß halten, wyeß Christus gehalten vnd auffgesatzt hat [. . .]".

GOTTES WORT ZUM "LESENHÖREN".
EDITION EINER ANONYMEN PREDIGTFLUGSCHRIFT AUS DEM JAHR 1522

Thomas Hohenberger
(Döbra/Schwarzenbach am Wald)

Die Predigt ist die häufigste literarische Gattung unter den reformatorischen Flugschriften. Schon Martin Luther hat insbesondere durch Predigten ein volkstümliches Bewusstsein seiner Kirchenreform geschaffen. In Gestalt von überschaubaren 'Sermonen', zumeist als Nachdruck der Sonntagspredigt, wurde einer breiten Öffentlichkeit die reformatorische Lehre verständlich gemacht und nahe gebracht. Die Predigt darf damit als wichtigstes Instrumentarium für die Wirksamkeit und Rezipierfähigkeit des neuen theologischen Aufbruchs an der Wende vom Spätmittelalter zur Frühen Neuzeit gelten[1].

Indem nun die vom reformatorischen Denken durchdrungenen Predigten Luthers und seiner Anhänger gedruckt vorlagen, wurde die Verbreitung und Durchsetzung der Reformation intensiviert und beschleunigt. Dank der Druckerpresse konnte man zur gleichen Zeit und überall in Deutschland Luther und seine Parteigänger lesen und hören. Im Druck überbrückte die reformatorische Predigt rasch große Distanzen und sie war durch die schriftlich festgehaltene Form jederzeit verfügbar.

Die Praxis des "Lesenhörens"[2] hat diesen enormen Wirkungsgrad noch gesteigert. Denn die schriftliche Kanzelrede wurde wieder zum

---

[1] Vgl. dazu die Dokumentation reformatorischer Predigttätigkeit in den deutschen Städten in den Anfangsjahren der Reformation durch *Bernd Moeller/Karl Stackmann*, Städtische Predigt in der Frühzeit der Reformation. Eine Untersuchung deutscher Flugschriften der Jahre 1522 bis 1529, Göttingen 1996 (= AAWG.PH 220). Eine knappe Bestandsaufnahme der Flugschriftenpredigten ist auch in meiner Dissertation zu finden, vgl. *Thomas Hohenberger*, Lutherische Rechtfertigungslehre in den reformatorischen Flugschriften der Jahre 1521–22, Tübingen 1996 (= SuR.NR 6), 337–343.

[2] Zur Praxis des "Lesenhörens" als zeit- und gesellschaftsspezifische Kommunikationsform vgl. *Erich Kleinschmidt*, Literatur und städtische Gemeinschaft. Aspekte einer literarischen Stadtkultur in der Frühen Neuzeit, in: Literatur in der Stadt. Bedingungen und Beispiele städtischer Literatur des 15. bis 17. Jahrhunderts, hg. von Horst Brunner, Göppingen 1982 (= Göppinger Arbeiten zur Germanistik 343), 73–93, bes. 80f.

mündlichen Vortrag, indem an öffentlichen Orten und Plätzen, ja sogar im Wirtshaus die Predigtflugschriften vorgelesen wurden. Das "Lesenhören" war ein gesellschaftliches Ereignis. Druckschriften waren etwas Besonderes, und man las sie in der Regel nicht für sich allein, sondern im Kreis einer großen Zuhörerschar. Damit wurde die reformatorische Predigt wieder zu dem, was sie in ihrer eigentlichen Absicht sein wollte: Persönliche Anrede zur Weckung eines konsequent evangeliumsgemäßen Glaubens.

Evangeliumstreue und Christusglaube zeichneten die Predigten der Reformation und ihrer Anhänger aus. Dem theologischen Denken der zentralen Rechtfertigungslehre gaben sie eine fassbare Gestalt, die sich im täglichen Leben konkret umsetzen ließ. So wurden nachhaltig religiöse Einstellungen verändert und gesellschaftliche Mentalitäten geprägt, Theologie neu geformt und Frömmigkeit verlebendigt[3].

Die reformatorische Predigt hat in der Treue zum Evangelium den Glauben an Jesus Christus eingeschärft und damit aus theologischer Verantwortung heraus ihre glaubens- und frömmigkeitsbildende Kraft entfaltet. Frömmigkeit und Theologie blieben dabei streng aufeinander bezogen, so dass die Auslegung von Gottes Wort sowohl in die aktuellen Zeiterfordernisse als auch in den persönlichen Lebensbezug der Menschen hineinsprechen konnte.

Dieses Erbe der Reformation gilt es für die Gegenwart festzuhalten. Die nachfolgend edierte Predigtflugschrift ist ein beachtenswertes Beispiel für die charakteristische und elementare Verflechtung von Frömmigkeit und Theologie im reformatorischen Denken. 1522, auf dem Höhepunkt der Reformation in Deutschland, ist sie ohne Namensnennung des Verfassers in Augsburg erschienen. Zum Thema Gebet reflektiert sie in erstaunlicher Stringenz den rechtfertigungstheologischen Hintergrund des reformatorischen Aufbruchs und bleibt doch stets um die praktische Umsetzung einer neu zu gestaltenden Frömmigkeit bemüht.

---

[3] Vgl. dazu die Darstellung von *Berndt Hamm*, Bürgertum und Glaube. Konturen der städtischen Reformation, Göttingen 1996; sowie *ders.*, Einheit und Vielfalt der Reformation – oder: was die Reformation zur Reformation machte, in: Ders./Bernd Moeller/Dorothea Wendebourg, Reformationstheorien. Ein kirchenhistorischer Disput über Einheit und Vielfalt der Reformation, Göttingen 1995, 57–127.

1. *Annäherungen zur Herkunft*

Die aus einem Bogen zu sieben Seiten im Quartformat bestehende Predigtflugschrift 'Ein Sermon von der Anbetung' wurde bei Melchior Ramminger in Augsburg gedruckt[4]. Sie ist nur in der vorliegenden Ausgabe erhalten und erfuhr keine Nachdrucke. Damit darf sie als Einzelzeugnis eines reformatorisch gesinnten Parteigängers gelten, der bewusst auf seine Namensnennung verzichtet. Immerhin gibt der Verfasser so viel zu erkennen, dass es sich bei ihm um einen Ordensmann handelt, der über eine frömmigkeitstheologische Vorprägung verfügt. Der Titelzusatz auf dem der Schrift vorangestellten Schmuckblatt "geprediget von aim Carmelit/ auß der götlichen hailigen geschrifft"[5] weist ihn als Predigermönch des Karmeliterordens aus. Damit gehörte er, wie die Augustiner-Eremiten, aus deren Mitte Martin Luther hervorging, zu einem der großen Bettelorden, die im Hochmittelalter gegründet wurden und zu Einfluss und Blüte gelangten.

Die Ursprünge des Karmeliterordens liegen in einer 1156 auf dem Berg Karmel in Palästina gegründeten Eremitengenossenschaft, die 1238 in das Abendland verpflanzt wurde. Die Karmeliten betrachteten die Marienverehrung als ihre besondere Aufgabe und nannten sich daher mit vollständiger lateinischer Bezeichnung 'Ordo Fratrum Beatae Mariae Virginis de Monte Carmelo' (Orden der Brüder der seligen Jungfrau Maria vom Berg Karmel). Der persönliche Ordenshintergrund des Verfassers mag darum ausschlaggebend für seine Themenwahl gewesen sein. Die Fürbitte der Heiligen, insbesondere der Gottesmutter Maria, tragende Säule der spätmittelalterlichen Kirche, entlarvt er als biblisch nicht haltbar und entwickelt einen reformatorisch ausgerichteten Leitfaden bzw. Unterricht zum Gebet. An dem entscheidenden Punkt, wo die spätmittelalterliche Theologie und die Volksfrömmigkeit der guten Werke ineinander übergingen, sorgte der Karmeliterbruder für eine biblisch-reformatorische Neuorientierung.

Es ist zu vermuten, dass der Ordensmann über ein solides biblisches Wissen verfügte. Darauf weisen sowohl der häufige Schriftgebrauch als auch die themenspezifische Auswahl der zitierten Textstellen hin. Die Wiedergabe des Namens Mose mit "Moysi"[6] verrät zudem

---

[4] Vgl. die Edition unten (340 mit Anm. 15).
[5] Ebd., fol. A1r.
[6] Vgl. ebd., fol. A4r.

die Kenntnis der griechischen Bibel. Die Gelehrsamkeit des Verfassers wird ebenfalls unterstrichen durch seinen Verweis auf die philosophische Lehre des Aristoteles sowie die theologisch anspruchsvolle Zwei-Naturen-Lehre Christi[7]. Außerdem ist der Latinismus "clarificieren" für "verherrlichen" gebraucht[8] und der lateinische Satz "Deo soli Gloria" dem Titelblatt beigegeben.

Sicher ist, dass die Schrift im Jahr 1522 erschienen ist. Ausdrücklich wird die Jahreszahl nach dem Titel genannt. Der Druckort Augsburg könnte auch der Entstehungsort sein, denn ein Karmeliterkloster, St. Anna, gab es zu dieser Zeit auch in der Freien Reichsstadt Augsburg[9]. Das Wormser Edikt und die schwankenden Augsburger Konfessionsverhältnisse[10] waren wohl zwingende Gründe für den Verfasser, auf eine Namensnennung zu verzichten. Mit dem Hinweis auf seinen Orden hatte er sich ja ohnehin schon weit vorgewagt und eine deutliche Spur gelegt[11].

2. *Inhalt und Aufbau*

Im Stil der paulinischen Briefeingänge ist ein Kanzelgruß vorangestellt. Unmittelbar folgend wird in den Inhalt der gedruckten Predigt eingeführt und auf die Notwendigkeit hingewiesen, das Thema Gebet eingehend zu behandeln. Denn die Gemeinde Christi sei durch Menschenlehre verführt worden, wobei die Kleriker den eigenen Nutzen der biblischen Erlösungsbotschaft vorordnen würden[12]. Insbesondere

---

[7] Vgl. ebd., fol. A1v und fol. A3r.

[8] Vgl. ebd., fol. A3r.

[9] Vgl. dazu die grundlegende Darstellung von *Friedrich Roth*, Augsburgs Reformationsgeschichte, Bd. 1, München 1901, Nachdruck München 1974, 51–53.

[10] Zur behutsamen und um Ausgleich bemühten Einführung der Reformation in Augsburg vgl. die Studie von *Andreas Gößner*, Weltliche Kirchenhoheit und reichsstädtische Reformation. Die Augsburger Ratspolitik des "milten und mitleren weges" 1520–1534, Berlin 1999 (= Colloquia Augustana 11).

[11] Das Karmeliterkloster St. Anna in Augsburg war traditionsgemäß eine Stätte humanistischer Gelehrsamkeit. "Der Prior Johannes Frosch hatte zur Zeit Luthers in Wittenberg Theologie studiert und der Konvent, bei dem Luther 1518 zu Gast war, war seitdem die Keimzelle für die Ausbreitung der lutherischen Richtung einer Kirchenreform für Augsburg" (ebd., 30). Zur Stellung des St. Annenklosters im Augsburger Reformationsgeschehen vgl. auch *Wilhelm Schiller*, Die St. Annakirche in Augsburg. Ein Beitrag zur Augsburger Kirchengeschichte, hg. vom Evangelisch-Lutherischen Pfarramt St. Anna, Augsburg 1938, 53–59.

[12] Die Reformation machte sich den Antiklerikalismus ihrer Zeit zunutze. Interes-

das Gebet zu Gott und seinen Heiligen sei dem schriftgemäßen Gebrauch und Grundsinn entfremdet worden. Die Rückführung des Gebets auf die Fundamente des Wortes Gottes nennt der Verfasser darum als seine Absicht.

Er gesteht zu, dass die christliche und evangelische Lehre bereits umfassend dargelegt worden sei[13], aber für die Unentschlossenen und Schwachen im Glauben wolle er weitere Klärungs- und Überzeugungsarbeit leisten[14]. In akademischer Disputationsweise nennt der Karmelitermönch acht Punkte, die das schriftgemäße Gebet auszeichnen, und belegt seine Thesen mit zahlreichen Bibelzitaten oder biblischen Hinweisen:

I. Das Gebet muss auf die Verheißung seiner Erhörung hin geschehen. Ohne diese göttliche Zusage ist das Gebet völlig sinnlos.

II. Dieser Zusage Gottes ist im Glauben zu vertrauen. Das Gebet erscheint dabei als praktische Umsetzung des Rechtfertigungsgeschehens.

III. Gott ist im Gebet kein Ziel zu setzen. Darin zeigt sich die Souveränität Gottes einerseits und die Anerkenntnis seiner Gottheit im Glauben andererseits.

IV. Christus allein ist unser Fürsprecher. Gemäß der Zwei-Naturen-Lehre Christi bittet Christus als Mensch für uns und gewährleistet kraft seiner Gottheit die Erhörung des Gebets.

V. In aller Not soll man sich auf Gott verlassen. Die inneren und äußeren Nöte sind im Gebet vor Gott zu bringen.

VI. Allein Gott gebührt das "Opfer" des Gebets. Die Heiligenverehrung ist ein Angriff auf die Exklusivität Gottes und eine neue Form von Götzendienst.

---

santerweise waren es Ordensleute, die die Missstände im eigenen Umfeld wahrnahmen und nachhaltig anprangerten. Nähere Erläuterungen dazu bei *Hans-Joachim Goertz*, Pfaffenhaß und groß Geschrei. Die reformatorischen Bewegungen in Deutschland 1517–1529, München 1987, bes. 52–68; sowie Anticlericalism in Late Medieval and Early Modern Europe, hg. von Peter A. Dykema/Heiko A. Oberman, Leiden/New York/Köln 1993 (= SMRT 51).

[13] Dies ist ein indirekter Hinweis auf die Massenpublikationen Martin Luthers. Denn erst in der Zeit um den Wormser Reichstag 1521 traten auch andere Autoren neben Luther, die sein Anliegen teilten und es publizistisch eigenständig vortrugen.

[14] Die Rücksichtnahme auf die Schwachen im Glauben ist ein Topos der paulinischen Briefe, den Luther für die Durchführung reformatorischer Neuerungen in Anspruch nimmt und einschärft. Bekanntestes Beispiel dafür sind seine Invokavitpredigten nach seiner Rückkehr von der Wartburg in das aufständische Wittenberg; vgl. WA 10/3, XLVI–LXXXV und 1–64, Nr. 1–8.

VII. In den Heiligen ist Gott zu preisen. Die Heiligen sind lediglich Exempel und Vorbilder für das Gnadenhandeln Gottes.

VIII. Die Fürbitte bezieht sich nur auf die sichtbare Kirche. Der Bereich der Seligkeit bleibt ihr entzogen. Die Fürbitte für Verstorbene überschreitet die Kompetenz des Gebetes.

Mit der fünften Vaterunserbitte, der Bitte um Schuldvergebung, bündelt der Verfasser abschließend seine frömmigkeitstheologischen Ausführungen über das Gebet.

3. *Wiedergabe der Textgestalt von 1522*[15]

[Anonymus:] Ain Sermon || Von der Anbeetung. oder || Eer erpietung/ Gelübt/ Opfferung || der haylignn/ geprediget von aim || Carmelit/ auß der gôt- || lichen hailigen ge- || schrifft. || Jm jar M D XXII. || [6 Dreiecke mit Spitze nach oben, angeordnet als ein nach unten zeigendes Dreieck. Links und rechts sind zwei Tierkreiszeichen[16] in Buchstabengröße] || Deo soli Gloria. || [TE und 2 HS][17] [Augsburg: Melchior Ramminger 1522]

---

[15] Die Flugschrift ist im Originaldruck in der BSB München unter der Signatur 4° Hom. 2037 und in der HAB Wolfenbüttel unter der Signatur 511.57 Theol. (13) zu finden. Vgl. auch Flugschriften des frühen 16. Jahrhunderts, hg. von Hans-Joachim Köhler/Hildegard Hebenstreit-Wilfert/Christoph Weismann, Microfiche Serie, Zug 1978–1987, Fiche 270, Nr. 763. Zu den bibliographischen Angaben vgl. auch VD 16 S 6043; sowie *Hans-Joachim Köhler*, Bibliographie der Flugschriften des 16. Jahrhunderts, Teil 1: Das frühe 16. Jahrhundert (1501–1530), Bd. 3: Druckbeschreibungen M–S, Tübingen 1996, 460, Nr. 4195. Herausgabe und Zitierweise folgen dem in der Microfiche-Edition wiedergegebenen Druck nach einem Exemplar der Kirchlichen Bibliothek der Evangelischen Kirche der Union Berlin, Refschr. 1326. – Bei der Bearbeitung des frühneuhochdeutschen Druckes wurden folgende Editionskriterien angewandt: Abkürzungen wurden aufgelöst. In eckigen Klammern stehen beschreibende Zusätze, die Langschrift der Bibelstellenangaben und die Seitenzählung des Originaldruckes. Worterklärungen und inhaltliche Erläuterungen sind im Anmerkungsapparat zu finden.

[16] Es handelt sich dabei um die Tierkreiszeichen Löwe und Schütze.

[17] Das Schmuckblatt der Schrift ist mit einem Rahmen um die Titelangabe sowie zwei kleinen Holzschnitten versehen. Es werden auf den oben und seitlich gesetzten Rahmenleisten Pflanzenornamente, Symbole und Gestalten gezeigt. Unten schließt der Rahmen mit den häufig gebrauchten Motiven der Apostel Petrus mit dem Schlüssel und Paulus mit dem Schwert ab (vgl. Abb. 1).

Abb. 1. Titelblatt der Predigtflugschrift 'Von der Anbetung der Heiligen'; Kirliche Bibliothek der Evangelischen Kirche der Union Berlin, Refschr. 1326.

[A1v:]   Brüder die gnad vnd der frid von dem
himlischen vater/ vnd von vnßerm herren Jhesu
Christo sey alzeyt mit eürem gayst. Amen.

ANgesehen[18] den grossen jrrtung der jrrigen schefflen gotes die on
5 hirten seind/ die da sůchent jren nutz der da wider die aigenschaft
der liebe strebt vnd ficht Vnangesehnn den nutz vnsers erlôsers Jesu
Christi der allain vor augen soll gehalten werden in dem Christenlichen
leben vnd wesen/ in dem/ das sy durch jr vnchristliche Arestotelischnn
leer[19] vnd auch erdachte leer[20] die schefflnn gantz betrieglich verfůrent.
10 Fürnemlich in dem gebet gegen got vnd seynen hailigen. (alzeit wie
Paulus redt) Lernen vnd nimmer kommen zů dem grundt der war-
hafftigen kunst/ das ist zů dem volkomelichen vrsprung[21] des wort
gottes/ der vor allen dingen betracht sol werden Deshalben auß
brůderlicher lieb/ neid/ vnd haß. (auß der gnad gottes) wegk gelegt
15 vnd mich vnderstanden mit gôtlicher gschrift anzaigen den grund
vnd fôlsen des gepets gegen got/ vnd den grossen jrtung oder
abtgôterey des gepets gegen den hayligen. Wie wol mir vnuerbor-
gen ist/ das die ding gnůgsam durch Chrystenlich. Ja auch euange-
lisch leer zů disen zeiten der gnaden angezaigt vnd beweisen seind.
20 Yedoch seind wir in dem verstand nit all gleichfôrmyg/ als die armen
von denen Paulus redt. Den krancken oder vnbeuestigeten in dem
glaubnn/ den nement an/ in zů vnderweysen/ darum ist es von
nôten/ das sy ain grüntlichen vnd verstendigen/ beschayd haben.
Nun zů dem aller Ersten můß der mensch ain gôtliche zůsagung
25 haben darinn jm versprochen wirt die erhôrung seines gepets[22] So

---

[18] Das Wort beginnt mit einer vier Druckzeilen hohen Majuskel.

[19] Die Kritik Luthers an der scholastischen Theologie, die in ihren Grundzügen
den Lehren des Aristoteles folgt, war dem Verfasser unserer Predigtflugschrift sicher
bekannt. In der Schrift 'An den christlichen Adel' beklagt Luther, dass an den
Universitäten und höheren Schulen "allein der blind heydnischer meyster Aristoteles
regiert"; WA 6, 457,34f.

[20] Gemäß der Argumentation Luthers werden Menschenlehre und Wort Gottes
gegenübergestellt: "Die schrifft macht die gewissen frey vnd verpeutt, sie mit menschen leren zu fangen"; WA 10/2, 91,23f (Von Menschenlehre zu meiden und
Antwort auf Sprüche, so man führet, Menschenlehre zu stärken).

[21] Der humanistische Ruf "ad fontes!" verband sich mit dem Rückbezug der
Reformation auf die Bibel als normative Offenbarungsquelle des Glaubens.

[22] Die reformatorische Worttheologie von fides und promissio wird sofort zum
Ausdruck gebracht. Das frühneuhochdeutsche Äquivalent für promissio ist die "zusa-
gung", von der auch im Weiteren immer wieder die Rede ist. Vgl. dazu *Oswald
Bayer*, Promissio. Geschichte der reformatorischen Wende in Luthers Theologie,
Göttingen 1971, 2. Aufl., Darmstadt 1989 (= FKDG 24).

aber vns Cristus nit het heissen bôten/ vnd vns versprochen die
erhôrung vnsers gepets/ so wer vnser gepet nichs vor got/ diße zů
sagung ist außgetruckt durch den mund der warhayt/ Lu[kas] xj.
Ich (sprach der herr) sag eüch bittent so wirt eüch gegeben/ sûchent
so werdnn jr finden/ klopffent an so wirt eüch auf gethon. Wann 5
ain yetlicher der da bit/ der enpfacht. vnd der da sûcht der findt/
vnd dem der da anleütet wirt auff gethon²³/ weyter Jo[hannes] xvj.
Spricht der herr. Fürwar fürwar sag ich eüch/ so jr wert [A2r:] den
vater etwas bitten in meinem namen/ so wirt er eüchs gebnn biß-
her habt jr nichs gepetnn in meinem namen/ bitent so werdt jr 10
empfahen²⁴/ auch vorhin in dem alten testament dise zůsagung angezaygt durch Johe[l] Ain yetlicher er sey wer er wôll/ der da anrůffen
wirt den namen des herrnn der wirt selig²⁵/ die wort gotes oder zů-
sagung/ seind der fôlß vnd grundvestin²⁶ vnsers gepets die ain yetlicher Christglaubiger mensch in seinem gepet vor augen haben soll/ 15
jn dem/ das jm der sun des lebendigen gotes ermant etwas in seinem namen von got dem vater zů begeren. Ja auch jm verspricht
die erhôrung seines gepets was er begert.

Aber zů dem andern. Nach dem als wir haben die zůsagung auß
lauter gnad verhaissen/ vnd auß lauter gnad vnd gůtikait teglich 20
erfült wirt. Darum ist es von nôten das wir diser zůsagung anhen-
gig seyen durch den glaubnn/ vnd nit zweiflen/ dann got sey war-
hafftig²⁷. (Johannes xv. Spricht/ ich bin der weg/ die warhait vnd
das leben)²⁸ jn seiner zůsagung vnd glaubnn es werd vns darnach
geschehen/ was jn disem glauben begert wirt/ das empfacht der 25
mensch/ es ist auch vnmüglich das in got nit erhôr/ so er kreftyk-
lichen glaubt wie Christus selber anzaigt/ als sich die junger ver-
wunderten was die verhindrung gewesen wer/ das sy den teüfel von
dem besessnen menschnn nit auß treiben kunden/ von wegen (sprach
der herr.) Eürs vnglaubens habt jr den teüfel nit mügen auß trei- 30
ben/ vnd zaigt jnen da an die groß krafft des glaubens sprechende.
So jr werdt haben ain glauben wie ain senffkôrlin/ wann jr werd

---

²³ Vgl. Lk 11,9f.
²⁴ Vgl. Joh 16,23–24a.
²⁵ Vgl. Joel 3,5a.
²⁶ Fels und Grundfeste.
²⁷ Die Verheißung Gottes, das Wort seiner Zusage, wird nur im Glauben recht
aufgenommen und ehrt so Gott mit der Wahrheit. Der Verheißung Gottes nicht
zu trauen, würde bedeuten, Gott Lügen strafen.
²⁸ Vgl. Joh 14,6a.

sprechnn zů disem perg/ gang hinwegk/ so wirt er wegk gon/ jn
disem glauben/ wirt eüch nichs vnmüglich seyn[29] der gleichnn redt
er auch an ainer andern stat. Fürwar sag ich eüch/ So ir wert haben
den glaubnn/ vnd nit zweyflend/ was jr wert biten das wert jr emp-
5 fahnn[30]/ jn dyßen worten beweyßt Christus/ sollen wir etwas erlangen von vnserm himlischen vatter/ so mũssen wir seinen worten
glaubnn/ wann es ist so ain überschwenklich ding vmm den glauben[31] (dardurch dielyebe gepürt oder verbracht wirt/ als Paulus
beschreibt)[32] der in hat/ der besytzt vnd hat alle ding/ wann der
10 lebendig gelaub bringt alle gõtliche tugent mit jm/ als die liebe/
frid/ freüd/ hofnung vnd die werck/ wann) [A2v:] ain yetlicher der
got gelaubt vnd vertraut/ dem gibt er zů hand seynen gaist/ als
dann Pau[lus] bezeügt/ da er sagt/ jr Galater habt enpfangnn den
hailigen gaist/ nit auß eürm verdienst/ ewer gũtte werck. Aber dar-
15 umb das jr dem wort gots gelaubt habt[33]/ widerum wer got nit
glaubt/ sonder jm selber oder andern/ der hat nichs dann das ewig
verderben. Wie Joan. sagt. Der vnglaubig ist dem sun gotes (das ist
wie Paulus redt oder beschreibt/ der nit glaubt das Christus sein
frümkait/ hailigmachung/ erlõßung sey)[34] der wirt nit sehnn das
20 lebnn/ sonder der zorn gottes wirt über jn bleiblich sein[35]. Du fragst
was ist zů thůn wann ainer dises glabens nit entpfindt oder nit grünt-
lich hat/ soll diser verzweiflen [?] Antwurt verzweyfel nit/ sonder
schrey mit den jungern Christi herr meer vns dein glaubnn[36]/ vnd
wend dich zů der grundfestyn seiner gõtlichen zůsagung/ da er vns
25 versprochen hat/ so wir etwas bitten werden in seinem namen/ des
sollnn wir erlangnn oder empfahnn[37]. Summa der glaub ist ain erfüllung aller gesatz/ ain gerechtikait von der zeit/ jn die zeit/ ain

---

[29] Vgl. Mt 17,19f.
[30] Vgl. Mt 21,21f.
[31] Diese Formulierung erinnert an Luthers bekannte Stelle aus der Vorrede zum
Römerbrief in seinem Septembertestament von 1522: "O es ist eyn lebendig, schefftig,
thettig, mechtig ding vmb den glawben"; WA DB 7, 10,9f.
[32] Vgl. Gal 5,6b.
[33] Vgl. Gal 3,2.
[34] Die Klammerbemerkung weist summarisch auf die Rechtfertigungsbotschaft des
Apostels Paulus hin, die für die Reformation lehrbildend geworden ist. "Frommkeit",
"Heiligmachung" und "Erlösung" sind Abbreviaturen für die neu gewonnene Rechtfertigungslehre. Die Kernstellen des biblischen Hintergrundes sind Röm 3,24 und 1.
Kor 1,30.
[35] Vgl. Joh 3,36.
[36] Vgl. Lk 17,5.
[37] Vgl. Joh 14,14.

werck der großmachung gotes von dem Christus redt[38]. Als die juden
fragten was zů thůn wer/ Damit sy verprechten gőtliche werck.
Antwurt der her vnd sprach Das ist das ainig wort gotes/ das jr
gelaubt/ in den er eüch geßant hat[39]/ auch der glaub ist ein vnder-
truckung des flaisch/ ain erwőckung des gaists/ aber überwindung   5
oder syg der welt/ wie Joh. spricht. Die überwindung oder syg diser
welt ist vnser glauben[40] auf den Christus sein kirchnn gepauet hat/
vnd wir allain durch dysen glauben (Wie Paulus lernet) got gerecht
werden[41]. etc.

Zů dem driten/ hůt sich ain yeder mensch das er got in seinen   10
gebet kein zyl oder zeit nit stimm[42] wie die Burger zů Bethulia vnd
fürnemlich/ der hőchst Priester Osyas/ der von Judith der gotsfőrchti-
gen frauen gar ernstlich gestrafft/ vnd zů Bůßwertigkeit vermant
ward[43]/ auch jm ein yetlicher vorpild die geschicht angezaygt Jn der
gőtliche geschrifft. Jn dem/ das Paulus begert empunden zů wer-   15
den/ von der raytzung oder anfechtung des flaisch/ ist er nit erhőrt
worden/ auch daruon nit erledigt worden[44] der teüfel badt vnd begert
von got/ den gedultigen Job zů versůchen vnd zů peinigen/ vnd ist
jm von got zůgegebnn wordnn[45]/ der gleichen [A3r:] da er von
Christo begeret ein zůgeen von dem besessnen menschnn in die   20
schwein/ da ist er seines gebets gewerdt worden[46]/ aber vnderschid-
lichnn. Paulus ist nit erhőrt wordnn zů der ewigen seligkeit der teüfel ist aber erhőrt worden zů der ewigen verdammnus/ also wann
ainer schnell erhőrt/ so ist zů fürchtnn er wird zů der ewigen ver-
damnus erhőrt/ wann wir begernn (wie Amos beweißt)[47] zů zeiten   25
vnser aigens verderben. Fürnemlich jn zeitlichnn gůtern/ vnd reich-
tung/ vnnd so wir nit erhőrdt werden/ ist es zů schreyben der genad
gottes der alzeyt vnnsers hayls begeret. etc.

---

[38] Die Umschreibungen des Glaubens als "Erfüllung des Gesetzes", als "Gerechtigkeit" und "Verherrlichung Gottes" bedeuten eine gedankliche Rückbindung des sola
fide der Reformation an das freie Gnadenhandeln Gottes und nehmen in inhalt-
licher Verdichtung die Impulse der Rechtfertigungstheologie auf.

[39] Vgl. Joh 6,28f.

[40] Vgl. 1. Joh 5,4b.

[41] Vgl. z. B. Röm 3,22.28; 4,5.11.13; 5,1; 9,30; 10,6; Gal 2,16; 3,8.24.26; 5,5;
Phil 3,9 u. ö.

[42] nenne.

[43] Vgl. Jdt 8.

[44] Vgl. 2. Kor 12,7–9.

[45] Vgl. Hi 1,6–12; 2,1–7.

[46] Vgl. Mk 5,1–13 (parr.).

[47] Vgl. Am 7, 5–9.

Zů dem vierten wirt vns gschriftlich angezaigt ain ainiger fürpitter jn der vnüberwintlichen kyrchen das ist Christus Jhesus als Paulus beweißt zu den Rôm[ern] an den. viij. Ca[pitel] Also sprechende Christus Jhesus der von vnsert wegnn gestorbnn ist/ vnd sitzt zu der
5 gerechtnn seines himlischen vaters[48]/ also wirt beschlossen/ für wen die menschwerdung vnsers erlôsers Jhesu Christi bit/ für den bitten auch all hailigen/ wer aber Christum nit hat der hat nichs dann das ewig verderbnn/ wie Pau[lus] redt zu den Rô[mern] viij. Ca[pitel] So got (das ist der vater) mit vns ist/ wer ist wider vns? als wolt er
10 sagen/ kain creatur jn himel noch auf erden wirt vns schedlich sein/ welicher got/ nit übersechnn hat seinen aingebornen sun/ sonder für vns all dargebnn/ ist es nit das er vns alls ding mit seinen sun gegebnn hat[49]. Jch sprich die menschwerdung Christi bit für vns. wann nach der gothait so ist er ain erhôrer vnsers gebets[50]/ vnd die
15 menschait bit allain für die schefflen die sein stimm hôrnn/ das ist für die seinen/ aber die Pharonischnn/ das ist für die da zů gehôren der hôllischnn pein/ wirt als wienig gebeten/ als für den teüfel in der hôll das wirt angezaigt mit klaren worten Christi. Joan[nes] xv. Da er sprach/ vater clarificier[51] deynen sun[52]/ vnd in nachuolgendnn
20 wortnn beschleüßt ers/ vater ich bit nit für die welt/ sunder für die du mir gebnn hast[53]/ das ist der geschriftlich verstand von dem gebet der vnüberwintlichen kirchnn die da mit Christo jn ewigkait regiernn/ die drey feind überwunden habnn/ die welt/ das flaisch/ vnd den teüfel/ vnd mit der menschwerdung Christi für vns on alle vnder-
25 laß bitten.
    Das fünfft. Jn aller vnser trůbseligkait auß wendyg oder [A3v:] inwendig zů kainer creatur/ in himel noch auff erden dann zů got allain der vns verhaissen hat jn aller trůbseligkeit zu hilf kommen/ als an dem. xlviiij Psal. Spricht die gschrift also/ du solt mich jn
30 dem tag deiner trůbselykeit vnd ellende anrůffen/ so will ich dir auß

---

[48] Vgl. Röm 8,34.
[49] Vgl. Röm 8,31f.
[50] Die Zwei-Naturen-Christologie wird rechtfertigungstheologisch interpretiert, indem die Idiomatenkommunikation göttlicher und menschlicher Natur Christi das officium sacerdotale der satisfactio (Gerechtmachung vor Gott) in der intercessio (Fürbitte) wiederkehren lässt.
[51] Latinismus clarificere: verherrlichen.
[52] Vgl. Joh 17,1.
[53] Vgl. Joh 17,9.

helffen[54]/ wie dann Josaphat in seinen ångstnn vnd nôten gethon
hat also sprechende .j. Para[lipomenon] xx. C[apitel] Herr wir habnn
nit in macht das dise feind oder dise anfechtung überwindnn vnd
haben auch nichs verhanden vnd überigs/ dann das wir vnsere augnn
auf zů dir richtnn[55]/ sich wie jm der fromm Josaphat gethon hat/
der jn kain creatur jn seinen nôten ain zůflucht het allain zů got/
also ist jm zů dyßen zeyten auch zů thůn.

Jtem zů dem sechsten kain Creatur jn himel noch auf erdnn/ ist
zů glaubnn oder zů opfern/ dann got allain/ des halben sagt die
gschrift .Exo[dus] am .xxij. Ca[pitel] welicher den gôtern gelobt oder
opfer gibt/ vnd nit allain got opfert der sol getôdt werden[56] die judnn
opferten zů zeiten frembde gôtern (wie yetzund die Cristnn den hei-
lignn lobnn) Vnd opfertnn das vnrecht was als des vil angezaigt wirt
in der geschrifft.

Zů dem Sibenden Můß got gelobt vnnd gepreißt werden jn seinen hailigen/ wie Dauit redt an dem .C.l. Psalm. Lobent got in
seinen hailignn[57]/ vnd an dem .lxvij. Psalm. Got ist wunderbarlich
in seinen hailignn[58]/ das hat Jacob gethon der in seiner anfechtung
sprach Gene[sis] xxxij. Ca[pitel] Herr ain got meins vaters Abraham
vnd ysac[59] erlôß mich von meinen Esaw[60]/ der gleichnn Moses sprach.
Exo[dus] am .xxxij. Ca[pitel] Deu[teronomium] am .v. Her biß ingedenck deiner knecht Abraham. Ysac/ vnd Jacob/ vnd Jsrael deiner
knecht[61]/ aber dise gschrift wirt von den peütel fegern[62] groß miss-
braucht/ dann got jn seinen hailigen lobnn/ haißt nit den hailignn
opfer bringen/ oder jnen beten/ wie dann der brauch ist/ wann
ainer got ermant das er jngedenck sey/ seiner lieben hailignn/ so
bekent er gotes werck/ barmhertzigkeit vnd gnad die er den hailigen erzaigt hat also sprechende.

---

[54] Vgl. Ps 50,15 (oben Vg.).
[55] Vgl. 2. Chr 20,12.
[56] Vgl. Ex 22,19.
[57] Vgl. Ps 150,1. Gottes Heiligtum wird hier als lebendiger Tempel der Gläubigen
verstanden.
[58] Vgl. Ps 68,36 (oben Vg.).
[59] Isaak.
[60] Vgl. Gen 32,10–12.
[61] Vgl. Ex 32,13 und Dtn 9,27.
[62] "Beutelfeger" ist ein Hinweis auf die Machenschaften des Klerus, den Leuten
mit den Angeboten der Heiligenverehrung das Geld aus der Tasche zu ziehen.
Auch eine Anspielung auf den Bettelsack der umherziehenden Bettelmönche ist mit
diesem Ausdruck verbunden.

Almechtiger/ ewiger/ trewer vnd barmmhertziger got/ biß jngedenck deiner liebnn hailignn durch die du gantz wunderbarlichen
gewürckt hast/ vnd sy durch dein gnad vor der ewigen verdamm
[A4r:] nus behaltnn/ biß der selbignn gnad. (o herr jngedenck vnd
5   hilff mir auch/ das ich durch die gnad vnd glauben/ dardurch sy
selig seind worden vnd fromm/ auch gerecht/ Jch auch selig gerecht
vnd frumm werde. Amen[)][63].

Jtem zů dem achten/ Alle die sprüch die vermanen zů bitten für
ainander die gond die vnüberwintlich kirchnn. (Das ist die hailignn
10 die mit Cristo Jesu regiernn jn der ewignn selygkait) nichs an/ sonder allain die streitbarliche krichnn/ das ist die noch lebnn jn dem
flaysch versammlet jn dem glauben Jhesu Cristi[64]/ vnd tåglich
schreynn/ herr verzeich vns vnser schuld/ als wir verzeihnn vnsern
schuldnern[65]/ da ainer nit für sich selber allain bit/ auch nit den
15 aignen nutz darinn sůcht/ sonder für all/ bit die in Cristo versamlet seynd/ vnd den nutz aller menschen auß brůderlicher lieb (von
Cristo gepotnn) betracht vnd für die augen setzt/ also můß Paulus
verstanden werdnn. am .j. The[ssalonicher] v. spricht. Jr solt on alle
vnderlaß für ainander bitnn[66]/ vnd Cristus Lu[kas] xviij. Es ist gepür-
20 lich das man alzeit bit vnd nit aufhôr[67]/ dyses gebet wirt genent ain
gebet der christenlichnn kirchnn/ durch welichs der heilig Petrus
von der Herodischnn gefengknus erlediget ward/ als Act[a Aposto-
lorum] xij. Begriffn(n) wirt[68]/ das gebet ist got vaßt[69] angenem vnd
hat ain groß wolgefallnn daran/ vnd fürnemlich wann das gschicht
25 von ainen Cristglaubignn menschnn der got˙ glaubt vnd traut/ wie
das Jaco[bus] anzaigt am .v. Des gebet (spricht er) aines gerechtnn
oder frommen menschnn gilt vil bey got[70]/ ain sollichs gebet ist
geweßen das gebet Moysi/ vnd Ezechie[l] die got der almechtig
erhôrdt hat[71]/ aber dyse geschicht durch die gôtlich gschrifft ange-

---

[63] Das Beispielgebet unterstreicht den praktischen Nutzen der Predigtflugschrift.
Den eingelernten Heiligengebeten wird ein Alternativangebot entgegengesetzt.
[64] Die Unterscheidung von ecclesia militans und ecclesia triumphans begrenzt die
Reichweite der Fürbitte in klarer Abgrenzung zur fortschreitenden Ausdehnung der
Heilsvermittlung auf die Verstorbenen im Spätmittelalter.
[65] Vgl. Mt 6,12 und Lk 11,4.
[66] Vgl. 1. Thess 5,17.
[67] Vgl. Lk 18,1.
[68] Vgl. Act 12,5.
[69] sehr.
[70] Vgl. Jak 5,16b.
[71] Vgl. Ex 32,7–14 und Ez 34–39.

zaigt/ seind zů vernemen (wie vor gesagt.) von der streitbarlichen
kirchen/ also wann mir got bitnn für ain ander jn dem gaist vnnd
in der warhait[72] wie er vns geleernet hat sagende. Herr verzeych vns
vnser schuld[73]. Es ist vnmüglych das wir nit erhórt werden/ Ain sollichs gepet tayl vnns mit/ Die haylig vnnd vnzertayltte dryualtig-   5
kayt[74]. A M E N

4. *Rezeption der reformatorischen Frömmigkeitstheologie*

Die Predigt des Karmelitermönchs zeigt im Argumentationsgang eine
auffallend gedankliche Nähe zu wichtigen Lutherschriften, in denen
das Thema Gebet verhandelt wird. Zu nennen sind hier insbesondere Luthers 'Vaterunser-Auslegung'[75], der 'Sermon von den guten
Werken'[76] sowie der 'Sermon von dem Gebet und Prozession in der
Kreuzwochen'[77]. Die inhaltlichen Bezugspunkte sind hauptsächlich
im reformatorischen Wortverständnis zu finden, wonach der Glaube
die Verheißung und Zusage Gottes in Kraft setzt (fides-promissio-
Relation). Das Gebet ist damit Ausdruck für die glaubensvolle Hinwendung zu Gott, der sich seinerseits in der Gnadenmittlerschaft
Christi dem Menschen rechtfertigend zuwendet.
   Der Dank für die unverdient gewährte Gnade soll die Gebete der
Gläubigen inhaltlich bestimmen. Keinesfalls ist Gott im Gebet "ein
Ziel zu setzen", d. h. an konkrete Vorschriften zu binden, was dem
freien Handeln Gottes widerspräche. Die Heiligenverehrung, die
systemprägend das Spätmittelalter durchzieht, wird aus biblisch-theo-
logischen Gründen verworfen und zugunsten einer konsequent christus-
zentrierten Frömmigkeit abgelöst.
   Im Gebetsvollzug spiegelt sich zudem der rechtfertigungstheologisch ausgeformte fröhliche Wechsel Christi mit der Seele des gläubigen Menschen wider, so dass an dieser Stelle individuell fassbar

---

[72] Vgl. Joh 4,23.
[73] Vgl. Mt 6,12 und Lk 11,4 (wie Anm. 65).
[74] Die heilige und unzerteilte Dreifaltigkeit.
[75] Der Titel lautet vollständig: 'Auslegung deutsch des Vaterunsers für die einfältigen Laien'; vgl. WA 2, (74) 80–130.
[76] Vgl. WA 6, (196) 202–276.
[77] Vgl. WA 2, (172) 175–179.

wird, was das Gerechtsein vor Gott allein aus Gnade in der alltäg-
lich geübten Frömmigkeit bedeutet. In einer beeindruckend eigenständigen Rezeption und Verarbeitung bindet so die Schrift des
Karmelitermönchs Theologie und Frömmigkeit der sich um 1522
bereits zum Allgemeingut entwickelnden reformatorischen Lehre
zusammen.

CONSTRUCTING PROTESTANT IDENTITY:
THE PASTOR AS PROPHET IN REFORMATION ZURICH

Robert J. Bast*
(Knoxville, Tennessee)

The first generation of Protestant reformers found themselves confronted with an issue that was at once exegetical, institutional and existential: the question of identity. Most of them former members of the Catholic clergy, the ecclesiastical leaders of the evangelical movement ultimately rejected many fundamental tenets of Catholic doctrine and the model of the sacerdotal priesthood on which much practice had been founded. To fill such a void, Protestant theologians of course turned to Scripture. But the construction of a new identity for the evangelical pastor was not accomplished by simply cutting and pasting pertinent passages from Holy Writ. Protestants made conscious choices, tailored to meet a variety of specific needs.

One of the most distinctive solutions to the identity question emerged in the Zurich Church under the direction of Ulrich Zwingli. There as perhaps nowhere else, the Old Testament prophets were used to provide shape and substance to the contours of the pastoral office[1]. In the pages that follow, I would like to briefly explore how and why Zwingli came to articulate this model, and to suggest something of its possibilities and limitations[2].

On the morning of October 28, 1523, the last day of the second Zurich Disputation, Ulrich Zwingli preached on the nature and duties

* I wish to thank Prof. Dr. Berndt Hamm and the members of his Lehrstuhl for the warm and gracious hospitality they showed me during the summer of 2003 in Erlangen, where some of the research on this theme was completed. Due to space constraints I have kept the notes brief.

[1] *Fritz Büsser*, Huldrych Zwingli. Reformation als prophetischer Auftrag, Zürich 1973; *id.*, Der Prophet – Gedanken zu Zwinglis Theologie. Festrede, in: *id.*, Wurzeln der Reformation in Zürich. Zum 500. Geburtstag des Reformators Huldrych Zwingli, Leiden 1985, 49–60.

[2] See *Robert Scribner's* prosopographical study, Practice and Principle in the German Towns. Preachers and People, in: Reformation Principle and Practice: Essays in Honor of Arthur Geoffrey Dickens, ed. Peter Newman Brooks, Brookfield, Vermont 1980, 97–117.

of the pastor to a large assembly: some 900 men, of whom roughly 350 were members of the clergy[3]. Many were there, like Zwingli, as eager volunteers for the work of evangelical reform, others more or less caught up in the course of events, likely wrestling with whether to accommodate themselves to the new movement, and if so, how. The sermon was published six months later, in May of 1524, under the title 'Der Hirt'. It went through several editions before the end of the year and found reception throughout the Confederation, reaching into southern and central Germany as well[4]. In its printed form, the sermon bears revisions made necessary by changing circumstances: tensions had grown as Zurich's aggressive evangelism met with the equally aggressive resistance of Catholic powers in Empire, diocese and Confederation. Zwingli dedicated his text to the people and pastors of Appenzell, the smallest and most recently organized canton in the Confederation, where evangelical preaching was prompting a turbulent mixture of fervor and alarm, and where the arm of Catholic authorities reached much more effectively than it could do in Zurich[5]. Against this backdrop, and for these several audiences, Zwingli outlined the contours of an evangelical clergy that was both pastoral and prophetic. The model for this ministry was to be Jesus, the Good Shepherd ("der gute Hirt"), though Zwingli explicitly linked the term "Hirt" to a number of others that he treats as synonyms: "Bischof", "Pfarrer", "Leutpriester", "Evangelist", "Prädikant", and "Prophet"[6].

After opening with a long meditation of how to model the pastorate on the life and ministry of Christ[7], Zwingli shifts his focus from the life and teaching of Jesus to the examples of the biblical prophets of Israel[8]. What follows is a lengthy series of exempla drawn in chronological order from the Old Testament. Moses confronts Pharaoh and leads the Hebrews out from under the yoke of Egyptian tyranny. Samuel opposes the disobedience and deception of King Saul with the rebuke (turned by Zwingli into a polemical anti-Roman aside) that obedience is better than sacrifices. Nathan exposes and

---

[3] *Bruce Gordon*, The Swiss Reformation, Manchester 2002, 57f.
[4] *Hans Rudolf Lavater*, introduction to "Der Hirt", in: Huldrych Zwingli Schriften, 4 vols., ed. Thomas Brunnschweiler/Samuel Lutz, Zurich 1995, vol. 1, 245–247.
[5] *George R. Potter*, Zwingli, Cambridge 1976, 135–142.
[6] ZW 3, 13,15–17.
[7] *Ibid.*, 14–23.
[8] *Ibid.*, 22,26–23,2.

rebukes the lust, adultery, and murderous conspiracy of King David. The anonymous prophet of I Kings 12 denounces the idolatry and sacrilege of King Jeroboam. Elijah stands, virtually alone, against the idolatry, arrogance, fiscal chicanery, political corruption, and murderous tyranny of Ahab. Micah opposes King Jehosaphat and his legions of false prophets. Isaiah castigates the princes for their greed, injustice, and indifference to the poor. Jeremiah and Ezekiel denounce the horde of false prophets who gorge themselves while starving their people spiritually. Amos pours scorn upon despots, whose looming destruction he foretells. Jonah proclaims the wrath of God over the city of Nineveh. The pre-exilic prophets vainly predict the Babylonian captivity, warning Israel to avert temporal punishment by timely repentance. John the Baptist exposes and denounces the incestuous marriage of King Herod, despite knowing the extent of the King's power and the limits of his patience[9].

This history provides Zwingli with a summary principle: "From this we learn that the pastor must do what no one else dares: to test and prove everyone without exception, and oppose to their faces princes, people and priests, not shrinking back on account of their greatness, their strength, their numbers, nor any other means of intimidation. The pastor must do this from the very hour that God calls him, and not let up until they repent, as it says in Jeremiah 1:15: 'They must turn to you, and not you to them; and I will make you as a strong wall of bronze before this people; they will fight against you, but they will not prevail against you, for I am with you'"[10].

"From this we learn [. . .]": this phrase serves Zwingli as both a pedagogical and a structural device; with it, or a cognate (e.g. "merck hier"; "hier lernt der Hirt") he punctuates the prophetic exempla, recapitulating each lesson and applying it to the contemporary scene[11]. To this device Zwingli adds a direct injunction: "Let the pastor read

---

[9] Ibid., 27,2–36,26.

[10] "Uß dem wirt erlernet, das der hirt alles, das nieman gdar, anrůeren und weren můß, nieman ußgenomen, und inn der fürsten, volcks und pfaffen angsicht ston, unnd sich da nit grösse, stercke, vile, noch gheinerley butzenwercks schrecken lassen, und von stund an, so gott heißt uff sin, und nit nachlassen, biß das sy bekert werdend, als Hierem 1. und 15: Sy söllend zů dir kert werden, und du nit zů inen; und ich wil dich dem volck zů einer starcken, eerinen mur geben, und sy werdend wider dich striten, und aber nit überstarchen; dann ich bin mit dir." Ibid., 35,31–36,6.

[11] E.g. ibid., 27,13f; 28,5; 28,31; 29,7–19; 32,14; 33,12f; 34,3f; 34,16f; 34,19f; 35,5f; 35,30f.

the prophets himself"[12]. Thus at the heart of Zwingli's address stands a primer on the prophetic pastorate. In sermon and text, Zwingli sought to impart a method of preaching and teaching; a mode of action; an identity available to the Protestant pastor when circumstances called for the prophet.

This prophetic mode came to function in three important ways. First, it provided the raw material from which a broad array of urban reformers crafted their own pastoral identities, among them Ambrosius Blarer and the Zwicks of Constance, Bucer and his associates in Straßburg, Conrad Sam in Ulm, and indeed a number of Zurich's own clergy, some of whom would use it in ways unforeseen by Zwingli himself. Let me offer one example. Not long after the publication of 'Der Hirt', a young schoolmaster in Kappel composed a text of some 60 octavo pages bearing the title 'The Accusation and Stern Admonition of God against the entire Confederation, that they Repent of their Sins and Turn to Him'. It is a powerful and striking piece, written throughout as a direct address from the mouth of God to the Swiss Confederation. It is based entirely upon the language and cadences of Old Testament jeremiads, and is utterly unselfconscious in its identification of the Swiss as the recipients of God's Covenant promises, more precious to him than even the Jews; in it Swiss history becomes salvation history[13]. Its author was the young Heinrich Bullinger. Already a devoted disciple of Zwingli, Bullinger had served as a clerk at the second Zurich Disputation, where he had doubtless heard the sermon on which 'Der Hirt' was based; it is highly likely that he would have read Zwingli's text as well. If Bullinger wrote and circulated his own prophetic text as an attempt to win a certain prophetic authority, as Joachim Staedtke suggested[14], that attempt was itself deeply earnest and of long consequence. Bullinger drew upon the prophetic model for the rest of his life, and would become its chief promoter and defender as Zwingli's

---

[12] "Lese der Hirt selber die Propheten"; *ibid.*, 35,30–36,6.

[13] Anklag und ernstliches Ermahnen Gottes des Allmächtigen an die gesammte Eidgenossenschaft, daß sie sich von ihren Sünden zu ihm kehre, Zürich: Christoph Froschauer, 1528. The text was published anonymously; it was composed in 1525 or 1526 by Heinrich Bullinger. See *Fritz Büsser*, Bullinger als Prophet. Zu seiner Frühschrift 'Anklag und Ermahnen', in: *id.*, Wurzeln der Reformation in Zürich (as n. 2), 106–124, here: 107; *J. Wayne Baker*, Heinrich Bullinger and the Covenant: The Other Reformed Tradition, Athens, Ohio 1980, 102–104.

[14] *Joachim Staedtke*, Die Theologie des jungen Bullinger, Zürich 1962, 290.

successor[15]. The prophetic model also served to address issues about ecclesiastical authority, and this on multiple levels. Zwingli's sermon and text offered an answer to challenges to the legitimacy of evangelical pastors-questions that were of immediate and central importance throughout central Europe in the early 1520s, but especially important in the contested cantons of Switzerland and the sprawling episcopal diocese of Constance. And we should not overlook another region within which those struggles were perhaps being played out in 1523 and 1524: the internal forum of the conscience. However creaky and inefficient the episcopacies of the Catholic Church, however easy a target some of its bishops made for satire and scorn[16], the episcopal system itself stood on ancient and awesome foundations that reached back one and a half millennia to the earliest Church. The weight of its condemnation cannot have been an easy burden to bear, and for the wavering, the timid, the unsure among pastors and politicians alike, there could be no facile rejection of its authority.

'Der Hirt' may be read as a subtle and complex answer to these challenges. It begins with the title, which plays off the shared etymological roots of "shepherd" and "pastor" and the frequent (though technically inaccurate) use of both as shorthand for "Bishop". It continues with the structure of 'Der Hirt', which falls neatly into two parts. The first establishes the qualities and responsibilities of true shepherds, as taught from Scripture alone; the second holds up the qualities and practices of false shepherds, as drawn from what Zwingli passes off as common knowledge and experience. This second section is, as one might expect, highly polemical; there is scarcely a vice, real or imagined, which Zwingli does not attribute to the "papists"[17]. The text thus presents its audiences with rival claimants to the name shepherd – read pastor or bishop – and implicitly requires the reader or auditor to judge which party best fulfills the

---

[15] *Fritz Büsser*, 'De Prophetae Officio'. Eine Gedenkrede Bullingers auf Zwingli, in: Wurzeln der Reformation in Zürich (as n. 2), 60–71. See also *Pamela Biel*, Doorkeepers at the House of Righteousness. Heinrich Bullinger and the Zurich Clergy 1535–1575, New York 1991, 99.

[16] See *Thomas A. Brady, Jr.*, The Holy Roman Empire's Bishops on the eve of the Reformation, in: Continuity and Change. The Harvest of Late-Medieval and Reformation History. Essays presented to Heiko A. Oberman on his 70th Birthday, ed. Robert J. Bast/Andrew C. Gow, Leiden 2000, 20–47.

[17] ZW 3, 45–53.

biblical criteria. Less subtly, Zwingli simply appropriates the episcopal
title and applies it to his own party: three times in his introduction
he addresses Jakob Schurtanner and other Appenzell pastors as
"Bishops"[18]. There is also the matter of the text itself. In his lessons
from biblical history, Zwingli has traced a *new* line of succession, one
based not on the authority of Rome, but on the authority of God;
not on obedience to Roman Bishops, but on obedience to God's call
to proclaim His word fearlessly. The line stretches from Moses through
the greater and lesser prophets of the pre- and post-exilic eras,
through the preaching of repentance by John the Baptist, to the
ministry of Christ himself, and by implication to any pastor who
faithfully fulfills the same criteria.

Further, though somewhat obliquely, 'Der Hirt' takes up the question of Zwingli's own authority, rendered problematic by the still
recent condemnation of the Zurich disputations by Bishop Hugo and
his representative, Johann Fabri – by whom Zwingli himself had
been ordained priest. Zwingli twice makes scornful and dismissive
reference to this pair, singling them out as living and contemporary
examples of a general type of false shepherd or (in metaphors that
tumble together) as wolves in sheep's clothing, while reminding his
audience subtly that although the Zurich city magistrates had heard
Fabri make outrageous and damning accusations against Zwingli at
the first Zurich Disputation, the magistrates had ultimately decided
in Zwingli's favor[19].

Nor is this all. The structure and argument of the text are so
fashioned as to leave the audiences with a powerful and profound
image of Zwingli's own place in the scheme of the reforming Church.
The main address of 'Der Hirt' is bracketed by passages replete with
the references to the captivity of Israel in Egypt, and of its mirac-
ulous liberation and deliverance through God and his prophet, Moses.
In the introductory epistle, Zwingli likens Fabri and the Romanists
to the tyrants of Egypt, drawing a parallel to his own day: now,
again, God has heard the groans of his oppressed people and is
sending deliverance by the power of his Word[20]. At the end of 'Der
Hirt', in a "Closing Word to the False Shepherds", Zwingli returns
to this theme again. In a thundering, first-person imperative, Zwingli

---

[18] *Ibid.*, 5,4; 5,10; 12,5–7.
[19] *Ibid.*, 7,15–27; 29,1–5.
[20] *Ibid.*, 9,11–10,3.

himself adopts the prophetic mode, charging the Roman bishops to release the people of God from their captivity and subjugation or to suffer the consequences of His wrath. Practicing what he has preached, Zwingli himself becomes the prophet, playing Moses against the Pharaoh of the Roman Church[21].

A third way that the prophetic tradition proved useful was in providing pastors with a model by which to navigate the uncertain terrain of their new political circumstances as civil servants sworn to obey local government. While it may be true that the Reformation can be parsed as a turning point in a long-term struggle by secular magistrates to domesticate the clergy[22], the latter did not surrender unconditionally. Zwingli's quote from Jeremiah 1:9 suggests that one pose of the prophetic pastor was a sovereign belligerence: "The Lord said to me, 'Behold, I have put my words in your mouth. See, I have set you this day over peoples and over kingdoms, to pluck up and to break down, to destroy and to overthrow, to build and to plant'"[23]. I do not think it a coincidence that every one of numerous lessons from Israel's history that Zwingli excerpted in 'Der Hirt' features a contentious encounter between prophet and king; if Protestant pastors were to be left with persuasion alone as the means by which to influence government, there are few models with more rhetorical power, nor with more parallels to the specific concerns of the Reformers. Elijah, Isaiah, Jeremiah, Hosea, Amos and the rest, railed against rulers who tolerated idolatry, intrigued with foreign princes, ignored the plight of the poor, winked at public immorality, and generally failed to burn with the same zeal for God's Law and honor that virtually consumed the prophets themselves. With the epistemological privilege of God's mouthpieces, they read every crop failure, fire, earthquake, epidemic, hailstorm, and military defeat as proof positive of God's righteous anger against his stiff-necked sheep, and promised worse to come unless the people of God turned in repentance and betterment of life[24]. This is the model Zwingli explicitly holds out to Protestant pastors, and (again explicitly) whether or

---

[21] *Ibid.*, 26,31–68,13. On the centrality of these themes in Zwingli's thought and practice see *Berndt Hamm*, Zwinglis Reformation der Freiheit, Neukirchen 1988.

[22] *William S. Stafford*, Domesticating the Clergy: the Inception of the Reformation in Strasbourg, Missoula, Montana, 1976.

[23] ZW 3, 23,6–10.

[24] For a brief survey of the Hebrew prophets, see the classic account of *Abraham Heschel*, The Prophets, 2 vols., New York, 1962.

not they enjoy the protection and cooperation of the local authorities: if the Obrigkeit helps, says Zwingli, so much the better; if not, the pastor must labor for reform without or against them, even if it means "risking his own skin"[25].

As I have shown elsewhere, this became the modus operandi for Protestant pastors throughout the cities of Germany and the Swiss Confederation[26]. The prophetic mode shaped and informed their countless and ceaseless demands for the abolition of the Mass, the removal of images and altars from churches, the suppression of sectarian preaching, the adoption of "Zuchtordnungen" (many of them, eventually based on the Ten Commandments), the enforcement of "Zuchtordnungen" already adopted, the right of the clergy to excommunicate, and so forth. When their demands went unmet, or the progress seemed too slow, they read out God's wrath in the signs of the times: comets, fire, plague, rising prices, peasant violence, the proliferation of sects, the rising volume of the drums of war, the progress of the Turks through Hungary. And while one wonders about the law of diminishing returns, their efforts, though never creating a society as godly as they hoped, helped to steadily ratchet up the degree of control claimed and practiced by temporal authorities in the name of God[27].

If the prophetic mode was rich with associations that served the needs of the Reformation, there were also limits to its effectiveness, only a few of which can be noted here. First, by invoking the prophets to establish the criteria (a call from God; the proclamation of His true word) for the legitimacy of evangelical preachers, Zwingli lent authority to a model that proved more elastic than he may have

---

[25] "Hilft die Obrigkeit wehren, so lassen sich die Laster um so friedlicher beseitigen. Hilft sie nicht, so muß der Hirt seine Haut dran wagen [. . .]. Kurzum, es muß gewacht und gewehrt sein!" ZW 3, 36,14–17.

[26] *Robert J. Bast*, Honor your Fathers: Catechisms and the Emergence of a Patriarchal Authority in Germany, 1400–1600, Leiden 1997, 204–228.

[27] *Ibid.* A few specific examples: Johannes Brenz' election day sermons in Schwäbisch Hall in the years 1541–46, demanding that enfranchised citizens elect as magistrates only those men who will enforce the Ten Commandments in public life; cf. *ibid.*, 209–211; Andreas Osiander's 'Bußpredigten' of 1542, preached after the Turkish victory at Buda, demanding greater moral fidelity to the Ten Commandments and the right of the preachers to excommunicate; cf. *ibid.*, 219–21; Bucer and the Strasbourg pastors' numerous sermons and 'Ermahnungen' to the magistrates and people against the backdrop of the Schmalkaldic War; cf. *ibid.*, 222–26. While it is uncertain whether Zwingli's 'Der Hirt' influenced Brenz and Osiander directly, the prophetic model he first proposed in 1523 became a common element of reformation preaching.

realized. There were those among the Confederation whose zeal for a godly society burned even hotter and more impatiently than his, and when Zwingli proved not to be Moses after all, he found the methods and arguments he employed turned against him. Men like Ludwig Hätzer, Balthasar Hubmaier and Conrad Grebel were also present at the second Zurich Disputation, and Zwingli's resistance to their biblical interpretations and reform proposals infuriated them, perhaps as much as his cosy relationship with a majority of the cities' magistrates. Within months of the publication of 'Der Hirt', there were men walking the streets of Zurich in rough woolen garments cinched with rope, waving willow branches and crying "Woe, woe to thee, Zurich!" and "Zion, Zion, Freedom for Jerusalem"[28]! By 1526 Grebel, Felix Mantz and Georg Blaurock were publicly denouncing Zwingli as "a false prophet"[29]. Dozens of laymen and women with enough literacy to read the German Bible and an avowed sense of God's call were insisting on the right to preach, and the prophets may have served them as models of legitimacy as well: Amos and Hosea were shepherds and farmers, Moses' sister Miriam was a prophetess, as were at least three other women mentioned in the Old Testament and five mentioned in the New[30]. Zwingli expressed contempt for their presumption, their halting delivery, and the poverty or error of their theology[31], and the Zurich Council quickly put an end to it.

What followed was the institutionalization of the prophetic mode through the instrument of the Zurich "Prophezei", a course of study lead by Zwingli and his associates that taught biblical languages and the interpretation of biblical texts – during Zwingli's lifetime, the Old Testament alone. Thereafter, in the Zurich reformation the title of Prophet would be reserved for those members of the clergy who mastered Hebrew and Greek, and passed muster with the City Council and its chief pastors[32]. Dissenters rejected such measures, of course,

---

[28] *Potter*, Zwingli (as n. 6), 185.

[29] *Ibid.*, 186.

[30] On Amos and Hosea see *Heschel*, The Prophets 1 (as n. 25), 28f; 39f; for the biblical prophetesses see e.g. Acts 21:9. These were apparently cited by laywomen in Zurich's parishes as legitimizing precedents; Zwingli wrote a laborious gloss against them in 'Von dem Predigtamt'; cf. ZW 4, 414,31f.

[31] *Ibid.*, 420,3–24.

[32] For sketch of this institution see *Büsser*, Huldrych Zwingli (as n. 2), 41–44; the Council's ordinance (Sept. 29, 1525) authorizing this institution is reprinted in Akten-sammlung zur Geschichte der Zürcher Reformation in den Jahren 1519–1533, ed.

and defied them with the same kind of zeal for God's Word and contempt for temporal tyrants that Zwingli had claimed as the marks of the true pastor and prophet. Their unshakable certainty in their own divine calling and their fearless proclamation of the Word of God, "even at the risk of their own skin", forced Zwingli to play the role of Pharaoh and the Zurich Reformation to become for some an Egyptian captivity.

The chief weakness of the prophetic model lies exactly here. Though Zwingli continued to assert a line of essential continuity[33], the prophets of the Old Testament *weren't* pastors. They never had to write a church ordinance, recruit and train preachers, beg funds to repair the leaky roofs of parish churches, or find some workable relationship with civic officials who faced re-election, most of them decent if cautious and unremarkable men who did not even afford Zwingli and his peers the luxury of monstrous vices against which to campaign with righteous indignation. 'Der Hirt' takes vicious aim at an ancient ecclesiastical establishment where zeal had grown cold through compromise with the world, and yet it was only by compromise that Zwingli and other magisterial reformers stood the chance to gain at least half a loaf for the cause of the Gospel. Most of them made their peace with this one way or another, though it made for some poignant moments.

Let me conclude with one of them: Zwingli's violent death in the second battle of Kappel, and the political turmoil that proceeded and followed it, touched off a firestorm of controversy over Zwingli's legacy and even his identity – not least because the prophets Zwingli so often quoted read military defeat as a sign of God's anger at the state of religion and society. As Fritz Büsser has noted, Zwingli's earliest biographers (Oswald Myconius and Johannes Stumpf) managed to honor the Reformer almost wholly without reference to his self-

---

Emil Egli, Zurich 1879 (reprint Nieuwkoop 1973), 168–171, no. 426, here: 169f. Zwingli attempted to subvert the prophetic preaching of his opponents in a sermon on June 30, 1525 later published as 'Von dem Predigtamt'; cf. ZW 4, 382–433.

[33] "Und ist also das prophetenampt, das bishoff oder pfarrerampt, das euangelistenampt alles ein ampt"; ZW 4, 398,1–2. "Das euangelistenampt ist keyn ander ampt weder ouch das prophetenampt [. . .]. Er ist ouch nüts anders weder eim bishoff oder pfarrer [. . .]." *Ibid.*, 398,11–399,3. "Man sicht ouch an den worten Pauli [. . .] das er einen bishoff unnd euangelisten für ein ding halt' [cf. 2 Tim. 4:2; R. B.] [. . .]. Was ist das anders weder eyns bishoffs, eins propheten, eins hirten ampt?" *Ibid.*, 399,7–9,11–12.

chosen image as prophet. It was Bullinger who stood fast, memorializing Zwingli in a funerary address entitled 'De Prophetae Officio', carefully parsing the events at Kappel in light of biblical history, and taking up the mantle of Zwingli's prophetic ministry in the Zurich Church[34]. Yet it was over a much chastened church that Bullinger would preside: on the very same day that the Zurich magistrates offered him Zwingli's position, the Council had been pressured by the local populace into signing a guarantee that cut the heart out of Zwingli's prophetic office by requiring clergy to preach the pure Word of God without meddling in politics[35]. Bullinger protested, of course, but succeeded to the post by fashioning a working compromise with the city council. Public sermons became a good deal less prophetic, and when the higher clergy felt the need to censure Zurich's policies and magistrates, they did so quietly and in private[36].

As in Zwingli's own day, however, the prophetic model proved stubbornly resistant to domestication. Throughout his tenure, Bullinger had to deal with the occasional outburst of prophetic preaching, often by younger pastors chaffing to win their spurs, or (more charitably) moved by idealism. Bullinger addressed this issue, somewhat wearily, when he wrote of the responsibilities of the "Hirt", the pastor, in the very beginning of the massive compendium he began publishing in 1549 as a practical handbook the pastors of the Reformed churches[37]. With heavy reliance on the prophet Ezekiel's politically charged outcry against Jerusalem, Bullinger insisted on the right – indeed, the duty – of preachers to lay bare the sins of the people[38]. As he continues, however, he takes aim certain "reckless preachers" ("Polterer") "[. . .] who think they haven't done their jobs properly unless they've poured out rebuke upon the people without measure or understanding [. . .]. The example of the holy prophets does not protect those reckless preachers who start in like that without

[34] *Büsser*, De Prophetae Officio (as n. 16).

[35] See *Bruce Gordon*, Clerical Discipline and the Rural Reformation. The Synod in Zürich, 1532–1580, Bern/Frankfurt a. M./New York 1992, 78–82; excerpt of the relevant Meilen Article in *ibid.*, 79, n. 24.

[36] *Pamela Biel*, Doorkeepers at the House of Righteousness. Heinrich Bullinger and the Zurich Clergy 1535–1575, Bern/Frankfurt a. M./New York 1990, 51–71.

[37] These were the 'Decades', a fifty-sermon series completed in 1558, published in the vernacular under the title 'Haußbuch [. . .]'. I have used the 1597 edition published Johanns Wolffen: *Heinrich Bullinger*, Haußbuch [. . .], Zürich 1597.

[38] *Ibid.*, Aiᵛ, 14–37.

considering the circumstances. Admonition and reproof should be more careful than bold; [more] reasonable and considered, than thoughtless and without measure [. . .]"[39].

What Bullinger defined here, and indeed what the Zurich clergy was left with, was a kind of moderate zeal. It was a gloss on the prophetic model based on a contradiction in terms. One wonders whether Bullinger remembered the fiery prophetic moments of his own youth, and if so, what he thought of them.

---

[39] "Darumb kan keim verstendigen gefallen ettlicher [. . .] welche meinen/ sie haben ihrem ampt nicht gnug gethan/ wenn sie nicht ohne maß unnd ohne verstand gantze fuder scheltworten uber ihre armen zuhörer außschütten. Die exempel der H. Propheten schirmen solche poltere nichts/ welche sie doch anziehen/ aber bedenken nicht die umbstende. Bescheltung und straff der diener sol mehr fürsichtig dann frech sein/ vernünfftig und wohlbedacht/ nicht leichtfertig und ohne maß [. . .]." *Ibid.*, Biir, 25–28.

CHRISTOPH SCHAPPELERS 'REFORMATION DER FREIHEIT' ALS THEORETISCHE BEGRÜNDUNG VON BÜRGERRECHTEN

Peter Blickle
(Bern)

Berndt Hamm hat sich als hervorragender Kenner von Huldrich Zwinglis Theologie einen Namen gemacht und seine Interpretation unter dem Titel 'Zwinglis Reformation der Freiheit' auf den Begriff gebracht[1]. 'Freiheit' dient ihm als Schlüsselbegriff des Zwinglischen Werkes. Freiheit hat zwei Seiten, eine weltliche und eine geistliche, eine diesseitige und eine jenseitige. "Die weltliche Gerechtigkeit und die durch eine beschirmende Rechtsgemeinschaft gewährte Freiheit werden zu der Form, in der ein Christ die ihn beschirmende Gerechtigkeit Christi und die den Nächsten beschirmende Gerechtigkeit der Liebe in der staatlichen Welt zur Geltung bringt; und umgekehrt: nur in der Annäherung an die göttliche Gerechtigkeit, nur in der In-Dienst-Nahme durch den Geist Gottes kann die menschliche Gerechtigkeit des Staates eine gute Gerechtigkeit, eine wahre Freiheit, eine gelungene Politik sein"[2].

Zwinglis Freiheitsverständnis hat in der Herleitung durch Hamm zwei Wurzeln. Es erklärt sich einerseits aus der Differenz gegenüber der Zwei-Reiche-Lehre Martin Luthers. Luther hat zwischen einer Gerechtigkeit vor Gott und einer Gerechtigkeit vor den Menschen unterschieden und damit ecclesia und politia scharf getrennt, Zwingli hingegen "sieht die Gefahr in ihrem Auseinanderfallen, weil er der ratio eine eigene Fähigkeit zum Guten (zum bonum commune) abspricht"[3]. Nur das göttliche Recht, die göttliche Gerechtigkeit, die Bibel können und müssen Wegleitung für Gesetzgebung und Verwaltung, kurzum: ein gutes Regiment sein, und folglich könnte man in einer anderen Wendung auch sagen, Zwingli glaube tendenziell an die Verzeitlichung des Jenseits wie Karl Marx an die Verzeitlichung

---

[1] Vgl. *Berndt Hamm*, Zwinglis Reformation der Freiheit, Neukirchen-Vluyn 1988.
[2] Ebd., 117.
[3] Ebd., 114.

der Utopie – beide verwirklichen sich in der Geschichte. Zwinglis
Freiheitsverständnis resultiert andererseits aus seinem politischen
Umfeld, der freien Eidgenossenschaft. Für ihn liegen "die Freiheit
der Eidgenossenschaft und die Freiheit der Christengemeinde auf
einer Linie"[4]. Wo göttliche und menschliche Gerechtigkeit konver-
gieren, kann es verständlicherweise keine scharfe Trennung zwischen
christlicher und politischer Freiheit geben, ganz im Gegensatz zu
Luther, der eine theologische Begründung einer natürlichen Freiheit
schroff zurückgewiesen hat. Hamm fasst seine monographische
Darstellung dahingehend zusammen, "daß für Zwingli zwischen der
politisch-sozialen Freiheit und der genuin christlichen Freiheit nicht
nur eine Analogie besteht [. . .], sondern ein unmittelbarer Kausal-
zusammenhang"[5]. Allerdings bleibt Zwinglis Freiheitsbegriff in seiner
naturrechtlichen, politischen und bürgerlichen Ausformung vage, er
gewinnt keine Konkretisierung, die ihn politisch operationalisierbar
gemacht hätte. Zwinglis Verweis auf die Freiheit erlaubt durchaus
mehrere Interpretationen[6].

Politisiert, radikalisiert und weiterentwickelt hat diese Ansätze Christoph Schappeler[7]. Ihn verband mit Zwingli, dass er Schweizer war
und dessen Theologie in ihren Grundzügen teilte. 1513 war er, der
gebürtige St. Galler, nach Memmingen auf die dortige hochdotierte
Prädikatur an der Pfarrkirche St. Martin berufen worden. Nachhaltigen
Einfluss übte er auf die Gemeinde aus, die offenbar von seinen sozial-
und kirchenkritischen Predigten wie von seiner charismatischen Ausstrahlung fasziniert war. Seine Predigten gegen den von ihm als
unbiblisch eingeschätzten Zehnten und die daraufhin erfolgenden
Zehntverweigerungen in der Stadt und auf der Memminger Landschaft – betroffen war vor allem das städtische Spital – führten zu

---

[4] Ebd., 117.
[5] Ebd., 119.
[6] Vgl. ebd., 12–14 (Belegsammlung).
[7] Für die biographischen Daten *Martin Brecht*, Der theologische Hintergrund der
zwölf Artikel der Bauernschaft in Schwaben von 1525, in: ZKG 85 (1974), 174–208;
Barbara Kroemer, Die Einführung der Reformation in Memmingen, Memmingen 1981
(= Memminger Geschichtsblätter 1980); *Peter Blickle*, Memmingen – ein Zentrum
der Reformation, in: Die Geschichte der Stadt Memmingen. Von den Anfängen
bis zum Ende der Reichsstadt, hg. von Joachim Jahn, Stuttgart 1997, 349–418;
Natalie Trummer, Christoph Schappeler, in: Der Bauernkrieg in Oberschwaben, hg.
von Elmar Kuhn, Tübingen 2000, 271–293.

einem tiefen Zerwürfnis mit dem Rat, so dass Schappeler zeitweilig sogar erwog, seine Predigerstelle aufzugeben. Kurzfristig war er in der Schweiz, präsidierte auch die zweite Zürcher Disputation von 1523, kehrte aber dann doch wieder nach Memmingen zurück. Dank des starken Rückhalts in der Gemeinde konnte er an St. Martin am Nikolausfest 1524 erste liturgische Kirchenreformen im reformatorischen Sinne (Abendmahl in beiderlei Gestalt) durchführen. Auf Druck der Gemeinde wurde auch − nach Tumulten und einem Bildersturm an Weihnachten[8] in der zweiten Kirche der Stadt (Unser Frauen) − in der Woche vor dem kommenden Dreikönigsfest ein Glaubensgespräch mit den altgläubigen Priestern durchgeführt, das der Rat, erweitert um Vertreter aus allen Zünften, zugunsten Schappelers entschied. Damit stand Memmingen als erste Reichsstadt Oberschwabens im Lager der Reformation.

Schappeler hat seine Disputationsthesen von 1525 ganz im Sinne der Theologie Zwinglis ausgearbeitet[9]. Ermessen lässt sich sein nachhaltiger Einfluss auf zweifache Weise: in der Stadt selbst hatte er dazu geführt, dass diese bis weit ins 16. Jahrhundert hinein eine der wenigen Hochburgen des Zwinglianismus in Süddeutschland blieb[10], auf dem Land galt die Stadt zu Recht als besonders aufgeschlossen für alles Neue und wurde deswegen auch von den aufständischen oberschwäbischen Bauern 1525 als Versammlungsort gewählt. Mit Zustimmung des Rates tagten sie dreimal im März in der Stube der Kramerzunft. Ergebnis dieser Verhandlungen waren die 'Zwölf Artikel der oberschwäbischen Bauern' und die 'Bundesordnung' der drei oberschwäbischen Haufen, beides mehrfach als Flugschriften gedruckte Texte. Schappeler dürfte für dieses 'Bauernparlament' beratend tätig gewesen sein, jedenfalls genoss er unter den Bauern ein hohes Ansehen: der Memminger Rat hielt ihn offenbar für den geeignetsten Mann,

---

[8] Vgl. *Gudrun Litz*, Die Problematik der reformatorischen Bilderfrage in den schwäbischen Reichsstädten, in: Macht und Ohnmacht der Bilder, hg. von Peter Blickle/André Holenstein/Heinrich Richard Schmidt/Franz-Josef Sladeczek, München 2002 (= HZ.B 33), 105.

[9] Vgl. *Peter Blickle*, Urteilen über den Glauben. Die Religionsgespräche in Kaufbeuren und Memmingen 1525, in: Außenseiter zwischen Mittelalter und Neuzeit. Festschrift für Hans-Jürgen Goertz zum 60. Geburtstag, hg. von Norbert Fischer/Marion Kobelt-Groch, Leiden 1997 (= SMRT 61), 65–80.

[10] Vgl. *Peer Frieß*, Rivalität im Glauben. Die Rechtfertigungsschrift des wegen seiner zwinglianischen Gesinnung entlassenen Memminger Predigers Eusebius Kleber, verfasst um 1575, Memmingen 2001.

um zwischen dem städtischen Magistrat und den Untertanen auf der Memminger Landschaft zu vermitteln[11].

In der ereignisreichen und politisch explosiven Phase zwischen der Memminger Disputation vom Januar, der redaktionellen Ausarbeitung der 'Zwölf Artikel der oberschwäbischen Bauern' vom März und den ersten militärischen Auseinandersetzungen mit dem Schwäbischen Bund im April 1525 dürfte jene Schrift entstanden sein, die zwar einige Beachtung gefunden hat, aber nicht umfassend kontextualisiert und interpretiert werden konnte, weil ihr Autor nicht identifiziert werden konnte: 'An die versamlung gemayner Pawerschaft'[12]. Anfang Mai in Nürnberg erschienen, brachte sie ihren Verleger Hieronymus Höltzel umgehend ins Gefängnis und führte schließlich zum Stadtverweis[13]. Ihr Autor ist, wie man heute mit an Sicherheit grenzender Wahrscheinlichkeit weiß, Christoph Schappeler. Die Zuschreibung des anonymen Textes wäre ohne die von Berndt Hamm besorgte kritische Ausgabe der Werke von Lazarus Spengler nicht möglich gewesen, doch soll die Beweisführung hier im Einzelnen nicht wiederholt werden[14].

---

[11] Vgl. *Peter Blickle*, Die Revolution von 1525, 4. Aufl., München 2004, 5–7 und 169f.

[12] [*Schappeler, Christoph,*] An die versamlung gemeyner Pawerschaft; *Horst Buszello*, Der deutsche Bauernkrieg von 1525 als politische Bewegung, Berlin 1969, 153–192. Eine weitere kritische Ausgabe mit umfänglichem Kommentar existiert in Form von *Siegfried Hoyer/Bernd Rüdiger*, An die Versammlung gemeiner Bauernschaft. Eine revolutionäre Flugschrift aus dem Bauernkrieg (1525), Leipzig 1975. Buszello und Hoyer haben die detailliertesten Analysen der Schrift geliefert. Vgl. aber auch *Frank Ganseur*, Der Staat des 'gemeinen Mannes'. Gattungstypologie und Programmatik des politischen Schrifttums von Reformation und Bauernkrieg, Frankfurt a. M. 1985, 50–64. – Zuletzt umfassend *Victor D. Thiessen*, To the Assembly of Common Peasentry. The Case of the Missing Context, in: ARG 86 (1995), 175–198, und *Horst Buszello*, Modelle und Programme politischer Gestaltung im Bauernkrieg, in: Mühlhausen, der Bauernkrieg und Thomas Müntzer. Realitäten – Visionen – Illusionen, hg. von Martin Sünder, Mühlhausen 2000 (= Protokollband zum wissenschaftlichen Kolloquium am 27.05.2000 in Mühlhausen; Veröffentlichungen der Thomas-Müntzer-Gesellschaft 1), 58–62.

[13] Vgl. *Hoyer/Rüdiger*, An die Versammlung (wie Anm. 12), 13.

[14] Die Argumente für die Zuschreibung des anonymen Traktats an Schappeler (mit dem Vorbehalt eines mitarbeitenden zweiten Autors) bei *Peter Blickle*, Republiktheorie aus revolutionärer Erfahrung (1525), in: Verborgene republikanische Traditionen in Oberschwaben, hg. von Peter Blickle, Tübingen 1998, 195–210. Die ältere Forschung setzt mit einer intensiven Diskussion der Verfasserfrage bei Buszello ein, wird von Hoyer fortgeführt, der ihn räumlich in Oberschwaben und theologisch im Umfeld Zwinglis sucht; vgl. *Hoyer/Rüdiger*, An die Versammlung (wie Anm. 12), 48. Fortgeführt hat die Diskussion Peters, der in Andreas Bodenstein von Karlstadt den Verfasser sehen will; vgl. *Christian Peters*, An die Versammlung gemeiner Bauernschaft (1525). Ein Vorschlag zur Verfasserfrage, in: ZBKG 54 (1985), 15–28,

'An die versamlung gemayner Pawerschaft' sollte offenkundig den aufständischen Bauern Mut machen, ist also eine Kampfschrift. Sie ist auf weite Strecken derb im Stil, leidenschaftlich im Ton, hektisch in der Argumentation und fraglos unter großem zeitlichem Druck entstanden. Dennoch muss man sie auch als einen politiktheoretischen Text lesen, der sich hinsichtlich seines intellektuellen Niveaus durchaus mit anderen zeitgenössischen Werken aus der Feder von Humanisten und Reformatoren vergleichen lässt[15]. Man kann den Text um zwei zentrale Probleme zur Darstellung bringen, die Freiheit (1) und die göttliche Gerechtigkeit (2). Beide hat Berndt Hamm als konstitutiv für Zwinglis Theologie ermittelt. Schon aufgrund der sachlichen Nähe erweist sich Schappeler als Schüler Zwinglis, er geht aber über diesen auch hinaus, indem er am Realitäts- und Praxisbezug von Freiheit und göttlicher Gerechtigkeit stärker interessiert ist und die für eine revolutionäre Situation grundlegenden Legitimitätsprobleme im Horizont reformatorischer Theologie diskutiert.

(1) Die Reformatoren haben einen Freiheitsbegriff entwickelt, von ihnen 'christliche Freiheit' genannt, der auf die durch die Gnade Gottes gewirkte Fähigkeit abstellt, sich über den Glaubenszwang der Kirche und die Gesetze des kanonischen Rechts hinwegzusetzen, der folglich Gewissensfreiheit war[16]. In diesem Sinn hat ihn Martin Luther zum Proprium seiner Theologie und Ethik gemacht. Eine Verbindung zu Freiheit als Status- oder politischem Begriff, wie er in der deutschen Sprache üblich war, hat Luther nicht hergestellt, im Gegenteil abgewehrt. Freiheit theologisch begründen zu wollen, also aus den Testamenten, hieße christliche Freiheit "fleischlich machen"[17]. Zwingli

---

was *Siegfried Hoyer* in seinem Beitrag: Karlstadt: Verfasser der Flugschrift 'An die Versammlung gemeiner Bauernschaft', in: ZfG 35 (1987), 128–137, abgelehnt hat, ohne mit seinen Argumenten Peters zu überzeugen; vgl. *Christian Peters*, An die Versammlung gemeiner Bauernschaft (1525). Noch einmal – zur Verfasserfrage, in: ZBKG 57 (1988), 1–7.

[15] Vgl. *Thomas A. Brady Jr.*, German Civic Humanism? Critique of Monarchy and Refashioning of History in the Shadow of the German Peasants' War (1525), in: Querdenken. Dissens und Toleranz im Wandel der Geschichte. Festschrift zum 65. Geburtstag von Hans R. Guggisberg, hg. von Michael Erbe u. a., Mannheim 1996, 41–55.

[16] Vgl. *Anja Lobenstein-Reichmann*, Freiheit bei Martin Luther. Lexikographische Textanalyse als Methode historischer Semantik, Berlin-New York 1998 (= Studia Linguistica Germanica 46); dort auch ausführliche Diskussion der im frühen 16. Jh. im Umlauf befindlichen Freiheitsbegriffe.

[17] Vgl. *Peter Blickle*, Von der Leibeigenschaft zu den Menschenrechten. Eine Geschichte der Freiheit in Deutschland, München 2003, 248–253.

unterscheidet sich hierin von ihm. Die 'Freiheit der Eidgenossen'
schafft geradezu eine Prädisposition für die 'christliche Freiheit'. Es
gäbe, so Zwingli, "ghein volck uff erden [. . .], dem christliche fryheit bas anston wirt und ruwiger möge ggegnen, denn einer loblichen
Eydgnosschafft"[18]. Freiheit wird, der Geschichte der Eidgenossenschaft entsprechend, auch gegen Tyrannei konzipiert – der Befreiungs-
mythos von tyrannischen Vögten gehörte seit dem 15. Jahrhundert
zur Traditionsgeschichte der Schweiz[19] – und der Befreiung Israels
aus der Hand Pharaos parallelisiert, "welicher fryheit got selber gün-
stig ist"[20]. Freiheit bleibt damit so schillernd wie der Begriff der eidgenössischen Freiheit auch. Die allgemeinste Definition findet Zwingli
nach der Hammschen Interpretation in dem Satz: "Frygheit hat iren
grund in der krafft des schirmenden. Also: Schirmpt einer nit, so
fryt er ouch nit"[21]. Das war die Sprache der mittelalterlichen Rechts-
quellen, namentlich in Oberdeutschland war diese Vorstellung durch
den 'Schwabenspiegel', der in mehr als 300 Handschriften verbreitet war, geläufig[22].

Schappeler hat diese politisch schwer handhabbare Sprechweise
Zwinglis in dem Sinn radikalisiert, dass er Freiheit als Gegenteil und
Abwesenheit von 'Leibeigenschaft' konzipierte. Damit waren über-
schlägig mehrere Millionen Menschen im Heiligen Römischen Reich
deutscher Nation angesprochen. Zwar nimmt auch Schappeler die
Überlegung Zwinglis auf, jede Obrigkeit legitimiere sich dadurch,
dass sie das Land schütze und den gemeinen Nutzen fördere; wo
Obrigkeit diese Pflicht verfehle, entstehe Tyrannei. Sie dürfe man
beseitigen, wie die Eidgenossen den "vermessen aigen Gewalt vom
Adel" abgeworfen hätten. Tyrannei indessen wird bei ihm immer
über Sklaverei und Leibeigenschaft konturiert. Roms Ansehen sei zur
Zeit der Republik gewachsen; als dieses erprobte und gebräuchliche
'gemeine Regiment' in Abgang gekommen sei, wurden aus Untertanen
'Eigenleut'. Eigenleute ist der noch um 1525 gebräuchliche Wechsel-
begriff zu Leibeigenen. Nichts anderes lehre die Geschichte der
Israeliten, heißt es bei Schappeler weiter. Bei denen "wonet Got

---

[18] Zitiert bei *Hamm*, Zwinglis Reformation (wie Anm. 1), 14.
[19] Vgl. *Peter Blickle*, Freiheit als Element der Traditionsbildung in der Eidgenossenschaft im 15. Jahrhundert, in: Identità territoriali e cultura politica nella prima
età moderna, hg. von Marco Ballabarba/Reinhard Stauber, Bologna 1999, 255–270.
[20] *Hamm*, Zwinglis Reformation (wie Anm. 1), 15.
[21] Ebd., 13.
[22] Vgl. *Blickle*, Leibeigenschaft (wie Anm. 17), 260–262.

hertzlich", solange sie ein gemeines Regiment führten, als sie davon abfielen, kamen sie in "ellend vnd jamer mit leib aygenschafft vnd anderm"[23]. Tyrannen seien immer solche, die Menschen zu Leibeigenen machten. Vertreibe man sie nicht, werde die Zukunft zur Hölle. Leibeigene würden zu 'servi', und als Sklaven, so richtet Schappeler seine Befürchtung direkt an die Bauern, wird man "euch verkauffen, wie daz vich, roß vnd ochsen"[24]. Für Tyrannen müsse alles ihr "aigen sein [. . .] mit leib vnd guet"[25].

Leibeigenschaft dient Schappeler dazu, herrschaftliche Verhältnisse als Tyrannei zu denunzieren. Dennoch wird Leibeigenschaft nicht nur metaphorisch für Sklaverei gebraucht. Wo der Begriff inhaltlich aufgefüllt wird, deckt er sich mit den realen Verhältnissen Süddeutschlands. Frondienste gehören dazu. Sie seien bislang von den Herren berechtigterweise als 'gutwillig', sprich freiwillig, verlangt worden, aber es gemahne an die 'babylonische Gefangenschaft', also an Tyrannei, wenn Bauern bei schönem Wetter den Herren die Ernte einbringen müssten, während ihre eigene im Regen verfaule, und wenn sie gezwungen würden, die abgeernteten Felder und gemähten Wiesen mit Flachs einzusäen, ihn dann zu raufen, zu brechen, zu rösten und zu spinnen[26]. Es ist diese rechtwidrige Kommerzialisierung (Herstellung von Textilien) alter berechtigter Dienste (Hilfen bei der Ernte), welche die Eigenschaft zur Tyrannei pervertieren lässt. Ähnlich verhält es sich mit dem 'Hauptrecht', dem Einzug von Vieh im Todesfall, das Witwen und Waisen ihrer Erbschaft beraube[27]. Fronen und 'Hauptrecht' waren die wirtschaftlich gravierendsten Folgen der Leibeigenschaft, die sozialen, nämlich die Einschränkung von Freizügigkeit und Heiratsfähigkeit, werden von Schappeler nicht erwähnt.

Für die notwendige Änderung dieser Verhältnisse gibt es nur einen Maßstab, die Heilige Schrift. Sie liefert für Schappeler die göttlichrechtliche Legitimation für die Freiheit. Wer Knecht ist und sich frei machen kann, soll sich befreien, sagt Schappeler unter Berufung auf den ersten Korintherbrief des Apostel Paulus[28]. Das war der Schlüsselsatz im Neuen Testament für die theologische Auseinandersetzung mit der Leibeigenschaft. Paulus hatte sich im Rahmen seiner Theorie

---

[23] [*Schappeler*,] An die versamlung gemeyner Pawerschaft (wie Anm. 12), 172,30f.
[24] Ebd., 186,27–33.
[25] Ebd., 168,11f.
[26] Ebd., 163,1–17.
[27] Ebd., 163,26–30.
[28] Ebd., 179,6–8.

der Zwei Reiche zur Frage von irdischer Knechtschaft und Gotteskindschaft dahingehend geäußert, beide ließen sich problemlos ver-
einbaren. Man muss sich als Knecht keineswegs um sein Heil 'sorgen'.
Dennoch rät er den Korinthern, "doch kannst du frei werden, so
brauche das viel lieber" (1. Kor 7,21). Diese Option zum Ergreifen
der Freiheit[29] wird durch den Nachsatz möglicherweise wieder relativiert. "Denn wer als Knecht berufen ist in dem Herrn, der ist ein
Freigelassener des Herrn. Desgleichen, wer als Freier berufen, der ist
ein Knecht Christi. Ihr seid teuer erkauft; werdet nicht der Menschen
Knechte"[30]. Der Satz bleibt in einer interpretationsfähigen Schwebe.
Die christliche Theologie hat ihn überwiegend gegen ein Menschenrecht
auf Freiheit interpretiert, Schappeler nicht. Freiheit ist für Schappeler
letztlich unaufgebbar, weil sie göttlichem Recht entspricht.

(2) 'Göttliche Gerechtigkeit' und 'menschliche Gerechtigkeit' sind bei
Zwingli, anders als bei Luther, nicht den je verschiedenen Reichen
zugeordnet, sondern durch ihren gemeinsamen Ursprung im göttlichen Willen komplementär. Daraus erklärt sich Zwinglis Auffassung,
"die obrigkeit [sei; P. B.] darumb fürgesetzt, das sy in den dingen,
zum nächsten inen möglich sye, by der götlichen gerechtigkeit hin-
farind"[31]. Obschon die Spannung zwischen göttlicher und menschlicher Gerechtigkeit nicht aufgegeben wird, liegt hier eine Vorstellung
von der Verbesserungsfähigkeit von Gesellschaft und Politik vor. Es
ist diese Perfektibilität, die zur Veranschaulichung 'Verzeitlichung des
Jenseits' genannt werden kann.

Schappeler bemüht sich, wie beim Freiheitsbegriff auch, um eine
Konkretisierung von göttlicher Gerechtigkeit. Göttliche Gerechtigkeit
heißt in seinem Traktat "göttliche Juristerei", die Evangelisten und
die Apostel sind die "göttlichen Juristen"[32]. Angesichts der vielen
gleichermaßen diffusen und umständlichen Gebrauchsmodi dieses
schlagwörtlichen Begriffs in der Reformationszeit ist Schappelers

---

[29] Vgl. *Samuel Vollenweider*, Freiheit, in: RGG[4] 3 (2000), 307; *Heinz Eduard Tödt*,
Freiheit, in: EKL[3] 1 (1986), 1358f.
[30] Zitiert nach der dem Neuhochdeutschen angeglichenen Luther-Bibel, Jubiläums-
Bibel, [Stuttgart] 1912. – Das Neue Testament in der Übersetzung von Otto Karrer,
München 1959 (Imprimatur der Kurie), 477, noch einschränkender.
[31] Zitat (mit Interpretation) bei *Peter Blickle*, Gemeindereformation. Die Menschen
des 16. Jahrhunderts auf dem Weg zum Heil, München 1985, 150–154. Vgl. auch
Walter Ernst Meyer, Huldrych Zwinglis Eschatologie, Zürich 1987, 203–211; *Hamm*,
Zwinglis Reformation (wie Anm. 1), 51–62.
[32] [*Schappeler*,] An die versamlung gemeyner Pawerschaft (wie Anm. 12), 177,34.

Bemühen, diesen fassbar zu machen, als Versuch einer Resakralisierung des Lebens, der Gesellschaft und der Politik zu deuten, die sich bis in die 'Policeyordnungen' der Zeit hinein verfolgen lässt[33], auch wenn dies für einen Theologen, der Schappeler ja auch war[34], eine Simplifizierung darstellen mag. Am Alten und Neuen Testament wird an Beispielen erläutert, was unter göttlicher Juristerei zu verstehen sei: Die Obrigkeit hat die weltlichen Ordnungen zu verbessern (2. Kor 11), auf Amtsmissbrauch folgt Absetzung (1. Tim 5), den unfruchtbaren Baum reißt man aus, folglich vertreibt man den mutwilligen Herrscher mit dem Schwert (Lk 12,17), Kaiser und Papst sind gewählt, also kann man sie absetzen (Mk 9)[35]. Gleichsam als spräche er zu Martin Luther und seinen Freunden, führt er die Argumente für eine radikale Erneuerung der Welt aus dem Geist des Christentums auf den Satz zu: "Und ob sy ymmer vnd ewig vil sagen von zwayen gebotten, nemlich Diuina, betreffent der seel hayl, zum andern Politica, die den gemaynen nutz betreffent. Ach got dyse Gebot mögent sich nicht von ainander schaiden, dann die Politica gebotte siend auch diuina, die den gemaynen nutz trewlich fürdern, ist nichts anders, dann die brüderliche liebe trewlich zuerhalten, dz der seligkayt höchste verdienung ayne ist"[36].

Mit Verweis auf die göttliche Juristerei wird auch ein Recht auf Widerstand und auf Wahl oder zumindest aktiven Konsens breiter Bevölkerungsschichten bei der Vergabe politischer Ämter hergeleitet[37]. Zahlreiche Belege, vornehmlich aus dem Neuen Testament, werden zusammengetragen und aus ihnen konkrete Handlungsanweisungen hinsichtlich Strafrecht, Privatrecht und Polizeirecht gezogen, um auf diese Weise, wie es wiederholt und prominent herausgehoben heißt, den 'Gemeinen Nutzen' zu fördern[38]. Die Zwei Reiche

---

[33] Zuletzt *Arman Weidenmann*, 'Von menschlicher und göttlicher Gerechtigkeit'. Zürcher Policeymandate im Spiegel zwinglischer Sozialethik, in: Gute Policey als Politik im 16. Jahrhundert, hg. von Peter Blickle/Peter Kissling/Heinrich Richard Schmidt, Frankfurt a. M. 2003, 439–488.

[34] Für Schappelers Studium und Lehrtätigkeit zuletzt *Beat Immenhauser*, St. Gallen und der Universitätsbesuch um 1500, in: Personen der Geschichte – Geschichte der Personen. Festschrift für Rainer Christoph Schwinges, hg. von Christan Hesse u. a., Basel 2003, 292.

[35] Vgl. [*Schappeler*,] An die versamlung gemeyner Pawerschaft (wie Anm. 12), passim.

[36] Ebd., 181,12–19.

[37] Einzelnachweise bei *Blickle*, Republiktheorie (wie Anm. 14), 208.

[38] Vgl. [*Schappeler*,] An die versamlung gemeyner Pawerschaft (wie Anm. 12), 159; 162; 164; 181 (wichtigste Belege).

sind so eingeschmolzen in ein einziges christliches Gemeinwesen. In ihm herrscht Freiheit, und die Freien haben politische Rechte. Jeder Bauer und jeder Schuster kann Herrschaft ausüben. Aber "haltet oft Gemeind untereinander", ermuntert der Text, das allein schafft eine dauerhaft gerechte Ordnung.

Für die von Schappeler entworfene neue politische Ordnung dienen die Verhältnisse in der römischen Republik und in der Eidgenossenschaft als Vorbild. Folglich werden Freiheit als Status des Bürgers und politische Partizipation, von der hier angesichts der thematischen Vorgabe nur am Rande – mit Hinweis auf häufige 'Gemeinde'-Versammlungen – zu reden war, als unverzichtbar ausgewiesen und ausdrücklich gegen die herrschenden Verhältnisse, Leibeigenschaft und tyrannisch entartete Herrschaft gekehrt. In Umrissen nimmt die Freiheit die Form von Bürgerrechten an, und in jedem Fall ist sie eine Abwesenheit von Leibeigenschaft. Die Aufhebung der Leibeigenschaft war immer der erste Schritt, mit dem die entstehende bürgerliche Gesellschaft des späten 18. und frühen 19. Jahrhunderts Freiheit als Menschenrecht durch Gesetze und Verfassungen herstellte. Insofern mag man in der 'Reformation der Freiheit' in Oberdeutschland eine theoretische Vorformulierung des Menschenrechts auf Freiheit sehen.

EIN TROSTBRIEF MARTIN BUCERS AN EINEN GEFANGENEN. BEOBACHTUNGEN ANHAND EINES VERGLEICHS MIT DEN TROSTBRIEFEN LUTHERS UND CALVINS

Matthieu Arnold
(Straßburg)

Im fünften Band des Briefwechsels Martin Bucers, den die von Berndt Hamm geleitete Bucer-Forschungsstelle und der GRENEP[1] gemeinsam herausgeben[2], findet sich ein langer undatierter Brief an einen "confessor Christi"[3]. Die Herausgeber identifizieren ihn mit Antoine Saunier. Er wurde 1528 in Paris verhaftet, weil er zu jenem Zeitpunkt Briefe besaß, die an Guillaume Farel gerichtet waren[4]. Der Inhalt dieses Briefes interessiert uns aber weniger hinsichtlich der Adressatenfrage als für das theologische Denken Bucers, das sich hier entfaltet.

Bis jetzt sind kaum Trostbriefe Bucers veröffentlicht, geschweige denn untersucht worden; um so wichtiger erscheint es uns, die literarische und theologische Gestaltung dieses Briefes zu analysieren und ihn zu vergleichen mit Trostbriefen anderer Reformatoren an Gefangene. Denn von Martin Luther und Jean Calvin, die – jeder

---

[1] Groupe de Recherches sur les Non Conformistes religieux des XVIe et XVIIe siècles et l'Histoire des Protestantismes; Strasbourg, Faculté de Théologie protestante de l'Université Marc Bloch; Leiter Matthieu Arnold, Mitglied des Institut Universitaire de France.

[2] Martin Bucer, Briefwechsel-Correspondance, Bd. 5: September 1530 – Mai 1531, hg. von Reinhold Friedrich/Berndt Hamm/Roland Liebenberg/Andreas Puchta, in Zusammenarbeit mit Matthieu Arnold/Christian Krieger, Leiden/Boston 2004 (= SMRT 101).

[3] Ebd., 105–109, Nr. 362, hier: 106, 1. Konrad Hubert (1507–1577), der erste Herausgeber der Schriften Martin Bucers, bemerkte am Seitenrand des ersten Blattes: "a[li]quendam N. incarceratum propter Euangelij confessionem lectu dignissima"; ebd., 106, Anm. 4. Der Brief trägt keine Anschrift.

[4] Vgl. A[imé]-L[ouis] Herminjard, Correspondance des Réformateurs dans les pays de langue Française. Recueillie et publiée avec d'autres lettres relatives à la Réforme et des notes historiques et biographiques, Bd. 2, Genf/Paris 1868, Nachdruck Nieukoop 1965, 329f, Nr. 336.

auf seine Weise – Kontakte mit Bucer pflegten, ihn beeinflussten oder von ihm beeinflusst wurden[5], gibt es zahlreiche Quellen dieser Art[6].

Textinterpretation

Der Brief Bucers an Antoine [Saunier] gliedert sich folgendermaßen[7]:

1. Segen als Grußformel (106,1)
2. Captatio benevolentiae (106,2–107,2)
3. Argumentatio
   3.1. Das scheinbare Unglück / Die wahre Seligkeit (107,2–26)
      3.1.1. Behauptung der Güte Gottes (107,2–8)
      3.1.2. Eschatologische Begründung (107,9–21): je mehr Leiden auf Erden, desto mehr Freude jenseits
      3.1.3. Obwohl wir Gottes Anwesenheit nicht spüren, bleibt er uns nah (107,21–26)
   3.2. In der Tat braucht Antoine [Saunier] Bucers Trost nicht, da er aus Erfahrung alles weiß, was Bucer ihm mitteilt (107,27–31), aber es ist auch tröstlich zu wissen, dass andere von weitem sein Glück sehen (108,1–2)

---

[5] Vgl. z. B. *Michèle Monteil*, Le Petit Catéchisme de Luther (1529) et la Brève explication écrite de Bucer (1544). Deux modèles d'instruction catéchétique, in: Études germaniques 50 (1995), 447–466; Martin Bucer zwischen Luther und Zwingli, hg. von Matthieu Arnold/Berndt Hamm, Tübingen 2003 (= SuR.NR 23); *Willem van't Spijker*, Die Lehre vom Heiligen Geist bei Bucer und Calvin, in: Calvinus Servus Christi, hg. von Wilhelm Neuser, Budapest 1988, 73–106; *ders.*, Bucer und Calvin, in: Martin Bucer and the Sixteenth Century Europe, Bd. 1, hg. von Christian Krieger/Marc Lienhard, Leiden/New York/Köln 1993 (= SMRT 52), 461–470; *ders.*, Bucer's Influence on Calvin. Church and Community, in: Martin Bucer. Reforming Church and Community, hg. von David F. Wright, Cambridge 1994, 32–44.

[6] Zu Luthers Trostbriefen vgl. *Ute Mennecke-Haustein*, Luthers Trostbriefe, Gütersloh 1989 (= QFRG 56), bes. 53–99 (dem "Trost im Leiden" gewidmet); *Matthieu Arnold*, La correspondance de Luther, Mainz 1996 (= VIEG 168), 530–538 und 565–585; *Gerhard Ebeling*, Luthers Seelsorge. Theologie in der Vielfalt der Lebenssituationen an seinen Briefen dargestellt, Tübingen 1997. Zu Calvin vgl. *Jean-Daniel Benoît*, Calvin, directeur d'âmes. Contribution à l'histoire de la piété réformée, Strasbourg 1947; *Madeleine Wieger*, Les lettres particulières de consolation dans la correspondance française de Jean Calvin, in: PosLuth 49 (2001), 229–255. Ich bedanke mich auch bei Frau Madeleine Wieger für ihre wertvolle Hilfe bei der Redaktion dieses Aufsatzes.

[7] Die folgenden Angaben in Klammern beziehen sich auf die Seiten- und Zeilenzahl des Trostbriefes. Bei Zitaten aus dem Trostbrief im laufenden Text wird ebenso verfahren.

4. Bitte an Antoine [Saunier] um Gebet für die "Brüder"
5. Zusicherung des Bittgebets der "Brüder" (108,12–15)
6. Christus wird im Leben sowie im Tod von Antoine [Saunier] ver-
   herrlicht; Bitte – in der Form eines Segens – für ihn wie für
   "uns" (108, 17–24).
7. Neuigkeiten (108,25–109,6)
8. Lob Gottes als Briefschluss (109,6–7)

Die Grußformel, nach paulinischer Art: "Gratia et robur Spiritus
augeatur tibi" (106,1), entspricht der Gattung der Trostbriefe. Bucer
wünscht Antoine [Saunier] nicht nur Gottes oder Christi Gnade und
Friede, wie es sonst in den Briefen der Reformatoren üblich war,
sondern die "Kraft des Geistes" – der Geist, der im Neuen Testament
"Tröster"[8] genannt wird. Auch die Anrede weist eine Besonderheit
auf: "confessor Christi" nannte auch Luther z. B. seine Freunde in
Augsburg, die an der 'Confessio Augustana' arbeiteten[9]. Der Brief-
adressat hat also seinen Glauben öffentlich bekannt.

Dass Bucer mit der Betonung seiner eigenen Unwürdigkeit anfängt[10],
gehört zu einem literarischen Topos. Bucer bedauert nicht so sehr
wie Luther einige Jahre vorher, dass ihm das Martyrium erspart worden ist[11]. Der Kontrast zwischen seiner eigenen Lage und der seines Adressaten dient ihm aber – auf indirekte Weise – als Trostmotiv.
Schon am Anfang des Briefes soll angedeutet werden, dass Antoine
[Saunier] zu beneiden sei. Vordergründig schreibt Bucer, um seinem
Adressaten zu gratulieren, nicht um ihn zu trösten[12]. Der Adressat

---

[8] Joh 16,7; so die Übersetzung von "paráklétos" in der Lutherbibel von 1534;
vgl. WA DB 6, 392.
[9] "Charissimo et fortissimo theologo, Doctori Iusto Ionae, servo et confessori
Christi [. . .]"; WA Br 5, 409,1–2, Nr. 1610 (an Justus Jonas, 29.6[?].1530). Vgl.
auch WA Br 5, 435, Nr. 1621 (an Melanchthon, 3.7.1530); WA Br 13, 152 (korrigierte Anrede an Melanchthon).
[10] "Indignus quidem sum, qui ad te dein literas, tepidus adeo ad tam ardentem,
sic molliculus ad ita cruce duratum, blandimentis hujus vitae etiamnum impeditus
ad expeditum iam liberumque rebus omnibus et cum Christo ipso ac sanctis angelis suam conuersationem habentem." BCor 5, 106,2–5.
[11] So Luther in seinem Brief an den eingekerkerten Augustiner Lambert Thorn
vom 19.1.1524: "Me miserum, qui primus ista docuisse iactor et novissimus et forte
nunquam vestrorum vinculorum et ignium particeps esse dignus sum!" WA Br 3,
238,16–18, Nr. 707.
[12] "Visum tamen est, postquam tua mihi in Domino constantia praedicata est
tam magnifice, gratulari tibi veram hanc felicitatem." BCor 5, 106,5–107,2. Siehe
auch Luther an Lambert Thorn: "Quanquam satis mihi in te Christus ipse testatur
[. . .] tibi meis verbis non opus fore, Ipse enim in te patitur et glorificatur, captus

benötigt den Trost des Briefschreibers nicht. Daher nimmt der Trostbrief die Form eines Gratulationsbriefes an – *epistola gratulatoria* oder
epistola laudatoria, wie Erasmus von Rotterdam diese Gattung beschrieb[13].

Bucer entwickelt dann das Thema des Unterschieds zwischen der
wirklichen, der echten Freude und des weltlichen Glücks: "Carni
quidem miserum est tetrum incolere carcerem[14], at conscio, sibi, quod
illum incolit ex optima optimi Patris voluntate, in gloriam Christi,
qua nihil expetit ardentius in confirmationem fratrum ac ideo in cer-
tam quoque suam ipsius salutem, quid aliud quam paradysus, quam
celestis quaedam regia, utcunque squaleat horrendusque existat, videa-
tur [. . .]" (107,2–7). Nur beiläufig deutet er dabei den Willen Gottes
("ex optima optimi[15] Patris voluntate", 107,3–4) und die Früchte des
Leidens für die "Brüder" ("in confirmationem fratrum", 107,4–5) an.

Calvin dagegen legt den Akzent stärker auf den Willen Gottes als
primären Trostgrund: "Or combien que ce nous ait esté un message triste selon la chair, mesme selon le juste amour que nous vous
portons en Dieu, comme nous y sommes tenus, si nous faut-il
néantmoins renger à la volonté de ce bon Père et Seigneur souverain, et non-seulement trouver juste et raisonnable ce qu'il dispose
de nous, mais l'accepter de cœur bénin et amiable, comme bon et
propre pour nostre salut, attendant patiemment qu'il montre par
effect qu'ainsy soit"[16]. In seiner 'Institution de la Religion Chrétienne'
hatte Calvin schon auf prinzipielle Weise festgehalten: "Les adversités
auront toujours leur aigreur, laquelle nous mordra. Pour laquelle
cause, étant affligés de maladie, nous gémirons et nous plaindrons
et désirerons santé: étant pressés d'indigence, nous sentirons quelques
aiguillons de perplexité et sollicitude. Pareillement, l'ignominie, con-

---

est et regnat, opprimitur et triumphat, qui tibi dedit sui sanctam illam et mundo
absconditam cognitionem. [. . .] tantum abest, ut mea consolatione onerandus sis.
[. . .] Proinde toto corde tibi congaudeo et congratulor, gratiam agens fidelissimo
salvatori Domino nostro Iesu Christo [. . .]." WA Br 3, 238,3–7.10–14, Nr. 707.

[13] Vgl. *Erasmus von Rotterdam*, De conscribendis epistolis, hg. von Jean-Claude
Margolin, Amsterdam 1971, 310.

[14] Siehe auch Calvin: "Combien que ce soit chose difficile à la chair [. . .]"; *Jules
Bonnet*, Lettres de Jean Calvin. Lettres françaises, Bd. 1, Paris 1854, 370 (an Mathieu
Dimonet, Gefangener in Lyon, 10.1.1553).

[15] Zum Thema "Gottes Güte" siehe auch: "[. . .] ejusmodj homo nihil quam [. . .]
de amplissima ista Dej in se bonitate totus exultare." BCor 5, 107,7–8.

[16] *Bonnet*, Lettres 1 (wie Anm. 14), 395f (an die Verhafteten von Lyon, 7.5.1553).
Vgl. ebd., 367f (an Mathieu Dimonet, 10.1.1553): "Cependant je vous prie de
considérer que nous devons remettre tout à la volonté et disposition de nostre bon
Père céleste, qui appelle chacun de nous en tel rang qu'il lui plaist."

temnement et toutes autres injures nous navreront le cœur. [. . .] mais nous reviendrons toujours à cette conclusion: Néanmoins Dieu l'a voulu, suivons donc sa volonté"[17]. Für den Leidenden ist es tröstlich zu wissen, dass nichts ohne Gottes Willen geschieht[18].

Bucer betont weniger den Ursprung des Leidens als dessen Ziel, indem er seine Unterscheidung zwischen der weltlichen und der himmlischen Freude eschatologisch begründet: "Siquidem aeterna et vita et salus est, hac corporis mole primum abjecta, inde renouata et ex terrena caelesti facta, futurae vitae bonis plene frui; tanto quisque hic felicior fuerit, quanto accesserit ad perfruenda illa propius." (107,8–11) Bucer zeigt sich hier als Vertreter eines gewissen Dualismus. Die Verachtung des Leibes und der irdischen Güter diesseits wird mit himmlischen Gütern jenseits belohnt. Dem Leiden um Christi willen entspricht der Trost durch Christum. Mit Hilfe mehrerer biblischer Zitate oder Andeutungen (2. Kor 1,5; Mk 10,29f; Joh 15,12f; Mt 28,20) untermauert er diese These (vgl. 107,12–21).

Bucer wäre aber falsch verstanden, würde man ihm vorwerfen, er verschiebe die *consolatio* in das zukünftige, ewige Leben, und vertröste den Leidenden mit dem Topos der himmlischen Belohnung. Denn Bucer versucht, Antoine [Saunier] mit dem Gedanken der Anwesenheit und Hilfe Christi zu trösten: "Neque enim vel abest vel non fouet nos, vbi nonnunquam sensum sui subducit, vt nimirum videamus, quantus ille quamque nobis omnia sit, sine quo adeo nihil nos vel esse vel posse tecum experimur. Certe non potest prodere hosti, quos ipse in aciem producit; quo igitur plus adire facit periculi, hoc etiam plus Spiritus sui virtutisque supremae largitur, quam tum sentire nos facit, cum id fuerit e re nostra." (107,21–26) Der Geist Christi ist bei den Gläubigen und wirkt *sub contrario*, auch wenn die Gläubigen

---

[17] *Jean Calvin*, Institution de la Religion chrétienne III, viii, 10. Jean-Daniel Benoît verweist zurecht darauf, dass Calvins Vorstellung nichts mit dem Stoizismus zu tun hat: "Affirmer que c'est Dieu qui nous éprouve et nous afflige [. . .], ce n'est pas du fatalisme, ce n'est pas cette résignation toute stoïcienne faite de l'aveu de notre impuissance en face de la grande force personnelle et aveugle qui conduit l'univers. Non! ce qu'il y a de consolant pour le fidèle au sein de sa détresse, c'est que c'est Dieu qui l'a voulu, un Dieu bon, un Dieu juste, un Dieu Père." *Benoît*, Calvin, directeur d'âmes (wie Anm. 6), 136.

[18] Im Gegensatz zu Bucer beschäftigt sich Calvin intensiv mit der Frage der Theodizee: "C'est chose estrange au sens humain que les enfans de Dieu soyent saouléz d'angoisses, cependant que les meschants s'égayent en leurs délices; mais plus encore que les esclaves de Sathan nous tiennent les pieds sur la gorge, comme on dit, et facent leur triomphe de nous"; *Jules Bonnet*, Lettres de Jean Calvin. Lettres françaises, Bd. 2, Paris 1854, 398 (an die Gefangenen von Lyon, 7.7.1553).

seine Anwesenheit nicht mehr spüren. Bucer gebraucht hier ein typisch lutherisches Trostmotiv, das bei Luther insbesondere in den Kondolenzbriefen auftaucht[19].

Trotzdem bezeichnet Bucer Antoine [Sauniers] Trost als "ex libris" (107,27) stammend: Er weiß das alles viel besser, nämlich aus eigener Erfahrung. Diese *cognitio experimentalis Dei* ist wertvoller als alle Kenntnisse der Gelehrten, auch wenn jene nicht zu verachten sind[20]. Bucer scheint da zum ersten Trostgrund zurückzukehren: Das Kreuz hat Antoine [Saunier] belehrt. Seine Korrespondenten wissen um sein Glück[21]. Deswegen kann er seinen Mitkämpfern – dieses Motiv wird hier nur angedeutet – durch seine Bittgebete helfen[22].

Umgekehrt versichert Bucer Antoine [Saunier] seines eigenen Bittgebetes und des Gebetes der Kirche. Er ist aber bemüht, Gott kein besonderes Ziel zu diktieren. Deswegen führt er eine Alternative ein: "Nos orabimus, vt vel vsibus ecclesiae suae exemptum vinculis restituat, quo sublimia ista, quae in beatissimo illo adjto de Christo, seruatore nostro, edoceris, sanctis dum communices, aut certe exosculanda illa tua vincula, vt Pauli olim, non in solo praetorio, sed toto orbe clara nobiliaque faciat [. . .] Magnificabitur Christus in corpore tuo, siue vita, siue morte." (108,8–12.17) Durch seine Freilassung oder sein Bleiben im Kerker, durch sein Leben oder seinen Tod, der hier offen angesprochen wird – Bucer verschließt seine Augen nicht vor dem Ernst der Lage und spendet daher keinen billigen Trost[23] –, wird Antoine [Saunier] ein Zeuge Christi sein, und so zu den Fortschritten des Evangeliums beitragen.

---

[19] Vgl. *Mennecke-Haustein*, Luthers Trostbriefe (wie Anm. 6), 120f.

[20] "Nosse nobis non pauca prae vulgo dedit, ipsi sit gratia, viuere, sentire, exprimere non ita. At viuit, agit, ardet, quae solida est caelestium cognitio." BCor 5, 108,5–7.

[21] "Videsque iam longe alijs oculis quam quisque nondum cruce doctus possit, vt nihilum sunt praeter Christum omnia, ut vere lucro sit mature hinc ad reuelatum ipsius consortium concedere [vgl. Phil. 3,8]." Ebd., 107,29–31.

[22] "Tum pro nostra infirmitate et tepore in sacratiss[imo] illo templo Dei preces fundas [. . .]." Ebd., 108,2–3.

[23] So auch Calvin: "Nous ne savons pas encore ce que Dieu a délibéré de faire de vous, mais il n'y a rien meilleur que de lui sacrifier votre vie, étant prêt de la quitter quand il voudra, et toutefois espérant qu'il la préservera autant qu'il connaît être utile pour votre salut." *Bonnet*, Lettres 1 (wie Anm. 14), 370. Anderen Briefadressaten, die der sichere Tod erwartet, schreibt er noch deutlicher: "[. . .] le Roy a refusé plat et court toutes les requestes que luy ont faict Messieurs de Berne [. . .]. Nous ne sçavons pas encores quelle sera l'issue. Mais pource qu'il semble que Dieu se veuille servir de vostre sang pour signer sa vérité, il n'y a rien de meilleur que vous disposer à cette fin, le priant de vous assujettir tellement à son bon plaisir que rien ne vous empêche de suyvre où il vous appellera"; ebd., 382f (an die fünf Gefangenen von Lyon, [Mai] 1553).

Eine solche Alternative findet man oft bei Calvin, so zum Beispiel in einem Brief an die Gefangenen in Chambéry: "Parquoy, très chers frères, faisant fin, je supplieray nostre bon Dieu vous maintenir en sa saincte garde, vous gouverner par son Esprit, vous armer de force et constance pour batailler en sorte qu'il triomphe en vous, soit par vie, soit par mort [. . .]"[24]

Bucer schließt seine Ausführungen mit einem Segensgebet für den Adressaten und die Seinen ab. Auch aus der Form der Segenswunsches wird ersichtlich, dass für ihn Antoine [Saunier] und die Straßburger am selben Kampf ("simili agone", 108,20) teilnehmen; Antoine [Saunier] durch sein Leiden, die anderen durch die Reinheit ihres Lebens und ihrer Lehre: "Is cottidie coelestia illa tibi solatia largius impertiat, in se iugiter mentem tuam conuertens. Nos vero roboret, vt, dum ei visum fuerit, et ipsi, hisce experimentis bonitatem eius docti, illam simili agone glorificemus, dumque externam indulgere pacem dignatus fuerit, confessionem vinculorum et mortis vitae inno-centia et doctrinae sedulitatem sarciamus [. . .]" (108,17–22).

Dem Trostgrund "Ihr leidet nicht allein"[25] begegnet man oft in den Trostbriefen der Reformatoren. Mit diesem Argument zielen sie nicht primär auf den Gesichtspunkt ab, dass andere, etwa der irdi-sche Christus oder die Heiligen, in der Vergangenheit auch gelitten hätten. Bucer geht es nicht darum, das Leiden von Antoine [Saunier] zu relativieren! Vielmehr will er dem Adressaten gegenüber betonen, dass er sich in der Gemeinschaft der "Mitleidenden" befindet. Er soll sich nicht allein fühlen. Die anderen Gläubigen haben Teil an seinem Leiden, sie werden ihn nicht verlassen, denn sie bleiben mit ihm verbunden durch das Gebet[26].

Bei Luther gibt es zahlreiche Beispiele vom Gebrauch dieses Motivs: "Itaque, mi frater, ora pro me, sicut et ego oro pro te, memor illius, quod non solus patiaris, sed et ille tecum, qui dicit: 'Cum ipso sum in tribulatione; quoniam in me speravit, liberabo eum, protegam

---

[24] *Bonnet*, Lettres 2 (wie Anm. 18), 67 (an die Gläubigen von Poitiers, 5.9.1555).
[25] Vgl. *Mennecke-Haustein*, Luthers Trostbriefe (wie Anm. 6), 85–87.
[26] Da die Lage seines Adressaten der richtigen Freude und Seligkeit entspricht, sind in Bucers Brief anders als bei Luther und Calvin kaum Ausdrücke des Mitleidens enthalten. So schreibt z. B. Luther an Lambert Thorn: "Vindicabo tamen hanc meam miseriam et consolabor me, quod vestra vincula mea sunt, vestri carceres et ignes mei sunt. Sunt vero, dum et ego eadem confiteor et praedico vobisque simul compatior et congratulor." WA Br 3, 238,18–21, Nr. 707. Auch bei Calvin finden sich Stellen wie: "Il n'est pas besoin de dire en quelle angoisse vos liens nous tien-nent enserrés." *Bonnet*, Lettres 2 (wie Anm 18), 64.

eum, quoniam cognovit nomen meum.' [Vg.: Ps 90,14f; M. A.] Sed
et nos omnes tecum sumus cum Domino, qui tecum est, nec ille nec
nos te deseremus"[27]. "Darumb, meine liebe Fraw, leidet und hab
gedult, Denn jr leidet nicht alleine, sondern habt viel, viel trefflicher,
trewer, fromer Hertzen, die gros mitleidung mit euch haben, die
alzumal nach dem spruch sich halten: 'Ich bin gefangen gewesen
vnd jr seid zu mir komen' [Mt 25,36; M. A.]'"[28].

Auch bei Calvin ist das Motiv von der Gemeinschaft der Mitleidenden für gewöhnlich in Briefen an Personen anzutreffen, die wegen
ihres Glaubens verfolgt werden. Diese Gemeinschaft wird bei ihm
sogar zum Leib Christi, also zur Kirche: "Cependant, combien que
nous ne soyons pas à présent en pareille condition que vous, si ne
laissons-nous aller à batailler quant et quant, par prière, solicitude
et compassion, comme vos membres, puisqu'il a pleu au Père céleste
par sa bonté infinie, de nous unir en un corps, sous son Fils nostre
chef"[29].

Bucers Brief hätte nun ähnlich, wie das in Calvins oder Luthers
Trostbriefen zumeist der Fall ist, mit einem Segen für den Korrespondenten enden können, der noch weitere Trostgründe beinhaltet. So schließen Luthers Briefe oft mit einem Segen wie diesem:
"Hiemit befelh ich Euch Gott, dem Vater alles Trostes vnd aller
Stärke, Amen, Amen"[30]. Aus Calvins Briefcorpus weist zum Beispiel
der Brief an die Gefangenen von Lyon vom 10. Juni 1552 einen für

---

[27] WA Br 3, 238,22–239,27, Nr. 707 (an Lambert Thorn).
[28] WA Br 10, 606,38–41, Nr. 4009 (an Sibylle Baumgärtner in Nürnberg, 8.7.1544).
[29] *Bonnet*, Lettres 1 (wie Anm. 14), 398 (an die Gefangenen von Lyon, 7.7.1553).
Siehe auch: "Cependant tous les enfants de Dieu prient pour vous, comme ils y
sont tenus, tant pour la compassion mutuelle qui doit estre entre les membres du
corps, que pource qu'ils savent bien que vous travaillez pour eux, maintenant la
cause de leur salut"; ebd., 341f (an die Gefangenen von Lyon, 10.6.1552).
[30] WA Br 4, 561, 26–27, Nr. 1323. Siehe auch den langen Segen am Ende des
am 20.5.1530 verfassten Briefes an Kurfürst Johann von Sachsen, in welchem Luther
seinen Fürsten dadurch tröstet, dass er um Gottes Wort willen Feindschaft erleiden
muss: "Aber unser lieber Herre und treuer Heiland, Jesus Christus, den uns der
Vater aller Gnaden hat so reichlich offenbart und geschenkt, der wolle E. K. F.
G. uber alle meine Wort seinen Heiligen Geist, den rechten, ewigen Tröster senden, der E. K. F. G. stets erhalt, stärk und bewahre, widder alle listige, giftige,
feurige Pfeile des sauren, schweren, argen Geists, Amen, lieber Gott, Amen." WA
Br 5, 327,107–112, Nr. 1572. Zu Calvin siehe z. B. den im September 1557
geschriebenen Brief an die Frauen, die in Paris gefangen sind: "Le Seigneur vous
fasse la grâce de mesditer attentivement ces choses et les bien imprimer en vos
cœurs, afin de vous conformer du tout à sa bonne volonté." *Bonnet*, Lettres 2 (wie
Anm. 18), 149.

ihn typischen Briefschluss mit Segen auf: "Faisant donc fin, je prye nostre bon Dieu qu'il luy plaise vous faire sentir en toustes manières que vaut sa protection pour les siens, vous remplir de son Sainct-esprit qui vous donne prudence et vertu, et vous apporte paix, joye et contentement; et que le nom de nostre Seigneur Jésus soit glorifié par vous à l'édification de son Église"[31].

Bucer aber erweitert im letzten Briefabschnitt noch einmal die Perspektive für seinen Adressaten: "Mundus mirum in modum in nos furit, uisumque Deo est, vt hujus furoris ministro Antichristus utatur Carolo, innocente omnino principe, sed eo magis obnoxio illius artibus et improbitate. Conspirant cum illo plerique Germaniae proceres, potissimum episcopi." (108,25–28) Dass Bucer seinen Trost-brief mit Nachrichten beendet, mag erstaunen. Normalerweise kon-zentriert sich der Verfasser eines solchen Briefes auf die Lage seines Adressaten. Die meisten Trostbriefe Luthers und Calvins widmen sich jedenfalls diesem einzigen Thema. Meiner Meinung nach kann der letzte Abschnitt des Bucerschen Briefes ebenfalls als Trost ver-standen werden. Denn auch hier lässt Bucer mit seinen Neuigkeiten Antoine [Saunier] wissen, dass er nicht alleine leidet. Er erweitert also den Blick des Eingekerkerten auf das gesamte reformatorische Geschehen – der Kampfplatz zwischen Gott und dem Teufel ist nicht auf die Gefängniszelle des Franzosen begrenzt[32] –, damit die-ser nicht befangen in seinen eigenen Gedanken bleibt. Und indem Bucer ihn am Ende seines Briefes ermahnt, Gott für die Seinen zu bitten, macht er ihn – auch in seiner Kerkerhaft – zum Fürbitter und Mitkämpfer der Evangelischen[33].

---

[31] *Bonnet*, Lettres 1 (wie Anm. 14), 354. Siehe auch: "Sur quoy, mes frères, après avoir supplié nostre bon Dieu de vous tenir en sa garde, vous assister en tout et par tout, et vous faire sentir par expérience quel père il est, et combien il est son-gneux du salut des siens, je prie aussy d'estre recommandé à vos bonnes prières"; ebd., 374 (an die Gefangenen von Lyon, 7.3.1553); vgl. auch ebd., 386.

[32] Dass nicht nur Luther, sondern auch Bucer die Geschichte als einen Kampf zwischen Gott und dem Teufel interpretiert, bestätigt unser Brief. Vgl. hierzu *Heiko A. Oberman*, Luther. Mensch zwischen Gott und Teufel, Berlin 1982; *Arnold*, La cor-respondance (wie Anm. 6), 130–211: "Un motif théologique récurrent: l'histoire perçue comme champ de la lutte entre Dieu et Satan"; *ders.*, Göttliche Geschichte und menschliche Geschichte: Bucers und Luthers Schau des Augsburger Reichstages in ihren Briefen, in: Martin Bucer zwischen Luther und Zwingli (wie Anm. 5), 9–29.

[33] Noch offensichtlicher als Bucer wählte Luther im Brief an Lambert Thorn diese Taktik: "Apud nos sub ducatu principis nostri pax est, caeterum dux Bavariae et episcopus Trevirorum multos perdunt, proscribunt et persequuntur. Alii episcopi et principes ac sanguine quidem temperant, sed a vi et minis non temperant, et ubique est Christus denuo opprobrium hominum et abiecto plebis [Ps 22,7]. Cuius

Die Schlussformel "Ipsi sit gloria in saecula. Amen" (109, 6–7) zeigt schließlich, dass all diese Kämpfe nur dazu dienen sollen, Gott die Ehre zu erweisen[34].

Schlussfolgerungen

Aus diesem einen – wenn auch wichtigen – Trostbrief Bucers können natürlich nicht allzu viele Schlussfolgerungen gezogen werden. Man sollte hier vorsichtig vorgehen. Was jedoch schon dieser erste Vergleich mit den Trostbriefen Luthers und Calvins vor Augen führt, ist die Vielfältigkeit der Theologie und Frömmigkeit während der Reformationszeit[35].

Das Gemein-Reformatorische

Einerseits entspricht unser Text den Hauptgedanken der Reformation. Bucer legt den Akzent auf das Leiden. Auch die mittelalterliche Theologie hatte den Wert der *cognitio experimentalis Dei* im Leiden betont. Aber in unserem Brief bringt das Leiden dem Leidenden keine Verdienste, sondern es dient zu Gottes Ruhm.

Der Trostbrief Bucers zeugt auch vom Christozentrismus der Reformation[36]: Christus ist der Spender des Trostes. Er ist derjenige, der beim Gefangenen anwesend ist, und zugleich derjenige, der ihm die Seligkeit im Jenseits versprochen hat. Bucer verdeutlicht das

---

membrum tu factus es vocatione sancta patris nostri, quam ipse in te compleat ad gloriam nominis et verbi sui, amen." WA Br 3, 239,34–39, Nr. 707.

[34] Schon am Anfang seines Briefs hatte Bucer geschrieben: "[. . .] ejusmodi homo nihil quam gloriarj in Domino queat [. . .]." BCor 5, 107,7–8. Zu Calvin siehe: "Vous sçavez pour quelle querelle vous combatez, c'est que Dieu soit glorifié, que la vérité de l'Evangile soit approuvée, le règne de nostre Seigneur Jésus exalté en sa dignité"; *Bonnet*, Lettres 2 (wie Anm. 18), 255 (an die Gefangenen von Paris, 18.2.1559).

[35] Zu dieser Frage vgl. den wichtigen Aufsatz von *Berndt Hamm*, Einheit und Vielfalt der Reformation – oder: was die Reformation zur Reformation machte, in: ders./Bernd Moeller/Dorothea Wendebourg, Reformationstheorien. Ein kirchenhistorischer Disput über Einheit und Vielfalt der Reformation, Göttingen 1995, 57–127; vgl. auch *ders.*, How innovative was the Reformation?, in: The Reformation of Faith in the Context of Late Medieval Theology and Piety, hg. von Robert J. Bast, Leiden 2004 (= SHCT 110), 254–272.

[36] Vgl. *Hamm*, Einheit und Vielfalt (wie Anm. 35), 88–90.

anhand zahlreicher biblischer Zitate bzw. Andeutungen. Zuletzt wird
auch Antoine [Saunier] durch sein Leben und seinen Tod Christus
verherrlichen. An keiner Stelle ist in unserem Text die Rede von
den Heiligen oder der Jungfrau Maria. Die einzige Gemeinschaft
der Heiligen ist die Gemeinschaft der Mitleidenden, zu der sich Bucer
zählt.

Die Neuigkeiten, die Bucer am Ende seines Briefs kommentiert
("Mundus mirum [. . .] in nos furit"; 108,24), führen die "eschatologische Kulmination"[37] bei den Reformatoren deutlich vor Augen.
Wie in Luthers Schriften, Briefen und Tischreden ist auch bei Bucer
die Rede vom Wirken Satans und des Antichrists. Insofern bestätigt
unser Brief die Interpretationen der Texte aus dem vierten Band des
Briefwechsels Bucers[38].

Bucers Eigenständigkeit

Der Trostbrief an Antoine [Saunier] weist aber auch Unterschiede
zu den Briefen Luthers oder Calvins auf.

Trostgründe, denen man bei Luther oft begegnet, etwa das Leiden
in der Nachfolge Christi oder das Evangelium als Trost und Quelle
der Freude im Leiden[39], werden von Bucer nur selten erwähnt oder
ganz weggelassen. Gleiches gilt für die Paränese[40], die typisch für
Luthers Trostbriefe an Leidende ist.

Zurückhaltender als Calvin erinnert Bucer an Christi Tod, um das
Leiden seines Korrespondenten zu relativieren oder um ihn zur Dankbarkeit und also zum Opfer zu ermahnen[41]. Im Unterschied zu den

---

[37] Ebd., 88.

[38] Vgl. *Arnold*, Göttliche Geschichte (wie Anm. 32), 15f.

[39] Vgl. *Mennecke-Haustein*, Luthers Trostbriefe (wie Anm. 6), 87–91.

[40] Vgl. ebd., 91–94. Oft führt Luther Ps 26,14 (Vg.) an: "Tantum viriliter age,
confortetur cor tuum et sustine Dominum." Ebd., 92 und 166.

[41] Zu Calvin siehe: "Et affin de ne point estre ebranlé ny par menaces, ny par
rien qui soit, regardez au Fils de Dieu, lequel n'a point espargné sa vie pour nostre
salut, affin que nous ne tenions point la nostre trop prétieuse, quand il est besoing
de servir à sa gloire"; *Bonnet*, Lettres 1 (wie Anm. 14), 406–407 (an eine inhaftierte
Frau, 13.9.1553). "Puisque Jésus-Christ est mort pour vous et par luy espérez salut,
il ne fault point estre lasches à luy rendre l'honneur qui luy appartient." *Bonnet*,
Lettres 2 (wie Anm. 18), 147 (an mehrere in Paris inhaftierte Frauen, September
1557). "Et affin que vous ne trouviez estrange qu'il vous faille tant souffrir, pensez
combien le nom de Dieu et le Royaulme de Jésus-Christ est plus précieux que
nostre vie, ne tout ce qui est au monde"; ebd., 308 (an einen Gefangenen, 13.11.1559).

Genfer Reformatoren[42] erwähnt Bucer auch nicht die Versuchungen
und das geistliche Leiden, die den Gefangenen bedrohen.

Zweimal spricht Bucer von der "crux" seines Adressaten (106,3
und 107,12). Er entwickelt aber keine Theologie des Kreuzes, wie
man sie bei Luther finden kann. Für den Wittenberger gehört es
zum Wesen des Evangeliums, dass das Kreuz – das heißt, der
Verkündiger des Kreuzes – verfolgt wird: "Ihr wisset aber ohn Zweifel,
daß unser Sache, so das Wort Christi haben, nicht anderst stehen
kann, denn das wir Fahr und Unglück drüber leiden müssen. Es ist
ein Wort des Kreuzes, es bleibt auch wohl ein Wort des Kreuzes;
darumb heißet's auch ein Wort des Kreuzes"[43].

Der Trostbrief an Antoine [Saunier] dokumentiert also die Eigenständigkeit des Reformators Martin Bucer, der sich weder mit seinem
Lehrer Luther noch mit seinem Schüler Calvin identifizieren lässt.
Als Reformator mit eigenständigem Profil ist sein Brief nicht nur
unter historischen und theologischen, sondern auch unter seelsorgerlichen Gesichtspunkten interessant.

Schon am Anfang seines Briefs stellt sich der Seelsorger mit seinem Briefadressaten gleich. Beide nehmen – wenn auch jeder auf
seine Weise – teil am endzeitlichen Kampf zwischen Gott und dem
Teufel; und beide bemühen sich, Gott zu verherrlichen. Bucer geht
aber noch einen Schritt weiter. Nicht seine eigene, sondern die Lage
Antoine [Sauniers] ist zu beneiden; nicht Antoine [Saunier] braucht
Bucers Gebet, sondern umgekehrt: er, der Seelsorger, erbittet das
Gebet für sich und die Mitkämpfer der reformatorischen Sache. Es
ist also nicht der Seelsorger, der dem Leidenden etwas über Gott
kundtun kann. Der Leidende weiß es besser, aus Erfahrung. Trotzdem
verweigert ihm Bucer seinen Trost nicht, denn es ist dringend nötig,
dass man den Leidenden, äußerlich betrachtet, an Gottes Güte und
Anwesenheit erinnert.

---

[42] Vgl. *Benoît*, Calvin (wie Anm. 6), 57f.

[43] WA Br 4, 550,8–12, Nr. 1323 (an den Ritter Martin Baumgartner, 11.9.1523);
vgl. auch WA Br 10, 645,24–28, Nr. 4025 (an Konrad Cordatus, 1.9. oder 3.12.1544?).
Zu Calvin siehe: "Toutesfois qu'il vous souvienne cependant que partout où nous
irons, la croix de Jésus-Christ nous suivra; mesme au lieu que vous pouvez avoir
là vos aises et commodités"; *Bonnet*, Lettres 1 (wie Anm. 14), 303 (an Frau von La
Roche-Posay, 10.6.1549). Siehe auch: "Brief, ne pensons jamais avoir bien profité
si nous ne préférons à tous les triomphes du monde, de combattre soubs l'enseigne
de nostre Seigneur Jésus, assavoir portant sa croix"; ebd., 282 (an Frau von Cany,
8.1.1549).

ANGELIC PIETY IN THE REFORMATION:
THE GOOD AND BAD ANGELS OF URBANUS RHEGIUS

Scott Hendrix
(Princeton, New Jersey)

On the feast of St. Michael and All Angels, September 29, 1535, the German reformer Urbanus Rhegius (1489–1541) preached in Hannover a sermon on good and bad angels[1]. Published in Wittenberg in 1538, the sermon was dedicated to Antonius von Berckhusen, the first mayor of Hannover after the Reformation[2], who had requested a written version of this sermon and one other so that they "could benefit a few good friends in other places"[3]. That same year a Low German edition of the sermon was published in Magdeburg, and in 1543 it appeared in a Latin version prepared by Johannes Freder, a Lutheran pastor who translated several works of Rhegius into Latin

---

[1] *Urbanus Rhegius*, Ein Sermon von den guten und bösen Engeln zu Hannover geprediget durch D. Urbanum Rhegium, Wittenberg 1538 (Niedersächsische Staats- und Universitätsbibliothek Göttingen, MC 95–200: F3723–3724). The year 1535 was proposed by *Waldemar Bahrdt*, Geschichte der Reformation der Stadt Hannover, Hannover 1891, 95f. Bahrdt argued that Rhegius was not in Hannover on September 29, 1537, the year assigned to the sermon by *Gerhard Uhlhorn*, Urbanus Rhegius. Leben und ausgewählte Schriften, Elberfeld 1861, 286. The other sermon, on faith and resurrection, was probably preached on November 11, 1537, when Rhegius was in Hannover a second time. It was published in 1539. See *Bahrdt*, Geschichte, 127–130; *Maxmilian Liebmann*, Urbanus Rhegius und die Anfänge der Reformation, Münster 1980 (= RGST 117), 403 (Druck Nr. 130). On Rhegius, see also *Scott Hendrix*, Art. Rhegius, Urbanus, in: TRE 29 (1998), 15 5–157; *Hellmut Zschoch*, Reformatorische Existenz und konfessionelle Identität. Urbanus Rhegius als evangelischer Theologe in den Jahren 1520 bis 1530, Tübingen 1995 (= BHTh 88); *id.*, Art. Rhegius, Urbanus, in: BBKL 8 (1994), 122–134. On the work of Rhegius in northern Germany, see *Richard Gerecke*, Studien zu Urbanus Rhegius' kirchenregimentlicher Tätigkeit in Norddeutschland. Konzil und Religionsgespräche, in: JGNKG 74 (1976), 3–49; *id.*, Studien zu Urbanus Rhegius' kirchenregimentlicher Tätigkeit in Norddeutschland. Teil 2: Die Neuordnung des Kirchenwesens in Lüneburg, in: JGNKG 77 (1979), 25–95.

[2] *Siegfried Müller*, Stadt, Kirche und Reformation. Das Beispiel der Landstadt Hannover, Hannover 1987, 130.

[3] *Rhegius*, Ein Sermon (as n. 1), A2r.

and had them published[4]. The English translation that appeared in London in 1583 was reprinted ten years later[5].

The sermon's attraction is not surprising in view of the expectations placed upon angels during the Protestant Reformation. Bruce Gordon has suggested that Swiss Protestants substituted angels for the banned elements of medieval piety, like saints and purgatory, in order to maintain reciprocity, kinship, and communication with the divine realm[6]. A sturdy belief in angels presumably served a similar purpose in the culture of the German Reformation, but the study of their place in Protestant piety has suffered from scholarly preoccupation with the devil and its prominence in early modern sources. As fallen angels, however, the devil and his minions belonged to the broader category of spiritual beings that were described by Rhegius as good and bad angels. His thorough and well-organized treatment of the topic suggests a certain awareness of angels among the laity, but it also documents the desire of preachers to enhance that awareness and to encourage lay appreciation for them.

The text for the sermon is the traditional gospel lesson for St. Michael and All Angels: Matthew 18:1–10. According to Rhegius, it was customary in his day to preach on this lesson because in verse 10 Jesus says that children "have their guardian angels in heaven, who look continually on the face of my heavenly father[7]". The reasons given by Rhegius for ignoring the remainder of the text and restricting the sermon to angels reveal why Protestants were encouraged to make them an important element of their piety: angels are mentioned to a significant extent in both testaments of Scripture, and they are considered to be protectors of the faithful and co-servants and co-heirs with them. Angels deserve, therefore, to be honored by

---

[4] *Liebmann*, Urbanus Rhegius (as n. 1), 401 (Druck Nr. 125). Johannes *Freder* (1510–1562) grew up in Pomerania, studied and lived in Wittenberg from 1524 to 1537, then served as pastor, often amidst controversy, in Hamburg, Stralsund, Greifswald, and Wismar. After the death of Rhegius, Freder edited and published a collection of citations from the Bible, church fathers, and later theologians that Rhegius had used for his theological work: *Johannes Freder*, Loci theologici e patribus et scholasticis neotericisque collecti per D. Urbanum Rhegium, Frankfurt 1545. See *Ernst Kähler*, Art. Freder, Johannes, in: NDB 5 (1961), 387f.

[5] *Liebmann*, Urbanus Rhegius (as n. 1), 401 (Druck Nr. 125).

[6] *Bruce Gordon*, Malevolent Ghosts and Ministering Angels. Apparitions and Pastoral Care in the Swiss Reformation, in: The Place of the Dead. Death and Remembrance in Late Medieval and Early Modern Europe, ed. Bruce Gordon/Peter Marshall, Cambridge 2000, 87–109, here: 94.

[7] *Rhegius*, Ein Sermon (as n. 1), A2v.

believers every day and to be remembered by them with thanks-giving and praise to God[8].

In light of their importance, Rhegius announces that he will deal with three matters in order. First, he wishes to demonstrate from Scripture what kind of creature an angel is. Second, he will discuss whether angels are of one or of many kinds. Third, examples from both testaments will illustrate the office and duties assigned to them by God. In the German version of the printed sermon, which encom-passes thirty-eight pages, Rhegius devotes only five pages to the first two topics[9]. After arguing that angels are spiritual and not bodily or visible creatures, he claims that Scripture mentions two kinds of angels – good and bad. The bad angels are devils, which were not created evil but through their own willing disobedience fell away from God and became his enemies. In the eyes of Rhegius, both Jude (verse 6) and 2 Peter (2:4) support this teaching against the dualistic heresy of the Manichaeans that was diligently opposed by theologians of the early church. In contrast to the bad angels or devils, the good angels are strengthened and made steadfast in obe-dience by the Holy Spirit and by the Son of God, who remains their Lord and head[10].

Rhegius reserves most of the sermon for the office and duty of angels, the topic of principal concern, because he believes it is vitally important to the daily lives of his hearers. Their existence is a con-stant battle with the bad angels or devils who are determined enemies of Christ and all Christendom. For "although Christ has defeated the prince of this world and his apostate angels", they are still allowed to attack the faithful in every possible way. Their hostility is so relent-less that the faithful cannot relax even for a moment[11]. The picture of this ongoing struggle painted by Rhegius is not pretty. It includes not only the quotidian evidence of human envy, anger, and violence, but also specific assaults of the devil in the biblical story and the history of the church. The havoc allegedly wrought by the devil

---

[8] Ibid.
[9] Ibid., A3r–B1r.
[10] Ibid., A4r–B1r.
[11] Ibid., B1r: "Denn wie wol Christus den Fürsten der welt/ vnd seine abtrün-nige Engel vberwunden/ vnd zum heer brangen gemacht hat Col. 2. [Colossians 2:15] so ist jnen dennoch noch so viel zu gelassen/ das sie vns anfechten mögen/ jnn allerley weis vnd wege/ sie sind klug/ mechtig/ vnd vns so bitterlich feind/ das sie vns nicht mögen ein einigen augenblick dieses zeitlichen lebens gönnen."

includes the main heresies of the early church, the mendicant orders
of the Middle Ages, a papacy that is still full of blindness and blas-
phemy, and even the Peasants' War[12]. This chronicle of diabolical
activity, from the fall of humanity to the fall of the Kingdom of
Münster just months before the sermon was preached, is a deli-
berately crafted and wide-ranging twelve-page argument for the necessity of good angels to protect the church and the faithful[13]. To be
sure, God himself could keep them safe without any creaturely assistance, but in his boundless wisdom he decreed that preservation of
the world and everything in it be assigned to the holy angels. Their
task is not only to give God unceasing praise and, as his legates, to
disclose his gracious will to humanity, but also to serve as diligent
guardians and guides that set believers on the surest path to Christ
and direct them away from the evil that God has forbidden[14].

Having established their necessity and stated their duties, Rhegius
supplies biblical examples and assurance of angelic protection in
the face of a malevolent world. In so doing Rhegius also restates
the worldview that makes the presence of good angels essential. The
malevolence of the devil and his angels is so unrelenting that if the
secret judgment of God allows the protection of good angels to be
interrupted only for a moment, the devil immediately goes to work
and leads even children to destruction[15]. For Rhegius the assistance
of good angels is not a religious luxury but a spiritual and physical
necessity for believers who are constantly at risk and often under
attack. The faithful must be constantly on guard. To illustrate this
point, Rhegius tells the story of a young girl from his parish who
was possessed by the devil. One morning before the congregation
was to pray publicly for her, the devil seemed to leave her and the

---

[12] Ibid., D1r: "Jnn steten vnd dörffen kan er auffruhr erwekken/ die vnderthanen wider jre ordentlichen Oberkeit/ Wie jnn einer kurtzen zeit könnte er der
Pawrn auffruhr anrichten/ vor xii. jaren/ das sie auff ein mal auffstunden wider
jre Herrschaft/ jm Allgaw/ am Bodensee/ auff dem Schwartzwald/ jm Schwabenland/
jm Elsass/ jm Brisgaw/ jnn Francken/ Thüringen/ Sachssen etc." The twelve years
are best understood as the interval between 1525 and 1537, the year in which the
sermon must have been put in writing if not preached.

[13] Ibid., B1r–D2v.

[14] Ibid., D2v–D3r.

[15] Ibid., D4v: "Denn/ so bald die Engel einen augenblick aus dem heimlichen
vrteil Gottes nicht schützen/ so ist eilend der Teuffel da/ vnd treibet sein werck/
Er füret die kinder zum wasser oder fewr/ Er gibet jnen messer/ damit sie sich
beschedigen/ Vnd Vater vnd mutter vndanckbarkeit vnd sünd/ verdienen zu wei-
len/ das dem Teuffel ein griff erleubet wird."

people relaxed their vigilance. However, while she was washing her hands in a stream behind the house, the devil re-emerged and instantly drowned her. Several hundred people could testify to the trick, claimed Rhegius, and the loss was a fitting consequence of the failure to thank God for the gift of angelic protection[16].

To underscore the value of that gift, Rhegius reminds his hearers that God provides a guardian angel for each and every person. In Matthew 18 Jesus says explicitly that the little ones have *their* angels, and on that basis the church has always taught, as Basil of Caesarea (329–379) said, that personal angels were given to all as custodians and shepherds in order to direct their lives[17]. Among the biblical texts cited by Rhegius is the curious admonition to women in 1 Corinthians 11:10 that they should have "authority" on their head "on account of the angels". Rhegius interprets the admonition to mean that women should cover their head in church for the sake of angels. Moreover, modest conversation and conduct are necessary at all times because personal angels attend the faithful at every stage of their existence from birth to eternal blessedness[18]. The angels that carried the soul of Lazarus to the bosom of Abraham (Luke 16:22) prove that sacred angels wait upon us in life and in death and bring our souls to their eternal rest. At the Last Day, angels will also appear with loud trumpets and gather the elect from the four winds, from one end of heaven to the other (Matthew 24:31)[19]. According to Rhegius, however, angels not only safeguarded individual believers

---

[16] Ibid., D4v.

[17] Ibid., D4v–E1: "So solt jr nu wissen/ vnd teglich ewern lieben kindern auch vor sagen/ das vnserm Gott/ die menschliche natur so lieb ist/ das er einem jedem seinen Schutz Engel verordnet hat/ der jn von mutter leibe an/ allzeit beware vnd füre/ Denn mercket/ das Christus jnn dem heutigen Euangelio deutlich spricht/ jre Engel. Derhalben der Christlichen Kirchen glaube allzeit aus der Schrifft gewesen ist/ das ein jeglicher seinen eigen Engel habe/ Wie Basilius magnus/ de spiritu sancto schreibet/ als einen Zuchtmeister vnd hirten/ der jm sein Leben richte." Cf. *Basil of Cæsarea*, Contra Eunomium 3.1; SC 305, 149,48–53.

[18] *Rhegius*, Ein Sermon (as n. 1), E1r/v: "Derhalben solten wir auch an allen orten/ wenn wir schon allein sind/ züchtig sein mit worten vnd geberden/ zu ehr den lieben Engeln. Wie auch Paulus jnn der ersten Epistel zu den Corinthern am xj. cap. leret/ das die weiber jnn der Kirchen/ sollen mit bedecktem heupt sein/ vmb der Engel willen/ die vns zu gegeben sind/ allenthalben vnd allewege vns zu füren/ trösten/ schützen/ leren vnd helffen/ jnn der geburt/ durch das gantze leben/ bis an das ende/ ja bis zu vnser volkomen seligmachung."

[19] Ibid., E2r/v. These beliefs and the biblical verses supporting them were common in medieval sources; cf. *David Keck*, Angels and Angelology in the Middle Ages, New York/Oxford 1998, 204–206.

but the evangelical movement as a whole. The Reformation would have suffered great damage during the last sixteen years, he claims, if God through his angels had not shielded it from "so many poisonous deeds of our opponents"[20].

With guardian angels so available and active, it would be natural for the faithful to invoke them in cases of special need[21], but of course praying to angels was no more permitted than praying to saints. Rhegius had perhaps heard that some Protestants were praying to angels, for he frames the issue as a rhetorical question before answering firmly in the negative. Although he cites biblical support for calling upon God alone, the reformer anticipates that his readers will not be satisfied by the evidence or pleased with his view: "Listen to what was said a thousand years ago in Christendom about praying to angels so that you do not think I am teaching something new[22]". In his sermon on Psalm 96, Augustine (354–430) argued that angels, like saints, forbid people to treat them as divine or pray to them (cf. Revelation 19:10); instead the angels always enjoin worship of God alone and proclaim Christ, as whose messengers and soldiers they serve[23]. In 'True Religion', Augustine added that believers treasure the angels and rejoice with them, but the faithful neither build temples in honor of angels nor call upon them. Angels do not wish to be honored in such ways, for they know that pious believers are themselves temples of the most high God[24]. According to Rhegius, these opinions of Augustine have never been rejected by the church since they are grounded in Scripture, even though opponents of the Reformation now ignore Augustine on this point because it contradicts Catholic practice[25].

---

[20] Ibid., E2v: "Und wie offte weren wir diese sechtzehen jar/ jnn grosse not komen/ vnd gefahr vnsers leibes vnd lebens/ wenn Gott nicht so viel gifftiger pracktiken vnsern widersachern durch seine Engel verhindert/ vnd vns beschützt hette?" The sixteen years encompass the period between 1521 and 1537 (see n. 12).

[21] As medieval Christians had done; see *Keck*, Angels and Angelology (as n. 19), 38 and 204.

[22] *Rhegius*, Ein Sermon (as n. 1), F1r: "Höret aber/ was man vor tausend jaren jnn der Christenheit/ von der Engel anbeten gehalten habe/ damit jr nicht argwonig seiet/ ich lere hierinn etwas newes."

[23] Ibid., F1r/v. Cf. *Augustine*, Enarrationes in psalmos 96.12.12–54; CChr.SL 39, 1363f.

[24] *Rhegius*, Ein Sermon (as n. 1), F2r. Cf. *Augustine*, De vera religione 55.110.73–78; CChr.SL 32, 258.

[25] *Rhegius*, Ein Sermon (as n. 1), F2r: "Das sind auch Sanct Augustinus wort/ welche noch die heilige Christliche Kirche/ nie verworffen hat/ denn sie sind jnn

The sermon of Rhegius is marked by copious references to biblical texts and the exclusive reliance on biblical and patristic authors, both of which are characteristic of his other writings. In his own dedication of the Latin translation (1543) to Antonius von Berckhusen, Johannes Freder claimed that the sermon contained everything it was possible to say about both kinds of angels and that Rhegius had not omitted a single biblical passage which mentioned them[26]. Rhegius had not, of course, said everything, and much of what he did say was also said by one reformer or another. To avoid unbiblical speculation, he ignored popular topics of medieval angelology like the heavenly hierarchies of Pseudo-Dionysius, about whom Luther scoffed that he was full of the silliest nonsense when he discussed the heavenly and ecclesiastical hierarchies[27]. In an Easter sermon preached in 1546 or 1547, Peter Martyr Vermigli (1499–1562) confirmed two angelic functions acknowledged by Rhegius – the protection of believers on earth and the anticipation of their life in heaven:

> The angel came down from heaven; there were no human witnesses; the angel is present to announce the resurrection. The condition of our future life is manifested by the same work in the same way. We shall be like angels of God (Matthew 22:30), bright as the sun; thus the angel was wonderfully resplendent. The earth trembled because the nature of things is turned upside down in the resurrection. The guards were rightly terrified. The women were frightened by the appearance of the angel because of the discord which stems from sin between our nature and the nature of angels, with which we should nonetheless be familiar since they are our guardians. This discord will endure until we put aside our bodies[28].

---

der Schrifft gegründet/ wie wol vnsere misgönner nicht viel geschrey von jnen machen/ denn es ist wider jren jrthumb."

[26] *Rhegius*, De Angelis, trans. Johannes Freder, Frankfurt a. M. 1543, A2r (SUB Göttingen, 8 TH TH II, 220/5).

[27] *Martin Luther*, Genesis-Vorlesung; WA 42:175.1–4: "Apud Graecos est Dionysius, quem iactant Pauli discipulum fuisse, sed id non est verum. Est enim plenissimus ineptissimarum nugarum, ubi de Hierarchia coelesti et ecclesiastica disputat." On the hierarchies in medieval angelology, see *Keck*, Angels and Angelology (as n. 19), 53–68. On the consistent critique of Pseudo-Dionysius by Luther, see *Paul Rorem*, Martin Luther's Christocentric Critique of Pseudo-Dionysian Spirituality, in: LuthQ 11 (1997), 291–307, on angels: 293. Cf. *John Calvin*, Inst. 1.14.4; Joannis Calvini Opera Selecta 3:157.8–20.

[28] *Peter Martyr Vermigli*, Oration on Christ's Resurrection (1547?), in: The Peter Martyr Library, vol. 5: Life, Letters, and Sermons, transl. and ed. John Patrick Donnelly, S. J., Kirksville, Missouri 1999, 224.

Rhegius and Luther believed that every believer had a guardian angel "who looks after and watches over that person"[29]. John Calvin, however, was less certain that a single angel had been entrusted with the protection of each believer. The Genevan reformer thought it would be more encouraging for people to know that their salvation was in the care of all the angels rather than dependent on one angel alone. If the faithful were not content to have the attention of every angel, why should they see more benefit in having one special guardian assigned to them? "Indeed", Calvin concluded, "those who confine to one angel the care that God takes of each one of us are doing a great injustice both to themselves and to all members of the church, as if it were an idle promise that we should fight more valiantly with these hosts supporting and protecting us round about"[30].

Calvin's failure to understand the appeal of a special guardian suggests why angels remained a poor substitute for saints in the popular piety of Protestants. Medieval piety was built upon a relationship to particular saints and concrete expressions of devotion to them[31]. The appeal of medieval saints lay not in their number and anonymity but in their particularity and their familiarity. Even individual guardian angels, however, were not as local, identifiable, or physically accessible as saints. As helpers and protectors of the faithful, they served the same general purpose as saints, but if one could not identify them, invoke them for specific needs or pray at shrines dedicated to them and their miracles, the attraction of guardian angels could not equal that of the saints[32]. Even Calvin admitted that the laity imag-

---

[29] *Martin Luther*, Sermon von den Engeln 1530; WA 32:116.6–12: "So hat nu ein iglicher Furst, burger, hausvater, inn summa ein iglicher Christ seinen Engel, der auff yhn warte, wie der Euangelist hie saget: 'Ihre Engel ym himel,' spricht er, 'sehen allezeit das angesicht meines vaters ym himel.' Das ist ja ein feiner lieblicher spruch, den man den kindern wol solt einbilden, das sie lernen die lieben Engel erkennen und Gott vleissig da fur dancken, Denn der Teuffel ist allen kindern feind und sihet ungern, das sie zur welt komen, wachssen und zunehmen."

[30] *John Calvin*, Inst. 1.14.7; Joannis Calvini Opera Selecta 3:159f. Cf. Institutes of the Christian Religion, ed. John T. McNeil and transl. Ford Lewis Battles, 2 vols., Philadelphia 1960 (= LCC 20–21), here: 1:167f.

[31] Prayers to guardian angels, such as the request to be led by the angel to heaven, built some intimacy between medieval believers and their angels; cf. *Keck*, Angels and Angelology (as n. 19), 38, 204.

[32] Arguments over whether saints or angels were superior are suggested by a proposition for debate (24.N.5) taken by Peter Martyr Vermigli from the book of Genesis: "That Christ exceeds all the angels in glory and has made us sit at the right hand of God with him does not necessarily imply that the saints will be better than angels"; The Peter Martyr Library, vol. 1: Early Writings, trans. and ed.

ined two angels, one good and one bad, attached to each person[33]. It must have been hard to persuade Protestants to give constant thanks to God for angels, even personal guardian angels, that could not be known by name, invoked for special needs, were not attached to shrines, and had scant reputation for specific miracles. Only when angels and their messages were the subject of apparitions did strong evidence of lay angelic piety leave traces in the records[34]. Otherwise there was little incentive for laity to report on the invisible presence of guardian angels.

In the mind of theologians, however, Protestants required help from good angels, general and specific, to repel the attacks of bad angels, the devil and his allies, who were attested in Scripture and who constantly harassed the faithful. Reformers were happy to confirm that help, even specific guardians, as long as laity did not pray to them or attach superstitious practices to their belief. The writings of reformers indicate, however, that the threat of bad angels had religious priority, and that good angels received attention mainly because that threat was acutely felt. Rhegius devoted a large portion of his sermon to the devil and the malevolence of bad angels in order to make a case for the necessity of good angels to protect the faithful. Other reformers made the same argument. Luther's well-known belief in the ever-present menace of the devil led him to affirm, as did Rhegius, that if God did not restrain the fury of Satan through the protection of angels, believers would not remain alive for a single moment[35]. For Calvin, angels accomplished their task of

---

Mariano Di Gangi/Joseph C. McLelland, Kirksville, Missouri 1994, 119. Citing the angelic prayer in Zechariah 1:12, the Apology of the Augsburg Confession conceded that angels prayed for believers and that saints in heaven prayed for the church in general, but it denied that as a consequence the saints should be invoked; Apology 21.8–10, in: BSLK, 6th ed., Göttingen 1967, 318.

[33] *John Calvin*, Inst. 1.14.7; Joannis Calvini Opera Selecta 3:160.6–8: "[. . .] quemadmodum vulgo imaginantur duos Angelos, bonum et malum, tanquam diversos genios, singulis esse attributos." Cf. Institutes of the Christian Religion (as n. 30), 1:167.

[34] *Jürgen Beyer*, A Lübeck Prophet in Local and Lutheran Context, in: Popular Religion in Germany and Central Europe, 1400–1800, ed. Bob Scribner/Trevor Johnson, New York 1996, 166–182.

[35] *Martin Luther*, Genesis-Vorlesung; WA 43:68.36–40: "Nos enim, qui credimus, debemus certi esse, quod proceres coelorum nobiscum sint: Non unus et alter, sed magna copia. Sicut apud Lucam est, coelestes exercitus apud Pastores fuisse, quod si absque hac custodia esset, et Dominus hoc modo Satanae furorem non arceret, non viveremus uno momento."

providing security by fighting against the devil and carrying out God's vengeance against those who harmed the faithful[36].

Angels were abundant in the art, theology, festivals, and devotion of medieval religion. Long before the Reformation medieval laity also heard sermons about them on the feast of St. Michael and All Angels. Although Rhegius's sermon was well-received by Antonius von Berckhusen, we do not know how other listeners and readers responded to his admonition to appreciate the special angelic safe-keeping granted them. In the sacral world that Protestant laity continued to inhabit, the malevolence and benevolence of angels were never in doubt; but whether believers were able to feel as secure and thankful in the presence of good angels as the clergy urged them to feel is much less certain.

---

[36] *John Calvin*, Inst. 1.14.6; Joannis Calvini Opera Selecta 3:159.11–14: "Itaque quo istud protectionis nostrae munus impleant, contra Diabolum omnesque hostes nostros depugnant, et vindictam Dei adversus eos qui nobis infesti sunt exequuntur." Cf. Institutes of the Christian Religion (as n. 30), 1:166f.

"WENN LUTHER UNS MIT UNSEREM BEKENNTNIS ANNEHMEN WILL". LUTHER UND DIE ABENDMAHLSFRAGE IN DEN BRIEFEN CALVINS BIS 1546

Alasdair Heron
(Erlangen)

Mit der Erstausgabe seiner 'Christianae Religionis Institutio' im Frühjahr 1536[1] trat der erst 26-jährige Jean Calvin auf die wegen des Abendmahlsstreites heißumkämpfte öffentliche Bühne der evangelischen Theologie. Deswegen überrascht es nicht, dass Calvin schon in seinem Frühwerk zu diesem Streit Stellung nimmt, und zwar in Kapitel IV 'Von den Sakramenten'[2]. Er tut dies allerdings ohne Namensnennung der verschiedenen Parteien; stattdessen zitiert er nur verschiedene Meinungen, die ein gesundes Verständnis der Gegenwart Christi im Abendmahl nicht ertragen kann[3]. Auffällig ist freilich, mit welcher Selbstständigkeit der junge französische Rechtsgelehrte und gebildete Humanist in die Debatte einsteigt und zwischen gesunder Lehre und – selbst prominenten – Parteimeinungen unterscheidet.

Fünf Jahre später wird seine 'Kleine Abhandlung vom dem heiligen Mahl' (1541) schon ausführlicher und direkter[4]. Anders als die erste 'Institutio' wurde dieses Werk auf französisch verfasst und war

---

[1] Das Werk war wohl schon im Sommer 1535 fertig gestellt worden. Jedenfalls trägt das Widmungsschreiben an Franz I. das Datum X Calendas Septembres [1535]; vgl. Johannis Calvini Opera Selecta, Bd. 1, hg. von Petrus Barth, München 1926, 36.

[2] Johannis Calvini Opera Selecta (wie Anm. 1), 118–162, bes. 139–145. Nach der Nummerierung der amerikanischen Ausgabe – Calvin, Institutes of the Christian Religion, übers. und komment. von Ford Lewis Battles, durchges. Aufl., Grand Rapids 1986 – sind es die §§ 27–33, 104–109. Leider gibt es bis heute keine vergleichbar gute und zuverlässige deutsche Edition dieser Erstausgabe der Institutio.

[3] Die Vertreter dieser Meinungen sind freilich leicht identifizierbar: Johannis Calvini Opera Selecta (wie Anm. 1) verweist verschiedentlich auf mehrere scholastische Theologen sowie auf Luther, Erasmus, Zwingli und Schwenckfeld. Calvin, Institutes (wie Anm. 2), 281f, fügt u. a. – interessant jedenfalls für das Umfeld Erlangen-Nürnberg! – Willibald Pirckheimer, De vera Christi carne [. . .] ad Joan. Oecolampadium responsio, hinzu.

[4] Petit Traicté de la Saincte Cene; Johannis Calvini Opera Selecta (wie Anm. 1), 499–530. Französischer Text mit deutscher Übersetzung: Calvin-Studienausgabe, hg. von Eberhard Busch u. a., Bd. 1/2, Neukirchen 1994, 431–493.

damit für weitere Verbreitung unter den evangelischen Gemeinden
französischer Sprache gemeint[5]. Am Ende dieses Werkes[6] geht Calvin
offen auf den Streit zwischen Luther und Zwingli ein, wobei beide
Seiten seine Kritik erfahren. Gleichzeitig zeigt er sich zuversichtlich,
der Streit werde bald beigelegt werden: Gott habe nämlich beide
Parteien gedemütigt, um die Sache zu einem bald bevorstehenden
guten Ende zu bringen.

Diese Hoffnung erfüllte sich freilich nicht: Bezüglich der Abendmahlsfrage befand sich Calvins Genf immer in einer heiklen kirchen-
diplomatischen Lage zwischen Wittenberg und Zürich, nicht zuletzt
nachdem der Streit in Luthers letzten Lebensjahren zwischen 1544
und 1546 erneut ausgebrochen war[7]. Calvin konnte zwar eine Brücke
zwischen Genf und Zürich bauen, indem er nach langen Anstrengungen
1549 den 'Consensus Tigurinus' zustande brachte, vermochte aber
nicht, die komplementäre Brücke nach Wittenberg zu schlagen.

Insofern gibt es eine gewisse – wenn auch freilich beim näheren
Zusehen eher oberflächliche – Ähnlichkeit zwischen Calvin und Martin Bucer, was das Spannungsfeld Wittenberg-Zürich betrifft. Schon
in Marburg hatte Bucer zu vermitteln versucht und ähnliche Versuche
in den Jahren danach gestartet, was ihm in Zürich bis zu seinem
Lebensende eher Verdächtigungen und Ablehnung eingebracht hat.
Auch Melanchthon, der 1529 in Marburg ziemlich dezidiert gegen
eine Verständigung mit den Oberdeutschen opponierte, hat seine
Haltung in den folgenden Jahren – nicht zuletzt infolge der Wittenberger Konkordie von 1536 – neu überlegt, was schon 1540 in der
'Confessio Augustana Variata' Niederschlag fand, um von seinem
späten Gutachten im Jahre 1560 zum Heidelberger Abendmahlsdis-
put ganz zu schweigen[8], ihn aber letzten Endes im Luthertum isolierte.

---

[5] Vgl. Calvin-Studienausgabe (wie Anm. 4), 432.

[6] Ebd., 486–493 und Johannis Calvini Opera Selecta (wie Anm. 1), 526–530.

[7] Vgl. auch den späteren autobiographischen Hinweis am Anfang von Calvins
'Secunda Defensio' gegen Westphal (1556): Als die gesunde Lehre ihm zu schmecken
anfing, hat er bei Luther gelesen, dass Zwingli und Oekolampadius in den Sakramenten
nichts als bloße Zeichen erkennen, was ihn lange Zeit davon abgehalten hatte, ihre
Schriften zu lesen. Aber schon bevor er zu schreiben anfing, hatten sich die zwei
Seiten in Marburg teilweise verständigt. Später hatte Luther ein positives Urteil
über Calvins Lehre geäußert, wie Melanchthon bezeugt. Leider ist Luther dann
aber wieder gegen die Zürcher in Wut entflammt. Vgl. Ioannis Calvini Opera quae
supersunt omnia, Bd. 9, hg. von G. Baum u. a., Braunschweig 1870, 51f.

[8] Melanchthons Werke in Auswahl, Bd. 6, hg. von Robert Stupperich, Gütersloh
1955, 482–486.

Es mag deswegen nicht ganz uninteressant sein, in Calvins Briefwechsel der Jahre 1536 bis 1541 sowie dann bis zum Todesjahr Luthers
zu lesen, wie er in diesen wohl für ihn sehr prägenden Jahren[9] über
diese älteren Reformatoren und besonders über Luther in Zusammenhang mit der Abendmahlsfrage gedacht bzw. mit ihnen gesprochen oder über sie in Gespräch mit anderen geurteilt hat[10]. In diesen
wie auch in vielen anderen Hinsichten sind die Briefe Calvins eine
sehr lehrreiche aber häufig vernachlässigte Informationsquelle[11].

1. *Genf 1536–1538*

Wichtige Stationen zur Abendmahlsthematik in Calvins erster Zeit
in Genf waren:

- die Lausanner Disputation (1536), bei der Calvin am 5. und 7.
  Oktober mit einem längeren und einem kürzeren Votum zur
  Geschichte der Abendmahlsdeutung intervenierte[12];

---

[9] Die Prägung zeigte sich jedenfalls in Blick auf seine persönliche Laufbahn, seine
Erfahrung in Kirchen- und Gemeindeleitung, seine Entfaltung als theologischer
Schriftsteller und seinen Einstieg in die Tätigkeit der kirchlichen Diplomatie. Sein
spezifisches Abendmahlsverständnis dagegen scheint im Grunde schon mit der
Institutio von 1536 fest etabliert zu sein. Wie er in seinem Brief vom 12.1.1538 an
Bucer schreibt, sei er sich bewusst, "daß mich Gott, seit ich sein Wort zu kosten
bekam, nie so verlassen hat, daß ich nicht über den Gebrauch der Sakramente und
das Teilhaben am Leibe Christi rechtgläubig gedacht hätte"; Johannes Calvins
Lebenswerk in seinen Briefen. Eine Auswahl von Briefen Calvins in deutscher Übersetzung von Rudolf Schwarz, zuerst erschienen Tübingen 1909, 59f. Calvin war
also von vornherein weder Lutheraner noch Zwinglianer, hatte aber immer wieder – man kann sagen, zu seinem Leidwesen – sich mit diesem Spannungsfeld zu
beschäftigen.
[10] Zu Zwingli und seinem Nachfolger als Zürcher Antistes, Heinrich Bullinger,
vgl. *Alasdair Heron*, Calvin an Bullinger, 1536–1549, in: Profile des reformierten Protestantismus aus vier Jahrhunderten, hg. von Matthias Freudenberg, Wuppertal 1999
(= Emder Beiträge zum reformierten Protestantismus 1), 49–69.
[11] Zitiert wird nach der umfangreichen Sammlung: Johannes Calvins Lebenswerk
in seinen Briefen (wie Anm. 9). Die Seitenangaben im laufenden Text beziehen sich
auf den Nachdruck, Bd. 1: Die Briefe bis zum Jahre 1547, Neukirchen 1961.
[12] Vgl. Ioannis Calvini Opera quae supersunt omnia 9 (wie Anm. 7), liii–liv (zu
den 'Articuli Lausanenses' 1536; Text der Artikel: ebd., 701f). Calvins Voten werden weder in 'Johannis Calvini Opera Selecta' noch in der 'Calvin-Studienausgabe'
wiedergegeben, wohl aber in: ebd., 877–890; Calvin. Theological Treatises, Translated
with Introduction and Notes by J. K. S. Reid, LCC XXII, London/Philadelphia
1954, 38–46.

– die Überlegungen zur Abendmahlsfeier in den Artikeln zur Neuordnung der Genfer Kirche (1537)[13], die weitgehend auf der Linie
  der 'Institutio' von 1536 liegen;
– die Verhandlungen auf der Berner Synode in September 1537
  über Bucers und Wolfgang Capitos Vermittlung mit Wittenberg.
  Calvin und Guillaume Farel waren auf Wunsch von Bucer eingeladen worden, weil er von zwinglischer Seite angegriffen worden
  war. Sie haben dort ein kurzes Glaubensbekenntnis zur Eucharistie
  formuliert, das dann von beiden Straßburgern unterschrieben
  wurde[14]. Das hat aber in Bern selbst eher die Position der lutheri-
  sierenden Pfarrer Peter Kuntz und Sebastian Meyer gestärkt und
  nur Monate später – mindestens indirekt – zur Entlassung des
  Zwinglianers Caspar Megander geführt[15], während der andere,
  weniger profilierte Zwinglianer Erasmus Ritter im Amte blieb.

Am 12. Januar 1538 schreibt nun Calvin aus Genf an Bucer in
Straßburg[16]. Die Synode in Bern lag gerade drei Monate zurück.
Megander war inzwischen entlassen worden[17], was Calvin sehr
erschrokken hat und ihn fragen lässt, ob die erstrebte Einigung mit
den Lutherischen einen viel zu hohen Preis verlangt[18]. Er streift die
Verdächtigungen, die viele wegen Luthers Abendmahlsverständnisses
hegen: von "Umwandlung" ist hier die Rede, von einer "erdichteten
Unbegrenztheit" des Leibes Christi oder seiner "örtlichen Gegenwart"
im Abendmahl. Nicht zuletzt Luthers eigene frühere Redeweise habe
Anlass zu solchen Verdächtigungen gegeben. Diese müssen aus-

---

[13] Johannis Calvini Opera Selecta (wie Anm. 1), 369–377; Calvin. Theological
Treatises (wie Anm. 12), 47–55; Studienausgabe (wie Anm. 4) 1/1, 109–129.
 [14] Johannis Calvini Opera Selecta (wie Anm. 1), 433–436; Calvin. Theological
Treatises (wie Anm. 12), 167–169.
 [15] Calvins Klagen über Kuntz in Briefen der folgenden Jahre sind sehr aufschlussreich, können aber hier nicht weiter verfolgt werden. Vgl. das Register der Namen
in: Johannes Calvins Lebenswerk in seinen Briefen (wie Anm. 11), Bd. 3, Neukirchen
1962, 1297.
 [16] Johannes Calvins Lebenswerk in seinen Briefen (wie Anm. 11), 58–64, Nr. 15;
Ioannis Calvini Opera quae supersunt omnia, Bd. 10, Braunschweig 1871, 137–144,
Ep. 87.
 [17] Der unmittelbare Anlass war Bucers Revision von Meganders Katechismus im
Sinne der Berner Synode. Meganders heftige Proteste dagegen führten zu seiner
Absetzung. Dies ist Calvin bekannt und wird auch in diesem Brief an Bucer erwähnt,
aber eher am Rande. Er macht deswegen Bucer keine direkten Vorwürfe, obwohl
er seine Sympathie für Megander nicht verhehlt.
 [18] Hier, wie auch manchmal sonst nicht zu Untertreibung neigend, stellt Calvin
"das blutige Opfer vieler frommer Männer" in Aussicht; Johannes Calvins Lebenswerk
in seinen Briefen (wie Anm. 11), 58, Nr. 15.

geräumt werden, was Calvin offensichtlich für durchaus möglich hält. Dann kommt er zu Luthers Person: "Wenn Luther uns mit unserm Bekenntnis annehmen will, so ist mir nichts lieber; aber allein beachtenswert in der Kirche Gottes ist er doch auch nicht. Wir müßten ja dreifach grausame Dummköpfe sein, wenn wir nicht die vielen Tausende in Betracht zögen, die bei einer solchen Einigung häßlich beschimpft würden. Was ich von Luther halten soll, weiß ich nicht, obwohl ich von seiner wahren Frömmigkeit fest überzeugt bin. Wenn es nur falsch wäre [. . .], daß seiner Glaubensfestigkeit auch ein gut Teil Trotz beigemischt sei. Zu diesem Verdacht gibt er selbst nicht am wenigsten Anlaß. Ist es wahr, was ich neulich gehört habe, es schwirre durch alle Gemeinden der Wittenberger das Gerücht, sie hätten nun fast alle Kirchen zur Erkenntnis ihres Irrtums gebracht; welche Eitelkeit wäre das!" (59)

Nicht selbst rühmende Siegeserklärungen, sondern echte Verständigungsbestrebungen, Beilegung von Animositäten und Korrektur von irreführenden und missverständlichen Formulierungen seien jetzt vonnöten. "Deshalb wenn Du bei Luther durch Gunst oder Ansehen etwas vermagst, so sorge, daß er seine bisherigen Gegner in dem unseligen Kampfe lieber Christo als seiner Person unterwirft, und daß er selbst der Wahrheit die Hand reicht, wo er in Widerspruch mit ihr steht. [. . .] Hier handelte es sich darum, daß jeder für sich sein Irrtum ehrlich anerkannte, und ich konnte nicht umhin, Dir, wie Du Dich erinnern wirst, zu bezeugen, daß die einschmeichelnde Art, wie Du Dich und Zwingli zu entschuldigen suchtest, mir nicht gefiel. [. . .] Wenn Du also von den Schweizern verlangst, daß sie rasch ihre Hartnäckigkeit ablegen, so wirke doch auch bei Luther dahin, daß er einmal aufhört, sich so herrisch zu benehmen." (59f)

Klare Worte also, sowohl für Luther wie auch für den Adressaten Bucer selbst. Der Brief behandelt dann zuerst wieder die Lage in Bern, um schließlich und ziemlich ausführlich (vgl. 62–64) Bucers Taktik durchaus kritisch unter die Lupe zu nehmen: "Aber auch Du selbst scheinst uns (ich rede in meinem eignen und meiner Kollegen Namen) einer Ermahnung zu bedürfen [. . .]. In Deiner Behandlung des Gotteswortes, vor allem bei den heute strittigen Stoffen, suchst Du Deine Sprache so zu stimmen, daß Du niemandem Anstoß gebest. Wir sind überzeugt, daß Du es in der besten Absicht tust. Und doch müssen wir das Bestreben durchaus missbilligen." (62)

Calvin wirft Bucer vor, in Gespräch mit Altgläubigen allzu zweideutig zu sein, was letzten Endes die Einfältigen, die Bucer so sehr

am Herzen liegen, eher nur verwirren kann. "Begonnen hast Du
damit im Kommentar zu den Psalmen[19], einem sonst vortrefflichen
Werk, wie es kein anderes gibt, aber diese fälschlich fromm genannte
Schlauheit wurde Dir immer noch nachgesehen. Ich freilich, um es
Dir ehrlich zu sagen, fand es stets unerträglich, daß Du die Rechtfertigung aus dem Glauben gründlich zerstörtest." (62f) Bucers
'Büchlein gegen Cenalis'[20] sei trotz Gelehrsamkeit, Kunst und Fleiß
"mit soviel dunklen Flecken bespritzt, daß die meisten als Korrektur
einen Strich durch das Ganze wünschen", was wohl "auch Deine
Meinung wäre, wüßtest Du, welche Früchte die Schrift in Frankreich
und England trägt. Allem, was Du seither herausgegeben, ist etwas
von dieser häßlichen Hefe beigemischt." (63) Was noch schlimmer
sei: diese Haltung droht sogar, Bucers Vermittlung zwischen den
Oberdeutschen und Luther in Luthers eigenen Augen völlig unglaub-
würdig zu machen: "Gewiß, ich habe immer die Absicht Deiner
Vermittlungsaufgabe bewundert. Denn wenn Du mahnst, Einigung
mit Luther zu suchen, schätzest Du das so hoch, daß Du versicherst,
nichts dürfe uns wertvoller sein, als mit vereinten Herzen und Waffen
gegen Satans Lügen zu streiten. In dieser Mäßigung bist Du Luther
so unähnlich, dass ich glaube, Deine Handlungsweise wird ihn noch
mehr erzürnen, als früher die Ansichten Zwinglis und Oekolampads.
Denn nie hat er die Sakramentierer mit größerem Haß bekämpft,
als wenn er ihnen vorwarf, die Gerechtigkeit aus dem Glauben werden von ihnen zerstört oder doch herabgesetzt und verwirrt." (63)
Gerade in dieser Zeit hat aber Calvin noch andere Sorgen. Die
Sturmwolken ziehen sich über Genf zusammen; im April 1538 werden Calvin, Farel und Elie Couraut tatsächlich entlassen werden.
Am 21. Februar 1538 schreibt Calvin an Heinrich Bullinger[21], vor-
nehmlich über seine Vorstellungen von einer guten Gestaltung der
Genfer Kirche. Am Ende kommt er aber kurz auf ein Schreiben
Luthers zu sprechen: "Pellikan hat uns gemeldet, es sei von Luther

---

[19] Erschienen 1529 unter dem Namen Aretius Felinus. Zum Zweck dieses Pseudonyms und des vorgetäuschten Erscheinungsortes Lyon vgl. Bucers Briefe an Zwingli
im Sommer 1529; Martin Bucer, Correspondance, Bd. 3: 1527–1529, hg. von
Christian Krieger/Jean Rott, Leiden/New York/Köln 1995 (= SMRT 56), 261–263,
Nr. 223 (Anfang April) und 299f, Nr. 239 (10.7.).
[20] *Martin Bucer*, Defensio adv. axioma catholicum i.e. criminationem Roberti ep.
Abrincensis. 1534. Hinweis in: Ioannis Calvini Opera quae supersunt omnia 10 (wie
Anm. 16), 143, Anm. 36.
[21] Johannes Calvins Lebenswerk in seinen Briefen (wie Anm. 11), 64f, Nr. 16;
Ioannis Calvini Opera quae supersunt omnia 10 (wie Anm. 16), 153f, Ep. 93.

eine gar gütige, freundliche Antwort an Euch gekommen; auch Gry-
naeus sagt, daß er darauf große Hoffnung setze, von der Gegenpartei
nun den Frieden zu erlangen. Die Kirche[22], die ihrer Nachbarschaft
wegen uns alles am bequemsten mitteilen könnte, hat uns keines
Wörtchens gewürdigt. Scheue Du die Mühe nicht, uns bei Gelegenheit
wenigstens den Hauptinhalt darzulegen." (65)

Luther hatte tatsächlich schon am 1. Dezember den "ehrbaren,
fursichtigen Herrn, Burgermeistern, Schultheißen, Meiern und Burgern
der Eidgenossen Städten sämptlich, Zürich, Bern, Basel, Schaffhausen,
St. Gallen, Mühlhausen und Biel mein besondern gonstigen Herrn
und guten Freunden" geschrieben[23]. Er wirbt um Akzeptanz der
Wittenberger Konkordie und antwortet auf ihm von den Eidgenossen
vorgelegte Artikel: "Der dritte Artikel, vom Sakrament des Leibs und
Bluts Christi: Haben wir auch noch nie gelehret, lehren auch noch
nicht, daß Christus vom Himmel oder von der rechten Hand Gottes
hienieder- und auffahre, noch sichtbarlich, noch unsichtbarlich; bleiben selbst bei dem Artikel des Glaubens: Aufgefahren gen Himmel,
sitzend zur Rechten Gottes, zukunftig etc., und lassens göttlicher
Allmächtigkeit befohlen sein, wie sein Leib und Blut im Brot und
Abendmahl uns gegeben werde, wo man aus seinem Befehl zusam-
menkommt und sein Einsatzung gehalten wird." (235f)

Hier wird mindestens ein Teil der Missverständnisse ausgeräumt,
die Calvin auf unpräzise Formulierungen auf lutherischer Seite zurück-
führt; darüber hinaus ist der ganze Ton ausgesprochen freundlich
und versöhnlich. Insbesondere spricht Luther sein Vertrauen gegenüber Bucer and Capito aus, "wohl deutlich und klärlich hierin zu
mitteln und alles aufs beste zu verklären" (235)[24]. Man kann sich
vorstellen, dass Calvin jedenfalls mit dieser Antwort mindestens halb-
wegs zufrieden sein könnte, die harten Zwinglianer aber eben nicht,
gerade wegen der Unklarheit, die "göttlicher Allmacht befohlen sein"
lässt, "wie sein Leib und Blut im Brot und Abendmahl uns gegeben
werde"[25].

---

[22] Bern, versteht sich!

[23] *Martin Luther*, Briefe. Eine Auswahl, hg. von Günther Wartenberg, Leipzig 1983,
234–236.

[24] Was allerdings nicht unbedingt dazu geeignet wäre, die noch verbleibenden
Rassentiments auf oberdeutscher, speziell Zürcher Seite zu zerstreuen!

[25] Das erinnert übrigens an den Dreizeiler, der Königin Elizabeth I. einige Jahre
später angesichts ähnlicher Auseinandersetzungen in der englischen Kirche zugeschrieben wird: "He took the bread and brake it/ And what his word doth make
it/ That I believe and take it."

2. *Straßburg 1538–1541*

Diese Vermutung wird fünfzehn Monate nach dem Brief an Bucer
in einem Schreiben Calvins an André Zébédée bestätigt. Nach den
unruhigen Monaten infolge seiner Verbannung aus Genf ist Calvin
jetzt seit etwas mehr als einem halben Jahr in Straßburg sesshaft.
Er hat auch im Frühjahr mit Bucer zusammen den Konvent der
deutschen Reichsstände in Frankfurt besucht, Melanchthon kennen
gelernt und Einblick aus erster Hand in die Reichspolitik und die
Ziele des schmalkaldischen Bündnisses gewonnen[26]. Zébédée war
Pfarrer in Orbe, ein begeisterter Bewunderer Zwinglis und ein ent-
schiedener Gegner der Einigungsbestrebungen mit den Lutherischen,
dabei ein durchaus gelehrter und fähiger Mann, ein ausgezeichne-
ter Latinist, der später (ab 1546) Professor in Lausanne wurde[27].
Seine Überzeugung zeigt sich deutlich in einem lateinischen Gedicht
aus seiner Feder, das Rudolf Gualther in Dezember 1539 an Bullinger
schickte[28]. Schwarz gibt die Zeilen über Zwingli in deutscher Fassung
so wieder:

> Einen Größern erwarten ist Sünde. Vielleicht darf man beten,
> daß einen gleichen wie ihn, unser Jahrhundert uns schenkt.
> Seines Mundes gelehrtes Wort, Geradheit des Herzens
> samt seinem scharfen Verstand, loben den Einigen Gott. (140)

---

[26] Nach seiner Rückkehr nach Straßburg berichtet Calvin ziemlich ausführlich
über diesen Konvent in vier Briefen an Farel vom März–April 1539: Ioannis Calvini
Opera quae supersunt omnia 10 (wie Anm. 16), Ep. 162; 164; 168; 169; Johannes
Calvins Lebenswerk in seinen Briefen (wie Anm. 11), 105–116, Nr. 32–35. Auch
hier signalisiert Calvin, dass er bei aller grundsätzlichen Sympathie die Haltung
Bucers (und Melanchthons) gegenüber der römischen Seite manchmal zu weich
bzw. zweideutig findet. Im vierten Schreiben werden auch Zébédées Bedenken angesprochen (vgl. ebd., 115), während Calvin selbst angesichts der kaiserlichen Taktik
eher die Vorteile einer Allianz der Oberdeutschen mit dem schmalkaldischen Bündnis
betont. – Auch zwei Jahre später in Regensburg zeigt sich Calvin in einem Bericht
an Farel besorgt über die Verständigungstaktik Bucers und Melanchthons und
befürchtet, Bucer werde damit nur noch mehr Hass auf sich ziehen. Vgl. Ioannis
Calvini Opera quae supersunt omnia, Bd. 11, Braunschweig 1873, 217f, Ep. 309;
Johannes Calvins Lebenswerk in seinen Briefen (wie Anm. 11), 192f, Nr. 69.
[27] Zébédée gehörte auch zu denjenigen, die sich bemühten, nachdem am 21.
September 1540 der Genfer Rat die Neuberufung Calvins nach Genf beschlossen
hatte, ihn tatsächlich zur Rückkehr zu bewegen; vgl. seinen Brief vom 1.10.1540
an Calvin in: Ioannis Calvini Opera quae supersunt omnia 11 (wie Anm. 26), 87–89,
Ep. 240.
[28] Hinweis in: Ioannis Calvini Opera quae supersunt omnia 11 (wie Anm. 26),
24, Anm. 7 – dort auch die lateinische Fassung des Zwingli-Verses.

In seinem Brief vom 19. Mai 1539 an Zébédée[29] hatte Calvin versucht, dessen Bedenken gegen Bucer zu entkräften und ihn zu einer milderen Haltung gegenüber den Lutherischen zu bewegen: "So werde ich nicht aufhören, [Butzers] Tüchtigkeit zu rühmen, dieselbe, die ich auch an Melanchthon deutlich zu erkennen glaube. Ich gebe freilich zu, einiges wünschte ich auch bei ihm anders; soweit bin ich davon entfernt, irgend jemand ganz auf seine Worte schwören zu lassen. Nur das ist mein Wunsch, daß wir alle uns hindernden [persönlichen] Vorurteile aufgeben, ruhig hinüber und herüber aufeinander hören und die sachliche Entscheidung uns vorbehalten, bis das Wahre gefunden ist. – Daß Butzer früher Gesagtes zurückgenommen hat, darüber brauchst Du Dich nicht so sehr zu entrüsten. Weil er geirrt hat in seinen Aussagen über die Bedeutung der Sakramente, hat er das mit Recht zurückgenommen. Ja, wenn doch nur Zwingli sich dazu auch entschlossen hätte, dessen Ansicht von dieser Sache ebenso falsch als gefährlich war! Als ich sah, wie viele der Unsern diese Ansicht Zwinglis beifällig aufnahmen, habe ich, damals noch in Frankreich, sie ohne Scheu bekämpft. Darin fehlt Butzer freilich – ich gebe es zu –, daß er versucht, Oekolampads und Zwinglis Meinung so zu erweichen, daß er sie selbst schon fast Luther zustimmen läßt. Aber das werfen ihm die gar nicht vor, die sonst alles andere an ihm gehässig übertreiben. Denn nichts liegt ihnen mehr am Herzen, als daß ja Zwingli ungetadelt bleibe. Ich aber wollte, sie gäben unter Verzicht auf so besorgte Verteidigung Gott die Ehre durch einfaches Eingestehen der Wahrheit. Daß in Zwinglis Lehre gar nichts Bedenkliches gewesen sei, gebe ich Dir keineswegs zu. Denn das ist leicht zu sehen, daß er, zu sehr damit beschäftigt, den Aberglauben an fleischliche Gegenwart Christi auszurotten, auch die wahre Kraft der Gemeinschaft [mit Christo im Abendmahl] zugleich wegwarf oder doch sicher verdunkelte. Nicht mit Unrecht ärgert es Dich, daß Luther selbst gar nichts zurücknimmt, nichts mindert, sondern hartnäckig alles festhält. Aber was sollte Butzer tun? Du sagst, er hätte warten sollen. Aber besser war's doch, durch sein Beispiel Luther und die anderen an ihre Pflicht zu erinnern. Was soll da alle heilige Entrüstung? Denn wenn er seine Irrtümer zurückgenommen hat, dann darf er auch im Namen Gottes

---

[29] Johannes Calvins Lebenswerk in seinen Briefen (wie Anm. 11) 116–118, Nr. 36; Ioannis Calvini Opera quae supersunt omnia 10 (wie Anm. 16), 344–347, Ep. 171.

die andern mahnen, daß sie ihrerseits verbessern, was sie Falsches gesagt haben." (117f)

Noch schärfer formuliert Calvin in einem Brief vom 26. Februar 1540 an Farel, nachdem auch er von Zébédées Gedicht[30] gehört hat: "Die guten Leute [in Zürich] sind gleich zornentbrannt, wenn einer wagt, ihrem Zwingli Luther vorzuziehen. Als wenn das Evangelium unterginge, wenn Zwingli Abbruch geschähe! Und doch geschieht dabei Zwingli nicht das mindeste Unrecht; denn Du weißt selbst, wie weit ihn Luther überragt, wenn man die beiden vergleicht. Deshalb gefällt mir auch das Gedicht des Zébédée gar nicht, in dem er Zwingli nicht nach Verdienst zu loben meinte, wenn er nicht sagte: Einen Größern erwarten ist Sünde. [...] [E]s gibt ein Maß auch im Loben, und das hat Zébédée doch weit überschritten. Ich wenigstens bin so weit davon entfernt, ihm beizustimmen, daß ich vielmehr schon jetzt viele Größere sehe, auch noch einige Größere erwarte, ja uns alle größer wünsche. [...] Aber das sage ich Dir ins Ohr." (140)

Solche Hochachtung vor Luther ist hier nichts Neues bei Calvin. Man darf aber vermuten, dass sie auch durch eine angenehme Überraschung im Herbst 1539 verursacht wurde. Luther hatte nämlich am 14. Oktober an Bucer geschrieben und dabei am Schluss sich sehr freundlich über Johannes Sturm geäußert – und über Calvin[31]. Calvin berichtet selbst darüber in einem Brief[32], ebenfalls an Farel, vom 20. November 1539: "Krafft, einer unserer Buchdrucker, kam neulich von Wittenberg zurück und brachte einen Brief Luthers an Butzer mit, in dem stand: Grüße mir Sturm und Calvin ehrerbietig; ich habe ihre Büchlein mit großem Vergnügen gelesen. Nun erinnere Dich an das, was ich dort vom Abendmahl sage, und

---

[30] Johannes Calvins Lebenswerk in seinen Briefen (wie Anm. 11), 140–142, Nr. 45; Ioannis Calvini Opera quae supersunt omnia 11 (wie Anm. 26), 23–26, Ep. 211.

[31] Diese Sätze werden abgedruckt in: Ioannis Calvini Opera quae supersunt omnia 10 (wie Anm. 16), 402, Ep. 190: "Bene vale. Et salutabis D. Iohannem Sturmium et Joh. Calvinum reverenter, quorum libellos cum singulari voluptate legi. Sadoleto optarem ut crederet Deum esse creatorem hominum etiam extra Italiam. Sed haec persuasio non penetrat corda Italorum [...]" Der Hinweis auf Sadoleto wird von den Herausgebern von CO so verstanden, dass Luther hier nicht etwa Abendmahlsschriften sondern Calvins 'Epistula ad Sadoletum' und Sturms 'Epistolae de dissidiis religionis' im Auge hat. Das mag in der Tat so sein; was aber Calvin von Melanchthons Mitteilung berichtet, scheint eher auf die Abendmahlsfrage hinzudeuten.

[32] Johannes Calvins Lebenswerk in seinen Briefen (wie Anm. 11), 136f, Nr. 43; Ioannis Calvini Opera quae supersunt omnia 10 (wie Anm. 16), 429–432, Ep. 197.

bedenke Luthers Aufrichtigkeit. Leicht ist's jetzt zu sehen, wie wenig Grund die haben, die sich so hartnäckig von ihm fernhalten. Philippus aber schrieb: Luther und Pommer [Johannes Bugenhagen; A. H.] lassen Calvin und Sturm grüßen. Calvin ist sehr in Gunst gekommen. Ferner ließ Philippus durch den Boten erzählen, man habe, um Luther aufzuhetzen, ihm gezeigt, wie scharf er samt den Seinen von mir getadelt werde. Er habe also die Stelle näher angesehen und gemerkt, daß sie ohne Zweifel auf ihn gehe. Schließlich habe er gesagt, ich hoffe, er [Calvin; A. H.] wird einmal besser von uns denken; es ist nur billig, daß wir von einem so tüchtigen Geist einmal etwas hinnehmen. Wenn uns nun solche Mäßigung nicht überwände, wir müßten wahrlich von Stein sein. Ich bin überwunden. So habe ich etwas geschrieben, das ihm Genugtuung leistet; das soll ins Vorwort zum Römerbrief eingerückt werden." (136f)[33]

3. *Genf 1541 bis zum Tode Luthers 1546*

Nach der Rückkehr nach Genf im Herbst 1541 sah sich Calvin mit einer Fülle von Aufgaben und Herausforderungen konfrontiert, die die Auseinandersetzungen zwischen Wittenberg und den Oberdeutschen etwas verdrängten. Bis zum Frühjahr 1544 tauchen die Themen des Streites in Calvins Briefen eher in Zusammenhang mit einem Aufschwung des Zwinglianismus in Bern auf, der ihm eindeutig missfällt[34]. Zudem gab es Anfragen der Pfarrer in der Grafschaft Montbéliard wegen der Einführung von "lutherischen Zeremonien" durch Herzog Christoph von Württemberg. Calvin ist hier sehr bemüht, klug und differenziert zu antworten[35] und betont besonders die Besonnenheit Luthers: "Wie in unserer Zeit von der Kirche zu Wittenberg

---

[33] Calvins Entwurf dieser Einfügung ist zwar überliefert (Correspondance de Réformateurs dans les pays de langue française, Bd. 6: 1539–1540, hg. von A. L. Herminjard, Genf 1883, Nachdruck Nieuwkoop 1966, 132–137), wurde jedoch nach einer dringenden Bitte Melanchthons im Januar 1940 nicht mit dem Römerbriefkommentar veröffentlicht. Teile davon wurden aber in späteren Ausgaben der 'Institutio' eingearbeitet. Vgl. dazu *Nicole Kuropka*, Calvins Römerbriefwidmung und der Consensus Piorum, in: Calvin im Kontext der Schweizer Reformation, hg. von Peter Opitz, u. a., Zürich 2003, 147–167, hier: 165f.

[34] Vgl. die Briefe an Viret vom 23.8. und 11.9.1542, Johannes Calvins Lebenswerk in seinen Briefen (wie Anm. 11), 228f, Nr. 91; 229–232, Nr. 92; Ioannis Calvini Opera quae supersunt omnia 11 (wie Anm. 26), 430–432, Ep. 417; 436–439, Ep. 421.

[35] Vgl. die Briefe an die Pfarrer von Montbéliard vom 7.10.1543 sowie 8.5.1544,

das Evangelium ausgegangen ist, so kommen nun von dort manche Leute, die denen nicht unähnlich sind, die einst von Jerusalem auszogen und, wo sie hinkamen, den wahren Knechten Christi zu schaffen machten und Anlaß suchten, Aufruhr zu stiften. [...] Das sage ich, damit keines Menschen Liebe der Kirche zu Wittenberg entfremdet werde. [...] [S]o wage ich für sicher zu behaupten, dass diese Prahlhänse, die den Namen der wittenbergischen Kirche dazu mißbrauchen, [...] Luther nicht weniger mißfallen als uns." (270)

Wenige Tage vorher freilich hatte Calvin erneut Anlass gesehen, in einem Schreiben an Melanchthon vom 21. April[36] seine Besorgnis über Luthers Haltung zu äußern: "Neulich hat mir Bullinger geklagt, alle Zürcher seien wieder von Dr. Luther grausam heruntergerissen worden, und schickte mir dazu die Abschrift eines Briefes, in dem auch ich den Anstand vermisse[37]. Ich beschwöre Dich, halte, soviel Du kannst, Dr. Martinus zurück, oder eher hindere ihn daran, seinem Grimm gegen die Zürcher Kirche nachzugeben. Er hat ja vielleicht Grund, ihnen zu zürnen, aber fromme, gelehrte Männer sollten doch höflicher behandelt werden." (269)

In der Tat befinden wir uns jetzt auf der Schwelle zu einem neuen Ausbruch Luthers, nämlich sein 'Kurzes Bekenntnis vom Abendmahl' vom September 1544. Nach der Veröffentlichung der Schrift riet Farel Calvin, nach Zürich zu reisen und die Zürcher zu Frieden zu mahnen. Calvin antwortete am 10. Oktober[38], das wäre zwecklos: "Denn die Gefahr droht nicht von ihnen, sondern von Luther. Der müßte besänftigt werden. Oder soll etwa den Zürchern abgerungen werden, dass sie demütig Luther um Verzeihung bitten? [...] So wollen wir den Herrn anrufen, der allein dieses Übel heilen kann." (280)

Johannes Calvins Lebenswerk in seinen Briefen (wie Anm. 11), 253–255, Nr. 103; 270–273, Nr. 113; Ioannis Calvini Opera quae supersunt omnia 11 (wie Anm. 26), 623–626, Ep. 506; 704–708, Ep. 547. Ebenfalls den Brief vom 10.10.1544 an Erhard Schnepf in Stuttgart, Johannes Calvins Lebenswerk in seinen Briefen (wie Anm. 11), 277–279, Nr. 117; Ioannis Calvini Opera quae supersunt omnia 11 (wie Anm. 26), 751–754, Ep. 575.

[36] Johannes Calvins Lebenswerk in seinen Briefen (wie Anm. 11), 268–270, Nr. 112; Ioannis Calvini Opera quae supersunt omnia 11 (wie Anm. 26), 696–698, Ep. 544.

[37] Die Kernaussagen Luthers befinden sich im Schreiben Bullingers an Vadian vom Mai 1544 bzw. in den Anmerkungen dazu; vgl. Ioannis Calvini Opera quae supersunt omnia 11 (wie Anm. 26), 722–724, Ep. 555.

[38] Johannes Calvins Lebenswerk in seinen Briefen (wie Anm. 11), 279f, Nr. 118; Ioannis Calvini Opera quae supersunt omnia 11 (wie Anm. 26), 754f, Ep. 576.

Trotzdem schrieb Calvin am 25. November an Bullinger, um die Zürcher zur "Verträglichkeit und Rücksicht auf Luthers Temperament" (wie Schwarz es formuliert) zu mahnen[39]. Dort schreibt er unter anderem, "Luther selbst hat darin freilich, außer seinem eigenen, maßlos leidenschaftlichen und kecken Charakter, den Amsdorf zum Ratgeber, einen geradezu verrückten Menschen ohne Gehirn, und läßt sich von ihm lenken oder besser auf Abwege führen. [. . .] Ich weiß nicht, ob Luther von irgendeiner Schrift von Euch gereizt worden ist; aber wenn ein Charakter wie der seine, der nicht nur reizbar, sondern geradezu verbittert ist, auch aus geringfügiger Ursache aufbraust, zu solchem Toben und Lärmen konnte er sicher keinen genügenden Grund haben. [. . .] Aber es ist doch mein Wunsch, daß Ihr Euch darauf besinnt, welch großer Mann Luther doch ist, durch welche außerordentliche Geistesgaben er sich auszeichnet, wie tapfer und unerschütterlich, wie geschickt und wirksam er bisher immer gearbeitet hat an der Zerstörung der Herrschaft des Antichrists und an der Ausbreitung der Lehre zur Seligkeit. Ich hab's schon oft gesagt: wenn er mir den Teufel schölte, ich würde ihn doch die Ehre antun, ihn für einen ganz hervorragenden Knecht Gottes zu halten [. . .]." (285)

Calvin betrachtet sich selbst demnach nicht als Zielscheibe von Luthers Angriff, so bedauerlich Luthers Unversöhnlichkeit – wie auch die entsprechende Zürcher Haltung – in seinen Augen ist. Das zeigt sich z. B. darin, dass er erst ein paar Wochen später, in Januar 1545, Briefe an Luther und Melanchthon[40] nach Wittenberg schickt, um Stellungnahmen an die Adresse der französischen Nikomediten zu erbitten. Dabei spricht er Luther äußerst respektvoll an: "Dem vortrefflichen Hirten der christlichen Kirche, D. Martin Luther, meinem hochverehrten Vater, Gruß zuvor. [. . .] Lebe wohl, Du hochberühmter Mann, Du trefflichster Diener Christi und mir ein stets geachteter Vater!" (288f) – überlässt aber Melanchthon die Entscheidung, ob er Luther den Brief vorlegt oder nicht[41]: "Bei D. Martinus

---

[39] Johannes Calvins Lebenswerk in seinen Briefen (wie Anm. 11), 285f, Nr. 120; Ioannis Calvini Opera quae supersunt omnia 11 (wie Anm. 26), 772–775, Ep. 586.
[40] An Luther: Johannes Calvins Lebenswerk in seinen Briefen (wie Anm. 11), 288f, Nr. 122; Ioannis Calvini Opera quae supersunt omnia, Bd. 12, Braunschweig 1874, 6–8, Ep. 605; an Melanchthon: Johannes Calvins Lebenswerk in seinen Briefen (wie Anm. 11), 289–291, Nr. 123; Ioannis Calvini Opera quae supersunt omnia 12, 9–12, Ep. 606.
[41] Was Melanchthon dann doch nicht getan hat.

wird es etwas schwieriger sein. Denn soviel ich gerüchtweise und aus den Briefen einzelner Leute vernehmen konnte, wäre es leicht möglich, dass sein kaum versöhnter Sinn durch eine geringe Ursache von neuem gereizt würde. [. . .] Ich habe nur gehört, es sei [von D. Luther] ein schrecklich scharfes Schriftchen[42] erschienen, dass wie die Brandfackel zur Erneuerung der Feuersbrunst wirken werde, wenn nicht der Herr die Geister der Gegenpartei festhalte, die auch sonst schon, wie Du weißt, leidenschaftlicher und eingebildeter sind, als recht ist. [. . .] Weil die Zürcher bisher ein gewisses Wohlwollen gegen mich an den Tag legten, habe ich mich gleich, als ich von der Sache hörte, ins Mittel gelegt und gebeten, sie möchten sich nicht auch in den Kampf einlassen. [. . .] Da ich aber seither keinen Brief aus Zürich erhielt, ahnt mir nichts Gutes." (290–291)

Calvin will also noch versuchen, beide Seiten möglichst gerecht zu beurteilen und selbst nichts unternehmen, was die Lage nur noch schlimmer machen könnte. Umso größer ist seine Enttäuschung, nachdem in den folgenden Monaten die Zürcher scharf geantwortet und Luther noch schärfer zurück geschossen hat. Am 28. Juni 1545 schreibt Calvin an Melanchthon[43], entsetzt über beide Seiten – und zutiefst enttäuscht über die Schwachheit Melanchthons in der ganzen Angelegenheit. Die Zürcher "entschuldigen und verteidigen [. . .] ihren Zwingli mit mehr Rechthaberei als Gelehrsamkeit und zuweilen mit allzu wenig Bescheidenheit; an Luther übertreiben sie einiges zu Unrecht; besonders aber sind sie meines Erachtens in der Behandlung des Hauptpunktes, d. h. in dem, worum sich der Sache dreht [der Abendmahlsfrage], ganz unglücklich vorgegangen. [. . .] Die Zürcher haben zwar schlimm angefangen; wohin aber läßt sich Euer Perikles in seinem maßlosen, blitzeschleudernden Zorn reißen? Besonders, da doch seine Sache um nichts besser ist. Und was bewirkt denn ein solches Lärmen, als daß alle Welt ihn für rasend hält? Ich wenigstens, der ich ihn von Herzen verehre, schäme mich heftig für ihn. Aber das Schlimmste ist, daß niemand es wagt, zur Unterdrückung solch ungebührlichen Benehmens sich ihm zu widersetzen, ja nur zu mucksen. [. . .] Aber wenn Du gerade diese Frage wie eine böse

---

[42] Luthers 'Kurtzes Bekenntnis'; vgl. Ioannis Calvini Opera quae supersunt omnia 12 (wie Anm. 39), 10, Anm. 12.

[43] Johannes Calvins Lebenswerk in seinen Briefen (wie Anm. 11), 308–309, Nr. 135; Ioannis Calvini Opera quae supersunt omnia 12 (wie Anm. 39), 98–100, Ep. 657.

Klippe umsegelst, um gewissen Leuten kein Ärgernis zu geben, so lässest Du doch dadurch sehr viele andere, die etwas Sicheres, womit sie sich beruhigen können, von Dir verlangen, in der Schwebe und im Ungewissen." (308f)

Calvins Enttäuschung ist unüberhörbar. Seine grundsätzlich positive Haltung zu Luther trotz aller Kritik kommt aber noch im nächsten Frühjahr zum Ausdruck und zwar in einem Brief vom 17. März 1546 an Veit Dietrich in Nürnberg[44], dem Herausgeber von Luthers Genesis-Kommentar. Calvin weiß noch nichts von Luthers Tod am 18. Februar. Anlass zu seinem Schreiben war ein freundlicher Brief von Dietrich, in dem der Nürnberger die 1545 erschienene lateinische Fassung des 'Petit Traicté' lobte[45]. So blickt Calvin wieder auf seine Behandlung dieser Streitfrage zurück:

> Dass Dir auch mein Büchlein vom Abendmahl nicht mißfallen hat, freut mich gewaltig. Es wurde vor zehn Jahren auf französisch abgefaßt. [...] Die einfache, populäre, für ungebildete Leute berechnete Schreibart zeigt, was anfänglich meine Absicht war. Denn für Lateiner pflege ich sorgfältiger zu schreiben. Doch habe ich mich bestrebt, meine Meinung nicht nur treulich darzustellen und in kurze Zusammenfassung zu bringen, sondern sie auch klar und unverhüllt zu erläutern. Gleichzeitig ging die von mir durchgesehene Institutio zum zweiten Mal in die Öffentlichkeit. Darin habe ich dieselbe Lehre in anderer Schreibart und, wenn ich mich nicht täusche, klarer dargestellt und fester begründet. Schließlich habe ich auch noch einen Katechismus veröffentlicht, der ein zuverlässiges, gutes Zeugnis davon ablegt, in welcher Lehre die Gemeinde von mir unterwiesen wird. Wollten doch, wie Du sagst, die Zürcher sich diesem Bekenntnis anschließen! Ich denke, Luther würde dann auch nicht so unnachgiebig sein, dass nicht eine Einigung leicht zu bewerkstelligen wäre. (335f).

Vielleicht eine unrealistische Hoffnung – aber zum Nachdenken anregend, was hätte vielleicht anders werden können, "wenn Luther uns mit unserem Bekenntnis" angenommen hätte.

---

[44] Johannes Calvins Lebenswerk in seinen Briefen (wie Anm. 11), 335–337, Nr. 160; Ioannis Calvini Opera quae supersunt omnia 12 (wie Anm. 39), 315–317, Ep. 781.

[45] Ioannis Calvini Opera quae supersunt omnia 12 (wie Anm. 39), 266, Ep. 758: "Legi concionculam tuam de sacramento caenae, ac probo quod panem et vinum sic signa vocas, ut signata revera adsint: Utinam possint a te in eam sententiam deduci qui nuda tantum signa reliquerunt."

FAITH AND POLITICS IN THE URBAN REFORMATION: CLAUS KNIEBIS (1479–1552) OF STRASBOURG AND "DIE GUTE ALTE FRUNDSCHAFFT" WITH THE SWISS

Thomas A. Brady, Jr.
(Berkeley, California)

"No cities, no Reformation". Since the 1960s, research on the Reformation in the German cities, especially the free cities, during the 1520s exploded. So much so that already in 1974 an English historian summed up the yield in a pithy, oft-quoted sentence: "the Reformation was an urban event"[1]. Already at that time, thirty years ago, the new social history of the Reformation, based heavily on research on the cities, began to produce divergences of interpretation: Reformation as a unique moment or as a process; multiple reformations or a single Reformation; the primacy of theology or of social forces. Recent discussions of the larger concept of Reformation suggest that the differences have not been, perhaps cannot be, resolved[2].

In these discussions, Berndt Hamm takes a middle position that rests on three approaches. First, his concept of "normative centering" deploys religious practice – piety and moral attitudes – as a mediating field between theology and social processes[3]. The Reformation did not revolutionize the late medieval burghers' views and attitudes, it reordered them and transformed their connections and priorities. Second, Hamm rejects the old interpretation of the urban reformation in terms of Zwinglian vs. Lutheran theology. The differences were real but secondary to their broadly shared concept of Evangelical freedom[4]. Third, Hamm interprets the relationships between faith and politics in the cities – Nuremberg's isolationism, Strasbourg's

---

[1] *Arthur G. Dickens*, The German Nation and Martin Luther, New York 1974, 182.
[2] Cf. *Berndt Hamm/Bernd Moeller/Dorothea Wendebourg*, Reformationstheorien. Ein kirchenhistorischer Disput über Einheit und Vielfalt der Reformation, Göttingen 1995.
[3] Cf. *Berndt Hamm*, Reformation als normative Zentrierung von Religion und Gesellschaft, in: JBTh 7 (1992), 241–79.
[4] *Id.*, Zwinglis Reformation der Freiheit, Neukirchen-Vluyn 1988, xi.

activism, Augsburg's temporizing – by placing their leading political figures' views on faith and inclusion on a spectrum that runs from the anti-irenical politics of Nuremberg's Lazarus Spengler through the middle position of Strasbourg's Peter Butz and Jacob Sturm to the tolerance of Augsburg's (originally Nuremberg's) Georg Frölich[5]. At the convergence point of these three approaches lies Hamm's interpretation of the German urban reformation[6].

This study aims to contribute to the new phase, which Hamm has opened, in the discussion of religion and politics among urban politicians in the German Reformation. It shifts the focus from the 1520s to the 1540s – the time of the Reformation's second (after 1525) crisis – and from Hamm's city secretaries to a magistrate of Strasbourg, Claus Kniebis (1479–1552). He is far less well known than is Jacob Sturm (1489–1553), Strasbourg's principal diplomat[7]. Sturm was one of only seven men who during its first decade gave birth and form to the Protestant alliance known as the 'Schmalkaldic League'. Hamm accurately characterizes Sturm's policy: "Die religiöse Irenik der Stadtpolitiker [. . .] bleibt immer noch in den Grenzen eines konfessionell geschlossenen Religionsverständnisses und einer entsprechend monolithischen obrigkeitlichen Religionspolitik mit den Mitteln der Disziplinierung, des Zwangs und der Ausweisung."[8] With Kniebis, a very similar understanding of religion led to a very different, freedom-, not confession-oriented, politics. During the earlier 1540s, he promoted an anti-Sturmian reversion to the old, pre-Reformation alliance with the Swiss, and not just with the Protestants. This new departure suggests a relationship between faith and politics incongruent with the position Kniebis had earlier taken. My study aims to reveal a configuration of the "normative centering" of faith and politics different than those that Hamm's studies set in the 1520s have made familiar.

---

[5] *Id.*, Die reformatorische Krise der sozialen Werte – drei Lösungsperspektiven zwischen Wahrheitseifer und Toleranz in den Jahren 1525 bis 1530, in: Die deutsche Reformation zwischen Spätmittelalter und Frühneuzeit, ed. Thomas A. Brady, Jr., München 2001 (= Schriften des Historischen Kollegs. Kolloquien 50), 91–122.

[6] *Id.*, Bürgertum und Glaube. Konturen der städtischen Reformation, Göttingen 1996.

[7] Cf. *Thomas A. Brady, Jr.*, Protestant Politics. Jacob Sturm (1489–1553) and the German Reformation, Atlantic Highlands 1995 (= Studies in German Histories); *id.*, Zwischen Gott und Mammon. Protestantische Politik und deutsche Reformation, Berlin 1996.

[8] *Hamm*, Die reformatorische Krise (as n. 5), 106.

I

Claus Kniebis was born in 1479, the son of a Strasbourg magistrate from the Smiths' Guild, whose family had migrated a century earlier from a district in the central Black Forest[9]. In 1494 he entered the University of Freiburg im Breisgau, from which he emerged by 1501 with a baccalaureate in arts and a licentiate in civil and canon law[10]. Though he lacked Sturm's immersion in humanist learning, Kniebis was described in 1527 as "very learned" ("hochgelert")[11]. The children of Kniebis and Ottilia Rot married into other families of the merchant-professional stratum in Strasbourg's guilds, and their network of relations, in-laws, and friends included three of the most powerful figures of Strasbourg's first Protestant generation – Kniebis himself, Mathis Pfarrer, and Martin Herlin[12].

Though affiliated to merchants[13], Claus Kniebis was a rentier who did not, so far as is known, engage in trade. His living came from investments in lending money and in leasing rural land to peasants[14]. During the 1520s he and some friends bought up substantial parts of the properties confiscated from Strasbourg's religious communities[15].

Kniebis entered the Senate (Rat) from the Smiths' Guild at age thirty-three in 1512. After two two-year terms he rose very swiftly in the privy councils of the XV (1514) and then the XIII (1520). In

---

[9] Cf. *Thomas A. Brady, Jr.*, Ruling Class, Regime, and Reformation at Strasbourg, 1520–1555, Leiden 1978 (= SMRT 22), 326–327, from which come undocumented biographical data given below; *Jean Rott*, Un recueil de correspondances strasbourgeoises du XVIᵉ siècle à la Bibliothèque de Copenhague (Ms. Thott 497,2°), in: Bulletin philologique et historique (jusqu'en 1610) du Comité des travaux historiques et scientifiques (1968), vol. 2, 749–818, here: 756. There is a superb portrait in silverpoint of Claus Kniebis by Hans Baldung Grien (1484/85–1545), reproduced in: *Carl Koch*, Die Zeichnungen Hans Baldung Griens, Berlin 1941, 183f, no. 246.

[10] Cf. Die Matrikel der Universität Freiburg im Breisgau von 1460–1656, ed. Hermann Mayer, 2 vols., Freiburg im Breisgau 1907–1910, here: vol. 1, 113, no. 35.

[11] AM Strasbourg, Chambre des Contrats (= KS) 22, fol. 131r.

[12] For the importance of this social milieu to Strasbourg's reformation, see *Brady*, Ruling Class (as n. 9), 163–196.

[13] His long-term residence lay near those of Strasbourg's richest merchants, the Prechters and the Ebels. Cf. *Adolph Seyboth*, Das alte Straßburg vom 13. Jahrhundert bis zum Jahre 1870, Strasbourg, 1890, 89.

[14] Cf. AM Strasbourg, KS 13, fol. 170v–173r; KS 15, fol. 176r–177r and 270r–275r; KS 18, fol. 42r–43v; KS 19, fol. 289r; KS 21, fol. 24v; KS 47/I, fol. 10r–11v; KS 55/I, fol. 109v–110v; KS 55/II, fol. 6r–9v and 17v–22v; KS 63/I, fol. 195r/v, and KS 63/II, fol. 107r/v and 126r–127r; KS 70, fol. 79v–83r; KS 73, fol. 157v–159r.

[15] Ibid., KS 18, fol. 4r–7r; and see *Brady*, Ruling Class (as n. 9), 327.

1519 Kniebis was elected ammeister, the commune's highest magistracy, serving in the six-person rotation as ruling Ammeister in 1519, 1525, 1531, and 1537.

As the Evangelical movement began to gain strength at Strasbourg following the Diet of Worms in 1521, Kniebis was one of the first important magistrates to be attracted to it[16]. In March 1522 he reported to Peter Butz from Nuremberg, where the Imperial Diet was meeting: "Sind herr Hans [Bock] und ich bi drien fürsten zu tisch gesessen; do hab ich nit dorfen reden von dem Luther. Aber sie waren alle wider in und herr Hans Bock auch und veremeinten, man wird in verbrennen. Ich forcht, redt ich etwas für in, sie würden mich auch zu dem feur verdampt haben; darumb schweig ich still, dann ich forcht das feur."[17]

Inspired by his days in Nuremberg, Kniebis came home to display openly his commitment. In June 1522 he visited the Dominican convent of St Nicolaus-in-Undis and demanded that the prioress restore his daughter, Margarethe, to his custody[18]. This did not happen immediately, but five months later, on 23 November, he fetched Margarethe home, and three years after that she married a young cloth merchant. In another incident of May 1524, Kniebis encouraged and then presided over the marriage of Caspar Hedio, the cathedral preacher, to Margarethe Drenss, daughter of a respectable gardener[19]. More than any other magistrate, Kniebis contributed to the early Evangelical victory at Strasbourg[20]. During the critical time of 1523–1525, he sat in nearly all of the crucial ad hoc committees

---

[16] Cf. *Jean Rott*, La Réforme à Nuremberg et à Strasbourg. Contactes et contrastes (avec des correspondances inédites), in: Hommage à Dürer. Strasbourg et Nuremberg dans la première moitié du XVIe siècle, Strasbourg 1972 (= Publications de la Société Savante d'Alsace et des Régions de l'Est, Recherches et Documents 12), 91–142, here: 109, n. 14.

[17] DRTA.JR 3, 779,1–10, no. 123.

[18] This story is told by *Thomas A. Brady, Jr.*, 'You Hate us Priests'. Anticlericalism, Communalism, and the Control of Women at Strasbourg in the Age of the Reformation, in: Anticlericalism in the Late Middle Ages and Reformation, ed. Peter Dykema/Heiko A. Oberman, Leiden 1993, 167–207, here: 187–190, plus the documents at 253–256 edited by Thomas A. Brady, Jr., and Katherine G. Brady. Her marriage agreement is in AM Strasbourg, KS 19, fol. 115r/v. The story of aggression against the convents is told by *Amy E. Leonard*, Nails in the Wall. Catholic Nuns in Reformation Germany, Chicago 2005.

[19] Cf. *Brady*, 'You Hate us Priests' (as n. 18), 193–202, and the documents at 213–228.

[20] Cf. *Rott*, Un recueil (as n. 9), 756–758.

that dealt with issues, problems, and conflicts raised by the growth of the Evangelical movement[21]. Kniebis held office as ruling Ammeister during the Peasants' War and played a leading role in the preachers' campaign to suppress the Catholic Mass[22]. In early January 1529, on the eve of the decisive vote on the Mass by the assembly of 300 guild officials, Wolfgang Capito begged Kniebis "vms gottswillen vnd gemainer kirchen namen, auch vmb ewer selbs willen, das jr wollen kein flissz sparen vnd morgen mit ernst handeln, vff das die sach mit fugen werden den scheflen [Schöffen] furgetragen". Against Sturm, who on both political and religious grounds opposed abolition – "Sind also zu beiden theilen Christen, des Gott erbarm", Sturm had declared in 1525[23] – Kniebis spoke on the religious ground that God's honor required that the Mass be suppressed[24]. When the assembly voted for suppression by a ratio of 3:2, the Evangelical campaign to purge Strasbourg of popery, and with it the ammeister's influence, stood at its peak.

II

Though powerful in internal affairs, Kniebis – the counterpart of Jacob Sturm – played a very minor role in the web of external relations that protected the city's reformation, and in which other ammeisters – Martin Herlin and Mathis Pfarrer – were also prominent[25].

---

[21] Cf. *Jean Rott*, Magistrat et Réforme à Strasbourg. Les dirigéants municipaux de 1521 à 1525, in: RHPhR 51 (1974), 103–114, here: 113. On the events of these years, see *Marc Lienhard*, La Réforme à Strasbourg, I: les événements et les hommes, in: Histoire de Strasbourg des origines à nos jours, ed. Georges Livet/Francis Rapp, vol. 2, Strasbourg 1981, 365–387.

[22] Ibid., 393–396; also *Brady*, Protestant Politics (as n. 7), 59–61.

[23] Cf. *Thomas A. Brady, Jr.*, "Sind also zu beiden theilen Christen, des Gott erbarm". Le mémoire de Jacques Sturm sur le culte publique à Strasbourg (août 1525), in: Horizons européens de la Réforme en Alsace. Mélanges offerts à Jean Rott pour son 65e anniversaire, ed. Marijn de Kroon/Marc Lienhard, Strasbourg 1980 (= Publications de la Société Savante d'Alsace et des Régions de l'Est 17), 69–79.

[24] Besides Sturm's opinion of 1525 (as n. 23), there exist unpublished opinions from 1528 on abolition of the Mass, two by Sturm (contra) and one by Kniebis (pro); Archives du Chapître de Saint-Thomas Strasbourg, 80/19, fol. 84r–85v; 80/20, fol. 86r–90r (9 April 1528); fol. 126/26 (8 December 1528). On the context, see *Peter F. Barton*, Gutachten und Eingaben um die Abschaffung der Messe und Neuordnung des kirchlichen Lebens 1525–1529, in: BDS 2, 423–429 (Einleitung).

[25] Cf. *Brady*, Ruling Class (as n. 9), 317–318; 340; and passim.

On only three occasions did he represent the city in Imperial affairs: in 1522 at the Diet of Nuremberg; in 1528 when he filled one of the two urban seats in the Imperial Governing Council (Reichsregiment) at Speyer[26]; and in 1532 at the Diet of Regensburg, because Sturm was engaged in the Protestants' negotiations with the emperor at Schweinfurt[27]. He found this, his last diplomatic mission, boring, and he wrote to Sturm on 22 June, "dann ich numer gern zu haus wölt, dieweil ich doch sorge, ich verthue vil und richte dargegen wenig aus"[28]. On neither of the two other important fronts did Kniebis take an important role. He took part in negotiations of the short-lived Swiss alliance only once, in November 1530 at Basel[29]; and he played no role at all in the politics of the Schmalkaldic League, Sturm's speciality. Not even in the first half of the 1540s, when Strasbourg's regime desperately needed able, experienced diplomats, did he ride on mission[30].

By 1543 Kniebis' already fragile health was failing. In January of that year it was again his (fifth) turn to rotate into the office of ruling ammeister. His colleagues agreed – reluctantly and very unusually – to relieve him of this office, for "der hat sich alters, des gesichts, gehörs vnd gedächtnuss, auch andrer vnvermüglichheit halben end-schuldiget vnnd behalten, das hat man also doch nicht gern ange-nommen vnnd ihn erlassen"[31]. Claus Kniebis nonetheless served in the regime for another ten years until his death in October 1552. Given the number of his complaints about failing powers of body and mind, he might well have declined further involvement in exter-

---

[26] Strasbourg's time in the rotation should have been in 1527, which suggests the feeble nature of the Governing Council. *Christine Roll*, Das Zweite Reichsregiment 1521–1530, Köln/Weimar/Wien 1996 (= Forschungen zur deutschen Rechtsge-schichte 15), 381. Kniebis' time at Speyer is documented by his letters to Peter Butz written in May and June 1528. AM Strasbourg, AA 409a/3 (May 1528); Politische Correspondenz der Stadt Straßburg im Zeitalter der Reformation, 5 vols., ed. Hans Virck, et al., Strasbourg 1882–1899, Heidelberg 1928–1933, here: vol. 1, 293f, and 298f.

[27] Ibid., vol. 2, 105–107 (his instruction drafted by Sturm); 112–115; 146f; 154–156; 159.

[28] Ibid., 154.

[29] Ibid., vol. 1, 549–551. See *René Hauswirth*, Landgraf Philipp von Hessen und Zwingli. Voraussetzungen und Geschichte der politischen Beziehungen zwischen Hessen, Straßburg, Konstanz, Ulrich von Württemberg und den reformierten Eidgenossen 1526–1531, Tübingen 1968 (= SKRG 35).

[30] *Brady*, Ruling Class (as n. 9), 250–257; *id*., Protestant Politics (as n. 7), 249–250.

[31] *Bernhard Hertzog*, Chronicon Alsatiae. Edelsässer Chronik vnnd aussfürliche Be-schreibung des untern Elsasses am Rheinstrom, Strasbourg 1592, part VIII, 97.

nal affairs. He did not do that. Far from settling into his dotage, in 1542 he began to scheme against Jacob Sturm's co-creation, the league with the Protestant princes.

III

By mid-1542 Claus Kniebis had come to the conclusion that, despite all good will, Jacob Sturm's policy of alliance had sold the Protestant free cities, their liberty, and their devotion to the Gospel into the clutches of the selfish, heedless, violent princes. They were proving their unworthiness by their renewed opposition to the free cities' claim to equal rights in the Imperial Diet. An old-fashioned particularist at heart, Kniebis turned his thoughts toward the Swiss, Strasbourg's comrades-in-arms against the Burgundian power in his father's day[32]. His turn reverted, therefore, to Strasbourg's policy in the fifteenth century, when the idea of 'turning Swiss' had ridden high in the southern tier of the German lands[33]. He approached, with or without authorization, Bernhard Meyer zum Pfeil (1488–1558), mayor of Basel and younger brother of the flamboyant Adelberg Meyer (1474–1548)[34]. At the peak of the Evangelical movement at Basel in 1529, the Meyer brothers had stood in the middling camp of moderate Evangelicals, more in the direction of Jacob Sturm than in that of Claus Kniebis[35]. Yet it was Meyer, a well known figure at Strasbourg, whom Kniebis approached in June 1542 with the idea of reviving "die alte gute nachburschafft, so vor vil joren Strassburg mit ewern frynden, die Eigenossen, gehabt"[36].

---

[32] Elisabeth Kniebis, perhaps Claus' sister or possibly his aunt, had married Bartholomäus Barpfennig († 1519), who had commanded Strasbourg troops in the Burgundian Wars; AM Strasbourg, KS 11, fol. 161v–163v, and KS 18, fol. 13r.

[33] Cf. *Thomas A. Brady, Jr.*, Turning Swiss. Cities and Empire, 1450–1550, Cambridge/New York 1978 (= Cambridge Studies in Early Modern History), 207–210; *id.*, Protestant Politics (as n. 7), 278f.

[34] Cf. Historisch-biographisches Lexikon der Schweiz, vol. 5, Neuchâtel 1929, 98; *Hans Füglister*, Handwerksregiment. Untersuchungen und Materialien zur sozialen und politischen Struktur der Stadt Basel in der ersten Hälfte des 16. Jahrhunderts, Basel 1981 (= Basler Beiträge zur Geschichtswissenschaft 143), 186–205, and 312f.

[35] Cf. *Paul Burckhardt*, Geschichte der Stadt Basel von der Zeit der Reformation bis zur Gegenwart, Basel 1942, 15, and 36.

[36] Kniebis to Meyer, Strasbourg, 13.8.1542; StA Basel, Kirchen-Akten A 8, fol. 38r. Meyer had undertaken previous missions to Strasbourg in 1528, 1529, 1532, 1534, and 1539.

This idea is the main theme of Kniebis' extant correspondence with Bernhard Meyer between June 1542 and August 1549. The exchange has long been known. Citations of and extracts from fourteen letters appeared in the third volume of Strasbourg's political correspondence (1898), parts or notices of eighteen more letters in the fourth volume (1931–1933)[37]. Further search has doubled the number of letters between Kniebis and Meyer, plus some associated documents. All sixty-two extant pieces are in the Staatsarchiv Basel, including copies of five pieces by Meyer, whereas almost nothing has survived at Strasbourg[38]. The documents doubtless form one of the largest known bodies of letters between top-level urban politicians in the Reformation era[39].

Among the many unpublished pieces of this body of sources is an aide-mémoire in Bernhard Meyer's hand, probably composed after his journey to Bern in early January 1543[40]. It describes how the affair began. Meyer relates that on 3 June 1542[41], Kniebis approached him – privately, it seems – to express his distress at the proceedings of the Imperial Diet held at "regensburg". This probably represents a lapse of memory on Meyer's part, for Kniebis almost certainly did not mean the Diet of Regensburg (April–July 1541), which dealt little with the issues that frightened Kniebis[42] – taxation of the free cities beyond their means and the princes' refusal to recognize the cities' rights in the Diet. Almost certainly he meant the Diet of Speyer (February–April 1542), which did indeed deal with these issues and gave the impression that the princes, including the Protestants, were once again treating the free cities as subjects rather than as partners[43].

---

[37] Politische Correspondenz (as n. 26), vols. 3–4.

[38] StA Basel, Kirchen-Akten A 8 (21 pieces); Politisches M 8/2 (40 pieces); and Politisches L 2/1 (1 piece).

[39] Katherine G. Brady and the author are preparing an edition of this correspondence.

[40] StA Basel, Kirchen-Akten A 8, fol. 29r–30r, undated by Bernhard Meyer. It is cited by Otto Winckelmann in: Politische Correspondenz (as n. 26), vol. 3, 302, and 337, who calls it an "Aufzeichnung".

[41] Meyer's presence at Strasbourg on this date is confirmed by AM Strasbourg, Procès-verbaux du sénat et des XXI 1542, fol. 204v.

[42] There is no mention of these issues in Jacob Sturm's report to the Senate & XXI of Strasbourg at the end of July 1541; ibid., 202–205.

[43] Cf. *Brady*, Protestant Politics (as n. 7), 228–230. On the importance of this moment to the history of the Schmalkaldic League, see *Gabriele Haug-Moritz*, Der Schmalkaldische Bund 1530–1541/42. Eine Studie zu den genossenschaftlichen

This situation prompted the initial approach to Meyer, who reports that in early June Kniebis framed his idea in fairly general terms of "die alte fruntschafft vnd liebe wider gegen jnnen vnd vns ernuwert red gehalten vnder andren reden mir die beschwert der fursten ouch gehalten tag regensburg vnd anlag des thurcken hilff jnnen begegnet anzeugtt"[44]. Two follow-up letters in August spelled out Kniebis' view of the dangers the cities faced. Kniebis' mood on 13 August reflects Jacob Sturm's frightening report of 6 August from Nuremberg, which described strife between princes and free cities. "Wir sind vorhin betrogen und umb unser gelt komen", for the princes "wollen mehr haben und uns weder billichs noch recht thun. der almechtig wolle uns einmol helfen, dass wir von den wutenden wolfen mochten erleidget werden", for these princes are worse tyrants than the Turks. It is pressing, therefore, "das ewere eidgenossen, sie weren welcher religion sie weren, uf das sehen, was grosser geferd vorhanden were, und in rechter warheit bedächten, was in erlich und nutzlich sin mocht, und hilfen bedenken, wie dem wutenden volk mochte geweret werden"[45].

On 30 August 1542[46], Kniebis told Meyer "das ir alle und wir alle, die begeren, fry zu blyben und sich der tyrannischen regierung zu erweren, jetz im dem anfang gedachten lyb, Er und güt züsamen zü setzen, und nit warten bytz harnach, so unss die har in eyntzigem üssgezogen". The Swiss cities, "die unser religion sin besunderlich", he wrote, should be approached concerning "einen bestendigen rechten frindschaft mit einander zu underreden und also irer, ewerer und unserer notturft noch bedenken"[47]. Sturm's news from the Imperial Diet convinced Kniebis that taxation formed a great danger to the cities, especially "die stette, die in den furstentumben

---

Strukturelementen der politischen Ordnung des Heiligen Römischen Reiches Deutscher Nation, Leinfelden-Echterdingen 2002 (= Schriften zur südwestdeutschen Landeskunde 44), 38–40.

[44] StA Basel, Kirchen-Akten A 8, fol. 29r.

[45] Politische Correspondenz (as n. 26), vol. 3, 292–294.

[46] Three days earlier, Kniebis' son, Nicolaus Hugo († 1588), had been matriculated in the University of Basel, where, placed by his father under the informal care of Meyer, he acted as a link between the two men. Die Matrikel der Universität Basel, 5 vols., ed. Hans Georg Wackernagel, Basel 1951–1980, here: vol. 2, 29, no. 6 (27.8.1542).

[47] Kniebis to Meyer, Strasbourg, 30.8.1542; StA Basel, Kirchen-Akten A 8, fol. 15r, and Politische Correspondenz (as n. 26), vol. 3, 309. There, too, the remaining quotes in this paragraph, except the final one.

gelegen, sien jetz gefangen, wann sie nit thun nach der fursten erkand-
nus", for the emperor and the king "nit bedenken wollen, was in
an stetten gelegen, und lassen also zu, das die fursten die stett in
dem schin, als ob es geschehe iren maiesten rettung zu thun wider
den Turken". He hoped that "Wann gott der her genod verlihe, das
wir nit so gar blindlich uns liessen inzwingen und von forcht wegen
under ir joch triben, sonder gedächten, fri zu bliben wi unser vor-
faren, so mochten wir so vil bass fri in gottes gescheften und zitli-
chen dingen thun, das recht und glich were vor gott und frommen
luten". Otherwise, they would be merely waiting "bytz das unss ein
gebrotten tüb [Taube] in das mül flügt (als man sagt), so ist es ein
zeychen, dass wir von gott verblendet, das wir sehen und nit sehen"[48].

The news was indeed frightening, and Jacob Sturm's oral report
to the Senate & XXI on 9 September 1542 gave plenty of reason
for panic, including the Protestant princes' recent invasion of the
duchy of Brunswick-Wolfenbüttel[49]. Kniebis' panicked response was
to advocate that Strasbourg – later he would include the Swabian
free cities – enter into an unprecedented alliance with the entire
Swiss Confederation, Catholic and Protestant, city-states and rural
federations – though on this point he wavered. His colleagues at
Basel sent Meyer back to Strasbourg in early December 1542 to
meet with four of the most senior members of the privy council
of the XIII – Kniebis, Herlin, Pfarrer, and the ammeister Jacob
Meyer – but not Jacob Sturm[50]. At Epiphany (6 January) he explained
the proposal to the privy councilors and then the Small Council of
Bern. If the Baslers had been lukewarm, the Bernese were down-
right cool, for the distances were great, and they expected resistance
to the idea from the (Catholic) 'V Orte' of central Switzerland[51].
"Jetz mol", fell their decision, "lossen ruwen bis zu besseren gelegen zytten".

The caution and indifference Meyer found among the Swiss is
hardly surprising. Kniebis' idea had one great flaw: the danger from
the princes did not threaten the Swiss, Protestant or Catholic, who,

---

[48] Kniebis to Meyer, Strasbourg, 30.8.1542; StA Basel, Kirchen-Akten A 8, fol.
15v. This passage is not in: Politische Correspondenz (as n. 26), vol. 3, 309f.
[49] AM Strasbourg, Procès-verbaux du sénat et des XXI 1542, fol. 359v; Politische
Correspondenz (as n. 26), vol. 3, 303. See *Brady*, Protestant Politics (as n. 7), 262–272.
[50] Politische Correspondenz (as n. 26), vol. 3, 336f.
[51] Schwyz, Unterwalden, Uri, Zug, and Luzern.

contrary to Kniebis' notion, no longer shared their "notturft" with the German free cities. The alliance of Basel, Bern, Zurich, and Strasbourg, formed in 1530, had been inspired by Zwingli, and it died with him at Kappel in 1531. The reserved response of the Baslers and other Swiss to Kniebis' proposal rested just as much on political realism as Jacob Sturm's policy of solidarity with the leading Protestant princes did. Kniebis could not see this. In July 1546, as the Empire was plunging toward religious war, Kniebis wrote to his old confidant about the emperor as a veritable Herod, who aimed to annihilate the heretics, right down to the children. "Ir wissen", he told Meyer, "das der endtcrist zu Rom und sin anhang seer grossmechtig, doch nit allmechtig, ouch nit unüberwindlich, als sich etlich nennen lossen"[52]. He reminded Meyer of his own proposal of four years ago: "Ir christgloubigen in der Eidgenossenschaft haben ouch uch zu mehr molen gegen uns zu Strassburg vil guts trostlichs willens vernemmen lossen. Ob sich begeb, dass die find der cristliche[n] religion sich ouch to zu uns nehern wurde, das ir des ingedenk wurden und thun, was sich daru zu thun gebürt. Der her aller hern wolle den handel also richten, das es nit nott werde. Amen. Amen. Amen." It helped not at all, and as the Schmalkaldeners went down to defeat, their Swiss fellows looked on, unwilling to risk their futures and the inner Swiss peace for the sake of those who, once comrades in war, lay now beyond the hardening boundary to the Empire[53]. Not they, ironically enough, but Claus Kniebis clung to the idea that at heart, as Zwingli had taught, the political liberty of men (and women) and the freedom of the Christian formed two sides of the same coin[54].

The events of 1542 – the Diet of Speyer and the invasion of Brunswick-Wolfenbüttel – inspired in Kniebis his hopeless idea of reviving "die alte gute frundschafft" against the mounting strife between the Imperial princes, Catholic and Protestant, and the free cities. The moment of panic threw him back mentally two generations to the era of the Burgundian Wars, when Strasbourg (and other Alsatian powers) had formed with the Swiss a mighty military force.

---

[52] Kniebis to Meyer, [Strasbourg], 26.7.1546; StA Basel, Politisches M 8/2, fol. 97v, and Politische Correspondenz (as n. 26), vol. 4, 260.
[53] Cf. *Karl Geiser*, Über die Haltung der Schweiz während des Schmalkaldischen Krieges, in: JSG 22 (1897), 165–249.
[54] Which is a principal conclusion of *Hamm*, Reformation der Freiheit (as n. 4), 108–120.

This reversion reveals an interface between religion and politics quite different from those Berndt Hamm has documented among Evangelical politicians during urban reformation of the 1520s. In those days, Kniebis had been an religious exclusionist who ranked the honor of God above political risks. In 1542 the same Claus Kniebis proposed to the apparent solidarity of princes, both Catholic and Evangelical, an alliance both Evangelical and Catholic. In 1546, furthermore, he deployed the same notion in the name of Protestant solidarity against the Roman antichrist and his imperial lieutenant. In 1529 his faith had trumped his politics; in 1542 the relationship had reversed; and in 1546 faith again won the upper hand. This course of Claus Kniebis' policies suggests how the tension between faith and politics in the urban reformation reflected the contradictions between the centered norm of religious solidarity in the Gospel's name and the compelling flux of the politics of the German Reformation.

HEINRICH BULLINGER ALS THEOLOGE[1]

Emidio Campi
(Zürich)

Vor genau 500 Jahren, am 18. Juli 1504, wurde Heinrich Bullinger[2] als jüngster von fünf Söhnen des gleichnamigen Priesters Heinrich und der Anna Wiederkehr in der kleinen Stadt Bremgarten (Aargau) geboren. Nach der Grundausbildung in seiner Heimatstadt und dem Besuch der Lateinschule in Emmerich am Rhein immatrikulierte er sich bereits im Sommer 1519 an der Artistischen Fakultät der Universität Köln. Hier führten ihn die Lektüre der reformatorischen Schriften Luthers sowie der 'Loci communes' Melanchthons, vor allem aber das Studium der Kirchenväter und der Heiligen Schrift dazu, sich von der römischen Kirche abzuwenden. Als er im Jahr 1522 den Titel eines Magisters der Freien Künste erwarb, war er bereits ein evangelischer Christ. Nach der Lehrtätigkeit an der neugegründeten Schule des Zisterzienserklosters in Kappel am Albis (1523–1528) und einem zweieinhalbjährigen Intermezzo als Pfarrer in seiner Heimatstadt Bremgarten wurde ihm in einer denkwürdigen

---

[1] Dem Text liegt ein Artikel zugrunde, der in "Annex", Beilage zur Reformierten Presse, Nr. 20/2004, 3–6, erschienen ist. Als Quellen wurden herangezogen: HBBibl; HBTS; HBD; HBRG; ZW.

[2] Eine moderne, Leben, Werk und Wirkung umfassende Gesamtdarstellung Bullingers fehlt. In der Erwartung der zweibändigen Biographie von *Fritz Büsser*, Heinrich Bullinger, Leben, Werk und Wirkung, 2 Bde., Zürich 2004, sei verwiesen auf die veraltete, aber immer noch sehr wertvolle Biographie von *Carl Pestalozzi*, Heinrich Bullinger. Leben und ausgewählte Schriften, Elberfeld 1858. Vgl. auch *Gustav von Schulthess-Rechberg*, Heinrich Bullinger, der Nachfolger Zwinglis, Halle/Zürich 1904; *André Bouvier*, Henri Bullinger, réformateur et conseiller oecuménique, le successeur de Zwingli, Neuchâtel/Paris 1940; *Fritz Blanke/Immanuel Leuschner*, Heinrich Bullinger. Vater der reformierten Kirche, Zürich 1990. Unter den Lexika-Artikeln vgl. bes. *Fritz Büsser*, Bullinger, Heinrich, in: TRE 7 (1981), 375–387; *Emidio Campi*, Bullinger, Heinrich, in: RGG⁴ 1 (1998), 1858–1859; *Bruce Gordon*, Heinrich Bullinger, in: The Reformation Theologians, hg. von Carter Lindberg, Oxford 2002, 170–183. Es existieren freilich mehrere Kurzbiographien, aber darin werden in verschiedenen Variationen dieselben Daten wiederholt, die bereits bei Pestalozzi zu finden sind. Vgl. außerdem Bullinger und seine Zeit. Eine Vorlesungsreihe, hg. von Emidio Campi, Zürich 2004; Der Nachfolger. Heinrich Bullinger (1504–1575), hg. von Emidio Campi/Hans Ulrich Bächtold/Ralph Weingarten, Zürich 2004.

Sitzung des Großen und Kleinen Rates zu Zürich im Dezember 1531 das schwere Amt der Leitung der jungen reformierten Kirche übertragen, das er bis zu seinem Tod am 17. September 1575 innehatte.

Als erster Antistes (Vorsteher) vermochte er nicht nur die entscheidenden Anregungen zur Erhaltung und Konsolidierung der Zürcher Reformation nach der militärischen Niederlage im Zweiten Kappeler Krieg zu geben, sondern prägte auch maßgebend die Kirchen der evangelischen Orte der Eidgenossenschaft und weit darüber hinaus den gesamten reformierten Protestantismus[3]. Die Ausstrahlung seines Lebenswerkes lässt sich leicht aus seiner imposanten literarischen Produktion ersehen, die über 130 gedruckte Werke umfasst: Neben kontroverstheologischen Schriften verfasste er Kommentare zu sämtlichen Büchern des Neuen Testaments und zu einer Reihe von prophetischen Büchern des Alten Testaments; natürlich kamen auch seelsorgerliche und dogmatische Schriften dazu; im Alter ging er dann mit Vorliebe an historische Arbeiten heran[4], wie die Reformationsgeschichte, die Schweizer und die Zürcher Geschichte sowie Werke über das Papsttum. Ein gewaltiger Nachlass von über 6000 Predigtkonzepten und Nachschriften liegt in der Zentralbibliothek Zürich aufbewahrt und ist ein lebendiges Zeugnis seiner unermüdlichen Predigttätigkeit. Zu all diesen Dokumenten kommen noch zahlreiche ungedruckte Werke und vor allem ein umfangreicher Briefwechsel, der rund 12.000 Briefe umfasst, von denen etwa 2.000 aus seiner Hand und die anderen von einer Vielzahl von Menschen stammen, die sich ihm anvertrauten. Mit Recht nennt deshalb André Bouvier den Nachfolger Zwinglis in seiner noch immer wertvollen Studie "réformateur et conseiller oecuménique"[5]; und Fritz Büssers Urteil in Anlehnung an Carl Pestalozzi, wonach Bullinger "der grosse Lehrer und Berater aller Reformierten Kirchen Europas"[6] gewesen sei, ist keineswegs übertrieben.

Andererseits muss man nüchtern festhalten: Heinrich Bullinger bietet ein ausgezeichnetes Beispiel posthumer Verkennung und Unaus-

---

[3] Vgl. *Joachim Staedtke*, Bullingers Bedeutung für die protestantische Welt, in: Zwingliana 11 (1961), 372–388; *Andreas Mühling*, Heinrich Bullingers europäische Kirchenpolitik, Bern 2001; *ders.*, Bullingers Bedeutung für die europäische Reformationsgeschichte, in: EvTh 64 (2004), 94–105.

[4] Die Literatur, die sich mit diesem Aspekt von Bullingers Werk befasst, ist äußerst spärlich. Vgl. *Aurelio A. Garcia Arcilla*, The Theology of History and Apologetic Historiography in Heinrich Bullinger. Truth in History, San Francisco 1992.

[5] Vgl. *Bouvier*, Henri Bullinger (wie Anm. 2).

[6] *Büsser*, Heinrich Bullinger (wie Anm. 2).

gewogenheit der Historiographie. Weithin ist er, nicht zuletzt auch im Lehrbetrieb und in den gängigen Lehrbüchern, in eine Nebenrolle gedrängt worden – in einem Prozess der Verharmlosung, der schon im frühen 19. Jahrhundert einsetzte und bis heute nicht nachhaltig revidiert worden ist[7]. Zwar hat die Bullinger-Forschung in den letzten Jahrzehnten Beträchtliches und Grundlegendes geleistet – man denke an die bisher erschienenen zehn Bände der Briefwechsel-Edition. Einen generellen Meinungsumschwung bedeutete dies jedoch noch nicht. Es besteht die Hoffnung, dass durch die verschiedenen Forschungsprojekte aus Anlass des 500. Geburtstags im Jahr 2004[8] in dieser Hinsicht einiges ausgelöst wird.

Wenn an einem runden Geburts- oder Todestag einer berühmten Person gedacht wird, stellt sich die Frage nach deren Aktualität. Was hat sie in die Waagschale der Geschichte gelegt, und welche Bedeutung hat dies für die heutige Zeit? Gewiss fehlen Heinrich Bullinger die wesentlichen Charakterzüge anderer Protagonisten der Reformationszeit: Zwinglis glühender Eifer, Luthers dramatische Anfechtung, Calvins aristokratischer Zug, Bucers diplomatisches Talent, Vermiglis große Tragik. Sein vergleichsweise wenig abenteuerliches Leben verlief – die längste Reise während der Amtszeit führte nach Basel –, oberflächlich gesehen, wenig ereignisreich. So sehr war es geprägt von ernster Beharrlichkeit, unermüdlichem Fleiß und vor allem immensem Pflichtbewusstsein im Umgang mit seinem Amt, dass sich Person und Funktion kaum auseinanderhalten lassen. Dies dürfte wohl der Grund sein, warum in der einschlägigen Literatur eher seine praktisch-pastoralen als seine theologischen und rechtstheologischen Verdienste hervorgehoben werden.

Doch je mehr man sich mit seinem Gesamtwerk befasst, umso deutlicher wird dabei, dass in seinem Schrifttum fundamentale theologische Einsichten brach liegen, die nur darauf warten, zu Tage gefördert zu werden. Neben dem Zweiten Helvetischen Bekenntnis ist auch sein theologisches Juwel, die 'Dekaden' (1549–1551), durchzuarbeiten[9]. Es handelt sich bei diesem Werk um eine 1549–1551

---

[7] Vgl. *Christoph Strohm*, Der Epigone – das Bild Bullingers in den letzten Jahrhunderten, in: EvTh 64 (2004), 159–167.

[8] Vgl. *Emidio Campi*, Bullinger-Jubiläum 2004 – ein Werkstattbericht, in: Zwingliana 30 (2003), 171–176.

[9] HBBibl 1, 179–227 (Sermonum decades quinque). Zu den 'Dekaden' vgl. die bahnbrechende Arbeit von *Walter Hollweg*, Heinrich Bullingers Hausbuch. Eine

erschienene Sammlung von 50 Lehrpredigten, die zusammen mit
Calvins 'Institutio' und Vermiglis 'Loci communes' zu den einfluss-
reichsten Gesamtdarstellungen christlicher Glaubenslehre im frühen
reformierten Protestantismus zählt[10].

Welches sind Bullingers reformatorisch-theologische Anknüpfungspunkte? Er bezog sich wohl wiederholt auf Luther und Melanchthon,
Zwingli und Oekolampad, auf Erasmus und Luis Vives, und nicht
zuletzt auf die Kirchenväter. Seine Theologie lässt sich jedoch weder
von Luther, noch von Zwingli oder anderen Geistesgrößen her erklären; sie ist weder eintönig noch epigonenhaft, sondern in sachlicher
Hinsicht als eigenständige Leistung zu würdigen. Bullinger ist in erster
Linie Schrifttheologe und Interpret der Kirchenväter; die Verarbeitung
der auf ihn wirkenden Anregungen erfolgte selbständig, von einem
differenten Ansatz aus und unter Berücksichtigung der veränderten
theologischen Fragestellung sowie der kirchlichen Gegebenheiten.
Genialer Bewahrer und Erneuerer zugleich, gehört er nicht nur zu
den maßgebenden Baumeistern des reformierten Protestantismus, sondern sein Vermächtnis reicht vielmehr bis in die Gegenwart hinein.
Dies soll an einigen Beispielen verdeutlicht werden.

Kirche und Staat

Bullinger wurde mit 27 Jahren in einer denkwürdigen Sitzung des
Großen und Kleinen Rates zu Zürich am 9. Dezember 1531 "an
Zwinglis statt", d.h. als Nachfolger Zwinglis gewählt, unmittelbar
nachdem die Zürcher bei Kappel am Albis eine vernichtende Niederlage erlitten hatten[11]. Die Wahl war allerdings mit einer behörd-
lichen Einschränkung der Freiheit des Predigtamtes verbunden, denn
die Obrigkeit erwartete zwar vom Neugewählten die Weiterführung
der Zwinglischen Reformation, konnte und wollte aber die früher
praktizierte Einmischung der Geistlichen in politische Angelegenheiten

---

Untersuchung über die Anfänge der reformierten Predigtliteratur, Neukirchen 1956,
und jetzt die grundlegende Studie von *Peter Opitz*, Heinrich Bullinger als Theologe.
Eine Studie zu den 'Dekaden', Zürich 2004.

[10] *Christoph Strohm*, Bullingers Dekaden und Calvins Institutio. Gemeinsamkeiten
und Eigenarten, in: Calvin im Kontext der Schweizer Reformation. Historische und
theologische Beiträge zur Calvinforschung, hg. von Peter Opitz, Zürich 2003, 215–
248, hier: 215.

[11] HBRG 3, 291.

nicht mehr dulden. Nach einer viertätigen Bedenkzeit suchte Bullinger in seiner berühmten Antwort[12] an die Ratsherren zur Klärung der alten Frage nach dem Verhältnis zwischen geistlicher und weltlich-politischer Macht beizutragen. Wollte man der Forderung der Obrigkeit nachgeben, d. h. auf jede politische Äußerung von vornherein verzichten, würde die Freiheit des Predigtamtes grob verletzt. Man strebe zwar nicht danach, sich in die Staatsgeschäfte einzumischen, werde aber über das weltliche Regiment wachen und ohne Ansehen der Person schriftgemäß predigen, denn "Gotswort will und soll nitt gebunden sein. Sundern waz man darinn findt es sey was es welle, oder wenn es ioch anträffe, soll frey geredt werden." Nichts anderes hatte auch Zwingli mit seiner gegen Luther gerichteten These "Regnum Christi [est] etiam externum" gewollt[13]. Gleichzeitig aber setzte der Neugewählte einen Unterschied zum Wirken des verstorbenen Reformators. Die Verantwortung der Pfarrer für das Gemeinwesen kann und darf sich nicht vollziehen durch die Einmischung in die Kompetenzen der Ratsgremien, vielmehr bleibt sie auch in ihrer öffentlichen Stellungnahme immer bei dem Verkündigungsauftrag, bei der Konzentration auf das Wort[14].

Beide Räte erklärten sich mit der Freiheit der Verkündigung einverstanden. Damit war eine doppelte Gefahr gebannt: einerseits die Beherrschung des Staates durch die Kirche nach mittelalterlichen theokratischen Vorstellungen, andererseits die Bevormundung der Kirche durch den Staat[15]. Somit wurde der Weg des Zusammenwirkens von Geistlichen und Obrigkeit für die Erhaltung der Zürcher Reformation eingeschlagen. Das zeitlich und inhaltlich erste Dokument dieser Zusammenarbeit ist die von Bullinger unter Mithilfe von Leo

---

[12] Ebd., 293–296.

[13] Vgl. dazu *Hans Rudolf Lavater*, Regnum Christi etiam externum – Huldrych Zwinglis Brief vom 4. Mai 1528 an Ambrosius Blarer in Konstanz, in: Zwingliana 15 (1981), 338–381; *Berndt Hamm*, Zwinglis Reformation der Freiheit, Neukirchen-Vluyn 1988, 116–117, bes. Anm. 578.

[14] Bullinger untermauerte seine Haltung in der am Karlstag (28.1.1532) gehaltenen und viel beachteten Gedenkrede auf Zwingli, der er den Titel 'De prophetae officio' verlieh: Die primäre Aufgabe der Pfarrerschaft bestehe in der Auslegung des Wortes Gottes, ohne dass dabei jedoch der Anspruch des prophetischen Wächteramtes aufgegeben wird (HBBW 1, 33). Aus dieser Rede wird erneut deutlich, welch zentrale Bedeutung Bullinger der Verkündigung und ihrer Wahrnehmung für die Kirche und das Gemeinwesen beimisst.

[15] Vgl. dazu *Emidio Campi*, Bullingers Rechts- und Staatsdenken, in: EvTh 64 (2004), 116–126.

Jud verfasste Zürcher Prediger- und Synodalordnung vom 22. Oktober 1532[16], welche die Beziehungen zwischen Kirche und Obrigkeit sowie das Synodal- und Pfarrwesen klar regelte.

Es würde zu weit führen, den ekklesiologischen und kirchenrechtlichen Problemen im Einzelnen nachzugehen, die sich aus der Prediger- und Synodalordnung ergeben; es genügt darauf zu verweisen, dass die zweimal im Jahr stattfindende Synode kein Kirchenparlament im heutigen Sinne, sondern die Versammlung der etwa 130 ordinierten Pfarrer und Theologieprofessoren im gesamten Herrschaftsgebiet Zürichs war, zu der auch acht Ratsherren (vier Mitglieder des Großen Rates, drei des Kleinen Rates sowie der Bürgermeister) und der Stadtschreiber gehörten. Die Zusammensetzung des Gremiums, dessen Präsidium Bullinger in seiner Eigenschaft als Kirchenvorsteher 43 Jahre innehatte, macht deutlich, was ihm vorschwebte: Die Synode sollte der Ort sein, an dem die Geistlichkeit und die Magistraten ihre gemeinsame Verantwortung für die Leitung der Kirche wahrnahmen.

Bekanntlich war die Zürcher Reformation im Gegensatz zur Genfer Reformation mit dem Ausbau einer eigenen Jurisdiktion und Disziplin sehr zurückhaltend und überließ die Kirchenzucht ganz oder zumindest zu großen Teilen der Obrigkeit. Dieser Sachverhalt spiegelt natürlich Bullingers Vorstellung einer einheitlichen kultisch und politisch organisierten Gemeinschaft wider, für deren Aufbau weltliche und geistliche Amtsträger zwar verschiedene Aufgaben zu erfüllen, jedoch zusammenzuwirken haben. Die Gefahr einer politischen Bevormundung der Kirche scheint nicht erkannt worden zu sein, wobei zu präzisieren ist, dass diese besonders enge Verbindung der Kirche mit der Obrigkeit Bullinger nicht an der prinzipiellen Unterscheidung der geistlichen und weltlichen Kompetenzen gehindert hat. Die sogenannten Synodalberichte und die 'sermones synodales'[17] zeigen eindrücklich, dass der Antistes genauso unbedingt an der Ausübung der cura religionis von Seiten des Magistraten festhalten wollte, wie er darauf bedacht war, die Gefahr der Fremdbestimmung der Synode durch die politischen Instanzen abzuwenden, um die Autonomie der Kirche gegenüber den "gnädigen Herren" zu bewahren.

---

[16] *Emil Egli*, Actensammlung zur Geschichte der Zürcher Reformation, Zürich 1899, Nachdruck 1973, 825–837, Nr. 1899.
[17] Vgl. StA Zürich, E II 1; Zentralbibliothek Zürich, MS D 220. Es handelt sich um eine noch längst nicht erschlossene Quellengattung von großem Wert, deren Edition leider nicht so recht voranzukommen scheint.

Bis weit ins 17. Jahrhundert hinein hielt sich zudem in der zürche-
rischen Kirche der zur Zeit der Wahl Bullingers eingeführte eigenartige Brauch, dass die Pfarrer beim Rat vorsprachen, wenn sich
Missstände zeigten oder sie sich mit politischen Entscheidungen nicht
einverstanden erklären konnten. Die im Staatsarchiv Zürich liegenden
'Fürträge' oder 'Propositiones' legen davon noch lebendiges Zeugnis
ab. Insbesondere zeigen die 'Fürträge', die Bullinger im Laufe von
44 Jahren vor dem Rat hielt, wie schwierig seine Stellung als Antistes
war, da er zum einen das Zusammenwirken zwischen Predigtamt
und Obrigkeitsamt anstrebte, zum anderen die Magistrate zu tadeln
hatte, wenn ihre Beschlüsse und ihr Verhalten nicht im Einklang
mit dem Wort Gottes waren. Das Verdienst, das sich Bullinger dadurch errang, kann nicht hoch genug eingeschätzt werden, denn auf
diese Weise ergaben sich für die reformierte Kirche zahlreiche Gestal-
tungsmöglichkeiten des öffentlichen Lebens, vornehmlich im Bereich
der Erziehung und der Sozialfürsorge. So ist es Bullinger in Theorie
und Praxis besser als seinem Amtsvorgänger gelungen, das Inein-
anderwirken von Kirche und Gemeinwesen vor der Gefahr einer
problematischen Vermischung zu bewahren.

Abendmahlstheologie

Bullingers Abendmahlstheologie unterschied sich trotz ihrer augenfäl-
ligen Verwandtschaft schon im Ansatz von jener Zwinglis[18]. Hatte sein
Amtsvorgänger zunächst eine symbolische Auffassung des Sakraments
mit Erinnerung und Gemeinschaftsfeier im Mittelpunkt vertreten und
dann seit 1529 zunehmend den Gabecharakter und die Gegenwart
Christi betont[19], so entfaltete der junge Bullinger ein Sakramentsverständnis, das auf Grund seiner bundestheologischen Betrachtungsweise
von Anfang an über eine rein symbolische Anschauung hinausging
und eine starke Verbindung von Zeichen und Sache anstrebte[20].

---

[18] Vgl. *Joachim Staedtke*, Die Theologie des jungen Bullinger, Zürich 1962, 234–254,
bes. 249–251; *Martin Friedrich*, Heinrich Bullinger und die Wittenberger Konkordie,
in: Zwingliana 24 (1997), 62f.
[19] Vgl. *Fritz Blanke*, Einleitung zum 7. und 8. Artikel der 'Fidei ratio'; ZW 6/2,
767–773; *Fritz Büsser*, Einleitung zu Zwinglis Schrift 'De convitiis Eckii'; ZW 6/3,
231–247.
[20] Vgl. De sacrifitio missae (1524); HBTS 2, 39–40; De institutione eucharistiae
(1525); ebd., 89–100.

Gemäß der von ihm vorausgesetzten Einheit der beiden Testamente
sind das Passahmahl und das Abendmahl Zeichenhandlungen, die
den Blick auf den von Gott mit den Menschen geschlossenen Gna-
denbund lenken. Somit wird ihnen Heilsbedeutung zuerkannt. Diese
theologische Eigenart und nicht die Schülerpflicht erklärt im Wesentlichen, warum sich in dem von Bullinger maßgeblich mitgeprägten
'Ersten Helvetischen Bekenntnis' von 1536 bei der Formulierung des
Abendmahlsartikels eine Entwicklung zeigte, die an Zwinglis späte
Aussagen anknüpfend auf eine signifikative Wirkung des Sakraments
hinzielte[21]. Dieser Sachverhalt gilt auch für das 'Wahrhafte Bekenntnis
der Diener der Kirchen zu Zürich', Bullingers moderate Entgegnung
auf Luthers maßlose Schmähschrift von 1544 gegen die sog. Sakra-
mentarier, in der er mit gutem Gewissen die Gegenwart Christi im
Abendmahl betonen, ja sogar ausdrücklich zugeben konnte: Christi
Leib und Blut werden wahrhaftig von den Gläubigen im Mahl gegessen
und getrunken, allerdings mit der Einschränkung, dass die Gegenwart Christi "geistlich" gefasst und keineswegs auf das Abendmahl
beschränkt ist und Christus nicht mit dem Munde, sondern "mit
dem gläubigen Gemüte" empfangen wird[22].
Bullinger verharrte jedoch nicht einfach in der erarbeiteten Position,
was ihm hoch anzurechnen ist. Vielmehr bewogen ihn die bedroh-
liche Situation des Protestantismus nach dem Augsburger Interim
sowie der intensive Gedankenaustausch mit Calvin zu einer Klärung
der Sakramentslehre, wie sie im 'Consensus Tigurinus' von 1549 festgehalten ist[23]. Beide Seiten scheuten keine Mühen, um Zwinglis Erbe

---

[21] Die Bekenntnisschriften der reformierten Kirche, Leipzig 1903, Nachdruck
Waltrop 1999, hg. von E. F. Karl Müller, 106: Die Sakramente sind "bedütliche
heilige zeychen"; es wird weiter bekannt, dass die Sakramente "nit allein ussere zeychen syend Christenlicher gsellschaft, Sonder wir bekennedts für zeichen göttlicher
gnaden [. . .]"; ebd., 107: "dise heiligen zeychen und Sacrament sind heilige und
Erwürdige ding, als die, die von Christo, dem hohen priester, jngesetzt und gebrucht
sind, so tragenn sy, dermas wie oben darvon grett jst, die geystlichenn ding, die sy
bedütend, für, und bietend sy an [. . .]".
[22] Ebd., 154: "So werde in dem Nachtmal der glöubigen der waar lyb unnd
bluot Christi im Nachtmal von glöubigen warlich geessen unnd truncken, aber doch
nit so rouw und fleischlich, wie es bißhar die Päpstler geleert habend (namlich daß
man jn ässe substantzlich, das ist lyblich und fleischlich, also daß das brot in das
waar natürlich fleisch Christi verwandlet, unnd der wyn in das blut Christi keert
werde, oder daß der lyb im brot sye) sonder geistlich, das ist geistlicher wyß, unnd
mit dem glöubigen gemüt."
[23] Lateinischer Text in: Bekenntnisschriften der reformierten Kirche (wie Anm.
19), XXIX–XXX, 159–163. Vgl. dazu *Ulrich Gäbler*, Das Zustandekommen des

mit der bundestheologischen Interpretation Bullingers und Calvins pneumatologisch orientierte Denkweise miteinander in Einklang zu bringen: Sie tauschten viele Briefe und Lösungsentwürfe aus und trafen sich für Beratungen dreimal in Zürich, wobei auch Guillaume Farel Hilfe leistete. Theologisch ermöglicht wurde die Übereinkunft durch ein beiderseitiges Entgegenkommen, in dem eine Reihe zentraler Einsichten Zwinglis aufgenommen sowie die Betonung der Gegenwart Christi und mit ihr der Heilsgabe jedoch entschieden als ein Werk des Heiligen Geistes verstanden wurden. Dabei hat nicht nur die zwinglische Abendmahlslehre ein klares theologisches Profil gewonnen, das ihr vorher abging[24]; erstmals ist damit auch die reformierte Abendmahlslehre erarbeitet worden, die im 'Heidelberger Katechismus' und im 'Zweiten Helvetischen Bekenntnis' ihre klassische Formulierung finden sollte.

Bundestheologie

Ähnlich verhält es sich mit dem biblisch-theologisch zentralen Begriff des Bundes Gottes, den Bullinger nicht aus Schülerpflicht von Zwingli übernahm, sondern selbständig weiter entwickelte. Bekanntlich ist die Verwirklichung der Willenskundgebung Gottes in der Gemeinschaft mit und unter den Menschen, die nicht als verdienstliche Tat, sondern als dankbare Antwort auf Gottes schenkende Gnade zustande kommt, der Kern des biblischen Bundesgedankens. Peter Opitz, der das literarische Werk Bullingers von den frühesten Schriften der 20er Jahre ('Von der Taufe', 'De institutione eucharistiae', 'Antwort an Burchard')[25] bis zu den Dekaden in vollem Umfang ausgewertet hat, hat wichtige Hinweise auf die Definition des Bundesgedankens bei Bullinger gegeben. Für unsere Zwecke ist es relevant, festzuhalten, dass der Begriff in Bullingers Frühschriften zunächst einmal als

---

Konsensus Tigurinus im Jahre 1549, in: ThLZ 104, 1979, 321–332; *Paul Rorem*, Calvin and Bullinger on the Lord's supper, Bramcotte/Nottingham 1989.

[24] Ähnlich urteilt *Joseph C. McLelland*, Die Sakramentslehre der Confessio Helvetica posterior, in: Glauben und Bekennen. Vierhundert Jahre Confessio Helvetica posterior, hg. von Joachim Staedtke, Zürich 1966, 368–391, hier: 369: "Zwinglis eigene Worte bleiben zweideutig bei bestimmten Punkten, so daß Bullinger mehr ist als ein bloßer Vermittler von zwinglischen Ideen; er ist Partner, wenn er der echt reformierten Sakramentslehre Ausdruck verleiht."

[25] HBTS 2, 66–85; 86–107; 134–172.

Argumentationsgrundlage in einem sakramentstheologischen Zusammenhang verwendet wird. In den 'Dekaden' reicht sodann die Bundesvorstellung weit über die reine Erläuterung der Sakramente hinaus und gilt als umfassendes Konzept zur Veranschaulichung der "Grundsituation des Menschen vor Gott überhaupt"[26]. Das Thema erreicht schließlich seine volle Ausformung, indem der christologische Charakter des Bundes hervorgehoben wird, der die vollzogene Versöhnung in Christus und die Erneuerung des Menschen beschreibt. Der Erkenntnisgewinn dieser sachlichen Rekonstruktion zeigt sich in zweifacher Hinsicht. Zum einen hilft sie, die inhaltliche Fassung des Bundesbegriffes zu klären und somit die schillernde Apostrophierung des Reformators als "Bundestheologen" präzise zu bestimmen. So erscheint die verbreitete Meinung, welche Bullingers eigentümliche Bundesauffassung in einem am Vertragsrecht orientierten Bundesgedanken – "mutual agreement" zwischen Gott und den Menschen – sieht und ihn zum Vordenker der "Other Reformed Tradition" stilisiert[27], als eine fable convenue, die die theologische Tragweite seines Denkens in einen unsachgemäßen Blickwinkel rückt. Zum anderen dokumentiert sie eine ausgesprochene Nähe Bullingers zur theologiegeschichtlich dominant gewordenen augustinisch-calvinischen Theologie. Dass aus dieser so verstandenen Bundestheologie ein verbindliches Rechtsverhältnis hervorgehen kann, versteht sich von selbst und ist wohl der Grund, weshalb die Foederaltheologie[28], deren vorrangiger Gestalter Bullinger war, eine äußerst eindrückliche Verbreitung im reformierten Protestantismus fand (Coccejus) und bald auch im weltlichen Staatsrechtsdenken weiter wirkte (Grotius, Hobbes).

---

[26] *Opitz*, Bullinger als Theologe (wie Anm. 7), 339.
[27] So *J. Wayne Baker*, Heinrich Bullinger and the Covenant. The Other Reformed Tradition, Athens/Ohio 1980; *ders.*, Heinrich Bullinger, the Covenant and the Reformed Tradition in Retrospect, in: SCJ 29 (1998), 359–376; *Charles S. McCoy/ J. Wayne Baker*, Fountainhead of Federalism. Heinrich Bullinger and the Covenant Tradition, Lousville, Kentucky 1991. Für eine differenziertere Vorstellung des Bundesgedankens Bullingers plädiert auch *Cornelis P. Venema*, Heinrich Bullinger and the Doctrine of Predestination. Author of the "Other Reformed Tradition"?, Grand Rapids, Michigan 2002, 27–33.
[28] *Christian Link*, Art. Foederaltheologie, in: RGG⁴ 3 (2000), 172–175.

Prädestinationslehre

Was die Prädestinationslehre[29] anbelangt, befand sich Bullinger im Allgemeinen auf dem Boden einer doppelten Vorherbestimmung. Auch für ihn gilt: "Die Prädestination ist Gottes ewiger Ratschluss, durch den er beschlossen hat, die Menschen entweder zu erretten oder zu vernichten, nach dem bestimmten Ziel des Lebens oder des Todes, das er ihnen gesetzt hat"[30]. Der Zürcher Antistes lehnte jedoch jeglichen spekulativen Zug und Determinismus deutlich ab und ging problembewusst andere Wege als Zwingli und Calvin, indem er die Universalität von Gottes souveränem Heilsangebot in Christus in den Mittelpunkt stellte. In sachlicher Hinsicht bewegt er sich von der Scheu vor der Undurchdringlichkeit der göttlichen Ratschlüsse mehr und mehr hin zur doppelten Vorherbestimmung. Da der Skopus der Prädestination die Erwählung in Christus ist, entsteht jedoch ein seelsorgerlich ermahnendes Bild: Entscheidend ist für die ewige Erwählung oder Verwerfung die Gemeinschaft mit Christus, die sich im Glauben verwirklicht[31].

---

[29] Das Thema ist vergleichsweise ausführlich behandelt worden. Vgl. *Peter Walser*, Die Prädestination bei Heinrich Bullinger im Zusammenhang mit seiner Gotteslehre, Zürich 1957; *Walter Hollweg*, Heinrich Bullingers Hausbuch. Eine Untersuchung über die Anfänge der reformierten Predigtliteratur, Neukirchen 1956, 286–338; *Richard A. Muller*, Christ and the Decree. Christology and Predestination in Reformed Theology from Calvin to Perkins, Durham 1986, 39–47; *Cornelis P. Venema*, Bullinger and the Doctrine of Predestination (wie Anm. 24); *Strohm*, Bullingers Dekaden und Calvins Institutio (wie Anm. 8), 215–248 und 239–242.

[30] "Praedestinatio autem decretum dei aeternum est, quo destinavit homines vel servale vel perdere, certissimo vitae et mortis termino praefixo". *Bullinger*, Dekaden; HBBibl 1 (wie Anm. 1), 186; Dekade 4, Predigt 4, fol. 217r. Die Predigt ist nicht ediert. Die vollständige Angabe ist zu finden in HBBibl 1.

[31] Ebd., 217: "Finis autem, sive decretum vitae et mortis breve est et omnibus piis perspicuum. Finis praedestinationis vel praefinitionis Christus est dei patris filius. Decrevit enim deus servare omnes quotquot communionem habent cum Christo unigenitu filio suo, perdere autem omnes quotquot a Christi filii sui unici communione alieni sunt. Communionem vero cum Christo habent fideles, alieni a Christo sunt infideles." Vgl. *Gottfried W. Locher*, Bullinger und Calvin. Probleme des Vergleiches ihrer Theologien, in: Heinrich Bullinger 1504–1575. Gesammelte Aufsätze zum 400. Todestag, Bd. 2: Beziehungen und Wirkungen, hg. von Ulrich Gäbler/Erland Herkenrath, Zürich 1975, 1–33, bes. 23–28.

Rechtfertigungslehre

Ein besonders eigenständiges theologisches Profil zeigt die Argumentationsweise Bullingers im kontroverstheologischen Kernproblem der Rechtfertigungslehre. Die in der älteren Forschung vertretene These, sie bereite Bullinger Schwierigkeiten, muss problematisiert werden[32]. Einerseits hält er grundsätzlich am reformatorischen Verständnis fest und versteht die Rechtfertigung als äußere oder fremde Gerechtigkeit, als Freispruch vom Verdammungsurteil. Andererseits teilt er eben nicht Luthers starke Konzentration der christlichen Lehre auf die Rechtfertigungsbotschaft.

Eindeutig unter dem Eindruck der veränderten theologischen Fragestellung nach der ersten Sitzungsperiode des Tridentiner Konzils setzt er die Rechtfertigung jenem komplexen Geschehen gleich, das die allein durch Gott gewirkte Heiligung und das neue Leben in der geistlichen Gemeinschaft mit Christus umfasst. Er kann die Rechtfertigung sowohl als Adoption zu den Kindern Gottes ("adoptio") als auch als Ermöglichung und Verwandlung des Lebens ("vivificatio") beschreiben[33]. Somit wird die entscheidende theologische Leistung Bullingers deutlich: Er betont Gottes alleinige Aktivität sowie die menschliche Passivität beim Rechtfertigungsgeschehen und erklärt zugleich die Heiligung zur notwendigen Folge der Zuwendung Gottes zum Menschen[34]. Beide Aspekte sind für Bullinger voneinander zu unterscheiden, jedoch noch intensiver als bei Luther aufeinander zu beziehen. Entfällt allerdings dabei der Gabencharakter der Heiligung, bahnt sich leicht eine neue Gesetzlichkeit an, eine Gefahr, die der reformierte Protestantismus nicht immer abzuwenden vermochte.

Es ist für diesen Sachverhalt geradezu bezeichnend, dass Bullinger seit 1523 auf beinahe all seinen Werken das Zitat Mt 17,5 ("Dies ist mein geliebter Sohn, an dem ich Wohlgefallen gefunden habe: Höret auf hin!") auf beinahe allen Frontseiten seiner Werke drucken

---

[32] *Schulthess-Rechberg*, Heinrich Bullinger (wie Anm. 2), 21.

[33] *Bullinger*, Dekaden; HBBibl 1 (wie Anm. 1), 186; Dekade 1, Predigt 6, fol. 16v: "Quis ergo non videat iustificationem in hac disputatione Pauli pro adoptione usurpari? [. . .] Ex quibus omnibus planum fit quaestionem de iustificatione aliud non continere quam modum et rationem beatificandi, nempe per quid aut quomodo remittantur hominibus peccata, recipiantur autem in gratiam et in numerum filiorum dei [. . .]"; ebd.: "Ergo est iustificatio vitae absolutio a peccatis, liberatio a morte, vivificatio, seu translatio a morte in vitam".

[34] Vgl. *Mark S. Burrows*, "Christus intra nos Vivens". The Peculiar Genius of Bullinger's Doctrine of Sanctification, in: ZKG 98 (1987), 48–69.

ließ. Er übersetzte nicht mit "an dem ich Wohlgefallen habe", sondern "in dem ich versoenet bin", und die Anweisung "Höret auf ihn!" gab er jeweils mit "im seid gehoerig" wieder, was nicht nur "hört auf ihn", sondern auch "gehört zu ihm" bedeutet. Diese eigenartige Deutung ist jedenfalls ein Zeugnis dafür, dass bei ihm Christi Versöhnungswerk unentwegt auf die ethische Erneuerung des Lebens hinzielt.

Auseinandersetzung mit den "Dissidenten"

Dass Bullinger sich im Vollzug seiner Amtspflicht als Theologe und Kirchenvorsteher der Zürcher Kirche auch in inneren Widersprüchen verfing, dürfte historisch unbestritten sein. Obgleich er hinsichtlich der Juden[35] oder der Türken[36] etwas besonnener als die meisten Reformatoren war, muss doch daran erinnert werden, dass seine Auseinandersetzung mit den sogenannten Dissidenten, d. h. Spiritualisten, Antitrinitariern und Täufern, einen langen Schatten auf seinen relativen Irenismus wirft. Neben der lavierenden Stellungnahme zu der Verurteilung Servets als Ketzer in Genf[37] oder der polemischen Kampagne gegen Caspar Schwenckfeld[38] oder dem intoleranten Umgang mit Bernardino Ochino[39] ist vor allem seine unerbittliche Bekämpfung der Täuferbewegung bedenklich. Die Täufer wurden zwar in seltsamem ökumenischem Einvernehmen zwischen Katholiken, Lutheranern und Reformierten erbarmungslos verfolgt, doch wie kaum ein anderer Reformator hat Bullinger das historische Bild des Täufertums negativ beeinflusst. Von ihm stammt nämlich die (ebenso erfolgreiche wie falsche) These, sie seien die Gefolgsleute

---

[35] *Joachim Staedtke*, Die Juden im historischen und theologischen Urteil des Schweizerischen Reformators Heinrich Bullinger, in: Ders., Reformation und Zeugnis der Kirche. Gesammelte Studien, hg. von Dietrich Blaufuß, Zürich 1978, 29–49.

[36] *Rudolf Pfister*, Antistes Heinrich Bullinger über den "Tuergg", in: Evangelisches Missions-Magazin 98 (1954), 69–78.

[37] Vgl. CR 36, 555–558.

[38] *Yasukazu Morita*, Bullinger und Schwenckfeld, in: Heinrich Bullinger 1504–1575 (wie Anm. 29), 143–156.

[39] Vgl. *Karl Benrath*, Bernardino Ochino von Siena. Ein Beitrag zur Geschichte der Reformation, Leipzig 1875, 299–336 und 368–373; *Roland H. Bainton*, Bernardino Ochino. Esule e Riformatore Senese del Cinquecento (1487–1563), Florenz 1940, 127–145 und 181–188; *Mark Taplin*, The Italian Reformers and the Zurich Church, c. 1540–1620, Aldershot 2003, 111–169.

des thüringischen Sozialrevolutionärs Thomas Müntzer gewesen[40]. Will man freilich diesem Sachverhalt historisch gerecht werden, muss gleichzeitig betont werden, dass diese Behauptung nicht nur den Rahmenbedingungen seiner turbulenten Zeit zuzuschreiben ist. Vielmehr wurde Bullinger vom grundlegenden theologischen Hauptgedanken geleitet, wonach die Kirche sich von der Gesellschaft nicht absondern kann, sondern das intensive, partnerschaftliche Gespräch mit den Magistraten im Interesse einer menschengerechten, lebensdienlichen Entwicklung des Gemeinwesens zu suchen hat.

Es lässt sich jetzt erahnen, dass ein tieferes Eindringen in die theologische Gedankenwelt Bullingers reiche Gewinne bringen dürfte. Noch etwas sei an dieser Stelle hinzugefügt: Es war nicht nur Bullingers klarer theologischer Verstand oder seine prominente Stellung als Leiter der Zürcher Kirche, sondern in erster Linie seine sanftmütige Gesinnung, die ihn zum Kirchenlehrer des reformierten Protestantismus gemacht hat. Im Zeitalter der Glaubenskämpfe, in dem sich auch die protestantische Welt immer mehr in innerem Zwiespalt zerfleischte, war Bullinger einer der wenigen, die sich um die Überwindung oder zumindest Entschärfung der Gegensätze bemühten, und genau das war es, was ihn damals zu einem Brückenbauer des reformierten Protestantismus machte, zu welchem viele aufschauten.

---

[40] Dazu umfassend *Heinold Fast*, Heinrich Bullinger und die Täufer. Ein Beitrag zur Historiographie und Theologie im 16. Jahrhundert, Weierhof (Pfalz) 1959, und die kritische Buchbesprechung von *Joachim Staedtke*, Heinrich Bullinger und die Täufer, in: Zwingliana 11 (1960), 198–204. Zur Wirkungsgeschichte vgl. *Max Steinmetz*, Das Müntzerbild von Martin Luther bis Friedrich Engels, Berlin 1971, 196–203. Vgl. zuletzt *Urs B. Leu*, Gutachten Bullingers und der Pfarrerschaft über die Bestrafung der Täufer (1535), in: Zwingliana 30 (2003), 103–126.

"DER RECHTE ANFANG ZUR VOLKOMMENEN REFORMATION DER KIRCHEN". JOHANN WILD UND DIE KATHOLISCHE PREDIGT IM ANSCHLUSS AN DAS AUGSBURGER INTERIM

John M. Frymire
(Columbia, Missouri)

I

Reformationsgeschichte ist einem wissenschaftlichen Diskurs untergeordnet worden, welcher Prozessen den Vorrang über Ereignisse und Personen einräumt: der Prozess der Zivilisation, der Christianisierung, der Sozialdisziplinierung und der Konfessionalisierung – zu denen Berndt Hamm den "Prozess der normativen Zentrierung"[1] hinzugefügt hat. Aber dennoch werden auch weiterhin viele Ereignisse als entscheidend für ein Verständnis dieser Langzeitprozesse angesehen: der Wormser Reichstag von 1521, der Bauernkrieg, die Marburger Gespräche, der Augsburger Religionsfrieden usw.

Nicht so jedoch der Augsburger Reichstag von 1547–48, in dessen Verlauf führende deutsche Politiker und katholische Theologen als Zwischenlösung in der Religionsfrage das Augsburger Interim verabschiedeten, das sich, ad hoc formuliert, um die Reintegration der Evangelischen in die katholische Kirche bemühte, das aber schnell der Vergessenheit anheim fiel. Dafür gibt es berechtigte Gründe. Schon der Titel des Schlüsseldokumentes 'Interim' gab seine vorübergehende Gültigkeit in Erwartung zukünftiger Dekrete aus Trient zu erkennen[2]. Entgegen der naiven Hoffnung vieler deutscher katholischer Reformer war das Interim von Anfang an weder politisch noch theologisch durchsetzbar. Endgültig zerschlagen wurden die

---

[1] *Berndt Hamm*, Von der spätmittelalterlichen reformatio zur Reformation: der Prozess normativer Zentrierung von Religion und Gesellschaft in Deutschland, in: ARG 84 (1993), 7–82.
[2] Vgl. *Joachim Mehlhausen*, Art. Interim, in: TRE 16 (1993), 230–237; auch nachgedruckt in Mehlhausens sehr gebräuchlicher deutsch/lateinischer Ausgabe, Das Augsburger Interim von 1548, 2. erw. Aufl., Neukirchen-Vluyn 1996.

Hoffnungen durch den Fürstenaufstand und den Passauer Vertrag
(der das Interim hinfällig machte) und zuletzt durch den Augsburger
Religionsfrieden 1555. Solche Entwicklungslinien sind jedoch nur in
der historischen Rückschau zu erkennen und täuschen über die spezifischen Wahrnehmungen der zeitgenössischen deutschen Protestanten
und Katholiken hinweg, bei denen die Wolken des Zornes – oder
der Gnade – Gottes ganz besonders niedrig zu hängen schienen,
und für die im Jahre 1547 das Konzept einer Geschichte der lon-
gue durée noch ein Geheimnis war.

Zurück ins Jahr 1547. Die politische und militärische Niederlage
Johann Friedrichs wurde im Bewusstsein der Zeitgenossen religiös
gedeutet. Die sächsischen Kurfürsten seit Friedrich dem Weisen hatten Luther nicht nur beschützt und gefördert, sondern auch das
Ansehen des Reformators bzw. seine Theologie für ihre politische
und religiöse Legitimation instrumentalisiert[3]. Dafür wurden sie –
sowie die gesamte evangelische Bewegung – nun von Gott offensichtlich verurteilt. Für Andreas Osiander in Nürnberg war die Niederlage des Schmalkaldischen Bundes nicht weniger als ein apokalyptisches
Ereignis[4]. Genau zur gleichen Zeit befahl der Stadtrat in Nördlingen,
das innerhalb der Stadtmauern von der Pest und außerhalb von kaiserlichen Truppen geplagt wurde, seinen Predigern, öffentlich zu verkünden, dass diese Bedrängnisse "ungezweifelt zu wolverdienter
straff unnserer unzalbarn sünden" über die Stadt verhängt worden
seien[5]. Gott hatte sie mit der Wiederentdeckung des Evangeliums in
seiner reinsten Form gesegnet, und sie hatten es verdorben[6].

Von ihrer eigenen Warte aus hatten es die deutschen Katholiken
auch verdorben. So konnte ein Prediger 1549 behaupten: "Christus
klagt zu seiner zeit/ der Tempel were zur Mördergruben worden/
zu vnsern zeiten sihet man leyder/ das die Kirch schier anders nichts
ist als ein Stall/ darin nicht allein dreyhundert Ochssen so viel jar/

---

[3] Für den künstlerischen Teil dieser Propaganda, siehe *Carl C. Christensen*, Princes
and Propaganda: Electoral Saxon Art of the Reformation, Kirksville 1992 (= SCES
20).
[4] *Robert Stupperich*, Das Augsburger Interim als apokalyptisches Geschehnis nach
Osiander, in: ARG 64 (1973), 225–245.
[5] Ordonnances du Sénat de Nördlingen en temps d'épidémie (1547), hg. von
E[rnest] Wickersheimer, in: Janus 26 (1922), 15–23; hier: 17.
[6] Johannes Janssen erstellte eine Liste zahlreicher protestantischer Städte, die
genau zu dieser Zeit von der Pest geplagt wurden; vgl. *Johannes Janssen*, Geschichte
des deutschen Volkes seit dem Ausgang des Mittelalters, 8 Bde., Freiburg 1876–94,
hier: Bd. 7, 398.

sonder so viel viehischer Menschen/ Oberkeit vnd Vnderthanen nun etlich hundert jar geschmeist haben/ muß mehr dann ein Hercules sein/ sol es alles außgefeget werden/ wirdt auch grosse mühe nehmen"[7]. Als passende Strafe hatte Gott, zusätzlich zu dem traditionellen Gemisch aus Krieg, Hungersnot und Pest, Martin Luther ausgewählt und seiner Bewegung einen fast dreißigjährigen Erfolg erlaubt. Im Jahre 1547 änderte sich dies. Die Katholiken, die nicht weniger als die Protestanten stets wachsam auf göttliche Zeichen warteten, sahen ein solches in ihrem Sieg – einem Sieg, den sie, wie der gleiche Prediger beharrte, als Fanfarenstoß für den Beginn der "vollkommenen Reformation der Kirchen" begriffen. Gott hatte Karl V. mit seinem militärischen Sieg und seinen nachfolgenden kaiserlichen Mandaten den richtigen Weg gezeigt, der nach Synoden im gesamten Heiligen Römischen Reich verlangte[8].

Der erwähnte Prediger war Johann Wild (1495–1554), welcher zum vierten Mal 1549 auf einer dieser Synoden in Mainz predigte, wo er als Domprediger und Leiter der Franziskanerobservanten fungierte[9]. Erzbischof Sebastian von Heusenstamm hatte Diözesan- und Provinzialsynoden einberufen, um die Arbeit der katholischen Reform im Anschluss an das Augsburger Interim zu organisieren. Die kaiserliche Reformnotel vom 14. Juni 1548 beschäftigte sich hauptsächlich mit der Visitation, der Organisation und der Disziplin des deutschen Klerus[10]; bis 1551 sollten sich nicht weniger als fünfzehn

---

[7] *Johann Wild*, Vierdte vnd Beschlußpredig im Synodo [Mainz 1549]/ am Sontag Vocem Iocunditatis [26.5.; J. F.], in: ders., Gemeine/ christliche vnd Catholische Bußpredigen Fünff vnd Dreysig/ nach Euangelishcer warheit/ Zu gemeinen Proceßionen vnd Bitfarten/ in Sterbens/ Kriegs/ Vnwitterung/ vnd anderen schweren zeyten vnd fellen/ beschen, hg. von Philip Agricola, Mainz 1564, 130b–135a, hier: 131a.

[8] Ebd., 131a: "Zum anfang/ sag ich/ dann zur volkommenen Reformation der Kirchen werden viel mehr Leuth vnd zeit gehören. Der Feind hat des vnkrauts so viel auff des Herren Acker gesehet/ das menschlicher vernunfft nit wol möglich ist/ auff einmal außzureutten [. . .] Gott hat den weg gezeiget/ in dem er dem frommen Keyser das gemüth geben hat/ drauff zu dringen/ das die Synodi nach alter Ordnung gehalten werden. Das ist der rechte anfang zur Reformation der Kirchen. Der Anfang/ sprech ich/ wie zuuor/ denn zur völligen Reformation gehöret mehr zeyt [. . .]. Wir wöllen Gott dank sagen/ das wir den anfang sehen."

[9] Ein selektiver Auszug von Wilds Synodalpredigten ist zu finden in der kurzen Studie von *Nikolaus Paulus*, Johann Wild. Ein Mainzer Domprediger des 16. Jahrhunderts, Köln 1893, 40–45.

[10] Gedruckt in Acta reformationis Catholicae ecclesiam Germaniae concernentia saeculi xvi. Die Reformverhandlungen des deutschen Episkopats von 1520 bis 1570, 6 Bde., hg. von Georg Pfeilschifter, Regensburg 1959–1974, hier: Bd. 6, 348–380.

weitere Synoden mit diesem Thema beschäftigen. Auf ihnen wurden mehrere Dekrete verabschiedet, die – auch wenn sie im Grad ihrer Lehraussagen voneinander abwichen – trotz allem einen gemeinsamen Schwerpunkt "ad mores pertinentia" teilten[11].

An vorderster Stelle der Reformforderungen stand die Ausbildung kompetenter Prediger und deren Ausstattung mit angemessenem Handwerkszeug für die Kanzel: Predigtsammlungen, Katechismen und andere Hilfsmittel, die als entscheidend für gutes Predigen angesehen wurden. Im Anschluss daran produzierten katholische Autoren und Drucker (besonders in Mainz) neue Bücher und Übersetzungen. Jedoch weisen die Aussagen der Synoden ebenso wie die Druckerzeugnisse aus dieser Zeit auf ein Problem der Autorität und in bestimmten Fällen auch Angst vor der Zensur hin. Das Predigt- und Druckprogramm sowie die im Zusammenhang mit dem Augsburger Interim auftretenden Schwierigkeiten möchte ich im Folgenden genauer darstellen, und zwar hauptsächlich am Beispiel des Johann Wild. An ihm lässt sich exemplarisch verdeutlichen, inwiefern den Katholiken ihrer Selbsteinschätzung nach eine zweite Chance gegeben wurde, "die volkommene Reformation der Kirchen" zu beginnen. Wie sie damit umgingen und welche Probleme ihnen dabei entgegentraten, sagt viel über ihre Reformansichten und deren Grenzen und Gefahren aus.

II

In seiner zweiten Predigt vor der Mainzer Provinzialsynode am 12. Mai 1549 kommentierte Johann Wild die Perikope Joh 16,16–23 mit den Worten: Es "gibt mir doch wider einen trost/ das es eben der stück eines ist/ darauff der Synodus versamlet vnnd angestelt ist/ Nemlich/ mittel vnnd weg zu suchen/ wie die Kirchen allenthalben baß mit guten Predigern versehen werden"[12]. Jesus hatte seine Apostel vor vorausliegenden schweren Zeiten gewarnt und verkündet: "ein

---

[11] Die Dekrete von 15 deutschen Synoden von 1548–1551 wurden von Johann Friedrich Schannat und Joseph Hartzheim herausgegeben: CGerm, 11 Bde., Köln 1759–1763, hier: Bd. 6.

[12] *Johann Wild*, Hie nachfolgend etliche Predig/ auch zu Mentz im hohen Dhomstifft durch den Ewirdigen F. Joannem Wildt geschehen/ zur zeit des prouincials Synodi/ Anno M. D. XLIX, Mainz 1550, 6a.

Weib, wenn sie gebiert, so hat sie Traurigkeit; denn ihre Stunde ist gekommen" (Joh 16,21). Diese Frau war die "mater ecclesia", von Schmerzen geplagt wegen ihres selbstsüchtigen Klerus, der Schismatiker und des schlechten Zustands der Kirche[13]. Wild hatte allerdings viel mehr über den katholischen Klerus als über die deutschen Ketzer zu sagen, nicht zuletzt deswegen, weil die schlimmsten unter den Prälaten die höchsten Stellen in der Kirche einnahmen "vnd die Kirchen schier allenthalben inhaben"[14].

Nach dem Sieg über die Protestanten 1547 war nun im Frieden das Problem der Widerwille eines selbstzufriedenen – da nicht länger bedrohten – Klerus, die Reformation voranzutreiben. Das Wort "in Trost war mir sehr bange" (Jes 38,17) schien nach Wild nun für die Kirche zu gelten: "Da die Tyrannen so grausam wütteten wider die Christen/ war der Kirchen bitterkeit groß. Da die Ketzer so hauffend vnd gifftig wider sie stritten/ wahr die bitterkeit noch grösser. Jetzunden/ so man went die Kirch hab frieden/ ist jr bitterkeyt am aller grössesten. Vnnd das machen nun jhre eigne Kinder vnnd vorsteher"[15]. Halbherzigkeit bzw. Trägheit bei der Umsetzung geistlicher Reformen hatte nicht weniger als endgültige Verdammung zur Folge: "Was jr aber der Kirchen nicht thund/ das thund jhr auch Christo nicht/ vnd der wirts auch über euch klagen vnd an euch straffen am Jüngsten tag/ ja in ewigkeit. Darumb so werdent nit schuldig an dem verderben so vieler Seelen/ die Christus so theur erkaufft/ vnnd euch befohlen hat/ wirdt auch widerumb derhalben rechenschafft von euch fordern. Werdet nit schüldig an euwerm aygnen verderben [. . .] Seien verflucht von gott vnd seiner gesponsen/ alle die so der Kirchen Reformation hindern/ oder diß heilig vnd notwendig werck betrüglich/ mit vntrewen vnd nit auß Hertzen verrichten"[16].

Wichtigste Aufgabe der Synoden war die Erneuerung der Kirche, mit der Reform des Klerus und besonders der Predigt in ihrem Zentrum. Wild betonte, dass, wenn Jesus keine Mühe scheute, aus seinen Aposteln wirksame Prediger zu machen, deutsche Prälaten das Gleiche tun müssten[17]. Das einfache Volk hatte um das Brot der

---

[13] Ebd., 9b–10b.
[14] Ebd., 13a.
[15] Ebd., 12b.
[16] Ebd., 13b–16a.
[17] Vgl. ebd., 21a/b.

Predigt gebeten und niemand war da, der es für sie schnitt oder
brach (vgl. Thr 4,4). "Der mangel ist leider da", fuhr Wild, mit der
Hungersnot im Einflussgebiet der kirchlichen "Seelmörder" konfrontiert, fort. Die Parvuli "müssen eintweders hungers sterben/ oder
andere speiß suchen vnnd brauchen"[18], d. h., sie müssen sich nach
evangelischen Predigern umsehen. Was würde es tatsächlich nützen,
wenn deutsche Prälaten ihre Schafe vor den ketzerischen Wölfen
schützten, wenn sie dann zuließen, dass die Herde im katholischen
Stall verhungerte? Der Sieg von 1547 hatte die Verteidigung der
Simplices gesichert, doch nur eine Reformation der Predigt könnte
den Schaden heilen[19]. Zuallererst musste jeder christliche Prälat eines
bedenken: "Keines dings kan die Kirch weniger geradten/ dann des
pfarr vnd predig Ampts/ vnd ist doch nichts das mann weniger
achte"[20]. Die Probleme waren vielfältig und bekannt, was Wild nicht
davon abhielt, sie in einer Liste genau aufzuzählen: Priestermangel,
der Verlust zahlreicher Talente an die ketzerische Gegenpartei und
der Ruin der Schulen[21]. "Die Secten thund es vns in dem stück weit
vor/ die sparen keinen kosten/ das sie gelerte leut haben"[22]. Aber
lediglich gegenwärtige Mängel aufzuzählen lief Gefahr, den eigentlichen Tatbestand zu verschleiern: Hohe geistliche Würdenträger
mussten die Ausbildung der Kleriker fördern, und selbst als "der wirt
vor Gott schuldig sein an allen denen/ die durch solchen mangel
versaumpt werden"[23]. In einer Zeit, in der so große Bemühungen
der Wiedereinsetzung der katholischen Messe und anderer traditioneller Riten galten[24], erinnerte Wild seine Zuhörer daran, dass ihre
Arbeit über Äußerlichkeiten hinausging: "Vnßer ampt vnd stand fordert kunst [...] So ist es vns auch nicht allein vmb die Ceremonien
zuthun/ sonder das wir dem volck mit lehr vnnd vermanung vor-
stehnd vnnd dienen." Moses hatte eben diesen Punkt erkannt und
"doctrina et veritas" – Lehre und Wahrheit – in die Lostasche für

---

[18] Ebd., 21b–22a.
[19] Vgl. ebd., 23b.
[20] Ebd., 24a.
[21] Ebd., 24b–25a.
[22] Ebd., 28b.
[23] Ebd., 26a.
[24] Siehe die Zusammenfassungen von *Rolf Decot*, Religionsfrieden und Kirchenreform.
Der Mainzer Kurfürst und Erzbischof Sebastian von Heusenstamm 1545–1555,
Wiesbaden 1980 (= VIEG 100), 138; 142; 133f (bes. zu den Visitationen).

den Schiedspruch ("in rationali iudicii") getan[25]. Die katholische Reform dagegen werde durch den Geiz der deutschen Prälaten erstickt. "Laßend euch den Geitz nit überwinden in dießer sachen", ermahnte sie Wild. "Lassendt euch den eygengesuch nit vrsach geben/ das die Kirch gutter hirten/ vnnd gelerter Prediger müsse beraubt sein. Da ist das Kirchengutt am besten angelegt/ vnnd darzu ist es auch am mehsten gegeben/ das dient zu der ehr Gottes/ zu der Kirchen nutz/ zu der seelen heyl"[26].

Nun könnte man behaupten, dass Johann Wilds Predigten in einer direkten Linie mit dem Zeitalter der vereitelten katholischen Reform stehen. Dieses Urteil stimmt jedoch nur zur Hälfte. Wild steht in einer Verbindungslinie mit der Tradition, aber nicht mit der des 15. Jahrhunderts, sondern mit der der Alten Kirche. In dieser hat Wilds Art der Reform – via der Synode als Reforminstrument – seine Wurzeln. In einem Zeitalter, in dem unzählige Parteien auf die Vorstellung einer ecclesia primitiva Anspruch erhoben, sah ein Prediger wie Wild in der Post-Interim-Synode eine Rückkehr zum ursprünglichen Christentum. Die frühen Kirchenväter, so predigte der Franziskaner, hatten regelmäßige Synoden und Konzilien für die Aufrechterhaltung der Kirche angeordnet, für das Ausjäten von Unkraut aus dem Weingarten Jesu. "Es ist ja gewiß/ das so vil onkrauts wie mann in der Kirchen sicht/ nirgend anders herkommen ist/ dann auß verachtung vnd vnterlassung der Concilien"[27].

Wilds Haltung stimmte durchaus mit den Vorstellungen seines Erzbischofs überein. Als Primas der deutschen Kirche hatte Sebastian von Heusenstamm die Synode mit einer Predigt eröffnet[28], in der er eine den Vorstellungen Wilds entsprechende Agenda ankündigte. Als Reichsfürst war von Heusenstamm seinem zum Teil sozial gleichgestellten Publikum gegenüber reservierter als der charismatische Franziskaner es zu sein pflegte. Ohne ein Wort über die Missstände unter den Prälaten zu verlieren, konzentrierte sich der Erzbischof stattdessen auf die Auswahl, die Schulung und die Disziplin des Klerus. Die

---

[25] *Wild*, Hie nachfolgend etliche Predig (wie Anm. 12), 26b. Vgl. Ex 28,30 (Vg.).
[26] Ebd., 29a.
[27] Ebd., 14a.
[28] Von Heusenstamms Predigtvorlage überlebte in einer Handschrift des Schloss-Archivs Vollrads, fol. 51–78 (keine Hs.-Signatur); vgl. *Ludwig Lenhart*, Die Mainzer Synoden von 1548 und 1549 im Lichte der im Schloß-Archiv Vollrads/Rhg. aufgefundenen Protokolle, in: AMRhKG 10 (1958), 67–111; hier: 101–103.

Predigt des Erzbischofs kündigte somit tatsächlich die Umsetzung der in Mainz und anderswo erlassenen Dekrete im Anschluss an das Interim an[29].

Die Reformartikel betonten die Verbesserung der religiösen Anleitung, aber auch die Überprüfung und beständige Kontrolle der Priester, was sich besonders in der Zensur ihrer Predigten und Bücher ausdrückte[30]. Der Zusammenhang von Predigt, Büchern und Verbreitung der Ketzerei war schon lange bekannt. Die scharfen Formulierungen in manchen Reichstagsdekreten[31] und die Synoden der 1530er Jahre – wie die in Köln und Salzburg[32] – unterstrichen die Gefahren von Büchern und ketzerischen Predigtsammlungen. Als Georg Witzel sein Gegenstück zu Luthers populärer 'Kirchenpostille' 1539 veröffentlichte, beklagt er sich über die verdorbenen Früchte des evangelischen Predigens und forderte katholische Regierungen auf, den Druck genehmigter Predigten zu kontrollieren, "weil das Gedeihen der verwirrten Christenheit am recht Predigen sehr liegen will, gleichwie sie den Schaden am meisten empfangen hat vom falsch Predigen"[33]. Wie in Mainz erkannten auch Prälaten auf der Post-Interim-Synode in Köln das Bedürfnis ihrer Prediger nach Zensur und Konfiszierung fraglicher Bücher an[34].

---

[29] Decreta Synodi Doecesanae 1548 und Statuta Synodi Provincialis anno 1549, in: Codex Ecclesiasticus Moguntinus Novissimus, hg. von Franz Joseph K. Scheppler, Aschaffenburg 1802, Bd. 1,1 [keine mehr veröffentlicht], 8–14 und 16–74. Die Dekrete und ihre Kontexte sind zusammengefasst in: *Decot*, Religionsfrieden und Kirchenreform (wie Anm. 24), 135–144 (mit weiterer Lit.). Die Predigten Wilds sind dort erwähnt, aber nicht analysiert; ebd., 139, Anm. 363. Siehe auch *Johannes Beumer*, Das Mainzer Provinzialkonzil aus dem Jahre 1549 und seine Beziehungen zu dem Trienter Konzil, in: AHC 5 (1973), 118–133.

[30] Statuta Synodi Provincialis anno 1549 (wie Anm. 29), 30f (Kap. 49–51).

[31] Vgl. *Ulrich Eisenhardt*, Die kaiserliche Aufsicht über Buchdruck, Buchhandel und Pressen im Heiligen Römischen Reich Deutscher Nation (1496–1806). Ein Beitrag zur Geschichte der Bücher- und Pressezensur, Karlsruhe 1970. Die Dekrete von Augsburg 1530 waren besonders streng; vgl. Aller des Heiligen Römischen Reichs gehaltenen Reichs-Täge, Abschiede und Satzungen [. . .] wie die vom Jahr 1356 biß in das 1654 auffgericht, erneuert und publicirt worden, 2 Bde., Frankfurt a. M. 1720, Bd. 1, 250 (Kap. 58).

[32] Vgl. die Dekrete der Kölner Synode von 1536, Pars XII Cap. IX: "Nihil imprimendum aut vendendum, nisi revisum prius", in: Acta Reformationis Catholicae (wie Anm. 10), Bd. 2, 294,8–21, mit Anm. a. Sehr ähnlich ist Kapitel 22 der (unveröffentlichten) Reformkonstitutionen der Salzburger Synode von 1537, in: Ebd., 406, 1–16 mit Anm. a, b, und d.

[33] *Georg Witzel*, Vorrede zu seiner Homiliae orthodoxae [1539], in: Die katholischen Kanzelredner Deutschlands seit den letzten drei Jahrhunderten, hg. von Johann Nepomuk Brischar, 5 Bde., Schaffhausen 1867–71, Bd. 1, 33–37, hier: 34–35.

[34] Vgl. Acta sacrae Synodi Diocesanae Coloniensis (1550); CGerm 6, 616–620; hier: 617.

Kirchenautoritäten und ihre Drucker antworteten auf die Aufrufe der Synoden, die katholische Predigt zu beleben. In ihrem Bestreben, der evangelischen Bewegung entgegenzuwirken, hatten katholische Offizinen Predigten bisher keineswegs vernachlässigt[35], aber nach 1547 im Anschluss an das Augsburger Interim kann man verstärkt gezielte Bemühungen beobachten. Mittels der aus vielen Pfarrervisitationen gezogenen Schlussfolgerung, dass Orthodoxie und Autorität das größte Problem darstellten, erkannten deutsche Prälaten die Unabdingbarkeit vereinheitlichter deutscher oder rudimentär lateinischer Veröffentlichungen für ihr Reformprogramm. Diese Erkenntnis steigerte nach 1547 den Bedarf an elementaren Predigthilfsmitteln und ihre Produktion. Hauptsächlich waren darunter Predigten, die zum Vorlesen bestimmt waren, oder nicht ausformulierte Predigtentwürfe. Innerhalb weniger Monate nach dem Sieg über die Protestanten wurde eine deutsche Übersetzung von Josse Clichtoves Predigten gedruckt[36]. Als der Augustiner Johannes Hoffmeister nach der Veröffentlichung seiner lateinischen Predigten 1547 starb, ließ sein Drucker diese schnellstens übersetzen; innerhalb von zwei Jahren veröffentlichte er sie in zwei Teilen[37]. Johannes Fabri von Heilbronn, der nun in den Augsburger Dom versetzt worden war, um die katholische Lehre zu predigen, veröffentlichte ein grundlegendes Predigerhandbuch und eine Bibelkonkordanz, um Priestern im Kampf um die Deutungshoheit der Schrift beizustehen[38]. Die Sammlung vereinfachter Predigtvorlagen des Wiener Bischofs (und ehemaligen Mainzer

---

[35] Dies ist das Thema meiner Monografie, Catholic Preaching and the German Reformation: Pulpits and Presses 1517–1555 [in Bearbeitung], in der die Predigten von Friedrich Nausea, Johannes Eck, Johann Wild, Michael Helding, Johannes Hoffmeister, Johannes Dietenberger, Josse Clichtove, Georg Witzel, Johannes Fabri von Wien, Johannes Fabri von Heilbronn, und Johann Justus Lansperger analysiert werden. Für ihre gedruckten Predigten siehe *Wilbirgis Klaiber*, Katholische Kontroverstheologen und Reformer des 16. Jahrhunderts. Ein Werkverzeichnis, Münster 1978 (= RGST 116).

[36] Clichtoves Sermones, zuerst 1534 in Paris erschienen, wurden bereits 1535 von Johannes Fabri von Heilbronn herausgegeben und in Köln gedruckt; die Übersetzung ins Deutsche folgte jedoch erst 1547: *Josse Clichtoves*, Evangelische und christenliche Predigen [...], Ingolstadt 1547.

[37] *Johannes Hoffmeister*, Homiliae in Evangelia quae in dominicis et aliis festis diebus leguntur [...], 2 Bde., Ingolstadt 1547; ders., Predig über die Suntäglichen Evangelien des ganzen Jars, Ingolstadt 1548; ders., Predig über der lieben Heiligen Gottes, Ingolstadt 1549; es folgten deutsche Gesamtausgaben (2 Bde.) Ingolstadt 1550, 1554, 1561, 1561/62 und 1575.

[38] *Johannes Fabri von Heilbronn*, Enchiridion sacrae Bibliae, industrio ac fideli Concionatori, in popularibus declamationibus non solum vtilis, sed et necessarius, Augsburg 1549.

Dompredigers) Friedrich Nausea wurde zu dieser Zeit übersetzt[39], und die Predigten des Mainzer Weihbischofs Michael Helding auf dem Augsburger Reichstag wurden in der Fuggerstadt gleich gedruckt[40].

Keine deutsche katholische Stadt jedoch reagierte auf dieses neue Klima so positiv wie Mainz, wo sich der Drucker Franz Behem der Schirmherrschaft des Erzbischofs von Heusenstamm für die Produktion offizieller erzbischöflicher und synodaler Dekrete, vereinheitlichter Diözesentexte und verschiedener Predigtsammlungen erfreute. Sich an die Erklärungen seiner Synode haltend, erstellte und verteilte von Heusenstamm eine neue Agenda für die Kirchen unter seiner Herrschaft. In ihr wurden nicht nur verschiedene liturgische Bücher vereinheitlicht, sondern auch grundlegende katholische Glaubenslehren als Handreichung für die Gemeindepriester aufgenommen. Die verschiedenartigen, in feierlichem Ton gehaltenen lateinischen Texte wurden durch Erklärungen und Anleitungen in der Volkssprache ergänzt[41]. Von Heusenstamm förderte den Druck von Heldings 'Katechismus', in dem die Prediger deutsche Erklärungen des Glaubensbekenntnisses, des Vaterunsers, des Ave Marias, der Zehn Gebote und der sieben Sakramente finden konnten[42]. Johann Wild gab einen Leitfaden zur Schulung und Kontrolle von Priestern durch Behems Presse heraus, wie auch ein elementares volkssprachiges Gebetsbuch[43].

Am deutlichsten zeigt sich jedoch an dem Druck von Wilds Predigten, in welchem Ausmaß von Heusenstamm Bedarf darin sah, Prediger mit autorisierten Texten in Volkssprache auszustatten. Kein anderer katholischer Autor dieser Zeit sah seine Arbeiten in ähnlich hohen Auflagen produziert. Obwohl vier der Sammlungen in Latein herausgegeben waren, konnte Behem in den Jahren 1550 und 1551 nicht weniger als sieben Bände von Wilds deutschen Predigten dru-

---

[39] *Friedrich Nausea*, Catholicorum in totius anni tam de tempore quam de Sanctis Evangelia Postillarum [. . .] epitome, Leipzig 1539; übers. als *ders.*, Epitome oder Compendium/ das ist ain außzug oder ain kurtze verfassung der Catholischen vnnd Christlichen predig vnd außlegung auff die Euangelia/ so man vber das gantze jar lißt [. . .], Ingolstadt 1550.

[40] *Michael Helding*, Von der hailigsten Messe 15. sermones/ geprediget zu Augsburg [. . .], Augsburg 1548.

[41] Agenda Ecclesiae Moguntinensis [. . .], Mainz 1551. Über die Dekrete und Agenda, siehe *Decot*, Religionsfrieden und Kirchenreform (wie Anm. 24), 144.

[42] *Michael Helding*, Catechismus. Christliche Underweisung und gegründeter Bericht, nach warer katholischer lehr über die fürnemste Stücke unseres heiligen Christen-Glaubens [. . .], Mainz 1551.

[43] *Johann Wild*, Examen ordinandorum [. . .], Mainz 1550, und *ders.*, Christlichs und sonder schöns betbüchlein, Mainz 1551.

cken[44]. Nun erschien das Wappen des Erzbischofs nach der Titelseite
auf jeder von Wilds Arbeiten. Von Heusenstamm hatte Wilds Predigten
fast zwanzig Jahre lang angehört und seine Entscheidung, Wild zu
fördern, lag zweifelsfrei in dessen einfachem, auf der Bibel basieren-
dem Predigtstil begründet, einem Stil, der ohne die akademischen
Spitzfindigkeiten und die gegenreformatorische Polemik eines Nausea,
Hoffmeister oder Clichtove auskam. Wilds Stelle als Mainzer Domprediger machte ihn in den Augen seines Erzbischofs zum wün-
schenswerten Exemplum für Prediger[45]. Wild selbst berief sich in
seinen Vorworten mehrfach auf die Autorität des Erzbischofs, darauf insistierend, dass die Predigten lediglich erschienen, weil von
Heusenstamm ihre Veröffentlichung gefordert hatte[46]. Dies könnte
teilweise als Ausdruck der selbstgefälligen humilitas verstanden werden, die für jedes Vorwort charakteristisch ist: Der Autor – gedrängt
von allen Seiten – stimmt zu, seine Talente mit einer breiten Öffentlichkeit zu teilen. Aber hier steckt noch mehr dahinter. Andere, nicht
von Wild verfasste Quellen bestätigen, dass der Domprediger bereits
1539 die Angebote von Cochlaeus und anderen katholischen Theologen
abgelehnt hatte, seine Predigten zu veröffentlichen[47]. Zehn Jahre später sollte sich Wilds Widerstreben gegen Cochlaeus dann zu einer

---

[44] Außer der massiven Postille des Franziskaners (mehr davon unten), druckte der
Mainzer Franz Behem die folgenden Arbeiten Wilds, bei denen es sich sämtlich
um Erstausgaben handelt. Ich zitiere die Kurztitel: Annotationes in Ecclesiasten
Solomonis (1550); Enarrationes in Evangelium secundum Joannem (1550); Jonas
Propheta. Per quadragesimam explicatus (1550); Divi Joannis Epistola prima enar-
rata 1545 (1550; übers. 1550); Der Neun vnd siebentzigst Psalm. Noch andere zwo
Predig (1550); Die Parabel oder Gleychnusz Von dem verlornen Son (1550); Etliche
Predig zur Zeit des Provincials Synodi 1549 (1550); Examen Ordinandorum (1550);
Predige Uber das Erste Sontägliche Evangelion im Advent (1550); Das erst Büchlein
Esre gepredigt 1550 (1551); Quadragesimal, Das ist Fasten Predig von der Buß,
Beicht, Bann, Fasten, Communion, Passion und Osterfesten, auff die zwey letste
Capitel des Ersten Büchlein Esre, und auff die History von der büssenden Sünderin
(1551).
[45] Das Gleiche gilt für Wilds Analyse seines eigenen Predigens. Vgl. z. B. *ders.*,
Postill oder Predigbüch Euangelischer warheyt vnd rechter Catholischer Lehr [. . .]
vom Aduent/ biß auff Ostern, Mainz 1552, iiib–iva.
[46] So z. B. Wilds Widmung an von Heusenstamm in seiner ersten Veröffentlichung,
Ennarationes in Iohannem (wie Anm. 44), iiia. Diese und andere Behauptungen
finden sich auch in Wilds Widmung an von Heusenstamm in Die Erste Epistell
Joannis (wie Anm. 44), 3a, sowie in der Vorrede zu seinem Der Neun vnd siebentzigst Psalm (wie Anm. 44), iia–b.
[47] Vgl. die Vorrede des Mainzer Buchhändlers Theobald Spengel zu Cochlaeus
vom 8.9.1550, in: *Wild*, Die Parabel oder Gleychnusz Von dem verlornen Son (wie
Anm. 44), iia–b.

absoluten Verweigerung steigern[48]. Im Kontext einiger Dekrete der
Post-Interim-Synode zeugt das Zögern des Dompredigers von einem
Bewusstsein für die Konflikte von lehrmäßiger Autorität und
Empfindsamkeit gegenüber der Zensur, denen ich mich nun kurz
widmen möchte.

III

Dass Prediger für den täglichen Gebrauch geeignete orthodoxe Bücher
benötigten, war offensichtlich, wie die Dekrete der Synoden klar
machten. Die Unsicherheit der Zeit spiegelte sich in Dekreten und
Instruktionen wie z. B. den Beschlüssen von Köln 1549–1550 wider,
in denen auf der einen Seite Strafen für diejenigen Prediger angekündigt wurden, die im Besitz der ketzerischen Postille waren, in
denen andererseits aber zugegeben wurde, dass keine vollständige
genehmigte katholische Predigtsammlung zur Hand war[49]. Bis eine
solche Sammlung gedruckt werden konnte, stellten Prälaten in Köln
eine Liste der empfohlenen Autoren zur Verfügung, auf der die zwei
vielleicht wichtigsten Prediger für Kölner und Mainzer Drucker in
den 1530er und -40iger Jahren fehlten, Friedrich Nausea und Georg
Witzel[50]. Nauseas Predigten wurden nicht weniger als acht Mal in
Köln gedruckt[51]. Dort, und in Behems Offizin in Mainz hatten Witzels
'Postille' und andere seiner Schriften die Druckerpressen in den
1540er Jahren dominiert[52].

---

[48] Vgl. die Vorrede des Druckers Franz Behem in *Wild*, Hie nachfolgend etliche
Predig (wie Anm. 12), Aib.
[49] Decreta Concilii Provincialis Coloniensis (1549); CGerm 6, 532–562, hier: 537f.
[50] Forma instituendae Visitationis Cleri et populi; ebd., 6, 622–653, hier: 640f.
[51] *Friedrich Nausea*, Tres Evanglicae veritatis Homiliarum Centuriae IV, Cologne
1530, 1532, 1534, 1535 und 1540; und sein wichtiges Handbuch mit Predigtvorlagen:
Catholicarum in totius anni [...] Postillarum epitome, sive compendium, Cologne
1540, 1543 und 1550 [sic!].
[52] Witzels gedruckte Predigtsammlungen: Homiliae orthodoxae [...], 4 Bde.,
Mainz 1546, Köln 1539, 1543, 1545; Ecclesiasticae demegoriae. Postill oder gemeine
Predig [...], 4 Bde., Mainz 1542 und 1546, Köln 1545. Behem und der andere
Mainzer Drucker Ingo Schöffer druckten die folgenden Werke Witzels zwischen
1539 und 1550; ich führe die Werknummern von *Klaiber*, Werkverzeichnis (wie Anm.
35) an: 3342, 3347, 3350, 3353, 3358 [sic!], 3359, 3372, 3379 (3-mal), 3380 (3-mal),
3381–83, 3384 (2-mal), 3385–92, 3394, 3395, 3396 (2-mal), 3397–3400, 3403, 3404,
3406–3408, 3413 und 3420. In der gleichen Zeit wurden folgende Werke von Witzel
in Köln gedruckt: 3328, 3330–32, 3335, 3337, 3342, 3343, 3347, 3349, 3352, 3361,
3370, 3401, 3402, 3405, 3406, 3409, 3410 und 3416–19.

In den Dekreten der Mainzer Synoden wurden ebenfalls Buch-
und Druckvorschriften verkündet. Wie die Prälaten in Köln erkannten diese das Bedürfnis nach einfachen und orthodoxen Predigtbüchern
für ihre Prediger an. Aber welche Postille ihre Prediger benutzen
sollten, ließen sie im Dunkeln. Den Visitatoren wurde nahe gelegt,
die Büchereien von Predigern und Pastoren gründlich zu durchsuchen
und sie von gefährlichen und ketzerischen Arbeiten zu reinigen.
Außerdem sollten die Visitatoren die Gemeindepriester beim Predigen
beobachten, um zu entscheiden, welche Postillenverfasser sie imitier-
ten[53]. Zusätzlich wiederholten die Prälaten zahlreiche kaiserliche
Dekrete, die den Druck, die Kontrolle, den An- und Verkauf und
die Schenkung von ketzerischen oder anonymen Büchern bestraften[54].

In diesem Kontext der Unsicherheit und Zensur erscheint Wilds
Zurückhaltung gegenüber der Veröffentlichung seiner Predigten nicht
mehr nur als rhetorische Floskel. In verschiedenen Vorworten behauptete er, dass er weder die richtige Ausbildung noch Zeit für Korrekturen
und Verbesserungen habe und seine Predigtmanuskripte im Wesentlichen ohne seine Einwilligung in den Druck gegeben worden seien[55].
Zu seiner Liste von orthodoxen Autoren auf seinem Schreibtisch
musste Wild auch diejenigen Bücher hinzufügen, die sich als hilf-
reich für die Verfassung seiner Predigten erwiesen, einschließlich
derer von Johannes Brenz und Johannes Oecolampad[56]. Wenn der
wortgewaltige Prediger als Autor somit deutlich reservierter blieb,
dann gab es dafür im Jahre 1550 unzählige Gründe.

Erzbischof von Heusenstamm genehmigte endlich die einzige, defi-
nitive Predigtsammlung, die wöchentlich und während der Feiertage
von Predigern im ganzen Erzbistum benutzt werden sollte. Zwischen
1552 und 1555 druckte Behem vier massive Bände der 'Postille' mit
dem Wappen des Erzbischofs; diese enthielten vollständig ausformulierte Predigten, die Prediger, denen eine stichwortartige Vorlage
nicht reichte, zum Vorlesen benutzen konnten. Ihr Autor war Johann
Wild, genötigt und darauf beharrend, dass hinter jedem gedruckten
Wort die Autorität und die finanzielle Unterstützung seines Erzbischofs stand. Wild ging sogar so weit zu behaupten, dass von

---

[53] Statuta Synodi Provincialis anno 1549 (wie Anm. 29), 31, Cap. 51. Siehe das
ähnliche Dekret der Straßburger Synode; CGerm 6, 419–531, hier: 528 (Cap. 43).
[54] Statuta Synodi Provincialis anno 1549 (wie Anm. 29), 48, Cap. 99.
[55] *Wild*, Ennarationes in Iohannem (wie Anm. 44), Widmungsvorrede für von
Heusenstamm, iiia.
[56] Ebd., iiib.

Heusenstamm die Predigten von Michael Helding bevorzugt habe, aber dass der frühere Weihbischof nicht länger in der Stadt verweile. Und, wie zuvor, war jeder Band seinem billigenden und fördernden Erzbischof gewidmet[57]. Unterdessen bestätigten sich frühere Ängste vor Orthodoxie und Zensur des zögerlichen Wild, als sein Kommentar zum Evangelium des Johannes von 1550 innerhalb eines Jahres nach dessen Veröffentlichung den Zorn der Zensoren an der Sorbonne erregte[58].

Als Wild das Vorwort zu seiner Winterpostille 1552 schrieb, konnte er nicht wissen, dass die Reintegration und Reform der deutschen Kirche bald einen herben Rückschlag durch die Hand des Markgrafen von Brandenburg erfahren würde, der Mainz und andere Städte plünderte, als er später in demselben Jahr das Reinland durchquerte. Wilds Drucker Behem sollte schwer unter dem Fürstenaufstand zu leiden haben, da er zuerst seine Druckpressen und Buchstaben an die Plünderer und schließlich viele Mitarbeiter an die Pest und andere Krankheiten verlor[59]. Mit der kontinuierlichen Unterstützung des Erzbischofs war es Behem aber möglich, eine neue Druckerei in der Stadt aufzubauen und nach dem Jahr 1554 mit der Vervollständigung von Wilds 'Postille', einschließlich sechs anderer Arbeiten des Predigers, bis 1555 fortzufahren[60].

Das gleiche Jahr brachte noch einen neuen Wendepunkt der Geschichte, nämlich den Augsburger Religionsfrieden, der zusammen mit den Nachwirkungen des Fürstenaufstandes und dem Konflikt zwischen Moritz von Sachsen und dem Kaiser[61] den Verlauf der

---

[57] Für alle diese Punkte siehe *Wild*, Postill oder Predigbüch (wie Anm. 45), iiia–b.

[58] Wild wurde schon 1551 von der Sorbonne verurteilt und später auch in Spanien und Italien, obwohl seine Schriften in Deutschland und den Niederlanden mit kirchlicher Genehmigung gedruckt wurden. Wilds Schriften wurden hauptsächlich aufgrund ihrer Rechtfertigungslehre und der scharfen Kritik an der römischen Kurie und den deutschen Bischöfen zensiert. Eine kurze und unvollständige Zusammenfassung bietet *Franz H. Reusch*, Der Index der verbotenen Bücher. Ein Beitrag zur Kirchen- und Literaturgeschichte, 3 Bde., Bonn 1883–1885, hier: Bd. 2, 560–563. Für Spanien siehe *Gérard Morisse*, Johann Wild et l'Inquisition espagnole, in: GutJb 70 (1995), 159–74.

[59] Wild beschrieb Behems Verluste in seiner Widmung der Sommerpostille (12.3.1554): Sommertheyl der Postill [...] über die Evangelia, so [...] von Ostern an biß auff den Advent auff die Sontag gelesen werden, Mainz 1554, Aiib–Aiiia.

[60] Nach *Klaiber*, Werkverzeichnis (wie Anm. 35): 3264 (dt. und lat.), 3259; 3265 (lat.); 3267; 3270.

[61] Vgl. *Anton Philip Brück*, Kurmainz in den Kriegswirren 1552/1553 nach den Protokollen des Mainzer Domkapitels, in: HJLG 6 (1956), 182–217.

katholischen Reform in Deutschland ins Stocken geraten ließ[62]. Während der wenigen Jahre zwischen dem Sieg über den Schmalkaldischen Bund und dem Frieden von 1555 hatten deutsche Katholiken jedoch ein Reformprogramm begonnen, das die Weichen für die Zukunft stellen sollte.

Erstens hing die geplante "wahre Reformation der Kirche" von der Erkenntnis der Wichtigkeit der Rolle der Kanzel ab und damit von dem Bedürfnis nach geschulten Predigern, die mit den entsprechenden Hilfsmitteln ausgestattet sein mussten. Zweitens antworteten deutsche Prälaten und ihre Drucker auf die Reformsynoden mit der Produktion von Predigthandbüchern und -sammlungen, von denen viele noch bis Ende des 16. Jahrhunderts benutzt werden sollten. Schließlich kamen genau zu derselben Zeit neue Fragen der Orthodoxie auf, die Unsicherheiten in der Glaubenslehre und ein Bewusstsein der Zensur widerspiegelten. Dies wird ganz besonders in der Forderung der Synoden nach einer vereinheitlichten, orthodoxen Postille, in ihrer Ausschließung bisheriger populärer Prediger wie Nausea und Witzel, und in Johann Wilds Zurückhaltung gegenüber der Aushändigung seiner Predigten an die Drucker deutlich. Obwohl die fundamentale Bedeutung von Ausbildung des Klerus und Predigt grundsätzlich anerkannt wurde, wusste Wild doch um den Unterschied zwischen Anspruch und Wirklichkeit: "Es wirdt nun an der execution liegen"[63]. Deutsche Autoren und Drucker reagierten auf diese Herausforderung, indem sie neue Predigtsammlungen und Handbücher publizierten. Die Klärung dessen, *was* genau von katholischen Kanzeln gepredigt werden sollte, war jedoch ein anderes Problem, das sich in der Folgezeit beispielsweise in den Entscheidungen der nachtridentinischen Zensurbehörde niederschlug, die Wild, den am häufigsten gedruckten deutschen katholischen Predigtautor des 16. Jahrhunderts, 1596 auf den Index setzte[64].

---

[62] So *Decot*, Religionsfrieden und Kirchenreform (wie Anm. 24), 144: Die Ereignisse von 1552 "machten zunächst jede Wirkung [der reformatio; J. F.] zunichte".

[63] *Wild*, Vierdte vnd Beschlußpredig im Synodo (wie Anm. 7), 134b.

[64] Siehe *Reusch*, Der Index der verbotenen Bücher (wie Anm. 58), Bd. 2, 560–563. Vgl. *Paulus*, Johann Wild (wie Anm. 9), 75–79.

THE RHETORIC OF 'SEELSORGE' FOR MINERS IN THE SERMONS OF CYRIAKUS SPANGENBERG[1]

Susan R. Boettcher
(Austin, Texas)

'Seelsorge' or 'cura animarum', the care of souls or pastoral care, was a central problem at the core of the Reformation – as Berndt Hamm's work has frequently underlined[2]. Theologically, because of the central role of the clergy in devotional life both before and after the Reformation, the problem of pastoral care is at the nexus of numerous other contested issues during the Reformation such as justification, church discipline, penitence and penance, absolution and its effectiveness, the office of the keys and the priesthood of all believers. Luther's initial conflict as he described it in the 1540s was a problem of pastoral care; he suggests that he could not be convinced of the effectiveness of divine grace in the face of his sinful nature. Steven Ozment suggests that indulgence inflation created a crisis of sorts in pastoral care: the faithful were increasingly frustrated at their inability to fulfill the escalating penitential burden imposed upon them by the priests charged with their spiritual care[3]. Even though this conclusion has been revised, the correctives to this view, like that of Sven Grosse, similarly emphasize the essential importance of the question of *Seelsorge* to the late medieval background of the Reformation[4]. Optimistic views about the improved quality of care of souls after the Reformation notwithstanding[5], social history research

---

[1] This essay is modified from a paper originally delivered at the Sixteenth Century Studies Conference in Cleveland, Ohio (2000). My thanks to Nathan Rein, Peter Starenko and Susan Karant-Nunn for their comments on that version of the research, and to the HAB Wolfenbüttel, which sponsored research on sermons for miners in 2001 that backgrounds some of the claims made here.

[2] See most recently the collected essays in *Berndt Hamm*, The Reformation of Faith in the Context of Late Medieval Theology and Piety, Leiden/Boston 2004 (= SHCT 110).

[3] Cf. *Steven Ozment*, The Reformation in the Cities, New Haven 1975.

[4] Cf. *Sven Grosse*, Heilsungewißheit und Scrupulositas im späten Mittelalter, Tübingen 1994 (= BHTh 85).

[5] As for example *James Kittelson*, Success and Failure in the German Reformation: The Report from Strasbourg, in: ARG 73 (1982), 153–174.

on pastors' relationships with their communities on the basis of sources like visitation reports and consistory minutes has tended to reveal a contrasting picture that outlines the extent to which pastors failed to live up to expectations. The relationship of congregant and pastor, this research suggests, was often one of tension, frustration, and unfulfilled promises on both sides, not least because pastors failed to recognize how the more quotidian aspects of their parishioners' lives affected their spiritual needs and obligations[6].

Because of the inherent limitations of the sources from which our knowledge of pastor-parishioner relations is derived, we may never achieve a complete picture of the care of souls in the Reformation parish. From the perspective of the sixteenth century, the questions of 'Seelsorge' and pastors' relationships with members of their congregations are at odds, because both complaints about the insufficiency of the 'cura animarum' before the Reformation and attempts at improving it were focused primarily on the performance of particular services for the congregation[7]. Chief among these, for the Reformers, was the right preaching of the Gospel[8]. Thus the performance of the 'cura animarum' was not necessarily the same thing as the expressed concern for the daily lives of parishioners; a pastor could be a conscientious 'Seelsorger' without attending to the concrete circumstances of his parishioners' lives – a separation unthinkable if we follow modern understandings of the clergy's responsibilities in this regard, and one often thought to have emerged in preaching under the influence of the Jesuits.

---

[6] Drawing on the classic work of *Gerald Strauss*, Luther's House of Learning, Baltimore 1978; a selection of the more specific literature includes *Susan C. Karant-Nunn*, Luther's Pastors. The Reformation in the Ernestine Countryside, Philadelphia, 1979, 9–20 et passim; *Bruce Tolley*, Pastors & Parishioners in Württemberg During the Late Reformation 1581–1621, Stanford 1995; *Luise Schorn-Schütte*, Evangelische Geistlichkeit in der Frühneuzeit, Gütersloh 1996 (= QFRG 62); *Thomas Kaufmann*, Universität und lutherische Konfessionalisierung, Gütersloh 1997 (= QFRG 66), 324–325; *Herbert Kipp*, "Trachtet zuerst nach dem Reich Gottes". Landstädtische Reformation und Rats-Konfessionalisierung in Wesel, Bielefeld 2004, 222–276; *Jay Goodale*, The Clergyman between the Cultures of State and Parish, in: The Protestant Clergy of Early Modern Europe, ed. C. Scott Dixon/Luise Schorn-Schütte, New York 2003, 100–119.

[7] See inter alia *Peter Blickle*, Communal Reformation. The Quest for Salvation in Sixteenth-Century Germany, translated by Thomas Dunlap, Boston 1992, 18.

[8] Cf. *August Hardeland*, Geschichte der speciellen Seelsorge in der vorreformatorischen Kirche und der Kirche der Reformation, II. Hälfte, Berlin 1898, 239.

Nonetheless, the two matters are related since spiritual problems can have concrete causes, and Spangenberg, a Lutheran theologian, pastor, historian and polemicist of the mid-sixteenth century, recognized this relationship: "With what great danger miners must accomplish their work, they know best themselves, and because their lives hang from a silk thread (so to speak), they should accustom themselves from youth onward to understand God rightly from his word, so that in their calling they can rely on their faith, and trust completely, and with comforted hearts call upon God's safe conduct and protection, as their dear father, who has called them to such hard, sour work"[9]. Spangenberg's histories include numerous references to the mining industry and the regular accidents that befell the workers: "on August 31 [1557] a miner from [Helfta] suffocated in the shaft," he wrote in his 'Mansfeldische Chronica', "such accidents occurred before and after this time more often than I have reported here"[10]. Spangenberg saw that the need on the part of individuals to receive and hear the Gospels could be affected by their life experiences – and arguably, this relationship was particularly true for individuals like miners with exceptionally dangerous occupations. For instance, he thought, miners had a peculiar understanding of the crucifixion because their daily journey into the depths of the mine paralleled Jesus' descent into Hell[11]. Hence, the question that motivates this essay: even if they apparently failed to connect with their congregations with distressing frequency, did evangelical clergymen in local communities at least try to bring to public expression

---

[9] *Cyriakus Spangenberg*, Theander Lutherus. Von des werthen Gottes Manne Doctor Martin Lutheri geistlicher Haushaltung und Ritterschafft, Ursell 1589; copy consulted: HAB Wolfenbüttel, S: Alv.: Dm 224. Ibid., 291r/v: "MIt was grosser Gefahr/ Bergleute jre Arbeit verrichten müssen/ wissen sie selbst am besten/ Vnd weil denn (also zu reden) jr Leben/ gleich als an einem Seiden Faden hanget/ sollen sie sich von Jugend auff gewehnen/ GOtt aus seinem Wort recht zu erkennen/ damit sie in jrem Beruff/ sich demselben in festem Glauben befehlen/ vnd gantz vnd gar vertrawen/ vnd mit getrostem Hertzen/ jn vmb sein Geleit vnd Bewarung anruffen mögen/ als jren lieben Vater/ der sie zu solcher schweren sawren Arbeit beruffen hat." All citations of Spangenberg's *Lutherpredigten* are from this later edition of sermons originally preached from 1565 to 1574. All translations from the German are my own.

[10] *Cyriakus Spangenberg*, Mansfeldische Chronica. Der erste Theil, [. . .] Eisleben 1572; copy consulted: SUB Göttingen, 4 H SAX PR 4300:1., 477r: "Den 31. Augusti/ ist ein Bergkman von Helffte bürtig/ auff dem Mansfeldischen Berge im Schacht ersticket. Solcher felle haben sich vor vnd nach dieser zeit/ viel mehr denn ich vorzeichnet/ zugetragen."

[11] Cf. *Spangenberg*, Theander Lutherus (as n. 9), 338 (for example).

some awareness of their parishioners' everyday concerns? Did the
elements of pastoral care they included in sermons to the community
have a realistic chance of reaching their audience, of touching the
potentially troubled souls of their congregants? Did preaching pastors, in other words, understand the fears and problems of their
parishioners and respond to them in ways we can trace in the rem-
nants[12] of their sermons? It will be my contention that at least one
pastor, albeit someone known for his theological extremism, did[13].

In order to answer these questions it can be useful to pinpoint a
discrete community in which the potential daily problems of parishioners can be fairly easily defined, and to find sermon sources directly
related to the community that address the question of how pastors
responded to the apparent problems. In other words, we can diagnose the extent to which issues that we know affected the community surfaced in preaching specifically directed at it. With regard to
sermons, consequently, we must study any available sermons that
were actually (or at least allegedly) preached to a particular community (rather than the so widely disseminated pericopic sermons that
dominated sermon publishing). Mansfeld County, a territory quickly
transformed from backwater to boomtown via the exploitation of
silver and copper mines in the late fifteenth and early sixteenth centuries[14], offers a fruitful opportunity for such examination.

At least some of the common problems of various segments of the
local populace in Mansfeld can be identified by looking at documen-
tation relating to the mines and by extrapolating about local condi-

---

[12] On the relationship of original sermons as they were delivered to the published variety as they have been transmitted to us, see *Susan R. Boettcher*, Preliminary
Considerations on the Rhetorical Construction of Jews in Lutheran Preaching at
mid-Sixteenth Century, in: Reformierter Protestantismus und Judentum im Europa
des 16. und 17. Jahrhunderts, ed. Achim Detmers, Wuppertal, forthcoming.

[13] Robert John Christman has traced the course of theological controversy in
Mansfeld County in the same period, arguing that Spangenberg's theological position on the Flacian controversy was (perhaps unusually) friendly to the layman; see
id., Heretics in Luther's Homeland: The controversy over original sin in late sixteenth-century Mansfeld, Diss. University of Arizona 2004.

[14] The situation in the following paragraph is described in *Ekkehard Westermann*,
Der wirtschaftliche Konzentrationsprozeß im Mansfelder Revier und seine Auswirkungen auf Martin Luther, seine Verwandten und Freunde, in: Martin Luther
und der Bergbau im Mansfelder Land, ed. Rosemarie Knape, Eisleben 2000, 63–
91, and Westermann's earlier publications as cited there, particularly *id.*, Zur Silber-
und Kupferproduktion Mitteleuropas vom 15. bis zum frühen 17. Jahrhundert. Über
die Bedeutung und Rangfolge der Reviere von Schwaz, Mansfeld und Neusohl, in:
Der Anschnitt 38 (1986), 187–211.

tions. Despite the lauded prosperity of the Mansfeld mining community, it appears to have been plagued regularly by serious problems from the top of the industry to the bottom; the revolutionary Thomas Müntzer had hoped to take advantage of such dissatisfaction in 1525 when he wrote to the local miners to encourage them to support the rebelling peasants: "he admonished them not to fear to strike among the princes and lords as on Nimrod's anvil, 'pinke panke'"[15]. The Counts of Mansfeld (the territory was divided into three parts)[16] jealously contested each other's profits from the mines and their disputes in turn created problems for the smelters who leased the right to smelt the extracted copper ore for silver; the counts interfered repeatedly in the leases they offered and renegotiated, imposing the services of a superintendent acting at their behest, not least because smelters working independently of such supervision appeared to be cheating the counts of their fair share. Perhaps the smelters were cheating because of high costs: wages accounted for the majority (60–70%) of production costs[17], and the coal and wood necessary for the maintenance of the mines, the heating of shafts to soften the stone, and the smelting itself had to be imported at high expense. In their efforts to pay these expenses, the smelters, in turn, were squeezed by the silver and copper trading societies of Nuremberg, which offered the smelters an advance on their profits in order to pay their operating costs. Caught between the counts who leased them the right to mine and the financiers who paid their operating costs, the smelters often had problems meeting payroll[18]. They sought (and won) the right to pay their workers in poor quality coinage or a limited number of times per year[19]. This situation necessitated the

---

[15] *Spangenberg*, Mansfeldische Chronica (as n. 10), 420r: "Damit er [Müntzer; S. B.] sich aber für den Graffen zu Mansfeld nicht zubefaren hette/ denn er in sonderheit denselben nicht viel zuuertrawen durffte/ versuchete er sich/ jhnen jhr Berguolck abzuspannen/ vnd widerwertig zumachen/ schrieb derwegen an dieselbigen/ vnd vermanete sie/ getrost vnter die Fürsten vnd Herrn zuschlagen/ wie auff das Nemroths Anbos/ Pincke pancke/ vn̄ keines zuuerschonen."

[16] On Mansfeld generally see *Günter Wartenberg*, Mansfeld, in: Die Territorien des Reichs im Zeitalter der Reformation und Konfessionalisierung, Bd. 6, ed. Anton Schindling/Walter Ziegler, Münster 1996 (= KLK 56), 78–91.

[17] Cf. *Westermann*, Konzentrationsprozeß (as n. 14), 70.

[18] Cf. *Walter Mück*, Der Mansfelder Kupferschieferbergbau in seiner rechtsgeschichtlichen Entwicklung, vol. 2, Eisleben 1910, 66, and 69 (for example).

[19] Cf. *Erich Paterna*, Da stunden die Bergkleute auff, vol. 1, Berlin 1960, 162–164 (for example); *Westermann*, Konzentrationsprozeß (as n. 14), 71.

risky strategy for mine workers of taking advances on pay and pur-
chasing basic items, such as food, on credit[20]. The difficulties of the
smelters led to a concentration process that exacerbated the difficulties of everyone's circumstances[21]. By 1560 the counts had assumed
control of smelting operations themselves, but were not always able
to provide the necessary capital for it[22]. Strikes to force the payment
of outstanding wages were a regular experience in Mansfeld after
the mid 1550s[23].

In a number of sermons, the local superintendent and pastor
Cyriakus Spangenberg attempted to discuss spiritual solutions for the
problems he thought most relevant to his congregants, or religious
or moral solutions to common problems. Spangenberg had spent
much of his career in Eisleben and his father had been his predeces-
sor as superintendent[24], so we may assume that he had occasion to
become aware of the relevant concrete problems: everyone in Eisleben,
it seems, was somehow involved in mining. In his 'Mansfeldische
Chronica', Spangenberg refers sympathetically to at least one incident of unrest among the miners that occurred before his own birth,
a sign of the importance that conditions in the mining industry played
in the memory and self-consciousness of the region's inhabitants[25].

---

[20] In 1511, desperate for pay, some miners had taken an advance on pay and
then re-contracted themselves to a different smelter before they had fulfilled their
agreements, leading to a situation in which advance wages were limited to a period
of a week; cf. *Westermann*, Konzentrationsprozeß (as n. 14), 70.

[21] Ibid., passim.

[22] Cf. *Walter Hoffmann*, Mansfeld. Gedenkschrift zum 725jährigen Bestehen des
Mansfeld-Konzerns, Berlin 1925, 21–22.

[23] Cf. *Spangenberg*, Mansfeldische Chronica (as n. 10), 473v; 476r; 478v (for example).

[24] The secondary literature on Spangenberg's biography is surprisingly limited:
still useful is *Johann Georg Leuckfeld*, Historia Spangenbergensis, Quedlinburg/Aschers-
leben 1712; see also Der Briefwechsel des M. Cyriakus Spangenberg, ed. *Heinrich
Rembe*, Dresden 1888, as well as entries in ADB and RGG³, and the essays in the
forthcoming volume on Sarcerius and Spangenberg, to be published by the Stiftung
Luthergedenkstätten Sachsen-Anhalt in 2005.

[25] *Spangenberg*, Mansfeldische Chronica (as n. 10), 429v: "Die Bergleute sind dazu-
mal etwas hart vbersetzt worden mit der arbeit von den Gewercken/ welches sie
sich hart beschweret/ aber keine linderung erlangen mőgen/ derenhalben sie sich
vereiniget/ solches samptlich durch eine Schrifft an alle Graffen gelangen zu las-
sen/ vnd als sie darűber etlich mal sich zusamen gefunden/ vnd zu hauff beschie-
den/ haben die Graffen auff etlicher Leute angeben/ die dem armen Berguolck
nicht wol geneiget/ daraus allerley argwon geschőpfft/ [. . .] Wolffen von Bendorf
[. . . hat] von jhren wegen die Bergleute auff dem Berge ernstlichen angeredt/ das
die Graffen daran ein sonderlich misfallen hetten/das sie sich also hin vnd wider
rottireten/vnd damit vmbgiegen/ etwan eine Meuterey anzurichten [. . .] Hierauff
haben die armen Bergleute hinwider jre antwort gethan/ vn͂ sie aus solcher bőser

In the 1560s, Spangenberg found Martin Luther to be the most appropriate spiritual role model for the parishioners of Eisleben and he attempted to inspire them to emulate Luther by preaching and publishing a series of sermons on Luther's exemplary qualities[26]. In these sermons, despite his obvious allegiance to the prerogatives of the upper end of the mining hierarchy (he was, after all, court preacher after 1559), he shows an acute sensitivity for some of the quotidian concerns of all levels of the population involved in the mining industry. In particular, the last eight sermons personify Luther in the role of different mining workers, in a "reverse" hierarchy from the lowest paid youth who carted ore from the mines to the men at the top of the organization responsible for ensuring the fairness of work arrangements and the honesty of the enterprise.

Despite the poignant quality in Luther's reminiscences of his spiritual problems, a quality that seems to suggest a primary role for the aspect of comfort in counseling the believer, Reformation pastoral care was heavily concerned with admonition. Although the Reformers were concerned about spiritual advising and comfort for the fallen and desperate, within the framework of the community, pastoral care had a great deal to do with exhortation to lead an upright life[27]. Spangenberg's sermons reflect this concern: for example, the burden of his sermon about Luther as a "Treckejunge", or one of the young ore-carriers, begins almost immediately with a warning: boys who are devout, learn their catechism, listen to sermons and remember the covenant of baptism can bear what happens to them and trust "that they have a gracious Father in heaven . . . who will not let them come to harm"[28]. On the other hand, youth who "are lazy and unfaithful [. . .] and play sick, or don't think of our LORD God in other ways [. . .] forget their catechism [. . .] go walking or slinking around during the sermons in summer [. . .] or let themselves be found on the ponds or elsewhere on the ice or in the snow

---

verdacht zulassen/ demütiglich gebeten/ darnach was sie sich unterlang mit einander zubereden verursachet/ angezeiget/ das nemlich solchs jhre hohe notturfft erfodert."

[26] On the sermon cycle see *Susan R. Boettcher*, Martin Luthers Leben in Predigten. Cyriakus Spangenberg und Johannes Mathesius, in: Luther und der Bergbau (as n. 14), 163–186.

[27] Cf. *Werner Schütz*, Seelsorge. Ein Grundriß, Gütersloh 1977, 10–36.

[28] *Spangenberg*, Theander Lutherus (as n. 9), 292v–293r: "In dem Vertrawen/ das sie einen gnedigen Vater im Himel haben/ [der] sie nicht verderben lassen [will]."

rather than in church in winter [. . .] these are not correct 'Trecke-
jungen', but [. . .] fools and boys [. . .] to whom God gives no bless-
ings, but rather, in his own time, if they do not repent, terrible
punishments – examples of which one learns of from time to time"[29].

This sort of language sounds a great deal like the social disciplining and moral exhortation supposed to be one major function
of the Lutheran sermon[30], and somewhat less like a demonstration
of the author's consciousness of the real problems of the miners. At
the same that these youth are urged to identify with their role in
the hierarchy of the mines, we learn in later sermons that hierarchy
is expected to go both ways: superiors are expected, for example, to
tolerate the weaknesses of their subordinates and allow them time
to learn the work[31]. Moreover, Spangenberg demonstrates in his sermons that he is aware of the equipment worn by the young workers,
because he compares it to the spiritual equipment with which the
Christian must gird himself. Spangenberg knew that "Fharhosen",
"Fharhut" (a hat in which a light could temporarily be inserted while
entering and leaving the mine), "Fharschuhe" (protecting against cold
and damp), "Stôneschuch" (a guard for the right knee), "Ahrmleder"
(a gauntlet to protect the wearer from friction from the chain on
the cart), "Treckebret" (a board attached to the left leg to facilitate
sliding), "Latsche" (a sandal-like grip attached to the left hand), and
"Treckekette" (a hook and chain fastened to a leather strap which
went over the right arm and allowed him to pull the bin of ore)

---

[29] Ibid., 293r/v: "faul vnd vntrewe sind/[. . .] vnd sich Schalckkranck machen/
oder aber doch sonst an unsern HERRN Gott nicht viel dencken/ Jren Catechismum
[. . .] zu grunde vergessen/ [. . .] unter der Predigt im Somer spatziren vnd schlincken-
schlancken gehen/ [. . .] Im Winter auff dem Teiche/ oder sonst auff dem Eyse/
vnd im Schnee/ ehe denn in der Kirchen sich finden lassen/ [. . .] Das sind keine
rechte Treckejungen/ Sondern [. . .] Schelcke vnd Buben/ an denen Gott [. . .] keinen Segen geben/ Sondern zu seiner Zeit/ wo sie nicht Busse thun/ schreckliche
Straffen viel/ Wie man dessen bissweilen Exempel erfehret."

[30] Cf. *Susan C. Karant-Nunn*, Preaching the Word in Early Modern Germany, in:
Preachers and People in the Reformations and Early Modern Period, ed. Larissa
Taylor, Leiden/Boston/Cologne 2001 (= A New History of the Sermon 2), 193–219,
here: 205; some scholars might object that social discipline was not the goal of
Lutheran preaching, even if it was a frequent consequence – on this problem see
Hans-Christoph Rublack, Lutherische Predigt und gesellschaftliche Wirklichkeiten, in:
Die lutherische Konfessionalisierung in Deutschland, ed. Hans-Christoph Rublack,
Gütersloh 1992 (= SVRG 197), 344–395, here: 382; *Sabine Holtz*, Theologie und
Alltag. Lehre und Leben in den Predigten der Tübinger Theologen 1550–1750,
Tübingen 1993 (= SuR.NR 3), 334.

[31] Cf. *Spangenberg*, Theander Lutherus (as n. 9), 332r.

belonged to the apparel of the youths[32], and he compared these items to the spiritual equipment carried by Martin Luther, equipment necessary for his achievements in the Reformation. Such a simile was no great transgression, Spangenberg claimed, because Luther saw himself as a catechumen himself, and wanted to be an ore-carrier in the deep shaft of the incomprehensible wisdom of God[33]. Often, as in the case above, warnings to mine workers about how to behave in their working lives reveal Spangenberg's awareness of local problems in the mining industry, as in the case of his admonitions to mining foremen. If the young ore carriers were charged with obeying their foremen, the foremen nonetheless were urged to take seriously their responsibility to protect their subordinates from dangers inside the mine and out. The warnings Spangenberg makes to the mining foremen reflect in the turn the problems of the subordinates: the foreman should be careful not to pay too great a portion of wages out before payday, but he should equally be certain to pay the 'Markgeld' (a sort of credit coupon for smaller purchases) in a timely fashion so that his workers do not hunger[34]. On payday the foreman should not be drunk or allow suspicious characters to loiter around him as he pays out the appropriate wages, a matter in which he should be scrupulously honest, not least in order to protect his own standing, "so that he not cheat himself and plunge into debt"[35]. The foreman is obliged to behave kindly and correctly to all: "he should not do pointless things, but give good account, and when the tradesmen's workers ask anything at the shaft, he should give report with friendly words. In this both spiritual and secular superiors are given an example"[36]. This obligation extends to his fellow foremen, too: the foreman should not attempt to tempt workers

---

[32] Ibid., 294r/v.

[33] Ibid., 295v: "DAs ich nun darinnen D. Luthern zum Exempel für stelle/ kan dem seligen Manne zu keiner Verkleinerung angezogen werden: Denn wie hoch er gleich gewesen/ hat er sich doch allezeit selbst vnter die Catechismus Schülerlin gerechnet/ vnd gerne in den tieffen Schacht der vnbegreifflichen Weisheit GOTTes/ ein Treckejunge sein wollen."

[34] Ibid., 379v: "DArnach/ Sol man den Lohnknechten/ jr Marckgelt zu rechter Zeit geben/ damit sie am Einkeuffen zu hrer Notturfft/ durch Auffhaltung nicht verseumet werden. Solches ist je billich/ das man trewen Arbeitern hier innen bfoderlich vnd nicht hinderlich sey."

[35] Ibid., 379v–380r: "damit er nicht sich selbst betriege/ vnd in Schulden gerahte."

[36] Ibid., 379v–380r: "sol [. . .] nicht vnnütze machen/ Sondern guten Bescheid geben/ Auch sonst des Handels Diener für dem Schacht/ wenn sie nach etwas fragen/ mit freundlichen Worten berichten."

away from his colleagues[37]. According to Spangenberg, the mining foreman has wider social responsibilities as well: he should make sure that bakers who sell bread on credit (in exchange for 'Markgeld') distribute a loaf of bread just as big as the loaves sold for cash. Spangenberg preaches, "even if it is a great service for a wage laborer, on the basis of his foreman's credit, to be able to draw as much bread from the baker as he may on tick, it is nonetheless a great robbery if a baker makes the same bread that he gives to the poor wage laborer on tick smaller and narrower than the other bread for sale"[38]. In other words, the foreman should prevent local merchants from cheating his workers.

Finally, when the wage payment process is completed, the foreman has an obligation to hold himself separate from his workers and not participate in their card and dice games or payday libations. Spangenberg describes a scene, perhaps only of his imagination, but one with a high degree of credibility and verisimilitude: "Thus it is also an abuse [. . .] that a foreman, when he has finished accounts with his workers, drink himself drunk with them either over or after the accounts [. . .] as some indeed do, and sit with them the whole night, where one worker must get beer, another cards, a third dice, until the bells are rung in the morning for matins. For then everything for which one did such great, sour, hard, and dangerous work during the pay period is squandered in one night, scandalously and with sin"[39]. In such a situation, Spangenberg continues, divine gifts are intentionally sacrificed to the devil, along with (apparently through the suffering that the loss of wages brings upon them as well) the sinner's wife and children[40].

---

[37] Ibid., 381r.

[38] Ibid., 380v–381r: "VNd ob dieses wol einem Lohnknechte ein grosser Dienst ist/ wenn er auff seines Steigers Glauben/ so viel Brods als er darff/ auff Borg/ bey einem Becker/ auffheben mag/ So ist doch das eine grosse Dieberey/ wenn ein Becker dasselbige Brod/ so er also auff Borg dem armen Lohnknechte thut/ kleiner vnd geringer machete/ denn ander Kauffbrod."

[39] Ibid., 381r: "SO ist das auch ein Misbrauch/ [. . .] das ein Steiger/ wenn er mit seinen Knechten abrechnet/ sich vber oder nach der Rechnung mit jnen truncken trincket/ [. . .] Wie denn wol etlich thun/ vnd bey vnd mit jnen sitzen die gantze Nacht/ da ein Knecht mus Bier/ der ander Karten/ der dritte Würffel zutragen/ biss das man des Morgens zur Metten leutet/ Da denn in einer Nacht schendlich vnd mit Sünden dahin gehet/ darumb man die Lohnzeit so grosse/ sawre/ schwere/ vnd fehrliche Arbeit gethan."

[40] Ibid.

Spangenberg's behavioral admonitions for mining foremen certainly reflect the rigid hierarchies of the mining community: even
after acting as much as possible to ensure the financial well-being
of his subordinates, the foreman must hold himself away from their
(undisciplined) frolicking. Still, these behavioral directions to the superior in the relationship also reveal some of the more acute problems
of the inferior, problems that are hardly surprising: underpaid miners,
starved both for food and entertainment, at the mercy of the smelters
over long periods of time, had to be protected from squandering
their income, either ahead of time on food in the shops of dishonest
local merchants, or after payday on gambling and drink. The economic situation described above suggests that the problems Spangenberg pinpoints here were acute in Mansfeld. In the ideal social world
described in his sermons, the foreman, the smelters' representative
in the pay relationship, is asked to take responsibility for these problems by adopting a particular behavior regarding payments, even as
the subordinates are urged not to create the occasion for a problem
in the first place.

In Spangenberg's schema, the foreman is characteristic of the general obligations of the middle level workers responsible for obtaining
the ore safely. They also have a series of responsibilities in return
for their privileges: they are artisans in their trade of funneling water
away from the shafts or creating stable rooms inside the earth where
miners can work without fear; they must protect both the workers
who labor in the areas they create and the people who employ
them[41]. The upper end of the mining hierarchy was also pledged by
Spangenberg to honesty and scrupulousness; the 'Bergrichter', the
highest mining official below the counts themselves, was charged to
be both sincere, honest, impartial – and humble in the face of the
virulent disputes he was required to decide upon[42]. Spangenberg's
history writing shows that the took the interrelated quality of these
relationships seriously and was not simply willing to accept the whin-
ing of superiors about the greater problems they bore: in 1557, he
writes in the 'Mansfeldische Chronica', "a hidden slough broke out
in the Mansfeld mine, a secret stream about which no one knew
anything, and damaged one of the veins in the Eisleben area, but

---

[41] Ibid., 327r.
[42] Cf. *Spangenberg*, Mansfeldische Chronica (as n. 10), G 5v ff.

the damage wasn't so ridiculously great as some of the Mansfeld mine officials claimed"[43]. As the larger picture from Spangenberg's sermons reflects, the entire enterprise of mining was extremely dependent on the willingness of the lowest level workers to cooperate with the mining hierarchy, both by observing safety regulations and performing their work in the prescribed fashion and by accepting their wages and not attempting to smuggle ore out of the mines to supplement their earnings.

Despite the power the owners of mining rights, accountants and other superintendents of the process had over mining workers, everyone in the mining industry depended upon everyone else to accomplish the job – a state of affairs reflected in the hierarchy of obligations Spangenberg develops in these sermons. Particularly, however, the job of the miner who worked 'unter Tage', underneath the ground, was acknowledged to be frightening, and perhaps because of this, Spangenberg devotes a great deal of time in these sermons to addressing the worries that plague the miner himself, stressing the ways in which spiritual armor can be as centrally important as the equipment the miner takes with him: the light that lights his way and warns him of poisoned vapors or a lack of air, the pickaxe and saw he uses[44].

Even suggesting that it is not remarkable for a pastor to try to speak to his community about matters they would consider relevant (and Spangenberg explicitly recognizes the need for this strategy in some of his other works)[45], the level of detail in these sermons is high and reflects the probability that Spangenberg was not only

---

[43] Ibid., 476r: "Kurtz hiebeuor/ brach auff dem Mansfeldischen Berge eine verborgene Schlutte aus/ ein himlichs Wasser/ dazon man zuuor nichts wissen kônne/ thet dem Eislebischen Berge auff einem Stollen schaden/ der doch nicht so gar schwinde gros war/ als er wol von etlichen den Mansfeldischen Geschworenen zum Nachtheil war angegeben worden."

[44] We should note here that these metaphors are not original to Spangenberg; he has frequently been charged with plagiarizing Mathesius because these sermons postdate Mathesius' Sarepta. See *Herbert Wolf*, Das Montanwesen in zwei frühen Lutherbiographien, in: Der Anschnitt 13,6 (Dezember 1961), 17–20; *Wolfgang Herrmann*, Die Lutherpredigten des Cyriakus Spangenberg, in: Mansfelder Blätter 39 (1934/35), 83–95. That he took over some material from Mathesius – an extremely common method in the period, when imitation was still the sincerest form of flattery – does not mean that he was not familiar with the social situation of the miners himself, as the complementary evidence in this essay from the 'Mansfeldische Chronica' suggests.

[45] *Lothar Berndorff*, "Und da habe ich müssen nach ihrer sprach reden". Einsichten in die lutherischen Bergmannspredigten des Cyriakus Spangenberg, in: Martin Luther und der Bergbau (as n. 14), 189–202.

aware of the day to day problems in his community, but that he chose to ponder how spiritual advice could be helpful in people dealing with these problems. Spangenberg was in many ways a landmark individual. The widespread publication of 'Postillen' in the period suggests a sensed need; most pastors may neither have had the time nor the desire to ponder their communities' problems so deeply or address them in such a detailed fashion, and they were perhaps eager to resort to a published sermon on a particular locus or modify it slightly. The very fact that Spangenberg chose to publish these sermons may reflect a desire on his part, not just to commemorate Luther and his fix his memory in the minds of the reading audience, but also to show other pastors how the problems and structures of a specific community could be worked into sermons that reflect a high awareness of the need for common pastoral care that extended well beyond the provision of spiritual services.

A final short postscript: the confessionalization paradigm would suggest that sermons like those of Spangenberg were intended and delivered in the spirit of the attempt to consolidate Lutheran confessional gains and go hand in hand with the social disciplining of local populations, a task entrusted to pastors and local church superintendents and consistories. Effective social discipline was certainly necessary in the mining industry, so it is not surprising that Spangenberg's sermons heavily exhort his parishioners to scrupulous action, morality and sober behavior. A surface glance at this element of the sermons seems to confirm the paradigm's explanation of late Reformation sermons: Spangenberg focuses actively in his spiritual care on the admonition to moral behavior and adherence to the social and economic hierarchies of Mansfeld. But the transmission of a confessional message that disciplines subordinates, though present, is not the sole or even predominating element of Spangenberg's homiletic achievements. His insistence on a latter-day retelling of the Lutheran theology of vocation and estate applies equally to everyone in the hierarchy. He emphasized a social picture that did not merely train subordinates to be good subjects but focused as well on the relationship and responsibility of each individual to his fellow workers and Christians[46]. Moreover, whether or not he is typical of

---

[46] *Schorn-Schütte*, Evangelische Geistlichkeit (as n. 6), 408, emphasizes these features as an aspect of Spangenberg's 'Adelsspiegel', but these sermons suggest that they are more general concerns of his thinking.

Reformation preaching, we can see that he did attempt to use his sermons to provide spiritual answers to the specific daily problems of his community by addressing the perceived quotidian problems and worries of his parishioners. We can never know what any congregation actually heard and internalized from any sermons. This problem aside, the 'cura animarum' of Spangenberg's sermons thus extended, at least rhetorically, past the fulfillment of the formal obligation to proclaim the Gospel and explored the problems of his entire local mining community.

DIE FRANZÖSISCHEN GENERALSTÄNDE IM 16. JAHRHUNDERT UND DIE RELIGIÖSE 'PROPAGANDAMASCHINE'

Martin Gosman
(Groningen)

I

Was die 'öffentliche Meinung' wirklich ist, weiß niemand so recht zu definieren; dennoch wird die 'vox populi' in jedem politischen System als Maßstab für die Legitimität der Politik angeführt. Heutzutage ist die Stimme des Volkes anhand der Wahlergebnisse (zumindest in Demokratien) messbar, doch in früherer Zeit, als Monarchen ihren Willen ihren Untertanen, die die regionalen, städtischen oder aber gruppenspezifischen Partikularismen aufrecht erhalten wollten, 'gratia Dei' aufzuzwingen trachteten, war allein die Ansicht der oberen Schichten ausschlaggebend. Dass die öffentliche Meinung jedoch ungeachtet dessen auch damals schon eine wichtige Rolle spielte, wird spätestens während der Glaubenskämpfe des 16. Jahrhunderts deutlich. Luthers Thesen an der "Kirchentür zu Wittenberg" (1517) sind ein klassisches Beispiel hierfür.

In meinem Beitrag möchte ich die Aufmerksamkeit auf die Zusammenhänge zwischen den Aufregungen um den religiösen Konflikt zwischen den Katholiken und Protestanten in den französischen Generalständen im 16. Jahrhundert lenken. Besonderes Interesse soll dabei der Art und Weise zukommen, wie sich die 'vox populi' in Pamphleten, Schmähschriften, (Spott-)Liedern etc. eine eigene Meinung bildete. Wenngleich der moderne Begriff "Propaganda" im 16. Jahrhundert als solcher noch nicht bestand, versuchte man doch, die Meinungsbildung zu lenken. Jedes Mittel war recht: offizielle Einkünfte, Krönungen, Geburten, Begräbnisse, Siege auf dem Schlachtfeld usw. wurden als Illustration einer von Gott gesegneten Machtstruktur präsentiert.

Die aus den (pseudo-)offiziellen Kreisen stammenden Texte sind politisch korrekt, d. h., voll des Lobes für den/die Machthaber und – selbstredend – negativ gegenüber der/den Gegenpartei/en. Jenseits dieses der offiziellen bzw. zentralen Gewalt wohlgesonnenen Zirkels findet man jedoch andere Texte, in denen die Politik der Machtträger oder bestimmter Gruppierungen unterstützt oder aber angeprangert wird[1].

Der Einfluss der letztgenannten Texte war in der Regel groß aufgrund der Tatsache, dass sie in einer einfachen und bevorzugt eingängigen Melodie vertont und auf Plätzen und an Straßenecken vorgetragen bzw. gesungen wurden. Darüber hinaus ermöglichte die Druckerpresse noch die Hinzufügung von (Spott-) Bildern. Parallel zum oftmals allzu gelehrten offiziellen Diskurs waren diese Kurztexte von fundamentaler Bedeutung für das Verhältnis und die wechselseitige Beeinflussung von öffentlicher und veröffentlichter Meinung. Doch auch längere Schriften wie die berühmte 'Satire Ménippée' und der 'Dialogue entre le maheustre [Anhänger Heinrichs IV.; M. G.] et le manant [Mitglied der Heinrich feindlich gesinnten katholischen Liga; M. G.]' verfehlten ihre Wirkung nicht. Abgefasst während des Treffens der 1593 irregulär einberufenen Generalstände, die einen katholischen König wählen wollten − und dies in einer Erbmonarchie! −, versuchten diese beiden Texte, neben vielen anderen, das Volk zu informieren und zu beeinflussen.

II

Bei dieser 'Engagementliteratur' handelt es sich nicht um ein Genre, das durch eine "systemprägende Dominante"[2] charakterisiert wird. Die Praxis lehrt, dass in allen Texten von einer "thematischen Agglutination" gesprochen werden kann. So ist die Kreuzzugslyrik des 12. und 13. Jahrhunderts relativ kohärent zu nennen, wenn man an das dieser Lyrik zugrunde liegende Motiv (der Streit um das Heilige Land) denkt, doch lässt sich selbst innerhalb dieser Textgruppe noch einmal zwischen Schriften differenzieren, die entweder das Abschiedslied besingen, den Tod des Helden in den Mittelpunkt stellen (man denke hier an die 'planctus'-Tradition) oder aber die religiöse und/oder militärische Lauheit der Machtträger kritisieren. Dabei sind diese

---

[1] Mit Blick auf den mir hier zur Verfügung stehenden Raum füge ich nur eine begrenzte Bibliographie bei. Für weitere Informationen sei verwiesen auf *Martin Gosman*, Les sujets du père [in Vorbereitung].

[2] *Hans Robert Jauss*, Theorie der Gattungen und Literatur des Mittelalters, in: Ders., Alterität und Modernität der mittelalterlichen Literatur. Gesammelte Aufsätze 1956–1976, München 1977, 333 [113].

Kreuzzugslieder allerdings so allgemein gehalten, dass sie nicht oder nur bedingt direkt auf einen französischen Kontext zu beziehen sind. Dies ist wohl der Fall bei den in den 1260er Jahren von Rutebeuf verfassten Satiren gegen die Bettelorden, die mit ihrem kostenlos abgehaltenen Unterricht gegen die 'doctores' der Sorbonne konkurrierten. Hier ist das Thema ein typisch französisches.

Gegen Ende des Mittelalters und zu Beginn der Frühmoderne veränderte sich die Perspektive drastisch: die Thematik in der französischen Propaganda wurde automatisch mit der Identifikation von "in-groups" und "out-groups" verbunden. Die Empfindlichkeiten wurden noch gesteigert, wenn das Feindbild – denn hierum dreht sich alles – politische und militärische Konsequenzen nach sich zog. Dies war unter anderem im Hundertjährigen Krieg der Fall, wo der englische König als das Böse schlechthin dargestellt wurde. Der Tod Heinrichs V. im Jahr 1422 eröffnete die Möglichkeit zu Sticheleien gegen diesen zur "out-group" gehörenden Engländer und zu seiner Lächerlichmachung. Doch auch in der "in-group" war man recht kritisch: Die ins Jahr 1448 datierende Errichtung der Miliz der Francs Archers, die in der Praxis nicht einmal fähig schien, auch nur den geringsten Schutz zu bieten, geriet zum Amusement: Das anonyme 'Le Franc Archer' machte sich über die schlechte Ausrüstung und die Feigheit der Miliz lustig[3]. Auch hier ist die Rede von thematischer Agglutinierung: traditionelle "gauloiserie" und Antiklerikalismus variieren mit dem Spott auf die "Dorfhelden".

Gegen Ende des 15. Jahrhunderts begannen sich die Akzente zu verlagern: Mit dem Aufkommen des monarchischen Systems trat die abstrakte "Staatsräson" in den Vordergrund, die – und dies ist von elementarer Bedeutung – eine vollkommene Identifikation von König, Königreich und Untertanen mit sich brachte. Ein illustratives Beispiel hierfür findet sich in der Propaganda für die italienischen Expeditionen Karls VII., Ludwigs XII. und Franz' I. Die Ansprüche auf Teile Italiens wurden darin mit den geschändeten französischen Rechten und dem gekränkten nationalen Stolz verknüpft. Im Streitlied 'La Bataille de Marignan' (1515) ist eine Verbindung zwischen den "gentis Gallois" (erster Vers) und der "Victoire, victoire au noble roy Françoys"[4] (letzter Vers) hergestellt. Die tapferen Franzosen, die in

---

[3] Vgl. Histoire de France par les Chansons, hg. von Pierre Barbier/France Vernillac, 8 Bde., Paris 1956–1961, hier: Bd. 1: Des croisades à Richelieu, 31–36, passim.
[4] Ebd., Bd. 1, 50f.

der Propaganda mit den heroischen Galliern verglichen wurden, haben unter der Führung von Franz I. triumphiert. Zahlreiche andere Texte stellen dieselbe Relation her: Das Recht und die Interessen des Königs waren zugleich das Recht und die Interessen des Königreichs. Diese fundamentalistische Haltung, die von Beginn des 16. Jahrhunderts an auch das Religiöse implizierte, brachte die königliche Propagandamaschine dazu, diese Dinge ineinander zu schieben, denn das Volk sollte sich mit dem Absolutheitsanspruch identifizieren[5]. Darum enthielten alle Einladungen zu den Generalständen eine Sequenz, wonach die Deputierten Angelegenheiten besprechen mussten, die den König und das Königreich betrafen.

Viele 'pamphlets', 'placards', 'libelles', 'mazarinades', 'pasquinades' usw. führten dem "einfachen Mann" mit oder ohne musikalische Begleitung den religiösen Konflikt vor Augen. In der religiösen Propaganda des Mittelalters und vor allem des 16. und 17. Jahrhunderts war die Bekehrung des Clovis, König der Franken (482–511), das mit Abstand herausragendste psychologische Element, um die Auserwähltheit des französischen Katholizismus auszunutzen. Politisch gesehen wurde der Glaube hier lediglich instrumentalisiert: Der französische König war katholisch; und das sollte so bleiben. Im Jahre 1519 schrieb Claude de Seyssel, fast schon machiavellistisch, an Franz I., falls er in Bezug auf die Frömmigkeit nicht so eifrig sei, täte er in politischer Hinsicht gut daran, so zu tun, als wenn er es doch wäre[6]. Denn um jeden Preis musste – und das wird in der Diskussion der Generalstaaten im Laufe des 16. Jahrhunderts immer deutlicher – die Einheit des katholischen Königreichs, 'la fille aîneé de l'Église', bewahrt bleiben. In der Propaganda werden Religion und Politik als unscheidbare Einheit betrachtet.

III

Die Reformation mischte die Karten neu, doch bis zum 18. Oktober 1534 ereignete sich nicht viel. An diesem Tag zwang die 'Affaire des Placards' – Pamphlete mit der Verunglimpfung der Messe wur-

---

[5] Vgl. *Anthony D. Smith*, Myths and Memories of the Nation, Oxford 1999, 4f.

[6] Vgl. *Martin Gosman*, La 'Monarchie de France' of Claude de Seyssel and the Future of France, in: Romance Studies in Honour of Peter T. Ricketts, hg. von Dominique Billy/Ann Buckley, [im Druck].

den sogar an die königliche Schlafzimmertür genagelt – Franz I. zum Handeln. Die hier implizit vorausgesetzte Vorstellung vom Fürsten, der bei seiner Krönung zu Reims den feierlichen Eid ablegte, die Kirche zu beschützen und die Ketzerei zu bekämpfen, ist ein deutlicher Fall von 'laesa maiestatis'. Der Angriff auf den 'Treschrestien' selbst – und dies ist ein Identifikationsprozess von fundamentaler Wichtigkeit – war zugleich ein Angriff auf die sich als einzigartig präsentierende französische Gesellschaft, welche katholisch war[7]. Die Reaktion ließ dann auch nicht lange auf sich warten: Gewalt war nur eine Option, eine andere waren unzählbare Beifallsbezeugungen gegenüber dem Katholizismus in Form von Prozessionen, an denen sogar der König teilnahm (Paris, 13. Januar 1535).

Der Konflikt wurde schnell politisiert. Die Schlacht bei Jarnac am 13. März 1569 führte zur Gefangennahme des protestantischen Ludwig I., Prinz von Condé. Seine Exekution im Jahr 1569 führte zur 'Complainte' von Mme la Princesse de Condé, die das Problem noch einmal verdeutlicht:

> Or, le grand vice de ceste loi nouvelle
> Contre son Roy l'avoit mis en querelle [. . .]
> Las, je conclus, que toujours nos ancêtres
> Ont recogneu le Roy pour leur vray maître,
> Ceux qui seront au contraire obstinez
> Seront vaincus et du tout ruinez.[8]

Tatsächlich äußerte die Witwe des Condé sich dahingehend, dass die Politisierung des religiösen Bereichs – hier formuliert als "loi nouvelle" (neuer Glaube) – die Ursache dafür sei, dass der Bruch der jahrhundertealten Treue der Condés gegenüber dem Königshaus ("toujours nos ancêtres/Ont recogneu le Roy pour leur vray maître") den Ruin des Geschlechts herbeigeführt habe. Denn – und dies ist elementar – die Internationalisierung des Konflikts (die Protestanten hatten nicht allein Unterstützung bei den Glaubensgenossen in Genf gesucht, sondern auch in England) verlieh der Auseinandersetzung die Dimension einer Sicherheitsfrage: Protestanten waren Landesverräter. Dies verschaffte den Katholiken den Vorwand, alle zu eliminieren, die zur 'religion prétendue réformée' gehörten, und jeden

---

[7] Vgl. *Jean Jacquart*, François Ier, 2. Aufl., Paris 1994, 269–272.
[8] Histoire de France par les Chansons (wie Anm. 3), Bd. 1, 93–95. Ob die Prinzessin den Text selbst zusammengestellt hat, ist in diesem Zusammenhang nebensächlich.

Nicht-Katholiken von der Thronfolge auszuschließen. Die Bartholo-
mäusnacht des Jahres 1572 war der dramatische Höhepunkt dieser
Entwicklungen. In den Generalständen von 1588–89 wurde der
Katholizismus anschließend vom Fürsten zur 'loi fundamentale' erklärt.

Dies führte nach der Ermordung Heinrichs III. 1589 zum Konflikt:
zwei 'lois fondamentales' prallten aufeinander. Zum einen die 'Loi
Salique', welches die Thronfolge regelte, zum anderen das Festhalten
des Fürsten an der katholischen Lehre. Der protestantische Heinrich
IV. von Navarra, gemäß dem Salischen Gesetz der legitime Thronan-
wärter, war für die Katholiken inakzeptabel, die den Mord an Willem
dem Schweiger 1584 als eine Heldentat des 'Märtyrers' Balthasar
Gérard feierten. Ein Märtyrer war in ihren Augen auch der Mörder
Heinrichs III. (1589) und, später, der Heinrichs IV. (1610)[9].

Die Diskussion drehte sich um zwei Prinzipien: Erstens um die
Gleichsetzung der Interessen von König und Königreich, zweitens
um die Begründung der Herrschaft der 'Trechrestien' aufgrund der
'gratia Dei', verbunden mit der allein Gott geschuldeten Pflicht zur
Rechenschaft. "Le roi de France ne tient de nului fors de Dieu"
lautete die (zu) günstige Adaption einer Formulierung aus dem Dekret
'Per Venerabilem' von Innozenz III. (1202) im Französischen. Die
Einheit Frankreichs unter dem gottgewollten Fürsten durfte nicht
gestört werden. Das Vorgehen der betroffenen Parteien drehte sich
um diese Punkte, doch sowohl die inhaltliche Füllung wie die Lösungs-
vorschläge gestalteten sich unterschiedlich. Auf der einen Seite standen gemäßigte Protestanten wie der 'chancelier' Michel de l'Hospital.
Er trat für politische Toleranz ein, um die Einheit Frankreichs zu
wahren, und gehörte zum Lager der 'Politiques', die u. a. von Jean
Bodin angeführt wurden: Die religiösen Fundamentalisten, und zwar
sowohl auf der katholischen wie auch auf der protestantischen Seite,
konnten keine religiöse Diversifizierung akzeptieren. Dieser Streit wurde
nicht nur auf dem Schlachtfeld ausgetragen – die Grausamkeiten,
die beide Lager begingen, sind zur Genüge bekannt und bedürfen
keiner Diskussion –, sondern auch in den 'Print-Medien'.

Die Anzahl der hieraus hervorgegangenen 'libelles' und 'pamphlets'
ist noch nicht so hoch wie zu Beginn des 17. Jahrhunderts (die Generalstände von 1614–15 produzierten mehr als 800 Dokumente), doch
sind die Texte dafür nicht minder beeindruckend, wie die folgenden

---

[9] Vgl. *Jean-Pierre Babelon*, Henri IV, Paris 1982, 436.

Beispiele zeigen. Die oben genannte Reaktion von Franz I. auf die 'Affaire des Placards' führte unter anderem in der Provence zu einem Blutbad, das ein schmerzvolles Lied hervorrief, in dem die bestialischen Aktivitäten der katholischen Soldaten ausführlich behandelt sind: Mord, Plünderei, Vergewaltigung, Kannibalismus (Babys wurden geröstet und gegessen; "Enfans ont fait rostier [. . .] Et si les ont mangez"). Franz I. wurde als ein zweiter Herodes dargestellt, der – hier kündigt sich das Racheprinzip bereits an – bestraft werden würde: "Dieu doux et humain/Prendra leur cause en main"[10]. Ein anonymes Pamphlet mit dem Titel 'Juste Complainte' (1560) zog einen Vergleich zwischen den Juden, die gegen Jesus waren, und den 'papistes', die gegen "l'Eglise d'iceluy Jesucrist" ("gegen Seine Kirche") handelten. Und dies alles ereignete sich unter der Führung der intoleranten katholischen Guises, die sich allein um ihre eigenen Belange kümmerten: "Le cardinal se comporte en pape, son frère en roi"[11]. Von einer nicht zu vermeidenden Vergeltung durch Gottes Hand ist die Rede und von einem Aufruf zum Ungehorsam gegenüber dem König und sogar von dessen Absetzung durch die Generalstände[12], jedoch noch nicht vom öffentlichen militärischen Widerstand. Dies geschah erst im Jahr 1562, als François, Herzog von Guise, eine Reihe von Protestanten bei Wassy (1. März 1562) umbringen ließ. Im darauf folgenden Jahr wurde Guise selbst ermordet.

Im Jahr 1562 war die 'Exhortation aux Princes' als ein Text erschienen, in dem die These vertreten wird, dass der Dialog zwischen Fürst und Volk eine conditio sine qua non sei. Wenn der König diesem Prinzip nicht huldige, sei er – so die jahrhundertealte Theorie – ein 'Tyrann' und könne durch die Generalstände zur Ordnung gerufen werden[13]. Hier ist eine Tendenz zur Machtteilung erkennbar, die sich schon früher gezeigt hatte: Während eines Treffens der drei Stände im Jahr 1356–57 hatte Étienne Marcel, der 'prévôt des marchands' von Paris, bereits versucht, die Gefangennahme Johanns II. (Poitiers, 1356) zu nutzen, um die Macht der Krone zu beschränken.

---

[10] Der Text des Liedes 'Voyez la grande Offense' (mit Musik) findet sich in: Histoire de France par les Chansons (wie Anm. 3), Bd. 1, 83–86.

[11] Juste Complainte des Fidèles de France contre leurs adversaires papistes & autres sur l'affliction & faux crimes, dont on les charge à grand tort. Ensemble les inconveniens, qui en pourroyent finalement advenir à ceux qui leur font la guerre, Avignon 1560, 25f.

[12] Vgl. ebd., 36.

[13] Vgl. *Janine Garrisson*, Guerre civile et compromis 1559–1598, Paris 1991, 130f.

Die 'Exhortation' ist in derselben Tradition zu verorten. Calvin hatte bereits in seiner 'Institution chrétienne' (1536) ein energisches Plädoyer für die Vorherrschaft der Generalstände gehalten. Dieser politische 'Konziliarismus' fand seine Fortführung in den Schriften der calvinistischen 'Monarchomaques', zu deren bedeutendsten Exponenten François Hotman zählt. Seine 'Francogallia', im Jahr 1574 übersetzt als 'La Gaule françoise', rief zur Wiederherstellung der in ihren Augen altbewährten Institution des Königreiches auf, die die Fürsten beseitigt hätten: Volkssouveränität (ein semantisch äußerst vages Konzept) war der Kernpunkt in der Diskussion, die im übrigen viele Nuancen kannte, doch das Adagio 'Quod omnes tangit, ab omnibus approbetur' bestimmte das Verhalten. Was alle anging, sollte in den Generalständen besprochen werden, so die – revolutionäre – These der 'Monarchomaques', die ohne Zustimmung des Königs zusammenkommen konnten. Sie änderten ihre Meinung allerdings wie ein Blatt im Wind, sobald der protestantische Heinrich IV. legitimer Thronfolger wurde. Augenblicklich verkündeten sie den Nutzen einer starken monarchischen Struktur, ohne Einflussnahme von Seiten der Generalstände. Nun sei es Sache der katholischen Liga unter der Leitung der Guises, die Körperschaft als Ausdruck der Volkssouveränität zu präsentieren, wobei sie im Gegensatz zu den Protestanten keinen Unterschied zwischen dem Weltlichen und dem Religiösen machten[14]. Dies war bei den Protestanten aus offensichtlichen Gründen – sie waren bei weitem in der Minderheit! – anders, und das erklärt auch, weshalb sie in den Jahren 1560–1562 nur allzu gern die Bemühungen von Katherina von Medici zur Trennung des Religiösen vom Weltlichen unterstützten. Das beste Beispiel hierfür ist das Kolloquium zu Poissy, wo die Protestanten gleichrangig mit den Katholiken zu diskutieren wünschten, diese das jedoch nicht akzeptieren konnten: Das Römisch-Katholische war *die* Essenz Frankreichs.

Allerdings – und hier wurde ein anderes Element in die Diskussion geworfen – wurde der Ultramontanismus der konservativen Katholiken gedämpft durch den Gallikanismus. Seit Philipp dem Schönen (1285–1314) bestimmte diese typisch französische Position das politische Denken und Handeln in Frankreich. Die 'Pragmatique Sanction' von 1438 sowie das 'Concordaat van Bologna' (1516) waren Ausdruck

---

[14] Vgl. *Arlette Jouanna*, Art. Monarchomaques, in: Dictionnaire de l'Ancien Régime, hg. von Lucien Bély, Paris 1996, 850–853.

der französischen Neigung, religiöse Angelegenheiten intern zu regeln. Im Jahr 1556 schrieb Jean du Tillet, dass es eine Unverschämtheit sei zu behaupten, dass das "royaume de France estoit en tout & par tout tenu de la papauté. & subject a icelle"[15] – dies zur Erinnerung an den Konflikt zwischen Philipp dem Schönen und Bonifaz VIII. Ein anderes Beispiel ist die 'Apologie catholique' von Pierre du Belloy (1585), in der behauptet wird, dass die französische res publica nicht in der Kirche, sondern umgekehrt die Kirche in der französischen 'chose publique' sei[16]. Dasselbe Denken kann man auch im ersten Artikel des 'cahier de dolánces' der Generalstände von 1614–15 wiederfinden. In diesem Text wird folgende These verkündet: "Comme il est reconnu Souverain en son Etat, ne tenant sa couronne que de Dieu seul, il n'y a puissance en terre, quelle qu'elle soit, spirituelle ou temporelle, qui ait aucun droit sur son royaume pour en priver les personnes sacrées de nos rois, ni dispenser ou absoudre leurs sujets de la fidélité et obéissance qu'ils luy doivent, pour quelque cause ou pretexte que ce soit [. . .]."[17]

Dieser Frontalangriff der Kurie zeigt, wie sehr das Band zwischen Krone, Glaube und Territorium als Einheit gesehen wurde, das keiner Kontrolle unterstand, auch nicht der des Papstes: der König "ne tenant sa couronne que de Dieu seul". Das trieb den Klerus zur Raserei.

Dieser von einem der drei 'ordines' in den Generalständen des Jahres 1614 auf den Tisch gebrachte Gedankengang war nicht vom Himmel gefallen: Er war genau genommen der Kernpunkt des französischen Denkens und Handelns. Dies zeigte sich bereits in der Klausel des Schriftstücks des dritten Standes in den irregulär anberaumten Generalständen von 1593: Die Beschlüsse des Konzils von

---

[15] Brefves narrations des actes et faictz memorables advenues depuis Pharamond, premier Roy des François, tant en France, Espagne, Engleterre, que Normendie selon l'ordre du temps & supputation des ans, distinctement continuées iusques à l'an mil cinq cens cinquant & six, Rouen 1556, Zitat: ad annum 1302 [keine Paginierung].

[16] Vgl. *Garrisson*, Guerre (wie Anm. 13), 137.

[17] *Florimond Rapine*, Recueil très-exact et curieux de tout ce qui s'est fait et passé de singulier et memorable en l'assemblée des Estats, tenus à Paris en l'année 1614 et particulièrement en chaque séance du tiers ordre. Avec le Cahier dudit Ordre, & autres pieces concernans le mesme sujet. Par Mᶜ Florimond Rapine, Seigneur de Foucheraine & Lathenon, Conseiller & premier Avocat du Roy au Bailliage & Siege Presidial de St Pierre le Moustier, & l'un des Deputez pour le tiers Estat dudit Bailliage. Dédié a Monseigneur le Premier President, Garde des Sceaux de France, Paris 1651, 205.

Trient könnten akzeptiert werden, wenn der Papst die Interessen der gallikanischen Kirche respektiere. Auf diese Weise beschützte die "deligierte" [sic!] Stimme des Volkes die Macht der 'Treschrestien'.

Die 'vox populi' hatte bereits Philipp Pot in den Generalständen von 1484 als List eingesetzt, um dem Clan von Ludwig von Orléans, dem späteren Ludwig XII., über den Mund zu fahren, und sicher nicht als politisches Statement, das "à la lettre" genommen werden sollte. Im Jahr 1506 wurde die 'vox populi' noch einmal in der "assemblée de notables" zu Plessis-lès-Tours angewandt, um den Beschluss Ludwigs XII. zu bekräftigen, seine Tochter nicht mit dem Habsburger Karl von Gent zu vermählen, sondern mit François von Valois, dem späteren Franz I. Die Stimme des Volkes, die die Stimme Gottes war ("vox populi vox Dei"), untermauerte den Inhalt des Salischen Gesetzes: Niemals einen Fremden auf Frankreichs Thron[18].

Fast alle Schriften berufen sich a) auf den Wunsch des Volkes nach Sicherheit, Friede, einem zuverlässigen Justizapparat und vor allem einem gerechten Steuersystem und b) auf den Willen des Volkes, die Probleme des Landes zu lösen, am liebsten *mit* dem König, doch notfalls auch *ohne* ihn. Auf die sich verschiebenden Positionen der protestantischen 'Monarchomaques' und der katholischen Liga wurde oben bereits hingewiesen. Beide Parteien (und an dieser Stelle sei die Krone beiseite gelassen) waren bestrebt, die öffentliche Meinung zu lenken. Einige relevante Texte seien im Folgenden kurz vorgestellt.

IV

Die heute noch zugänglichen Texte zeigen die stets agressiver werdende Haltung der beiden Parteien, weil − wie oben ausgeführt − im Denken des 16. Jahrhunderts Politik und Religion nicht voneinander zu trennen sind. Dies wird auch erkennbar an der Diskussion der Generalstaaten, die hierbei eine elementare Rolle spielten. Ein Beispiel hierfür ist das 'cahier de doléances' des 'gouvernement de

---

[18] Vgl. *Martin Gosman*, Le pouvoir royal et l'idée de la 'nation' dans les comptes rendus de la réunion des États à Plessis-lès-Tours (1506), in: L'Analisi linguistica e letteraria. Actes du IIème Colloque International sur la Littérature en Moyen Français (Milan, 8–10 Mai 2000), hg. von Sergio Cigada/Anna Slerca/Giovanni Bellati/Monica Barsi, Mailand 2000, 1–2, 417–436.

l'Isle-de-France' aus dem Jahre 1576, worin der König darum bat, seinen Dienern ('serviteurs') ausnahmslos den Katholizismus der Römischen Kirche aufzuerlegen und die Praktizierung der 'Religion pretenduë reformée' zu verbieten 'tant en public qu'en particulier'; dies allerdings am liebsten auf friedsamem Wege[19]. Hier ist die Verbindung der politischen und religiösen Aspekte der Auseinandersetzung deutlich erkennbar[20]. Demgegenüber fuhren die Protestanten jedoch fort mit ihren Angriffen auf die Messe und vor allem auf die Eucharistie. Der Text 'L'on sonne une cloche' treibt Spott mit der Hostie ("Un morceau de paste/Il fait adorer/Le rompt de sa patte/Pour le dévorer" [21]). Gelegentlich verwendeten sie die Musik der Kirchengesänge, um auf diese Weise die Erkennbarkeit ihrer ablehnenden Haltung stärker in den Vordergrund zu stellen. Beispielsweise ist das 'O gras tondus' ('Oh, fette Kahlköpfe') zur Melodie vom 'Laetabundus' geschrieben worden[22].

Ein Sonett, das im Jahr 1585 nach dem Widerruf eines der zahlreichen Erlasse, die den Protestanten Schutz bieten sollten, geschrieben wurde, verlieh besonders den Gefühlen der Protestanten Ausdruck, die freiwillig ins Exil gehen und die Gott lieber als "Putzhilfe im Krankenhaus" [sic!] dienen wollten denn als Graf oder Herzog "en terre si brutale", in dem der Papst dem Volk seine Beschlüsse als Gesetze auferlegte ("pour loy sa Decretale")[23].

Besonders gehasst waren die bereits genannten Guises. Der eine war Herzog von Lothringen, der andere Kardinal. Die Leute, die in ihrem Dienst standen, trugen eine grüne Livree ("vert manteau"), und speziell auf dieses Thema ist die Ballade 'Les Verts Manteaux' gemünzt. Unter dem Mantel wurde eine neue res publica geschmiedet ("Se forge ung nouveau bien publique"). Hierdurch wurde die

---

[19] Vgl. Relation iournaliere de tout ce qui s'est negotié en l'Assemblée Generalle des Estats, assignez par le Roy en la ville de Blois, en l'an mil cinq cens soixante & seize. Pris de Mémoires de M. I. Bodin, l'un des Deputez, Paris 1614, 3v ; 7v–8r; 22v.

[20] Vgl. 'Responce de P. de Ronsard, gentilhomme vandomois, aux injures et calomnies de je ne scay quels predicans et ministres de Geneve'; *Pierre de Ronsard*, Discours. Derniers vers, hg. von Yvonne Bellenger, Paris 1979, 122–154. Ronsards Text zählt 1176 (!) Verse.

[21] Histoire de France par les Chansons (wie Anm. 3), Bd. 2, 95–97.

[22] Vgl. ebd., 100–102. Siehe auch *Jean-Baptiste Weckerlin*, La chanson populaire, Paris 1886, 33–35.

[23] *Pierre de l'Estoile*, Registre-journal du règne de Henri III, hg. von Madeleine Lazard/Gilbert Schrenck, 5 Bde., Genf 1992–2001, hier: Bd. 5, 95f, Zitat: 95.

Aufmerksamkeit des Königs auf den als französisch-feindlich ange-
merkten Ultramontanismus (eine französische res publica unter
Kontrolle Roms!) des konservativen Clans der Guises gelenkt, die
von Heinrich III. – der sie schließlich ermorden ließ – sogar beschuldigt wurden, selbst Ambitionen in Richtung auf die Krone Frankreichs zu haben ("ils vouloient la couronne/Et le pays par leur force
usurper"). Diesen Vorwurf akzeptierte der Clan der Lothringer nicht:
Ihre Loyalität gegenüber der Krone war schließlich sprichwörtlich[24].
Darum besagt ein Spottlied aus ihrem Lager dann auch, dass die
Protestanten ihren Fürsten nicht (an-) erkennen ("ne cognoissent leur
roy")[25]. Ein anderes Spottlied greift Heinrich III. an, der nicht nur
die zwei Guises (Heinrich als der dritte Herzog und Karl als der
zweite Kardinal) ermorden, sondern auch die Abgeordneten der
Generalstände festnehmen ließ. Der konservative Ronsard griff –
wahrscheinlich – den protestantischen Führer Théodore de Bèze auf
eine Art und Weise an, die zeigt, dass selbst ein großer Dichter nicht
vor Beleidigungen zurückscheute: Bèze, der nichts Menschliches an
sich hätte ("luy qui n'a rien d'humain"), sei lediglich ein niederträch-
tiger Spötter ("miserable moqueur"), der auf eine verachtenswerte
Manier, wie ein "Vray enfant de Sathan" (wahrhaftiges Satanskind)
den Lobgesang auf denjenigen singen würde, der den Herzog von
Guise (1588) ermordet hatte.

Doch die Ermordung Heinrichs III. (1589) rief noch einen anderen, gemäßigteren Text hervor: 'L'Assassinat d'Henri III', abgefasst
auf der Melodie von 'Dames d'honneur'. In diesem Lied bedauert
der Ich-Erzähler, der offensichtlich nicht zur katholischen Liga gehörte, den Tod Heinrichs III., "ce noble roy de France et de Pologne",
und hofft, dass ein anderer "noble roy de Navarre" (Heinrich IV.;
M. G.) das Volk aus der Misere ziehen würde. Die katholischen
Widersacher sangen demgegenüber: "Le peuple françois ne veut pas/
Puisqu'il est bon catholique, Avoir un roy qui aux estats/S'est déclaré
pour hérétique"[26]. Die Generalstände ("estats") waren das Forum, in
dem das Zögern Heinrichs von Navarra sichtbar wird, den römischen Glauben mit offenen Armen zu empfangen ("hérétique").

---

[24] Vgl. *Antoine-Jean-Victor Leroux de Lincy*, Recueil de chants historiques français
depuis le XIIe siècle jusqu'au XVIIIe siècle avec des notices et une introduction,
2 Bde., 2. Aufl., Genf 1969, hier: Bd. 1, 404–409 und Bd. 2, 444–456.

[25] Ebd., Bd. 2, 221–234: 'Chanson nouvelle sur la remontrance faicte au roy par
monseigneur le duc de Guise'.

[26] Ebd., Bd. 2, 439.

Allmählich bekam die Angelegenheit einen anderen Ton: Vom rein Religiösen wechselte man auf die politische Domäne, die letztlich den Frieden bringen sollte. Dieser Optimismus wird in einem nur teilweise überlieferten Text (ohne die dazugehörige Musik) deutlich, in dem die Niederlage der Spanier besungen wird, die das Königreich von der Liga übernehmen wollten. Das Lied bezieht sich auf die Geschehnisse in den Generalständen von 1593, die von der katholischen Liga einberufen wurden und nicht vom rechtmäßigen König als dem einzig Bevollmächtigten, diesen Aufruf zu tätigen. Ungeachtet der Tatsache, dass die 'Loi Salique' ihn zum Thronfolger stempelte, war Heinrich von Navarra für die katholische Mehrheit inakzeptabel (vgl. oben). Von den Spaniern, die die Generalstände für einen ausgezeichneten Weg hielten, einen neuen König zu wählen [sic!], unter Druck gesetzt, hatte Mayenne in seiner Funktion als Generalleutnant von Frankreich die Einladungen für eine Zusammenkunft im Januar 1593 in Paris versandt. Die Geistlichkeit war ähnlich gut repräsentiert (49 Abgeordnete) wie der dritte Stand (55), doch der Adel war nur durch 24 Abgesandten vertreten. Die Propagandamaschine der Königstreuen, die sich nicht in den Generalständen sehen ließen, lief aber auf vollen Touren: Das 'Chanson nouvelle sur la réjouyssance des bons François, à l'honneur de roy de France et de Navarre' sagt es unumwunden:

Roy généreux, franc et sage,
 Ton partage
T'est si justement acquis
Que par l'union perverse [die Liga; M. G.]
 Qui renverse
Jamais ne sera conquis.

Jouis des fruicts de nos champs.
Nous sommes de ton lignage
 L' héritage
Malgré l'Espagnol meschant[27].

Hier werden das Salische Gesetz, das gesamte französische System und die "out-groups" – hier der Spanier und die Verräter von der "union perverse" – in einen Topf geworfen. Ungeachtet seines Protestantismus wird Heinrich von Navarra hier als legitimer Thronfolger

---

[27] *Weckerlin*, La chanson populaire (wie Anm. 22), 39f. Der Text, der bereits unter Heinrich III. bekannt war, scheint viele Male als eine Art 'passe-partout'-Text bearbeitet worden zu sein.

betrachtet: Frankreich war seine "partage". Interessant ist das Lied 'De la réjouissance des François sur l'heureux advènement de la paix'. Die Thronbesteigung Heinrichs IV. im Jahr 1589 brachte Hoffnung auf Ruhe:

> O Dieu [...] Fais que nostre roy puisse estre
> Amateur des sainctes loix,
> Et qu'il puisse, comme maistre
> Régir son peuple françois.
> Faisant justice/En temps propice[28].

Es ist nicht mehr eindeutig feststellbar, aus welchem Lager dieser Text stammt, doch die Kombination vom König, der die heiligen Gesetze ("sainctes loix") respektiert und als unbestrittener Herrscher ("maistre") *sein* französisches Volk regiert und die Justiz handhabt, entsprach genau dem, was das Volk wollte – zumindest, wenn man der 'Propagandamaschine' der Krone glauben darf.

V

Flugschriften und Traktate wurden in all ihren Erscheinungsformen zusammengetragen. Der bekannteste französische Sammler – er sei hier beispielhaft genannt – war Pierre de l'Estoile, dessen 'Registre-Journal du règne de Henri III' einen Schatz von durch ihn oder durch andere bearbeiteten Texten in sich birgt[29].

Die offizielle Eröffnung der Generalstände im Jahr 1576 (in Blois) führte zur Versöhnung zwischen Heinrich III. und seinem Bruder, dem den Protestanten wohlgesonnenen Herzog von Anjou. Die Protestanten hatten Grund zum Misstrauen: Der französische König war unzuverlässig. Außerdem war Don Juan von Österreich vermummt ins französische Territorium eingedrungen, um Kontakt mit den konservativen Katholiken vom Clan der Guises aufzunehmen. Ein Sonett, das L'Estoile in seinem 'Registre-Journal' aufgenommen hat, gibt die Emotionen wieder. Die beiden folgenden Terzinen vermitteln einen Eindruck vom damaligen Klima:

---

[28] *Leroux de Lincy*, Recueil de chants (wie Anm. 24), Bd. 2, 568–570.
[29] Vgl. *Pierre de l'Estoile*, Registre-journal (wie Anm. 23), Bd. 1, 24f.

Je crains un prompt assault, je redoute un long Siege;
Je crains qu'en ces Estats plusieurs soient pris au Piege;
Brief, de nos beaux projets, de grands hasards je crains;

Mais quand du temps passé les discours je rameine
Et que du temps present la Fureur ne m'entraéne,
Je crains, je crains surtout la Maison de Lorraine[30].

Nichts zeigt deutlicher, dass der Fürst die Generalstände so ("pris au Piege") eingesetzt hat, wie es ihm gut schien. Dort sprach man über Dinge, die zwar alle angingen, über die aber allein der Fürst zu entscheiden hatte. Ja, er wurde – unter dem Druck der einflussreichen Familie ("Maison de Lorraine") sogar dazu gezwungen. Das Problem war akademischer Natur: Volk und Fürst waren eins: Die 'vox populi' wurde durch die 'vox principis' zum Ausdruck gebracht, die – und das ist grundsätzlich – einzig die 'vox Dei' sein konnte.

Übersetzung: Anne Bollmann, Groningen

---

[30] Ebd., Bd. 2, 61f.

"AUF DAS SIE ALSO DIE MILCH GOTTES WORTS MIT NUTZ UND FREUDEN MUGEN DRINCKEN". DIE GANERBSCHAFT ROTHENBERG ALS LUTHERISCHES TERRITORIUM 1529–1629

Martin Schieber
(Nürnberg)

Die Festung Rothenberg über Schnaittach im Landkreis Nürnberger Land beherrscht die Landschaft im unteren Pegnitztal zwischen Lauf und Hersbruck. Heute grüßen die imposanten Bastionen der Barockfestung ins Tal, die Kurfürst Max Emanuel von Bayern ab 1721 aufbauen ließ und die nach ihrer Auflösung 1838 verfiel. Bis in den Spanischen Erbfolgekrieg hinein stand an derselben Stelle die Ganerbenburg Rothenberg. 1703 nahmen sie die Truppen des Fränkischen Kreises ein, zerstörten sie und übergaben die Burg und die Herrschaft Rothenberg an die Reichsstadt Nürnberg – die größte Enklave innerhalb des Nürnberger Landgebietes war damit bis zum Friedensschluss 1714 beseitigt[1].

Schon diese wenigen Sätze deuten die politischen Verwicklungen an, die sich ab 1478 bis zum Ende des Heiligen Römischen Reiches zwischen Nürnberg und den jeweiligen Herren des Rothenbergs ergaben und auf die zum Teil noch einzugehen ist. Am Lichtmesstag 1478 kaufte eine Interessengemeinschaft von 44 fränkischen Rittern (Ganerben) die Burg und die Herrschaft Rothenberg den Pfälzer Wittelsbachern in Person von Pfalzgraf Otto II. von Pfalz-Mosbach ab[2]. Damit nahm die Geschichte der Ganerbschaft Rothenberg ihren

---

[1] Zur Baugeschichte der Burg und Festung Rothenberg vgl. *Werner Meyer/ Wilhelm Schwemmer*, Landkreis Lauf an der Pegnitz, München 1966 (= Die Kunstdenkmäler von Bayern, Regierungsbezirk Mittelfranken 9), 384–405. Im Jahr 1838 verfügte König Ludwig I. von Bayern die Auflösung der Festung, da sie inzwischen ihre strategische Bedeutung verloren hatte. Zur Geschichte des Rothenbergs seither vgl. *Claus Schönwald*, Die Geschichte der Festungsruine Rothenberg seit 1838, Schnaittach 1989 (= Schriftenreihe "Vom Rothenberg", Heft 11).

[2] Ein Ministerialengeschlecht von Rothenberg tauchte erstmals 1254 mit einem Hilpolt von Rothenberg auf, wobei hier vermutlich noch der 'Alte Rothenberg', gute drei Kilometer nordwestlich des Rothenbergs gelegen, gemeint war. Wohl im frühen 14. Jh. wurde auf dem heutigen Rothenberg eine neue Burg errichtet und

Ausgang, die hier in Hinsicht auf ihre Reformationspolitik betrachtet werden soll. So wird der Blick auf ein frühes Beispiel von reichsritterschaftlicher Reformation gelenkt, das bislang von der landes- und kirchenhistorischen Forschung kaum zur Kenntnis genommen wurde.

1. *Die Ganerbschaft Rothenberg*

Der Begriff der Ganerbschaft konnte verschiedene Rechtsinstitutionen bezeichnen: Im Falle von Rothenberg meinte er die Besitzgemeinschaft von Ritterfamilien an der Burg und dem Amt Rothenberg. Im Laufe des 15. Jahrhunderts hatte sich diese Form, vor allem in Hessen, verbreitet, um den Ritterfamilien eine möglichst sichere und uneinnehmbare Burg als militärisch-politischen Stützpunkt zu sichern. Über die Beweggründe der fränkischen Ritter, den Rothenberg zu kaufen, kann nur spekuliert werden, doch dürfte "der Erwerb einer gemeinsamen starken Schutzfeste im Mittelpunkte ihres Zieles"[3] gestanden haben. Die Namensliste der 44 Käufer des Jahres 1478 liest sich wie eine Übersicht über die Ritterschaft Frankens: Bibra, Eyb, Guttenberg, Rotenhan, Seckendorff, Seinsheim, Vestenberg, Wallenfels und so fort[4]. Insgesamt waren bis zu ihrem Ende 129 Familien an der Ganerbschaft beteiligt, die sich ab dem frühen 16. Jahrhundert immer mehr zu einer Art Kapitalgesellschaft entwickelte, deren Anteile man erwerben oder wieder veräußern konnte. Die Ganerben übten die Herrschaftsrechte, die sie mit dem Rothenberg erworben hatten, gemeinsam aus, was bei vierzig oder mehr beteiligten Familien dazu führte, dass de facto die Gewalt bei dem von den Ganerben eingesetzten Burggrafen lag. In der Regel trafen sich die Ganerben einmal jährlich zu einem Konvent ('Tag') in Schnaittach oder auf dem Rothenberg, um die gemeinsamen Angelegenheiten zu besprechen

---

der 'Alte Rothenberg' verlassen. Die neue Burg kam dann in den Besitz der Nürnberger Burggrafen, die sie 1360 an Kaiser Karl IV. verkauften. 1401 eroberte schließlich König Ruprecht den Rothenberg und verleibte ihn seinen Wittelsbachischen Stammlanden ein.

[3] *Martin Schütz*, Die Ganerbschaft Rothenberg in ihrer politischen, juristischen und wirtschaftlichen Bedeutung, Nürnberg 1924, 7. Die Arbeit von Schütz ist noch immer die umfassendste Studie über die Ganerben auf dem Rothenberg.

[4] Eine Übersicht der Namen bietet etwa: *Johann Rephun*, Pax Erythraeorenae Ecclesiae Evangelica, das ist Evangelischer Burgfrieden der Herrschaft Rothenberg, Nürnberg 1656, 11–16.

und zu entscheiden, den Burggrafen anzuhören und ihm Anweisungen zu erteilen. Der Herrschaftsbereich der Ganerben erstreckte sich auf die Pfarreien Bühl, Kirchröttenbach und Neunkirchen am Sand; als Exklaven gehörten auch das südlich der Pegnitz gelegene Ottensoos und, am weitesten vom Rothenberg entfernt, das Dorf Kappel bei Hiltpoltstein dazu: insgesamt 54 Orte[5]. Hauptort der Herrschaft war das unterhalb der Burg gelegene Schnaittach.

Die Reichsstadt Nürnberg versuchte durch Intervention bei Kaiser Friedrich III., die Bildung der Ganerbschaft Rothenberg zu verhindern, hatte damit jedoch keinen Erfolg[6]. Auf die Händel und Fehden zwischen Nürnberg und etwa Kunz Schott, der 1497 Burggraf auf dem Rothenberg wurde, einzugehen, fehlt hier der Raum. Mit dem Landshuter Erbfolgekrieg, in dem Nürnberg mit den vormals oberpfälzischen Ämtern Lauf, Hersbruck etc. sein Landgebiet 1504 weit nach Osten ausdehnte, wurde die Reichsstadt unmittelbarer Nachbar der Ganerben. Nach langen Verhandlungen wurde 1523 ein Vertrag geschlossen, in dem eine Hochgerichtsgrenze festgelegt wurde. Nürnberg konnte sich dabei die Landstraße nach Böhmen und den Flusslauf der Pegnitz sichern[7]. Die unmittelbare Nachbarschaft, vor allem die komplizierte Rechtslage im Dorf Ottensoos[8] und die zahlreichen Hintersassen Nürnberger Familien und Institutionen in den Orten der Ganerbschaft, führten in den folgenden Jahrhunderten zu zahllosen Streitigkeiten. Daran änderte sich nichts, als der Rothenberg im Dreißigjährigen Krieg mit der Oberpfalz, deren Lehen er laut dem Kaufvertrag von 1478 geblieben war, an Kurfürst Maximilian I. von Bayern fiel. Kurbayern setzte seine Interessen – vor allem die Rekatholisierung – in der Herrschaft Rothenberg erbittert durch, und so verkauften die Ganerben Burg und Herrschaft Rothenberg schließlich in zwei Schritten 1662/63 und 1698 an Kurbayern[9].

---

[5] Vgl. *Schütz*, Ganerbschaft (wie Anm. 3), 66f.

[6] Vgl. *Fritz Schnelbögl*, Lauf – Schnaittach. Eine Heimatgeschichte, Lauf 1941, 84.

[7] Vgl. *Schütz*, Ganerbschaft (wie Anm. 3), 68.

[8] Das Dorf selbst unterstand dem Rothenberg in Sachen der Dorf- und Gemeindeherrschaft, der Nieder- und Hochgerichtsbarkeit. Diese endete allerdings an den Dorfausgängen. Dort stand jeweils ein Fraischstein, der die Hochgerichtsgrenze zog. Das bedeutete, dass auf den umliegenden Feldern, Wiesen und in den Wäldern Nürnberg die Hochgerichtsbarkeit innehatte. Der Burggraf vom Rothenberg hatte jedoch das Recht, jederzeit zwischen Lauf und Reichenschwand über die Pegnitz zu setzen und nach Ottensoos vorzudringen, um seine Hoheitsrechte dort durchzusetzen. Dazu ausführlich *Martin Schieber*, Ottensoos. Ein Streifzug durch elf Jahrhunderte Geschichte, Nürnberg 2003, 24–51.

[9] Vgl. *Schütz*, Ganerbschaft (wie Anm. 3), 16–30.

2. *Die Einführung der Reformation 1529*

Die Frage der Einführung der Reformation in der Herrschaft Rothenberg wurde bislang einfach mit der Feststellung, dies sei 1529 geschehen,
beantwortet[10]. Matthias Simon, der in der Reihe der 'Evangelischen
Kirchenordnungen des 16. Jahrhunderts' die Herrschaft Rothenberg
bearbeitete und dort die bislang fundierteste Zusammenfassung ihrer
Reformationsgeschichte bot, setzte beim Jahr 1529 allerdings ein
Fragezeichen: "Ein Beweis dafür ist aber nicht vorhanden"[11].

Nimmt man die Beschlussprotokolle der Ganerbentage der Jahre
um 1529 zur Hand, so kann ein solcher Beweis allerdings doch
erbracht werden. Das sogenannte 'Abschiedsbuch der Ganerben' mit
den Beschlüssen der Ganerbentage von 1516 bis 1549 ist im Staatsarchiv Amberg lückenlos erhalten[12]. Die Protokolle geben einen Eindruck von den umfangreichen Tagesordnungen, die der Burggraf
und die Ganerben bei ihren Treffen abhandelten. Religiöse Angelegenheiten spielen in den Jahren 1525 bis 1527 keine Rolle. Erst 1528
kommt diese Thematik ins Spiel, als beim Ganerbentag, der von
Sonntag bis Dienstag nach dem Matthiastag[13] auf dem Rothenberg
stattfand, der Burggraf als Beschluss Nummer 30 folgenden Auftrag
erhielt: "Item der burggraf soll dem pfarrer zum Rottenperg sagen,
das er im am sontag ein priester bestel, der im meß helt und das
evangelium sag"[14]. In der Schlosskapelle auf dem Rothenberg, quasi
der Hauptkirche der Herrschaft, in der der Burggraf am Gottesdienst
teilnahm, sollte also "das Evangelium" gesagt werden – erste Anzeichen
für eine Hinwendung zur neuen Lehre? Auf demselben Ganerbentag
fiel noch ein weiterer bemerkenswerter Beschluss, der die Nummer
39 trägt: "Item der burggraf soll zu Ottensos und Pühel mit der

---

[10] Ebd., 75; *Martin Schütz*, Kirchen und kirchliche Kunst des Rothenberger Herr-
schaftsgebietes im Zeitalter des Frühbarocks, Lauf 1958 (= Schriftenreihe 'Vom
Rothenberg', Heft 3/I), 9; *Schnelbögl*, Lauf – Schnaittach (wie Anm. 6), 138. Die
Angabe stützt sich jeweils auf *Johann Rephun*, Evangelischer Burgfriede (wie Anm. 4),
40: "12 Jahr nach der seligen Einführung deß reinen Evangelii in Germaniam, als
1529, [...] ist die Evangelische Religion von denen Herren Ganerben acceptiret
und durch öffentlich exercitium in allen Pfarrkirchen dieser Herrschaft eingeführet
worden, als damals Herr Sebastian Stiebar [...] Burggraff gewesen."
[11] Die evangelischen Kirchenordnungen des XVI. Jahrhunderts, Bayern 3: Altbayern,
bearb. von Matthias Simon, Tübingen 1968, 540.
[12] StA Amberg, Ganerbschaft Rothenberg, Akten, Nr. 2536.
[13] 27.–29.9.1528.
[14] StA Amberg, Ganerbschaft Rothenberg, Akten, Nr. 2536, 262.

bruderschaft still halten und nymatts nichts lassen geben, byß zu weytterm bescheid, wy es uberall mit dem gehalten wirt"[15]. In der Frage, was mit den vorreformatorischen Bruderschaften in Bühl und Ottensoos – und mit deren Kapital – geschehen soll, will man also abwarten, wie diese Problematik anderswo behandelt wird.

Bei einem zweiten Ganerbentag im Jahr 1528, der am Dienstag nach St. Andreas[16] in Coburg stattfand, spielten religiöse Themen keine Rolle. Beim nächsten Treffen, zu dem sich vom Sonntag Laetare bis zum folgenden Donnerstag 1529 neben dem Burggrafen Sebastian Stiebar lediglich sechs Ganerben auf dem Rothenberg einfanden[17], war jedoch einiges zu regeln. Der 15. Beschluss lautete: "Item der burggraf soll ein mandat gen Ottensos, Pühel, Newnkirchen und Rottenpach schicken [. . .] das gots wortt zu horen, undter dem nit zu tantzen, auch das gotsschweren und andere pese hendel zu underlassen, pey einer straff verpietten, wy dan solche mandat vermegen"[18]. Kann dieser Beschluss als die Einführung der Reformation gelten? Oder nimmt er nur Dinge auf, die sich inzwischen in den Pfarreien etabliert hatten? Er umfasst wohl beides: Die Anordnung an die Pfarrer von Ottensoos, Bühl, Neunkirchen am Sand und Kirchröttenbach, jetzt das Wort Gottes, also das Evangelium im Sinne der neuen Lehre, zu predigen, und das Verbot von liturgischen Formen, die über die Neuerungen hinausgingen – anders ist der Hinweis "undter dem nit zu tantzen" wohl kaum deutbar. Als man sich im Herbst 1529 erneut am Rothenberg traf, erging an den Burggrafen der Auftrag, sich für die Burgpfarrei nach einem "redlichen" Pfarrer umzusehen[19]. Dass dies durchaus im reformatorischen Sinne gemeint war, zeigt der Beschluss, der in der Sache der Pfarreibesetzung auf dem Rothenberg im darauffolgenden Jahr gefasst wurde: "Item der burggraff soll den pfaffen mit dem beger zu einem pfarher zum Rottenberg annemen, doch das er den pfarhoff baw und wider zuricht und sich nach gemeiner Janerben willen halt dem wort Gottes und dem heiligen Evangelio gemeß erzeig und halt"[20]. Endlich, so könnte

---

[15] Ebd., 265.
[16] 1.12.1528.
[17] 7.–11.3.1529. Anwesend waren: Hans Schott, Albrecht Gotzmann, Fritz von Ludwag, Christoph von Wiesenthau, Caspar von Seckendorff und Lorenz von Seckendorff.
[18] StA Amberg, Ganerbschaft Rothenberg, Akten, Nr. 2536, 277.
[19] Ebd., 292, Beschluss Nr. 43.
[20] Ebd., 301. Ganerbentag vom 25.–27.9.1530.

man sagen, ist es deutlich niedergeschrieben: Der neue Pfarrer auf
dem Rothenberg soll sich nach dem Willen der Ganerben an das
Wort Gottes und das Evangelium halten. Dass die neue Lehre tatsächlich in der Herrschaft Rothenberg Fuß gefasst hat, kann spätestens aus einem Beschluss des Jahres 1531 gefolgert werden: "Item
der pristerschafft ist die antwort auff ir anbringen geben, daß man
sie sovil muglich schutzen woll und daß sy der jortag und anderer
abgeng halben ein gedult tragen und itzlicher sein gebrechen unther-
schiedlich anzeig, auch waß zu itzlicher pfrund gehorig und er dorumb
thun muß dem burggrafen zu antworten, dem sey bevolhen sovill
muglich auch zu handeln"[21]. Die Geistlichen der Herrschaft hatten
also in einer Eingabe ihre Sorge um Einkommensausfälle geäußert,
die durch den Wegfall von Jahrtagen und anderen Stiftungen aufgetreten waren. Sie wurden nun aufgefordert, ihr Einkommen offen
zu legen; der Burggraf war dann angehalten, für ein gutes Auskommen
zu sorgen. Der Schritt zur Reformation scheint dennoch nicht radikal gewesen zu sein, denn unter den Ganerben gab es sicherlich
noch zahlreiche Altgläubige, die auf der Einhaltung der alten Gebräuche bestanden. So kam es beim Ganerbentag zu dem Beschluss:
"Item auf disem tag ist beschlossen und dem burckgrafen befolhen,
das salve zu Schnaitag zu singen wie vor altter herkomen"[22]. Das
Salve Regina bei dem Sonntagsgottesdienst, mit dem der Ganerbentag
begann, war offensichtlich weggefallen und nun wieder eingeführt
worden. Ab 1534 umging man dies, indem der Beginn des Ganerbentages nicht mehr auf einen Sonntag oder ein Apostelfest fallen
sollte: "Item beschlossen und dem burckgrafen befolhen, daß hin-
furo kein gemainer tag meer auff kainen sontag oder zwelffpoten tag
einzukhomen außgeschrieben werden, sonnder es soll auff wercken-
tag geschehen"[23].
    Dennoch ist deutlich geworden, dass tatsächlich, wie dies schon
im 17. Jahrhundert durch Johann Rephun überliefert wurde, der
Umschwung zur Reformation in der Herrschaft Rothenberg im Jahr
1529 stattfand – die Hintergründe bleiben aber im Dunkeln. Es ist
allerdings anzunehmen, dass die neue Lehre, die seit 1525 ja im
Nürnberger Hoheitsgebiet durchgesetzt wurde, auf die Menschen in
der gänzlich von Nürnberg umschlossenen Rothenberger Herrschaft

---

[21] Ebd., 316. Ganerbentag vom 17.9.1531.
[22] Ebd., 322. Ganerbentag vom 22.–24.9.1532.
[23] Ebd., 348. Ganerbentag vom 7.12.1533.

ausstrahlte. Viele von ihnen, vor allem in den Dörfern Speikern und Ottensoos, waren noch dazu Untertanen von Nürnberger Grundherren. Da in Ottensoos das Präsentationsrecht des Pfarrers beim Nürnberger Rat lag – er hatte es vom Kloster Engelthal an sich gezogen –, wurde hier schon reformatorisch gepredigt.

Schon Matthias Simon machte auf die in der Praxis verfassungs- und kirchenrechtlichen Unklarheiten der Herrschaft Rothenberg aufmerksam[24]: Jeder einzelne Ganerbe, der sich in die Ganerbschaft einkaufte, galt als pfälzischer Landsasse und musste sich seinen Anteil am Rothenberg vom Amberger Statthalter bestätigen lassen. Dennoch übte de facto der auf je drei Jahre gewählte Burggraf die Herrschaft vor Ort aus, nach den Richtlinien der Beschlüsse auf den Ganerbentagen. Diese Tage wurden in der Regel nur von einer Minderheit der berechtigten Ritter besucht, und so konnte ein engagierter Burggraf durchaus als gestaltender Politiker in der Herrschaft tätig werden. Zur Zeit der Einführung der Reformation übte Sebastian Stiebar dieses Amt aus; er war derjenige unter den insgesamt 29 Burggrafen zwischen 1478 und 1698, der am längsten amtierte: 26 Jahre, von 1512 bis 1538, übte er sein Amt aus[25]. Sein unmittelbarer Nachfolger war sein Sohn Hans Joachim, der es auf eine Amtszeit von acht Jahren bis 1546 brachte. Schon 1495 bis 1497, dann 1500 bis 1502 und noch zweimal 1604 bis 1610 und 1617 bis 1618 stellte die Familie den Burggrafen – ein deutlicher Hinweis darauf, wie sich die Stiebar in den Belangen der Ganerbschaft engagierten; keine andere Ganerbenfamilie stellte soviele Burggrafen[26]. Matthias Simon schloss daraus eine "Vormachtstellung"[27] der Familie in der Ganerbschaft – immerhin stellten sie in den ereignisreichen Jahren von 1512 bis 1546 den Burggrafen. In der Amtszeit der beiden fasste die Reformation in der Herrschaft Rothenberg Fuß, auch wenn Sebastian Stiebar unmittelbar nach seinem Weggang 1538 als Hofmeister an den Hof des Bischofs von Eichstätt zog – als ein kompromissloser Anhänger

[24] *Simon*, Kirchenordnungen (wie Anm. 11), 539.
[25] Eine Übersicht über die Burggrafen bietet *Schütz*, Ganerbschaft (wie Anm. 3), 100f.
[26] Vgl. *Otto Seefried von Buttenheim*, Die Stiebar von Buttenheim als Ganerben vom Rothenberg bei Nürnberg, in: Ders., Aus dem Stiebar-Archiv, Forschungen zur Familiengeschichte von Bauer, Bürger und Edelmann in Ober- und Mittelfranken, Nürnberg 1953 (= Freie Schriftenfolge der Gesellschaft für Familienforschung in Franken 4), 47–50.
[27] *Matthias Simon*, Die evangelische Kirche, München 1960 (= Historischer Atlas von Bayern, Kirchliche Organisation 1), 147.

der Reformation kann er damit wohl nicht gelten. Auch bei seinem
Sohn und Nachfolger Hans Joachim ist es schwer, seiner Haltung
zur Reformation auf die Spur zu kommen. Sah Matthias Simon ihn
noch eher als Gegner der Reformation[28], so konnte Horst Weigelt
nachweisen, "daß sich Hans Joachim von Stiebar in gewisser Weise
dem evangelischen Glauben geöffnet hat. [. . .] Vielleicht handelt es
sich – wie bei vielen seiner Zeitgenossen – um ein langsames Hin-
übergleiten"[29]. Dies dürfte bei beiden Stiebar wohl gelten: Als Individuen lebten sie in gewissem Maße zwischen altkirchlicher Frömmigkeit
und Hinwendung zur neuen Lehre, als Burggrafen der Herrschaft
Rothenberg nutzten sie die Möglichkeiten, welche die Reformation
zum Ausbau ihrer Hoheitsrechte bot.

3. Die Auswirkungen auf die Rothenbergischen Pfarreien

Mit der Reformation zogen der Burggraf und die Ganerben die
kirchlichen Belange mehr und mehr an sich. Die kirchenrechtlichen
Verhältnisse waren ähnlich kompliziert wie die verfassungsrechtli-
chen: Die Pfarreien nördlich der Pegnitz, also Neunkirchen am Sand,
Bühl, Kirchröttenbach und die Burgpfarrei am Rothenberg gehörten zur Bamberger Diözese, Ottensoos zu Eichstätt. In Ottensoos lag
das Präsentationsrecht, wie schon ausgeführt, bei Nürnberg, in Neunkirchen am Sand, Bühl und Kirchröttenbach beim Bamberger Bischof.
Die Pfarrer dieser drei Pfarreien waren aus altem Herkommen
Stiftsherren des Stiftes St. Stephan in Bamberg, die in der Bischofsstadt
blieben und vor Ort von 'vicarii' vertreten wurden[30]. Lediglich bei
der Burgpfarrei auf dem Rothenberg lag das Besetzungsrecht vollkommen in der Hand der Ganerben[31]; Schnaittach war eine Filiale
Bühls und wurde erst in der Zeit zwischen 1542 und 1556 eine
eigene Pfarrei[32].
Durch die Einführung der Reformation änderte sich das Einkommen der Pfarrer, etwa durch weggefallene Jahrtage. Schon 1531

---

[28] *Simon*, Kirchenordnungen (wie Anm. 11), 540.
[29] *Horst Weigelt*, Luthers Erbe in Buttenheim und Umgebung, in: Ders., Von
Schwenckfeld bis Löhe, Aspekte aus der Geschichte evangelischer Theologie und
Frömmigkeit in Bayern, Neustadt/Aisch 1999 (= EKGB 73), 1–19, hier: 10.
[30] *Schütz*, Kirchen (wie Anm. 10), 9.
[31] Ebd., 8f.
[32] Ebd., 17.

wandten sich daher, wie schon erwähnt, die Geistlichen der Herrschaft Rothenberg an die Ganerben. Diese ordneten daraufhin an, alle Geistlichen sollten das Einkommen ihrer Pfründe und die Gegenleistung, die sie zu erbringen hatten, darlegen[33]. Dies war der erste Schritt zur Neuordnung des Einkommens der Geistlichen. Die Ausstattung ihrer Pfründe ließen die Ganerben wohl unangetastet, zogen dafür aber nach ihrer Meinung überflüssig gewordene Messpfründe, Bruderschaftsvermögen und Teile des Kirchenstiftungsgutes ein[34]. Die Beschlüsse auf den Ganerbentagen zeichnen davon ein gutes Bild. Insbesondere bei dem Treffen am 22. und 23. September 1534 nehmen diese Belange großen Raum ein[35]. Neben der Besteuerung der Geistlichen, die von den Ganerben seit 1533 eingefordert wird und gegen die Bamberg protestierte, ging es um das Vermögen der St.-Anna-Bruderschaft zu Bühl[36], die Frühmesse[37] und die Bruderschaft[38] zu Schnaittach und die Frühmesse in Hüttenbach, einer Filiale von Bühl[39]. Überflüssige Messpfründen wurden also, wenn sie frei wurden, nicht mehr besetzt, ebenso zog der Burggraf die Bruderschaftsvermögen an sich. Dies bestätigte sich 1536 erneut, als auch die Liebfrauenmesse zu Schnaittach zugunsten der Kirche von Schnaittach eingezogen wurde – nicht ohne den Hinweis, dass die Ganerben Macht hätten, nach Gutdünken mit dem Vermögen zu verfahren[40].

---

[33] StA Amberg, Ganerbschaft Rothenberg, Akten, Nr. 2536, 316.

[34] Vgl. *Schütz*, Kirchen (wie Anm. 10), 6–23.

[35] StA Amberg, Ganerbschaft Rothenberg, Akten, Nr. 2536, 354–383. Allein die Tatsache, dass die Protokolleinträge fast 30 Seiten umfassen, macht deutlich, dass dieser Ganerbentag mit einer umfangreichen Tagesordnung bestückt war und auf ihm weitreichende Beschlüsse gefasst wurden.

[36] Ebd., 361: "Die bruderschafft zu Bühel belangend. Item beschlossen und dem burckgraffen befolhen, das er die bruderschafft sant Anna zu Bühel soll zu im fordern, vleiß haben das gelt zusammen zupringen und mit wissen ir sampt dem burckgraffen in ander weg damit zu handeln."

[37] Ebd., 362: "Der frumeß halben zu Schnaytag. Item beschlossen und dem burckgraffen befolhen, daß er di frumeß zu Schnaytag in seiner verwaltung soll behalten und noch derzeyt kainen pfaffen soll verlassen."

[38] Ebd., 369. Das Vorgehen sollte wie im Falle Bühls sein, allerdings sollte das Geld zum Teil für die Schnaittacher Verwendung finden.

[39] Ebd., 381: "Item nachdem der frumesser zu Hitenpach on wissen und willen uber das es auch im und seiner kochin verpoten worden hinwegk getzogen und zu Fischpach ein meß abgenomen, also ist dem burckgrafen befolhen, das er dieselbige nutzung der frumeß einfahen, das hauß und stadel und was sons die notturft erfordert davon soll pauen und machen lassen." Auf derselben Seite ist zu erfahren, dass der Burggraf die Frühmesse zu Schnaittach schon vor drei oder vier Jahren eingezogen hat.

[40] Ebd., 384. Ganerbentag vom 26.–28.9.1536: "Unser frauen meß zu Schnaittach belangen. Item beschlossen und den burckgrafen befolen, das er unser frauen meß

Wie es um die Hüttenbacher Frühmesspfründe stand, macht der
Beschluss beim Ganerbentag 1537 deutlich: Sie war noch frei, und
so sollte der Burggraf den Ertrag auch im kommenden Jahr einnehmen, davon den Bauunterhalt finanzieren, für sie jedoch weiterhin
gesondert Rechnung führen[41]. Auch in Ottensoos wurde 1543 das
Vermögen der Bruderschaft für den Bauunterhalt des Pfarrhauses
herangezogen[42]. Dass jedoch nicht grundsätzlich die Besetzung der
Frühmesspfründe abgelehnt wurde, ist zum einen für Ottensoos nachweisbar, wo das ganze 16. Jahrhundert hindurch bis zum Dreißigjährigen Krieg ein Frühmesser erwähnt ist, und wird zum anderen
in einem Beschluss des Ganerbentages 1543 deutlich, der die Frühmesse
zu Neunkirchen am Sand betraf. Der Burggraf wurde beauftragt, die
Neunkirchener Frühmesse zu besetzen, "so ein pfaff vorhanden, der
anderst tuglich und solche pfrund annemen und beziehen wöl"[43]. In
Ottensoos bildete die Frühmesserstelle, die auf eine Stiftung des
Alexander von Wildenstein – eines der ersten Ganerben – im Jahre
1480 zurückging und vom Rothenberg besetzt wurde, auch immer
eine Art 'Gegengewicht' zum von Nürnberg präsentierten Pfarrer.
Die Ganerben sicherten sich mit der Frühmesspfründe ein gutes Stück
mehr Einfluss auf das Geschehen an der Kirche zu Ottensoos[44].

Die Ganerben und ihre Burggrafen begannen also, ein eigenes
Kirchenregiment aufzubauen. Sie setzten die evangelischen Geistlichen
ein, unterwarfen sie der Steuerpflicht[45] und zogen Pfründe und Bruderschaftsvermögen ein. Erst weit nach diesen Maßnahmen sahen sie

---

zu Schnaitag sol zu dem goczhaus gen Schnaitag sampt irer zugehorung eingeben,
soch wans die Janerben in ein pesern nuczs moegen pringen, solen sie das macht
zu thun haben."
   [41] Ebd., 406. Ganerbentag vom 10.9.1537: "Item mit der pfrundt zu Hittenpach
dieweilen die ietzo ledig ist, soll es also gehalten werden, das der burggraf dieselben nutzung auf das nechstkunftig jar im xxxviii einnemen soll und davon das pfarrhaus pauen und das übrig hinterlegt behalten weitter verrechnen."
   [42] Ebd., 475. Ganerbentag vom 1.10.1543: "Item dem burggrafen bevolhen und
heimgestellt neben Lorenz von Seckendorf uf weis zu handeln, welcher gestalt der
pfarrhof zu Ottensos gepaut und wie das gelt gefunden werden sol, vom gotzhaus
oder von der pruderschaft."
   [43] Ebd., 480.
   [44] Zur Frühmesserstelle in Ottensoos vgl. *Schieber*, Ottensoos (wie Anm. 8), 44–57.
   [45] Der Konflikt um die Besteuerung der Geistlichen würde den Rahmen dieser
Arbeit sprengen. Daher sei auf die betreffenden Akten im Staatsarchiv Amberg
verwiesen. Neben den Einträgen im Ganerbenabschiedsbuch gibt es eine Akte mit
dem Betreff 'Zitate und Excommunication wegen verweigerter geistlicher Steuer,
1533–1536'; vgl. StA Amberg, Ganerbschaft Rothenberg, Akten, Nr. 2540.

allerdings die Notwendigkeit, mit einer eigenen Kirchenordnung für ein geordnetes liturgisches Leben zu sorgen.

4. Die Rothenbergische Kirchenordnung von ca. 1560[46]

Da die Einführung der Reformation in der Herrschaft Rothenberg 1529 nur in Form der oben erläuterten Beschlüsse dokumentiert und beispielsweise das Schreiben an die Pfarrer nicht erhalten ist, sind wir über konkretere Maßnahmen nicht unterrichtet. Jedoch scheinen sich bald in den einzelnen Pfarreien und bei den einzelnen Geistlichen eigene Gebräuche herausgebildet zu haben. Dies wurde um 1560 nicht weiter hingenommen, und so erarbeiteten die Pfarrer von Bühl, Kirchröttenbach, Neunkirchen am Sand, Ottensoos und Schnaittach eine Kirchenordnung für die Herrschaft Rothenberg[47]. Schon in der Vorrede weisen die Geistlichen darauf hin, dass der Burggraf sie angewiesen hatte, eine Kirchenordnung zu verfassen, "dieweyl sich verwirrungen und sunderliche unordnung unter uns in den kirchen begeben und zugetragen, das es etwa einer nach seinem eygen kopf und gutgedünken [...] in seiner kirchen vil besser dan der ander sein nachpaur anzurichten und zu halten vermaint. dardurch dan greuliche ergernußen und sunderlich, so das größest ist, verachtung gottes ewigseligmachenden worts von den gemainen underthanen ervolget." Aus der Verschiedenheit der Gebräuche hatten sich also

---

[46] *Simon*, Kirchenordnungen (wie Anm. 11), ediert eine Kirchenordnung der Herrschaft Rothenberg aus dem Jahr 1618 und kannte die vorliegende frühere Kirchenordnung nicht.

[47] StA Nürnberg, Reichsstadt Nürnberg, D-Laden, Akten, Nr. 880. Dieser Akt besteht aus verschiedenen, z. T. in makulierte liturgische lateinische Handschriften eingebundenen Heften und wurde nach einem beigelegten Zettel bei der Besetzung des Rothenbergs durch die Truppen des Fränkischen Kreises an die Nürnberger übergeben. Bei Rückgabe des Rothenbergs an Kurbayern behielt man diese für die Reformationsgeschichte wichtigen Schriftstücke im reichsstädtischen Archiv, so dass sie sich heute nicht im Bestand der Ganerbschaft Rothenberg im Amberger, sondern im Bestand der Reichsstadt Nürnberg im Nürnberger Staatsarchiv befinden. Neben der handschriftlichen Kirchenordnung besteht der Akt aus einer Übersicht über die rechtliche Stellung der Pfarreien der Herrschaft Rothenberg und einigen Glaubensbekenntnissen der Pfarrer von Bühl (Georg Breunl, 1585), Kirchröttenbach (Michael Wurtzwaller), Neunkirchen am Sand (Erhardt Theiler, 1585), Ottensoos (Leonhard Dürr, 1587) und Schnaittach (nicht namentlich aufgeführt und datiert). Die Bekenntnisschrift des Ottensooser Frühmessers Johannes Theiler, Sohn des Neunkirchener Pfarrers und gleichzeitig Prediger auf dem Rothenberg, aus dem Jahr 1586 liegt unter den Akten der Ganerbschaft Rothenberg im Staatsarchiv Amberg (Nr. 760).

Ärgernisse und, noch schlimmer, die Verachtung des Wortes Gottes durch die Untertanen entwickelt. Die Verfasser hielten sich naheliegender Weise nach eigenen Aussagen an die Brandenburgisch-Nürnbergische Kirchenordnung und an diejenige der Pfalz – die Lehenshoheit der Oberpfalz bestand ja für den Rothenberg weiterhin: "Demnach wir uns derer unordnung halben [. . .], so sie bishero in unsern kirchen zugetragen, miteinanter gütlichen verainiget, dieselbigen auch nach vermög und inhalt der hochlöblichen Pfaltz- und Brandenburgischen und Nürmbergischen kirchenordnung geendert"[48]. Das Werk ist leider nicht datiert, jedoch von den Pfarrern, die es erarbeiteten, unterzeichnet. Es waren – in der Reihenfolge der Unterschriften – Heinrich Wolff[49] (Kirchröttenbach), Ulrich Rasch[50] (Schnaittach), Johann Zeyler[51] (Ottensoos), der Frühmesser Wolfgang (Ottensoos), Eberhard Essel[52] (Neunkirchen am Sand) und Georg Erbar[53] (Bühl). Aus den Amtszeiten der betreffenden Pfarrer lassen sich zwei Eckdaten herausarbeiten: Johann Zeyler wurde 1558 Pfarrer von Ottensoos, und Ulrich Rasch starb 1563 in Schnaittach. Dazwischen, also um 1560, muss die Kirchenordnung entstanden sein; leider ist die Anordnung zu ihrer Abfassung, die sicher an einem Ganerbentag ergangen ist, nicht erhalten, fehlt doch das Protokollbuch der Ganerbentage von 1550 bis 1579 in der Überlieferung der Ganerbschaft im Staatsarchiv Amberg. Die Kirchenordnung beschränkt sich nur auf die wichtigsten Punkte, ist daher nicht sehr umfangreich und beinhaltet nur die drei Kapitel: 'Von der Meß', 'Von der Vesper' und 'Von Eheleuten'.

Zwar konnten die Pfarrer der Herrschaft Rothenberg sich selbst ihre Kirchenordnungen verfassen, von einer Kirche, die "staatsfrei"[54]

---

[48] StA Nürnberg, Reichsstadt Nürnberg, D-Laden, Akten, Nr. 880. Das Zitat in der Überschrift der vorliegenden Arbeit entstammt ebenso der Vorrede zur Kirchenordnung. Ein Vergleich der vorliegenden Kirchenordnung mit der Brandenburgisch-Nürnbergischen und der Pfälzischen Kirchenordnung muss späteren Forschungen vorbehalten bleiben.

[49] *Maximilian Weigel/Joseph Wopper/Hans Ammon*, Amberger Pfarrerbuch, Kallmünz 1967, Nr. 1226.

[50] Ebd., Nr. 804.

[51] *Michael Simon*, Nürnbergisches Pfarrerbuch, Die evangelisch-lutherische Geistlichkeit der Reichsstadt Nürnberg und ihres Gebietes 1524–1806 (= EKGB 41), Nürnberg 1965, Nr. 1581.

[52] *Weigel/Wopper/Ammon*, Amberger Pfarrerbuch (wie Anm. 49), Nr. 205.

[53] Ebd., Nr. 196 und *Simon*, Nürnberger Pfarrerbuch (wie Anm. 51), Nr. 282 und 283. Simon sieht in Erbar zwei unterschiedliche Personen.

[54] So *Simon*, Kirchenordnungen (wie Anm. 11), 542.

handelte, kann jedoch kaum die Rede sein. Schon die Widmung der ersten Kirchenordnung von um 1560 macht dies deutlich: Der Burggraf hatte die Ordnung in Auftrag gegeben und hatte im Namen der Ganerben die Geistlichen angehalten, sich bei der Androhung von Leibesstrafen an die neue Ordnung zu halten. Die Ganerben und in erster Linie der Burggraf als die konkrete Obrigkeit vor Ort griffen also durchaus lenkend in die Kirchenangelegenheiten ein, wenn auch im Vergleich vielleicht weniger als in anderen Territorien – eine natürliche Folge der Verfassungsrealität in der Herrschaft Rothenberg.

Die lokale Forschung zur Geschichte des Rothenbergs sah im Jahr 1618 bislang einen tieferen Eingriff des Burggrafen Johann Sebastian von Rotenhan in die Kirchenangelegenheiten: Er habe die Ganerbschaft dem Calvinismus zuführen wollen[55]. Schon Simon wies diese Vermutung in der Edition der Rothenberger Kirchenordnung von 1618 zurück, da diese in jedem Fall als lutherisch anzusehen ist. Auch die Vorfälle um das Verbot des Burggrafen Johann Sebastian von Rotenhan aus dem Jahr 1618, Chorröcke und Altarkerzen zu verwenden, das für einigen Aufruhr in der Herrschaft sorgte und zur Auspfarrung von herrschaftsfremden Orten[56] aus den Rothenberger Pfarreien führte, ordnete Simon überzeugend nicht als Calvinisierungsbestrebungen ein[57].

5. Das Ende des Lutherischen Bekenntnisses in der Herrschaft Rothenberg

Das lutherische Kirchenwesen in der Herrschaft Rothenberg näherte sich wenige Jahre nach dem Erlass der Kirchenordnung von 1618 seinem Ende[58]. Nach der Schlacht am Weißen Berg mit der Niederlage des Winterkönigs rückte Maximilian I. von Bayern in der Oberpfalz ein. Da die Herrschaft Rothenberg oberpfälzisches Lehen war, rückten die Bayern auch hier ein und führten ab 1628/29 wieder den

---

[55] So *Schütz*, Ganerbschaft (wie Anm. 3), 75; *Schnelbögl*, Lauf – Schnaittach (wie Anm. 6), 138f.

[56] Das markgräfliche Osternohe wurde selbständig, das nürnbergische St. Helena-Großengsee zu Hiltpoltstein geschlagen und das markgräfliche Riegelstein zu Plech; vgl. *Simon*, Kirchenordnungen (wie Anm. 11), 543.

[57] Ebd., 543f. Es sei hier ausdrücklich auf die Ausführungen Simons verwiesen, ohne sie noch einmal im Einzelnen auszuführen.

[58] Zum Folgenden vgl. *Simon*, Kirchenordnungen (wie Anm. 11), 544; *Schütz*, Ganerbschaft (wie Anm. 3), 75f; *Schieber*, Ottensoos (wie Anm. 8), 40f.

katholischen Ritus an den Pfarrkirchen ein. Ausgenommen blieben
allein die Pfarrkirche von Ottensoos – aus Rücksicht auf die Reichsstadt Nürnberg – und die Burgkapelle auf dem Rothenberg, denn
dort residierte nach wie vor der Burggraf als Stellvertreter der Ganerben. Die Ganerbschaft konnte sich gegen die bayerische Vormacht
nicht behaupten, und so verkauften die Ganerben den Rothenberg
schließlich in zwei Schritten 1662/63 und 1698 an Bayern. In ihrer
Herrschaft hatten sie für die Dauer von 100 Jahren dem lutherischen
Bekenntnis Raum geschaffen. Es dauerte lange, bis die von Bayern
eingeleitete Rekatholisierung gelang. Damit zog bayerischer Barock
und Rokoko in die Herrschaft Rothenberg ein, der bis heute Kirchen wie Bühl oder Neunkirchen am Sand zu Schmuckstücken der
Kirchenbaukunst macht. Der letzte Fürsprecher der lutherischen Einwohner der Herrschaft Rothenberg war allerdings keiner der Ganerben, sondern aus Sorge um ihre Grunduntertanen die Reichsstadt
Nürnberg[59]. Durch den sogenannten 'Münchener Vertrag' zwischen
Kurbayern und Nürnberg wurde den Lutheranern eine großzügige
Übergangsregelung ermöglicht. Als Gegenleistung für die Rekatholisierung des Kerngebietes der Herrschaft Rothenberg, die auch
die dortigen Nürnberger Untertanen einschloss, konnten allerdings
zwei Dörfer beim lutherischen Bekenntnis verbleiben: Ottensoos und
Kappel bei Hiltpoltstein, die beiden Exklaven der Herrschaft Rothenberg im Nürnberger Gebiet.

Der leidenschaftliche Appell Johann Rephuns an die Ganerben,
sich für den Fortbestand der lutherischen Lehre in der Herrschaft
Rothenberg einzusetzen, hatte keinen Widerhall gefunden, war er
auch noch so leidenschaftlich vorgetragen worden: "Drumb greiffet
zu, lieben Herren, greiffet zu, haltet fest, stützet unter, und wenn es
euch möglich were, daß ihr euren Unterthanen köntet alles zu Gold
machen, so würdet ihr ihnen doch nicht halb soviel nutzen, als wann
ihr sie bey der reinen Evangelischen Religion der ungeenderten Augspurgischen Confession erhaltet"[60].

---

[59] Dazu ausführlich: *Liselotte Kreutzer*, Die Herrschaft Rothenberg im Widerstreit
zwischen Kurbayern und Nürnberg, Die Rekatholisierung von 1661–1700, Nürnberg
1975 (= Schriftenreihe der Altnürnberger Landschaft 23).
[60] *Rephun*, Burgfriede (wie Anm. 4), 25. Seine Schrift aus dem Jahr 1656 diente
allein dem Zweck, die Ganerben vom Verkauf an Kurbayern abzuhalten.

"ICH KLAGE DIE RECHTEN ZAUBERER HEFFTIG AN". ANTON PRÄTORIUS' KAMPF GEGEN ZAUBEREI

Heidrun Munzert
(Erlangen)

'Von Zauberey vnd Zauberern Gründlicher Bericht. Darinn der grawsamen Menschen thöriges/ feindseliges/ schändliches vornemmen: Und wie Christliche Oberkeit in rechter Amptspflege ihnen begegnen/ ihr Werck straffen/ auffheben/ vnd hinderen solle/ vnd könne'[1]. Dieser Titel aus dem Jahr 1613 scheint unmissverständlich: Um Zauberei bzw. Zauberer geht es hier, die als gleichermaßen dumm wie gefährlich gelten, weshalb den politisch Verantwortlichen eine Anleitung zur rechten Strafe und Ausmerzung dieses Übels geboten werden soll. In Anbetracht der Tatsache, dass die Hexenverfolgung in Deutschland zwischen 1560 und 1660 ihren traurigen Höhepunkt erlebte[2], wird es sich – so die naheliegende Vermutung – bei dem zitierten Schriftstück um eine weitere, wenngleich nicht besonders bekannte Stimme im Chor derjenigen Autoren handeln, die sich vehement für eine strenge Bestrafung der Hexen, wahrscheinlich sogar für die Todesstrafe, aussprechen[3].

---

[1] *Anton Prätorius*, Von Zauberey vnd Zauberern Gründlicher Bericht [. . .], Heidelberg 1613. Der vollständige Text dieser Ausgabe (Exemplar der UB Heidelberg) befindet sich als Quellenfaksimile im Online-Angebot des Deutschen Rechtswörterbuchs unter der Adresse www.rzuser.uni-heidelberg.de/~cd2/drw/F3/praetor/g001.htm.

[2] Vgl. *Wolfgang Behringer*, "Erhob sich das ganze Land zu ihrer Ausrottung". Hexenprozesse und Hexenverfolgungen in Europa, in: Hexenwelten. Magie und Imagination vom 16.-20. Jahrhundert, hg. von Richard van Dülmen, Frankfurt a. M. 1987, 131–169 und 316f, hier: 140–143.

[3] Ein Beispiel dafür, dass der Titel tatsächlich (auch) in diesem Sinn gelesen wurde, bietet der Bonner Medizinhistoriker Carl Binz (1832–1913): "Dem Wortlaut des Titels nach war der Westphalo-Camensis [in Westfalen ist der Autor geboren, in Kamen wirkt er eine Zeit lang als Rekor an der Lateinschule; H. M.] ein wütiger Hexenjäger. Sollte er jedoch das Gegenteil gewesen sein, so wäre es wohlgetan, den Inhalt des Buches der Nachwelt jetzt bekannt zu geben." Zit. nach *Gudrun Gersman*, "Unser Hexenänneken" – der Hexenprozeß als Thema der Heimatgeschichte, in: Van Hexen vn Düvelslüden. Über Hexen, Zauberei und Aberglauben im niederländisch-deutschen Grenzraum, hg. von Marielies Saatkamp/Dick Schlüter, Vreden 1995 (= Westmünsterland. Quellen und Studien 4), 129–145, hier: 132.

Dass dem jedoch nicht so ist, ist in der Hexenforschung durch-
aus bekannt. Bereits 1910 hat Nikolaus Paulus den calvinistischen
Pfarrer Anton Prätorius (ca. 1560–1613), den Verfasser des 'Gründ-
lichen Berichtes', als "Bekämpfer der Hexenverfolgung" bezeichnet[4].
Auch neuere Untersuchungen reihen Prätorius durchweg in die Reihe
der Verfolgungsgegner ein[5]. In jüngster Zeit hat vor allem Hartmut
Hegeler den streitbaren Einsatz des Pfarrers für eine Beendigung der
Hexenprozesse wieder nachdrücklich in Erinnerung gerufen[6].

Das offensichtliche Missverhältnis zwischen dem Titel der Schrift
und der vom Autor tatsächlich vertretenen Position bedarf einer
Klärung. Warum formuliert Prätorius den Titel so uneindeutig, dass
man eher einen Befürworter von Hexenverfolgungen als einen Gegner
dahinter vermutet? Die These, dass sich der Verfasser aus Gründen
des Selbstschutzes einer vorsichtig verklausulierenden Sprache bedient[7],
kann nicht recht überzeugen. Wer den 'Gründlichen Bericht' gelesen hat, weiß, dass sich Prätorius kein Blatt vor den Mund zu nehmen pflegt, wenn es gilt, unangenehme Wahrheiten in schonungsloser
Offenheit direkt auszusprechen; von einem Meister der Diplomatie,
der aus Angst vor negativen Konsequenzen für die eigene Person –
die bekanntlich vom Verdacht, selbst eine Hexe zu sein, bis hin zu
Anklage und Hinrichtung reichen konnten – lieber im unverbindlich
Zweideutigen verharrt, ist wenig zu spüren. Nur einen m. E. eher
halbherzigen Versuch der Verschleierungstaktik unternimmt Prätorius:
Die erste Auflage des 'Gründlichen Berichtes' aus dem Jahr 1598

---

[4] *Nikolaus Paulus*, Hexenwahn und Hexenprozeß vornehmlich im 16. Jahrhundert.
Freiburg i. B. 1910, 183.
[5] So z. B. Wolfgang Behringer, der Prätorius als "geistliche[n] Verfolgungsgegner"
klassifiziert; *Wolfgang Behringer*, "Vom Unkraut unter dem Weizen". Die Stellung der
Kirchen zum Hexenproblem, in: Hexenwelten (wie Anm. 2), 15–47 und 309–311,
hier: 38; *Rainer Kameth*, Hexen, Hexenverfolgung und ein vermeintlicher Alzeyer
Kritiker – Anton Prätorius, in: AlzGB 30 (1997), 37–76, hier: 66, und *Jürgen Michael
Schmidt*, Glaube und Skepsis. Die Kurpfalz und die abendländische Hexenverfolgung
1446–1685, Bielefeld/Gütersloh 2000 (= Hexenforschung 5), 301, rechnen Prätorius
der Gruppe der Skeptiker bzw. Verfolgungsgegner zu.
[6] *Hartmut Hegeler*, Anton Praetorius, Kämpfer gegen Hexenprozesse und Folter.
Zum 400 jährigen Gedenken an das Lebenswerk eines protestantischen Pfarrers,
Unna 2002 (Eigenverlag); *ders.*, Der evangelische Pfarrer Anton Praetorius. Mit der
Bibel gegen Folter und Hexenprozese. Zum 400-jährigen Gedenken an das Lebenswerk eines protestantischen Pfarrers im Jahr 2002, in: Hexenwahn. Eine theologische
Selbstbesinnung, hg. von Renate Jost/Marcel Nieden, Stuttgart 2004 (= Theologische
Akzente 5), 153–172.
[7] In diese Richtung spekuliert *Hegeler*, Anton Praetorius (wie Anm. 6), 125f.

erfolgt unter dem Pseudonym Johannes Scultetus. Da dies jedoch der (latinisierte) Name von Prätorius' Sohn ist, scheint auch hier kaum das dringliche Anliegen Pate gestanden zu haben, die Entdeckung der wahren Autorschaft um jeden Preis zu verhindern[8]. Die beiden späteren, noch zu Lebzeiten des Prätorius erscheinenden Auflagen von 1602 und 1613[9] verzichten denn auch auf diese Vorsichtsmaßnahme und nennen ihn selbst als Verfasser[10].

Wie also ist der Titel zu erklären? Ganz einfach: Er drückt präzise das aus, worauf es Prätorius in erster Linie ankommt. Der Theologe sagt Zauberei in all ihren Erscheinungsformen radikal den Kampf an; sein langfristiges Ziel ist nicht weniger als die völlige Ausrottung derselben. Hexenprozesse hält er auf dem Weg dahin allerdings eher für hinderlich als nützlich. So geht Prätorius zwar scharf mit der Prozesspraxis seiner Zeit ins Gericht, wehrt sich aber gleichzeitig gegen den Vorwurf seiner Gegner, er "sey der Hexen Advocat, vnd wolle das böse vngestrafft haben" [25]. Stattdessen hält er dagegen: "Keine vbelthat heisse ich gut: verthädige auch keinen vbelthäter. Ja/ ich klage die rechten Zauberer/ Schwartzkünstler/ Gäuckler/ Wahrsager vnd Nachweiser/ etc. hefftig an" [25]. Inwiefern diese unnachgiebige Haltung gegenüber Zauberei ein zentrales Anliegen des Autors ist, das nicht im Widerspruch zu seiner kritischen

---

[8] Auch Schmidt erscheint der Sinn dieses Pseudonyms "völlig rätselhaft", da Prätorius die Urheberschaft in der Familie belässt; "Sicherheitsbedenken" seien als Erklärungsmöglichkeit deshalb wohl auszuschließen. Vgl. *Schmidt*, Glaube und Skepsis (wie Anm. 5), 299. Anders dagegen *Hegeler*, Der evangelische Pfarrer (wie Anm. 6), 160 und *ders.*, Anton Praetorius (wie Anm. 6), 126, der als Beleg allerdings die Selbstaussage eines anderen (!) (anonymen) Autors anführt.

[9] Eine weitere Auflage erschien postum im Jahr 1629, die ein Nachdruck der Ausgabe von 1602 ist. Als letzte vom Verfasser autorisierte Ausgabe gilt daher die Fassung von 1613, die für den vorliegenden Aufsatz, soweit nicht anders angegeben, die Textgrundlage bildet; auf sie beziehen sich auch die in runden Klammern angegebenen Seitenzahlen oben im Text. Die Vorrede, die im Original unpaginiert ist, wurde von mir − angefangen mit dem Titelblatt als 1 − nachträglich mit Seitenzahlen versehen, auf welche im Folgenden in eckigen Klammern verwiesen wird.

[10] Begünstigt wurde dieses "coming-out" sicher durch Prätorius' Wohnsitzwechsel. Die erste Abfassung des 'Gründlichen Berichts' ist auf die Jahre 1597/98 zu datieren; zu dieser Zeit ist Prätorius Hofprediger in Birstein (Grafschaft Isenburg-Büdingen). Während es dort nachweislich zu Hexenverfolgungen gekommen ist, gilt die Kurpfalz, in der Prätorius ab 1598 bis zu seinem Tod am 6.12.1613 als Pfarrer in Laudenbach an der Bergstraße wirkt, als verfolgungsarme Gegend. Bereits die 2. Auflage kann Prätorius also von "sicherem Terrain" aus publizieren. Zur Biographie des Prätorius vgl. z. B. *Hegeler*, Der evangelische Pfarrer (wie Anm. 6), 171f (tabellarischer Überblick).

Einstellung gegenüber den Hexenprozessen steht[11], soll Gegenstand
der folgenden Untersuchung sein. Dabei wird sich zeigen, dass man
den 'Gründlichen Bericht' nicht nur als Streitschrift in Sachen Hexenverfolgung lesen kann, sondern – ins Positive gewendet – als Anleitung
zu einer vom Autor für dringend notwendig befundenen, individuellen wie gesamtgesellschaftlichen geistlichen Erneuerung, die auf eine
Abkehr der Menschen von ihrem gottlosen Treiben hin zu "Frömmigkeit" und "Gottesdienst" abzielt.

1. Entstehung des 'Gründlichen Berichtes'

In der Vorrede der Ausgabe von 1613 legt Anton Prätorius Rechenschaft über den Grund seines Schreibens ab. Demzufolge treiben ihn
vor allem persönliche Erlebnisse im Zusammenhang mit Hexenprozessen an. Abgesehen davon, dass Prätorius von Jugend an in
unregelmäßigen Abständen immer wieder Zeuge von Hexenhin-
richtungen wird, kommt er später im Rahmen seiner Aufgaben als
Pfarrer auch mehrmals mit wegen Hexerei laufenden Verfahren in
Berührung [15–24]. Was er hierbei erlebt, lässt ihm die "Haar [. . .]
zu berge" (214) stehen; den Gipfel der Unerhörtheit bildet für ihn
schließlich ein Vorfall aus dem Jahr 1597[12], der zum unmittelbaren
Auslöser für die Abfassung des 'Gründlichen Berichtes' wird [19–23]:
Vier der Hexerei verdächtige Frauen werden in Birstein festgenom-
men und verhört. Die Befragung endet für alle vier in der Katastrophe:
Eine Frau tötet sich nach der Vorführung der Folterwerkzeuge selbst,
ohne ein Geständnis abgelegt zu haben, zwei Frauen, die ebenfalls
nichts bekannt haben, sterben in der Haft an den Folgen der Tortur.
Als Prätorius erfährt, dass auch die vierte Frau gefoltert wird, schreitet er unvermittelt ein. Er verschafft sich Zutritt zu der Folterkammer
und erzwingt einen Abbruch des Verhörs. Da auch diese Frau nichts
gestanden hat, wird sie nach ein paar Wochen freigelassen. Doch

---

[11] Zu Prätorius' Haltung gegenüber den Hexenprozessen siehe z. B. die entsprechenden Abschnitte bei *Karneth*, Hexen (wie Anm. 5), 63–76 und *Schmidt*, Glaube
und Skepsis (wie Anm. 5), 296–312. Einen knappen, zusammenfassenden Überblick
über den Inhalt des 'Gründlichen Berichtes' bietet *Lène Dresen-Coenders*, Antonius
Prätorius, in: Vom Unfug des Hexen-Processes. Gegner der Hexenverfolgungen von
Johann Weyer bis Friedrich Spee, hg. von Hartmut Lehmann/Otto Ulbricht,
Wiesbaden 1992 (= Wolfenbütteler Forschungen 55), 129–137.
[12] Prätorius ist zu dieser Zeit Hofprediger in Birstein (Grafschaft Isenburg-Büdingen).

die Hilfe des Pfarrers kam zu spät; man hatte sie "in der Gefengnuß vnd Tortur also zugerichtet vnd vermattet: daß sie auch bald hernach in ihrem hause starb" [23][13].

Die Erfahrung, dass Menschen, deren Schuld in keiner Weise erwiesen ist, im Zuge eines gerichtlichen Verfahrens zu Tode gequält werden, erschüttert Prätorius tief. Vieles, was die Angeklagten im Lauf des Prozesses erdulden müssen, ist aus seiner Sicht schlichtweg unmenschlich. Angefangen von den inhumanen Haftbedingungen bis hin zu ungerechtfertigter physischer wie psychischer Gewaltanwendung[14] registriert er wachsam alle "thyrannische[n] [. . .] händel" [24]. Besonders erzürnt ihn die Anwendung der Folter, zumal sie ja der Wahrheitsfindung und nicht der Bestrafung der Angeklagten dienen soll[15]; dass hierbei auch nicht wieder gutzumachende Verletzungen

---

[13] Nach *Walter Nieß*, Hexenprozesse in der Grafschaft Büdingen. Protokolle, Ursachen, Hintergründe, Büdingen 1982, 72–81, zeichnen die Prozessakten ein etwas anderes Bild von den Vorgängen: Zusätzlich zu der einen Frau, die sich nach der Territio (Vorführen der Folterinstrumente) erhängt, begeht eine weitere Angeklagte nach dem peinlichen Verhör Selbstmord. Von den beiden verbleibenden Frauen ist eine schwanger und wird deshalb nach längeren Verhandlungen vorübergehend aus der Haft entlassen; bald darauf stirbt sie. Als die vierte Frau gefoltert wird, schreitet Prätorius ein. Der Protokollführer vermerkt unter dem 3.7.1597: "Weil der Pfarrer alhie hefftig dawieder gewesen, das man die Weiber peinigte, alß ist es dißmahl deßhalben underlaßen worden. Dan er mit großem Gestüm und Unbescheidenheit vor der thür angepucht, den herrn D. außgefürdert, und hefftig contra torturam geredet"; zit. nach *Hegeler*, Anton Praetorius (wie Anm. 6), 106, wo eine Kopie des handschriftlichen Originals abgedruckt ist. Zwei Tage später bringt sich jedoch auch diese Frau um. Im Unterschied zu dem Bericht des Prätorius liegen also drei Selbsttötungen vor. Beiden Überlieferungen gemeinsam ist, dass keine der Frauen ein Geständnis ablegt, alle vier aber, offensichtlich bedingt durch die näheren Umstände des gegen sie laufenden Verfahrens, zu Tode kommen.

[14] "Sie [die vier in Birstein angeklagten Frauen; H. M.] worden in vnterschiedtliche Kammern/ vnnd Gewelbe gesetzt/ mit beyden Armen hinder den Händen an Eiserne stangen angefesselt/ vnnd an Ketten/ so in der Mauer eyngegossen/ bestes fleisses verschlossen. In solchen banden lagen sie ohne tägliche vnd nächtliche ruhe/ allein/ in sorg vnd angst/ Leusen/ Meusen vnd gestanck. Wurden darneben von der jungen Hoffburß vnd Soldaten/ welche für die Thüren lieffen/ ohn vnterlaß/ mit Pfeiffen/ Geigen/ schimpff= vnd spöttlichen Reden gequelet/ vnd schwermütig gemacht" [20]; vgl. auch Prätorius' allgemeine Schilderung des Elends der frühneuzeitlichen Gefängnissituation (211–214), die nach Schmidt beinahe schon die "Qualität eines 'locus classicus'" innerhalb der Strafrechtsgeschichte besitzt; *Jürgen Miachael Schmidt*, Art. Praetorius, Antonius, in: http://www.sfn.uni-muenchen.de/hexenverfolgungen/art784.htm (Stand: 22.01.01, überarb. am 20.02.01).

[15] In seiner Kritik an der Folter geht Prätorius sogar so weit, ihre gänzliche Abschaffung im Strafprozess zu fordern (179–183 und 217–239). Schmidt bezeichnet Prätorius' Stellungnahme zur Folter daher als "originellste Stelle im ganzen Werk", mit der er sich "einen wichtigen Platz in der deutschen Strafrechtsgeschichte gesichert" hat; ebd.; ähnlich auch *ders.*, Glaube und Skepsis (wie Anm. 5), 306.

an "leib vnd seelen" [24][16] der Betroffenen in Kauf genommen werden, macht ihn geradezu fassungslos.

All diese Erlebnisse treiben Prätorius dazu, seinen 'Gründlichen Bericht' zu verfassen. Dabei zeigt sich, dass er in der Hexenmaterie gut bewandert ist und viele Schriften zu dem Thema kennt[17]. Da die jeweiligen Autoren in ihren Meinungen jedoch deutlich voneinander abweichen, hält es Prätorius für angebracht, seine eigene Position in die öffentliche Diskussion einzubringen. Großen Wert legt er darauf, "Auff gantz newe weise" [10] zu schreiben, indem er seine Argumente "vornemblich auß H. Schrifft[18]/ vnd beschriebenen Rechten[19]" [10] bezieht. Seinem Anspruch wird er durchaus gerecht; namentlich die intensive Auseinandersetzung mit dem biblischen

---

[16] Prätorius hat hier über das konkrete Elend im Gefängnis hinaus auch den Schaden im Blick, den die Angeklagten in Bezug auf das ewige Leben nehmen können. So betont er ausdücklich, dass die vier Frauen in Birstein aufgrund des gegen sie eröffneten Strafverfahrens "vmb das zeitliche/ vnd zum wenigsten eine auch vmb das Ewige Leben bracht" [23] worden sind. Außer Frage steht es für ihn also, dass die Prozessführer schuld am Selbstmord der einen Frau sind – und deshalb auch die Verantwortung für deren Ausschluss vom ewigen Heil zu tragen haben.

[17] Vgl. seine lange Liste namhafter Theologen, Juristen, Mediziner, Philosophen und Politiker, die zum Thema Hexerei etwas geschrieben haben [7f].

[18] Bereits in der Ausgabe von 1598 betont Prätorius, dass er das Hexenthema gemäß Gottes Wort behandeln wolle, weshalb er für sich einen besonderen Wahrheitsanspruch reklamiert. In dem dem Text vorangestellten Gedicht heißt es: "Was ich vom Handel schreiben sol/ Zeiget mir Gott/ drümb folget wol". *Johannes Scultetus*, Gründlicher Bericht Von Zauberey vnd Zauberern [. . .], Lich 1598, 2; benutztes Exemplar: UB Erlangen, (an:) Jur VII, 27b[a]. Mit dieser Haltung erweist sich Prätorius als typisch protestantischer Autor. Gerade die evangelischen Theologen unter den Hexenschriftstellern sahen sich in ihrer Argumentation dem Grundsatz 'sola scriptura' verpflichtet. So behauptet auch der lutherische Pfarrer David Meder, dass seine Ausführungen "sempt vnd sonderlich/ [. . .] zuförderst aus der Göttlichen Schrifft/ so in allen dunckelen sachen die einige leuchte vnser füsse ist/ Psal. 119. ver. 105 [. . .] erwiesen vnd erkleret" würden. *David Meder*, Acht Hexenpredigten [. . .], Leipzig 1605, 3r; benutztes Exemplar: UB Bamberg, CM 4658. Grundsätzlich lässt sich diese Berufung auf die Autorität der Bibel bei Verfolgungsbefürwortern ebenso wie bei -gegnern nachweisen; vgl. dazu *Jörg Haustein*, Bibelauslegung und Bibelkritik. Ansätze zur Überwindung der Hexenverfolgung, in: Das Ende der Hexenverfolgung, hg. von Sönke Lorenz/Dieter R. Bauer, Stuttgart 1995 (= Hexenforschung 1), 249–267, bes. 264f.

[19] Prätorius rekurriert hier auf die weltliche Gesetzgebung. Vor allem die 'Constitutio criminalis Carolina' (1532) dient ihm als Maßstab für die strafrechtliche Verfahrensweise bei Hexenprozessen. An Punkten, an denen die 'Carolina' seiner Ansicht nach jedoch nicht mit dem Wort Gottes übereinstimmt, unterwirft er auch diese der Kritik. Dies zeigt sich etwa bei der Behandlung der Folter, die die Carolina grundsätzlich zulässt, während Prätorius sie abgeschafft sehen will; vgl. dazu *Schmidt*, Glaube und Skepsis (wie Anm. 5), 301 und 307.

Zeugnis und die Berufung auf die Autorität der Schrift verleihen dem 'Gründlichen Bericht' seine charakteristische Prägung[20].

2. Prätorius' Unterscheidung der Begriffe "Zauberer" und "Hexen"

Einen entscheidenden Schlüssel zum Verständnis für Prätorius doppeltes Anliegen, seinen Kampf gegen Hexenprozesse einerseits und gegen Zauberei andererseits, findet man in seiner Verwendung der Begriffe "Zauberer" und "Hexen". Dass Prätorius nicht nur im Titel, sondern auch sonst in seinem Werk ganz überwiegend von Zauberei statt von Hexerei redet, ist aus meiner Sicht kein Zufall. Es ist auch nicht damit zu erklären, dass der Hexenbegriff sich zu dieser Zeit im deutschen Sprachgebrauch erst allmählich herausbildet und für Prätorius deshalb noch nicht selbstverständlich ist[21]. Prätorius kennt das Wort und benutzt es auch. Allerdings ordnet er ihm eine ganz spezifische Bedeutung zu und grenzt es damit von "Zauberei" deutlich ab[22].

Das Bemühen um einen präzisen Sprachgebrauch zeigt sich schon gleich zu Beginn des 'Gründlichen Berichtes' im Zuge einer umfassenden Begriffsdefinition: "Zauberey ist ein vnordentliche/ vbertreffliche Wissenschafft hoher vnnd verborgener Dingen/ vnd ein Handlung mit Aberglauben vnd Verblendung allezeit vermischet. Oder also: Zäuberey ist ein fürwitzige/ abergläubische/ boßhafftige/ wunderbare Wissenschafft vnnd gottlose Handlung der Menschen/ auß heimlichen eingeben oder öffentlichen reitzen deß Teuffels fürgenomen: vñ durch desselben Mitwirckung betrieglich verrichtet: Gott zur Schmach/ vnnd den Menschen zum Verderben: vnd derhalben von GOtt ernstlich verbotten/ auch von der Obrigkeit iederzeit rechtmässig zu verhüten vnd zu straffen" (1f). In der sich anschließenden ausführlichen Kommentierung betont Prätorius besonders den

---

[20] Vgl. *Schmidt*, Art. Praetorius (wie Anm. 14): "Was die Auslegung der Bibel angeht, dürften nur wenige Autoren der Hexenliteratur so viele Belegstellen genauestens angeführt und diskutiert haben wie Praetorius." Vgl. auch die fast identische Formulierung bei *ders.*, Glaube und Skepsis (wie Anm. 5), 301.

[21] Dies deutet *Hegeler*, Der evangelische Pfarrer (wie Anm. 6), 162, an.

[22] Schon Schmidt ist Prätorius' bewusster Sprachgebrauch aufgefallen. Seine Beobachtung bezieht sich allerdings nicht auf das Wort selbst, sondern auf das verwendete Genus. Prätorius gehört zu den wenigen Autoren, die das Hexenverbrechen nicht als typisch weibliches Delikt klassifizieren, weshalb er das Maskulinum "Zauberer" bevorzugt; vgl. *Schmidt*, Art. Praetorius (wie Anm. 14).

Gedanken der Handlung, den er ausdrücklich von dem der Kunst
unterscheidet. Zur "Kunst" gehört ganz wesentlich die Dimension
der Lernbarkeit: Sie bezieht sich auf etwas, dem bestimmte Gesetz-
mäßigkeiten, Ordnungen, d. h. "Regulen (nicht Ceremonien)" (2),
zugrunde liegen, die mittels des Verstandes durch Übung zum Nutzen
der Menschen angeeignet werden können. Für Zauberei gilt all dies
jedoch nicht. Die "hohe[n] und verborgene[n] Dinge" (1), mit denen
sich diese beschäftigt, sind nämlich nicht Teil der von Gott gegebenen natürlichen Ordnung der Dinge in der Welt – infolgedessen sind
sie auch nicht etwas, worauf der Mensch mittels der ihm zur Verfügung
stehenden Kräfte und Möglichkeiten so einwirken kann, dass es sich
seinen Wünschen entsprechend verhält. Wenn Menschen sich dennoch in Zauberei versuchen, so können sie allenfalls Handlungen
vollziehen, von denen sie meinen, dass sie bestimmte erhoffte
Wirkungen zur Folge haben werden. Solches Tun bleibt aber per
definitionem aussichtslos. Personen, die zaubern, können in diesem
Metier folglich auch keine sukzessiv sich weiter vervollkommnende
Fertigkeit entwickeln. Nachhaltigen Wert legt Prätorius daher auf
den Gedanken, dass es sich bei Zauberei lediglich um eine menschliche Verhaltensweise handelt (3). Damit schließt sich die Argumen-
tationskette: Zauberische Handlungen sind ein leeres, sinnloses
Unterfangen, weil sie vom Menschen ausgehen, dem es aufgrund
seiner geschöpflichen Beschaffenheit verwehrt ist, Dinge zu bewirken, die außerhalb seiner von Gott festgelegten Möglichkeiten liegen. In einem ersten Sinn versteht Prätorius unter "Zauberei" also
Praktiken, die mittels bestimmter magischer Hilfsmittel, Rituale oder
sonstiger, menschliche Grenzen sprengen wollender Methoden übernatürliche Wirkungen hervorrufen sollen; da diese auf dem falschen
Glauben beruhen, dass dem Menschen dies im Prinzip möglich sei,
sind solche Verhaltensweisen stets mit "Aberglauben" bzw. "Verblendung" verbunden.

Zum zweiten ist Prätorius bestrebt, die Rolle des Teufels im Zusammenhang mit Zauberei eindeutig zu klären. Mit Nachdruck betont
er, dass der Bund mit dem Teufel aus seiner Sicht nicht konstitutiv
zur Zauberei gehört: "Ich nenne sie [Zauberei; H. M.] auch nicht
eine Verläugnung Gottes/ vnd Verbündniß mitt dem Teuffel." (3)
Begründet wird dies mit einem Verweis auf die Geschichte der
Zauberei: Bereits in früheren Zeiten habe es bei Völkern, die weder
Gott noch Teufel kannten, immer auch Fälle von Zauberei gegeben;

diejenigen aber, die "nicht wissen oder gläuben/ daß Teuffel seyn/ wie solten sie mit ihnen sich verbinden?" (3)

Ist der Teufelspakt nach Prätorius also allenfalls ein fakultatives Element des Zaubereiverbrechens[23], so heißt das jedoch keineswegs, dass der Teufel überhaupt nichts mit ihm zu tun hätte. Denn auch ohne Zustandekommen durch einen Teufelsbund entspringt Zauberei – wie in der oben erwähnten Definition ausdrücklich formuliert – "heimliche[m] eingeben/ oder öffentliche[m] reitzen deß Teuffels" (2 und 4). Der Teufel ist, auch wenn das seinen Gefolgsgenossen nicht immer explizit bewusst ist, die "causa efficiens, der Stiffter vnd werckmeister der Zäuberey" (4), also derjenige, der die Zauberer dazu verleitet, Dinge wissen oder tun zu wollen, für die sie nicht bestimmt sind[24].

Was für das Zaubereidelikt ganz allgemein gilt, nämlich die Relativierung der Vorstellung vom Teufelsbund bei gleichzeitiger prinzipieller Anerkennung der Beteiligung des Teufels, überträgt Prätorius nun interessanterweise uneingeschränkt auf das Hexenverbrechen. Dessen Merkmale werden erst im 7. Kapitel schärfer umrissen, in dem Prätorius "Namen vnd Thaten" (47) gegenwärtiger Zauberei – im Unterschied zu derjenigen, die vor Christi Geburt gebräuchlich war und die "bey vns Christen/ Gott sey danck/ sehr in abgang kommen" (47) ist[25] – beschreibt. Hier sieht sich Prätorius auch zu einer Präzisierung des Begriffs "Hexe" herausgefordert, obgleich ihn dies in eine gewisse Verlegenheit bringt: "Was das Wort Hex heisset/ weiß ich nicht. Man findet in Biblischer Schrifft keine Zäuberer also genennet. Ich setze es nach gemeiner Rede/ vnd versteh dadurch

---

[23] Prätorius geht nicht so weit, die Möglichkeit des Teufelsbundes grundsätzlich auszuschließen (48f). Entscheidend ist für ihn aber der Gedanke, dass jeder Teufelspakt auch wieder lösbar ist; vgl. unten 3.1.

[24] Dabei unterliegt der Teufel, wie bereits *Karneth*, Hexen (wie Anm. 5), 69, klar herausgearbeitet hat, "selbst den Restriktionen naturgegebener Bedingungen". Im Rahmen einer Theologie, die alles Gewicht auf die Allmacht und Vorsehung Gottes legt, wird der Teufel zum Werkzeug des strafenden Gottes instrumentalisiert, das in seinem Aktionsradius stark eingeschränkt ist. So kann der Teufel nach Prätorius zwar beispielsweise die Hexen durch die Luft tragen, benötigt dazu aber den entsprechenden Raum; der Weg durch den Schornstein ist also verschlossen (57f). Die größte Stärke des Teufels besteht in der Fähigkeit, die menschlichen Sinne zu täuschen.

[25] Zu den zur Zeit des Alten Testaments gebräuchlichsten Zaubereipraktiken zählt Prätorius vor allem die Zeichen- und Traumdeutung sowie die Weissagung (47). Ausführlich untersucht er diese alten Formen in Kapitel 6 (40–47).

die Personen/ von welchen man sagt/ daß sie Nachts hinfahren/
vnd mit dem Teuffel Wolleben vnd Bulschafft pflegen. [...] Ich hab
etliche hinrichten sehen/ die weder Menschen noch Viehe bezau-
bert hatten/ sondern nur in deß Teufels Gehorsam sich begeben/
Diese thue ich mit dem gemeinen Wörtlein Hexe von allen andern
vnderscheiden." (54) Viererlei kennzeichnet eine Hexe also: die Luftfahrt, der Hexensabbat, die Teufelsbuhlschaft sowie der Gehorsam
gegenüber dem Teufel; den Schadenszauber schließt Prätorius ausdrücklich aus[26]. Doch auch die Charakteristika Flug durch die Luft,
Hexentanz und sexueller Verkehr mit dem Teufel versieht er mit
einem gewissen Fragezeichen; er führt sie lediglich an, weil sie "nach
gemeiner Rede" den Hexen zugeschrieben werden. Was Prätorius
wirklich von ihnen hält, wird nur wenige Seiten später deutlich: Alle
drei stellt er mehr oder weniger grundsätzlich in Frage[27] – damit
entfallen sie konsequenterweise auch als konstitutiver Bestandteil seines Hexenbegriffs. Vor seinem eigenen Urteil kann sich von seiner
ursprünglichen Hexen-Definition letztlich also nur ein Element wirklich behaupten: der Gehorsam gegenüber dem Teufel. Dieser muss
aber – ebenso wie bei dem Zauberer – auch bei der Hexe nicht
durch einen Teufelsbund begründet sein[28]. Im Grunde lehnt Prätorius
also sämtliche Bestandteile des Hexenverbrechens – die neuere
Hexenforschung beschreibt es als Kumulativdelikt aus Teufelsbund,
Teufelsbuhlschaft, Luftfahrt, Hexentanz und Schadenszauber[29] – ab;

---

[26] Damit widerspricht Prätorius nicht der Meinung, dass Hexen es oftmals darauf anlegen, möglichst viel Schaden anzurichten. Jedoch stehen ihnen dafür keine
anderen Mittel zur Verfügung als allen anderen Menschen auch, also z. B. giftige
Kräuter. Im Übrigen benötigen sie die Erlaubnis Gottes, wenn ihr böses Vorhaben
erfolgreich sein soll (89f).

[27] Ausgehend von dem Grundsatz, dass die Hexen ihre menschlichen Bedingtheiten
nicht überschreiten können, lehnt Prätorius die Luftfahrt ab, räumt aber gleichzeitig mit Verweis auf Ez 8,3 u. a. ein, dass der Teufel mit Gottes Zulassung Menschen
"führen" könne (56–58). Für die Teufelsbuhlschaft findet er weder einen biblischen
Beleg noch scheint sie ihm physisch möglich (60–62). Der Hexensabbat schließlich
scheitert daran, dass Teufel keine leibliche Speise essen (60), als Versammlung von
Menschen, die miteinander zechen und Böses planen, kann Prätorius ihn sich aber
sehr wohl vorstellen; die sichtbare Anwesenheit des Teufels schließt er dabei nicht
grundsätzlich aus, hält sie aber doch für eher selten (78–80).

[28] "Nicht alle Zäuberer vnd Hexen haben mit dem Teuffel ein Bundt gemacht"
(149). Gegen *Schmidt*, Glaube und Skepsis (wie Anm. 5), 303, der zwischen dem
Gehorsam gegenüber dem Teufel und dem Teufelsbund nicht differenziert und deshalb zu dem Ergebnis kommt, dass bei Prätorius "vom Zaubereidelikt nur noch
der Abfall von Gott und der Pakt mit dem Teufel übrig [bleibt]".

[29] Vgl. *Behringer*, Unkraut (wie Anm. 5), 23.

lediglich eine gewisse Zugehörigkeit der Hexe zum Teufel, deren konkrete Erscheinungsform nicht weiter spezifiert wird, erkennt er an.

Obwohl Prätorius selbst also bestimmten Zuschreibungen an die "Hexen" sehr kritisch gegenübersteht, bleibt sein Sprachgebrauch auf einer pragmatischen Ebene dennoch den Gepflogenheiten seiner Zeit verhaftet. So verwendet er das Wort "Hexe" insbesondere zur Bezeichnung der in den "Hexenprozessen" angeklagten Personen. Dass diesen neben der Unterwerfung unter den Teufel nicht nur Luftfahrt, Hexentanz und Teufelsbuhlschaft – die Prätorius in seiner Definition ja immerhin noch berücksichtigt –, sondern oft auch Teufelsbund, Schadenszauber oder Tierverwandlung vorgeworfen werden, ist Prätorius bewusst. Auch wenn er selbst all diesen Vergehen nicht unbedingt eine reale Grundlage einräumt, passt er sich sprachlich insoweit an, als er auch Menschen, denen Derartiges unterstellt wird, "Hexen" nennt[30]. Der praktische Nutzen solch einer Sprachregelung liegt auf der Hand: Nicht zuletzt geht es Prätorius ja darum, den Inhaftierten aus ihrer elenden Situation herauszuhelfen; es ist daher angebracht, sie bei dem Namen zu nennen, unter dem sie bei ihren Anklägern geführt werden – will er nicht Gefahr laufen, an seinen Gegnern vorbeizureden und damit in der Sache wenig auszurichten.

Das bisher Gesagte erklärt aber noch nicht hinreichend, weshalb Prätorius in der überwiegenden Zahl der Fälle die Bezeichnung "Zauberer" vorzieht. Im Gegenteil, aufgrund seines aktuellen Interesses an der Einstellung der Prozesspraxis wäre eher eine besondere Affinität zu dem Wort "Hexe" zu erwarten. Der tiefere Sinn seiner Terminologie erschließt sich nur dann, wenn man sich Klarheit über eine weitere Bedeutungsebene des Wortes "Zauberei" bei ihm verschafft. Bei seinem Bemühen, den Begriff von der Bibel her zu deuten und zu verstehen, glaubt Prätorius nämlich eine besondere Gruppe von Zauberern zu entdecken, von der bislang noch nicht die Rede war: "In Gottes Wort findet sich aber noch ein andere Art Zäuberer/ vnnd deren auch viel mehr seyn/ denn jener [diejenigen, die man heute gemeinhin für Zauberer hält; H. M.]: Nemblich/ alle die Gottes Befehl nit außrichten/ sonder ihm vngehorsamb seyn/ vnd widerstreben. Von

---

[30] Aus der Fülle möglicher Beispiele sei hier nur eines ausgewählt. Im 8. Kapitel erörtert Prätorius unter der Überschrift "Was die Zäuberer thun können" (64) die Möglichkeiten von Tierverwandlung, Teufelsbuhlschaft, Wetterzauber sowie Schadenszauber an Mensch und Vieh. Bezeichnenderweise ändert sich in dieser Passage Prätorius' Diktion: "Dies sind/ halte ich/ die fürnembsten ding/ deren man die *Hexen* zeihet" (65; Hervorhebung H. M.)

welchen Samuel zum König Saul also redet: Ungehorsamb ist eine
Zaubereysünde/ vnd widerstreben ist Abgötterey vnd Götzendienst.
Diese Zäuberer haben auch ihre besondere namen: Als/ vngehor-
same/ halßstarrige/ verstockte/ Freveler/ vnartige Kinder/ Bastart/
abtrünnige Heuchler/ falsche oder MaulChristen." (55) Auch wenn
diese "Zauberer" keinen Umgang mit Magie pflegen, so ist ihr
Verbrechen doch nicht gering zu veranschlagen: "Sie meynen wol/
sie seyen keines wegs den andern Zäuberern zuvergleichen vnd
machen grossen vnterscheid. [. . .] Obwol die vngehorsamen Buben
nicht außtrücklich sagen: Ich verläugne Gott/ Ich verschwere Gott
vnd sein Wort/ Ich ergebe mich dem Teuffel (welches auch nicht
alle Zäuberer thun) Obwol/ sage ich/ sie solche Wort nicht reden/
so thun sie doch was andere auch/ die Gott verläugnet haben/ vnd
denen sie nicht gleich seyn wöllen/ oder thun ja nicht/ was Gott
befohlen/ oder bleiben nicht in dem beständig/ so sie jemals angefangen." (55) Ihre Missachtung Gottes und seines Wortes unterscheidet sich nicht von derjenigen der angeblichen "Hexen"; deshalb ist
ihnen der Zorn und die Strafe Gottes auch gleichermaßen gewiss (55f).

Durch die Gleichsetzung von Ungehorsam gegenüber Gott und
"Zauberei" erfährt der Kreis derjenigen, denen potentiell "Zauberei"
vorzuwerfen ist, eine enorme Ausweitung. Nicht nur, wer mit Hilfe
von Magie übernatürliche Dinge bewirken will und sich zu diesem
Zweck mit dem Teufel einlässt, sondern prinzipiell jeder, der den
Willen Gottes nicht erfüllt, gilt dem Prätorius als "Zauberer". Demgegenüber ist es für ihn eher sekundär, in welcher konkreten Form
sich dieser Ungehorsam manifestiert: ob in dem Versuch zu fliegen
oder im Fehlverhalten des Richters, der, statt sein von Gott verord-
netes Amt treu auszurichten, sein Mandat gegenüber den angeblichen
Hexen schändlich missbraucht. Im Zweifelsfall erscheinen Prätorius
die obrigkeitlichen "Zauberer" sogar als schlimmer: "Und begeht
also ihr Richter vnd Herrn selbst Zäuberei/ Ihr seyd grösser vnd
gewisser Zäuberer/ vnd weret peinlich zu verhören billicher/ dann
die ihr verhöret. Ist es nicht wahr?" (223)

Von dieser letztgenannten Bedeutungsebene aus erklärt sich nun
auch Prätorius' Vorliebe für das Wort "Zauberer": Es ist insofern
mit dem Begriff "Hexe" gleichbedeutend, als beide Termini eine
Abkehr von Gott bzw. – negativ formuliert – eine freiwillige Unterordnung unter das Regiment des Teufels ausdrücken. Während mit
dem Wort "Hexe" darüber hinaus aber zusätzlich Vergehen konno-
tiert sind, deren Realitätsgehalt für Prätorius keineswegs ausgemacht

ist (z. B. die Luftfahrt), findet er in dem allgemeineren Begriff "Zauberer" eine geeignete Ausdrucksmöglichkeit für sämtliche Formen des menschlichen Ungehorsams gegenüber Gott. Diese anzuprangern ist – wie bereits der Titel des 'Gründlichen Berichtes' klar zu erkennen gibt – erklärtes Ziel des Prätorius. So liest er allen "Zauberern" auf je besondere Art und Weise streng die Leviten: ganz allgemein jedem einzelnen Christen, der sich an der eigenen Nase fassen und "mit ernst vnd fleiß in wahrer buß vnd gehorsamkeit dahin bemühen [soll]/ daß er Gottes Zorn nicht wider sich errege vnd auff sich lade/ sonder jhm gefällig/ lieb vnd angenem sey vnd bleibe" (100), speziell aber auch den von Gott nichts wissen wollenden "Hexen" und besonders der in ihrem Amt kläglich versagenden christlichen Obrigkeit.

3. Strategien im Kampf gegen Zauberei: Lehren für Hexen und die christliche Obrigkeit

3.1 Anweisungen für die Hexen: Buße und Umkehr

So sehr auf der einen Seite Prätorius' engagierter Einsatz zugunsten der als Hexen Angeklagten zu würdigen ist, so sollte doch auf der anderen Seite nicht übersehen werden, dass Prätorius diese nicht nur als bemitleidenswerte Opfer wahrnimmt, denen mit einem Abbruch der Verfahren schon hinreichend geholfen wäre. Den an sie herangetragenen Zaubereivorwurf – im Sinne des Ungehorsams gegenüber Gott, teilweise auch im Sinne des Umgangs mit Magie – hält er in bestimmten Fällen für durchaus gerechtfertigt. Für diese Vergehen sollten sie jedoch nicht mit dem Tod bestraft werden[31]. Schließlich, so argumentiert er, gäbe es ja auch "andere abtrünnige Leut/ welche deß Glaubens Schiffbruch leyden" (258); diese aber "bleiben vngetödtet/ ja werden geheget vnd gepfleget/ vnd bißweilen vorgezogen vnd für andern geehret/ da doch ihre Sünd wol grösser/ Schand/ vnd schädlicher ist/ denn der gemeinen Hexen" (259).

Prätorius' ehrgeiziges Ansinnen besteht darin, die "Hexen" zur Einsicht in ihr verkehrtes Tun und damit zurück auf den rechten

---

[31] Ausgenommen sind hiervon nur diejenigen "Hexen", die unter Zuhilfenahme von Gift jemanden getötet haben; diese sind wie Mörder (249) zu behandeln. Vgl. auch 3.2 mit Anm. 33.

Weg der Gottesfurcht zu bringen. Die Mühe lohnt sich, denn wenn
die Hexen "zur buß ernewert" (139) werden, so können sie nach
Prätorius "bey Gott widerumb zu gnaden kommen" (138). Dies sei –
entgegen der Meinung vieler anderer Hexenschriftsteller – nicht
grundsätzlich unmöglich, da Gott sich in seiner grenzenlosen Güte
und Barmherzigkeit keinem Sünder verschließe: "Alle Sünde [sic!]
können vergeben werden." (153) Sogar wer sich auf einen Teufelspakt
eingelassen habe, dürfe auf Christi Hilfe hoffen, da der Bund, den
Gott in Jesus Christus mit den Menschen geschlossen habe, stärker
sei als jeder Bund mit dem Teufel[32]. Ein sicheres Kennzeichen, dass
Gott sich des sündigen Zauberers tatsächlich erbarmt hat, sieht
Prätorius in dessen Reue und Bußfertigkeit gegeben: "Wenn er [Gott;
H. M.] aber dem Menschen Buß vnd Besserung vnd Hoffnung zu
seiner Gnaden schenckt/ so hat er den hellischen Bund vmbgestos-
sen/ daß er so wenig gilt/ als were er nie gemacht." (154) Demnach
hat Gott die himmlische Gnadentür bereits für diejenigen wieder
geöffnet, die "sich bekehrt [haben]: Welches von denen sonderlich
zu trawen/ die es mit Threnen/ Hoffnung vnnd Gedult in höchster
Marter beständiglich bekennen." (153) Dass die "Hexen" im Grunde
ihres Herzens Verlangen nach der Vergebung Gottes haben, bezwei-
felt Prätorius nicht (153). Die am Prozess beteiligten Personen, insbesondere die Seelsorger, haben deshalb darauf zu achten, dass die
Hexen "zur Buß vnd bekehrung in wahrem Glauben zu Gott fleissig vnterwiesen/ ermahnet vnnd mit ernst vnnd trew getrieben werden sollen" (164). Soweit wie möglich hat sie auch die Gemeinde
mit ihrer Fürbitte dabei zu unterstützen (164). An den "Hexen" selbst
freilich liegt es, sich der Wegweisung durch andere bzw. der retten-
den Gnade Gottes zu öffnen. Lassen sie sich darauf ein, so müssen
sie anschließend aber auch mit praktischen Konsequenzen im Rahmen
der Kirchenzucht rechnen, beispielsweise in Form eines öffentlichen
Sündenbekenntnisses vor der Gemeinde (281). Setzten sie sich fortan
dann ihrerseits dafür ein, dass ihr Beispiel Schule macht, indem sie
andere vor ihrem alten Laster warnen bzw. sie davon abbringen
(281), wäre dem ganzen Zaubereiproblem ein wirklich vernichtender

---

[32] "Wie vielmehr kan Gott/ welche er wil/ auß dem letzten Bund [dem mit dem
Teufel; H. M.] heraußreissen/ vnd widerumb in den ersten [in den Bund Christi;
H. M.] eynsetzen? Er ist trew vnd warhafftig/ er thut Barmhertzigkeit/ vnd hält
den Bundt seinen außerwehlten also/ daß er sie auffricht/ wenn sie fallen/ vnd
widersucht/ wenn sie sich verlieren/ vnd läst nit ab jhnen guts zu thun." (156)

Schlag versetzt: "Und also/ welche Zäuberer weren/ blieben keine/ welche keine weren/ wurden keine/ oder würde ja deß vnkrauts nicht so viel vnd gemein sich finden." (282) In Prätorius' Augen wäre dies nicht nur die "richtige", weil biblisch fundierte Vorgehensweise im Kampf gegen Zauberei, sondern auch die im Vergleich zu den Hexenprozessen wesentlich effektivere (276).

3.2   *Anweisungen für die Obrigkeit: Strafe und Prävention*

Dass der Obrigkeit im Kampf gegen Zauberei eine besonders wichtige Rolle zukommt, daran lässt Prätorius von Anfang an keinen Zweifel. Strafe und Prävention, so lauten aus seiner Sicht die beiden ihr maßgeblich zukommenden Aufgaben.

Auf die Pflicht der Obrigkeit zur Strafe verweist schon der Titel des 'Gründlichen Berichtes'. Auch im fortlaufenden Text bestätigt Prätorius diesen Auftrag mehrfach mit dem Hinweis auf das von Gott gegebene Amt (z. B. 133). Der Grundsatz der Mäßigung sei jedoch stets im Auge zu behalten, es solle "allezeit mit Fleiß vermitten werden zu grosse Strenge vnd Schärpffe" (243). Das begangene Unrecht könne durch die Strafe schließlich weder gebüßt noch rückgängig gemacht werden (243), der eigentliche Zweck der Strafe liege in der Abschreckung für andere bzw. in der Beförderung der allgemeinen Frömmigkeit: "Denn zur Warnung/ vnd damit andere fromb bleiben/ daß nicht mehr/ oder je nicht so offt vnd von so vielen/ grobe Laster begangen werden/ hat Gott die Straff befohlen" (243f). Folgerichtig empfiehlt Prätorius daher ein je nach Größe des Vergehens auszudifferenzierendes Strafsystem, das von der Geldzahlung über Rutenschläge, Pranger und Kirchenzucht bis hin zum Landesverweis reicht (249f). Die Todesstrafe will Prätorius ausdrücklich nur bei solchen Übeltätern angewendet wissen, die "jemand mit Gifft getödtet haben" und deshalb wie "Todschläger vnd Meuchelmörder" (249) zu behandeln sind[33].

Viel mehr als die Frage nach der Bestrafung liegt Prätorius aber das Thema Prävention am Herzen, die er als entscheidende Waffe im Kampf gegen Zauberei ansieht. Der Obrigkeit kommt hier insofern

---

[33] In diesem Sinne interpretiert er auch Ex 22,17, das nur für diejenigen Zauberer gegolten habe, die zu Moses Zeiten "Gifftköche" (263) gewesen seien. In der Folge sei dieses Gesetz aber bereits innerhalb des Alten Testaments relativiert worden (265).

eine besonders wichtige Funktion zu, als sie es ist, die in ihrem
Herrschaftsgebiet die nötigen strukturellen Voraussetzungen zu schaffen
hat. Als "Oberwächterin deß Volcks/ vnd Auffseherin aller Ampter"
(280) obliegt ihr die Pflicht, dass "auch die Ursachen/ so zu diesem
vbel [Zauberei; H. M.] auffs new möchte reitzen/ auffgehaben/ die
Wege so darzu führen/ wol verbawet vnd zugemacht" (282) werden. Fast das ganze Schlusskapitel (279–313) seines 'Gründlichen
Berichtes' verwendet Prätorius dafür, die ihm am wichtigsten erscheinenden Aspekte solch eines Präventionsprogramms aufzuzeigen.

Vorrangige Bedeutung hat für Prätorius die rechte fromme Grund-
ausrichtung der Obrigkeit selbst, die wie alle anderen Christen auch,
in Gehorsam und Verantwortung vor Gott die ihr gestellten Aufgaben
zu erfüllen hat (283). Dabei muss sich die Obrigkeit stets im Klaren
über die Vorbildfunktion sein, die sie gegenüber ihren Untertanen
wahrnimmt. Nur wenn es ihr gelingt, beispielhaft wahre christliche
Nachfolge vorzuleben, steht zu erwarten, dass auch die Landeskinder
ihr Leben entsprechend ausrichten: "Wenn die Herren selbst also
Gottselig vnd fromb seyn/ werden sie desto ehe Gottselige fromme
Underthanen haben vnd behalten können/ vnd mit ihrem guten
Exempel viel guts zuwegen bringen. Man sagt/ vnd ist auch wahr:
Ein guter Vorgänger/ macht gute Nachfolger." (284) Freilich sieht
Prätorius gerade in der Obrigkeit, die "selbst von Gottes Wort vnd
willen weniger weiß vnd thut/ denn das gemeine Völcklein" (301)
und als Leitfigur somit völlig versagt, das größte Problem. Mit Worten,
die an Deutlichkeit nichts zu wünschen übrig lassen, greift Prätorius
solche Herrschaften an. Vergleichsweise schlimmer als alles, was den
Propheten Jeremia zu bitteren Klagen über die Verhältnisse seiner
Zeit veranlasst hat, erscheinen Prätorius die Zustände seiner eigenen
Gegenwart: "O lieber Jeremia/ kom̃ nicht in vnser Länder. Die
vnverständigsten in Gottes Recht/ die wildesten Menschen/ die grössesten Spieler/ Säuffer/ Hurer/ Flucher vñ Gottes verächter sind
etliche Herrn selbst [. . .]. Die Führer deß Lands/ sind Verführer
worden." (302)

Obwohl Prätorius' Kritik an der Obrigkeit allgemein formuliert
ist, sich also nicht an eine bestimmte Herrschaft richtet, scheut sich
der Pfarrer nicht, einzelne falsche Verhaltensweisen konkret zu benen-
nen sowie umgekehrt konstruktive Vorschläge zur Besserung der allgemeinen Zustände – und damit zur Ausrottung von "Zauberei" –
zu machen. An vorderster Stelle steht für Prätorius die Aufgabe der
Obrigkeit, für die rechte christliche Unterweisung ihrer Untertanen

Sorge zu tragen. Dies hat auf verschiedenen Ebenen zu geschehen. Auf der einen Seite muss die Obrigkeit der Verbreitung von Irrlehren wehren (285)[34], auf der anderen ist sie dafür verantwortlich, dass die reine christliche Lehre im Volk auch Fuß fassen kann. Flächendeckend – wobei die einzelnen Zuständigkeitsgebiete nicht zu groß sein dürfen – müssen deshalb in ausreichender Anzahl gut ausgebildete Prediger und Lehrer eingesetzt werden (286 und 303)[35], die, mit einem angemessenen Einkommen versehen (304f), sich darum kümmern, dass die "widerspänstigen vnd wilden Weltkinder zur Kirchen/ das Wort deß Glaubens=mittel/ zuhören/ vnd eusserlichen Gehorsam zu leisten/ ernstlich getrieben/ vnd wo sie nicht folgen wöllen/ nach Gelegenheit gestrafft werden" (291). Solche "Multiplikatoren" der christlichen Botschaft bilden für Prätorius den fruchtbaren Acker, auf dem wahre Frömmigkeit gedeihen kann, während das Laster der "Zauberei" mangels eines geeigneten Nährbodens zum Aussterben verurteilt wäre. Keinen Zweifel lässt Prätorius daher daran, dass die christliche Unterweisung der Untertanen kein extravaganter Luxus ist, an dem in ökonomisch schwierigen Zeiten zuerst der Rotstift angesetzt werden darf: "Und daran sollen sie [die Herren; H. M.] im Fall der Noth/ keinen Kosten sparen. Denn Gottes Wort ists werth/ daß es thewer gekaufft" wird (286).

Neben der Sorge um das geistliche Wohl der Untertanen ist Prätorius aber auch die Förderung der moralisch-sittlichen Erziehung ein Anliegen, die zu einer gesamtgesellschaftlichen Hebung der Moral beitragen soll. Als Beispiel nennt Prätorius hier unter anderem die Einrichtung einer "gute[n] Policeyordnung", die "Müssiggang/ Fressen/ Sauffen/ Fechten/ Spielen/ Tantzen/ Gäuckeln vnd dergleichen Teuffelischer Samen zu allerley Boßheit/ keines weges zulassen" (295) soll. All diese Laster gelten Prätorius als "Wurtzel alles vbels" (296),

---

[34] Gemeint ist hier nicht nur ein Verbot von zauberischen Schriften (297–299), sondern auch ein wirksames Unterbinden der offensichtlich vielfach geübten Wahrsagepraxis durch die Aussendung von "Kundtschaffter[n]/ Außspeher[n]/ vnd Nachspürer[n]" (300).

[35] Die realen Zustände in den Gemeinden, vor allem den gravierenden Pfarrer- und Lehrermangel, hält Prätorius für skandalös: "Ich weiß Grafe vnd Herrschafften/ die kein Schul in jhrem gantzen Landt haben. Wo vorzeiten zween oder drey Prediger gewesen/ wird jetzt kaum einer gehalten. Und ist schier zuviel/ was man auff Den wenden muß." (303) Vor allem der Geiz der Herren, die am Gehalt der Pfarrer sparen, dafür aber einen aufwendigen Lebensstil betreiben, stößt ihm sauer auf (304). Doch auch die Pfarrer selbst, die oft untüchtig, faul, wollüstig oder angepasste Duckmäuser sind (304–306), sind von der Kritik nicht ausgenommen.

die, hindert man sie nicht an ihrer Verbreitung, "vielen in die Zauberthür eröffnen" (297). Doch auch hier sieht Prätorius enormen Handlungsbedarf, was die konsequente Durchsetzung solch einer Ordnung anbetrifft: "Auch wird [. . .] kein Policey=ordnung auffgerichtet/ oder nicht gehalten/ das ärger ist/ dann nicht machen/ oder wöllen die Herren selbst ihrer eigen/ vnd gemeiner Ordnung nicht vnterworffen seyn/ leben ihr zuwider" (308). Absolute Sittenlosigkeit ist das herrschende Bild, das sich dem Pfarrer darbietet: "Alle dinge sind erlaubet/ lästeren/ fluchen/ schweren/ liegen vnd triegen/ ist kein Sünde/ Müssiggänger vnd Büler rühmen sich: Der beste Säuffer vnd Täntzer/ der beste Mann: Zauberische Schrifft vnd Gesellschafft ist die beste kurtzweil: vnd je heiliger Zeit/ je schändtlicher That." (308f)

Dass unter solchen Bedingungen Zauberei zu einem gravierenden Problem in den Gemeinden geworden ist, ist für Prätorius eine unvermeidbare, logische Konsequenz. Die Verantwortung dafür legt er zu einem großen Teil in die Hände der Obrigkeit, die sowohl in geistlicher wie auch in ethisch-moralischer Hinsicht versagt hat. "Darauß ist nun offenbar/ daß viel Herrn vnnd Herrschafften ihren vnderthanen selbst vrsach geben/ den Weg weisen/ vnd die Bahn machen zur Zauberey/ vnd andern vbelthaten." (309) Den Gipfel der Unverfrorenheit bildet für Prätorius aber die Tatsache, dass bestimmte Obrigkeiten in der Durchführung von Hexenprozessen eine bequeme Möglichkeit sehen, Missstände aus der Welt zu räumen, die sie selbst verursacht haben. "Ihr versäumet/ andere müssens büssen" (310), auf diesen kurzen Nenner lässt sich die in Prätorius' Augen haarsträubende Ungerechtigkeit bringen. Sein Gegenentwurf räumt daher der Prävention oberste Priorität ein: "Wehret im anfange. Verstopffet die böse Quel/ so vertrucknet die [sic!] böse Bach. [. . .] So wendet nun so viel Mühe vnd Arbeyt drauff daß ihr das gute in die Leute bringet/ als ihr darauff wendet/ daß jr böses auß den vermeintẽ Hexen bringet." (311) Eindringlich ermahnt Prätorius die Obrigkeit dazu, lieber ihren eigentlichen Pflichten veranwortungsvoll nachzugehen, anstatt Personen, die deutlich weniger Schuld auf sich geladen haben als sie selbst, grausam zu verfolgen: "Köndt vnd wolt ihrs aber nicht thun/ daß schuldige Hexen bekehret/ vnd gebessert/ vnd noch vnschuldige Leut keine Hexen würden/ so lasset auch von jhnen ab mit ewerm foltern vnd brennen/ betrachtend/ daß ihr selbst schuldig seyt an jhrer Blindheit vnd verirrung/ wie droben erstritten." (312)

4. *Zusammenfassung*

Prätorius verfolgt mit seinem 'Gründlichen Bericht' ein doppeltes Anliegen: Aufgrund seiner persönlichen Erfahrungen im Zusammenhang
mit Hexenprozessen geht es ihm aktuell um eine Einstellung der
Verfahren bzw. um eine Rettung der Angeklagten vor der Todesstrafe.
Vor diesem Hintergrund hat die seitens seiner Gegner ursprünglich
abwertend gemeinte – und heute zu Recht positiv uminterpretierte –
Einschätzung als "Advokat der Hexen" durchaus ihre Berechtigung.
Trotzdem steht Prätorius den sogenannten Hexen nicht unkritisch
gegenüber. Obwohl er viele der Vergehen, die ihnen unterstellt werden, für grundsätzlich unmöglich hält, so spricht er sie doch keineswegs von jeglicher Schuld frei. Als Sonderfall der insgesamt recht
großen Gruppe der Zauberer machen sie sich wie diese des Ungehorsams gegenüber Gott schuldig; von diesem falschen Weg sind sie
unbedingt abzubringen. Ein mindestens ebenso großes Interesse zeigt
Prätorius aber an dem übergeordneten Phänomen der Zauberei, dem
er auf das Entschiedenste den Kampf ansagt. Dank seines erweiterten Zaubereibegriffs, der alle dem Willen Gottes Widerstrebenden
konsequent als "Zauberer" disqualifiziert, eröffnet sich für Prätorius
eine breite Palette an Möglichkeiten, Missstände jeglicher Art als
"Zauberei" zu attackieren und gleichzeitig mit dem Modell einer
grundlegenden christlich-religiösen Neuorientierung einen Ausweg aus
der Krise zu zeigen. Als langfristiges Ziel schwebt ihm dabei eine
tiefgehende Verchristlichung der Gesellschaft vor, in der vom einfachen Untertanen bis hin zur Obrigkeit alle Mitglieder ihr Denken
und Handeln ausschließlich nach Gottes Wort ausrichten. Eine solche
"Fromm-Werdung" aller würde eine enorme individuell wie gesamtgesellschaftlich wirksame geistlich-moralische Erneuerung bedeuten,
die – gleichsam als erwünschter Nebeneffekt – verschiedenen Spezialformen der Zauberei wie der Hexerei die Grundlage entziehen und
sie damit von der Wurzel her austrocknen würde. Fragwürdige –
und von Gott nach Prätorius' Überzeugung auch nicht erlaubte –
Methoden in der Bekämpfung von Zauberei, wie sie die Hexenprozesse darstellen, würden sich dadurch von selbst erübrigen.

Den engagierten Einsatz zugunsten einer allgemeinen Beförderung
der Gottesfurcht hat Prätorius in seinem 'Gründlichen Bericht' nicht
nur theoretisch gefordert, sondern in seinem eigenen Leben auch zu
verwirklichen versucht. Die scharfe Kritik, die er im 'Gründlichen
Bericht' an der Obrigkeit übt, zeigt, dass er selbst nicht zu den

"Gern=grosse[n]/ Heuchler[n] vnd Supffenprediger[n]" unter den
Pfarrern gehört, die "vmb Gunst vnnd Eygennutz zum Bösen still
schweigen/ fressen mit/ vnd reden/ wie mans gern höret/ nach dem
Sprichwort: Deß Brodt ich esse/ deß Lied ich singe" (305). Auch
sein couragiertes Eingreifen im Hexenprozess in Birstein ist ein Beleg
dafür, dass er sich vehement dort zu Wort meldet, wo "leib vnd seelen gefährliche händel" [24] im Vorgang begriffen sind. Die Konsequenzen für ihn selbst lassen nicht lange auf sich warten: Prätorius
verliert seine Stelle als Hofprediger in Birstein und muss sich nach
einer neuen Möglichkeit des Lebensunterhaltes umsehen[36].

Darüber hinaus hat Prätorius im privaten Bereich viel Schweres
zu tragen: Er muss mit dem frühzeitigen Tod einer Verlobten und
dreier Ehefrauen sowie aller seiner Kinder – es waren insgesamt elf –
fertig werden[37]. Zusätzlich wird er selbst, wie seine Leichenpredigt
berichtet, von langen und schweren Krankheiten geplagt, gegen die
die Kunst der Ärzte machtlos ist[38]. All dieses Leid scheint Prätorius
aber niemals mit dem Wirken von "Hexen" in Verbindung gebracht
zu haben. Mit der nochmaligen Herausgabe des 'Gründlichen Berichtes'
kurz vor seinem Tod im Jahr 1613 bekräftigt er abschließend seine
Position, dass weder Teufel noch Hexen, sondern "Gott allein [...]
gesundheit/ vnd kranckheit/ leben vnd todt in seinen händen" (90)
hat. Trotzdem mag es auch für den glaubensstarken Pfarrer nicht
immer leicht gewesen sein, angesichts des erfahrenen Schmerzes das
Vertrauen auf Gott nicht zu verlieren und, statt die Hexen für das
eigene Unglück verantwortlich zu machen oder es gar als berechtigte
Strafe Gottes für sein Wirken als "Hexen-Advokat" zu interpretieren,

---

[36] Laut *Nieß*, Hexenprozesse (wie Anm. 13), 77, wurde Prätorius nach seinem
Einschreiten in den Birsteiner Hexenprozess gemaßregelt; vgl. auch *Schmidt*, Glaube
und Skepsis (wie Anm. 5), 299, der annimmt, dass das Schicksal der vier Frauen
aus Birstein der Grund dafür war, dass Prätorius in die Kurpfalz umzog; vgl. oben
Anm. 10.

[37] Nur der Sohn Johannes, dessen Name als Pseudonym für die erste Auflage
des 'Gründlichen Berichtes' dient, erreicht überhaupt das Erwachsenenalter, doch
auch er stirbt 1613, vermutlich noch vor seinem Vater, für den der 6.12.1613 als
Todestag belegt ist; siehe dazu den tabellarischen Überblick über das Leben des
Prätorius bei *Hegeler*, Der evangelische Pfarrer (wie Anm. 6), 171f.

[38] Vgl. *Reinhard Wolf*, Christliche Leichpredigt Bey der Begräbnuß deß Ehrwürdigen
Wolgelehrten Herren Antonii Praetorii Lippiano-Westphali, gewesenen Pfarrers zu
Laudenbach an der Bergstrassen. Gehalten den 8. Decembris Anno 1613, Heidelberg
1614; *Hegeler*, Anton Praetorius (wie Anm. 6), 179, wo ein Auszug aus der Predigt
abgedruckt ist.

alle Not als Warnung bzw. Prüfung Gottes anzunehmen (96) und somit beispielhaft den geforderten Gehorsam gegenüber Gott vorzuleben.

Dass Prätorius in seinem Kampf gegen Zauberei allerdings manchmal recht allein dasteht, davon zeugt ein Vorfall während seiner Amtszeit als Pfarrer in Laudenbach (108–111)[39]: In dem Ort breitet sich unter den "Weidpferde[n]" eine unbekannte Krankheit aus. Nachdem ihr fünfzehn der besten Tiere zum Opfer gefallen sind, suchen der Rat bzw. die Gerichtsschöffen Hilfe bei einem "Zäuberische[n] Warsager". Dieser diagnostiziert eine Vergiftung der Weide und befiehlt, am Montagmorgen eine vom Bürgermeister angeführte Prozession aller Tiere zur Weide zu veranstalten, in deren Verlauf vom Wahrsager ausgehändigte "Saamen/ vnd Erdenstaub" "fein Creutzweiß" ausgesät werden sollen. Als Prätorius davon erfährt, versucht er vergeblich, den Umzug zu verhindern. Zuletzt bleibt dem Pfarrer nichts anderes übrig, als vom Wegrand aus seiner Gemeinde, die "ein offentliche verleugnung Gottes/ vnd schändlichen abfall" begehe und dem "Teuffel eine reisige walfahrt" halte, heftig ins Gewissen zu reden – ohne Erfolg. Die "Wallfahrt" wird zu Ende geführt – ebenfalls ohne Erfolg. Mit der etwas polemischen Bemerkung, dass der Bürgermeister vermutlich "Flüch gesäet" habe, um das Verderben noch zu vergrößern, konstatiert Prätorius den unverminderten Fortgang des Pferdesterbens, das am Ende über fünfzig Tiere betrifft. Diese Begebenheit kann zum einen als Indiz dafür gewertet werden, dass eine Konsultation von Wahrsagern anscheinend nicht nur für die unteren Bevölkerungsschichten, sondern auch für die offiziellen Amtsträger zum selbstverständlichen "zäuberischen" Lebensalltag um 1600 gehörte. Zum zweiten wirft sie ein erhellendes Licht darauf, wie gering der Einfluss des Pfarrers auf die ihm anvertraute Gemeinde im Zweifelsfall war[40]. Umso bemerkenswerter erscheint darum Prätorius' Standhaftigkeit: Notfalls gegen die ganze Dorfgemeinschaft, auf die Gefahr hin, sich nicht nur dem Spott, sondern auch dem Hass der Bewohner auszusetzen, zieht er persönlich gegen das zu Felde, was er in seinem 'Gründlichen Bericht' so vehement anprangert.

---

[39] Der Vorfall wird von Prätorius auf den 13.8.1599 datiert (108).
[40] Vgl. *Schmidt*, Glaube und Skepsis (wie Anm. 5), 312.

"NICHT NUR EINE VERMUTUNG..." – DER TOPOS DER ENDZEITLICHEN JUDENBEKEHRUNG BEI CHRISTOPH BESOLD (1577–1638)

Hans-Martin Kirn
(Kampen)

Der lateinische Traktat des umfassend gebildeten Tübinger Juristen Christoph Besold zur endzeitlichen Judenbekehrung aus dem Jahr 1620 ist in mehrfacher Hinsicht von Interesse[1]. Zum einen liefert er wichtige Hinweise auf die Rezeption chiliastischen Denkens im weiteren Umfeld der frühen Rosenkreuzerschriften[2]. Zum anderen bietet er ein knapp bemessenes, aber außergewöhnlich breites Spektrum von Stimmen zur endzeitlichen Judenbekehrung nach Röm 11,25–32 im frühen 17. Jahrhundert, welches eine gesonderte Betrachtung verdient. Besolds Interesse an praktischer Frömmigkeit hatte ihn schon früh in Distanz zur lutherisch-orthodoxen Theologie gebracht. Sein Traktat zeigt den Versuch einer überkonfessionellen Integration des Themas, das als wesentliches Element einer biblischen "Theologie der Hoffnung" festgehalten werden sollte. Er folgte damit einem Anliegen des Zürcher Reformators Theodor Bibliander, der sich schon 1553 in seiner Auslegung der Esra-Apokalypse für eine stärkere Würdigung des paulinischen Mysteriums von Röm 11,25f ausgesprochen hatte[3]. Dieses fungierte auch als Grundlage für das praktische

---

[1] *Christoph Besold*, De Hebraeorum ad Christum salvatorem nostrum conversione Conjectanea, in: *Ders.*, Pentas Dissertationum Philologicarum, Tübingen 1620. Zu Besold vgl. *Richard van Dülmen*, Die Utopie einer christlichen Gesellschaft. Johann Valentin Andreae (1586–1654), Teil 1, Stuttgart/Bad Cannstatt 1978 (= Kultur und Gesellschaft 2,1), 59–64; *Martin Brecht*, Chiliasmus in Württemberg im 17. Jahrhundert, in: PuN (14) 1988, 25–49, bes. 32–36; *ders.*, Das Aufkommen der neuen Frömmigkeitsbewegung in Deutschland, in: Geschichte des Pietismus 1, hg. von dems. u. a., Göttingen 1993, 154; *ders.*, Christoph Besold. Versuche und Ansätze einer Deutung, in: PuN (26) 2000, 11–28; Cimelia Rhodostaurotica. Die Rosenkreuzer im Spiegel der zwischen 1610 und 1660 entstandenen Handschriften und Drucke. Ausstellung in der Bibliotheca Hermetica Amsterdam und der Herzog August Bibliothek Wolfenbüttel, 2. verb. Aufl., Amsterdam 1995, 61–68.

[2] Vgl. hierzu die Beobachtungen von *Brecht*, Chiliasmus (wie Anm. 1), und den dortigen ersten Überblick über Besolds Schrift.

[3] *Theodor Bibliander*, De fatis monarchiae Romanae somnium vaticinum Esdrae prophetae, Basel 1553, fol. β 1b–2a; *Besold*, De conversione (wie Anm. 1), 2f.

Toleranzgebot gegenüber den Juden. Fachjuristisch wurde dies von
Besold im Rahmen der bedingten Toleranz der kanonischen Judengesetzgebung abgehandelt. Judenfeindliche Radikalisierungen, wie sie
die Spätschriften Martin Luthers kennzeichneten, wurden dadurch
abgewiesen.

Besold erinnerte mit Nachdruck an die frühe Judenschrift Luthers
aus dem Jahr 1523, in welcher dieser zu einem "freundlichen", die
traditionelle Degradierungs- und Marginalisierungspraxis revidieren-
den Umgang mit den Juden aufgerufen hatte[4]. Zudem verteidigte er
den Topos der endzeitlichen Judenbekehrung unter (früh-)neuzeitli-
chen, vor allem durch die europäische Expansion und ihre neuen
Missionsmöglichkeiten geprägten Bedingungen. Die optimistische
Zukunftserwartung stärkte den Grundgedanken der Toleranz, doch
blieben die realpolitischen Konkretionen, etwa in der Frage der
Zwangspredigten, umstritten. Auch bestand kein Zweifel am missionarischen Ziel der Aufhebung des Judentums in der Kirche.

1. *Aufbau und Argumentation*

Besold ging von der These aus, die Erwartung einer endzeitlichen,
allgemeinen Judenbekehrung sei entgegen einer verbreiteten Ansicht
keine Sondermeinung, sondern werde von einer Vielzahl von Autoren
in Geschichte und Gegenwart als konstitutives Element ihrer Theologie
und Frömmigkeit betrachtet. Dabei kamen vor allem römisch-katholische und reformierte Stimmen zu Wort (Abschnitt 1–2). Nach dem
Grundsatz des "sola scriptura" besprach er die zentralen Bibelverse
Röm 11,25–27 sowie Röm 11,12 und 15 (3), darauf folgten Belege
aus dem Pentateuch (4), den Großen und Kleinen Propheten (5–8)
sowie dem Vierten Esrabuch (9). Überlegungen zur gegenwärtigen
Strafexistenz der Juden im Exil und ihrer heilsgeschichtlichen Zukunft
sowie zur Toleranzfrage und zur christlichen Hebraistik schlossen
sich an (10–12). Den Abschluss bildeten Hinweise zur eschatologischen Zeichenlehre und zur Frage der Diesseitigkeit chiliastischer Zu-

---

[4] *Besold*, De conversione (wie Anm. 1), 20. Vgl. WA 11, 315,14–21. Das Interesse
praktischer Frömmigkeit dürfte sich auch im Schlussmotto Besolds spiegeln: "Faxit
Deus, ut omnium corda et ora confiteantur Jesum". Vgl. dazu den Abschluss des
Philipperhymnus Phil 2,11.

kunftshoffnung sowie der Aufruf zum "freundlichen" Umgang mit den Juden im Gefolge Luthers (13–15)[5].

Eine Besonderheit der überwiegend aus Zitaten mit Quellenangaben und summarischen Verweisen bestehenden Schrift stellt die freimütige Kombination orthodoxer und heterodoxer Stimmen zum Thema dar. Die enzyklopädisch breite Auswahl der Autoren, die Methodik der Zitatenkombination als Argumentationsstil und der Appell an die kritische Urteilskraft des Lesers verweisen auf eine Art philologisch maskierte Laientheologie späthumanistischen Zuschnitts, die sich bewusst von den gängigen Formen kontroverstheologischer Positionierung absetzte[6]. Diesen Charakter behielt der Traktat auch, als Besold ihn nach seiner Konversion zum Katholizismus im Zuge der Gesamtrevision seines Werks überarbeitete. Er beließ es im Wesentlichen bei ergänzenden Anmerkungen. Allerdings wurde der Traktat nun eindeutig einem rechtspolitischen, von der kanonischen Judengesetzgebung bestimmten Gesamtzusammenhang zugewiesen[7].

2. Konfessionsübergreifende Bibelhermeneutik

Der Reigen bibelhermeneutischer Vorbilder wurde von dem bekannten Franziskanerexegeten Johannes Wild (lat. Ferus, 1495–1554) eröffnet. Dieser von Besold hochgeachtete Exeget hatte in seinem Genesiskommentar im Rahmen traditioneller Allegorese (Deutung von Ismael und Esau auf die Juden und ihr Geschick) verschiedentlich auf Röm 11,25f und die endzeitliche Judenbekehrung im Zusammenhang mit der Wiederkunft Christi verwiesen[8]. Chiliastische Motive spielten hier keine Rolle, doch bestand Interesse am mystisch-anagogischen oder

---

[5] In der Abschnittszählung wurde im Druck Nr. 11 versehentlich wiederholt; vgl. *Besold*, De conversione (wie Anm. 1), 16. Die zweite Fassung übernahm den Fehler: *Christoph Besold*, Discursus politici singulares, in: *Ders.*, Dissertatio secunda: De iure ordinisque civium, Straßburg 1647, 51–63 (cap. 5).

[6] *Besold*, De conversione (wie Anm. 1), 2f. Besold präsentierte sich als rein philologisch vorgehender "relator" und "collectarius". Vgl. *Brecht*, Besold (wie Anm. 1), 27, mit der Einschätzung, man "könnte Besold als verkappten Theologen oder besser als verkappten Erbauungsschriftsteller bezeichnen".

[7] *Christoph Besold*, Discursus politici singulares (wie Anm. 5).

[8] *Johannes Wild*, [...] In totam Genesim, non minus eruditae, quam catholicae enarrationes, Löwen 1564, 395 (zu Gen 21,20); 482 (zu Gen 27,40); 594 (zu Gen 35). Vgl. *ders.*, Exegesis in Epistolam Pauli ad Romanos, Mainz 1558, 227.

prophetischen Schriftsinn, dessen Bedeutung Besold für die Behandlung
des Themas hervorhob. Die klassische Verknüpfung der endzeitlichen Judenbekehrung mit der Antichristdramatik im unmittelbaren
Vorfeld des Jüngsten Tages fand Besold auch in der chiliasmuskriti-
schen Schrift des Remaclus de Vaulx über das Weltende aus dem
Jahr 1617, auf die er mehrfach zurückgriff[9]. Die endzeitliche Judenbekehrung war hier mit dem Auftreten von Henoch und Elia verbunden. Sie nahm wie das Erscheinen des Antichristen die Funktion
eines *signum diagnosticum* für die nahende Wiederkunft Christi zum
Endgericht ein. In dieser Tradition wurde die Annahme einer befris-
teten eschatologischen Zwischenzeit im chiliastischen Sinn als rabbi-
nisch infiziert bekämpft, da die jüdische Messiashoffnung gemeinhin
mit einer rein diesseitig orientierten Reich-Gottes-Hoffnung gleich-
gesetzt wurde[10].

Charakteristisch für Besold war der Brückenschlag zu protestantischen Autoren, welche den Topos der endzeitlichen Judenbekehrung
mit chiliastischen Vorstellungen verknüpften. Er berief sich hierbei
zunächst auf umstrittene reformatorische Autoren wie die zuletzt in
Basel lehrenden Martin Borrhaus (Cellarius, 1499–1564) und Celio
Secondo Curione (1503–1569). Die Hoffnung auf eine endzeitliche
Judenbekehrung verband sich hier mit dem Gedanken der mittleren
Wiederkunft Christi (*medium adventus Christi*). Curione deutete diese
als geistiges Ereignis einer durch Christus universal vollendeten refor-
matorischen Evangeliumsverkündigung, also im Sinne eines später
als "subtil" bezeichneten Chiliasmus[11]. Sowohl die Juden wie das
Papsttum sollten dadurch aus ihrer durch scholastische Theologie
und talmudische Gelehrsamkeit verursachten "Blindheit" geführt wer-
den. Das paulinische Mysterium von Röm 11,25f wurde in diesem
Zusammenhang zu einem Aspekt der Vision von der triumphalen
Ausbreitung des protestantischen Christentums. Wie Besold forderte
Curione ein tolerantes Verhalten gegenüber dem Judentum. Zur

---

[9] *Remaclus de Vaulx*, Harpocrates Divinus seu altissimum de fine mundi silentium,
quo falsa vaticinatio annum 1666 esse mundo futurum ultimum redarguitur, Köln
1617, 283; 293; 339–346.

[10] Ebd., 485–495.

[11] Vgl. *Celio Secondo Curione*, De amplitudine beati regni Dei, dialogi sive libri duo,
Gouda 1614 (Basel 1554), 16–28 und 43–54 (lib. 1) u. ö.; *Martin Borrhaus (Cellarius)*,
De operibus Dei, Straßburg 1527. Zu Curione und der genannten Schrift vgl. *Markus
Kutter*, Celio Secondo Curione. Sein Leben und Werk (1503–1569), Basel 1955, bes.
185–212.

Begründung verwies er jedoch – anders als Besold – auch auf grundlegende Gemeinsamkeiten im Gottes- und Schöpfungsglauben, wie er sie vor allem zwischen reformatorischem Christentum und Judentum wahrnahm[12]. Großes Gewicht legte Curione dabei, den Servet-Prozess vor Augen, auf die Freiheit der Meinungsbildung[13]. Maßnahmen wie die Anordnung von Zwangspredigten für Juden passten in ein solches Konzept nicht. Vermutlich hatte sie Besold ursprünglich auch nicht im Blick.

Mit den Niederländern Petrus Cunaeus (van der Cuen, 1586–1638) und Justus Heurnius (1587–1651/52) kamen reformierte Zeitgenossen Besolds zu Wort, welche den Topos der endzeitlichen Judenbekehrung im Zusammenhang neuerer wissenschaftlicher und weltpolitisch-kolonialer Entwicklungen aktualisierten. Cunaeus nahm ihn in seine Institutionen- und Kulturgeschichte des Alten Testaments, Heurnius in seine Werbeschrift für die Weltmission auf[14].

Cunaeus distanzierte sich aufgrund der heilsgeschichtlichen Perspektive in Röm 9–11 von aktiver Judenfeindschaft, auch wenn er keineswegs ein positives Bild vom Judentum seiner Zeit hatte und den Anschein zu großer Judenfreundschaft zu vermeiden suchte. Immerhin wurden Bibelworte wie das Blutwort Mt 27,25 mit Hilfe paulinischer Argumentation der judenfeindlichen Agitation entzogen. Auch an die besondere Verpflichtung gegenüber den Juden als verlässlichen Tradenten der hebräischen Bibel wurde erinnert[15]. Der Vorwurf der Schriftfälschung wurde durch den Hinweis auf die Leistungen der Masoreten zurückgewiesen[16].

Heurnius konkretisierte die schon bei Curione angedeutete christokratische Verkündigungsperspektive, indem er seinen Aufruf zur Heidenmission u. a. mit dem Missionsbefehl Mt 28,19f und den ersten beiden Vaterunserbitten begründete und, ähnlich wie Willem

---

[12] *Curione*, De amplitudine (wie Anm. 11), 218f (Ausgabe Basel 1554).

[13] Ebd., Widmungsschreiben, unpaginiert.

[14] *Petrus Cunaeus*, De republica Hebraeorum libri tres [. . .], Leiden 1702 (zuerst 1617); eine mit Anmerkungen versehene Ausgabe erschien noch 1703 in Tübingen. *Justus Heurnius*, De legatione evangelica ad Indos capessanda admonitio, Leiden 1618.

[15] Vgl. das Cunaeus-Zitat bei *Besold*, De conversione (wie Anm. 1), 14 (Ende Abschnitt 10).

[16] Auch 2. Kor 3,15f wurde von Röm 11,25 her gedeutet. *Cunaeus*, De republica (wie Anm. 14), 188–192 (l. 1, cap. 18; status Judaeorum post Messiae adventum; de restitutione Judaeorum).

Teellinck (1579–1629) und andere, in eine kausale Verbindung mit
der künftigen Judenbekehrung brachte. Deren Verheißung war zentrales Motiv für die in Konkurrenz mit Jesuiten und Muslimen tre-
tende Heidenmission[17]. Der missionarische Aktivismus in den Kolonien
wurde somit zur Voraussetzung der Endzeitkonversion der Juden
und der damit verbundenen Welterneuerung[18]. Die näheren Umstände
dieser Konversion wurden nicht erörtert. Als unmittelbaren kirchlichen Auftrag betrachtete Heurnius die Judenmission jedoch offenbar nicht, da in diesem Fall die Endzeitmissionare aus dem jüdischen
Volk selbst kommen sollten[19]. Besold dürfte sich im Übrigen von der
Betonung der "einfachen", frömmigkeitspraktischen Evangeliumsverkündigung bei Heurnius angesprochen gefühlt haben.

Auch durch neuere endzeitlich-apokalyptisch orientierte Stimmen
sah sich Besold in seiner Grundauffassung bestätigt, so durch eine
1608 erschienene reformierte Schrift über die Zeichen der Endzeit[20].
Röm 11,25f, gedeutet auf eine Mehrheitskonversion der Juden, fungierte hier als letztes Zeichen vor dem nahen Weltende. Neben puri-
tanischen Einflüssen fällt vor allem die Rezeption der Judenschrift
Luthers von 1523 auf. Das Lutherzitat, das Besold am Ende seines
Traktats anführte, findet sich auch in dieser Schrift. Möglicherweise
hat er es von hier entlehnt. Das Gesamtbild blieb über die Spannung
von Röm 11,28 hinaus widersprüchlich: Einerseits wurde die Obrigkeit
zur Durchsetzung restriktiver Maßnahmen im Gefolge der römischen
und kanonischen Judengesetzgebung gedrängt. Hierzu zählte vor
allem das Festschreiben der gesellschaftlichen Randposition der Juden
und das Wucherverbot, aber auch die Zwangspredigt. Andererseits
wurde im Sinne von Luthers frühen Mahnungen zum brüderlichen

---

[17] Zur näheren Auseinandersetzung Besolds mit dem Islam und dem christlichen
Missionsauftrag unter Muslimen vgl. *Christoph Besold*, Consideratio legis et sectae
saracenorum, Tübingen 1619.

[18] *Heurnius*, De legatione (wie Anm. 14), 131–179. Vgl. *Leendert Jan Joosse*, 'Scoone
dingen sijn swaere dingen'. Een onderzoek naar de motieven en activiteiten in de
Nederlanden tot verbreiding van de gereformeerde religie gedurende de eerste helft
van de zeventiende eeuw, Leiden 1992, 160–170; *J. M. van der Linde*, Art. Heurnius,
Justus, in: BLGNP 4, 195f.

[19] Zur allgemeinen Verbreitung des Topos der endzeitlichen Judenbekehrung in
der reformierten Tradition des frühen 17. Jh. vgl. die antichiliastisch-orthodoxe
Position des *Antonius Walaeus*, Loci communes 24, in: *Ders.*, Opera omnia, Bd. 1,
Leiden 1647, 537–558.

[20] [Anonym], Ohnvorgreiffliche Betrachtung von den letsten Merckzeichen der
Welt Ende, Heidelberg 1608.

Umgang mit den Juden deren Zulassung zu Handwerk und Gewerbe gefordert. Unzweideutig aber war die Abscheu vor den Judenverfolgungen, wie sie sich zur Zeit des "Schwarzen Todes" Mitte des 14. Jahrhunderts ereignet hatten[21].

Bei dem Italiener Giacopo Brocardo (gest. 1594) fand Besold den Topos der endzeitlichen Judenbekehrung in eine protestantisch-joachimitische Geschichtsdeutung aufgenommen[22]. In seinem Genesiskommentar beschäftigte sich Brocardo verschiedentlich mit dem Thema, so in der Behandlung der Josefsgeschichte. Dabei interpretierte er die erwartete Massenkonversion als Ergebnis aktiver christlicher Nächstenliebe und reformatorischer Unterweisung im Zuge der messianischen Restitution des israelitischen Königtums, welche auch die Konversion der "Papisten" einschloss. Dieses Königtum wurde als eine Art reformatorische Endzeitkirche verstanden[23].

Der Topos der Endzeitkonversion gehörte also schon bei verschiedenen von Besold angeführten Zeugen wie später bei Philipp Jakob Spener in den Zusammenhang der "Hoffnung besserer Zeiten" für die Kirche, ohne dass dem ein einheitliches chiliastisches Konzept zugrunde lag.

3. Die Auslegung von Röm 11,25–32 im gesamtbiblischen Kontext

In seiner biblischen Beweisführung ging Besold zunächst von einer bundestheologisch-heilsgeschichtlichen Deutung von Röm 11,25f aus. Er berief sich dabei unter anderem auf Huldrych Zwingli, aber auch auf den frühen Vertreter der Wittenberger Orthodoxie, Ägidius Hunnius (1550–1603)[24]. Tatsächlich waren die Ansichten innerhalb der Orthodoxie zum Thema unterschiedlich. Hunnius hatte sich ähnlich wie Theodor Beza für die Annahme eines spezifisch dem

---

[21] Ebd., 84–97, vor allem 89–91 (Rezeption Luthers).
[22] *Giacopo Brocardo*, Mystica et prophetica libri Genesis interpretatio [. . .], Lyon 1593; vgl. *ders.*, In Apocalypsim, Leiden 1580. Zum Weg des Genesiskommentars von Tobias Hess zu Besold vgl. *Brecht*, Chiliasmus (wie Anm. 1), 31.
[23] *Brocardo*, Genesis interpretatio, 275b–279b, 283b–293b.
[24] Zu Zwingli vgl. *Achim Detmers*, Reformation und Judentum. Israel-Lehren und Einstellungen zum Judentum von Luther bis zum frühen Calvin, Stuttgart/Berlin/Köln 2001 (= Judentum und Christentum 7), 144–160; *Berndt Hamm*, Zwinglis Reformation der Freiheit, Neukirchen-Vluyn 1988.

jüdischen Volk geltenden ungekündigten Gottesbundes ausgesprochen[25]. Dagegen lehnte der Hunnius-Schüler Daniel Cramer (1568–1637) im Gefolge Martin Luthers die bundestheologisch begründete Hoffnung auf eine allgemeine Judenbekehrung ab[26]. Die Differenzen in der Eschatologie hatten freilich keine unmittelbaren Auswirkungen auf das Bild von Juden und Judentum in der Gegenwart. Daher wurde auch die Rechtmäßigkeit der jüdischen Strafexistenz im Exil nirgends in Frage gestellt.

Die Zeugen zur Einzelexegese von Röm 11,25f, zu denen neben Heurnius und Curione nun auch Theodor Beza trat, bestätigten Besold die in alttestamentlichen Verheißungen verankerte endgeschichtliche Deutung. Das "totus Israel" wurde als "gens ipsa" spezifiziert, ohne dass näher auf die schon altkirchlich umstrittene Frage eingegangen worden wäre, wie die hier angesprochene Totalität genauer zu bestimmen sei[27]. Wichtig war, dass die kontemplative Auslegung alttestamentlicher messianischer Verheißungen immer wieder zum Ergebnis führte, die Texte enthielten noch stets unabgegoltene real-historische Zukunftsmomente. Ein leuchtendes Vorbild lieferte die Auslegung von Hos 3,4f durch Wolfgang Capito (1481–1541), der sich für seine Exegese den Vorwurf des "Judaisierens" eingehandelt hatte[28]. Die endzeitlich-messianische Auslegung alttestamentlicher Verheißungen, wie Besold sie ausführlich bei Heurnius fand, schien auch durch die von Paul Fagius (1504–1549) und Immanuel Tremellius

---

[25] Vgl. *Aegidius Hunnius*, Epistolae Divi Pauli Apostoli ad Romanos expositio [. . .], Frankfurt a. M. 1596, 295–403; zu Röm 11 ebd., 363–403. Hunnius ließ freilich auch andere Auslegungen des paulinischen Mysteriums gelten, welche strikt der Substitutionstheorie folgten und den Israelnamen allein auf die Christusgläubigen bezogen. Besold führte zu seinen Gunsten auch den Haimo von Halberstadt zugeschriebenen, wohl von Haimo von Auxerre stammenden Römerbriefkommentar an, ebenso – freilich kaum zu Recht – den des Wittenberger Theologen Friedrich Balduin; zu Beza vgl. dessen Anmerkungen im Testamentum Novum sive Fedus Novum e Graeco archetypo Latino sermone redditum [. . .], Hannover 1618, 267–275 (zu Röm 9–11); *Besold*, De conversione (wie Anm. 1), 3.

[26] Vgl. *Daniel Cramer*, De regno Jesu Christi [. . .], Stettin 1614; vgl. *Johann Gerhard*, Loci theologici, 2 Bde., (Genf) 1639, t. 9, 190f.

[27] *Besold*, De conversione (wie Anm. 1), 3–5. Eine besondere Rolle spielte dabei die Verknüpfung von Röm 11,25f mit Gen 48,19 und Lk 21,24, die andere Vertreter der Orthodoxie wie Friedrich Balduin ablehnten.

[28] *Besold*, De conversione (wie Anm. 1), 11; *Wolfgang Capito*, In Hoseam prophetam [. . .] commentarius, Straßburg 1528, 72r–79v; vgl. ebd., 262v–284r, wo Capito von einer endzeitlichen Rückkehr der Juden in das Land Israel ausgeht. Die revidierte Version der Besold-Schrift ergänzt das Repertoire der Schriftbelege an einigen Stellen, so nach Abschnitt 4.

(1510–1580) ins Lateinische übersetzten Targumim gedeckt, wobei diese in der Tradition christlicher Hebraistik zugleich als Argument gegen die jüdische Messiashoffnung dienten[29].

Typisch für Besolds unkonventionelle Argumentationsform war die Aufnahme der sechsten Vision der Esra-Apokalypse (4. Esr 12,50–13,58) in die abschließende biblische Begründung seiner These. Demnach verhieß die in 4. Esr 13,32–39 geschilderte Rückrufung der Zehn Stämme durch eine Messiasgestalt die endzeitliche Judenbekehrung. Entgegen der konfessionsübergreifenden, von Robert Bellarmini, Immanuel Tremellius und Franciscus Junius repräsentierten Orthodoxie hielt Besold im Gefolge von Theodor Biblander am kanonischen Charakter des Vierten Esrabuchs fest[30]. Ihn bestärkte das Zeugnis des Ambrosius, der sich im zweiten Teil seiner Trostschrift 'De bono mortis' (um 387/89) auf die Esra-Apokalypse gestützt und diese als Beweis für den christlichen Auferstehungsglauben herangezogen hatte[31]. Die große Bedeutung, die Besold dieser chiliastische Vorstellungen inspirierenden Apokalypse im Rahmen seiner Erwartung eines neuen Zeitalters zuwies, kommt auch in anderen Schriften zum Ausdruck[32].

[29] Vgl. z. B. *Besold*, De conversione (wie Anm. 1), 11f, mit Bezug auf die vielfach antijüdisch eingesetzte talmudische Haggada des vor den Toren Roms wartenden Messias (bSanh 98a), nach *Christoph Helwig*, Epelenchus sive appendix Elenchorum Judaicorum, continens refutationem exceptionum et argumentorum, quae a Judaeis contra adventum Messiae afferri solent, Gießen 1613.

[30] *Robert Bellarmini*, De verbo Dei l. 1, cap. 20 (de apocryphis), in: Ders., Disputationes [. . .] de controversiis christianae fidei, adversus huius temporis haereticos [. . .], Bd. 1, Paris 1608, 1–208, hier: 63–66; Testamenti Veteris Biblia sacra, sive libri canonici priscae Judaeorum ecclesiae a deo traditi [. . .], hg. von Immanuel Tremellius/ Franciscus Iunius, Hannover 1618, 910–912 und 954, z. T. mit deutlicher Kritik an den jüdischen "deliria" der Schrift, ebd., 956f. Vgl. dagegen *Biblander*, De fatis monarchiae Romanae (wie Anm. 3). In eine lutherische Bibelausgabe wurde 4. Esr erstmals 1620 aufgenommen, gleichsam zur Abschreckung (D. Cramer, Straßburg); vgl. *Johannes Wallmann*, Reich Gottes und Chiliasmus in der lutherischen Orthodoxie, in: Ders., Theologie und Frömmigkeit im Zeitalter des Barock. Gesammelte Aufsätze, Tübingen 1995, 105–123.

[31] Vgl. *Ambrosius*, De bono mortis, 10, 45–48 und 53, in: Sancti Ambrosii Episcopi Mediolanensis opera 3, Mailand/Rom 1982, 190–198 und 202 (erste kritische Ausgabe der Schrift: CSEL 32,1, 641–753).

[32] Vgl. *Christoph Besold*, Signa temporum seu succincta et aperta rerum post religionis reformationem, ad hoc aevi in Europa gestarum dijudicatio [. . .], Tübingen 1614.

4. *Heilserwartung und Toleranz*

In den folgenden Abschnitten (10f) ging Besold auf die Frage der
christlichen Deutung der jüdischen Geschichte und die Toleranzfrage
ein. Traditionelle Elemente antijüdischer Polemik, welche die Hoff-
nungslosigkeit jüdischer Strafexistenz im Exil betonten, mischten sich
mit aktuellen Zukunftsvisionen. Wieder einmal zeigte sich, wie schwer
die jüdische Standfestigkeit im eigenen Glauben rationalisierbar war.
Einerseits konnte darin eine spezielle göttliche Fügung gesehen werden, die Großes für die Zukunft erhoffen ließ. Andererseits schien
das Exil unbegrenzt und die Verstrickung in Geldleihe ("Wucher")
und Gesetzlichkeit eine plausible Strafe für den Messiasmord. Die
eindringliche Beschwörung der hoffnungslosen Lage des Judentums
entnahm Besold der Schrift des Remaclus de Vaulx. Dieser hatte
sich vor allem auf altkirchliche Stimmen wie Tertullian, Aurelius
Prudentius und Hieronymus berufen[33]. Mit Hilfe dieser klassischen
Zeugnisse verschärfte Besold den Kontrast zwischen den erbärmli-
chen Überlebensbedingungen und dem faktischen Überleben des jüdischen Volks: Dass eine derart verhasste Gemeinschaft noch immer
bestand, machte sie zum Spiegel göttlicher Fürsorge. So entstand in
heilsgeschichtlicher Perspektive ein Gegengewicht zur traditionellen
Ansicht, die Geschichte des nachbiblischen Judentums sei vor allem
oder gar ausschließlich ein abschreckendes Zeichen göttlichen Zorns.

Besolds Verständnis von Toleranz orientierte sich am kanonischen
Judenrecht, wie der Verweis auf das einschlägige Standardwerk aus
der Hand des Marquardus de Susannis aus dem Jahr 1558 zeigt[34].
Die in diesem Werk intensivierte Verbindung von Restriktion und
Judenmission in der päpstlichen Judenpolitik der zweiten Hälfte des
16. Jahrhunderts schien nicht weiter zu stören. Es genügte offenbar,
die rechtlich sanktionierte Tradition bedingter Toleranz als Argument
für die Plausibilität der Zukunftsperspektive von Röm 11,25–32

---

[33] *Remaclus de Vaulx*, Harpocrates (wie Anm. 9), 341f; vgl. *Tertullian*, Apologeticum
21.5 (CChr.SL 1, 123, 23f); *Aurelius Prudentius*, Liber Apotheosis adversus Judaeos
(CChr.SL 126, 88–96, hier: 95f, 540–545); *Hieronymus*, Commentariorum in Sophoniam
Prophetam liber unus, zu Zeph 1,15f (CChr.SL 76A, 673,669–681).
[34] *Marquardus de Susannis*, De Iudaeis, Venedig 1558, Nachdruck Frankfurt a. M.
1613, mit Verweis auf I,2. Vgl. *Kenneth R. Stow*, Catholic Thought and Papal Jewry
Policy 1555–1593, New York 1977 (= MorS 5).

sprechen zu lassen. Auf die Problematik der vielfach praktizierten Judenvertreibungen ging Besold hier nicht eigens ein, doch sprach er sich in anderem Zusammenhang deutlich gegen diese Politik aus[35].

In den Kontext naturwissenschaftlich-astronomischer Debatten führte Besolds Verweis auf den geschätzten, auch verwandtschaftlich mit ihm verbundenen Johannes Kepler (1571–1630) und dessen Schrift 'De stella nova' aus dem Jahr 1606. Diese war aus Anlass der großen Konjunktion von 1604 entstanden, die große chiliastisch-apokalyptische Erwartungen geweckt hatte[36]. Kepler hatte den Topos der allgemeinen Judenbekehrung in die Reihe der denkmöglichen, keineswegs aber notwendigen Auswirkungen des Himmelszeichens von 1604 aufgenommen. Als "Priester am Buch der Natur" war Kepler zugleich "Priester am Buch der Geschichte": Der Blick auf die wundersame Überlebensgeschichte des jüdischen Volkes bot eine gleichsam empirische Handhabe für die paulinische Perspektive von Röm 11,25–32. Die Hoffnung auf eine endzeitliche Judenbekehrung blieb bei Kepler mit seiner Erwartung einer Weltreformation verbunden. Nicht nur der sich in Konfessionsstreitigkeiten manifestierende Niedergang des europäischen Christentums gab dieser Hoffnung Nahrung, sondern auch die durch den technischen und kulturellen Fortschritt möglich gewordene Mission unter bislang unbekannten Völkern[37]. Damit finden sich auch bei Kepler die wichtigsten der von Besold zusammengeführten Gründe, am Topos der endzeitlichen Judenbekehrung unter (früh-)neuzeitlichen Bedingungen festzuhalten. Das Bild von Juden und Judentum blieb freilich ambivalent. Gängige antijüdische stereotype Vorstellungen wie die der gesellschaftlichen Nutzlosigkeit (Müßiggang)

---

[35] Vgl. *Christoph Besold*, Synopse der Politik. Übers. von Cajetan Cosmann, hg. von Laetitia Boehm, Frankfurt a. M./Leipzig 2000 (= Bibliothek des deutschen Staatsdenkens 9), 153. Die Erstausgabe von Besolds Schrift erschien 1620, also im selben Jahr wie der Konversionstraktat, auf den die revidierte Fassung von 1637 im Übrigen zurückverwies.

[36] Vgl. *Johannes Kepler*, De stella nova [Frankfurt a. M. 1606], in: Ders., Gesammelte Werke, hg. von Max Caspar, Bd. 1, 2. unver. Aufl., München 1993, 147–356, hier: 349–352.

[37] Den Bußruf Keplers, der die ausbleibende Konversion der Juden zum ethischen Problem der Christenheit machte, sparte Besold in seinem Zitat aus. *Besold*, De conversione (wie Anm. 1), 15. *Kepler*, De stella nova (wie Anm. 36), 349, fuhr nach dem zweiten zitierten Satz fort: "Eripe ex Christianorum vita avaritiam, inhumanitatem, neglectum proximi, fastum, pompositatem in vestitu, libidines: Judaeos, ut nunc quidem vivunt, e rerum Natura funditus extirpaveris."

und der religiösen Feindschaft (fortwährende Blasphemie) tradierte
Kepler weiter, zugleich aber zeigte er ähnlich wie sein Lehrer Tycho
Brahe (1546–1601) einen gewissen Respekt vor der jüdischen
Messiashoffnung. Anders als in Besolds Traktat finden sich in Keplers
Schrift auch Erinnerungen an persönliche Gespräche mit optimistisch
in die Zukunft blickenden Juden, die ihn in seinen Heilserwartungen
bestätigten[38].

Mit der Cunaeus aufnehmenden Erinnerung an die noch stets gül-
tigen paulinischen Prärogative Röm 9,4f und mit weiteren Zitaten
von Cellarius und Heurnius verstärkte Besold seine zukunftsoffene,
verheißungsorientierte Interpretation der jüdischen Geschichte. Mit
Hilfe des Denkmodells der unvollständigen, mit dem ersten Kommen
Christi noch nicht abgeschlossenen Erfüllung göttlicher Verheißungen,
wie sie schon bei Capito anklang, erhielt die Geschichte einen dyna-
mischen Charakter. Dies relativierte die Festschreibung stereotyper
antijüdischer Vorstellungen wie die bestimmter negativer Charak-
tereigenschaften, die nun als zeitlich und kontextuell bedingt erschienen[39]. Hinzu kam, dass Besold die klassische augustinische Sicht der
Juden als unfreiwilliger Zeugen christlicher Glaubenswahrheit – sie
haben die Bücher, die Christus prophezeien – als stringente Interpretation alttestamentlicher Bundestheologie vorführte, wie sie in Jes
59,21 zum Ausdruck kam[40]. Nicht die religiöse Degradierung, sondern
die göttlich verbürgte Zukunftsperspektive stand nun im Vordergrund.

5. *Christliche Hebraistik*

Die bundestheologisch interpretierte Sichtweise Augustins nutzte Besold, um dem stereotypen Vorwurf der jüdischen Textfälschung ent-

---

[38] Keplers jüdische Gesprächspartner verwiesen u. a. auf die allgemeine Verbesserung
der jüdischen Lebensbedingungen sowie auf die Spaltung der Christenheit durch
die Reformation als Quelle jüdischer Zuversicht; auch die durch Sultan Süleiman
II. (1520–1566) ausgehenden Aktivitäten zum Wiederaufbau Jerusalems (d. h. vor
allem zum Wiederaufbau der Mauer 1537–1541), scheinen nachhaltigen Optimismus
verbreitet zu haben.

[39] *Besold*, De conversione (wie Anm. 1), 15f; vgl. *Cunaeus*, De republica (wie Anm.
14), 189f.

[40] Zu Augustin vgl. die Auslegung von Ps 58; CChr.SL 39, 729–753. In der
zweiten Fassung ergänzte Besold die Verweise an dieser Stelle u. a. mit dem Hinweis
auf Augustins Rede von den Juden als "capsarii" und "librarii" der Christen; vgl.
hierzu CChr.SL 38, 459,13–15.31–34; ebd. 39, 700,2f.

gegenzutreten. Er berief sich dabei auf die Stimmen maßgeblicher christlicher Hebraisten. Hierzu zählte er neben den wichtigsten Gewährsmännern Petrus Cunaeus und Johannes Buxtorf den Italiener Marco Marini, den Spanier Benito Arias Montano und Robert Bellarmini[41]. Bellarmini hatte zwar den Vorwurf willkürlicher Textfälschung als antijüdisches Vorurteil bekämpft, doch daneben noch genug Raum gefunden, der Vulgata die höchste kirchenamtliche Autorität zuzuerkennen und differierende hebräische Lesarten rabbinischer Blindheit oder Nachlässigkeit zuzuschreiben. Dies war manchem Vertreter der lutherischen Orthodoxie zu mild, weswegen Bellarmini auch wegen seiner angeblich zu positiven Sicht jüdischer Textüberlieferung angegriffen wurde[42]. Weniger um kirchenamtliche Absicherung bemühte Hebraisten wie Montano setzten sich im eigenen Lager dem Vorwurf aus, sie betrieben das Geschäft der protestantischen Häresie und machten sich durch ihr "Judaisieren" zum verlängerten Arm rabbinischer Interessen.

Besold verschwieg auch kritische Stimmen auf protestantischer Seite nicht. So verwies er auf den Juristen und Philologen Johann von Wowern (1574–1612), der in einem Sammelwerk seinen Lesern die ganze Breite angeblich antichristlich motivierter jüdischer Textfälschung vor Augen geführt hatte[43]. An der inner- und intrakonfessionellen Instrumentalisierung und den Zensur- und Inquisitionsaspekten zeigte Besold kein Interesse. Ihm lag an den Stimmen, welche die Akzeptanz des masoretischen Textes als Folge einer historisch einmaligen jüdischen Überlieferungsleistung zu interpretieren erlaubten. Auch damit sollte die Erwartung einer zukünftigen Konversion des Judentums stimuliert werden[44].

---

[41] *Cunaeus*, De republica (wie Anm. 14), 190f; *Johannes Buxtorf*, Tiberias sive commentarius masorethicus triplex historicus, didacticus, criticus [. . .], Basel 1665, 7–13, 189–200 (u. a. mit Verweisen auf Montano und Marini, die Besold wohl aufgriff); vgl. *Stephen G. Burnett*, From Christian Hebraism to Jewish Studies. Johannes Buxtorf (1564–1629) and Hebrew Learning in the Seventeenth Century, Leiden/New York/Köln 1996 (= SHCT 68); *Marco Marini*, [. . .] Arca Noe. Thesaurus linguae sanctae novus, Venedig 1593 (Vorwort); vgl. *Bernard Rekers*, Benito Arias Montano (1527–1598), London/Leiden 1972; *Bellarmini*, De verbo dei (wie Anm. 30), l. 2, cap. 2, 69–74; vgl. auch *Peter Godman*, The Saint as Censor. Robert Bellarmine between Inquisition and Index, Leiden/Boston/Köln 2000 (= SMRT 80), 59f.

[42] Vgl. *Friedrich Balduin*, De Antichristo disputatio [. . .], Wittenberg 1606, fol. Kr.

[43] *Johann von Wowern*, Syntagma de graeca et latina Bibliorum interpretatione, Deventer 1653 (zuerst Hamburg 1618), 106–118 (cap. 12).

[44] Die zweite Fassung der Conversio-Schrift enthält eine längere Ergänzung zum Vorwurf der Textfälschung.

6. *Eschatologische Zeichenlehre*

Gegen Ende seines Traktats ging Besold explizit auf die eschatologische Zeichenlehre ein, in deren Rahmen die Erwartung einer allgemeinen Judenbekehrung stand[45]. Heurnius hatte auf das Zeichen der universalen Evangeliumsverkündigung verwiesen, deren Erfolg schließlich auch die Juden zur Konversion bewegen würde. Kepler hatte den konfessionellen Hader als Zeichen für den notwendigen Durchbruch zur Weltreformation und Ansatzpunkt für eine umfassende Konversion von Juden, Muslimen und Heiden ausgemacht. Die 'Betrachtung' von 1608 hatte unter ihren 13 Zeichen auf traditionelle Weise auch die endzeitliche Judenbekehrung genannt. Anders als Heurnius ging ihr Verfasser davon aus, dass angesichts des um sich greifenden Unglaubens ("Atheismus") die weltweite Evangeliumsverkündigung schon geschehen und die "Fülle der Heiden" bereits eingegangen sein müsse, so dass die Zeit der besonderen Gottesoffenbarung für das jüdische Volk jederzeit anbrechen könne.

Die Besonderheit, die Besold wie auch später Johann Heinrich Alsted (1588–1638) bei Heurnius herausstellte, war die Strukturierung der eschatologischen Entwicklung. So sollte die allgemeine Judenbekehrung mit der Rückführung und Konversion der zehn verlorenen Stämme einsetzen. Diese einst unter Salmanassar exilierten, aber noch immer für existent gehaltenen Stämme sollten nach jüdischer Überlieferung in der messianischen Endzeit eine wichtige Rolle als Retter der Juden spielen. Besold hatte sich hierüber bei Cunaeus informiert. In der christlich-apokalyptischen Tradition galten sie als endzeitliche Feinde der Christenheit. Nun wurden sie im Gefolge von Heurnius zu besonders begnadeten Vorläufern der allgemeinen Judenbekehrung, ja zu Vermittlern des Evangeliums an die europäischen Juden[46].

---

[45] *Besold*, De conversione (wie Anm. 1), 17–19.
[46] Als Belege galten Röm 11,15 und Jes 66,18. Die traditionell antijüdischen Konnotationen der Antichristthematik entfielen zugunsten der Konzentration auf die "falschen Christen". – Die besondere Glaubenstreue dieser erstbekehrten Juden sah Besold auch durch den "contemplator excellentissimus" Serafino da Fermo (Serafinus Firmanus) bestätigt, dessen Apokalypsekommentar er in seinem Traktat zweimal heranzog; *Besold*, De conversione (wie Anm. 1), 1 und 19.

7. *Zwischen Diesseits- und Jenseitshoffnung*

Am Schluss seines Traktats nahm Besold nochmals die Grundfrage
vom diesseitigen Realismus messianischer und chiliastischer Zukunftser-
wartungen auf. Vorsichtig distanzierte er sich von Hoffnungen auf
eine Rückkehr der Juden in das Land Israel, die Errichtung eines
jüdischen Staats und den Wiederaufbau des Tempels in Jerusalem,
wie sie offenbar auch innerhalb der Rosenkreuzerbewegung Anklang
gefunden hatten. Dies entnahm Besold dem Vorwort zur (Neu-)Edition
eines Briefs von Roger Bacon (um 1220–1292/94). Der anonyme
Verfasser hatte unter Berufung auf einen ähnlichen Kreis von Gewährs-
leuten wie Besold – hierzu zählten Brocardo, Cellarius, Capito, Postel
und Thomas Brightman (1562–1607) – seine joachimitische Eschatologie
vom Weltensabbat gegen den scharfen Widersacher der Rosenkreuzer,
Andreas Libavius, verteidigt[47]. Die Erwartung der Endzeitkonversion
hing demnach unmittelbar mit der Heimkehr der Juden ins Land
Israel und der Zerstörung der osmanischen Herrschaft zusammen[48].
Diese, später dem "groben" Chiliasmus zugerechnete und vor allem
bei englischen Autoren entfaltete Sichtweise erschien Besold "vielleicht" (forsan) doch allzu menschlich: Er führte dazu Johannes Oekolampads spirituelle Deutung von Dan 2,44f an, derzufolge sich das
neue Zeitalter mit Hilfe des Schwerts des Wortes Gottes und des
Heiligen Geistes ausbreiten werde[49]. Unzufrieden war Besold freilich
mit Oekolampads einseitig antichiliastischer Argumentation[50]. Die
Spiritualisierung biblischer Verheißungen schwächte demnach den

---

[47] *Roger Bacon*, Epistola [. . .] De secretis operibus artis et naturae, et de nullitate
magiae [. . .], Hamburg 1618, 10–20 (Vorwort), bes. 16. Vgl. *Andreas Libavius*, [. . .]
Wolmeinendes Bedencken von der FAMA, und Confession der Brüderschafft deß
RosenCreutzes [. . .], Frankfurt a. M. 1616; ders., De millenariorum haereticorum
secta [. . .], Coburg 1616.

[48] Zu den zahlreichen biblischen Belegen gehörten Stellen wie Gen 13,15, Jer
23,3–8 und Ez 20,40–44. Die Weissagung gegen Gog und Magog Ez 38f wurde
als Hinweis auf die Zerstörung des Türkenreichs durch die heimgekehrten Juden
gedeutet.

[49] *Johannes Oekolampad*, In Danielem prophetam [. . .], Basel 1530, 30a–32b. Oekolampad deutete das "totus Israel" (Röm 11,26) traditionell auf die schon gegenwärtig bestehende Kirche aus Juden und Heiden.

[50] Zur späteren Ablehnung der in diesem Traktat noch unbekümmert zitierten
chiliastischen Positionen, u. a. mit Berufung auf Oekolampad, Bellarmini und
Remaclus de Vaulx vgl. *Christoph Besold*, Discursus Policiti [. . .] De monarchia,
Aristocratia, Democratia generatim tractantes [. . .], Straßburg 1641, 200–207 (De
veteribus, novisque chiliastis, dissertatio historica, per satyram congesta).

Glauben an die inkarnatorische Kraft des kommenden Gottesreiches. Besold sah Oekolampad nicht fern von Spiritualisten wie Johannes Bünderlin und Caspar von Schwenckfeld, die den Topos der endzeitlichen Judenbekehrung rezipiert, aber in seiner heilsgeschichtlichen Bedeutung ermäßigt hatten[51]. So wies Schwenckfeld jeden "leiblichen" Realismus, welcher der Existenz des jüdischen Volks als Empfänger göttlicher Verheißung Rechnung tragen wollte, als "fleischlich" ab. Die Differenz zwischen Synagoge und Kirche kam bei ihm wie bei vielen überein mit den dualisierenden Größen von "fleischlich" und "geistlich". Damit wollte sich Besold aufgrund seines Interesses an einer heilsgeschichtlich konvergierenden Sichtweise nicht zufrieden geben[52].

Mit dem Schlusszitat von Martin Luther forderte Besold, wie erwähnt, eine tolerante Judenpolitik, und zwar zur Verbesserung missionarischer Möglichkeiten. Er kehrte sich damit gegen die aggressive Judenfeindschaft von Luthers Spätschriften, für die noch stets geworben wurde. Neudrucke waren 1613 und 1617 in Frankfurt a. M. erschienen[53]. In der späteren Version des Traktats ergänzte Besold das Zitat mit der Bemerkung, Luthers Mahnung werde zwar im eigenen Land noch immer nicht gehört, doch erfolgreich in Rom umgesetzt. In der Tat hatten die Anstrengungen der päpstlichen Judenmission seit der Einrichtung des *Domus catechumenorum* unter Paul IV. immer wieder zu Konversionen geführt. Zu den vorbereitenden Maßnahmen gehörte auch die Verordnung von Zwangspredigten. Besold interpretierte damit das Luther-Zitat nach seinem Übertritt zur katholischen Kirche ganz auf dem Hintergrund der restriktiven Toleranzpolitik der Päpste in der zweiten Hälfte des 16. Jahrhunderts[54].

---

[51] *Kaspar von Schwenckfeld*, Epistolar, Bd. 1, o. O. 1566, 168–181 (Nr. 23); CSch 5, 408–428 (Nr. 208, vom 17.12.1535), bes. 418,34–420,19; vgl. auch *Schwenckfeld*, Epistolar, Bd. 1, 77–93 (Nr. 7); CSch 4, 767–771 (Nr. 135); *Johannes Bünderlin*, Ein gemeyne berechnung uber der heyligen schrifft innhalt [. . .], Straßburg 1529, fol. F3v–5v.

[52] Nochmals verwies Besold in diesem Zusammenhang auf *Bibliander*, De fatis monarchiae (wie Anm. 3).

[53] *Martin Luther*, Tractat von den Jüden und ihren Lügen [. . .], Frankfurt a. M. 1613; ders., Drey christliche, in Gottes Wort wolgegründte Tractat [. . .] (= Vom Schem Hamphoras; Von dem Geschlecht Christi; Von den Juden und ihren Lügen), Frankfurt a. M. 1617.

[54] Dass auch im Kirchenstaat Judenvertreibungen vorkamen, scheint Besold nicht bewusst gewesen zu sein. Zur Akzeptanz der Zwangspredigten beim älteren Besold vgl. die Ausführungen im Thesaurus practicus [. . .], editio nova, Nürnberg 1666, 436–440.

Ursprünglich folgte Besold mit seinem Plädoyer für eine judenfreundliche Politik der Linie der älteren Tübinger Orthodoxie, wie sie
sein Kollege Matthias Hafenreffer (1561–1619) vertrat. Dieser hatte
den Topos der endzeitlichen Judenbekehrung in seiner Ezechiel-
auslegung aufgegriffen und damit die Ausbeutungspolitik der Magistrate angeprangert[55]. Innerhalb der lutherischen Orthodoxie blieben
die Standpunkte freilich kontrovers[56]. So verfocht Johann Gerhard
in der Frage der Toleranz zunächst wie Besold die Linie der kanonischen Judengesetzgebung, doch betonte er die repressiven Elemente.
Anders als Besold gab Gerhard der kirchengeschichtlichen Lesart von
Röm 11,25–32, die das Partikulare und Sukzessive der Judenbekehrung hervorhob, den Vorzug vor der endgeschichtlichen Deutung,
welche das Universale und Simultane herausstellte[57]. Er begründete
dies unter anderem mit dem ewigen Zorn Gottes über dem jüdischen Volk (Messiasmordhypothese), aber auch mit innerjüdischen
Problematisierungen gängiger Messiasvorstellungen wie bei Maimonides
und den enttäuschenden Erfahrungen mit messianischen Bewegungen
der Vergangenheit – alles Punkte, die bei Besold keine Rolle spielten[58]. Gerhard nannte Besolds Traktat in den 'Loci', doch wegen
der starken Rezeption von Heurnius war er in die Reihe der calvinistischen Zeugen für die allgemeine Judenbekehrung aufgenommen
worden.[59] Bei Alsted fand Besold schließlich, wie bekannt, seinen
Platz in einem prominenten Entwurf chiliastischer Weltdeutung[60].

---

[55] Vgl. *Matthias Hafenreffer*, Templum Ezechielis, sive in IX postrema prophetae
capita commentarius [...], Tübingen 1613, 1f und 313f. Auch den Vorwurf der
Schriftfälschung wies Hafenreffer unter Hinweis auf die strenge Überlieferungstreue
gegenüber dem hebräischen Text zurück. Für jüdisch-messianische Hoffnungen blieb
freilich kein Raum.

[56] Vgl. *Martin Friedrich*, Zwischen Abwehr und Bekehrung. Die Stellung der deutschen evangelischen Theologie zum Judentum im 17. Jahrhundert, Tübingen 1988
(= BHTh 72); *Frieder Lötsch*, Juden – Kontrahenten, Konkurrenten, Konvergenten.
Zum Verständnis des Judentums in der lutherischen Orthodoxie, in: Israel als
Gegenüber. Vom Alten Orient bis in die Gegenwart. Studien zur Geschichte eines
wechselvollen Zusammenlebens, hg. von Folker Siegert, Göttingen 2000 (= SIJD 5),
382–419.

[57] *Gerhard*, Loci (wie Anm. 26), t. 9, 188–193; vgl. ebd., 184–188 und 319–356.

[58] Gerhard benutzte hierzu vor allem *Christoph Helwig*, Elenchus Iudaeorum [...]
5 Bde., Gießen 1609–1612.

[59] *Gerhard*, Loci (wie Anm. 26), t. 9, 190. Das missionarische Anliegen sollte später bei Abraham Calov (1612–1686) wieder aktueller werden; Besold stand hier
näher bei Calov als bei Gerhard. Zu Calov vgl. *Lötsch*, Juden (wie Anm. 56), 396–408.

[60] Vgl. *Johann Heinrich Alsted*, Diatribe de mille annis apocalypticis, non illis
Chiliastarum et Phantastarum, sed [...] Danielis et Iohannis, 2. Aufl., Frankfurt

Besold allein von daher interpretieren zu wollen, käme freilich einer
Verkürzung gleich. Sein Ideal biblisch gesättigter Theologie und
Frömmigkeit drängte zum konfessions- und traditionsübergreifenden
Gespräch. Als lohnendes Thema eines solchen, die Dynamik der
Geschichte aufnehmenden Gesprächs erschien ihm offenbar der Topos
von der endzeitlichen Judenbekehrung. Besolds Traktat von 1620
dürfte somit, aufs Ganze gesehen, auch die Offenheit und Weite
einer späthumanistisch-bibeltheologischen Frömmigkeit dokumentie-
ren, deren Konturen im konfessionellen Zeitalter noch längst nicht
hinreichend umrissen sind.

---

a. M. 1630 [zuerst 1627], 12–25; 74–110 u. ö. Alsted folgte Heurnius nicht in allen
Details des "ordo" künftiger Judenbekehrung. "Ego tamen existimarim, Judaeos ex
ruina Antichristi occasionem suae conversionis accepturos. Sed hoc ad quaestionis
cardinem nihil attinet"; ebd., 23.

RELIGION WÄHREND DES DREISSIGJÄHRIGEN KRIEGES (1618–1648)

Sigrun Haude*
(Cincinnati, Ohio)

Was im 17. Jahrhundert als lokaler Konflikt über religiöse und politische Fragen in Böhmen begann, weitete sich sehr schnell zu einem europäischen Krieg aus. Ziel dieses Krieges was es, die Machtentfaltung eines immer dominanteren Kaisers zu stoppen und ihn davon abzuhalten, ganz Europa die katholische Religion aufzuzwingen. Drei Dekaden lang war Deutschland der Schauplatz unbeschreiblichen Leides. Kampfhandlungen, Gewalttaten, Plünderungen, Inflation, Hunger, Krankheiten und Epidemien schienen kein Ende zu nehmen. Wie haben Menschen es fertig gebracht, diese Jahre zu überstehen?

Bei dem Erforschen und Auswerten des Dreißigjährigen Krieges spielt Religion eine bedeutende Rolle. Lange wurde dieser Konflikt als ein vorrangig religiöser betrachtet[1]. Religion als Kriegsauslöser ist inzwischen durch die Hervorhebung politischer, dynastischer, ökonomischer und persönlicher Motive relativiert, aber nicht eliminiert worden[2]. Historiker haben immer wieder darauf hingewiesen, dass viele Zeitgenossen in der Religion Trost und Rat suchten. Religion konnte helfen, dem chaotischen und elenden Leben im Krieg einen Sinn abzugewinnen. Daneben galt ein frommes Leben als das beste Mittel, den Krieg zu beenden, denn wie in früheren Generationen betrachteten auch die Menschen des 17. Jahrhunderts Krieg als eine Strafe Gottes, mit der Gott die Menschen aufrief, von ihrem sündigen Leben zu lassen und sich dem Herrn erneut zuzuwenden.

Aber decken sich diese Vorstellungen mit denen der allgemeinen, betroffenen Bevölkerung während des Dreißigjährigen Krieges? Welche

* Ich danke dem Charles Phelps Taft Fund der University of Cincinnati für seine großzügige Unterstützung meiner Forschung zu diesem Thema und Gundula Haude-Ebbers für ihre sorgfältige Durchsicht des Artikels.

[1] Vgl. z. B. *Carl J. Friedrich*, The Religious Motive Reaffirmed, in: The Thirty Years' War. Problems of Motive, Extent and Effect, hg. von Theodore K. Rabb, Boston 1964 (= Problems in European Civilization), 32–35.

[2] Vgl. Thirty Years' War (wie Anm. 1), 1–51.

Rolle spielte Religion in ihrem Leben? Rufe nach Buße und einem
besseren Leben waren laut und oft zu hören, und sie kamen nicht
nur von frommen Außenseitern, sondern stellten generell einen Topos
in der damaligen Literatur dar. Doch diese Schriftstücke wurden
weitgehend von den Oberen und der oberen Mittelschicht produziert. Die folgende Analyse ist bestrebt, der Vielfalt und Divergenz
von religiösen Ausdrücken im Dreißigjährigen Krieg Rechnung zu
tragen. Es geht ihr darum, der Bedeutung von Religion unter der
breiteren Bevölkerung nachzuspüren. Dabei wird der Begriff "Religion"
im weitesten Sinne gebraucht, d. h. er umfasst Formen "orthodoxer" oder offiziell als rechtgläubig definierter Religion, abergläubi-
sche Praktiken sowie Überschneidungen und Mischformen derselben.
Mit anderen Worten: Religion ist, was immer Menschen als solche
verstanden.

Die Quellen dieser Untersuchung konzentrieren sich geographisch
auf Mittelfranken und Altbayern, speziell auf Nürnberg und München
mit ihren anliegenden Territorien, sowie auf Brandenburg-Ansbach
nahe Nürnberg. Diese Regionen waren nicht nur Kriegsschauplatz;
die getroffene Auswahl bietet auch eine Vielzahl von Perspektiven,
was Konfession (protestantisches Nürnberg vs. katholisches München),
Topographie (Reichstadt vs. Residenzstadt, Stadt vs. Land) und politische Organe (städtischer Rat vs. Kurfürst) angeht. Vom Genre her
umspannen die Materialien eine breite Palette von Rats- und Visitationsprotokollen, Korrespondenzen, Chroniken und Tagebüchern bis
hin zu Gedichten, Liedern, Gebetbüchern und Predigten.

Es besteht keine Frage, dass viele Regierenden den Krieg nicht
nur als Warnung, sondern auch als eine Gelegenheit betrachteten,
ihre Untertanen zu größerer religiöser und sozialer Disziplin zu bewegen. Ob katholisch oder protestantisch, Territorialfürsten und Stadträte
ordneten spezielle Betstunden und zusätzliche Gottesdienste an
Wochentagen an, um Gott gnädig zu stimmen, ihn um Hilfe während eines bevorstehenden Kampfes zu bitten oder ihm für einen
errungenen Sieg zu danken. Buß-, Bet- und Fastentage wurden angesetzt, um Gottes Zorn zu besänftigen[3]. Parallel zu diesen Maßnahmen

---

[3] Vgl. z. B. StA Nürnberg, Rst. Nbg., Mandate, lose, Sektion III, Nrn. 483; 568;
569. Für generelle Beispiele solcher Maßnahmen, vgl. *Elisabeth Erdmann*, Der Dreißigjährige Krieg im Spiegel der Tagebücher des Thomas Mallinger. Handlungsweisen
der Bevölkerung, in: ZGO 143/Neue Folge 4 (1995), 515–527, bes. 524; *Adolf
Schmidt*, Moscheroschs Schreibkalender, in: Jahrbuch für Geschichte, Sprache und
Litteratur Elsass-Lothringens 16 (1900), 139–190, bes. 160; Rudimenta Chronologiae

drängten die Regierungen die Bevölkerung zu einem besseren Lebenswandel, damit Gottes Gunst ihnen wiederum gesonnen sei. Der Nürnberger Rat forderte seine Pfarrer dazu auf, ihre Gemeinden zu innigem Gebet und einem gottgefälligeren Leben zu ermahnen. Fortan sollte im Gebrauch von Speisen, Trank und Kleidung Mäßigkeit walten und Überfluss und Genuss Einhalt geboten werden[4]. Maximilian, Bayerns Kurfürst (Fürst 1598–1651, Kurfürst ab 1623), war ebenfalls intensivst bemüht, größere soziale und religiöse Disziplin unter seinen Untertanen herzustellen. Seine zahllosen Anordnungen richteten sich gegen Tanz, Trunk und Unzucht. Wie der städtische Rat in Nürnberg und andere Regierungen versuchte auch er, das Ausmaß von Festlichkeiten beträchtlich zu begrenzen[5]. Daneben beanspruchte er in kirchlichen Dingen Regierungsgewalt, da der führende Klerus seiner Meinung nach seine Aufgabe nicht einmal annähernd erfüllte. Deshalb erließ er detaillierte Instruktionen hinsichtlich des Besuchs von Gottesdiensten, Kinderlehre (Lehre des Katechismus) und spezieller Gebete sowie des Almosengebens und der Unterlassung des Fluchens. Maximilian verfolgte diesen Kurs mit weit größerer Determination und Kraft, als seine Vorgänger dies getan hatten. Auch stieg die Anzahl der Anordnungen und Mandate nach Kriegsausbruch merklich an.

Diese weder neuartigen noch allein auf religiösen Beweggründen beruhenden Maßnahmen müssen im Kontext zunehmender sozial-religiöser Disziplinierung und politischer Zentralisation gesehen werden. Das Sozialdisziplinierungsparadigma ist während der letzten Jahre von vielen Seiten kritisiert und revidiert worden. Berndt Hamm hat mit seinem Konzept der "normativen Zentrierung" seinen eigenen

---

Imp. Civ. Friedbergensis, in: Chronicken von Friedberg 1 (1937), 122 und 141; *Karl Schmucki*, Georg Michael Wepfer, in: Schaffhauser Biographien 5. Teil, 68 (1991), 225–242, bes. 226; M. Johann Daniel Mincks Chronik über den 30jährigen Krieg nach den Aufzeichnungen im Gross-Bieberauer Kirchensaalbuch, hg. von Wilhelm Krämer, in: BHKG, Neue Folge 2 (1905), 1–38, bes. 9–16 und 24–33. Zu politischen Anordnungen von Gebeten, vgl. *Manfred Hanisch*, Zwischen Fürbitte und Obrigkeitsvergottung. Politische Gebete von 1500–1918, in: JFLF 48 (1988), 39–161.

[4] StA Nürnberg, Rst. Nbg., Mandate, lose, Sektion III, Nrn. 389; 428; 452; 454; 471; 540–542; 552; 582.

[5] Zu Karneval vgl. StadtA München, Bürgermeister und Rat, 60 B 3, fol. 33r (31.1.1642); 60 B 9, fol. 4r–6r (16.1.1627); 62, fol. 250v (27.1.1616). Letzteres ist ein Beispiel für Maximilians Bemühungen, Karnevalsfeiern vor dem Dreißigjährigen Krieg zu verbannen. Zu Hochzeiten siehe StadtA München, Ratssitzungsprotokolle (Unterrichterserie) 249, fol. 288v (16.8.1634); 261/1, fol. 196r (30.5.1646).

Beitrag hierzu geleistet[6]. In Überwindung der Verengung auf die
soziale Perspektive bezieht der Begriff der "normativen Zentrierung",
wie Hamm überzeugend argumentiert, die politischen, sozialen, kulturellen und religiösen Veränderungen in angemessenerer Weise mit
ein. Das Konzept ist darauf angelegt, sowohl die zentrierenden als
auch die pluralistischen Kräfte dieses Prozesses zu beschreiben, dessen Anfänge Hamm bereits im 15. Jahrhundert entdeckt.

Ähnlich wie in den Anordnungen der Herrschenden findet sich
auch in Chroniken, Tagebüchern, Briefen und zeitgenössischer Literatur
die Vorstellung vom Krieg als Gottes Strafe für menschliche Sünde.
Um jedoch herauszufinden, ob die breite Bevölkerung diese Ansicht
teilte, wird man über die präskriptiven Texte der Mandate und Rats-
protokolle hinausgehen und zu erfahren versuchen müssen, wie die
Untertanen auf die zahlreichen fürstlichen und magistralen Aufrufe
zu einem bußfertigeren und christlicheren Leben reagiert haben.

Zudem ist zu fragen, ob die Quellen über diese äußeren Merkmale
von Gottesdienst- und Gebetsbesuch hinaus etwas über die Rolle der
Religion im Leben der Menschen enthüllen. War sie vielen Stütze
und Trost in der Not des Krieges? Auf diese Frage können hier nur
vorläufige und sehr begrenzte Antworten gegeben werden. Wiederum
stammt das meiste Quellenmaterial von den gebildeten Bevölkerungsschichten, vor allem von den Klerikern, deren Position oft tage-
buchähnliche Aufzeichnungen verlangte oder zu solchen ermutigte.
Unter der großen Vielfalt der Zeugnisse ragen einige gemeinsame
Themen und Argumente hervor. Ob man Predigten, Gebetbücher,
Gedichte, Lieder, Tagebücher, Briefe oder Mandate liest, ob man
sich katholische oder protestantische Erklärungen vornimmt, die religiösen Betrachtungen folgen derselben Logik: Menschen haben gesün-
digt und deshalb werden sie bestraft. Bessern sie sich, werden die
Strafen aufhören. Allerdings ist ihnen das nur sehr begrenzt möglich, da sie Menschen und somit schwach sind und niemals dem
christlichen Ideal entsprechen werden. Angesichts dieser scheinbaren
Ausweglosigkeit der Situation setzt eine zweite, überkonfessionelle

---

[6] Vgl. *Berndt Hamm*, Reformation als normative Zentrierung von Religion und
Gesellschaft, in: JBTh 7 (1992), 241–279; *ders.*, Von der spätmittelalterlichen reformatio zur Reformation: der Prozeß normativer Zentrierung von Religion und Gesellschaft
in Deutschland, in: ARG 84 (1993), 7–82; *ders.*, Normative Zentrierung im 15. und
16. Jahrhundert. Beobachtungen zu Religiösität, Theologie und Ikonologie, in: ZHF
26 (1999), 163–202.

Argumentationsweise ein: Gott ist sowohl gerecht als auch barmherzig. Seine Gerechtigkeit hat er dadurch unter Beweis gestellt, dass er menschliche Gotteslästerung und Sünde ahndet. Da Gott seinem Wort treu ist und er bereits bewiesen hat, dass er gerecht ist, muss er auch barmherzig sein. Darin bestand der Zeitgenossen Hoffnung[7].

Über diese prinzipielle Argumentation hinaus gab es weitere, die konfessionsspezifischere Merkmale zeigen. Die Katholiken wandten sich an Heilige, vor allem an Maria, um Gottes Zorn zu besänftigen[8]. Die Lutheraner versuchten Gott in Gebeten und Predigten zu überzeugen, dass er sie doch jetzt nicht im Stich lassen solle, da sonst die ganze Mühe, die er sich mit ihnen vor hundert Jahren im Kampf gegen die Katholiken gemacht hatte, umsonst gewesen wäre[9]. Solch utilitäre Logik findet sich auch in katholischen Gebetbüchern: Wäre das Opfer Christi nicht vergebens, wenn Gott nun den Heiden die Oberhand lassen würde? Autoren zogen historische Präzedenzfälle, auf Nutzen basierende Argumente und Logik heran, um sich selbst und ihre Zuhörer zu überzeugen, dass Gott sie doch am Ende erretten und diesen Krieg beenden würde.

Obwohl viele den grundsätzlichen Zusammenhang zwischen menschlicher Sünde und göttlicher Strafe anerkannten, waren doch nicht alle bereit, die Konsequenzen geduldig zu ertragen. Einige rangen mit Gott, als ob sie ihn aus seinem Versteck rütteln wollten. Zum Beispiel schwankte M. Claussnicern in seinem 'Friedens-Traum' (1645) als klagender Jeremia zwischen Vertrauen auf Gott und Verzweiflung über dessen Abwesenheit[10]. Dunkelheit, Furcht und Melancholie hatten ihn erfasst, und er versuchte verzweifelt, die Wolken, hinter denen Gott sich versteckte, mit seinen Gebeten zu durchdringen. Danach änderte er den Ton und erzählte, wie wunderbar es sei, wenn man Gott durch Schmerz und Unglück hindurch vertraue[11]. Wie die alttestamentlichen Psalmen spiegelt sich in diesen Passagen die ganze Bandbreite der Emotionen: von Klage, Rebellion und Wut bis hin zur Hoffnung.

---

[7] Vgl. BSB München, Cgm 149, Gebetbuch 16./17. Jh., fol. 59r und 64v–66v.

[8] Vgl. ebd., Cgm 5496, Politische Gedichte, 1618(14)–1648, fol. 75r.

[9] Vgl. LKA Nürnberg, Markgräfliches Dekanat Schwabach, Akten 34, Jubelpredigten, 1630.

[10] Vgl. *M. Claussnicern*, Friedens-Traum/Des Meisznischen Zions/Aus dem 126. Psalm, Leipzig 1645.

[11] Vgl. ebd., A2–A3.

Man wird vielleicht erwarten, dass die Zeitgenossen aufgrund des
nicht enden wollenden Leides sich auf ein möglicherweise glück-
licheres Leben nach dem Tode konzentrierten[12]. Die Aussicht auf
ein besseres Dasein nach der Bürde dieses Lebens waren gängige
Topoi in Leichenpredigten, autobiographischen Texten und in der
Gebetsliteratur. In seinem Nachruf für seine Frau Anna rief Heinrich
Wolff aus:

> Wer Wolt sich dan nun vor den dot
> entsetzen weil er end al Not[13].

Allerdings floh nicht jeder in den Traum eines besseren Jenseits, um
diesem Jammertal zu entkommen. Das Tagebuch Klara Staigers,
Äbtissin des Augustinerinnenklosters bei Eichstätt in Franken, zeigt
keine derartige Beschäftigung mit der nächsten Welt[14]. Statt sich geis-
tig an diesen vielleicht lohnenderen Zufluchtsort zurückzuziehen,
plante und arbeitete Klara Staiger hart und beständig an einer besseren Gegenwart und Zukunft hier auf Erden. Ihre Schwestern-
Kolleginnen aus dem nahegelegenen St. Walburg taten übrigens das
Gleiche[15]. Für die Äbtissin war Religion ein Trost, kein Fluchtweg
aus dem Leben und seinen Aufgaben.

Es muss auch auf den weit verbreiteten Glauben an Omen und
Prodigien hingewiesen werden, der Zeugnis von der Wichtigkeit der
Religion im Leben der Menschen ablegt, allerdings würde eine nähere
Analyse dieses Phänomens hier zu viel Raum einnehmen. Chroniken

---

[12] Markus Meumann und Dirk Niefanger argumentieren: "Die Erfahrung der
Wechselhaftigkeit des Daseins ist gepaart mit einer tiefen Angst vor dem Ungewissen;
gedanklich wird das Leben deshalb auf ein besseres Jenseits ausgerichtet." *Markus
Meumann/Dirk Niefanger*, Interdisziplinäre Betrachtung, in: Ein Schauplatz herber
Angst. Wahrnehmung und Darstellung von Gewalt im 17. Jahrhundert, hg. von
dens., Göttingen 1999, 7–23, hier: 10.

[13] BSB München, Cgm 6250, Nürnberger Meisterlieder, Heft 21, 3 (1647).

[14] Vgl. Klara Staigers Tagebuch. Aufzeichnungen während des Dreißigjährigen
Krieges im Kloster Mariastein bei Eichstätt, hg. von Ortrun Fina, Regensburg 1981.

[15] Dieses Resultat stimmt mit dem Ergebnis Benigna von Krusenstjerns überein:
"So drückend die Verfasser und Verfasserinnen der Selbstzeugnisse auch ihr weitgehend vom Krieg geprägtes Leben empfanden, führte sie dies nicht zu einer
Anschauung der Weltflucht. Es ist somit Siegfried Wollgast zuzustimmen, wenn er
in einer Überblicksstudie zum 'Tod im späten Mittelalter und in der Frühen Neuzeit'
erklärt, daß 'die oft für das 17. Jahrhundert konstatierte 'Sterbenslust' nicht vorliegt'."
Benigna von Krusenstjern, Seliges Sterben und böser Tod. Tod und Sterben in der Zeit
des Dreißigjährigen Krieges, in: Zwischen Alltag und Katastrophe. Der Dreißigjährige
Krieg aus der Nähe, hg. von Benigna von Krusenstjern/Hans Medick, Göttingen
1999, 469–496, hier: 494.

und Tagebücher sind voll von Beschreibungen und Zeichnungen von Kometen, mehrerer Sonnen, extremer Wetterbedingungen und anderer wundersamer Erscheinungen, die, so war man überzeugt, Gottes Handeln vorhersagten. Wie zu dieser Zeit bei der Astrologie, so wurde auch von Omen angenommen, dass sie keine Kraft außerhalb Gottes besitzen. Stattdessen benutzte Gott Prodigien, um die Menschen zu warnen[16].

Die meisten bisher untersuchten Reaktionen kamen von den gebildeten Schichten. Für den großen Rest der Bevölkerung muss überwiegend auf indirekte Aussagen zurückgegriffen werden. Einen ersten Anhaltspunkt geben die Antworten der Untertanen auf die Anordnungen der Regierenden. Hier findet sich oft eine erhebliche Diskrepanz zwischen der frommen, disziplinierten Lebensführung, die die Autoritäten forderten, und dem tatsächlichen Verhalten ihrer Untertanen – vor allem auf dem Lande, wo die obrigkeitliche Kontrolle weniger effektiv war. In vielen Gegenden beobachteten die Beamten Gleichgültigkeit gegenüber den Aufrufen zu größerer Disziplin, aber auch hinsichtlich der (An-)Gebote der Kirche, die ihre Mitglieder nicht nur zum Besuch sonntäglicher, sondern auch wochentäglicher Gottesdienste und Gebetsstunden drängte. Maximilians wiederholtes Erlassen derselben oder ähnlicher Mandate weist unter anderem darauf hin, dass die Menschen in Bayern seinen Anordnungen nicht so gefügig folgten, wie er dies gewünscht hätte. Seine Briefe an seine Beamten und Räte sind voll von Beschwerden über die fehlende oder unzureichende Ausführung seiner Mandate. Stattdessen ergingen sich die Leute weiterhin in Leichtfertigkeiten, Ehebruch, unehelichen Schwängerungen und dem Fluchen[17]. Andere Quellen verdeutlichen, dass dies nicht nur die Beschwerden eines übereifrigen Kurfürsten waren, sondern dass es sich bei der mangelnden Ausführung von Befehlen in Altbayern um ein weitverbreitetes Phänomen handelte[18].

---

[16] Zu Omen und Prodigienglaube, siehe *Benigna von Krusenstjern*, Prodigienglaube und Dreißigjähriger Krieg, in: Im Zeichen der Krise. Religiosität im Europa des 17. Jahrhunderts, hg. von Hartmut Lehmann/Anne-Charlott Trepp, Göttingen 1999 (= VMPIG 152), 53–78.

[17] Vgl. StadtA München, Bürgermeister und Rat, 9, fol. 37r (20.9.1635).

[18] Ich beziehe mich hierbei auf die sogenannten "Umrittsprotokolle", die von Maximilians Rentmeistern abgefasst wurden. Während des frühen 17. Jhs. war Altbayern in vier, ab 1628 in fünf Rentämter unterteilt: München, Burghausen, Landshut, Straubing und Amberg. Jedes dieser Gebiete wurde von einem Rentmeister beaufsichtigt, der somit eines der wichtigsten Ämter in der fürstlichen Regierung innehielt. Zur Zeit Maximilians umfassten die Aufgaben des Rentmeisters die Finanzen

Der Krieg, der in so vielen Verlautbarungen als göttliche Strafe für
menschliche Sünde interpretiert wurde, machte einen starken Eindruck
auf die Untertanen, allerdings offenbar nicht den, den die Regierenden
sich erhofft hatten. Er veranlasste die Leute nicht unbedingt zu einem
disziplinierteren sozialen und religiösen Leben. Bestimmte Probleme
hielten weiterhin an, vor allem Unsittlichkeit und der schlechte Besuch
von Gottesdiensten, Gebetsstunden und der Kinderlehre. Im Nürnberger Landgebiet und in Brandenburg-Ansbach sah die Situation
nicht anders aus. Der Rat der Reichsstadt beschwerte sich: je länger
die Gottesdienste, desto weniger die Gottesdienstbesucher[19]. Bran-
denburg-Ansbachs Konsistorium forderte seine Dekane auf herauszufinden, warum die Leute weder zu den Gebetsstunden noch zu
den Wochenpredigten kämen[20].

   Weitere Hinweise auf die Einstellungen der Bevölkerung im Blick
auf Lebensbewältigung und Religion finden sich in den Visitationsprotokollen des Nürnberger Landgebiets für das Jahr 1637[21].
Vor allem sexuelle Vergehen scheinen während des Krieges ange-

---

sowie die Aufrechterhaltung von Recht und Ordnung. Zu Rentmeister und Rentamt
vgl. *Reinhard Heydenreuter*, Der landesherrliche Hofrat unter Herzog Maximilian I.
von Bayern (1598–1651), München 1981, 50–52. Alle paar Jahre (Ziel war wohl
ein fünfjähriger Rhythmus) beauftragte Maximilian seine Rentmeister, jeden Ort
ihrer Jurisdiktion zu besuchen und ihm vom Stand der Dinge zu berichten. Diese
Berichte beinhalteten Angaben über die Beamten vor Ort, das Rechtswesen, den
Zustand der Bücher, Steuerzahlungen und das sogenannte "Pollizeywesen" (ein
Begriff, der die lokale Wirtschaft betraf, wie zum Beispiel Qualität und Preise von
Fleisch, Brot und Bier). Die folgende Studie bezieht sich vor allem auf Münchens
Rentmeisterbericht von 1636 im Staatsarchiv München, Rentmeister – Literalien,
Fasz. 33, 124. Neben der Überprüfung der örtlichen Verhältnisse über die letzten
fünf oder sechs Jahre berichtete der Rentmeister ebenfalls über das Verhalten der
Pfarrer und die religiöse Observanz der Gemeinden. Er hielt außerdem den Zer-
störungszustand eines jeden Ortes fest. Das Resultat ist ein faszinierendes Bild vom
Leben auf dem Lande während des Dreißigjährigen Krieges.
   [19] Vgl. *Franz Freiherr von Soden*, Gustav Adolph und sein Heer in Süddeutschland
von 1631 bis 1635. Zur Geschichte des dreißigjährigen Krieges, 3 Bde., Erlangen
1865–1869, hier: Bd. 1, 33. Von Sodens Werk ist eine aus den Archiven von
Ansbach und Nürnberg zusammengetragene Schatztruhe. Es gilt immer noch als
ein Meilenstein historischer Forschung.
   [20] Vgl. LKA Nürnberg, Markgräfliches Dekanat Feuchtwangen, 16, 881–883.
   [21] Vgl. StA Nürnberg, Rst. Nbg., Kirchen u. Ortschaften Nbg. Landgebiet, Akten,
Nr. 456. Die Fragen an die Pfarrer im Landgebiet betrafen unter anderem: Seit
wann er Pfarrer der Gemeinde ist; ob er in seiner Gemeinde wohnt, und wenn
nicht, warum nicht; Probleme in der Gemeinde; ob er treu die Kinderlehre lehrt;
wie viele zu seiner Gemeinde gehören; welche "Methoden" er in seinen Predigten
gebrauchte und wie oft er predigt; den Zustand der Ehe- und Taufbücher; die Anzahl
und Qualität der Gotteshauspfleger; die Schule; wie oft er Gebetsstunden abhält.
Die Protokolle informieren auch oft über den physischen Zustand der Gemeinden.

stiegen zu sein. Der Pfarrer von Mögeldorf berichtete: "Die vntzucht seye sehr gemain, vnnd ob mann schon den Delinquenten den Stroe Cranntz vffsetze, wolle sich fast niemanndt mehr vor demselben scheüen oder förchtenn"[22]. Historiker der Frühen Neuzeit wissen, dass Beschwerden über Unzucht, Leichtfertigkeit, Völlerei, Trunkenheit, Schwören, Gotteslästerung und schlechten Gottesdienstbesuch während dieser Zeit gang und gäbe waren. Beachtenswert ist, dass eine Krise wie der Dreißigjährige Krieg das Verhalten der Menschen nicht merklich gebessert zu haben scheint, wie das obige Beispiel andeutet. Die unsichere und unstrukturiertere Lage des Krieges leistete offenbar einem losen Lebenswandel Vorschub, wie sich auch Maximilian wohl bewusst war: "Demnach wir eine geraume Zeit hero/ mit sonderm Mißfallen verspürt vnd wargenommen/ was massen das hoch verbottne Laster der Leichtfertigkeit/ vnd vnehrlichen Schwängerungen/ sonderlich auff dem landt/ vnder dem ledigen Bawrsgesind/ vnd andern gemainen Leuten/ forderist aber das hochsträffliche Laster deß Ehebruchs/ nit weniger auch das Fluchen vnd Gottslästern/ so wol bey alten/ als jungen Leuten/ bayderley Geschlechts/ allzuvil eingerissen vnd vberhand: solches auch den Vrsprung vnd Vrsach vornemblichen dahero genommen/ daß sonderbar/ in denen etliche Jahr hero/ wehrenden Kriegsentpörungen/ jedes Orts nachgesetzte Obrigkeiten solches leichtfertige Leben/ vnd die Winckel Zusammenkunfften/ mit solchem Fleiß vnd Ernst/ wie es billich hette geschehen sollen/ nit abgestellt; Jnsonderheit auch/ die in vnserer landts: vnd Polizey Ordnung/ dieses Lasters halben/ verordnete Straffen/ nit mehr ergeben/ noch andern zur Warnung vnd Schröcken dienen/ sondern für allzuring vnd verächtlich gehalten/ vnd also/ zu verübung dergleichen Leichtfertigkeiten/ desto mehrer Anlaß genommen werden wolle [. . .]"[23].

Der Kurfürst erkannte somit an, dass der Krieg im Kampf um ein diszipliniertes soziales und religiöses Leben eher ein Hindernis als eine Hilfe war. In den Nürnberger Visitationsprotokollen findet sich ein einziger Pfarrer, der behauptete, dass es in diesen Kriegszeiten weniger Sünde unter seinen Schützlingen gebe: "Sein wenig laster, weiln die Armuth Zu groß, doch iezt vleißiger, allß anfennglich"[24].

---

[22] Ebd., fol. 5r. Der Strohkranz wurde Frauen aufgesetzt, die schon vor der Eheschließung schwanger wurden.

[23] StadtA München, Bürgermeister und Rat, 60, B 9, fol. 37r (20.9.1636).

[24] StA Nürnberg, Rst. Nbg., Kirchen und Ortschaften Nbg. Landgebiet, Akten, Nr. 456, fol. 19v/20r.

Die überwältigende Mehrheit seiner Kollegen glaubte, dass stattdessen aufgrund des Krieges große "barbarias" herrschte und die
Menschen sich dringend bessern müssten[25]. Hersbrucks Pfarrer stimmte
dieser Meinung vollstens zu: "Es hetten wegen deß Kriegs alle laster
vberhanndt genommen, sunderlich fluchenn"[26]. Man könnte diese
Kommentatoren als Schwarzmaler abtun, aber vielleicht wäre es
zutreffender, sie als Realisten zu bezeichnen, da sie die Kriegser-
fahrungen ihrer Gemeinden aus erster Hand kannten. Sie hätten
wohl den Autor eines 1636er Schreibkalenders für gänzlich der Wirklichkeit entrückt gehalten, der verlauten ließ, dass, wenn der Krieg
die Menschen nicht frommer machen würde, dann sicherlich die
Pest[27].

Die Untertanen ignorierten nicht nur weitgehend die Aufrufe von
Seiten der Regierenden zu einem disziplinierteren Leben. Große
Teile der Bevölkerung blieben auch von den kirchlichen Aktivitäten
unbeeindruckt, und die Androhung von Gottes Strafe konnte die
Gemeindeglieder nicht dazu bewegen, ihre Meinung zu ändern. Visitationsprotokolle und Konsistorialakten geben Einblick in die Beweggründe für diese Gesinnungshaltung. Einige wenige Pfarrer berichteten,
dass ihre Gemeindemitglieder lieber tränken und tanzten, als die
sonntäglichen Gottesdienste und Kinderlehren zu besuchen[28]. Die
weitaus größere Anzahl der Erklärungen für mangelnden Gottesdienst-
und Gebetsstundenbesuch hing jedoch mit der Arbeit der Bauern
zusammen. Vor allem während der Erntezeit konnten die Pfarrer
ihre Schafe eher im Feld als in der Kirche finden[29]. Generell gab
es häufig Beschwerden über Bauern, die am Sabbat arbeiteten – und
nicht nur zur Gottesdienstzeit[30]. Dennoch besuchten Leute die Sonntagsgottesdienste sehr viel öfter als die Predigten und Gebetsstunden,
die während der Woche gehalten wurden[31]. Viele Pfarrer setzten
diese arbeitstäglichen kirchlichen Veranstaltungen wieder ab, weil
niemand kam; und wiederum wiesen sie auf die saisonbedingte Bean-
spruchung der Bauern – sei es Ernten oder Holzhacken –, um die

---

[25] Ebd., fol. 22r und 29v.
[26] Ebd., fol. 20v.
[27] Vgl. HStA München, Manuskriptensammlung 522, D (1636).
[28] Vgl. StA Nürnberg, Rst. Nbg., Kirchen und Ortschaften Nbg. Landgebiet,
Akten, Nr. 456, fol. 4v und 8r.
[29] Vgl. ebd., fol. 5v; 17r; 22r.
[30] Vgl. ebd., fol. 23r; 25r; 28v.
[31] Vgl. ebd., fol. 21r.

Abwesenheit der Gemeindeglieder zu erklären[32]. Wenn Eltern ihre Kinder oder ihr Hausgesinde überhaupt in die Kinderlehre schickten, so geschah dies im Winter[33]. Demnach ging auch hier Arbeit vor religiöser Observanz. Die Bauern hatten immerhin den größten Teil der Kriegslasten zu tragen. Sie waren nicht nur diejenigen, die am meisten unter den kontinuierlichen Raubzügen der Heere zu leiden hatten. Ihnen fiel auch der Großteil an Kontributionsleistungen zu. Es ist deshalb wenig verwunderlich, dass die Bauern der Sicherung des Brotes auf dem Tisch Vorrang vor Kirchgängen gaben.

Was diesen Punkt angeht, enthüllen die Konsistorialakten aus Brandenburg-Ansbach ein grundsätzliches Unverständnis zwischen der Kirchenleitung und den Gemeindemitgliedern. Eine der Maßnahmen, mit denen das Konsistorium glaubte, dem Krieg entweder vorbeugen oder ihn bekämpfen zu können, bestand im innigen Gebet. Schon 1619 ließ das Konsistorium[34] angesichts der allgemeinen Kriegsvorbereitungen verlauten: "Jnn was für gefehrliche Zeit wir bey ietzigem Zustandt deß Römischen Reichs gerahten, vnd wie aller ortten inner vnd ausser Teütschlandts grosse vnd gefehrliche Kriegs praparationes von den Gegentheilen Zue werckh gerichtet etc. daß ist leider menniglich mehr denn genugsamb am Tag. Wann dann noch Zur Zeit vnwissend, wohin solche armaturn angesehen oder gemeint, Vnd aber keine bessere Wehr wider vnsere vnd der Göttlichen warheit feind, alß ein embsiges Jnnbrünstiges gebet: Alß wollet Jhr in allen Sontags vnd Wochen Predigten, daß Volckh Zur bues vnd bekehrung Zue Gott, daß auch Jung vnd Altt sich mit mehrer andacht vnd eiffer, alß bisher geschehen, Zum gebett vnd Gottesdienst finden, fleissig vnd alles ernsts ermahnen"[35].

Diese Gebete waren auf die jeweilige kritische Kriegssituation abgestimmt[36]. Auch 1631 ordnete das Konsistorium wegen der gefährlichen Zeiten zusätzliche Gebetsstunden für dienstags und donnerstags

---

[32] Vgl. ebd., fol. 15v und 23v.

[33] Ebd., fol. 16r.

[34] Die Rangordnung im Markgrafentum Brandenburg-Ansbach war folgende: Der Hof hatte ein Konsistorium eingesetzt, das die Dekane übersah, die wiederum über den Pfarrern der Gemeinden standen.

[35] LKA Nürnberg, Markgräfliches Dekanat Uffenheim, Akten 38, Nr. 2, fol. 1r, Verordnung wegen des Kriegsgebets (1619); Schreiben von den Verordneten des Konsistoriums an den Dekan zu Uffenheim (8.7.1619).

[36] Ebd., fol. 1v: "Alß auch die gewöhnliche Formb deß gemeinen Gebetts ein Wenig geendert, vnd auff die beuorstehende gefahr ettwas näher vnd deütlicher gerichtet worden [...]." Siehe auch ebd., Akten 38, Nr. 3b, Consistorial Befehl,

um ein Uhr nachmittags an[37]. Als die Bauern darum baten, die
Gebetsstunden von 1 auf 12 Uhr zu verschieben, damit sie besser
in ihren Arbeitsrhythmus passten, lehnte das Konsistorium dies ab,
da es im Markgrafentum keine uneinheitlichen Praktiken tolerieren
wollte[38]. Schließlich handele es sich nur um zweimalige Gebetsstunden
in der Woche, die kaum mehr als eine halbe Stunde dauerten, und
diese Zeit könne leicht wieder am Nachmittag aufgeholt werden[39]:
"Es werden rechte vnd eüfferige Christen die allgemeine, vnd eines
Jedwedern selbst Vor augen schwebende eigene noth, Jhnen höher,
alß etwa ein sogeringen abgang an der Veldtarbeit, angelegen sein
vnd Zuhertzen gehen laßen"[40]. Das Konsistorium ging davon aus,
dass die zusätzlichen Gebetsstunden den Gemeindemitgliedern lediglich unbequem waren. Solch lapidare Bedenken konnten keine Berücksichtigung beanspruchen, wo es um so schwerwiegende Anliegen wie
die Besänftigung des Zornes Gottes ging. Jedoch ist kaum anzunehmen, dass das Argument der einheitlichen Praxis die Bauern angesichts ihrer schweren Bürden auch nur annähernd überzeugen konnte.
Die lauwarme Reaktion der Untertanen zu den Aufrufen und Angeboten der Kirche muss im Kontext dieser Unbeweglichkeit der Behörden gesehen werden. Ihre mangelnde Bereitschaft, den Bauern in

---

das Kriegs Gebet, bey anscheinender friedens Ruhe, zu ändern (17.6.1621): "Nach
dem eß numehr durch gottes gnad im Römischen Reich Zu einem Verhoffentlich
besserm vnd fridlicherm Zustandt sich anlest: Alß wollet Jr die Zwen Paragraphos
in dem ge . . . [?Loch im Blatt; S. H.] Gemeinen Gebett [. . .] auslassen, vnd Bey
den Wortten 'Verzeih vns vnßere Sünde' wider fortfahren [. . .]."

[37] Ebd., Akten 38, Nr. 9., fol. 1r (9.6.1631); Konsistorialbeamte an den Dekan
von Uffenheim: "Jhr erinnert Eüch waß sub dato 16. Aprilis jüngst, wegen deß
gemeinen gebetts, bey geen wertigen hochgefährlichen leüffen, vnd Zeiten, für befelch
ergangen: Vnd mögen Eüch drauf frl. [fürstliche] Vormundtschaffts Regirung, die
weitere gn: [gnädige] Verordnung beschehen, daß, vber die sonsten gewönliche
Predigten, hinfüro wochentlich auch Zwöe sonderbahre Bettstunden, Alß Dienst:
vnd Donnerstags, gleich 1. Vhr nachmittag, in bey sein Jedes orts völliger Pfarr
Gemeind, angestellet, vnd gehalten werden sollen [. . .]."

[38] Ebd., Akten 38, Nr. 11, fol. 1r (30.6.1631). Einförmigkeit des Gebetsrituals im
gesamten Markgrafentum war von Anfang an ein elementarer Bestandteil der
Verordnungen, wie auch die Aussendung von gedruckten Gebetsexemplaren bestätigt; ebd., Akten 38, Nr. 2, fol. 1v, und Nr. 3b.

[39] Ebd., Akten 38, Nr. 11, fol. 1v/2r (30.6.1631); Konsistorialbeamte an den
Dekan von Uffenheim: "[. . .] weiln es [die Betstunden; S. H.] nur 2. mahl in der
wochen geschiehet, vnd darzu der Zeit halben ein geringes, vnd nicht viel über ein
halbe stund betreffen thut, welche entweder an der arbeit nachmittag herein gebracht,
oder doch die mittags mahlzeit mit der arbeit ein halbes stündlein länger angehalten werden kann [. . .]."

[40] Ebd.

ihren Sorgen entgegenzukommen und ein fundamentales Unverständnis der bäuerlichen Situation auf der Konsistorial- und markgräflichen Ebene trugen unzweifelhaft dazu bei, dass die Gemeindemitglieder nur sehr schleppend, wenn überhaupt, auf die kirchlichen Aufrufe reagierten, selbst wenn die Arbeit einmal nicht ihre ganze Aufmerksamkeit beanspruchte.

Wenn säkulare und kirchliche Obrigkeiten auf die breite Bevölkerung nur wenig Eindruck machten und ihre Androhungen von göttlicher Strafe weitgehend im leeren Raum verhallten, stellt sich die Frage, wo die Menschen Trost fanden. Viele Pfarrer berichteten Fälle von Aberglauben. Das Segensprechen, bei dem sich Dorfbewohner an Personen mit angeblich wundersamen Kräften wandten, um die Ernte zu segnen, Tiere und Menschen wieder gesund zu machen oder verloren geglaubte Dinge wieder zum Vorschein zu bringen, war besonders weit verbreitet. Manchmal sprachen die Pfarrer von vereinzelten Fällen in einem Dorf[41]; andere wiederum behaupteten, dass das Segensprechen ein allgemeines Phänomen sei[42]. Kalchreuths Geistlicher meinte, "mann werde wenig Mann: vnnd weibs Persohnen finnden, die nicht dem Segensprechen vnnd dergleichen ergeben sein"[43]. In Velden war das Segensprechen angeblich nicht nur weit verbreitet, sondern es fänden sich sogar "Persohnen die es noch vertheidigen wollen"[44]. Wenn sich der Tod unter dem Viehbestand ausbreitete, konnte es sein, dass man bis nach Böhmen schicken ließ, um den oder die beste Segensprecher(in) zu finden. So sandte einer, dem "3 oder 4 Stückh viech gestorben, [. . .] nach einer Zauberin Jns Böhmerlanndt [. . .], welche sehr berümbt sein solle, deßwegen er [der Pfarrer] Jne vnnd seinen Sohn Jm beichtstühl gestrafft, welche versprochen solches hinfüro zu vnterlaßenn"[45]. Außerdem sollte diese Art der Magie das Vieh gegen Wölfe schützen und die Milchproduktion der Kühe fördern[46]. Betzensteins Pfarrer gab zu, dass der Aberglauben unter seinen Gemeindegliedern großen Zuspruch fand, vor allem wenn sie krank waren[47].

---

[41] Vgl. StA Nürnberg., Rst. Nbg., Kirchen u. Ortschaften Nbg. Landgebiet, Akten, Nr. 456, fol. 15v; 18v; 20r; 22r; 27r.
[42] Vgl. ebd., fol. 5v; 13v; 15r.
[43] Ebd., fol. 7r.
[44] Ebd., fol. 5v.
[45] Ebd.
[46] Vgl. ebd., fol. 13r.
[47] Vgl. ebd., fol. 12r. Vgl. auch ebd., fol. 27v.

Die Leute waren nicht sehr wählerisch, wenn es um die religiöse
Herkunft der Segensprecher ging. Protestantische Dorfbewohner konnten einen Juden heranziehen, wie es in Schnaittach geschah[48], oder
einen Katholiken, wie im Fall der herumziehenden Frau, die sich
über Gräfenbergs Pfarrer beschwerte, weil er angeblich nicht studierte, nur Fabeln erzählte und in seinen Predigten über weltliche
Dinge redete[49]. In den meisten Fällen schweigen die Quellen jedoch
über die konfessionellen Überzeugungen der Segensprecher.

Bemerkenswerterweise verließen sich nicht nur Feldarbeiter auf
diese Art von Aberglauben: "Jacob Stauber deß Raths Zue Vellden,
habe auch dergleichen medicum wegenn etlich verlohrnen gellts
ergriffenn"[50]. Und der Pfleger ließ "verlauten, es hette Jhne kein
Geistlicher einzureden per Zueber"[51]. Demnach lagen Zauber, Magie
und Aberglaube außerhalb des Zuständigkeitsbereichs der Kirche.

All diese Berichte besagen keineswegs, dass die Menschen im frühen
17. Jahrhundert sich von der Kirche abgewandt hatten. Das, was
man "offizielle" Religion nennen könnte, hatte im Leben der meisten Menschen immer noch Bedeutung. Viele Gemeindemitglieder
nutzten eine Reihe von kirchlichen Aktivitäten, vor allem den sonntäglichen Gottesdienst. Nicht nur Pfarrer verließen wiederholt ihre
Gemeinden, weil der andersgläubige Feind einzog, sondern auch
Gemeindemitglieder entschieden sich oft, lieber ins Exil zu gehen,
als ihren Glauben aufzugeben. In mehreren Fällen folgten sie ihrem
Pfarrer in einen nahe gelegenen Ort ihrer Konfession, um weiterhin von ihm betreut zu werden[52]. Zudem nahmen viele Gemeinden
das Wagnis auf, sich selbst bei feindlicher Besetzung heimlich zum
Gottesdienst zu treffen.

Das bisher untersuchte Material macht allerdings deutlich, dass
die Menschen in ihrem Gebrauch der kirchlichen (An-)Gebote und
im Befolgen ihrer Aufrufe selektiv vorgingen. Im Übrigen waren es
die Dorfbewohner, nicht die Kirche, die die Form ihrer Religion
bestimmten. Selbstsicher verteidigten sie ihre religiösen Praktiken

---

[48] Vgl. ebd., fol. 18v.
[49] Vgl. ebd., fol. 20r.
[50] Ebd., fol. 5v.
[51] Ebd.
[52] Vgl. vor allem *Bartholomäus Dietwar. Leben eines evangelischen Pfarrers im früheren markgräflichen Amte Kitzingen von 1592–1670, von ihm selbst erzählt*, hg.
von Volkmar Wirth, Kitzingen 1887.

gegen die von oben kommenden Direktiven. Dabei beriefen sie sich meistens auf das Argument der Tradition, um ihr Verhalten zu rechtfertigen. Fischbachs Pfarrer monierte: "Seine Pfarrkinnder kommen größten theils das ganntze Jahr vber nur einmahl zur Communion, mit vorgeben es were bey Ihnen der gebrauch nicht anndderst"[53]. In einigen Dörfern hielten die Pfarrer sonntags keine Betstunden ab, weil ihre Gemeindemitglieder "kein neüerung leiden"[54] wollten. Und schließlich erweiterte die Bevölkerung vor allem auf dem Lande ihre Bandbreite religiöser Optionen, indem sie den offiziell genehmigten Praktiken und Ritualen Mittel an die Seite stellte, die die orthodoxe Kirchenleitung nur als Aberglauben ansehen konnte. Zum Teil hielten sich diese Praktiken aufgrund ihrer langen Tradition. In der Tat beklagte sich Entenbergs Pfarrer, dass seine Gemeinde "inns gemain allerley Aberglauben von Jhren vorelltern hergebracht"[55] hätten. Aber vielleicht noch wichtiger war die Tatsache, dass viele die religiösen Heilmittel, die die Kirche ihren Schützlingen zur Verfügung stellte – wie etwa eine erhöhte Anzahl von Predigten sowie Bet- und Lehrstunden –, als ungenügend empfanden. Auf die Sorgen und Bedürfnisse der breiten Bevölkerung gaben sie nur unzureichende Antworten. Deshalb folgten viele Menschen ihrer eigenen Mischung von religiösen und sozialen Praktiken, um das Leben, das sich ihnen so oft krisenartig präsentierte, zu meistern[56]. Das Resultat war jene Kombination von "rechtgläubigen", halborthodoxen und magischen Elementen, die sich häufig in den Visitationsprotokollen niederschlägt. In Entenberg hing eine Frau ihrer Kuh das Johannesevangelium um den Hals[57]. Ein Paar aus "Rüsselbach" (heute Kirchrüsselbach) goss das Taufwasser unter einen Baum, damit ihr Kind wie der Baum wachsen würde[58]. Dies sind Beispiele einer einfallsreichen Vermischung

---

[53] StA Nürnberg, Rst. Nbg., Kirchen u. Ortschaften Nbg. Landgebiet, Akten, Nr. 456, fol. 8r.

[54] Ebd., fol. 29r. Siehe auch ebd., fol. 26r.

[55] Ebd., fol. 25v.

[56] Vgl. auch *Etienne François*, Seuchen, Hungersnot, Krankheit, Tod. Einführung, in: Im Zeichen der Krise. (wie Anm. 16), 129–133. Der Autor weist darauf hin, dass "die Gläubigen bei der Suche nach Deutungs- und Bewältigungsmitteln in Krisensituationen auf Systeme zurückgriffen, die viel komplexer als das normativ-orthodoxe System der Amtskirchen und das der gedruckten Predigten waren"; ebd., 130.

[57] Vgl. StA Nürnberg, Rst. Nbg., Kirchen u. Ortschaften Nbg. Landgebiet, Akten, Nr. 456, fol. 25v.

[58] Vgl. ebd., fol. 16v.

christlicher und magischer Verhaltensmuster, die weit verbreitet war
und seit Jahrhunderten praktiziert wurde.

Menschen verschiedener sozialer Schichten hatten nicht nur diver-
gierende Ansichten zum Dreißigjährigen Krieg; sie gingen zudem
unterschiedliche Wege, um dieser schweren Erfahrung einen Sinn
abzugewinnen, Trost zu finden und Heilung zu erlangen[59]. Es ist
anzunehmen, dass die vom Krieg geprägte Bevölkerung – gleich
welcher gesellschaftlichen Ebene – bestimmte Empfindlichkeiten, wie
z. B. Schrecken und Furcht, teilte. Aber genauer betrachtet bestand
eine viel größere Bandbreite von Einstellungen und Reaktionen zum
Krieg und zur Religion, als die gängigen Geschichtsdarstellungen
suggerieren. Die Disparität der Antworten auf den Krieg führte zu
Spannungen zwischen Herrschenden und Untertanen sowie zwischen
Kirchenführern und Gemeindemitgliedern. Die Konsistorialakten für
Brandenburg-Ansbach bezeugen ein Unvermögen kirchlicher Behörden und ihrer Pfarrkinder, einander zuzuhören. Zwischen den Fronten
befanden sich die Pfarrer und Unterbehörden vor Ort, die nicht selten beträchtliche Sympathie für die Leute in ihren Gemeinden auf-
brachten, da sie deren Probleme viel besser kannten und einzuschätzen
wussten.

Leichtfertigkeiten, Blasphemie und Aberglaube waren auch vor
1618 weit verbreitet, aber der Krieg mit seinem Elend und seiner
Ungewissheit öffnete die Tür zu einem viel kompromissloseren Gebrauch dieser Praktiken. Darüber hinaus überließ die Zerstörung des
Krieges die Dorfbewohner in einem weit größeren Ausmaß ihrer
eigenen Phantasie: Pfarrer mussten oft mehrere Pfarren gleichzeitig
bestellen, da ihre Kollegen gestorben oder die Gemeinden dezimiert
waren. Diese Situation erlaubte weit weniger Supervision als in früheren Jahren. Die prekäre, spannungsgeladene Lage des Krieges hätte
den Kontrast zwischen "Herrschenden" und "Beherrschten" nicht
deutlicher zum Vorschein bringen können: Auf der einen Seite findet man das angestrengte Bemühen vieler säkularer und kirchlicher
Autoritäten, für die es um Heil und Überleben ging in einem Krieg,

---

[59] Zu Volksfömmigkeit im Allgemeinen, vgl. *Hermann Hörger*, Organisational Forms
of Popular Piety in Rural Old Bavaria (Sixteenth to Nineteenth Centuries), in:
Religion and Society in Early Modern Europe 1500–1800, hg. von Kaspar von
Greyerz, London 1984, 212–222. Der Autor betont, dass "each stratum experiences
and forms [. . .] piety differently"; ebd., 212.

der angeblich auf sie herabgestiegen war, um die Menschheit für ihre Sünden zu bestrafen; auf der anderen steht der unfehlbare Widerstand der breiteren Bevölkerung, die, erschöpft von der Last des Krieges, auf ihre eigene Mischung aus orthodoxen und magischen Heilmitteln zurückfiel.

EINE NEUE WELLE VON HEXENVERFOLGUNGEN IM MARKGRAFENTUM KULMBACH/BAYREUTH NACH DEM DREISSIGJÄHRIGEN KRIEG

Susanne Kleinöder-Strobel
(Neumarkt)

Es ist nuhn ettliche wochen her Anna Viehmännin von Lipperts wegen beschuldigter Zauberei alhier in der fronvest, mitt Ketten und Banden verwahrt, inngelegen, unter wehrenter Zeit unterschiedlich anfangs gütlich und auch peinlich, durch die Henckersporsch befraget worden, aber nicht allerdings bekennen wollen. Doch ist entlich so vil von ihr heraußkommen, daß Sie mitt dem Teuffel alß Ihrem Geist, welchen sie Hansen genennet, gebuhlet und sich fleischlich mitt ihme vermischt, auch nebenst andern Zauberinnen uffm hiesigen Trappenberg gedantzet, geßen und getruncken, Er ihr auch ein salben geben, damitt sie Ihr Zaubergabel geschmiret und damitt nach Ihrem willen auß- und einfahrn können. Item ist ihr Hanß uff mancherlei art erschinnen, bißweilen alß ein Bock, deme sie den Hintern küßen müßen. Mehr hat Er sich alß ein schwartze Endte praesentirt oder schwartzen vogel. Auch hat gefangene Zauberin außgesaget, zu allen thieren köndte sich ihr Hanß machen, aber zu keinem Lamb nicht, und waß deß unheils mehr. Endlich ist dieser Hanß alß an einem sonnabent wie ein Drach in ihrem Schlot ein- und außgefahrn, daß der brennent worden und hirvon daß Dorff biß uff ein par Heußlein gantz abgebrunnen[1].

Diese Zusammenfassung der Ereignisse um den Hexenprozess gegen Anna Viehmännin aus Lipperts bei Hof stammt aus dem Hausbuch des Apothekers Michael Walburger und findet sich dort unter dem 21. Julius 1665. Sie bietet die Beschreibung eines klassischen Hexenprozesses, dem ein kumulatives Verbrechen zugrunde lag: Dazu gehört der Pakt der Hexe mit dem Teufel, die geschlechtliche Vermischung mit dem Dämon, der Flug durch die Luft zur großen Hexenversammlung und der Schadenzauber. Aufgrund dieses Kumulativdeliktes

---

[1] Das Hausbuch des Apothekers Michael Walburger 1652–1667. Quellenedition zur Kulturgeschichte eines bürgerlichen Hauswesens im 17. Jahrhundert in fünf Bänden, hg. von Fred Händel/Axel Herrmann, Bd. 4: 1663–1665, Hof 1991 (= 36. Bericht des Nordfränkischen Vereins für Natur-, Geschichts- und Landeskunde e. V. in Hof), 1385f.

ist Anna Viehmännin am 21. Julius 1665 in Hof vor dem Rathaus
"mitt dem Schwerdt vom Hencker zu Culmbach enthaubtet worden, und der todte Leichnahm vor den Galgen gebracht und doselbst
mitt ein drei Claffter Holtz, büschelein und anderm zu pulver ver-
brandt worden"[2].

Der Prozess gegen Anna Viehmännin ist einer von circa 10 Hexenprozessen im Verlauf von gut 10 Jahren im Markgrafentum Kulmbach/
Bayreuth. Damit liegt zwischen den Jahren 1655 und 1668 für dieses Gebiet eine solche Dichte an Hexenverfolgungen vor, wie sie
vorher nicht nachzuweisen ist[3]. Das führt zu der These, dass es nach
dem Dreißigjährigen Krieg im Markgrafentum Kulmbach/Bayreuth
einen erneuten Höhepunkt der Verfolgung von Hexerei gegeben hat,
dessen Ursache, Ausmaß und charakteristische Erscheinungsform im
Folgenden untersucht werden sollen. Dabei wird zunächst auf die
zeitgeschichtlichen Hintergründe Bezug genommen, bevor die einzelnen Prozesse aufgelistet werden. Diese stellen die Grundlage für
die folgende Auswertung dar[4].

1. Zeitgeschichtlicher Hintergrund

Am 30. Mai 1655 übernahm der noch minderjährige Christian Ernst[5],
geboren 1644, die Lenkung der Markgrafschaft Kulmbach/Bayreuth.
Sein Vormund, der große Kurfürst Friedrich Wilhelm von Branden-

---

[2] Ebd., 1387.

[3] Eine Auflistung der Hexenprozesse in den Markgraftümern Ansbach und
Kulmbach/Bayreuth für das 16. Jh. findet sich in: *Susanne Kleinöder-Strobel*, Die
Verfolgung von Zauberei und Hexerei in den fränkischen Markgraftümern im 16.
Jahrhundert, Tübingen 2002 (= SuR.NR 20), 148–193. Die nachweisbaren Hexenprozesse im Markgrafentum Ansbach im 17. Jh. sind zusammengestellt in: *Traudl
Kleefeld*, Hexenverfolgung im Markgrafentum Ansbach im 16. Jahrhundert insbeson-
dere während der Regierungszeit des Markgrafen Georg Friedrich (1556–1603),
Erlangen 1998 (Selbstverlag), 6–8 des Anhangs. Zwischen 1603 und 1654 finden
sich für das Markgrafentum Kulmbach/Bayreuth nur vereinzelt Quellen über statt-
gefundene Prozesse: 1614/1615 in Burgbernheim (StA Bamberg, neu verzeichnet
10958), 1631 ein Injurienprozess wegen Bezichtigung der Hexerei in Kulmbach
(StA Bamberg, neu verzeichnet 9873).

[4] Damit versteht sich dieser Aufsatz als eine Fortschreibung meiner umfassen-
deren Untersuchung zur Verfolgung von Zauberei und Hexerei in den fränkischen
Markgraftümern im 16. Jh., worin auch ausführlich auf das methodische Vorgehen
und die bisherige Forschung eingegangen wird. Vgl. *Kleinöder-Strobel*, Verfolgung von
Zauberei (wie Anm. 3).

[5] Vgl. ADB 4 (1968), 159–162.

burg, schickte ihn 1657 an die Universität nach Straßburg, wo er schon nach eineinhalb Jahren eine lateinische Rede über die Kunst, ein guter Fürst zu sein, hielt, die bei seinen Zeitgenossen viel Beachtung fand. Nach mehreren Reisen nach Frankreich, Italien und den Niederlanden, die ihm den Beinamen "Brandenburgischer Ulysses" einbrachten, zog er am 29. Oktober 1661 als Landesherr in Bayreuth ein. Der Schwerpunkt seiner Arbeit lag in den folgenden Jahren zum einen im militärischen Bereich, zum anderen strebte er danach, die Landeskultur zu fördern. So darf er es sich zugute rechnen, dass von allen mitteldeutschen Landen in seinem Markgrafentum der Anbau der Kartoffel zuerst betrieben wurde, dass 1670 die erste Wollmanufaktur in Wunsiedel gegründet wurde und dass Bayreuth sowie Hof ein Gymnasium bekamen. In späteren Jahren wird er der Ansiedlung von nach Deutschland einwandernden Hugenotten um Erlangen herum zustimmen, so entsteht Neu- bzw. Christian-Erlangen, schon bald ein Zentrum des Wohlstandes und der Bildung.

In mancherlei Weise kann man seine Regierungszeit mit der des Markgrafen Georg Friedrich (1556–1603) vergleichen. Diesem gelang es circa 100 Jahre vorher, den Grundstein für die Entwicklung eines neuzeitlichen Staates zu schaffen, wozu die Herausbildung einer modernen Behördenstruktur wichtig war, aber auch die Verbesserung der Bildung sowie die Ordnung des Kirchenwesens[6]. Nach den Wirren des Dreißigjährigen Kriegs musste nun einerseits wieder für geregelte Abläufe in der Verwaltung des Staates gesorgt werden, aber auch das gesamte gesellschaftliche Leben war (neu) zu gestalten. Zahlreiche Maßnahmen dienten auch dazu, eine allgemeine Verbesserung des Lebens im Geist des wahren Christentums herbeizuführen. Im Sinne des landesherrlichen Kirchenregiments lag dem Markgraf Christian Ernst daran, den Wiederaufbau der Kirchen zu unterstützen und seine Landeskinder zu einem christlichen Lebenswandel anzuhalten und zu erziehen. Deutlicher als im 16. Jahrhundert wies er in diesem Zusammenhang auch darauf hin, dass Zauberei und Hexerei als unchristliches und Gott missachtendes Verhalten geahndet werden müssen. In den markgräflichen 'Policey-Ordnungen' des 16. Jahrhunderts taucht Zauberei nicht auf, dies ändert sich mit der 'Policey-Ordnung',

---

[6] Vgl. *Günther Schumann*, Die Markgrafen von Brandenburg-Ansbach, Ansbach 1980, 104; Handbuch der Bayerischen Geschichte, hg. von Max Spindler, Bd. 3/1, München 1971, 479.

die unter Christian Ernst publiziert wurde[7]. Darin wird streng differenziert zwischen zwei verschiedenen Gruppen von Wahrsagern: Die
Wahrsagerinnen, die sich lediglich magischer Praktiken bedienen –
oft, um anderen zu helfen –, sind zu trennen von den dämonischen
Wahrsagerinnen, bei denen ein Bund mit dem Teufel vorliegt und
häufig Schadenzauberei betrieben wird. Während die zweite Gruppe
der Bestrafung durch die Carolina, die Peinliche Gerichtsordnung
Karls V. (1532), unterliegt, ist die Policey-Ordnung für die nicht
schädigenden Zauberer und diejenigen, die sich bei derartigen Personen
Rat holen, zuständig. Eine derartige Unterscheidung zwischen schä-
digender und teuflischer Hexerei auf der einen Seite, und nicht schä-
digender Zauberei bzw. Inanspruchnahme von Zauberei auf der
anderen Seite ist zwar schon im 16. Jahrhundert zu erkennen. Zauberei
und Zaubereigebrauch wurden damals aber vor allem in den Visitationsprotokollen durch die visitierenden Pfarrer, also die kirchliche
Obrigkeit moniert, während die Ahndung von Hexerei der Hochgerichtsbarkeit unterlag[8]. Wie die 'Policey-Ordnung' aus dem 17.
Jahrhundert beweist, lag inzwischen aber auch der weltlichen Obrigkeit daran, nicht nur Hexerei, sondern bereits Zauberei und Zaubereigebrauch als unchristlichen Lebenswandel zu bestrafen.

Der weltlichen Obrigkeit oblag demnach das Richten und Strafen
derjenigen, die von der Predigt des Evangeliums durch die Kirche
unerreicht blieben bzw. eine Besserung, d. h. ein "Sich-Fügen" in
das Idealbild des lutherischen christlichen Bürgers vermissen ließen.
Hingegen war es Aufgabe der Geistlichkeit, durch prophylaktische
edukative Predigt und Unterweisung, gegebenenfalls auch Ermahnung des Kirchenvolks oder einzelner Menschen, auf einen idealen
christlichen Lebenswandel aller Untertanen zu achten.

Schon unter Markgraf Christian (1603–1655) war Christoph Altho-
fer[9] 1644 als Generalsuperintendent nach Kulmbach berufen worden.
Er stand in Kontakt mit wichtigen Persönlichkeiten der lutherischen
Orthodoxie, z. B. mit Johann Michael Dilherr, der auf mehreren
Ebenen in Nürnberg eine durchgreifende Reform des sittlichen Lebens

---

[7] Vgl. Corpus Constitutionum Brandenburgico-Culmbacensium 1. Teil, Bayreuth
1747, 574f.
[8] Vgl. *Kleinöder-Strobel*, Verfolgung von Zauberei (wie Anm. 3), 263f.
[9] Zu Christoph Althofer vgl. Oberfranken in der Neuzeit bis zum Ende des Alten
Reiches, hg. von Elisabeth Roth, Bamberg 1984, 184–189. *Wolfgang Sommer*, Lutherische
Orthodoxie und der Spiritualismus, in: Handbuch der Geschichte der evangelischen
Kirche in Bayern, hg. von Gerhard Müller/Horst Weigelt/Wolfgang Zorn, Bd. 1,
St. Ottilien 2002, 501f.

anstrebte[10]. Durch Erziehung und Bildung, aber auch durch Kirchen-
zuchtmaßnahmen hielt er zu einer guten christlichen Lebensführung
an. Entsprechend diesem Vorbild wollte Althofer "mit einer strikten
Handhabung der Kirchenzucht und einem leidenschaftlichen Kampf
um die Sonntagsheiligung das kirchliche Leben [. . .] zu heben"[11]
versuchen. Auf die Unterstützung der markgräflichen Regierung
konnte er bei überstrengen Maßnahmen der Kirchenzucht nicht
immer rechnen.

Das Ziel Dillherrs wie auch Althofers war es, die Christen zu einer
Erneuerung und Verbesserung ihres christlichen Lebenswandels anzu-
halten. In diesen Zusammenhang gehörte auch das Anprangern des
Umgangs mit Zauberei und Hexerei. Das erinnert, sieht man einmal von der früheren konfessionellen Polemik ab, durchaus an die
Klage des Pfarrers Korneffer aus dem Jahr 1571. Er schreibt an den
Abt des Klosters Heilsbronn, dass er "mit allem Fleiß sein Pfarrvolk
vor Abgötterei und Zauberei gewarnt, darwider gepredigt und gehofft,
daß er nunmehr solche Irrthümer und Mißbräuche, so etwa im
Papstthum in Schwang gegangen, aus den Herzen seiner Zuhörer
gerissen habe"[12]. Weil dies aber nichts genutzt habe, suche er nun
auf dem Weg der Klage gegen die Übeltäter auf einen guten christlichen Lebenswandel seiner Gemeinde zu achten.

Wie 100 Jahre vorher lag die Motivation des Handelns einzelner
Pfarrer, aber auch der kirchlichen Leitung darin begründet, Zauberei
und natürlich Hexerei im Zuge des Bemühens um eine Erneuerung
und Verbesserung des christlichen Lebenswandels als unchristlich zu
verurteilen. Sicherlich darf man nicht außer Acht lassen, dass die
konkrete Anklage bei einem Prozess meist nicht von den Geistlichen
vor Ort ausging; aber sie waren mitverantwortlich dafür, die Menschen
ihrer Zeit gegen Hexerei und Zauberei als unchristliche und die
Gemeinschaft schädigende Verbrechen zu sensibilisieren. Deshalb verwundert es nicht, dass auch in Nürnberg nach dem Dreißigjährigen
Krieg, für diese Stadt ungewöhnlich, grausame Hexenprozesse geführt
wurden[13] – eine auffällige Parallele zu Kulmbach, wie das folgende
Verzeichnis der Hexenprozesse belegen wird.

---

[10] Zu Michael Dilherr vgl. *Sommer*, Lutherische Orthodoxie (wie Anm. 9), 493–497.
[11] Ebd., 501.
[12] Zitiert nach: *Georg Muck*, Geschichte vom Kloster Heilsbronn von der Urzeit
bis zur Neuzeit, Bd. 2, Nördlingen 1879, 55.
[13] *Hartmut Kunstmann*, Zauberwahn und Hexenprozess in der Reichsstadt Nürnberg,
Nürnberg 1970 (= NWzSLG 1), 200f.

2. *Verzeichnis der Hexen- und Zaubereiprozesse*[14]

1. Jahr: 1654
   Ort: Hauptmannschaft Bayreuth
   Person: Margaretha Breunin
   Grund der Festnahme: k. A.
   Vorausgehendes Unglück: k. A. (Hinweis darauf, dass dem Kläger
                                  kein Schaden entstanden sei)
   Prozessverlauf: Ein peinliches Verhör führt zum
                                  Geständnis: Zauberei mit "Zuschließung
                                  des Schlosses"[15]
   Ausgang: "an Aydes stadt soll ein Handstreich"
                                  von ihr genommen werden;
                                  Landesverweisung
   Kumulativer Hexenbegriff: Schadenzauber: k. A.; Teufelspakt: k. A.;
                                  Teufelsbuhlschaft: k. A.; Hexenflug: k. A.;
                                  Hexensabbat: k. A.
   Besagungen: k. A.
   Belege: StA Bamberg, neu verzeichnet Nr. 1903
   Bemerkungen: –

2. Jahr: 1656/1657
   Ort: Lichtenberg/Geroldsgrün/Hertwegsgrün
   Person: Catharina (16 Jahre), Tochter von Heinz
                                  Marten
   Grund der Festnahme: Anzeige durch den Pfarrer von
                                  Geroldsgrün, Nicolaus Martius:
                                  Margaretha Weber hat den Pfarrer davon
                                  in Kenntnis gesetzt, dass Catharina
                                  Marten Zauberutensilien besitzt, der
                                  Pfarrer hat diese eingezogen und bei der
                                  weltlichen Obrigkeit Anzeige wegen
                                  Zauberei erstattet (12.4.1656).

---

[14] Zum Vorgehen bei der Erstellung des Verzeichnisses der Hexen- und Zaubereiprozesse vgl. *Kleinöder-Strobel*, Verfolgung von Zauberei (wie Anm. 3), 145–147. Dem
Verzeichnis liegt ein festes Frageraster zugrunde. Wenn eine Frage mangels Quellen
nicht beantwortet werden kann, wird dies im Verzeichnis mit k. A. (= keine Angabe)
vermerkt. Wird aus den für einen Fall zur Verfügung stehenden Quellen hingegen
deutlich, dass eine im Raster enthaltene Frage oder eine Antwort auf dieselbe in
der vorhandenen Quelle nicht auftaucht, wird dies mit n. b. (= nicht belegt) verdeutlicht.
[15] In der Quelle finden sich keine weiteren Hinweise auf die Art des Zaubers,
es ist aber anzunehmen, dass es sich um einen Zauber gehandelt hat, bei dem zum
Schutz gegen die Geisterwelt besondere magische Schließmaßnahmen getätigt wurden. Vgl. HWDA 7 (1987), 1215–1223.

Vorausgehendes Unglück: n. b.

Prozessverlauf: Verhör am 15.4.1656: Catharina gibt an, von Rosina Bluth Zauberutensilien erhalten zu haben, die sie gegen Margaretha Weber einsetzen soll; sie nimmt die Utensilien an sich, verrichtet den Zauber aber nicht, sondern verrät das Vorhaben Margaretha Weber, woraufhin diese die Utensilien beim Pfarrer abgegeben hat. Der Markgraf gibt den Befehl, ein Gutachten von der Universität Jena über diese Sache anzufordern und weitere Nachforschungen wegen Hexerei der Rosina Bluth oder der Catharina Marten anzustellen, die aber keine darüber hinausgehenden Ergebnisse bringen.

Ausgang: k. A.

Kumulativer Hexenbegriff: Schadenzauber: Zauberei zur Entdeckung der "Hurenstücke" zweier Mädchen; Teufelspakt: k. A.; Teufelsbuhlschaft: k. A.; Hexenflug: k. A.; Hexensabbat: k. A.

Besagungen: Rosina Bluth

Belege: StA Bamberg, neu verzeichnet Nr. 1903

Bemerkungen: Einziger Prozess, in dem die Initiative zur gerichtlichen Untersuchung vom ortsansässigen Pfarrer ausgeht.

3. Jahr: 1656/1657

Ort: Lichtenberg/Geroldsgrün/Hertwegsgrün

Person: Rosina Bluth, verheiratet mit Wolff Bluth

Grund der Festnahme: Anzeige durch den Pfarrer von Geroldsgrün, Aussage der Catharina Marten (vgl. Nr. 2)

Vorausgehendes Unglück: n. b.

Prozessverlauf: Verhör am 15.4.1656: Sie gibt auf Drängen ihrer Tochter zu, Catharina Marten die entsprechenden Zauberutensilien gegeben zu haben. Der Markgraf gibt den Befehl, ein Gutachten von der Universität Jena über diese Sache anzufordern und weitere Nachforschungen wegen Hexerei der Rosina Bluth oder der Catharina Marten anzustellen, die aber keine darüber hinausgehenden Ergebnisse bringen. Sie wird auf Fürsprache ihres Mannes zunächst wieder freigelassen.

Ausgang: Freilassung
Kumulativer Hexenbegriff: Schadenzauber: Zauberei zur Entdeckung
                                der "Hurenstücke" zweier Mädchen;
                                Teufelspakt: k. A.; Teufelsbuhlschaft:
                                k. A.; Hexenflug: k. A.; Hexensabbat:
                                k. A.
Besagungen: k. A.
Belege: StA Bamberg, neu verzeichnet Nr. 1903
Bemerkungen: Vgl. Nr. 2

4. Jahr: 1657
   Ort: Geroldsgrün
   Person: Cunß Löhner
   Grund der Festnahme: Versuch der Heilung von Gicht mit
                                einem Segensspruch; Fahndung
   Vorausgehendes Unglück: k. A.
   Prozessverlauf: k. A.
   Ausgang: k. A.
   Kumulativer Hexenbegriff: Schadenzauber: k. A.; Teufelspakt: k. A.;
                                Teufelsbuhlschaft: k. A.; Hexenflug: k. A.;
                                Hexensabbat: k. A.
   Besagungen: k. A.
   Belege: StA Bamberg, neu verzeichnet Nr. 1903
   Bemerkungen: Überlieferung des Segensspruchs

5. Jahr: 1657
   Ort: Geroldsgrün
   Person: Hanns Löhner, Sohn von Cunß Löhner
                                (vgl. Nr. 4)
   Grund der Festnahme: Versuch der Heilung von Gicht mit
                                einem Segensspruch; Fahndung nach
                                Zauberbüchern
   Vorausgehendes Unglück: k. A.
   Prozessverlauf: k. A.
   Ausgang: k. A.
   Kumulativer Hexenbegriff: Schadenzauber: k. A.; Teufelspakt: k. A.;
                                Teufelsbuhlschaft: k. A.; Hexenflug: k. A.;
                                Hexensabbat: k. A.
   Besagungen: k. A.
   Belege: StA Bamberg, neu verzeichnet Nr. 1903
   Bemerkungen: Vgl. Nr. 4

6. Jahr: 1658/1659
   Ort: Hof
   Person: Anna Fleßin, gen. Flenitzerin, 31, ledig,
                                Tochter der verwitweten Susanna Fleßin
                                (vgl. Nr. 7)

Grund der Festnahme:	Beschuldigung durch den Rotgerber Heider wegen Schädigung seines Viehs
Vorausgehendes Unglück:	Das Vieh Heiders gibt keine Milch mehr; er musste eine Kuh, die keine Milch gab, schlachten lassen.
Prozessverlauf:	Im Juni 1658 wird Anna auf das Rathaus geladen; da sie nicht gesteht, wird sie in Haft genommen (19.6.1658). Am 22.6.1658 findet ein erneutes Verhör statt, in dem sie ein Geständnis ablegt. Es folgen weitere Verdächtigungen durch andere Personen und eine erneute gütliche Befragung sowie die Einholung von Gutachten von den Universitäten Jena und Leipzig. Im Februar 1659 findet ein peinliches Verhör mit dem Scharfrichter (Daumen- und Beinschrauben) statt, aber ohne Geständnis.
Ausgang:	Landesverweisung, Bezahlung der Unkosten durch die Angehörigen am 25.6.1659
Kumulativer Hexenbegriff:	Schadenzauber: Milchzauber; Teufelspakt: k. A.; Teufelsbuhlschaft: k. A.; Hexenflug: k. A.; Hexensabbat: k. A.
Besagungen:	Der Mutter habe sie einen Teil der Milch gegeben.
Belege:	Hausbuch des Apothekers Michael Walburger (wie Anm. 1), Bd. 2: 1656–1659, Hof 1989, 578 und 659f.
Bemerkungen:	Die Gutachten aus Jena und Leipzig fallen unterschiedlich aus. Man richtet sich nach dem Gutachten aus Leipzig, das die peinliche Befragung fordert.

7.	Jahr:	1658/1659
	Ort:	Hof
	Person:	Susanna Fleßin, Witwe, Mutter der Anna Fleßin (vgl. Nr. 6)
	Grund der Festnahme:	Aussage der Tochter, dass sie der Mutter einen Teil der Milch gegeben habe
	Vorausgehendes Unglück:	Das Vieh Heiders gibt keine Milch mehr; er musste eine Kuh, die keine Milch gab, schlachten lassen.
	Prozessverlauf:	Gefangennahme um den 22.6.1658; weitere Verdächtigungen durch andere Personen, eine weitere gütliche Befragung sowie die Einholung von Gutachten von den Universitäten Jena und Leipzig

	folgten. Krankheit und Tod während der Haft am 7.3.1659.
Ausgang:	Tod während der Haft
Kumulativer Hexenbegriff:	Schadenzauber: Milchzauber; Teufelspakt: k. A.; Teufelsbuhlschaft: k. A.; Hexenflug: k. A.; Hexensabbat: k. A.
Besagungen:	k. A.
Belege:	Vgl. Nr. 6
Bemerkungen:	Vgl. Nr. 6

8.

Jahr:	1665
Ort:	Hof/Moschendorf/Lipperts
Person:	Anna Fugmann, gen. Viehmännin
Grund der Festnahme:	Bezichtigung durch unbekannte Personen, dass Anna im Bund mit dem Teufel stehe, der in "feueriger Weise durch ihren Kamin ein- und ausgefahren sei" und dadurch eine Brandkatastrophe verursacht habe
Vorausgehendes Unglück:	Frühjahr 1665: Brand in einem Wohnhaus in Lipperts, womöglich im Haus der Anna Viehmännin selbst; mehrere Häuser brennen nieder.
Prozessverlauf:	Gefangennahme im Juni 1665 in der Fronfeste in Hof, gütliche und peinliche Verhöre mit Geständnis. Eine markgräfliche Anordnung gebietet die Fällung eines Urteils entsprechend solcher Kriminalfälle; nochmalige Anhörung der Verhafteten.
Ausgang:	21.7.1665 Hinrichtung durch das Schwert, danach Verbrennung = endlicher Rechtstag
Kumulativer Hexenbegriff:	Schadenzauber: Gibt zu, dass "ihr Hans" (= Buhlteufel) das Feuer verursacht habe, er könne auch anderes Unheil anrichten; Teufelspakt: Name des Buhlteufels sei Hans; Erscheinung in mancherlei Gestalt, u. a. als Bock, dem sie den Hintern habe küssen müssen, aber auch als schwarze Ente oder schwarzer Vogel; er könne sich in alle Tiere verwandeln, nur nicht in ein Lamm; Teufelsbuhlschaft: Geständnis, sie habe sich mit ihm fleischlich vermischt; Hexenflug: Mit einer Salbe von ihrem Hans habe sie ihre Gabel eingeschmiert; Hexensabbat: Hexentanz mit anderen Zauberinnen am "hiesigen Trappenberge"

Besagungen:	andere Zauberinnen
Belege:	Hausbuch des Apothekers Michael Walburger (wie Anm. 1) Bd. 4, Hof 1991, 1385–1387
Bemerkungen:	Bericht über den genauen Verlauf der Hinrichtung

9. Jahr: 1666

Ort:	Kulmbach
Person:	Helena Körberin, 60 Jahre
Grund der Festnahme:	Beschuldigung durch Albert Weinmann und sein Eheweib Barbara und Hans Behrens Frau Margaretha, wohnhaft zu Buch: Verzauberung des Viehs, so dass es keine Milch mehr gibt; Gefangennahme auf der Fronfeste in Kulmbach
Vorausgehendes Unglück:	Vieh gibt keine Milch mehr, tote Gans auf dem Hof Weinmanns
Prozessverlauf:	Gütliche Befragung am 25./26.4.1666, Markgraf ordnet peinliche Befragung der Körberin an, eine Vernehmung ihres Mannes sowie einen Bericht von dem Hutschdorfer Pfarrer über die beiden Damen. In einem Bericht des Gerichtsdieners vom 9.5.1666 bezeugen er, seine Frau und ein Mitgefangener, genannt der Schuster, dass die Körberin in der Haft zweimal eine "Anfechtung" durch den bösen Feind erlitten und dabei verdächtige Reden und Gebärden vollführt habe. In einer daraufhin geschehenen Befragung Helenas kommt es zu folgenden Aussagen: Unterstellung der Buhlschaft mit dem Teufel, den sie "Schwarzer" gerufen habe; Helena gibt dies nicht zu, sondern sagt, sie habe den Mitgefangenen Schuster gerufen. Vom 10.5.1666 datiert die Befragung des Pfarrers in Hutschdorf: Der Pfarrer hat eine ziemlich schlechte Meinung von Helena, gibt kein gutes Zeugnis über ihren christlichen Lebenswandel. Das Schreiben zeigt, dass er das Vorgehen gegen Zauberei und Hexerei nicht als Aufgabe eines Pfarrers ansieht, sondern als die der weltlichen Obrigkeit. Am 15.5.1666 findet die Befragung von

15 weiteren Personen zur Sache statt.
Inzwischen folgen eine erneute Vernehmung wegen Verfahrensfehlern (Verei-
digung der Zeugen und Helenas selber)
und am 29.7.1666 eine peinliche Befragung (Daumenstock, Beinschraube) mit
einem vollen Geständnis, das in einer
nochmaligen gütlichen Befragung bestätigt wird. Am 30.7.1666 erneute gütliche
und peinliche Befragung durch den
Scharfrichter (Daumenstock,
Beinschrauben, Zug) mit neuerlicher
Besagung der Neukamb und der
Büttnerin. Am 25.8.1666 wieder gütliche
und peinliche Befragung (Daumenstock,
Beinschraube, Zug), in der sie alles
zugibt, was man ihr zur Last legt. Am
8.10.1666 ordnet der Markgraf an, die
Körberin dem Bannrichter zu übergeben. Sie stirbt jedoch am 27.10.1666
noch im Gefängnis, nachdem sie das
Abendmahl vom Superintendenten empfangen hat.

Ausgang: Tod am 27.10.1666 im Gefängnis;
Verscharrung "unter dem Gericht"

Kumulativer Hexenbegriff: Schadenzauber: Verzauberung des
Viehs, Vorwurf des Wetterzaubers;
Teufelspakt: belegt; Teufelsbuhlschaft:
belegt; Hexenflug: belegt; Hexensabbat:
belegt

Besagungen: Elisabeth Dürschin, Agnes Neukamb,
ihren Mann Hans Körber, Hans
Heumann, Hannsen Behrens Eheweib

Belege: StA Bamberg, neu verzeichnet 6153

Bemerkungen: Im Vorfeld des ProzessesVorladung der
beiden Frauen Barbara Weinmann und
Helena Körber wegen Beschuldigung
der Zauberei vor den Pfarrer in Hutschdorf (Maßnahme im Rahmen der
Kirchenzucht), beide wollten sich in
Zukunft friedlich vertragen.

10. Jahr: 1666
Ort: Kulmbach
Person: Hans Körber, Ehemann der Helena
Körber (vgl. Nr. 9)

Grund der Festnahme:	Besagung durch seine Frau
Vorausgehendes Unglück:	Vgl. Nr. 9
Prozessverlauf:	Flüchtete zunächst aus Kulmbach, um der Gefangennahme wegen verübter Zauberei zu entgehen; wurde in Baiersdorf gefangen genommen (ca. 25.10.1666) und sollte nächtlings durch das Bamberger Gebiet nach Kulmbach gebracht werden. Dabei stürzte er sich aber auf dem Weg von einer Brücke in den roten Main und kam dabei um (ca. 29.10.1666).
Ausgang:	Selbstmord bei der Überstellung nach Kulmbach
Kumulativer Hexenbegriff:	Schadenzauber: Milchzauber; Teufelspakt: k. A.; Teufelsbuhlschaft: k. A.; Hexenflug: k. A.; Hexensabbat: k. A.
Besagungen:	k. A.
Belege:	StA Bamberg, neu verzeichnet 6153
Bemerkungen:	–

11.
Jahr:	1666
Ort:	Kulmbach
Person:	Elisabeth Dürschin, gen. alte Büttnerin, 72 Jahre alt
Grund der Festnahme:	schlechter Leumund, Helena Körber (vgl. Nr. 9) gibt sie in einem ihrer Geständnisse als Mitwisserin und Lehrmeisterin ihrer Zauberkünste an (6.8.1666) = Besagung; Helena hat vor mehreren Jahren bei Fritz Dürsch zu Porthenfeldt gearbeitet.
Vorausgehendes Unglück:	Vieh gibt keine Milch mehr, tote Gans auf dem Hof Weinmanns
Prozessverlauf:	30.7.1666 Gefangennahme, gütliches Verhör (Leugnung der Zauberei), gütliches und peinliches Verhör am 4.9.1666: hartnäckige Leugnung (Vermutung des Stadtvogts, dass sie in einem viel engeren Verhältnis zum Teufel stehe als die Körberin); erneutes gütliches und peinliches Verhör am 5.10.1666 (ihr Mann war aus Furcht vor einer Gefangennahme in der Zwischenzeit geflüchtet; inzwischen auch

Durchsuchung ihres Hauses wegen der Salbe, die sie angeblich mit der Körberin zusammen hergestellt hat). Am 8. 10.1666 ordnet der Markgraf an, die Dürschin dem Bannrichter zu übergeben, sie widerruft ihre Aussage nochmals, nachdem die Körberin verstorben ist, dennoch ordnet der Markgraf am 6.11.1666 ein zweites Mal an, sie dem Bannrichter zu übergeben.
Urteilsspruch: Sie ist mit dem Feuer vom Leben zum Tod zu bringen, vorher allerdings Tod durch das Schwert, dann Verbrennung der Leiche; aber das Banngericht ist sich unsicher, da sie ihre Aussage geleugnet hat und außerdem solange man denken könne, kein solcher Prozess gewesen sei. Eine erneute geplante peinliche Befragung der Büttnerin am 10.11.1666 kann so nicht durchgeführt werden, weil die Büttnerin so schwach ist, dass sie den Kopf nicht in der Höhe halten und sich auch nicht fortbewegen kann. Sie verstirbt am 10.11.1666 im Gefängnis.

Ausgang:	Im Gefängnis verstorben, ist dann am 12.11.1666 auf dem Scheiterhaufen verbrannt worden.
Kumulativer Hexenbegriff:	Schadenzauber: Milchzauber; Vorwurf des Wetterzaubers; Teufelspakt: belegt; Teufelsbuhlschaft: Buhlschaft mit dem Teufel; Hexenflug: Ritt auf dem Besen; Hexensabbat: zum Hexentanz auf dem Venusberg
Besagungen:	Helena Körberin, Margaretha und Hans Heumann, Agnes Neukamb
Belege:	StA Bamberg, neu verzeichnet 6153
Bemerkungen:	—

12.	Jahr:	1666
	Ort:	Kulmbach
	Person:	Agnes Neukamb, Frau von Mathäus Neukamb in Leuchau, 50 Jahre alt
	Grund der Festnahme:	schlechter Leumund, Helena Körber (vgl. Nr. 9) gibt sie in ihrem Geständnis als Mitwisserin an (29.-30.7.1666) = Besagung

Vorausgehendes Unglück: Vieh gibt keine Milch mehr, tote Gans
Prozessverlauf: Gefangennahme am 30.7.1666 aufgrund der Aussage der Körberin; gütliche Examination am 1.8.1666 (leugnet alles ab); 2.8.1666: Ihre unter Folter gemachten Aussagen werden ihr erneut vorgelesen; 4.9.1666: Anfrage des Stadtvogtes, ob sie wegen ihrer schlimmen Krankheit und weil die Körberin ihre Beschuldigung zurückgezogen hat, gegen Urfehde auf freien Fuß gesetzt werden darf.

Ausgang: k. A.
Kumulativer Hexenbegriff: Schadenzauber: Milchzauber; Teufelspakt: k. A.; Teufelsbuhlschaft: k. A.; Hexenflug: k. A.; Hexensabbat: k. A.

Besagungen: –
Belege: StA Bamberg, neu verzeichnet 6153
Bemerkungen: –

13. Jahr: 1666
     Ort: Kulmbach
     Person: Margaretha Heumann (gebürtig in Bambergischem Gebiet)
     Grund der Festnahme: Besagung durch Elisabeth Dürschin, Helena Körberin und andere Zeugen
     Vorausgehendes Unglück: n. b.
     Prozessverlauf: Gütliche Befragung am 24. 9.1666 (Leugnung), am 26.10.1666 gütliches und peinliches Verhör (Daumenstock, Beinschraube, Zug): Leugnung; keine weiteren Indizien konnten ausgemacht werden; 5.11.1666: Gegen Leistung einer Urfehde darf sie freigelassen werden.
     Ausgang: Freilassung gegen Urfehde
     Kumulativer Hexenbegriff: Schadenzauber: Milchzauber, Beihilfe zum Wetterzauber; Teufelspakt: k. A.; Teufelsbuhlschaft: k. A.; Hexenflug: k. A.; Hexensabbat: Anwesenheit auf dem Venusberg

     Besagungen: –
     Belege: StA Bamberg, neu verzeichnet 6153
     Bemerkungen: –

14. Jahr: 1666
     Ort: Kulmbach

Person:	Hans Heumann, 40 Jahre alt (nicht in Kulmbacher Landen gebürtig, sondern in Thüringen)
Grund der Festnahme:	Besagung durch Elisabeth Dürschin, Helena Körberin und andere Zeugen. Ihm eilt ein schlechter Ruf voraus, weil er eine Freundin hatte, die aber dann verschwunden ist, weshalb das Gerücht ging, dass er sie umgebracht habe.
Vorausgehendes Unglück:	Verschwinden der Freundin
Prozessverlauf:	Gütliches Verhör am 24.9.1666 (Leugnung); peinliches Verhör am 27.10.1666: Leugnung; keine weiteren Indizien konnten ausgemacht werden; 5.11.1666: Gegen Leistung einer Urfehde darf er freigelassen werden.
Ausgang:	Freilassung gegen Urfehde
Kumulativer Hexenbegriff:	Schadenzauber: Wetterzauber; Teufelspakt: k. A.; Teufelsbuhlschaft: k. A.; Hexenflug: k. A.; Hexensabbat: Anwesenheit auf dem "Venusberg"
Besagungen:	–
Belege:	StA Bamberg, neu verzeichnet 6153
Bemerkungen:	–

15.	Jahr:	1666
	Ort:	Kulmbach
	Person:	Margaretha Steger, Frau des Hans Steger, 79 Jahre alt
	Grund der Festnahme:	Bezichtigung der Hexerei durch eine Zeugenaussage im Prozess gegen die Dürschin
	Vorausgehendes Unglück:	k. A.
	Prozessverlauf:	Gefangennahme um den 6.10.1666, gütliche Befragung, Ehemann bietet sich für eine Kaution an; 11.11.1666: Stadtvogt weist auf die enorme Leibesschwachheit Margaretha Stegers hin und bittet darum, sie in ein Bürgerhaus gegen Kaution umziehen zu lassen; Markgraf gewährt diese Übersiedelung in ein Bürgerhaus gegen Kaution für 14 Tage, wenn keine weitere Beschwernis kommt, darf sie wieder auf freien Fuß gesetzt werden (21. 11.1666).
	Ausgang:	Freilassung

Kumulativer Hexenbegriff: Schadenzauber: Milchzauber; Teufels-
            pakt: k. A.; Teufelsbuhlschaft: k. A.;
            Hexenflug: k. A.; Hexensabbat: k. A.
Besagungen: –
Belege: StA Bamberg, neu verzeichnet 6153
Bemerkungen: –

3. *Auswertung der Prozesse*

Die Analyse der aufgeführten Fälle kann im Rahmen dieses Aufsatzes nur einige wenige Aspekte herausgreifen.

Entsprechend der oben vollzogenen Unterscheidung zwischen Zauberei und Hexerei weist auch das vorliegende Verzeichnis klassische Hexenprozesse mit einem voll ausgebildeten kumulativen Hexenbegriff auf (z. B. Nr. 8, Nr. 9 und Nr. 11) neben Zauberei- bzw. Zaubereigebrauchsprozessen, wo der Zauber als solcher im Mittelpunkt steht (z. B. Nr. 1, Nr. 2, Nr. 3).

Untersucht man das Verzeichnis der Hexen- und Zaubereiprozesse genauer hinsichtlich der Häufigkeit[16], kommt man zu folgendem Ergebnis: Neben einzelnen Hexenprozessen wie z. B. dem gegen Margaretha Breunin (Nr. 1) oder gegen Anna Fugmann (Nr. 8) gab es kleinere Verfolgungen von bis zu drei in einen Verbundprozess[17] verwickelten Angeklagten. Derartige kleinere Verfolgungen fanden in Lichtenberg statt 1656/1657 (Nr. 2, Nr. 3), aber auch in Geroldsgrün 1657 (Nr. 4, Nr. 5) sowie in Hof 1658/59 (Nr. 6, Nr. 7). Ein Verbundprozess mittleren Ausmaßes, d. h. zwischen drei und zehn Angeklagten, liegt für Kulmbach im Jahr 1666 vor (Nr. 9, Nr. 15).

Auffällig ist aber die Zahl der tatsächlich erfolgten Hinrichtungen. In den 15 Prozessen bleibt viermal der Ausgang unbekannt, vier Freisprüche finden sich, zwei Personen werden des Landes verwiesen, vier Angeklagte sterben während der Haft, aber nur ein einziges Mal wird eine Hinrichtung durch das Schwert mit folgender Verbrennung tatsächlich vollstreckt. Vor allem erstaunt, dass im Zuge

---

[16] Zur Problematisierung der Klassifizierung der Prozesse nach ihrer Häufigkeit vgl. *Kleinöder-Strobel*, Verfolgung von Zauberei (wie Anm. 3), 194.

[17] Zu einem Verbundprozess werden diejenigen Fälle zusammengefasst, die aufgrund der räumlichen Nähe zueinander oder aufgrund von gegenseitigen Besagungen eine Zusammengehörigkeit erkennen lassen.

der mittleren Verfolgung in Kulmbach 1666 kein Todesurteil vollzogen wird, da doch im Gegensatz dazu für das 16. Jahrhundert
festgestellt werden konnte, dass der prozentuale Anteil der Todesurteile
mit der Größe der Verfolgung zunimmt[18]. Dennoch – es hat durchaus Todesurteile gegeben, gegen Helena Körber und Elisabeth
Dürschin, diese konnten aber nicht vollzogen werden, da beide kurz
davor eines "natürlichen" Todes im Gefängnis starben. Zählt man
den Selbstmord des Ehemanns der Helena Körber noch dazu, kommt
es also während des Verbundprozesses in Kulmbach 1666 zu drei
Todesfällen. Das ist doch auffällig, zumal Kulmbach sich bis dahin
durch eine moderate Haltung in Sachen Hexenprozesse auszeich-
nete. Einzelne Hexenprozesse lassen sich lediglich 1591 und 1603
nachweisen (Ausgang in beiden Fällen: Landesverweisung), eine kleinere Verfolgung wegen Zauberei 1592 (Ausgang beide Male unbekannt) und schließlich ein mittlerer Verbundprozess 1587, in den
sechs Personen verwickelt waren, gegen die das Verfahren aber entweder eingestellt wurde oder keine Angabe über den Prozessausgang
vorliegt[19]. In dieses Bild passt es, dass im Falle der Elisabeth Dürschin
(Nr. 11) der Markgraf diese bereits am 6. November 1666 dem
Banngericht zum endlichen Rechtstag übergeben will. Das Banngericht
aber ist sich unsicher, ob das die richtige Entscheidung ist, mit der
Begründung, dass, solange man sich erinnern könne, kein solcher
Prozess gewesen sei. So kann die Angeklagte am 10. November 1666
sterben, ohne dass sie die Qualen des endlichen Rechtstages zu erdulden hat. Fast hat man hier wie bei Helena Körber (Nr. 9) – beide
hohen Alters und bereits gezeichnet durch Krankheit, Folter und
Haft – den Eindruck, dass hier jemand an entscheidender Stelle sitzt,
der die beiden eines natürlichen Todes sterben lassen will. Es kam
nämlich im Verlaufe der Untersuchungen 1666 in Kulmbach immer
wieder zu Verzögerungen, Klagen werden seitens der markgräflichen
Kanzlei in den Quellen laut, die sich auf die Person des Stadtvogts
Johann Ernst Seehausen konzentrieren. Dieser wird 1668 wegen übler
Amtsführung seines Amtes enthoben[20]. Es bleibt zu vermuten, dass
der Stadtvogt auch in der Führung des Hexenprozesses nicht so
agiert hat, wie sich der Markgraf das vorgestellt hat. Die Quellen

---

[18] Vgl. *Kleinöder-Strobel*, Verfolgung von Zauberei (wie Anm. 3), 198.
[19] Vgl. ebd., 148–193.
[20] Vgl. Aus der fränkischen Heimat, Beilage der Bayerischen Rundschau, Kulmbach
1961, Nr. 7.

geben jedoch darüber keine Auskunft. Auf jeden Fall wirkt sich die räumliche und personelle Trennung zwischen der markgräflichen Kanzlei und dem Ort des Prozesses in diesem Hexenprozess letztlich positiv für die Angeklagten aus, vor Ort zögerte man die Vollstreckung hinaus, bremste auch sonst den Fortgang des Prozesses, während der Markgraf zu einem strengeren Vorgehen mahnte. So wurde bereits bezüglich der Markgraftümer für das 16. Jahrhundert festgestellt, dass das Zusammenwirken verschiedener Ebenen – markgräflicher Hof in Ansbach, Funktionsträger vor Ort – in einem Prozess, die unterschiedliche Aufgaben wahrnahmen, dazu führte, dass es mehrere Gelenkpunkte gab, die einen Prozess forcieren, aber auch bremsen konnten[21].

Ein weiterer Blick soll auf die Aufgabe und die Rolle der Pfarrerschaft gelegt werden. Deutlich wird, dass entsprechend der Unterscheidung zwischen geistlicher und weltlicher Gewalt und den daraus folgenden unterschiedlichen Aufgabenbereichen die Kirche zwar gegen Zaubereidelikte vorgeht, die Verfolgung von Hexerei aber der Hochgerichtsbarkeit des Staates überließ. So macht auch der Pfarrer von Hutschdorf deutlich, dass eine Bezichtigung wegen Hexerei nicht in seinen Aufgabenbereich gehöre[22], sondern ganz klar der weltlichen Obrigkeit obliege. Er entspricht aber seinen Aufgaben als Pfarrer in mehrerlei Hinsicht. Zum einen hat er im Vorfeld des Prozesses vor der weltlichen Obrigkeit im Rahmen kirchlicher Sündenzucht bereits Helena Körber und die Klägerin Barbara Weinmann ermahnt, die Beschuldigung wegen Zauberei zu unterlassen und sich in Zukunft friedlich zu verhalten. Zum anderen tritt er als Zeuge auf und gibt Auskunft über Helena Körbers seiner Meinung nach wenig rühmlichen christlichen Lebenswandel, eine Funktion, die Pfarrern immer wieder im Zuge von Hexenprozessen zukam: "Sonsten zeiget Herr Pfarrer an, daß Er vonn der Körberin Christenthumb auch leben unnd Wandel niemahls sonderlich viel halten könne, in dem dieselbe jederzeit sich heimtückisch verhalten unndt der gesellschafft gemeidet"[23]. An den Verhören der Angeklagten hat den Quellen entsprechend kein Pfarrer teilgenommen, wohl aber wird vermerkt, dass diese die Angeklagten im Gefängnis besuchen und sie dazu anhalten,

---

[21] Vgl. *Kleinöder-Strobel*, Verfolgung von Zauberei (wie Anm. 3), 204.
[22] StA Bamberg, neu verzeichnet 6153 (28.5.1666): "worauff Herr Pfarrer geantworttet, daß dießes eine schwere Sache were unndt nicht vor ihn gehörte".
[23] Ebd.

die Wahrheit zu sagen bzw. sie auf den endlichen Rechtstag vorbe-
reiten, indem sie ihnen das Sakrament des Abendmahls spenden. So
hat der Stadtvogt unter dem 22. Oktober 1666 im Prozess gegen
die Dürschin festgehalten: "ob ihnen [dem Superintendenten und
anderen Geistlichen vor Ort; S. K.-S.] belieben möchte, sothane
Delinquentinen zubesuchen unndt nach befinden Trost zuzusprechen, haben Sie sich zuerst gantz willfährig darein bezeiget, Unndt
an verwichenen Dienstag Wohlermelter Herr Superinntendens selbst,
nebenst Herrn Ottonen, vorgestern aber Herr Frobenius unndt Ihr
Schöpff sich in die Frohnfeste verfüget, unndt Ihres heiligen Ambts
gemäß mit denenselbigen conversiret"[24] und ihnen das Abendmahl
gespendet.

Im Prozess gegen Catharina Marten und Rosina Bluth in Lichten-
berg ist es darüber hinaus der ortsansässige Pfarrer Nicolaus Martius,
der die beiden bei der weltlichen Obrigkeit der Zauberei anklagt.
Hier manifestiert sich am deutlichsten die Zusammenarbeit zwischen
Kirche und weltlicher Obrigkeit im Kampf gegen Zauberei und
Hexerei einerseits, andererseits aber auch die Unterscheidung der
Aufgabenbereiche beider Institutionen.

Die Auswertung der Prozesse in dem Markgraftum Kulmbach/
Bayreuth nach dem Dreißigjährigen Krieg zeigt, dass es ähnlich wie
circa 100 Jahre vorher unter anderem im Zuge des Bemühens der
kirchlichen, aber auch der weltlichen Obrigkeit um eine Verbesserung
des christlichen Lebenswandels ihrer Untertanen zu einem nochmaligen Anstieg von Hexenverfolgungen kam. Im Bereich des Mark-
grafentums Kulmbach/Bayreuth lässt sich sogar, wie dargelegt, eine
nie da gewesene Häufung von Prozessen feststellen; dass die Zahl
der tatsächlich vollstreckten Todesurteile dabei prozentual und tatsächlich geringer ist als in einem ähnlichen Verbundprozess im 16.
Jahrhundert, lässt sich, wie oben bereits aufgezeigt, wohl eher auf
das Konto einer einzelnen Person als auf eine allgemein gemäßig-
tere Haltung verbuchen. Am Ablauf der Prozesse hat sich dabei im
Vergleich zur Zeit vor dem Dreißigjährigen Krieg kaum etwas verändert. Dies betrifft die Durchführung der Untersuchung auf der
Seite der weltlichen Obrigkeit sowie die Rolle und Funktion der
Geistlichkeit. Ähnlich wie Kunstmann dies für die Prozesse nach dem

---

[24] Ebd. (22.10.1666).

Dreißigjährigen Krieg in der Stadt Nürnberg herausgearbeitet hat[25], lässt sich aber auch für die Prozesse in Hof und in Kulmbach feststellen, dass diese mit äußerster Härte und Stringenz geführt wurden und auch die Folter in grausamer Art und Weise zur Anwendung kam. Dies soll am Ende dieses Aufsatzes mit einem Ausschnitt aus dem peinlichen Verhör der Margaretha Heumann (Nr. 13) gezeigt werden, das in beeindruckender Weise deutlich macht, welche Qualen die Gefolterten auszuhalten hatten, aber auch wie sehr sich die Mächtigen bewusst oder unbewusst im Irrtum befinden können. Darüber hinaus ist der folgende Auszug Dokument einer tief empfundenen Religiosität auch und gerade in der Zeit der Not.

      [26. Oktober 1666]

      Vor dem peinlichen Angriff, berufft sie [Margaretha Heumann; S. K.-S.] sich nochmahlß uff ihre unschuldt, rufet den Heren Jesum vielfeltig zum Zeügen an, unndt bricht mit dießen wortten herauß: "wann mann ihr gleich den gesundten Leib, undt daß leben Nähme, so könte mann
5   ihr doch den Himmel unndt der Seelen Seligkeit nicht nehmen, unndt wenn mann Sie Peinichte, thäte mann wieder Gott Ehr unndt Recht." Worauff Sie krafft gnedigsten befehls anfangs mitt den Daumenstock angegriffen worden, da Sie ufs hefftigste lamentiret unndt weheklaget, zu Gott im Himmel schreyet: "Ach du Lieber Herr Gott im Himmel,
10   wie thut mann mir so Unrecht, ich weiß doch bey meiner Seelen Seeligkeit nichts vonn der Hexerey, wenn mann mir gleich die finger gar hinweg riße", weil Sie dann ungeachtet der Scharfrichter den Daumenstock uffs härteste zusammen geschraubet, uf ihren vorigen leugnen unndt darbey geführten lamentationibus beständig beharret,
15   alß hat mann (2) mit dem andern gradu der Peinlichen frage, nemblich den beinschrauben wieder sie verfahren laßen, da Sie damit Continuirlichen weheklagen, unaufhörlichen ruffen zu Gott, daß Er ein zeichen vom Himmel ihrer unschuldt halber thun möchte, uff ihren läugnen beständig beharret, mit den formalibus: "Ach du lieber Gott,
20   ach lieber Vater, wie geschicht mir doch so Unrecht, wie werden doch die Herren/: eo est gerichts :/ dieße Sünde büsen, am Jüngsten Gericht, ich weiß doch nichts zu sagen, unndt kann doch nichts sagen vonn der Hexerey, unnd wann mann mir gleich daß bein auß dem Leib riße", bey dergleichen reden unndt betheürung ihrer Unschuldt Sie
25   standhafft verblieben, biß der Scharffrichter angezeiget, daß der beinschrauben ganz uff einander gestanden unndt daß bein bereiths zu krachen angefangen, dahero mann innen zu halten befohlen müßen, da Sie nun immerzu lamentiret, Sie wiße uff ihre Seel unndt theüres Eydt nichts vonn der Zauberey, könne ja nichts solches Bößes.

---

[25] *Kunstmann*, Nürnberg (wie Anm. 13), 201.

[Nachdem das peinliche Verhör noch nichts ergeben hatte, schritt man am 3. November zum dritten Grad der Tortur, dem Zug.]

[3. November 1666]

5   Do sie dann ebenfallß wie bey den ersten beeden gradibus sich herz-
hafft unndt getrost erwießen, mit höchst lamentirlichen ach unndt Wehe
schreyen fort unndt fort bey ihrer Seelen Seeligkeit betheüret, das sie
keine Hexe, trutt oder Zauberin seye, auch ihr lebenlang nichts davon
wiße oder gehört habe, ruffet darbey zu Gott etzlichen mahl mit dießen
10   Wortten: "Herr Jesus Christus Erbarme dich mein, herr Jesus hilff mit,
Herr Jesu siehe vom Himmel herab, unnd thue ein Zeichen meiner
Unschuldt, Ach wie unschuldtiges blut wirdt an mir vergoßen"; Wie
wohl ihr auch gar die Stein in der Tortur an die füse gehenget, dardurch die Marter vergrößert worden, so ist Sie jedoch bey nechst vor-
15   hergedachten vorwandt der Unschuldt, unndt daß Sie so gar vonn der
Hexerey nichts wiße, beständig verblieben.[26]

---

[26] StA Bamberg, neu verzeichnet 6153 (26.10. bzw. 3.11.1666).

FRÖMMIGKEIT IM DIENSTE DER GEGENREFORMATION. DIE BEGRÜNDUNG DER TELGTER WALLFAHRT DURCH CHRISTOPH BERNHARD VON GALEN

Rudolf Suntrup
(Münster)

'Bombenbernd' – so nannte der Volksmund in Westfalen, kriegsmüde nach den Wirren des Dreißigjährigen Krieges, nicht unbedingt schmeichelhaft den Fürstbischof Christoph Bernhard von Galen (1606–1678), dessen streitbares politisches Wirken als Landesherr des Hochstifts Münster bei seinen Zeitgenossen und in der historischen Forschung eine zwiespältige Beurteilung erfahren hat[1]. Indes soll hier nicht sein Wirken als absolutistisch wirkender Herrscher thematisiert werden[2], sondern sein Bemühen um die Erneuerung des religiösen Lebens in Westfalen, das unter dem Großen Krieg schwer gelitten hatte. Eines der Instrumente, das kirchliche Leben im Zeitalter der Konfessionalisierung wieder stärker im Sinne einer deutlichen Rekatholisierung zu beeinflussen, war das Wallfahrtswesen: Das nahe bei Münster gelegene Telgte, das längst vorher eine lokale Wallfahrtstradition entwickelt hatte, hat Christoph Bernhard zum zentralen Wallfahrtsort des Bistums gemacht. Das 350-jährige Wallfahrtsjubiläum, das 2004 in Telgte feierlich begangen wurde, regte dazu an, nach den Intentionen und Motivationen zu fragen, die im Wirken

---

[1] Angaben zur Biographie Christoph Bernhards in der Einführung zu: Die Korrespondenz des Münsterer Fürstbischofs Christoph Bernhard von Galen mit dem Heiligen Stuhl (1650–1678), hg. von Alois Schröer, Münster 1972, 1–7, mit reichen Quellennachweisen; Hinweise auch bei *Heinrich Tietmeyer*, Christoph Bernhard von Galen, in: Im Glauben unterwegs durch die Zeiten. 350 Jahre Telgter Wallfahrt, hg. von der Pfarrgemeinde St. Clemens, Telgte/Heinrich Tietmeyer, Telgte 2004, 40–46.

[2] Eine umfassende, aus den Quellen erarbeitete Würdigung der politischen Tätigkeiten Christoph Bernhards bietet *Wilhelm Kohl*, Christoph Bernhard von Galen. Politische Geschichte des Fürstbistums Münster 1650–1678, Münster 1964. Zu dem Konflikt zwischen dem Rat der Stadt Münster und dem Fürstbischof um die Militärhoheit in der Stadt vgl. *Gerd Dethlefs*, Christoph Bernhard von Galen, in: Geschichte der Stadt Münster, hg. im Auftrag der Stadt Münster von Hans Galen, Münster 1989, 92–95.

des Fürstbischofs erkennbar werden. Innenpolitik und kirchliche Erneuerung gehen dabei im ersten Jahrzehnt seiner 1650 begonnenen Herrschaft Hand in Hand.

Die Frömmigkeitsgeschichte und -theologie, zu deren Erforschung Berndt Hamm in vielen Einzelstudien maßgeblich beigetragen hat, wird in ihren konkreten lokalhistorischen Gegebenheiten fassbar; ein Mosaiksteinchen dazu möchte der folgende Beitrag sein, in dem es darum geht, wie die im Volk verwurzelte, auf lang praktizierter Tradition beruhende Frömmigkeit in einem westfälischen Wallfahrtsort in der Mitte des 17. Jahrhunderts von der 'Frömmigkeitselite' (Werner Freitag) aufgegriffen und in Dienst genommen wurde.

Telgte ist bis heute der bedeutendste Marienwallfahrtsort in Westfalen. Der Marienkult wurzelt hier in einer um 1370/80 geschnitzten monumentalen Figur der Marienklage (Pietà), die den "Typus des westfälischen Vesperbildes des 15. Jahrhunderts"[3] vorwegnimmt. In der Stadt war das allgemein so genannte 'Gnadenbild' schon lange der Bezugspunkt der Marienverehrung gewesen. 1455 wird es urkundlich erwähnt, um 1500 wird eine Prozession mit dem Bild ('Umtracht') bereits als 'alte Gewohnheit' bezeugt[4]. Es ist anzunehmen, dass die Ausgestaltung einer jährlichen 'Heiligentracht' unter Mitführung des Marienbildes in die erste Hälfte des 15. Jahrhunderts zurückreicht; seit 1506 heißt sie 'Umtracht unserer Lieben Frau'[5]. Von einem Wallfahrtswesen kann um diese Zeit aber noch nicht die Rede sein.

Der Aufstieg der Stadt zum 'amtlich' anerkannten Marienwallfahrtsort des Fürstbistums Münster begann in Ansätzen bereits um 1600. 1609–1614 ließen die Jesuiten von Münster nach Telgte erstmals Wallfahrtsprozessionen[6] durchführen; dadurch sollten im Geiste

---

[3] *Johannes H. Emminghaus*, Die westfälischen Hungertücher aus nachmittelalterlicher Zeit und ihre liturgische Herkunft, hg. von Rudolf Suntrup/Volker Honemann, Görlitz 2004 (= Mitteilungen des Zittauer Geschichts- und Museumsvereins 28), 115.

[4] StadtA Telgte, Urkunde Nr. 20; Regest in: Telgter Urkundenbuch, bearb. von Werner Frese, Münster 1987, 33f; zit. bei: *Werner Freitag*, Die Telgter Marienverehrung, in: Geschichte der Stadt Telgte, hg. im Auftrag der Stadt Telgte von Werner Frese, Münster 1999, 295–318, hier: 297.

[5] Quellen bei *Karl-Ferdinand Beßelmann*, Stätten des Heils. Westfälische Wallfahrtsorte des Mittelalters, Münster 1998 (= Schriftenreihe zur religiösen Kultur 6), 207, Anm. 232.

[6] Nur beiläufig sei im Anschluss an *Beßelmann*, Stätten (wie Anm. 5), 16–22 ("Was ist eine Wallfahrt?") auf die Begrifflichkeit von "Prozession" und "Wallfahrt" eingegangen. Danach steht für eine Prozession der "(vorgeschriebene) Weg an einem festen Termin" im Vordergrund (16), die christliche Wallfahrt, eine beliebig termi-

des Konzils von Trient lokal verankerte Traditionen der Volksfrömmigkeit in den Dienst der Demonstration katholischen Glaubens
gestellt werden. Im Zuge der damaligen Konfessionalisierung bekam
die Marienverehrung in Telgte eine neue Qualität, Dimension und
Funktion.

Der allmähliche Übergang von der 'Umtracht' des Gnadenbildes
zur Wallfahrt zu diesem Kultbild setzt zu Beginn des 17. Jahrhunderts
ein. Die traditionelle 'Umtracht' fand am 'Guten Montag' (nach dem
Dreifaltigkeitssonntag, d. h. am Montag nach der Pfingstoktav) und
dem darauffolgenden Dienstag statt. Ein Indiz für den Wandel von
einem Ereignis von ausschließlich lokalem Rang zu einem sich über
die Stadt hinaus entwickelnden Kult sind zum Beispiel Zeugnisse
über die Einnahmen aus der 'Umtracht', die in den Jahren nach
1600 erheblich anstiegen. Diese 'Kultindikatoren' lassen den Schluss
zu, dass an den Feiern des 'Guten Montags' zunehmend auch auswärtige Besucher teilnahmen; außerdem gab es einen Anstieg von
Geldopfergaben, die auf einen Besucherstrom während des ganzen
Jahres hindeuten. Von einem organisierten Wallfahrtsbetrieb kann
aber noch nicht gesprochen werden. – Genaue Kenntnis der Entwicklung verdanken wir vor allem den grundlegenden religionssoziologi-
schen Forschungen Werner Freitags über die Marienwallfahrtsorte
im Fürstbistum Münster, auf die sich spätere Arbeiten stützen[7]; dazu
zählt auch die – mit der anderen Zielsetzung eines Historikers verfasste – Monographie von Karl-Ferdinand Beßelmann über die westfälischen Wallfahrtsorte des Mittelalters[8].

---

nierte, individuelle Pilgerfahrt als Bußakt, setze den Glauben daran voraus, dass ein
bestimmter Ort durch Gott bzw. ihm nahestehende Personen geheiligt sei (vgl. 17).
Als "Wallfahrtsprozession" bezeichnet Beßelmann die für das 17./18. Jh. in Westfalen
aus den Prozessionen neu entwickelte Form des Wallfahrtswesens (vgl. 17). Grundsätzlich
zu Prozession und Wallfahrt z. B. die Übersichtsartikel von *Anton Quack/Sabine
Felbecker/Fred G. Rausch*, Art. Prozession, in: LThK³ 8 (1999), 678–681; *Andreas Heinz/
Wolfgang Brückner*, Art. Wallfahrt. III. Liturgiegeschichtlich und IV. Frömmigkeitsgeschichtlich, in: LThK³ 10 (2001), 962–965.

[7] *Werner Freitag*, Volks- und Elitenfrömmigkeit in der frühen Neuzeit. Marien-
wallfahrten im Fürstbistum Münster, Paderborn 1991; zur Entwicklung in Telgte
seit der ersten Hälfte des 17. Jhs. vgl. ebd., 109–163, bes. 110–127. Eine überarbeitete Version bietet *Freitag*, Marienverehrung (wie Anm. 4).

[8] *Beßelmann*, Stätten (wie Anm. 5), 93–95 (Telgte). Ergänzt werden die Untersuchungen durch aktuell zum Wallfahrtsjubiläum verfasste Beiträge in zwei Sammel-
bänden: Im Glauben unterwegs durch die Zeiten (wie Anm. 1); Voll der Gnaden.
350 Jahre Wallfahrt zur Schmerzensmutter nach Telgte, hg. vom Freundeskreis
Heimathaus Münsterland e. V., Redaktion: Thomas Ostendorf, [im Druck] (=
Schriftenreihe zur religiösen Kultur 7).

Die Kernaussage Freitags besteht in der These, dass im Falle Telgtes im 17. Jahrhundert durch das Zusammenwirken von Fürstbischof, Verwaltungsinstanzen, Domkapitel und Ordensgemeinschaften (Jesuiten, Franziskanern, Observanten) ein "zentraldirigierter Kult" entstand und in den 1650er Jahren durch diese 'Frömmigkeitselite' ein zentral und straff organisiertes Wallfahrtswesen aufgebaut wurde, das der Durchsetzung konfessioneller Muster dienen sollte. Intensivierung des religiösen Lebens und konfessionelle Disziplinierung im Sinne des Reformkonzils von Trient – diese Ziele wurden insbesondere auch durch die Förderung marianischer Wallfahrten verfolgt. Am Beispiel Telgtes beschreibt Freitag eingehend, welch bedeutende Rolle für die Durchsetzung dieser Ziele die von der kirchlichen Obrigkeit verfügte Marienverehrung spielte. Dabei handelt es sich bei der Telgter Wallfahrt nicht um eine "Gründung aus der Retorte", sondern um die Weiterentwicklung und Instrumentalisierung einer bereits zweihundertjährigen Kulttradition[9].

Für die Etablierung Telgtes zum zentralen Wallfahrtsort im Fürstbistum Münster gibt es vier wesentliche Elemente:

1. eine amtliche Genehmigung durch Fürstbischof Christoph Bernhard,
2. den Neubau der Wallfahrtskapelle,
3. den Bau eines befestigten Prozessionswegs von Münster nach Telgte mit neu errichteten Bildstöcken,
4. die Abfassung eines inhaltlich auf den Prozessionsweg eingehenden Andachtsbuchs für die Wallfahrer.

Zu 1) Zwar hatte es in der ersten Hälfte des 17. Jahrhunderts für einige Jahre von den Jesuiten initiierte Prozessionen von Münster nach Telgte gegeben (siehe oben), jedoch hatte sich dieser Brauch nicht durchgesetzt. Den Durchbruch brachte eine Verfügung des gerade gewählten Bischofs Christoph Bernhard von Galen – er hatte noch nicht die Priesterweihe und die Bischofsweihe empfangen – in einem Schreiben an die Franziskaner-Observanten in Münster und Warendorf vom 27. Juni 1651[10] mit folgendem Wortlaut: "Von gottes gnaden Wir Christoff Bernardt erwehlter Bischoff und Administrator

---

[9] Vgl. *Freitag*, Volks- und Elitenfrömmigkeit (wie Anm. 7), 109f; *Beßelmann*, Stätten (wie Anm. 5), 95 (mit Zitat).
[10] Franziskanerarchiv Werl, A II, Nr. 13. Vgl. den sprachlich unzulänglichen, teilweise an das Gegenwartsdeutsch angepassten Abdruck in: Telgte. Chronik einer Stadt, hg. von der Stadt Telgte, Redaktion: Walter Gockeln, Telgte 1974, 38.

deß | Stiffts Münster etc. thun kundt Und fuegen hiemit zu wißen, daß Wir den Patribus ordinis | Scti. Francisci de obseruantia g[nädi]gst erlaubt Und zugelaßen haben, Wie Dan hiemit geschicht, gegen | anstehenden Sontag den 2ten Julij auß Unseren beyden Stätten Münster undt Warendorp | nacher Telget eine procession zu halten, zu bedachtem Telget beicht zu hören und officium Diuinum | zu celebriren, befehlen darauff g[nädig]st denselben[11] Pastoribus locorum Und meniglichen hiemit | zu alsolchen gottseligen Christlichen Werck allen Vorschub und beforderung zu gestatten.| Urkundt Unsers hierünter gesetzten Handtzeichens Und Vorgetruckten fürstlichen Secrets. Signatum | in Unserer Stadt Münster den 27ten Junii Anno 1651. Christopff Bernardt."

Diese 'Constitutio Bernhardina', gleichsam die 'Gründungsurkunde' der Telgter Wallfahrt (Abb. 1), machte die Stadt zum offiziellen Wallfahrtsort des Bistums. Bemerkenswert sind dabei folgende Aspekte: Es handelt sich um die Reaktion auf ein Gesuch der Franziskaner, die offensichtlich den Anstoß zur Einführung einer Wallfahrtsprozession gegeben hatten, jedoch konnten sie ohne bischöfliche Erlaubnis nicht aktiv werden und waren von der Zentralgewalt abhängig. Das Telgter 'Gnadenbild' als Kultobjekt wird in der Urkunde nicht erwähnt; dennoch knüpft der Erlass offensichtlich bewusst an die im Marienkultbild lokal verankerte Marienfrömmigkeit an: Die marianische Ausrichtung der Wallfahrt wird durch die Terminierung auf das Fest Mariä Heimsuchung (2. Juli) ausdrücklich gestärkt. Zugleich bedeutet die Loslösung vom bisherigen Termin der 'Umtracht', auf die weder der lokale Klerus noch die Telgter Bürgerschaft Einfluss nehmen konnten, und mehr noch die Verbindung der Prozession mit einhergehendem Hören der Beichte und mit der Messfeier eine 'Sakralisierung' der bisherigen Kultpraxis, eine "Anbindung der Volksfrömmigkeit an den offiziellen Kult"[12]. Die in der Urkunde ungenannt gebliebene Verbindung von Prozession und Marienkultbild stellt Christoph Bernhard ganz klar in seinem Statusbericht aus Anlass der visitatio liminum vom 3. November 1660 an Papst Alexander VII. her[13]. In Telgte, eine

---

[11] "Denselben" unterpungiert, also gestrichen.
[12] *Freitag*, Elitenfrömmigkeit (wie Anm. 7), 124.
[13] Archiv der Konzilskongregation. Relatio Status Ecclesiae Monasteriensis. 1660, f. 27–46 (Galen an Alexander VII.); Abdruck in: Korrespondenz des Münsterer Fürstbischofs Christoph Bernhard von Galen (wie Anm. 1), Nr. 109, 288–303. Dazu *Joseph Schmidlin*, Christoph Bernhard von Galen und die Diözese Münster nach seinen Romberichten, in: Westfalen 2 (1910), 1–7 und 65–80.

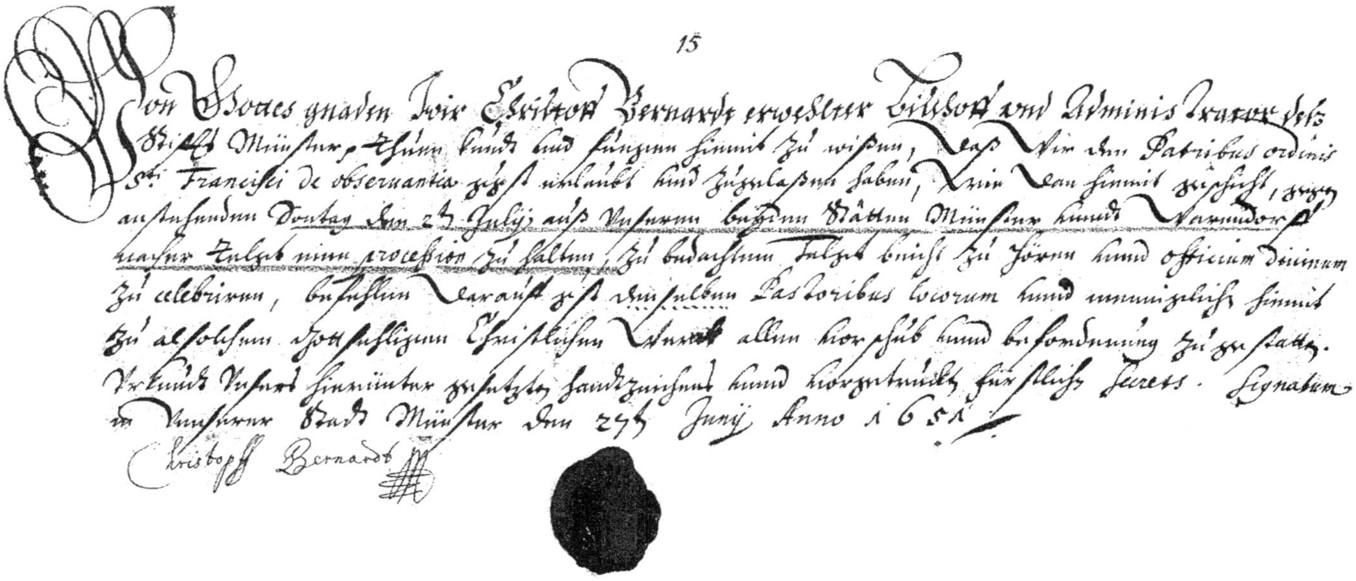

Abb. 1. Christoph Bernhard von Galen verfügt, am 2. Juli 1651 eine Prozession nach Telgte zu halten; Franziskanerarchiv Werl, A II, Nr. 13: Urkunde vom 27. Juni 1651.

deutsche Meile von Münster entfernt, würden 'wegen seines wun-
dertätigen Standbildes der Gottesgebärerin' jährlich zahlreiche Prozessionen feierlich begangen[14].

Zu 2) Der Bau einer neuen, größeren Kapelle für das Kultbild in
den Jahren 1654–1657 erfolgte ebenfalls auf Initiative 'von außen',
und zwar im engen Zusammenwirken von Franziskanern, Domkapitel
und Fürstbischof[15], ohne Mitwirkung des örtlichen Klerus oder der
Kirchengemeinde. Durch den Neubau wurde die räumliche Voraussetzung dafür geschaffen, dass die Prozession zum Marienbild mit
dem Empfang des Beichtsakramentes und mit der Messfeier verknüpft werden konnte, wie es die 'Constitutio' von 1651 vorgesehen
hatte. Nicht ohne Stolz weist Christoph Bernhard von Galen im
genannten Bericht vom November 1660 an den Papst diesen mit
einem Altar ausgestatteten und mit einem ansprechenden Bildprogramm
ausgeschmückten Kapellen-Neubau als sein Werk aus: "Ego, quo
loco statua haec asservari solita fuit, sacellum octangulare, ara et pic-
tis affabre iconibus exornatum, honori Magnae Matris ex fundamen-
tis novum extruxi"[16]. Eigene Frömmigkeitsformen der Pilger konnten
durch die Einbindung in den offiziellen Kult weitgehend unterbunden
werden. Der Neubau ist somit nicht nur aus praktischen Erwägungen,
sondern auch aus Gründen der Integration liturgischer Kernelemente
in die Wallfahrtspraxis erfolgt.

Zu 3) In ähnlicher Weise ist auch die Anlage eines Prozessionswegs
nach Telgte als ein von der Amtskirche (Ordensgemeinschaften, fürst-
bischöflichen Instanzen, dem Domkapitel) getragenes Instrument zu
verstehen, der Frömmigkeit des Pilgers nicht nur ganz konkret, sondern auch im geistigen Sinn den Weg zu weisen[17]. Der Initiator dieses Pilgerwegs war der münsterische Jesuit Johannes Blanckenfort
(1619–1688), der seit 1656 am Paulinum, dem Jesuitenkolleg in

---

[14] Korrespondenz des Münsterer Fürstbischofs Christoph Bernhard von Galen
(wie Anm. 1), 298: "Telgetum oppidum germanico milliari Monasterio distans ob
statuam deiparae miraculosam multis per annum processionibus celebratur."
[15] Zur Baugeschichte vgl. *Freitag*, Volks- und Elitenfrömmigkeit (wie Anm. 7),
134–137.
[16] Korrespondenz des Münsterer Fürstbischofs Christoph Bernhard von Galen
(wie Anm. 1), 298.
[17] In diesem Sinne auch *Freitag*, Volks- und Elitenfrömmigkeit (wie Anm. 7),
140–147 (zum Prozessionsweg und zu den Andachtsbüchern für diesen Weg).

Münster, tätig war, dieses zeitweise leitete und zugleich Domprediger war. Sein Konzept stieß bei Christoph Bernhard, dem ehemaligen Pauliner, auf offene Ohren, so dass er die finanzielle und logistische Unterstützung gewährte. Der von 1658 bis 1663 angelegte Weg (der als Prozessionsweg erst in jüngster Zeit aus verkehrstechnischen Gründen aufgegeben wurde) nahm am seinerzeit vor der Stadt Münster gelegenen Kirchhof von St. Mauritz seinen Ausgang. Hier hatte Blanckenfort eine Tafel anbringen lassen, die den Pilger auf seine "heilige Reise" nach Telgte einstimmen sollte[18]. Am Prozessionsweg selbst ließ er Bildstöcke errichten, auf denen er ein marianisches Programm mit dem Passionsgedenken verband: Auf der Münster zugewandten Seite, also für den Betrachter auf dem Hinweg nach Telgte, zeigen fünf Bildstöcke (sie sind erhalten) die Schmerzen Marias[19]. Auf der Rückseite der Bildstöcke werden dem Pilger auf seinem Heimweg die Freuden der Gottesmutter dargestellt (entsprechend den heutigen Gesätzen des 'freudenreichen Rosenkranzes'). Die Inschriften an den Seiten der Stationen, die Blanckenfort den Darstellungen beifügen ließ und die den Pilger auf sein Ziel, die Pietà in Telgte, vorbereiteten, erschließen das Bildprogramm derart, dass Maria als Fürbittende bei ihrem Sohn vorgestellt wird[20].

Die Verbindung von Marienfrömmigkeit und Passionsfrömmigkeit entspricht einer in tridentinischem Sinne neuformulierten katholischen Theologie, die als Replik auf reformatorische Kritik die Rolle Marias als 'Miterlöserin' hervorhebt. Es ist sicher kein Zufall, dass

---

[18] Historia Stationum Telgetensium; Bistumsarchiv Münster, Dep. Pfarrarchiv Telgte, Kt. 16; im Wortlaut mitgeteilt in *Freitag*, Volks- und Elitenfrömmigkeit (wie Anm. 7), 143.

[19] Die fünf Bildstöcke zeigen: Darstellung im Tempel, Flucht nach Ägypten, Christus im Tempel, Kreuztragung und Kreuzigung. Nicht auf Bildstöcken dargestellt sind die beiden letzten der Sieben Schmerzen Marias, die Kreuzabnahme (Pietà) und die Grablegung. Nach *Tietmeyer*, Christoph Bernhard (wie Anm. 1), 42f, stand ein sechster Bildstock (Abnahme vom Kreuz) früher auf dem Kirchplatz vor der St. Clemens-Kirche; der siebte Schmerz werde im Vesperbild selbst dargestellt. Nach *Freitag*, Volks- und Elitenfrömmigkeit (wie Anm. 7), 141, konnten statt ursprünglich sieben konzipierter Bildstöcke aus Geldmangel nur fünf errichtet werden; Blanckenforts Andachtsbuch von 1660 sieht die sechste "statio" beim Vesperbild vor (vgl. unten zu Punkt 4). Dass die Pietà als sechste Station geplant war, ist aus einem Kupferstich für das Andachtsbuch ersichtlich, mit dem Begleittext: "Sextus Dolor B.M.V. ex depositione de Cruce"; Abb. bei *Freitag*, Volks- und Elitenfrömmigkeit (wie Anm. 7), 118, Abb. 3; Abb. 2 dieses Beitrags.

[20] Consideranda pro septem stationum B. V. Telgetanam viam erectione, Anhang zu einem Brief Blanckenforts an Bischof Christoph Bernhard vom 19.3.1658, in: Bistumsarchiv Münster, GV Telgte, A 38; Hinweis bei *Freitag*, Volks- und Elitenfrömmigkeit (wie Anm. 7), 140, Anm. 91.

auch auf dem Telgter Fastentuch von 1623, das der tridentinisch gesinnte Telgter Pastor Bitterus Wilge (Stadtpfarrer von 1622 bis 1638) in Auftrag gegeben hatte, ein christologisch-typologisches Bildprogramm durch ein Bildfeld ergänzt wird, das die Marienklage darstellt; so verknüpft auch das Telgter Tuch in einer Zeit demonstrativer marianischer Frömmigkeit die durch das 'Gnadenbild' in Telgte verwurzelte Erinnerung an das Leiden der Gottesmutter mit der Memoria der Passion Christi[21]. Die Vorstellung, dass die Erlösungskraft der Passion Christi mit dem Mitwirken Marias und der Heiligen eng verknüpft ist, hat aber ihre Wurzeln bereits in der Frömmigkeitstheologie des Spätmittelalters, welche die 'Konzentration' auf zentrale Glaubensinhalte – ein Leitbegriff der frömmigkeitstheologischen Untersuchungen Berndt Hamms – in der Frühen Neuzeit vorbereitet: "Der Passionschristus als normative Zentralgestalt ist im ausgehenden Mittelalter zusammen mit Maria, der anderen Zentralgestalt der göttlichen Barmherzigkeit, omnipräsent"[22]. Christoph Bernhard von Galen, der in seinem erwähnten Statusbericht von 1660 auch die Errichtung der Stationen des Prozessionswegs ausdrücklich erwähnt, sah in diesen Manifestationen des christlichen und zugleich marianischen Glaubens ein Medium der Neubelebung der Frömmigkeit, die durch die Kriegswirren der jüngsten Vergangenheit – gemeint sind vermutlich die Belagerung und Beschießung der Stadt Münster im Jahr 1657 – mächtig gelitten hatte. In seinem Bericht über Telgte fährt er fort: "Nunc quoque hoc et elapso anno stationes Monasterium et Telgetum inter, dolorosa pariter ac gloriosa Christi ac deiparae mysteria repraesentantes, mirum in modum peregrinantium quotidie pietatem accenderunt, quam licet Monasteriensium seditio nunc ad tempus interturbarit, ea tamen ut spero brevi cessante maiore ab omnibus fervore et studio reassumetur."[23]

---

[21] Vgl. dazu *Rudolf Suntrup*, Fastentücher als Zeugnisse spätmittelalterlicher Passionsfrömmigkeit: Gurk – Zittau – Telgte, in: Zittauer Geschichtsblätter, Sonderheft 1 (2002), 22–31, zum Telgter Fastentuch und seiner Beziehung zum Vesperbild bes. 28f. Vgl. auch meine aktualisierte Fassung des Beitrags: Fastentuch und Gnadenbild als Zeugnisse spätmittelalterlicher Passionsfrömmigkeit, in: Voll der Gnaden (wie Anm. 8), [im Druck].

[22] *Berndt Hamm*, Normative Zentrierung im 15. und 16. Jahrhundert. Beobachtungen zu Religiosität, Theologie und Ikonologie, in: ZHF 26 (1999) 163–202, Zitat: 172, Kontext bis 174. Wiederabdruck in: Normative Zentrierung/Normative Centering, hg. von Rudolf Suntrup/Jan R. Veenstra, Frankfurt a. M. 2002 (= Medieval to Early Modern Culture/Kultureller Wandel vom Mittelalter zur Frühen Neuzeit 2), 21–63.

[23] Korrespondenz des Münsterer Fürstbischofs Christoph Bernhard (wie Anm. 1), 298.

Zu 4) In direktem Zusammenhang mit der Errichtung der Stationen steht ein Andachtsbuch, das ebenfalls Johannes Blanckenfort zusammenstellte. 1660 erschien zunächst eine lateinische Ausgabe, die 'Preces et praxes piae'[24], gleich danach eine deutsche Ausgabe unter dem Titel 'Andächtige Gebett/ und Seelen-Übungen'[25]. Nach Ausweis des vollständigen Titels sollte das Büchlein insbesondere der Andacht an den Stationen des Prozessionswegs dienen. Entsprechend ist dem Buch eine "Instructio" in den 'Preces et praxes piae' bzw. in der deutschen Fassung des Andachtsbuches eine "Unterrichtung zum christlichen Kriegs- und Wandersmann/ Auff das er diese stationes mit Nutzen besuchet" vorangestellt (5)[26]. Diese Fassung enthält "etliche Teutsche Gebet und Übungen", die dem "Einfältigen Wandersmann" für seine Wallfahrt an die Hand gegeben werden (2). Im Bewusstsein seiner Sünden und von Reue erfüllt soll sich der Pilger auf den Weg machen. Dabei soll ihn der 'heilige' Weg nach Telgte an die Stationen des Leidens Christi in Jerusalem erinnern. Daher wird jeweils die Entfernung zwischen den einzelnen Stationen genau mitgeteilt, die den Wegabschnitten der Via dolorosa entspricht. In mehrfacher Hinsicht ist das Andachtsbuch auch sonst auf den Telgter Kult hin ausgerichtet und speziell für die Wallfahrt nach Telgte konzipiert: Es zeigt in Kupferstichen das Telgter Marienbild – damit bietet es die älteste bildliche Darstellung des Vesperbildes (Abb. 2) –, eine

---

[24] Der vollständige Titel lautet: Preces, et Praxes piae ex probatis auctoribus collectae, Atque ad Stationes Monasterium inter, et Telgetum, Christi, Virginisque matris honori erectas, devote usurpandae, Omnibus earundem stationum promotoribus, praesertim sumptuum in eas erogatorum, munificis largitoribus dedicatae, Et Collegij Societatis Jesu Monasterien[sis] Sodalibus Xenij loco oblatae; Ab aliquo eiusdem Collegij Sacerdote [. . .] Typis Theodori Raesfeldi, Münster 1660; benutztes Exemplar: Bischöfliches Priesterseminar Münster, 6¹² 205.

[25] Andächtige Gebett/ Vnd Seelen-Vbungen/ Bey den Schmertzhafften und Glorwürdigen Stationen, So zwischen Münster/ vnd Telgt/ Christo Iesu, Vnd seiner Jungfräwlichen Mutter Mariae, Zu sonderen Ehren/ Durch Andächtigen/ beydes Geschlechts/ Geist- und Weltlichen Standts Personen Freygebige Kösten auffgerichtet/ Nützlich zu gebrauchen/ Auß Bewehrten Bücheren zusammen gebracht/ Von einem der Societät Jesu Priestern zu Münster, Typis Theodori Raesfeldi, Münster 1660; benutztes Exemplar: Landesmuseum Münster, K 274°. Ich danke Herrn Dr. Thomas Ostendorf, dass ich dieses Exemplar sowie das in Anm. 24 zitierte Werk im Museum Heimathaus Münsterland (Telgte) gleichzeitig einsehen konnte. – Trotz der Anonymität ist die Verfasserschaft Blanckenforts mit Sicherheit zu erschließen: *Freitag*, Volks- und Elitenfrömmigkeit (wie Anm. 7), 144, Anm. 102; zu den Gebetbüchern ebd., 144f.

[26] In der lateinischen Fassung: "Instructio Ad Viatorem et Militem Christianum, Vt stationes has cum fructu obeat" (2).

CONSOLATRIX AFFLICTORVM
Ora pro nobis.

Vera effigies Statuæ miraculosæ
et Dolorosæ B. M. V. in vrbe Telgeta
na dioecesis Monasteriensis.

Sextus Dolor B. M. V. ex depositione de Cruce.

Abb. 2. Kupferstich des Telgter Marienbildes für das lateinische Andachtsbuch des
Johannes Blanckenfort, 'Preces et praxes piae', Münster 1660; *Freitag*, Volks- und
Elitenfrömmigkeit [. . .], 118.

Prozessionsstation und die (heute noch erhaltene) Telgter Sonnenuhr mit marianischen Motiven. Vor allem aber erklärt es die Stationen mit ihren Darstellungen und nimmt es die auf den Bildstöcken zu lesenden Inschriften auf. Der Pilger nimmt auf diese Weise auf seiner "Heilige[n] Schmertzliche[n] Reise/ Von Münster nach Telgt" (7) an "Sieben Schmertzlichen Stationen" (ebd.) Anteil an den Sieben Schmerzen Marias: Nach einer "Statio Dolorosa Praeparatoria", einer "Schmertzliche[n] Vorbereitungs Station" (lat., 17) führt ihn der Weg an fünf Stationsbildern vorbei nach Telgte zum 'Gnadenbild'. Die sechste Statio (Kreuzabnahme) soll "Bey dem wunderthätigen Uhralten Vesper Bild daselbst", also in der Wallfahrtskapelle vor der Pietà, gehalten werden, die siebte (Grablegung) in der direkt benachbarten St. Clemens-Kirche. Inhaltlich verbinden die Gebete über die Sieben Schmerzen Marias das Passionsgedenken deutlich akzentuiert mit marianischer Frömmigkeit. Deren im Spätmittelalter verbreiteter Leitgedanke ist die compassio der im Heilswerk Christi herausgehobenen Gottesmutter, die sich in ihrer mitleidenden Anteilnahme am Leiden Christi der Situation des Menschen in Leid und Not angleicht[27].

Während beide Fassungen des Andachtsbuchs in ihrem strukturellen Aufbau durch ihre Ausrichtung auf den Telgter Prozessionsweg einander stark ähneln – in beiden Ausgaben visuell verstärkt durch identische Kupferstiche mit den Bildern und Inschriften der Stationen –, gibt es im einzelnen Gebetsbestand deutliche Unterschiede. Die lateinische Ausgabe berücksichtigt häufiger liturgische Texte aus Messe und Stundengebet, die deutsche einen größeren Bestand von frei verfügbaren Gebeten. Denn die Gebete dienten nicht nur dem "christlichen Kriegs- und Wandersmann" auf seiner "geringen Pilgerfahrt" (5 und 8) nach Telgte, sondern sie konnten in der privaten Andacht, z. B. während der Messfeier (an der die Gläubigen ja keinen aktiven Anteil hatten), verrichtet werden; sie waren "zu jederzeit des Jahrs/ aber sonderlich vom H. Advent an/ biß Ostern/ zu Hauß/ oder zu Feld anzustellen" (7), also auch gerade außerhalb der Wallfahrtszeit vom Frühjahr bis zum Herbst. Mit dieser Vermehrung der Gebete erklärt sich auch der deutlich größere Umfang der deutschen Fassung (lat.: einteilig, 137 Seiten; deutsch: in zwei Teilen für den

---

[27] Zu frömmigkeitsgeschichtlichen und liturgischen Aspekten des seit dem 12./13. Jh. nachzuweisenden Motivs vgl. *Theodor Maas-Ewerd*, Art. Schmerzen Marias, in: LThK[3] 9 (2000), 175f.

Hin- und Rückweg, 168 und 71 Seiten), wenngleich mitzubedenken ist, dass die Übersetzung in das Deutsch des 17. Jahrhunderts per se mehr Platz beansprucht als die lateinische Vorlage. Der Benutzer war gehalten, aus dem großen Gebetsangebot eine individuelle Auswahl zu treffen: "Ein jeder brauche nur die [Gebete; R. S.]/ so viel oder so wenig/ wie seiner willkürlichen Andacht/ und Geistlichen Anmühtungen am bequemesten [. . .]" (9). – Die doppelte Funktion eines Pilger- und privaten Andachtsbuchs bezeugt auch ein zeitgleich unter fast demselben Titel entstandenes weiteres Gebetbuch, das vermutlich ebenfalls von Blanckenfort zusammengestellt wurde[28].

Im Ergebnis bestätigt sich am konkreten Beispiel Telgte im wesentlichen Freitags These von der zentralen Indienstnahme überlieferter Frömmigkeitsformen durch eine 'Frömmigkeitselite' in der Mitte des 17. Jahrhunderts, deren auf Rekatholisierung zielende Aktivitäten sicher auch nicht frei sind von machtpolitischen Erwägungen der Fürstbischöfe, die in der Folgezeit, besonders dann in der Ausgestaltung der Jubiläumsfeier von 1754, mit Händen greifbar werden sollten. Die 'Umtracht' wird zur zentraldirigierten Wallfahrt, die Verehrung des Kultbildes wird in liturgische Akte der Mess- und Bußfeier integriert und dadurch zum 'katholischen' Bildnis, seine Verehrung wird durch die leitenden Instanzen des Fürstbistums gefördert, durch Wallfahrtsweg und Andachtsbuch ohne Beteiligung des Ortsklerus[29] in strukturierte Bahnen gelenkt. Das Marienkultbild, das zuvor nur zu bestimmten Gelegenheiten geschmückt worden war, wird nun mit Herrscherattributen wie einem Mantel, einer Krone und kostbarem Schmuck versehen und dadurch zum "Staatsheiligtum des Fürstbistums Münster"[30] erhoben. Für den Inhalt der Andachtsbücher ist jedoch

---

[28] Andächtige Gebett Vnd Seelen Vbungen/ Welche mit beygefügten Gueten Meinungen, Täglich Bey anhörung der H. Meß, vor und nach der H. Beycht und Communion, bey deb [sic!] Jährlichen Processionen und Bittfahrten, auch sonsten das gantze Jahr durch zu aller gelegenheit; sonderlich aber auff dem Telgtsche[n] Weg [. . .] Bey den hin- und her auffgerichteten Stationen nützlich können gebraucht werden, Münster 1660. Das Exemplar der ULB Münster, Rara RD 2208, ist an die deutsche Fassung der 'Andächtigen Gebett/ Vnd Seelen-Vbungen' Blanckenforts (wie Anm. 25) angebunden.

[29] In Blanckenforts und vier weiteren Telgter Andachtsbüchern des 17. und 18. Jh. zählt nie ein ortsansässiger Geistlicher zu den Verfassern, sondern es sind Ordensgeistliche (wiederholt Observanten) aus der Region; *Freitag*, Volks- und Elitenfrömmigkeit (wie Anm. 7), 145.

[30] *Karl-Heinz Engemann*, Das Gnadenbild – "Dat oalle Mensk", in: Im Glauben unterwegs (wie Anm. 1), 19–39, hier: 26.

Freitags Zentralisierungsthese zu relativieren: Zumindest die deutsche
Ausgabe lässt dem Benutzer freien Raum in der Auswahl aus einem
großen Angebot an liturgischen Texten und Mariengebeten. Oder
wäre es vielleicht zu modern gedacht, in Abrede zu stellen, man
könne durch ein Gebetbuch 'zentralistisch' dirigiert werden?

FRÖMMIGKEIT AM DRESDNER HOF ZUR ZEIT DER LUTHERISCHEN ORTHODOXIE

Wolfgang Sommer
(Neuendettelsau)

Der lapidare Begriff "Frömmigkeit" in meiner Themaformulierung wäre vor gut drei Jahrzehnten unter Kirchen- und Theologiehistorikern noch weitgehend auf verwunderte Reserve gestoßen. Dass sich die Situation inzwischen erheblich verändert hat und der Begriff der Frömmigkeit unter Kirchenhistorikern und Systematischen Theologen wieder weithin theologisch sanktioniert ist, ist vor allem meinem geschätzten Erlanger Kollegen Berndt Hamm entscheidend zu verdanken. Der Bewusstseinswandel hinsichtlich des Frömmigkeitsbegriffes und des Frömmigkeitsverständnisses im Rahmen der theologischen Frömmigkeitsforschung geschah seit den frühen 70er Jahren des 20. Jahrhunderts in enger Wechselwirkung mit den Forschungsansätzen der allgemeinen Geschichtswissenschaft. Die theologische Frömmigkeitsforschung im Bereich des Protestantismus hatte sich seit Schleiermacher vorwiegend einzelnen Personen zugewandt und ist somit vor allem als "Persönlichkeitsgeschichte"[1] betrieben worden, was von allgemeinhistorischer Seite als einseitig kritisiert wurde. So hat der Historiker Hansgeorg Molitor den Beitrag der Geschichtswissenschaft zum Thema Frömmigkeit in dem Ergebnis zusammengefasst: "Der spezifische Beitrag des Historikers bei der Erforschung der Frömmigkeit wäre also weniger die Beschäftigung mit der Frommheit Einzelner als die Beschreibung und politisch-soziale Interpretation des religiösen Verhaltens Vieler"[2]. Von kirchenhistorischer Seite hat hierauf Johannes Wallmann vor allem im Blick auf Johann Arndt eingewandt, dass diese Entgegensetzung einzelner und vieler zu konstruiert erscheint, da jede Beschäftigung z. B. mit Arndt die immense Wirkungsgeschichte

---

[1] Vgl. *Bernd Jaspert*, Frömmigkeit und Kirchengeschichte, St. Ottilien 1986, 33; *Martin Jung*, Frömmigkeit und Theologie bei Philipp Melanchthon. Das Gebet im Leben und in der Lehre des Reformators, Tübingen 1998 (= BHTh 102), 14.

[2] *Hansgeorg Molitor*, Frömmigkeit in Spätmittelalter und früher Neuzeit als historisch-methodisches Problem, in: Festgabe für Ernst Walter Zeeden, hg. von Horst Rabe, Münster 1976 (= RGST.S 2), 1–20, hier: 19.

seiner Schriften nicht außer Acht lassen kann[3]. So sehr Frömmigkeitsgeschichte als Persönlichkeitsgeschichte und die Erforschung der
Frömmigkeit in kollektiver und wirkungsgeschichtlicher Hinsicht einen
engen Zusammenhang bilden, da die Wechselwirkungen zwischen
Individuen und Gemeinschaften gerade bei dem Phänomen Frömmigkeit vermutlich noch größere Bedeutung haben als in der Geschichte
des theologischen Denkens, gibt es freilich sinnvolle Schwerpunkt-
setzungen und Arbeitsteilungen in den verschiedenen wissenschaftlichen Disziplinen, die sich mit Frömmigkeit beschäftigen. Molitors
skeptische Perspektive, dass die unterschiedlichen methodischen Zugänge
zu dem vielschichtigen Frömmigkeitsbegriff das Phänomen Frömmigkeit
in der wissenschaftlichen Forschung nur in disparate Teilgebiete
auflöst, die miteinander nicht mehr kommunizierbar sind, forderte
Berndt Hamm heraus, von theologiehistorischer Seite seinen Beitrag
zur frömmigkeitsgeschichtlichen Forschung vor allem im Spätmittelalter
und in der Reformationszeit gegenüber anderen Forschungsansätzen
zu präzisieren. Ausgehend von dem allgemeinen Konsens, dass zwischen den Disziplinen der Kirchengeschichte und der allgemeinen
Geschichtswissenschaften kein Unterschied hinsichtlich der historischen Methoden besteht, stellt Hamm fest: "Der Unterschied liegt
vielmehr im Forschungsgegenstand, und zwar sowohl im Materalaspekt
als in der Fragehinsicht"[4]. Hamm formulierte sein integratives Frömmigkeitsverständnis inzwischen in einem programmatischen Aufsatz: 'Was
ist Frömmigkeitstheologie?' folgendermaßen: "Von 'Frömmigkeit' kann
man immer dann sprechen, wenn es – entweder auf der Theorieebene
pragmatischer Überlegung und gezielter Anleitung oder auf der Ebene
der praktischen Realisierung – um die Verwirklichung bestimmter
religiöser Glaubensweisen, Verkündigungen, Lehren, Ideen, Wertvorstellungen, Sorgen und Hoffnungen im konkreten Lebensvollzug durch
eine bestimmte Lebensgestaltung geht. Konstitutiv für Frömmigkeit
('pietas' oder 'devotio') ist immer das Moment des aneignenden
Vollzugs von Religion durch eine formgebende Gestaltung des Lebens
[. . .]. Es gibt keinen anderen deutschen Begriff, der die individuelle

---

[3] *Johannes Wallmann*, Johann Arndt und die protestantische Frömmigkeit, in: Ders.,
Theologie und Frömmigkeit im Zeitalter des Barock. Gesammelte Aufsätze, Tübingen
1995, 1–19, hier: 3f.
[4] *Berndt Hamm*, Frömmigkeit als Gegenstand theologiegeschichtlicher Forschung.
Methodisch-historische Überlegungen am Beispiel von Spätmittelalter und Reformation,
in: ZThK 74 (1977), 464–497, hier: 465, Anm. 5.

und kollektive, innere und äußere, theoretische und praktische Vielfalt des religiösen Lebensvollzugs durch Lebensgestaltung so bündeln kann wie der Frömmigkeitsbegriff"[5]. Auf der Theorieebene der Frömmigkeit hat Hamm seit 1977 den Begriff der "Frömmigkeitstheologie" geprägt und in die wissenschaftliche Diskussion eingeführt. "Frömmigkeits-theologie erschloss sich mir als eine Art von Theologie, die reflektie-rend und anleitend vornehmlich der rechten Lebensgestaltung der Christen dienen will"[6]. Auf dieser Grundlage formuliert Hamm fol-gende methodologische Schwerpunktsetzung zwischen den Disziplinen: "Beschäftigt sich der Profanhistoriker – und mit ihm der Soziologe und Volkskundler – mit der Frömmigkeitspraxis, primär mit der äußeren und kollektiven, sekundär mit der individuellen und inneren, so untersucht der Theologiehistoriker primär die Frömmigkeitstheorie und berücksichtigt dabei sekundär die Frömmigkeitspraxis, sowohl die innere wie die äußere, sowohl die individuelle wie kollektive [. . .]. Durch ein weites Verständnis von "Frömmigkeit", das auch die Fröm-migkeitstheorie umfasst, wird der Historiker schon per definitionem von der heiklen Aufgabe entbunden, Frömmigkeitsgeschichte [. . .] als Geschichte innerer Seelenvorgänge schreiben zu müssen"[7].

Die Begriffsprägung "Frömmigkeitstheologie"[8] hat eine wichtige Diskussion in Zustimmung und Kritik ausgelöst, die gegenwärtig noch im Gange ist. Sie wird nicht nur für das Spätmittelalter, sondern auch z. B. in der Pietismusforschung diskutiert[9].

Zu der wieder neu gewonnenen Freiheit in der theologischen Fröm-migkeitsforschung, vor allem in der Kirchengeschichtswissenschaft, hat auch ganz wesentlich der aus der neueren Geschichtswissenschaft

---

[5] *Berndt Hamm*, Was ist Frömmigkeitstheologie? Überlegungen zum 14. bis 16. Jahrhundert, in: Praxis Pietatis. Beiträge zu Theologie und Frömmigkeit in der Frühen Neuzeit. Wolfgang Sommer zum 60. Geburtstag, hg. von Hans-Jörg und Marcel Nieden, Stuttgart 1999, 9–45, hier: 11.

[6] Ebd.

[7] *Hamm*, Frömmigkeit (wie Anm. 4), 471f.

[8] Nach dem Aufsatz 'Frömmigkeit als Gegenstand theologiegeschichtlicher Forschung' (vgl. Anm. 4) erschien 1982 die größere Untersuchung: *Berndt Hamm*, Frömmigkeits-theologie am Anfang des 16. Jahrhunderts. Studien zu Johannes von Paltz und sei-nem Umkreis, Tübingen 1982 (= BHTh 65).

[9] Zu den terminologischen Klärungen und zur Diskussion mit Ulrich Köpf vgl. *Berndt Hamm*, Was ist Frömmigkeitstheologie? (wie Anm. 5), 17–21. Vgl. auch *ders.*, Theologie und Frömmigkeit im ausgehenden Mittelalter, in: Handbuch der Geschichte der Evangelischen Kirche in Bayern, Bd. 1, hg. von Gerhard Müller/Horst Weigelt/ Wolfgang Zorn, St. Ottilien 2002, 159–211, bes. 163–165.

kommende Forschungsansatz der "Konfessionalisierung" beigetragen[10].
Durch zahlreiche wechselseitige Anregungen ist gegenwärtig besonders die protestantische Frömmigkeit der Frühen Neuzeit ein durch
interdisziplinäre Zusammenarbeit zwischen historischer Theologie und
Geschichtswissenschaften recht reges Forschungsgebiet[11].

Dass das Zeitalter der lutherischen Orthodoxie nicht nur als "die
klassische Zeit der lutherischen Predigt" bezeichnet werden kann,
sondern auch als eine solche der Frömmigkeitsliteratur in Form von
Erbauungs- und Gebetsbüchern sowie des geistlichen Liedes, darüber
besteht in der neueren Orthodoxie-Forschung gegenüber dem früheren, sich auf die Herausstellung der konfessionellen Glaubens-
wahrheiten konzentrierenden Blick weitgehend Konsens[12]. Bei fast
allen herausragenden Persönlichkeiten dieser Zeit gingen Gelehrsamkeit
und Frömmigkeit sowohl im persönlichen Leben wie in ihren lite-
rischen Werken eine sehr enge Verbindung ein. Von den Oberhof-
predigern am Dresdner Hof im Verlauf des 17. Jahrhunderts ist
Martin Geier ein Theologe, der durch die Frömmigkeit in der Nach-
wirkung Johann Arndts besonders geprägt war. Das zeigen zunächst

---

[10] Vgl. *Thomas Kaufmann*, Die Konfessionalisierung von Kirche und Gesellschaft.
Sammelbericht über eine Forschungsdebatte, in: ThLZ 121 (1996), 1008–1024 (Teil 1)
und 1102–1121 (Teil 2).
[11] Darüber sollten jedoch auch die älteren interdisziplinär angelegten Frömmigkeits-
forschungen nicht aus dem Blick geraten, die am Ende des 19. und am Anfang des
20. Jhs. das Phänomen Frömmigkeit in seiner alltagsweltlichen und lebensgeschicht-
lichen Bedeutung zu erfassen versuchten. Zu dieser psychologischen, sozialwissenschaftlichen und praktisch-theologischen Forschung vgl. *Volker Drehsen*, Theologische
Frömmigkeitsforschung? In: Frömmigkeit: gelebte Religion als Forschungsaufgabe,
hg. von Bernd Jaspert, Paderborn 1995, 45–63, bes. 60–63. Vgl. auch den Überblick
über die geschichtliche Reflexion der Frömmigkeitsgeschichte bei *Kurt-Victor Selge*,
Einführung in das Studium der Kirchengeschichte, Darmstadt 1982, 133–140. Durch
den seit dem Ersten Weltkrieg immer mehr sich durchsetzenden theologischen
Neuansatz Karl Barths und seiner Freunde wurde dieser Forschungszweig jäh unterbrochen bzw. wanderten frömmigkeitsgeschichtliche Studien in eine oft deutsch-
national gefärbte Volkskunde ab. Die protestantische Theologie und Kirche hatte
viele Jahrzehnte im 20. Jh. das Phänomen Frömmigkeit durch die Frömmigkeitspolemik
der sog. dialektischen Theologie weitgehend aus ihrem Blick ausgeschlossen.
[12] Vgl. *Wolfgang Sommer*, Gottesfurcht und Fürstenherrschaft. Studien zum Obrigkeitsverständnis Johann Arndts und lutherischer Hofprediger zur Zeit der altprotestantischen Orthodoxie, Göttingen 1988 (= FKDG 41), 14; *Johannes Wallmann*, Pietas
contra Pietismus. Zum Frömmigkeitsverständnis der Lutherischen Orthodoxie, in:
Pietas in der Lutherischen Orthodoxie. Tagungsband zum Zweiten Wittenberger
Symposium zur Erforschung der Lutherischen Orthodoxie, hg. von Udo Sträter,
Wittenberg 1998, 6–18.

schon seine beiden großen Predigtwerke, die Evangelienpostille 'Zeit und Ewigkeit', die 1670 erstmals herauskam, als Geier schon fünf Jahre im Oberhofpredigeramt war. Von ihr sind insgesamt zehn Auflagen erschienen. Sodann ist eine weitere Evangelienpostille mit dem Titel 'Johannis Buß-Stimme' erschienen[13]. Aber auch durch direkte Anleitungsschriften zur persönlichen Frömmigkeit gehört Martin Geier unter den Hofpredigern in die Reihe der von der Arndtschen Frömmigkeit beeinflussten Erbauungsschriftsteller des 17. Jahrhunderts[14].

In seiner Leichenpredigt auf Martin Geier charakterisiert sein Hofpredigerkollege Georg Green die Persönlichkeit und Predigtweise Martin Geiers mit folgenden Worten: "Und wer hat nicht den Geist und Krafft der lieblichen/ geistreichen und erbaulichen Predigten unsers seel. Herrn Ober-Hof-Predigers gefühlet/ wenn er Ihm zugehört? [...] Wie lieblich flossen von seinen süssen Lippen die Tröstungen in unsere Hertzen! Wie brandten die Worte/ wenn er straffte und warnete! Letztlich/ wie Elias ein frommes und Tugendhafftes Leben führete; also befleiß sich auch dieser seeligste Lehrer Gottes/ einen rechtschaffenen Wandel für allen Menschen zu führen [...]"[15].

In diesen Worten wird etwas deutlich von dem Eindruck, den die Zeitgenossen von der Persönlichkeit und dem Predigtstil Martin Geiers empfingen. Schon bevor dieser in das Dresdner Oberhofpredigeramt kam, aber auch während dieser Zeit, trat er als gelehrter Orientalist und Exeget mit Kommentaren über das Buch Daniel, die Psalmen und die Sprüche Salomonis hervor. Besonders wurde er aber als Prediger, Erbauungsschriftsteller und Liederdichter bekannt. Seinen Postillenband 'Zeit und Ewigkeit' hat vermutlich auch Johann Sebastian Bach besessen[16]. So charakteristisch die Verbindung von Gelehrsamkeit und Frömmigkeit für die gesamte lutherische Orthodoxie und für alle Dresdner Oberhofprediger im 17. Jahrhundert ist, so nimmt

---

[13] Hierbei handelt es sich um Predigten Geiers, die er 1668 am Dresdner Hof gehalten hat und die aus verschiedenen Nachschriften zusammengestellt wurden.

[14] Vergleichbar etwa mit dem Hofprediger Joachim Lütkemann in Wolfenbüttel. Zu Lütkemann vgl. *Wolfgang Sommer*, Gottesfurcht und Fürstenherrschaft (wie Anm. 12), 272–291; *Johannes Wallmann*, Art. Lütkemann, Joachim, RGG⁴ 5 (2002), 620.

[15] *Georg Green*, Der Erleuchtete/ Großmuthige und Gerechte Chur-Sächsische Paulus [...], Dresden ca. 1680. Leichenpredigt auf Martin Geier, gehalten in Freiberg 11. Oktober 1680 (Michael Günther, Buchhändler), 8f; BSB München, OR. fun. 152 n.

[16] Vgl. *Johannes Wallmann*, Johann Sebastian Bach und die "Geistlichen Bücher" seiner Bibliothek, in: Ders., Theologie und Frömmigkeit im Zeitalter des Barock, Tübingen 1995, 124–145, hier: 133.

Martin Geier doch eine besondere Stellung in der Frömmigkeitsgeschichte des 17. Jahrhunderts zwischen Arndt und Spener ein.
Schon in der älteren Literatur wurde auf die Geistesverwandtschaft
zwischen Geier und Arndt hingewiesen, und auch im neuesten
Lexikon-Artikel wird dies mit Recht vermerkt[17]. Einen "der liebens-
würdigsten Charakterköpfe der Zeit" nennt ihn Franz Blanckmeister,
"der nicht nur in Leipzig als Pastor und Professor, sondern auch in
Dresden als Oberhofprediger segensvoll wirkte"[18]. Im Jahre 1675 kam
es zu einem Briefwechsel zwischen Spener und Geier, der verwandte
Intentionen in den Zielen einer Erneuerung der Kirche durch
Intensivierung der Frömmigkeit zeigt, jedoch mit unterschiedlichen
Haltungen hinsichtlich ihrer Verwirklichung[19].

Martin Geier stand schon viele Jahre im kirchlichen Dienst, als
er im 51. Lebensjahr durch das Oberkonsistorium in Dresden den
Ruf zum Oberhofpredigeramt erhielt. Am 24. April 1614 wurde
Martin Geier als Sohn eines Kaufmanns in Leipzig geboren[20]. Ein
Jahr später starb bereits seine Mutter, und der Vater heiratete 1618
erneut. Nach dem Besuch der Nikolai-Schule in Leipzig und ab 1625
der Stadtschule in Torgau, begann er 1628 ein philologisches und
philosophisches Studium an der Universität Leipzig, das er ab 1631
in Straßburg fortsetzte. Hier besuchte er das Collegium Politicum
unter Johann Conrad Dannhauer. Nach dem Tod seines Vaters am
15. November 1631 nahm sich der Kirchenpräsident Johann Schmidt
in Straßburg seiner besonders an. Wegen der Kriegsverhältnisse verzögerte sich die Rückkehr in seine Vaterstadt Leipzig, die er über

---

[17] *Wilhelm Beste*, Die bedeutendsten Kanzelredner der lutherischen Kirche des
XVII. Jahrhunderts von Arndt bis Spener, Bd. 3, Dresden 1886: "Geiers Predigten
zeigen eine grosse Geistesverwandtschaft mit denen von Arndt, dessen wahres Chris-
tenthum ihn nach eigenem Bekenntnis zum Christen gemacht hatte" (233); *Johannes
Wallmann*, Art. Martin Geier, RGG[4] 3 (2000), 553f.

[18] *Franz Blanckmeister*, Sächsische Kirchengeschichte, 2. Aufl., Dresden 1906, 205.

[19] *Philipp Jakob Spener*, Briefe aus der Frankfurter Zeit 1666–1686, Bd. 2: 1675–1676,
hg. von Johannes Wallmann, Tübingen 1996, Nr. 22, 104–106 und Nr. 43, 201–204. –
Aus einer Notiz Speners vom 29.3.1678 geht hervor, dass Geier gegenüber Spener
sagte, dass der geistliche Stand von der weltlichen Gewalt eingeschränkt würde und
dass wenig Hoffnung bestünde, von Seiten der weltlichen Obrigkeit Förderung für
die Reformvorschläge Speners zu gewinnen.

[20] Folgende Quellen habe ich für die biographischen Angaben benutzt: *Georg
Green*, Leichenpredigt auf Martin Geier (wie Anm. 15), Lebenslauf, 82–108; *Johann
Andreas Gleich*, Annales ecclesiastici, Leipzig und Dresden 1730, 2. Teil, 313–374;
Gustav Ludwig Zeißler, Geschichte der sächsischen Oberhofprediger, Leipzig 1856,
76–86; *Wilhelm Beste*, Die bedeutendsten Kanzelredner (wie Anm. 17), 232f.

Frankfurt und einen zehnmonatigen Aufenthalt in Jena schließlich im Dezember 1632 erreichte. Nach dem hier abgelegten Magisterexamen 1633 studierte Geier an der Universität Wittenberg Theologie und orientalische Sprachen (1633–1637). Mit seinem Vorgänger im Oberhofpredigeramt in Dresden, Jakob Weller, hatte Geier in Wittenberg einen besonders engen persönlichen und fachlichen Austausch. Er wohnte in Wellers Haus und hörte dessen Vorlesungen in der Philosophischen und Theologischen Fakultät[21]. Auch der junge Geier hatte wie Jakob Weller eine besondere Vorliebe für die orientalischen Sprachen, deren Studien er bei dem Orientalisten Martin Trost und nach dessen Tod 1636 bei Weller als Professor für orientalische Sprachen betrieb. Daneben studierte Geier in Wittenberg bei Paul Röber, Wilhelm Leyser und Johann Hülsemann. Als 1637 in Wittenberg die Pest ausbrach und sie auch in Wellers Haus einzog, verließ er die Stadt und ging wieder nach Leipzig, wo er 1639 eine Professur der hebräischen Sprache erhielt. Bis zur Berufung nach Dresden hatte Geier noch folgende Ämter in Leipzig inne: Ab 1643 das Diakonat an der Thomaskirche, seit 1659 das Pfarramt an der Thomaskirche und schließlich 1661 die Professur für Theologie sowie 1662 das Superintendentenamt in der Nachfolge von Johann Hülsemann. Im Jahre 1645 heiratete er die Tochter eines Buchhändlers, die schon nach zwei Jahren verstarb. Seit 1657 war Geier mit der Schwester von Samuel Benedikt Carpzov verheiratet; bei der Trauung war der regierende Kurfürst Johann Georg II. anwesend. 1658 hatte er den theologischen Doktorgrad erworben.

Nachdem am 6. Juli 1664 Jakob Weller als Oberhofprediger in Dresden verstarb, fragte das Oberkonsistorium bei Geier an, ob er dieses Amt übernehmen könne. Wie schon bei dem Ersten Hofprediger Polykarp Leyser d. Ä. am Anfang des 17. Jahrhunderts und später bei Spener sah sich Martin Geier der Übernahme dieses ehrenvollen und ranghöchsten Amtes im lutherischen Deutschland in keiner Weise gewachsen[22]. Erst als Kurfürst Johann Georg II. Geier zu verstehen gab, dass Gott selbst ihn durch seinen Landesfürsten in dieses

---

[21] Vgl. *Wolfgang Sommer*, Jakob Weller als Oberhofprediger in Dresden, in: Vestigia pietatis. Studien zur Geschichte der Frömmigkeit in Thüringen und Sachsen. Ernst Koch gewidmet, Leipzig 2000, 145–161, hier: 147.

[22] In einem Brief an den Dresdner Superintendenten D. Buläus heißt es zum Schluss: "Cor meum horret penitus muneris immensi molem". Zit. nach *Zeißler*, Oberhofprediger (wie Anm. 20), 81.

Amt rufe, gab er seine Bedenken auf und folgte dem Ruf. Am
Neujahrstag 1665 hielt er in der Schlosskirche in Dresden seine
Antrittspredigt. Damit begann seine anderthalb Jahrzehnte während
Wirksamkeit als Oberhofprediger in Dresden in enger persönlicher
Verbindung mit dem regierenden Kurfürsten Johann Georg II. bis
zu dessen Tod am 22. August 1680. Nur drei Wochen danach starb
Martin Geier am 12. September 1680 und wurde im Freiberger
Dom begraben.

Über verschiedene biblische Sprüche hat Geier Andachten in der
Schlosskirche in Dresden gehalten, die auch im Druck erschienen
sind[23]. Bevor Geier mit seinen konkreten, praktischen Anleitungen
zu einer frommen Lebensgestaltung in persönlicher Anrede beginnt,
beruft er sich auf den Ersten Hofprediger in Dresden am Beginn
des 17. Jahrhunderts, Polykarp Leyser d. Ä., und dessen ausführliches
Selbstzeugnis über seine Amtsführung als Hofprediger. Vor 67 Jahren,
im Jahre 1605, hatte Leyser seinen vier Landtagspredigten über den
101. Psalm einen sog. "Hofpredigerspiegel" vorausgeschickt, in dem
er in 9 Punkten eine Rechenschaftsablegung über das schwierige Amt
am Hofe vornimmt, das nun auch Geier schon seit sieben Jahren
innehatte[24].

Die erste Andacht geht über den Vers Gen 17,1, der als Motto
über allen Andachten stehen kann. Dem 99jährigen Abraham erschien
der allmächtige Gott und sprach zu ihm: "Wandle vor mir und sei
fromm". Wie konkret Geier dieses Wandeln vor Gott und Frommsein
versteht, wird schon in dieser ersten Andacht deutlich, in der er seine
Hörer mit einer nicht geringen ganzheitlichen Anforderung konfrontiert und sie vor dem Wandel der Weltkinder warnen möchte. Darunter
versteht Geier "ärgerliches schmausen/ spazieren gehen/ die zeit
vertreiben [. . .]"[25]. "Wandele für Gott/ und sey fromm/ nicht nur
sontags und in festzeiten/ sondern auch in der Woche: nicht nur
frü morgens/ sondern auch alle stunden des tages und bey nacht;
nicht nur bey gesunden/ sondern auch bey siechtagen; und diß so

---

[23] *Martin Geier*, Allgegenwarth Unsers Allsehenden Gottes. Nach Anleitung etlicher Biblischer Sprüche [. . .], Leipzig 1672; WLB Stuttgart, Theol. oct. 5898. Im
Anhang sind drei Bußpredigten mit abgedruckt, die bei verschiedenen Buß-, Fast-
und Bettagen gehalten wurden. Gewidmet sind diese 43 Andachten Kurfürst Johann
Georg II. und den Kurfürstinnen Magdalena Sibylle und Anna Sophia.
[24] *Polykarp Leyser*, Regenten Spiegel/ gepredigt aus dem 101. Psalm [. . .], Leipzig
1605. Vgl. dazu *Sommer*, Gottesfurcht (wie Anm. 12), 122–134.
[25] *Geier*, Allgegenwarth (wie Anm. 23), 25f.

lange/ biß du gar sterben wirst. Auf solche Art wirstu andächtig/ demütig/ gedultig/ gehorsam/ friedfertig/ keusch/ redlich/ warhafftig/ ja mit einem wort/ gesegnet und Gott wohlgefällig bleiben"[26].

Allein 19 Andachten sind dem 139. Psalm gewidmet, der Vers für Vers ausgelegt wird. Mit Zitaten von Augustin und anderen altkirchlichen Lehrern, vor allem Bernhard, aber auch Luther, wird immer wieder zur Buße aufgefordert und vor einem Leben der Weltkinder in Wollust und Unzucht gewarnt. Nicht polemisch-strafend, sondern bildhaft-erklärend wendet sich Geier seinen Hörern zu, die er unter verschiedenen Aspekten werbend und ermahnend auf das Leben unter den Augen Gottes hinweist, vor denen sich kein Mensch verstecken kann. Seine lutherische Frömmigkeit bringt Geier zuweilen auch kritisch gegenüber den Calvinisten zum Ausdruck. Das Wesen der Inkarnation Gottes ist gerade sein Kommen in die tiefste Niedrigkeit: "Werden denn die sonnenstrahlen dadurch unsauber oder verunreinigt/ daß sie stinckende äser/ mistpfützen und andere unfläterey bescheinen? schadets denn derer heiligen Engel ihrem reinen wesen/ wenn sie die unreinen sündhafften menschen auf den händen tragen? ist denn Gottes krafft [. . .] von Gottes Wesen unterschieden? ist denn nicht die gantze fülle der Gottheit leibhafftig in dem Jesuskindlein/ da dasselbe im schlam mütterlichen leibes verborgen lag/ zugegen gewesen/ und hat in ihm gewohnet?"[27] Die wesenhafte Gegenwart Gottes ist im Himmel wie auf Erden, freilich auf je verschiedene Weise. "Auf andere weise ist Gott im himmel unter seinen H. Engeln und auserwehlten seelen/ anders ist er unter und bey seinen creaturen ingemein/ anders bey seinen wiedergebornen kindern in der streitenden kirch auf erden, und dennoch überall wesentlich"[28].

Das homiletisch-didaktische Ziel dieser Andachten Geiers liegt in der Befestigung von Glaubensmut und tröstlicher Gewissheit, dass Gott stets um uns ist. Mutig sollen die Christen an die Arbeit gehen. So deutlich die Kritik an den Weltkindern ausfällt, so durchzieht diese Andachten doch keinerlei weltflüchtige Stimmung. Das betrifft auch Geiers Kritik an den Einbildungen des eigenen Wissens. Die Wahrnehmung von Gottes Gegenwart ist das Entscheidende, alles Begreifenwollen Gottes führt in die Irre: "Lieber/ was kanst du denn

---

[26] Ebd., 31.
[27] Ebd., 202f.
[28] Ebd., 205f.

von Gott begreiffen? nichts. Ich kans nicht: muss auch der sonst hochverständige/ ja von Gott erleuchtete David bekennen"[29].

Ebenfalls Andachtscharakter hat das Buch: 'Liebe zu Gott und dem Nähesten nach anleitung LII. Biblische Sprüche [...]'[30]. Schon in der Vorrede bringt Geier die Liebe zu Gott als Grund der Nächstenliebe in einer Frömmigkeitssprache zum Ausdruck, die in ihrer Sehnsucht nach Vereinigung mit Gott und Ergötzung in ihm an Johann Arndt erinnert: "So ist demnach die Liebe eine solche heilige bewegung des hertzens/ da durch kräftige wirckung des Heil. Geistes man den eintzigen wahren Gott/ als das höchste guth/ so man aus seinen wercken und worte erkennet/ dermassen hochhält/ daß man sich ohn unterlaß nach demselben sehnet/ mit ihm immerzu näher vereiniget zu werden wüntschet/ sich in ihm inniglich ergötzet/ ihm eintzig zu gefallen sich befleissiget/ und um seinet willen auch gegen den nähesten/ als Gottes ebenbild/ ein aufrichtiges hertz träget/ mit ihm/ wie mit sich selbs/ es kräfftiglich gut zu meinen"[31]. Immer wieder gebraucht Geier Naturbilder, um das Verlangen der Seele nach Gott zum Ausdruck zu bringen. Wie die Frühlingssonne in der Natur den erkalteten Boden erwärmt, so dringt Gottes Geist ins Herz der Wiedergeborenen und entfaltet dort seine Wirkung. Sache des Menschen ist es nur, der Liebe nach Gott Raum zu geben: "Ist nur der appetit oder das heilige verlangen nach Gott bei dir/ Gott der Herr wird schon mit seiner kräfftigen wirckung sich bei dir finden"[32]. Geier will seine "liebes-schule" nicht unbesonnen gestalten. Auch der Verstand gehört dazu, freilich der von Gottes Geist erleuchtete Verstand.

In der Ausdeutung von Psalm 34,9 nähert sich Geier besonders der Sprache Arndts, wenn er den Durst der Seele nach Gott mit dem Schmecken der unvergleichlichen Süßigkeit der Liebe Gottes beschreibt. Gegenüber aller Kreaturliebe schmeckt die Liebe Gottes "unvergleichlich süsser"[33]. Auch das Außersichkommen der Seele, ihre Schlaftrunkenheit in der Liebesbeziehung zu Gott, kann Geier

---

[29] Ebd., 271.
[30] *Martin Geier*, Liebe zu Gott und dem Nähesten nach anleitung LII. Biblische Sprüche [...], Dresden 1677; WLB Stuttgart, Theol. oct. 5899. Eine 2. Auflage erschien Leipzig 1700; LKA Nürnberg, We 476.
[31] Ebd., 2f.
[32] Ebd., 13.
[33] Ebd., 31.

anhand des biblischen Vorbildes zum Ausdruck bringen. Ist der Mensch "mit seinen gedancken bey Gott/ so ist seine verliebte seele am allersüssesten vergnüget. Er wird gleichsam truncken darüber/ daß ihn die welt für einen jäcken hält/ wie die stoltze Michal ihren für andacht hupffenden könig David"[34]. Der eigentliche Zweck der Liebe zu Gott ist die Vereinigung mit ihm. Auch das für Arndt so wichtige Motiv der Seelenruhe findet sich bei Geier. Das Ausströmen in der "süssen liebe Gottes" zieht den Menschen in die Liebesbewegung Gottes so hinein, dass er sich darin ganz aufgehoben weiß und im Sinne von Gal 2,20 Gott selbst die bestimmende Macht in seinem Leben ist: "Wie ein tropfen wasser/ wenn er in ein faß wein fället/ gleichsam verschwindet/ er wird zu lauter wein: also verschwindet auch gleichsam ein Liebhaber Gottes uns unter den händen"[35].

Mit diesen Andachten Geiers über die Gottes- und Nächstenliebe, in denen er mehrfach aus Augustin, Bonaventura, vor allem Bernhard, aber auch aus dem Seelenschatz von Christian Scriver zitiert, soll der Glaube an den nicht sichtbaren Christus (1. Petr 1,8) durch die ihm wesensmäßig zugehörende Liebe seine nötige Erfüllung und Veranschaulichung finden: "Ist demnach diese glaubens-sonne im hertzen auffgegangen/ so findet sich sonder allen zweiffel/ nebenst ihrem glantze/ auch die himmlische Liebeswärme/ also daß unser gemüth je mehr und mehr angefeuert wird/ seinen Gott/ und in Gott den nächsten/ brünstiglich zu lieben"[36].

Zur Frömmigkeit Martin Geiers gehört auch seine offenbar enge Beziehung zu dem Hofkapellmeister Heinrich Schütz, dem er am 17. November 1672 in der Dresdner Frauenkirche die Leichenpredigt hielt[37]. Martin Geier war der dritte Oberhofprediger, den Schütz in seiner 57jährigen Dienstzeit am sächsischen Hof in Dresden erlebte (nach Hoe von Hoenegg und Jakob Weller). Die Sprache der Leichenpredigt Geiers, die er über Psalm 119,54 hielt, und die ausführliche Biographie am Schluss lassen darauf schließen, dass zwischen dem Oberhofprediger Geier und dem Kapellmeister Heinrich

---

[34] Ebd., 32.
[35] *Geier*, Liebe, 2. Aufl. (wie Anm. 30), 40f und 45.
[36] Ebd., 260.
[37] *Martin Geier*, Kurtze beschreibung Des Herrn Heinrich Schützens/ Chur-Fürstl. Sächs. Ältern Capellmeisters/ geführten mühseligen Lebens-Lauff. Faksimile-Nachdruck, Kassel 1972; BSB München, Mus. th. 5078 mg.

Schütz eine besondere Verbindung bestanden haben muss, die sich in einer verwandten Frömmigkeitsprache ausdrückt. Möglicherweise hatte Geier von Schütz selbst die ausführlichen Daten zu seiner Biographie erhalten, die damit die wichtigste Quelle zur Biographie von Heinrich Schütz darstellt[38]. Obwohl das Zusammentreffen zwischen Geier und Schütz am Dresdner Hof nur die letzten sieben Jahre des Wirkens von Schütz betreffen, muss die Ausstrahlungskraft des alten Kapellmeisters auf Geier und wiederum der Eindruck von Geiers Predigt- und Frömmigkeitsprache in seinen biblischen Andachten auf Schütz eine wechselseitige Anziehungskraft bedeutet haben, die so mit den Vorgängern im Oberhofpredigeramt nicht existiert haben dürfte. Das gottesdienstliche Leben am sächsischen Hof war freilich schon vor Geiers Wirken am Dresdner Hof zu einem Höhepunkt gekommen, als 1661/62 die Schlosskapelle erneuert und prächtig ausgestaltet wurde, woran Heinrich Schütz wesentlich beteiligt war[39].

Im Jahre 1680 brach in Dresden die Pest aus. Kurfürst Johann Georg II. begab sich mit seinem Hofstaat nach Freiberg, und auch Geier folgte ihm dorthin. Am 22. August 1680 starb der Kurfürst auf Schloss Freudenstein in Freiberg. Geier hielt ihm in der Freiberger Schlosskirche die Trauerpredigt über den Wahlspruch des Kurfürsten: 'Sursum Deorsum oder Die alleredelste Sorgfalt'[40]. Wie auch in anderen Predigten stellte Geier in dieser Trauerpredigt über Kol 3,1f den Kurfürsten als fürsorgenden Förderer des kirchlichen Lebens heraus. Im Bibellesen sei er wohl bewandert und habe auch unterschiedene deutsche Bibelausgaben wahrgenommen und befördert[41]. Den Gottesdiensten an Festzeiten galt seine besondere Sorge bis zu den Liedern, und mit der Anordnung von Fast-, Buß- und Bettagen habe sich der Kurfürst ganz besondere Verdienste erworben. Noch in seinem Todesjahr 1680 ordnete der Kurfürst ein Dankfest zum 150. Gedenkjahr

---

[38] Dies vermutet Dietrich Berke in seinem Nachwort zu dem Druck von 1972.

[39] Vgl. *Heinrich Magirius*, Die Hofkapelle, in: Das Dresdner Schloss. Monumente sächsischer Geschichte und Kultur, hg. von den Staatlichen Kunstsammlungen Dresden, Dresden 1992, 78–88, hier: 82–84.

[40] *Martin Geier*, Sursum Deorsum oder Die alleredelste Sorgfalt des weyland Durchlauchtigsten Fürsten und Herrn Herrn Johann Georgen des Andern [...] Auf dem Schloß Freudenstein zu Freyberg [...], Dresden 1680; BSB München, Res/2 Or. fun. 230,.

[41] Ebd., 20: "aber das weiß ich/ daß Sie es wohl manchen Schrifftgelehrten mögen zuvor gethan haben".

der Augsburgischen Konfession und zum 100. Gedenkjahr des Konkordienbuches an, dem er aber aus Krankheitsgründen nicht mehr beiwohnen konnte[42].

Neben der Bibelfrömmigkeit und der Förderung des gottesdienstlichen Lebens stellt Geier auch die Friedfertigkeit des Kurfürsten heraus[43]. Geier erinnert sich an eine Unterredung mit dem Kurfürsten, der ihn gefragt habe, ob er auch Rechenschaft für die Soldaten geben müsse, die in unnötigen Kriegen umkommen. Als Geier darauf hin mit ja geantwortet habe, gefielen dem Kurfürsten "hierauf solche reden/ daß ich wohl anders nicht/ als ein friedfertig Hertz draus schliessen können"[44].

Die Trauerpredigt Geiers auf Kurfürst Johann Georg II. war eine seiner letzten. Nur kurze Zeit nach dem Tod des Kurfürsten starb auch sein Oberhofprediger. Martin Geiers Wirken am Dresdner Hof ist besonders durch seine klar disponierten, seelsorgerlich ausgerichteten Predigten und seine den Wortlaut der Bibel reich ausschöpfenden Frömmigkeitstraktate gekennzeichnet. An den Zeitereignissen nahm er regen Anteil, und der sich immer mehr in barocker Pracht entfaltenden Hofhaltung in Dresden stand er keineswegs unkritisch gegenüber. Die in der Freiheit des Wortes Gottes begründete Unabhängigkeit des geistlichen Amtes führt auch Geier in der zweiten Hälfte des 17. Jahrhunderts immer wieder zu kritischen Ermahnungen vor allem im sittlichen Leben. Im Vergleich mit seinem Vorgänger Jakob Weller, der die Trinkgelage am Hof scharf kritisierte, übte Geier seine Kritik jedoch in einer anderen Sprachgestalt aus. In seiner von Johann Arndt geprägten Frömmigkeitshaltung hat er den regierenden Kurfürsten als das Haupt eines christlichen Gemeinwesens beschrieben, dem sich die Landstände als willige Glieder zu- bzw. unterordnen. Mit diesem, an Christi Vorbild ausgerichteten Grundansatz in seinem Obrigkeitsverständnis, dem Luthers Unterscheidung

---

[42] Ebd. Auch in zwei Einweihungspredigten Geiers aus dem Jahre 1672 wird der Kurfürst als Förderer des kirchlichen Lebens gerühmt. Er habe "viel herrlicher thaten/ an Gotteshäusern in und außer landes/ durch Göttliche anreitzung und beistand verrichtet/ und recht Churfürstliche mildigkeit vielerorten erwiesen". *Martin Geier*, Predigt bei der Einweihung der Schlosskirche in Moritzburg und der Kirche auf der Festung Königstein Des Durchlauchtigsten Fürstens und Herren Herrn Johannis Georgii des II. [. . .] Ruhmwürdige Gottseligkeit, Dresden 1676, 2; SLUB Dresden, Hist. Sax. H. 513.

[43] *Geier*, Sursum Deorsum (wie Anm. 40), 22: "Ein friedliebender Herr sind Sie unstreitig gewesen".

[44] Ebd., 22f.

der beiden Regimente fremd geworden war, konnten die frühabso-
lutistischen Neigungen von Kurfürst Johann Georg II. durchaus har-
monieren[45]. Mit dem neuen Kurfürsten Johann Georg III. (1680–1691)
kann von dem sichtbaren Beginn einer absolutistischen Regierungsform
auch im Kurfürstentum Sachsen gesprochen werden[46]. Der den Namen
des "sächsischen Mars" tragende Kurfürst schuf nach dem Vorbild
Brandenburgs 1682 ein stehendes Heer und schon 1683 treibt Johann
Georg III. mit dem Polenkönig Johann III. Sobieski die Türken von
Wien zurück. Die durchaus noch selbstbewussten Landstände gaben
für die erheblichen Militärausgaben nur widerstrebend das nötige
Geld. Ein Geheimes Kriegsratskollegium wurde 1684 gebildet und
eine Kadettenanstalt eingerichtet. Mit diesem Kurfürsten ist der
Oberhofprediger Philipp Jakob Spener in einen denkwürdigen Streit
geraten, aber das ist ein neues Kapitel in der Geschichte der Dresdner
Oberhofprediger im 17. Jahrhundert.

---

[45] Vgl. *Joachim Hahn*, Zeitgeschehen im Spiegel der lutherisch-orthodoxen Predigt
nach dem Dreißigjährigen Krieg – dargestellt am Beispiel des kursächsischen Ober-
hofpredigers Martin Geier. Diss. theol. evang. (masch.), Leipzig 1990; *Wolfgang
Sommer*, Die Stellung lutherischer Hofprediger im Herausbildungsprozess frühmoderner Staatlichkeit und Gesellschaft, in: Ders., Politik, Theologie und Frömmigkeit im
Luthertum der Frühen Neuzeit, Göttingen 1999 (= FKDG 74), 74–90, hier: 79–90.
[46] Vgl. *Helmar Junghans*, Der Einfluss des "Absolutismus" auf die sächsische
Kirchengeschichte, in: Ders., Spätmittelalter, Luthers Reformation, Kirche in Sachsen.
Ausgewählte Aufsätze, Leipzig 2001, 355–369, hier: 365.

HEILIGER ZORN.
EINE FALLSTUDIE ZUR OBRIGKEITSKRITIK IM FRÜHNEUZEITLICHEN LUTHERTUM

Marcel Nieden
(Neuendettelsau)

1. *Lutherische Theologie – Mutterboden einer Mentalität des Gehorsams?*

Zu den sicheren Beständen historischen Wissens gehörte bis in die jüngste Zeit hinein die Überzeugung, dass die politische Kultur in Deutschland wesentlich von der sozialkonservativen, pro-absolutistischen Theologie des Luthertums beeinflusst worden sei. Die lutherischen Kirchen schienen der Verbreitung und Durchsetzung einer staatsloyalen, obrigkeitshörigen, autoritätsgläubigen Mentalität vorgearbeitet zu haben. Während der Calvinismus, gerade auch wegen der von ihm propagierten Widerstandslehre, in den westeuropäischen Ländern als Wegbereiter der Demokratie und damit der Moderne gewertet wurde, sah man im Luthertum eine der Hauptursachen für die rückständige Orientierung Deutschlands an monarchischen Herrschaftsformen.

Dieses vor allem von Ernst Troeltsch konturierte, lange Zeit erstaunlich stabile Bild des Luthertums ist von der historischen Forschung inzwischen nicht unwesentlich revidiert worden, nachdem sich freilich bereits früh, wenn auch nur vereinzelt, Kritik zu Wort gemeldet hatte[1]. Schon der Versuch, Luther gegen "das" Luthertum abzusetzen, war problematisch und bedingte eine nur allzu nivellierende Sicht der um die Wahrung des reformatorischen Erbes bemühten lutherischen Theologie. In der Tat bedeutete das Einziehen von Unterscheidungen in das sich gegen die "Lichtgestalt" Luthers so schwarz abhebende Bild des Luthertums eine wichtige Errungenschaft

---

[1] Vgl. *Ernst Troeltsch*, Die Soziallehren der christlichen Kirchen und Gruppen, in: ders., Gesammelte Schriften, Bd. 1, 2. Aufl., Tübingen 1922, Nachdruck Aalen 1965, 560–571; 594–605; 681–703. Dazu kritisch *Werner Elert*, Morphologie des Luthertums, Bd. 2: Soziallehren und Sozialwirkungen des Luthertums, 3. Aufl. München 1965, 366–395.

neuerer Arbeiten zum Thema[2]. Es zeigte sich, dass gerade das
Luthertum in seiner orthodoxen, von der Konkordienformel bestimmten Gestalt zu einer deutlicheren Kritik an den Fürsten fand als etwa
die von Johann Arndt beeinflusste Frömmigkeitsbewegung oder der
lutherische Pietismus des späten 17. und frühen 18. Jahrhunderts.
Gerade die lutherischen Geistlichen im Zeitalter der Orthodoxie
konnten auf der Basis einer zur Gesellschaftstheorie ausgebauten Drei-
Stände-Lehre eine skrupellose Politik und ein allzu "unevangelisches"
höfisches Leben scharf kritisieren, hatte ihrer Überzeugung nach doch
die Geistlichkeit ("status ecclesiasticus") darüber zu wachen, dass die
Obrigkeit ("status politicus") wie auch der Hausstand ("status oeco-
nomicus") ihre Aufgaben moralisch einwandfrei und gemäß dem göttlichen Auftrag erledigten[3]. Das geistliche Amt war im Verständnis
der lutherisch-orthodoxen Geistlichen insofern stets auch ein politisches Amt.

Die folgende Studie sucht diese Revision gleichsam mikrohistorisch
zu überprüfen. Dabei wird der Blick von den exponierten Theologen-
gruppen der Hofprediger oder Universitätstheologen, an denen die
lutherische Obrigkeitskritik bislang bevorzugt verifiziert wurde, auf

---

[2] Vgl. *Martin Kruse*, Speners Kritik am landesherrlichen Kirchenregiment und ihre
Vorgeschichte, Witten 1971 (= AGP 10); *Luise Schorn-Schütte*, Evangelische Geistlichkeit
in der Frühneuzeit. Deren Anteil an der Entfaltung frühmoderner Staatlichkeit und
Gesellschaft. Dargestellt am Beispiel des Fürstentums Braunschweig-Wolfenbüttel,
der Landgrafschaft Hessen-Kassel und der Stadt Braunschweig, Gütersloh 1996 (=
QFRG 62); *dies.*, Obrigkeitskritik im Luthertum? Anlässe und Rechtfertigungsmuster
im ausgehenden 16. und 17. Jahrhundert, in: Querdenken. Dissens und Toleranz
im Wandel der Geschichte. Festschrift zum 65. Geburtstag von Hans R. Guggisberg,
hg. von Michael Erbe u. a., Mannheim 1996, 253–270; *Wolfgang Sommer*, Gottesfurcht
und Fürstenherrschaft. Studien zum Obrigkeitsverständnis Johann Arndts und lutherischer Hofprediger zur Zeit der altprotestantischen Orthodoxie, Göttingen 1988 (=
FKDG 41); *ders.*, Politik, Theologie und Frömmigkeit im Luthertum der Frühen
Neuzeit. Ausgewählte Aufsätze, Göttingen 1999 (= FKDG 74); *ders.*, Obrigkeitskritik
und die politische Funktion der Frömmigkeit im deutschen Luthertum des konfessionellen Zeitalters, in: Widerstandsrecht in der frühen Neuzeit. Erträge und Perspektiven im deutsch-britischen Vergleich, hg. von Robert von Friedeburg, Berlin 2001
(= ZHF Beiheft 26), 245–263; *Joachim Whaley*, Obedient Servants? Lutheran Attitudes
to Authority and Society in the First Half of the Seventeenth Century. The Case
of Johann Balthasar Schupp, in: HistJ 35 (1992), 27–42.
[3] Zur Entwicklung der lutherischen Drei-Stände-Lehre vgl. *Martin Heckel*, Staat
und Kirche nach den Lehren der evangelischen Juristen Deutschlands in der ersten
Hälfte des 17. Jahrhunderts, München 1968 (= JusEcc 6), 139–163; *Reinhard Schwarz*,
Ecclesia, oeconomia, politia. Sozialgeschichtliche und fundamentalethische Aspekte
der protestantischen Drei-Stände-Theorie, in: Protestantismus und Neuzeit, hg. von
Horst Renz/Friedrich Wilhelm Graf, Gütersloh 1984 (= Troeltsch-Studien 3), 78–88.

die ländliche Geistlichkeit gelenkt und gefragt, inwieweit auch die
Pfarrer auf dem Dorf Kritik an Fürsten und Beamten übten, inwieweit also auch sie mit dem geistlichen Amt geradezu einen politischen Auftrag gegeben sahen. Die hier freilich nur exemplarisch
mögliche Beantwortung dieser Fragen soll auf der Grundlage eines
relativ gut dokumentierten, sich über mehrere Jahre erstreckenden
Konfliktszenariums zwischen einem lutherischen Pfarrer und einem
Verwalter im frühneuzeitlichen Markgraftum Brandenburg-Ansbach
versucht werden[4].

2. Schauplatz des Geschehens – Heilsbronn am Ende des Dreißigjährigen Krieges

Die Markgrafen von Brandenburg-Ansbach hatten das Zisterzienserkloster Heilsbronn[5], dessen Klosterkirche seit dem 13. Jahrhundert
Grablege der Hohenzollern war, im Zuge der Reformation aufgehoben und in ein Verwaltungsamt umgewandelt[6]. Der reiche Besitz

---

[4] Die im Staatsarchiv Nürnberg aufbewahrten Quellen der "Injuriensache" zwischen Anton Knoll und Benedikt Krebs haben einen Umfang von rund 180 Folioseiten;
Bestand Klosterverwaltungsamt Heilsbronn, Tome 29, fol. 266–447. Weitere Dokumente zur Kontroverse befinden sich im Landeskirchlichen Archiv Nürnberg, Bestände
Markgräfliches Konsistorium Ansbach, Generalia Nr. 106 und Spezialia Nr. 409.
[5] Die ältere Literatur zu Heilsbronn ist verzeichnet in: Fränkische Bibliographie.
Schrifttumsnachweis zur historischen Landeskunde Frankens bis zum Jahre 1945,
hg. von Gerhard Pfeiffer, Würzburg 1969 (= VGFG, Reihe 11/3, Bd. 2/1), 53–56;
vgl. jetzt auch *Paul Geißendörfer*, Literatur zur Heilsbronner Geschichte, in: Heilsbronn.
Ein Zisterzienserkloster in Franken, hg. von dems., Heilsbronn 2000, 371–386. Als
Materialfundus zur Geschichte des Klosters unverzichtbar: Hailsbronnischer Antiquitäten-Schatz, Enthaltend Derer uralten Burggrafen von Nürnberg [. . .] Grab-Stätte,
Wappen und Gedächtnis-Schrifften/ [. . .] Eröffnet von M. Johann Ludwig Hocker
[. . .], Ansbach: Johann Valentin Lüders, 1731; Svpplementa Zu dem Haylß-
bronnischen Antiquitäten-Schatz [. . .] Aus denen Originalien auf das accurateste
nachgeschrieben Und mit einigen Anmerckungen erläutert worden von M. Johann
Ludwig Hocker [. . .], Nürnberg: Peter Conrad Monath, 1739. Die umfassendste,
wenn auch in mancher Hinsicht überholte Gesamtdarstellung der Klostergeschichte
bietet immer noch *Georg Muck*, Geschichte von Kloster Heilsbronn von der Urzeit
bis zur Neuzeit, 3 Bde., Nördlingen 1879/80, Nachdruck Neustadt a. d. Aisch 1993;
vgl. *Gerhard Rechter*, Nachwort, in: ebd., Bd. 3, Neustadt a. d. Aisch 1993, I–XXII.
[6] Zur Reformation des Klosters Heilsbronn vgl. *Muck*, Kloster Heilsbronn (wie
Anm. 5), Bd. 1, 254–550; *Michael Diefenbacher*, Die Reformation im heutigen Mittelfranken, in: *Geißendörfer*, Heilsbronn (wie Anm. 5), 233–244. Zum weiteren Kontext
der Reformation in den fränkischen Markgraftümern vgl. *Martin Gernot Meier*,
Systembruch und Neuordnung. Reformation und Konfessionsbildung in den Markgraftümern Brandenburg-Ansbach-Kulmbach 1520–1594, Frankfurt a. M. 1999 (=
EHS.T 657) und mit sozialgeschichtlichem Schwerpunkt *C. Scott Dixon*, The Reformation

des Klosters war nicht einfach dem Staatsvermögen zugeschlagen
worden, sondern wurde separat von beiden Markgraftümern verwaltet[7].
An der Spitze des Amtes standen zwei hohe Beamte: ein Klosteramtsverwalter und ein Richter. Zur geistlichen Betreuung der Laiengemeinde
hatte bereits der reformatorisch gesinnte Abt Johann Schopper (um
1500–1542) evangelische Prediger berufen. Diese wurden nach der
Säkularisation des Klosters 1578 ebenso von lutherischen Geistlichen
beerbt wie die einstmaligen Äbte. Im Vergleich zu den vor allem
mit der Schulaufsicht beauftragten "Äbten"[8] waren die "Prediger"
die eigentlichen Ortspfarrer[9].

   Die Furie des Dreißigjährigen Krieges suchte Heilsbronn erst ab
den 30er Jahren intensiv heim. Der Rangau war zwar schon seit

---

and rural society. The parishes of Brandenburg-Ansbach-Kulmbach, 1528–1603,
Cambridge 1996 (= Cambridge Studies in Early Modern History).
   [7] Vgl. *Matthias Simon*, Ansbachisches Pfarrerbuch. Die Evangelisch-Lutherische
Geistlichkeit des Fürstentums Brandenburg-Ansbach 1528–1806, Nürnberg 1957 (=
EKGB 28), 635. Die gemeinsame Verwaltung, die erst ab 1612 formell besiegelt
wurde, war keineswegs einfach. Während sich im Blick auf die kleineren Heilsbronner
Besitzungen wie den Klosterhof in Nürnberg kaum Probleme ergaben, entstand um
die ehemaligen Propsteien des Klosters von 1603 an ein langwieriger Verteilungsstreit
zwischen den beiden Markgraftümern, der erst im so genannten Heilsbronner Rezess
von 1719 geschlichtet werden konnte; vgl. *Diefenbacher*, Reformation (wie Anm. 6),
244.
   [8] Das Amt des "Abtes" wurde, wie auch bei den Klostersäkularisationen in anderen evangelischen Territorien üblich, formell weitergeführt. Abtswürde und -ein-
kommen wurden an verdiente höhere Geistliche als Ruhestandsversorgung verliehen.
Den von 1578 bis 1631 amtierenden fünf Heilsbronner Titularäbten (Konrad Limmer,
Adam Francisci, Bartholomäus Wolschendorf, Abdias Wickner, Johann Mehlführer)
oblag vor allem die Aufsicht über die 1582 eröffnete Heilsbronner "Fürstenschule";
vgl. *Johann Michael Fuchs*, Einige Notizen zur Schul-Geschichte von Heilsbronn und
Ansbach, Ansbach 1837, 45f; *Karl Junger*, Die Fürstenschule zu Heilsbronn, Diss.
masch. Erlangen 1971, 69f; *Muck*, Kloster Heilsbronn (wie Anm. 5), Bd. 3, 1–13;
Matthias Simon, Evangelische Kirchengeschichte Bayerns, 2. Aufl., Nürnberg 1952,
295. Zu Adam Francisci vgl. neuerdings *Susanne Kleinöder-Strobel*, Die Verfolgung von
Zauberei und Hexerei in den fränkischen Markgraftümern im 16. Jahrhundert,
Tübingen 2002 (= SuR.NR 20); zu Abdias Wickner vgl. *Kuno Ulshöfer*, Abdias
Wickner d. J., der vierte evangelische Titularabt von Heilsbronn (1560–1608), in:
ZBKG 71 (2002), 69–96.
   [9] Von 1612 bis 1719 wurde die Predigerstelle abwechselnd durch die beiden
Landesherren besetzt; vgl. *Simon*, Ansbachisches Pfarrerbuch (wie Anm. 7), 635. Die
sonn- und werktäglichen Gottesdienste für die Heilsbronner Laiengemeinde fanden
in der wohl schon im 13. Jh. erbauten Katharinenkirche statt. Mit der Errichtung
einer Klosterschule unter Abt Johann Schopper wurde die Klosterkirche zur "Volkskirche". In der Katharinenkirche scheint dann bis in die 60er Jahre des 17. Jhs.
hinein kein Gottesdienst mehr gehalten worden zu sein. Sie wurde in hohem Maße
baufällig und – nach zwischenzeitlichen Renovierungen – schließlich 1777 abgeris-
sen; vgl. *Muck*, Kloster Heilsbronn (wie Anm. 5), Bd. 3, 202–207.

1618 ein wichtiges Truppendurchzugsgebiet gewesen, so dass die
Bevölkerung der umliegenden Dörfer das "Unwesen" der militärischen Quartiernahme früh zu spüren bekam[10]. Aber das Kloster, von
einer Wehrmauer umgeben und von den Markgrafen meist mit einer
Salva Guardia versehen, war im ersten Kriegsjahrzehnt von feindlichen Übergriffen weithin verschont geblieben. Das änderte sich im
Jahr 1631. Ohne nennenswerte Gegenwehr vermochten damals streifende Reiter der Tillyschen Truppen sieben Tage lang (3. bis 9.
November 1631) immer wieder in das Kloster einzudringen. Sie plün-
derten die Vorratskammern und legten Brände. Vor allem öffneten
sie die Zollernschen Gräber des Münsters, brachen die Särge auf
und beraubten die Leichen[11]. Wenn sich auch dergleichen Exzesse
in der Folgezeit nicht wiederholten, so häuften sich doch die Kontributionen an die durchziehenden Truppen – Leistungen, die angesichts der schwer beeinträchtigten Landwirtschaft des Klosters und
seiner Propsteien kaum mehr zu erbringen waren[12].

Im Frühjahr 1632 übernahm Benedikt Krebs das Amt des Kloster-
verwalters. Er hatte sich bereits im markgräflichen Kloster Sulz in
dieser Aufgabe bewährt, scheint auch recht geschickt im Verhandeln
mit den durchziehenden Söldnergruppen gewesen zu sein, wodurch
er Heilsbronn offensichtlich mehr als einmal vor Plünderungen hatte
bewahren können[13]. Ihm gelang es, durch damals nicht ungefährliche

---

[10] Einen verlaufsgeschichtlichen Überblick über die Zeit des Dreißigjährigen Krieges
in Franken bietet *Helmut Weigel*, Franken im Dreißigjährigen Krieg. Versuch einer
Überschau von Nürnberg aus, in: ZBLG 5 (1932), 1–50 und 193–218; zu Heilsbronn
vgl. *Muck*, Kloster Heilsbronn (wie Anm. 5), Bd. 3, 47–92.

[11] Vgl. *Muck*, Kloster Heilsbronn (wie Anm. 5), Bd. 1, 521f; *Bernhard Dietz*, Die
Verwüstung des Klosters Heilsbronn im November 1631, in: Die Heimat. Organ
des Historischen Vereins Neustadt an der Aisch und Umgebung 31 (1932), [1–5].

[12] Über die Einwohnerzahl Heilsbronns in den Kriegsjahren lassen sich quellen-
bedingt keine genauen Angaben machen. *Hocker*, Hailsbronnischer Antiquitäten-Schatz
(wie Anm. 5), 183, behauptet, dass beim Dienstantritt Knolls 1642 "die Zahl aller
Communicanten nicht über 50. gelanget". Demnach wären damals rund 70 Personen
(Erwachsene und Kinder) im Kloster gewesen. Faktisch dürften sich dort aber viel
mehr Menschen aufgehalten haben, da allein 1642 – laut der Umlagelisten für die
Kosten der Salva Guardia – 119 Familien (aus 23 Orten) in das Kloster eingeflo-
hen waren; 1648 stieg die Zahl der Familien gar auf 216. Vgl. *Ingomar Bog*, Die
bäuerliche Wirtschaft im Zeitalter des Dreißigjährigen Krieges. Die Bewegungsvorgänge
in der Kriegswirtschaft nach den Quellen des Klosterverwaltungsamtes Heilsbronn,
Coburg 1952 (= Schriften des Instituts für fränkische Landesforschung an der Universität Erlangen, Historische Reihe 4), 161f und 173.

[13] Ihm dürfte dabei seine einstige Tätigkeit als Regimentssekretär der (kaiserlichen!) Schönbergischen Reiter zugute gekommen sein; vgl. *Bog*, Bäuerliche Wirtschaft
(wie Anm. 12), 81 und 120.

Visitationsreisen in das Amtsgebiet die Bewirtschaftung der Heilsbronner
Güter zu reaktivieren, fällige Abgaben einzutreiben, mithin die Erträge
des Amtes wieder zu steigern, was nicht zuletzt der überschuldeten
markgräflichen Staatskasse zugute kam[14].

Die Predigerstelle war seit 1635 unbesetzt. In diesem Jahr hatte
sich der letzte Stelleninhaber mit seiner Familie – und mit markgräflicher Genehmigung – ins Ausland begeben, weil die Besoldung
zum Überleben nicht mehr ausreichte[15]. Seitdem wurde die Heilsbronner Gemeinde von Nachbarpfarreien aus mitbetreut (Weißenbronn,
Bürglein, Großhaslach). 1642 erst konnte die Predigerstelle wieder
besetzt werden, und zwar mit dem zuletzt in Ansbach tätigen Magister
Anton Knoll (1597–1664)[16]. Knoll war nicht ungebildet. Er hatte in
Altdorf und Wittenberg studiert[17]. 1623 war er an der Leucorea mit
einer Thesenreihe, die ihm Johann Scharf (1595–1660), damals Professor für Logik und Ethik, ausgearbeitet hatte, zum Magister artium
promoviert worden[18]. Knoll wirkte ab 1625 zunächst als Lehrer in
Ansbach, anschließend als Pfarrer in den wertheimischen Ortschaften

---

[14] Vgl. *Muck*, Kloster Heilsbronn (wie Anm. 5), Bd. 3, 68.

[15] Magister Johann Snoilshik (1597–1659) aus Laibach, der seit 1626 die Predigerstelle innehatte, bat 1635 den Bayreuther Markgrafen "auf ein Interim anderwärts einen Dienst suchen zu dürfen, bis in Heilsbronn wieder sicher wohnen wäre";
vgl. *Muck*, Kloster Heilsbronn (wie Anm. 5), Bd. 3, 46. Snoilshik zog zunächst nach
Erfurt, anschließend nach Ostfriesland, wo er in Norden als Diakon wirkte. 1644
übernahm er die Stelle eines Pastors in Esens. Er kam nicht mehr nach Heilsbronn
zurück. Vgl. *Simon*, Ansbachisches Pfarrerbuch (wie Anm. 7), 471, Nr. 2823; 636.

[16] Zu ihm vgl. ebd., 250, Nr. 1522.

[17] Vgl. Die Matrikel der Universität Altdorf, hg. von Elias von Steinmeyer,
Würzburg 1912 (= VGFG, Reihe 4, Bd. 2/1), 157 (1619 VIII; Nr. 13); Album
Academiae Vitebergensis, Jüngere Reihe, bearb. von Bernhard Weissenborn, Teil
1 (1602–1660), Textband, Magdeburg 1934 (= Geschichtsquellen der Provinz Sachsen
und des Freistaates Anhalt, Neue Reihe 14), 234 (1619; Nr. 612).

[18] Disputationum metaphysicarum duodecima, de corruptibili et incorrupti-
bili, finito et infinito, Quam Bono cum Deo Sub Praesidio m. johannis scharfii
[. . .] publico examini subjicit Antonius Knoll/Onoldinus Francus In Audit. Philosoph.
ad d. 30. Aug. hora matutinu [sic!], Wittenberg: Christian Tham, 1623 (VD 17
3:005575Q), enthalten in dem Sammelband: Theoria Transcendentalis Primae
philosophiae, Quam vocant Metaphysicam [. . .], autore & praeside m. johanne
scharfio [. . .], Wittenberg: Christian Tham, 1624 (VD 17 3:005393B). Johann
Scharf zählte zum Schülerkreis des einflussreichen Wittenberger Aristotelikers Jakob
Martini (1570–1649) und trat vor allem mit Kompendien zur Logik und Metaphysik,
Physik und Politik hervor, die sich speziell an angehende Theologen richteten und
ihnen die Grundlagen der Philosophie im Geist der lutherischen Orthodoxie zu vermitteln suchten; vgl. *Heinz Kathe*, Die Wittenberger Philosophische Fakultät 1502–1817,
Köln 2002 (= MDF 117), 214f.

Bettingen (1627) und Wenkheim (1632)[19]. 1634 wurde er Rektor der Wertheimer Schule[20]. Sechs Jahre später wechselte er wieder ins Pfarramt und übernahm in Ansbach eine der Stadtkaplansstellen an St. Johannis (1640–1642)[21]. Als der Verwalter wieder einen Pfarrer für Heilsbronn erbat, entschied Markgraf Albrecht V. von Brandenburg-Ansbach (1620; 1639–1667)[22], Anton Knoll die Predigerstelle zu verleihen. Benedikt Krebs hatte sich für Knoll "seines ehrbaren stillen Wandels und seiner Erudition halben"[23] ausgesprochen. Empfehlend dürfte aber sicher auch gewesen sein, dass Knoll bereit war, wegen der Kriegszeiten auf die Hälfte seines Einkommens zu verzichten[24]. Im Spätherbst des Jahres 1642 zog er in Heilsbronn ein.

3. Anlass zur Kritik – der "Missbrauch der Kirchengüter"

Das Kloster Heilsbronn besaß in dem unterfränkischen Weinort Randersacker einen Klosterhof, zu dem mehrere Weinberge und Äcker gehörten und dessen Erträge an Wein und Senfmost vorwiegend an die beiden markgräflichen Höfe in Ansbach und Bayreuth abgeführt wurden[25]. Nachdem der Klosterhof infolge der kriegerischen Auseinandersetzungen um Würzburg mehrfach geplündert, die Bevölkerung

---

[19] Vgl. *Heinrich Neu*, Geschichte des Marktfleckens Wenkheim, o. O. 1893, Nachdruck Wenkheim 1982, 70f.

[20] Zu den konfessionellen Verhältnissen in der Grafschaft Wertheim vgl. die Überblicksdarstellung von *Thomas Wehner*, Wertheim, in: Die Territorien des Reichs im Zeitalter der Reformation und Konfessionalisierung, hg. von Anton Schindling/Walter Ziegler, Bd. 4, Münster 1992 (= KLK 52), 214–232. Zum Rektorat Knolls vgl. Quellen zur Schulgeschichte der Grafschaft Wertheim, bearb. von Otto Langguth, Würzburg 1937, 51–54.

[21] Vgl. *Simon*, Ansbachisches Pfarrerbuch (wie Anm. 7), 250 und 587.

[22] Zu Markgraf Albrecht vgl. *Günther Schuhmann*, Die Markgrafen von Brandenburg-Ansbach. Eine Bilddokumentation zur Geschichte der Hohenzollern in Franken, Ansbach 1980 (= Jahrbuch des Historischen Vereins für Mittelfranken 90), 143–157. Das Markgraftum Brandenburg-Bayreuth, die andere brandenburgische Sekundogenitur in Franken, wurde damals von dem Onkel Markgraf Albrechts, Markgraf Christian (1581; 1603–1655), regiert.

[23] *Muck*, Kloster Heilsbronn (wie Anm. 5), Bd. 3, 152.

[24] LKA Nürnberg, Markgräfliches Konsistorium Ansbach, Spezialia Nr. 409 (Markgraf Albrecht an Markgraf Christian; Ansbach, 10.10.1642). Wie aus den Rechnungen des Klosterverwaltungsamtes Heilsbronn zu ersehen ist, standen dem Verwalter wie dem Prediger in Friedenszeiten jeweils 100 fl. Besoldung zu. Das Verwaltergehalt war jedoch in den Jahren 1640 und 1641 um insgesamt 50% gekürzt worden; vgl. *Bog*, Bäuerliche Wirtschaft (wie Anm. 12), 81. Gleiches hatte man offensichtlich auch für den neu anzustellenden Prediger beschlossen.

[25] Vgl. *Alfred Heidacher*, Die Entstehungs- und Wirtschaftsgeschichte des Klosters

beraubt und drangsaliert worden war[26], wurde im Herbst 1643 der
Verwalter Krebs vom Markgrafen beauftragt, nach Randersacker zu
reisen, um die Schäden vor Ort zu begutachten. Die beiden Regierungen beabsichtigten, Hof und Weinberge, wie bereits im Vorjahr
geschehen, aus den Steuereinkünften des Klosters Heilsbronn repa-
rieren bzw. rekultivieren zu lassen[27]. Der Prediger Knoll sah in dieser markgräflichen Politik einen "Missbrauch der Kirchengüter"
("abusus bonorum ecclesiasticorum")[28], den er nicht unkommentiert
hinzunehmen bereit war, hatten sich doch die Hohenzollern 1541
selbst dazu verpflichtet, die eingezogenen Klostergüter und die mit
ihnen erwirtschafteten Erträge zum Unterhalt der Geistlichen, der
Schulen, Hospitäler und Kirchenpflegen zu verwenden[29].

Sobald er von der Absicht der Markgrafen erfahren hatte, begann
er die sonntäglichen Gottesdienste geradezu als Protestveranstaltungen
gegen den "Missbrauch der Kirchengüter" durch die Fürsten zu
inszenieren, nicht ohne dabei die Gemeinde für die eigene Position
gewissermaßen zu instrumentalisieren. So ließ er im Gottesdienst am
19. November 1643, es war der 25. Sonntag nach Trinitatis, eine
Strophe singen, die er selber gedichtet hatte. Sie lautete:

> Die Schatz der Kirchen nimpt man hin,
> daß wirdt ihn bringen kein gewin
> die armen last man leiden noth,
> und nimpt ihn auß dem mundt daß brodt,
> die schatz der kirchen sindt ihr gifft,
> die seindt von ihnen nit gestifft,

Heilsbronn bis zum Ende des 15. Jahrhunderts. Gründung, Gründer, Wirtschafts-
und Verfassungsgeschichte, Bonn 1955, 97–99; *Muck*, Kloster Heilsbronn (wie Anm. 5),
Bd. 2, 416–432. Der Hof war Mittelpunkt einer eigenen Propstei, von der aus die
zahlreichen unterfränkischen Besitztümer des Klosters verwaltet wurden.

[26] Im Jahr 1631 wurde Randersacker von der schwedischen Armee besetzt und
hatte in den Folgejahren schwer unter Plünderungen und Kontributionen zu leiden. Nach Abzug der Schweden setzten im Herbst 1642 streifende Soldaten der
kaiserlichen Truppen die Ausbeutung fort; vgl. *Muck*, Kloster Heilsbronn (wie Anm. 5),
Bd. 2, 423–431. Zur Gesamtlage 1642 auch *Weigel*, Franken im Dreißigjährigen
Krieg (wie Anm. 10), 25–28 und 208f.

[27] Bereits 1642 flossen 240 fl. von den Heilsbronner Einkünften nach Randersacker;
vgl. *Bog*, Bäuerliche Wirtschaft (wie Anm. 12), 64f.

[28] StA Nürnberg, Klosterverwaltungsamt Heilsbronn, Tome 29, fol. 297 (Notizen
des Anton Knoll; undatiert).

[29] Vgl. *Simon*, Kirchengeschichte Bayerns (wie Anm. 8), 295. Nur eventuelle Über-
schüsse sollten auch zu rein staatlichen Zwecken verwendet werden können. Damit
war freilich eine dehnbare Regelung getroffen.

noch nehmen sie daß kirchen guth,
siehe, waß der leidige geiz nit thutt.[30]

Ohne dass die Markgrafen namentlich genannt wurden, wusste doch jedermann, wer hier gemeint war. Außerdem ließ Knoll in besagtem Gottesdienst – nicht unpassend zum Evangelium des Sonntags (Mt 24,15–29) – das erste Kapitel des ersten Makkabäerbuches über den Tempelraub Antiochus' IV. Epiphanes verlesen. Anschließend stellte er in seiner Predigt weitreichende Parallelen zwischen dem Vorgehen des Antiochus und dem der Markgrafen heraus.

In einem Schreiben ließ er ferner am nächsten Montag dem Verwalter durch den Mesner Achatius Röhmel ausrichten, "daß er nicht vor ihn beten könne wan er die raiß nach randesakher auff sich nehmen werde vndt wofern denselbigen vnderwegs in derer sachen capedition [Befassung; M. N.] solte ein infortun zur handen stossen, möchte es herr verwalther niemandt anders alß seinem gebeth imputiren, zwar nicht alß ein malum vindicativum, sondern nur alß ein malum medicinale"[31]. Die Ankündigung, die Reisefürbitte zu unterlassen und statt dessen ein Fluchgebet zu sprechen, war im Grunde eine Aufforderung zum passiven Widerstand. Sie sollte Krebs dazu bewegen, sich dem Auftrag zur Schadensbegutachtung und damit der profanierenden Wirtschaftspolitik der Markgrafen zu verweigern. Schließlich sei – und hier dürfte Knoll gleichsam sein sozialethisches Credo aussprechen – jeder Christ und jede Christin verpflichtet, Gott mehr zu gehorchen als den Menschen (clausula Petri: Apg 5,29)[32].

Krebs hat die damals nicht ungefährliche Fahrt nach Randersacker, entsprechend der markgräflichen Ordre, gleichwohl unternommen. Ob Knoll seine Androhung wahr gemacht hat, ist schwer zu sagen. Jedenfalls scheint er nicht öffentlich im Gottesdienst ein "heilsames Übel" für den Verwalter herbeigebetet zu haben[33]. Wohl aber verschärfte er noch einmal seinen Predigtton. Er begann nun von der

---

[30] StA Nürnberg, Klosterverwaltungsamt Heilsbronn, Tome 29, fol. 286v; LKA Nürnberg, Markgräfliches Konsistorium Ansbach, Generalia Nr. 106 (Benedikt Krebs an die Markgrafen; Heilsbronn, 8.5.1644); siehe auch StA Nürnberg, Klosterverwaltungsamt Heilsbronn, Tome 29, fol. 406r (Erklärung des Benedikt Krebs; undatiert). Die Strophe ist nur aus der Feder Benedikt Krebs' überliefert. Er hat sie auch noch nach einem halben Jahr offenbar recht gut im Ohr gehabt.

[31] Ebd., fol. 269r (Achatius Röhmel an Benedikt Krebs; Heilsbronn, 20.11.1643).

[32] Siehe ebd.

[33] So beteuert er es zumindest später gegenüber dem Konsistorium; siehe StA Nürnberg, Klosterverwaltungsamt Heilsbronn, Tome 29, fol. 290r (Extrakt der an Anton Knoll ergangenen Resolution; Ansbach, 25.6.1644).

Kanzel herab gegen den "Missbrauch der Kirchengüter" zu "donnern"[34]. Als dann noch Krebs im November 1643 das seit der Schändung nur provisorisch überdeckte Grab des Markgrafen Joachim Ernst (1583; 1603–1625) mit Holz aus dem Klosterwald ausbessern ließ[35], war für Knoll das Maß voll. Am 26. November 1643, dem letzten Sonntag des Kirchenjahres, hielt er eine wahrhafte "Höllenpredigt" über das Gleichnis vom reichen Mann und armen Lazarus (Lk 16,19–31). Da sich Krebs von dieser "grewlichen, zürnenden"[36] Predigt nachträglich Notizen machte, lässt sich deren Inhalt genauer umreißen[37].

Knoll hielt demnach seiner Gemeinde in einer unmittelbar applikativen Auslegung des Gleichnisses vor, dass jeder Christ wie der reiche Mann am Jüngsten Tag Rechenschaft von seinem Tun ablegen und mit dem Höllenfeuer rechnen müsse, sollte er nicht etwas von seinem Besitz an die Armen gegeben haben. Daraus folgerte Knoll – und hier kam er zu seinem Thema: Wenn schon derjenige mit der Verdammnis rechnen müsse, der es nicht schaffe, vom eigenen Besitz etwas abzugeben, wie viel mehr werde der "in alle ewigkeit brennen", der es nicht fertig bringe, etwas von dem, was Gott gehöre, an die Armen zu verteilen. In diesem Argumentum a fortiori lag gleichsam die Pointe der Predigt. Knoll fand zu sehr klaren, obrigkeitskritischen Worten, dabei indirekt die Markgrafen der älte-

---

[34] Knoll selbst hat seine engagiert-enragierte Predigtweise bevorzugt als "donnern" bezeichnet; ebd., fol. 285 (Benedikt Krebs an die Markgrafen; Heilsbronn, 8.5.1644): "[. . .] sein unzeitiges donnern (wie ers [Knoll; M. N.] selbst tituliret) [. . .]." Siehe auch ebd., fol. 269r (Achatius Röhmel an Benedikt Krebs; Heilsbronn, 20.11.1643).

[35] Unklar ist der Ort, wo man den Leichnam des Markgrafen Joachim Ernst in der Klosterkirche ursprünglich bestattet hat. Stillfried vermutet, dass der Sarg in einem provisorischen hölzernen Hochgrab ("castrum doloris") in der Mitte des Langhauses beigesetzt wurde, nicht aber in der unter dem Hochgrab befindlichen Gruft – diese sei erst von Markgraf Johann Friedrich (1654; 1672–1686) erbaut worden; vgl. *Rudolf Graf von Stillfried*, Kloster Heilsbronn. Ein Beitrag zu den Hohenzollerischen Forschungen, Berlin 1877, 183f; dahin tendierend auch *Günther Schuhmann*, Die Hohenzollern-Grablegen in Heilsbronn und Ansbach, München 1989, 34. Dagegen spricht der von Stillfried zitierte Bericht des Verwalters Georg Ludwig Müller eindeutig von einer "Gruft", in der sich damals – im November 1631 – der Sarg des Markgrafen befunden habe; vgl. ebd., 179 und 183; ferner *Dietz*, Die Verwüstung (wie Anm. 11), [4]. Die Existenz einer "crufft" wird auch von Benedikt Krebs bezeugt; siehe StA Nürnberg, Klosterverwaltungsamt Heilsbronn, Tome 29, fol. 266v (Benedikt Krebs an Markgraf Albrecht; Heilsbronn, 10.2.1644).

[36] Ebd., fol. 296r (Notizen von Benedikt Krebs; undatiert).

[37] Ebd., fol. 297r (Notizen von Anton Knoll; undatiert).

ren gegen die regierende jüngere, "Berliner" Linie ausspielend: "Die
clostergüter seind zu Gottes ehren gestifft, jetzo aber nehme mans
gar hinweg, vnd woll gar verlauten, wan man die clostergüter nit
habe, konte man die fürstl[iche] taffel nit haben. Sie nehmen dass
hinweg waß sie nit gestifft, vnd verschaffen nit, daß ein dorffschul-
meister von dem ihrigen underhalten werde. Marggraff Georg christ-
seligsten andenckhens habe ohne hülff der pfaffen güter uff dem
großen reichstag zu augspurg seine confession gethan, ietzo aber kont
man ohne die clostergüther die geringste weiße nit verrichten."[38]
Immerhin durfte sich Krebs moralisch im Recht sehen, als Markgraf
Albrecht im Februar 1644 den offiziellen Befehl zur Restauration
der beschädigten Grabstätten gab[39]. Gleichwohl ließ sich Knoll dadurch
in seiner Parrhesie nicht irritieren. In den folgenden Jahren erhob
er immer wieder seine mahnende Stimme, wenn er die Markgrafen
oder den Verwalter Krebs mit den wirtschaftlichen Erträgen des
Klosters nicht bestimmungsgemäß umgehen sah. Selbst noch in seiner Leichenpredigt auf die am 23. November 1646 verstorbene ältere
Schwester Markgraf Albrechts, Markgräfin Sophie von Brandenburg-
Ansbach (1614–1646), spielte Knoll mit unmissverständlichen Worten
auf den "Mißbrauch des Geistlichen Kirchen-Guts"[40] an.

In der lutherischen theologischen und juristischen Literatur des
17. Jahrhunderts wurden die Übergriffe der Fürsten als weltliche
Herren in die Rechte und Dienste der Kirche immer wieder scharf
verurteilt. Theologen wie Johann Gerhard oder Johann Andreas
Quenstedt hatten die Strafpredigt gegenüber der Obrigkeit als ein

---

[38] Ebd. Zu dem reformationshistorisch bedeutsamen Markgrafen Georg von Brandenburg-Ansbach (1484; 1515/1527–1543) vgl. *Dixon*, Reformation (wie Anm. 6),
26–32; *Meier*, Systembruch und Neuordnung (wie Anm. 6), 101–142; *Schuhmann*, Die
Markgrafen (wie Anm. 22), 76–100; *Richard Seyboth*, Markgraf Georg von Ansbach-
Kulmbach und die Reichspolitik, in: JFLF 47 (1987), 35–85.

[39] Vgl. *Stillfried*, Kloster Heilsbronn (wie Anm. 35), 180.

[40] Unsterblich Ehren-Gedächtnis/ Klag-Trawer- vnd Leich-Predigten/ Weiland
Der Durchlauchtigen/ Hochgebornen Fürstin vnd Frawen/ Frawen SOPHIAE, [...]
Welche den 23. Novembr. früh zwischen 3. vnd 4. Uhr/ des 1646. Jahrs/ selig im
Herrn entschlaffen/ vnd hernach den 8. Februarii 1647. zu Bayreuth/ in dem zuge-
richtetem Fürstlichen Gewölb vnd Begräbnus/ mit Fürstl. Solenniteten, beygesetzet
vnd begraben worden, Hof: Johann Albrecht Mintzel, 1648, 218 (VD 17 23:230660T;
Exemplar: BSB München, Res 2 Or. fun. 363). Knoll legte seiner Leichenpredigt
vom 8.2.1647 den Text 1. Sam 4,19 zugrunde, nahm dann aber noch am Schluss
der Predigt in bezeichnender Weise auf 1. Sam 5–7 Bezug: Wie die Philister geschlagen wurden, weil sie die Bundeslade geraubt hatten, so würden auch die "Kirchen-
räuber" (ebd., 219) von Gott bestraft werden.

spezielles Mandat der Geistlichen definiert[41]. Vor allem aus dem
Mund und der Feder lutherischer Hofprediger ist der Protest gegen
die Zweckentfremdung der aus dem Mittelalter überkommenen geistlichen Güter bekannt[42]. Wie das Heilsbronner Beispiel zeigt, konnten aber auch "Landgeistliche" in diesem Fall zu deutlichen Worten
gegen die weltliche Obrigkeit finden. Die ländliche Situation, fernab
des Hofes, stellte dabei nicht unbedingt einen geschützteren Rahmen
dar, in dem es leichter war, ein Wort gegen den Fürsten zu riskie-
ren. Denn auch diese Kritik konnte der Regierung zu Ohren kommen. Ja es scheint, als habe Knoll geradezu gewollt, dass seine
Scheltrede beim Ansbacher Hof ruchbar würde, schrieb er doch dem
Verwalter, er solle "den beiden rathstuben nur höchlich andeüten,
wie daß er h[err] knoll so gedonnert"[43].

4. Persönliche Animositäten – der Konflikt mit dem Verwalter

Musste der Verwalter Benedikt Krebs dergleichen Kanzel-Attacken
noch nicht unbedingt auf seine eigene Person beziehen – im Mittelpunkt der Polemik standen die Markgrafen und ihre Politik –, so
wurde das bald anders. Was er sonntäglich aus dem Mund des
Predigers zu vernehmen hatte, wurde unzweideutig persönlich, war

---

[41] *Johann Gerhard*, IOANNIS GERHARDI LOCI THEOLOGICI [1610–1622/25] [...], EDITIO
ALTERA CUI PRAEFATUS EST FR. FRANK, Bd. 6, Berlin 1885, 194: "Sed opponimus illis
1. mandatum generale, quo ministri ecclesiae absque ullo personarum discrimine
jubentur peccata redarguere, Esa. 58, v. 1. 1. Tim. 5, v. 20. nuspiam vero addi-
tur illa limitatio, quod privatorum quidem delicta arguenda sint non autem magistratus. 2. Mandatum speciale, quo magistratum etiam arguere jubentur ecclesiae
ministri." Aufgenommen von *Johann Andreas Quensted*, JOH. ANDR. QVENSTEDII, [...]
ETHICA PASTORALIS, & INSTRUCTIO CATHEDRALIS, sive MONITA, Omnibus ac singulis,
Munus Concionatorium ambientibus & obeuntibus [...], Wittenberg: Johann Ludolph
Quenstedt, 1697 (VD 17 39:152388P; Exemplar: UB München, Theol. Past. 451)
im 71. Kapitel, dem die These vorangestellt ist: "Non solum subditorum & hominum plebejorum, sed etiam Regum, Principum & Magistratuum, aliorumqve hominum in dignitate positorum peccata & flagitia arguat & reprehendat, privatim ac
publice" (ebd., 453).
[42] So übte etwa der Dresdener Hofprediger Nikolaus Selnecker in seiner Auslegung
des 101. Psalms (Nürnberg 1563/64) scharfe Kritik an der missbräuchlichen
Verwendung der eingezogenen Klöster und Stifte durch die Fürsten und formulierte unmissverständlich den Anspruch, dass die Kirchengüter allein zur Erhaltung
des Predigtamts zu verwenden seien; vgl. *Sommer*, Gottesfurcht und Fürstenherrschaft
(wie Anm. 2), 97–99.
[43] StA Nürnberg, Klosterverwaltungsamt Heilsbronn, Tome 29, fol. 269r (Achatius
Röhmel an Benedikt Krebs; Heilsbronn, 20.11.1643).

direkt gegen ihn und seine Familie gerichtet. Der Klosteramtsverwalter, der sich in der Frage der Verwaltung der Kirchengüter nicht auf die Seite des Predigers hatte ziehen lassen, rückte nun selber mehr und mehr in den Zielbereich der pastoralen Kritik.

Umlaufende Gerüchte über eine Eifersuchtsszene zwischen dem Heilsbronner Schäfer und seiner Frau – die Schäferei unterstand dem Verwalter – wurden von Knoll umgehend zum Anlass genommen, auf der Kanzel mit deutlichem Bezug auf das Haus des Verwalters "wider hurerey vnndt eyffersucht"[44] zu "donnern". Knoll hatte schon als Pfarrer von Bettingen sein Strafamt sehr ernst genommen – allerdings ohne seinerseits von der Gemeinde dabei allzu ernst genommen worden zu sein[45]. Krebs war nicht nur über die unhaltbaren Verdächtigungen empört. Er war vor allem auch darüber enttäuscht, dass Knoll die "fama" sogleich "uff die cantzel gebracht" hatte, anstatt zuvor das Gespräch mit ihm zu suchen[46].

Als der Prediger am nächsten Sonntag – "wiewohl er auß dem euangelio wenige lehrsachen darzu gehabt" – gleich zu Beginn der Predigt den Faden der Diffamierung wieder aufgriff, kam es zum Eklat. "Darüber dan fast jedmenniglichen inn der kirche uff mich gesehen, welches mir nun in meinem hertzen so wehe vnd schmertzlich gethan, daß ich auch vermeinet, ich stündte am pranger. Bin alß keine fernere iniurien anzuhören, im sinn, hertzen, vnnd gemüth gezwungen worden, auß der kirchen zu gehen"[47]. Krebs nutzte also seinerseits die Öffentlichkeit des Gottesdienstes, um ein Zeichen zu setzen, indem er während der Predigt ostentativ die Kirche verließ.

---

[44] LKA Nürnberg, Markgräfliches Konsistorium Ansbach, Generalia Nr. 106 (Benedikt Krebs an das Ansbacher Konsistorium; Heilsbronn, 8.5.1644).

[45] Knoll beschwerte sich 1632 in einem Brief, dass seine Pfarrkinder so gottlos seien, "daß sie nit allein die Bethäuser, ja sogar die Sakristei bestehlen, die verordneten Betstunden verachten und auch die Sonntag so entheiligen, dass sie den ganzen Tag das Fischen brauchen. Wenn ich dann meinem Amt und Gewissen nach solche Laster abgestraft, so nimmt die Entheiligung bei den Verächtern noch zu, je länger je mehr überhand"; *Langguth*, Quellen zur Schulgeschichte (wie Anm. 20), 125.

[46] LKA Nürnberg, Markgräfliches Konsistorium Ansbach, Generalia Nr. 106 (Benedikt Krebs an das Ansbacher Konsistorium; Heilsbronn, 8.5.1644): "[. . .] ich hette das vertrawen zum prediger gehabt, wan er etwaß vnrechts von meinem hauß oder den meinigen gehört, er würde mir solches zuvor entweder selbsten sagen, oder doch sagen laßen, ehe er solche fliegendte zeitungen uff die cantzel gebracht, vnnd wan er keine enderung von mir verspühret, alßdann er uhrsachen gehabt hette, dergleichen zu urgiren."

[47] Ebd.

Das war ein Akt, der seine Wirkung nicht verfehlte. Der aufgebrachte
Knoll forderte den Verwalter schriftlich in den Beichtstuhl, verlangte
ein ehrliches Schuldbekenntnis, sollte Krebs wieder zum Abendmahl
gehen wollen; ja er drohte ihm gar mit dem Bann, wenn er für seinen Fehltritt nicht umgehend Abbitte leiste[48]. Krebs, der sich keiner
Schuld bewusst war, sich im Gegenteil als Opfer pastoraler "zank-
sucht"[49] sah, ging darauf nicht weiter ein, lehnte vielmehr dezidiert
jedes Schuldbekenntnis ab. Er formulierte in einem Schreiben an den
Prediger, was er von einer "evangelischen" Predigt erwartete: Sie
solle die Gnade verkünden und nicht den Zorn. Er, Krebs, finde bei
Johann Arndt mehr Seelentrost als in der Scheltrede Knolls[50]. Beide
wandten sich an die Ansbacher Regierung. Der von Knoll bean-
tragte "Bindeschlüssel" ("clavis ligans") wurde vom Konsistorium
wegen der nur allzu offenkundigen persönlichen Animositäten, der
allzu offensichtlichen Ranküne Knolls, nicht ausgesprochen. Man lud
beide Kombattanten vors Konsistorium und verhörte sie, ließ es aber

---

[48] Siehe StA Nürnberg, Klosterverwaltungsamt Heilsbronn, Tome 29, fol. 276r
(Anton Knoll an Benedikt Krebs; undatiert), mit dem Verweis auf 1. Kor 5; LKA
Nürnberg, Markgräfliches Konsistorium Ansbach, Generalia Nr. 106 (Anton Knoll
an das Ansbacher Konsistorium; Heilsbronn, 25.6.1644). Seit 1594 durfte der Bann
(als die Deklaration des Verlusts aller aktiven Mitgliedschaftsrechte in der Kirche)
im Markgraftum Brandenburg-Ansbach nur noch mit der ausdrücklichen Zustimmung
des Konsistoriums verhängt werden; vgl. *Meier*, Systembruch und Neuordnung (wie
Anm. 6), 272–288. Zur Kirchenzucht als der entscheidenden Vollzugsform der
Seelsorge im frühneuzeitlichen Luthertum vgl. *Thomas Kaufmann*, Dreißigjähriger
Krieg und Westfälischer Friede, Tübingen 1998 (= BHTh 104), 104.

[49] StA Nürnberg, Klosterverwaltungsamt Heilsbronn, Tome 29, fol. 323r (Benedikt
Krebs an Markgraf Albrecht; Heilsbronn, 3.10.1646).

[50] Ebd., fol. 271r (Benedikt Krebs an Anton Knoll; Heilsbronn, 10.3.1644): "Uber
daß vnd nachdem ich ohne einige andung, darzu man wohl uhrsach gehabt, mit
schicklicher gedult uberstanden, hatt er mein hauß, dessen ehr ich bißhero eiffrig
gesucht, zum hurenhauß machen wollen, so ihme doch wan er dergleichen gehort
gebühret hette, einen anderen weg zu suchen, als ohne einigen grunt, vndt mit
einem solchen unzeitigen eiffer uff die cantzel zu bringen, dannenhero ich nit unzeitiges bedenckhen gehabt, solche ehrenruhrigen predigten ferners anzuhohren, sondern befinde mich in meinem gewissen mit des Arnts trostpredigt mehr getrost, als
mit seinem unzeitigen stürmen, so bey mir mehr seuffzens als trost veruhrsachen,
derowehgen sein vermahnen mich gantz crafftloß macht." Auf welche Werke Johann
Arndts sich Krebs bezieht, bleibt unklar. Zu dem durchaus eigenständigen geistig-
geistlichen Profil dieses lutherischen Theologen vgl. *Berndt Hamm*, Johann Arndts
Wortverständnis. Ein Beitrag zu den Anfängen des Pietismus, in: PuN 8 (1982),
43–72, und neuerdings mit jeweils unterschiedlicher Beurteilung *Werner Anetsberger*,
Tröstende Lehre. Die Theologie Johann Arndts in seinen Predigtwerken, München
2001, sowie *Hermann Geyer*, Verborgene Weisheit. Johann Arndts 'Vier Bücher vom
Wahren Christentum' als Programm einer spiritualistisch-hermetischen Theologie,
2 Bde., Berlin 2001 (= AKG 80).

bei der Ermahnung, sich zu vertragen, bewenden. Daran war jedoch nicht mehr zu denken. Die Fronten hatten sich längst verhärtet.

Bewegte sich die Strafpredigt zur "Schäfer-Affäre" noch im Bereich der allen Gemeindegliedern gegenüber zu übenden geistlichen "Sittenzucht" ("censura morum")[51], so ging die Kritik Knolls bald darüber hinaus und begann sich speziell gegen die Amtsführung des Verwalters zu richten. Im Herbst 1646 beschwerte sich Knoll erneut beim Ansbacher Konsistorium[52], kritisierte die Viehhaltung und die Feldbestellung des Verwalters. Krebs weigere sich, Schweine und anderes Vieh in Zäunen zu halten, so dass dieses im Ort frei herumlaufe und immer wieder den Pfarrhof "umwühle"; er nehme die markgräflichen Schnitter für die Bestellung der eigenen Felder und nicht der Klosteräcker in Anspruch, wirtschafte also in die eigene Tasche. Besonderen Anstoß nahm Knoll an den staatlichen Konzessionen, die dem Verwalter ein privates und keineswegs unprofitables Wirtschaften mit klösterlichem Eigentum ermöglichten. Tatsächlich hatten die Markgrafen die Schäferei vollständig in die Hände des Verwalters gelegt. Auch hatte Krebs 1643 begonnen, im klösterlichen Brauhaus in eigener Regie Bier zu brauen – und zwar mit Gewinn[53]. Noch 1641 war den Beamten jeder Handel mit den Untertanen verboten worden. Nun duldete die Regierung das private Wirtschaften des Verwalters, da von den Erträgen ein Umgeld in die markgräflichen Kassen floss. Durch derlei Konzessionen waren die Schäferei und Brauerei des Klosters, so jedenfalls sah es der Prediger, Mittel zur persönlichen Bereicherung geworden[54]. Der Verwalter suche nur den Eigennutz, nicht aber das Gemeinwohl[55]. Knoll forderte daher, die Erträge der Klosterbrauerei und -schäferei wieder voll und ganz für die kirchlich-karitativen Aufgaben des Klosters zu verwenden.

Hinter der Kritik an der markgräflichen Verwendung der Klostergüter wie auch an der Wirtschaftsweise des Verwalters standen nicht zuletzt handfeste Eigeninteressen Knolls. Der Prediger, der auf die

---

[51] *Johann Gerhard*, Loci theologici (wie Anm. 41), 131.

[52] Siehe StA Nürnberg, Klosterverwaltungsamt Heilsbronn, Tome 29, fol. 311–313 (Anton Knoll an das Ansbacher Konsistorium; Heilsbronn, 21.10.1646).

[53] Vgl. *Bog*, Bäuerliche Wirtschaft (wie Anm. 12), 80f.

[54] Siehe StA Nürnberg, Klosterverwaltungsamt Heilsbronn, Tome 29, fol. 362rv (Solutio instantiarum in nupero consistorio habito oppositarum; Heilsbronn, o. J.).

[55] Zu dem durch die Kriegssituation bedingten Wandel der Verwaltertätigkeit vom Rentensammeln hin zum eigenständigen Wirtschaften vgl. *Bog*, Bäuerliche Wirtschaft (wie Anm. 12), 71.

Hälfte seines Gehalts verzichtet hatte, war in Geldfragen zunehmend hellhörig geworden, nachdem ihm offenbar in Heilsbronn kein fester Lohn ausgezahlt werden konnte[56]. Außerdem hatte er noch 1645 Gehaltsrückstände aus seiner Wertheimer Zeit[57]. Angesichts derart negativer Erfahrungen war er verständlicherweise mehr und mehr auf korrekte Ausbezahlung seines Solds bedacht. Daher lag ihm auch an einer möglichst ertragreichen Bewirtschaftung des Klosters unter den widrigen Kriegsumständen, vor allem aber an einer bestimmungsgemäßen Verwendung der Erträge. Der Kampf um die Klostergüter war für Knoll zugleich ein Kampf um eine gerechte und feste Pfarrbesoldung[58].

Knoll beließ es nicht bei der mündlichen Kritik. Als der Verwalter einmal dienstlich für längere Zeit am Ansbacher Hof weilte, forderte der Prediger eigenständig von der Regierung zwei Ochsen an, "damit ein closterfeldt etwas gebawt werde"[59]. Ein andermal, als der Verwalter wiederum nach Ansbach verreist war, kamen streifende Reiter an das Kloster heran. Die Klosterbewohner wandten sich an den Prediger und baten ihn, mit den Soldaten zu verhandeln. Es gelang ihm, die feindlichen Streifer zum Weiterziehen zu bewegen. Knoll war überzeugt: Er hatte Heilsbronn damit vor einer weiteren Plünderung bewahrt[60].

---

[56] Ein Fixum war zwischen den beiden Markgraftümern noch nicht vereinbart worden. Der Verwalter zahlte nach eigenem Ermessen einen offenbar jährlich unterschiedlich ausfallenden "Lebensunterhalt" ("quoad victum et amictum necessaria"); siehe StA Nürnberg, Klosterverwaltungsamt Heilsbronn, Tome 29, fol. 361v–362r (Solutio instantiarum in nupero consistorio habito oppositarum; Heilsbronn, o. J.).

[57] Vgl. *Langguth*, Quellen zur Schulgeschichte (wie Anm. 20), 54.

[58] In den Akten ist ein Zettel mit Notizen aus der Hand Knolls erhalten, der möglicherweise im Zusammenhang einer Predigtvorbereitung entstanden ist. Knoll unterschied demnach fünf Arten von Sünden, "die in himmel schreien vnnd zung oder stimme bekommen. 1. Sodomitische, welche nemlich in aller (salvo honore) unzucht gelebt vnnd der armen vergessen. 2. Cainitische, welcher seinen bruder Abel umgebracht, welches blutt hernacher in himmel geschrien, also auch der ausgehungerten exulanten blutt schreiet in himmel, da doch die pferd ihren habern empfangen. 3. Aegyptische, welche die Israeliten so hart gepreßet also auch der diener Christi prehsur [Pressur; M. N.] schreit in himmel. 4. Abusus Bonorum Ecclesiasticorum interdum prophetam Abacuc [vgl. Hab 2,11], der ungerecht erbaute belck [Gebälk; M. N.] in der wand schreiet u[nd] die spar [Sparren; M. N.] antwortten [...]. 5. Wan mans alles hinaus ziegt vnnd den dienern im closter ihr salaria nit gibt"; StA Nürnberg, Klosterverwaltungsamt Heilsbronn, Tome 29, fol. 297r (Notizen des Anton Knoll; undatiert).

[59] So die Beschreibung des Verwalters: ebd., fol. 408v (Bericht des Benedikt Krebs; undatiert).

[60] Ebd., fol. 332r (Anton Knoll an Markgraf Albrecht; Heilsbronn, o. J.).

Im Herbst 1646 gerieten Knoll und Krebs auf offener Straße mündlich aneinander, wobei es zu einem heftigen Schlagabtausch kam. Der Prediger warf dem Verwalter vor, er mache Heilsbronn zum "Viehstall" und zur "Mordgruben", nannte die Dienstreisen des Verwalters spöttisch ein "Spazierengehen", worauf der Verwalter wiederum erbost zurückgab, er wünsche, dass den Prediger "der Hagel erschlüge"[61]. Der heftige Disput war nur Ausdruck dessen, was schon längst offenkundig war: Zwischen dem Prediger und dem Verwalter war das Tischtuch zerschnitten.

5. Kompetenzfragen – geistliche und weltliche Geschäfte

Die Ansbacher Konsistorialräte, denen Knoll seine Beschwerden über den Verwalter schriftlich vorgetragen und denen er in diesem Zusammenhang auch sein eigenes Verhalten erläutert hatte, warfen ihm vor, er habe "in ein fremd Ambt gegriffen"[62]. Viehhaltung und Feldarbeiten – das alles seien "Cammersachen"[63], die den Prediger nichts angingen. Er solle seines geistlichen Amtes walten[64]. Knoll suchte sich in seinem Antwortschreiben mit Differenzierungen zu verteidigen, indem er im Blick auf den Geltungsbereich seiner geistlichen Kompetenz eine dreifache Sachlage unterschied: "[1.] In weltlichen sachen ordinari[e] hat der pastor nichts zu thun. sc[ilicet] *qua pastor* das er nit helff consultieren. 2. In weltlichen sachen, wen ein pfarrkind contra conscientiam handelt, hat der pastor *qua beichtvatter* zu haus, in der beicht, vnnd cantzel zu reden: si non handelt er peccaminose. 3. In weltlichen sachen extraordinari[e] majori casu extrema necessitate hat der Pastor *qua christianus* zu rechten, zu erinnern, caeteris ordinariis tacentibus? Talis casus tamen in monasterio

---

[61] Ebd., fol. 301v (Benedikt Krebs an Markgraf Albrecht; Heilsbronn, 22.10.1646).
[62] Ebd., fol. 363r (Solutio instantiarum in nupero consistorio habito oppositarum; Heilsbronn, o. J.).
[63] Ebd., fol. 332r (Anton Knoll an Markgraf Albrecht; Heilsbronn, o. J.).
[64] Markgraf Albrecht ließ dem Prediger durch das Ansbacher Konsistorium ausrichten, "daß er sich alles zancks enthalten solle, dem verwalter in seine amptierung nit einzugreifen, welcher gestalt eines oder ander in dem closter bestellet werden solle, sich gar nit einzumischen, hingegen seiner praedicatur obwarten, da er etwas unrechts siehet, die gradus admonitionis in acht zunehmen, vndt nit alles ohne grunt uff die kantzel zu bringen, weilen solches nichts bawet"; ebd., fol. 347 (Extrakt des fürstlichen Befehls an das Konsistorium; Ansbach, 30.1.1647).

nostro. Ergò. Dieses seie meine gedancken vnnd motiv: Begehr besserer information [. . .]"[65].

Knoll sah den lutherischen Geistlichen in drei verschiedenen Rollen,
die je nach Situation in den Vordergrund traten und die mit jeweils
unterschiedlichen Kompetenzen verbunden waren. Er gab zu, dass
den Geistlichen als "Hirten" die Viehhaltung, Feldbestellung, Brauerei
"an sich", das heißt: sofern sie "ordentlich" ("ordinarie") abgewickelt
werden, tatsächlich nichts angehen. Die weltlichen Geschäfte sind
ihrem ökonomisch-administrativen Wesen nach kein Gegenstand
pastoraler Befassung. Anders verhält es sich, wenn diese Geschäfte
moralisch bedenklichen Zwecken dienen. Dann muss der Geistliche
öffentlich reden – und zwar als Beichtvater. Knoll setzte offenbar
wie selbstverständlich voraus, dass der Geistliche die Aufsicht über
die Lehr- und Lebensdisziplin in der Kirche hat. Er hat die Aufgabe,
private und öffentliche Sünden den Christen, dem "Sünder", aber
auch der Gemeinde, anzuzeigen. Es ist dabei zweitrangig, ob es sich
um geplante oder bereits vollbrachte Taten handelt. Wenn der Verwalter Gefahr läuft, sich vor den Karren der markgräflichen Säkulari-
sierungspolitik spannen zu lassen, dann hat der Prediger "sein pfarrkind,
eydlich dem closter verbunden, dessen nutz zu fördern, dem schaden zu weren"[66], auch öffentlich an den vor Gott und der Obrigkeit
abgelegten Eid zu erinnern und es gleichsam zu einer gewissenhaften
Pflichterfüllung zu rufen. Nicht anders ist auch die Kritik an den
Markgrafen und deren "Missbrauch der Kirchengüter" bei Knoll aus
der beichtväterlichen Aufgabe des Geistlichen heraus motiviert, den
Christen die Sünden "vorzuhalten". Knoll sah sich somit zur Obrigkeitskritik aus der ihm anvertrauten Schlüsselgewalt heraus legitimiert.

Noch weitergehende Verpflichtungen ergaben sich im "Notfall"
("casus extraordinarius"), also in dem Fall, in dem bestimmte Aufgaben
von den dazu berufenen Personen nicht mehr nur "gewissenlos",
sondern gar nicht mehr wahrgenommen wurden. Hier hatte der
Geistliche stellvertretend zu handeln – und zwar als Christ. Jeder
Getaufte stand in der Pflicht, in einem solchen Fall Schaden für das
Gemeinwesen abzuwehren. Der Christen Beruf sei es, das Gemeinwesen
zu fördern. Einen solchen Fall sah Knoll in den vergangen Jahren
offenbar mehrfach gegeben: Als Krebs in Ansbach weilte und Knoll

---

[65] Ebd., fol. 333rv (Anton Knoll an Markgraf Albrecht; Heilsbronn, o. J.); Hervorhebungen M. N.
[66] Ebd., fol. 332r.

mit den vor die Klostermauern rückenden feindlichen Reitern verhandeln musste oder auch als die Hofräte, Kammerräte oder andere
mit der Aufsicht über die Verwalter betrauten Personen ihren Aufgaben
nicht nachkamen und Krebs in die eigene Tasche wirtschaften ließen;
hier sah sich Knoll genötigt, Krebs beim Fürsten anzuzeigen[67].

Knoll beanspruchte für sich nicht nur ein geistliches Wächteramt –
ein Amt, das seiner Meinung nach mit der Binde- und Lösegewalt
gegeben war und den Beichtvater zur Anzeige der Sünden verpflich-
tete. Er sah sich mit allen anderen Christen auch gefordert, die
Aufgaben der weltlichen Obrigkeit vertretungsweise wahrzunehmen,
wenn die berufenen Personen ihren Dienst – aus welchen Gründen
auch immer – versagten[68]. Damit trat ein charakteristischer Wesenszug
der Ständelehre Luthers hervor, derzufolge die Stände nicht soziale
Gruppen, sondern spezifische Aufgaben bezeichneten, die zum Erhalt
des Staates und der Kirche nötig waren und die prinzipiell von jedem

---

[67] Ebd., fol. 332v–333r: "4. Neulich war der verwalther in Onoltzbach [Ansbach;
M. N.] da widerwertige partei vnnd hernach der falsch genante weinmarische obrist
mit 200. pferd bey uns vorüber pasirte; die gutte closterleuth laufften extraordinari[e] mich an. Nechst gott hab ich, der nachtbarn auffsag nach, verhüttet, das
Hailsbronn kein frey raub haus worden. Lieber, ist recht, das dieses der prediger
gethan? Extraordinari[e] ist es löblich [. . .]: Ordinari[e], so er es gethan, so were
er hochsträfflich als der in ein frembt ambt greifft. At rem proprius [sic!]. 5. Wen
der prediger in einer statt etc. sehen solt, das der gemeinen statt, closter etc. etwas
merkliches ab, vnnd dem diener zugieng [. . .], alle ordinarii als hoffmeister, cam-
mermeister, hoffleuthe meister etc. wollen ihr ambt nicht thun, licet saepius moniti;
die doch darauff ordinarie verpflichtet, das sie obgen schaden solten bei dem, so
den gemeinen nutzen hat, abstellen helffen; ist es auch löblich, vnnd im gewissen
verantwordlich, das der priester solches immediatè dem herrn in dem land referi-
ret? Vielleicht nicht, weil es cammersachen, vnnd keine geistliche sachen? Als ein
seelsorger vnnd pfarrer weis er wol, wer ordinariè fürgewiesen, vnnd heist, mane
in suo gestu, non intra aulam. Extraordinariè aber ist er ein feind des vatterlandes, stadt, closter etc. vnnd vatter des vatterlandes, sofern er praemissis praemitten-
dis den herrn solches nit anzeigt. Ursach: Für christenberuff fängt an, allererst, wen
alle ordinarii ihr ambt negligieren: Hic talis casus. Et: Fängt bei niederen etc.
christen beruff an, den sie sollen das gemeinwesen befördern. Ergò et pastor. Es
sei den, das der priester kein Christ, oder nit thun dörff, was allen christen zugelassen."
[68] Das konnte – Knoll zufolge – unter Umständen auch bedeuten, dass der
Geistliche in Notwehr töten musste: "Solt unser ietziger soldat pro salva guardia
hier liegend (Deus avertat omnia) ein verstand mit den ankommenden soldaten
haben, vnnd uns auszuplündern gesinnet sein; wen aber kein mensch so behertzt,
der sich diesem opponiret vnnd der plünderung wehret: Die inwohner aber lauffen
den priester umb hülff extraordinari[e] an, [. . .] lieber, wer wolt importiren in hoc
extraordinario casu, das der priester den soldaten under augen tretet, vnnd ihm das
licht ausleschet, si omnibus moderatis consiliis à milite spectes, er die plünderung
oder gar das nidermachen nit wolt entstehen lassen"; ebd., fol. 333r (Anton Knoll
an Markgraf Albrecht; Heilsbronn, o. J.).

Christen übernommen werden konnten. Allerdings: So einleuchtend
das dreifache Kompetenzmodell des Anton Knoll auch erscheinen
mochte, es erwies sich bei genauerem Hinsehen als problematisch.
Denn die Reichweite der Kompetenzen war unklar. Der Grenz-
verlauf zwischen Not- und Normalfall war ebenso undeutlich wie die
Unterscheidung einer gewissenhaften von einer ungewissenhaften
Amtsführung. Knoll begehrte wohl nicht zuletzt auch deshalb vom
Konsistorium, eines Besseren belehrt zu werden. Was ihm die Konsisto-
rialen beschieden? Es lässt sich nicht mehr sagen. Die Antwort aus
Ansbach ist nicht überliefert.

6. *Ergebnis – ambivalente Obrigkeitskritik*

Die eingangs formulierte Frage aufnehmend, ist von dem hier vorgestellten Fallbeispiel her zunächst zu konstatieren, dass auch lutherische Geistliche im ländlichen Kontext recht unzweideutig und
unverblümt Kritik an der Obrigkeit artikulieren konnten. Angesichts
der scharfen Worte, welche in den sonntäglichen Predigten Knolls
gegen die beiden Markgrafen sowie gegen deren Verwalter zu hören
waren, wird man nicht behaupten können, dass die Heilsbronner
Gemeinde durch diesen Prediger in einer devoten Untertanenhaltung
geprägt wurde. Sie bekam vielmehr durch derartige Strafpredigten
vorgeführt, dass superiore wie inferiore Obrigkeiten keine unantast-
baren Größen waren, dass auch Fürsten und Beamte der pastoralen "censura morum" unterlagen. Knoll sah sich als Beichtvater
befugt, über die Lebens- und Amtsführung *aller* Christen zu wachen,
Missstände anzuprangern sowie einen sittlichen Lebenswandel und
eine gewissenhafte Amtsführung anzumahnen. Diese Obrigkeitskritik
bedeutete jedoch keine Desavouierung des Staates und seiner
Institutionen, sie galt vielmehr dem sich absolut setzenden Staat,
einem Staat, der aus Gründen der Staatsräson Dienste und Rechte
der Kirche beschnitt, oder dessen Fürsten und Beamten gar um eigener Vorteile willen kirchliche Mittel profanierten. Sie zielte darauf,
die Inhaber der politischen Ämter zu einer dem "bonum commune"
beziehungsweise dem Nutzen der Kirche verpflichteten Amtsführung
anzuhalten. Auch wurde die Ständeordnung der Gesellschaft dadurch
nicht in Frage gestellt. Indem die lutherische Obrigkeitskritik eine
nach Ständen und Berufen gegliederte Gesellschaft als Idealtypus vor-
aussetzte, diente sie vielmehr faktisch der Stabilisierung des sozialen
Status quo.

Des Weiteren ist festzuhalten: Das mit dem geistlichen Amt gegebene Wächteramt besaß durchaus politische Stoßkraft, was im Verlauf
des untersuchten Konflikts nicht nur daran sichtbar wurde, dass sich
Knoll selbstredend ein Urteil über die gewissenhafte Erfüllung der
für den Staatserhalt unabdingbaren Aufgaben zumaß, sondern auch
daran, dass er sich im Notfall, wenn die berufenen Personen ihr politisches oder ökonomisches Amt nicht "ordnungsgemäß" wahrnahmen,
zum stellvertretenden Handeln bevollmächtigt sah. Da Ungewissen-
haftigkeit und Versäumnis allerdings recht "weiche" Kriterien waren,
die je nach Perspektive unterschiedlich bestimmt werden konnten,
und sich somit die Reichweite der von den Geistlichen beanspruch-
ten Wächterkompetenz nicht genau abstecken ließ, mussten früher
oder später Konflikte des Predigers mit einem auf das Ansehen des
eigenen Amtes bedachten, zunehmend eigenverantwortlich wirtschaf-
tenden Verwalter entstehen. War der Grenzverlauf zwischen geistlichen und weltlichen Kompetenzen prinzipiell unklar, konnten die
Vorstellungen vom Umfang des politischen Amtes der Geistlichen
leicht divergieren. In der strukturell bedingten Grauzone zwischen
Kirche und Welt entschieden dann nicht unbedingt nur theologische
Überzeugungen, sondern gerade auch andere Beweggründe darüber,
welche Kompetenzen ein Geistlicher für sich beanspruchte. Knolls
Kritik an den Markgrafen sowie an deren Verwalter wegen des "Miss-
brauchs der Kirchengüter" speiste sich zu einem nicht geringen Teil
aus persönlichen Interessen. Aspekte des Ansehens und der Macht
spielten dabei ebenso eine Rolle wie das Bemühen um die Sicherung
der Pfründe. Knolls Sorge um die Kirchengüter war stets auch eine
Sorge um die materielle Grundlage der Pfarrbesoldung. Versorgungs-
gesinnung und auf sozialen Aufstieg bedachte Karrierestrategien, die
eine alltagsgeschichtlich orientierte Forschung den lutherischen Geistlichen der Frühneuzeit attestierte[69], untergruben das Selbstbewusstsein
eines Wächters keineswegs. Im Gegenteil, beide geistigen Dispositionen
konnten die Kritik an der Obrigkeit geradezu motivieren. Im Fall
des Anton Knoll auch durchaus mit Erfolg: Im Jahr 1657 wurde er
von Heilsbronn versetzt – und wurde Dekan in Langenzenn[70].

---

[69] Vgl. *Hans-Christoph Rublack*, "Der wohlgeplagte Priester". Vom Selbstverständnis
lutherischer Geistlichkeit im Zeitalter der Orthodoxie, in: ZHF 16 (1989), 1–30.
[70] LKA Nürnberg, Markgräfliches Konsistorium Ansbach, Spezialia Nr. 409
(Markgraf Albrecht an das Ansbacher Konsistorium; Ansbach, 9.9.1657); *Simon*,
Ansbachisches Pfarrerbuch (wie Anm. 7), 250.

CHRISTUSKIND-MYSTIK UND WELTGESTALTUNG[1]

Hubertus Lutterbach
(Essen)

"Mystik als Lebensform" – so lautet ein anspielungsreicher, jüngst publizierter Titel zur Geschichte der mittelalterlichen Mystik[2], den man auch mit "Gott-Mensch-Begegnung als Lebensform" übersetzen könnte. Er lässt sich in doppelter Weise verstehen, insofern sich die Prägekraft einer (visionär eröffneten) Christusbegegnung sowohl auf das 'Innenleben' der mystisch begabten Persönlichkeit begrenzen als auch auf ihr umfassenderes soziales Umfeld auswirken kann; ebenso wie die Christusbegegnung das Leben des Mystikers bzw. der Mystikerin von Grund auf zu verändern vermag, überliefern die christlichen Traditionen zahlreiche Beispiele, die von der Wirkmächtigkeit mystischen Gedankengutes für die Ausgestaltung des Soziallebens sprechen. Zwar mag es angesichts dieses traditionsgeschichtlichen Hintergrundes zutreffen, dass uns die im Christentum über Jahrhunderte hinweg selbstverständlich geübte mystische Konzentration auf die Kindheit Christi – also die geistliche Begegnung des Menschen mit Christus in der Gestalt des Kindes – heutzutage aufs Erste befremdlich anmutet; das rechtfertigt allerdings keineswegs abqualifizierende Verdikte wie "naiv" oder "kindlich".

Mit Blick auf die sozialgeschichtliche Wirksamkeit der christlichen Mystik verwundert es umso mehr, dass der Einfluss der visionären Begegnung mit dem Christuskind historisch-theologisch ebenso wie kulturgeschichtlich bislang noch kaum untersucht worden ist[3]; immerhin gibt die moderne Gesellschaft 'wasserzeichenartig' zu erkennen,

---

[1] Für umfassendere Informationen zur Thematik und deren Einordnung in die Rezeptionsgeschichte der bildhaften Rede vom 'Gotteskind' sei hier verwiesen auf die Monographie von *Hubertus Lutterbach*, Gotteskindschaft. Kultur- und Sozialgeschichte eines christlichen Ideals, Freiburg/Basel/Wien 2003.

[2] *Michael Bangert*, Mystik als Lebensform, Münster 2003; zur Definition der Mystik – allerdings unter Absehung von deren gesellschaftlichen Auswirkungen – vgl. umfassend *Alois M. Haas*, Was ist Mystik?, in: Abendländische Mystik im Mittelalter. Symposion Kloster Engelberg 1984, hg. von Kurt Ruh, Stuttgart 1986 (= Germanistische Symposien, Berichtsbände 7), 319–341.

[3] Die einzige Studie zur Thematik ist noch immer diejenige von *Rosemarie Rode*,

dass bedeutende, uns bestens vertraute Initiativen und Einsichten in
der visionären Begegnung mit dem Christuskind ihre Wurzeln haben.
So sucht der vorliegende Beitrag im Anschluss an eine historische
Hinführung zur Christuskind-Mystik diese Weise der Christusverehrung
und die daraus erwachsende Weltgestaltung schlaglichtartig an einem
Beispiel aus dem 17. Jahrhundert aufzuzeigen.

1. *'Geborenwerden aus Gott' als Ausgangspunkt der Christuskind-Mystik*

Die mystische Konzentration auf das Christuskind ist in den christlichen Jahrhunderten vor dem Hochmittelalter kaum geübt worden;
stattdessen dominierte unter den Christen seit altkirchlicher Zeit die
in der Tauftheologie verwurzelte Vorstellung des 'Geborenwerdens
aus Gott', die ihrerseits auf zwei von Hugo Rahner herausgestellten
Voraussetzungen beruht: Zum einen gilt nach antiker Auffassung das
Herz als lebensspendender Mittelpunkt des Menschen, so dass es als
Quelle der Wärme, des Verstandes und des Lebens bei der Empfängnis
als erstes gebildet wird: "Das Herz ist die geheimnisvolle Stätte, wo
in uns die Weisheit geboren wird, wo in geistiger Geburt der Logos
[der innere Mensch in Gestalt des Jesuskindes; H. L.] in uns entsteht."[4] Zum anderen fassten die Gläubigen bereits seit altkirchlicher
Zeit die Einwohnung des Gottessohnes im Herzen der Gläubigen als
sein "Geborenwerden" auf. Der göttliche Sohn – so die Vorstellung –
gehe immer neu aus dem Herzen des göttlichen Vaters hervor ("de
vulva cordis"[5] oder "ex utero cordis"[6]), grundlegend in der Taufe[7],
überdies durch jeden an der Taufberufung ausgerichteten und deshalb wiederum geistlich verjüngenden Akt der Gottes- und Nächstenliebe[8]. Dieser zuletzt genannten Vorstellung liegt der Gedanke
zugrunde, dass das Geborenwerden des Christuskindes durch jede
gute Tat des Menschen eine "Nachbildung des im Schoße der Jungfrau
heranwachsenden Logoskindes"[9] ist. Entsprechend unterstreicht der

---

Studien zu den mittelalterlichen Kind-Jesu-Visionen, Diss. masch. Frankfurt a. M.
1957.
    [4] *Hugo Rahner*, Symbole der Kirche. Die Ekklesiologie der Väter, Salzburg 1964, 15.
    [5] *Tertullian*, Adversus Praxeam 7; PL 2, 184D.
    [6] *Ambrosius*, De virginibus III, 1,3; PL 16, 232D–233A.
    [7] Vgl. *Hugo Rahner*, Die Gottesgeburt. Die Lehre der Kirchenväter von der Geburt
Christi im Herzen des Gläubigen, in: ZKTh 59 (1935), 333–418, hier: 340.
    [8] Vgl. *Rahner*, Symbole der Kirche (wie Anm. 3), 18.
    [9] *Rahner*, Gottesgeburt (wie Anm. 7), 354.

Kirchenvater Origenes († um 254): "Selig aber, wer immer aus Gott geboren wird. Nicht nur einmal, so möchte ich sagen, wird der Gerechte aus Gott geboren, sondern in jedem guten Werk wird er geboren, weil in diesem Werk Gott den Gerechten gebiert [...]. Wenn nun der Erlöser immerdar geboren wird [...], so gebiert Gott in ihm auch dich, wenn immer du den Geist der Kindschaft hast, immerdar in jedem guten Werk, in jedem guten Gedanken, und so geboren, bist du ein 'immer geborenes' Kind Gottes in Christus Jesus"[10].

In unübertroffener Weise thematisiert Methodius († 311), der bischöflicher Hirte von Olympos in Lykien war und später als Bischof von Tyros den Martyriumstod erlitt, das Verhältnis von Kirche und Einzelseele im Blick auf die Gottesgeburt im Herzen des Einzelnen: Wie auf der einen Seite der göttliche Sohn aus dem Vater hervorgehe, so dürften sich auf der anderen Seite die Getauften als Kinder der 'Mutter Kirche' wähnen; die Kirche sei es, die die Kinder gebiert, indem sie sie in der Taufe zur 'kindergleichen' Christusgestalt umwandele; sie ermögliche überhaupt erst die Gottesgeburt im Herzen des Gläubigen. So wohne das Christuskind sowohl im einzelnen Gläubigen als auch in der Mutter Kirche; insofern beide ihrer göttlichen Berufung entsprechend lebten, dürften sie als ewig jung, als immerwährendes Kind, gelten[11].

Als man sich im Westen nach einer 600 Jahre währenden 'Dekomposition' antiker Lebensverhältnisse und Kenntnisstandards im 12. und 13. Jahrhundert, ausgehend von der zeitgleichen Urbanisierung im Abendland, neuerlich auf das antike Wissen zurückbesann ("Renaissance des 12. Jahrhunderts"), knüpfte die mittelalterliche Frömmigkeit an die altkirchlich grundgelegte Tradition der mystischen Gottesgeburt an: vor allem durch das Streben nach einer verinnerlichten Frömmigkeit, die das Christuskind meditierte, um aus dieser Kraft eine gleichfalls christuskindgleiche Gottes- und Nächstenliebe hervorzubringen[12]. So widmeten die hoch- und spätmittelalterlichen Mystikerinnen und Mystiker – einsetzend mit Bernhard von Clairvaux († 1153) – ihr Leben dem Streben, für die Geburt des Gottessohnes in ihrem

---

[10] *Origenes*, Jeremiashomilie 9,4; GCS 6, 70,11.
[11] *Methodius*, Symposium VIII,6; GCS 27, 88,10.
[12] Zur Tradition der Gottesgeburt im Mittelalter vgl. umfassend *Louis Cognet*, Gottes Geburt in der Seele. Einführung in die deutsche Mystik. Geleitwort von Alois M. Haas, Freiburg/Basel/Wien 1980.

Herzen möglichst gute Bedingungen zu schaffen; denn diese Gottes-geburt bedeutet – wie bereits angesprochen – zum einen die opti-male Ausrichtung an der Taufe, zum anderen garantiert sie geistliches Jungsein, ja zuletzt ewige Frische[13]. In diesem Sinne hatte bereits Klemens von Alexandrien († 216/217) die Christen in keineswegs 'babygleich' gemeinter Weise als 'galaktophagoi' bezeichnet, als "die-jenigen, die sich [aufgrund ihres andauernden, kindergleichen Jungseins; H. L.] mit Milch ernähren"[14]. Augustinus von Hippo († 430) bezeich-nete die Neugetauften mit dem Kosenamen der "lactantes" – gleich-falls also im geistlichen Sinne als Milchtrinkerinnen und Milchtrinker[15]. Ja, insgesamt können alle um die Verwirklichung der Taufberufung bemühten Christen als Milchbrüder und Milchschwestern des Christus-kindes gelten; nicht, weil sie im Status von Unmündigen verharren, sondern weil sie wie Jesus Christus selbst für immer auf den göttli-chen Vater hingeordnet bleiben.

In kaum zu übertreffender Deutlichkeit stellt Meister Eckhart († 1328) in einer seiner Adventspredigten bildreich heraus, dass sowohl die Gotteskind-Werdung des Menschen als auch die Herausbildung des 'Inneren Menschen' in (Christus-)Kindsgestalt unmittelbar zusam-menhingen; ebenso verwandele die Gottesgeburt den Menschen immer wieder zum Gotteskind, wie auch das Gotteskind-Sein für die Geburt des göttlichen Kindes vonnöten sei[16]. "In einer Schrift", so Eckhart, "heißt es: Das ist die größte Gabe, dass wir Gottes Kinder seien und dass er seinen Sohn in uns gebäre (1. Joh 3,1). Die Seele, die Gottes Kind sein will, soll nichts in sich gebären, und die, in der Gottes Sohn geboren werden soll, in die soll sich nichts anderes gebären. Gottes höchstes Streben ist: gebären. Ihm genügt es nimmer, er gebäre denn seinen Sohn in uns. Auch die Seele begnügt sich in keiner Weise, wenn der Sohn Gottes in ihr nicht geboren wird"[17].

Die während des 12. Jahrhunderts in zuvor unbekanntem Ausmaß anhebende Verehrung des Christuskindes konkretisierte sich in den

---

[13] Dazu umfassend *Lutterbach*, Gotteskindschaft (wie Anm. 1).

[14] *Klemens von Alexandrien*, Paidagogus I 6,36,1; BKV (2. Reihe) 7 und 8, hier: 7, 236.

[15] Vgl. *Augustinus von Hippo*, In epistulam Joannis ad Parthos tractatus decem 3,1; PL 35, 1997f.

[16] Vgl. *Meister Eckehart*, Predigt 59 (Et cum factus esset Jesus annorum duode-cim); *Josef Quint*, Meister Eckehart. Deutsche Predigten und Traktate, 5. Aufl., München 1987, 437f.

[17] *Meister Eckehart*, Predigt 12 (Impletum est tempus Elizabeth); *Quint*, Meister Eckehart (wie Anm. 16), 208.

Schwesternkonventen vor allem seit dem 14. Jahrhundert auf dreierlei Weise: Als Erstes suchten sich die Frauen auf die geistliche Ankunft des Christuskindes vorzubereiten, indem sie ihr Herz durch Beichte, Aufrichtigkeit und Tugendübungen mit dem Ziel reinigten, dem Christuskind auf diese Weise eine 'Herzenskrippe' zu errichten. Als Zweites besagen Überlieferungen, dass die geistliche Schwangerschaft einer Schwester als Teil ihrer inneren Vorbereitung auf das Christuskind auch zu einer geistlichen Niederkunft führen konnte. Als Drittes pflegten und umhegten die Nonnen das nach seiner geistlichen Geburt bedürftige Christuskind. Die 'Gottesgeburt in der Seele', mit welcher sich allzumeist klösterlich-zölibatär lebende Menschen beschenkt sahen, ist für das Hoch- und Spätmittelalter vielfältig überliefert.

Mit Blick auf die ab dem 14. Jahrhundert einsetzenden schulisch-pädagogischen Initiativen sollte sich dieses geistliche Geschehen in sozialgeschichtlicher Perspektive als ebenso folgenreich erweisen wie hinsichtlich eines neuen Verständnisses von 'Kindsein'. So verfügt die von dem französischen Sozialhistoriker Philippe Ariès beschriebene und im 17. und 18. Jahrhundert zum Durchbruch gelangte "Entdeckung der Kindheit", die sich zum einen auf die Entdeckung der Kindheit als Daseinsstufe eigenen Rechtes und andererseits auf die Entdeckung einer ausgedehnten Kindheit aufgrund von fortan längeren Schulzeiten bezieht, über eine – von Ariès freilich übergangene – 'Pfahlwurzel' in der Christuskind-Mystik des Spätmittelalters. Immerhin gibt es keine anderen zeitgenössischen Anregungen für die von den Pädagogen des 15. Jahrhunderts vertretene und bis in die Moderne hinein folgenreiche Hochschätzung der Kinder[18]: "Daß es den Moralisten und Erziehern des 17. Jahrhunderts, den Erben einer auf [. . .] die Pariser Universitätsreformer des 15. Jahrhunderts, auf die Kollegstifter am Ende des Mittelalters zurückgehenden Tradition, gelang, ihre ernsthafte Auffassung von einer langen Kindheit durchzusetzen, ist dem Erfolg der schulischen Institution und den erzieherischen Praktiken zu verdanken, denen sie Richtung und Disziplin verliehen. Es stehen diese von ihrer erzieherischen Aufgabe besessenen Männer [aus dem Spätmittelalter; H. L.] also am Ursprung sowohl der modernen Auffassung von der Kindheit als auch der modernen Verschulung"[19].

---

[18] Dazu näherhin *Lutterbach*, Gotteskindschaft (wie Anm. 1), 205–256.
[19] *Philippe Ariès*, Geschichte der Kindheit, München 1978, 457.

2. *Frühneuzeitliche Christuskind-Mystik und 'moderne' Pädagogik*

In der Frühneuzeit blieb die Christuskind-Mystik frömmigkeitsgeschichtlich wirksam, ja sollte sich mit Blick auf die weitere Ausgestaltung
des Schullebens überdies als sozialgeschichtlich höchst bedeutungs-
voll erweisen. Grundsätzlich erklärt sich der Einfluss der christlichen
Mystik seit dem 16. Jahrhundert unter anderem dadurch, dass sie
das im Neuen Testament exklusiv auf Christus bezogene und im 16.
Jahrhundert protestantischerseits eingeklagte Paradigma des "unus
est mediator inter Deum et homines" 1. Tim 2,5) seit jeher in den
Mittelpunkt stellt. Unter diesem Vorzeichen setzt Mystik als Akt der
Christusbegegnung wie nebenbei einen 'Gegenakzent' zu der Heiligenverehrung, wie sie sich besonders im Mittelalter höchster Popularität
erfreute.

Während sich im 16. Jahrhundert unter anderem die Mystikerin
Theresa von Avila († 1582) der Christuskind-Verehrung angenommen hatte, sei das Augenmerk im Folgenden auf die fast 100 Jahre
später verstorbene Mystikerin und Karmelitin Margaretha von Beaune
(† 1648) gerichtet. Ihr nämlich wurde in mystischer Schau vom
Christuskind selbst ein Entwurf übermittelt, wie es fortan verehrt
werden wollte. So mag uns heute die durch die Karmel-Schwester
geradezu auf die Spitze getriebene Christuskind-Verehrung verwun-
dern; doch ebenso erstaunlich mutet es in der sozialgeschichtlichen
Rückschau an, dass Margaretha von Beaune mit ihrem geistlichen
Programm eines der damals zahlreichen Zentren der Christuskind-
Verehrung begründete, in deren Umfeld sich bezeichnenderweise
vorwärtsweisende pädagogische Initiativen ansiedelten.

2.1 *Die Christuskind-Verehrung der Margaretha von Beaune († 1648)*

Mit zehn Jahren trat die spätere Mystikerin in den Karmel von
Beaune (Côte-d'Or) ein, der stark durch die visionären Traditionen
der Theresa von Avila bestimmt war. Die an Margaretha von Beaune
in diesem Lebensumfeld ergangene Offenbarung mit Weisungen zur
rechten Verehrung des Christuskindes verfolgt das Anliegen, den
daran beteiligten Menschen ein vertieftes Hineinwachsen in ihre je
eigene Gotteskindschaft bzw. in die Heilige Familie zu ermöglichen.
Was Margaretha von Beaune an Methodik zur Verehrung der Kindheit
Jesu Christi niederlegte, könnte man als ein 'Christuskind-Kirchenjahr'
charakterisieren: eine Art liturgischer Jahreskreis allein zum Zwecke

der Verehrung von Christi Kindheit um der Gottesgeburt im eigenen Herzen willen. Mit der alltagspraktischen Umsetzung ihres Projektes betraute sie im Kloster neun vom gesamten Konvent gewählte Schwestern, die so genannten "Dienerinnen der Familie Jesu". Zu ihren himmlischen Patronen erkoren diese Nonnen jene Menschen, die dem Christuskind zu seinen Lebzeiten besonders nahe gestanden hatten: Johannes der Täufer, dem es bei der Heimsuchung Mariens schon im Mutterleib begegnet war, überdies die Hirten auf dem Felde vor dem Stall von Bethlehem, die Drei Könige sowie die Unschuldigen Kinder. Maria und Josef als Eltern des göttlichen Kindes räumten die Schwestern eine besondere Stellung ein – erkennbar anhand eines eigens konzipierten Rosenkranzes mit 15 Korallen: 12 Perlen symbolisieren die 12 Ave Maria zu Ehren der 12 Jahre umfassenden Kindheit Christi; die drei verbleibenden Perlen stehen für drei Vater unser, die zu Ehren der drei Personen umfassenden Heiligen Familie aus Jesus, Maria und Josef zu beten sind[20].

Der an Margaretha von Beaune ergangenen Offenbarung zufolge ist der gesamte Tageslauf der Verehrung des Christuskindes gewidmet: ein Besuch bei einem Bild der Mutter Jesu, um deren 'Fiat' für das eigene Leben zu erneuern; tägliche Eucharistiefeier als Ausdruck der Hingabe an das Christuskind; nach dem morgendlichen Erwachen und dem abendlichen Zubettgehen Übergabe an die drei Personen der Heiligen Familie; am Morgen und am Abend tägliche besondere Verehrung aller Heiligen, denen die Verehrung der Kindheit Christi ein besonderes Anliegen gewesen war[21].

Die Gebetsauflagen für jeden Tag bilden den Grundstock für die Verehrung des Christuskindes während der verschiedenen Festzeiten im Verlauf des Jahres. Entsprechend beginnt der Advent Margaretha von Beaune zufolge nicht mit der traditionellen Quadragesima 40 Tage vor Weihnachten, sondern bereits am 23. Oktober: neun Wochen vor Weihnachten als symbolische Reminiszenz mit Blick auf die neunmonatige Schwangerschaft Mariens. Während dieses ersten Abschnittes der weihnachtlichen Vorbereitung sollen die Christen der Empfängnis des Christuskindes gedenken und aus diesem Grunde bei jeder der 15 Perlen ihres Rosenkranzes die Worte "Und das Wort ist Fleisch

---

[20] Vgl. Leben der gottseligen Schwester Margaretha vom heiligen Sakramente, aus dem Orden der Karmelitinnen im Kloster zu Beaune, übers. und hg. von Friedrich Poesl, 2. Aufl., Regensburg 1880, hier: 8,1, 182f.
[21] Ebd., 8,1, 183.

geworden und hat unter uns gewohnt" anfügen. Ihr Gebetsgedenken möge überdies den Menschensohn einbeziehen, wie dieser in einem einzigen Augenblick mit der menschlichen Natur vereint wurde. Auch während der übrigen, in Wochenabschnitte aufgeteilten Zeiten des Kirchenjahres fügen die Beter ihrem Rosenkranzgebet jeweils wechselnde, durch Margaretha von Beaune exakt vorgegebene Bibelworte ein, welche sich jeweils auf das irdische Leben des Christuskindes beziehen: vom 4. bis 11. Dezember das Wort "Siehe, ich bin eine Magd des Herrn; mir geschehe nach deinem Wort" (Lk 1,38), vom 11. bis 18. Dezember "Siehe, die Hütte Gottes bei den Menschen" (Apk 21,3) etc. Entsprechend wechseln auch die Gebets- und Verehrungsintentionen turnusmäßig. In den drei Tagen unmittelbar vor dem Weihnachtsfest sollen die Christen im Geiste Maria und Josef auf ihrer Reise von Nazareth nach Bethlehem begleiten und dabei am ersten Tag den göttlichen Vater, am zweiten Tag den nahenden Menschensohn und am dritten Tag den Heiligen Geist verehren: "Sie [die Gläubigen; H. L.] sollen die Wirkungen der drei göttlichen Personen anbeten, die während dieser Zeit in der Seele der seligsten Jungfrau und des heiligen Joseph vorgingen, und sie sollen auch die Gnaden verehren, welche dieser große Heilige durch die Jungfrau erhielt. Sie sollen sich an die seligste Jungfrau, den heiligen Joseph und alle heiligen Engel wenden, um die notwendigen Gesinnungen für dieses hohe Fest zu erlangen"[22]. In den Monaten nach Weihnachten stellt der geistliche Entwurf die Leiden und Tränen des Christuskindes sowie dessen einzelne Sinne und Körperglieder in das Zentrum der Anbetung. Die sieben Monate zwischen dem Weihnachtsfest und dem 25. Juli sind dem Gedenken an den siebenjährigen Aufenthalt der Heiligen Familie in Ägypten gewidmet, die Verehrung des Christuskindes zwischen dem 25. März und dem Weihnachtsfest sucht die Zeit des göttlichen Knaben im Mutterleib Mariens im Blick auf das eigene Christenleben zu aktualisieren.

Die Verehrung der göttlichen Kindheit, wie sie das 'Christuskind-Kirchenjahr' in großem Maßstab prägt, zeigt sich in verkleinertem Maßstab an jedem Weihnachtstag, wenn Margaretha von Beaune das göttliche Kind mit all seinen Eigenschaften und Regungen in jeder einzelnen Stunde dieses Tages durch bedeutungsgeladene Gebete gewürdigt sehen will: um Mitternacht Anbetung Christi im Augenblick

---

[22] Ebd., 8,2, 186.

seiner Geburt; um 1 Uhr Anbetung des Christuskindes in dem Zustand, in dem es Maria und Josef zum ersten Mal gesehen haben; um 2 Uhr Anbetung des Kindes in Windeln; um 3 Uhr Anbetung des Kindes in der Krippe; um 4 Uhr Anbetung des Kindes mit den an der Krippe eintreffenden Hirten; um 5 Uhr und um 6 Uhr Anbetung der ersten Hingabeakte des Kindes an den göttlichen Vater; um 7 Uhr Anbetung der Menschheit des Christuskindes; zwischen 8 Uhr und 16 Uhr Anbetung der 'stündlich vorgegebenen' einzelnen Körperglieder des Christuskindes; zwischen 17 Uhr und 22 Uhr Anbetung der 'stündlich vorgegebenen' seelischen und körperlichen Zustände des Christuskindes (Trauer, Ruhe etc.); um 23 Uhr Ehrung der Gottesmutter[23]. Diese detailliert vorgegebene Weihnachtsfrömmigkeit solle nicht allein den Weihnachtstag prägen, sondern überdies jeden 25. eines Monats, an dem man der Geburt des Christuskindes besonders gedenkt; für diesen monatlichen Weihnachtstag sind nochmals je eigene Gebetsintentionen im Blick auf das Christuskind vorgesehen sowie entsprechend der Vorbereitung auf das Weihnachtsfest jeweils die neun Tage der O-Antiphonen als Ausdruck der Sehnsucht hinsichtlich der nahenden Geburt vorangestellt. Schließlich unterstreicht der Entwurf der Margaretha von Beaune, dass auch der Wochentag als wöchentlicher weihnachtlicher Gedenktag geehrt werden soll, auf den das Weihnachtsfest im jeweiligen Jahr fällt. In ihrer Biographie heißt es dazu: "Sie ehrte den Tag, an welchem im laufenden Jahre Weihnachten fiel, und sonach veranstaltete sie jede Woche ein eigenes Fest; und was noch wunderbarer ist, es verging keine Nacht, wo ihre Seele sich nicht dem glücklichen Augenblicke der Geburt Jesu zugewendet hätte, und wo sie nicht in eine erhabene Betrachtung der Einigung des Wortes mit der menschlichen Natur erhoben gewesen wäre. So war dieser göttliche Bräutigam der Mittelpunkt ihres Geistes und ihrer Liebe, und sie lebte in unzertrennbarer Einigung mit den Geheimnissen seiner Geburt und seiner ersten Jahre"[24].

Die ausgeführten 'Gebetsübungen' vermögen zu veranschaulichen, dass sich die geistliche Ausrichtung des Christen stets auf das Christuskind beziehen soll; als Ergebnis des inneren Dialogs möge er mit dem Kind und den es umgebenden Personen stets inniger

---

[23] Ebd., 8,3, 205–208.
[24] Ebd., 8,4, 210; dazu auch ebd. 8,9, 229–234, Zitat: 234.

zusammenwachsen, um so für die persönliche Gottesgeburt sowie die anschließende geistliche 'Kinderpflege' vorbereitet zu sein. Ein solches Unterfangen bedarf der Methodik, der Kontinuität, der immer wieder neuen Anregungen und der wechselnden Blickrichtungen auf das Christuskind. Die sozialgeschichtliche Fruchtbarkeit dieses Entwurfs, umfassender: der im 17. Jahrhundert stark karmelitisch geprägten Christuskind-Spiritualität, lässt sich am ehesten an den zeitgenössischen Initiativen ablesen, die das Schulleben betreffen.

2.2   *Christuskind-Verehrung und schulische Initiativen*

Angesichts des aufgezeigten Hintergrundes verwundert es aus sozialgeschichtlichem Blickwinkel nicht, dass zahlreiche Schulen des 17. und 18. Jahrhunderts, die sich bezeichnenderweise nicht selten im geistig-geistlichen Umfeld des Karmeliterordens und dessen Zentren der Christuskind-Mystik befanden, dem Patronat des Christuskindes unterstellt waren. Den Trägern dieser Schulen ging es darum, die Kinder dem Christuskind zuzuführen, indem man die Heranwachsenden schon im jungen Alter zur "Entfaltung der Herrschaft der Vernunft über die Konkupiszenz" anleitete. Entsprechend sollten sie darin belehrt werden, sich so früh wie möglich dem im Christuskind verkörperten Ideal der geistlichen Kindheit anzugleichen[25], um auf diese Weise zugleich in die Heilige Familie der Gotteskinder einzugehen. So wurde das Kolleg von Juilly durch den gleichfalls karmelitisch beeinflussten Kardinal Pierre de Bérulle († 1629) dem Mysterium des Christuskindes geweiht. Wie hoch die Wertschätzung von damaligen Schulgründern für die Verehrung des Christuskindes war, die von da aus auf die Schulkinder überging, vermag auch Nicolas Rolland zu veranschaulichen, der im ausgehenden 17. Jahrhundert gleich mehrere Schulen gründete und in diesem Kontext auch zum Grab der Karmelitin Margaretha von Beaune pilgerte. Bei dieser Gelegenheit übergab ihm die damalige Priorin des Karmels ein Bild des Christuskindes, über dem die verstorbene Schwester Margaretha so häufig meditiert hatte[26]. Weitere Beispiele für die Verehrung des Christuskindes als Ausgangspunkt für den sozialpraktischen Einsatz zugunsten von Schulen und Schulkindern sind überliefert. Drei seien hier exempla-

---

[25] Vgl. *Robert Spaemann*, Reflexion und Spontaneität. Studien über Fénelon, Stuttgart 1963, 142.
[26] Vgl. *Ariès*, Kindheit (wie Anm. 19), 202.

risch angeführt: Im Jahre 1685 verfasste Pater Barré die 'Statuts et Règlements' für die christlichen und barmherzigen Schulen des heiligen Jesuskindes. Die 'Dames de Saint-Maur', die man gewissermaßen als Modell für die in Frankreich und auch darüber hinaus schon bald verbreiteten Lehrkongregationen ansehen darf, bezeichneten sich offiziell als 'Institut du Saint-Enfant-Jésus'. Als erstes Siegel diente den Unwissenden Schulbrüdern, der so genannten 'Institution des Frères des Ècoles chrétiennes', das vom Heiligen Josef geführte Jesuskind. Unterstreichend resümiert Ariès, freilich ohne die hier im Hintergrund stehende Christuskind-Mystik in seine Wertung einzubeziehen: "Die Gründungen von Lehranstalten, wie etwa die der Oratorianer-Kollegs des Kardinals De Bérulle, vollzogen sich damals im Zeichen [des Ideals; H. L.] der heiligen Kindheit"[27]. Mit anderen Worten: Die auf mittelalterliche Ursprünge zurückgehende Bedeutung der Christuskind-Mystik für den christlichen Einsatz zugunsten der Kinderbildung und eines neuartigen Verständnisses der Kindheit sollte sich in der Frühneuzeit weiter verstärken[28].

Nicht zuletzt ist darauf hinzuweisen, dass im 19. Jahrhundert eine Würzburger Ordensgründerin den auf Margaretha von Beaune zurückgehenden Entwurf der Christuskind-Verehrung übernahm, um ihn nunmehr in den Dienst der Resozialisierung straffällig gewordener Frauen zu stellen[29]. Antonia Werr († 1868) beabsichtigte mit ihrer Christuskind-Mystik vorzeitig aus der Gefängnishaft entlassenen Frauen auf deren Weg zurück in die Gesellschaft zu helfen; denn diese Frauen konnten sich wahlweise 'als Ersatz' für den letzten Teil ihrer Haftzeit einer weiteren Resozialisierung innerhalb des klösterlichen Umfeldes unterziehen[30]. So suchte die fränkische Ordensgründerin mit Hilfe dieses verschriftlichten geistlichen Programms sowohl die von ihr gegründete Schwesterngemeinschaft, die "Dienerinnen von der Heiligen Kindheit Jesu", als auch die ihr anvertrauten "Büßerinnen" auf die Ideale des Christuskindes und – umfassender – der Heiligen

---

[27] Ebd., 202; dort finden sich auch umfassendere Hinweise zu den hier lediglich stichwortartig angeführten drei Beispielen.

[28] *Lutterbach*, Gotteskindschaft (wie Anm. 1), 243–251.

[29] *Hubertus Lutterbach*, Antonia Werr (1813–1867) und die "Dienerinnen der heiligen Kindheit Jesu". Mystische Spiritualität im Dienste der Besserung von entlassenen weiblichen Sträflingen, in: Saeculum 54 (2003), 63–86.

[30] An dieser Stelle sei darauf hingewiesen, dass Antonia Werr die Namensbezeichnungen "Jesuskind" und "Christuskind" synonym verwendet, d. h. – systematisch-theologisch gesprochen – nicht konsequent zwischen dem historischen Jesus und dem kerygmatischen Christus unterscheidet.

Familie (Christuskind, Maria, Josef) hin auszurichten. Auf diese Weise beabsichtigte sie die Gotteskindschaft der ihr Anvertrauten alltags-konkret zu festigen. In der traditionellen Sprache der christlichen Mystik ausgedrückt: Der Christuskind-Mystik von Antonia Werr ging es um die alltägliche Vorbereitung auf die Ankunft des Christuskindes, die Gottesgeburt und die geistliche 'Kinderpflege'. Und, so viel sei hier zumindest aus sozialgeschichtlicher Perspektive angedeutet, die 'Resozialisierung' der bedürftigen Frauen mit Hilfe der lebensprak-tischen Einführung in die Christuskind-Verehrung verlief weitaus erfolgreicher als die entsprechenden Erziehungsmaßnahmen der baye-rischen Staatsregierung in den Gefängnissen.

3. Ausblick: Die gesellschaftsprägende Kraft der Christuskind-Mystik

Aus neutestamentlicher Perspektive ist herauszustellen, dass hinsicht-lich der Mystik "keine Rede von einer lediglich individuellen Erfahrung" sein kann, denn "die Vereinigung mit Gott durch Christus zieht eine Vereinigung mit den Brüdern und Schwestern im Glauben an Christus nach sich"[31]. Wenn die Geschichte der Christuskind-Mystik die gesell-schaftsprägende Wirkung mystischer Erfahrungen epochenübergreifend bestätigt, bedeutet diese Erkenntnis allerdings keineswegs zwangsläu-fig, dass die mystisch begabten Persönlichkeiten überdies noch sozial-karitativ tätig wurden bzw. werden; vielmehr zogen mystisch begabte Menschen immer wieder auch Christinnen und Christen an, welche ihrerseits die 'übernommenen' mystischen Erfahrungen für das Sozial-leben fruchtbar zu machen wußten. Mit anderen Worten: Der bislang von der Forschung noch kaum in den Blick genommene, für heuti-ges Sozialleben gleichwohl folgenreiche Weg von der religiösen Schau des Christuskindes zur Bildungs- und Sozialarbeit konnte bzw. kann sich durchaus 'arbeitsteilig' gestalten.

---

[31] *Andrew Louth*, Art. Mystik II (Kirchengeschichtlich), in: TRE 23 (1994), 547–580, hier: 548; vgl. auch *Rudolph Mohr*, Art. Welt, in: Wörterbuch der Mystik, hg. von Peter Dinzelbacher, Stuttgart 1989, 518f; *V. Lagoris*, Social Responsibility and the Medieval Woman Mystic on the Continent, in: ACar 35 (1983), 95–104; entspre-chende Hinweise fehlen bei *Hubert Cancik*, Art. Mysterien/Mystik, in: Handbuch reli-gionswissenschaftlicher Grundbegriffe 4 (1998), 174–178.

FRÖMMIGKEIT UND KIRCHLICHES LEBEN IM SCHATTEN DER REICHSSTADT NÜRNBERG

Gerhard Philipp Wolf
(Pegnitz)

Frank Fätkenheuer hat in der Einleitung zu seiner jüngst veröffentlichten Göttinger Dissertation über "Lebenswelt und Religion. Mikrohistorische Untersuchungen an Beispielen aus Franken um 1600" davon gesprochen, dass wir – bezogen auf die Konfessionalisierungsprozesse im 16. Jahrhundert – "noch fast nichts über den wirklichen Stellenwert der Konfession im Leben einzelner Menschen"[1] wissen. Auf der detaillierten Suche nach Quellenbelegen, aus denen deutlich werden kann, wie Religion und Konfession in den verschiedenen Lebenswelten vergangener Jahrhunderte verankert war, spart der Verfasser gerade offizielle kirchliche Quellen (z. B. Visitationsprotokolle) aus, weil damit nur das "normengerechte religiös-konfessionelle Verhalten der Pfarrkinder und der Geistlichen"[2] und weniger das alltägliche Leben zur Sprache komme.

Mehr den Fragestellungen und Problemanzeigen als den Ergebnissen dieser Untersuchung verpflichtet, sollen in diesem Beitrag einige Quellen zum kirchlichen Leben der evangelischen Kirchengemeinde Velden (Dekanat Hersbruck)[3] unter zwei Leitgedanken befragt werden:

1. Lassen sich Abweichungen im kirchlichen Leben und den kirchlichen Lebensordnungen von den Normen feststellen, die für Velden – ab 1504 im Anschluss an den Landshuter Erbfolgekrieg zum Nürnberger Landgebiet[4] gehörend – verbindlich geworden

---

[1] *Frank Fätkenheuer*, Lebenswelt und Religion. Mikro-historische Untersuchungen an Beispielen aus Franken um 1600, Göttingen 2004 (= VMPIG 198); hier: 16.

[2] Ebd., 40.

[3] Velden liegt im Pegnitztal am Nordostrand des heutigen Mittelfranken. Die Landstadt gehörte zu jenem Teil des Territoriums der Reichsstadt Nürnberg, das seit 1504 Sitz eines Pflegamtes war und im Norden und Osten an das Bamberger Hochstift und die "Obere Pfalz" angrenzte.

[4] Terminologisch wurde die damals erfolgte Gebietserweiterung im Osten der Reichsstadt unter der Bezeichnung "Neue Landschaft" von der "Alten Landschaft" (bis um 1500) abgehoben. Die straffe Verwaltung dieses Gebietes stand unter der

sind? Hierfür sollen in einer begrenzten Auswahl Quellen vom
16. bis Ende des 18. Jahrhunderts berücksichtigt werden.
2. Wird in diesen Quellen nur eine obrigkeitliche Perspektive erkennbar?

Bereits wenige Jahre nach der Einbeziehung Veldens in das Landgebiet
der Stadt Nürnberg wurde deutlich, dass sich die neuen Territorialherren auch in kirchlichen Belangen stark engagierten. Nach Ausweis
der Korrespondenz zwischen der Reichsstadt und dem Veldener
Pflegamt[5] hatte 1506 Jörg Stiglitz, Vikar im Domstift Eichstätt, die
Pfarrei Velden inne, die er allerdings durch einen "Caplan" versehen
ließ. Zum Leidwesen der Veldener Bevölkerung hatte dieser jedoch
in der vorösterlichen Fastenzeit seine Gemeinde verlassen, ohne Aussicht auf Beichtgelegenheit und Sakramentenempfang. Die Inter-
ventionen der Nürnberger Ratsherren beim Eichstätter Bischof zur
längerfristigen Besetzung der Veldener Pfarrstelle blieben jedoch über
Jahre hinweg vergebens. Noch im September 1524 beklagt sich der
Nürnberger Rat beim zuständigen Bamberger Bischof[6], dass der
Eichstätter Priester Jörg Stiglitz die Pfarrei Velden seit 28 Jahren
innehabe, ohne sie jemals persönlich in Besitz genommen zu haben.
Unmissverständlich wird der Bamberger Domscholaster darauf hingewiesen, dass ein Seelsorger nicht tragbar sei, der "nur die Wolle
von den Schäflein nehmen", d. h. die Pfründe einstreichen, dafür
aber keine Leistungen erbringen wolle.

Eine engere Anbindung der "Neuen Landschaft", damit auch Veldens, an das kirchenherrliche Regiment der Reichsstadt Nürnberg
erfolgte im Jahr 1525, nachdem sich der Rat im Anschluss an das
Religionsgespräch vom März 1525[7] für die reformatorische Lehre
entschieden hatte. Der ausdrückliche Befehl vom 17. Mai 1525 an

---

Kontrolle des 1513 gebildeten Nürnberger Landpflegamtes. Siehe dazu die Artikel
'Alte Landschaft' (Walter Bauernfeind), 'Landshuter Erbfolgekrieg' (Reinhard Seyboth),
'Neue Landschaft' (Walter Bauernfeind) und 'Velden' (Peter Fleischmann), in: Stadtlexikon Nürnberg, hg. von Michael Diefenbacher/Rudolf Endres, Nürnberg 1999,
62f; 612; 737; 1130; *Volker Alberti*, Das Landgebiet der ehemaligen Reichsstadt Nürnberg, in: Ders., 40 Jahre Altnürnberger Landschaft, Nürnberg 1991, 8–21 (= ANL,
Sonderheft 1991/3); *Hans Recknagel*, 500 Jahre Nürnberger Territorium, in: ANL 53
(2004), 777–782.
    [5] Vgl. *Heinz Dannenbauer*, Die Nürnberger Landgeistlichen bis zur zweiten Nürn-
berger Kirchenvisitation (1560/61), in: ZBKG 2 (1927), 207–236; 3 (1928), 40–53
und 65–79 (71–79: zu Velden); 214–229.
    [6] Ebd., 75.
    [7] Vgl. *Andreas Gößner*, Art. Religionsgespräch (1525), in: Stadtlexikon Nürnberg
(wie Anm. 4), 860 (Lit.!); *Gottfried Seebaß*, Reformation (Essay), in: ebd., 868f.

die Pfleger, Bürgermeister und Räte zu Altdorf, Hersbruck, Lauf und Velden lautete, die dortigen Geistlichen den Bürgern der Reichsstadt mit gleichen Rechten und Pflichten auf eine Ebene zu stellen. Damit war verbunden, wie die Wiederholung des Befehls an den Veldener Pfleger Gabriel Nützel zwei Monate später ausweist (27. Juli 1525), das Wort Gottes "lauter und rein zu predigen" und "alte Mißbräuche" zu unterlassen. Dem Magistrat muss zu Ohren gekommen sein, dass die Veldener Untertanen gegen die christliche Predigt offen opponiert haben. Unklar bleibt, ob dahinter Widerstand gegen die reformatorische Lehre oder Animosität gegen die Person des Predigers steckte. Zeigten sich die politischen Handlungsträger der Reichsstadt in Fragen der persönlichen Glaubensentscheidung nachsichtig – niemand sollte wegen seines Glaubens bedrängt werden –, so ließen sie andererseits keinen Aufstand gegen die evangelische Predigt und gegen obrigkeitliche Befehle zu.

Noch Ende 1525 ließ der Nürnberger Rat über den Veldener Pfleger mitteilen, dass die von den Gemeindevorstehern vorgeschlagenen Kandidaten als Prediger nicht das nötige Wohlwollen fänden. Daraufhin schickte das Nürnberger Landpflegamt Ende Januar 1526 den ehemaligen Nürnberger Karmeliterpater Veit Eyßler und einen Kaplan nach Velden. Der anfängliche Widerstand gegen die "Neuerungen", wohl eher als Vorbehalt gegen Abweichungen von Althergekommenem zu interpretieren denn als Opposition gegen die neue Lehre, war offensichtlich schnell verebbt, weil im März 1527 – wie aus den Quellen erschließbar – einem Boten des Bamberger Bischofs Gewalt und Spott von Veldener Bürgern angedroht wurde. Dieser händigte den beiden Seelsorgern ein bischöfliches Mandat aus, nachdem sie zur Rückkehr in die alte Kirche, zur alten "Ordnung" aufgefordert worden waren. Das Nürnberger Landpflegamt verlangte daraufhin vom Veldener Pfleger genauere Recherchen im Wiederholungsfall, verbot jedoch jegliche Gewaltanwendung gegenüber dem Bamberger Boten. Ende November 1527 empfahlen die Nürnberger den gelehrten "Priester" Jörg Schad als zuverlässigen Vertreter der Lehre Luthers, der dann ab Januar 1528 neben Veit Eyßler den Kirchendienst in Velden versah.

Da die Akten über die erste Nürnberger Kirchenvisitation von 1528 nur fragmentarisch (über Abschriften) erhalten sind[8], entgehen

---

[8] Vgl. *Gerhard Hirschmann*, Kirchenvisitation im Landgebiet der Reichsstadt Nürnberg 1560/61. Quellenedition, Neustadt/Aisch 1994 (= EKGB 68), hier: 3 (Einleitung).

uns im Falle Veldens Informationen über die Qualifikation der Orts-
pfarrers, über den Stand von Religion, Sittlichkeit und Bildung und
auch über die Beziehungen der Ortspfarrer zu ihrer Gemeinde. Auch
die "Müllnersche Chronik"[9] ist mehr an den politischen Ereignissen,
etwa an der Belagerung Veldens im Jahre 1504, als an den kirchlichen
Veränderungen dieser Zeit interessiert. Ihr Verfasser umschreibt pro-
zesshaft die "Einführung" der reformatorischen Lehre mit dem "her-
furbrechendem Liecht des Evangelii"[10], das allerdings sehr bald auch
Schatten geworfen hat – ausgedrückt mit einer Anspielung auf das
biblische Gleichnis vom Unkraut und Weizen, weil der "gemaine
Mann" nach Erleichterung vom "antichristlichen Joch" sich auch
von den Bürden der weltlichen Obrigkeit lossagen wollte. Der Chronist
verweist auf die durch die Täufer ausgelösten Unruhen im Umland
der Reichsstadt und die von den Bauern ausgehenden Gefahren (Ablehnung der Zehntleistungen). Bereits im Mai 1524 hatte der Rat
der Stadt Nürnberg den Pflegämtern in Hersbruck, Lauf, Altdorf,
Velden und Betzenstein eingeschärft, Zusammenrottungen der Bauern
zu unterbinden, die Stadttore zu bewachen, notfalls zu versperren,
die Anliegen der Bauern nach Bildung eines Ausschusses von zehn
Personen anzuhören und einen Bericht darüber abzufassen[11] – Ver-
handlungstaktik statt Gewaltanwendung!

Nach Anordnung des Nürnberger Rates galt die "Brandenburg-
Nürnbergische Kirchenordnung", für die Andreas Osianders Verfasser-
schaft feststeht[12], mit Beginn des Jahres 1533 für die Kirchen der
Reichsstadt. Sie wurde unverzüglich zu den Pflegämtern hinausge-
schickt und sollte bereits ab Sonntag, 9. Februar 1533 auch in den
Landgemeinden des Nürnberger Territoriums gelten[13].

Der bis ins Frühjahr 1537 als Veldener Pfarrer nachweisbare Jörg
Schad hat nach dem Bericht des Pflegers[14] relativ friedliebend in seiner Gemeinde gewirkt – abgesehen von seinen persönlichen Spannungen mit dem Pfleger – und in seinen langen Predigten "nur" über

---

[9] *Johannes Müllner*, Die Annalen der Reichsstadt Nürnberg von 1623, Bd. 3:
1470–1544, bearb. von Michael Diefenbacher, Nürnberg 2003 (= Quellen und Forschungen zur Geschichte und Kultur der Stadt Nürnberg 32).

[10] Ebd., 509. Dabei finden sich keine Hinweise auf die Gewissensnot der altkirchlichen Pfarrer bei der Entscheidung für oder gegen die Lehre Luthers.

[11] Ebd., 510.

[12] Vgl. *Werner Jürgensen*, Art. Kirchenordnung, in: Stadtlexikon Nürnberg (wie
Anm. 4), 539.

[13] Ebd., 637.

[14] *Dannenbauer*, Landgeistliche (wie Anm. 5), 78.

Papst, Bischöfe, Mönche und altkirchliche Missbräuche hergezogen. Dies galt offensichtlich als äußeres Kennzeichen für die Zugehörigkeit zum reformatorischen Lager. Dass er einzelne Gemeindeglieder bei mangelnden Katechismus-Kenntnissen vom Abendmahl zurückstellte, hat die Gemeinde missfällig registriert, ansonsten zeigte sie sich aber mit ihrem Seelsorger zufrieden. Besonders gefiel, dass der Pfarrer "sehr eingezogen" lebte und den Wirtshausbesuch mied. Damit war er nicht nur ein sittliches Vorbild für seine Landgemeinde, er entsprach auch deren Erwartungen.

Sein ab Herbst 1537 in Velden amtierender Nachfolger Leonhard Widmann wurde nach 25-jähriger Tätigkeit als Seelsorger Veldens von der Prüfungskommission der Zweiten Nürnberger Kirchenvisitation examiniert, genauer gesagt während des ersten Teils dieser Visitation im Jahre 1560. Ziel dieser in die Landgemeinden führenden Visitation war die Beseitigung der über Jahre hinweg konstatierten Mängel im Kirchenwesen, weshalb alle Kirchendiener, Schullehrer sowie die Gemeinde nach einer festgelegten Ordnung einbezogen werden sollten[15].

In den ersten Junitagen 1560 kam die Kommission nach Velden und blieb dort zwei Tage und zwei Nächte. Dem Ortspfarrer Leonhard Widmann wird im Examen mittelmäßige Qualifikation bescheinigt, womit er im Hinblick auf das Gesamtergebnis der Visitation gar nicht übel auffiel. Er musste sich allerdings den Seitenhieb gefallen lassen, dass er vorgab, "er verstehe mer, dann er wais"[16]. Der Kommission hat allerdings missfallen, dass Widmann sich nicht genau an die vom Rat eingeführte Kirchenordnung (von 1533) und das "agendbüchlein"[17] hielt, sich vielmehr einige Freiheiten erlaubte. Auch musste

---

[15] Vgl. zu Vorbereitung, Verlauf und Ergebnis dieser Kirchenvisitation *Hirschmann*, Kirchenvisitation (wie Anm. 8), 6–20. Bei der ersten Visitation von 1528 wurden die Geistlichen zum Examen in die Reichsstadt bestellt! – Nach dem Weggang Osianders nach Königsberg (1548) und dem Tod von Veit Dietrich (1549) wurden die beiden Prediger Hieronymus Besold (um 1500–1562) und Moritz Heling (1522–1595) die theologischen Sachverständigen der zweiten Kirchenvisitation, deren Kommission aus 14 bis 15 Personen bestand.

[16] *Hirschmann*, Kirchenvisitation (wie Anm. 8), 57f (auch zu den nachfolgenden Zitaten). – Die Visitation von 1560/61 hat Klaus Leder treffend als "Katechismusvisitation" charakterisiert. *Ders.*, Kirche und Jugend in Nürnberg und seinem Landgebiet 1400 bis 1800, Neustadt a. d. A. 1973 (= EKGB 52), 123 und 140.

[17] Das von Veit Dietrich 1543 verfasste (und zunächst anonym herausgegebene) "Agend Büchlein für die Pfar-Herren auff dem Land" war ein Handbuch für den praktischen Dienst des Pfarrers auf der Grundlage der Brandenburg-Nürnbergischen Kirchenordnung. Es lag 1544 bereits in dritter Auflage vor und erlebte 1755 seine

er ermahnt werden, nach Luthers Kleinem Katechismus zu lehren und seinen "aigen catechismum" nicht mehr in der Kirche zu verlesen[18]. Dem Veldener Rat wird "grosse ungeschicklichkeit" bescheinigt. Es wird aber nicht deutlich, worauf sich diese Qualifikation bezieht! Dem zwischenzeitlich nach Lauf abgezogenen Kantor zu "Felden", Valentin Wolf, werden mangelhafte Kenntnisse nachgesagt und der Missstand gerügt, dass er seit dem Interim (1548) lateinische, damit für die Gemeinde unverständliche Introiten und Gesänge in der Kirche anstimmen ließ. Dass die Kommission den Ersatz durch deutsche Gesänge anordnen musste, verrät nebenbei die noch mangelnde Durchsetzung der liturgischen Neuordnung des Gottesdienstes. Mit Ausnahme des Pflegers Kaspar Paumgärtner (1560–1653 in Velden) wird den Honoratioren wie dem gemeinen Volk attestiert: "nichts gekönnt".

Die Visitationen des 17. Jahrhunderts galten zum einen der Bestandsaufnahme hinsichtlich der Mängelerscheinungen in den Gemeinden, zum andern dem besseren Kennenlernen der Landgeistlichen. Dementsprechend ergaben sich Visitationsreisen in die Landgemeinden des Hinterlandes oder die Vorladung der Geistlichen in die Reichsstadt zur Probepredigt[19]. Bei der Visitation von 1626/1627, an der Johannes Saubert d. Ä. (1592–1646) entscheidenden Anteil hatte[20], wurde die gleiche Ordnung der Befragung wie im 16. Jahrhundert eingehalten: zunächst die Pfleger, dann die Stadtschreiber und die Gotteshauspfleger vor den Geistlichen und dem "gemeinen Volk". Damit wurden auch Kontrollmechanismen ausgelöst, die bei Differenzen mit der Gemeinde leicht gegen den Pfarrer eingesetzt werden konnten – nur kommen sie in den "offiziellen" Quellen kaum zur Sprache!

---

letzte Neuauflage. Vgl. dazu *Bernhard Klaus*, Veit Dietrich – Leben und Werk, Nürnberg 1958 (= EKGB 32); bes. 207–209 und 402–409; *Leder*, Kirche und Jugend (wie Anm. 16), bes. 48f.

[18] Die abweichend von der Kirchenordnung geforderte sonntägliche Vorlesung des Kleinen Katechismus verrät das besondere pädagogische Anliegen Veit Dietrichs im "Agendbüchlein"; vgl. *Klaus*, Veit Dietrich (wie Anm. 17), 404.

[19] Vgl. dazu *August Peter*, Zu den Nürnberger Kirchenvisitationen des 17. Jahrhunderts, in: BBKG 25 (1919), 97–107 und 145–161; *Leder*, Kirche und Jugend (wie Anm. 16), 158–167.

[20] Zu Saubert, seit 1637 Prediger in St. Sebald, vgl. *Dietrich Blaufuß*, Johannes Saubert (1592–1646), in: Fränkische Lebensbilder, Bd. 14, hg. von Alfred Wendehorst, Neustadt/Aisch 1991, 123–140; *Wolfgang Sommer*, Vom Augsburger Religionsfrieden zum Westfälischen Frieden, 3. Theologie und Frömmigkeit, in: Handbuch der Geschichte der evangelischen Kirche in Bayern, Bd. 1, hg. von Gerhard Müller/Horst Weigelt/Wolfgang Zorn, St. Ottilien 2002, 446–451.

Die Visitationskommission vernahm im September 1626 die Beschwerde des Veldener Pflegers über den zänkischen Pfarrer Jakob Wurm (1616–1631 in Velden) und hörte dann eine konzeptlose Predigt am "Matthäus-Tag" (21. September) von Kaplan Vischer über 1. Kor 1 mit dem jämmerlichen Versuch, die Aussagen des Textes mit dem Leben des Matthäus in Einklang zu bringen. "Hat aber kein Pünctlein recht ausführlich tractirt, sondern ist gar ein verwirrte und vermischte Predigt gewesen. Hat selber bekent, er hab solche Predigt nicht concipirt"[21]. Die Predigt von Wurm in der Kinderlehre über Ps 34 wurde besser qualifiziert[22], allerdings entging der Kommission nicht die geringe Beteiligung der Jugend und deren mangelhafte Antworten. Die Deputierten ließen sich von der Entschuldigung des Pfarrers, der Pfleger habe den Besuch der Visitationskommission zu kurz angezeigt, nicht beeindrucken (aus Animosität?), und ermahnten ihn zu größerem Fleiß in seinen pfarramtlichen Tätigkeiten[23].

Unmittelbare Folge dieser Visitation mit deprimierenden Ergebnissen über den Kenntnisstand der Gemeindeglieder war das 1628 im Auftrag des Nürnberger Rates gedruckte Kinderlehrbüchlein mit dem Titel: 'Enchiridion – Der kleine Catechismus für die gemeine Pfarrherrn und Prediger, nach dem alten Exemplar D. Martin Lutheri, sampt angehengten Fragstücken'. An diesem Handbuch für Katecheten hatte Johannes Saubert entscheidenden Anteil. Die große Visitation im Jahre 1652, die Velden am 23. und 24. September berührte, galt im Wesentlichen der Schadensaufnahme nach dem Dreißigjährigen Krieg, ohne dass wir darüber nähere Kenntnisse haben. Die zehn Visitatoren, unter denen Johann Michael Dilherr und Johann Fabricius waren, konzentrierten sich vor allem auf die 'Kinderlehren'. Predigten wurden nur dort abgehört, wo der Visitationstag auf einen Sonntag fiel.

Bei der Visitation von 1659 wurden die Landpfarrer in die Reichsstadt zur Probepredigt vorgeladen. Zu den Vertretern der Prüfungskommission zählten als theologische Sachverständige die Prediger der Hauptkirchen, also neben Dilherr (St. Sebald), Daniel Wülfer (St. Lorenz) u. a. Johann Leonhard Frisch (St. Egidien). Am 8. August

---

[21] Zit. nach *Peter*, Kirchenvisitationen (wie Anm. 19), 100.
[22] "Hats wol tractirt und gar eine laute vernemliche pronunciation [. . .]"; ebd., 100f.
[23] Vgl. *Leder*, Kirche und Jugend (wie Anm. 16), 163.

1659 hielt Georg Maier (1658–1668 Pfarrer in Velden) die Frühpredigt in St. Sebald über Ps 137, die allgemeinen Anklang fand. Auch seine theologischen Grundkenntnisse scheinen gediegen gewesen zu sein, wie sich im Konferenzgespräch ergab, an seinem "unsträflichen" Leben wurde nicht gerüttelt. Auch Nikolaus Karg (1645–1674 Kaplan in Velden) gelang am 13. September 1659 eine "feine" Predigt über Mt 16,26 bei den Augustinern. Es wurde ihm bescheinigt, dass er "ein frommer alter Mann [. . .] sei, so in den vorgewesenen kriegerischen Zeiten viel ungemach erlitten und ausgestanden"[24].

Veldener Kirchenordnung 1676

Ein gutes Spiegelbild hinsichtlich der kirchlichen Gottesdienste und Handlungen in Velden im letzten Drittel des 17. Jahrhunderts ergibt sich aus der "Veldnische[n] Kirchen-Ordnung, Das ist, richtigs Verzeichnis, Wie es mit denen Kirchen-Ceremonie[n], Gebräuchen, Gottes-Dienst, u. des Predig-Amts-Verrichtungen gehalten wird in dem Nürnbergischen Städtlein Velden und denen drein gepfarten Dorffschafften: wohlmeinend beschrieben durch Chr. Löhnern Pfrn. (1676)"[25]. Diese Ordnung bietet eine genaue Beschreibung über die einzelnen Bestandteile der jeweiligen Gottesdienste (Vesper, Sonntagsgottesdienste am Vor- und Nachmittag, Festtags-Andachten), dann zu den Wochenpredigten, Betstunden und Kasualien mit exakter Aufteilung der Dienstpflichten zwischen Pfarrer und "Diaconus" (als dem zweiten Pfarrer). So wird bei der am Samstag um 14 Uhr vom Diaconus gehaltenen Vesper im Anschluss an das Vaterunser die Beichte gehört. Dabei geht der "Pastor" in den Beichtstuhl, "wo er außer d[er] Sacrestei beichte höret"[26], der Diaconus jedoch in der Sakristei selbst. Die Gemeindeglieder wählen "nach Christlicher Willkür" ihren Beichtvater aus.

Beim Gottesdienst am Sonntag Vormittag wird demnach der Gesang nur vom Kantor von der Orgel aus übernommen, die liturgischen

---

[24] Vgl. *Peter*, Kirchenvisitationen (wie Anm. 19), 150; 153.

[25] Archiv Pfarramt Velden, Nr. 56, Veldener Kirchenordnung 1676 I. N. J. – Christoph Löhner war von 1676–1683 Pfarrer in Velden; vgl. *Wilhelm Schwemmer*, Velden a. d. Pegnitz. Aus der Geschichte einer alten Stadt, Velden 1976, 123.

[26] Archiv Pfarramt Velden, Nr. 56, Veldener Kirchenordnung 1676, fol. 10. – Im Folgenden beziehen sich die im Text in Klammern angegebenen Folioangaben auf diese Quelle.

Bestandteile – als "Collecta" nach Veit Dietrichs Agend-Büchlein (mit genauer Seitenangabe!) – vom Diaconus. Die Sonntags-Epistel (samt Summario) wird aus dem 'Haus- und Kirchenbuch' des Andreas Pankratius verlesen. Ausdrücklich wird vermerkt, dass zwei "Exemplaria" (für die beiden Geistlichen) in der Gemeinde vorhanden sind. Auch das anschließende Gebet "für alle Stände" stammt aus einem der beiden Vorlagen.

Der Diaconus verliest dann die dort angeführten Abschnitte aus dem Katechismus, wobei diese Lesung allerdings bei zahlreichen Kommunikanten unterbleibt. Die vom Pfarrer "ordinarie" gehaltene Predigt erfolgt "forma usitata, methodo annuatim diversa" (16). Auf die Predigt folgt das Fürbitten-Gebet an Hand der teilweise vom Nürnberger Magistrat "fürgeschriebenen" Worte (18). Die langen Fürbitten gelten u. a. den auf dem "Fortwährenden Reichstag" zu Regensburg[27] versammelten Vertretern weltlicher Herrschaften und besonders der Nürnberger "Landesherrschaft": "Einen Wohl-Edlen Gestrengen, fürsichtige und hoch-Weißen Rath, alß Regenten der Stadt Nürnberg: unser Herren, und dero getreüe Diener im regiment, insonderheit unsern Wohl-Edlen und Gestrengen Herrn Pfleger und [. . .] einen Ehrbarn und weisen Rath allhir, wollestu dir in Gnaden befohlen sein laßen, ihnen von deinem heiligen Himmel die Weißheit senden [. . .]" (22f). Bei dem Gebet zum Gedeihen des "lieben Feld-Akker und Garten-Bau" wird auch bei entsprechenden Jahreszeiten das Bierbrauen eingeschlossen "und alle darzu gehörige Verrichtungen" (26 und 56). Die danach verlesenen "Proklamationen" wurden vom Pflegamt schriftlich vorgelegt, wie besondere Fürbitten (z. B. für Bedürftige) die vorherige Genehmigung durch den Pfleger erforderten. Beim anschließenden Abendmahl liest der Diaconus vom "großen Altar" aus die Abendmahls-Vermahnung nach dem "Nürnbergischen Agend-Büchlein" und singt dann die Einsetzungsworte daraus (30).

Bei dem um 13 Uhr beginnenden Nachmittags-Gottesdienst am Sonntag wurden vom Diaconus aus einem Lektionar biblische Kapitel verlesen, die "zum Gebrauch der Nürnbergischen Kirchen, in und außer der Stadt" zusammengestellt worden waren[28], oder ein

---

[27] Vgl. dazu *Anton Schindling*, Die Anfänge des Immerwährenden Reichstags zu Regensburg. Ständevertretung und Staatskunst nach dem Westfälischen Frieden, Mainz 1991 (= VIEG 143).

[28] Es dürfte sich dabei um die von Saubert hg. 'Biblia [. . .]. Mit solchen Summarien, darinn ein jedes Capitel in die Hauptstück abgetheilt', Nürnberg 1629 u. ö. handeln.

besonders angeordneter Psalm neben dem "Summario" Veit Dietrichs.

Vom Sonntag Quasimodogeniti bis Michaelis wurde am Nachmittag um 13 Uhr auch Kinderlehre gehalten. Jeden Sonntag trugen je zwei Jungen oder Mädchen ein Stück aus Luthers 'Kleinem Katechismus' oder eine "Lektion" aus Sauberts 'Katechismus-Erklärung' vor, mit eventueller Einhilfe des Diaconus. Die ursprünglich vorausgegangene Verlesung einer Katechismuspredigt, die in den 'Libris Normalibus ecclesiae Norimbergensis' abgedruckt war, hat man mit der vorläufigen Genehmigung des Pflegers ausgesetzt, da sie "schläffrig und nachläßig gehöret worden" (35). Eines der seltenen Beispiele, die eine Abweichung von der von Nürnberg vorgegebenen "Norm" auf Grund praktischer Erfahrung erkennen lässt! Nachdem allerdings die Arbeit in den heißen Sommertagen zu beschwerlich war, folglich die Konzentration wie die rechte Erbauung bei den Kindern zu wünschen übrig ließ, wurde 1678 die alte Ordnung, d. h. mit Lesung der Katechismus-Predigt, wieder hergestellt.

Interessant sind die Einzelbestimmungen für die Kasualhandlungen: So begab sich einer der beiden Geistlichen bei gewünschter Privatkommunion in das "Hauß des Städtleins oder auf dem Lande, wo d(er) Communicant sich befindet" (71), jeweils in Begleitung des Mesners, der das "Agenden-Buch", den weißen "Chor-Rock"[29], Kelch und "Patell" (beim Gang in die Dörfer in einem ledernen "Säkkel") trug. Nur innerhalb der Veldener Stadtmauern wurde der weiße Chorrock über dem "Priester-Rokk" getragen, über Land nur über dem Alltagsgewand. Die Privatbeichte und das Abendmahl wurde "nach der Art und Vorschrift unsrer Nürnbergischen Kirchen-Agend p. 115 sqq. verricht(et)" (72).

Kindertaufen wurden "nach eingerißner Gewohnheit" (73) in der Woche über um 15 Uhr angesetzt, wenn kein Notfall vorlag. Taufen bei Familien von Stadt- und Landbewohnern hatte der Diaconus zu übernehmen, die Taufen "im Schloß" als dem Wohnsitz der Pflegerfamilie waren "von Alters her" dem Pfarrer vorbehalten (73). Nur bei großer Schwachheit eines Kindes war der Diaconus verpflichtet, den "Actum" im Haus des Täuflings zu vollziehen. Als Anmaßung

---

[29] Erst im November 1810 wurde dieses weiße Chorhemd abgeschafft. Vgl. dazu Archiv Pfarramt Velden, Nr. 86, Allgemeine Pfarrbeschreibung. Pfarrbuch oder allgemeine Beschreibung des gesamten Kirchenwesens in der evang. luther. Pfarrei Velden. Gefertigt von Pfarrer Adolf Redenbacher im Jahre 1912/13, 68. – Adolf Redenbacher war von 1892–1914 evang. Pfarrer in Velden.

wurde daher in dieser Veldener Kirchenordnung die alte Gewohnheit von Familien aus den eingepfarrten Orten Eichenstruth, Oberachtel und Rothenbruck notiert, dass sie kaum Kinder "herein ins Städtlein" brachten, sondern dem Diaconus gleich ein Pferd schickten.

Von den gewöhnlich am Dienstag stattfindenden Trauungen (Kopulationen) wurde nur bei "unehrlichen Leüte[n]" abgewichen, d. h. bei eventueller Schwangerschaft der Braut. In diesem Fall wurde auch der Tag (meistens der Sonntag oder Mittwoch) von "Ihro Wohl-Adeliche Gestreng Hr. Pfleger allhir bestimmt" (76). Diese Herabsetzung wurde später allerdings rückgängig gemacht[30].

Die gewöhnlich um Mittag stattfindenden Beerdigungen hatte der Pfarrer zu übernehmen. Pfarrer und Diaconus zogen im weißen Chorrock zur Schule und von dort in Begleitung des Kantors und der Schulknaben ins Trauerhaus. Fünf in schwarze Röcke gekleidete Schulknaben trugen das Kreuz und vier rote Kerzen voraus. Die Interpretation zu diesem Brauch lässt sich im "Nürnbergischen Geist- und Lehrreichen Handbuch" von Dominikus Beer aus der ersten Hälfte des 17. Jahrhunderts nachlesen: "Wenn du, wie es zu Nürnberg geschieht, sihest vier von rothem Wachs gemachte Kerzen vortragen, so erinnere dich, daß der Verstorbene einer gewesen ist, die ihr Glaubens-Licht lassen leuchten vor den Leuten, wie es Gott haben will, Matth. 5; wie solcher Kerzen vier seyn, so rumort der Tod an allen vier Orten der Welt. Wie solche Kerzen nicht brennen, sondern ausgelöscht seyn, also sey der Verstorbene schlaffen gegangen und sey seines Lebens Licht ausgeloschen, wie man sonst, wenn man schlaffen geht, die Lichtkerzen auszulöschen pflegt. Wie die Kerzen aus rothem Wachs gemacht seyn, damit sonst große Herren zu siegeln pflegen, also sey der Verstorbene Kraft des theuer erworbenen Bluts Christi zu einem großmächtigen Himmels-König und Fürsten gemacht worden"[31].

---

[30] Randbemerkung zweiter Hand: "Auf allerhöchsten Befehl wurde diese Bestimmung gäntzlich abgeschafft."

[31] Zit. nach *Reiner Sörries*, "... mit Licht und Stang..." – Zur Verwendung von Leichenkerzen im protestantischen Leichenbegängnis im Nürnberger Land, in: Trauer und Hoffnung. Sterbebräuche, Totengedenken und Auferstehungsglauben in evangelischen Gemeinden, hg. von Andrea K. Thurnwald, Bad Windsheim 2003 (= Schriften und Kataloge des Fränkischen Freilandmuseums 41), 89–104, hier: 91. Der Autor verweist im Zusammenhang mit dem Zitat auf eine Beschreibung der Kirche in Velden aus dem Jahre 1857; ebd., 100, Anm. 10 und 11. Verfasst wurde die Beschreibung von dem damaligen Pfarrverweser Fischer aus Artelshofen, abgedruckt in: 25. Jahresbericht des Historischen Vereins von Mittelfranken (1857), XVI.

Aus der in diese Kirchenordnung eingefügten und vom Rat der Stadt Nürnberg genehmigten "Kirchen-Ordnung wegen der Leichen und Hochzeiten" (aus dem Jahre 1694) wird die "Klassifizierung" der Beerdigungen mit entsprechender Gebührenabstufung ersichtlich. So galt grundsätzlich z. B. die "Gemeine Leich" (mit einer Gebühr von 2 Gulden) für alle, abgesehen vom armen "Hintersaß und Hutmann" (81). Empfohlen wurde allerdings als Liebesdienst, auch einem armen Bürger ("und Köbler") die "Gemeine Leich" zu gewähren und dafür nicht mehr als einen Gulden zu nehmen. Zur Steuerung des eventuellen "Spartriebes" von Hinterbliebenen eines Bauern oder eines wohlhabenden Bürgers konnte von jenen niemals die "einfache Leich" verlangt werden.

Im Anhang zu dieser Veldener Kirchenordnung finden sich Kopien von Briefen des Nürnberger Landpflegamtes, die einmal mehr die genaue Kontrolle der Reichsstadt in kirchlichen Angelegenheiten verdeutlichen. So wird am 26. Januar 1681 der Ratsverlass vom Vortag nach Velden mitgeteilt, wonach sich Landgeistliche nicht mehr durch junge unerfahrene Studenten beim Predigen vertreten lassen dürfen. Voraussetzung ist mindestens ein zweijähriges Studium der Theologie. Am 29. Januar 1712 wird die Wiederholung dieser Bestimmung mit dem Zusatz eingeschärft, dass keinem Studenten die Predigterlaubnis erteilt werde, "der nicht seiner Tüchtigkeit halber von der Facultate Theologica der Löbl. Universitaet Altdorff ein Testimonium" vorweisen könne (94).

Auf vorbeugende Wirkung zielte die Entscheidung des Nürnberger Landpflegamtes vom 2. September 1697 in konfessionspolitischer Hinsicht. Nachdem offensichtlich der katholische Pfarrer von Schnaittach im Januar des gleichen Jahres eine "Evangelische Person" von der Patenschaft ausgeschlossen hatte, erging an die Landpfarrer die Weisung, zur Vermeidung von Unannehmlichkeiten zukünftige Eltern daran zu erinnern, "daß Sie keine Päbstliche Persohnen zu dergleichen Werck erbitten, sondern Ihre Glaubens Genoßen darzu gebrauchen" sollen (92). Als günstige Gelegenheit für diese Erinnerung wurde der Zeitpunkt angesehen, wenn sich die Schwangere – wie üblich – vor der Geburt ihres Kindes "in dem Beichtstuhl einfinde[t]" (92).

Am 10. Februar 1705 reagierte das Nürnberger Landpflegamt auf die mehrfache Beobachtung, dass einige Landgeistliche sich die Freiheit herausnahmen, eigenmächtigen Gebrauch "von denen Kirchen Agendis" (93) zu machen. Die einzelnen Pfleger hatten darüber nun genau

Kontrolle zu führen und notfalls den Geistlichen jede Abweichung zu verbieten[32].

Pfarrer Benedikt Heinrich Scholler hat im Anhang zu dieser Kirchenordnung unter dem Titel 'Memorabilia quaedam'[33] wichtige Ereignisse aus dem Gemeindeleben während seiner Amtszeit in Velden (1821–1830) festgehalten, die dem Vorurteil zuwiderlaufen, Geistliche früherer Jahrhunderte hätten – aus heutiger Sicht – sich nicht um das soziale Wohl ihrer Gemeinden gekümmert[34].

Wie auch in einer anderen Quelle des Veldener Kirchenarchivs notiert[35], hat Pfarrer Scholler eigenmächtig mit Beginn seines Amtsantritts (1821) den Seilerschen Katechismus in Schule und Kirche eingeführt – die einzige feststellbare Abweichung von den kirchlichen "Normen", als Velden mit dem Reichsgebiet der Stadt Nürnberg längstens im Königreich Bayern integriert war (seit 1806). Dieser von den Grundgedanken der Aufklärung geprägte Ortsgeistliche stellte seiner Gemeinde ein vernichtendes Zeugnis aus: "Die liebe Pfarrgemeinde, 100 Jahre in der Kultur noch zurück, Religion maschinenmäßig betreibend, 3/5tel daran unwissend im Lesen, Schreiben, Singen, roh in Sitten, ohne moralische Grundsätze – die Bessern müssen mit dem Haufen schwimmen – wenige empfindlich für vernünftige Vorstellungen [. . .], kann nur durch ernstliche Maasregeln und Einschreitungen zur Beachtung moralischer und policeilicher Gesetze bestimmt werden"[36]. Pfarrer Scholler hat auch mit der Tradition

---

[32] Der Gottesdienst zur (vorläufigen) Kircheneinweihung am 21.11.1729 – nach der großen Renovierung und Erweiterung des Kirchenbaus – wurde genau nach der im "Nürnberger Agend-Buch" (Ausgabe von 1691) vorgeschriebenen Ordnung abgehalten. In seiner Predigt über Ps 84 schlug Pfr. Georg Beck (1728–1738 in Velden) kurz vor Beginn des neuen "recht merckwürdigen" Kirchenjahres die gedankliche Brücke zum "200jährigen Gedächtnüs der theuren Augspurgischen Confession". Vgl. dazu: Archiv Pfarramt Velden, Nr. 106, Kircheneinweihung betr. in Velden am 21.11.1729, bes. fol. 2 und fol. 9.

[33] Ebd., fol. 97–106.

[34] Pfarrer Scholler verweist auf seine erfolgreichen Bemühungen hin, dass Velden 1824 als "Impfstation" aufgewertet worden ist, daneben auf seine Obstbaumpflanzungen sowie auf den Beitrag der Kirchengemeinde zur Anschaffung einer "Lösch-Maschine" durch Verleihung von 100 Gulden aus der Kirchenstiftung.

[35] Vgl. Archiv Pfarramt Velden, Nr. 57, Katechismus u. Katechisation betr. Vom Jahr 1830 bis 1899, Bericht Pfarrer Fleischmanns vom 9.1.1832 an das Hersbrucker Dekanat, fol. 4. Dort vermerkt Fleischmann zur Einführung des Katechismus von Georg Friedrich Seiler (Bayreuth 1775 u. ö.): "Mit wessen Vorwissen und Genehmigung dieß geschehen, ist Unterzeichnetem unbekannt [. . .]."

[36] Ebd., Nr. 56, Veldener Kirchenordnung 1676, fol. 102.

gebrochen, dass dem Pfarrer als Honorar für das fürbittende Gebet in der Brauperiode[37] von den brauberechtigten Bürgern ein Eimer Bier gespendet wurde. Nachdem 1826 das gesamte Bier schlecht war, mokierte sich der Pfarrer in der Öffentlichkeit, dass er für die "Fabrikation dieses elenden Hopfenwassers" nicht beten könne (103f). Daraufhin wurden die Fürbitten für das Brauwerk (im Herbst und Frühjahr) eingestellt, die Bierbrauer behielten ihre "schlechte Brühe" und der Pfarrer sein Trinkgeld.

Von Pfarrer Scholler abgesehen, ergeben sich aus den pfarramtlichen Quellen keine Aufschlüsse über abweichlerische Tendenzen in der Hochphase der Aufklärung um 1800. Damit dürfte Adolf Redenbacher mit seiner Beurteilung nicht falsch liegen, wenn er in seiner Pfarrbeschreibung notiert: "Solange Nürnberg Reichsstadt war, hat sie ihren evangelischen Charakter treu bewahrt, ähnlich war das auch in Velden. Die Nürnberger evang. Gemeinde war für die Veldener Gemeinde vorbildlich. Der Geist der Aufklärung, der im 18. Jahrh. zur Herrschaft gekommen war, hat in der Veldener Gemeinde kaum sich breit gemacht. In den Pfarrmatrikeln der betreffenden Zeitepoche ist nichts zu entdecken, was auf genuin rationalistische Denk- und Handlungsweise hinweisen könnte. Aber wie der Rationalismus merkwürdigerweise zur Milderung und zu einer allgemein sich bekundenden Verträglichkeit zwischen Evangelischen und Katholischen geführt hat, so tritt diese Erscheinung sogar auch im Veldener Gemeinde- und Nachbarbezirk zutage. Die Matrikeln lassen das ersehen. Katholiken wurden bei Taufen evangelischer Kinder zu Paten gewonnen und umgekehrt. Die Geistlichen der verschiedenen Konfessionen vertreten sich. [. . .] Eine über alles erhabene Toleranz waltet vor. Der Gegensatz, der früher Deutschland in den 30 jähr. Krieg und in unsägliches Leiden verwickelt hatte, scheint bedeutungslos geworden. Von welcher Wandlung zeugt da wieder die Gegenwart"[38].

In Ergänzung und Korrektur zu Redenbachers Votum lässt sich an Hand der hier herangezogenen Quellen ablesen, dass Nürnberg nicht nur Vorbild der Veldener Kirchengemeinde war, sondern sein musste. Zu straff war die über das Landpflegamt ausgeübte Kontrolle auch in den kirchlichen Belangen der zum ehemaligen Landgebiet Nürnbergs

---

[37] Vgl. oben 647.
[38] Archiv Pfarramt Velden, Nr. 86, Allgemeine Pfarrbeschreibung, 101f.

gehörenden Landgemeinden, so dass Abweichungen von den offiziellen "Normen" kaum möglich waren. Bezeichnenderweise ergab sich eine einzige Abweichung – die Einführung von Seilers Katechismus –, als Nürnberg schon längst nicht mehr die Landesherrschaft in Velden ausübte. Kleinere Abänderungen in der kirchlichen Ordnung ergaben sich eher aus der praktischen Erfahrung (z. B. Katechismuspredigten). Diesen Einschränkungen entsprechend bleiben kaum mehr als Vermutungen übrig, welche andere "Lesart" hinter der obrigkeitlichen Perspektive möglich sein könnte. Genauer gesagt kann hier nur die Feststellung von Frank Fätkenhäuser in seiner eingangs zitierten Dissertation bestätigt werden, dass die "obrigkeitliche" Sicht der Quellen nur bedingt aussagekräftig über die tatsächlich gelebte Religiosität in den Kirchengemeinden ist.

FRÖMMIGKEIT IN BÜCHENBACH.
EIN DORF UND SEINE PFARRER VOM
16. BIS 18. JAHRHUNDERT

Hans-Christoph Rublack
(Neu-Anspach)

Die Pfarrei Büchenbach von der Reformation bis ins 17. Jahrhundert

Büchenbach lag im Dekanat Schwabach, es war im Jahr 1616 ein kleiner Ort mit 33 Herdstätten[1], jedoch auch ein zentraler Pfarrort für 16 umliegende Dörfer[2]. 1525 "sind die leut vngedrungen vnd vngezwungen vom Babstumb abgefallen" und haben das Evangelium angenommen, wie es Pfarrer Georg König 1610 und 1616 formulierte[3]. Der erste protestantische Geistliche war von der Gemeinde angenommen und von ihr besoldet worden[4]. Der Zehnt musste weiterhin nach Eichstätt an das Domkapitel abgeliefert werden; "es geniessens solche leüt, die gar nichts darumb thun"[5]. Das Eichstätter Domkapitel trug 12 Gulden zur Pfarrbesoldung bei, die zu Königs Amtszeit als Pfarrer 88 Gulden betrug. 24 Gulden waren "Addition" aus dem Vermögen des ehemaligen Klosters in Heilsbronn, aus dem Gotteshauskasten kamen 52 Gulden, dazu kamen Naturalleistungen aus dem Ort[6]. Johann Adam, der Vorgänger Königs, war 50 Jahre

---

[1] Vgl. StA Nürnberg, Bezirksamt Schwabach (Rep. 212), 17/I, Bericht wegen deß Gottshaußes vnd pfarr Buchenbach, 1616.

[2] Vgl. ebd.

[3] Ebd. – Zur Problematik der ansbachischen Dorfreformationen vgl. *C. Scott Dixon*, Die religiöse Transformation der Pfarreien im Fürstentum Brandenburg-Ansbach-Kulmbach. Die Reformation aus anthropologischer Sicht, in: Ländliche Frömmigkeit. Konfessionskulturen und Lebenswelten 1500–1850, hg. von Norbert Haag/Sabine Holtz/Wolfgang Zimmermann u. a., Stuttgart 2002, 27–41; *ders.*, The Reformation and rural society. The parishes of Ansbach-Kulmbach 1528–1603, Cambridge 1996 (= Cambridge Studies in Early Modern History).

[4] Vgl. LKA Nürnberg, Markgräfliche Konsistorialakten, Dekanat Schwabach, A 99/I, Bericht von der pfarr Büchenbach, 13.7.1610.

[5] StA Nürnberg, Bezirksamt Schwabach, 7/I, Bericht wegen deß Gottshaußes vnd pfarr Buchenbach, 1616.

[6] LKA Nürnberg, Markgräfliche Konsistorialakten, Dekanat Schwabach, A 99/I, Bericht von der pfarr Büchenbach, 13.7.1610.

lang Pfarrer in Büchenbach gewesen (1554–1604). Er hatte lange
Zeit keine Kinder, trotzdem und obwohl alles noch wohlfeiler gewesen sei, kam auch er mit dem Gehalt nicht aus[7]. Insbesondere das
Pfarrhaus war zu klein, König hatte 1605 fünf Kinder[8]. Wegen der
knappen Besoldung war ein Konflikt mit den Heiligenpflegern naheliegend. 1607 beklagte sich der Pfarrer, die Heiligenpfleger gebrauchten ihn nur als Schreiber. Die Gegenvorstellung warf ihm einen
"königlichen Kopf" vor[9]. Der Pfarrer nannte einen der beiden Heiligenpfleger ehrlos[10]. Der Bericht des Kastners und eines Richters aus
Schwabach von 1608 bestätigte, dass König gern selbst Heiligenpfleger sein wolle und er von den beiden Beamten nichts halte, er
habe seine Herren in Ansbach[11]. Zur gleichen Zeit brach ein Konflikt
mit der Gemeinde aus: König wollte offenbar die "Gottlosen", diejenigen also, die nicht zum Abendmahl gegangen waren, auf einem
Platz getrennt vom Friedhof begraben. Mancher, hoffte der Pfarrer,
würde "auß forcht sich frömer und eingezogener halten". Seither
wolle "schier niemand mehr zur Kirchen noch zum h.[eiligen] Abendmahl gehen, wie hab nur Ich offt sowenig kinderlein Im Catechismo
[. . .] Je mehr Ich vermahne Je weniger man es thut"[12]. Der Konflikt
zwischen Pfarrer und Dorfgemeinde hatte also die Religionsausübung
lahm gelegt. 1618 gab es einen neuen Konflikt: Der Heiligenpfleger
Linsner übergab dem Geistlichen keine Besoldung[13]. König klagte
jetzt auch über schlechten Besuch der Kinderlehre. Auch die Alten
sollten lernen, was zu ihrer Seligkeit nützlich sei, wenigstens zur
Fastenzeit, wenn sie das Abendmahl besuchten. Er starb 1626[14]. Sein
Nachfolger Leonhart Prenner verließ die Pfarrei 1633. Das Dorf war
seit Ende 1631 geplündert und bis auf 5 oder 6 Häuser von kaiserlichen Truppen zerstört worden[15].

Frömmigkeit bestimmt sich in dieser frühen Phase als öffentliche
Religionsausübung, also Gottesdienstbesuch, und dieser gehörte für

---

[7] StA Nürnberg, Bezirksamt Schwabach, 7/I, Bericht wegen deß Gottshaußes vnd pfarr Buchenbach, 20.3.1623.

[8] Ebd., 17.1.1605.

[9] LKA Nürnberg, Markgräfliche Konsistorialakten, spez. 145, Bd. 1, 39.

[10] Ebd., 50.

[11] Ebd., 45.

[12] Ebd., Markgräfliche Konsistorialakten, Dekanat Schwabach, A 99/I, Supplikation Königs vom 24.9.1608.

[13] Ebd., Gravamina bey der pfarr Büchenbach, ohne Datum.

[14] Ebd., Markgräfliche Konsistorialakten, A 99/I, 1.6.1626.

[15] Ebd., Markgräfliche Konsistorialakten, spez. 145, Nr. 82, 84, 89.

die Gemeinde offensichtlich zu den Selbstverständlichkeiten, die im Konfliktfall aufgehoben werden konnten.

Die Gemeinde wurde nach dem Dreißigjährigen Krieg durch einen Vikar aus Schwabach versehen[16]. Er kam alle 14 Tage, nach gehaltenem Gottesdienst ging er wieder nach Hause[17]. Die Gemeinde machte 1660 beim Konsistorium eine Eingabe: Sie wollte wieder einen ständigen Pfarrer und Seelsorger. Sie habe zusammen mit den Weilern 100 Haushalte mit 400 Seelen[18]. Zum Vikar müsse man besonders bei Sterbenden schicken, sie stürben aber oft ohne Trost und Abendmahlsgenuss. Es gebe in Büchenbach auch Exulanten, "meistentheils neue Einkömbling von Österreicher und Kärnthen", die ganz arm seien[19] und die katholischen Länder und Haus und Hof verlassen hätten, um religiös recht betreut zu werden[20]. 1661 wurde das Pfarrhaus neu gebaut[21], das 1631 oder 1632 abgebrannt war. Der Kostenvoranschlag belief sich auf 355 Gulden und 20 Kreuzer[22]. Der Schulmeister Paulus Schaar ging 1660 und 1661 auf Sammeltour mit Leib- und Lebensgefahr[23]. Das Ergebnis betrug immerhin 86 Gulden und 9 Kreuzer[24]. 1662 erhielt Büchenbach einen eigenen Pfarrer, Nikolaus Rucker, der bis 1714 im Amt blieb, und der dann sagen konnte, "daß besagte Gemeinde In und allemahl meinen bezeugten Eyffer und treüe mit guten hertzen angenommen und erkant"[25] habe. Die Sympathie für den Pfarrer ging so weit, dass die Gemeinde sich (wohl 1704) für seinen Substituten, seinen Stellvertreter während seiner Amtszeit, beim Konsistorium einsetzte, ihn sich als Nachfolger Ruckers wünschte, obwohl er sich durch menschliche Schwachheit habe überwältigen lassen und mit

---

[16] Ebd., Nr. 93.

[17] Ebd., Markgräfliche Konsistorialakten, Dekanat Schwabach A 99 I/II, Supplikation des Johann Paulus Schaar, "Schulbediener" in Büchenbach.

[18] StA Nürnberg, Bezirksamt Schwabach, 17/I; LKA Nürnberg, Markgräfliche Konsistorialakten, Dekanat Schwabach, spez. 145, Nr. 99.

[19] LKA Nürnberg, Markgräfliche Konsistorialakten, Dekanat Schwabach, spez. 145, Nr. 108, Bericht über das Büchenbacher Heiligenvermögen von Nikolaus Rucker, Pfarrer, und den Gotteshauspflegern Christoph Schneider und Conrad Beck.

[20] Ebd., Nr. 99.

[21] Ebd., Nr. 119.

[22] StA Nürnberg, Bezirksamt Schwabach, 17/I, Kostenvoranschlag 1661.

[23] LKA Nürnberg, Markgräfliche Konsistorialakten, Dekanat Schwabach, spez. 145, Nr. 119; ebd., Markgräfliche Konsistorialakten, A 99 I/II, Supplikation des Johann Paulus Schaar, Schulbediener in Büchenbach an den Markgrafen, 24.9.1708.

[24] StA Nürnberg, Bezirksamt Schwabach, 17 I, Kostenvoranschlag 1661.

[25] LKA Nürnberg, Markgräfliche Konsistorialakten, Dekanat Schwabach, spez. 142, Nr. 152, Rucker an das Konsistorium 11.6.1711.

Ruckers Tochter, mit der "Er täglich im Hauß geweßen, sich fleischlich vermischet"[26] habe. Leonhard Schattner, der Substitut, habe mit
aufrichtiger Lehre und unermüdlichem Fleiß die Gemeinde im rechten Christentum unterwiesen und in unsträflichem Wandel gelebt.
Die Pfarrgemeinde habe ohne Ausnahme große Liebe und Vertrauen
zu ihm gezeigt, sie sei von Tag zu Tag darin bestärkt worden, besonders bei der Vorbereitung des Abendmahls. Durch seinen unverdros-
senen Eifer habe man sich mit ihm wohl versehen gefunden[27]. Diese
Supplikation bezeugt, dass sich die Definition der "Frömmigkeit"
unverändert durchgehalten hatte. Sie weist auch auf die Erwartungen
hin, die eine Gemeinde von ihrem Pfarrer hatte.

Gottesdienste im frühen 18. Jahrhundert

Worin bestand die öffentliche Religionsausübung in Büchenbach bzw.
welche Gottesdienste boten die Pfarrer an und welche davon wurden
wahrgenommen? Auskunft darüber geben zwei eingehende Berichte,
einer über die Visitation 1717[28] und einer über die von 1720[29]. Sie
stammen also aus der Zeit des Nachfolgers von Nikolaus Rucker,
Georg Christoph Zimmermann[30]. Büchenbach war die letzte Station
der Karriere dieses rigorosen Geistlichen, der sich selbst als eifrig
bezeichnete, und der, aus seiner ersten Pfarrei versetzt, unter Depres-
sionen litt.

Danach wurde sonntagvormittags und -nachmittags ein Predigtgottesdienst gehalten, dabei alternativ ein Kapitel aus dem Alten und
dem Neuen Testament mit kurzen Summarien von Veit Dietrich
verlesen und vor einem Gebet die Epistel samt Absolution und Bann
gesprochen[31]. Sonntags fand auch die Kinderlehre statt. In ihr wurden sechs Hauptstücke des Katechismus laut gesprochen und dann

---

[26] Ebd., spez. 145, Nr. 131.
[27] Ebd.
[28] Vgl. LKA Nürnberg, Markgräfliche Konsistorialakten, Dekanat Schwabach 86,
Actum buchenbach den 5. August in der Kirche.
[29] Vgl. ebd. 23, Richtige Nachrichten wie es mit denen Ceremonien gehalten
wird in der Kirchen zu Büchenbach. Vgl. bes. ebd., 10.11.1720 Buchenbach von
dem verordneten Diener Christi Georg Christoph Zimmermann [Schluss der Akte].
[30] Zu Zimmermann vgl. vorerst *Hans-Christoph Rublack*, Die Vertreibung eines
Pfarrers. Georg Christoph Zimmermann, in: Das evangelische Pfarrhaus in der
Neuzeit, hg. von Johann-Friedrich Enke, Eisenach: Evangelisches Pfarrhausarchiv
1992, 45–54. Eine umfangreichere Untersuchung ist in Arbeit.
[31] LKA Nürnberg, Markgräfliche Konsistorialakten, Dekanat Schwabach 86, Actum
buchenbach den 5. August in der Kirche.

erklärt, auch die Worte der heiligen Schrift aus der Predigt, die zu
merken sind, bisweilen wurde es mit Liedern ebenso gehalten[32]. An
jedem Samstag wurde Vesper mit Beichte gehalten, in der ein
Beichtsermon aus einem Buch verlesen wurde[33]. Zuvor aber erfolgte
die Anmeldung im Pfarrhaus. Dabei würden Alte wie Junge ermahnt
und im Katechismus geprüft: "[. . .] hier von nun kompt bey wider-
spenstigen die sich den Geist Gottes nicht wollen straffen laßen, und
in der unwissenheit lieber verharren wollen. Alle das Verklagen wider
mich, Herr, o daß man sich hie nicht der Clägern Sunde [. . .] teil-
hafftig machte"[34]. Abendmahl werde alle Sonntage nach der Predigt
gehalten[35]. Nicht zugelassen werde, wer unversöhnlich – also noch
im Streit mit anderen – oder in offenbarer Sünde ohne Reue sei[36].
Die Wochenpredigt werde nur von Michaelis bis Ostern gehalten,
vor Martini bleibe sie wegen der Feldarbeit unbesucht[37]. Bei der
Taufe werde kein Kreuz gemacht, der Pfarrer hielt die Hände über
das Kind und hob sie beim Vaterunser auf. Auf einem Kissen liegend, wurde der Täufling dreimal besprengt. Bei den Paten müsse
einer evangelisch sein, katholische werden zugelassen[38]. Verstorbene
werden vor dem Haus zum Begräbnis abgeholt, dabei wird geläutet
und gesungen. Sie werden gleich auf den Kirchhof getragen – also
nicht in der Kirche aufgebahrt –, dabei wird gesungen. Gepredigt
werde nur, wenn es verlangt wird[39]. Bei der Visitation bescheinigten
die Gemeindevertreter, dass der Pfarrer den Predigtgottesdienst, die
Kinderlehre und andere Gottesdienste ordentlich halte, auch beim
Besuch der Kranken gebe es keinen Mangel. Die meisten Pfarrkinder
seien "nach ihrer aussage" mit Bibeln versehen, Zimmermann habe
bis 1717 60 Stück unter die Leute gebracht, so viele Bibeln wie hier
habe er in keiner anderen Pfarrei gefunden. Viele in der Pfarrei
könnten sie nicht lesen, dies sei Schuld des alten Schulmeisters, also
des Paulus Schaar, denn der neue, Johann Gerngroß, verhalte sich
so, dass er "ein gut Zeugnuß verdiene"[40]. Der Pfarrer stimmte dem

---

[32] Ebd.
[33] Ebd.
[34] Ebd.
[35] Ebd.
[36] Ebd., 23, Richtige Nachrichten wie es mit denen Ceremonien gehalten wird
in der Kirchen zu Büchenbach.
[37] Ebd.
[38] Ebd.
[39] Ebd.
[40] Ebd., Dekanat Schwabach 86, Actum buchenbach den 5. August in der Kirche.

bei: Er führe ein feines Leben und verrichte sein Amt. Die Erwachsenen brachten die Bibeln auch in die Kinderlehre: Sie schlugen die Sprüche nach, "auch, wann die Kinder die Sprüche nicht so balden finden können, diesen damit an die Hand gehen"[41]. Nach wie vor war Frömmigkeit von den kirchlichen Gebräuchen bestimmt (Gottesdienst, Kasualien, Katechismuslehre).

Frömmigkeit um die Mitte des 18. Jahrhunderts

Ein noch eingehenderer, vom Konsistorium angeforderter Bericht von Georg Stephan Stieber, Pfarrer in Büchenbach, von 1741[42] weist insofern einen neuen Charakter der Frömmigkeit aus, als Stieber die Kaltsinnigkeit[43], später einmal Indifferenz genannt, beim Feiern der heiligen Tage beklagte. Den Grund dafür sah Stieber darin, dass die dörfliche Bevölkerung an Sonntagen Haus- und Feldarbeit verrichtete. Junge bleiben wegen Viehhütens dem Katechismusunterricht fern – eine allgemeine Erscheinung. Dies führe zu Unwissenheit. Dahinter stand, wie andernorts, die Sorge um die Nahrung und das Gedeihen des Viehs[44]. Auch werde die Schule im Sommer nicht besucht, einige Eltern gäben ein höheres Alter der Kinder an, damit

---

[41] Ebd., Dekanat Schwabach, 36, Bericht von Pfarrer Stieber am 6.6.1739.

[42] Ebd., 23/II, vom Konsistorium 1740 angeforderte ausführliche und zuverlässige Beschreibung, wie es mit Gottesdienst bestellt, 14.4.1741.

[43] Vgl. StA Ludwigsburg, B 70S, 81*. Schon ein Konsistorialschreiben vom 12.2.1690 (ebd.) beurteilte die kirchliche und soziale Lage in gleicher Weise: Man müsse je länger je mehr wahrnehmen, dass das Christentum in diesem Fürstentum wie anderwärts "sehr kaltsinnig und laulicht zu werden" beginne. Dies wurde an folgenden Phänomenen festgemacht: Fluchen, Schwören, Entheiligung des Sabbaths, unfleißiger Besuch des Gottesdienstes, vor allem der Betstunden und der Kinderlehre, auch des Katechismusunterrichts, auch Ungehorsam und Untreue gegen Vater und Mutter, gegen Herren und Frauen, gegen Obrigkeit, Hurenleben und Üppigkeit, Stehlen, Übervorteilen und Betrug in Handel und Wandel – dies wachse von Tag zu Tag.

[44] LKA Nürnberg, Markgräfliche Konsistorialakten, Dekanat Schwabach, 30/I, Gottfried Roder, Pfarrer zu Aurach, o. D. Man wende ohne Scheu ein: "Es liege ihre meiste Nahrung dran, es wären die besten 2 Stunden" für das Vieh zu fressen, nach der Frühpredigt sei es im Sommer zu heiß. Der Bitte an den Bürgermeister, der Dorfgemeinde die Beanstandung vorzutragen, entsprach dieser in folgender Weise: "Der Pfarrer läßet euch grüßen, ihr sollet die ochsen nichts mehr unter der Kirche austreiben, er wolle seinen Kopff nicht sanfft legen biß ers abgestellet. Wollet ihrs nun thun – stehets euch frey. Ich thue es nicht." Und der Bürgermeister habe darin viele Nachfolger gefunden. Ebd., Dekanat Schwabach 36, Notiz vom 11.11.1721.

sie bald aus der Schule genommen werden konnten. In der Kirche plauderten die Jungen, sie stellten ihre Stühle auf der Empore so, dass sie von der Kanzel nicht gesehen werden konnten. Die Eltern sähen das nach, obwohl man an einigen Stellen dem popularen Brauch entgegengekommen war. So hatte Zimmermann in ein Gebetbüchlein Gebete eingeschrieben für die Früchte auf dem Feld zur Saat- und Erntezeit, Gott wolle die Früchte vor Hagel, Frost, Platzregen, Ungeziefer, ungesundem Nebel und Entzündungen gnädig und väterlich behüten, um einen Grund zu haben, Gott für Wahrheit, Allmacht, große Liebe und väterliche Vorsorge zu danken. Zur Gewohnheit sei Karten- und Kugelspielen an Sonntagen geworden. Man spiele bis spät in die Nacht oder in den Morgen des nächsten Tages, dies schade dem Gottesdienstbesuch ebenso wie dem Eheleben.

Zur Beichte vor dem Abendmahl müsse man sich im Pfarrhaus nach dem Mittwochs- oder Freitagsgottesdienst anmelden, dabei wurde Katechismuskenntnis geprüft und bei Verdacht einer groben Sünde erfolgte ein Verhör und Ermahnung zur Besserung. Samstagnachmittag fand die Beichte statt. Man ging zum Beichtstuhl in die Sakristei, betete die Beichtformel des Katechismus und trat dann zur Seite, die Absolution erfolgte, wenn die Sakristei gefüllt war, nach einer Vermahnung und Verkündung der Heilsordnung, um die Beichtenden zu Buße und deren rechtschaffenen Früchten zu erwecken[45]. Trotz Stiebers Mahnungen kamen auch Leute ohne Anmeldung zur Beichte oder man meldete eine bis drei weitere Personen an, auch unbekanntes Gesinde. Im Übrigen sei die "Verachtung" des Abendmahls so groß, dass eine merkliche Anzahl Bewohner der Pfarrei über Jahr und Tag, manchmal auch länger als zwei Jahre ihm fernblieben, sie gäben vor, andernorts kommuniziert zu haben.

Die Vermischung von Gottesdienst und im Dorf geübten Bräuchen zeigt sich am deutlichsten bei der Eheschließung. Beliebter als die Predigt sei die "Brautausbitte" des Schulmeisters, weil die Bauern erstere "fast täglich", jene seltener hören könnten. Die Brautausbitte war eine Ladung zur Hochzeit. Sie erinnerte zunächst die Eltern der Braut, in deren Haus sie stattfand, an ihr Versprechen, die Tochter

---

[45] Zur Beichte in den lutherischen Kirchen, auch in den markgräflichen Dekanaten Uffenheim, Crailsheim und Schwabach, sowie zur Praxis Georg Christoph Zimmermanns in Wiesenbach vgl. *Hans-Christoph Rublack*, Lutherische Beichte und Sozialdisziplinierung, in: ARG 84 (1993), 127–155.

zur Ehe freizugeben. Es folgte ein Dank, dass der Bräutigam die Ehre und das Glück habe, in eine so honette Familie und Verwandtschaft aufgenommen zu werden. Der Brautausbitter versicherte dann, der Braut werde alle erdenkliche Ehre geschehen, dann folgte ein Dank für die Erziehung der Braut und die mitgegebenen Mobilien. Die Braut sagte dann der Familie und ggf. dem Dorf "Adieu", und die Eltern wünschten ihr Glück, Heil und Segen und lobten ihre Frömmigkeit, Treue und ihren Gehorsam. Der Pfarrer holte danach den Bräutigam von dessen Haus ab. Die Ankunft in der Kirche erfolgte oft mit ärgerlichem Tumult und Getöse, mit Schreien und Schießen: "Ich weiß auch solchen Unordnungen nicht abzuhelffen, weil mein Reden und Abmahnen nichts hilfft, und ein Pfarrer, zumahlen bey hiesiger Gemeine, keinen Ernst kann sehen lassen."

Bei Begräbnissen holte man den Verstorbenen dort ab, wo er aufgebahrt war, mit einem Kreuz voran trug man ihn zum Kirchhof, dort wurde er zum Einsenken ins Grab vorbereitet. Dann ging man in die Kirche. Dort predigte der Pfarrer und verlas einen Lebenslauf, den er selbst anzufertigen hatte. Ein Problem sei die Kollekte, unterrichtete Stieber den Dekan am 2. Oktober 1741[46], denn es gebe viele Arme, nicht allein solche, die durch Krankheit, durch Unglück und andere von Gott kommenden Verhängnisse verarmt, sondern die durch Faulenzen, Saufen und Spielen in Armut gestürzt worden seien. Sie zahlten die Gebühren bei Begräbnissen gar nicht oder nur teilweise, wobei sie allerlei unziemliche Reden ausstießen: Sie brauchten Pfarrer, Schulmeister und Totengräber nicht, sie könnten ihren Toten selbst zum Kirchhof tragen, das Grab ausheben und die Leiche dort versenken. Ihnen gehe an der Seligkeit durch Pfarrer und Schulmeister nichts zu und nichts ab.

Diese Meinung und die höhere Schätzung der Brautausbitte weist zugleich mit der Indifferenz und der Verachtung des Abendmahls auf einen Wandel der Haltung von Dorfbewohnern zur öffentlichen Religionsausübung hin. Man könnte ihn wohl angemessener als Entkirchlichung begreifen, weniger als Emanzipation oder Säkularisierung. Nur bei einigen Verhaltensweisen ist der Grund die Sicherung der Nahrung. Genereller Antiklerikalismus ist nicht greifbar, obwohl nicht nur der "eifrige" Georg Christoph Zimmermann, sondern auch

---

[46] LKA Nürnberg, Markgräfliche Konsistorialakten, Dekanat Schwabach, A 99/III, Stieber an Dekan Köhler.

sein Nachfolger entlassen wurden. Auch soll damit nicht gesagt sein, dass alle Bewohner des Dorfes auf größere Distanz zur kirchlichen Religionsausübung gingen, aber geächtet wurden diejenigen, die es taten, nicht. Nachzuweisen ist auch nicht ein Rückzug in private Frömmigkeit, wie es – gleichzeitig – die Pietisten taten.

JOHANN JACOB RABE UND SEINE DEUTSCHE MISCHNAÜBERSETZUNG

Barbara Eberhardt
(Erlangen)

"Die Gabe zu glänzen war ihm von der Natur versagt, und auch sein Aeußeres machte nicht den gefälligsten Eindruck. Sein Blick war ernst und finster; sein Vortrag wortreich und ohne Schmuck; die Stimme ohne Modulation und Eindringlichkeit. Daher war er als Kanzelredner von dem größeren Theil seiner Vaterstadt nicht so geschätzt, als es der innere Werth seiner Vorträge verdiente", berichtete ein namentlich nicht bekannter Autor in seinem Nekrolog über den Ansbacher Pfarrer Johann Jacob Rabe (1710–1798)[1]. Doch der Verfasser hob auch lobend die Vorzüge des ungewandten Predigers hervor: "aber von denen, die tiefer greifen und nicht bey dem ersten Eindrucke stehen bleiben, [war er] desto mehr verehrt, und dabey durch seine Schriften berühmt"[2].

Dieser Aufsatz soll "tiefer greifen" und daher nicht nur den Lebenslauf des evangelischen Theologen nachzeichnen, sondern auch sein Werk würdigen, das nahezu völlig in Vergessenheit geraten ist. Dabei leistete Rabe Bahnbrechendes, indem er die Mischna und wahrscheinlich auch den gesamten Talmud[3] aus dem Hebräischen ins Deutsche übersetzte – ein Unternehmen, das in diesem Umfang von keinem anderen christlichen Forscher in Angriff genommen und bewältigt wurde.

---

[1] Den 12. Februar. Johann Jacob Rabe, in: Nekrolog auf das Jahr 1798 enthaltend Nachrichten von d. Leben merkwürdiger in diesem Jahre verstorbener Deutscher, Bd. 9/1, hg. von Friedrich Schlichtegroll, Gotha 1802, 54–66, hier: 55.

[2] Ebd., 55.

[3] Die Mischna ist eine um das Jahr 200 n. Chr. abgeschlossene Sammlung rabbinischer Lehre. Die Diskussion um die in ihr festgehaltenen Rechtssätze, praktischen Anweisungen, Lebensregeln und Geschichten wurde in der Gemara festgehalten. Mischna und Gemara bilden zusammen den Talmud. Zur Einleitung in Mischna und Talmud vgl. die grundlegenden Arbeiten von Krupp und Stemberger: *Günter Stemberger*, Einleitung in Talmud und Midrasch, 8. Aufl., München 1992; *Michael Krupp*, Der Talmud. Eine Einführung in die Grundschrift des Judentums mit ausgewählten Texten, Gütersloh 1995; *ders.*, Einleitung in die Mischna, Jerusalem 2002.

Um den Rahmen dieser Festschrift nicht zu sprengen, beschränkt
sich der vorliegende Aufsatz vor allem auf Werdegang und Werk
Rabes bis zur Vollendung seiner Mischnaübersetzung im Jahr 1763.
Auf die letzten dreieinhalb Jahrzehnte seines Lebens wird nur sehr
kurz eingegangen. Die detaillierte Erforschung der regen Tätigkeit
des Ansbacher Pfarrers zwischen 1763 und 1798 bleibt somit künftiger Forschung vorbehalten.

1. *Schul- und Studienjahre*

Johann Jacob Rabe wurde am 16. Januar 1710 im unterfränkischen
Lindflur, einem heutigen Ortsteil Reichenbergs südlich von Würzburg,
geboren[4]. Dort arbeitete sein Vater Johann Christian Rabe als Amt-
mann des Grafen von Wolfskeel in Lindflur und Reichenberg. Um
Johann Jacob eine schulische Ausbildung zu ermöglichen, wurde er
im Alter von sieben Jahren zu den Eltern seiner Mutter Anna Maria,
geborene Hüttlinger, in die mittelfränkische Kleinstadt Schwabach
geschickt. Dort erhielt er Unterricht in Religion, Latein, Griechisch
und Musik. Nachdem Rabe dem Ansbacher Markgrafenpaar Wilhelm
Friedrich (1703–1723) und Christiana Charlotta als Hochbegabter
vorgestellt worden war, wurde ihm ein Platz an der Klosterschule
in Heilsbronn in Aussicht gestellt, die damals einen hervorragenden
Ruf besaß. Der Tod des Markgrafen vereitelte jedoch die Pläne. So
wechselte Rabe 1723[5] an das Gymnasium in Windsheim, wo er,
begünstig durch sein gutes Gedächtnis, besondere Fähigkeiten in der
Geschichtswissenschaft an den Tag legte. 1726 wurde er durch Vermittlung des Geschichts- und Rhetorikprofessors Christian Gottlieb
Schwarz (1675–1751) als Student der Universität Altdorf aufgenommen.

---

[4] Zur Biographie Rabes vgl. Nekrolog (wie Anm. 1); *Johann August Vocke*, Geburts-
und Todten-Almanach Ansbachischer Gelehrten, Schriftsteller, und Künstler. Oder:
Anzeige jeden Jahrs, Monats und Tags, an welchem Jeder derselben gebohren
wurde, und starb, nebst ihrer kurz zusammengedrängten Lebens-Geschichte und
dem Verzeichnis ihrer Schriften und Kunstwerke, 2 Bde., Augsburg 1796/97 (unver.
Nachdruck Neustadt a. d. Aisch 2001), hier: Bd. 1, 43f; *Matthias Simon*, Ansbachisches
Pfarrerbuch. Die Evangelisch-Lutherische Geistlichkeit des Fürstentums Brandenburg-
Ansbach 1528–1806, Neustadt a. d. Aisch 1955–1957 (= EKGB 28), 381.
[5] Die Jahreszahlen folgen hier dem Nekrolog in Schlichtegrolls Sammelband. Bei
Vocke, Almanach 1 (wie Anm. 4), 43, differieren die Daten um ein Jahr. Er gibt
1722 als Jahr von Rabes Eintritt in das Gymnasium an, 1725 als dessen Studienbeginn
und 1730 als Jahr des Stellenantritts bei Baron von Seckendorff.

Dort wandte sich Rabe der Theologie zu und wurde Schüler des vielseitig gebildeten Professors für Theologie und Orientalistik Gustav Georg Zeltner (1672–1738). Zeltner, der selbst bei dem leidenschaftlichen Judenmissionar Esdras Edzard (1629–1708) sowie bei einem nicht namentlich bekannten, neunzigjährigen jüdischen Gelehrten in Hamburg rabbinische Literatur studiert hatte[6], war es wahrscheinlich, der Rabes Interesse an den hebräischsprachigen Schriften des Alten Testaments und des frühen Judentums weckte. Unter seiner Aufsicht verfasste Rabe zum Abschluss seiner Altdorfer Studienjahre eine disputatio[7] mit dem Titel 'de more & jure inter concionandum, biblia Sacra evolvendi' ('Von der Sitte und dem Recht, beim Predigen die Heilige Schrift aufzuschlagen'), in der er auch auf jüdische Traditionen Bezug nahm. Von 1728 bis 1731 verbreitete Rabe sein theologisches, historisches und philologisches Wissen an der Universität Jena.

2. Vom Hofmeister zum Stadtkaplan: Die frühen Ansbacher Jahre

Vielseitig gebildet trat Rabe mit 21 Jahren seine erste Stelle an. Dass sein neuer Dienstherr Freiherr Johann Wilhelm Friedrich von Seckendorff gleichzeitig der Arbeitgeber seines Vaters war, dürfte weniger auf Zufall, als vielmehr auf der Fürsprache Johann Christian Rabes beruhen haben, der inzwischen Amtsverwalter der Seckendorffischen Güter geworden war. Johann Jacob Rabe wurde also für die nächsten vier Jahre Hauslehrer der Kinder des Hofratspräsidenten von Seckendorff in Ansbach. Die Stelle ließ ihm genügend Freiräume, um in der gut ausgestatteten Bibliothek des Barons zu studieren. Als Frucht seiner Forschungen erstellte Rabe einen Kalender, der die Umrechnung von auf alten Urkunden üblichen Datierungen nach unbeweglichen und beweglichen Festen in die gebräuchlichen Datumsangaben des

---

[6] Zu Leben und Werk Gustav Georg Zeltners vgl. *Friedrich Carl Gottlob Hirsching*, Historisch-literarisches Handbuch berühmter und denkwürdiger Personen, welche in dem achtzehnten Jahrhundert gelebt haben, Bd. 17, Leipzig 1815, 115–118; *Horst Claus Recktenwald*, Die fränkische Universität Altdorf, 2. Aufl., Nürnberg 1990, 57–60; *Hans Recknagel*, Die Nürnbergische Universität Altdorf und ihre großen Gelehrten, Feucht 1998, 150–155.

[7] Zur Praxis der Disputationen an der Universität Altdorf vgl. *Recknagel*, Universität (wie Anm. 6), 36–38.

julianischen und gregorianischen Kalenders ermöglichte[8]. Der Kalender, den Rabe dem Ansbacher Markgrafen Carl Wilhelm Friedrich
(1729–1757) widmete, erschien 1735 im Druck[9]. Im gleichen Jahr
wurde Rabe unter die Ansbacher Kandidaten des Predigtamtes aufgenommen. Am 28. Januar 1735 bewarb er sich erfolgreich[10] um
die frei gewordene Stelle des Kasernenpredigers[11]. Dass "dieß damals
für ihn ein sehr beschwerliches Amt"[12] war, wie es der Autor von
Rabes Nekrolog formulierte, wird auch aus dem leicht ungeduldigen
Ton des Versetzungsgesuches deutlich, das Rabe am 4. Juli 1740
mit den Worten begann: "Es gehet nunmehr in das siebte Jahr, daß
Euer Hochfürstl. Durchlaucht gnädigst gewährt, mir die Stelle eines
Predigers bey dero Miliz in der Onolzbachischen Caserne angedey-
hen zu lassen, welches Amt noch keiner meiner Vorfahrern so lange
verwaltet." Obgleich Rabe dem Markgrafen für Gehaltszulagen dankte,
verwies er darauf; dass "allezeit diese Stelle als eine Stufe zu einer
fernern Beförderung angesehen worden" sei. Daher sähe er sich "ver-
anlaßet, Euer Hochfürstl Durchlaucht unterthänigst anzuflehen", ihn
"bey einer etwa vorfallenden Veränderung" zu berücksichtigen[13]. Die
Bitte Rabes war von Erfolg gekrönt, wie aus einer Aktennotiz vom
23. August 1741 deutlich wird, in der dem Ansbacher Konsistorium
befohlen wurde, "daß an statt deß zur allhießigen Stadt Caplaney

---

[8] So ließ sich, um Beispiele aus Rabes "Anmerckungen von dem Gebrauch des
Calenders" zu wählen, das Privileg Kaiser Friedrichs III. an die Markgrafen zu
Brandenburg und die Burggrafen von Nürnberg, das als Datum den "S. Augustins-
Tag Anno 1454" trug, auf Mittwoch, den 28.8.1454 datieren, die Schlacht auf dem
weißen Berg, die am 21. Sonntag nach Trinitatis 1620 stattfand, auf den 8.11. dieses Jahres. Als "vorzügliche Leistung des Verfassers" wertet Rudolf Merkel den
Kalender; vgl. *Rudolf Merkel*, Buchdruck und Buchhandel in Ansbach. Von den
Anfängen bis zum Ende des 18. Jahrhunderts, Erlangen 1965, 191.
[9] *Johann Jacob Rabe*, Calendarium festorum dierumque; mobilium atque immo-
bilium perpetuum, in usum chronologiae historicae et rei diplomaticae ita adorna-
tum ut dati quilibet mensium dies medii aevi more notati sine mora cum nostro
computandi modo componi possint praemissa praefatione usum ejus edocente,
Ansbach 1735.
[10] Rabes knappes Bewerbungsschreiben ist erhalten in: LKA Nürnberg, Markgräfliches Konsistorium Ansbach, Spez 67.
[11] Die in Ansbach einquartierten Soldaten lebten zu dieser Zeit zum großen Teil
in der 1724 eröffneten Infanterie-Kaserne an der heutigen Würzburger Landstraße.
1726 war die Kaserne mit einer eigenen protestantischen Kirche ausgestattet worden, in der Rabe nun die Gottesdienste hielt. Zur Situation des Ansbacher Militärs
zur Zeit Rabes vgl. *Hermann Dallhammer/Werner Bürger*, Ansbach. Geschichte einer
Stadt, Ansbach 1993, 118.
[12] Nekrolog (wie Anm. 1), 62.
[13] Vgl. LKA Nürnberg, Markgräfliches Konsistorium Ansbach, Spez 67.

beförderten Casernen Predigers Raabeus ein [...] anders künftiges Subjectum vorgeschlagen werden solle"[14]. Anfang 1742 waren die mit dem Stellenwechsel verbundenen Formalitäten[15] abgeschlossen. Johann Jacob Rabe war dritter Stadtkaplan von Ansbach geworden, ein Amt, das er über zwei Jahrzehnte innehaben sollte.

Gleichzeitig mit dem Stellenwechsel ereignete sich eine Veränderung in Rabes Privatleben. Am 28. November 1741 heiratete er die Pfarrerstochter Sabine Christine Vogel aus Uffenheim. 13 Monate später, am 28. Dezember 1742, bekamen die Eheleute ihren ersten Sohn Georg Ludwig. Zwei weitere Söhne und zwei Töchter folgten.

Obwohl Johann Jacob Rabe nun Stadtkaplan und Familienvater war, verfügte er – und darin war er im 18. Jahrhundert keine Ausnahme[16] – über genügend Freiräume. So berichtete der anonyme Verfasser von Rabes Nekrolog: "Ungeachtet er auf alle Predigten genau studirte, sie von Wort zu Wort niederschrieb und eben so memorierte, so blieben ihm, der auf nichts als auf die Zeit geizig war, in dieser [...] Stelle viele Stunden, und oft ganze Tage, von seinen Amtsgeschäften übrig. Diese verwendete er auf die Geschichte und auf die Lectüre der ausführlichen Werke darinn, besonders aber auf das Studium des Talmuds [...]"[17]. Wie Rabe zur Beschäftigung mit der rabbinischen Literatur gekommen war, erklärte er selbst 1781 im Rückblick dem Berliner Buchhändler, Verleger und Schriftsteller Friedrich Nicolai (1733–1811), der ihn bei einer Reise durch Deutschland und die Schweiz aufgesucht hatte. Als junger Mann hätte er, so ließ Rabe – möglicherweise mit einem Augenzwinkern – verlauten, seine Aufmerksamkeit mit Vorliebe politischen Dokumenten gewidmet. Da ihm jedoch "verschiedene Mal, wenn er ungedruckte Diplomen herausgeben wollte, andere zuvorkamen, so beschloß er

---

[14] Ebd.

[15] Vgl. LKA Nürnberg, Markgräfliches Konsistorium Ansbach, Spez 45.

[16] So legte beispielsweise Rabes Lehrer Gustav Georg Zeltner 1730 aus gesundheitlichen Gründen seine Professur an der Universität Altdorf nieder und wurde, da er sich nach mehr Ruhe sehnte, Gemeindepfarrer im Dorf Poppenreuth, einem heutigen Stadtteil von Fürth; vgl. *Recktenwald*, Universität (wie Anm. 6), 60. Auch Johann Christoph Georg Bodenschatz (1717–1797), ein weiterer Schüler Zeltners, konnte als Gemeindepfarrer von Uttenreuth in den 1740er Jahren sein über 1100 Seiten umfassendes zweibändiges Werk 'Kirchliche Verfassung der heutigen Juden sonderlich derer in Deutschland' (erschienen in Erlangen 1748/49) erarbeiten; vgl. dazu *Gerhard Philipp Wolf*, Johann Christoph Georg Bodenschatz (1717–1797), in: Jüdisches Leben in der Fränkischen Schweiz, hg. vom Arbeitskreis Heimatkunde im Fränkische-Schweiz-Verein, Neustadt a. d. Aisch 1997, 705–716; hier: 708.

[17] Nekrolog, (wie Anm. 1), 63f.

sich auf ein anderes Studium zu legen und wählte die rabbinische
Gelehrsamkeit, ein Fach worinn er freylich nicht so leicht einen Rival
in seinen Arbeiten zu fürchten hatte"[18]. Obwohl die Beschäftigung
mit der jüdischen Traditionsliteratur somit nicht Rabes erste Liebe
war, hatte er aufgrund seiner Studienjahre bei Zeltner in Altdorf
und durch seine ausgezeichnete philologische Bildung sehr gute
Voraussetzungen, auf judaistischem Gebiet ein echter Spezialist zu
werden – nicht nur, weil kein "Rival" vorhanden war.

3. *Rabe als Vermittler zwischen Juden und Christen*

Wegen seines Fachwissens wurde Rabe 1744 in eine Kommission
berufen, deren Aufgabe die Überprüfung jüdischer Bücher auf etwaige
christentumsfeindliche Aussagen war. Um den Hintergrund dieser
Untersuchung zu erhellen, soll hier kurz auf die Situation der jüdischen Gemeinde in Ansbach Mitte des 18. Jahrhunderts eingegangen werden.

Bereits im Mittelalter existierte eine jüdische Gemeinde in Ansbach.
Nachdem die Juden in den 1560er Jahren aus der Stadt vertrieben
worden waren, konnten sich etwa 50 Jahre später wieder jüdische
Familien ansiedeln. Der erneute Aufschwung der jüdischen Gemeinde
setzte ein, als die Markgrafen um 1700 begannen, Ansbach zur
Residenzstadt auszubauen. Zur Versorgung des Hofs nahmen sie die
Dienste jüdischer Kaufleute in Anspruch, die durch ihre Handels-
beziehungen in der Lage waren, die für die Hofhaltung nötigen militärischen Versorgungsgüter und Luxuswaren zu beschaffen und zum
Teil auch vorzufinanzieren. Unter den jüdischen Hoffaktoren ist hier
besonders Isaak Nathan (gest. um 1750) zu nennen, dessen Einfluss
es zu verdanken war, dass der etwa 200 Personen zählenden jüdischen Gemeinde 1743 der Bau einer Synagoge gestattet wurde. Die
Pläne für den Bau des heute noch vor allem in seiner Innenausstattung
imposanten jüdischen Gotteshauses entwarf kein Geringerer als der
berühmte markgräfliche Hofbaumeister Leopoldo Retty. Im September

---

[18] *Friedrich Nicolai*, Beschreibung einer Reise durch Deutschland und die Schweiz
im Jahre 1781. Nebst Bemerkungen über Gelehrsamkeit, Industrie, Religion und
Sitten, Berlin/Stettin 1783, 193.

1746 wurde die Synagoge in der heutigen Rosenbadstraße 3 nach zweijähriger Bauzeit feierlich eröffnet[19].

Doch die wachsende Präsenz der jüdischen Gemeinde in der Residenzstadt erregte auch Ärger und Neid. Denunziationen blieben nicht aus. Eine davon war die Anschuldigung des zur Konversion entschlossenen Juden Alexander Benjamin, in jüdischen Büchern seien Lästerungen gegen das Christentum enthalten. Diese Behauptung war nicht neu: Bereits 1702 und 1712 hatten ähnliche Verdächtigungen zur Konfiszierung jüdischer Literatur im Markgrafentum Ansbach geführt. So auch 1744: In Ansbach, Fürth, Schwabach und anderen Orten wurden Hunderte jüdischer Bücher beschlagnahmt. Zur Untersuchung der Werke wurde eine Kommission unter dem Vorsitz des Konsistorialpräsidenten Philipp Ludwig von Bobenhausen gebildet, der neben dem Steuerrat Johann Wilhelm Friedrich Barabau und dem vom Judentum zum Christentum konvertierten Hohenlohischen Kammerrat Philipp Ernst Christfels auch Johann Jacob Rabe angehörte. Rabe dürfte von allen Beteiligten der beste Kenner der Materie gewesen sein. Er war es auch, der die strittigen Textpassagen aus dem Hebräischen ins Deutsche übersetzte. In der Sekundärliteratur[20] wird ihm meist mäßigender Einfluss zugeschrieben, dem es zu verdanken sei, dass die Juden im Markgrafentum "nur" zu Geldbußen in beträchtlicher Höhe verurteilt wurden. Ein Vorschlag Rabes, es solle bei den Juden "in zukunfft, wenn sie in Hochfürstl. Landen, sonderlich zu Fürth, Bücher drucken, darauf gesehen werde[n], daß nichts dergleichen in den neugedruckten Büchern passiret werde"[21],

---

[19] Zur weiteren Geschichte der jüdischen Gemeinde in Ansbach vgl. *Sigfried Haenle*, Geschichte der Juden im ehemaligen Fürstenthum Ansbach. Vollständiger Nachdruck der Ausgabe von 1867, bearb. und mit einem Schlagwortregister versehen von Hermann Süß, Hainsfarth 1990 (= Bayerische jüdische Schriften 1); *Alexander Biernoth*, Leopoldo Rettis Ansbacher Synagoge, in: Bachwoche Ansbach 27. Juli bis 5. August 2001. Offizieller Almanach, hg. von der Bachwoche Ansbach GmbH, Ansbach 2001, 84–89; sowie den Ortsartikel Ansbach, in: Mehr als Steine. Synagogen-Gedenkband Bayern, hg. von Berndt Hamm/Wolfgang Kraus/Meier Schwarz, erscheint 2007.

[20] Vgl. dazu *Haenle*, Geschichte (wie Anm. 19), 99–101; *Hermann Süß*, Ein "Project" Ansbach-Fürth 1745. Zugleich ein Einblick in die Kalkulation des Fürther Buchdruckers Chajim b. Zvi Hirsch, in: Nachrichten für den jüdischen Bürger Fürths (September 1984), 31–33; *Anja Ballis*, Literatur in Ansbach. Eine literaturhistorische Untersuchung von der Reformation bis zum Ende des Ancien Régime, Ansbach 2001 (= Mittelfränkische Studien 14), 107f.

[21] StA Nürnberg, Ansbacher Historica Nr. 228b, fol. 282.

führte im Januar 1745 zu dem Vorhaben, die wichtigsten jüdischen Gebetsbücher von christentumskritischen Aussagen bereinigt umdrucken zu lassen. Zur Durchführung des "Projektes" kam es jedoch, wahrscheinlich wegen der damit verbundenen Kosten, nicht[22].

4. *Die Übersetzung der Mischna*

4.1 *Anlass und Entstehung*

Möglicherweise waren es auch die Erfahrungen in der Kommission zur Überprüfung jüdischer Bücher, die Johann Jacob Rabe dazu motivierten, sein Werk der Übersetzung rabbinischer Schriften in Angriff zu nehmen. So schrieb er 1760 in seiner Vorrede zur Mischnaübersetzung: "Die Veranlassung dazu war die eigene Erfahrung, wie unbekannt noch der Talmud der Juden, nicht nur was die Gemara oder die weitläufftige Glossen[23] desselben anbetrifft, sondern auch selbst die Mischnah oder der Text, als die Sammlung der Aufsäze der Aeltesten unter uns Christen nach seinem vollkommnen Inhalt seye"[24]. Auch in der Widmung des Übersetzungswerkes an den Markgrafen Christian Friedrich Carl Alexander (1757–1791) bekräftigte Rabe die Aufklärung von Christen über die rabbinische Literatur als Absicht seiner Übersetzungsarbeit: "Der Endzwek davon ist die Geseze und Rechte desselben, wie solche in ihrem Corpore Juris, wie wir

---

[22] Vgl. *Süß*, "Project" (wie Anm. 20). – Der Vollständigkeit halber sei hier kurz eine Bemerkung zur immer wieder postulierten Zugehörigkeit Rabes zum Kreis um die Ansbacher Literaten Johann Peter Uz (1720–1796) und Johann Friedrich von Cronegk (1731–1758) eingefügt. Sie beruht m. E. auf einer Verwechslung, der bereits der anonyme Verfasser von Rabes Nekrolog erlegen ist; vgl. Nekrolog (wie Anm. 1), 62f. Es war nicht Johann Jacob Rabe, sondern der Gymnasialprofessor für Mathematik und Naturlehre Johann Georg Rabe (1719–1802), der als Hofmeister Cronegks dem Schriftsteller und seinem Freundeskreis auch in späteren Jahren verbunden blieb. So zutreffend der ortskundige *Johann August Vocke*, Almanach 1, 245, sowie in neuerer Zeit *Georg Seiderer*, Ansbach im 18. Jahrhundert. Höfische und literarische Kultur einer fränkischen Residenz, in: Dichter und Bürger in der Provinz. Johann Peter Uz und die Aufklärung in Ansbach, hg. von Ernst Rohmer/Theodor Verweyen, Tübingen 1998 (= Frühe Neuzeit 42), 189–213, hier: 209.

[23] Mit Glossen meint Rabe die jüdischen Kommentare, die in den verschiedenen Druckausgaben neben dem Mischna- bzw. Talmudtext standen.

[24] *Johann Jacob Rabe*, Mischnah oder der Text des Talmuds. Das ist Sammlung der Auffsäze der Aeltesten und mündlichen Ueberlieferungen oder Traditionen als der Grund des heutigen Pharisäischen Judenthums, 6 Bde., Ansbach 1760–1763, hier: Bd. 1, Vorrede.

es nennen können, in dem Talmud enthalten sind, mehr bekannt zu machen und ins Licht zu sezen"[25]. Nachdem bereits der Koran mehrfach in westeuropäische Sprachen übersetzt worden war, sah Rabe es an der Zeit, "da wir doch mit den Muhmmedanern weit weniger Umgang haben können als mit den Juden"[26], nun auch Mischna und Talmud als grundlegende Werke des Judentums einem deutschen Publikum zugänglich zu machen. Dabei machte sich Rabe über den Umfang seiner Leserschaft keine Illusionen: "den Liebhabern dieser Art Wissenschafften"[27] liefere er dieses Werk.

Wann Johann Jacob Rabe mit der Übersetzung der Mischna begann, ist unbekannt. Seine Bemerkung in der Vorrede, "mancherley Hindernisse" hätten die Publikation des Werkes verzögert, weist darauf hin, dass er bereits geraume Zeit vor Erscheinen des ersten Bandes 1760 mit dieser Arbeit begonnen haben muss. 1759 kündigte Rabe die Veröffentlichung der Mischnaübersetzung "in einer besonderen Nachricht"[28] an. Diese Anzeige kam in Berlin dem jüdischen Gelehrten Moses Mendelssohn (1729–1786) zur Kenntnis. Mendelssohn, der zwischen 1759 und 1765 gemeinsam mit Gotthold Ephraim Lessing (1729–1781) und Friedrich Nicolai (1733–1811) die anonym verfassten 'Briefe, die neueste Litteratur betreffend' herausgab, ging im 35. Literaturbrief vom 26. April 1759[29] auf das Vorhaben Rabes ein. Als fingierten Verfasser des Briefes wählte Mendelssohn den Christen D., der sich von einem jüdischen Gelehrten von der Sinnhaftigkeit des Talmud überzeugen ließ. Allerdings zweifelte der fiktive "Rabbi" – und mit ihm wohl auch Moses Mendelssohn selbst – an dem Erfolg des Unternehmens. So schloss Mendelssohn alias D. den Brief: "Ich habe meinem gelehrten Juden nichts von der Rabenschen Ankündigung der Mischna gesagt. Er scheinet unsern Gelehrten die Geduld und Aufmerksamkeit nicht zuzutrauen, die nach seiner Meinung erfordert wird, wenn man den wahren Sinn der Mischna oder des Talmuds, allenthalben erreichen will. So bald die Uebersetzung

---

[25] Ebd., Widmung.
[26] Ebd., Vorrede.
[27] Ebd.
[28] *Rabe*, Mischnah 1 (wie Anm. 24), Vorrede. Wo diese Nachricht erschien, konnte ich leider nicht eruieren.
[29] Vgl. 35. Literaturbrief (26.4.1759), in: Moses Mendelssohn, Rezensionsartikel in Briefe, die neueste Litteratur betreffend (1759–1765), bearb. von Eva J. Engel, Stuttgart/Bad Cannstadt 1991 (= Moses Mendelssohn. Gesammelte Schriften. Jubiläumsausgabe, Bd. 5/1), 48–50.

heraus seyn wird, werde ich sie ihm zur Beurtheilung vorlegen"[30].

Als der erste Band der Mischnaausgabe, die Ordnung[31] Seraim (Saaten), im März 1760 im Druck erschien, hatte Johann Jacob Rabe die gesamte Übersetzung der Mischna im Wesentlichen bereits abgeschlossen und arbeitete an der Durchsicht und Verbesserung der übrigen Ordnungen. Die Veröffentlichung der folgenden Bände lag nun in der Verantwortung von Rabes Verleger Jacob Christoph Posch (1721–1772)[32]. Dieser hatte in Aussicht gestellt, "nunmehr alle halbe Jahre zur Messzeit[33] einen neuen Theil zu liefern"[34]. Das Vorhaben wurde annähernd realisiert. Während im Herbst 1760 kein weiterer Band gedruckt wurde[35], erschienen 1761 die Ordnungen Moed (Festzeiten) und Naschim (Frauen), 1762 Nesikin (Schäden) und Kodaschim (Heilige Dinge). Die letzte Ordnung Toharot (Reine Dinge) wurde 1763 "aus Mangel des Papiers, welches bey immer steigendem Preiß nicht so bald als nöthig angeschaffet werden können"[36], in zwei Abteilungen veröffentlicht: eine im Frühjahr, eine im Herbst.

4.2 *Aufbau*

Dem Gesamtwerk stellte Rabe eine Widmung an Markgraf Christian Friedrich Carl Alexander voran. Darin brachte er die Relevanz seiner Arbeit für den Landesherrn zum Ausdruck. Sie betreffe "dasie-

---

[30] Ebd., 50. Zur Rezension der Mischnaübersetzung durch Moses Mendelssohn vgl. unten 4.5.

[31] Die Mischna besteht aus 63 Traktaten, die nach thematischen Gesichtspunkten in sechs Ordnungen zusammengefasst sind. Zu Aufbau und Inhalt der Mischna vgl. die in Anm. 3 genannte Literatur sowie die Erläuterungen in der Allgemeinen Einleitung zu Rabes Mischnaübersetzung in *Rabe*, Mischnah 1 (wie Anm. 24), 1–10.

[32] Zu Posch, der seit 1750 als Buchhändler in Ansbach wirkte, vgl. *Merkel*, Buchdruck (wie Anm. 8), 320–335.

[33] Gemeint waren die Ostermesse im Frühjahr und die Michaelismesse im Herbst, während derer der Buchhandel blühte. Zur Praxis des Buchhandels in Ansbach vgl. ebd., 303–348 und passim; *Ballis*, Literatur (wie Anm. 20), 287–301.

[34] *Rabe*, Mischnah 1 (wie Anm. 24), Vorrede.

[35] Wahrscheinlich verzögerte sich der Druck der zweiten Ordnung Moed unvorhergesehen und kurzfristig, so dass das Buch nicht wie geplant zur Michaelismesse 1760, sondern erst zur Ostermesse 1761 herausgegeben werden konnte. Nur so lässt sich m. E. die Bemerkung Rabes am Schluss seiner Vorrede zu Moed erklären, in der er das Erscheinen der dritten Ordnung Naschim für die "künftige Ostermesse" ankündigte, die dann jedoch erst im Herbst 1761 herauskam.

[36] So eine kurze Nachricht, die dem sechsten Band der Rabeschen Mischnaausgabe vorangestellt ist.

nige Volk, welches wie es in allen Landen unter alle Völker zer-
streuet ist, also auch in den Landen Ew. Hochfürstl. Durchl. an verschiedenen Orten seinen Aufenthalt gefunden, und des Schuzes und
Schirms von Dero glorwürdigsten Regierung geniesset"[37]. Rabe nahm
damit auf die im Rahmen seiner Zeit eher judenfreundliche Politik
des Markgrafen Bezug, die Juden nahezu ohne Einschränkung die
Ansiedlung im ansbachischen Gebiet ermöglichte, sofern sie nur genügend Vermögen mit sich brachten[38]. Nach einer kurzen theologischen Beurteilung der jüdischen Gesetze beschloss Rabe die Widmung
mit der Beteuerung seiner täglichen Fürbitte für den Herrscher.

In der darauffolgenden Vorrede zur Gesamtübersetzung erklärte
der Autor seinen Lesern, "wodurch der Verfasser sein Buch zu schreiben veranlasset worden"[39], stellte seine theologische Position gegenüber dem Volk Israel dar[40], gab über seine Hilfsmittel und Vorbilder
Rechenschaft[41] und erläuterte kurz Art und Aufbau seines Werkes.
Abschließend brachte er seinen Wunsch nach "Feedback" zum
Ausdruck: "Sollten in diesem Theil einige Fehler untergelaufen oder
sonst etwas an der Einrichtung zu verbessern seyn, so erbittet man
sich gütige Nachricht davon aus, um bey der Fortsetzung solches
erinnern oder verändern zu können, welches man mit schuldigem
Dank annehmen wird"[42].

Eine kurze Einführung in Mischna und Talmud gab Rabe in der
an die Vorrede anschließenden Allgemeinen Einleitung. Die behandelten Themen sind dabei im Kern die gleichen, die auch in der
heutigen Einleitungsliteratur angeführt werden: die Unterscheidung
zwischen schriftlicher und mündlicher Tora, Anmerkungen zur Hermeneutik der rabbinischen Literatur im Judentum, Entstehung und
Aufbau von Mischna und Talmud, Textausgaben, Übersetzungen
und Kommentare sowie Anmerkungen zur Transkribierung der hebräischen Eigennamen und Fachbegriffe[43].

Weitere Vorreden verfasste Rabe nur zu den Übersetzungen der
Ordnungen Moed und Nesikin. Darin beschränkte er sich allerdings

---

[37] *Rabe*, Mischnah 1 (wie Anm. 24), Widmung.
[38] Vgl. *Haenle*, Geschichte (wie Anm. 19), 102–104.
[39] *Rabe*, Mischnah 1, Vorrede. – Vgl. dazu oben 4.1.
[40] Vgl. dazu unten 4.4.
[41] Vgl. dazu unten 4.3.
[42] *Rabe*, Mischnah 1 (wie Anm. 24), Vorrede.
[43] In heutigen Einführungswerken wird meist noch etwas ausführlicher auf den
historischen Kontext der Mischnaentstehung eingegangen sowie auf die zu Rabes
Zeit wenig geachtete Tosefta. Vgl. Anm. 3 (Lit.).

im Wesentlichen auf die kommentierte Wiedergabe und Würdigung von Rezensionen seiner vorangegangenen Übersetzungsbände[44].

In den einzelnen Büchern stellte Rabe jedem Mischnatraktat eine eigene Einleitung voran, in der er einen Überblick über den Inhalt des Traktats, seiner Kapitel und Paragraphen gab. Danach folgte die Übersetzung. Für das Verstehen des Textes notwendige Erläuterungen setzte Rabe in eckigen Klammern und etwas kleinerer Drucktype in den Fließtext. Ausführlichere Kommentare erschienen als Fußnoten. Jeder Mischnaordnung fügte Rabe vier Register an: 1. "der angeführten Schrifft-Stellen", 2. "der angeführten Rabbinen und anderer Personen, ingleichen der Städte und Oerter", 3. "der erklärten hebräischen Wörter nach der Ordnung des hebräischen Alphabets" und 4. "einiger merkwürdiger Sachen, erklärten Wörter, Reden-Arten etc.".

4.3   *Vorgängerarbeiten, Quellen und Hilfsmittel*

Bereits vor Johann Jacob Rabe hatten sich verschiedene christliche Gelehrte an die Übersetzung rabbinischer Schriften gewagt. Als erster christlicher Theologe hatte 1629 Johannes Coccejus (1603–1669) zwei Mischnatraktate ins Lateinische übersetzt und kommentiert[45]. 1674 hatte der Altdorfer Universalgelehrte Johann Christoph Wagenseil (1633–1705), der Vorgänger von Rabes Lehrer Gustav Georg Zeltner in der Orientalistikprofessur, eine lateinische Übersetzung des Mischnatraktats Sota mitsamt der Gemara und einem eigenen Kommentar in einer zweisprachigen Ausgabe veröffentlicht[46]. Diese "Musterübersetzung"[47] Wagenseils wurde später, allerdings ohne ihre Kommentare, in die erste lateinische Gesamtedition der Mischna integriert, die der niederländische Orientalist Willem van Surenhuysen (1666–

---

[44] Vgl. dazu unten 4.5 und 4.6.

[45] *Johannes Coccejus*, Duo Tituli Thalmudici Sanhedrini et Maccoth. Quorum ille agit de Synedriis, judiciis, suppliciis capitulibus Ebraeorum. Hic de poena falsi testimonii, exsilio et asylis, flagellatinae: Excerptis utriusque Gemara, Amsterdam 1629. Vgl. dazu *Hartmut Bobzin*, Judenfeind oder Judenfreund? Der Altdorfer Gelehrte Johann Christoph Wagenseil, in: Jüdisches Leben in Franken, hg. von Gunnar Och/Hartmut Bobzin (= Bibliotheca Academica, Reihe Geschichte 1), Würzburg 2002, 33–51, hier: 42.

[46] *Johannes Christoph Wagenseil*, Sota. Hoc est: Liber Mischnicus De Uxore adulterii suspecta una cum libri En Jacob Excerptis Gemarae Versione latina & Commentario perpetuo, Altdorf 1674. Vgl. dazu *Peter Blastenbrei*, Johann Christoph Wagenseil und seine Stellung zum Judentum, Erlangen 2004, 39f.

[47] So *Blastenbrei*, Wagenseil (wie Anm. 46), 39.

1729) herausgegeben hatte. Dieses zwischen 1698 und 1703 erschienene zweisprachige Werk wurde von verschiedenen Übersetzern angefertigt und präsentierte neben dem Mischnatext auch die Kommentare von Maimonides (1138–1204) und Obadja von Bertinoro (gest. 1510)[48].

Nicht die lateinische Mischnaausgabe van Surenhuysens, die wegen der unterschiedlichen Qualität der Einzelübersetzungen häufig kritisiert wurde[49], nahm sich Johann Jacob Rabe zum Vorbild, sondern die deutsche Übersetzung des Talmudtraktats Negaim (Plagen), die Wagenseil in seiner 1699 erschienenen Schrift 'Belehrung der jüdisch-teutschen Red- und Schreibart'[50] veröffentlicht hatte. Lediglich in der Kommentierung hielt sich Rabe stärker als Wagenseil zurück, "damit nicht durch allzulange Einschaltungen der Verstand im Lesen allzusehr möchte unterbrochen werden"[51].

Als Grundlage seiner Übersetzung verwendete Rabe nach eigenen Angaben[52] zwei Mischnaausgaben, die 1725 und 1733 in der hebräischen Druckerei des knapp 30 Kilometer von Ansbach entfernt gelegenen Marktfleckens Wilhermsdorf[53] entstanden waren. Die beiden Drucke folgten, wie zu dieser Zeit üblich, der babylonischen Texttradition[54].

Unentbehrliche Verständnishilfen für die zuweilen sehr knapp gehaltenen hebräischen Formulierungen waren für Rabe die ihm zur Verfügung stehenden jüdischen Kommentare aus dem Mittelalter. Rabe selbst nannte neben der Gemara des babylonischen und des

---

[48] Ein guter Überblick über weitere Übersetzungen, auch von jüdischen Autoren, findet sich in: *Erich Bischoff*, Kritische Geschichte der Thalmud-Übersetzung aller Zeiten und Zungen, Frankfurt a. M. 1899.

[49] Vgl. *Rabe*, Mischnah 1 (wie Anm. 24), Vorrede: "wie nun aber die Uebersetzungen in demselben [dem van Surenhuysschen Werk; B. E.] von verschiedenen Verfassern sind, so ist bekannt, daß die Gelehrten vielfältig Fehler, so darinnen sich finden, angezeigt, wovon es leicht wäre eine ziemliche Zahl zu sammeln". Zur Kritik an der Ausgabe van Surenhuysens vgl. auch *Bischoff*, Geschichte (wie Anm. 48), 20–23.

[50] *Johann Christoph Wagenseil*, Belehrung der jüdisch-teutschen Red- und Schreibart, Königsberg 1699.

[51] *Rabe*, Mischnah 1 (wie Anm. 24), Vorrede.

[52] Vgl. ebd., 13.

[53] Zur jüdischen Geschichte Wilhermsdorfs und seiner Druckereien vgl. *Johann Christian Wibel*, Historische Beschreibung von Wilhermsdorff, Nürnberg 1742, 120–132; *Aron Freimann*, Annalen der hebräischen Druckerei in Wilhermsdorf, in: Festschrift zum siebzigsten Geburtstage A[braham] Berliner's, hg. von Aron Freimann/Meir Hildesheimer, Frankfurt a. M. 1903, 100–115; *Susanne Rieger/Gerhard Jochem*, Jüdische Geschichte in Wilhermsdorf, http://home.t-online.de/home/RIJONUE/indexd37.htm (Stand: 1. Juli 2004); Art. Wilhermsdorf, in: Steine (wie Anm. 19).

[54] Zur Unterscheidung zwischen babylonischem und palästinischem Texttypus vgl. *Stemberger*, Einleitung (wie Anm. 3), 145–147.

Jerusalemer Talmuds den Talmudkommentar Raschis (gest. 1105),
die Mischnakommentare Maimonides und Obadja von Bertinoros, die
Zusätze zum Kommentar Bertinoros von Jom Tob Lipmann Heller
(1579–1654) sowie den Mischnakommentar Ez Chajim (Lebensbaum)
des in Jerusalem lebenden jüdischen Lehrers Jakob Chagis (1620–
1674) als seine wichtigsten Hilfsmittel. Auch das vierbändige Werk
des christlichen Theologen und Orientalisten Johann Christoph Wolf
(1683–1739) über die hebräische Literatur[55] erwies sich für Rabes
Vorhaben als äußerst nützlich.

Während Rabe anerkennend betonte, dass "die Glossen der Jüdischen Ausleger, wenn man einmal derselben mächtig ist, ein grosses
zum Verstand beytragen", konnte er mit den mündlichen Erläuterungen seiner jüdischen Zeitgenossen in Ansbach wenig anfangen. So
beklagte er in der Vorrede zum ersten Übersetzungsband: "Der Juden
selbst und ihrer mündlichen Anweisung konnte man sich nicht bedienen, indem ihnen insgemein die Gabe der Deutlichkeit fehlt sich
verständlich zu erklären, wenn sie auch nicht mit Vorsaz, was sie
wissen hinterhalten"[56]. Auch in der Vorrede zur zweiten Ordnung
Moed bestätigte Rabe seine kommunikativen Schwierigkeiten mit
jüdischen Gesprächspartnern: "Ich muß noch einmal den Juden, von
denen ich mich wollen belehren lassen, die Gabe der Deutlichkeit
in Absicht auf mich absprechen. Es waren gleichwohl Rabbinen unter
ihrem Volk, stolz auf ihre Gelehrsamkeit: allein es fehlte an mir, ich
verstunde den aus Deutsch und Hebräisch gemischten Iargon nicht,
und Deutsch konnten sie sich nicht [. . .] erklären [. . .]"[57].

---

[55] *Johann Christoph Wolf*, Bibliotheca Hebraea. Sive notitia tum auctorum hebr.
cuiuscunque aetatis, tum scriptorum, quae vel hebraice primum exarata vel ab aliis
conversa sunt, ad nostram aetatem deducta, Hamburg 1715–1732.

[56] *Rabe*, Mischnah 1 (wie Anm. 24), Vorrede.

[57] *Rabe*, Mischnah 2 (wie Anm. 24), Vorrede. Die mangelnde Deutlichkeit seiner
jüdischen Zeitgenossen beschäftigte Rabe auch noch in späteren Jahren. So betonte
Rabe in der Vorrede zu seiner deutschen Übersetzung des hebräischen Kohelet-
kommentars von Moses Mendelssohn, der Autor gehöre zu den seltenen Erscheinungen
jüdischer Gelehrter, die in der Lage seien, "ihre Gedanken deutlich und ordentlich
vorzutragen". Vgl. *Moses Mendelssohn*, Hebräische Schriften I/1 Deutsche Übertragung, bearb. von Michael Brocke u. a. (= Moses Mendelssohn. Gesammelte Schriften.
Jubiläumsausgabe, Band 20/1), Stuttgart/Bad Cannstadt 2004.

4.4 *Rabes theologische Deutung des Judentums*

Rabes Gesprächsversuche mit den Ansbacher Juden und ihren Gelehr-
ten[58] scheiterten somit nach seinen eigenen Aussagen an elementaren
Verständnisschwierigkeiten. Dabei dürften sowohl die westjiddische
Sprache als auch die christlicher Wissenschaftstradition teilweise völ-
lig konträre Logik und Hermeneutik des orthodoxen Judentums eine
Rolle gespielt haben.

Die Chance, seine theologische Beurteilung des Judentums dialo-
gisch weiterzuentwickeln, war dem Pfarrer in Ansbach damit zunächst
versagt. Rabes theologische Position blieb dem Denken der altprotestantischen Orthodoxie verhaftet. Dort wurden die Juden in erster
Linie als das Gottesvolk des ersten Bundes gesehen, die durch ihre
Ablehnung des Messias die Strafe Gottes auf sich gezogen hatten[59].

So argumentierte Rabe in seiner Vorrede zur Mischnaübersetzung
deutlich im Duktus der "Ablösungstheologie": Das jüdische Volk habe
"lange Zeit die Ehre gehabt GOttes Volk zu seyn, da die göttlichen
Wahrheiten, in der H. Schrifft, die ihnen anvertrauet war, unter ihnen
aufbehalten worden"[60]. Da die Juden jedoch "den ihnen gesandten
Meßias verworfen und gar getödet" hätten, hätten sie Gottes Zorn
auf sich gezogen. Gott habe sie daher nun schon eineinhalbtausend
Jahre lang dem Verfall preisgegeben, "da sie ohne König, ohne
Fürsten, ohne Opfer, ohne Altar, ohne Leibrok, ohne Heiligthum
bleiben" und "unter allen Völkern das Geringste worden sind". Trotzdem habe Gott sie "als ein besonders von allen andern Völkern
unterschiedenes Volk erhalten", da "selbst ihr gegenwärtiger Zustand"
von der Wahrheit des Christentums Zeugnis gebe.

Blieb Rabe bis zu diesem Punkt ganz im Rahmen der Argumen-
tationsmuster der altprotestantischen Orthodoxie, so folgte nun ein
neuer Gedanke: Der theologische Wert des Judentums bestehe darin,
dass es "durch so viele Ceremonien und Gebräuche, die sie [die
Juden; B. E.] von so undenklichen Jahren her beobachten, die
Wahrheit der Geschichte des A. T. bezeugen". Rabe erkannte somit

---

[58] Allen voran ist hier an Samuel Zirndorfer zu denken, der zwischen 1754 und
1792 in Ansbach als Rabbiner tätig war; vgl. *Haenle*, Geschichte (wie Anm. 19), 146.

[59] Vgl. dazu *Gerhard Müller*, Protestantische Orthodoxie, in: Kirche und Synagoge.
Handbuch zur Geschichte von Christen und Juden, hg. von Karl Heinrich Rengstorf/
Siegfried von Kortzfleisch, Bd. 1, Stuttgart 1968, 453–504, bes. 468f.

[60] Dieses und die folgenden Zitate in diesem Absatz sind der Vorrede zu *Rabe*,
Mischnah 1 (wie Anm. 24), entnommen.

die Kontinuität des zeitgenössischen Judentums zu den alttestamentlichen Geboten im Prinzip wertschätzend an. Doch die Einschränkung
folgte sogleich: "Auf der anderen Seite aber muß selbst die iezige
Beschaffenheit ihrer Religion wieder sie zeugen, daß sie das nicht
mehr seyen, was ihre Väter in den ältesten Zeiten gewesen. [...]
Denen göttlichen Geboten, die ihnen gegeben waren, haben sie so
viel Menschen Gebote beygefügt, daß iene von diesen ganz verdunkelt
und verdrängt worden." Diese "vielen Sazungen, welche der menschliche Wiz erdacht"[61], seien in der Mischna geordnet und gesammelt
worden. Rabe qualifizierte Mischna und Talmud damit als Werke
des pharisäischen Judentums, die auf der Grundlage des Alten Testaments basierten, jedoch selbst nicht göttlich legitimiert waren. Durch
ihre Übersetzung glaubte Rabe, seinen des Hebräischen nicht mächtigen Zeitgenossen die wahre Gestalt des heutigen Judentums vor
Augen zu führen, die er im Wesentlichen mit der Gestalt des Judentums
zur Zeit Jesu identifizierte.

Als Adressaten seines Übersetzungswerkes hatte Rabe Christen im
Blick[62], denen er die Mischna als grundlegendes Werk des Judentums
zur eigenen Beurteilung vorlegen wollte – ohne zu beschönigen und
ohne zu schmähen. Ein judenmissionarischer Impuls, der Johann
Christoph Wagenseil, Gustav Georg Zeltner sowie breite Strömungen
des Pietismus zur Beschäftigung mit jüdischen Werken veranlasst
hatte[63], ist bei Rabe gerade nicht zu erkennen.

4.5 *Die Rezension des Übersetzungswerkes durch Moses Mendelssohn*

Um so überraschender für heutige Betrachtende und möglicherweise
auch für Rabe selbst ist die Tatsache, dass der erste Rezensent des
Rabeschen Übersetzungswerkes ein Jude war, und zwar der bedeutendste seiner Zeit. Moses Mendelssohn, der die angekündigte Mischna-

---

[61] Ebd., Widmung.
[62] Die von Ernesti unterstellte Absicht, Rabe habe die Mischna ins Deutsche
übersetzt, "damit auch unsere deutsche Juden diese Uebersetzung lesen und beur-
theilen können" finde ich bei Rabe selbst nicht bestätigt. Vgl. *Johann August Ernesti*,
Rez. Mischnah, oder der Text des Talmuds, 1. 2. und 3ter Theil, in: NThB 2
(1761), 692–702, hier: 695.
[63] Vgl. *Martin Schmidt*, Judentum und Christentum im Pietismus des 17. und 18.
Jahrhunderts, in: Kirche und Synagoge. Handbuch zur Geschichte von Christen
und Juden, hg. von Karl Heinrich Rengstorf/Siegfried von Kortzfleisch, Bd. 2,
Stuttgart 1970, 87–128.

übersetzung bereits mit Spannung erwartet hatte[64], äußerte sich im
122. Literaturbrief vom 14. August 1760[65] – wieder wie im 35. Brief
in einem fiktiven Gespräch zwischen dem Christen D. und einem
jüdischen Rabbi – sehr zufrieden über den ersten Übersetzungsband
Rabes. Lobend hob er den Fleiß und den Wissensdurst des christlichen Gelehrten hervor: "In der That schien es fast unglaublich,
daß jemand aus blosser Neubegierde, dasjenige für eine Wissenschaft
thun werde, was wir aus Religion zu thun gewohnt sind. Ich sehe
aber, daß die Wißbegierde Ihrer Gelehrten weiter gehet, als ich geglaubt habe, und ich freue mich, daß die Uebersetzung dieses uns
so schätzbaren Werks, in gute Hände gerathen ist"[66]. Einwände erhob
der vermeintliche Rabbi jedoch gegen Rabes Einschätzung der jüdischen Gesprächsfähigkeit: "Herr Rabe scheinet in seiner Vorrede,
den Juden insgemein, die Gabe der Deutlichkeit abzusprechen. Ver-
stehet er dieses von den Juden, welche die Marktplätze besuchen,
und vermuthlich in einer ganz andern Absicht zu ihm kommen, als
sich über Stellen aus dem Talmud befragen zu lassen; so habe ich
nichts dawider. Daß er aber von diesen, nicht aufs Allgemeine schliesse!
Wer deutliche Einsichten hat, wird sich auch verständlich erklären
können. Nur dass der Ort, die Zeit und die Gelegenheit solches nicht
immer zulassen [...]"[67]. Der Gelehrte Mendelssohn legte damit seinem
christlichen Kollegen die Unterscheidung zwischen Laien und Fachkollegen nahe. Als einer der Letztgenannten trat er mit dem Ansbacher
Stadtkaplan in Dialog, indem er den zweiten Teil des Literaturbriefs
"an den Herrn Caplan Rabe, Uebersetzer der Mischna"[68], direkt
adressierte und ihm detaillierte Korrekturen an dessen Werk[69] zukommen ließ. Er hoffe, diese würden "dem Herrn R. nicht zuwider seyn,
da er selbst in seiner Vorrede, jeden Liebhaber der Wahrheit dazu
einlädt"[70].

Johann Jacob Rabe war über die Kritik Mendelssohns erfreut.
Während er den Ansbacher Juden – ob gelehrt oder nicht – weiterhin
die Gabe der Deutlichkeit absprach[71], akzeptierte er den Rezensenten

---

[64] Vgl. oben 4.1.
[65] Vgl. *Mendelssohn*, Gesammelte Schriften 5/1 (wie Anm. 29), 235–242.
[66] Ebd., 235.
[67] Ebd., 235f.
[68] Ebd., 237.
[69] Die kritische Durchsicht Mendelssohns erstreckte sich allerdings nur auf die
Traktate Pea, Maaserot und Maaser scheni.
[70] Ebd. Vgl. auch oben 4.2 bei Anm. 42.
[71] Vgl. oben 4.3.

als Experten und ließ den gesamten 122. Literaturbrief in der Vorrede
zur zweiten Mischnaordnung Moed abdrucken. Mendelssohn selbst,
den Rabe als Autor des Literaturbriefes identifiziert hatte, machte
er "das Compliment, welches sonst seine Glaubens-Genossen dem
Mosche Maimon[72] zu machen pflegten: Von Mose bis auf Mose seye
nicht gewesen wie dieser Mose; daß auch von Maimons Zeiten kein
Moses und kein Jude gewesen, wie er"[73].

Auch der Übersetzung der zweiten Mischnaordnung Moed widmete Moses Mendelssohn einen ganzen Literaturbrief. Der 186. Brief
vom 18. September 1761[74] lobte neben der Kritikfähigkeit Rabes die
trotz einiger Fehler "wohlgeratene[...] Uebersetzung"[75]. Gerade die
schwierigsten Traktate seien fast durchgehend richtig übersetzt. Die
wenigen Fehler der Traktate Eruvin, Pessachim, Sukka und Betsa
korrigierte Mendelssohn alias "Rabbi" und wieder stieß er damit
bei Rabe auf Akzeptanz. Der Literaturbrief erschien in voller Länge
und mit einigen Fußnoten Rabes versehen in der Vorrede des vierten Mischnabandes[76].

Die Übersetzung der letzten Mischnaordnung Toharot würdigte
Moses Mendelssohn nur sehr kurz in der Sparte "Kurze Nachrichten
von der Philologie und Kritik" im 1765 erschienenen ersten Band
der von Friedrich Nicolai herausgegebenen 'Allgemeinen deutschen
Bibliothek'[77] als "gigantisch herzhafte[s] Unternehmen" und resümierte, indem er amüsiert auf eine antijüdische Phrase Rabes ein-
ging: "So mögen sie denn unaufgelöset bleiben, bis Elias kommen,
drückt sich der gelehrte Herr R. kurz und gut aus [...] – Uns fiel
dabei der Gedanke unseres Glücks ein, das wir auf keinen Elias weiter warten dürfen, der die Mischnah uns im Deutschen verständlich
mache. Denn so schließt Herr R. mit diesem Theil die völlige Übersetzung derselben"[78]. Zum Schluss forderte Mendelssohn den christ-

---

[72] Gemeint ist der mittelalterliche jüdische Gelehrte Maimonides (1138–1204),
mit jüdischem Namen Mosche ben Maimon.

[73] *Rabe*, Mischnah 2 (wie Anm. 24), Vorrede.

[74] In: *Mendelssohn*, Gesammelte Schriften 5/1 (wie Anm. 29), 421–427.

[75] Ebd., 421.

[76] Vgl. *Rabe*, Mischnah 4 (wie Anm. 24), Vorrede.

[77] Die 'Allgemeine deutsche Bibliothek' erschien nach der Einstellung der 'Briefe,
die neueste Litteratur betreffend' zwischen 1765 und 1796.

[78] AdB 1.1 (1765), in: Moses Mendelssohn, Rezensionsartikel in Allgemeine deut-
sche Bibliothek (1765–1784), Literarische Fragmente, bearb. von Eva J. Engel
(= Moses Mendelssohn. Gesammelte Schriften. Jubiläumsausgabe 5/2), Stuttgart/Bad
Cannstadt 1991, 5.

lichen Theologen auf: "Und nun die Gemara. Doch dies hieße von
einem so freygebigen Manne zu unverschämt fordern"[79].

4.6 *Die Rezension Johann August Ernestis*

In der Vorrede zur Übersetzung der Mischnaordnung Nesikin be-
dankte sich Rabe bei seinem Verleger Jacob Christoph Posch für
dessen Einsatz zur Verbreitung des Werkes. In "vielen gelehrten
Zeitungs-Blättern" sei es "zu einer geneigten Aufnahme bekannt
gemacht worden"[80].

Die verschiedenen Anzeigen und Rezensionen aufzuspüren, kann
im Rahmen dieses Aufsatzes nicht geleistet werden. Lediglich die
Kritik des Leipziger Rhetorik- und Theologieprofessors Johann August
Ernesti (1707–1781) sei hier kurz erwähnt, die zwischen 1761 und
1763 in dessen 'Neuer Theologischer Bibliothek' erschien[81]. Ernesti
lobte die Übersetzung Rabes, gerade weil sie im Gegensatz zum van
Surenhuysschen Werk[82] nicht streng wörtlich vorging, sondern Rabe
"sich oft an die Worte wenig gekehrt, und hingegen den Sinn desto
besser ausgedruckt"[83] hatte. Anerkennend äußerte sich Ernesti auch
über die positive Aufnahme der Kritik Mendelssohns durch Rabe
und resümierte: "So machen es alle wahre Gelehrte, denen an der
Sache, und nicht nur an sich gelegen ist: dahingegen die letzteren
unleidliche Geschöpfe in der gelehrten Welt sind"[84]. Ebenso wie
Mendelssohn beschloss Ernesti seine Rezensionsserie mit der Frage,
ob das Rabesche Werk in einer Talmudübersetzung fortgeführt werden könne. Ernesti äußerte sich jedoch zurückhaltender als der jüdische Gelehrte. Da die Gemara "den meisten noch weit unbekannter
als die Mishnah" sei, befürchtete er, Rabe würde "das Publicum
durch diesen Vorsatz auf eine noch stärkere Probe stellen"[85].

---

[79] Ebd.
[80] *Rabe*, Mischnah 4 (wie Anm. 24), Vorrede.
[81] *Johann August Ernesti*, Rez. Hrn. Rabens Mischna, in: NThB 2 (1761), 692–702;
3 (1762), 771–777; 4 (1763), 923–929.
[82] Vgl. oben 4.3.
[83] *Ernesti*, Mischna (wie Anm. 81), 699. Eine Wort-für-Wort-Übersetzung der
Mischna würde, so Ernesti, dazu führen, dass man "die Rabbinen für närrisch hält,
wo sie es nicht sind, sondern die Uebersetzung"; ebd., 775.
[84] Ebd., 777.
[85] Ebd., 928.

5. *Ausblick: Rabes Leben und Werk nach Vollendung der Mischnaübersetzung*

Die berufliche Laufbahn Rabes hielt nach seinem 50. Lebensjahr noch einige Beförderungen für ihn bereit: 1762 wurde Rabe zweiter, 1764 erster Stadtkaplan Ansbachs[86]. 1771 wurde er zu einem von fünf Scholarchen ernannt, denen die Aufsicht über das Schulwesen im gesamten Markgrafentum oblag[87]. Ab 1778 wirkte Rabe als Stadtpfarrer und Konsistorialrat in der Residenzstadt. 1790 wurde er als Achtzigjähriger zum Generalsuperintendenten des Fürstentums Ansbach berufen.

Wie in seinen früheren Berufsjahren fand Rabe auch in der zweiten Lebenshälfte noch genügend Zeit für seine Forschungen. Nachdem ihm Moses Mendelssohn seinen in hebräischer Sprache abgefassten Kommentar zum Buch Kohelet zugeschickt hatte, interpretierte Rabe dies "als eine Art der Forderung [. . .] solche [Schrift; B. E.] Deutsch zu übersetzen"[88]. 1771 wurde die Übersetzung bei Jacob Christoph Posch gedruckt, und Rabe, der inzwischen offensichtlich Gefallen am Austausch mit dem gebildeten Juden gefunden hatte, erklärte sich bereit, auch zukünftige Bibelkommentare Mendelssohns gerne zu übersetzen[89].

Dazu kam es allerdings nicht. Rabes nächste Publikation war tatsächlich der erste Band einer Talmudübersetzung. 1777 erschien der Traktat Brachot bei Johann Jacob Gebauer in Halle[90]. Die Vorrede begann Rabe mit den Worten, mit denen ihn 1765 Moses Mendelssohn nach Abschluss der Mischnaübersetzung angespornt hatte: "Und nun

---

[86] Die Hierarchie der Stadtkapläne ergab sich in der Regel aus ihrem Dienstalter, so dass Rabes "Beförderung" praktisch automatisch geschah; vgl. *Simon*, Pfarrerbuch (wie Anm. 4), 586.

[87] Zur Institution des Ansbacher Scholarchats, das bis 1795 bestand, vgl. *Hermann Schreibmüller*, Das Ansbacher Gymnasium 1528–1928, Ansbach 1928, 51–56.

[88] *Moses Mendelssohn*, Der Prediger Salomo mit einer kurzen und zureichenden Erklärung nach dem Wort-Verstand zum Nuzen der Studierenden von dem Verfasser des Phädon. Aus dem Hebräischen übersezt von dem Uebersezer der Mischnah, Ansbach 1771, Vorrede des Uebersezers; auch in: *Mendelssohn*, Gesammelte Schriften 20/1 (wie Anm. 57), 179.

[89] Vgl. ebd., 181.

[90] *Johann Jacob Rabe*, Der Talmudische Tractat Brachoth von den Lob-Sprüchen als das erste Buch im ersten Theil nach der Hierosolymitan- und Babylonischen Gemara. Aus dem Hebräischen übersetzt und mit Anmerkungen erläutert, Halle 1777. Wie der Titel des Buches verrät, handelt es sich dabei um eine Synopse: Jedem Mischnaparagraphen folgt zunächst die Auslegung (Gemara) des Jerusalemer, dann die des babylonischen Talmuds.

die Gemara." Doch die Talmudübersetzung fand, wie bereits Johann August Ernesti befürchtet hatte, zu wenig Resonanz. Der zweite, 1781 in Ansbach bei Benedict Friedrich Haueisen erschienene Band über den Traktat Pea (Feld-Ecke) blieb der letzte, der gedruckt wurde, obwohl Rabe zu dieser Zeit bereits fast den ganzen Talmud über-setzt hatte. So konnte Friedrich Nicolai, als er Rabe 1781 besuchte, sowohl "die verschiedenen sauber geschriebenen Folianten" bewun-dern, die das enorme Übersetzungswerk Rabes beinhalteten[91], als auch die Bescheidenheit ihres Verfassers: "Da ich [Nicolai; B. E.] bedauerte, dass er [Rabe; B. E.] nach so vieler Mühe nicht das Vergnügen haben solle, dieß Werk ganz gedruckt zu sehen, sagte er lächelnd: Er habe das Vergnügen gehabt, die Uebersetzung zu machen. Er war zufrieden, daß diese Arbeit seinen Geist in Thätigkeit erhal-ten hatte, und verlangte mehr nicht"[92].

Nach Beendigung seiner Talmudstudien verlegte Johann Jacob Rabe seinen Interessenschwerpunkt auf ein anderes Gebiet. Wie viele andere Theologen seiner Zeit[93] widmete er sich naturwissenschaft-lichen Studien. So berichtete Friedrich Nicolai: "[. . .] nämlich fängt er an, sich auf die Naturgeschichte zu legen. Er beschäftigt sich besonders mit Insekten. Er hatte eine ziemliche Anzahl unter Gläsern, die er auskriechen ließ, futterte und beobachtete"[94]. Die Schmetter-lingssammlung Rabes[95] ist heute ebenso verschwunden wie die Manuskripte der nicht im Druck erschienenen Talmudtraktate. Die Mischnaübersetzung jedoch ist der Nachwelt überliefert und verdient es, ebenso wie ihr Verfasser, dem Vergessen entrissen zu werden.

---

[91] Vgl. *Nicolai*, Beschreibung (wie Anm. 18), 193.

[92] Ebd., 194.

[93] So verfasste beispielsweise der württembergische Theologe Friedrich Christoph Oetinger (1702–1782) unter anderem das erste deutsche Fachbuch über die Elektrizität; vgl. *Ernst Benz*, Die Theologie der Elektrizität. Zur Begegnung und Auseinandersetzung von Theologie und Naturwissenschaft im 17. und 18. Jahrhundert, Mainz 1971 (= Akademie der Wissenschaften und der Literatur, Abhandlungen der Geistes- und Sozialwissenschaftlichen Klasse 12, 1970). Der ebenfalls in Württemberg tätige Pfarrer Philipp Matthäus Hahn (1739–1790) konstruierte astronomische Uhren und Rechen-maschinen; vgl. *Alfred Munz*, Philipp Matthäus Hahn. Pfarrer, Erfinder und Erbauer von Himmelsmaschinen, Waagen, Uhren und Rechenmaschinen, Sigmaringen, 2. Aufl. 1987.

[94] *Nicolai*, Beschreibung (wie Anm. 18), 193.

[95] Vgl. Nekrolog (wie Anm. 1), 65.

III

NEUESTE ZEIT

ANNA SCHLATTERS DEUTSCHLANDREISE 1821. BEOBACHTUNGEN UND ERLEBNISSE EINER ERWECKTEN SCHWEIZERIN IM WUPPERTAL UND IN WÜRTTEMBERG

Martin H. Jung
(Osnabrück)

Die Erweckungsbewegungen des 19. Jahrhunderts hatten einen internationalen und ökumenischen, einen Länder- und Konfessionsgrenzen überschreitenden Charakter. Dies verband sie mit der Aufklärung und kennzeichnet sie als modernisierende Bewegungen. Darüber hinaus waren in Erweckungsbewegungen Frauen auffallend aktiv und leisteten teilweise beachtenswerte Beiträge. Neben bekannten Gestalten wie Amalie Sieveking, der Begründerin der weiblichen Diakonie, und Charlotte Reihlen, der Urheberin des Bildes vom breiten und vom schmalen Weg, gibt es weniger bekannte Vertreterinnen wie Anna Schlatter. Mit dem Namen Schlatter verbindet man in erster Linie die Person Adolf Schlatter, der von 1888 an fünfzig Jahre lang, bis zu seinem Tod im Jahre 1938, als konservativ ausgerichteter Theologieprofessor in Deutschland (Greifswald, Berlin, Tübingen) wirkte und wichtige Beiträge zur Erforschung des Neuen Testaments geleistet hat[1]. Anna Schlatter geb. Bernet war seine Großmutter und stammte wie er aus St. Gallen. Die 1773 geborene Kaufmannsfrau und Mutter von dreizehn Kindern war eine führende Persönlichkeit der St. Galler Erweckungsbewegung, hatte weit gestreckte überregionale und überkonfessionelle Beziehungen und betätigte sich als Schriftstellerin[2] und Dichterin[3]. Frömmigkeits- und zugleich kirchengeschichtlich

---

[1] Vgl. *Werner Neuer*, Adolf Schlatter. Ein Leben für Theologie und Kirche, Stuttgart 1996.

[2] Bereits 1817 erschien anonym: Einfältige Mutter-Worte aus Erfahrung und Ueberzeugung ohne Kunst an ihren Sohn, Stuttgart 1817; *Anna Schlatter-Bernet*, Gedichte und kleinere Aufsätze, hg. von F[ranz] L[udwig] Zahn, 2. Aufl., Bremen 1865 (= Anna Schlatter's Leben und Nachlass 3), 169–186.

[3] Vgl. *Peter Zimmerling*, Starke fromme Frauen. Begegnungen mit Erdmuthe von Zinzendorf, Juliane von Krüdener, Anna Schlatter, Friederike Fliedner, Dora Rappard-Gobat, Eva von Tiele-Winckler, Ruth von Kleist-Retzow, 2. Aufl., Gießen 1997,

interessant unter ihren zahlreichen Werken ist ein eigentlich nicht
für die Veröffentlichung gedachter Bericht, den sie über eine Reise
zu Zentren der deutschen Erweckungsbewegungen geschrieben hat,
die sie 1821 in ihrem 48. Lebensjahr unternommen hatte. Ziel der
Reise war das Wuppertal, wo sie die erweckten Gemeinden besuchen und die Männer und Frauen kennen lernen wollte, von denen
sie schon so viel gehört hatte. Die Hin- und Rückreise führte sie
durch Württemberg, wo sie ebenfalls die Gelegenheit wahrnahm,
bekannte und unbekannte Männer und Frauen des erweckten Milieus
aufzusuchen. Schlatters Bericht offenbart eine feine Beobachtungs-
gabe und ein scharfes Beurteilungsvermögen und zeigt ihr Ringen
um zentrale, umstrittene Fragen der Theologie wie die Allversöhnung.
Der Bericht gibt ferner intime Einblicke in das erweckte Milieu verschiedener Regionen Deutschlands. Er schildert die Verhältnisse in
den Gemeinden und in den Erbauungsversammlungen und zeigt prominente Gestalten mit all ihren menschlichen Eigenarten. Während
viele andere Schilderungen aus jener Zeit und über jene Zeit ein
aus Zwecken der religiösen Propaganda verzerrtes Bild bieten oder
hagiografische Züge tragen, bekommen wir von der erweckten Schweizerin relativ unverfälscht berichtet, was eine von außen kommende
solidarisch gestimmte Beobachterin gesehen hat. Den Bericht hat
Schlatter für sich selbst und für ihre Kinder niedergeschrieben.
Veröffentlicht wurde er erstmals 1865[4]. 1999[5] und 2003[6] erschienen
bearbeitete Neuausgaben, in denen die vom Herausgeber 1865 abgekürzten und damit anonymisierten Personennamen weitgehend identifiziert wurden. Damit begann der Text als historische Quelle zu
sprechen. Der Originalbericht ist im Nachlass Anna Schlatters in der

---

47–77; *Marianne Jehle-Wildberger*, Anna Schlatter-Bernet. Eine weltoffene St. Galler
Christin, St. Gallen 2003.

[4] *Anna Schlatter-Bernet*, Leben und Briefe an ihre Kinder, hg. von F[ranz] M[ichael]
Zahn, Bremen 1865 (= Anna Schlatter's Leben und Nachlass 1), LXXX–CXIX.

[5] "Es trieb mich heim, heim nach oben hin". Die Jesusfreundin Anna Schlatter
geb. Bernet (1773–1826), bearb. von Martin H. Jung, in: "Mein Herz brannte richtig
in der Liebe Jesu". Autobiographien frommer Frauen aus Pietismus und Erweckungsbewegung, hg. von Martin H. Jung, Aachen 1999 (= Theologische Studien), 187–234. –
Diese Edition bietet einen sprachlich modernisierten Text.

[6] Anna Schlatters Reisebericht zu Zentren der Erweckung. Beobachtungen einer
Schweizerin in Deutschland, bearb. von Martin H. Jung; *ders.*, Nachfolger, Visionärin-
nen, Kirchenkritiker. Theologie- und frömmigkeitsgeschichtliche Studien zum Pietismus,
Leipzig 2003, 217–264. – Diese im Folgenden zitierte Edition bietet einen mit der
Erstausgabe in der Orthografie identischen Text, in dem aber die meisten abge-
kürzten Namen aufgelöst wurden.

Kantonsbibliothek St. Gallen nicht mehr nachgewiesen[7]. Die folgende Darstellung basiert auf der Neuedition von 2003. Zitate aus dieser Edition werden im Folgenden nicht in Anmerkungen, sondern durch eingeklammerte Seitenzahlen belegt.

Die neunwöchige Deutschlandreise Anna Schlatters begann am Donnerstag, dem 7. Juni 1821 in St. Gallen und führte über Konstanz, Stockach, Sigmaringen, Hechingen, Mössingen, Tübingen, Stuttgart, Korntal, Leonberg, Mühlhausen, Steinegg, Münklingen, Bruchsal, Heidelberg, Mannheim, Darmstadt, Frankfurt, Mainz, Bad Kreuznach, Bacharach, Koblenz, Ehrenbreitstein, Sayn, Remagen, Bonn, Köln, Deutz, Mülheim ins erweckte Wuppertal. Dort wurden Elberfeld, Barmen und Gemarke besucht und ein Abstecher nach Overdyk unternommen. Die Rückreise ging durch Neuwied, Frankfurt, Darmstadt, "Kreuzheim" (?), Weinheim, Heidelberg und Stuttgart. Anfang September 1821 traf Schlatter wieder in St. Gallen ein.

Privates Andachtsleben Erweckter

Schlatter reiste nicht alleine. In ihrer Begleitung war ein jüngerer Mann, der hinsichtlich seines Alters ihr Sohn hätte sein können, der Barmener Kaufmann Friedrich Röhrig, ein Erweckter aus dem Wuppertal, den sie schon seit Jahren kannte[8]. Ein Jahr später, 1822, sollte er ihr Schwiegersohn werden. Er heiratete ihre Tochter Babette. Außer Röhrig war anfangs noch dessen nicht näher bekannter Schwager dabei. Zum Reisen in der Gruppe gehörte eine organisierte gemeinsame Andachtspraxis. Schlatter spielte dabei, folgt man ihrem Bericht, eine Impuls gebende Rolle. Gleich am ersten Tag der Reise

---

[7] Der Nachlass Anna Schlatters ist nicht, wie ich in früheren Veröffentlichungen infolge mir gegebener falscher Auskünfte behauptet habe, insgesamt verloren gegangen, sondern war in der Bibliothek nur falsch signiert und deswegen vorübergehend nicht auffindbar. Er befindet sich in der Vadianischen Sammlung der Ortsbürgergemeinde der Stadt St. Gallen in der Kantonsbibliothek St. Gallen. Ich danke Marianne Jehle-Wildberger für diesen wichtigen Hinweis.

[8] Anders als in meinen früheren Veröffentlichungen ist es mir nun möglich, seine Identität zu klären. Es handelt sich um Friedrich Wilhelm Röhrig (1790–1842). Er war seit 1818 Witwer. In erster Ehe war er mit Wilhelmine Thüngen (geb. 1795) verheiratet. Auch Anna Barbara Schlatter (geb. 1795), genannt Babette, ist vor ihrem Ehemann, im Jahre 1840, verstorben. Vgl. 16. Erinnerungsheft der Röhrig'schen Familie, abgeschlossen im Herbst 1935, o. O. u. J., 42f und die Nachkommen-Tafel im Anhang. – Ich danke Herrn Pfarrer i. R. Dr. Eberhard Röhrig, Wuppertal, für weiterführende Hinweise und Materialien.

machte sie den Vorschlag, täglich etwas aus dem Johannesevangelium
zu lesen. Sie selbst wollte dabei die Rolle der Vorlesenden übernehmen.
Nach der Lektüre wurde gemeinsam über den Text gesprochen. Neben
der Bibel wurde auch ein Erbauungsbuch studiert, und zwar das
gerade erst (1820) in St. Petersburg erschienene Werk 'Die Wiederkunft
des Herrn, oder ein Blick auf die zu sammelnde Heerde des Einen
Hirten'[9]. Offenbar hatten die Schweizer und Wuppertaler Erweckten
ein Interesse an eschatologischen Fragen. Das Stichwort "Wiederkunft"
erinnert daran, dass zu Beginn des 19. Jahrhunderts insbesondere
in den württembergischen Erweckungsbewegungen die Erwartung,
Christus würde bald erscheinen und das Tausendjährige Reich errichten – eine Vorstellung, die maßgeblich von Johann Albrecht Bengel
beeinflusst war, der für das Jahr 1836 den Beginn des Milleniums
berechnet hatte –, noch recht lebhaft war. Schlatter selbst war jedoch
gegenüber apokalyptischen Zeitrechnungen zurückhaltend[10].

Eine andere Andachtsszene schildert Schlatter vom Morgen des
Pfingstfestes. Mit Röhrig hatte sie in einem Pfarrhaus in getrennten,
aber nebeneinander liegenden Zimmern übernachtet. Frühmorgens
hörte sie, dass Röhrig bereits wach war. Darauf schlug sie ihm vor,
eine Andacht zu halten. Er kam in ihr Zimmer, und die beiden
lasen Joh 6 und Joh 17. Die Bibel wurde also nicht unbedingt Kapitel
für Kapitel traktiert, sondern gezielt wurden einzelne Kapitel ausgewählt. Nach der Lesung haben die beiden kniend gemeinsam gebetet.

Zur privaten Erbauung gehörte auch das Vorlesen von Briefen,
in denen über religiöse Themen gesprochen wurde. Schlatter las
ihrem Begleiter auf der Fahrt von Darmstadt nach Frankfurt Briefe
von Johannes Goßner vor, dem damals noch katholischen Erweckungsprediger und späterem Berliner Pfarrer und Begründer der
"Goßner-Mission". In Barmen trug sie ihren Freundinnen Briefe
unter anderem von Bischof Sailer vor, und sie erlebte, wie bei einer
Erbauungsstunde im Hause von Franz Friedrich Gräber, Pfarrer in

---

[9] Verfasser könnten Johannes Goßner oder Ignaz Lindl sein. Ich danke Pfr. Dr.
Michael Kannenberg, Künzelsau, für den Hinweis auf diese möglichen Verfas-
serschaften des nur in wenigen Exemplaren erhaltenen Werks.

[10] In einem Brief sagte sie im Jahre 1818: "Da sich aber Alle, welche über die
Erscheinung Christi und sein Reich auf Erden geredet und geweißagt haben so viel
mir bekannt, in der Zeit Rechnung geirrt, so wollen auch wir Ihm nicht vorgrei-
fen, und die Gedult des Herren in allen Dingen für unsere Seligkeit achten"; WLB
Stuttgart, Cod. hist. qt. 713, Nr. 737 (Brief Schlatters an Christian Gottlob Barth,
21.6.1818). Ich danke auch in diesem Fall Pfr. Dr. Michael Kannenberg, Künzelsau,
für den Hinweis und die Übermittlung des Zitats.

Gemarke, ein Brief des Erlanger Theologieprofessors Johann Christian Krafft verlesen wurde. Pietistische Briefe blieben nie im privaten Kontext, sondern wurden Teil eines umfassenden Kommunikations- und Erbauungsgeschehens.

Erbauungsstunden für Frauen

Zur erweckten Andachtspraxis gehörten die Teilnahme an und das eigene Veranstalten von Erbauungsversammlungen. In Stuttgart besuchte Schlatter eine typische Erbauungsstunde für Frauen. Ahnend, was auf sie zukommen könnte, steckte sie vorher "einige geschriebene und gedruckte Sachen für den nothwendigen Fall zum Vorlesen" ein (226). Die Erbauungsstunde fand bei Christiane Juliane Engelmann statt, der Ehefrau des Stuttgarter Hofküfers, deren Sohn schon mehrfach St. Gallen besucht hatte. Die Familie Engelmann war ein Zentrum der Stuttgarter Erweckten. Die Stube war, als Schlatter das Haus betrat, bereits voll bestuhlt. Auf dem Tisch lag eine Bibel. Schlatter wurde mit der Erwartung konfrontiert, eine Ansprache zu halten. Sie lehnte zunächst ab, denn das gebot die ihr ziemende christliche Bescheidenheit. Nach und nach kamen die Frauen und setzten sich. Schließlich trat auch ein älterer Pfarrer ein, Christian Friedrich Moser, der Mitbegründer der Württembergischen Bibelanstalt. Schlatter bat ihn sogleich, die Erbauungsstunde zu leiten, doch dieser weigerte sich und sagte angeblich, "er sei gekommen zu hören, nicht zu reden" (227). Wir sehen also, wie selbstverständlich es im Jahre 1821 in den Kreisen der Stuttgarter Erweckten war, dass Frauen Versammlungen vorstanden, und zwar sogar Versammlungen, an denen Männer, ja Akademiker teilnahmen. Schlatter kam also nicht umhin, die Versammlung selbst zu leiten, und griff zu ihrem "mitgebrachten Vorrath" (227). Sie trug zunächst ein Gedicht vor, und dann wurde abwechselnd von Moser und ihr aus einer "Missionspredigt" vorgelesen, die von einem nicht näher identifizierbaren Missionar James stammte. Danach sprach Schlatter noch etwas aus ihrem "Herzen", hielt also eine freie Ansprache. Leider sind uns ihre Worte nicht überliefert.

Auf der weiteren Reise hielt Schlatter auch bei Frau von Bylandt in Köln eine Erbauungsstunde. Von Bylandt unterrichtete im Hause des Konsistorialrats Johann Gottlob Krafft "einige Schülerinnen". Schlatter wurde von Krafft zu ihr geführt und sogleich um "ein Wort der stärkenden Liebe" gebeten. Schlatter: "[I]ch gab, was mein Heiland aus seiner Fülle meiner Armuth lieh" (251). Sie hielt also auch hier eine freie Ansprache.

Katholische Gottesdienste

Schlatter bewegte sich während ihrer Deutschlandreise in erweckten Kreisen, aber nicht nur in erweckten Kreisen ihrer eigenen, der reformierten Konfession. In Konstanz wurde der katholische Stadt-pfarrer Hipp besucht[11]. Erweckte gab es auch in der katholischen Kirche. Bei den Vertretern dieser Richtung spricht man von der "Allgäuer Erweckung". Aber diese beschränkte sich geografisch nicht auf das Allgäu, sondern zog weite Kreise. Der Konstanzer Priester empfing Schlatter und ihre Begleiter "mit großer Herzlichkeit". Die unterschiedliche Konfessionszugehörigkeit stand nicht zwischen den beiden. Schlatter bezeichnet ihn als einen "Christen", in dessen Nähe ihr "recht wohl" war. Der Priester seinerseits sei ihr in einer Liebe begegnet, für die konfessionelle Unterschiede irrelevant waren, seine "Liebe" sei "nicht paulisch oder kephisch" gewesen, kommentiert sie unter Anspielung auf 1. Kor 1,12f (218).

In Mühlhausen bei Pforzheim, wo damals noch der erweckte katholische Pfarrer Aloys Henhöfer wirkte, der wenig später von seiner Kirche exkommuniziert wurde und darauf mit einem Teil seiner Gemeinde der evangelischen Kirche beitrat, besuchte Schlatter einen katholischen Gottesdienst. Sie nahm allerdings nicht an der Messe teil, sondern wartete die Eucharistiefeier ab und ging dann nur zur Predigt. Von den Worten Henhöfers war sie durchaus angetan. In der Gemeinde spürte sie einen "Hunger nach evangelischer Speise" (236). In Mühlhausen verbrachte Schlatter im katholischen Pfarrhaus "eine der seligsten Nächte [ihres] Lebens" (235). Sie unterstreicht diese Bewertung durch die konkrete Angabe des Datums: Es war die Nacht "vom 16. auf den 17. [Juni; M. J.]" 1821.

---

[11] Es handelte sich um Johann Baptist Kaspar Hipp (1777–1849), gebürtig aus Empfingen, der seit 1818 in Konstanz an St. Stephan wirkte. 1838 wechselte er nach Luttingen.

Lutherische Gottesdienste

In Mössingen bei Tübingen nahm Schlatter, vermutlich zum ersten Mal in ihrem Leben, an einem lutherischen Gottesdienst und an einer lutherischen Abendmahlsfeier teil. Am Abend vorher hatte sie den Pfarrer, Christian Adam Dann (siehe unten), ausdrücklich um Erlaubnis gefragt. Der Besuch dieses Gottesdienstes wird für Schlatter zu einem intensiven geistlichen Erlebnis. Das unterschiedliche theologische Verständnis des Abendmahls wird nicht ausgeblendet. Der lutherische Pfarrer spricht, von Schlatter genau registriert, vom "Leib" und vom "Blut" Christi. Schlatter selbst spricht dagegen in ihrem Bericht vom "heilige[n] Brod" und vom "heiligen Trank", vom "wesentliche[n] Himmelsbrod" und vom "Trank des ewigen Lebens" (221). Ihr eigenes, symbolisches Verständnis der Sakramentsfeier ist also mit Händen zu greifen. Außerdem schildert sie anschaulich, wie sie den Gemeinschaftscharakter der Feier empfunden hat. In Jesus fühlte sie sich mit ihrem Reisebegleiter Röhrig durch den Genuss des Mahls neu verbunden.

Der Altar der Mössinger Kirche war mit einem Kruzifix ausgestattet. Der Anblick des Gekreuzigten war für Schlatter neu und ungewohnt. Sie nahm daran jedoch keinen Anstoß, sondern erlebte es positiv: "Es war mir, als sähe ich meinen liebsten Freund so bluten, so sterben für mich und kaum konnte ich mich des lauten Weinens enthalten" (221). Die Bezeichnung Jesu als "liebsten Freund" ist nicht untypisch für die Jesusfrömmigkeit Schlatters. Als sie später in Münklingen mit dem gestrengen Pietisten Karl August Osiander zusammentraf, stritt sie mit ihm über die Frage, ob man Christus als "Bruder" bezeichnen dürfe. Osiander verneinte dies, verwies auf das Beispiel der Apostel, die Jesus so nicht angeredet hätten, und verwies auf "die unermessliche Hoheit Christi unsers Königs". Schlatter dagegen erinnerte an Mt 12,50 und Hebr 2,11. Den Unterschied zwischen Osiander und ihr beschrieb sie treffend mit folgenden Worten: "Osiander ging immer von der Gottheit Christi aus und stand voll Ehrfurcht von Ferne; ich von der Menschheit Christi und sank in seinen Schoos" (238). Schlatters Vorbild war der Lieblingsjünger Johannes, der an Jesu Brust lag. An einer anderen Stelle ihres Reiseberichts bezeichnet sie Jesus als ihren "Freund im Himmel" (251).

Konfessionelle Unterschiede gab es für Schlatter, aber keine konfessionellen Grenzen und keine Höher- oder Niedrigerbewertungen einzelner Konfessionen oder frommer Gruppierungen innerhalb des

Protestantismus. Informationen über die unterschiedlichen, nach ihren Gründern benannten Strömungen des württembergischen Pietismus, die ihr in Leonberg von Johann Friedrich Josenhans, dem Kaufmann und Mitbegründer der Württembergischen Bibelanstalt, mitgeteilt wurden, veranlassten sie dazu, bei der Niederschrift ihres Reiseberichts noch einmal mit Paulus 1. Kor 1,12f nach der Bedeutung der Parteien für das Christsein zu fragen. Die Frage des Paulus 1. Kor 3,5 "Wer ist nun Apollos? Wer ist Paulus?" überträgt sie auf ihre Gegenwart, indem sie in einer Klimax, ausgehend von Johann Michael Hahn und Christian Gottlob Pregizer, den beiden prägenden, Gruppen bildenden Gestalten im württembergischen Pietismus des frühen 19. Jahrhunderts, über Krummacher und Collenbusch zu Luther und Calvin gelangt: "Wer ist [. . .] Luther?, wer Calvin?" Mit Paulus gibt sie ihre die Konfessionen relativierende Antwort (1. Kor 3,5): "Diener sind sie, durch welche ihr gläubig geworden seid und dasselbige, wie der Herr einem jeglichen gegeben hat" (233).

Auf ihrer Reise besuchte Schlatter zahlreiche Gottesdienste, gehalten von erweckten Pfarrern. Mehrfach berichtet sie davon, dass diese Gottesdienste sehr gut frequentiert waren. In der 3.000-Seelen-Gemeinde Mössingen gab es am Pfingstsonntagnachmittag bei der Kinderlehre um 14 Uhr ein Gedränge in der großen, für mehrere hundert Personen gebauten Kirche. Auch am Pfingstmontag war sie bis auf den letzten Platz gefüllt. Ebenfalls "zum Erdrücken voll" war das Gotteshaus von Mühlhausen (Baden) an Trinitatis, wo Henhöfer predigte (236). Und auch beim Bibelfest in Elberfeld saß Schlatter in einer "gedrängt vollen Kirche" (256).

Brüdergemeinen und Herrnhuter Versammlungen

In Frankfurt am Main nahm Schlatter an einer "Brüder-Versammlung" teil. Der Kaufmann Karl Severin Lix, der zur Brüdergemeine gehörte, nahm Schlatter mit in eine Versammlung, die am Freitagabend im Saale eines Hinterhauses, der auch mit einer Orgel ausgestattet war, stattfand. Gesungen wurde, für die Herrnhuter Frömmigkeit typisch, "O Haupt voll Blut und Wunden", obwohl der Gottesdienst nicht in der Passionszeit stattfand, sondern in der Zeit nach Trinitatis. Im Umfeld der Frankfurter Brüdergemeine gab es zwei "getaufte Juden", außerdem hielt sich der Judenmissionar Johann David Mark gerade in Frankfurt auf, selbst ein ehemaliger Jude (243).

Schon zuvor hatte Schlatter die erst 1819 gegründete "Brüdergemeine Korntal" bei Stuttgart besucht und auch dort an Gottesdiensten teilgenommen. Schlatter kannte Brüdergemeinen aus der
Schweiz. Sie schätzte diese Lebensform frommer Christen, hielt sich
selbst aber dafür für nicht geeignet und blieb deswegen bewusst mit
ihrer normalen landeskirchlichen Gemeinde verbunden. Schlatter
fürchtete, in einer Brüdergemeine den Ansprüchen nicht gerecht werden zu können und "Aergerniß" zu erregen. Realistisch sah sie auch
die Gefahr der "Heuchelei". In einer engen und strengen religiösen
Gemeinschaft muss man singen und beten selbst dann, wenn man
"nicht zum Singen und Beten gestimmt" ist (232). Man macht es
dann "ohne wahre Theilnahme des Herzens". Dies sah Schlatter als
bedenklich an.

Preußischer Militarismus

Auf dem Weg von Koblenz nach Köln sah Schlatter die alte, jetzt
preußische Festung Ehrenbreitstein, an der damals, wie sie beobachtete, lebhaft gebaut wurde. Schon zuvor, in Bruchsal, war sie Soldaten
begegnet. Sie hält ihre negative Sicht des Militärwesens nicht zurück.
Das Betreten einer Gaststube "voll Officiere" war ihr schlicht "wider-
lich" (239). Beim Anblick von Ehrenbreitstein kamen ihr Tränen.
Die schon zuvor aufgekommene Traurigkeit äußerte sich in einem
tatsächlichen Tränenausbruch: "[D]er Anblick dieser Festung [...]
machte [...] dem Thränenstrom in meinem Herzen durch die Augen
Luft" (247). Schlatter nennt auch den Grund für ihre Betrübnis:
"Ach, mit welcher Mühe dachte ich, schaffen sich Menschen Sicherheit
vor Menschen, um aus diesen Verschanzungen Mord und Tod zu
verbreiten" (248). In der Schweiz gab es zwar auch Soldaten, aber
die Schweiz war keine militärische Großmacht, und moderne Festungen
hatte sie nicht. Es gab also allgemeine kulturelle Gründe dafür, warum
Schlatter den preußischen Militarismus negativ erlebte. Doch die
pazifistische Grundstimmung Schlatters war zugleich religiös begründet. Dass Menschen, Gottes Kinder, mit anderen Menschen "wie
Raubthiere" handelten, sah sie als eine tiefe Verirrung an. Ihre Sehnsucht galt einer Welt, in der sich die Menschen "unter einander lieben" (248).
    Dieselben Gefühle und Gedanken wurden in Schlatter wieder wach,
als sie Köln und Deutz mit ihren ebenfalls preußischen Festungswerken

erblickte. Wieder kamen ihr Tränen, und sie wandte ihren Blick ab.
Bei der direkten Begegnung mit einer Truppe preußischer Kavalleristen
bekam sie "einen kleinen Schreck". Das ganze Militärwesen interpretierte sie als Ausdruck der Tatsache, dass die Menschen als Folge
der Sünde Adams ihre Gottebenbildlichkeit verloren haben.

Kontroversen um die Allversöhnung

Zu den unter reformierten Erweckten lebhaft umstrittenen Themen
gehörten das Verständnis der Prädestination und die Lehre von der
Allversöhnung. Auf der Rückreise aus dem Wuppertal wurde Schlatter
bei ihrem zweiten Besuch in Köln in einen Diskurs über diese Dinge
verwickelt. "Mittags nach Tisch" kam sie mit den beiden schon
erwähnten reformierten Theologen Johann Gottlob Krafft und Franz
Friedrich Gräber, Pfarrer in Gemarke, ins Gespräch. Schlatter hatte
offenbar den Gedanken der "endliche[n] Erlösung [. . .] aller Menschen
durch Christum" vertreten (258), was in Kreisen der süddeutschen
und der schweizerischen Erweckungsbewegungen nicht ungewöhnlich war. Krafft und Gräber hielten ihr Mk 10,15 und Röm 9,22f
entgegen, wo ausdrücklich von einer jenseitigen und dauerhaften
Scheidung der Menschen und einem unterschiedlichen, "doppelten"
Ausgang die Rede ist. Doch Schlatter gab nicht nach. Sie berief sich
auf ihre innere Einsicht und auf zahlreiche andere Bibelstellen: "[D]ie
Klarheit, in welcher mir die totale Wiederherstellung alles dessen,
was der Teufel verderbte, durch den Sohn Gottes, den Schlangen-
zertreter vor meinem innern Auge schwebte, ließ mich sehr viele
Stellen finden, die Alles, was dagegen zu zeugen scheint, aufheben,
so daß ich diesen Verfechtern ihres Kirchenglaubens das Feld nicht
räumen wollte [. . .]" (258). Dies sind, wenn auch so nicht offen ausgesprochen, sondern im Rückblick formuliert, deutliche Worte. Die
reformierte Kaufmannsfrau sieht sich in ihrer Bibelkenntnis zwei stu-
dierten reformierten Theologen überlegen und diffamiert sie wegen
ihrer Lehre vom doppelten Ausgang als bloße Verfechter eines "Kirchenglaubens", also der Tradition. Die Kontroverse in Köln wurde
unterbrochen, als ein unerwarteter Besucher eintrat.

Am Tag darauf, einem Sonntag, besuchte Schlatter den Gottesdienst,
in dem Krafft predigte. Thema war der "verlorene Sohn" (Lk 15).
In Gedanken immer noch bei der Allversöhnung wurde Schlatter

"das Herz groß in der Kirche" (258). Sie sah sich in ihrer Haltung
bestätigt. Nach dem Gottesdienst trat sie erneut Krafft und Gräber
gegenüber und sagte zu Krafft: "Herr Pastor! je mehr ich unter
Ihrem Vortrage das Glück empfand, ein vom Vater wieder aufge-
hobenes, verlorenes Kind zu sein, um so mehr leidet mein Herz
unter dem Gedanken an meine vielen, noch im verlornen Zustande
lebenden Geschwister; in Ihrer Predigt konnte ich mich der Thränen
nicht enthalten, wenn ich herum blickte in der Kirche und den kleinsten Theil der Zuhörer für gerettet halten durfte" (258). Weiter
berichtet sie: "O! in [sic!] Ihrer Stelle, sprach ich feurig, indem die
Thränen über mein Gesicht flossen, bei Ihrem Glauben, daß nur in
diesem Leben Rettung der ungläubigen Sünder zu hoffen sei, könnte
ich keine ruhige Viertelstunde haben, ich müßte ohne Aufhören bitten, um nur noch einige aus dem Feuer zu reißen, wenn ich so
jeden Sonntag von der Kanzel herab in die Sündermenge hinein-
blickte" (258f). Damit hatte Schlatter den heiklen Punkt der traditionellen evangelischen Erlösungslehre genau benannt und beschrieben.
Einerseits wird die Universalität des Heils gepredigt, andererseits aber
der doppelte Ausgang gelehrt. Der vom Liebesgedanken bewegte
Prediger wird, sofern er nicht die Lehre von der doppelten Prädestination vertreten will, unter eine ungeheure Verantwortung gestellt
und nahezu zur Verzweiflung getrieben.

Nach Schlatters Äußerung ergriff Gräber das Wort und las Mt 11
vor, legte die Perikope aber anders aus, als Schlatter sie ausgelegt
haben wollte. Auf Wunsch Schlatters wurde auch noch Joh 17, ein
von ihr besonders geliebter Text, verlesen. In Schlatter erstarkte wieder das Gefühl, "daß unser immerdar lebender Hohepriester, welcher die Sünden der Welt hinnahm, und immerdar für uns bittet,
nicht weniger, sondern unendlich mehr Liebe zu dem Menschen-
geschlecht haben müsse, als wir" (259). Dem Theologen, der den
doppelten Ausgang lehrt, mangelt es also an der vollkommenen, an
der jesusgemäßen Liebe. Die unendlich große Liebe Jesu verbürgt
das universale Heil nicht nur als Angebot, sondern als letztlich
erreichte Realität.

Schlatter hatte ihre Position gegenüber den beiden Predigern engagiert vertreten. In ihrem Innern war sie jedoch zutiefst unsicher
geworden: "Noch nie in meinem Leben war ich so erschüttert in
meinem Glauben an die Endlichkeit der künftigen Strafen [. . .]".
Sie zweifelte nicht an der "Gelehrsamkeit", dem "Wahrheitssinn",

der "Menschenliebe" und der "Freundlichkeit" der beiden Theologen und bezweifelte auch nicht, dass deren Position auf ernsthaftem "Schriftforschen" beruhte und ihrer festen "Ueberzeugung", also doch nicht bloßem Vertreten einer Kirchenlehre, entsprang. Nun suchte sie, das Gespräch zu beenden. Sie zog sich auf ihr Zimmer zurück, kniete nieder und betete. Sie bekannte Gott ihren Lieblingsgedanken ("Liebling"), ihren "Glauben an die endliche Erlösung des ganzen Menschen-Geschlechts von Sünde, Tod und Teufel", und bat Gott, diesen Glauben hinwegzunehmen, wenn er ihrer "Vernunft" und nicht "seinem Herzen" entstamme (259). Sie wolle keinen selig machen, den Gott nicht selig machen wolle. Nach diesem Gebet kehrte "völliger Friede" in ihr "beruhigtes Gemüth" zurück. Ihre Zweifel waren ausgeräumt, und sie hielt an der Allversöhnung fest. Mit den Kölner "Freunden" verbrachte sie die letzten Stunden, ohne den Streit erneut aufleben zu lassen.

Auf der Rückreise, in Frankfurt, bestärkte sie der Herrnhuter Johann Friedrich von Meyer in ihrer Überzeugung, dass letztlich alle Menschen gerettet werden.

Die Begegnung mit Gottfried Daniel Krummacher

Zu den eindrucksvollsten Erlebnissen Schlatters gehörte der Besuch einer Sonntagspredigt von Gottfried Daniel Krummacher, dem reformierten Pfarrer von Elberfeld, der führenden Persönlichkeit unter den erweckten Predigern des Wuppertals. Seine Person und sein Wirken war und ist umstritten. Schlatters Bericht bestätigt die Zwiespältigkeit dieses zum Provozieren und Polarisieren neigenden Mannes.

Schlatter besuchte die Predigt mit hohen Erwartungen, ging es doch um einen ihrer Lieblingstexte, Ez 34,16, eine sie in ihrem Leben "schon so oft erquickende Stelle" (254). Krummacher kritisierte offen Luthers Übersetzung, Gott wolle, "was fett und stark ist, behüten" und erklärte, in Wirklichkeit müsse es "vertilgen" heißen. Die Textüberlieferung ist nicht eindeutig. Krummacher hat den masoretischen Text auf seiner Seite, doch die heutige Exegese stimmt der damit konkurrierenden Überlieferung und Luthers dem Kontext angepasster Übersetzung zu. Schlatter fuhr, als sie Krummachers Behauptungen hörte, sogleich "ein Stich" in ihre Seele, und zwar aus einem doppelten Grund. Zum einen wegen der Kritik an Luther, dessen Übersetzung sie bislang immer vertraut hatte und der sie auch weiter vertrauen wollte[12], zum andern wegen der mit der Neuübersetzung verbundenen theologischen Aussage, die Schlatter nicht billigen konnte. Schlatter war sich immer sicher gewesen, Gott wolle "nicht nur das Verlorne suchen, das Verirrte wiederbringen, das Verwundete verbinden, des Schwachen warten, sondern auch, was unter seiner Pflege fett und stark geworden sei, behüten" (254). Ez 34,16 war ihr, der frommen Frau, eine tröstliche Botschaft auch für die "fetten", also glaubensstarken und heilsgewissen Frommen gewesen. Nun wurde es im Munde Krummachers zu einem Gerichtswort. In seiner Predigt "eiferte" er "gegen die fetten und starken Schafe", Schlatter aber betete im Stillen: "[L]ieber Heiland, du weißt, daß ich weder griechisch, hebräisch noch lateinisch verstehe, also halte ich mich an die deutsche Übersetzung; du magst gnädig zusehen, warum hast du Luther dein Wort so übersetzen lassen; wir arme, die nur deutsch verstehen, wüßten ja sonst nicht mehr, was wir glauben, also halten wir uns an das, was wir bisher gelernt haben aus deinem Wort [. . .]" (254). Luther war für Schlatter, wie man aus diesen Worten schließen kann, der göttlich inspirierte Übersetzer. Die zutiefst bibelgläubige St. Galler Erweckte, die mit den biblischen Sprachen nicht vertraut war und im Gegensatz zu einigen anderen Frommen auch nie Anstalten gemacht hatte, sie zu erlernen, empfand ihr Ausgeliefertsein an die überlegenen Sprachspezialisten. In ihrer Not wusste sie keinen anderen Ausweg, als im Gebet Zuflucht bei Gott zu suchen.

Durch die "Streitfrage" war für Schlatter der "Segen" des Gottesdienstes nachhaltig gestört. Nach dem Verlassen der Kirche hörte sie, "daß es vielen so ging" wie ihr. Besonders der lutherische Pfarrer von Elberfeld, Gerhard Friedrich Abraham Strauß, ereiferte sich gegen Krummacher, beharrte auf der Richtigkeit von Luthers Übersetzung und auf der Aussage, dass es sehr wohl "Schafe" gebe, die mit Gottes Hilfe stark geworden seien und die als Starke von Gott bewahrt würden. Persönlich fühlte sich Schlatter nicht angefochten,

---

[12] Nebenbei ist interessant, dass im reformierten St. Gallen damals offenbar mit größter Selbstverständlichkeit Luthers Übersetzung und nicht die Zürcher Bibel gelesen wurde. Ich vermute, dass die Deutschschweiz hinsichtlich ihrer Frömmigkeitspraxis, aber auch in ihrer Theologie bis in das 19. Jh. hinein viel lutherischer war, als man gemeinhin annimmt. Zwingli wurde als identitätsstiftende Gestalt erst im 19. Jh. neu entdeckt, und zwar mehr aus patriotischen als aus religiösen Gründen. Erst danach beschäftigte sich die Theologie der Deutschschweiz vermehrt mit Zwinglis theologischer und geschichtlicher Bedeutung. Diese Zusammenhänge bedürften dringend einer näheren Untersuchung.

denn sie war sich sicher, dass sie selbst "unter die Verwundeten und Verirrten und Schwachen gehörte" (255).

Die Begegnung mit Christian Adam Dann

Zu den Höhepunkten von Schlatters Reise gehörte die Begegnung mit Christian Adam Dann in Mössingen, einem führenden Vertreter der Stuttgarter Erweckungsbewegung, der infolge eines Streits mit dem Stuttgarter Hof für einige Jahre als Dorfpfarrer wirken musste. Dann war und ist hinsichtlich seiner äußeren Wirksamkeit für Jugendunterricht, Armenfürsorge, Predigerbildung, Tierschutz usw. ein bekannter Mann. Schlatter schildert seine Persönlichkeit und sein Auftreten als Prediger und gibt Einblicke in die Verhältnisse einer erweckten Landgemeinde.

Schlatter war dem erweckten Pfarrer bislang noch nicht begegnet. Auch brieflichen Kontakt hatte es noch nicht gegeben. Unangemeldet suchte sie mit Röhrig am Tag vor dem Pfingstfest das Mössinger Pfarrhaus auf. Der bereits 63 Jahre alte Dann war seit beinahe vier Jahren Witwer; eine Haushälterin, die nicht näher identifizierbare Witwe eines Pfarrers, versorgte ihn. Schlatter hatte zunächst den Eindruck, "einen sehr schwer kranken Mann" zu sehen (219). Im Gespräch, das sich u. a. um den katholischen Theologieprofessor und späteren Bischof Johann Michael Sailer drehte, mit dem sowohl Dann als auch Schlatter Verbindung pflegten, bezeichnete sich Dann als einen "Mann der Hoffnung, welcher immer in Hoffnung säe und begieße" (220). Erneut begegnet uns, wenn auch nur vorsichtig andeutend, die eschatologische Stimmung, die damals unter den Erweckten herrschte.

Dann sah nicht nur krank aus, sondern er war tatsächlich krank. Schlatter berichtet von einem ständigen Schmerz, den er in einer Hand empfand, und davon, dass er nach einer Arbeit im Bett ausruhen musste. Auf dem Bett liegend, dachte er nach und sprach auch mit Besuchern. Als Prediger hatte er jedoch die Kräfte eines Jungen: "Vorher schien er krank und sterbend, nun war er gesund, voll Leben, Geist und Feuer." (220) Dann hielt eine Predigt nach dem klassischen lutherischen Muster "Gesetz und Evangelium". Schlatter beschreibt sein Vorgehen mit den vier Verben "an[. . .]greifen", "erschüttern", "verwunden" und "heilen". Er rief zur Buße und zur Besserung auf, und die Besserung bestand, typisch für jeden

Erweckungsprediger, in der Hingabe "des ganzen Herzens" an Jesus und in dem Entschluss, das ganze Leben "nach seinem heiligen Willen und Vorbild einzurichten" (221).

Feminine Religion

Als Frau hatte Schlatter viele Kontakte zu Frauen und schenkte bei ihren Beobachtungen Frauen besondere Aufmerksamkeit. Dass in ihrem Bericht so viele Frauen vorkommen, könnte also subjektive Gründe haben. Doch manche ihrer Schilderungen unterstützen die vielfach geäußerte, aber auch bestrittene[13] These von der Feminisierung der Religion im 19. Jahrhundert. Zumindest in den erweckten Kreisen scheinen Frauen eine weit überdurchschnittliche Rolle gespielt zu haben. Besonders im württembergischen Teil ihres Berichts kommen bei Schlatter sehr viele Frauen vor, und die Umgebung Danns scheint durch und durch feminin geprägt gewesen zu sein.

In Mössingen beobachtet Schlatter, wie "Bauernmädchen" Predigten des Pfarrers auf Zetteln, die sie in ihren Händen hielten, mitschrieben. Schlatter kritisiert trotz einer gewissen Bewunderung für das Engagement der jungen Frauen diese Art, Predigten wahrzunehmen. Sie meint, bei diesem Versuch, "die Schaale fest[zu]halten", ginge zumindest "etwas von dem Geiste" verloren (220). Dank des Fleißes der Mössinger Bauernmädchen haben sich Dann-Predigten in Original-form erhalten: Die von Schlatter beobachteten Predigtnachschriften befinden sich heute in der Universitätsbibliothek Tübingen; sie wurden bislang nicht ausgewertet.

Anlässlich einer Taufe im Nachmittagsgottesdienst an Pfingsten in Mössingen sprachen "zwei junge Mädchen" das Glaubensbekenntnis aus Luthers Katechismus (222). Abends nach 19 Uhr am Pfingstfest kamen ca. dreißig "Mädchen" zu Dann ins Pfarrhaus, um bei ihm noch eine kurze Andacht zu hören (223). Am 17-Uhr-Gottesdienst am Pfingstsonntag und am Vormittags-Gottesdienst am Pfingstmontag in Mössingen nahm Herzogin Henriette von Württemberg teil. Zum Pfingstmontagsgottesdienst kamen drei erweckte Frauen aus Tübingen, die "Schwestern Reuß" (223). In Tübingen stand eine von diesen drei Schwestern im Zentrum der erweckten Kreise. Schlatter wohnte

---

[13] *Ute Gause*, Frauen und Frömmigkeit im 19. Jahrhundert. Der Aufbruch in die Öffentlichkeit, in: Pietismus und Neuzeit 24 (1998), 309–327, bes. 327.

bei ihr, Reuß führte sie zu zahlreichen Persönlichkeiten und im Hause Reuß fanden sich drei junge Theologen ein, um mit Schlatter und Reuß ein Gespräch zu führen. Auch mit Christian Gottlob Barth traf sie damals in Tübingen zusammen[14]. In Stuttgart wohnte Schlatter bei Frau Ensslin und ließ sich von Frau Häring zu Freunden führen, darunter zu Christiane Juliane Engelmann und Beata Katharina Barth, der Mutter des als Gründers des Calwer Verlagsvereins bekannten Christian Gottlob Barth. Schlatter hatte also Kontakt zu fast allen prominenten Repräsentanten der damaligen württembergischen Erweckungsbewegung.

Die Gottesliebe als religiöse Kernfrage

Schlatter war, als sie 1821 ihre Reise antrat, von einer religiösen Frage umgetrieben, die sie mehrfach ihren verschiedenen Gesprächspartnern stellte. Sie wollte gemäß einem Wort Jesu (Mt 22,37) Gott "von ganzem Herzen, von ganzem Gemüth und aus allen Kräften" lieben können und war von einer "tiefe[n] Sehnsucht" erfüllt, in diesen Zustand "noch in diesem Leben" zu gelangen (229). Offenbar war Schlatter mit ihrem religiösen Befinden nicht zufrieden. Sie spürte, dass ihre Gottesliebe nicht vollkommen war. Dieser angefochtene Gemützustand war typisch für Angehörige der Erweckungsbewegungen. Die ständige Selbstprüfung und Gewissenserforschung verbunden mit einem permanenten Vollkommenheitsstreben erzeugte Unzufriedenheit und führte zu Selbstzweifeln.

Gottlieb Wilhelm Hoffmann, der Leiter der "Brüdergemeine Korntal", erklärte ihr aber, gerade indem sie "mit Widerwillen und Betrübnis fühle, was sich dieser Liebe entgegenstelle", liebe sie Gott "über alles". Je mehr die Liebe zu Gott wachse, desto größer werde ihre "Unzufriedenheit" und ihre "Sehnsucht" werden, weil diese Liebe "unerschöpflich" sei und "den Hunger nach jedem Genuß auf's neue erwecke" (229). Nach Hoffmann gehört die Unzufriedenheit also zum Prinzip der Sache. Damit hat er diese Unzufriedenheit zwar erklärt, aber nicht beseitigt. Schlatter war mit dieser Antwort des erfahrenen Gemeindeleiters nicht zufrieden.

---

[14] Im Reisebericht wird diese Begegnung nicht erwähnt, aber in einem Brief Schlatters an Barth vom 2.7.1822; WLB Stuttgart, Cod. hist. qt. 713, Nr. 740. Ich danke Pfr. Dr. Michael Kannenberg, Künzelsau, für diesen Hinweis.

In Frankfurt am Main stellte sie dieselbe Frage dem Juristen, Staatsmann und Schriftsteller Johann Friedrich von Meyer. Seine Antwort lautete, fast resignierend, dass alle Christen wie einst die Israeliten in der Wüste "Götzendiener" seien. Nur "durch schwere Leiden" könne uns Gott von den Götzen los machen. Es reiche aus, den Willen zu haben, Gott von ganzem Herzen zu lieben. Damit besitze man diese Liebe zumindest "dem Anfang nach". Den Zustand des Christenmenschen im irdischen Leben verglich er mit dem eines "werdenden Kindes". Erst im ewigen Leben werde es "besser" stehen (245). Für von Meyer steht der Glaubende also in einem Prozess, der erst im Jenseits seine Vollendung findet. Bei von Meyer verbindet sich, gut herrnhutisch, ein reformatorisches Sündenbewusstsein mit einer mystischen Leidensfrömmigkeit.

Gott lieben – von ganzem Herzen. Schlatter beschäftigte sich immer wieder neu mit dieser Frage. Das Motiv durchzieht ihr ganzes schriftstellerisches Werk. Eine unter vielen Antworten versuchte sie in einem Gedicht zu geben, das sie am 23. Juli 1825 niederschrieb als "Etwas, das meine Kinder mir nachsingen mögen, wenn ich gestorben bin". Die Verse über die Gottesliebe lauten folgendermaßen[15]:

> Dein Verlangen wird dir nun gestillet:
> Rein zu lieben deinen Herrn und Gott;
> Und des Herzens höchster Wunsch gestillet,
> Frei zu sein von Sündennoth.
>
> Stürze dich nun in das Meer der Liebe,
> Die der Sohn für dich gegeben hat;
> Und am Strom der höchsten Liebestriebe
> Trinke dich nun ewig satt.

Am 25. Februar 1826 ist Anna Schlatter in St. Gallen gestorben.

---

[15] *Schlatter-Bernet*, Gedichte (wie Anm. 2), 71.

LÖHE UND DIE HERRNHUTER BRÜDERGEMEINE

Horst Weigelt
(Bamberg)

In der neueren Forschung wurde mehrfach nachdrücklich auf die recht intensiven Kontakte des jungen Löhe zu verschiedenen Frömmigkeitsbewegungen des frühen 19. Jahrhunderts hingewiesen[1]. Das ist insofern bemerkenswert, als diese in der älteren Literatur sehr marginalisiert oder sogar kaschiert worden sind[2]. Sie folgte darin letztlich Löhes eigener Intention, seine anfänglichen engen Verbindungen zum Spätpietismus und zur Erweckungsbewegung zu minimieren; darauf kann jedoch in diesem Zusammenhang nicht näher eingegangen werden[3].

Im Folgenden soll der Blick auf das Verhältnis Löhes zur Herrnhuter Brüdergemeine gelenkt werden. Dieses spielte bislang in der Forschung kaum eine Rolle, obgleich man wiederholt auf Löhes lebenslange Beschäftigung mit Nikolaus Ludwig von Zinzendorf, dem Gründer der Brüdergemeine, hingewiesen hat[4].

I

Wann Löhe zum ersten Mal Mitglieder oder Freunde der Herrnhuter Brüdergemeine persönlich kennen lernte oder Näheres über deren Geschichte erfuhr, ist unbekannt. Gesichert ist jedoch, dass der gerade

---

[1] So beispielsweise *Anne Stempel-de Fallois*, Das diakonische Wirken Wilhelm Löhes. Von den Anfängen bis zur Gründung des Diakonissenmutterhauses Neuendettelsau (1826–1854), Stuttgart 2001 (= Diakoniewissenschaft 2), 49–77; *Christian Weber*, Missionstheologie bei Wilhelm Löhe. Aufbruch zur Kirche der Zukunft, Gütersloh 1996 (= LKGG 17), 44–71.

[2] Vgl. z. B. *Siegfried Hebart*, Wilhelm Löhes Lehre von der Kirche, ihrem Amt und Regiment. Ein Beitrag zur Geschichte der Theologie im 19. Jahrhundert, Neuendettelsau 1939, 9–38.

[3] So schrieb Löhe 1854 in das Album von P. Rüger, dass er von Jugend auf Lutheraner gewesen sei; vgl. *Hebart*, Löhes Lehre von der Kirche (wie Anm. 2), 11 und 25.

[4] Vgl. ebd., 29; *Stempel-de Fallois*, Das diakonische Wirken Löhes (wie Anm. 1), 60 und 337; *Weber*, Missionstheologie (wie Anm. 1), 95 und 204f. Löhes Beschäftigung mit Zinzendorf bedarf noch einer gründlichen Untersuchung.

20jährige Löhe vom 12. bis 14. April 1828 die Brüdergemeine in Ebersdorf im Vogtland besuchte[5]. Dies geschah im Zusammenhang mit seinem Studienortswechsel von Erlangen, wo er im Wintersemester 1826/27 sein Theologiestudium begonnen hatte, nach Berlin. Dorthin war er am 7. April von Fürth aufgebrochen. Seine Reiseroute nach Ebersdorf führte ihn auf der alten Verkehrsstraße über Erlangen, Baiersdorf, Streitberg in der Fränkischen Schweiz, Münchberg, Hof und Lobenstein im Vogtland. Nach seinen Tagebuchnotizen besuchte er in Ebersdorf[6] das Brüderhaus, die Wohnanlagen der Brüder, den Gottesacker und den Betsaal. Außerdem sah er sich auch in dem Ortsteil von Ebersdorf um, der nicht zum Bereich der Brüdergemeine gehörte und von diesem getrennt war. Er besichtigte das Schloss, die Parkanlage, die Kirche und den Friedhof. Leider findet sich in seinem Tagebuch keinerlei Bemerkung darüber, welchen Eindruck er bei seinem zweitägigen Aufenthalt in Ebersdorf von den Einrichtungen der Brüdergemeine erhalten hat. Am 14. April zog Löhe dann nach Gera weiter, nachdem er tags zuvor in Begleitung der Söhne seines Wirts nachmittags noch einen Abstecher in das drei Wegstunden entfernte Schleiz zur dortigen Residenz gemacht hatte.

Nach nur einem einzigen, wissenschaftlich übrigens wenig effizienten Studiensemester verließ Löhe im Herbst 1829 Berlin wieder, wo er u. a. Ernst von Kottwitz, den 'Patriarchen' der Berliner Erweckungsbewegung, und dessen "Freywillige-Armenbeschäftigungs-Anstalt" kennen gelernt hatte[7]. Er kehrte nach Franken zurück, um in Erlangen sein Theologiestudium fortzusetzen[8]. Daneben engagierte er sich in seiner Geburtsstadt Fürth weiterhin in der von ihm bereits im Sommer oder Herbst 1827 gegründeten Lesegesellschaft und in dem von ihm im November desselben Jahres ins Leben gerufenen "Missionsverein" zwecks Unterstützung der Basler Missionsanstalt[9].

---

[5] Hierzu und zum Folgenden vgl. *Wilhelm Löhe*, Berliner Tagebuch von 1828, 1; Wilhelm Löhe-Archiv Neuendettelsau (Gesellschaft für Innere und Äußere Mission im Sinne der Lutherischen Kirche), Archivalie Nr. 36. – Vgl. *Eberhard Hommel*, Die frühesten Anfänge der nordamerikanischen Mission Wilhelm Löhes, in: Concordia 24 (1937/38), Nr. 74–78, 911–915. 937–939. 2–7. 42–46. 78–82, hier: 939 und 4.

[6] Über die Brüdergemeine in Ebersdorf vgl. *Werner Burckhardt*, Aus der Geschichte der Brüdergemeine Ebersdorf, Herrnhut 1939.

[7] Über Löhes Besuch in Kottwitz' Freywilliger-Armenbeschäftigungs-Anstalt vgl. *Stempel-de Fallois*, Das diakonische Wirken Löhes (wie Anm. 1), 75–77 (Lit.).

[8] Hier wurden nun für Löhe die Professoren Johann Christian Krafft und Karl von Raumer von eminenter Bedeutung; beide waren führende Vertreter der Fränkischen Erweckungsbewegung.

[9] Über Entstehung, Entwicklung und Aktivitäten des Fürther Lese- und Missionsvereins vgl. bes. *Weber*, Missionstheologie (wie Anm. 1), 50–67 (Lit.).

Im Leseverein, der sich wöchentlich jeweils am Freitag- oder Samstagnachmittag zusammenfand, las Löhe vom 26. September bis 31. November 1829 Auszüge aus der 1765 gedruckten zweiteiligen 'Historie von Grönland' von David Cranz[10] vor[11]. Wesentlich längere Zeit, nämlich vom 7. November 1829 bis 17. April 1830, befasste man sich im "Missionskränzchen" mit Georg Heinrich Loskiels 'Geschichte der Mission der evangelischen Brüder unter den Indianern in Nordamerika', die 1789 im Druck erschienen war[12]. Mit dieser Darstellung des missionarischen Wirkens der Herrnhuter unter den Indianern war Loskiel[13] durch die Synode von 1764 beauftragt worden[14], um die Missionsarbeit der Brüdergemeine in der Öffentlichkeit transparenter zu machen. Durch diese Schilderung der Indianer-Mission Loskiels rückte nicht nur Nordamerika erstmals in Löhes "Blickfeld, und zwar in Herrnhuter Perspektive"[15], sondern sie war auch für sein frühes Missionsverständnis nicht ohne Einfluss[16]. Übrigens erinnerte sich Löhe noch viele Jahre später mit dankbarer Wehmut der "lieblichen Erzählungen von dem seligen Gelingen"[17] dieser herrnhutischen Pioniere der Indianermission.

Am 16. Dezember 1829, also während seines letzten Studiensemesters, nahm Löhe auf Einladung von Pfeifflen[18] in Fürth an einer Zusammenkunft von Anhängern und Freunden der Herrnhuter Brüdergemeine teil[19]. Mit an Sicherheit grenzender Wahrscheinlichkeit hatte man ihn deshalb hierzu aufgefordert, weil in diesen Wochen wieder

---

[10] Zu Cranz vgl. *Daniel Heinz*, Art. Cranz, David, in: BBKL 16 (1999), 334–336 (Lit.).

[11] Über die Lektüre von Cranz' 'Historie von Grönland', Nachdruck der Ausgabe Barby 1765 Hildesheim 1995, vgl. *Weber*, Missionstheologie (wie Anm. 1), 63 und 502–505.

[12] Über die Lektüre von Loskiels 'Geschichte der Mission der evangelischen Brüder unter den Indianern in Nordamerika', Nachdruck der Ausgabe Barby 1789 Hildesheim 1989, vgl. ebd., bes. 66f und 505–508.

[13] Zu Loskiel vgl. *Matthias Meyer*, Art. Loskiel, Georg Heinrich, in: BBKL 23 (2004), 924–927 (Lit.).

[14] Die Synode der Herrnhuter Brüdergemeine von 1764, der ersten nach Zinzendorfs Tod, beschloss einschneidende Maßnahmen; u. a. sollte die Öffentlichkeitsarbeit wesentlich intensiviert werden, um Vorurteile gegen die Brüdergemeine abzubauen.

[15] *Weber*, Missionstheologie (wie Anm. 1), 66.

[16] Vgl. ebd.

[17] *Wilhelm Löhe*, Gesammelte Werke, Bd. 4, hg. von Klaus Ganzert, Neuendettelsau 1962, 102–112, hier: 106 (Die Heidenmission in Nordamerika, 1846).

[18] Über Pfeifflen in Fürth ließen sich keine biographischen Daten ermitteln.

[19] Hierzu und zum Folgenden vgl. *Wilhelm Löhe*, Tagebuch von 1829 [16.12.]; Wilhelm-Löhe-Archiv Neuendettelsau, Archivalie Nr. 38, [unpaginiert]. *Carl Friedrich Enkelmann*, Reisebericht von 1829, [unpaginiert, hier: 36]; Unitätsarchiv Herrnhut, R. 19. B. k. Nr. 14. a.

einmal der Diasporaarbeiter Carl Friedrich Enkelmann[20] in Fürth zu
Besuch weilte und während dieser Zeit die Konventikel leitete. Es
war nämlich durchaus gängige Praxis, dass man Außenstehende vor
allem dann zu Zusammenkünften der Herrnhuter Brüdergemeine
einlud, wenn einer ihrer Sendboten anwesend war[21]. Enkelmann,
1788 in Schlesien geboren und von Beruf Weber, stand mit seiner
Frau Rosalinde seit 1818 im Diasporadienst der Brüdergemeine. Von
Ebersdorf aus bemühte er sich auf Besuchsreisen darum, in den ihm
zugewiesenen "Distrikten" Bayern und Sachsen Freunde und auswärtige Geschwister der Brüdergemeine seelsorgerlich – im Sinne
eines lebendigen Umgangs mit dem Heiland – zu betreuen und
untereinander zu vernetzen[22]. In seinem Tagebuch nannte Löhe diesen Herrnhuter Sendboten einen "sehr gebildeten Mann" und cha-
rakterisierte ihn als "reif" und "gedigen", kritisierte jedoch seine
Redseligkeit oder Weitschweifigkeit[23]. Seine im Innersten anrühren-
den Einsichten hätten sein "Herz in V[er]legenh[ei]t" gebracht und
seine "Beurteilung" hätte "recht" sein "Herz g[e]troffen". Enkelmann
hielt dagegen in seinem für die Unitätsältestenkonferenz bestimmten
Diarium lediglich fest, dass er in Fürth dem "HE[rrn] Canditat Löhe"
und dem Vikar Paul Bernhard Ewald[24] aus dem nahe gelegenen
Poppenreuth begegnet sei. Dem fügte er noch die Notiz bei: "Hatte
mit beiden jungen Männern nützliche Unterhaltungen"[25]. Demnach
ist es also im Anschluss an die Veranstaltung oder auch erst in den
nächsten Tagen noch zu seelsorgerlichen oder theologischen Gesprächen
zwischen Löhe und Enkelmann gekommen.

---

[20] Zu Enkelmann vgl. seinen Lebenslauf im Unitätsarchiv Herrnhut, R. 22. 51.
12; Gemeinnachrichten 1 (1863), 785–796; *Frieder Vollprecht*, Carl Friedrich Enkelmann. Ein Leben lang auf Reisen, Herrnhut 1992 (= Lebensbilder aus der Brüdergemeine 2).

[21] Interna durften bei solchen Zusammenkünften nicht besprochen werden.

[22] Über die damalige Diasporaarbeit vgl. *Horst Weigelt*, Die Diasporatätigkeit der
Herrnhuter Brüdergemeine und die Wirksamkeit der Deutschen Christentumsgesellschaft
im 19. Jahrhundert, in: Geschichte des Pietismus, Bd. 3: Der Pietismus im neun-
zehnten und zwanzigsten Jahrhundert, hg. von Ulrich Gäbler, Göttingen 2000,
112–149, hier: 113–125 und 140–144.

[23] *Löhe*, Tagebuch von 1829 (wie Anm. 19): "viel, viel redend".

[24] Ewald (1792–1870) war von 1828 bis 1831 Vikar in Poppenreuth.

[25] *Enkelmann*, Reisebericht von 1829 (wie Anm. 19), [36].

II

Löhes bisherige Akzeptanz der Herrnhuter Brüdergemeine wurde sehr wahrscheinlich seit Ende 1830 von zunehmender Kritik abgelöst. Als der Diasporaarbeiter Enkelmann im Oktober 1832[26] in Fürth die dortigen Freunde und auswärtigen Geschwister der Brüdergemeine besuchte, wussten sie ihm "viel zu erzählen, welchen Kampf sie mit einem hiesigen Canditaten, Nam[ens] Löh, bestanden hatten"[27]. Löhe, der zwar im Oktober 1830 sein Theologisches Examen abgelegt hatte, aber erst ein Jahr später in Kirchenlamitz sein erstes Vikariat antreten konnte[28], hatte nämlich heftige Kritik geübt an den Liedern des Gesangbuchs der Brüdergemeine[29] und besonders an den Litaneien sowie an den in den gedruckten 'Gemeinnachrichten'[30] veröffentlichten Lebensläufen verstorbener Mitglieder der Brüdergemeine[31]. Auch hatte er sich dahingehend geäußert, dass es mittlerweile in Bayern junge Geistliche gebe, die "das reine Wort Gottes predigten"; daher sei die bisherige Betreuung durch Sendboten der Brüdergemeine überhaupt nicht mehr notwendig. Den weiteren Ausführungen Enkelmanns ist ferner zu entnehmen, dass die "jungen Gelehrten" – und zu ihnen zählte er Löhe – insbesondere gegen die herrnhutische "Bluth u[nd] Wunden-Theologie"[32] und die "Gefühlständelei u[nd] schwärmerischen Einbildungen" opponierten[33].

---

[26] Im Jahre 1831 war Enkelmann eine "ausführliche Reise ins Königreich Baiern" wegen des infolge der Cholera verfügten "übertrieben[en] Sperrungssystem[s]" nicht möglich; vgl. *Enkelmann*, Reisebericht von 1829 (wie Anm. 19), [51]. Er konnte lediglich einige Orte im nördlichen Oberfranken besuchen.

[27] *Carl Friedrich Enkelmann*, Reisebericht von 1832, [11]; Unitätsarchiv Herrnhut, R. 19. B. k. Nr. 15. a.

[28] Löhe legte vom 17.–24.10.1830 in Ansbach sein Erstes Theologisches Examen ab und war von September 1831 bis 26.2.1834 Pfarrvikar in Kirchenlamitz.

[29] Gemeint ist sicherlich das von Christian Gregor bearbeitete und 1778 erstmals in Barby gedruckte 'Gesangbuch zum Gebrauch der evangelischen Brüdergemeinen'. Seit 1819 erschienen mehrfach neue Auflagen. Über dieses Liederbuch vgl. bes. *Wilhelm Bettermann*, Die Gesangbuchentwicklung in der Brüdergemeine, in: MGKK 23 (1918), 131–136; *Joseph Theodor Müller*, Hymnologisches Handbuch zum Gesangbuch der Brüdergemeine, Herrnhut 1916.

[30] Über Anfänge und Entwicklung der Gemeinnachrichten (GN), ihre Verbreitung und Funktion vgl. *Gisela Maria Mettele*, Wanderer zwischen den Welten. Die Herrnhuter Brüdergemeine als internationale Gemeinschaft 1760–1857, Masch. Habilitationsschrift Chemnitz 2003, 118–248 (Lit.).

[31] Vgl. *Enkelmann*, Reisebericht von 1832 (wie Anm. 27), [11].

[32] Ebd.

[33] Ebd., [12].

Löhes allmähliche Hinkehr zum erwachenden konfessionellen Luthertum[34] wird – in Herrnhuter Perspektive – auch aus seiner zusammen mit seinem Freund Gustav Pächtner[35] vom 13. bis 17. September
1831 unternommenen Reise nach Karlshuld im Donaumoos evident[36]. Der dortige katholische Pfarrvikar Johann Evangelist Georg
Lutz war bekanntlich mit einer großen Anzahl seiner Parochianen
von der Allgäuer Erweckungsbewegung ergriffen worden und stand
im Begriff, zusammen mit diesen die Römisch-Katholische Kirche
zu verlassen[37]. Da es in Franken allgemein bekannt sei, so berichteten
die Fürther Freunde der Brüdergemeine an Enkelmann, dass "Pf[arrer]
Lutz mit seiner Gemeine zur Br[üde]r Gem[eine] übergehen wolle",
seien diese "2 eifrigen Canditaten" zu ihm gereist, "um ihn zu bewegen, doch ja zur Lutherischen Kirche" zu konvertieren[38].

Bemerkenswert ist, dass der Herrnhuter Sendbote Enkelmann in
den nächsten Jahren Löhes kirchliches Wirken trotz dessen wach-
sender Kritik an der Brüdergemeine gewürdigt hat. So vermerkte er
im Februar 1835 in seinem Diarium anläßlich eines Besuchsaufenthaltes
in Nürnberg, dass hier[39] Löhe, der "im Eliaseifer viel Bewegung"
hervorriefe, große Beachtung fände[40]. In seinen Predigten und kate-
chetischen Veranstaltungen setzte er – wie die anderen Geistlichen
dieser theologischen Richtung – seinen Zuhörern deshalb sehr zu,
weil sie auf die Richtigkeit rationalistischer Glaubenslehren vertraut

---

[34] Ebd.; Enkelmann bezeichnete die Entstehung dieser neuen theologischen
Strömung als "Erwachen der neuen Orthodoxie".

[35] Löhes Freund Pächtner wirkte 1831 als "Wanderredner" in der Gegend des
Obermain- und Rezatkreises; von 1832 bis 1847 war er in Karlshuld, zunächst
Pfarrvikar und seit 1838 Pfarrer. – Vgl. *Georg Pickel*, Entstehungsgeschichte der evan-
gelischen Gemeinde und Pfarrei Karlshuld, in: BBKG 15 (1906), 249–268.

[36] Über Löhes Reise zu Lutz vgl. *Georg Pickel*, Johann Evangelist Georg Lutz und
der Irvingianismus im Donaumoos, in: BBKG 16 (1910), 49–71 und 97–121, hier:
64f; *Stempel-de Fallois*, Das diakonische Wirken Löhes (wie Anm. 1), 95f (Lit.).

[37] Über die in der Kolonie Karlshuld durch das Wirken von Lutz ausgelöste religiöse Erweckung vgl. vor allem *Pickel*, Lutz und der Irvingianismus (wie Anm. 36),
bes. 49–71.

[38] *Carl Friedrich Enkelmann*, Reisebericht von 1831, [55]; Unitätsarchiv Herrnhut,
R. 19. B. k. Nr. 14. a. – Über Lutz' vergebliche Bemühungen, in die Herrnhuter
Brüdergemeine aufgenommen zu werden, seinen Übertritt in die Evangelische Kirche
(15.2.1832), seine alsbaldige Rückkehr zur Römisch-Katholischen Kirche (Dez. 1832)
und schließlich (März 1857 Exkommunikation) seinen Anschluss an die Irvingianer
vgl. *Pickel*, Lutz und der Irvingianismus (wie Anm. 36), 63–71 und 97–121.

[39] Von 1834 bis 1837 war Löhe an mehreren Kirchengemeinden in Nürnberg
und umliegenden Dörfern tätig.

[40] *Carl Friedrich Enkelmann*, Reisebericht von 1835, [10]; Unitätsarchiv Herrnhut,
R. 19. B. k. Nr. 15. a.

hätten und ihnen gefolgt wären[41]. In seinem für die Unitätsältestenkonferenz angefertigten Bericht unterließ er es nicht anzumerken,
dass eine derartige Verkündigung zuvor von denselben Kanzeln ergangen sei[42].

III

Löhe, seit 1837 bis zu seinem Tod 1872 Pfarrer in dem mittelfränkischen Dorf Neuendettelsau, war in den 40er Jahren allmählich zu
der theologischen Erkenntnis gelangt[43], dass die lutherische Kirche
im Besitz der vollkommenen Wahrheit sei. Besonders prononciert
findet sich dieses ekklesiologische Verständnis in seiner wohl bedeutendsten Schrift 'Drei Bücher von der Kirche', die 1845 im Druck
erschien[44]. Die lutherische Kirche mit ihren sämtlichen Bekenntnisschriften ist, so schrieb er darin, "vollendet in der Lehre"[45]; sie ist
"die Mitte der Konfessionen"[46] und im Besitz der "reine[n] Lehre,
die aus dem reinen Bekenntnis fließt. Vermöge dieser reinen Lehre
ist sie gewesen und ist sie noch der Mittelpunkt und Herd des lichten
Kreises, welcher Christenheit genannt wird"[47]. Alle anderen Konfessionen oder Partikularkirchen können lediglich beanspruchen, par-
tiell die Wahrheit zu besitzen. Aufgrund dieses ekklesiologischen
Verständnisses konnte sich Löhes Distanz zur christologisch fokus-
sierten Herrnhuter Brüdergemeine mit ihrer changierenden Tropenlehre[48] nur vergrößern. Löhe gehöre, so schrieb Enkelmann 1842,

---

[41] Vgl. ebd.

[42] Vgl. ebd.

[43] Es handelt sich zweifelsohne um einen längeren Prozess; dessen genauere
Datierung ist in der Forschung allerdings strittig.

[44] *Wilhelm Löhe*, Gesammelte Werke, Bd. 5/Teile 1 und 2, hg. von Klaus Ganzert,
Neuendettelsau 1954–1956, 83–179 (Drei Bücher von der Kirche, 1845); 963–966
(Erläuterungen); 1135–1141 (Fußnoten). Dieses Werk erfuhr zahlreiche Ausgaben.

[45] Ebd., 160.

[46] Ebd., 162.

[47] Ebd., 166.

[48] Zur Tropenlehre vgl. bes. *Joseph Th. Müller*, Zinzendorf als Erneuerer der alten
Brüderkirche, Leipzig 1900, Nachdruck in: *Zinzendorf*, Materialien und Dokumente
2/XII, 85–88; *Sigurd Nielsen*, Toleranz und Intoleranz bei Zinzendorf, Teil 2, Hamburg
1960, 121–157; *Otto Uttendörfer*, Zinzendorfs Weltbetrachtung. Eine systematische
Darstellung der Gedankenwelt des Begründers der Brüdergemeine, Berlin 1929 (=
Bücher der Brüder 6), 67–96. Jüngst hat *Hans Schneider*, Philadelphische Brüder mit
einem lutherischen Maul und mährischen Rock. Zu Zinzendorfs Kirchenverständnis

nun zu denjenigen "Eiferern", die "um nur Lutherisch heißen zu
wollen, alles andere zu verdächtigen suchen". So habe er sich in
einer Predigt[49] darum bemüht, den "Beweis" zu erbringen, dass er
"kein Pietist"[50] sei. Jedoch fuhr er dann in seinem Tagebuch fort,
dass auch die "unwissendsten Zuhörer" dieser "Behauptung" in "ihrem
Inneren widersprochen haben". Leider würden, so meinte er, solche
"Ansichten die bisherigen Begriffe, ja auch sogar die Gewissen verwirren", da dadurch "so manche gutmeinenden Seelen an einander
Irre werden u[nd] in der Liebe erkalten". In dem Zusammenhang
klagte er in demselben Diarium darüber, dass die lutherischen Geistlichen – und mit ihnen Löhe – jetzt "alles Gewicht auf den kirchlichen Buchstaben-Glauben" legten und deshalb "alles Gefühl
verworfen"[51] würde. Auch würden sie bei der Sakramentsspendung
der "äusere[n] Handlung" den größten Wert beimessen, "worauf sich
nur der Glaube stützen" solle. Dadurch kämen sie aber dem römisch-
katholischen Sakramentsverständnis sehr nahe, "vielleicht wider ihr
Wissen u[nd] Wollen".

In den späteren Jahren gab es offensichtlich keine direkten Kontakte
mehr zwischen der Herrnhuter Brüdergemeine und Löhe. Solche
bestanden dagegen weiterhin fort zu einzelnen Personen aus Löhes
engerem Freundes- und Bekanntenkreis. Immer wieder machte Enkelmann auf seinen Reisen Visite bei Freunden Löhes, so beispielsweise
bei Christian Philipp Heinrich Brandt, Dekan in Windsbach und
Herausgeber des 'Homiletisch-Liturgischen Correspondenzblattes'[52].

[im Druck], auf die Druchdringung der Tropenlehre Zinzendorfs mit philadelphi-
schen Vorstellungen nachdrücklich hingewiesen.

[49] Auf welche Predigt Löhes, 1842 oder früher gehalten, hier Bezug genommen
wird, konnte nicht ermittelt werden.

[50] *Carl Friedrich Enkelmann*, Reisebericht von 1842, [12]; Unitätsarchiv Herrnhut,
R. 19. B. k. Nr. 15. a. Das Wort "kein" ist im Original durch Unterstreichung
hervorgehoben.

[51] Ebd., [13].

[52] Zu Brandt vgl. bes. *Hans Roser*, Ein fränkischer Kirchenvater. Christian Philipp
Heinrich Brandt, in: Frankenland 37 (1985), 323–332; *Heinz Seifert*, Christian Philipp
Heinrich Brandt. Stifter und Gründer des Pfarrwaisenhauses Windsbach, in: Lebensläufe
aus Franken 6 (1960), 11–21. – Über Brandt als Herausgeber des 'Homiletisch-
Liturgischen Correspondenzblattes' vgl. bes. *Hansjörg Biener*, Der Pressekrieg des homi-
letisch-liturgischen Korrespondenzblattes, in: ZBKG 59 (1990), 117–147; *Ulrich
Schindler-Joppien*, Das Neuluthertum und die Macht. Ideologiekritische Analysen zur
Entstehungsgeschichte des lutherischen Konfessionalismus in Bayern (1825–1838),
Stuttgart 1998 (= CThM.ST 16), 103–120. – Die erste Begegnung Enkelmanns mit
Brandt erfolgte 1827 in Roth. Vgl. den Brief Christian Ph. H. Brandts an N. N.
[Martin Schneider; H. W.] vom 9.4.1827; Unitätsarchiv Herrnhut, R. 19. B. k. 14.
b. Nr. 40. a.

Dies lag – abgesehen von der Tropenidee – zweifelsohne an der großen Kontaktfreudigkeit und Kommunikationsfähigkeit Enkelmanns.
Auch war Löhes engerer Freundeskreis theologisch keineswegs so
homogen, wie immer wieder hingestellt wurde.

Erst recht gab es Kontakte zwischen der Herrnhuter Brüdergemeine
und dem weiteren Sympathisantenkreis Löhes. So berichtete Enkelmann, dass am 6. November 1849 in Oettingen abends bei einem
Zeugschmied[53], bei dem er logierte, "mehrere heilsbegierige Seelen"
zusammengekommen wären[54]. "Diese l[ieben] Leute sind vorzüglich
von den Ansichten des be[kannten] Pf[arrers] Löhe sehr eingenommen, u[nd] meinen, dass in den symbolischen Büchern alleine[55] der
wahre Glaube zu finden sei; jedoch es ließ sich noch gut mit ihnen
auskommen". Offensichtlich hatten sie ihre Position nicht rigoros vertreten. Zwei Wochen zuvor hatte Enkelmann die auswärtigen Geschwister und Freunde der Brüdergemeine in Nürnberg besucht[56].
Auch hier beobachtete er, dass bei einigen von ihnen Löhe in der
Wertschätzung "an der Spitzen"[57] rangiere. Wie dieser drohten sie
damit, "aus der lutherischen Landeskirche auszutreten". Dadurch
ermangele der Nürnberger Gemeinschaft die "rechte(n) Harmonie".

Auch wies der Herrnhuter Sendbote Enkelmann in seinem Diarium
vom folgenden Jahr ausdrücklich darauf hin, dass durch Löhe und
seine Mitstreiter ("Konsorten"[58]) das bayerische konfessionelle Luthertum
in zwei Richtungen gespalten werde[59]. Diese "Trennung" sei ekla-
tant auf dem letzten Missionsfest in Nürnberg deutlich geworden[60].

---

[53] Gemeint ist ein Schmied, der eiserne Geräte und Werkzeuge herstellt, vor
allem für Handwerker und Künstler.

[54] *Carl Friedrich Enkelmann*, Reisebericht von 1849, [13]; Unitätsarchiv Herrnhut,
R. 19. B. k. Nr. 15. a.

[55] Dieses Wort ist im Original durch Unterstreichung hervorgehoben.

[56] Im Königreich Bayern bestanden damals die zahlenmäßig größten und aktivs-
ten Kreise von Freunden und auswärtigen Geschwistern der Herrnhuter Brüdergemeine in Augsburg, Fürth und Nürnberg. Vgl. *Horst Weigelt*, Geschichte des
Pietismus in Bayern. Anfänge – Entwicklung – Bedeutung, Göttingen 2001 (= AGP
40), 332–338.

[57] *Enkelmann*, Reisebericht von 1849 (wie Anm. 54), [4].

[58] *Ders.*, Reisebericht von 1850, [21]; Unitätsarchiv Herrnhut, R. 19. B. k. Nr.
15. a.

[59] Ebd., [5f]: "Auch hier [Fürth; H. W.] bot das verschiedne kirchliche Treiben,
den meisten Stof zur Unterhaltung dar. Denn auch die gläubigen Pfarrer[,] wie
man sie so nennt, trennen sich, wie es hier der Fall ist, in 2. Partheien; wo der
eine Theil dem Löheschen System anhängt, der andere aber im kirchlichen Verbande
bleiben u[nd] wirken will."

[60] Gemeint ist wahrscheinlich das Missionsfest, das am 17.6.1847 in Nürnberg

Hier erklärten nämlich einige Pfarrer Löhescher Observanz, es sei
"Sünde", Spenden an Gesellschaften außerhalb Bayerns, wie nach
Basel und "andern Orte[n]", zu überweisen, anstatt ausschließlich
die Mission "ihrer Glaubensgenossen" zu unterstützen[61].

Die Divergenzen innerhalb der konfessionellen Lutheraner in
Bayern, so schrieb Enkelmann 1850 weiter, zeigen sich auch in der
Stellung der lutherischen Kirche zu der sehr kleinen reformierten
Kirche in Bayern[62]. Schon seit geraumer Zeit wären hier "die Lutheraner" gegen die "Reformirten aufgetreten" und hätten darauf insistiert,
dass "der so kleine Theil [der Reformierten; H. W.] ganz in ihnen
[den Lutheranern; H. W.] verschmelzen möchte"[63]. Löhe und seine
Anhänger beantragten dagegen die Trennung der evangelisch-lutherischen und der reformierten Kirche, anderenfalls wollten sie "aus
der lutherischen Kirche austreten u[nd] eine eigne Kirche bilden".

IV

Zusammenfassend kann also einerseits konstatiert werden, dass Löhe
während seiner Gymnasialzeit, Studentenjahre und Vikariatszeit man-
nigfache Verbindungen zu den Frömmigkeitsbewegungen des 19.
Jahrhunderts, besonders zur Evangelischen Erweckungsbewegung,
gehabt hat.

Nahezu kaum beachtet wurde aber dabei, dass auch seine Beziehungen zur Herrnhuter Brüdergemeine recht intensiv gewesen sind.
Sie waren keineswegs nur literarischer Art, sondern er lernte durch
seinen Aufenthalt in Ebersdorf eine der damals bedeutendsten Einrichtungen der Herrnhuter Brüdergemeine überhaupt persönlich kennen.
Sodann begegnete er während seiner Studienjahre sowie in seiner
langen Vikariatszeit, aber auch noch als Neuendettelsauer Pfarrer

---

stattfand. Auf diesem hielt Löhe in der St. Lorenz-Kirche eine Predigt über Mk
16,25; vgl. *Löhe*, Gesammelte Werke 4 (wie Anm. 17), 112–125 (Predigt das Evangelium
aller Kreatur, 1847). – Über die Bestrebungen, ausschließlich bekenntnisgebundene
Missionsgesellschaften bzw. -anstalten zu unterstützen, vgl. *Matthias Simon*, Mission
und Bekenntnis in der Entwicklung des Evangelisch-Lutherischen Zentralmissionsvereins
für Bayern, Neuendettelsau 1953.
    [61] *Enkelmann*, Reisebericht von 1850 (wie Anm. 58), [6].
    [62] Über die damalige Situation der reformierten Gemeinden in Bayern vgl. *Karl
Eduard Haas*, Die Evangelisch-Reformierte Kirche in Bayern. Ihr Wesen und ihre
Geschichte, Neustadt a. d. Aisch 1970, 77–196.
    [63] *Enkelmann.*, Reisebericht von 1850 (wie Anm. 58), [21].

mehrfach Freunden und Anhängern sowie Mitgliedern der Brüdergemeine. Unter letzteren ragt der sehr kommunikationsfreudige und
-fähige, theologisch interessierte und für Zeitfragen aufgeschlossene
Diasporaarbeiter Carl Friedrich Enkelmann besonders hervor.

Die mannigfachen Kontakte Löhes zur Herrnhuter Brüdergemeine,
so wurde deutlich, minimierten sich im Verlauf seiner Hinwendung
zum konfessionellen Luthertum, die in den frühen 30er Jahren begann
und in der zweiten Hälfte der 40er Jahre abgeschlossen war[64]; schließlich brachen sie gänzlich ab. Ausschlaggebend hierfür war besonders
seine Ekklesiologie, nach der ausschließlich die lutherische Kirche,
die in organischer Weise zugleich Heilsgemeinschaft und Heilsanstalt
ist[65], die volle Wahrheit besitzt. Andere ekklesiologische Konzeptionen
waren für ihn insuffizient und letztlich inakzeptabel. Allerdings haben
im Zuge der Konfessionalisierung keineswegs alle Freunde, Bekannten
und Sympathisanten Löhes ihre teilweise recht freundschaftlichen
Beziehungen zur Brüdergemeine abgebrochen. Eine Reihe von ihnen
hielt weiterhin – mit unterschiedlicher Intensität – Kontakt zu ihr.
Dadurch wird gleichsam exemplarisch evident, dass in den Löhekreisen
keine theologische Homogenität bestand, auch nicht hinsichtlich des
Kirchenverständnisses und seiner praktischen Konsequenzen.

Andererseits konnte gezeigt werden, dass auch das Verhältnis der
Herrnhuter Brüdergemeine – im engeren Sinne – zu Löhe eine
merkliche Modifikation erfuhr. Die anfänglich recht hoffnungsfrohe
Erwartungshaltung gegenüber dem jungen Löhe erfuhr eine starke
Beeinträchtigung, als dieser 1831 die weitere Notwendigkeit einer
Entsendung von Herrnhuter Sendboten zur "Diasporapflege" nicht
nur anzweifelte, sondern diese als nunmehr gänzlich unnötig dekla-
rierte. Künftighin fühlte man sich seitens der Brüdergemeine mit
Löhe verständlicherweise nicht mehr freundschaftlich verbunden.
Jedoch war er damit keineswegs aus ihrer geistlichen Interessenssphäre
entlassen[66]. Das wäre den Mitgliedern der Herrnhuter Brüdergemeine,
wie schon angedeutet, schon allein wegen ihrer philadelphisch grun-
dierten Tropenlehre verwehrt gewesen. Diese geht bekanntlich davon
aus, dass es unterschiedliche Erziehungsweisen ("tropoi paideias")
Gottes gibt, die in der Vielzahl und Vielfalt der Konfessionen und
religiösen Gemeinschaften ihren Ausdruck finden. Dabei umfasst nach

---

[64] Vgl. Anm. 43.
[65] Vgl. *Hebart*, Löhes Lehre von der Kirche (wie Anm. 2), 48–50.
[66] Vgl. dagegen ebd., 65.

Zinzendorfs Verständnis die Brüdergemeine drei Tropen, nämlich
den lutherischen, den reformierten und den mährischen Tropus. Vor
allem aber ist zu berücksichtigen, dass es in Bayern zahlreiche Personen
gab, die zwar nicht Mitglieder der Herrnhuter Brüdergemeine waren,
aber als auswärtige Geschwister oder Freunde sich ihr zugehörig
betrachteten und dennoch zugleich weiterhin mit Löhe lebenslang
in Kontakt standen. Für nicht wenige von ihnen war Löhe eine
große geistliche Autorität. Vor allem aufgrund gewisser gemeinsamer
Frömmigkeitselemente fühlten sie sich mit Löhe eng verbunden,
obgleich dieser aus ekklesiologischen Gründen die Brücken zur Herrnhuter Brüdergemeine längst abgebrochen hatte.

DIE 'MÜNCHNER AGENDE' VOM JAHR 1836 INNERHALB DER OFFIZIELLEN AGENDENENTWICKLUNG IN BAYERN IM 19. JAHRHUNDERT

Reinhold Friedrich
(Erlangen)

1. *Die Agendenentwicklung in Bayern im 19. Jahrhundert bis zum Jahr 1836*

Nach dem Zusammenbruch des französischen Kaiserreiches wurde eine größere Zahl von evangelischen Gebieten dem Königreich Bayern eingegliedert[1]. Da nun knapp ein Viertel der Bevölkerung in Bayern protestantisch war, drängte vor allem der bayerische Staat auf eine Neuordnung und Vereinheitlichung der kirchlichen Verhältnisse. Das 'Edict über die inneren kirchlichen Angelegenheiten der Protestantischen Gesammtgemeinde in dem Königreiche' vom 26. Mai 1818 durch König Maximilian Joseph von Bayern forderte auch eine Neuregelung von "Cultus, Liturgie und Ritual" durch das protestantische Oberkonsistorium in München[2]. Für die mehr als neunzig zusammengeführten

---

[1] Vgl. dazu: *Hartmut Böttcher*, Die Entstehung der Evangelischen Landeskirche und die Entwicklung ihrer Verfassung (1806–1918), in: Handbuch der Geschichte der evangelischen Kirche in Bayern, Bd. 2: 1800–2000, hg. von Gerhard Müller/Horst Weigelt/Wolfgang Zorn, St. Ottilien 2000, 1–29; Die Reform des Gottesdienstes in Bayern im 19. Jahrhundert. Quellenedition, Bd. 1, hg. von Hanns Kerner/Manfred Seitz u. a., Stuttgart 1995, 1; *Hanns Kerner*, Reform des Gottesdienstes. Von der Neubildung der Gottesdienstordnung und Agende in der evangelisch-lutherischen Kirche in Bayern im 19. Jahrhundert bis zur Erneuerten Agende, Stuttgart 1994, 9; *Emil Friedrich Heinrich Medicus*, Geschichte der evangelischen Kirche im Königreiche Bayern diesseits des Rheins, nach gedruckten und theilweise ungedruckten Quellen zunächst für praktische Geistliche und sonstige gebildete Leser bearbeitet, Erlangen 1863, 492–498; *Matthias Simon*, Evangelische Kirchengeschichte Bayerns, Bd. 2, 2. Aufl., Nürnberg 1952, 560–568; *ders.*, Die evangelisch-lutherische Kirche in Bayern im 19. und 20. Jahrhundert, München 1961 (= TuG 5), 9–15; *Gottfried Thomasius*, Das Wiedererwachen des evangelischen Lebens in der lutherischen Kirche Bayerns. Ein Stück süddeutscher Kirchengeschichte (1800–1840), Erlangen 1867, 3–10.

[2] Vgl. Edict über die innern kirchlichen Angelegenheiten der Protestantischen Gesammt- Gemeinde in dem Königreiche, in: Verfassungs=Urkunde des Königreichs Bayern, Nürnberg [1818], 322f, § 11; *Hans Kreßel*, Die Liturgie der Evang.-Luth. Kirche in Bayern r. d. Rh. Geschichte und Kritik ihrer Entwicklung im 19. Jahrhundert, 2. Aufl., München 1953, 7; *Kerner*, Reform (wie Anm. 1), 9.

Kirchenwesen, die liturgisch autonom waren, sollte nun eine einheitliche Liturgie erstellt werden. Dabei galt es mehr als dreißig verschiedene, offiziell im Gebrauch befindliche Gottesdienstordnungen und Agenden, lutherische und reformierte Traditionen, sowie moderne liturgische Sammlungen und Privatagenden miteinander in Einklang zu bringen[3]. Die neue einheitliche Agende sollte auf den 1822/23 geplanten Generalsynoden beraten, dem König zur Bestätigung vorgelegt und dann in Kraft gesetzt werden[4].

Im Oberkonsistorium übernahm Heinrich Theodor Stiller als zuständiger Referent die Aufgabe, eine erste grundlegende Agende und Gottesdienstordnung zu erstellen[5]. Obwohl Stiller aufgrund der Vorgabe durch das Oberkonsistorium erklärte, auf ältere Ordnungen und Agenden Bezug nehmen zu wollen, um die Gottesdienste wieder "feierlicher" zu gestalten[6], gelang ihm dies in keiner Weise. In der von ihm vorgelegten Agende und Gottesdienstordnung[7] blieb er als Kind seiner Zeit in der Tradition der Aufklärung stecken[8]. Er verwendete hauptsächlich zeitgenössische Agenden, die um die Jahrhundertwende entstanden waren[9].

Der unausgegorene Agenden- und Gottesdienstentwurf Stillers wurde dann auch nicht auf den beiden Generalsynoden in Bayreuth und Ansbach[10] zur Beratung vorgelegt[11]. Die Synoden wählten für die Abfassung einer Agende eine neue Kommission. So wurden mit

---

[3] Vgl. *Kerner*, Reform (wie Anm. 1), 9f; *Paul Graff*, Geschichte der Auflösung der alten gottesdienstlichen Formen in der evangelischen Kirche Deutschlands, Bd. 2: Die Zeit der Aufklärung und des Rationalismus, 2. Aufl., Göttingen 1937/1939, 17f; *Kreßel*, Liturgie (wie Anm. 2), 7–9; *Hermann Bezzel*, Fünfzig Jahre General-Synode im diesseitigen Bayern 1823–1873, in: JELLB 17 (1917/18), 13; *Simon*, Kirche in Bayern (wie Anm. 1), 10; Reform des Gottesdienstes in Bayern (wie Anm. 1), 33.

[4] Vgl. *Kerner*, Reform (wie Anm. 1), 11 und 18; Reform des Gottesdienstes in Bayern (wie Anm. 1), 33.

[5] Vgl. *Kerner*, Reform (wie Anm. 1), 12; Reform des Gottesdienstes in Bayern (wie Anm. 1), 2.

[6] Vgl. Reform des Gottesdienstes in Bayern (wie Anm. 1), 34.

[7] Vgl. ebd., 5–27 und 32–68; vgl. dazu *Kerner*, Reform (wie Anm. 1), 13–17; *Kreßel*, Liturgie (wie Anm. 2), 14–20.

[8] Vgl. *Kerner*, Reform (wie Anm. 1), 16f und 19.

[9] Vgl. ebd.; *Georg Rietschel*, Lehrbuch der Liturgik, Bd. 1: Die Lehre vom Gemeindegottesdienst, Göttingen 1951, 446.

[10] Vgl. dazu *Kerner*, Reform (wie Anm. 1), 21–34; *Kreßel*, Liturgie (wie Anm. 2), 21–29; Oeffentliche Nachricht von der ersten Versammlung der General-Synoden der protestantischen Kirche in Baiern disseits des Rheins im Jahr 1823, Sulzbach 1824, 95–198.

[11] Vgl. Reform des Gottesdienstes in Bayern (wie Anm. 1), 71.

der Erstellung einer Agende die Dekane Georg Friedrich Wilhelm Kapp, Johann Heinrich Wilhelm Witschel und Valentin Karl Veillodter betraut[12]. Das Oberkonsistorium gab den Bearbeitern zur Erleichterung ihrer Arbeit einige Leitlinien mit auf den Weg. Vor allem sollten die Agenden und Kirchenordnungen des 16. und 17. Jahrhunderts Berücksichtigung finden[13].

Mitte 1825 war der Agendenentwurf fertig gestellt[14]. Er beinhaltete drei Teile: 1. Gebete für den Predigtgottesdienst (für Sonntage, Festtage, Betstunden und Katechismusunterricht); 2. Formeln, Anreden und Gebete für die kirchlichen und privatgottesdienstlichen Handlungen; 3. Kollekten[15].

Der Agendenentwurf wurde sowohl im Oberkonsistorium als auch von den beiden Generalsynoden in Ansbach und Bayreuth im Jahr 1827 abgelehnt, weil sich die Bearbeiter nicht an die Vorgaben gehalten hatten. Wiederum war ein modernes Werk entstanden, das ältere Agenden und Kirchenordnungen kaum berücksichtigte, sondern dem zeitgenössischen, rationalistischen Geist verpflichtet war[16].

Mit der Neufassung der Agende wurde der Ansbacher Konsistorialrat Carl Heinrich Fuchs beauftragt[17]. Aufgrund der Vorgaben des Oberkonsistoriums erhielt Fuchs als Arbeitsgrundlage eine Aufstellung sämtlicher im protestantischen Gebiet Bayerns geltenden und gesetzlich eingeführten Kirchenagenden[18]. Da Fuchs sich seiner Aufgabe nicht intensiv genug widmen konnte, wurde Ende des Jahres 1829 der Münchner Oberkonsistorialrat Friedrich Immanuel Niethammer damit betraut[19]. Sein Entwurf wurde auf den Generalsynoden 1832 in Ansbach und Bayreuth stilistisch wie inhaltlich kritisiert, da die Vorgaben

---

[12] Vgl. ebd., 72.

[13] LKA Nürnberg, OKM 1419, Vortrag, die Berathungen und Beschlüsse der beiden General-Synoden über die Kirchen-Agende betreffend, München, 10.3.1824. Vgl. *Kerner*, Reform (wie Anm. 1), 31–33; Reform des Gottesdienstes in Bayern (wie Anm. 1), 73, bes. Anm. 14.

[14] Der Entwurf ist in seiner ursprünglichen Fassung nicht mehr auffindbar (gegen *Kreßel*, Liturgie [wie Anm. 2], 30, Anm. 44), lässt sich aber rekonstruieren. Vgl. Reform des Gottesdienstes in Bayern (wie Anm. 1), 76–138; *Kerner*, Reform (wie Anm. 1), 38–41.

[15] Vgl. Reform des Gottesdienstes in Bayern (wie Anm. 1), 74f.

[16] Vgl. *Kerner*, Reform (wie Anm. 1), 39f; 42f; 45f.

[17] Vgl. ebd., 43; Reform des Gottesdienstes in Bayern (wie Anm. 1), 397.

[18] Vgl. *Kerner*, Reform (wie Anm. 1), 44; Reform des Gottesdienstes in Bayern (wie Anm. 1), 398.

[19] Vgl. *Kerner*, Reform (wie Anm. 1), 47; Reform des Gottesdienstes in Bayern (wie Anm. 1), 398.

wiederum keine explizite Beachtung fanden[20]. Das Oberkonsistorium
setzte danach ein Redaktionsteam ein, um den Agendenentwurf von
Niethammer erneut zu revidieren. Letztlich wurde dem nun in München arbeitenden Konsistorialrat Fuchs die Abschlussrevision übertragen. Nach einer Endredaktion mit dem Bayreuther Konsistorialrat
Christian Ernst Nikolaus Kaiser und Niethammer ging die Agende
in Druck und lag zu Beginn der Generalsynoden in Bayreuth und
Ansbach im Jahr 1836 vor[21].

2. Die 'Münchner Agende' vom Jahr 1836

Ungefähr gleichzeitig mit der Fertigstellung der offiziellen Agenden-
revision erschien die sogenannte 'Münchner Agende'. Sie entstand
aus der Notwendigkeit, eine brauchbare Agende zu haben, die bereits
über längere Zeit im Manuskript in mehreren Münchner Gemeinden
in der Praxis erprobt worden war.

2.1 Herausgeber und Entstehungsgeschichte

Da die Herausgeber der 'Münchner Agende' sich nicht namentlich
nannten, d. h. anonym bleiben wollten und es bis heute in der Forschung nur Vermutungen darüber gibt[22], wer an der Abfassung dieser
Agende beteiligt war, ist dieser Fragestellung zunächst nachzugehen.

Einen ersten Aufschluss darüber geben die Lebenserinnerungen
des Münchner Oberkonsistorialrates Christian Friedrich von Boeckh,
der über das Zustandekommen der 'Münchner Agende' Folgendes
berichtet: "Um Einheit in unsere Arbeit an der Gemeinde zu bringen und das Wichtigere gemeinschaftlich zu besprechen, kamen wir,
selbst unter Beteiligung des an praktischen Erfahrungen reichen
Hauptpredigers Dr. Faber, regelmäßig zusammen, und zwar nicht
in gehaltener Sessionsweise, sondern in vertraulicher Unterhaltung,
die das verehrte Mitglied des Oberconsistoriums nach seiner bekannten Humanität und Leutseligkeit durchaus nicht störte. Aus diesem
sogenannten Kränzchen ging auch manche Druckschrift hervor, die

---

[20] Vgl. *Kerner*, Reform (wie Anm. 1), 57–59; Reform des Gottesdienstes in Bayern
(wie Anm. 1), 398f.
[21] Vgl. Reform des Gottesdienstes in Bayern (wie Anm. 1), 399f.
[22] Vgl. *Rietschel*, Liturgik (wie Anm. 9), 451.

nicht blos unserer Gemeinde, sondern auch anderen Gemeinden unseres Landes dienlich war, und heute noch in beliebtem Gebrauche steht. Sie ist für ein agendarisches Buch im Ausdruck etwas zu bewegt und rhetorisch gehalten, aber man wird ihr nachrühmen müssen, daß sie durchweg bekenntnistreu ist, und eine der ersten war, welche die mit Unrecht verlassene ächt agendarische Bahn wieder eingeschlagen hat"[23].

Nach den Aussagen von Boeckhs gab es also einen Kreis von Geistlichen in München, die sich regelmäßig trafen und auch für die erste größere 'Privatagende' verantwortlich zeichneten. Über dieses 'Kränzchen' haben wir genauere Kenntnis durch die Tagebuchaufzeichnungen des damaligen "Landvikars" in München, Heinrich Puchta[24], der im Jahr 1836 berichtet, dass bei den regelmäßigen Zusammenkünften (jede Woche Montag abends nach 20 Uhr) abwechselnd bei Friedrich Faber oder von Boeckh in Zusammenarbeit mit ihm und dem "Stadtvikar" Emil Karl Moriz Wagner die Agende Gestalt annahm[25].

Bei allen Forschungsarbeiten, die sich bisher mit der 'Liturgiereform in Bayern im 19. Jahrhundert' beschäftigt haben, ist stets im Zusammenhang mit der Fertigstellung der Agende des Jahres 1836 auf den Streit im Oberkonsistorium hingewiesen worden, der sich zwischen den Kollegen Fuchs und Faber entwickelte[26]. Bisher konnte keine plausible Erklärung darüber abgegeben werden. Betrachtet man aber die Entstehungsgeschichte der 'Münchner Agende', so liefert diese eine Hilfestellung zur Klärung der Auseinandersetzungen im Oberkonsistorium.

Die Entstehungsgeschichte der 'Münchner Agende' zeigt, dass sich ein bestimmter Kreis von Geistlichen in München zusammen mit dem Oberkonsistorialrat Faber regelmäßig zum theologischen Gedankenaustausch getroffen hat, und in zahlreichen abendlichen Runden "ihre Privatagende" Gestalt annahm. Sie beriefen sich auf die lutherische Tradition und wollten schrift- und bekenntnistreu arbeiten.

---

[23] *Christian Friedrich von Boeckh*, Erinnerungen aus den Jahren 1830–1873. Als Fortsetzung der Erinnerungen aus meinen fünfunddreißig ersten Lebensjahren, Nürnberg 1874, 11.

[24] *Helene Burger*, Heinrich Puchta 1808–1858, in: ZBKG 27 (1958), 168–190.

[25] Vgl. *Heinrich Puchta*, Tagebuch geschrieben 1835–1839 in Erlangen und Nürnberg, Nürnberg 1839, 39b–96b.

[26] Vgl. dazu Reform des Gottesdienstes in Bayern (wie Anm. 1), 397–400; *Kerner*, Reform (wie Anm. 1), 63f.

Das leitende Prinzip war – wie das Vorwort der 'Münchner Agende' zeigt[27] –, sich auf Gebete und Formulare aus den Agenden des 16. und 17. Jahrhunderts als Fundament zu stützen und sie – wo notwendig – den sprachlichen Gegebenheiten der Zeit anzupassen. Auf Gebete und Formulare aus neueren Agenden und Privatarbeiten wurde zwar nicht verzichtet, die Herausgeber bearbeiteten sie aber stets mit Blick auf Form und Ausdruck der älteren Formulare, die sie als Norm für einen echten Agendenstil betrachteten. Das widersprach offenkundig dem eingeschlagenen Weg des offiziellen Agendenprozesses. Denn im Oberkonsistorium hatte man bereits 1828 entschieden, für die Abfassung einer Agende das Mit- und Nebeneinander von älteren und neueren Formularen zu gestatten. So ist in der Agende von 1836 bei den Gebeten feststellbar, dass sie aus verschiedenen Formularen unterschiedlicher Zeit und Theologie vom 16. bis zum 19. Jahrhundert zusammengearbeitet waren.

Bei der Endredaktion der offiziellen Agende im Jahr 1836, die vor allem Fuchs durchführte, kam es zum handfesten Streit mit dem Kollegen Faber[28]. Faber bezeichnete die offizielle Agende als "Privatarbeit", weil die jeweilige Redaktion immer in der Hand eines einzelnen Theologen lag und nicht in einem ausgewählten Theologenkreis redigiert wurde, wie es bei der 'Münchner Agende' der Fall war[29]. Außerdem hatte nach Fabers Ansicht das Oberkonsistorium noch keine definitiven Beschlüsse über das Grundprinzip einer zur erstellenden Agende verfasst. Zunächst verwahrte sich Niethammer energisch gegen die Vorwürfe Fabers, indem er entsprechende Randkommentare an die betreffenden Schriftstücke Fabers anfügte[30]. Da für Fuchs in der Phase der Endredaktion der Niethammerschen Vorlage der Sinn und Wert seiner Arbeit auf dem Spiel stand und er sich zu diesem Zeitpunkt zu Unrecht angegriffen fühlte, kam es nun auch zwischen ihm und Faber zum offenen Streit[31]. Fuchs wies die Anschuldigungen Fabers, er revidiere die zusammengestellten Gebete und Formulare

---

[27] Agende für evangelische Kirchen, München 1836, IIIf.

[28] Vgl. *Kerner*, Reform (wie Anm. 1), 63f.

[29] Vgl. dazu Fabers spätere Äußerung, LKA Nürnberg, OKM 500, Die weitere Bearbeitung des Agendenentwurfs bet[reffend], München, 26.11.1846: "[. . .] es könne eine brauchbare Agende nur auf dem Wege zu Stande kommen, auf welchem diese [die Münchner Agende; R. F.] zu Stande gekommen ist und sich die Bahn gebrochen hat."

[30] Vgl. LKA Nürnberg, OKM 500, Die Kirchenagende und Gottesdienstordnung betr[effend] [Faber], München, 10.6.1836.

[31] Vgl. ebd., Die Kirchen-Agende betreffend [Fuchs], München, 8.5.1836.

theologisch einseitig und nur nach seinen eigenen persönlichen Ansichten ohne Rücksprache mit seinen Kollegen, nachdrücklich zurück. Außerdem wandte er sich gegen Fabers Behauptung, er verwende fast ausschließlich moderne Agenden und Sammlungen, ohne Berücksichtigung älterer Formulare des 16. Jahrhunderts. Faber wiederum bekräftigte ein zweites Mal seine Anliegen, die Niethammer erneut zurückwies[32] und die Argumente von Fuchs unterstütze[33]. Daraufhin ging nach Fertigstellung durch Fuchs, Kaiser und Niethammer die Agende ohne weitere Diskussion in Druck[34].

Die Auseinandersetzung zwischen Fuchs und Faber spiegelt exemplarisch die zentrale kirchenpolitische und theologische Debatte der 1820er und 1830er Jahre in Bayern wider: den Kampf zwischen den von der Erweckungsbewegung und den vom Rationalismus beeinflussten und geprägten Theologen. Der kirchenpolitische Einfluss, den die Erweckung in Bayern nach 1825 gewann, war vor allem das Werk von Theologen aus Westmittelfranken. Ihr Sprachrohr wurde das 'Homiletisch-liturgische Correspondenzblatt' unter Leitung des Schwabacher Pfarrers Heinrich Brandt. Charakteristisch für die erweckungstheologische Bewegung in Bayern war ein fundamentalistischer Biblizismus und der Rückgriff auf Begriffe der reformatorischen Tradition, die als objektiv und überzeitlich gültig verstanden wurden. Ab 1827 rief Brandt die "Erweckten" zu regelmäßigen halbjährigen Treffen in Wassermungenau bei Roth zusammen. Kirchen- und theologiepolitisch beabsichtigte die Gruppierung, den Rationalismus aus dem bayerischen Protestantismus zu verdrängen. Die erweckten Theologen erreichten mittels ihres 'Homiletisch-liturgischen Correspondenzblattes' bis zur Mitte der 30er Jahre eine gewisse geistige Vorherrschaft in der Kirche. Sie suchten Unterstützung bei der staatlichen Kirchenleitung und beriefen sich auf das lutherische Bekenntnis, das fast überall im rechtsrheinischen Bayern als formale Rechtsgrundlage der Kirche in Geltung war. König und Kirchenleitung gaben schließlich den Ausschlag für den Sieg der "Erweckten" und die Verdrängung des "Rationalismus". Der konservative bayerische König Ludwig I. nahm seine Funktion in der protestantischen Kirche ernst und trat für eine Konfessionalisierung des gesamten kirchlichen Lebens

---

[32] Vgl. ebd., Die Fortsetzung der Reinschrift der Kirchen-Agende betr[effend] [Faber; Niethammer; Fuchs], München, 16.6.1836.
[33] Vgl. ebd., Die Kirchen-Agende betreffend [Fuchs], München, 8.5.1836.
[34] Vgl. Reform des Gottesdienstes in Bayern (wie Anm. 1), 400, bes. Anm. 18.

in Bayern ein. Ihm kam es entgegen, dass die Kirchenleitung die Bekenntnisschriften als grundlegende Norm und Größe kirchlicher Lehre ansah. Zudem wurde im Jahr 1828 Friedrich von Roth durch Ludwig I. als Präsident des Oberkonsistoriums eingesetzt. Mit ihm gewannen die "Erweckten" mehr und mehr Einfluss und Macht gegenüber den "Rationalisten". Roth war dem Kreis um das 'Homiletisch-liturgische Correspondenzblatt' verbunden und er verstand das lutherische Bekenntnis auch selbst im Sinn des kirchenrechtlichen Traditionalismus als einen der Landeskirche vorgegebenen "Lehrbegriff". Er führte ein, dass Pfarrer sich jährlich Prüfungsaufgaben unterziehen mussten, die auf dem Boden der Bekenntnisschriften beurteilt wurden. Diese Prüfungen entschieden dann über die Beförderung auf Dekanspositionen. Mit den Neuberufungen von Dekanen Anfang der 1830er Jahre war die Ausgangsposition für die kirchenpolitische Vorherrschaft der "Erweckten" geschaffen. Außerdem berief Roth "Erweckte" auf die Lehrstühle der Erlanger Fakultät, allen voran Johann Wilhelm Friedrich Höfling und Adolf von Harleß[35].

Auch Faber und die Pfarrer des Münchner 'Kränzchens' waren zweifelsohne durch die Erweckungsbewegung geprägt[36] und stellten die lutherische Lehrtradition, die Bekenntnis- und Schrifttreue in den Mittelpunkt[37]. Sie profitierten von den dargelegten machtpolitischen Entwicklungen, konnten mit der 'Münchner Agende' ihren liturgischen wie theologischen Vorstellungen mehr Gewicht und Nachdruck verleihen und den künftigen Agendenprozess entscheidend beeinflussen. Auf diesem Hintergrund wird auch verständlich, warum der 'Münchner Agende' neben der offiziell eingeführten Agende nach 1836 eine so breite Resonanz widerfuhr, wie ihre Wirkungsgeschichte zeigt[38].

Das Münchner 'Kränzchen' und die Einbindung ihrer 'Münchner Agende' in die Reform des Gottesdienstes in Bayern sind ein anschauliches Beispiel des langen Transformationsprozesses und theo-

---

[35] *Ulrich Schindler-Joppien*, Das Neuluthertum und die Macht. Ideologiekritische Analysen zur Entstehungsgeschichte des lutherischen Konfessionalismus in Bayern (1825–1838), Stuttgart 1998, 246–256.

[36] Von Boeckh und Puchta haben wir Zeugnisse darüber. Vgl. *Christian Friedrich von Boeckh*, Erinnerungen aus meinen fünfunddreißig ersten Lebensjahren, Nürnberg 1872, 23f und 45f; *Gabriele Stark*, Die theologischen Grundgedanken im Werk Heinrich Puchtas, Zulassungsarbeit zur 1. Prüfung für das Lehramt an Volksschulen, Nürnberg 1970, 8f; 11; 17–20.

[37] Vgl. *Boeckh*, Erinnerungen (wie Anm. 25), 8f.

[38] Vgl. unten Abschnitt 3.

logiegeschichtlichen Umbruchs von der Aufklärung über die Erweckungsbewegung hin zum lutherischen Konfessionalismus in der bayerischen Landeskirche, der in den 1820er und 1830er Jahren begann und in der zweiten Hälfte des 19. Jahrhunderts seinen Abschluss fand.

2.2 *Aufbau und Inhalt der 'Münchner Agende'*

Um die Unterschiede und Gemeinsamkeiten der 'Münchner Agende' mit dem offiziellen Agendenentwurf feststellen zu können, ist es notwendig, den Aufbau beider Entwürfe kurz zu skizzieren. Die 'Münchner Agende' gliedert sich wie folgt:

I. Gebete[39]:
1. Das Gebet des Herrn; 2. Gebete für den sonntäglichen Gottesdienst (Altar- und Kanzelgebete); 3. Gebete für den festtäglichen Gottesdienst; 4. Gebete für den Wochengottesdienst; 5. Gebete für die Christenlehre; 6. Litanei.
II. Kirchliche Handlungen[40]:
1. Taufe; 2. Konfirmation; 3. Abendmahl (Vorbereitungsgottesdienst; Beichte und Abendmahl; Krankenabendmahl); 4. Trauung; 5. Ordination; 6. Begräbnis.
III. Kollekten[41]:
1. Für den sonntäglichen Gottesdienst; 2. Für den festtäglichen Gottesdienst.

Der offizielle Agendenentwurf von 1836 ist in zwei große Hauptteile mit verschiedenen Unterabteilungen gegliedert. Den einzelnen Gebetssammlungen sind jeweils liturgische Ordnungen vorangestellt:

A. Gebete und Kollekten zu den Gottesdiensten, zum Katechismusunterricht und den Betstunden[42]:
1. Biblische Sprüche für alle Gottesdienste; 2. Gebete zu den Predigtgottesdiensten an Sonn- und Wochentagen; 3. Gebete zu den Gottesdiensten an Festtagen; 4. Kollekten und Responsorien.

---

[39] Agende München (wie Anm. 27), 1–75.
[40] Ebd., 76–165.
[41] Ebd., 166–190.
[42] Reform des Gottesdienstes in Bayern (wie Anm. 1), 404–544.

B. Liturgie der Sakramente und der kirchlichen Weihehandlungen[43]:
1. Taufe; 2. Konfirmation; 3. Vorbereitung zum Heiligen Abendmahl und der Beichte; 4. Abendmahl; 5. Trauung; 6. Beerdigung;
7. Ordination; 8. Investitur.

Die äußere Gestalt der beiden Agenden ist sehr unterschiedlich.
Inhaltlich ist festzustellen, dass die 'Münchner Agende' für den
Predigtgottesdienst keine Gottesdienstordnung bot. Gegenüber den
Überlegungen zur bisherigen Agendenbildung war den Eingangsge-
beten für die Festtage jeweils ein vom Geistlichen und dem Chor
im Wechsel zu singender Introitus vorangestellt. Ansonsten ging die
'Münchner Agende' bei den liturgischen Stücken nicht über den offi-
ziellen Agendenentwurf hinaus. Sehr oft fanden sich in beiden
Sammlungen dieselben Gebete, allerdings in einer unterschiedlichen
Wiedergabe. So blieb die 'Münchner Agende' textlich sehr viel stärker am Original als der Agendenentwurf, sie war allerdings stilistisch
und orthographisch oft zeitgemäßer.

Auffällig ist, dass in der 'Münchner Agende' beim Abendmahlsteil
ein Beichtgottesdienst zur Vorbereitung auf das Abendmahl und ein
Abendmahlsgottesdienst mit integrierter Beichte wiedergegeben wurde.
Die Verbindung von Beichte und Abendmahl war stärker betont als
in der offiziellen Agende, wo auch eine Abendmahlsform ohne Beichte
vorgesehen war[44]. Gerade an dieser Stelle kommt wieder die lutherische Komponente zum Tragen, die eine enge Verbindung von
Beichte und Abendmahl gemäß der Agendenordnungen des 16. Jahrhunderts aufweist. Insgesamt stellte die 'Münchner Agende' in manchem eine Parallele, in vielem aber auch einen Gegenentwurf zur
offiziellen Agendenbildung dar.

3. Die Wirkungsgeschichte der 'Münchner Agende'

Auf den Diözesansynoden der Jahre 1837/1838 sollte in den Dekanaten
eine Beurteilung des zur Erprobung freigegebenen offiziellen Agenden-
entwurfes vorgenommen und die Ergebnisse an das Oberkonsistorium

---

[43] Ebd., 545–652.
[44] Vgl. Agende München (wie Anm. 27), 82–90; Reform des Gottesdienstes in
Bayern (wie Anm. 1), 571–601.

in München weitergeleitet werden. In verschiedenen Dekanaten kam es bei den Beratungen über die gedruckte Agende von 1836 auch zu Äußerungen über die meist schon bekannte 'Münchner Agende'.

Im Konsistorium Ansbach wurde die Verwendung der 'Münchner Agende' neben dem offiziellen Entwurf gefordert und der Wunsch geäußert, eine weitere Revision solle sich an dieser "Privatagende" orientieren[45]. Das Konsistorium Bayreuth schloss sich diesen Anträgen weitgehend an[46].

Außerhalb Bayerns fanden die Gebete und Formulare der 'Münchner Agende' ganz konkrete Aufnahme in der württembergischen Landeskirche. In der Agende vom Jahr 1840 ist die 'Münchner Agende' als Vorlage benutzt worden[47]. Erstaunlich ist die Tatsache, dass die 'Münchner Agende' kurze Zeit nach ihrem Erscheinen im Jahr 1836 bereits im Ausland in Gebrauch gekommen ist. So wurde sie in London, in der im Jahr 1669 gegründeten 'Hamburg Lutheran Church' – bekannt als 'Hamburger Kirche' – eingeführt und benützt[48], ebenso in der St. Thomas-Kirche in Straßburg und in der evangelischen Gemeinde in Paris[49]. Aufgrund der großen Nachfrage und Beliebtheit der 'Münchner Agende' wurde es bereits im Jahr 1844 notwendig, eine zweite Auflage herauszugeben.

Die besondere Bedeutung der 'Münchner Agende' kommt auch darin zum Ausdruck, dass sie bei der offiziellen Agendenentwicklung nach 1836 stets in einem Atemzug mit den revidierten offiziellen

---

[45] Vgl. LKA Nürnberg, OKM 510, Zusammenstellung der ueber die Kirchen-Agende von den Special-Synoden abgegebenen Gutachten in dem Consistorialbezirck Ansbach, Ansbach 23.3.1838.

[46] Ebd., OKM 511, Urtheile der Diocesan Synoden des Consistorialbezirks Baireuth vom Jahr 1838 über den vorgelegten Agenden Entwurf im Allgemeinen, Bayreuth, 26.2.1839: "Die Majorität fühlt sich zum Dank für diesen trefflichen Entwurf verpflichtet, hofft aber, daß die Wünsche wegen Verbeßerung berücksichtigt werden möchten, und bittet, daß zu diesem Endzweck die Münchner Agende benützt und deren Gebrauch neben jenem einstweilen erlaubt werden möge."

[47] Vgl. Entwurf einer Liturgie für die evangelische Kirche im Königreich Württemberg, Stuttgart und Tübingen 1840, 7 und 9f.

[48] Vgl. EZA Berlin, Nr. 5/1266: Hier findet sich ein Bericht über die Situation der Hamburger Gemeinde in London im Jahr 1879 von deren Pfarrer Walbaum, der 1837 dort seinen Dienst antrat.

[49] Vgl. Ueber den Entwurf einer Agende für die evangelisch-lutherische Kirche in Bayern im Allgemeinen und über die Ordnung und Form des Hauptgottesdienstes an Sonn- und Festtagen insbesondere. Auszug aus einem Vortage, gehalten auf der Zeilitzheimer Conferenz am 12. Juli 1853 von Dr. Wilhelm Eduard Immanuel von Biarowsky, Pfarrer zu Waitzenbach, in: ZPK 26 (1853), 137–158.

Entwürfen genannt wird und für die Endgestalt der bayerischen
Agende im Jahr 1879 eine wesentliche Rolle spielte. Ihre liturgischen
und theologischen Interessen konnten sich aufgrund der machtpolitischen Konstellationen mehr und mehr durchsetzen und andere kon-
kurrierende Agendenmodelle verdrängen und ersetzen.

KRIEGSERFAHRUNG UND GOTTESGLAUBE.
ZU DEN 'SCHOPFHEIMER PREDIGTEN' (1917)
VON EMANUEL HIRSCH

Martin Ohst
(Wuppertal)

Im Wintersemester 1914/15 hat sich Emanuel Hirsch in Bonn für Kirchengeschichte habilitiert[1]. Für ein ruhiges Hineinwachsen in das neue Fach – allein weil in Bonn keine Habilitation für Systematische Theologie möglich war, hatte Hirsch diese venia erworben – blieb keine Zeit[2]. Der Persönliche Ordinarius Heinrich Boehmer hatte schon 1912 einen Ruf nach Marburg angenommen; sein Nachfolger, der Extraordinarius Wilhelm Goeters, tat seit Oktober 1914 als Feldprediger Dienst. Der Ordinarius Karl Sell war am 22. Dezember 1914 verstorben. Sein Nachfolger wurde 1915 Heinrich Hermelink, der jedoch als Offizier und nach schwerer Verwundung als Feldprediger Kriegsdienst tat und sein Amt nie wirklich antrat[3]. So musste der 26jährige Privatdozent sofort die Lehre im Fach allein übernehmen. "Diese Arbeit war bis etwa Spätherbst 1916 mein Kriegsdienst, und er gab mir den Freunden draußen und den bald nicht fehlenden kriegsversehrten Studenten gegenüber das Gefühl der Ehre und der Verbundenheit zurück, das mir meine Untauglichkeit zum Kriegsdienst (ich war ein überkurzsichtiger, schwächlicher Mensch, der nur ganz wenige Pfund über hundert wog, und Heben und Tragen war mir ärztlich verboten) zu nehmen drohte"[4].

---

[1] Zu den Daten von Hirschs Lebensgeschichte bis zur Übernahme des Göttinger Lehrstuhls 1921 vgl. *Arnulf von Scheliha*, Anmerkungen zur frühen Biographie Emanuel Hirschs, in: ZKG 106 (1995), 98–107.

[2] Zu den folgenden fakultätsgeschichtlichen Notizen vgl. *Otto Ritschl*, Die evangelisch-theologische Fakultät zu Bonn in dem ersten Jahrhundert ihrer Geschichte 1819–1919, Bonn 1919, 81–83; sowie die Eintragungen und Biogramme der im Text Genannten in: Album Professorum der Evangelisch-theologischen Fakultät der Universität Bonn, hg. von Heiner Fualenbach, Bonn 1995.

[3] Vgl. auch *Bernd Jaspert*, Der Kirchenhistoriker Heinrich Hermelink (1977), in: Ders., Theologie und Geschichte. Gesammelte Aufsätze Bd. 1, Berlin/Frankfurt a. M. u. a. 1989 (= EHS.T 369), 219–39, hier: 224.

[4] *Emanuel Hirsch*, Mein Weg in die Wissenschaft (1911–16), in: Freies Christentum 3 (1951), Nr. 11, 3–5, hier: 4. Irrtümlich bezieht *Scheliha*, Anmerkungen (wie

Im Winter 1916/17 allerdings entspannte sich die Situation. Der anstelle des schon 1916 nach Marburg gegangenen Heinrich Hermelink neu berufene Hans Achelis ließ sich vom Offiziersdienst in der Landwehr beurlauben und trat zum Wintersemester 1916/17 seine Stelle an. Hirsch fühlte sich angesichts der geringen Studentenzahlen überflüssig und trat aushilfsweise in den Dienst der Badischen Landeskirche, die kriegsbedingt unter schwerem Pfarrermangel litt. Er berichtet: "Ich wurde in Form eines Kolloquiums kavaliersmäßig examiniert, empfing die Ordination und wurde in eine schon unter Etappenrecht stehende kleinere Stadt des südlichen Schwarzwaldes [Schopfheim; M. O.] geschickt. Predigten und Amtshandlungen an der Stadtkirche (abwechselnd mit dem Hauptgeistlichen) und weit ringsum auf verwaisten Pfarreien, alleinige Pastorisation dreier weitläufiger Dörfer, geistliche Betreuung eines Seuchenlazaretts und der Heil- und Pflegeanstalt und dazu Religionsunterricht über Religionsunterricht in Stadt und Dorf und in allen Schularten wurde mein Teil. Es war, alles in allem, eine Zweimannesarbeit, und es war für einen selbständigen und nachdenklichen Menschen die schönste und vielseitigste Möglichkeit, in Predigt, Seelsorge und Unterricht sich hineinzuleben"[5].

Öfters hat Hirsch späterhin bezeugt, welch einschneidende Bedeutung die folgenden Monate der praktischen Arbeit für ihn gehabt haben[6]. Von seinen Predigten in dieser Zeit war jedoch lange nur eine einzige publiziert[7]. Nun hat Hans-Martin Müller im Rahmen der von ihm initiierten und maßgeblich geleiteten Gesamtausgabe der Werke Hirschs[8] aus dessen Nachlass ein Konvolut von 22 Predigtmanuskripten sowie eine Grabrede und ein weiteres Fragment ediert[9].

Anm. 1), 104, Hirschs Rede vom "Kriegsdienst" auf die Zeit im Schopfheimer Pfarramt. – Ein charakteristisches Bild Hirschs aus dieser Zeit ist abgedruckt in: Theologie in Göttingen, hg. von Bernd Moeller, Göttingen 1987 (= Göttinger Universitätsschriften Serie A/1), 373.

[5] *Emanuel Hirsch*, Meine Wendejahre (1916–21), in: Freies Christentum 3 (1951), Nr. 12, 3–6, hier: 4.

[6] Vgl. *Martin Ohst*, Emanuel Hirsch und die Predigt, in: Zwischen Volk und Bekenntnis. Praktische Theologie im Dritten Reich, hg. von Klaus Raschzok, Leipzig 2000, 127–149, hier: 128f mit Anm. 7.

[7] 'Elias' Verzweiflung', in: *Emanuel Hirsch*, Der Wille des Herrn, Gütersloh 1925, 202–218.

[8] Emanuel Hirsch, Gesammelte Werke, hg. von Hans Martin Müller u. a., Waltrop 1998ff. Bislang sind von 48 geplanten Bänden fünfzehn erschienen.

[9] *Emanuel Hirsch*, Ihr aber seid Christi. Schopfheimer Predigten 1917, hg. von Hans Martin Müller, Waltrop 2001.

Die erste Predigt ist Hirschs Schopfheimer Antrittspredigt vom Sonntag Invokavit 1917 (25. Februar); die letzte fällt in den Oktober 1917. Diese ist Fragment geblieben, denn Hirsch war gezwungen, wegen seiner ausbrechenden Augenkrankheit (Netzhautablösung am linken Auge) die Niederschrift abzubrechen. Wegen der Krankheit hat er alsbald sein Amt aufgegeben und ist nach Bonn zurückgekehrt[10].

Der Quellenwert dieser Texte ist schwerlich zu überschätzen: Sie zeigen mit dem höchstmöglichen Grad an Authentizität, wie Hirsch versucht hat, der zentralen Aufgabe des geistlichen Berufs in der geschichtlichen Situation des Krisenjahrs 1917 gerecht zu werden. Dass die Predigten nicht von ihm selbst später in den Druck gegeben worden sind, ist geradezu als Glücksfall zu werten, denn so sind sie, frei von jedem Verdacht der nachträglichen Stilisierung, in der ganzen lokalen und temporären Bedingtheit ihrer Ursprungssituation auf uns gekommen.

Alle Predigten sind bis in die Einzelformulierung hinein wörtlich ausgearbeitet. Eine große Zahl von Streichungen, Umformulierungen etc. zeigt, dass Hirsch an den Texten lange und sorgsam gefeilt und zieliert hat. Vereinzelte Regiebemerkungen legen den Schluss nahe, dass er die Manuskripte auf die Kanzel mitgenommen hat. Ob er abgelesen oder die memorierte Predigt frei vorgetragen hat, wie es die homiletische Doktrin der Zeit forderte[11], lässt sich nicht sicher ausmachen.

Formal sind die Predigten gemäß den Vorgaben der an der klassischen Rhetorik orientierten damaligen Homiletik[12] gestaltet: Auf die Textverlesung folgt eine Einleitung (exordium), die an die Situation der Gemeinde anknüpft und zur Formulierung des Themas (propositio) hinleitet; das Thema selbst wird dann in jeweils mehreren, wiederum in sich streng untergliederten Gedankengängen ausgeführt.

Die Sprachgestalt der Predigten ist schlichte, gehobene Umgangssprache. Theologischer Jargon fehlt wie die "Sprache Kanaans" völlig, ebenso aber auch jede künstliche Anbiederung an die Hörer. Bildungsprunk sucht man vergeblich. Hirsch zitiert lediglich das, was

---

[10] Vgl. *Hirsch*, Meine Wendejahre (wie Anm. 5), 4.

[11] Vgl. z. B. *Ernst Christian Achelis*, Lehrbuch der Praktischen Theologie, Bd. 2, 3. Aufl., Leipzig 1911, 269–272. – Etwas elastischer *Paul Kleinert*, Homiletik, Leipzig 1907, 219–24. Kleinert war Hirschs homiletischer Lehrer; vgl. *Emanuel Hirsch*, Predigerfibel, Berlin 1964, zur Einführung, unpaginiert.

[12] Vgl. *Achelis*, Lehrbuch (wie Anm. 11), 223–239; sowie *Kleinert*, Homiletik (wie Anm. 11), 178–184.

er bei allen Gemeindegliedern als bekannt voraussetzen kann, nämlich Bibel, Katechismus und Gesangbuch – es handelt sich also um
Zitate, die den Prediger nicht durch das Herauskehren seines Bildungs-
standes über die Gemeinde herausheben, sondern um solche, die
gerade die gemeinsamen Grundlagen des Kommunikationsgeschehens
betonen und den Prediger so in die Gemeinde einbinden. Diese for-
malen Merkmale zeigen, dass Hirsch 1917 seine Aufgabe schon genau
so erfasst hatte, wie er sie später in der Rückschau formulierte: "Ich
hatte hart arbeitenden Menschen mit ihrer Lebensenge, ihrer tief in
sich verschlossenen grübelnden Resignation, ihrem stummen Verlangen,
von dem gemeinsamen christlichen Besitz her das Evangelium zu
dolmetschen, so, daß das Geheimnis des Ewigen gegenwärtig über
ihnen aufging"[13].

In fast jeder der Predigten ist der Krieg als die das Leben und
Denken des Predigers und der Gemeinde prägende und bestimmende
geschichtliche Situation präsent. Es werden allerdings keine Ein-
zelereignisse kommentiert, und es werden keine politischen Streitfragen
erörtert: Die Frontverschiebungen im Westen haben ebensowenig
Spuren in Hirschs Predigtmanuskripten hinterlassen wie die Umwäl-
zungen in Russland; eine Stellungnahme zur erbitterten innerdeut-
schen Auseinandersetzung um Sieg- oder Verständigungsfrieden sucht
man vergeblich. Der Krieg kommt lediglich insofern zur Sprache,
als er den Gliedern der christlichen Gemeinde Pflichten auferlegt
und zugleich ihre Lebensperspektiven und ihre Lebensdeutungen tief-
greifend in Frage stellt, d. h. sofern er die lebensweltlichen Rahmenbedingungen der Verkündigung des Evangeliums bestimmt, und die
ist das bestimmende Zentrum jeder einzelnen Predigt. Die Schopfheimer
Predigten sind Predigten im Krieg, aber sie sind, wenn man die gängige Gattungstopik zugrunde legt[14], keine eigentlichen Kriegspredig-
ten. – Der Krieg nun wird in ganz unterschiedlichen Perspektiven
thematisiert.

Hirsch kann ihn als eine von Gott gnadenhaft gewährte geschichtliche Möglichkeit qualifizieren: "Wir lebten vor dem Kriege in ver-
blendetem, fast möchte ich sagen frevelhaftem Leichtsinn dahin.

---

[13] *Hirsch*, Meine Wendejahre (wie Anm. 5), 4.
[14] Vgl. *Rolf Schieder*, Art. Kriegspredigt, in: RGG[4] Bd. 4, Tübingen 2001, 1774;
Kurt Meier, Evangelische Kirche und Erster Weltkrieg, in: Der Erste Weltkrieg.
Wirkung, Wahrnehmung, Analyse, hg. von Wolfgang Michalka, München 1994,
691–724, bes. 699f.

Unsere Feinde rüsteten gegen uns, und wir knickerten und jammerten um jeden Soldaten und jedes Schiff mehr. Noch eine Weile so weiter, dann hätten die Feinde wohlgerüstet uns niederzwingen können. Da ließ Gott gerade noch zur rechten Zeit den Krieg ausbrechen, ehe sie ganz fertig waren"[15].

Es geht im Krieg um Deutschlands Freiheit: "Allein um unsrer Freiheit willen haben wir ja die Last dieses schweren Kriegs auf uns genommen. Die Fremden sollen nicht Herren über uns und unsre Kinder und Enkel werden und ihre Willkür nicht schalten lassen über unser Leben Gut und Ehre"[16]. Die Teilnahme am Krieg ist Pflicht. Das gilt für den Soldaten an der Front: "Es mag einem Soldaten oft schwer sein, vor allem im Nahkampf, auf andre Menschen einzudringen mit der Absicht zu töten. Aber er darf sich sagen: ich stehe mit meiner Waffe schützend vor Heimat und Vaterland. Ich übe Ritterpflicht und schütze Frauen und Kinder. Ich bewahre meinem Vaterland die Macht, ohne die das deutsche Volk das nicht leisten [kann], wozu es in der Geschichte von Gott berufen ist"[17]. Dieselbe Pflicht bindet auch die Menschen in der Heimat: "Vor uns ist der Ausblick in die schweren Wochen, die unserm Vaterland bevorstehen, in der wir Sorge werden haben müssen um die Ernährung unsres Volkes, neben all der Sorge um unsre Brüder und Gefreundeten draußen, die sich immer gleich bleibt. Und hinter uns das harte, unerbittliche Muß, das uns vorwärts stößt. Wir *müssen* uns ja zusammenraffen, müssen ja alles tun, was in unsern Kräften steht. Nur wenn jeder treu ist, kann das Ganze bestehen"[18].

Wer die Predigten Hirschs bloß nach Fundstücken für seine Sammlung nationaler Durchhalte-Rhetorik durchsucht, kann an diesem Punkt befriedigt innehalten. Aber wer genauer liest, der findet auch noch ganz anders abgetönte Sätze, in denen die Zerstörung und das Grauen hart und ungeschminkt und ohne jede vorschnelle Sinngebung

---

[15] *Hirsch*, Schopfheimer Predigten (wie Anm. 9), 113.

[16] Ebd., 238.

[17] Ebd., 196. – Hier ist keinesfalls ein "deutscher Gott" gemeint: "Das Volk [Israel; M. O.] wurde von seinen großen mächtigen Nachbarn bezwungen. Und wir wissen nun, daß nicht eines einzelnen Volkes Herrlichkeit, sondern das ewige Gottesreich das Ziel und Ende der Wege Gottes in der Geschichte ist. Gott ist größer als jedes Volk, größer als Israel, größer als Deutschland. Himmel und Erde sind sein Eigentum" (ebd., 102f). – Vgl. auch *Martin Ohst*, Der I. Weltkrieg in der Perspektive Emanuel Hirschs, in: Evangelische Kirchenhistoriker im 'Dritten Reich', hg. von Thomas Kaufmann/Harry Oelke, Gütersloh 2002, 64–121, hier: 68–72.

[18] *Hirsch*, Schopfheimer Predigten (wie Anm. 9), 70; vgl. auch ebd., 106f.

zur Sprache kommen: "Der Krieg hat mit rauher Hand in unser Leben und seine großen und kleinen Freuden eingegriffen. Er bringt Kummer und Sorge fast in jedes Haus. Er hat unser aller Leben härter und ärmer gemacht. Und wenn auch manches von dem, was zu grunde ging, dessen wert war, daß es zu grunde ging – auch viel edles feines und schönes ist dahin. Auch das Gute der alten Zeiten kommt nicht wieder. Über unser Volk kommt eine Epoche, wo es sich um das Notwendigste in harter Arbeit wird mühen müssen, und für das Schöne, das das Leben reich und tief macht, nicht mehr viel Kraft übrig haben wird. So wird unsere Bildung und Wissenschaft nach dem Kriege kümmerlicher sein als vor ihm. Noch schwerer aber müssen viele Einzelne das empfinden, das ihnen der Krieg genommen hat. Das Mädchen, das den geliebten Mann verlor, ist damit um ihre eigentlichste Lebensaufgabe gebracht. Wozu ist sie nun da? Sie steht vor dem Leeren. Die Eltern, die den Sohn verloren, begraben die Hoffnungen ihres Lebens. Wozu haben sie nun gearbeitet? Und die vielen, vielen, die draußen Kraft und Gesundheit verloren und nicht mehr das schaffen können, zu dem sie Gott bestimmt hatte, was soll man ihnen antworten, wenn sie nach dem Sinn ihres halbzerstörten Lebens fragen?"[19]

So ist es nur zu verständlich, dass Müdigkeit und Resignation herrschen: "Es liegt jetzt über Deutschland ein ganzer Bann von Müdigkeit und Verzagtheit. Der Krieg ist uns allen von Herzen leid, wir sehnen uns immer ungeduldiger nach dem edlen goldnen Frieden [vgl. EG 324, 6; M. O.]. Wenn jetzt zwei Menschen einander begegnen, so fragt der eine: 'Wann wirds wohl endlich aufhören mit dem Krieg?', und der andre antwortet: 'Es wäre gut, wenns bald wäre.' Jeder meint: lange halten wir das nicht mehr aus. Diese Müdigkeit und Traurigkeit ist nur zu verständlich. Der Krieg nimmt uns eben die Freude und ist schwer zu tragen. Mir gehts ja selber so. Darum will ichs niemand wehren, wenn er auch einmal seufzt und klagt"[20].

Aber mehr noch. Der Krieg erschüttert bis ins letzte hinein die tragenden Gewissheiten; er lässt den Einzelnen dessen innewerden, dass er schutzlos dem Zugriff höherer Gewalten preisgegeben ist: "Jeder, der im Feld gewesen ist, hat dort den starken Eindruck empfangen: der einzelne Mensch und sein Leben gilt nichts. Vor dem Eindruck eines Kampffeldes nach dem Morden vergeht dem Men-

---

[19] Ebd., 15; vgl. auch ebd., 23f.
[20] Ebd. 161f; siehe auch ebd., 70: "Darum sind wir auch alle müde, nicht wahr?"

schen jeder Gedanke daran, daß er irgendetwas höheres sei als des Grases Blume. Und was draußen der Krieg predigt, das bezeugt jedem auch seine eigne Lebenserfahrung. Wir sind so ohnmächtig, so weltverloren"[21].

Dem tiefer Sehenden zeigt sich allerdings, dass der Krieg nicht allein eine, wenn auch noch so katastrophale, Störung der Humanität ist, sondern dass in ihm lediglich die Brutalität, die menschliches Leben allenthalben bestimmt, besonders deutlich hervortritt: "Wer die Kriege verurteilt und sich begeistert an der friedlichen 'Kulturarbeit', der spricht im Namen seines natürlichen Menschen, der es recht bequem und ruhig haben möchte, und nicht im Namen Jesu Christi: Denn diese friedliche Kulturarbeit – was war sie anderes als ein heimlicher Streit aller gegen alle? Lüge, List und Hetze, dazu erbarmungslose Konkurrenz, das sind die Mittel, die wir im Frieden gegeneinander gebrauchten? Und dieser Friede soll christlicher gewesen sein als der Krieg? Manchen, die über Krieg und Frieden schwätzen, merkt mans ganz deutlich ab: in ihrem Katechismus steht nur noch ein einziges Gebot, das fünfte. Und von dem größten und vornehmsten Gebot und dem andern, das ihm gleich ist, haben sie anscheinend nie etwas gehört"[22].

Die bislang zitierten Zeitdiagnosen brauchen wohl den Vergleich mit denen anderer theologischer Generationsgenossen nicht zu scheuen, die mehr als Hirsch dafür bekannt sind, den Krieg als Ende allen Fortschrittsoptimismus und aller Kulturseligkeit gedeutet zu haben. Der Krieg wird der Schopfheimer Gemeinde von ihrem jungen Prediger als bis in die letzten Wurzeln der Existenz reichende Anfechtung jeglicher Sinngewissheit gedeutet. Und vor dem Horizont dieser tiefen Erfassung des Problems unternimmt er es, das Geschehen im Lichte des Gottesgedankens zu deuten.

Dabei setzt der junge Intellektuelle, dessen Frömmigkeit trotz einschneidender Ablösungsprozesse in der Schüler- und Studentenzeit weiterhin bis in die Tiefen die pietistische Grundierung durch das Elternhaus beibehalten hat[23], seinen ganzen bisherigen theologischen Erwerb ein: Inspiriert durch eigene neutestamentliche Studien[24], aber

---

[21] Ebd., 156.

[22] Ebd., 191f.

[23] Vgl. *Emanuel Hirsch*, Meine theologischen Anfänge, in: Freies Christentum 3 (1951), Nr. 10, 2–4.

[24] Hirsch berichtet über die Bonner Privatdozentenzeit: "Das Wichtigste wurde mir zuteil, als ich in der alten Kirchengeschichte einen eigenen Aufriß der Geschichte

auch durch Kierkegaards meditative Vergegenwärtigung des ange-
fochtenen Jesus auf dem Weg zum Kreuz[25], dringt er so tief in den
Sinngehalt der Predigttexte ein, dass die Grenze zwischen Themapredigt
und Homilie fließend wird[26].

Gleichfalls konstitutiv ist J. G. Fichtes radikal antieudämonistische
Fassung des Religionsbegriffs und seine Bindung des Glaubens an
eine strikt von der Sinnenwelt geschiedene göttliche Weltregierung,
die sich allein demjenigen erschließt, der sich unter Verzicht auf alles
selbstische Streben dem Sittengesetz unterwirft[27].

Am tiefsten beeinflusst ist er allerdings durch Luthers Bild von
Gottes Wesen und Handeln, wie es nach Karl Holl besonders deutlich konturiert in dessen (früher) Rechtfertigungslehre hervortritt[28].

Das wird gleich in der ersten Predigt deutlich, Hirschs Antrittspredigt in Schopfheim, die er am 25. Februar, dem Sonntag Invokavit
des Jahres 1917, gehalten hat[29]. In dieser einen Predigt verzichtet er
explizit-programmatisch auf jedes Eingehen auf die zeitgeschichtlichen
Ereignisse (vgl. 1), sondern nimmt sich vor, vom "letzten Gemeinsamen
(zu) sprechen, das alle Christen miteinander verbindet und macht,
daß sie sich trotz aller Verschiedenheit der einzelnen Charaktere und
Lebensschicksale dennoch als Brüder wissen und anerkennen" (ebd.).
Diese Gemeinsamkeit fasst Hirsch streng religiös als "der Glaube an
unseren Vater im Himmel" (ebd.), und konkretisiert sie sogleich sote-
riologisch-christologisch: "Wir wollen an dem, was Jesus an Zachäus

---

Jesu und des Urchristentums versuchte. Ich hatte schon in Göttingen von Bousset
und aus Wellhausen für das Neue Testament viel (wenn auch nicht immer das, was
beide wollten) hinzugelernt." *Hirsch*, Mein Weg in die Wissenschaft (wie Anm. 4), 4.

[25] Vgl. ebd. Besonders deutlich ist der Einfluss Kierkegaards in der Predigt vom
Karmittwochabend (4.4.1917); vgl. *Hirsch*, Schopfheimer Predigten (wie Anm. 9),
49–58. Zu vergleichen ist etwa *Sören Kierkegaard*, Zur Selbstprüfung. Der Gegenwart
anbefohlen, in: Ders, Gesammelte Werke, übers. von Emanuel Hirsch u. a., Bd.
19, Düsseldorf 1953, 89–104.

[26] Vgl. dazu *Kleinert*, Homiletik (wie Anm. 11), 156–162.

[27] Vgl. *Emanuel Hirsch*, Fichtes Religionsphilosophie im Rahmen der philosophischen Gesamtentwicklung Fichtes, Göttingen 1914; *Emanuel Hirsch*, Christentum und
Geschichte in Fichtes Philosophie, Tübingen 1920.

[28] Vgl. *Karl Holl*, Die Rechtfertigungslehre in Luthers Vorlesung über den Römerbrief
mit besonderer Rücksicht auf die Frage der Heilsgewißheit, in: ZThK 20 (1910),
245–291. – An dem Seminar, aus dem dieser Aufsatz hervorgegangen ist, hat Hirsch
bekanntlich teilgenommen; vgl. *Emanuel Hirsch*, Holls Lutherbuch: in: ThLZ 25/26
(1921), 317–319; jetzt auch in: *Emanuel Hirsch*, Gesammelte Werke, Bd. 3: Lutherstudien
Bd. 3, Waltrop 1999, 166–171.

[29] Vgl. *Hirsch*, Schopfheimer Predigten (wie Anm. 9), 1–13; im Folgenden zitiert
unter Angabe der Seitenzahlen im Text.

getan, lernen, was Gott an uns tut. Wir wollen an Jesu Herz gegen Zachäus das Herz unsers himmlischen Vaters gegen uns kennen lernen"[30] (2). Jesu Handeln gegen Zachäus praktiziert eine Haltung zum Sünder, die es vermag, diesen nicht urteilend zu vernichten, ohne doch die Sünde zu beschönigen oder zu verharmlosen. Zachäus, der durch die Verachtung seiner Mitmenschen schlecht geworden ist, wird von Jesus, der sich in selbstverständlicher Hoheit bei ihm einlädt, wie ein Gerechter behandelt. Diese Erfahrung wandelt ihn innerlich um: "Aus dem Schmerz der Scham über die Unverdientheit der Liebe erwächst der leidenschaftliche Wille, nun doch hinterher der Liebe wert sich zu machen" (5) – er wird ein neuer Mensch und bewährt seine Wandlung dadurch, dass er sein unrecht erworbenes Gut wegschenkt. In dieser schöpferischen Liebe, die den der Sünde verfallenen Menschen sucht und in der dialektischen Doppelbewegung von Verneinung und Bejahung neu macht, verkörpert Jesus Gottes eigenes Handeln: Gott als frei sich schenkende Liebe, auf der alles menschliche Gottvertrauen beruht (vgl. 9), ist eins mit seiner Heiligkeit, die dem Sünder nur die Alternative lässt, ihr gegen sich selbst Recht zu geben oder sich "in tötlichem [sic!] Haß" (10) gegen sie zu verschließen. "Gott kann es wagen, zu sagen 'Kommt her zu mir *alle*' [Mt 11,28], er kann auch die laden, die etwas auf dem Gewissen haben und unreine Herzen und Hände. Denn er weiß, wenn sie kommen, so kommen sie zu ihm selbst und schauen ihm ins Auge. Und wer Gott ins Auge schaut, der beugt sich vor ihm und wird still und betet an. Gott von Herzen anbeten aber, das macht das Herz rein" (11f).

In seiner Abendpredigt am Palmsonntag 1917[31] (1. April) hat Hirsch das in der Antrittspredigt skizzierte Bild Gottes und seines Handelns auf die Theodizeefrage angewandt, wie er sie in zeitgeschichtlich zugespitzter Form seinen Hörern in den Mund legt: "Viele Grübelfragen hat der Krieg in unsre Seelen hineingeworfen. Einige der schwersten gelten dem Weltregimente Gottes. Wir haben es doch stets geglaubt, daß Gott der Herr, der Allmächtige ist, der Himmel und Erde in seiner Hand hat, der alles bis ins kleinste hinein nach seinem Willen lenkt. Nun sehen wir soviel Bosheit und Schlechtigkeit

---

[30] Hier liegt eine deutliche Anspielung auf Luthers hermeneutische Maxime im Passions-Sermon von 1519 vor (§ 14); vgl. WA 2, 151; *Hirsch*, Schopfheimer Predigten (wie Anm. 9), 5.

[31] Vgl. *Hirsch*, Schopfheimer Predigten (wie Anm. 9), 39–48.

in der Welt. Der Haß und die Gier gehn als die Herren über die
Erde und die Menschen sind ihnen, viele nur zu gern, untertan.
Wenn wirklich ein Gott die Welt regierte, ja dann müßte doch die
Menschengeschichte ganz andern Weg nehmen als sie geht, dann
müßte die ganze Welt doch ein ganz andres Gesicht haben. Gott
müßte dreinschlagen und alles Schlechte und Böse vernichten, daß
die Welt nun in heiliger Schönheit da stände" (39f). Nach kurzem
Verweis auf die hergebrachte Standard-Antwort, dass Gott auch das
Böse zu seinem guten Endzweck verwende, spitzt Hirsch dann die
Frage noch einmal zu: "Wie kann ein gütiger und heiliger Gott *so*
die Sünde sich zu nutz machen? Dann meinen viele: *entweder* Gott
kann nicht anders, die Sünde ist auch eine Macht gegen ihn, die er
immer nur mit Mühe überwinden kann, dann ist er nicht der Herr
der Welt. *Oder* aber wenn er anders könnte, *und die Sünde doch wirken
und gewähren läßt*, höchstens nachträglich sie strafend, was soll man
dann von seinem Herzen eigentlich denken?" (40). Hirsch gibt seine
Antwort unter Rückgriff auf das Gleichnis von den bösen Weingärtnern
(Mk 12,1–9[32]), das einzige, wie er sagt, in dem Jesus seinen eigenen
Tod thematisiert habe (vgl. 41). Er deutet das Gleichnis als Jesu endgültige Absage an seine pharisäischen Gegner. Aber er bleibt dabei
nicht stehen. Er verweist die Gemeinde auf einen befremdlichen Zug:
Warum lässt der Herr in der Geschichte es tatenlos zu, dass seine
Knechte misshandelt werden, sein Sohn gar den Tod erleidet? Und
so gewinnt er den zornigen Worten Jesu eine neue Nuance ab, "den
Schmerz enttäuschter Liebe" (41), und genau diese Haltung zeich-
net er in das Bild des so erstaunlich langmütigen Weinbergbesitzers,
also Gottes, ein. Hierin sieht Hirsch ein zutiefst wahrheitshaltiges
Bild von Gott: Gott setzt seinen Willen gegenüber dem Menschen-
geschlecht und jedem einzelnen Menschen nicht durch Akte bloßer
Machtausübung durch, sondern er wirbt um freies Einverständnis:
"So gewinnt er sich Menschen, die ihm dann wirklich gehören, die
sich freiwillig unter ihn beugen und ihm mit freudigem Herzen gehorchen. Solche Herzen kann sich Gott nur gewinnen, wenn er die

---

[32] Hirsch scheint das Gleichnis jedenfalls in dem Bestand, in dem er es hier nach
hinten abgrenzt, für echt zu halten – gegen Wellhausens Skepsis: "Ob aber Jesus
wirklich in dieser Weise den Teufel an die Wand gemalt hat, darf man bezweifeln"; *Julius Wellhausen*, Das Evangelium Marci, 2. Aufl., Berlin 1909, 93. Späterhin
ist Hirsch selbst auch auf diese Linie eingeschwenkt; vgl. *Emanuel Hirsch*, Frühgeschichte
des Evangeliums, Bd. 1, Tübingen 1941, 128–130.

Menschen ihm gegenübertreten ließ [sic!] als selbständige Wesen, um deren Herz auch der allmächtige Gott arbeiten und sich mühen muß" (42). Mehr noch: Es gehört zum vollen Menschsein des Menschen mit hinzu, dass er die Einstimmung in Gottes Willen immer wieder und immer neu frei vollziehen muss. Wäre sie ihm unproblematisch selbstverständlich, so wäre er kein lebendiger Mensch, zum Glauben und zur Dankbarkeit letztlich unfähig: "Jesus hat selbst einmal in einem Bilde das gezeigt, was dem Menschen fehlen würde, der von Natur untadelig keine Sehnsucht trug nach Gottes persönlich sich schenkender Huld und kein Verständnis hatte für die Seligkeit, in Gottes Nähe leben und schaffen zu dürfen: in dem Bruder des verlorenen Sohns. Wie trostlos, wenn die Welt nur solche Menschen trüge wie diesen Bruder" (43).

Dass Gott den Menschen so im Bewusstsein der Freiheit vor sich leben lässt, dass er ihn sucht und um ihn wirbt, ist eine schier unbegreifliche Herablassung: "Haben wir schon einmal darüber nachgedacht, wie wunderbar das ist, daß wir zu Gott Du sagen dürfen, daß Gott zu uns Menschen in Menschenweise geredet hat und wir ihn nun verstehen und kennen? Gott hat sich neben uns gestellt als ständen wir selbständig gegen ihn da. Und dabei sind wir doch nur ein ganz kleines Stückchen aus seiner unendlich großen Welt, ein Stäubchen im All. Und all unser Atem und Hauch, mit dem wir zu ihm reden, all unser Leben, von dem wir nicht recht wissen, ob wirs ihm hingeben sollen oder nicht – sie sind doch nur ein Teil, ein winzig kleiner von Gottes eigenem Atem, Gottes eigenem großen Leben" (46)[33]. Indem Gott solchermaßen seine Allmacht gleichsam zurücknimmt, um dem Menschengeschöpf Ichbewusstsein und Freiheitsgefühl zu gewähren, und indem er darauf verzichtet, die ihm Widerstrebenden in den bloßen Gehorsam zu zwingen oder zu vernichten, setzt er sich dem Leiden am menschlichen Ungehorsam aus, und es ist dieses Leiden aus liebender Treue, das in Christi Kreuz seine Gestalt gewinnt (vgl. 44). Durch diesen Gedanken allerdings,

---

[33] Systematisch interessant an diesem Gedankengang ist Hirschs Versuch, Fichtes Religionsphilosophie (vgl. *Johann Gottlieb Fichte*, Anweisung zum seligen Leben, 3. Vorlesung, in: Ders., Werke, hg. von I. H. Fichte, Bd. 5, Nachdruck Berlin 1971, 470–472) und die Gottesanschauung Luthers miteinander zu verschmelzen. Ein Seitenblick auf die Fassung, die Hirsch dem Sachproblem in seiner Reifezeit gibt (vgl. *Emanuel Hirsch*, Leitfaden zur christlichen Lehre, Tübingen 1938, 86–89), zeigt, dass Hirsch sich in Schopfheim noch auf einer sehr viel früheren Etappe seines Denkweges befindet.

so räumt Hirsch ein, ist ein weiterer Anstoß noch nicht beseitigt. Wie kann Gott andere Menschen unter der Sünde und Bosheit der wider ihn Lebenden leiden lassen? Hirschs Antwort: Wer so argumentiert, der sieht zwischen sich und der widergöttlichen Sünde und Bosheit eine scharfe Trennlinie, und genau die ist illusionär: "Wir leben alle nur davon, daß Gott gütig und langmütig ist. Wenn Gott unsern Wunsch erfüllte und alles Unreine in einem Moment tilgte aus der Welt – gewiß, wir wären die Menschen, unter denen wir leiden los, aber wir würden selber ebenso dahin sein wie sie" (46). In dem folgenden Katalog alltäglicher Verfehlungen, der den Hörern die Möglichkeit geben soll, sich mit diesem Verdikt zu identifizieren, kommt nun auch wieder die Kriegssituation zur Sprache, und zwar das graue, alltägliche Elend der Heimat: "Und wir wollen auch darüber nachdenken, ob wir schon einmal auf Kosten andrer unsern Vorteil gesucht haben, ob vielleicht jetzt im Kriege andre haben hungern müssen, weil wir uns satt essen wollten" (46). Sodann: Gott verbirgt sich ja nicht, sondern er ist allenthalben rufend und werbend am Werk – zuerst und zuletzt in den Menschen, die diese Zusammenhänge verstehen und sich im Glauben ihnen fügen. So ein Mensch wird selber zum Boten Gottes, in dem dieser um freies Einverständnis wirbt. Er wird weiterhin leiden, aber er tut es freiwillig, und er findet in seinem Leiden einen tiefen Sinn: "Er steht in Gottes Dienst, und Gott braucht ihn, um dem oder jenem das zu sagen, was sie nötig hören müssen. Jeder rechtschaffene Christ ist ein Bote Gottes, ist eine lebendige Predigt Gottes an die Menschen" (47).

Inwiefern Erfahrungen des Leidens und Verlustes konstitutiv in das Gottesverhältnis eines jeden einzelnen Christen hineingehören, ja, ihm gerade erst Authentizität und unzweifelhaften Wahrheitscharakter geben, hat Hirsch in seiner Predigt am Sonntag Lätare (18. März 1917) über Psalm 6 dargelegt[34].

Er wertet die Verse als Dokument unermesslicher menschlicher Qual: "Wir sind auch Menschen und haben unsern Schmerz und Leid. Aber gegen die Qual, die aus diesem Psalm spricht, ist all unser Leid doch wohl nichts" (27). Nach einer kurzen, treffsicheren Rekapitulation des Inhalts stellt Hirsch der Gemeinde und sich die rhetorische Frage, was man über diesen Psalm wohl predigen könne,

---

[34] *Hirsch*, Schopfheimer Predigten (wie Anm. 9), 27–38.

und gibt vorläufig eine eher unbefriedigende Antwort: "Wenn man ihn so allein für sich nimmt, wie er im Psalmbuch steht, allerdings nicht viel" (28). Hierbei bleibt er allerdings nicht stehen, sondern er korreliert den Psalm mit Luthers Klosterkämpfen: "Luther ist ja in seiner Klosterzeit lange einhergegangen unter dem schrecklichen Gefühl der Gegenwart des zornigen Gottes und wäre darüber fast verzweifelt" (ebd.)[35]. Aber diese historische Überblendung löst das eigentliche Problem noch nicht, sondern spitzt es erst richtig zu: Liegt nicht Luthers geschichtliche Bedeutung gerade darin, dass er die spätmittelalterliche Angstfrömmigkeit, das Bild des zornigen, strafenden, furchterregenden Gottes, ein für allemal überwunden hat (vgl. 29)? Hirsch gibt diesem Einwand Recht, indem er entschieden den Gedanken abweist, Luthers individuelle Erfahrung könne als Muster für jeden Christen dienen. Aber die eigentliche Sachfrage, ob zur angemessenen christlichen Rechenschaft von Gott auch die Rede vom *Zorn* Gottes gehöre[36], ist damit noch nicht entschieden (vgl. ebd.). Die schlichte, einlinige Berufung darauf, dass Gott die Liebe sei (1. Joh 4,16), kann für sich allein keinesfalls die Rede vom Zorn Gottes falsifizieren: "Gewiß, Gott ist Liebe. Aber vielleicht verstehn wir seine Liebe nicht tief genug, wenn wir nichts wissen als das eine vieldeutige Wort 'Liebe'? Vielleicht bleiben wir im Traumland der Einbildung und der schönen Redensart, wenn wir nicht hier ganz ernsthaft stille halten und weiter fragen?" (30). Auf diesen Weg des Fragens nimmt die Predigt dann ihre Hörer mit. Mit wenigen, scheinbar schlichten gedanklichen Schritten legt Hirsch den Wahrheitsgehalt der Rede vom Zorn Gottes dar – ohne historische Anempfindelei und ohne mythologisches Rankenwerk. Er argumentiert nicht

---

[35] Offenbar denkt Hirsch hier an die Auslegung des 6. Psalms in den 'Operationes in Psalmos'; WA 5, 199–219. Hier liegt ein schwer entwirrbares Geflecht unterschiedlicher gedanklicher Motive vor. Luther deutet den Psalm in den Kategorien spätmittelalterlicher monastischer Bußfrömmigkeit und betont, die Erfahrung sei der notwendige Schlüssel zum Verständnis seines Inhalts; vgl. ebd., 203 und 205. Er verweist auf eine Reihe von Zeugen solcher Erfahrung, an deren Ende Tauler steht, schließt sich selber jedoch nicht ein; vgl. ebd., 203. In anderem Zusammenhang kann er jedoch betonen: "Unusquisque in suo sensu abundet. Ego scio quid loquar, ipsi quoque viderint, an sciant quod loquantur"; ebd., 206.
[36] Bekanntlich markiert dieses Thema eine wichtige Differenz zwischen der Luther-Deutung Karl Holls und Albrecht Ritschls, vgl. *Martin Ohst*, Die Lutherdeutungen Karl Holls und seiner Schüler Emanuel Hirsch und Erich Vogelsang vor dem Hintergrund der Lutherdeutung Albrecht Ritschls, in: Lutherforschung im 20. Jahrhundert. Rückblick – Bilanz – Ausblick, hg. von Rainer Vinke, Mainz 2004 (= VIEG Beiheft 62), 19–50, hier: 31.

mit Autoritätenzitaten, sondern will lediglich explizieren, was geschieht, wenn ein Mensch wirklich den Gottesgedanken denkt, d. h. ihn nicht lediglich spielerisch als Hypothese erprobt, sondern sich existentiell, im Gewissen eben, von ihm berühren lässt.

Wenn das geschieht, dann widerfährt dem Menschen zunächst eine durchgreifende Klärung seines zuvor verworrenen und verschwommenen Selbstbildes: "Da ist mit einem Schlage alle Unklarheit geschwunden. Die Seele steht wie im hell und scharf abzeichnenden Mittagssonnenlicht, kein Schatten, keine unruhige Bewegung verwischt das, was wirklich ist, und die Sonne schaut unveränderlich herab" (31). Der im Gewissen angeeignete Gottesgedanke zwingt den Menschen dazu, sich förmlich aus der Perspektive Gottes zu sehen: "An den Allwissenden denken, das macht unser Wissen um uns selbst klarer und tiefer. Es ist fast so, als ob Gottes durchdringendes Auge in dem Augenblick unser Auge geworden wäre. Alle Trägheit, die über sich selbst nicht nachdenken will, alle Bestechlichkeit, die sich selbst ein Trinkgeld gibt, ist wie weggefegt. Und es ist so, als ob wir uns zum ersten Male sähen" (ebd.). Aber es bleibt nicht bei der Erhellung der Selbsterkenntnis, sondern diese wird notwendig zur Selbstbeurteilung am Maßstab der Vollkommenheit, Reinheit und Heiligkeit Gottes: Nicht nur offenkundige Verfehlungen drängen sich unwiderstehlich auf, sondern auch die unzähligen verborgenen Halbheiten und Hintergedanken, die mit äußerlicher Wohlanständigkeit ansonsten problemlos koexistieren: "Man kann wohl zittern, wenn man die Bergpredigt liest. Wenn die, die reines Herzens sind, selig gepriesen werden, wer kann dann selig werden? Ja auch nur, wenn die Friedfertigen Gottes Kinder heißen – wer von uns zänkischen Menschen ist dann wohl Gottes Kind?" (32f.). So stößt der ernsthaft gedachte Gottesgedanke denjenigen, der sich ihm aussetzt, zwangsläufig in eine tiefe Entzweiung mit sich selbst, welche sich im Gottesverhältnis zu einem unerträglichen Zwiespalt von Angezogensein und Abgestoßenwerden ausformt: "Und das ist Not, wirkliche Herzensnot, vor Gott stehen und doch von Gott geschieden sein, sich ausgestoßen wissen von seinem reinen Leben. Denn wir gehören doch zu Gott, und unsre tiefste Begehr ist die, daß er uns ewig nahe und gegenwärtig ist als unser Freund und *unser* Herr. Nun stehen wir vor ihm, aber er ist gegen uns. Er zürnt" (33). Aus dieser Aporie kommt der Mensch nicht heraus, hier kann nur Gottes barmherzige Liebe helfen. Aber sie tut das so, dass dem Wahrheitsgehalt der Erfahrung von Gottes reiner, verzehrender Heiligkeit keinerlei Abbruch geschieht. Gott bleibt sich selbst im Gerichtshandeln und in der liebevollen Zuwendung gleich; seine Barmherzigkeit desavouiert seine Heiligkeit und seinen Zorn nicht: "Gottes Barmherzigkeit ist nichts als ein neuer machtvoller Erweis seines heiligen Wesens, ist seine Heiligkeit, getragen von Liebe" (34). Sündenvergebung ist auf seiten Gottes weder ein Akt magischer Neuschöpfung noch eine Art göttlicher Illusion: "Vergeben heißt, die Sünde sehen, klar im Auge behalten und verurteilen und dennoch den Menschen als Kind annehmen, dennoch freundlich und väterlich mit ihm umgehen" (34). Diese Kontrafaktizität in Gottes Vergebung ist jedoch nicht statisch, sondern schöpferisch-dynamisch: "Er [Gott; M. O.] erzieht uns und schafft und hämmert an uns hier auf Erden, er läßt uns nach unserm Tode vor sein Auge treten und sieht uns an und macht uns dadurch ganz rein. Und wenn Gott uns schon in der Vergebung die Seligkeit verheißt und schenkt, so verheißt und schenkt er uns damit eben das, daß er an unsrer Seele arbeiten wird, bis sie fertig ist" (35). Die Sündenvergebung markiert also den Anfang eines Transformationsprozesses, in welchem die faktische Sündigkeit des empirischen Menschen ausgetilgt wird. Der Transformationsprozess ist wesentlich ein Trennungsprozess, und deshalb ist er notwendig schmerzlich: "Weil Gott heilig und wir Sünder sind, darum kann unser Weg mit Gott zur Endvollendung nur ein schmerzensreicher sein. Darum wird uns manches von dem, was Gott an unsrer Seele tun muß, bitter wehtun. Es ist ein ernstes Ding um Gottes vergebende Barmherzigkeit. Die Güte und Treue Gottes wird unserm äußeren Empfinden nicht immer offenbar sein" (36).

Indem Hirsch also, offenkundig in den Spuren der Lutherdeutung Karl Holls, Negativitätserfahrungen als integrale Bestandteile christlicher Gotteserfahrung und auch der Rechenschaft von ihr deutet, gibt er sich und seiner Gemeinde die Möglichkeit, die zutiefst anfechtende und verstörende Erfahrung des ohne jede Beschönigung wahrgenommenen Krieges in den Gottesglauben und in den Gottesgedanken zu integrieren. Er bringt v. a. biblische und reformatorische Bilder und Gedanken zur Geltung, welche die Erfahrungen von Negativität und mit dem Glauben an den allmächtigen, barmherzigen und liebenden Gott so aufeinander beziehbar machen, dass auch das Sinnlose noch einmal in einen Sinnzusammenhang gestellt wird, den, allein dem Glauben verstehbar, der in unscheidbarer dialektischer Einheit streng richtende und liebevoll rechtfertigende Gott verbürgt.

Ob und inwiefern man füglich bei Karl Holl und seinen Schülern von einer "Brutalisierung der Gottesvorstellung"[37] reden kann, wird wohl noch weiter zu diskutieren sein.

---

[37] *Berndt Hamm*, Hanns Rückert als Schüler Karl Holls. Das Paradigma einer theologischen Anfälligkeit für den Nationalsozialismus, in: Evangelische Kirchenhistoriker im 'Dritten Reich' (wie Anm. 17), 273–309, hier: 281–286.

"NICHT AUF DEM MONDE, SONDERN IM DRITTEN REICH"[1]. BEMERKUNGEN ZUR WIRKUNGSGESCHICHTE DES ERLANGER "ARIERPARAGRAF"-GUTACHTENS IN DER EVANGELISCH-LUTHERISCHEN KIRCHE IN BAYERN

Axel Töllner
(Nürnberg)

1. *Theologische Theorie 1933 – kirchliche Praxis 1938*

1938 erließ der bayerische Staat ein neues Schulaufsichtsgesetz, das von denjenigen Geistlichen einen "Ariernachweis" verlangte, die an den Volksschulen des Freistaats Religionsunterricht erteilten. Konnten sie ihn nicht erbringen, sollte ihnen zum Jahresbeginn 1939 die Unterrichtserlaubnis entzogen werden[2]. Dagegen brachte im Herbst 1938 der Gautinger Vikar Walter Hildmann[3] Einwände vor. Der zuständige Dekan Gottfried Meinzolt aus Ingolstadt antwortete ihm, auch die bayerische Kirchenleitung bestreite nicht, "daß die Zuge-hörigkeit zur Kirche Jesu Christi vollständig unabhängig ist von der Zugehörigkeit zu einer bestimmten Rasse"[4]. In diesem Fall gehe es aber darum, dass der Staat in den öffentlichen Schulen nur "Menschen arischer Abstammung" unterrichten lassen wolle. Analog dazu könne er sich nicht vorstellen, "daß heutzutage eine deutsche evangelische Gemeinde einen Neger als Pfarrer erhalten könnte; dabei ist es selbst-verständlich, daß dem Neger der Zugang zur Kirche Jesu Christi

---

[1] LKA Nürnberg, Bestand Landeskirchenrat (im Folgenden: LKR) z IV 792 Db, Aktennotiz von Oberkirchenrat Thomas Breit vom 2.6.1939.

[2] Dieser Aufsatz gibt einige Ergebnisse wieder, die ich in meiner in Kürze erscheinenden Dissertation mit dem Titel 'Eine Frage der Rasse? Die Evangelisch-Lutherische Kirche in Bayern, der *Arierparagraf* und die bayerischen Pfarrfamilien mit jüdischen Vorfahren' (= Konfession und Gesellschaft) ausführlich entfaltet habe; zum Schulaufsichtsgesetz vgl. ebd., Abschnitt 5.3.

[3] Zu Hildmann vgl. auch *Björn Mensing*, "Ohne jede Rücksicht auf etwaige schlimme Folgen". Walter Hildmanns "Kirchenkampf" in Gauting 1936–1939, in: . . . und über Barmen hinaus? Festschrift für Carsten Nicolaisen, hg. von Joachim Mehlhausen, Göttingen 1995, 334–341.

[4] LKA Nürnberg, Personalakte 2378, Schreiben vom 24.10.1938.

genauso offen steht wie mir"[5]. Jener könne, begründete Meinzolt, "an Menschen deutscher Art [. . .] unter den heutigen Verhältnissen nicht in der gleichen Weise arbeiten, wie ein deutscher Volksgenosse, da es eben doch auch darauf ankommt, auf welche Weise und in welcher Form wir unseren Volksgenossen das Evangelium verkündigen"[6].

Diese Äußerung wirft ein Schlaglicht darauf, wie manche kirchliche Argumentation damals den Denkfiguren ähneln konnte, die fünf Jahre vorher die beiden renommierten Erlanger Theologieprofessoren Paul Althaus und Werner Elert in ihrem "Arierparagraf"-Gutachten verwendet hatten, obwohl die bayerische Landeskirche im Dritten Reich von sich aus keinen "Arierparagrafen" eingeführt hatte. Sie illustriert die "große Ausstrahlung" der Erlanger Theologie, die "damals eine gewisse Führerrolle im deutschen Luthertum" einnahm, "besonders in den entscheidenden Jahren zwischen 1925 und 1935"[7].

2. Das Erlanger "Arierparagraf"-Gutachten von 1933

Althaus und Elert hatten am 25. September 1933 in der Frage, ob ein "Arierparagraf" auch innerhalb der evangelischen Kirche möglich sei – ob also Geistliche und Kirchenbeamte weiterhin ihre Funktion ausüben dürften, die mindestens ein Großelternteil jüdischer Herkunft hatten –, eine überaus schillernde Position eingenommen. Erkennbar versuchten sie, rassistische und antisemitische Prämissen in Einklang zu bringen mit der Annahme eines besonderen, vom Staat unterschiedenen Charakters der Kirche. Sie folgten dabei einem "durchaus moderaten, keineswegs dem Nationalsozialismus verfallenen – theologisch begründeten" Hang "zu einem 'gepflegten' Nationalismus, Volkstumsdenken und Antisemitismus", der "Gewalttätigkeit gegenüber den Juden" ablehnte, aber "eine Eindämmung des jüdischen Einflusses"[8] verlangte.

Bereits die Überschrift des Gutachtens der beiden Theologen gibt Aufschluss über den Schwerpunkt der Stellungnahme, die Althaus

---

[5] Ebd.
[6] Ebd.
[7] *Berndt Hamm*, Werner Elert als Kriegstheologe. Zugleich ein Beitrag zur Diskussion "Luthertum und Nationalsozialismus", in: KZG 11 (1998), 206–254, hier: 208.
[8] *Berndt Hamm*, Schuld und Verstrickung der Kirche. Vorüberlegungen zu einer Darstellung der Erlanger Theologie in der Zeit des Nationalsozialismus, in: Kirche und Nationalsozialismus, hg. von Wolfgang Stegemann, Stuttgart, Berlin, Köln 1990, 11–55, hier: 33.

und Elert für die Erlanger Theologische Fakultät ausgearbeitet hatten. Ihr 'Theologisches Gutachten über die Zulassung von Christen jüdischer Herkunft zu den Ämtern der Deutschen Evangelischen Kirche'[9] führte vorrangig den Nachweis, dass die (teilweise) jüdische Herkunft als Zugangsbeschränkung zum geistlichen Amt grundsätzlich legitim sei. In den Hintergrund rückte dagegen die Frage, die den Auslöser für das Gutachten gegeben hatte: Ob die (teilweise) jüdische Herkunft eines Geistlichen oder seiner Frau als Grund für eine Zwangspensionierung zu rechtfertigen sei, wie dies die Generalsynode der Evangelischen Kirche der altpreußischen Union am 6. September beschlossen hatte.

Die Argumentation im Erlanger Gutachten beruht auf einem besonders akzentuierten "Zwei-Bereiche-Denken", das auf Elert zurückzuführen ist. Seine Pointe liegt in der Übertragung der Sphären Gesetz und Evangelium in die Kirche selbst[10]. Für das Gutachten existierte die Kirche nahezu parallel in einer äußeren sichtbaren – völkisch-biologisch gegliederten – Ordnung und in einem inneren unsichtbaren Wesenskern, der Verbundenheit mit Christus[11].

So sei Kirche dazu verpflichtet, sich neu auf ihren Status als "Volkskirche der Deutschen" zu besinnen und ganz bewusst ihrem "Grundsatz von der völkischen Verbundenheit der Amtsträger mit ihrer Gemeinde" neue Geltung zu verschaffen, indem sie "ihn auch auf die Christen jüdischer Abstammung anwendet"[12].

Als Frage der äußeren Organisation der Kirche durfte sich für Elert das Prinzip einer notwendigen "völkischen Verbundenheit" lediglich am göttlichen Willen, der Schöpfungsordnung Gottes ausrichten. Die Wirksamkeit des Evangeliums, der Gnadenordnung, blieb seiner Ansicht nach auf den inneren Wesenskern der Kirche beschränkt[13].

Den Willen Gottes identifizierte das Gutachten mit der Bindung des einzelnen Menschen und der Kirche in ihrer Struktur an ein

---

[9] Abgedruckt u. a. in: JK 1 (1933), 271–274 (im Folgenden: Erlanger Gutachten). Zum Hintergrund des Gutachtens vgl. etwa *Eberhard Röhm/Jörg Thierfelder*, Juden – Christen – Deutsche, Bd. 1: 1933–1935, Stuttgart 1990, 210–213; vgl. auch *Töllner*, Frage (wie Anm. 2), 36f und 44–46.

[10] Vgl. dazu *Hamm*, Elert (wie Anm. 7), 225, Anm. 60.

[11] Erlanger Gutachten (wie Anm. 9), 272.

[12] Ebd., 273.

[13] Vgl. dazu *Werner Elert*, Die Botschaft des VII. Artikels der Augsburgischen Konfession, in: Ders., Ecclesia Militans. Drei Kapitel von der Kirche und ihrer Verfassung, Leipzig 1933, 7–29, hier bes.: 15–19.

bestimmtes Volkstum und eine bestimmte Rasse[14]. Folglich hätten Christen die schicksalhafte "biologische Bindung an ein bestimmtes Volk [...] mit Gesinnung und Tat anzuerkennen". In gleicher Weise habe die christliche Kirche in ihrer äußeren Ordnung "nicht nur der Universalität des Evangeliums, sondern auch der historisch-völkischen Gliederung der christlichen Menschen zu entsprechen"[15]. Daher müssten der Geistliche und seine Gemeinde biologisch-ethnisch zusammengehören und "in ihrer irdischen Existenz so verbunden sein, daß die ihr [der Gemeinde; A. T.] daraus erwachsenden Bindungen auch die seinen [des Geistlichen; A. T.] sind"[16].

Die umfassende Gemeinschaft innerhalb der Kirche erschöpfte sich für das Gutachten jedoch im Abstrakten, in einer kaum fassbaren "Verbundenheit mit Christus", in der es "vor Gott keinen Unterschied zwischen Juden und Nichtjuden" gebe[17]. Mit dieser spezifischen "Zwei-Sphären-Ekklesiologie" konnte das Erlanger Gutachten den "Arierparagrafen" als eine für die Kirche nicht wesentliche, sondern organisatorische Frage verstehen, die entsprechend der völkisch-biologisch bindenden Vorgaben des Gesetzes Gottes zu beantworten sei.

Daneben zeigt das Gutachten von Althaus und Elert, wie beide "sich das antisemitische Volkstums- und Rassedenken aneigneten und in ihre theologischen Äußerungen einfließen ließen"[18]. "Rasse" und "Volkstum" verstanden beide Erlanger Systematiker als zugleich geistige und biologische Größen und in dieser Weise als (Schöpfungs)-Ordnungen Gottes. Bei Althaus dominierte das geistige Element im Volkstum, das im Zweifelsfall auch die biologische Vorfindlichkeit eines Menschen verändern konnte[19]. Bei Elert spielte die biologische Dimension als Quelle der geistigen Identität des Volkes eine deutlich stärkere Rolle für sein Verständnis der göttlichen Bindung des Einzelnen[20]. Elerts Akzentsetzung bestimmte die Argumentation des

---

[14] Vgl. dazu auch den Ansbacher Ratschlag von 1934, abgedruckt bei *Helmut Baier*, Die Deutschen Christen Bayerns im Rahmen des bayerischen Kirchenkampfes 1933–1945, Nürnberg 1969 (= EKGB 46), 383–386, hier bes.: 384.

[15] Erlanger Gutachten (wie Anm. 9), 272.

[16] Ebd., 273.

[17] Ebd.

[18] *Hamm*, Schuld (wie Anm. 8), 33.

[19] Vgl. *Paul Althaus*, Kirche und Volkstum. Der völkische Wille im Lichte des Evangeliums, Gütersloh 1928, 7f.

[20] Vgl. *Hamm*, Elert (wie Anm. 7), 219. Daher habe sich, so Elert, ein Christ "mit entschlossenem Ernst auch für die biologische Reinerhaltung des deutschen Blutes einzusetzen [...], die heute durch unsere Gesetzgebung gefordert und gefördert wird". *Ders.*, Der Christ und der völkische Wehrwille, Leipzig 1937; zitiert nach *Hamm*, Elert (wie Anm. 7), 220.

Erlanger Gutachtens maßgeblich, Althaus' Gedanken sind lediglich marginal fassbar[21].

Unter diesen Voraussetzungen gelangte das Gutachten schließlich zur Schlussfolgerung, dass für "die Stellung der Kirche im Volksleben, und für die Erfüllung ihrer Aufgabe [. . .] in der jetzigen Lage die Besetzung ihrer Ämter mit Judenstämmigen im allgemeinen eine schwere Belastung und Hemmung bedeuten" würde[22]. Daher müsse die Kirche "die Zurückhaltung ihrer Judenchristen von den Ämtern fordern". Dadurch werde jedoch ihre "volle Gliedschaft in der Deutschen Evangelischen Kirche [. . .] nicht bestritten oder eingeschränkt, so wenig wie die anderer Glieder unserer Kirche, welche die Voraussetzungen für die Zulassung zu den Ämtern der Kirche irgendwie nicht erfüllen"[23].

Eine sinnlich wahrnehmbare Verknüpfung beider Sphären der Kirche hatte das Gutachten offensichtlich nicht im Blick: In der äußeren Ordnung der sichtbaren Kirche gelte das Gesetz Gottes, so argumentierte es. Wie das jeweils konkret gefüllt sei, bestimme allein das aktuelle Volksempfinden. Entsprechend sollten im Jahr 1933 Christen jüdischer Herkunft vom kirchlichen Amt zurückgehalten werden. Obwohl ihre Rechte durch die am Volksempfinden ausgerichtete äußere Ordnung eingeschränkt waren, sollten Christen (teilweise) jüdischer Herkunft im Bereich des inneren Wesens der Kirche als vollgültige Kirchenglieder gelten.

Der Unterscheidung zwischen der äußeren Ordnung und dem inneren Wesen der Kirche entsprach die zwischen Amtsträger und Amt. Das Erlanger Gutachten riet eben nicht zur Übernahme des staatlichen "Arierparagrafen", sondern wollte einen Spielraum für Ausnahmen aufrecht erhalten. Gegen die konsequente Anwendung des "Arierparagrafen" plädierten Althaus und Elert vor allem deshalb, weil sie bei einer solchen Praxis insbesondere das Wesen des geistlichen Amtes und der Ordination verletzt sahen[24].

Im Konzept der Zwei-Sphären-Ekklesiologie gehörten Amt und Ordination zum Bereich des Wesens der Kirche und waren damit der Gnadenordnung unterworfen. Die Person des Amtsträgers verortete

---

[21] Etwa in der im Kontext weitgehend isolierten Feststellung, es müsse offen bleiben, ob für die Kirche "die in Deutschland ansässigen Juden im vollen Sinne dem deutschen Volke angehören oder eigenen Volkstums und somit ein Gastvolk" seien. Erlanger Gutachten (wie Anm. 9), 273.
[22] Ebd.
[23] Ebd.
[24] Vgl. ebd., 274.

Elert ausschließlich im Bereich der Form der Kirche, die er allein der Wirklichkeit des Gesetzes bzw. der Schöpfungsordnungen verpflichtet sah[25].

Als Verletzung und Beeinträchtigung der Dignität von Amt und Ordination beurteilte daher das Erlanger Gutachten eine der staatlichen Regelung nachempfundene Praxis, bereits ordinierte und im Amt befindliche Geistliche (teilweise) jüdischer Herkunft generell zu entfernen. Vielmehr bedürfe nicht "ihre Belassung im Amte, sondern ihre Entlassung [. . .] von Fall zu Fall besonderer Begründung", argumentierte das Gutachten[26]. Diese konnte für Althaus und Elert etwa in einem durch das völkische Empfinden einer Gemeinde zerrütteten Vertrauensverhältnis zu ihrem Geistlichen bestehen[27].

3. *Eine weitere bayerische Stimme aus dem Jahr 1933*

Eine andere Position nahm im Jahr 1933 Georg Merz ein. Er war ein früher theologischer Weggefährte und Freund Karl Barths aus Bayern, der auch während seiner Tätigkeit außerhalb seiner Heimatlandeskirche intensive Verbindungen mit einflussreichen Personen und Kreisen dort pflegte. Im November des Jahres nahm der damals als Dozent in Bethel wirkende Merz unter dem Titel 'Zur theologischen Erörterung des Ariergesetzes'[28] zur Frage nach einer Übernahme des "Arierparagrafen" in die Kirche Stellung.

Anders als das Erlanger Gutachten argumentierte Merz nicht mit einer gottgewollten rassisch-völkischen Differenz zwischen "Juden und Deutschen". Stattdessen setzte er ein bei einem heilsgeschichtlich bestimmten Gegenüber von "Kirche" und "Synagoge", denn er betrachtete die Übernahme des "Arierparagrafen" in die Kirche als

---

[25] So gehörten für Elert allein Wort und Sakrament konstitutiv zum Wesen der Kirche – beidem dienen Amt und Ordination. Vgl. *Elert*, Botschaft (wie Anm. 13), 15f.

[26] Erlanger Gutachten (wie Anm. 9), 274.

[27] Vgl. ebd.

[28] In: ZZ 11 (1933), 529–535 (im Folgenden: *Merz*, Erörterung). Zu Merz' Aufsatz, seinen Äußerungen zum Thema "Kirche und Juden" vgl. *Manacnuc Mathias Lichtenfeld*, Georg Merz – Pastoraltheologe zwischen den Zeiten. Leben und Werk in Weimarer Republik und Kirchenkampf als theologischer Beitrag zur Praxis der Kirche, Gütersloh 1997 (= LKGG 18), 357–371; vgl. auch *Björn Mensing*, "Wir kämpfen gegen den jüdischen Geist, aber nicht gegen die Juden". Pfarrer und Antisemitismus, in: Auf dem Weg zu einem Neuanfang. Dokumentation zur Erklärung der Evangelisch-Lutherischen Kirche in Bayern zum Thema Christen und Juden, hg. von Wolfgang Kraus, München 1999, 17–24, hier: 19.

theologisch relevante Frage und nicht als eine primär organisatorische, wie es das Erlanger Gutachten getan hatte[29].

Merz knüpfte durch die Fixierung auf tradierte antijüdische Vorstellungen wie den Gottesmordvorwurf, die heilsgeschichtliche Substitution des Judentums durch die Kirche und die Höherwertigkeit des Christentums an negative Judenbilder an[30]. Zugleich zeigte er jedoch eine Distanz zum Antisemitismus und lud "Rasse" und "Volkstum" nicht derart theologisch auf wie das Erlanger Gutachten. Für den politischen Bereich erkannte Merz in völkischen oder rassischen Differenzierungen durchaus einen Wert, innerhalb der christlichen Kirche erklärte er sie jedoch für bedeutungslos. Mit dieser schärfer durchgeführten Trennung von Staat und Kirche gestand er beiden Größen eine gewisse Eigengesetzlichkeit zu.

Im Blick auf die biologisch-ethnische Identität eines Christen jüdischer Herkunft stützte Merz sich auf die traditionelle Auffassung, wonach ein Jude mit seiner Taufe in seinem Volk ein Fremder werde, und, mit sämtlichen Bürgerrechten ausgestattet, "in das Volk aufgenommen [werde], in dem er die Taufe empfing"[31]. So konnte für ihn ein Jude durch die Taufe Glied eines anderen Volkes werden. Folglich gab es für Merz keine "Judenfrage", "die die getauften Juden mit einschlösse", da ein "Jude mit seiner Taufe die an ihn gestellte Frage" – nämlich die Frage nach Christus – positiv beantwortet habe[32].

Andererseits ordnete er die Bemühungen des NS-Regimes, im staatlich-politischen Bereich "die Judenfrage zu regeln", in die generellen Anstrengungen des deutschen Volkes ein, "sich gegen die verheerenden Auswirkungen des Aufklärungsliberalismus zu wehren"[33]. An der politischen Legitimität des "Arierparagrafen" äußerte Merz jedenfalls ähnlich wie das Erlanger Gutachten keine Zweifel[34].

Als politische Maßnahme durfte der "Arierparagraf" in die Kirche jedoch "niemals Eingang [. . .] finden", betonte Merz, denn damit seien sowohl die heilsgeschichtliche Bedeutung der jüdischen Herkunft

---

[29] *Merz*, Erörterung (wie Anm. 28), 530.
[30] Vgl. ebd., 529f.
[31] Ebd., 530.
[32] Ebd., 529.
[33] Ebd., 532.
[34] Merz teilte einerseits im Jahr 1933 Karl Barth mit, er sei genauso entsetzt wie dieser über den Judenboykott vom 1. April, andererseits sah er "in fataler Verkennung der Situation" im Sommer des Jahres gegenüber Eduard Thurneysen trotz bewegender Schicksale keine ernsthafte Gefährdung für die Christen jüdischer Herkunft. *Lichtenfeld*, Merz (wie Anm. 28), 364 und 367.

Jesu Christi wie das Alte Testament als verbindliche Quelle der christlichen Kirche preisgegeben[35]. Vielmehr seien innerhalb der Kirche
Christen jüdischer und nichtjüdischer Herkunft gleichrangig, und die
christliche Gemeinde sei, wenn sie einen Juden aufnimmt, "des Juden
Volk geworden"[36].

Auch im Amtsverständnis unterschied sich Merz vom Erlanger
Gutachten. Setzte er bei der christlichen Taufe ein, die Gemeinschaft
stifte, gingen Althaus und Elert von den Rassen und Völkern aus,
mit denen Gott geschöpfliche Unterschiede festlege. Während im
Erlanger Gutachten auch innerhalb der Kirche die Schöpfungswirk-
lichkeit den Rahmen für die Entfaltung der Heilwirklichkeit vorgab,
konnte bei Merz die Heilswirklichkeit in der Kirche die Schöpfungs-
wirklichkeit auch empirisch fassbar überwinden.

Mochte der Staat des Dritten Reiches, so resümierte Merz, "durch
volkspolitische Erwägungen genötigt sein, ihm [dem Juden; A. T.]
den Eingang in das natürliche Volk zu versagen", mochte ein lutherischer Christ "auch dieses Gesetz bejahen" können, so dürfe doch
die christliche "Gemeinde [. . .] dem Staat nicht folgen". Denn da
"sie das allgemeine Priestertum lehrt, darf sie den 'Priester', der der
Jude durch die Taufe geworden ist, nicht vom Amte ausschließen"[37].

4. Der "Arierparagraf" in den Entwürfen zum bayerischen Pfarrergesetz

Als in den Jahren 1935 und 1936 die ersten Entwürfe für ein geplan-
tes Pfarrergesetz zur gutachtlichen Stellungnahme vorgelegt wurden, stellte sich nun auch für die Entscheidungsgremien der bayerischen Landeskirche die Frage, wie sie sich zum "Arierparagrafen"
verhalten solle. Die ersten Entwürfe enthielten tatsächlich Formen
eines "Arierparagrafen", die allerdings im Lauf des Konsultations-
prozesses zuerst sprachlich abgemildert wurden, bis Ende 1936 die
letzte Fassung dann schließlich ganz gestrichen wurde[38]. So enthielt
das erste umfassende bayerische Pfarrergesetz, das als 'Ordnung des
Geistlichen Amtes' am 27. April 1939 erlassen wurde, letztlich keinen "Arierparagrafen".

---

[35] *Merz*, Erörterung (wie Anm. 28), 532f.
[36] Ebd., 533.
[37] Ebd.
[38] Zu den Varianten des Pfarrergesetzes vgl. LKA Nürnberg, LKR 1281. Zum
ausführlichen Vergleich der Fassungen sowie zur Analyse der diversen Reaktionen
darauf vgl. *Töllner*, Frage (wie Anm. 2), Abschnitt 5.2.

Aus dem Punkt 4 des Parteiprogramms der NSdAP von 1920[39]	Aus dem 1. Entwurf zum Pfarrergesetz (vor dem 18.4.1935)[40]	Aus dem 2. Entwurf zum Pfarrergesetz (vor dem 9.9.1935)[41]	Aus dem Gesetz zur Wiederherstellung des Berufsbeamtentums vom 7.4.1933[42]
Staatsbürger kann nur sein, wer Volksgenosse ist.			
Volksgenosse kann nur sein, wer [. . .]	Zum Pfarrer kann nur berufen werden, wer [. . .]	Zum Pfarrer kann nur berufen werden, wer [. . .]	Beamte, die
deutschen Blutes ist. [. . .]	deutschen Blutes ist. [. . .]	deutscher Abstammung ist. [. . .]	nicht arischer Abstammung sind,
Kein Jude kann daher Volksgenosse sein.			sind in den Ruhestand zu versetzen.
	Für den Nachweis der deutschen Abstammung gelten die für die staatlichen Beamten maßgebenden Vorschriften.	Für den Nachweis der deutschen Abstammung gelten die für die staatlichen Beamten maßgebenden Vorschriften.	

[39] Zitiert nach *Wolfgang Scheffler*, Wege zur "Endlösung", in: Antisemitismus. Von der Judenfeindschaft zum Holocaust, hg. von Herbert A. Strauss/Norbert Kampe, Frankfurt a. M./New York 1985, 191.

[40] Vgl. LKA Nürnberg, LKR 1281. Die Datierung ergibt sich aus der Versendung des Entwurfs am 18. April durch den bei der Ausarbeitung des Pfarrergesetzes federführenden Referenten im Landeskirchenrat Oberkirchenrat Hans Meinzolt; vgl. ebd., LKR 1276. Autor des Entwurfs war der ehemalige Oberbürgermeister der Stadt Erlangen, Hans Flierl. Biografisches vgl. bei *Christoph Friederich*, Art. Flierl, Hans Georg Friedrich Wolfgang, in: Erlanger Stadtlexikon, hg. von Christoph Friederich/Bertold Freiherr von Haller/Andreas Jakob, Nürnberg 2002, 265.

[41] Vgl. LKA Nürnberg, LKR 1281. Diese Fassung verantwortete Oberkirchenrat Hans Meinzolt auf der Basis von Flierls Entwurf. Zur Datierung vgl. ebd., LKR 1276, Schreiben von Meinzolt an Oberlandeskirchenrat Christhard Mahrenholz (Hannover) vom 9.9.1935.

[42] RGBl 1933 I, 175, zitiert nach *Wolfgang Gerlach*, Als die Zeugen schwiegen. Bekennende Kirche und die Juden, 2. Aufl., Berlin 1993 (= SKI 10), 44.

Offenkundig orientierte sich die Formulierung im ersten Entwurf
nicht unmittelbar am staatlichen "Arierparagrafen" von 1933, sondern
lehnte sich an die Vorgaben des vierten Punktes des Parteiprogramms
der NSdAP von 1920 an. Das 'Gesetz zur Wiederherstellung des
Berufsbeamtentums' wollte vor allem die Ruhestandsversetzung sämtlicher Beamter erreichen, die als irgendwie "nichtarisch" im Sinn
der Ersten Durchführungsverordnung zum Berufsbeamtengesetz galten. Demgegenüber zielte der Entwurf zum Pfarrergesetz darauf ab,
dass künftig nur solche Personen Pfarrer würden, die nachweisen
konnten, dass sich unter ihren Eltern und Großeltern keine Juden
befanden.

Wie das Erlanger Gutachten ordnete der Entwurf die Frage nach
der biologisch-rassischen Herkunft in den Bereich der Zulassungs-
kriterien ein und umging die im Herbst 1933 vor allem umstrittene
Frage von Zwangspensionierungen von Pfarrern (teilweise) jüdischer
Herkunft. Möglichkeiten rassistischer Zugangsklauseln wurden 1933
seltener diskutiert und – wie etwa im Erlanger Gutachten – sogar
für gegeben erachtet[43]. Spielraum für Einzelfallentscheidungen wären
allerdings im Unterschied zum Erlanger Gutachten nach diesem
Entwurf nicht mehr möglich gewesen.

Zumindest im Blick auf die Zulassung wird nicht deutlich, worin
sich das Amt des Pfarrers substanziell von dem des Staatsbeamten
unterscheidet. An die Stelle der Berufung durch Christus und die
Gemeinde tritt ein Berufungs-Verständnis, das seine Begründung
weder aus Schrift und Bekenntnis noch aus anderer christlicher Tradition bezog, sondern aus der Rassenideologie des Nationalsozialismus.

In den zu dieser Form des "Arierparagrafen" erhaltenen Reaktionen
wurde eine irgendwie geartete Notwendigkeit oder ein gewisser Sinn
dieser Klausel kaum infrage gestellt[44]. Die Vorbehalte richteten sich
in weitaus stärkerem Maß gegen die Formulierung: "deutschen Blutes",
wohl weil das zu sehr nach Ideologie und Politik klang. So beurteilte etwa ein Gutachten des bayerischen Pfarrervereins die "Forderung,
daß die Geistlichen 'deutschen Blutes' sein müssen", als "zu eng"
und schlug stattdessen als Alternative "arischer Abstammung" vor[45].

---

[43] Neben dem Erlanger Gutachten Beispiele bei *Töllner*, Frage (wie Anm. 2),
Abschnitt 2.1.

[44] Beispiele ebd., 290–297.

[45] LKA Nürnberg, Vereine I/20 (Pfarrerverein) 51, Obmännerversammlung am
30.7.1935. Diesem und ähnlichen Vorbehalten trug der Entwurf von Oberkirchenrat
Meinzolt Rechnung; vgl. "2. Entwurf" in der obigen Tabelle.

Auch ließ die Formulierung "deutschen Blutes" offen, ob nicht an eine weitaus längere Nachweispflicht gedacht war, wie sie die NSdAP für Aufnahmeanträge in die Partei und ihre Gliederungen in der Regel verlangte. Gegenüber diesem so genannten "großen Ariernachweis" bis ins Jahr 1800 sah das Berufsbeamtengesetz nur einen "kleinen Nachweis" bis zur Großelterngeneration vor[46]. Für den Bayreuther Kreisdekan Karl Prieser war die Forderung der "arischen Abstammung [. . .] nach den jetzigen Anschauungen wohl eine Notwendigkeit, doch wird es genügen, den Nachweis bis auf die Großeltern zurückzuführen"[47]. Prieser erkannte die Notwendigkeit, auf die staatlichen Vorgaben und das vermeintliche Volksempfinden in irgendeiner Weise zu reagieren. Ganz ähnlich hatte auch das Erlanger Gutachten vorausgesetzt, die Kirche müsse ihre Struktur dem sie umgebenden aktuellen Volksempfinden anpassen.

Der "Arierparagraf" wurde im Lauf der Beratungen schließlich endgültig gestrichen, jedoch nicht, weil das dahinter stehende Anliegen in keiner Weise geteilt worden wäre. Der Landeskirchenrat hatte aus zwei Gründen Bedenken: Erstens wollte er einen Spielraum erhalten für Einzelfallentscheidungen[48]. Im Sinne dieser Tendenz votierte der Nürnberger Kreisdekan Julius Schieder in der Vollsitzung des Landeskirchenrats am 26./27. November 1935. So sprach er sich zunächst für "eine Sicherung" aus, "durch die ein Hereinströmen von Nichtariern vermieden wird", meinte aber zugleich, "[z]u einer grundsätzlichen Voraussetzung" dürfe "dieser Paragraph nicht gemacht werden"[49].

Zweitens hatte bereits im Jahr 1933 die lutherische Ökumene, namentlich der schwedische Erzbischof Erling Eidem angedroht, die Kirchengemeinschaft mit einer lutherischen Kirche aufzukündigen, die einen wie auch immer gearteten "Arierparagrafen" einführen würde[50]. Diese Drohung wirkte auch im Jahr 1935 noch nach, als der Landeskirchenrat den "Arierparagrafen" ersatzlos aus dem Entwurf

---

[46] Vgl. dazu *Antje Gerlach*, Art. Abstammungsnachweis, in: Enzyklopädie des Nationalsozialismus, hg. von Wolfgang Benz/Hermann Graml/Hermann Weiß, 3. Aufl., München 1998, 346.

[47] LKA Nürnberg, LKR 1276, Schreiben von Prieser an den Landeskirchenrat vom 20.7.1935.

[48] So sind in der bayerischen Landeskirche nach 1936 noch zwei Vikare mit jeweils einem gebürtigen jüdischen Elternteil ordiniert worden.

[49] LKA Nürnberg, LKR 673, Vollsitzung des Landeskirchenrats am 26./27.11.1935.

[50] Vgl. *Armin Boyens*, Kirchenkampf und Ökumene 1933–1939. Darstellung und Dokumente, München 1969, 313.

des Pfarrergesetzes strich. So beschloss der Landeskirchenrat bei der
eben schon erwähnten Vollsitzung am 26./27. November 1935, die
Bestimmung über die "arische" Abstammung "wegzulassen, da sich
die Kirche mit der Einführung des Arierparagraphen aus der Gemeinschaft mit den ausserdeutschen Landeskirchen ausschliessen würde"[51].

5. Der "Arierparagraf" für Geistliche im staatlichen Schulaufsichtsgesetz von 1938

Zwar hatte die bayerische Landeskirche an ihrer bisherigen Linie
festgehalten, keinen irgendwie gearteten "Arierparagrafen" offiziell
einzuführen, jedoch erließ die bayerische Landesregierung am 14.
März 1938 ein neues 'Gesetz über die Schulverwaltung, Schulleitung
und Schulaufsicht an den öffentlichen Schulen'[52]. Dieses legte fest,
dass Geistliche bis Ende 1938 den "Ariernachweis" erbringen müssten,
um ab dem 1. Januar 1939 weiterhin Religionsunterricht an öffentlichen Schulen erteilen zu können. Sollte sich herausstellen, dass "der
Geistliche oder sein Ehegatte nicht deutschen oder artverwandten
Blutes" seien, werde ihnen der für ihre Schulen zuständige Regierungspräsident eine weitere Zulassung als Religionslehrer versagen[53].

Für die allermeisten Pfarrer stellte diese Form des "Arierparagrafen"
keine derart problematische Bedingung dar, dass sie sich zu Widerspruch verpflichtet gefühlt hätten. Eine Umfrage des Landeskirchenrats
in den einzelnen Dekanaten im Sommer 1938 hinterließ nahezu
keine Spuren irgendwelcher Einwände von Geistlichen. Mehrheitlich
verstanden sie die Forderung nach einem "Ariernachweis" im Bereich
der Schulen als legitimes Recht des Staates, zudem bestärkte das
Gesetz die Annahme, dass die Kirche im totalen NS-Staat ohnmächtig sei.

So meinte etwa der Bayreuther Kreisdekan Otto Bezzel, hier liege
"ein staatliches Gesetz vor, das für die Schule zu erlassen wir dem
Staat auch aus biblischen Gründen nicht das Recht streitig machen
können"[54]. Oberkirchenrat Thomas Breit sah dagegen "unsere Landes-

---

[51] LKA Nürnberg, LKR 673, Vollsitzung des Landeskirchenrats am 26./27.11.1935.
[52] Vgl. Amtsblatt des Bayerischen Staatsministeriums für Unterricht und Kultus Nr. 7 vom 25.4.1938.
[53] Ebd., 145.
[54] LKA Nürnberg, Personalakt J. Steinmetz, Schreiben an den Landeskirchenrat vom 9.2.1939.

kirche [. . .] mit Gewalt daran gehindert, unsere grundsätzliche Auffassung von der Geltung der Ordination zu verwirklichen"[55].

Andere vollzogen eine Trennung zwischen ihrem kirchlichen Amt und ihrem Lehramt an staatlichen Volksschulen. In diesem Sinne differenzierte etwa Hermann Schlier, Pfarrer in Augsburg-Lechhausen und "eines der herausragenden Gründungsmitglieder" der dezidiert antideutschchristlich orientierten Bayerischen Pfarrerbruderschaft[56]. Er äußerte, "daß ich mich [. . .] samt meiner Familie als deutschblütig bekannt habe", bekräftigte jedoch, dass er "nach wie vor den Arierparagraphen in der Kirche" ablehne[57].

Karl Steinbauer, Pfarrer in Ay-Senden bei Neu-Ulm, gehörte zu den wenigen, die hier eine andere Position bezogen. Für ihn war die Forderung, dass die Pfarrer für die Erteilung des Religionsunterrichts den "Ariernachweis" erbringen mussten, eine Einschränkung des kirchlichen Amtes. Praktisch sah Steinbauer einen Eingriff in die Freiheit der Evangeliumsverkündigung im Religionsunterricht durch ein außerkirchliches Kriterium, die "absolute Rassendoktrin"[58]. Die Annahme, dass hier "nicht die Kirche" von ihm "als Pfarrer diesen Nachweis" verlange, "sondern der Staat" diesen von ihm in seiner "Eigenschaft als staatlicher Religionslehrer" fordere, empfand er als unzumutbare "Existenzaufteilung"[59]. Er habe bisher schon nicht als "staatlicher Religionslehrer" in der Schule gewirkt, sondern vielmehr "im Einverständnis des Staates" dort "als ordinierter Prediger Jesu Christi die Bibl. Botschaft alten und neuen Testaments verkündigt"[60].

Zu "rein weltlichen Anlässen", etwa für die "Einberufung zur Wehrmacht", würde er den Nachweis "ohne weiteres erbringen [. . .], nicht aber dazu, meinen Dienst als ordinierter Prediger Jesu Christi an der Jugend auszurichten"[61], betonte Steinbauer ähnlich wie Georg Merz im Jahr 1933.

Eine gewisse Verwandtschaft zum Erlanger Gutachten zeigte hingegen die bereits erwähnte Kritik von Walther Hildmann, Vikar in

---

[55] Ebd., LKR z IV 792 Db, Aktennotiz vom 2.6.1939.

[56] *Hermann Blendinger*, Aufbruch der Kirche in die Moderne. Die Evangelisch-Lutherische Kirche in Bayern 1945–1990, Stuttgart/Berlin/Köln 2000, 200 und 325.

[57] LKA Nürnberg, Bayerisches Dekanat Augsburg, 185, Schreiben an den Landeskirchenrat vom 14.1.1935.

[58] *Karl Steinbauer*, Einander das Zeugnis gönnen, Bd. 3, Erlangen 1985, 204.

[59] Ebd., 203.

[60] Ebd., 204.

[61] Ebd., 201.

Gauting bei München. Amt und Ordination hatten für Hildmann eine ähnlich hohe Bedeutung wie für Althaus und Elert. So vertrat er die Ansicht, dass der "Arierparagraf" des Schulaufsichtsgesetzes die uneingeschränkte Geltung der Ordination bestreite und die Ordinationsrechte einschränke, weil die Ordination unabhängig von der Rasse ihres Trägers gültig sei[62]. Andererseits hielt er ähnlich wie das Erlanger Gutachten ein rassisches Zugangskriterium zu Amt und Ordination für durchaus legitim und äußerte, die Kirche solle "natürlich keine Juden oder Neger jetzt neuordinieren"[63].

Gravierende Bedenken hatte daneben Walter Fürst, Vikar im oberfränkischen Schwürbitz. Er meinte, die durch den Staat geächteten und in ihrem Recht zurückgesetzten Christen jüdischer Herkunft dürften in der Kirche nicht unter Ausnahmerecht gestellt werden, denn die "nichtarischen Pfarrer sind unsere Brüder in Christus; wenn dort das kirchliche Amt aufgelöst wird, dann wird es überhaupt aufgelöst"[64].

6. Ausblick auf die Folgen für die vom "Arierparagraf" betroffenen Pfarrfamilien

Nur in Umrissen kann hier angedeutet werden, was diese theologischen und kirchenpolitischen Entscheidungen und Erwägungen für die bayerischen Pfarrfamilien bedeutete, die von diesem Schulaufsichtsgesetz betroffen waren. Ihre Zahl war gering, gerade 13 Familien erfasste die Kirchenleitung im Herbst 1938, nachdem sie zum ersten Mal eine systematische Erhebung unter den bayerischen Geistlichen durchgeführt hatte[65]. Davon hatten vier Geistliche ein Elternteil jüdi-

---

[62] Vgl. dazu Abschnitt 1.

[63] LKA Nürnberg, Personalakt 2378, Schreiben von Hildmann an Dekan Gottfried Meinzolt vom 2.11.1938; vgl. dazu auch ebd., Schreiben von Hildmann an Kreisdekan Oscar Daumiller vom 19.10.1938. Die unterschiedlichen Facetten des Erlanger Gutachtens mag die Tatsache belegen, dass sich sowohl Dekan Meinzolt als auch Hildmann auf dessen Argumentationsgänge stützen konnten. Meinzolt konnte sich in der Frage nach der durch das Volksempfinden geforderten völkisch-rassischen Homogenität von Geistlichen und Gemeinde darauf berufen, Hildmann hingegen in der Würdigung von Amt und Ordination.

[64] Vgl. ebd., Personen 36, 239, Schreiben von Fürst an Landesbischof Hans Meiser vom 19.11.1938.

[65] Vgl. die tabellarische Zusammenstellung in ebd., LKR z IV 792 Da, Anlage zum Schreiben des Landeskirchenrats an das bayerische Kultusministerium vom 5.7.1939.

scher Herkunft, einer davon konnte offenbar gegenüber dem Staat die jüdische Herkunft seines Vaters verschleiern. Drei Pfarrfrauen hatten einen Vater jüdischer Herkunft, ein Pfarrer hatte eine Groß-mutter jüdischer Herkunft. In zwei Fällen blieb unklar, ob die Pfarrfrau ein oder zwei Großelternteile jüdischer Herkunft hatte. Bei einer wei-teren Familie rechnete die Kirchenleitung damit, dass die Ehefrau eines Pfarrers und Mutter zweier Pfarrer zwei Großeltern jüdischer Herkunft hatte, verschiedene staatliche Stellen und die Familie selbst gingen jedoch nur von einer Großmutter jüdischer Herkunft aus.

Die Landeskirchenrat ergriff in den einzelnen "Fällen" verschiedene Maßnahmen. Diese reichten von Versetzungen in den (einstweiligen) Ruhestand, Versetzungen auf andere Stellen oder Vertretungsregelungen für den Religionsunterricht bis zu Ankündigungen einer bevorstehen-den Ruhestandsversetzung oder der Empfehlung auszuwandern. Durch Ausnahmeregelungen blieb das Gesetz für manche Pfarrer folgenlos. Die Einberufung einiger Pfarrer zur Wehrmacht enthob zudem die Kirchenleitung von einer Umsetzung ihrer Ankündigungen. Ende 1938 erklärte sich der Landeskirchenrat gegenüber Vertretern der bayerischen Bezirksregierungen bereit, für die Zukunft keine Geistli-chen mit jüdischen Vorfahren mehr im Gemeindedienst einzusetzen[66].

---

[66] Vgl. LKA Nürnberg, LKR 1108f, Bd. 2, Aktenvermerk von Oberkirchenrat Breit vom 31.12.1938.

"… NICHT NUR EIN PRIESTERLICHES, SONDERN AUCH EIN PROPHETISCHES AMT". VON DER FRÄNKISCHEN KANZEL INS KZ DACHAU – DAS "VERGESSENE" ZEUGNIS VON PFARRER WOLFGANG NIEDERSTRASSER

Björn Mensing
(Dachau)

Zur Kennzeichnung des Verhältnisses des deutschen Protestantismus zum Nationalsozialismus schlägt Berndt Hamm den theologisch reflektierten Begriff der Verstrickung vor[1]. Die Kirchliche Zeitgeschichte als junge Zweigdisziplin der Kirchengeschichte hat die Aufgabe, diese Verstrickungen aufzudecken und zu erklären. Zentral ist dabei die Untersuchung der Positionen und des Verhaltens der theologischen Fakultäten und der Kirchenleitungen. Für das einzelne Gemeindeglied, zumindest soweit es bewusst Kontakt zu seiner Gemeinde hielt, war der eigene Pfarrer in den meisten Fällen wichtiger als die übergeordnete theologische und kirchliche Ebene. Während an anderer Stelle die Verstrickung der evangelischen Pfarrerschaft in den Nationalsozialismus untersucht worden ist[2], soll es in diesem Beitrag um einen bayerischen Pfarrer gehen, den sein Zeugnis ins Konzentrationslager brachte – und der dennoch nach dem Untergang des "Dritten Reiches" auch seine eigenen schuldhaften Verstrickungen benannte. Für Bayern galt bisher Karl Steinbauer als einziger KZ-Häftling aus der Pfarrerschaft. Zu Recht ist in mehreren Veröffentlichungen an seinen Weg vom frühen NSDAP-Mitglied zum mutigen Widerstand erinnert worden[3]. Erst jüngst wird an einige bayerische Protestanten erinnert, die im Zusammenhang mit ihrem Widerstehen im "Dritten

---

[1] *Berndt Hamm*, Schuld und Verstrickung der Kirche. Vorüberlegungen zu einer Darstellung der Erlanger Theologie in der Zeit des Nationalsozialismus, in: Kirche und Nationalsozialismus, hg. von Wolfgang Stegemann, 2. Aufl., Stuttgart/Berlin/Köln 1992, 13–49.

[2] *Björn Mensing*, Pfarrer und Nationalsozialismus. Geschichte einer Verstrickung am Beispiel der Evangelisch-Lutherischen Kirche in Bayern, 3. Aufl., Bayreuth 2001 (= AKZG.B 26).

[3] Gott mehr gehorchen. Kolloquium zum 80. Geburtstag von Karl Steinbauer, hg. von Friedrich Mildenberger/Manfred Seitz, München 1986.

Reich" ihr Leben verloren haben[4]. Weder in der Forschung – mit
Ausnahme einer kurzen Passage in den 1981 edierten Regierungspräsidentenberichten – noch im kirchlichen Erinnern und Gedenken
fand bis zu den Recherchen im Vorfeld dieser Studie Wolfgang Niederstraßers KZ-Haft eine Erwähnung. Auch in der Kirchengemeinde
Warmensteinach hatte es keine Veranstaltung zur Erinnerung an den
politisch verfolgten Gemeindepfarrer gegeben. Selbst Kennern der
Regional- und Lokalgeschichte war das Schicksal nicht bekannt, ebensowenig Amtsnachfolgern Niederstraßers in Warmensteinach[5]. Dabei
ist das "vergessene" Zeugnis dieses Theologen – auch unabhängig
von seiner KZ-Haft – durchaus bemerkenswert. Sein Weg von 1937
bis 1946 wird im Folgenden chronologisch anhand der Archivbestände
im Landeskirchlichen Archiv Nürnberg, im Staatsarchiv Bamberg
und im Pfarramtsarchiv Warmensteinach dokumentiert.

Im November 1937 wechselte Wolfgang Niederstraßer, geboren am
11. Dezember 1907 in Emden, als Vikar aus der Evangelisch-lutherischen Landeskirche Hannovers in den Dienst der Evangelisch-
Lutherischen Kirche in Bayern[6]. Er war zunächst zur Vertretung der
Pfarrstelle Thundorf im unterfränkischen Dekanat Schweinfurt eingesetzt. Der Umzug fand mit seiner Ehefrau Ingeborg (genannt Inge)
und dem 1936 geborenen Sohn Hans statt. Am 20. März 1938
wurde er in Schweinfurt zum geistlichen Amt ordiniert. Die junge
Familie erhielt im Oktober 1938 mit Sohn Peter Zuwachs. Wenig
später kam es in Thundorf zum ersten folgenreichen Konflikt mit
der NSDAP, als Niederstraßer zum 15. Jahrestag des Hitlerputsches
am 9. November 1938 Kirche und Pfarrhaus nicht beflaggte. Das
Amtsgericht Münnerstadt verurteilte ihn deshalb am 2. Juni 1939 zu
einer Geldstrafe von 20 Reichsmark[7]. Offen ist der politische Hinter-

---

[4] *Björn Mensing/Heinrich Rathke*, Mitmenschlichkeit, Zivilcourage, Gottvertrauen.
Evangelische Opfer von Nationalsozialismus und Stalinismus, Leipzig 2003, 37–39
(Edgar J. Jung); 60–62 (Walter Hildmann); 105 (Friedrich von Praun); 137 (Gerhard
Günther).
[5] Gespräch des Verf. mit Herbert Schulz, Pfarrer in Warmensteinach 1966–1972,
Bayreuth 22.6.2004; Gespräche des Verf. mit Christine Schlör, Pfarrerin in Warmensteinach seit 1997, Ende 2003.
[6] Nach Auskunft des LKA Hannover vom 22.6.2004 befinden sich dort keine
Personalakten von Niederstraßer mehr (im Zweiten Weltkrieg sind dort viele Akten
verbrannt); in den bayerischen Personalakten finden sich keine Unterlagen zu seiner Zeit in der hannoverschen Landeskirche.
[7] Vgl. StA Bamberg 1429, Oberstaatsanwalt (OStA) Bayreuth an Generalstaatsanwalt
(GStA) Bamberg, 4.3.1943.

grund eines Verfahrens vor dem Amtsgericht Schweinfurt wegen Überschreitung des Züchtigungsrechtes an zwei Schülerinnen. Am 31. Juli 1939 wurde Niederstraßer wegen "Vergehen der Körperverletzung"[8] zu Geldstrafen in Höhe von insgesamt 40 Reichsmark verurteilt.

Zum 1. Juli 1940 konnte Niederstraßer mit Warmensteinach[9] im oberfränkischen Dekanat Bayreuth seine erste Pfarrstelle antreten. Der Einführungsgottesdienst fand am Sonntag, 7. Juli 1940, statt. Schon im Herbst kam es auch hier zu Konflikten mit der NSDAP-Ortsgruppe. Mit ausdrücklichem Einverständnis des Ortsgruppenleiters forderte der "Vereinsführer" des Gesangvereins Warmensteinach den Pfarrer auf, sofort seine Chorleitungtätigkeit im Gesangverein einzustellen[10]. Am 20. Dezember 1940 forderte der Ortsgruppenleiter Niederstraßer kurzfristig auf, wegen der Proben für die Weihnachtsfeier der NSDAP-Ortsgruppe die Krippenspielprobe abzusagen[11]. Das von Niederstraßer eingeführte Krippenspiel "störte" zwei Jahre später wieder. Diesmal wandte sich am 11. Dezember 1942 der Oberjungenschaftsführer des Deutschen Jungvolks im HJ Fähnlein 17/307 Warmensteinach mit Drohungen an das Pfarramt. Das Jungvolk habe am zweiten Weihnachtsfeiertag Elternabend, "es ist deshalb nicht angebracht, daß Sie Ihr Krippenspiel, (soviel ich gehört habe), an diesem Tag noch einmal wiederholen. Denn ich brauche meine Spielschar an diesem Tag, auch nachmittags. Sollten Sie aber versuchen, meine Spieler davon abzuhalten, würde ich es weitermelden"[12].

Das starke Engagement des jungen Pfarrers erregte den Argwohn der Ortsgruppenleitung, zumal ihm selbst seine Gegner Erfolg attestieren mussten: "In den Gottesdiensten selbst befleißigt er sich, bei den Kirchenbesuchern Eindruck zu erwecken und sie zu fesseln, wobei er durch mehr oder minder versteckte Anspielungen, auf angeblich kirchenfeindliche Maßnahmen und Anordnungen des Staates,

---

[8] Ebd.

[9] Der Ort im Fichtelgebirge hatte 1939 952 evangelische und 97 katholische Einwohner; zur Kirchengemeinde gehörten auch die fast geschlossen katholischen Orte Oberwarmensteinach, Fichtelberg und Mehlmeisel. Politisch dominierte in der Weimarer Republik die SPD, die noch bei den Wahlen am 5.3.1933 in ihrer Hochburg Warmensteinach 367 Stimmen gegenüber 218 Stimmen für die NSDAP erzielte. Vgl. zu den Wahlergebnissen 1933 Pfarramtsarchiv Warmensteinach 26: Pfarrbeschreibung der Pfarrei in Warmensteinach von Pfarrer Jahn, 1939/40, 95.

[10] Vgl. Pfarramtsarchiv Warmensteinach 6, Schreiben vom 7.10.1940.

[11] Vgl. ebd., Schreiben vom 20.12.1940.

[12] Ebd., Schreiben vom 11.12.1942.

seinen Äußerungen im allgemeinen den Anschein der Harmlosigkeit zu geben weiß. Es gelingt deshalb schwer, ihm Verfehlungen in dieser Hinsicht nachzuweisen"[13]. So äußerte sich Niederstraßer beispielsweise in einem Passionsgottesdienst Ende Februar 1941 besorgt über den negativen Einfluss der NS-Erziehung: "Er führte aus, dass die Jugend keine Sitten mehr habe, vor einiger Zeit sei in einem Lager des weiblichen Arbeitsdienstes oder Landdienstes eine Untersuchung durchgeführt worden, welche ergeben habe, dass von 500 untersuchten Mädchen nur noch 5 rein gewesen seien"[14]. Ende Juni 1941 nahmen auf dem Warmensteinacher Friedhof an der Beerdigung eines Soldaten auch Abordnungen der NSDAP und ihrer Gliederungen sowie der Wehrmacht teil. Dass diese an dem anschließenden Trauergottesdienst in der Kirche nicht mehr teilnahmen, deutete Niederstraßer in seiner Predigt: "Vor einer Stunde, da kamen sie gezogen und hielten Reden. Gewiß, diese Reden zeugten von Stolz und Ehre, aber nun ist diese Stunde dahin, verweht, verflogen, als wäre nichts gewesen. Nun ziehen sie mit den Fahnen hinunter den Berg, als ob sie fliehen wollten vor dem, was jetzt gesagt werden muss"[15].

Auch außerhalb der Predigten war die Distanz des Pfarrers wie auch seiner Frau zum NS-Regime spürbar. Beide verwendeten den sogenannten "Deutschen Gruß" ("Heil Hitler!") nicht mehr[16]. Ein besonderes Ärgernis war für Niederstraßer die Praxis der örtlichen HJ, den "Dienst" für die Kinder und Jugendlichen auf die Gottesdienst- bzw. Kindergottesdienstzeit zu legen. Dem Dekanat Bayreuth meldete er mit der Bitte um Intervention weiter, dass der HJ-Führer den Kindern gesagt habe, in Zukunft den "Dienst"[17] grundsätzlich so zu legen, dass sie ihre kirchlichen Verpflichtungen nicht erfüllen können.

Anfang 1942 sah die Ortsgruppenleitung die Gelegenheit gekommen, massiv gegen den kritischen Pfarrer vorzugehen. Nachdem ihr zugetragen worden war, dass sich Niederstraßer während eines Hausbesuches in der Gemeinde spöttisch über die NSDAP-Ortsgruppe geäußert habe, meldete diese das an die Kreisleitung, die wiederum am 20. März 1942 den Bayreuther Landrat zum Vorgehen auffor-

---

[13] StA Bamberg 1429, OStA Bayreuth an GStA Bamberg, 4.3.1943.
[14] Ebd., OStA Bayreuth, Anklageentwurf o. D.
[15] Ebd.
[16] Vgl. ebd., OStA Bayreuth an GStA Bamberg, 4.3.1943.
[17] LKA Nürnberg, Bay. Dekanat Bayreuth 1059, Schreiben Dekanat Bayreuth an Landesjugendpfarrer, 24.9.1941.

derte. Der Landrat ließ durch den Gendarmerieposten Warmensteinach Zeugen vernehmen und leitete die Protokolle betreff "angeblicher Verächtlichmachung von Einrichtungen der NSDAP" an die zuständige Gestapo-Stelle Nürnberg-Fürth weiter. Obgleich der Landrat von einer Weiterverfolgung der Angelegenheit vorsichtig abriet, wies die Gestapo ihn an, weitere Vernehmungen mit dem Ziel der Einleitung eines Strafverfahrens wegen Vergehens gegen das Heimtückegesetz (HTG) durchzuführen. Der Gendarmerieposten vernahm nun weitere Zeugen und erstmals auch Niederstraßer, der erklärte: "Diese Bemerkung habe ich humorvoll aber nicht böswillig gemeint"[18]. Verhängnisvoll dürfte die Aussage des Meisters der Gendarmerie gewesen sein: "Bei der Bevölkerung in Warmensteinach besteht allgemein die Ansicht, soweit sie als objektiv betrachtet werden kann, daß Pfarrer Niederstraßer mit der fragl. Äußerung die NSDAP verächtlich machen und zum Ausdruck habe bringen wollen, daß für das Amt des Ortsgruppenleiters jede Person gut genug sei"[19]. Nach Zugang der Vernehmungsprotokolle erstattete die Gestapo am 4. August 1942 beim Oberstaatsanwalt als Leiter der Anklagebehörde beim Sondergericht Bamberg Anzeige gegen Niederstraßer wegen Vergehens gegen das HTG. Bamberg leitete die Anzeige "zuständigkeitshalber" an das neu eingerichtete Sondergericht Bayreuth weiter[20]. Der dortige Oberstaatsanwalt Karl Krumbholtz lud nun Niederstraßer zur Vernehmung. Der Pfarrer erklärte bei der Vernehmung am 12. September 1942, dass seine beanstandete Aussage "nicht richtig war. [...] ich wollte insbesondere die NSDAP nicht verächtlich machen, ich bedaure, daß diese Ausdrucksweise so ausgelegt werden konnte. Ich werde in Zukunft derartige Äußerungen unterlassen"[21]. Krumbholtz sah für eine Verurteilung nach dem HTG zu wenig Beweise für "Böswilligkeit"[22] und beließ es bei einer Verwarnung: "Der Beschuldigte

---

[18] StA Bamberg 1319, Protokoll, 3.6.1942.

[19] Ebd., Gendarmerieposten an Landrat, 18.6.1942. Ende 1942 meldete der Meister der Gendarmerie seine Tochter vom Konfirmandenunterricht ab; Pfarramtsarchiv Warmensteinach 6, Schreiben ohne Datum, Antwort auf Niederstraßers Schreiben vom 22.12.1942.

[20] Vgl. zum am 20.6.1942 errichteten Sondergericht Bayreuth *Helmut Paulus*, Das Sondergericht Bayreuth 1942–1945. Ein düsteres Kapitel Bayreuther Justizgeschichte, in: Archiv für Geschichte von Oberfranken 77 (1997), 483–527. Paulus nennt den Fall Niederstraßer nicht.

[21] StA Bamberg 1319, Erklärung Niederstraßers, 12.9.1942; dort auch die folgenden Zitate.

[22] Das HTG Art. 1 § 2 Abs. 2 sah für nichtöffentliche kritische Äußerungen über die NSDAP nur dann ein Bestrafung vor, wenn es sich um "böswillige Äußerungen"

wird nach eindringlichster Verwarnung entlassen. [. . .] Das Verfahren wird eingestellt."

Inzwischen war es aber schon zu weiteren Denunziationen gekommen. Die Verteilung eines seelsorgerlichen Rundschreibens an die Kriegsdienst leistenden Gemeindeglieder im Sonntagsgottesdienst mit der Bitte um Zusendung durch die Angehörigen an der Front im Sommer 1942 hatte auch nur eine Verwarnung zur Folge: "wegen Umgehung des Verbotes der Verwendung von Feldpostbriefen an Wehrmachtsangehörige durch Zivilgeistliche wurde der Beschuldigte im Oktober 1942 staatspolizeilich verwarnt"[23]. Gravierendere Folgen hatten einige Passagen aus Niederstraßers Predigt im Trauergottesdienst für Gefallene am Sonntag, 28. Juni 1942: "Wo steht unsere Welt in dieser Stunde? Wir müssen unsere Augen hinlenken in die neu eroberten Gebiete, um das zu erkennen. Man hat in politischen Kreisen den Warthegau im Osten den kirchlichen Exerzierplatz Deutschlands genannt. Was dort heute geübt wird, soll morgen auch im Reich in Übung treten. Dort im Warthegau gelten folgende 13 Punkte: [Text der 13 Punkte, Ziffern 7 und 12 im Konzept der Predigt ausgelassen]. Das sind 13 Punkte, nein 13 Todesurteile gegen die christliche Kirche. Inzwischen schreitet die Auflösung des Glaubens auch im Reiche Schritt für Schritt fort. Wo soll ich beginnen, wo aufhören? Man drängt die Kirche zurück aus dem öffentlichen Leben, zunächst in ihre Mauern, doch auch dort läßt man sie nicht. Anstelle der Taufe tritt die Namensgebung. Anstelle der Konfirmation tritt die Jugendreife, die pol. Verpflichtung der Jugend. Anstelle der Trauung die Eheweihe. Anstelle der christlichen Beerdigung die Totenehrung. Es ist die Absicht vorhanden, daß auf christlichen Friedhöfen auch nicht christliche Bestattungen stattfinden müssen, daß selbst die Gotteshäuser zu solchen Feiern geöffnet werden müssen. [. . .] Genug. Warum bist Du so ferne, verbirgst Dich zur Zeit der Not? Warum?! Weil der Gottlose Übermut treibt, muß der Elende leiden!"[24]

---

handelte; zum Gesetzestext vgl. Die kirchliche Lage in Bayern nach den Regierungspräsidentenberichten 1933–1945. Bd. 7, bearb. von Helmut Witetschek, Mainz 1981 (= VKZG.Q 32), 3f, Anm. 2.

[23] StA Bamberg 1429, OStA Bayreuth an GStA Bamberg, 4.3.1943. Die religiöse Betreuung von Wehrmachtsangehörigen durch Zivilgeistliche war durch einen Erlass des Reichsministeriums für kirchliche Angelegenheiten vom 12.7.1940 verboten.

[24] Ebd., OStA Bayreuth, Anklageentwurf o. D. Das Zitat stammt aus einem nicht näher gekennzeichneten handschriftlichen Manuskript in StA Bamberg 1319, bei dem es sich um das Predigtkonzept von Niederstraßer oder eine Predigtmitschrift handeln muss. Im Pfarramtsarchiv Warmensteinach 6 findet sich eine undatierte

Niederstraßer hatte als Predigttext für diesen Gottesdienst Psalm 10 ausgewählt, dessen Anfang er in die letzten Sätzen des Zitates fast wörtlich einfügte. Die Charakterisierungen des Gottlosen in Psalm 10 sieht Niederstraßer offensichtlich in Bezug zum NS-Regime: "er handelt gewaltsam an allen seinen Feinden" (Vers 5); "er mordet die Unschuldigen heimlich" (Vers 8). Der Klagepsalm mündet schließlich in die eindringliche Bitte an Gott: "Zerbrich den Arm des Gottlosen und Bösen und suche seine Bosheit heim, dass man nichts mehr davon finde" (Vers 15). Als Beleg für die Gottlosigkeit der Nationalsozialisten baut Niederstraßer in seine Predigt die '13 Punkte' ein. Diese Punkte hatte im Juli 1940 der Gauleiter des "Reichsgaus Wartheland" im besetzten Polen, Arthur Greiser, durch einen NS-Funktionär einem Vertreter der evangelischen Kirche als neue kirchenpolitische Leitlinie vortragen lassen. Tatsächlich diente der Warthegau als Experimentierfeld für Martin Bormanns kirchen- und christentumsfeindliche Vorstellungen, die sich innerhalb der NS-Führung immer mehr durchsetzten. Die Fassung der '13 Punkte', die Niederstraßer selbst handschriftlich mit- oder abgeschrieben hatte und seiner Predigt einfügte, ist weitgehend identisch mit der Fassung, die nach 1945 im Kirchlichen Jahrbuch abgedruckt wurde[25].

Im November 1942 ersuchte Oberstaatsanwalt Krumbholtz den Ermittlungsrichter des Amtsgerichts Bayreuth, sieben Zeugen und den Beschuldigten zum Trauergottesdienst und zu anderen angezeigten Äußerungen Niederstraßers zu vernehmen. Als erste Sanktion widerrief der Regierungspräsident von Mittel- und Oberfranken am 24. November 1942 die Zulassung Niederstraßers zum Religionsunterricht an staatlichen Schulen mit folgender Begründung: "Er hat im Religionsunterricht wiederholt das Züchtigungsrecht überschritten und verweigert den deutschen Gruß. Wegen Umgehung des Verbotes der Versendung von Druckschriften durch Zivilgeistliche an Wehrmachtsangehörige wurde er staatspolizeilich verwarnt. Auch hat er sich wiederholt schon in Predigten und bei anderen Gelegenheiten staatsabträgliche Äußerungen zu Schulden kommen lassen. Wegen seiner Ausführungen in dem Trauergottesdienst für Gefallene am 28. Juni 1942 wurde gegen ihn bei dem Sondergericht Strafanzeige

---

handschriftliche Fassung der '13 Punkte' (Handschrift von Niederstraßer). Die vielen Abkürzungen deuten auf eine Mitschrift bei einer Verlesung oder auf eine eilige Abschrift.

[25] Vgl. KJ 60/71 (1933–1944), 2. Aufl., Gütersloh 1976, 434f.

erstattet"[26]. Die Ermittlungsergebnisse fasste Krumbholtz am 4. März 1943 in einem Schreiben an den Generalstaatsanwalt beim Oberlandesgericht (OLG) Bamberg mit beigefügten Entwurf einer Anklageschrift zusammen[27]: In Sachen Vergehen nach § 340 Strafgesetzbuch will er mangels Beweisen das Verfahren einstellen, er empfiehlt aber die Anordnung der Strafverfolgung aus § 2 Abs. 2 HTG (bzw. wegen "fortgesetzten Vergehen" gegen das HTG § 2 Abs. 1 in Tateinheit mit § 130 a Abs. I, 73 RStGB)[28] und erwartet eine Verurteilung durch das Sondergericht Bayreuth "zur Gefängnisstrafe von 1 bis 2 Jahren". Niederstraßer ist im Blick auf mehrere beanstandete Äußerungen geständig, "sucht sie aber sämtlich zu verharmlosen und in Zusammenhang mit den Pflichten seines Berufes zu bringen. Er habe sich als evangelischer Pfarrer für berechtigt und verpflichtet gehalten, örtliche Verhältnisse zu kritisieren und auf die ernste Bedrohung des kirchlichen und damit des inneren Friedens unseres Volkes, insbesondere durch die beabsichtigte Einführung der 13 Punkte hinzuweisen"[29]. Erschwerend wird vermerkt, dass Niederstraßer sich "hartnäckig" weigert anzugeben, woher er die 13 Punkte aus dem Warthegau hat. Von der Beantragung eines Haftbefehls habe Krumbholtz bisher abgesehen, weil in letzter Zeit zwei evangelische Pfarrer aus dem Landkreis Bayreuth gefallen sind. Zur Verhandlung gegen Niederstraßer

---

[26] LKA Nürnberg, PA Theol. 47, Abschrift des Schreibens vom 24.11.1942. Nach Art. 16 Schulaufsichtsgesetz vom 14.3.1938 konnte der Regierungspräsident die Zulassung eines Geistlichen zum Unterricht an Volksschulen widerrufen, wenn er "politisch unzuverlässig [...] ist"; Gesetzestext in: Die kirchliche Lage (wie Anm. 22), 8f, Anm. 2. Auch der Monatsbericht der Regierung von Ober- und Mittelfranken für August 1942 vom 8.9.1942 verzeichnete die "staatsabträglichen Äußerungen" in dem Trauergottesdienst und die Umgehung des Verbotes der Sammelfeldpostbriefe; vgl. Die kirchliche Lage in Bayern nach den Regierungspräsidentenberichten 1933–1945. Bd. 2, bearb. von Helmut Witetschek, Mainz 1967 (= VKZG.Q 8), 422. Der Bericht für Oktober 1942 nannte die staatspolizeiliche Verwarnung (vgl. ebd., 425), der für November 1942 den Entzug des Religionsunterrichtes (vgl. ebd., 426).

[27] Vgl. StA Bamberg 1429, Krumbholtz an GStA beim OLG Bamberg, 4.3.1943.

[28] HTG § 2 Abs. 1 bedroht öffentliche kritische Äußerungen mit Gefängnisstrafen, HTG § 2 Abs. 2 "nichtöffentliche böswillige Äußerungen"; vgl. Gesetzestext in: Die kirchliche Lage (wie Anm. 22), 3f, Anm. 2. Bei § 130 a des Strafgesetzbuches handelt es sich um den sogenannten Kanzelparagraphen, der ab 1871 (Kulturkampf) für den Geistlichen Gefängnisstrafen bis zwei Jahren vorsieht, "welcher in einer Kirche oder an einem anderen zu religiösen Versammlungen bestimmten Orte vor Mehreren Angelegenheiten des Staates in einer den öffentlichen Frieden gefährdenden Weise zum Gegenstande einer Verkündigung oder Erörterung macht"; ebd., 60, Anm. 1.

[29] StA Bamberg 1429, Krumbholtz an GStA beim OLG Bamberg, 4.3.1943.

vor dem Sondergericht Bayreuth kam es nicht, weil Krumbholtz noch versuchte, über NSDAP-Stellen bis hin zur von Martin Bormann geführten Parteikanzlei den Originaltext der 13 Punkte zu eruieren. Zudem legte der Generalstaatsanwalt beim OLG Bamberg den Fall dem Reichsjustizministerium, das bei Heimtücke-Verfahren in jedem Einzelfall die Strafverfolgung anordnen musste, zur Entschließung vor, das seinerseits an den Reichsinnenminister herantrat[30]. Inzwischen war Niederstraßer zudem am 27. Februar 1943 zum Kriegsdienst einberufen worden. Am 21. Dezember 1943 stellte das Sondergericht Bayreuth das Verfahren ein, "da Zuständigkeit der Wehrmacht gegeben"[31], und schickte die Akten an den Führer von Niederstraßers Einheit "mit dem Ersuchen um Kenntnisnahme" und der Bitte "um Weiterleitung an das für Niederstraßer zuständige Kriegsgericht". Es wurde noch angemerkt: "Die Strafverfolgung aus § 2 Abs. 3 Heimtücke-gesetz ist nicht angeordnet worden".

Doch damit haben wir zeitlich schon sehr weit vorgegriffen. Noch einmal zurück ins Jahr 1942. Wie reagierten Niederstraßer, seine Gemeinde und seine kirchlichen Vorgesetzten auf die Verfolgungs-maßnahmen? Am 10. April 1942 wandte sich der Pfarrer an seinen Dekan August Ammon: "Durch die Treue der Gemeinde kann ich (menschlich gesprochen) allen Anschlägen, die von dritter Seite gegen mich unternommen wurden und noch unternommen werden, wider-stehen."[32] Die Gemeinde werde von einer "Handvoll fremder Elemente" in einer "Art von Katakombenchristentum gehalten". Wegen der "Trägheit des Bekenntnisses" in der Gemeinde bat Niederstraßer den Dekan, mit einer Predigt in Warmensteinach die Gemeinde zu mehr Bekennermut zu ermuntern. Der Kirchenvorstand ließ sich aber noch nicht einschüchtern und beschloss am 31. Mai 1942, sich mit einer "nachdrücklichen Beschwerde"[33] an den Bürgermeister zu wenden.

---

[30] Vgl. ebd., mehrere Schreiben Krumbholtz an NSDAP-Stellen März/April 1943; Krumbholtz an GStA beim OLG Bamberg, 25.5.1943 (NSDAP-Parteikanzlei jetzt mit Frage der Übermittlung der 13 Punkte befasst); Justizminister an GStA beim OLG Bamberg, 7.6.1943 (Justizminister ist an Innenminister herangetreten).

[31] Ebd., Aktenvermerk Krumbholtz, 21.12.1943; dort auch die folgenden Zitate. Krumbholtz ließ noch am 10.4.1945 zwischen schweren Luftangriffen auf Bayreuth zwei Holländer auf unmenschliche Weise hinrichten, war von Ende April 1945 bis Oktober 1946 in Internierungshaft und wurde 1948 als Mitläufer eingestuft, gelangte aber nicht wieder in den Justizdienst. Vgl. *Paulus*, Sondergericht Bayreuth (wie Anm. 20), 519 und 522.

[32] LKA Nürnberg, Bay. Dekanat Bayreuth 1059, Niederstraßer an Dekanat, 10.4.1942.

[33] Pfarramtsarchiv Warmensteinach 6, Niederstraßer an Bürgermeister, 1.6.1942;

Wegen der "immer häufigeren Festlegung öffentlicher Veranstaltungen auf die Zeit vor bzw. während der sonntäglichen Kirchzeit", einem "Übelstand, der bei der evangelischen Bevölkerung weithin größtes Ärgernis erregt", forderte der Kirchenvorstand "wirksame Abhilfe". Als sich die Situation nach dem Trauergottesdienst am 28. Juni 1942 immer mehr zuspitzte, ermahnte der Bayreuther Kreisdekan Otto Bezzel seinen Pfarrer zu mehr Vernunft. Mit Bezug auf dieses Gespräch rechtfertigte Niederstraßer in einem Schreiben am 23. August 1942 sein Verhalten: "Schließlich haben wir in der heutigen Zeit nicht nur ein priesterliches, sondern auch ein prophetisches Amt zu versehen"[34]. Inhaltlich stand Niederstraßer damit in einer Linie mit These 5 der Barmer Theologischen Erklärung von 1934, der auch die bayerischen Delegierten zugestimmt hatten. Am 23. Oktober 1942 bat Niederstraßer auf dem Dienstweg den Landeskirchenrat um Material zur kirchlichen Lage im Warthegau für sein Sondergerichtsverfahren[35]. Eine Antwort darauf findet sich nicht in den Akten. Ende November 1942 schrieb Niederstraßer Bezzel, dass drei Kirchenvorsteher, darunter zwei "alte Kämpfer", und vier Frauen aus der Gemeinde aus eigenem Antrieb zum Staatsanwalt nach Bayreuth gefahren seien, um "gegen die Anklagen Protest zu erheben"[36]. Am 7. Januar 1943 wandte sich der Kirchenvorstand an den Landeskirchenrat mit der Bitte, Niederstraßer nicht zu versetzen. Für den Landeskirchenrat antwortete Landesbischof Hans Meiser am 18. Januar 1943: "Es ist uns weder von der Geheimen Staatspolizei noch von der Regierung nahegelegt worden, Herrn Pfarrer Niederstraßer auf eine andere Pfarrstelle zu versetzen. Wir selbst haben eine solche Versetzung auch nicht in Aussicht genommen"[37].

Als das Landratsamt am 21. Februar 1943 Niederstraßer auch noch die Erteilung von Religionsunterricht in kirchlichen Räumen verbot, protestierte der Kirchenvorstand am 26. Februar beim Landrat gegen diese "Verfügung, die jeder rechtlichen Grundlage entbehrt"[38].

---

ebd., 19: Kirchenvorstands-Protokoll-Buch 1917 bis 1961, Eintrag zur Sitzung am 30.5.1942.

[34] LKA Nürnberg, PA Theol. 47, Niederstraßer an OKR Bezzel, 23.8.1942.

[35] Vgl. ebd., Niederstraßer an LKR, 23.10.1942.

[36] Ebd., Niederstraßer an OKR Bezzel, 21.11.1942.

[37] Pfarramtsarchiv Warmensteinach 6, LKR/Meiser an Pfarramt Warmensteinach, 18.1.1943. Das Schreiben vom 7.1.1943 findet sich nicht in den Akten, das Antwortschreiben nimmt aber Bezug darauf.

[38] LKA Nürnberg, PA Theol. 47, Kirchenvorsteher an Landrat Bayreuth, 26.2.1943.

Sollte es dabei bleiben, kündigt der Kirchenvorstand an, sich "mit allen Kräften gegen ihre Durchführung zu wehren". Mehrere Frauen bedrängten den Bürgermeister, "er müsse endlich etwas unternehmen gegen diese kirchenfeindlichen Umtriebe im Dorfe"[39]. Niederstraßer selbst musste am 27. Februar als Kanonier einrücken. Ins Verkündbuch trug er für den Gottesdienst am 28. Februar, den bereits Dekan August Ammon hielt, noch ein: "Auf den Bänken der Kirche liegen Buchzeichen aus zum Mitnehmen als Abschiedsgeschenk von Pfr. Niederstraßer"[40].

Kreisdekan Bezzel schrieb dem "Kanonier" am 20. März 1943, dass er mit dem Landrat gesprochen habe. Dieser räumte einen Fehler bei seiner Verfügung ein. Sein Verbot des Religionsunterrichtes in kirchlichen Räumen beziehe sich nun nur noch auf die Schulunterrichtszeit, nicht aber auf die Freizeit der Schüler. Bezzel hielt es für nötig, bei dieser Gelegenheit Niederstraßer wegen seines "Einzelgängertums" zu rügen. Er habe bereits zwei Mal gegen das Versprechen an ihn verstoßen, ihn vor öffentlichen Aktionen zu verständigen: "Das ist mir sehr leid [...]. Die Art, wie Sie in Ihrer Abschiedspredigt von den Dingen sprachen, geht nicht an [...]. Sie werden ja jetzt beim Heer lernen, daß in der Batterie und im größeren Rahmen keiner seinen privaten Krieg führen kann. Lassen Sie sich das zum Exempel dienen"[41].

Niederstraßer wurde zur Jahreswende 1943/44 bei der Wehrmacht wieder mit seinem Verfahren konfrontiert, als bei seiner Einheit in Norwegen die Akten vom Sondergericht Bayreuth eintrafen. Doch zu einer Verhandlung vor dem zuständigen Kriegsgericht kam es offensichtlich nicht, weil Niederstraßers Regiment eine Niederschlagung wegen Geringfügigkeit vorschlug[42]. Am 13. März 1944 schickte das Kriegsgericht die Beiakte nach Bayreuth zurück, "die hier entbehrlich ist"[43]. Niederstraßer war keinerlei Sanktionen ausgesetzt, durfte Gottesdienste und Bibelkreise für Soldaten abhalten und wurde sogar vom Regimentskommandeur zur Reserveoffizierslaufbahn vorgeschlagen. Doch am 1. Dezember 1944 wurde der Pfarrer völlig

---

[39] Ebd., Hans Niederstraßer an NSDAP-Kreisleitung Bayreuth, 5.3.1943. Niederstraßers Eltern lebten zu dieser Zeit im Pfarrhaus Warmensteinach.
[40] Pfarramtsarchiv Warmensteinach A 8, Abkündigungen für den 28.2.1943.
[41] LKA Nürnberg, PA Theol. 47, OKR Bezzel an Niederstraßer, 20.3.1943.
[42] Vgl. ebd., Schreiben Niederstraßers vom 30.12.1944.
[43] StA Bamberg 1319, Gericht der Dienststelle Fp.Nr. 56 090 – St.L. 78/44 an Staatsanwaltschaft beim Landgericht Bayreuth, 13.3.1944.

überraschend auf ein Schreiben des Oberkommandos des Heeres hin in Norwegen verhaftet und ins Kriegswehrmachtsgefängnis Oslo eingeliefert. Kurz vor Weihnachten verlegte man ihn zu seinem Ersatztruppenteil nach Heilsberg in Ostpreußen. Dort wurden dem Gefangenen erst am 30. Dezember die Gründe seiner Haft mitgeteilt: "schwere Verstöße gegen den Kanzelparagraphen und das Heimtückegesetz"[44]. Niederstraßer wurde aus der Wehrmacht ausgestoßen und der Gestapo übergeben. Das parteihörige Oberste Kommando der Wehrmacht (OKW) war damit einem Antrag des zu Heinrich Himmlers Apparat gehörenden Reichssicherheitshauptamtes (RSHA) nachgekommen. Was das RSHA zu diesem Zeitpunkt zu dieser Maßnahme veranlasste, bleibt offen. Entweder hatte die in den Fall Niederstraßer involvierte Gestapo-Stelle in Nürnberg Meldung nach Berlin gemacht oder die Sondierungen der Justizbehörden in Bayreuth und Bamberg an höchster Stelle in Sachen '13 Punkte' waren der Auslöser. Möglicherweise stand die Verhaftung im Zusammenhang mit dem harten Vorgehen gegen Regimekritiker auch und gerade in der Wehrmacht nach dem 20. Juli 1944. Die Regierung von Ober- und Mittelfranken vermerkte in ihrem Monatsbericht für Januar 1945 als Grund für diese Maßnahmen: "weil er in einer Predigt im Jahre 1942 Ausführungen über den Aufbau der Evangelischen Kirche im Warthegau machte, die im besonderen Maße geeignet waren, erhebliche Unruhe bei der Bevölkerung hervorzurufen und das Vertrauen zur Staatsführung zu untergraben"[45]. Aus der Haft konnte Niederstraßer seiner Frau, die mit den drei Söhnen – Wolfgang wurde im Juni 1941 geboren – weiter im Warmensteinacher Pfarrhaus lebte, schreiben. Diese verständigte den Dekan. Schon am 14. Dezember 1944 meldete Ammon die Verhaftung an den Landeskirchenrat weiter mit der Bitte um Einschaltung eines Verteidigers, weil er befürchtete, dass im Blick auf Niederstraßers Verfahren jetzt "strengere Maßstäbe" gelten als 1942. Der Landeskirchenrat fragte am 20. Dezember 1944 bei der Wehrmachts-Dienststelle an, "welchen Vergehens Niederstraßer bezichtigt wird"[46]. Nachdem in Bayreuth die Übergabe des Pfarrers an die Gestapo bekannt geworden war, bat Kreisdekan Bezzel den Landeskirchenrat am 8. Januar 1945, Niederstraßer "Rechtsschutz

---

[44] LKA Nürnberg, PA Theol. 47, Schreiben Niederstraßers vom 30.12.1944.
[45] Die kirchliche Lage (wie Anm. 22), 45 (Monatsbericht vom 8.2.1945).
[46] LKA Nürnberg, PA Theol. 47, LKR/Meiser an Wehrmachts-Dienststelle, 20.12.1944.

zu gewähren", weil es nach der Ausstoßung aus der Wehrmacht nun besonders "ernst" würde. Wenig später beschloss der Landeskirchenrat auf seiner Vollsitzung, beim Zellengefängnis Nürnberg, in das Niederstraßer inzwischen nach einer Haftzeit in Königsberg überführt worden war, einen Antrag auf Haftentlassung zu stellen, weil der Beschuldigte wegen der Sache vor seiner Wehrmachtszeit auch nicht in Haft genommen worden sei. Durch die Bombardierung Ansbachs, wohin der Landeskirchenrat von München aus bereits wegen der Luftangriffe ausgewichen war, verzögerte sich die Umsetzung des Beschlusses. Aber am 22. März 1945 bat der Landeskirchenrat den Vorstand des Zellengefängnisses Nürnberg um Haftentlassung Niederstraßers mit der Zusicherung, "wir würden Pfarrer Niederstrasser anweisen, sich zu verpflichten, in seiner Amtsführung sich ausschließlich auf seine seelsorgerlichen Pflichten zu beschränken"[47]. Leider blieben diese Bemühungen ohne Erfolg. Am 12. April 1945, wenige Tage vor der Schlacht um Nürnberg, wurde Niederstraßer ins grauenhaft überfüllte Konzentrationslager Dachau überführt und dort als "Schutzhäftling" mit der Nummer 153.126 registriert[48]. Die Überführung nach Dachau war bereits seit Januar 1945 vorgesehen[49], über die Gründe der Verzögerung ist nichts bekannt. Bei den Todesmärschen im Rahmen der Räumung des Konzentrationslagers Dachau vor der herannahenden Front Ende April 1945 sollte auch Niederstraßer noch Richtung Alpen getrieben werden, konnte aber in der Nähe von Wolfratshausen Anfang Mai freikommen[50].

Zu Fuß machte er sich auf den Heimweg. Am 14. Mai 1945 meldete er sich bei Kreisdekan Bezzel in Bayreuth zum Wiederantritt seiner Pfarrstelle. Am Pfingstsonntag, 20. Mai 1945, hielt der Heimgekehrte, noch sichtlich gezeichnet von der KZ-Haft, seinen ersten Gottesdienst in Warmensteinach. Die starke Beteiligung der Gemeinde – Gottesdienstbesuchszahlen wurden damals nicht festgehalten – spiegelte sich in den außerordentlich hohen Kollekten wider[51].

---

[47] Ebd., LKR an Zellengefängnis Nürnberg, 22.3.1945 (Abdruck an OKR Bezzel).
[48] Vgl. Archiv der KZ-Gedenkstätte Dachau, Häftlingsregister.
[49] Vgl. Die kirchliche Lage (wie Anm. 22), 45.
[50] Vgl. *Andreas Wagner*, Todesmarsch. Die Räumung und Teilräumung der Konzentrationslager Dachau, Kaufering und Mühldorf Ende April 1945, Ingolstadt 1995.
[51] Pfarramtsarchiv Warmensteinach A 8, Verkündbuch Dez. 1942 bis Nov. 1950: Die Einlagen betrugen am 20.5.1945 über 800 Mark, bei den Gottesdiensten zuvor waren es ca. 350 bzw. 200 Mark gewesen.

Von den Warmensteinachern, die sich im "Dritten Reich" von Niederstraßer distanziert bzw. gegen ihn ausgesagt hatten, finden sich nur zwei schriftliche Zeugnisse. Eine Frau schrieb ihrem Pfarrer 1945: "Wenn ich Sie oder Ihre Frau Gemahlin in Zukunft bei einer Begegnung auf der Straße nicht beachte, so mache ich das Ihnen zu lieb, denn ich kann mir denken, daß es Ihnen nicht leicht fallen wird, mich freundlich zu grüßen! Ich will und muß nun endlich Buße tun"[52]. Ein ehemaliger Konfirmand schrieb Niederstraßer Ende Oktober 1945 aus Amberg: "Was uns die HJ-Führer erzählt haben, glaubten wir blind und taten es. [...] Ich bitte Sie, Herr Pfarrer, verzeihen Sie mir, Ihrem Konfirmanden, alles was ich Schlechtes tat!"[53]

Mehrere Menschen wandten sich an den ehemaligen politisch Verfolgten mit der Bitte um Entlastungszeugnisse im Rahmen der Entnazifizierung. 15 Zeugnisse Niederstraßers aus der Zeit zwischen August 1945 und Juli 1946 finden sich im Pfarramtsarchiv.

Niederstraßers Enttäuschung über die mangelnde Solidarität mit ihm in der Zeit seiner Verfolgung lässt sich nur aus einigen Äußerungen ablesen. Etwa wenn er in einem Entlastungszeugnis mutige Hilfe würdigte "in Zeiten, als mir von näher stehenden Kreisen aus Furcht vor eigener Benachteiligung jegliche Hilfe versagt wurde"[54]. Oder wenn er im Herbst 1945 zunächst die Ausfüllung eines landeskirchlichen Fragebogens zu politischen Maßnahmen gegen die Pfarrerschaft im "Dritten Reich" ablehnte mit dem Hinweis: "Der LKR sah sich zur Zeit meiner Anklage nicht in der Lage, sich mit meinem Anklagegegenstand zu identifizieren. Ich sehe keinen Grund, wie das heute anders geworden sein könnte"[55].

Dabei sah er auch sein eigenes Versagen in der Wahrnehmung des der Kirche aufgetragenen prophetischen Wächteramtes: "Im Blick auf die vergangenen Jahre und das Gottesgericht im Kriegsende, glaube ich urteilen zu müssen, daß auch wir, ich selber und wir alle, unermeßliche Schuld tragen vor unserem Volke und vor Gott. – Wir sind dem Staate unbrüderlich, unchristlich und lieblos begegnet, sofern wir aus Angst vor seinen Machtmitteln den Anspruch Gottes an unser Volk nicht eindeutig genug aufgerichtet haben, und wir haben für unsere eigene Entscheidung und Haltung die Grundlage

---

[52] Ebd. 6, handschriftliches Schreiben von L. W., o. D.
[53] Ebd. 30, handschriftliches Schreiben von H. S., 31.10.1945.
[54] Ebd. 6, Erklärung für Regierungsoberinspektor Treuner.
[55] Ebd. 6, Niederstraßer an Dekan, 29.11.1945.

unserer reformatorischen Kirche, das Handeln *allein* aus dem Worte, weithin verlassen. Hes. 33,1ff ist uns allen zum besonderen Gerichtswort geworden. Das Blut derer, die ungewarnt um ihrer Sünde willen sterben, wird von unserer Hand gefordert. So ist denn die Buße, die wir heute unserm Volke predigen müssen, uns selber – mir und uns allen – am nötigsten, nicht aber der Erweis unserer 'Gerechtigkeit' mittels Daten einzelner politischer Verfolgungen, die *nicht* charakteristisch sind für uns!"[56]

Wie von Niederstraßer vermutet, nutzte die Landeskirche die Fragebogen für einen Nachweis ihres Widerstandes im "Dritten Reich". Im Frühjahr 1946 erschien eine Aufstellung der Verfolgungsmaßnahmen in den "Nachrichten" der Landeskirche[57]. Niederstraßers selbstkritische, theologische Reflexion der Verstrickung der Kirche im NS-Staat wurde von der Kirchenleitung nicht aufgenommen. Dabei gilt doch auch für die christliche Kirche Ez 33,7–9: "Und nun, du Menschenkind, ich habe dich zum Wächter gesetzt über das Haus Israel. Wenn du etwas aus meinem Munde hörst, sollst du sie in meinem Namen warnen. Wenn ich nun zu dem Gottlosen sage: Du Gottloser musst des Todes sterben! Und du sagst ihm das nicht, um den Gottlosen vor seinem Wege zu warnen, so wird er, der Gottlose, um seiner Sünde willen sterben, aber sein Blut will ich von deiner Hand fordern. Warnst du aber den Gottlosen vor seinem Wege, dass er von ihm umkehre, und er will von seinem Wege nicht umkehren, so wird er um seiner Sünde willen sterben, aber du hast dein Leben errettet."

In Warmensteinach beteiligte sich Niederstraßer aktiv an der Lösung der Nachkriegsprobleme. So hielt er im Oktober 1945 auf Anregung des Landrats Dr. Heinrich Grimm hin eine Besprechung mit dem Altbürgermeister, dem Bürgermeister und "anderen geeigneten Herren"[58] zu notlindernden Maßnahmen in Warmensteinach ab. Im Juli 1946 sah er sich durch die Ansetzung der örtlichen Kartoffelkäfersammlung auf "Sonntag Mittag" erneut zu einer Bitte um Einhaltung des Sonntagsruhe an den Bürgermeister veranlasst. Die Terminierung solcher Aktionen auf den Sonntag sei "eine der vielen unheilvollen Erfindungen des sogenannten Dritten Reiches"[59].

---

[56] Ebd. 6, Niederstraßer an LKR, Anmerkungen zum ausgefüllten Fragebogen, 7.1.1946 (Hervorhebungen im Original).
[57] Vgl. *Mensing*, Pfarrer (wie Anm. 2), 216.
[58] Pfarramtsarchiv Warmensteinach 6, Niederstraßer an Landrat, 10.10.1945.
[59] Ebd., Niederstraßer an Bürgermeister, 4.7.1946.

Spätestens ab Januar 1946 bemühte sich Niederstraßer um einen Stellenwechsel, besonderes Interesse bekundete er an Pfarrstellen in Strafanstalten. Zum 16. September 1946 wurde er zum evangelischen Anstaltsgeistlichen des Zuchthauses und der Gefangenenanstalt für Frauen in Aichach ernannt, wo er unter anderem Ilse Koch, die brutale Frau des Kommandanten des Konzentrationslagers Buchenwald, zu betreuen hatte[60].

1953 wechselte er an die Nürnberger Strafanstalten. Dann zog es ihn wieder in den Gemeindedienst. Ab 1958 wirkte er an der Paul-Gerhardt-Kirche in München-Laim, von 1963 bis zu seinem Ruhestand 1972 in Füssen. Wolfgang Niederstraßer starb am 21. September 1981 in Pfronten im Allgäu.

---

[60] Ilse Koch saß nach ihrer Entlassung aus US-Haft ab Oktober 1949 in Aichach in Untersuchungshaft, ab Januar 1951 verbüßte sie ihre lebenslängliche Haftstrafe dort. *Arthur L. Smith jr.*, Die "Hexe von Buchenwald". Der Fall Ilse Koch, Köln 1983, 184 und 201.

RUDI DUTSCHKE: RADIKAL FROMM

Angela Hager
(Erlangen)

Im Januar 1968 löste der bayerische Landesjugendpfarrer Gottfried Stoll im Bayerischen Sonntagsblatt eine Leserbriefflut aus. In seinem Artikel 'Gammler – Hippies – Linksstudenten' hatte er das Ziel der Studentenbewegung, namentlich Rudi Dutschkes, "eine Art irdische[s] Paradies" zu schaffen, als "gerade auch für einen kritischen Christen interessant"[1] bezeichnet. Einige Leser zeigten sich daraufhin "zutiefst bestürzt" über die "irreführende Darstellung" dieser "Schwarm- und Freigeisterei", als deren Ziel "der Nihilismus"[2] zu befürchten sei. Rudi Dutschke: Das war der Bürgerschreck, der Revoluzzer, der Antagonist bürgerlicher Werte, der von der "Kanzel schreiende"[3] Linksradikale, der später mit erhobener Faust am Grab des Terroristen Holger Meins heiser "Holger, der Kampf geht weiter" rief. Rudi Dutschke – ein Extremist?

So sahen – und sehen – die einen den Studentenführer. Es gibt noch einen anderen Blick auf Rudi Dutschke: In einer zeitgenössischen Reportage wird sein Gesicht als "Mönchsgesicht"[4] bezeichnet, er sei ein "Heilsarmist"[5] mit dem Ziel, den "Garten Eden"[6] zu schaffen. Den Nachruf auf Rudi Dutschke titelt Heinrich Albertz mit der Überschrift "... die Bergpredigt wörtlich verstanden"[7], und ein Bewunderer zieht postum Parallelen zwischen der Symbolfigur der Studentenbewegung und dem Gottessohn, indem er Dutschke als

---

[1] Nürnberger Evangelisches Gemeindeblatt vom 21.1.1968, 76. Jg./Nr. 4, 1f.

[2] Vgl. ebd. vom 11.2.1968, 76. Jg./Nr. 7, 17.

[3] *Wilhelm E. Winterhager*, Berliner Kirchenkampf 1966–1976, in: Rotbuch Kirche, hg. von Jens Motschmann/Helmut Matthies, 5. überarb. und erw. Aufl., Stuttgart 1976, 76–94, hier: 77.

[4] Der Spiegel vom 11.12.1967, 21. Jg./Nr. 51, 52.

[5] Ebd., 66.

[6] Ebd., 53.

[7] Zit. nach *Rudi Dutschke*, Mein langer Marsch. Reden, Schriften und Tagebücher aus zwanzig Jahren, hg. von Gretchen Dutschke-Klotz/Helmut Gollwitzer/Jürgen Miermeister, Reinbek bei Hamburg 1980, 246f.

"verkehrte[n], nichthimmlische[n] Jesus"[8] feiert. Rudi Dutschke – ein Christ?

Gut dreißig Jahre später scheint es in der Forschung – mitunter sogar ohne Einschränkungen – selbstverständlich, Rudi Dutschke als Christen zu bezeichnen[9], in der breiten Öffentlichkeit allerdings wird die Gallionsfigur der Studentenbewegung noch immer kaum mit dem Glauben an Jesus Christus assoziiert.

Was war das Besondere am Christsein Dutschkes, dass es so konträre Meinungen darüber gab und gibt? Was war der Grund dafür, dass er sich selbst zeitweilig zu scheuen schien, wenn es um das klare Bekenntnis zum Glauben ging[10]? Was war die Ursache dafür, dass Dutschke zum einen – ebenso wie seine Witwe in einer Aussage über ihn – sein Christsein zeitweise für Vergangenheit erklärte[11], zum anderen in der kurze Zeit vor seinem Tod erschienenen Festschrift für Helmut Gollwitzer eine Würdigung des Jubilars schreibt, aus der seine Liebe zum Christentum nicht nur zwischen den Zeilen zu lesen ist[12]? Woran liegt es, dass sein Freund Gollwitzer ihn einerseits in der Traueransprache als "in der Tat ein[en] Nachfolger dessen, der es gut meint mit den Menschen"[13] bezeichnete, ihn andererseits aber in "keinem Sinne für das Christliche in Anspruch nehmen" wollte[14]?

---

[8] *Jürgen Miermeister*, Rudi Dutschke. Mit Selbstzeugnissen und Bilddokumenten, Hamburg 1986, 38f.

[9] Vgl. *Friedrich-Wilhelm Marquardt*, Rudi Dutschke als Christ. Ergänzt durch einige Selbstzeugnisse Rudi Dutschkes zum Thema und Lebenslauf, Tübingen 1988, sowie *Michaela Karl*, Rudi Dutschke. Revolutionär ohne Revolution, Frankfurt a. M. 2003.

[10] Vgl. "Rudi Dutschke zu Protokoll". Ein Fernsehinterview von Günter Gaus, Frankfurt a. M. 1968 (= Voltaire Flugschrift 17), 16f: Bei dem Interview am 3.12.1967 antwortete Dutschke auf die Frage von Günter Gaus "Sie sind nach wie vor Christ?": "Was heißt Christ? Heute sind Christen und Marxisten in diesen entscheidenden Grundfragen, in diesen geradezu emanzipatorischen Interessen – Friede, und es gibt noch andere – da sind wir uns einig [. . .]."

[11] Vgl. *Rudi Dutschke*, Jeder hat sein Leben ganz zu leben. Die Tagebücher 1963–1979, hg. von Gretchen Dutschke, Köln 2003, 300 (Tagebuchaufzeichnung Weihnachten 1978): "Der Glaube an Gott ist seit langem nicht mehr gegeben [. . .]." Vgl. ebd., 382, die Aussage von Gretchen Dutschke: "Viele Jahre später [. . .] diskutierten Rudi und ich wieder darüber, was das Christentum uns bedeutete. Wir stellten fest, dass wir nicht mehr an Gott glaubten und keine Christen mehr waren. Aber etwas war geblieben, und zwar die Gewissheit des Noch-nicht-Seins einer besseren Welt."

[12] Vgl. *Rudi Dutschke*, Gekrümmt vor dem Herrn, aufrecht im politischen Klassenkampf: Helmut Gollwitzer und andere Christen, in: Richte unsere Füße auf den Weg des Friedens. Helmut Gollwitzer zum 70. Geburtstag, hg. von Andreas Baudis/Dieter Clausert/Volkhard Schliski/Bernhard Wegener, München 1979, 544–577.

[13] *Dutschke*, Marsch (wie Anm. 7), 245f.

[14] *Marquardt*, Dutschke (wie Anm. 9), 7.

Es gibt meines Erachtens drei Gründe, die es nicht leicht machen, Rudi Dutschkes christliche Existenz zu charakterisieren: Zunächst definierte dieser seine Beziehung zum Christentum in verschiedenen Phasen seines Lebens unterschiedlich. Dies hat Michaela Karl in ihrer Biographie 'Rudi Dutschke. Revolutionär ohne Revolution' ausführlich dargestellt[15]. Weiter ist der Sozialismus – die "zweite heiße Spur"[16] im Leben Dutschkes – in dessen politischem Engagement die bestimmende, von ihm öffentlich vertretene Motivation seines Handelns. Hier sei auf einen Vortrag von Friedrich-Wilhelm Marquardt verwiesen, in dem der Zusammenhang zwischen Dutschkes christlichem und sozialistischem Hintergrund erläutert wird[17]. Schließlich liegt meines Erachtens eine dritte Schwierigkeit darin, dass Dutschkes christliche Existenz nicht dem traditionellen Erscheinungsbild des Christentums entsprach und ihm auf den ersten Blick zum Teil sogar zu widersprechen schien: Wenn einer das Reich des Friedens mit Hilfe des Klassenkampfes selbst schaffen wollte und ein Bekenntnis zum Christentum zeitweise scheute – war er dann ein Christ oder war er nicht doch ein Extremist? Für mich liegt eine Lösung dieser Frage in der Charakterisierung Rudi Dutschkes als eines radikalen Christen, dessen von außen möglicherweise extremistisch anmutende Züge sich mit Blick auf zeitgenössische protestantische Strömungen als eine Form radikaler Frömmigkeit deuten lassen.

Als Bezugsrahmen für den Begriff radikales Christentum wähle ich einen diesbezüglichen Vortrag des Sozialethikers Arthur Rich, in dem dieser zwischen Radikalität und Extremismus differenziert[18]. Radikalität bezeichnet Rich zufolge "eine Orientierung und Grundhaltung, die vom Wurzelhaften ausgeht und so den Zug zum Ganzen hat. In diesem Sinne will der radikale Mensch das Ganze, nicht das Halbe, widerstrebt er der Oberflächlichkeit und sucht den Dingen auf den Grund zu gehen"[19]. Ein Extremist hingegen geht "von den äußersten Möglichkeiten einer Sache, nicht von deren Wurzel oder Grund aus. Er ist keineswegs am Ganzen, er ist am Partiellen orientiert"[20]. Christliche Radikalität bedeutet für Rich gut protestantisch, frei zu

---

[15] Vgl. *Karl*, Dutschke (wie Anm. 9).

[16] *Dutschke*, Gekrümmt vor dem Herrn (wie Anm. 12), 553.

[17] *Marquardt*, Dutschke (wie Anm. 9).

[18] *Arthur Rich*, Radikalität und Rechtsstaatlichkeit. Drei Beiträge zur politischen Ethik, Zürich 1978.

[19] Ebd., 11.

[20] Ebd.

sein in dem, was man – durchaus mit Schärfe und Entschiedenheit, auch in der Politik – tut und verfolgt, aber diese Freiheit an die Liebe Gottes gebunden zu wissen. Ein Extremist hingegen würde nach Rich die Gebundenheit an eine Letztinstanz aus dem Blick verlieren und seine Ziele ohne Rücksicht auf die Nächstenliebe zu verwirklichen suchen[21].

Was Rich zum radikalen Christentum sagt, ist in seinem Kern nicht neu in der protestantischen Frömmigkeitsgeschichte und würde in dieser weiten Formulierung zunächst auf viele Menschen quer durch die Jahrhunderte der Kirchengeschichte zutreffen. Durch die Verwendung und Unterscheidung der Begriffe Radikalität und Extremismus, durch die dezidierte Betonung der Wurzeln des Christentums und durch den hohen Stellenwert, den die politische Betätigung eines Christen für Rich hat, eignet sich der Begriff des radikalen Christentums – und in seinem Gefolge meines Erachtens der der radikalen Frömmigkeit – jedoch besonders gut für die theologischen Auseinandersetzungen der sechziger und siebziger Jahre des 20. Jahrhunderts, gerade auch für eine Annäherung an den Christen Rudi Dutschke.

Das radikale Verständnis Dutschkes von gelebtem Christentum möchte ich nun anhand seiner Aussagen über Glauben und Kirche ebenso wie anhand seiner Lebensweise zeigen. Ich werfe dabei auch einen Blick auf die Theologie- und Kirchengeschichte dieser Jahre, um die Bezüge im Glauben des "sanfte[n] Rebell[en]"[22] zu protestantischen Strömungen seiner Zeit aufzuzeigen. Als roter Faden soll dabei eine Feststellung dienen, die Rudi Dutschke in der bereits genannten Festschrift für Helmut Gollwitzer 1979 machte: "Wie absurd: Was vor langer Zeit einmal für einen geschichtlichen Augenblick progressiv war, nun aber schon seit langem regressiv ist, diese seit Jahrhunderten regressive Staatskirche birgt dennoch solch große Menschen wie Scharf, Niemöller, Gollwitzer und Albertz"[23]. In dieser Aussage stecken drei Thesen: (1) Die Ursprungsgeschichte des

---

[21] Als Antonym zu Radikalität halte ich den Begriff Extremismus in seiner wörtlichen Bedeutung für nicht glücklich gewählt, da er in erster Linie ein Relationsbegriff ist und nicht per se voraussetzt, dass die Wurzel aus dem Blick geraten ist. Ich übernehme jedoch im Folgenden die Diktion Richs, da sie dem allgemeinen Sprachgebrauch entspricht.

[22] Wolf Biermann in seinem Gedicht 'Erinnerungen"; zit. nach *Dutschke*, Marsch (wie Anm. 7), 243f.

[23] *Dutschke*, Gekrümmt vor dem Herrn (wie Anm. 12), 566.

Christentums ist progressiv. (2) Die Institution Kirche, von Dutschke als Staatskirche bezeichnet, ist regressiv. (3) Trotz ihres regressiven Charakters birgt die (Staats-)Kirche große Menschen.

1. *These Dutschkes: Die Ursprungsgeschichte des Christentums ist progressiv*

> Jesus ist auferstanden, Freude u[nd] Dankbarkeit sind die Begleiter dieses Tages; die Revolution, die entscheidende Revolution der Weltgeschichte ist geschehen, die Revolution der Welt durch die allesüberwindende Liebe. [...] Das Wissen bzw. d[er] Glaube vom Ursprung läßt das Ziel offenbar werden – der Weg der Geschichte könnte der Weg der Freiheit, der Weg der Befreiung des Menschen werden – Befreiung des Menschen durch das Innewerden der Gottheit; Befreiung durch die Autorität; Freiheit in der Gebundenheit an die durch Jesus offenbarte Liebe.[24]

Rudi Dutschke schrieb diese Zeilen Ostern 1963. Der im Osten aufgewachsene, protestantisch erzogene Dutschke, Mitglied der Jungen Gemeinde der evangelischen Kirche in der DDR, hatte sich gegen das Anraten der FDJ konfirmieren lassen und aus Glaubensgründen den Armeedienst verweigert. 1962 in Berlin angekommen, hörte der Soziologiestudent Predigten des Theologieprofessors Helmut Gollwitzer und war beeindruckt, "denn die sozialethische Kritik der bestehenden Zustände war mit dem Glaubensbekenntnis verbunden"[25]. Seine zukünftige Frau, die amerikanische Theologiestudentin Gretchen Klotz, lernte er bei Diskussionen über Theologie und Glauben kennen[26].

Das obige Zitat gibt wesentliche Hinweise dafür, was dem jungen Dutschke am Christentum wichtig war: Zunächst fällt die wiederholte Nennung der Liebe auf, die sich in Jesu Leben und Wirken offenbart und die mit seiner Auferstehung zu einer "allesüberwindenden Liebe" wird. Die Liebe wurde auch in späteren Jahren immer wieder von Dutschke als Proprium christlichen Glaubens genannt; dabei spielte die Nennung der Auferstehung Jesu allerdings kaum mehr eine Rolle. Weiter war für Dutschke der Begriff der Freiheit

---

[24] *Ders.*, Leben (wie Anm. 11), 17.
[25] *Ders.*, Gekrümmt vor dem Herrn (wie Anm. 12), 554.
[26] Vgl. dazu *Ders.*, Leben (wie Anm. 11), 381–383, bes. 382 die Aussage Gretchen Dutschkes: "Der Glaube hat uns beide damals wohl am meisten verbunden. Besonders weil uns manchmal eine menschliche Leere in der politischen Aktivität störte."

wichtig, verbunden mit der Kategorie der Geschichtlichkeit: In Jesu Leben und in seiner Auferstehung ist der Kern zur Befreiung aller Menschen angelegt. Es gilt, sich dieses Kerns bewusst zu werden und daran mitzuarbeiten, die von Jesus initiierte Befreiung der Menschen zu verwirklichen – in der Gebundenheit an seine Liebe. Mit Blick auf die Frage "Was hatte Jesus da eigentlich getrieben? Wie wollte er seine Gesellschaft verändern und welche Mittel benutzte er"[27]? sah Dutschke das Christentum zeitlebens progressiv als ein Fortschreiten hin zu einer Welt der Gerechtigkeit, so, wie sie in Jesus verheißen und begonnen wurde.

Während Rudi Dutschke in dem genannten Zitat die Auferstehung Jesu als entscheidendes Moment betont, scheint sich sein Interesse in den folgenden Jahren nahezu ausschließlich auf die Frage zu verlagern, wie diese im Christentum angelegte Befreiung aller Menschen verwirklicht werden könnte. Hier trat für Dutschke die Beschäftigung mit dem Sozialismus in den Vordergrund, in ihm schien er ein geeigneteres rhetorisches wie praktisches Handwerkszeug gefunden zu haben, um "eine Welt [zu] gestalten, [. . .] die sich auszeichnet, keinen Krieg mehr zu kennen, keinen Hunger mehr zu haben, und zwar in der ganzen Welt"[28]. Das war seine Utopie. Inspiriert durch Ernst Bloch, der ihm Gesprächspartner und Freund war, wurde für Dutschke das Prinzip Hoffnung, das "Noch-nicht-Sein" der Welt, zur pragmatischen Handlungsanleitung. Seine von seinen Anhängern begeistert aufgegriffenen Parolen "Geschichte ist machbar" und "Der Revolutionär muss die Revolution machen" legten eine Gebundenheit an die Liebe Christi nun nicht mehr unbedingt nahe.

Dennoch schien Dutschke nicht zu vergessen, was einmal für ihn die Quelle des Anstoßes zur Weltveränderung gewesen war. Dutschke, der zeitlebens die Bibel "mit Aufregung"[29] las, suchte unter anderem über den religiösen Sozialismus Paul Tillichs, vor allem über dessen Buch 'Die sozialistische Entscheidung', nach einer denkbaren Verbindung von Christentum und Sozialismus. Das Streben nach einer Synthese der beiden Weltsichten hätte er nicht besser auf den Punkt bringen können als durch die Namenswahl für seinen 1968 geborenen Sohn Hosea Che: Scharfe Kritik an den Regierenden und den bestehenden Zuständen, die bei dem alttestamentlichen Propheten

---

[27] "Rudi Dutschke zu Protokoll" (wie Anm. 10), 17.
[28] Ebd., 15.
[29] *Dutschke*, Gekrümmt vor dem Herrn (wie Anm. 12), 554.

Hosea wie bei dem Revolutionär Che Guevara laut wird, werden mit Hoseas Botschaft der Liebe Gottes verbunden. Dabei hatte Dutschke trotz seiner Betonung der Nächstenliebe ein ambivalentes Verhältnis zur Gewalt und sprach auch davon, den "militanten, kämpferischen Aspekt des Christentums zurückzugewinnen"[30].

Mit seinem politischen Verständnis der Jesusnachfolge stand Rudi Dutschke in diesen Jahren nicht allein da. Die sogenannten "Progressiven" entdeckten Jesus neu. Dorothee Sölle entwarf in ihrem Buch "Atheistisch an Gott glauben" (1968) eine Theologie nach dem Tode Gottes, die sie in der Verantwortung sah, Christologie als Anthropologie zu betreiben. Sie betonte die politische Dimension des Einsatzes Jesu für die Unterdrückten und formulierte 1968 für das Politische Nachtgebet in Köln ihr umstrittenes Glaubensbekenntnis mit den Worten: "Ich glaube an Jesus Christus, der aufersteht in unser Leben, daß wir frei werden von Vorurteilen und Anmaßung, von Angst und Haß und seine Revolution weitertreiben auf sein Reich hin"[31].

Die Verbindung von Christentum und Revolution wurde zum inhaltlichen Leitmotiv der Weltkonferenz für Kirche und Gesellschaft 1966 in Genf, die Impulse der Befreiungstheologie Lateinamerikas wurden in Westeuropa begeistert aufgenommen. Für die Verbindung von Christentum und Sozialismus stand Dorothee Sölle ebenso wie Helmut Gollwitzer; mit dem Namen des Prager Philosophen Milan Machovec verband man die spektakulären Treffen zwischen Christen und Marxisten. Die Koalition zwischen politischer, "progressiver" Linke und Christentum wurde zum von der Boulevardpresse ausgeschlachteten Reizthema. Unter Theologen kam es zu heftigen Kontroversen, die bezüglich christologischer Fragen beispielsweise beim Deutschen Evangelischen Kirchentag in Stuttgart 1969 in der Arbeitsgruppe "Streit um Jesus" offenkundig wurden.

Die Auseinandersetzung mit der Frage, was eine Nachfolge in Jesu Sinne bedeutete, in welchem Maß das verheißene Friedensreich auf Erden verwirklicht werden konnte, spiegelte sich in zahlreichen theologischen Entwürfen wieder. Im Bereich der Eschatologie sorgte dabei

---

[30] So beispielsweise in einem Interview im WDR am 21.1.1968; zit. nach *Karl*, Dutschke (wie Anm. 9), 180. Laut seiner Biographin Karl konnte Dutschke Gewalt als Instrument der Revolution nicht prinzipiell ausschließen, war allerdings "durch das Ausbleiben der Revolution niemals gezwungen [...], die Strategie über die christliche Nächstenliebe zu stellen" (ebd., 527).

[31] Politisches Nachtgebet in Köln, hg. von Dorothee Sölle/Fulbert Steffensky, 4. Aufl., Mainz 1970, 27.

Jürgen Moltmann für Aufsehen, als er seinen durch die Beschäftigung mit der Philosophie Ernst Blochs inspirierten Entwurf einer
"Theologie der Hoffnung" (1964) vorstellte.

Dutschkes politisches Verständnis der tätigen Nachfolge Jesu, seine
Verbindung von Sozialismus und Christentum zeigt sich damit als
typisch für wesentliche theologische Konzepte seiner Zeit; sein Denken
weist Berührungspunkte mit zentralen Anliegen der a-theistischen
Theologie und der Befreiungstheologie auf. Wenn Dutschke 1979
von seinem "Glauben an Gott den Vater und an Jesus Christus"[32]
spricht, wird nicht deutlich, ob er dies hier nur rückblickend auf den
Glauben seiner Kindheit und Jugend tut. Die meisten seiner Aussagen
deuten aber darauf hin, dass es ihm – ebenfalls charakteristisch für
seine Zeit – hauptsächlich auf den in Jesus sichtbar werdenden Gott
ankommt, dass in diesem Sinn die Gottesfrage für ihn "nie eine
Frage"[33] war – die Transzendenz lag in der Hoffnung auf und in
dem Einsatz für eine bessere Welt, zu deren Verwirklichung die
Menschen beitragen konnten und sollten, der Tat Jesu folgend. So
maß Dutschke auch die Kirche daran, ob sie "noch festhält an den
radikalen Zielen, die an ihrem Anfang standen, nämlich dem Ziel:
Frieden auf Erden und Wohlgefallen allen Menschen"[34]. Doch genau
dies tat die bundesdeutsche Kirche in Dutschkes Augen nicht mehr:
Das Radikale, das Progressive war ihr abhanden gekommen.

2. *These Dutschkes: Die Institution Kirche, die "Staatskirche", ist regressiv*

Was genau verbarg sich für Dutschke hinter der "regressiven Staatskirche"? War es der kirchliche Verwaltungsapparat? Stand der Begriff
für Kirchenmitglieder, die sich der Diskussion mit ihm verweigerten,
wie beispielsweise der Mann, der Rudi Dutschke mit einer Krücke
am Kopf verletzte, nachdem dieser am Heiligen Abend 1967 in der
Berliner Kaiser-Wilhelm-Gedächtniskirche auf die Kanzel gestiegen
war, um zwischen den gegen Vietnam demonstrierenden SDS-
Mitgliedern und den Kirchenbesuchern zu vermitteln[35]?

---

[32] *Dutschke*, Gekrümmt vor dem Herrn (wie Anm. 12), 551.
[33] Ebd.
[34] *Rudi Dutschke*, Redebeitrag in der Neu-Westend Kirche am 20.6.1967 (Bandmit-
schnitt); zit. nach *Marquardt*, Dutschke (wie Anm. 9), 39.
[35] Vgl. *Karl*, Dutschke (wie Anm. 9), 180.

Um Dutschkes Verhältnis zur Institution Kirche zu beschreiben, müssen verschiedene Phasen seines Lebens unterschieden werden. In seiner Jugend engagierte er sich in der kirchlichen Jugendarbeit in der DDR; Kirche erlebte er dort nie als "Staatskirche, nie als Herrschafts-Opium": "Es ging immer darum, die Liebe und Hoffnung auf bessere Zeiten nicht untergehen zu lassen"[36]. Er besuchte den Gottesdienst, notierte Gebete in sein Tagebuch[37]. Noch zu Beginn seiner Studienzeit war Dutschke regelmäßiger Kirchgänger; wann und warum er damit aufhörte, legt er nicht explizit dar, negiert aber auch seine frühere Frömmigkeitspraxis an keiner Stelle[38]. Mit Michaela Karl[39] ist anzunehmen, dass es ihn nun zur politischen Umsetzung dessen drängte, was er vom Christentum – und mittlerweile auch vom Sozialismus – erfahren hatte. Diese Umsetzung versuchte er zunächst auch innerhalb der Mauern der Kirche: Bei dem oben erwähnten Zwischenfall am Heiligen Abend 1967 wähnte sich Dutschke anscheinend am rechten Ort für seine Botschaft, begann er doch seine nach diesem Satz unterbrochene Kanzelrede mit den Worten "Liebe Brüder und Schwestern"[40]. Doch die Christvesper-Episode scheint symbolisch: Dutschkes Radikalität hatte hier keinen Ort; die Kirche bot ihm zunächst kein Forum. Sie verharrte in seinen Augen in erstarrten Formen – und im Windschatten der Herrschenden.

Die von ihm so empfundene Koalition mit der Macht war der entscheidende Kritikpunkt Dutschkes an der bundesdeutschen Kirche; dies macht schon der Ausdruck "Staatskirche" deutlich. Für ihr Streben nach einer besseren Welt musste die Kirche seiner Ansicht nach mehr Mut haben, auch Unbequemes zu äußern. So sagte Dutschke polnischen Studenten gegenüber mit Blick auf die Oppositionsrolle des osteuropäischen Katholizismus: "Die Herrschenden [in der Bundesrepublik; A. H.] haben dazu beigetragen, dass Katholiken und zum Teil auch Protestanten zur Rechten gezählt werden. Daraus folgte, dass die Linke der demokratisch-sozialistischen Tradition in der BRD kaum Beziehungen zum Christentum hat. [...] Im

---

[36] *Dutschke*, Gekrümmt vor dem Herrn (wie Anm. 12), 551f.

[37] Vgl. *ders.*, Leben (wie Anm. 11), 18.

[38] Vgl. *ders.*, Gekrümmt vor dem Herrn (wie Anm. 12), 554: "Meine Abwendung vom regelmäßigen Gottesdienstbesuch war niemals eine vulgärmaterialistische Liquidierung meiner eigenen Geschichte."

[39] Michaela Karl vermutet, dass Dutschke Kirche in der DDR als Familie erlebt hatte, in der Bundesrepublik hingegen Religion zunehmend als tagespolitische Aufgabe verstand. Vgl. *Karl*, Dutschke (wie Anm. 9), 174.

[40] Vgl. ebd., 180.

allgemeinen ist bei Euch die Religion eine Art Explosionsmaterial, ein Protest gegen die herrschende Macht. [...] Das Christentum stellt bei Euch eine Widerstandsbewegung dar, bei uns nicht"[41].

Für Dutschke war Glaube nie eine rein private Angelegenheit. Ein Rückzug in die Binnenkirchlichkeit war für ihn Aufgabe des progressiven Ursprungs des Christentums. Laut Marquardt verstand sich Dutschke immer als "Mitchrist"[42] und definierte dabei keinen innerkirchlichen Bereich. "Die Welt ist der Schauplatz, auf dem Gott bei den Menschen ist"[43] – dieser Satz von Harvey Cox könnte auch Dutschkes Ekklesiologie paraphrasieren. Das Ziel kirchlichen Handelns beschrieb Dutschke als "die ganz klar realisierte und andiskutierte Zukunft einer befreiten Menschheit, nämlich einer Menschheit ohne Mühselige und Beladene, einer Menschheit der Versöhnung, und wenn davon die Kirche nichts mehr wissen will als Gesamtheit, so hat sie tatsächlich das, was an ihrem Anfang stand, absolut negiert und begreift nicht oder will nicht begreifen, dass sie gerade in der gegenwärtigen Phase der Auseinandersetzung zwischen Herrschaft und Befreiung eine neue Funktion haben könnte [...]"[44].

Kritik an der Institution Kirche äußerten in diesen Jahren zahlreiche Bundesbürger, wenn auch aus den verschiedensten Gründen: Als Hauptaufgaben der Kirche forderten die Westdeutschen einer Umfrage zufolge mehrheitlich Seelsorge und Gottesdienst ein, politisches Engagement der Kirche war unerwünscht[45]. Den Grund für die steigenden Kirchenaustrittszahlen Ende der sechziger Jahre und die schleichende Abkehr vieler Menschen von der Kirche sieht Martin Greschat in der zunehmen-den Individualisierung und Personalisierung des Glaubens, in der "selbst gewählte[n] Möblierung des eigenen religiösen Haushaltes"[46] – Dutschke mit seinem politischen Anspruch

---

[41] Interview mit der polnischen Untergrundzeitschrift Tematy, Ausgabe Januar 1980; zit. nach *Karola Bloch / Ernst Schröter*, Lieber Genosse Bloch . . . Briefe von Rudi Dutschke, Gretchen Dutschke-Klotz und Karola Bloch 1968–1979. Im Anhang: Rudi Dutschke antwortet polnischen Studenten, Mössingen-Talheim 1988 (= talheimer reihe politische erfahrung 1), 160.

[42] *Marquardt*, Dutschke (wie Anm. 9), 14.

[43] *Harvey Cox*, Der Christ als Rebell oder Streitreden wider die Trägheit, 4. Aufl., Kassel 1969, 10.

[44] *Dutschke*, Redebeitrag (wie Anm. 34); zit. nach *Marquardt*, Dutschke (wie Anm. 9), 39f.

[45] Vgl. Der Spiegel vom 18.12.1967, 21. Jg./Nr. 52, 58: 65 Prozent der Befragten finden, die "Kirchen mischen sich zuviel in die Politik ein", 85 Prozent sehen Politik gar als ein Gebiet, um das sich die Kirchen nicht zu kümmern hätten. Wesentlichste Aufgabe der Kirchen, so 82 Prozent, seien Seelsorge und Gottesdienst.

[46] *Martin Greschat*, Protestantismus und Evangelische Kirche in den 60er Jahren,

an die Kirche schien hier nicht die breite Masse der Gläubigen hinter sich zu haben.

Innerhalb der Studentenbewegung erscheint die inhaltliche Begründung von Dutschkes Kirchenkritik eher ungewöhnlich. Hier spielte der Glaube eher eine untergeordnete Rolle[47], das Engagement von christlichen studentischen Gruppierungen stieß beispielsweise in Berlin nicht immer auf großes Interesse der Außerparlamentarischen Opposition[48]. Für diese schien eine differenzierte Auseinandersetzung mit der Kirche von geringem Interesse zu sein – als Vermittlerin bürgerlicher Werte und Teil der Elterngeneration bot sie sich per se als Angriffsfläche an. Dazu kam ihre schleppende Vergangenheitsbewältigung bezüglich ihrer Rolle im Nationalsozialismus.

Hinsichtlich ihres Drängens auf gesellschaftliche Veränderung, Abbau von Hierarchien und v. a. bezüglich ihrer Aktionsformen standen der studentischen Linken zahlreiche kirchenkritische Reformbewegungen nahe, die Ende der sechziger Jahre wie Pilze aus dem Boden schossen[49]. Die Bandbreite ihrer Motivation und ihres Verhältnisses zur Kirche war groß: Systemexterne Bewegungen forderten mit dem Schlachtruf "ecclesiam esse delendam" die Auflösung der verfassten Volkskirche. Andere mahnten Jesus als unbedingte Richtschnur kirchlichen Handelns an. Beispielsweise forderte der Aktionskreis Kirche und Gesellschaft Braunschweig, dass "der Ausgangspunkt für christliches Handeln in Kirche und Gesellschaft [. . .] in Jesu Wort und Verhalten liegen [muss], in seinem bedingungslosen Dasein für die religiös, sozial und politisch Diffamierten und Deklassierten der Gesellschaft. Nur dort, wo Menschen auch heute Jesus in diese Parteilichkeit

---

in: Dynamische Zeiten. Die 60er Jahre in den beiden deutschen Gesellschaften, hg. von Axel Schildt/Detlef Siegfried/Karl Christian Lammers, Hamburg 2000 (= Hamburger Beiträge zur Sozial- und Zeitgeschichte, Darstellungen 37), 544–581, hier: 545.

[47] Vgl. dazu *Dutschke*, Leben (wie Anm. 11), 381, die Aussage Gretchen Dutschkes bezüglich des Glaubens ihres Mannes während der Anfänge der Studentenbewegung: "Unter Rudis Freunden gab es nur wenige, die das begriffen. Manche lachten hinter seinem Rücken über ihn, hielten ihn für naiv."

[48] Vgl. *Karl Behrnd Hasselmann*, Politische Gemeinde. Ein kirchliches Handlungsmodell am Beispiel der Evangelischen Studentengemeinde an der Freien Universität Berlin, Hamburg 1969 (= Konkretionen 7), 94–109.

[49] Vgl. *Dietrich Lange/René Leudesdorff/Heinrich Constantin Rohrbach*, Ad hoc: Kritische Kirche. Mit einem Vorwort von Reinhard Dross und zwei Beiträgen von René Leudesdorff und Friedrich-Wilhelm Marquardt, Gelnhausen/Berlin 1969, 7: In seinem Vorwort betont Reinhard Dross, dass "die Gruppen ohne das Vorbild der studentischen Linken und der Außerparlamentarischen Opposition nicht denkbar" wären.

nachfolgen, ist Kirche Jesu Christi"[50]. Systeminterne Bewegungen, wie beispielsweise der AEE in Bayern, setzten sich innerhalb der vorgegebenen Strukturen für die Öffnung und Demokratisierung der Kirche ein, plädierten für einen stärkeren Theorie-Praxis-Bezug und versuchten bislang Kirchenfernen durch neue Gottesdienstformen eine adäquate Form der Spiritualität zu bieten. Der Blick weitete sich über die eigene Kirchturmspitze hinaus: Die Probleme der Dritten Welt wurden ebenso wie Fragen der weltweiten Ökumene in die Ortsgemeinden hineingetragen. Konfessionelle Grenzen wurden überschritten, neue Kirchenverfassungen entstanden, die Frauenordination wurde durchgesetzt. Der Publizist Hans Jürgen Schultz sah die von Joachim von Fiore vorhergesagte dritte Weltzeit angebrochen und prophezeite der Kirche: "Von ihrem gesellschaftlichen Positionismus wird sie zurückverwiesen auf ihr weltweites 'Interesse' im buchstäblichen Sinn des Dazwischenseins ihrer Menschen. Aus der Unwirksamkeit ihrer offiziellen Repräsentation wird sie herausgerufen und hineingeschickt in die wirksame Präsenz einer Inkognitokirche"[51].

Die Vorstellung einer Inkognitokirche – oder einer latenten Kirche im Sinne Tillichs – hätte Dutschke vermutlich teilen können. Nach einer Phase der engen Verbindung zur Kirche schien sich sein Fokus im Lauf seines Lebens zunehmend darauf zu richten, ob die Kirche ihre Aufgabe, das, was Dutschke als die in Jesus angelegte Progressivität des Christentums verstand, erfüllte. Formal ist die Tatsache, dass Dutschke Kritik an der Institution Kirche äußerte, typisch für diese Jahre. Was die inhaltliche Füllung dieser Kritik angeht, ist Dutschke dabei eher den externen Kritikern zuzurechnen als den Reformwilligen, die innerhalb der Strukturen auf Veränderung hinarbeiteten. Allerdings erscheint Dutschke dabei nicht destruktiv, sondern vielmehr auch als differenziert wahrnehmender Beobachter der Kirche, der 1979 durchaus anerkennend "eine breiter werdende Tendenz der Neubestimmung christlichen Daseins in der ihre Legitimationskrise erlebenden bürgerlichen Gesellschaft"[52] feststellen kann und der in seinen letzten Lebensjahren häufiger Gast evangelischer Akademien war. Dutschke teilte das neugewonnene Interesse vieler Gemeinden an globalen Themen, auch wenn er sich hier nicht in kirchlichen Gruppen bewegte. Die Notwendigkeit eines Christen, sich

---

[50] Ebd., 55.
[51] *Hans Jürgen Schultz*, Konversion zur Welt. Gesichtspunkte für die Kirche von morgen, Hamburg 1964 (= Stundenbuch 42), 101.
[52] *Dutschke*, Gekrümmt vor dem Herrn (wie Anm. 12), 563f.

dafür innerhalb der Institution Kirche zu engagieren, sah er nicht zwingend gegeben – in diesem Punkt schien er ähnlich zu denken wie 69 Prozent der Bundesbürger, die 1967 aussagten, Christ könne man auch ohne Kirche sein[53].

3. These Dutschkes: Die regressive "Staatskirche" birgt dennoch große Menschen

Was machte nun für Dutschke einen guten Christen aus? Im oben angeführten Zitat nennt Dutschke die für ihn maßgeblichen Vertreter des bundesdeutschen zeitgenössischen Protestantismus, die ihm alle in persönlicher Freundschaft verbunden waren: den Berliner Bischof Kurt Scharf, den ehemaligen Regierenden Bürgermeister von Berlin Heinrich Albertz, Pastor Martin Niemöller und den Theologieprofessor Helmut Gollwitzer. Was war an den genannten vier Geistlichen Besonderes, dass Dutschke sie als "große Menschen", an anderer Stelle auch als "große Christen"[54], als "echte Christen"[55] bezeichnete? Hier mögen Schlaglichter genügen:

Bischof Kurt Scharf stellte während der Studentenunruhen Räume zum Diskutieren zur Verfügung und war im sogenannten Berliner Kirchenstreit 1974 wegen seines Besuches bei der in Untersuchungshaft sitzenden Ulrike Meinhof heftig umstritten. Heinrich Albertz zeigte in seiner Zeit als Regierender Bürgermeister von Berlin Härte gegenüber den Studenten. Der Tod Benno Ohnesorgs am 2. Juni 1967, den er rückblickend als den ihn zeitlebens belastenden "Tag des Zornes Gottes über meinem Haupt"[56] bezeichnete, veranlasste ihn jedoch neben anderen Faktoren zum Rücktritt von seinem Amt; er wurde wieder Pfarrer und einer der führenden Köpfe der Friedensbewegung. Der Pazifist Martin Niemöller war der jungen Generation vor allem durch seine kompromisslose Haltung in der Auseinandersetzung um die Wiederbewaffnung der BRD ein Begriff. Helmut Gollwitzer war über seine Bedeutung als Dutschkes Gesprächspartner zum christlichen Sozialismus hinaus mit diesem und der Studentenbewegung

---

[53] Vgl. Der Spiegel vom 18.12.1967, 21. Jg./Nr. 52, 58.
[54] *Dutschke*, Gekrümmt vor dem Herrn (wie Anm. 12), 564.
[55] *Rudi Dutschke*, Aufrecht gehen. Eine fragmentarische Autobiographie, hg. von Ulf Wolter, Berlin 1981, 96.
[56] *Heinrich Albertz*, Blumen für Stukenbrock. Biographisches, 4. Aufl., Stuttgart 1982, 244.

eng verbunden: Er hielt die Trauerrede für Benno Ohnesorg[57], er
gehörte für Dutschke "in den 60er Jahren zu den wenigen radikal-
demokratischen Lichtern in der Wüste der autoritären Professoren-
schaft"[58]. Sein Name war eines der Wörter, an denen Rudi Dutschke
nach dem am 11. April 1968 auf ihn verübten Attentat sein Gedächtnis
trainierte[59], und die Freundschaft zu ihm und seiner Frau war in
der schweren Phase der Rehabilitation ebenso wie seine eigenen
christlichen Wurzeln ein Halt vor der Selbstaufgabe[60]. Für ihn äußerte
Dutschke größte Achtung: "Für den konkreten Menschen und dessen Sorgen Partei zu ergreifen, gehört bei Helmut Gollwitzer zum
Prinzip Leben"[61].

Alle vier von Dutschke genannten Männer standen in kritischer
Solidarität zu ihrer Kirche. Aller vier waren der politischen Linken
zuzuordnen und gehörten während des "Dritten Reichs" der Beken-
nenden Kirche an – "die Faschismuserfahrung hatte sie Unvergeßliches
gelehrt"[62], so Dutschke.

Zusammenfassend schienen die genannten Männer für Dutschke
vorbildlich in ihrem Christsein zu sein, da sie in seinen Augen die
Verbindung zwischen politischem Engagement und Glauben leisteten, da sie für die Fortführung der "progressiven" Wurzeln der Kirche
ebenso standen wie für die Bindung an die Liebe Jesu. Sie versuchten Dutschke gemäß, ihr Ziel von einer gerechteren Welt auch politisch voranzutreiben. Sie verkörperten für ihn Authentizität, indem
sie die Entwicklungen und Brüche in ihrem Leben nicht leugneten
und sich dem Gespräch mit den Menschen ihrer Zeit stellten. Sie
zeichnete Hilfsbereitschaft aus, die Dutschke selbst erfahren durfte.
Damit machte sie vor allem ihre für Dutschke vorbildliche ethische
Haltung zu echten Christen und großen Menschen. Er machte sich
aber zudem Gedanken über ihre subjektive Gottesbeziehung, indem
er über ihre Gebetspraxis mutmaßte[63].

---

[57] Vgl. *Dutschke*, Gekrümmt vor dem Herrn (wie Anm. 12), 561: "Daß Helmut
Gollwitzer und kein anderer wenige Tage später die Gedenkrede vor Überführung
des Sarges mit Benno nach Westdeutschland hielt, war für den AStA und den SDS
irgendwie von vornherein selbstverständlich. Keiner hatte wie er eine solche breite
Anerkennung, und an diesem Christen und Radikaldemokraten kam keiner vorbei."
[58] Ebd., 556.
[59] *Gretchen Dutschke*, Wir hatten ein barbarisches, schönes Leben, Köln 1996, 201.
[60] Vgl. *Dutschke*, Aufrecht gehen (wie Anm. 55), 96.
[61] *Ders.*, Gekrümmt vor dem Herrn (wie Anm. 12), 572f.
[62] Ebd., 564.
[63] Vgl. ebd., 560.

Anders als entschiedene Kirchengegner es sahen, schlossen sich für Dutschke Kirchenmitgliedschaft, ja sogar Mitarbeit in der Kirche in hoher Position, und ein Vorbildcharakter im Christsein nicht aus. Er wunderte sich höchstens darüber, dass das progressive Potential auch in der von ihm als regressiv empfundenen Institution Kirche aufblitzen konnte: "Wie absurd". Große Christen, große Menschen – die synonyme Verwendung der beiden Nomina macht deutlich, dass für Dutschke die Nachfolge Christi gelebte Mitmenschlichkeit bedeutete. In diesem Kontext sind auch folgende Zeilen seines Aufsatzes für die Festschrift Gollwitzers zu lesen, die zeigen, dass für Dutschke diesen vier "echten" Christen eine besondere Qualität zu eigen war, die er bei linksextremistischen Gruppierungen vermisste: "Albertz [. . .] konnte ich voll vertrauen, so wie Gollwitzer schon seit langem. Welchem 'Marxisten-Leninisten' schon?"[64]

Fazit

Mit Rückgriff auf die eingangs eingeführte Differenzierung Richs zwischen radikalen Christen und Extremisten halte ich aus folgenden Gründen eine Bezeichnung Dutschkes als radikalen Christen für möglich: Das Radikale seiner christlichen Existenz lag in seinem unbedingten Augenmerk auf dem Ursprung seines Glaubens, auf Jesus, und in den Konsequenzen, die er aus dessen Leben zog. Kircheninterne Themen schienen ihm mehr und mehr belanglos, es ging ihm allein um die Wurzel des Christentums, die "alles überwindende Liebe Jesu", die eine gerechte Welt der Gleichheit und Brüderlichkeit für alle Menschen verhieß. Dutschke sah sich und alle Menschen angesprochen, diese verheißene Welt zu schaffen. Jesu Leben verstand er als innerweltlichen Auftrag, den es "progressiv" voranzutreiben galt. Strukturen, in denen er einen Rückzug aus der Welt oder eine Koalition mit einer autoritären Macht vermutete, waren für ihn regressiv und standen der Radikalität Jesu entgegen. So sah er in der gegenwärtigen Institution der Volkskirche kein geeignetes Forum für sein Verständnis Jesu.

Für Rich ist ein radikaler Christ dadurch gekennzeichnet, dass er trotz seiner Schärfe im Einsatz für eine bessere Welt weiß, dass das

---

[64] Ebd., 566.

Letzte und Absolute bei Gott liegt, und dass er die Bindung zu ihm
nie verliert. Soweit es die Selbstzeugnisse erkennen lassen, war sich
Dutschke dieser Bindung bewusst, ja, er lässt sich auch im traditionellen Sinn über weite Strecken seines Lebens als fromm bezeichnen, da er sowohl in Form theoretischer Reflexion als auch in Form
praktischer Realisierung versuchte, die christliche Botschaft umzuset-
zen[65]. Dies nahm im Lauf seines Lebens unterschiedliche Formen
an[66]: Als junger Mann übte er sich in individuellen wie traditionell-
kollektiven Frömmigkeitspraktiken; seine Gebetspraxis ist ebenso belegt
wie seine Teilnahme an Gottesdiensten. Auch als er später von ritu-
alisierten Formen der Frömmigkeit weitgehend Abstand nahm, las er
weiter bis zu seinem Lebensende die Bibel. Er reflektierte und disku-
tierte zeitlebens leidenschaftlich über das Christentum und hatte dabei
das seltene Glück, dies direkt mit denen tun zu können, die für ihn
Identifikationsfiguren des Christentums waren.

Vor dem Hintergrund von Richs Unterscheidung von Extremismus
und Radikalität tritt nun bei Betrachtung Dutschkes eine Schwierigkeit
auf: Die Rückbindung an ein Letztes bei Gott, das Vertrauen auf
ihn, das für Rich einen radikalen Christen von einem Extremisten
unterscheidet, kommt bei Dutschke nicht in allen Phasen seines
Lebens zum Vorschein.

Rich gibt in seinen Ausführungen zu bedenken, dass es Kennzeichen
von Extremisten sei, dass "alles [. . .] für sie machbar, machbar durch
die bloße Extremisierung bald der Freiheit, bald der Gleichheit, bald
der Planung usf. [ist]. Das von ihnen Gemachte rückt so in die
Dimension des Letzten, gewinnt quasi den Nimbus des Reiches
Gottes"[67]. War nun Dutschke in Richs Sinn Extremist, wenn er von
seiner Vergangenheit als Christ sprach, wenn er zunehmend den
Sozialismus als Triebfeder seines Handelns sah und in Thesen wie

---

[65] Vgl. *Berndt Hamm*, Frömmigkeit als Gegenstand theologiegeschichtlicher Forschung.
Methodisch-historische Überlegungen am Beispiel von Spätmittelalter und Reformation,
in: ZThK 74 (1977), 464–497, 466: "Wo man von Frömmigkeit sprechen kann,
geht es immer – entweder in der Gestalt theoretischer Reflexion oder in der Gestalt
praktischer Realisierung – um die Verwirklichung bestimmter christlicher (bzw.
andersgläubiger) Verkündigungen, Lehren, Ideen, Wertvorstellungen, Hoffnungen,
Gebote, Anleitungen, Traditionen oder Gewohnheiten im konkreten Lebensvollzug
durch eine bestimmte Lebensgestaltung."
[66] Vgl. dazu beispielsweise die fünf maßgeblichen Bereiche für Gestaltung und
Tradierung der Frömmigkeit bei *Friedrich Wintzer*, Art. Frömmigkeit. III. Praktisch-
theologisch, in: TRE 11 (1983), 683–688, hier: 685.
[67] *Rich*, Radikalität (wie Anm. 18), 23.

"Geschichte ist machbar" seine Hoffnung darauf setzte, dass der Mensch hier und jetzt Gerechtigkeit verwirklichen könne und müsse, ohne dass er dabei die Letztinstanz Gott erwähnte? Hatte Dutschke damit den Blick für die Wurzel verloren, hatte er nur noch das Weitertreiben des Partiellen im Auge?

Ich analysiere diese Züge Dutschkes nicht in einem normativen Sinn, sondern betrachte sie als im Kontext seiner Zeit verortet und damit vor dem Hintergrund der bereits genannten Entwürfe prominenter Vertreter des Christentums dieser Jahre. Dutschkes Verständnis der Nachfolge Jesu, seine radikale Frömmigkeit, die mitunter ganz auf ein Bekenntnis zu Gott verzichtet, erscheint in diesem Licht nahezu wie die kompromisslose praktische Verwirklichung theologischer Entwürfe dieser Jahre. So erkennt Dorothee Sölles Konzept eines "a-theistischen" Christentums einen Glaubenden gerade in seinem innerweltlichen Handeln unter Verzicht auf die Erwartung einer göttlichen Letztinstanz. Mit Sölle ließe sich auch verstehen, weshalb Dutschke sein Ziel einer besseren Welt zunehmend in sozialistische Begrifflichkeiten kleidete: "Wenn ich mich in Jesus versetze, so ist ihm das doch wahrscheinlich sehr gleichgültig, ob das, was er gewollt hat [. . .], nämlich die Verwirklichung des Reiches der Liebe auf der Erde – ob dieses geschieht unter Berufung auf christliche Theologie oder unter Berufung auf andere Impulse"[68]. Und Hans Jürgen Schultz würde vielleicht unter dem Stichwort "Konversion zur Welt" hinzufügen: "Die Kirche geht einen Weg der Verfremdung, der Verwechselbarkeit. Ihr Erkennungszeichen kann es sein, nicht erkannt zu werden"[69]. Für die enge Verbindung von Sozialismus und Christentum trat unter anderem Helmut Gollwitzer ein, und die Kritik an der Institution Kirche teilte Dutschke mit zahlreichen, teils in Reformbewegungen organisierten Menschen seiner Zeit. Dafür, dass Christen schon hier ein Reich der Gerechtigkeit schaffen müssten, falls nötig auch durch Aufstand und Umsturz, stehen Vertreter der Befreiungstheologie und der Theologie der Revolution Pate.

Rudi Dutschkes mitunter anscheinend a-theistische Begrifflichkeit und seine hohe Anforderung an den Menschen sehe ich gerade vor diesem zeitgeschichtlichen Hintergrund nicht als losgelöst von seiner

---

[68] *Dorothee Sölle*, Verzicht auf Jenseitshoffnung – Christentum als Solidarität mit den Unterdrückten, in: Christlich – was heißt das?, hg. von Gerhard Adler, Düsseldorf 1972, 52–61, hier: 58.
[69] *Schultz*, Konversion (wie Anm. 51), 102.

christlichen Wurzel. "Extremistisch" mochten seine Ansichten vielleicht in Relation zu einer bürgerlichen, volkskirchlichen Mitte seiner Jahre erscheinen, die eine Politisierung der Kirche gerade vor dem Hintergrund der Erfahrungen im Nationalsozialismus mit Skepsis betrachteten. Dutschke hingegen schien in seiner politischen Betätigung nur eine konsequente Entwicklung dessen zu sehen, was für ihn in der Wurzel des Christentums angelegt war. "Die Religion, die für mich in der Tat eine große Rolle spielte, ist vielleicht 'ne phantastische Erklärung des Wesens des Menschen und seiner Möglichkeiten. Aber diese phantastische Erklärung muß ja nun realgeschichtlich verwirklicht werden. Und so geht also das, was ich in der Vergangenheit als Christ begriffen habe, ein in meine politische Arbeit auf dem Wege zur Realisierung vielleicht doch des Friedens auf Erde"[70]. Der Theologe Harvey Cox sagte 1967: "Wenn die Bibel von Gott redet, tut sie das fast immer in der Sprache der Politik"[71]. Man könnte fast meinen, Rudi Dutschke hätte sich hier auf seine Weise ein Vorbild genommen.

---

[70] "Rudi Dutschke zu Protokoll" (wie Anm. 10), 16.
[71] *Cox*, Rebell (wie Anm. 43), 12.

DER STAAT ISRAEL IN DER PIETISTISCH-EVANGELIKALEN ENDZEITFRÖMMIGKEIT NACH 1945

Gerhard Gronauer
(Aschaffenburg)

1. *Vorbemerkungen*

Die Beschäftigung mit der Endzeit ist ein weltweites Phänomen 'erwecklicher' Frömmigkeit, welche ihre prägende Gestalt in Pietismus und Puritanismus sowie in den Erweckungsbewegungen des 18. und 19. Jahrhunderts erhielt. Dabei ging man stets der Frage nach der endzeitlichen Rolle des Volkes Israel nach, gelegentlich mit der Annahme seiner national-territorialen Wiederherstellung[1]. Im 20. Jahrhundert führte die Gründung des Staates Israel – als Bestätigung bisheriger Hoffnungen verstanden – zu einem Wiederaufleben apokalyptischer Erwartungen in der Frömmigkeitsrichtung, die hierzulande seit den 60er Jahren als 'evangelikal' bezeichnet wird.

Im Folgenden stelle ich das Ergebnis einer Analyse von 42 selbstständig erschienenen evangelikalen Veröffentlichungen[2] aus dem

---

[1] Vgl. z. B. *Johann Heinrich Jung-Stilling*, Das Heimweh. Vollständige, ungekürzte Ausgabe nach der Erstausgabe von 1794–1796, hg. von Martina Maria Sam, Leck 1994, 420: "Das Land Palästina wird also dereinst, und vielleicht bald in christliche Hände kommen, und dann dem Jüdischen Volk wieder eingeräumt werden."

[2] Zur weltweiten Diskussion vgl. *Paul Charles Merkley*, Christian Attitudes towards the State of Israel, Montreal/Kingston 2001. – Die 42 Schriften mit 7010 Seiten: *Winfried Amelung*, Geliebtes Volk und Land. Israels Geschichte – Ein Wunder Gottes, Holzgerlingen 2001; *Marius Baar*, Das Abendland am Scheideweg. Versuch einer Deutung der endgeschichtlichen Prophetie, 6. Aufl., Aßlar 1980; *Gerhard Bergmann*, Leben wir in der Endzeit?, 7. Aufl., Gladbeck 1973; *Willi Buchwald*, Israel und die Zukunft der Welt, 6. Aufl., Moers 1991; *Hans Eißler/Walter Nänny*, Wegbereiter für Israel. Aus der Geschichte der Anfänge 1850–1950, Metzingen 2001; *Erich Gensing*, Israel und die Gemeinde Jesu, Pforzheim/Erzhausen 1991; *Johannes Gerloff*, Jerusalem – die Stadt des großen Königs. Theologisches und Politisches aus dem Tagebuch eines Korrespondenten, Holzgerlingen 2001; *ders.*, Jüdische Siedlungen – Kriegsverbrechen oder Erfüllung biblischer Prophetie?, Holzgerlingen 2002; *Klaus Gerth*, Der Antichrist kommt. Die 80er Jahre – Galgenfrist der Menschheit?, Aßlar 1981; *Peter Hahne*, Israel – erlebt, Neuhausen 1992; *Karl Hartenstein*, Israel im Heilsplan Gottes. Eine biblische Besinnung, Stuttgart 1952; *Fritz Hubmer*, Der Heilsplan Gottes, 7. Aufl., Neuhausen 1968; *Manfred Huy*, Israel – ein Zeichen Gottes, Lemgo 1976; *David Jaffin*, Israel am Ende der Tage, Bad Liebenzell 1987; *Walter Jakober*, Israel ist

deutschsprachigen Raum nach 1945 vor, die anhand von drei Leit-
fragen durchgearbeitet wurden: 1. Wie wird der Staat Israel theologisch bewertet? 2. Wie steht man zum israelisch-arabischen Konflikt?
3. Welches Schicksal hat der Staat Israel künftig zu erwarten?

Um nicht Einzelnes für das Ganze zu halten, sind die ermittelten
Aussagen nach drei Häufigkeitsklassen sortiert[3]: Die mit (A) gekenn-

---

erwählt, Metzingen 1977; *Josef Kausemann*, Bevorstehende Ereignisse, Bergneustadt
o. J.; *Kurt Koch*, Tag X. Die Weltlage im Blick auf die Wiederkunft Jesu, Berghausen
1967; *ders.*, Der Kommende. Israel in der Erfüllungszeit, 2. Aufl., Berghausen 1968;
ders., Leben auf Abruf. Skizze der Endzeit nach Mt 24, Berghausen o. J.; *Fritz
Laubach*, Gemeinde Jesu auf dem Weg in die Endzeit, Wuppertal 1973; *Norbert Lieth*,
Der Judenstaat – vom Weltärgernis zum Weltbedürfnis, Pfäffikon 1997; *Wim Malgo*,
Biblische Antworten auf 350 Lebensfragen, Pfäffikon 1985; *Fritz May*, Israel zwischen Weltpolitik und Messiaserwartung, 4. Aufl., Neuhausen 1976; *ders.*, Israel zwischen Blut und Tränen. Der Leidensweg des jüdischen Volkes, 3. Aufl., Aßlar 1990;
ders., Shalom – Gelobtes Land. Israel – Traumziel und Treffpunkt der Menschheit,
2. Aufl., Aßlar 1995; *ders.*, Apokalypse über Jerusalem. Die Heilige Stadt im
Brennpunkt dramatischer Endzeit-Ereignisse, Aßlar 2001; *Werner Penkazki*, Israel –
der dritte Weltkrieg – und wir. Ein Beitrag zu aktuellen Fragen, 3. Aufl., Wuppertal
1996; *Klaus Mosche Pülz*, Brennpunkt Israel, Berneck/CH 1979; *Fritz Rienecker*, Wenn
dies geschieht . . . Vom endzeitlichen Charakter der Gegenwart, 4. Aufl., Wuppertal
1960; *Erich Sauer*, Der Triumph des Gekreuzigten. Ein Gang durch die neutestamentliche Offenbarungsgeschichte, 7. Aufl., Gütersloh 1946; *ders.*, Das Morgenrot
der Welterlösung. Ein Gang durch die alttestamentliche Offenbarungsgeschichte, 4.
Aufl., Gütersloh 1947; *ders.*, Gott, Menschheit und Ewigkeit, 2. Aufl., Wuppertal
1955; *Walter Schäble*, Brennpunkt Palästina. Israels Prophetie macht Geschichte, 2.
Aufl., Wuppertal 1961; *Volkhard Scheunemann*, Licht am Horizont. Weltuntergang oder
Weltvollendung – Was geschieht mit uns?, Neuhausen 1993; *[Klara] Basilea Schlink*,
Um Jerusalems willen, Darmstadt 1968; *dies.*, Israel im Brennpunkt des Weltgeschehens.
Ein Wort zur Lage im Nahen Osten, entstanden während des Golfkriegs, Darmstadt
1991; *Ludwig Schneider*, Brennpunkt Jerusalem. Was Sie schon immer über Jerusalem
wissen wollten, Holzgerlingen 2003; *Ernst Schrupp*, Israel und das Reich des Islam.
Zeitgeschehen im Licht biblischer Heilsgeschichte – Endzeitliche Perspektiven, 2.
Aufl., Wuppertal/Zürich 1992; *ders.*, Israel in der Endzeit. Heilsgeschehen und Zeit-
geschehen, 3. Aufl., Wuppertal/Zürich 1992; *Heinz Schumacher*, Das tausendjährige
Königreich Christi auf Erden. Eine biblische Untersuchung im Lichte des Fort-
schreitens der göttlichen Heilsoffenbarung und Heilsgeschichte, Stuttgart 1964; *Karl
Stegemann*, Die Zukunft der Menschheit. Allgemeinverständliche Auslegung der
Offenbarung des Johannes, 2. Aufl., Gießen 1949; *Franz Stuhlhofer*, "Das Ende naht!"
Die Irrtümer der Endzeitspezialisten, 2. Aufl., Gießen/Basel 1993. – Die in den
folgenden Anmerkungen genannten Kurzbelege beziehen sich alle auf die Literatur-
angaben in Anm. 2.

[3] Dieses Vorgehen orientiert sich – deutlich vereinfacht – an der 'Inhaltsanalyse',
mit der in den Sozialwissenschaften, in der Publizistik und neuerdings in der Theologie
gearbeitet wird. Vgl. *Philipp Mayring*, Qualitative Inhaltsanalyse. Grundlagen und
Techniken, Weinheim/Basel 1983. Zur Anwendung in der Theologie vgl. *Evelina
Volkmann*, Vom Judensonntag zum Israelsonntag. Predigtarbeit im Horizont des
christlich-jüdischen Gesprächs, Stuttgart 2002. – Analyseeinheit ist in meinem Fall
eine selbstständig erschienene Veröffentlichung eines evangelikalen Autors bzw. Auto-
rin. Die Häufigkeitsklassen eruieren nicht die Anzahl der Verfasser, sondern die der

zeichneten Positionen werden von einer absoluten Mehrheit der Analyseeinheiten vertreten, d. h. von mehr als 50% (22–42 Titel). Die unter (B) aufgeführten Inhalte treten bei mindestens einem Viertel auf (11–21 Titel), die mit (C) markierten Aussagen bei weniger als einem Viertel (3–10 Titel). Nach den strengen sozialwissenschaftlichen Kriterien vermittelt diese Untersuchung kein völlig repräsentatives Bild des Evangelikalismus, erlaubt aber ein sichereres Urteil, als wenn nur einzelne Texte herangezogen werden.

Theologie nimmt hier die Aufgabe wahr, vorhandene Frömmigkeitsinhalte zu reflektieren und dabei auf Probleme hinzuweisen. Theologie versteht sich dabei nicht als Zerstörerin spirituellen Seins; sie hat vielmehr eine dienende Funktion. Es muss daher möglich sein, evangelikale Positionen zu kritisieren, ohne der dahinter stehenden Frömmigkeitsgruppe die Existenzberechtigung abzusprechen[4].

2. Theologische Bewertung des Staates Israel

2.1 Die endzeitliche Erfüllung biblischer Verheißungen

Die Mehrheit der Analyseeinheiten versteht den Staat Israel als die Erfüllung biblischer Weissagungen wie Jes 11,11 oder Ez 37 (A). "Zusagen, die Gott vor 2000 und mehr Jahren gab, gehen heute in Erfüllung"[5]. Dem Einwand, dass sich die Rückkehrverheißungen auf das Ende des babylonischen Exils 520 v. Chr. bezögen, begegnen die Autoren mit dem Verweis auf eindeutig nachexilische Prophetien sowie auf Mt 24,32f par. und Lk 21,24.

Meist wird davon ausgegangen, dass das jüdische Volk gerade "am Ende der Zeiten" (Ez 38,8.16) nach Palästina zurückkehren werde (A). "Zu den markantesten Zeichen der Zeit gehört das Geschehen

---

Analyseeinheiten. Dadurch fällt ein Autor mit mehreren Titeln stärker ins Gewicht, was unter der Voraussetzung legitim ist, dass dessen Vorstellungen einen größeren Einfluss ausüben. Wegen der Kürze meines Beitrags konnten die Unterschiede der inhaltlichen Aussagen zwischen verschiedenen zeitlichen Phasen nach 1945 leider nicht berücksichtigt werden.

[4] Den polemischen Stil, der in der Diskussion immer wieder auftaucht, mache ich mir nicht zu Eigen. Siehe *Martin Kloke*, Gestörte Endzeit. Das Israel-Engagement christlicher Fundamentalisten, in: EK 28 (1995), 648–650. – Ausgewogener urteilt z. B. *Lutz Lemhöfer*, Christliche Fundamentalisten als Israels Freunde?, in: Materialdienst der EZW 66 (2003), 111–113.

[5] *Laubach*, Gemeinde, 29.

im neugegründeten *Staate Israel*"[6]. Um die Nähe der apokalyptischen
Ereignisse vor Augen zu führen, wird dabei oft die Metapher von
der göttlichen Uhr verwendet (B): "Der kleine Zeiger auf der Weltenuhr
Gottes rückt auf Mitternacht zu"[7]. Ebenso häufig taucht die Rede
von dem mit Israel gleichgesetzten Feigenbaum nach Mt 24,32f par.
auf (B): "In Israel grünt es. Der Sommer ist also nahe"[8].

2.2   *Solidarität mit dem Staat Israel*

Die meisten Schriften fordern Solidarität mit dem Staat Israel (A).
Jeder dürfe sich Zionist nennen, "der sich dafür einsetzt, daß Israel
als Volk in seinen ihm von Gott zugesagten Grenzen leben kann.[9]"
In Wort, Tat und Gebet habe die Christenheit auf der Seite des
jüdischen Staates zu stehen. Wer sich zu ihm halte, werde dafür von
Gott nach Gen 12,3 gesegnet werden. Der Solidarität könne man
am besten dadurch Ausdruck verleihen, dass man ins Heilige Land
pilgere (C). Dann werde der jüdische Staat zum "zweite[n] Vaterland
jedes Christen"[10]. Dass die israelische Regierung fehlerlos sei und
deshalb nicht kritisiert werden dürfe, wird nirgends explizit postu-
liert. "Es wäre verfehlt, alle Entwicklungen nur einseitig positiv zu
sehen"[11]. Lob und Tadel ist vielmehr davon abhängig, inwieweit die
politische Führung nach den Grundsätzen handelt, die die Autoren
als den Willen Gottes eruiert haben (B).

2.3   *Warnung vor Überbewertung*

Gegen eine theologische Überbewertung der israelischen Staatlichkeit
wenden sich nur wenige Publikationen (C), die jedoch besondere
Aufmerksamkeit verdienen. Gerade in älteren Schriften, in denen der
christlich-jüdische Dialog noch keine Früchte tragen konnte, geht die
Abwehr eines christlichen Zionismus einher mit verschiedenen Varianten des klassischen Enterbungsmodells. Man wendet sich hier gegen
"Schwärmer", die "sagen, daß die Gründung des Staates Israel [. . .]

---

[6] *Hubmer*, Heilsplan, 65. – Hervorhebung original.
[7] *Stegemann*, Zukunft, 113.
[8] *Bergmann*, Endzeit, 67.
[9] *Malgo*, Antworten, 396.
[10] *May*, Shalom, 25.
[11] *Rienecker*, Gegenwart, 118.

der Beginn der Erfüllung der Verheißungen des Alten und Neuen Testaments sei"[12]. Alle alttestamentlichen Verheißungen, auch die des Landes, seien in Christus erfüllt und können deshalb nicht mehr vom heutigen Judentum in Anspruch genommen werden. "Gott wird dieses Volk heimbringen, nicht in das irdische Palästina, sondern in das himmlische Jerusalem"[13].

Im evangelikalen Dispensationalismus, zu dem die Mehrheit der hier untersuchten Autoren gehört, sind Aussagen dieser Art nicht möglich. Die Heilsgeschichte wird in verschiedene Epochen der göttlichen Zuwendung (englisch 'dispensations') unterteilt, von denen das Millennium die charakteristischste ist. Alle Verheißungen an das jüdische Volk gelten als bleibend gültig; Spiritualisierungs- und Substitutionstheorien werden zurückgewiesen. Trotzdem kann auch ein Dispensationalist wie Erich Sauer vor Spekulationen im Blick auf die endzeitliche Rolle Israels warnen: "Vieles, was darüber geschrieben ist, beruht auf unsicheren Mutmaßungen und oft recht subjektiven Deutungen prophetischer Einzelstellen"[14]. Biblische Weissagungen seien oft nichts anderes als 'Hieroglyphen', deren wirkliche Bedeutung erst in der eschatologischen Erfüllung ans Licht komme. Obwohl auch Sauer die jüdische Rückkehr mit endzeitlichen Hoffnungen verbindet, ist er sich bewusst, dass sehr viele erwartete Ereignisse bislang nicht eingetreten sind. Wie würde er, der 1959 starb, wohl heute urteilen, wenn er sähe, dass nach über 55 Jahren israelischer Staatlichkeit die Parusie nicht merklich näher gekommen ist?

Heinz Schumacher geht trotz seines ausgeprägten Chiliasmus in der Abwehr einer apokalyptischen Bedeutung des modernen jüdischen Staatswesens noch viel weiter. Mit dem heutigen Staat Israel sind für ihn die biblischen Prophezeiungen für die Endzeit nicht erfüllt. Zwar zeige das Jahr 1948 genauso wie das Jahr 520 v. Chr., dass Gott seinen Weissagungen gegenüber treu bleibe, doch stehe die endzeitliche, die letzte 'Alija' noch aus: "Weil wir an die Treue Gottes hinsichtlich aller Seiner Verheißungen glauben, [...] sehen wir in der Sammlung Israels im neugegründeten Staat *eine Vorerfüllung der göttlichen Sammlungsverheißungen* [...] *Mehr* können wir allerdings im heutigen Judenstaat *nicht* erblicken"[15]. Zu dieser Ansicht gelangt

---

[12] *Hartenstein*, Israel, 12.
[13] Ebd., 66.
[14] *Sauer*, Triumph, 160, Anm. 7.
[15] *Schumacher*, Königreich, 237. – Hervorhebungen original.

Schumacher, weil er die aktuellen Geschehnisse im Nahen Osten
nicht mit der Bibel in Einklang zu bringen vermag.

Vor einer theologischen Überbewertung der israelischen Staatlichkeit
warnt auch Franz Stuhlhofer, der schärfste evangelikale Kritiker spe-
kulativer Endzeitvorstellungen. Bei vielen Israelfreunden "scheint Israel
ein Stück weit die Stelle Jesu einzunehmen", denn es spiele hier
keine Rolle mehr, ob jemand Christus nachfolge, sondern vielmehr,
dass man die israelische Politik gutheiße[16].

3. *Bewertung des israelisch-arabischen Konflikts*

3.1   *Der politisch-religiöse Konflikt*

Für die meisten Publikationen bleibt es der erklärte Wille des Islam,
den Staat Israel auszulöschen (A). Der Grund dafür sei in der isla-
mischen Religion zu finden, wonach alle Territorien, die einst zum
'Dar al-Islam' gehört haben, wieder zurückerobert werden müssen.
"Wenn die Moslems heute erklären, dass sie jeden Zentimeter Palästinas
zurückgewinnen wollen, geht es ihnen nicht um das Land als solches, denn Land haben sie weltweit genug, sondern um die Ehre
Allahs"[17]. Das erkläre auch die Auseinandersetzungen um den Jerusalemer Tempelberg (Haram esh Sharif), denn Muslime könnten es
nicht ertragen, dass ein islamisches Heiligtum in einem nichtmusli-
mischen Staat liege. Deshalb könne arabischen Friedensangeboten
prinzipiell nicht getraut werden, "denn die Reden der Palästinenser
sind doppelzüngig"[18].

Wenn konkrete Vorhaben in der palästinensischen Politik beurteilt werden, was in mehr als einem Viertel der Titel der Fall ist,
dann geschieht das unter negativem Vorzeichen (B). Man widerlegt
die "Lügen-Propaganda der Palästinenser"[19], ohne sich jemals die
Frage zu stellen, ob es auch eine israelische Propaganda geben könnte.
Manche gehen auch auf das Schicksal der palästinensischen Flücht-
linge nach 1948 ein (C), wofür "man nicht Israel verantwortlich
machen"[20] dürfe.

---

[16] *Stuhlhofer*, Ende, 77.
[17] *Schneider*, Jerusalem, 65.
[18] *Amelung*, Volk, 48.
[19] *May*, Apokalypse, 73.
[20] *Jakober*, Israel, 121.

Nicht wenige postulieren, dass die Feinde des israelischen Staates zugleich die Feinde Gottes seien (B). Hier wird in der Regel Sach 2,12 zitiert. Auf der Seite des Staates Israel stehe Gott. "Wer sein Volk antastet, bekommt es mit ihm selbst zu tun"[21]. Von daher ist es konsequent, dass Araber bzw. Palästinenser gelegentlich mit den Feinden des antiken Israels parallelisiert werden (C). "Gottes ständige Bitte und Warnung war von alters her, daß Sein Bundesvolk sich nicht mit seinen Feinden und Andersgläubigen verbinden sollte"[22]. Deshalb seien auch heutige Friedensbemühungen abzulehnen. Die etymologische Herleitung 'Palästina' = 'Philistäa' lässt in den Palästinensern den alten Erbfeind der Israeliten wieder auferstehen. Weitaus mehr bezieht man sich jedoch auf die Kanaanäer im Allgemeinen, wodurch die zionistische Siedlungtätigkeit als erneute 'Landnahme' erscheint: "Als die Israeliten vor 3350 Jahren ins Gelobte Land zogen, kamen sie in kein leeres Land [...] Dasselbe Problem haben wir heute wieder, denn wieder führte Gott sein Volk Israel nicht in ein leeres Land"[23].

3.2 Die israelisch-arabischen Kriege

Die Mehrheit ist der Ansicht, dass der Staat Israel in den militärischen Auseinandersetzungen von 1948/49, 1956, 1967, 1973 (und 1982) nichts weiter als seine nackte Existenz verteidigt habe (A). Auch nur eine einzige Niederlage hätte ein Ende der jüdischen Heimstätte in Palästina bedeutet. "Immer stand eine gewaltige arabische Übermacht dem winzigen Judenstaat gegenüber"[24]. Die meisten Publikationen sind davon überzeugt, dass es Gott selbst sei, der die israelische Armee aus jeder Schlacht siegreich hervorgehen lasse (A). "Die Völker toben vergeblich, wenn Gott sein Volk beschützt"[25]. Gelegentlich vergleicht man die heutigen Kriege mit der Erzählung von David und Goliath nach 1. Sam 17 (C): "Der Zwerg hatte [1967] den Riesen, der David den Goliath geschlagen"[26]. Oft werden nicht näher genannte israelische Quellen erwähnt, wonach übernatürliche Wunder nach Mi 7,15 den Ausgang der Kampfhandlungen mitbestimmt hätten (B):

---

[21] *Huy*, Israel, 13.
[22] *Schlink*, Israel, 24.
[23] *Schneider*, Jerusalem, 56.
[24] *Hahne*, Israel, 51.
[25] *Koch*, Tag X, 96.
[26] *Koch*, Der Kommende, 44.

"Es sind Wunder geschehen, und man könnte die Geschichte dieses Unabhängigkeitskrieges [von 1948/49] im Stil der 'Bücher der Chronik' schreiben"[27]. Die wunderhaften Siege sind für manche eine göttliche Bestätigung für die heilsgeschichtliche Bedeutung der israelischen Staatlichkeit (C). Häufig wird darauf hingewiesen, dass Israel trotz seiner Siege international isoliert bleibe (B): "Heute ist Israel fast auf sich allein gestellt."[28]

3.3 *Die Eroberung Ost-Jerusalems*[29]

Mehr als ein Viertel der Titel werten die Eroberung Ost-Jerusalems durch die Israelis im Juni 1967 als die Erfüllung biblischer Weissagungen und als eine Bestätigung des endzeitlichen Charakters der Gegenwart (B): "Gott hat Seine Verheißungen genau erfüllt, daß am Ende der Tage auch Jerusalem wieder in die Hand Seines Volkes kommen werde"[30]. Die Autoren verweisen in der Regel auf Lk 21,24 – eine Stelle, die sonst im Blick auf die Staatsgründung in Anspruch genommen wird. Die apokalyptische Demnächsterwartung nimmt mit den Ereignissen von 1967 radikalere Formen an: "Aus jüdischer Sicht ist jetzt eigentlich alles erfüllt. Jetzt kann der Messias jeden Tag und zu jeder Stunde kommen"[31]. Häufig wird dabei die Tatsache hervorgehoben, dass die Juden endlich wieder an der Klagemauer beten dürfen (B).

Nicht wenige Schriften fordern, dass Jerusalem für immer die ungeteilte Hauptstadt des jüdischen Staates zu sein habe (B)[32]. Israel dürfe "seine vereinigte Hauptstadt niemals wieder aus seinen Händen geben [. . .] Es wäre auch nicht im Sinne der biblischen Prophetie"[33] nach Joel 4,16f und Sach 8,4–6.

---

[27] *Pülz*, Brennpunkt, 60.
[28] *Gerth*, Antichrist, 65f.
[29] Auch wenn Ziffer 3.3 und 3.4 die Lage nach 1967 betreffen, beziehen sich die Häufigkeitsklassen auf alle Analyseeinheiten nach 1945, denn von einem israelischen Anspruch auf ganz Jerusalem/Palästina wurde schon vor 1967 gesprochen.
[30] *Schlink*, Jerusalem, 120.
[31] *Jaffin*, Israel, 75.
[32] Vgl. z. B. *Schäble*, Brennpunkt, 57f.
[33] *May*, Weltpolitik, 236.

3.4 *Der israelische Anspruch auf das Westjordanland*

In keiner Analyseeinheit nach 1967 wird die Tatsache problematisiert, dass der Staat Israel bis heute Gebiete beansprucht, deren Besetzung völkerrechtlich nie anerkannt worden ist. Wo die Veröffentlichungen darauf zu sprechen kommen, geschieht das mit der Intention, die israelischen Ansprüche unter Berufung auf Bibelstellen wie Gen 17,8 zu rechtfertigen. Besonders an "Samaria und Judäa, fälschlich Westbank genannt"[34], sind evangelikale Publikationen interessiert. Mehr als ein Viertel lehnt eine Übergabe des altisraelitischen Kernlandes in arabische Souveränität ab, weshalb auch kein Palästinenserstaat in Betracht komme (B). "Ich weiß nur auf Grund der Prophetien, daß Israel ganz Jerusalem und die Gebiete westlich des Jordan zu bekommen hat"[35]. Unter der Voraussetzung, dass die Endzeit jetzt angebrochen sei, folgt daraus eine politische Forderung. Von einer 'Rückgabe' könne sowieso nicht gesprochen werden, da die arabische Bevölkerung Palästinas noch nie nationale Eigenständigkeit genoss[36]. Gegenüber den religiösen Begründungen spielen rationale Argumente eine untergeordnete Rolle. Nur wenige Titel verweisen auf Sicherheitsaspekte, dass z. B. die 'Wespentaille' bei Herzliya kaum verteidigt werden könne (C)[37].

Ausgehend von der These, dass der Staat Israel einen 'ewigen' Anspruch auf das Westjordanland habe, ist es konsequent, dass einige die jüdische Siedlungstätigkeit dort ausdrücklich befürworten (C). "Israel segnen heißt, [...] daß wir Israels Siedlungspolitik in den 'befreiten' biblischen Gebieten gutheißen"[38]. Die Bezugnahme auf Gen 12,3 suggeriert dem Leser in Kombination mit Sach 2,12, dass jeder, der das Verhalten der Siedler kritisiert, von Gott verflucht werde. Oft wird angekündigt, dass der Staat Israel künftig über ein noch größeres Territorium als heute regieren werde (B): "Gott hat Abraham einst ein Gebiet zugesagt, das vom Euphrat bis an den Bach Ägyptens reichen soll (1. Mose 15,18) [...] Er wird Sein Versprechen einlösen, auch flächenmäßig"[39]. Während die einen die

---

[34] *Amelung*, Volk, 59.
[35] *Koch*, Tag X, 97.
[36] So *Gerloff*, Siedlungen, 11: "Niemals in der Geschichte hatten Judäa und Samaria einem palästinensischen Staatswesen angehört." – Vgl. *Amelung*, Volk, 53.
[37] So z. B. *Schrupp*, Islam, 25f.
[38] *May*, Blut u. Tränen, 277.
[39] *Gensing*, Israel, 59.

Israelis dazu legitimiert sehen, sich dieses Gebiet bereits heute anzu-
eignen, erwarten andere die Erfüllung der Weissagung als eine Tat
des Messias im Millennium[40].

4. Die Zukunft des Staates Israel

4.1 Der Schauplatz der 'Endschlacht'

Nach der Mehrheit der Titel wird der Staat Israel in Kürze Schauplatz des apokalyptischen Völkerkriegs sein (A), welcher der Schlacht
von Harmagedon in Apk 16,16 entspricht: "Der 3. Weltkrieg findet
also statt"[41]. Demnach werden zahlreiche Nationen unter der Führung
des Antichristen mit der Absicht in den Krieg ziehen, den jüdischen
Staat zu beseitigen (Sach 12,2f). Aufgrund einer abenteuerlichen
Exegese haben etliche Schriften die Teilnehmer dieser antichristlichen Allianz bereits identifiziert. Neben den arabischen Staaten galt
zwischen 1967 und 1991 die Sowjetunion, das "Land Magog" (Ez
38,2), als der Hauptfeind Israels (B): "Sicher ist, daß die Sowjetunion
Israel angreifen wird"[42]. Die Sowjetunion hörte zu existieren auf,
ohne dass sich diese Ankündigung bewahrheitete. Als weitere Kriegs-
gegner Israels werden unter Berufung auf Dan 2,41–43 und Apk
16,12 das vereinte Europa und China angenommen (C). Die USA
tauchen bei solchen Überlegungen nicht auf, obwohl die 'Pax Ameri-
cana' und das klassizistische Washington das Alte Rom noch besser
verkörpern als EG bzw. EU.

Weil dieser Weltkrieg unmittelbar bevorsteht, halten nicht wenige
jegliche Bemühung um einen Nahost-Frieden für umsonst (B): "Nach
den Aussagen der Bibel wird es für Israel noch keinen Frieden geben.
Erst muß sich erfüllen, was die Propheten für die 'letzte Zeit' vorausgesagt haben: der Krieg der Völker um Israel"[43]. Manche vermitteln
sogar den Eindruck, als seien Friedensbemühungen regelrecht antichristlich, weil sie auf ein Bündnis mit den Feinden Gottes abzielen
(C). Das Engagement Jitzhak Rabins sei deshalb zu tadeln gewesen[44].

---

[40] Vgl. *Gerth*, Antichrist, 63; *Koch*, Der Kommende, 40; *Schäble*, Brennpunkt, 41;
Schumacher, Königreich, 58.
[41] *Penkazki*, Israel, 36.
[42] *Gerth*, Antichrist, 81.
[43] *Buchwald*, Israel, 100.
[44] So z. B. *Penkazki*, Israel, 26.

Nur selten kann man sich einen nahöstlichen Frieden vorstellen, der mehr sein könnte als ein antichristliches Blendwerk (C): Fritz Hubmer z. B. vermag gegen eine Völkerverständigung als Vorgriff auf das messianische Friedensreich nichts einzuwenden, denn es lasse "die Prophetie auch die Möglichkeit einer Vorerfüllung offen im Sinne einer vorausgehenden Friedensallianz, die noch vor der Wiederkunft Christi durch friedliche Verständigung zwischen Israel und einigen arabischen Nachbarvölkern [. . .] zustande kommen könnte"[45].

4.2 *Das Friedensreich*

Meist wird davon ausgegangen, dass die Parusie Christi der Zeitpunkt sei, an dem "ganz Israel" (Röm 11,26) gerettet werde (A). Auf dem Höhepunkt der endzeitlichen Kampfhandlung werde der Messias erscheinen und auf der Seite des Staates Israel die feindliche Übermacht siegreich schlagen, sodass die antichristlichen Nationen in ihrer Niederlage das "Gerichtsschwert Gottes"[46] erleben. Indem sich der wiedergekommene Christus als politischer Befreier an die Spitze des Volkes Israel stelle, erkenne die Judenheit in ihm den "Reis aus dem Stamm Isais" (Jes 11,1). "Israel wird durch *Schauen* bekehrt werden, wie einst vor den Toren von Damaskus sein Vorbild Saulus"[47].

Den meisten Titeln zufolge beginnt nun das messianische Friedensreich, das aufgrund von Apk 20,2 als 'Tausendjähriges Reich' oder 'Millennium' bekannt ist (A). Jetzt werde auch noch die letzte Verheißung in Erfüllung gehen, besonders die, dass "die Menschen ihre Schwerter zu Pflugmessern schmieden"[48]. Christus werde im politischen Sinn "den Thron seines Vaters David" (Lk 1,32) besteigen und von Jerusalem aus über ein Königreich herrschen, das in Kontinuität zum Staat Israel gedacht ist. Alle Nationen würden den weltweiten Führungsanspruch des jüdischen Volkes anerkennen (Jes 60,3). In einer Reihe von Büchern wird die Überzeugung ausgesprochen, dass spätestens im Millennium der Dritte Tempel an seinem historischen Platz errichtet sein werde (B). Die Schilderung in Ez 44–47 mache es unmöglich, "dies alles nur bildlich und geistlich zu verstehen"[49].

---

[45] *Hubmer*, Heilsplan, 56f.
[46] *Schlink*, Jerusalem, 24.
[47] *Schumacher*, Königreich, 67. – Hervorhebung original.
[48] *Rienecker*, Gegenwart, 29.
[49] *Sauer*, Gott, 43.

Nur selten ist jedoch davon die Rede, dass bereits vor dem Erscheinen des Messias der Tempelbau begonnen werden sollte (C)[50].

5. *Beurteilung*

Der von Evangelikalen vertretene Chiliasmus hebt den jüdischen Charakter der Bibel hervor. Verheißungen werden nicht spiritualisiert oder ins Jenseits verschoben, sondern für diese Erde erwartet. Der Evangelikalismus hat auf seine Weise das Gespräch mit (bestimmten) Juden[51] gesucht, was positiv herauszustellen ist. Dass der christliche Zionismus besonders nach 1967 viele Anhänger gewonnen hat, kann als Versuch gelten, den traditionellen Antijudaismus auch im Evangelikalismus zu überwinden. Aufgrund unserer geschichtlichen Verantwortung und der christlichen Verbundenheit mit dem Judentum sollte das Eintreten der Evangelikalen für den Staat Israel an sich nicht gebrandmarkt werden. Die sozialen Projekte zugunsten der israelischen Bevölkerung verdienen durchaus Lob. Evangelikale Berichterstattung aus Israel kann ein hilfreiches Korrektiv zur üblichen Medieninformation sein[52]. Inwieweit die Widerlegung palästinensischer Postulate der Wirklichkeit entspricht, werden Historiker entscheiden müssen.

Unabhängig von der Frage nach der grundsätzlichen Berechtigung einer chiliastischen Frömmigkeit, muss Theologie auf das Problem der meist fehlenden hermeneutischen Reflexion hinweisen. Man liest oft aufgrund oberflächlicher Ähnlichkeiten politische Aktualitäten in den Bibeltext hinein. Weil viele Aussagen nicht wirklich zu belegen sind, berufen sich manche auf spezielle "geistliche Gaben, besonders auf dem Gebiet der prophetischen Lehre"[53], wonach sich der Heilsplan nur den Erleuchteten offenbare. Unweigerlich sind dabei viele zu fal-

---

[50] Vgl. das "Exklusiv-Interview mit Gershon Salomon", dem Führer der 'Getreuen des Tempelbergs' bei *May*, Apokalypse, 166–174.

[51] Vgl. *Peter von der Osten-Sacken*, Israel als Anfrage an die christliche Theologie, in: Ders., Anstöße aus der Schrift. Arbeiten für Pfarrer und Gemeinden, Neukirchen-Vluyn 1981, 111–123, hier 113: Die evangelikale "Einstellung trifft sich in einem wesentlichen Punkt mit derjenigen von Kreisen in Israel selbst, in denen die Rückkehr ins Land der Väter als Einlösung der biblischen Verheißungen verstanden wird."

[52] Vgl. *Siegfried Jäger/Margarete Jäger*, Medienbild Israel. Zwischen Solidarität und Antisemitismus, Münster/Hamburg/London 2003 (= MEDIEN – Forschung und Wissenschaft 3).

[53] *Gerth*, Antichrist, 6.

schen Propheten nach Dtn 18,20–22 geworden. In Anlehnung an
einen Ausspruch Karl Barths müsste man heute sagen: Bibeltreuer
müssten mir die Bibeltreuen sein[54]! Spekulative Deutungen haben
nach 1967 stetig zugenommen, während frühere Autoren wie Heinz
Schumacher oder Erich Sauer bewusst Zurückhaltung übten. Allerdings
findet sich bei Sauer, der seine Theologie bereits vor 1945 entwickelt hat, ein auf Gen 9,25–27 basierendes "prophetische[s] Rassenprogramm"[55], das unverkennbar die Idee der arischen 'Herrenrasse'
widerspiegelt.

Evangelikale Demnächsterwartung enthält mit der Konzeption der
unmittelbar bevorstehenden 'Endschlacht' ein politisch gefährliches
Potenzial. Ein Friedensprozess ist dadurch von vornherein als Pakt
mit dem Teufel stigmatisiert. Auch die Forderung, dass Israel kom-
promisslos am Westjordanland festzuhalten habe, zielt auf eine
Eskalation der Gewalt. Einseitig ist zudem die Konsequenz, mit der
die USA aus der Reihe der womöglich antichristlichen Staaten ausgenommen werden. Das seit Generationen wiederholte Postulat vom
gerade jetzt zu erwartenden Ende ist das Ergebnis einer kurzschlüs-
sigen Deutung. Denn die viel beschworenen 'Zeichen der Zeit' sind
keine Beweise und bleiben deshalb stets ambivalent. Soll man unzählige Menschenopfer in Kauf nehmen, indem man eine Politik fordert, die auf einen Nahostkrieg zuläuft, wenn doch die Parusie noch
weitere Jahrhunderte ausbleiben könnte? Wieso soll Israel die für die
messianische Heilszeit verheißenen Grenzziehungen schon heute
anstreben, wenn demgegenüber eine Vorwegnahme des eschatologischen Friedens zurückgewiesen wird?

Viele Endzeitautoren meinen, den Willen Gottes für den Nahen
Osten genau zu kennen: "Aber das sage nicht ich [. . .] Das hat Gott
gesagt"[56]. Dadurch versuchen sie, sich gegen Kritik zu immunisie-
ren. Inzwischen ist ein Klima entstanden, das es selbst Evangelikalen
schwer macht, auf Irrwege in eigenen Reihen hinzuweisen. Als drei
evangelikale Theologen um Stellungnahmen zum Nahostkonflikt gebeten wurden, "lehnten alle drei es ab, ihre Position öffentlich mit

---

[54] Vgl. *Karl Barth*, Der Römerbrief, 10. Aufl., Zürich 1967, XII.

[55] *Sauer*, Morgenrot, 86. – Sauers 'Rassenprogramm' impliziert zwar ein hierar-
chiches Gefälle (Jafet – Sem – Kanaan), verweigert dem (eliminatorischen)
Antisemitismus aber seine Zustimmung. Die Verlierer sind in dieser Völkermythologie
nicht die Juden (Sem), sondern die afrikanischen und asiatischen Nationen: "Kanaan
sei sein Knecht" (Gen 9,26f).

[56] *May*, Apokalypse, 200.

ihrem Namen zu begründen. Als Hauptgründe wurden die Angst
vor Spendenrückgängen ihre [sic!] Werke und die Gefährdung ihrer
eigenen beruflichen Position genannt"[57]. Man fürchtete Kampagnen
von Seiten rigoroser Israelfreunde.

Wie die Untersuchung gezeigt hat, werden die radikalsten Positionen
nicht immer von allen Schriften vertreten. Das lässt hoffen. Die Ge-
mäßigten unter den Evangelikalen sind aufgefordert, den Missständen
kritisch zu begegnen.

---

[57] *Marcus Mockler*, Israelfreunde, Israelfeinde. Der Streit um die Politik Scharons
bringt evangelikale Christen gegeneinander auf, in: IDEA.S 17 (2002), 16–18, hier:
17. – Vgl. *Jürgen Blunck*, Der Irrweg Ariel Sharons. Als Freunde Israels sind wir
Christen jetzt zum Reden verpflichtet, in: IDEA.S 9 (2002), 3.

PERSONENREGISTER

ORTSREGISTER

Vienne   167, 302
Vietnam   786

Warendorf   580f
Warmensteinach   764–767, 768A, 771,
   773A, 774–777
Wartburg   320A, 329, 339A
Warthegau   768–770, 772, 774
Washington DC   806
Wassermungenau   725
Wassy   473
Weimar   255
Weinheim   691
Weißenbronn   610
Wenkheim   611
Wertheim   611, 620
Westbank   805
Westfalen   160, 497A, 577f
Westjordanland   805, 809
Wien   185, 186A, 192, 445
Wilhermsdorf   677
Windsbach   714
Windsheim   666
Wismar   386A

Wittenberg   317–319, 330, 338A,
   339A, 384f, 386A, 396, 398f, 401,
   404–407, 467, 525, 526A, 597,
   610
Wolfenbüttel   340A
Wolfratshausen   775
Worcester   120
Worms   99, 318, 338, 339A, 414, 437
Wunsiedel   557
Wuppertal   689–692, 698, 700
Württemberg   685A, 689f, 693, 696,
   703f, 729
Würzburg   91–94, 96, 98f, 254, 258,
   261, 611, 637

Zion   259, 359
Zug   420A
Zürich   197A, 199A, 200–202, 204A,
   206, 207A, 313, 351–362, 365, 396,
   397A, 401, 404, 406–409, 421, 424,
   426–431, 433, 435f, 519
Zutphen   161
Zwickau   195, 206
Zwolle   167f